Le Principe de plaisir

Déborah Blocker

Le Principe de plaisir

Esthétique, savoirs et politique dans la Florence des Médicis (XVIe-XVIIe siècle)

Les Belles Lettres/*essais*

Cet ouvrage a été publié avec le généreux soutien d'une des Lila Wallace — Reader's Digest Publications Subsidies qu'attribue annuellement la Villa I Tatti, le Centre d'Études de la Renaissance de l'Université d'Harvard.

www.lesbelleslettres.com
Retrouvez Les Belles Lettres sur Facebook et Twitter

ISBN : 978-2-251-45274-6

Pour Nathan Brault,
né à Florence le 23 septembre 2010 —
et pour Iolanda Sposato, sa marraine,
qui le fit venir au jour.

« Nous savons en effet que le principe de plaisir convient à un mode primaire de travail de l'appareil psychique et qu'en ce qui concerne l'autoaffirmation de l'organisme soumis aux difficultés du monde extérieur, il est d'emblée inutilisable et même extrêmement dangereux. Sous l'influence des pulsions d'autoconservation du moi, le principe de plaisir est relayé par le principe de réalité ; celui-ci ne renonce pas à l'intention de gagner finalement du plaisir, mais il exige et met en vigueur l'ajournement de la satisfaction, le renoncement à toutes sortes de possibilités d'y parvenir et la tolérance provisoire du déplaisir sur le long chemin détourné qui mène au plaisir. »

Sigmund Freud, *Au-delà du principe de plaisir* (1920), traduit de l'allemand par Jean Laplanche et J.-B. Pontalis, préface d'Élise Pestre, Paris, Payot et Rivages, 2010, I, p. 42-43.

INTRODUCTION

Investir les arts en tant que particuliers dans la Florence des Médicis

Entre les pages de ce livre errent des ombres hautes en couleur, celles de quelques dizaines de patriciens florentins morts il y a plus de quatre cents ans. Leurs noms sont aujourd'hui oubliés de presque tous. La mémoire de leurs activités se perpétue néanmoins souterrainement, au travers des écrits qu'ils produisirent, dans le cadre d'une académie, l'académie des Alterati (1569-1630 environ). Quoique vite devenue à Florence aussi prestigieuse que puissante, jusqu'à acquérir du renom dans l'Italie entière, cette institution n'a fait l'objet jusqu'à présent que de quelques études parcellaires[1]. De ses abondantes archives émergent néanmoins de

1. Deux incursions dans les archives des Alterati ont été faites à l'époque moderne : SALVINI, Salvino (1667-1751), *Fasti consolari dell'Accademia Fiorentina*, Florence, Giovanni Gaetano Tartini et Santi Franchi, 1717, p. 202-208 et MANNI, Domenico Maria (1690-1788), *Memorie della famosa Accademia fiorentina degli Alterati,* Florence, G.-B. Stecchi, 1748, 25 p. Les études récentes — qui sont discutées plus avant — se résument à celles-ci : WEINBERG, Bernard, « The Accademia degli Alterati and Literary Taste from 1570 to 1600 », *Italica*, 31/4, 1954, p. 207-214 et « Argomenti di discussione letteraria nell'Accademia degli Alterati (1570-1600) », *Giornale Storico della Letteratura Italiana*, 131, 1954, p. 175-194 ; PALISCA, Claude, « The Alterati of Florence, Pioneers in the Theory of Dramatic Music » (1968), dans *Studies in the History of Italian Music and Music Theory*, Oxford, Clarendon Press, 1994, p. 408-431 et « Gli Alterati di Firenze e gli albori del melodramma », dans ANNIBALDI, Claudio (dir.), *La musica e il mondo. Mecenatismo e committenza musicale in Italia tra Quattro e Settecento*, Bologne, Il Mulino, 1993, p. 171-193 ; COCHRANE, Eric, *Florence in the Forgotten Centuries, 1527-1800*, Chicago, University of Chicago Press, 1973, p. 93-161 ; PLAISANCE, Michel, *L'Accademia e il suo Principe : cultura e politica a Firenze al tempo di Cosimo I di Francesco de' Medici. L'Académie et le prince : culture et politique à Florence au temps de Cosme Ier et de François de Médicis*, Manziana (Rome), Vecchiarelli, 2004, p. 393-406 ; SIEKIERA, Anna, « Il volgare nell'Accademia degli Alterati », dans BIFFI, Marco ; CALABRESE, Omar et SALIBRA, Luciana (dir.), *Italia linguistica : discorsi di scritto e di parlato. Nuovi studi di linguistica italiana per Giovanni Nencioni*, Sienne, Protagon, 2005, p. 87-112, « Ancora

séduisantes figures d'aristocrates érudits, aussi talentueux que riches, et aussi actifs au sein des académies florentines que curieusement inoccupés dans la sphère civile. Des hommes de loisir, en apparence, mais dont le travail intellectuel est constant, inventif et fécond, et la créativité incessante. Leur champ d'action privilégié — celui de la vie académique — n'en reste pas moins pour nous un paysage étrange. Et leur projet collectif est, à première vue, à peu près indiscernable.

Ces Altérés (puisque telle est la signification première du nom que collectivement ils se donnèrent) boivent parfois avec excès, festoient toujours avec plaisir et plaisantent le plus souvent avec panache. Ils s'adonnent aussi, pour certains quasi quotidiennement, à l'écriture de poèmes à forme fixe et de discours académiques, et pratiquent régulièrement tant les conversations savantes que la musique, en petit comité. Enfin, ils veillent avec soin, en saison, aux récoltes de leurs villas. Mais cet apparent conformisme est comme l'eau qui dort. Car, parallèlement, quelques-uns de ces hommes ne dédaignent pas les amours homosexuelles et certains se situent — dans le cadre de leurs curiosités intellectuelles, comme dans les postures qu'ils adoptent en société ou à la cour — dans une forme d'hétérodoxie morale, religieuse et/ou politique. En cela, leur excentricité était cependant moins grande qu'on ne pourrait le penser : pareil double jeu était alors si commun parmi l'aristocratie des principats de la péninsule qu'il ne devrait sans doute même pas, aujourd'hui, être tenu pour tel[2].

L'adhésion massive et enthousiaste de ces patriciens florentins au « mouvement » académique, qui essaimait alors dans l'Italie entière[3], désarçonne néanmoins

sull'Accademia degli Alterati : il *Trattato di lingua toscana* di Francesco Bonciani », *Quaderni Veneti*, 3, 2014, p. 89-96 et « Il lavoro paziente dall'Accademia degli Alterati », dans BELLONI, Gino et TROVATO, Paolo (dir.), *La Crusca e i testi. Lessicografia, tecniche editoriali e collezionismo librario intorno al* Vocabolario *del 1612*, Padoue, Libreria Universitaria (avec l'Accademia della Crusca), 2018, p. 105-146 ; DE CARO, Gaspare, *Euridice. Momenti dell'umanesimo civile fiorentino*, Bologne, Ut Orpheus, 2006, p. 73-116 et VEEN, Henk van, « The Accademia degli Alterati and Civic Virtue », dans DIXHOORN, Arian van et SPEAKMAN SUTCH, Susie (dir.), *The Reach of the Republic of Letters : Literary and Learned Societies in Late Medieval and Early Modern Europe*, Londres et Boston, Brill, 2008, 2 vol., t. 2, p. 285-308.

2. Une querelle traverse l'historiographie de l'époque moderne en Italie, sur la question de l'« hétérodoxie » religieuse, que certains, dans la lignée des travaux de l'historien Massimo Firpo, ont décrite comme omniprésente dans les élites de la Renaissance italienne. N'ayant pu documenter avec assez de précision les croyances et pratiques des Alterati en matière religieuse, je ne prends pas position sur cette question, qui — si les sources nécessaires avaient pu être localisées — aurait sans doute mérité à elle seule un chapitre. Mais il convient souligner que, dans l'Italie de la Contre-Réforme, les pratiques et croyances des Alterati, telles que j'ai pu les reconstituer, pour hors-normes qu'elles puissent nous paraître — à quatre siècles de distance — n'ont en réalité rien que de très normal pour le milieu et le temps qui était le leur. Il était effet commun, dans ces espaces sociaux, de mêler savoirs qui sentent le souffre, religiosité intense (catholique et/ou hérétique) et mœurs pouvant choquer. Je désigne ces pratiques comme « hétérodoxie » ici parce qu'il s'agit en effet de comportements qui heurtent certaines normes. Mais je ne les comprends pas comme visant à renverser le *status quo*. Les parcours des Alterati suggèrent plutôt le contraire : au final, leurs conduites semblent en effet avoir eu tendance, sur bien des plans — y compris religieux et politique — à renforcer celui-ci.

3. MAYLENDER, Michele, *Storia delle accademie d'Italia*, Bologne, L. Cappelli, 1926-1930 et A. Forni, Bologne, 1976, 5 vol., permet de se faire une idée de l'ampleur du phénomène. L'idée que le développement

un observateur moderne. Nous ne concevons en effet plus guère les académies que comme des institutions étatisées, conservatrices et vieillottes. Aux yeux de ceux qui l'avaient fondée, l'académie des Alterati représentait pourtant le lieu d'une avant-garde, au sein de laquelle travailler à l'émergence de nouvelles formes littéraires en langue vulgaire et au développement de questionnements inédits dans le domaine de la poétique, de la philosophie ou de l'histoire. Dans le cadre de cette institution d'un type nouveau, le savoir humaniste — dont la plupart des Alterati s'étaient nourris au *Studio fiorentino* et à l'Université de Pise, dans leur jeunesse — était adapté quotidiennement tant aux valeurs de la culture urbaine, qu'aux nécessités de la société de cour dont les Médicis avaient alors commencé à s'entourer. Comment comprendre néanmoins l'énergie que ces individus fortunés — qui n'avaient le plus souvent pas besoin d'exercer quelque profession que ce soit — mirent, pendant des décennies, à échanger leurs points de vue dans cette académie, par la pratique de discours *pro et contra* sur une grande variété de sujets (rhétorique, poétique, linguistique, histoire et philosophie, principalement, mais aussi, à de rares occasions, philosophie naturelle) et l'évaluation croisée de leurs productions poétiques ? Et surtout que penser de la focalisation de ces hommes, au sein de l'institution ainsi créée, sur ce que nous appelons aujourd'hui les beaux-arts (et, dans ce cadre, principalement sur la poésie, le théâtre et la musique), et les plaisirs qu'ils disaient trouver en eux, en un temps où, à Florence, les « arts » désignaient encore, aux yeux de la majorité des habitants de la ville, les savoir-faire artisanaux institués et transmis par les guildes[4] ?

Par la création d'une académie privée, les Alterati inscrivaient dans le tissu social un espace alors à peu près sans équivalent, où pouvait s'instituer un rapport différent aux savoirs comme aux productions des arts[5]. La structure par eux créée est

des académies ferait alors « mouvement » apparaît pour la première fois chez Frances A. YATES, *The French Academies of the 16th Century*, Londres et New York, Routledge, 1988 (1947), notamment p. 275, mais ne devient centrale qu'à partir de l'étude de Daniel ROCHE, *Le Siècle des Lumières en province : académies et académiciens provinciaux*, 1680-1780, EHESS Mouton Éditeur, Paris/La Haye, 1978, dont la première partie est consacrée à l'analyse du « mouvement académique » dans les provinces françaises au XVIIIe siècle, p. 15-183. La notion est également mise en avant par Simone TESTA dans *Italian Academies and their Networks, 1525-1770 : From Local to Global*, Basingstoke, Palgrave Macmillan, 2015, qui va jusqu'à analyser le développement des académies italiennes en termes de « réseaux » et même de « mouvements sociaux ».

4. Les corporations s'organisaient traditionnellement à Florence en « arts » majeurs et mineurs, voir STALEY, Edgcumbe, *The Guilds of Florence*, Londres, Methuen & Co, 1906 ; RENARD, Georges, *Histoire du travail à Florence*, Paris, Éditions d'art et de littérature, 1913-1914, 2 vol., et GANDI, Giulio, *Le arti maggiori e minori in Firenze : con numerose illustrazioni di Firenze scomparsa*, Rome, Multigrafica, 1971, 2 vol.

5. Le qualificatif de « privé » ou l'adverbe « privément » n'apparaît pas pour désigner les Alterati avant le XVIIIe siècle. Sous la plume de l'historien de l'Accademia Fiorentina, Salvino SALVINI, on trouve ainsi cette formulation à propos de la naissance de l'académie : « Ad oggetto di esercitarsi *privatamente* negli studi più belli, s'unirono nella loro più fiorita età, pieno di bel fervore, e caldi d'onorato desiderio di gloria, sei gentihuomini [...] » (*Fasti consolari dell'Accademia Fiorentina*, Florence, Giovanni Gaetano Tartini et Franchi

à nos yeux paradoxale parce qu'elle associe des marqueurs forts d'institutionnalisation avec des éléments qui établissent nettement la nature fermée et même quasi-domestique de cette assemblée de particuliers. Les Alterati se caractérisèrent en effet d'une part par des statuts stricts et détaillés (*capitoli*) — auxquels il est constamment fait référence en leur sein —, de constantes discussions sur le bien-fondé de leurs « lois » communes (*leggi*), des processus électoraux réguliers et des rituels collectifs respectés pendant des décennies (notamment pour l'évaluation de leurs poèmes et l'échange de leurs points de vue sous la forme de discours). Mais, de l'autre, ils s'associent entre cousins, voisins, alliés et amis, comme il était alors habituel de le faire parmi les confraternités florentines. Cependant, à la différence desdites confréries, qui se réunissent le plus souvent dans des lieux associés à une paroisse, voire dans un espace spécialement destiné à la confrérie, les Alterati s'assemblent toujours dans des maisons particulières (celles de leurs régents, élus pour six mois), en réunions fermées et même en faisant régner sur leurs réunions une forme de secret.

Or, au sein de ce lieu privatif collectivement institué que constitua l'académie, se trouvèrent peu à peu associées avec l'art des valeurs telles que la noblesse, la liberté, la parité et le plaisir, telles qu'elles étaient susceptibles de s'exprimer dans l'évaluation des productions des arts. Dans un milieu social qui jusqu'ici formalisait peu de telles représentations, la maîtrise des arts et des discours qui les définissaient commença ainsi à être construite non seulement comme l'expression d'une condition sociale spécifique — celle de l'aristocrate citadin — mais encore comme un moyen de conforter et même de rehausser ce statut. À Florence, pareil processus avait en réalité commencé au sein de l'Accademia del Disegno (soit de l'académie de peinture), dont la création en 1563, à l'instigation de l'entourage immédiat de Cosme Ier de Médicis, amorça la transformation du savoir-faire des corporations en discours structurés et légitimes[6]. Produites dans le patronage du prince,

Santi, 1717, p. 203, je souligne). Salvini entend ici « privé » au sens de ce qui s'oppose au fonctionnement beaucoup plus largement public des leçons et autres activités de la Fiorentina, qui fut promue au rang d'institution centrale de l'administration médicéenne en matière de culture dès les années 1550-1560. Le qualificatif de « privé » et même la distinction privé/public étaient quasi inutilisés au XVIe siècle (sur l'émergence de cette dichotomie, voir ARIÈS, Philippe et DUBY, Georges (dir.), *Histoire de la vie privée*, Paris, Seuil, 5 vol., 1985-1999, en particulier le t. 3, consacré la période qui s'étend de la Renaissance aux Lumières). Mais cette opposition ne semble pas moins avoir été en germe chez les Alterati, qui fondent à dessein un espace qui, justement, n'est pas une académie publique, au sens d'académie ouverte à tous et/ou servant le prince (voir *infra*, ch. 1, p. 39-61 et p. 90-106).

6. Sur la création de l'Accademia del Disegno, voir BARZMAN, Karen-edis, *The Florentine Academy and the Early Modern State : The Discipline of Disegno*, Cambridge, Cambridge University Press, 2000, p. 23-59. Giorgio Vasari et Vincenzio Borghini, deux serviteurs du prince, travaillèrent à la mise sur pied de l'institution, dont les statuts, approuvés par Cosme Ier en janvier 1563, portent les initiales de celui de ses secrétaires qui se consacrait tout spécialement aux affaires académiques et universitaires, Lelio Torelli. Torelli a probablement été le principal rédacteur du texte (p. 27-28).

les leçons données dans cette institution détachaient la peinture et l'architecture des savoir-faire mécaniques (c'est-à-dire manuels), non seulement pour les rattacher aux savoirs livresques mais encore pour les soumettre à l'appréciation des quelques *dilettanti* (connaisseurs) d'origine patricienne qui avaient rejoint les rangs de l'académie, contribuant ainsi à conférer à ces activités une valorisation sociale neuve. Mais, au sein des Alterati, cette évolution s'étendit aux arts du langage et même, quoique plus occasionnellement, à la musique, et surtout elle eut lieu à l'initiative non plus du pouvoir médicéen, mais bien à celle de certains des particuliers les plus riches, les plus en vue et les plus éduqués de la ville, qui agissaient en cela en leur seul nom collectif. Là était la nouveauté foncière des Alterati. Et là demeure aujourd'hui encore l'étrangeté qui fait question.

Comment et pourquoi une institution telle que l'académie des Alterati prit-elle forme à ce moment précis, dans la ville de Florence ? Peut-on en déterminer non seulement les finalités déclarées mais encore les usages effectifs ? Et quelles furent les retombées des activités de ce corps d'un genre nouveau, non seulement pour les membres de l'académie et les arts dont ils s'occupèrent, mais encore pour la vie civile, au sens large ? Pour répondre à ces questions, les pages qui suivent s'attachent à comprendre aussi bien la nature de cette institution que le rapport à l'art qui s'est développé en son sein, en envisageant tout autant les interrogations théoriques dont l'académie fut le lieu que les expérimentations pratiques qui occupèrent régulièrement ses membres. Le but premier de l'enquête est de faire apparaître la spécificité des représentations et pratiques des arts qui s'élaborèrent là, tant au regard de celles qui avaient cours parmi les contemporains des Alterati qu'à l'aune des nôtres, qui épousent le plus souvent les cadres de ce que Jacques Rancière désigne comme le « régime esthétique des arts »[7].

À cette fin, la relation que les Alterati créèrent avec les arts est envisagée ici comme un fait culturel total, dans toute la complexité de la configuration sociale et politique où elle prit forme. L'enquête élucide en particulier le positionnement tant social que politique des membres de l'académie, tout en s'efforçant constamment de mettre au jour les différents usages du rapport ainsi établi avec les arts dans la vie sociale et civile. Mis à part les notions de « distinction » et de « capital culturel », qui sont mobilisées pour désigner les bénéfices sociaux que les académiciens tirent

7. RANCIÈRE, Jacques, *Le Partage du sensible : esthétique et politique*, Paris, La Fabrique, 2000, p. 31-33. Par « régime esthétique des arts », Jacques Rancière entend « la distinction d'un mode d'être sensible propre aux produits de l'art » (p. 31) qui serait spécifique à notre temps. Ce régime est centralement paradoxal : il « affirme l'absolue singularité de l'art et détruit en même temps tout critère pragmatique de cette singularité » (p. 33). Dans le présent livre, le terme « esthétique » est cependant le plus souvent utilisé au sens étroitement descriptif de « ce qui a trait à l'art et/ou aux conceptions qu'on se fait de celui-ci ». Quand le mot se réfère spécifiquement aux représentations du « régime esthétique des arts », la nuance est explicitée.

des relations qu'ils instituent avec les arts, cette investigation des activités et représentations des Alterati ne reprend cependant que peu des concepts que Pierre Bourdieu mobilise dans son étude du « jugement » dans *La Distinction* (1979), ou dans l'analyse du « champ littéraire » qu'il conduit dans *Les Règles de l'art* (1992)[8]. Pour l'essentiel, les outils créés par ce sociologue pour saisir les phénomènes contemporains (telle que la notion d'« autonomisation du champ » littéraire ou artistique) sont en effet inadaptés aux réalités historiques qu'il s'agit ici de saisir[9]. Mais la présente étude ne se situe pas moins dans le prolongement des perspectives de recherche ouvertes par Bourdieu dans le domaine de la sociologie des arts. Elle envisage en effet le rapport que les Alterati établissent avec les arts comme une construction (identitaire tout autant que statutaire), plutôt que comme une donnée préexistante (ou une réalité donnée de toute éternité). Et surtout elle aborde les activités de ces académiciens comme un ensemble de pratiques qui, loin d'être restreintes aux arts et aux savoirs, ont — pour les acteurs sociaux eux-mêmes, mais aussi pour les différentes communautés et institutions entre lesquelles ils circulent — des enjeux sociaux et politiques importants, quoique ceux-ci ne soient pas toujours clairement énoncés.

Il se trouve par ailleurs que le rapport à l'art créé au sein des Alterati mobilise centralement des représentations du plaisir, qui est, comme l'art lui-même, une notion dont l'anhistoricité (ou la trans-historicité) apparente tend souvent à masquer la diversité des mobilisations historiques spécifiques. La philosophie cognitive présente même aujourd'hui le plaisir comme un invariant de notre rapport aux objets de l'art : selon Jean-Marie Schaeffer, l'« expérience esthétique » serait, par sa nature-même, une « expérience hédonique[10] ». Pareille affirmation est difficile à contester dès lors qu'on se situe dans le cadre du « régime esthétique des arts », qui postule l'existence intemporelle d'un plaisir propre à l'art, distinct de ceux que nous donnent nos sens dans la vie quotidienne. Mais si l'on évite d'étendre

8. Bourdieu, Pierre, *La Distinction : critique sociale du jugement*, Paris, Minuit, 1979 et *Les Règles de l'art : genèse et structure du champ littéraire*, Paris, Seuil, 1992.

9. Dans « Le champ littéraire », *Actes de la recherche en sciences sociales*, 1991, 89/1, p. 3-46 (p. 5), Pierre Bourdieu présente le champ littéraire du XIXe siècle comme un « monde renversé » : « Véritable défi à toutes les formes d'économisme, l'ordre littéraire (etc.) qui s'est progressivement institué au terme d'un long processus d'autonomisation se présente comme un monde économiquement renversé : ceux qui y entrent ont intérêt au désintéressement [...] » (p. 5). Ce type de phénomène n'est pour l'essentiel pas observable dans la Florence médicéenne, où les patronages princiers et aristocratiques restent des réalités incontournables. Même les praticiens les plus aisés, tels que les Alterati, cherchent (y compris par leurs pratiques académiques, qui mettent en avant leur loisir) à trouver faveur à la cour.

10. Schaeffer, Jean-Marie, *L'Expérience esthétique*, Paris, Gallimard, 2014, ch. 4 : « L'expérience esthétique comme expérience hédonique », p. 176-250 (en particulier p. 186-187 : « [...] dans toutes les cultures humaines, y compris la nôtre, la capacité d'une œuvre d'art de donner lieu à une satisfaction — donc à une valeur hédonique positive — inhérente à sa réception même fait partie des conditions que la plupart des récepteurs considèrent comme constituante de toute œuvre réussie »).

le paradigme esthétique au-delà des bornes de la temporalité qui est proprement la sienne (soit les XIXe, XXe et XXIe siècles, pour le dire vite), les associations entre art et plaisir peuvent elles aussi être envisagées dans leurs manifestations historiques particulières. Pour que ces spécificités apparaissent, il est néanmoins nécessaire que ces phénomènes ne soient pas immédiatement désignés comme des préfigurations de ce plaisir pur (au sens où il n'aurait pas d'autre finalité que lui-même) qui est si souvent associé avec l'art dans la modernité. À cette fin, ce livre se situe dans la continuité des efforts récemment accomplis pour historiciser les différentes définitions auxquelles le plaisir a donné lieu. Les diverses représentations dont il a fait l'objet, de l'Antiquité à la Renaissance, ont en effet été collectivement examinées, ces dernières années, tant par les historiens de la philosophie que par ceux de la littérature, qui ont notamment cherché à faire l'histoire des plaisirs pris aux textes dits littéraires[11]. La présente enquête offre néanmoins la particularité, par rapport aux ouvrages existants, de ne pas se focaliser exclusivement sur l'histoire des représentations hédonistes. Le questionnement cherche en effet aussi à faire apparaître comment ces élaborations discursives, lorsqu'elles se trouvèrent associées aux arts — comme ce fut le cas parmi les Alterati —, résonnèrent dans le champ social, et même quelles furent leurs implications sur le plan politique.

L'investigation s'appuie pour ce faire sur des sources de nature très diverses, en s'efforçant de prendre en compte non seulement les écrits, mais encore les actions des individus envisagés, au moins là où ces dernières peuvent être reconstituées au moyen des documents subsistants[12]. Pour ce faire, une vaste documentation a été rassemblée, au cours d'immersions prolongées et répétées dans les archives florentines. À vrai dire, la plongée initiale, suscitée par une découverte fortuite, faillit d'abord virer à la noyade, devant l'abondance de la documentation disponible[13]. Mais le plongeur — grâce notamment aux secours que lui apportèrent jour

11. Du côté de l'histoire des idées, voir BOULÈGUE, Laurence et LÉVY, Carlos (dir.), *Hédonismes : penser et dire le plaisir dans l'Antiquité et à la Renaissance*, Villeneuve-d'Ascq, Presses universitaires du Septentrion, 2007 et GALAND-HALLYN, Perrine ; LÉVY, Carlos et VERBAAL, Wim (dir.), *Le Plaisir dans l'Antiquité et à la Renaissance*, Turnhout, Brepols, 2008, ainsi que les textes réunis par Margaret JONES-DAVIES, Florence MALHOMME, et Marie-Madeleine, MARTINET (dir.), *Le Plaisir au temps de la Renaissance*, Turnhout, Brepols, 2010. Certains textes de la tradition hédoniste ont par ailleurs fait l'objet récemment de traductions destinées à un public large, dont ONFRAY, Michel (éd.), *L'Invention du plaisir : fragments cyrénaïques*, Paris, Librairie générale française, 2002 et VALLA, Lorenzo, *Sur le plaisir*, traduit du latin par Laure CHAUVEL avec une présentation de Michel ONFRAY, Paris, Les Belles Lettres, 2004. Le projet d'Ullrich LANGER, *Penser les formes du plaisir littéraire à la Renaissance*, Paris, Classiques Garnier, 2009 est de nature différente en ce qu'il étudie les représentations textuelles du plaisir pris aux œuvres que nous déclarons aujourd'hui littéraires.

12. Sur l'étude conjointe de l'écriture et de l'action dans le cadre de l'histoire sociale tout autant que littéraire, voir GRIHL, *Écriture et action : XVIIe-XIXe siècle, une enquête collective*, Paris, EHESS, 2016, Introduction, p. 9-21.

13. Le plongeon inaugural — qui date de l'été 2008 — est dû à la découverte accidentelle, dans la salle des manuscrits de la Biblioteca Nazionale Centrale de Florence, de deux documents (l'un un imprimé rare, l'autre un manuscrit alors sans attribution) que les logiques de la conservation documentaire avaient artificiellement

après jour les archivistes et bibliothécaires des principales institutions toscanes — trouva peu à peu le moyen de s'orienter dans les fonds documentaires subsistants. Le paysage tant intellectuel que social esquissé dans ce livre n'émergea cependant que lentement des profondeurs, au cours d'une exploration qui s'étendit sur près de huit années. Les collections florentines furent scrutées dans tous leurs recoins, dans l'espoir de retrouver l'essentiel des milliers de folios manuscrits de discours, de poèmes, de lettres ou de livres annotés autrefois produits par les Alterati au sein de leur académie. Légués pour la plupart ensemble à Carlo Strozzi lors de la disparition de l'institution, ces manuscrits furent en effet éparpillés dans les archives et bibliothèques florentines lorsque la collection Strozzi rejoignit celles du grand-duché, à la fin du XVIIIe siècle[14]. Ces archives furent également, quand le besoin s'en fit sentir, confrontées à celles de l'Accademia Fiorentina et à celles l'Accademia de la Crusca, qui constituaient pour les Alterati non seulement des institutions sœurs, mais encore des assemblées rivales. Les imprimés, moins nombreux que les manuscrits dans le cas des Alterati, furent aussi traqués systématiquement.

En parallèle, des sondages furent effectués dans les archives publiques, pour mettre à jour des données prosopographiques. La prospection se poursuivit ainsi, à l'Archivio di Stato di Firenze de Florence (ASFi), dans les Carte strozziane (fonds Strozzi[15]), dans le fonds testamentaire (Notarile moderno), dans les archives documentant l'accès aux magistratures publiques (Archivio delle Tratte), dans celles de la Decima granducale (impôts fonciers du grand-duché), dans les documents de la maison du grand-duc (en particulier les registres des pensions, issus des archives de la Depositeria generale ou des fonds de la Guardaroba medicea), ou encore dans les collections d'informations généalogiques rassemblés aux XIXe et XXe siècles

disjoints (BNCF Magl. VII, 1199 et BNCF Magl. 5.9.119). Une fois rattachés aux Alterati, les deux textes invitèrent à la localisation et au dépouillement des documents des Alterati actuellement préservés dans les bibliothèques florentines, dont les études citées en note 1 signalaient déjà, pour la plus grande partie, l'existence. Sur ces deux documents, qui témoignent de l'étude assidue que les Alterati firent collectivement de la *Poétique* d'Aristote entre 1573 et 1617, voir *infra*, ch. 3, p. 303-319 et BLOCKER, Déborah, « Shedding Light on the Understanding of Aristotle's *Poetics* Developed within the Alterati of Florence (1569 — ca. 1630) : From Book History to the Social and Political History of Æsthetics », dans BRAZEAU, Bryan (dir.), *The Reception of Aristotle's* Poetics *in the Italian Renaissance and Beyond : New Directions in Criticism*, Londres, Bloomsbury, 2020, p. 98-132.

14. Pour une analyse de ces archives et de ce qu'elles peuvent nous apprendre des activités tant sociales qu'intellectuelles de l'académie, voir *infra*, ch. 3. Pour le détail des documents analysés, voir l'inventaire analytique des documents manuscrits consultés, qui figure en tête de la bibliographie proposée en fin de volume, p. 561-621. Les principaux fonds manuscrits explorés à Florence furent ceux de la Biblioteca Nazionale Centrale de Florence (BNCF), ceux de la Biblioteca Medicea Laurenziana (BMLF), ceux de la Biblioteca Riccardiana (BRF) et ceux de la Biblioteca Marucelliana (BMF). Les bibliothèques aristocratiques florentines, pour l'essentiel encore en mains privées, n'ont été visitées qu'à de rares occasions dans le cadre de ce projet.

15. Le fonds Strozzi de la Newberry Library de Chicago (NL), où se trouvent actuellement quelques dizaines de manuscrits et de livres ayant appartenus à Giovan Battista Strozzi (actif parmi les Alterati sous le nom du Tenero), fut aussi dépouillé, livrant quelques documents importants.

(fonds Ceramelli Papiani et Raccolta Sebregondi). Il n'est pas jusqu'aux archives de l'université et de la ville de Pise, où certains Alterati étudièrent pendant quelques années, qui ne furent visitées. Grâce à des reproductions photographiques, les documents les plus importants, déchiffrés sur place, purent ensuite être analysés plus à loisir à distance, permettant non seulement la reconstitution des activités des Alterati, mais encore l'analyse détaillée des carrières et écrits de leurs membres les plus actifs.

Quoique éparses, les archives des Alterati, pour l'essentiel de forme manuscrite, constituent une source d'une richesse exceptionnelle pour quiconque s'intéresse à l'histoire sociale et intellectuelle de Florence à la fin de la Renaissance, et/ou à celle des académies italiennes de l'époque moderne d'une manière plus générale. Pour la plupart des académies italiennes, la documentation — constituée le plus souvent d'imprimés — est en effet parcellaire ou restreinte. Même quand des archives subsistent, comme dans le cas de l'Académie Florentine ou de celle de la Crusca, elles sont souvent beaucoup moins abondantes que celles des Alterati. Pareil ensemble documentaire invitait, par sa cohérence, sa richesse et son extension mêmes, à la microhistoire. Les petites communautés qu'il est possible d'étudier à la loupe, à partir d'amples séries de documents pour l'essentiel inexplorés, constituent en effet les objets de prédilection de ce type d'investigation. La présente étude n'a cependant pas seulement en commun avec les approches microhistoriques le fait de définir son terrain d'enquête à partir des archives d'un groupe restreint, dont les activités documentent des évolutions historiques qui, autrement, resteraient difficiles à saisir. Comme la plupart des explorations menées à petite échelle, cette enquête a également pour caractéristique centrale le fait de focaliser le regard sur les acteurs sociaux eux-mêmes, que l'ouvrage envisage aussi bien dans leur capacité à construire leur(s) propre(s) trajectoire(s), que dans leur pouvoir de transformer les mondes qui les entourent — c'est-à-dans dans leur *actancialité* (les Anglo-Saxons diraient leur *agency*). Enfin, comme les tenants dans la microhistoire, je partage la conviction que, vues de près, certaines réalités du passé se révèlent souvent assez différentes des caractérisations qui sont proposées d'elles dans les macro-récits existants. En cela, la démarche adoptée dans ce livre présuppose qu'une enquête menée à l'échelle microhistorique peut, en raison même de l'étroitesse de l'objet envisagé, conduire à des modifications significatives dans les représentations historiographiques jusque-là acceptées. Cette enquête présuppose également que ce qui semble, à nos yeux, étrange a en réalité un grand pouvoir heuristique, en vertu duquel l'apparente particularité d'un cas tel que celui des Alterati aurait la capacité de nous permettre de voir dans le passé ce que les paradigmes existants ont tendance à masquer. En revanche, la représentativité des Alterati n'est pas ici posée comme un préalable : leur exemplarité au regard d'une réalité culturelle plus large est au contraire toujours problématisée, dans chacun de leurs champs d'action.

Or, quel est le paysage oublié que dévoila peu à peu cette investigation microhistorique ? Les deux premiers chapitres du livre étudient l'émergence des Alterati, et le positionnement initial de l'académie qu'ils fondèrent dans la Florence des Médicis tant sur le plan social que sur le plan politique. Peu de choses étaient jusqu'ici connues de la naissance de cette académie, créée en 1569. Il a parfois été suggéré qu'il s'agissait d'une institution qui avait pris forme dans l'ombre de l'Accademia Fiorentina (dite aussi, et la dénomination n'est évidemment pas neutre, Accademia Grande ou Grande Académie). Certains chercheurs ont même fait l'hypothèse que les Alterati avaient essentiellement fonctionné comme un lieu où les discours publiquement prononcés dans l'Académie Florentine étaient passés au crible, avant d'être présentés publiquement pendant les séances publiques de cette dernière[16]. Dans pareille lecture du paysage académique florentin du dernier tiers du XVIe siècle, les Alterati auraient été un groupe dont la fonction principale était de former de jeunes orateurs destinés à briller ensuite dans l'académie qui prospérait au grand jour dans le patronage des princes. Les documents mis au jour ici, tant au sujet de l'Accademia Fiorentina que sur les Alterati, suggèrent néanmoins une situation beaucoup plus complexe, dans laquelle la seconde institution s'est en réalité constituée comme une rivale larvée de la première. Dès leur fondation, les Alterati contestèrent en effet en sous-main tant les activités intellectuelles de l'académie médicéenne que les liens de dépendance étroite qu'à partir de 1547 celle-ci entretint avec le pouvoir.

Mais, dès lors que les Alterati ne fondèrent pas une nouvelle institution de savoir, posée comme principalement privée, pour servir de terrain d'entraînement aux orateurs de l'Accademia Fiorentina, dans quel(s) but(s) l'instituèrent-ils ? Si l'obscurité demeure jusqu'à aujourd'hui, c'est d'abord en raison de la culture du secret dans laquelle l'institution baigna durant toute son existence. Cette culture ne se marqua pas seulement par une prédilection pour les supports manuscrits, à circulation toujours restreinte. Elle se manifesta aussi par l'absence de production, au sein de l'académie, de discours qui rendent compte des motivations de ses membres les plus actifs et fassent l'histoire de leurs activités. L'analyse des sources en termes sociopolitiques suggère néanmoins que l'académie des Alterati eut pour fonction principale, lors de sa fondation, de rassembler ceux des membres du patriciat florentin qui, en raison de l'engagement passé de leurs

16. PLAISANCE, Michel, « L'Académie des Alterati au travail », dans PLAISANCE, Michel, *L'Académie et le prince*, p. 398-399.

familles dans la défense de la République florentine défunte, se trouvaient alors tenus à l'écart non seulement des charges de cour mais encore de ceux des offices urbains que les Médicis avaient laissés subsister dans les institutions du principat. L'histoire familiale des membres des Alterati entrelace en effet systématiquement, quoique selon des schémas variables, l'appartenance aux familles qui détinrent les plus importantes magistratures sous la République et une forme ou une autre d'opposition discrète à la domination médicéenne, construite en tradition familiale latente.

Dès lors, l'académie semble en réalité avoir eu une fonction double, qui n'alla pas sans paradoxes. D'un côté, les Alterati devinrent un lieu destiné à célébrer la République disparue, dont, sans jamais le dire clairement, dans ses structures et activités quotidiennes, l'institution décalquait en réalité les charges, les pratiques électorales et même les habitudes discursives. Mais, de l'autre, au sein de celle-ci, la mémoire de l'oligarchie et de ses pratiques se trouvait sans cesse recadrée par le théâtre académique lui-même. Par la mise en œuvre de formes oratoires burlesques, la mobilisation de gestes d'une bouffonnerie de carnaval ou encore l'introduction, dans les écrits et discours, d'une hétérodoxie de connivence, les académiciens tournaient en effet parallèlement en ridicule cette même République qu'ils semblaient pourtant vouloir faire revivre au travers de leurs activités oratoires.

Les raisons de cette double posture se comprennent mieux lorsqu'est pris en compte l'ensemble de l'existence de l'académie, jusqu'à 1600 et même au-delà. L'étude des activités des principaux académiciens entre 1590 et 1610 montre en effet que beaucoup d'entre eux se servirent des savoir-faire développés au sein de l'institution pour entrer dans le patronage des Médicis ou au moins dans les cercles de leur cour, dont ils avaient été jusque-là écartés, et y tenir des positions plus ou moins durables de producteurs et/ou d'intermédiaires culturels. Dès lors, l'académie peut aussi se comprendre comme une institution qui servit de lieu de reconversion et même de tremplin social à ses membres. Cette sodalité permit en effet aux académiciens de développer dans la sphère culturelle des compétences techniques (telles que l'écriture, en prose comme en vers, la publication, la performance rhétorique, la théorisation au sujet des arts, etc.) qu'il leur fut possible ensuite de faire valoir pour intégrer le service du prince. Elle les plaça ainsi dans une position d'autorité culturelle et intellectuelle qui, après 1600, facilita leur insertion dans la société de cour médicéenne, aux frontières extérieures de laquelle ils avaient parfois été confinés depuis la fin de leur adolescence.

La relation des académies florentines les plus importantes avec leur prince a souvent été décrite en termes d'instrumentalisation des institutions académiques par le pouvoir[17]. La mainmise des Médicis sur les académies toscanes a même à l'occasion été caractérisée comme quasi complète. Eric Cochrane suggérait ainsi que l'assujettissement des académies du principat avait provoqué une dépolitisation profonde de la vie académique toscane, dès lors que le pouvoir médicéen aurait réussi en peu d'années à contraindre tous ses *letterati* à ne se consacrer, dans leurs assemblées, qu'à des « exercices politiquement inoffensifs[18] ». Cette vision, que démentent la plupart des documents archivistiques subsistant, est discréditée depuis longtemps. Mais elle semble parfois resurgir tacitement dans les travaux de chercheurs qui envisagent les entreprises des académiciens florentins en se focalisant sur leurs activités savantes, sans considérer les éventuels enjeux sociaux ou politiques de celles-ci[19].

Plus récemment, la « non-conformité » du champ académique florentin a néanmoins été éloquemment soulignée dans une étude qui est elle aussi le fruit d'un long travail d'archive[20]. Dans le livre de Domenico Zanrè, l'attention est centrée sur l'Accademia Fiorentina. L'auteur pointe au sein de l'Accademia Grande une pratique du burlesque qui ferait de ses principaux intervenants les membres « d'un courant marginal souterrain opérant au sein même d'un environnement culturel officiel » (« *a marginal undercurrent operating within an official cultural environment* », p. 2). Cette description convient pour l'essentiel à l'académie

17. Voir notamment PLAISANCE, Michel, *L'Académie et le prince*, tout particulièrement les pages consacrées à l'Accademia Fiorentina, p. 29-280 et BARZMAN, Karen-edis, *The Florentine Academy and the Early Modern State.*

18. COCHRANE, Eric, *Tradition and Enlightenment in the Tuscan Academies (1690-1800)*, Rome, Edizioni di Storia e Letteratura, 1961 suggère que la censure qui s'exerçait sur les discours académiques à l'Académie Florentine en fit des « *politically harmless exercises* » (p. 31), avant de préciser que ces manières de faire, qui privaient ces activités de toute « vigueur intellectuelle » (« *intellectual vigor* », p. 32), permirent à Cosme Ier d'asservir en peu de temps toutes les académies toscanes : « *Within a few years academies, most of them modeled on the Accademia Fiorentina, had sprung up in all cities of Tuscany under the direct or indirect sponsorship of the government ; and they continued well into following century to be the most important institutions of cultural life. Never did they make any pretense of investigating or questionning the established political and ecclesiastical order ; never did they permit themselves reflections upon their studies of language or literature that might in any way have touched on matters now within the sole competence of the prince.* » Dans *Florence in the Forgotten Centuries, 1527-1800*, p. 93-161, Cochrane applique ce point de vue à l'étude des Alterati, qu'il centre sur le seul membre de l'académie qui ait, entre 1570 et 1600, jamais été un serviteur pensionné du prince, à savoir Scipione Amirato, dit il Trasformato (sur lequel voir *infra*, ch. 1, p. 90-106 et ch. 2, p. 160-161). À cette l'occasion, Cochrane décrit les activités des Alterati comme visant principalement au « divertissement » (« *recreation* », p. 116), et pointe la futilité de leurs occupations intellectuelles (voir par exemple l'analyse des traductions de Tacite par Bernardo Davanzati, *accademico Alterato* sous le nom du Silente, p. 119-121).

19. Anna Siekiera analyse par exemple avec beaucoup de finesse et d'érudition les activités des Alterati dans le champ linguistique (voir « Il volgare nell'Accademia degli Alterati » dans *Italia linguistica : discorsi di scritto e di parlato*, p. 87-112, ainsi que « Ancora sull'Accademia degli Alterati : il *Trattato di lingua toscana* di Francesco Bonciani » et « Il lavoro paziente dall'Accademia degli Alterati » précédemment cités) tout en laissant de côté le problème des enjeux sociaux et politiques de celles-ci.

20. ZANRÈ, Domenico, *Cultural Non-Conformity in Early Modern Florence*, Aldershot, Ashgate, 2004.

médicéenne, dont la composition est — dans les trente à quarante premières années de son existence — bien plus mêlée sur le plan social que celle des Alterati. Au sein de la Fiorentina, les auteurs qui s'adonnent le plus volontiers au burlesque n'appartiennent en effet pas au patriciat florentin (ainsi Anton Francesco Grazzini, dit il Lasca, né près de Poggibonsi et dont le père était notaire). Mais pareille caractérisation est inadaptée aux Alterati, qui ne furent pas des marginaux opérant au sein d'un cadre culturel officiel qui n'aurait fait que les tolérer[21]. Parmi eux figuraient au contraire non seulement les patriciens les mieux établis de Florence, sur le plan social, mais encore nombre des acteurs les plus respectés et les plus prolixes de la culture académique florentine, dans et hors de l'institution qu'ils avaient fondée. Par ailleurs, les activités socialement et/ou politiquement hétérodoxes de ces hommes ne les ont pas maintenus éternellement dans l'extériorité relative qui était originellement la leur vis-à-vis de la cour médicéenne. D'hommes du dehors — au moins sur le plan politique —, les Alterati sont au contraire peu à peu devenus des hommes du dedans, tout en s'efforçant souvent de garder une forme de distance vis-à-vis du pouvoir médicéen.

C'est en quoi il a semblé nécessaire de penser, à partir de leur cas, un rapport de l'institution académique au pouvoir médicéen qui n'oppose pas de manière rigide la soumission à la contestation, ni la marginalité à l'intégration, mais fasse au contraire toute sa place aux louvoiements de ce qu'on pourrait appeler une stratégie de l'ambivalence. Pour ce faire, l'étude invite à décentrer le regard, qui était jusqu'ici fixé sur les relations entre le prince et ses académies, pour englober un terrain d'action plus vaste, qui inclut non seulement la culture urbaine et ses charges civiles, mais encore les activités de l'administration médicéenne, et les dynamiques de cour, telles qu'elles étaient alors en train de se mettre en place autour du palazzo Pitti. L'importance de la culture civile florentine — c'est-à-dire en vérité des idéaux et pratiques associés avec l'oligarchie défunte — pour les membres des Alterati a déjà été soulignée par Henk van Veen dans un article qui s'appuyait notamment sur les travaux que plusieurs historiens de la musique avaient consacrés aux Alterati et à leurs rapports avec la Camerata de' Bardi[22]. Henk van Veen analysait principalement les idéaux des Alterati, tels qu'ils se manifestaient dans leurs productions académiques, en insistant sur l'importance parmi eux de valeurs civiles

21. Sur les formes que prit la marginalité dans l'Italie de la Renaissance, voir MILNER, Stephen J. (dir.), *At the Margins : Minority Groups in Premodern Italy*, Minneapolis, University of Minnesota Press, 2005.

22. VEEN, Henk van, « The Accademia degli Alterati and Civic Virtue », dans DIXHOORN, Arian van et SPEAKMAN SUTCH, Susie (dir.), *The Reach of the Republic of Letters*, t. 2, p. 285-308. Les historiens de la musique cités sont PALISCA, Claude « The Alterati of Florence. Pioneers in the Theory of Dramatic Music » (p. 429), CARTER, Tim, « Music and Patronage in Late Sixteenth-Century Florence : The Case of Jacopo Corsi (1561-1602) », *I Tatti Studies in the Renaissance*, 1985,1, p. 57-104 (p. 58) et DE CARO, Gaspare, *Euridice. Momenti dell'umanesimo civile fiorentino*, p. 73 116.

telle que l'amour de la patrie. Au même moment, Jean Boutier, signalait, pour les XVIIe et XVIIIe siècles, la continuité entre la culture des académiciens florentins et celle de la cité, en mettant en évidence la centralité de la figure de l'académicien citoyen (*cittadino accademico*)[23]. Pour Boutier, la synergie entre la culture urbaine et celle de la cour n'aurait pas été pas moins grande, dès lors que le régime médicéen n'a cessé de présenter ses origines comme la continuation naturelle et légale de l'ordre républicain préexistant[24]. Mais ce raisonnement accorde sans doute trop de crédit aux discours de la propagande médicéenne. L'étude des Alterati suggère en effet que, dans le dernier tiers du XVIe siècle, la distance symbolique non seulement entre la culture des charges urbaines et celle de la cour médicéenne, mais encore entre les valeurs du patriciat et celles que prétendait incarner le prince restait très sensible pour les acteurs sociaux, résultant en des polarisations fortes où la culture urbaine, le service administratif du principat et les logiques de l'ascension curiale se trouvaient fréquemment opposés.

Ces tensions se repèrent nettement dans les carrières des Alterati, qui n'obtiennent bien souvent des charges urbaines qu'assez tard — pour certains, à cinquante ans passés — dès lors que les Médicis réservent en réalité longtemps l'accès à celles-ci à leurs affiliés. Celles qu'ils finissent par obtenir sont d'ailleurs rarement les plus prestigieuses. C'est en quoi la vie académique florentine apparaît moins comme une réalité qui se superpose harmonieusement à la vie citadine, et la redouble, que comme un ensemble d'activités visant à se substituer à celle-ci, en offrant à ceux qui s'y engagent la possibilité d'accéder, au sein des académies les plus prestigieuses et les plus établies, à ce qu'on pourrait appeler des magistratures civiles de remplacement. Au sein des académies, les pratiques de la culture civile républicaine (élections, charges, débats, parité, etc.) pouvaient en effet continuer à avoir cours en dehors de la vie civile à proprement parler, c'est-à-dire aussi sans menacer directement le pouvoir médicéen. Dans le cadre académique, il était également possible aux patriciens de développer les compétences sociales (à propos, entregent, maîtrise des registres du discours et des convenances sociales, capacité à énoncer des jugements esthétiques et/ou moraux, etc.) nécessaires à l'exercice d'emplois

23. BOUTIER, Jean, « Les membres des académies florentines à l'époque moderne : la sociabilité intellectuelle à l'épreuve du statut et des compétences », dans BOUTIER, Jean ; MARIN, Brigitte et ROMANO, Antonella (dir.), *Naples, Rome, Florence : une histoire comparée des milieux intellectuels italiens*, Rome, École française de Rome, 2005, p. 405-443 (p. 421-425).

24. BOUTIER, Jean, « Les membres des académies florentines à l'époque moderne », p. 424 : « L'académicien-citoyen est donc également un bon serviteur du prince, affirmation qui n'est en rien contradictoire car le principat saurait d'autant moins être assimilé au régime de la "monarchie absolue" que la dynastie des Médicis n'a eu de cesse de se présenter comme "*la naturale prosecuzione dell'ordine repubblicano previgente*". » La question n'est sans doute pas tant de savoir si le régime médicéen est absolutiste que de ne pas effacer trop vite la distance symbolique qui, aux yeux des acteurs sociaux, sépare souvent ce régime de la République défunte.

de cour, alors même qu'ils se trouvaient en réalité inoccupés, dans le cadre de la vie civile. Une participation active à la vie académique permit ainsi de compenser progressivement les pertes en capital social que l'arrivée des Médicis au pouvoir avait créées pour les familles de tradition antimédicéenne, tout en leur donnant la possibilité de viser — à moyen terme et sans participer trop activement à la vie civile florentine, reconfigurée par le grand-duché — des positions de producteurs ou d'intermédiaires culturels à la cour.

Il ne fait pas de doute que, comme l'écrit Jean Boutier, « l'académie n'est [...] ni un îlot quelque peu factice qui préserverait un passé désormais obsolète et cristalliserait la nostalgie républicaine, ni le simple bras "culturel" du prince[25] ». Mais il convient de souligner immédiatement que cet état de fait s'explique en grande partie par la posture sociale complexe et l'ambivalence politique foncière de bien des *accademici* les mieux nés. La situation tant sociale que politique des plus anciennes familles florentines transformait en effet certaines des institutions académiques les plus en vue en lieux privilégiés de la reconversion sociale de ces élites patriciennes traditionnelles. Par là, le double jeu se trouvait fréquemment institué en manière d'être, dès lors que l'intégration à la vie de cour apparaissait à ces individus comme l'unique moyen de maintenir durablement leur statut et leur fortune. Or, dans les cas où la métamorphose s'est effectivement accomplie, la maîtrise des arts et de leurs discours semble souvent avoir joué, dans cette forme de reconversion, une fonction de catalyseur.

Le rôle que, en corrélation avec la formation des académies, les cours de la première modernité ont joué dans la cristallisation de représentations que nous associons aujourd'hui non seulement avec la figure de l'artiste, du musicien ou du savant, mais encore avec les normes mêmes de l'art ou de la science, a récemment été mis en lumière, pour Florence, tant par les historiens de l'art et que par ceux de la musique ou des pratiques scientifiques[26]. Pareille enquête n'a néanmoins pas

25. BOUTIER, Jean, « Les membres des académies florentines à l'époque moderne », p. 425.

26. Sur l'importance des structures curiales pour le développement de la figure de l'artiste tout autant que de la production artistique, voir WARNKE, Martin, *The Court Artist : on the Ancestry of the Modern Artist*, traduit de l'allemand par David MCLINTOCK, Cambridge et New York, Cambridge University Press, 1993 (paru en allemand en 1985), qu'on pourra comparer avec profit avec l'analyse qu'offre Jill BURKE des structures du patronage des arts au sein du patriciat, dans la Florence républicaine : BURKE, Jill, *Changing Patrons : Social Identity and the Visual Arts in Renaissance Florence*, University Park, Pennsylvania State University Press, 2004. Voir aussi un recueil d'études centrées sur quelques cours italiennes, dont Florence : MORSELLI, Raffaella et FUMAGALLI, Elena (dir.), *The Court Artist in Seventeenth-Century Italy*, Rome, Viella, 2014, qui comprend notamment un article d'Elena FUMAGALLI, « On the Medici Payroll : At Court from Cosimo I to Ferdinando II (1540-1670) », p. 95-136. Les historiens de la musique ont également mis en évidence les dynamiques de cour. Pour le cas de Florence, voir en particulier : KIRKENDALE, Warren, *The Court Musicians in Florence during the Principate of the Medici : with a Reconstruction of the Artistic Establishment*, Florence, L. S. Olschki, 1993 et *Emilio de' Cavalieri 'Gentilhuomo Romano' : his Life and Letters, his Role as Superintendent of all the Arts at the Medici Court and his Musical Compositions*, Florence, L. S. Olschki,

encore été conduite de manière extensive dans le cas des *letterati* florentins, dont les interactions avec la cour médicéenne n'ont pas à ce jour été étudiées à partir de séries représentatives[27]. Par comparaison, les relations des hommes de lettres français de l'âge classique avec le pouvoir monarchique ont fait l'objet d'enquêtes approfondies dès les années 1980[28]. L'analyse des rapports entre les Alterati et la cour médicéenne permet donc de commencer à défricher ce terrain. Les dynamiques qui organisaient, à Florence, les relations des autres académies florentines de la fin du XVIe siècle avec les espaces curiaux, ainsi que les formes que ces interactions prirent dans la plupart des autres principats d'Italie restent néanmoins presque entièrement à explorer[29].

La principale gageure de ce livre est pourtant ailleurs. Elle réside dans l'effort fait pour articuler cette analyse de la position complexe qui fut celle du patriciat académique florentin, aux tournants des XVIe et XVIIe siècles, avec une étude détaillée des écrits et activités de certains de ses membres les plus emblématiques, dans le champ des arts et de l'esthétique. Par comparaison avec deux monographies récentes sur des académies italiennes, celle de Vernon Hyde Minor sur les Arcadi à Rome et celle de Jean-François Lattarico sur les Incogniti de Venise, la présente enquête accorde

2001, ainsi que CARTER, Tim et GOLDTHWAITE, Richard A., *Orpheus in the Marketplace : Jacopo Peri and the Economy of Late Renaissance Florence*, Harvard, Harvard University Press, 2013, p. 219-245. Enfin, pour l'analyse du rôle de la curialité dans l'invention de la science moderne, dans la configuration florentine et au-delà, voir BIAGIOLI, Mario, *Galileo Courtier : The Practice of Science in the Culture of Absolutism*, Chicago, Chicago University Press, 1993 et « Le prince et les savants : la civilité scientifique au XVIIe siècle », traduit par Sabine LODÉON et Pierre-Antoine FABRE, *Annales. Histoire, Sciences sociales*, 1995/6, p. 1417-1453.

27. Des études de cas sur quelques individus ayant joué un rôle central existent néanmoins déjà, voir en particulier les travaux Salvatore LO RE sur Benedetto Varchi et Pier Vettori, dont « 'Chi potrebbe mai, a questi tempi, badare a lettere ?' Benedetto Varchi, Piero Vettori e la crisi fiorentina del 1537 », *Studi Storici*, 43/2, 2002, p. 367-409 ainsi que LO RE, Salvatore, *La crisi della libertà fiorentina. Alle origini della formazione politica e intellettuale di Benedetto Varchi e Piero Vettori*, Rome, ESL, 2006 et *Politica e cultura nella Firenze cosimiana : studi su Benedetto Varchi*, Manziana (Rome), Vecchiarelli, 2008.

28. Sur le champ français, deux études ont fait date, celle d'Alain VIALA, *Naissance de l'écrivain : sociologie de la littérature à l'âge classique*, Paris, Éditions de Minuit, 1985 (sur les académies et la cour, voir p. 13-84) et celle de Christian JOUHAUD, *Les Pouvoirs de la littérature, Histoire d'un paradoxe*, Paris, Gallimard, 2000. Concernant Florence, le livre qui s'approche le plus d'une investigation de la circulation des artistes et *letterati* dans les milieux académiques et les antichambres du prince est sans doute celui de Massimo FIRPO, *Gli affreschi di Pontormo a San Lorenzo : eresia, politica e cultura nelle Firenze di Cosimo I*, Turin, Giulio Einaudi, 1997. Son propos est cependant avant tout l'étude des œuvres et discours hétérodoxes produits dans ce cadre. Voir aussi, mais principalement pour le *Seicento* : CALLARD, Caroline, *Le Prince et la République. Histoire, pouvoir et société dans la Florence des Médicis au XVIIe siècle*, Paris, Presses universitaires de la Sorbonne, 2007.

29. Rome a néanmoins reçu de l'attention de ce point de vue. L'enquête approfondie de Maria Pia DONATO sur les académies romaines de la fin de l'époque moderne (*Accademie romane. Una storia sociale*, Naples, Edizioni scientifiche italiane, 2000) étudie ainsi la sociabilité académique dans l'entourage du pape Benoît XIV (p. 77-115). L'article d'Amedeo QUONDAM sur l'Arcadia, « L'istituzione arcadia : sociologia e ideologia di un' accademia », *Quaderni Storici*, 1973, 23, p. 389-438, fut par ailleurs le travail pionnier, dans le champ romain, en matière d'histoire sociale des pratiques et représentations académiques.

ainsi beaucoup plus d'importance à l'histoire sociale et politique[30]. Mais sa finalité première reste bien celle d'une histoire culturelle et intellectuelle. En cela, ce livre s'inscrit dans un champ relativement neuf de l'histoire culturelle, celui qui se désigne depuis peu comme l'« histoire sociale et culturelle des arts », c'est-à-dire tant des pratiques que des discours s'y rapportant[31]. La place faite aux méthodes et logiques de l'histoire dans cette étude la distingue aussi des travaux des sociologues des arts, qui ont pour leur part l'habitude d'envisager la question de la manière dont s'élaborent les valeurs que nous attribuons aux arts et à leurs productions à partir des configurations discursives et pragmatiques contemporaines[32]. La seconde partie de cet ouvrage (chapitres 3, 4 et 5) s'efforce au contraire de saisir l'art et les valeurs qui lui furent attribuées à partir des pratiques et des discours d'un groupe spécifique, considéré dans une configuration historique précise, qui est d'abord pensée dans sa singularité.

En France, nous tenons parfois les académies pour des regroupements d'hommes oisifs, à l'image des membres de l'Académie française, qui furent raillés dès le XVIIe siècle même, parce qu'ils ne parvenaient pas à avancer leur dictionnaire de plus de quelques définitions par an. Les plus importantes académies florentines du XVIe siècle sont de nature différente, dans le sens où le travail intellectuel y était en général effectif et même souvent intense. Les Alterati, qui se réunissaient originellement deux fois par semaine, laissèrent pour leur part un impressionnant *corpus* de *discorsi* académiques, de poèmes et d'œuvres collectives (manuscrits et livres annotés collectivement, traités écrits à plusieurs mains). Cependant, à force de ne pas lire les écrits académiques, ou de les lire isolément, hors des contextes où ils se trouvèrent originellement produits et où ils circulèrent, nous ne sommes bien souvent plus en état de comprendre le sens et les visées de la plupart des productions textuelles des académiciens de l'époque moderne. C'est pourquoi, avant de pouvoir espérer reconstruire les points de vue des Alterati sur les arts, il était nécessaire de reconstituer les modalités de leurs travaux en commun, à partir de l'examen détaillé de leurs productions subsistantes.

30. MINOR, Vernon Hyde, *The Death of the Baroque and the Rhetoric of Good Taste*, Cambridge, Cambridge University Press, 2006 et LATTARICO, Jean-François, *Venise incognita : essai sur l'académie libertine au XVIIe siècle*, Paris, Champion, 2012.

31. Un ouvrage collectif récent travaille à la définition interdisciplinaire de ce type d'approche : POIRRIER, Philippe et TILLIER, Bertrand (dir.), *Aux confins des arts et de la culture : approches thématiques et transversales, XVIe-XXIe siècle*, Rennes, Presses universitaires de Rennes, 2016 ; voir également un riche ensemble de comptes rendus consacrés aux « arts » et aux « lettres » dans *Annales. Histoire, Sciences sociales*, 2017/3, p. 807-925.

32. L'ouvrage de Nathalie HEINICH, Jean-Marie SCHAEFFER et Carole TALON-HUGON (dir.), *Par-delà le beau et le laid : enquêtes sur les valeurs de l'art*, Rennes, Presses universitaires de Rennes, 2014, envisage ainsi en succession l'authenticité, l'autonomie, la célébrité, la cherté, la moralité, l'originalité, la pérennité, le plaisir, la rareté, la responsabilité, la significativité, le travail, l'universalité, la virtuosité. Les contributions individuelles sont diversement historicisées, mais la délimitation des valeurs étudiées est résolument présentiste.

Le chapitre central de ce livre (chapitre 3) est dès lors consacré à l'analyse du *corpus* de documents qui témoignent, aujourd'hui encore, des efforts de ces académiciens, et, à travers lui, à l'étude des diverses formes qu'ont pu prendre leurs activités intellectuelles. Afin de mieux comprendre la valeur des différents types de documents ayant survécu (comptes rendus de séances, discours, poèmes annotés, manuscrits individuels ou collectifs, etc.), l'analyse s'attache d'abord à cerner tant leur matérialité que les modalités de leur transmission, qui permettent souvent d'en reconstituer les usages passés. La circulation initiale de ces matériaux est ensuite examinée pour saisir comment, en son temps, l'académie entendait publier ses travaux. Le souci du secret dont les académiciens sont collectivement animés transparaît ici avec une clarté toute particulière, dans la primauté qu'ils accordent à la circulation orale et manuscrite de leurs textes. L'étude reconstitue enfin les formes du travail collectif au sein de l'académie, à partir d'un examen plus minutieux de quelques-uns des documents préservés. Cette analyse du labeur accompli en groupe(s) au sein de l'institution, à partir de manifestations matérielles de celui-ci, permet de comprendre comment un ou des horizons intellectuels collectifs pouvaient peu à peu être définis au sein de la sodalité. Il s'agit moins en l'espèce de reformuler les théories ou positions que l'académie aurait élaborées collectivement que de saisir comment certaines questions prenaient forme au sein d'une institution qui valorisait en réalité le débat, et les éventuels désaccords qu'il pouvait faire surgir, au-dessus du consensus. Ce n'est pas que des perspectives communes ne puissent être isolées. Mais les Alterati les plus engagés gardaient en toute occasion leur voix propre, tout autant que la capacité à la faire entendre au sein même de la collectivité.

Cette constante dialectique du collectif et du particulier, dont dépendait une grande partie de la subtilité et de la richesse des échanges dont l'académie fut le lieu, échappa souvent à son premier interprète contemporain, l'historien de la littérature Bernard Weinberg, auteur d'une monumentale histoire de la « critique littéraire » dans l'Italie de la Renaissance[33]. En cherchant à déterminer le « goût littéraire » qui se serait uniformément développé au sein de celle-ci, Weinberg ne parvint en effet à isoler pour seul point commun entre tous les Alterati que le fait de s'appuyer, pour la formulation de quelque règle ou jugement poétique que ce soit, sur la tradition littéraire antique et en particulier la *Poétique* d'Aristote[34].

33. Weinberg, Bernard, *A History of Literary Criticism in the Italian Renaissance*, Chicago, Chicago University Press, 1961, 2 vol.

34. Dans « The Accademia degli Alterati and Literary Taste from 1570 to 1600 », p. 207-214 (p. 213), Weinberg conclut : « *In all phases of its literary activity, the Accademia degli Alterati manifests a kind of literary taste which would, I suppose, be typical for most of Italy in the closing years of the sixteenth century. It is a taste which presumes that all literary composition must be based upon the rules provided by the ancients, especially Aristotle, and that all judgments of works must derive from criteria found in the same ancients. These rules are understood in the light of long-time assumptions and prejudices about the art, and in a sense become little more than convenient*

Ses difficultés à saisir la spécificité des discours que l'académie élabora au sujet des arts participent avant tout d'un fait culturel de nature large : depuis l'essor de la philologie allemande, au cours du XIXe siècle, nous peinons à concevoir l'auctorialité autrement qu'en la rapportant aux actions et intentions d'un seul individu. Dès lors, l'écriture collective n'est souvent pas considérée comme une écriture à part entière.

C'est sans doute pourquoi Weinberg, lorsqu'il publia une sélection de discours académiques italiens en matière de poétique et de rhétorique, fit spontanément le choix de les regrouper autour de tel ou tel auteur, au lieu de présenter ensemble les écrits produits au sein d'une même académie[35]. Or ce qui se trouve perdu dans ce geste éditorial apparemment anodin, c'est en réalité le contexte académique lui-même, où un discours ou une position ne prenaient en général sens, pour les membres d'une académie et leurs éventuels lecteurs externes, que par rapport à plusieurs autres, dans le cours d'un débat académique qui pouvait, à l'occasion, s'étendre sur des décennies. De là découlent des contresens, par exemple lorsqu'une position que son auteur même tenait pour caricaturale — et qui n'avait en réalité été élaborée par lui que parce qu'il avait été chargé, au sein de l'académie, de porter la contradiction à un collègue — est présentée comme l'expression du sentiment personnel dudit individu ou même de l'académie tout entière.

C'est en quoi l'analyse, tant philologique que philosophique, des productions d'une académie ne peut en réalité pas se faire sans une étude approfondie des formes de sa sociabilité intellectuelle, dont ses productions scripturaires sont les témoignages les plus directs. À cette fin, l'enquête qui suit fait constamment dialoguer histoire institutionnelle, histoire sociale et histoire intellectuelle dans l'analyse des travaux des Alterati[36]. L'enjeu de l'entreprise dépasse cependant largement le cas des Alterati, dès lors que les protocoles de lecture que ce livre propose sont en réalité susceptibles de permettre de mieux appréhender les productions académiques de l'époque moderne d'une manière générale, en Italie mais aussi au-delà. Des milliers

ways of organizing the literary tradition. Perhaps it is improper to talk about 'taste' at all, if by that would be meant some intimate expression of the relationship between the work of art and its individual contemplator. For in this century the impressions of the individual have no place whatsoever. He would not think of offering them. He regards his best function in criticism as that of formulating a set of precepts according to which poems may be written, and of judging existing works in terms of the same precepts. He becomes, in a word, an instrument for the application of the approved literary tradition to the particular work of art. » Dans « Argomenti di discussione letteraria nell'Accademia degli Alterati (1570-1600) », p. 175-194, Weinberg dresse la liste des débats que l'académie organisa sur les matières de poétique.

35. WEINBERG, Bernard (éd.), *Trattati di poetica e retorica del Cinquecento,* Bari, Laterza, 1970-1974, 4 vol.

36. Pareil croisement est pour une part le produit de l'approche micro-historique elle-même. Une récente étude sur les Oziosi de Naples mobilise ainsi une perspective similaire : DE MIRANDA, Girolamo, *Una quiete operosa. Forme e pratiche dell'Accademia napoletana degli Oziosi, 1611-1645*, Naples, Fridericiana Editrice Universitaria, 2000.

de volumes d'écrits académiques, qui rebutent bien souvent les chercheurs contemporains, pourraient ainsi recommencer à acquérir un sens aux yeux des historiens de la culture européenne. Un continent entier sortirait alors de la pénombre.

Une fois les pratiques textuelles des Alterati éclaircies, l'ouvrage analyse la manière dont ces académiciens, dans le cadre des activités et des discours qu'ils consacrent aux arts, constituent leur assemblée en lieu de l'art (chapitre 4), c'est-à-dire en espace institutionnel où sont élaborés des savoir-faire nouveaux, qui tout à la fois font exister les arts en objets de préoccupation légitimes et confèrent à ceux qui s'y consacrent des fonctions sociales neuves. Pour comprendre ce que les Alterati disent collectivement des arts et accomplissent par leur moyen dans leurs productions écrites, il faut en effet préalablement saisir comment l'académie instaure de l'art par ses activités mêmes, et quels processus de valorisation ses pratiques tout autant que ses discours mettent en mouvement. À cette fin, le quatrième chapitre de ce livre envisage comment, au sein de l'académie, s'organise le transfert de plusieurs des valeurs clefs du patriciat, depuis l'espace civil au sens large jusqu'à celui des pratiques et jugements que nous dirions esthétiques. Ces valeurs sont, pour l'essentiel, l'opposition du loisir et du service (dans le cadre d'une charge civile ou curiale), la revendication de la noblesse, l'assertion d'une liberté et même d'une parité dans l'évaluation et le jugement, et enfin l'affirmation de ce qu'on pourrait appeler un droit au plaisir, du moins lorsque celui-ci est socialisé dans le cadre d'une académie qui, parce qu'elle ne rassemble ses membres qu'en tant que particuliers, est d'abord pensée comme une extension de l'espace domestique et privé.

Dans le cours de ce processus de reconfiguration, qui transpose des représentations propres au patriciat de l'espace civil vers ces objets de l'art dont les Alterati se sont collectivement emparés, les académiciens gagnent une nouvelle légitimité sociale, en tant que possesseurs d'un savoir spécifique, se rapportant à des objets par eux-mêmes déclarés nobles, mais sans entrer néanmoins dans une dynamique de professionnalisation. En cela, ce mouvement aboutit en réalité à la création pour eux d'une identité sociale réaménagée, dont l'art, et les discours de savoir développés autour de celui-ci, deviennent peu à peu l'un des fondements centraux. Pour rendre cette métamorphose manifeste, l'analyse se focalise sur trois éléments : la manière dont l'académie travaille à définir le loisir académique comme un labeur sur les choses de l'art, ses pratiques collectives d'invention et d'évaluation critique, lors de l'examen collectif de ses productions poétiques (et, à l'occasion, oratoires), et enfin sa façon de désigner l'exploration des arts et des savoirs comme le lieu d'un plaisir qui tout à la fois agrège la communauté académique et l'isole, au sein même de l'espace civil, par la création de mécanismes de distinction.

L'ultime chapitre (chapitre 5) de ce livre est consacré à l'analyse des discours par lesquels les Alterati élaborent et justifient le rapport hédoniste qu'ils instituent avec les arts, tout autant qu'à l'investigation de la manière dont ils mirent en circulation les conceptions esthétiques qu'ils envisagèrent collectivement pendant des décennies au sein de leur académie. Cette investigation juxtapose une analyse en termes doctrinaux — qui cherche, à partir d'oraisons fragmentées, à reconstituer les discours des académiciens sur le plaisir — avec une étude du fonctionnement *in situ* d'une représentation allégorique à la production de laquelle plusieurs des Alterati contribuèrent activement, à savoir l'*Euridice* d'Ottavio Rinuccini et Jacopo Peri, qui fut donnée à la cour de Ferdinand Ier de Médicis en 1600, lors la célébration du mariage de Marie de Médicis et d'Henri IV. L'étude de cet opéra cherche d'abord à montrer comment l'action mise en scène donnait forme, en termes allégoriques, aux représentations que les Alterati élaborèrent de leurs plaisirs, tout en figurant les pouvoirs qu'ils pensaient être ceux des arts. Mais l'*Euridice* d'Ottavio Rinuccini et Jacopo Peri est aussi envisagée comme une action collective d'un groupe d'Alterati dans l'espace de la cour médicéenne, c'est-à-dire comme une entreprise qui, en rendant publique une conception de l'art et de ses usages, permit aux hommes qui s'y investirent non seulement de circonscrire leur propre place à la cour, mais encore d'affirmer, sous le voile de la fable, en quoi ils espéraient que leur maîtrise des arts (et des plaisirs que, selon eux, ils faisaient naître) pourrait leur permettre de modifier cette position.

L'approche des arts que les Alterati développèrent et pratiquèrent apparaît comme centralement tributaire, dans ce dernier chapitre, de ce que j'ai pris la décision d'appeler un *principe de plaisir*. Dans leurs représentations, le plaisir est en effet le plus souvent posé en fondement premier de toutes choses. L'art est ainsi construit parmi eux comme faisant naître, par le plaisir des sens, la surprise, la contemplation, et, en dernière instance, un plaisir plus haut, celui de l'idée, où sensualité, vertu et raison sont envisagées comme se rejoignant. Pareille représentation est clairement fondée, dans les écrits de plusieurs des Alterati les plus actifs, sur la fréquentation des traditions matérialistes, ainsi que sur la lecture des écrits de ceux de leurs contemporains que l'hédonisme a fascinés, tels que le Tasse. Mais elle repose sans doute non moins étroitement sur une lecture de l'œuvre du philosophe néoplatonicien Marsile Ficin.

Le plaisir que les Alterati construisent en fondement de la relation qu'ils prétendent instituer avec les arts partage avec le principe de plaisir dont Freud envisage dans *Au-delà du principe de plaisir* (1920) — la face obscure, une caractéristique importante, à savoir celle de s'énoncer d'une manière détournée, ou peut-être plus exactement en mode stratégique[37]. On se souvient en effet que, selon Freud,

37. L'adjectif « stratégique » est utilisé ici avec le sens que lui donne Michel de CERTEAU dans *L'Invention du quotidien 1. Les arts de faire*, Paris, Gallimard, 1990, p. 59 : « J'appelle *stratégie* le calcul (ou la manipulation) des

les individus prennent peu à peu conscience, au cours de leur développement, de la nécessité d'atténuer ou même de camoufler les expressions du principe de plaisir par lequel ils sont mus, afin de ne pas nuire aux visées qui par ailleurs sont les leurs dans l'espace social, gouverné par ce que le fondateur de la psychanalyse appelle le principe de réalité. L'idée est de différer provisoirement un désir qui, immédiatement assouvi, mettrait le sujet en danger, dans le but de mieux y satisfaire autrement, et plus tard. Lorsqu'il ne préfère pas le rêve ou l'hallucination, chacun poursuit ainsi les satisfactions que le monde réel a à lui offrir en masquant ses pulsions, désirs, et même ses idéaux, pour mieux se contenter ultérieurement par une série de détours où plaisir et réalité pourront (même précairement) être accordés. Semblablement — mais sur un plan différent, bien sûr — les Alterati construisent le plaisir collectivement pris aux arts en mystère qui ne doit être partagé qu'avec un petit groupe de semblables, au sein de la sphère privée, aux fins de mieux affirmer, de manière détournée, leur position, et même leur pouvoir, dans le monde qui les entoure, et y construire peu à peu, en nom collectif, un lieu symbolique qui leur soit durablement bénéfique.

Cette manière d'affirmer un plaisir qui élève et distingue, mais reste toujours particulier, n'est pas seulement une manière de revendiquer un accès privilégié à la transcendance. C'est aussi une façon de définir — au profit de ceux qui s'agrègent au sein de l'académie — une forme d'indépendance vis-à-vis des pouvoirs temporels, tant dans la sphère des perceptions, que dans celle des jugements et même dans celle de la vérité. Par l'usage du secret et de l'expression indirecte, l'espace d'investigation et d'appréciation ainsi créé au sein des Alterati se trouve en effet soustrait à la domination des pouvoirs, implicitement déclarés incompétents en matière d'art, tandis qu'est affirmé le savoir-faire des membres de l'académie, en raison même de leur capacité à percevoir, à penser et à générer du plaisir dans le cadre de leurs activités artistiques ou esthétiques. En cela, l'académie fut en elle-même une ruse pour obtenir une forme de reconnaissance sociale par des voies nouvelles — et détournées. Une forme de liberté se trouva ainsi conscrite, qui tout à la fois définit l'art et les savoirs qu'il demande, et pointe, par métaphore, d'autres formes de liberté,

rapports de forces qui devient possible à partir du moment où un sujet de vouloir ou de pouvoir (une entreprise, une armée, une cité, une institution scientifique) est isolable. Elle postule un *lieu* susceptible d'être circonscrit comme un propre et d'être la base d'où gérer les relations avec *une extériorité* de cible ou de menaces (les clients, les concurrents, les ennemis, la campagne autour de la ville, les objectifs et objets de la recherche, etc.). Comme dans le management, toute rationalisation "stratégique" s'attache d'abord à distinguer d'un "environnement" un "propre", c'est-à-dire le lieu du pouvoir et vouloir propres. Geste cartésien, si l'on veut : circonscrire un propre dans un monde ensorcelé par les pouvoirs invisibles de l'Autre. » Dans ce livre, l'institution académique est ainsi comprise comme le lieu d'un « propre » à partir duquel d'autres positions peuvent être conquises, en dehors et au-delà de ses frontières symboliques. Pour une réflexion collective sur l'usage de la notion de stratégie dans le cadre de l'analyse des actions que les individus mènent dans le monde social par l'écriture et la publication, voir Ribard, Dinah et Schapira, Nicolas (dir.), *On ne peut pas tout réduire à des stratégies : pratiques d'écriture et trajectoires sociales*, Paris, Presses universitaires de France, 2013.

tant sociales que politiques, que les Alterati ne revendiquent pas de manière directe, mais à la forme desquelles ils n'ont en réalité pas totalement renoncé. Cependant, la revendication indirecte et contournée de cette liberté affirmée dans le champ des arts ne place pas les académiciens en porte-à-faux vis-à-vis du pouvoir. Plaisir et réalité sont ainsi conciliés.

La revendication récurrente d'un bon plaisir (ou plaisir souverain) propre à l'art a été mise en évidence — à partir des fictions littéraires auxquelles elle donne lieu dans les littératures de l'époque moderne — dans l'ouvrage qu'Ullrich Langer consacra aux représentations du plaisir littéraire dans la Renaissance européenne[38]. Ses analyses suggèrent que, dans certains écrits de fiction, l'affirmation d'un plaisir propre aux arts a pu servir de fondement, à la Renaissance, à la définition d'une forme de souveraineté dérivée, fondée sur les plaisirs pris à la textualité. À travers le cas des Alterati, il est néanmoins possible d'observer comment l'élaboration du plaisir pris aux arts en fondement d'une liberté parallèle est susceptible de prendre forme conjointement, dans les espaces fictionnels — tant poétiques que théoriques — et dans l'arène sociale à proprement parler. Les microsociétés fictives de Boccace, de l'*Heptaméron* ou de l'abbaye de Thélème rabelaisienne, qu'évoque Ullrich Langer, sont tout entières tournées vers des plaisirs imaginés. L'utopie faite institution qu'est l'*accademia privata* — avec ses règles ésotériques et ses recrutements endogames — se confronte au contraire constamment au principe de réalité. Elle parvient de surcroît, au travers de ses productions scripturaires, à délimiter au sein de ladite réalité un espace social protégé, où le plaisir pourra effectivement être élaboré collectivement en fin des arts, tandis que l'évaluation de leurs productions est, dans toute la mesure du possible, soustraite aux autorités politiques et religieuses pour être confiée à une nouvelle catégorie de spécialistes, auto-institués comme tels, par leur agrégation à l'espace académique.

Certes, cette liberté, même devenue une réalité tangible au cours de plusieurs décennies, par les vertus de la sociabilité savante et du travail intellectuel, reste toujours en grande partie un fantasme, dès lors que tant l'espace ainsi délimité que le rapport aux arts qui y est institué, ne peuvent perdurer que si le prince les tolère. Par ailleurs, tout en posant les arts comme objets de plaisir, les Alterati n'en supposent pas l'autonomie au sens où nous l'entendons[39]. Pour eux, l'art n'est pas

38. LANGER, Ullrich, *Penser les formes du plaisir littéraire à la Renaissance*, p. 127-152.

39. Pour un examen des l'histoire et des enjeux de ce concept, voir HULATT, Owen, *Æsthetics and Artistic Autonomy*, Londres, Bloomsbury, 2013. Voir aussi la synthèse qu'Esteban BUSCH a consacré à la notion d'autonomie dans HEINICH, Nathalie ; SCHAEFFER, Jean-Marie et TALON-HUGON, Carole (dir.), *Par-delà le beau et le laid : enquêtes sur les valeurs de l'art*, p. 23-32 et les réflexions de Jérôme PACOURET et Mathieu HAUCHECORNE dans « Autonomies des arts et de la culture », paru dans la revue en ligne *Biens symboliques/Symbolic Goods*, 4/2019 et accessible à l'adresse suivante : https://revue.biens-symboliques.net/326.

destiné à être sevré de ses attaches avec les règles éthiques, les nécessités politiques ou même les rationalités sociales. C'est même tout le contraire, dès lors que c'est précisément la maîtrise des articulations entre ces différentes sphères de rationalité et de pratique qui rendit *in fine* les compétences des *accademici* précieuses, tant à la cour que, plus généralement, dans l'économie politique du principat. Il y a même toute raison de penser que c'est en raison de leurs capacités à permettre, par ces articulations mêmes, diverses formes d'interventions voilées dans l'espace social, que les savoir-faire associés avec les arts furent cultivés parmi ces académiciens. En cela, le parcours des Alterati est indéniablement paradoxal. D'un côté, l'académie est envisagée comme un espace clos, où les lois de l'art, et de l'évaluation qu'il convient de faire de ses produits, peuvent être définies entre particuliers dans le cadre d'une sociabilité qui redéploye tacitement les logiques de la civilité oligarchique. Mais, de l'autre, la métamorphose sociale des Alterati, au cours de la durée de leur académie, s'accomplit avec pour visée centrale une réintégration politique où se dit constamment non seulement la dépendance vis-à-vis du pouvoir médicéen, mais encore l'acceptation de celle-ci, y compris dans le champ de la production artistique à proprement parler.

On s'étonnera peut-être de voir une enquête d'histoire sociale et intellectuelle mobiliser les mythologies de la psychanalyse freudienne, lorsque cette dernière prétend dire, dans une forme d'intemporalité, les drames de la psyché humaine, en opposant le principe de plaisir et le principe de réalité. D'autant que la psychanalyse a aussi partie liée, historiquement, avec le paradigme esthétique : ses fables sont en effet traversées par ce que Jacques Rancière appelle « l'inconscient esthétique[40] ». Le philosophe désigne par là une approche des faits de l'art qui — dans l'élaboration même des discours de la psychanalyse — s'appuie sans en avoir conscience sur les présupposés du « régime esthétique des arts ». Il souligne aussi que, par ce réemploi, la psychanalyse contribue en réalité à conforter ce régime. Raison suffisante, *a priori*, pour tenir les mythes freudiens à distance dans la présente enquête. C'est pourtant précisément en raison de cette collusion qu'il leur est fait en ces pages une (petite) place. Certes, les chemins tortueux qui ont mené des plaisirs que les Alterati associaient avec les arts à ceux dont nous les investissons aujourd'hui, dans le « régime esthétique des arts », ont pour l'essentiel disparu. Ou, plus exactement, ils ne sont plus manifestes pour nous lorsque nous nous tournons vers le passé. On ne peut cependant exclure qu'il soit possible de retrouver certaines autres étapes de cette évolution. Or, à cette fin, suivre, à l'époque moderne, les traces des plaisirs associés avec les arts, lorsqu'ils sont mobilisés par de petits groupes, dans l'entourage d'un pouvoir autoritaire, ne serait peut-être pas la plus mauvaise des pistes.

40. Rancière, Jacques, *L'Inconscient esthétique*, Paris, Galilée, 2001.

Dans la première modernité, les groupes d'aristocrates et de gens de bonne maison qui se sont réclamés d'une forme ou d'une autre de plaisir pris aux arts, dans le cadre d'un régime absolutiste, ne sont en effet pas rares. On pense par exemple à Vincent Voiture, au sein du salon de Madame de Rambouillet, ou à Philip Sidney et à son entourage, à la cour d'Élisabeth Ire[41]. Et il n'est pas rare non plus que la revendication élitiste d'un plaisir pris aux arts soit à terme, dans ces configurations, mise au service d'une forme ou d'une autre de monarchie. Voiture est un bon exemple d'une pareille évolution, mais Molière est peut-être, au XVIIe siècle français, le cas le plus frappant[42]. Se dessine là une sorte de politique du plaisir pris aux arts, au moyen de laquelle aristocrates, lettrés et hommes de lettres, tout à la fois se définissent, se légitiment et se rendent disponibles aux princes. On ne peut dès lors qu'être frappé de constater que l'invention de l'« autonomie » de l'art par Emmanuel Kant et Karl Philip Moritz, aux tournants des XVIIIe et XIXe siècles semble elle-même s'être élaborée dans un face-à-face avec l'absolutisme où le ralliement guette toujours. Car, là aussi, l'effort mis pour détacher l'art des logiques de l'utilité aboutit paradoxalement à faire du régime esthétique de l'art une sorte de doublure symbolique de l'État absolu[43].

En cela, ce livre invite plus largement à redessiner les contours des paysages épistémologiques dont les historiens de l'esthétique sont aujourd'hui familiers. Les questions qu'il pose pourraient être reformulées de la manière suivante. Comment, à quelles fins et par qui l'art est-il défini dans les régimes autoritaires de la première modernité et quelle est la place que tiennent, dans ces configurations sociopolitiques particulières, non seulement la nostalgie des régimes politiques antérieurs (tel que le régime républicain florentin, dans le cas des Alterati), mais encore l'idée même de plaisir, dans les diverses définitions qu'elle reçoit ? Plus largement, qu'est-ce que ces situations passées, si elles constituent bien des configurations récurrentes, auraient à nous apprendre sur l'origine des perceptions de l'art qui nous sont aujourd'hui

41. Voir notamment ROLLIN, Sophie, *Le style de Vincent Voiture : une esthétique galante*, Saint-Étienne, Presses de l'Université de Saint-Étienne, 2006 et MATZ, Robert, « Sidney's *Defence of Poesie* : The Politics of Pleasure », *English Literary Renaissance*, 25/2, p. 131-147.

42. Sur l'usage politique du plaisir chez Molière, voir ROUSSILLON, Marine, « La visibilité du pouvoir dans *Les Plaisirs de l'Île enchantée* : spectacle, textes, images », dans DICKHAUT, Kirsten, CASTOR, Markus et STEIGERWALD, Jörn (dir.), *Les Stratégies de la représentation et les arts du pouvoir*, *Papers on French Seventeenth Century Literature*, 80, 2014, p.103-117. Je me permets aussi de renvoyer à un article récent : BLOCKER, Déborah, « La haine du plaisir et son envers : Molière et la querelle de *L'École des Femmes* », *Littératures classiques*, 98/1, 2019, p. 119-132.

43. Telle est du moins la thèse de Jonathan M. HESS, *Reconstituting the Body Politic : Enlightenment, Public Culture and the Invention of Æsthetic Autonomy*, Detroit, Wayne State University Press, 1999, en particulier II, ch. 5, « Overcoming Utility, or the Politics of Pleasure. Moritz's Invention of Æsthetic Autonomy », p. 155-179. À la page 175, Hess écrit : « *Autonomous art may indeed be conceived of as a negation of 'the dominant idea of utility' embodied by the absolutist body politic and its economy of bodily pleasure, but utimately it too turns against its creators, perpetuating in its functionings the working of the dominant political order it aspired to oppose.* »

devenues comme une seconde nature ? Les discours du « régime esthétique des arts » construisent souvent complaisamment ces mêmes configurations historiques passées en repoussoir, en les désignant comme les lieux d'une instrumentalisation (morale, sociale et/ou politique) des arts. Ces mêmes discours s'affirment, dans la foulée, en origine(s) d'une compréhension de l'art qui saurait seule en voir la valeur tant historique que philosophique véritable. Tel est par exemple l'un des enjeux centraux des enseignements de Hegel sur l'esthétique entre 1818 et 1829, à l'université de Heidelberg, puis à celle de Berlin. La rupture, ainsi mise en scène non sans théâtralité, eut bien sûr ses logiques propres, dans lesquelles il n'y a pas lieu d'entrer ici. Mais elle semble surtout avoir eu pour conséquence première le refoulement d'une part importante du passé de notre rapport aux arts. Dès lors, ne conviendrait-il pas de dénaturaliser quelque peu le « régime esthétique des arts », en le réinscrivant dans une histoire qui n'a pas commencé avec lui — et en faisant apparaître des continuités là où l'on ne tend à présent à postuler qu'une opposition plus ou moins radicale ?

De ce point de vue, le concept de principe de plaisir et les mises en récit auxquelles il invite, une fois transféré dans le champ de l'histoire des pratiques et discours esthétiques, possèdent en réalité une forte valeur heuristique. Le principe de plaisir permet en effet de penser les Alterati (mais aussi d'autres groupes et cercles apparentés) et les sujets dont Pierre Bourdieu analyse les propos dans *La Distinction* dans une même histoire. En particulier, il suggère, par son achronicité même, à quel point les ambitions sociales de ces hommes, leur manière de construire et d'affirmer leur domination culturelle et même leurs pratiques de distinction sont comparables à des siècles de distance, au-delà des différences circonstancielles qui les caractérisent. Pour peu que l'on détourne (ne serait-ce que momentanément) le regard des ruptures chronologiques que prétend introduire, dans le cadre du « régime esthétique des arts », l'histoire de l'esthétique actuelle — en pointant sans cesse 1780 comme le moment d'un déplacement décisif —, étudier les revendications du plaisir (esthétique et/ou autre) dans la longue durée donne les moyens de mieux penser, dans la continuité de la modernité elle-même, la place qui est faite à ces plaisirs, tant dans le cadre privé que dans l'espace social.

Au demeurant, parmi les historiens eux-mêmes, la construction de l'anachronisme en « péché irrémissible[44] » de la science historique est souvent une activité à géométrie variable. Quand il s'agit de faire usage des concepts de la psychanalyse ou des théories du genre (*gender*) pour travailler à la reconfiguration d'un champ

44. L'expression est celle de Jacques Rancière dans un article qui démontre que « l'anachronisme est un concept poétique qui tient lieu de règlement de la question portant sur le statut de vérité du discours historien » (« Le concept d'anachronisme et la vérité de l'historien », *L'Inactuel. Psychanalyse et culture*, 6, automne 1996, p. 53-68, p. 53).

d'investigation historique, il faut s'attendre à ce que s'élèvent des protestations. Mais lorsqu'il s'agit de critiquer l'utilisation de la notion de « marché » dans le cadre de l'analyse des économies médiévales, les voix sont souvent beaucoup moins nombreuses. Faudrait-il dès lors croire que l'anachronisme (ou ce qui est déclaré tel) est acceptable en histoire lorsqu'il sert les idéologies dominantes, mais non quand il les prend à rebrousse-poil ? L'histoire ne peut pas être (seulement) le discours de ce que nous croyons savoir. Elle doit aussi être la mise en récit de ce que nous ne voyons plus — et parfois même ne voulons pas voir.

En suivant les détours des théories du plaisir pris aux arts, dans les situations sociopolitiques spécifiques où elles furent successivement échafaudées avant 1800, au sein des élites des monarchies européennes, on pourrait ainsi aboutir à une histoire comparée des conceptions et pratiques de l'art avant la montée en puissance du paradigme esthétique. Sans doute pareille mise en série éclairerait-elle même l'émergence de ce nouveau régime de l'art d'un jour assez nouveau. Les louvoiements des aristocraties des monarchies européennes, devant des pouvoirs qu'elles contestent en sous-main, tout en cherchant parallèlement à se les concilier, feraient vraisemblablement une grande partie de cette histoire. Mais non moins importante serait sans doute la délimitation répétée d'un espace (institutionnel et/ou symbolique) où, dans la pratique et l'évaluation des arts, le plaisir des sujets est défini comme ne dépendant pas (ou du moins pas exclusivement) du bon plaisir du prince. Enfin, l'inversion de la contestation en service — et du service en contestation — serait probablement omniprésente. Cette histoire, où les partisans autoproclamés du plaisir s'affronteraient tacitement aux officiers dévoués de la *Realpolitik* monarchiste (mais pour mieux s'y rallier, le plus souvent) n'existe pas encore — et elle n'existera peut-être jamais. Mais, par provision, l'anachronisme que représente la présence, au titre de ce livre, de l'expression de *principe de plaisir* sera fermement assumé, au nom de la possibilité que pareille histoire s'écrive un jour et qu'il s'avère alors que l'hédonisme — tout aussi matérialiste qu'idéaliste — de certaines des élites des régimes autoritaires de la première modernité eut en réalité beaucoup à voir, fût-ce par des chemins détournés, avec l'émergence des conceptions de l'art qui font aujourd'hui, en matière d'esthétique, le paradigme dominant.

Chapitre 1

Fondations

1. Au(x) commencement(s) des Alterati

Le 3 août 1569, les membres de l'académie des Alterati, créée le 17 février de la même année[1], condamnent leur premier régent à écrire « l'histoire des origines de <leur> académie ». Ils prennent soin de préciser qu'une fois rédigée, cette histoire « devra être copiée dans le livre de <leurs> statuts, après avoir été examinée au préalable par les censeurs désignés à cet effet ». La faute que l'accusé aurait commise n'est pas explicitée dans l'énoncé de sa peine (*pena*)[2].

1. 1568 selon le calendrier florentin, qui débutait le 25 mars. Les dates du calendrier florentin ont été modernisées dans le corps du texte de ce livre. Cependant, en note et au sein de la bibliographie — soit dans la mention des correspondances, actes notariés et autres documents d'archives —, le calendrier florentin a été préservé, dès lors que la modernisation des dates aurait pu créer de la confusion dans la localisation des sources.

2. Biblioteca Medicea Laurenziana (BMLF) Ashburnham 558. 1, fol. 6v : « [...] il Desioso per giuste cagioni fusse condennato a scrivere l'historia dell'origine della nostra Academia, la quale si debbe copiare al nostro libro dei capitoli, veduta prima per i censori a ciò deputati [...] ». Dans ce livre, les transcriptions données en note respectent de leur mieux le texte du manuscrit cité, en en modifiant le moins possible l'orthographe ou la ponctuation. Le but est néanmoins de rendre ces documents accessibles sans médiation excessive. Certains mots, quand leur accentuation ou leur orthographe pouvaient produire des ambiguïtés pour un lecteur moderne, ont ainsi été accentués, désaccentués ou autrement modernisés pour éviter des confusions. Les majuscules aux noms communs n'ont par ailleurs été maintenues que lorsqu'elles marquaient clairement du respect envers les possesseurs d'un titre, envers les occupants d'une fonction ou à l'égard d'un lieu ou d'une institution. Les abréviations ont également été élucidées pour faciliter la lecture, et, sur le plan de la ponctuation, des points et des majuscules ont parfois été introduits là où leur absence aurait rendu les textes difficles à appréhender. Tout autre ajout ou clarification est indiqué entre chevrons (< >), tandis que des points de suspension entre crochets droits ([...]) indiquent qu'un texte a été coupé ou abrégé. Les traductions françaises proposées dans le corps du texte cherchent à être au plus près du texte italien, tout en s'efforçant de pallier certaines des difficultés de lecture que cet effort de fidélité pourrait susciter, notamment grâce à la ponctuation. J'ai cherché par ce moyen à mettre de nombreux extraits des écrits des Alterati à la portée d'un lecteur qui ne connaîtrait pas l'italien, tout en donnant aux lecteurs plus spécialisés un accès aux sources. Ces derniers trouveront en fin de volume un inventaire analytique des documents manuscrits consultés, qui

L'homme ainsi condamné par ses pairs a trente-deux ans et est issu d'une ancienne famille florentine. Il porte à la ville le nom de Giulio del Bene (1537-1618) et est allié à certaines des plus prestigieuses familles du patriciat, dont les Del Nero. À l'intérieur de l'académie, il use du pseudonyme de Desioso (c'est-à-dire le Désireux, ou « celui que le désir anime »). Quoique souvent porté à la contestation, cet académicien ne manque cependant pas, en cette occurrence, de satisfaire à sa peine. Mais il le fait sans se presser, et d'une manière qui n'emporte apparemment pas l'adhésion de tous les membres de la jeune académie. Ce n'est en effet que près de deux années plus tard, à la date du 22 février 1571, que les actes de l'académie stipulent qu'un manuscrit contenant « L'Histoire de l'Académie, avec deux nouvelles » a été tiré de l'urne où les académiciens ont l'habitude de placer leurs compositions, sous le sceau de l'anonymat, pour qu'elles soient ensuite évaluées par deux de leurs pairs[3]. Or, après examen des censeurs désignés à cet effet, l'« histoire du début l'Académie » est vouée « Al Z », c'est-à-dire symboliquement assignée au *Zibaldone*, ce recueil collectif ou ensemble de recueils collectifs où étaient archivées, parmi les Alterati, les compositions académiques jugées trop médiocres pour être acceptables[4].

Le manuscrit de cette « histoire des commencements de l'académie », tracé dans la main courante du Desioso, est actuellement préservé à la Bibliothèque apostolique vaticane, à Rome, où les zébrures de sa condamnation « Al Ziba » sont encore bien visibles sur sa page de titre, sous la forme de cinq « Z » entremêlés[5] **[Ill. 1]**.

leur permettra de les localiser avec aisance. Quelques éditions imprimées de manuscrits des Alterati sont par ailleurs disponibles, qu'il s'agisse d'éditions italiennes des XVIIe, XVIIIe et XIXe siècles ou de transcriptions modernes — voir en particulier, pour ces dernières, WEINBERG, Bernard (éd.), *Trattati di poetica e retorica del Cinquecento,* Bari, Laterza, 1970-1974, 4 vol., t. 3 (BONCIANI, Francesco, « Lezione sopra il comporre delle novelle », p. 137-174, et « Lezione sopra la prosopopea », p. 237-253 ; BENE, Giulio del, « Due discorsi », p. 175-204 ; GIACOMINI, Lorenzo, « De la purgazione de la tragedia », p. 345-374 et « Del furor poetico », p. 421-454) et t. 4 (STROZZI, Giovan Battista, « Dell'unità della favola », p. 333-344). Lorsqu'une édition existe pour un écrit ayant circulé en manuscrit, celle-ci est mentionnée en note et dans la bibliographie en fin de volume.

3. BMLF Ashburnham 558.1, fol. 24[v]. À intervalles réguliers, les compositions (tant en vers qu'en prose) des académiciens étaient tirées de l'urne, pour être remises à des « censeurs », qui avaient pour fonction de les corriger et de les évaluer. Les vers examinés étaient archivés, selon la qualité qui leur avait été reconnue — dans le « Secondo » (second recueil), s'ils avaient été décrétés acceptables, et dans le *Zibaldone* ou *Ziba*, s'ils avaient été estimés médiocres (voir *infra*, ch. 4, p. 369-422).

4. BMLF Ashburnham 560 et 561 contiennent un ensemble de pièces poétiques de leur production que les Alterati avaient annotées et évaluées, et décidé d'archiver soit dans le *Zibaldone* soit dans le « Secondo ». Les recueils des pièces en prose semblent néanmoins avoir disparu ou, plus probablement, ne jamais avoir été formellement constitués comme tels. Il est cependant fréquent que les textes en prose produits dans l'académie soient marqués d'un ou plusieurs « Z », indiquant qu'ils ont été évalués et jugés dignes du *Ziba* et/ou de corrections.

5. Biblioteca Apostolica Vaticana (BAV) Rossiano 901. Le manuscrit porte au titre *Novelle due et Historia dell'Accademia*, le récit des origines de l'académie étant par ailleurs sous-titré « Historia del principio della Accademia », fol. 1[r]-6[v]. Ce manuscrit à été découvert par Michel PLAISANCE, voir *L'Académie et le prince :*

Comme pour beaucoup des textes censurés au sein des Alterati, les raisons de cette évaluation négative sont aussi explicitées par une brève note critique placée à la fin du texte (fol. 6^{v}) qui stipule que le récit pèche par son « élocution » (« per la locuzione »), n'étant pas écrit à la « troisième personne » (« persona terza »), mais à la première. Ces brèves considérations stylistiques ne sauraient néanmoins expliquer à elles seules pourquoi le récit de Giulio del Bene ne fut pas retravaillé pour être adjoint aux *capitoli* (ou statuts) : les désaccords étaient vraisemblablement plus profonds.

De fait, le choix, chez Giulio del Bene, de la première personne, n'est en l'espèce que l'une des traductions illocutoires du rôle central que le Desioso s'arroge dans son propre récit, où il semble moins raconter les commencements de l'académie que se construire lui-même comme sa principale origine. L'académicien s'y présente en effet avec insistance comme le chef d'orchestre de cette aventure académique, et même comme son héros fondateur. Le problème n'était donc pas seulement que son récit à la première personne proposait un point de vue trop personnel. Il était aussi que cette perspective caractérisait l'académie comme le fruit des efforts d'un seul individu, alors même que le groupe valorisait la collégialité, tout autant que la parité entre les académiciens, et voyait systématiquement d'un mauvais œil toute tentative d'un de ses membres pour s'arroger un pouvoir excessif en son sein. Ces conflits sont latents dans le texte lui-même, et ils semblent avoir été camouflés dans l'évaluation qui en fut faite par son censeur. Mais leur mise en lumière est importante car elle permet, au-delà des quelques détails donnés par Del Bene sur les origines de l'académie, de percevoir certaines des tensions qui présidèrent à l'établissement des Alterati, tant sur le plan interpersonnel que du point de vue sociopolitique.

culture et politique à Florence au temps de Cosme Ier et de François de Médicis, Manziana (Rome), Vecchiarelli, 2004, p. 393-394.

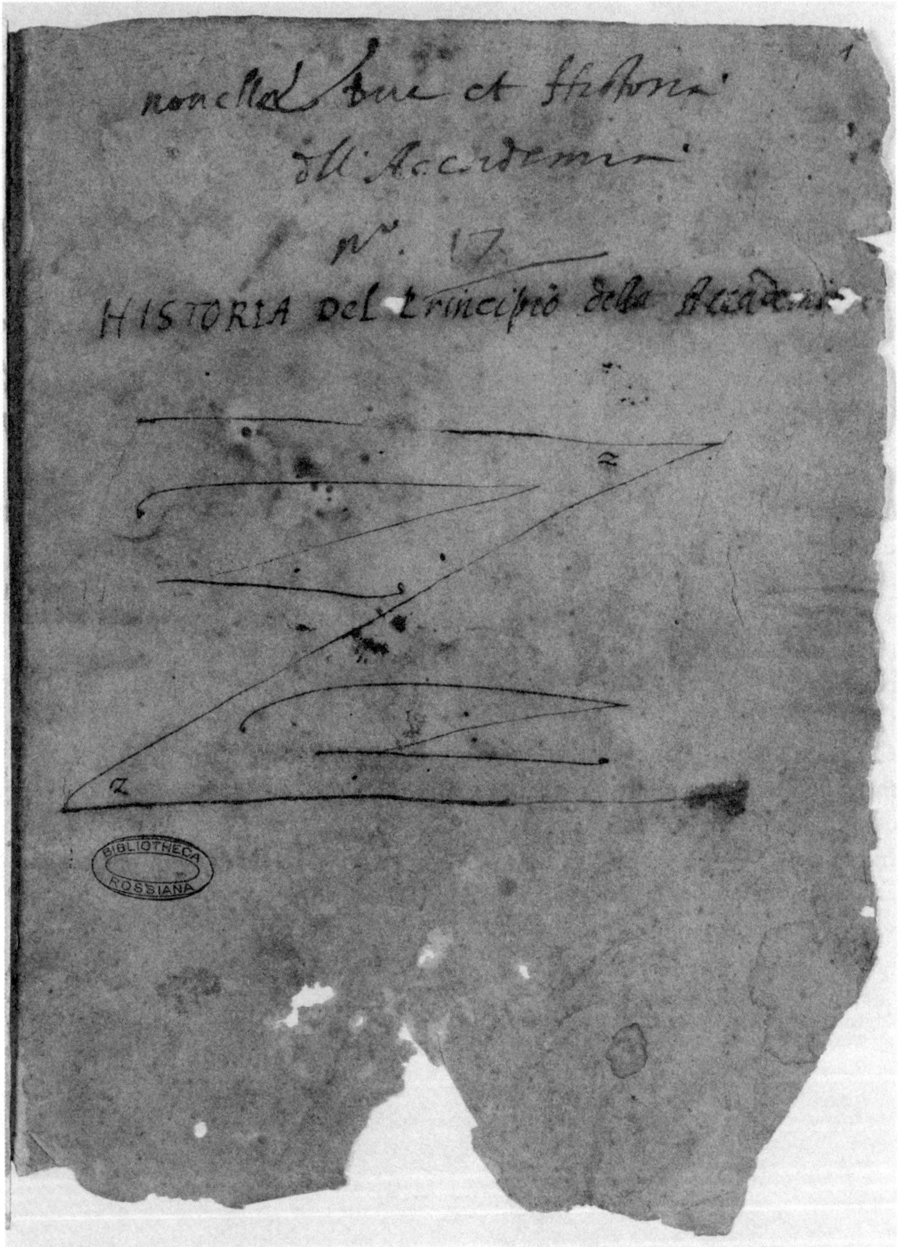

Illustrations 1 à 4.

La page de titre et les trois premiers folios (fol. 1r-3r) du BAV Rossiano 901, contenant les *Novelle due et Historia dell'Accademia* dans la main courante de Giulio del Bene. Reproduit avec la permission de la Biblioteca Apostolica Vaticana — 2019. Tous droits réservés.

Source : BAV Rossiano, 901.

2

Et mi vergognavo sendo già carico di anni, et havendo
visto molti paesi praticato con diverse nationi non
haver tanto apparato, ch'io potessi i concetti de
l'animo mio esprimere di maniera, ch'a me et
à coloro che mi udivono in qualche parte satisfacessi.
Et pur quando io meno era stato ~~dalle~~ ~~[illegible]~~ impedito
da le fatiche che mi conveniva pel debito mio porre
à fine, haveno qualche volta usato di leggere qualche
oratione, et atteso alla Retorica, et la facultà della
dialettica haveva gustato. Ne mi pareva ancora
che io mi havessi tanto da dolere della natura che
molti altri non si ritrovassino, ~~che~~ a chi ella fosse
stata pieno amorevole che verso di me; i quali io
conoscevo, esser attissimi al discorrere, et con parole
ornate in ogni loco dove gentil compagnia si ragu[nava]
con tanto ordine et tanto a lungo tiravono il lor ragio
namento, che gran diletto et contento [davano] a tutti i cir
costanti.

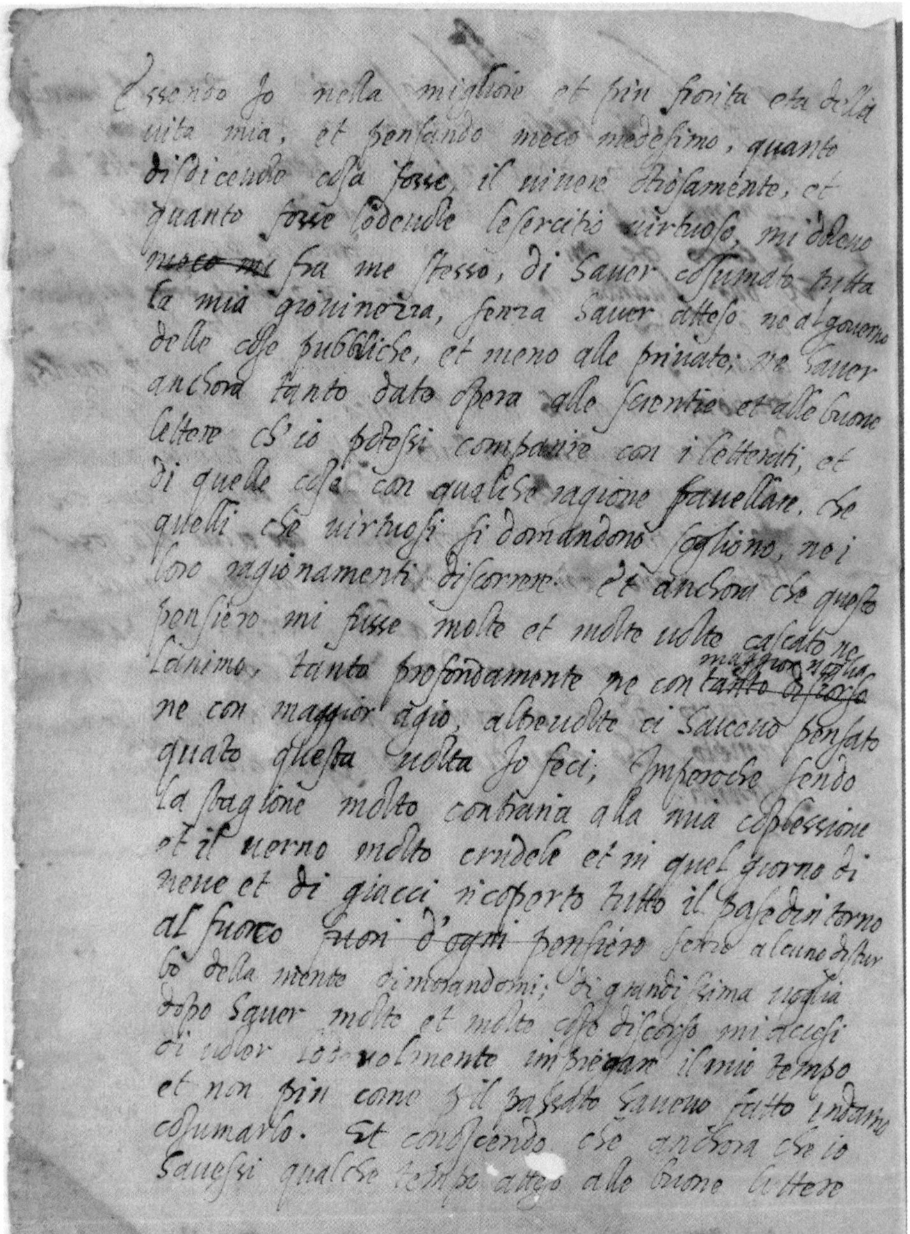
Essendo Io nella migliore et più fiorita età della
vita mia, et pensando meco medesimo, quanto
disdicevole cosa fosse, il vivere otiosamente, et
quanto fosse lodevole l'esercitio virtuoso, mi dolevo
~~meco mi~~ fra me stesso, di haver consumato tutta
la mia giovinezza, senza haver atteso né al governo
delle cose pubbliche, et meno alle private, né haver
ancora tanto dato opera alle scientie et alle buone
lettere ch'io potessi comparire con i letterati, et
di quelle cose con qualche ragione favellare, che
quelli che virtuosi si domandano sogliono, nei
loro ragionamenti discorrere. Et ancora che questo
pensiero mi fusse molte et molte volte cascato nel
l'animo, tanto profondamente né con maggior voglia ~~tanto discorso~~
né con maggior agio, altrevolte ci haveva pensato
quanto questa volta Io feci; Imperoche sendo
la stagione molto contraria alla mia complessione
et il verno molto crudele et in quel giorno di
neve et di giacci ricoperto tutto il paese dintorno
al fuoco ~~fuori d'ogni~~ pensiero senza alcuno distur
bo della mente dimorandomi; di grandissima voglia
dopo haver molte et molte cose discorso mi accesi
di voler totalmente impiegar il mio tempo
et non più come per il passato haveva fatto indarno
consumarlo. Et conoscendo che ancora che io
havessi qualche tempo atteso alle buone lettere

3

fussi egli nondimeno per hauer dismesso gli studi
ò per hauer male apparato, ò per altra cagione
qualunque ella si fosse, mi trouano io molto timido
et poco ordinato ne i ragionamenti, particulari
et ne i pubblici totalmente inutile, non potendo
solo una parola, quando gli occhi delli auditori
erano in me riuolti, mandar fuori della bocca.
le quali cose talmente oltre al desio di impiegar
il mio tempo uirtuosamente, tanto stimolo mi
aggiunsero; che mi risolsi di trouar modo per il
quale io potessi satisfare à questo mio honesto
desiderio. Per il che considerato questo io male
da me stesso sanza altro aiuto
agevolmente poter fare, conoscendo ~~et~~ gli studi
priuati essermi stati sempre di poco anzi di nessuna
utilita, et a questi massime non poter solo conseguire
~~cio~~ di poter non solo imparare qualche cosa, ma
poter drittamente parlare di quello che apparato
hauesse et con buono ordine, fra honesta brigata.
mi disposi, di cercare se alcuno parente ò amico
in firenze io ritrouar potessi, che fussi della
medesima opinione ch'io ero; Et venendomi
in memoria molti che dottissimi erano, et molto
eloquenti, di essi parte io hauendo l'amicitia, et
parte giudicando piu tosto ~~esser~~ non uoler attendere
à simili cose, mi disposi di voler vedere.

1.1. Dire son désir — et le taire : le Desioso, historiographe d'un non-dit

Le manuscrit subsistant de l'*Historia del principio della Accademia* n'est qu'une ébauche (*un abbozzo*), pleine de ratures et de corrections faites à la hâte, au risque de déséquilibrer la syntaxe [**Ill. 2 à 4**]. La tonalité est, d'entrée de jeu, autobiographique, mais le récit lui-même oscille entre analyse psychologique et mise en perspective sociologique. Giulio del Bene y dépeint en effet l'académie tout à la fois comme le fruit d'une forme de frustration sociale et comme le produit de son propre désir (*desio*). Dans son récit, son mécontentement initial a pour cause l'ignorance et l'obscurité dans laquelle le maintenait la vie de loisir qui était la sienne, dans la fleur de son âge. Cette existence aussi désoccupée qu'anonyme l'éloignait non seulement des charges publiques et des responsabilités domestiques ou privées, mais encore des activités lettrées par lesquelles il lui aurait été possible, à Florence, d'apprendre à parler et à raisonner en compagnie d'autres *letterati*, voire de briller parmi eux[6]. Del Bene se garde cependant bien de préciser ce qui, avant la création des Alterati, l'aurait ainsi maintenu à l'écart de toute activité publique, privée ou lettrée. Il centre au contraire son récit sur les remèdes qu'il a apportés à son malaise.

L'entrée dans la vie académique est alors présentée par lui non seulement comme la solution à l'impasse qui est la sienne mais encore comme une véritable conversion. Cependant, cette entrée dans la sociabilité savante ne se fait pas, pour Giulio del Bene, en rejoignant l'Accademia Fiorentina, qui dominait alors le paysage académique florentin, et avait depuis longtemps été mise au service des Médicis[7]. Elle se fait au contraire par la création d'une nouvelle institution. Dans le récit de l'académicien, cette action audacieuse est de surcroît présentée non comme la conséquence d'une nécessité, mais comme le fruit d'un désir (*desiderio*). Giulio del Bene décrit la subite transformation intérieure qui l'a conduit à la fondation d'une nouvelle institution culturelle dans les termes suivants :

6. BAV Rossiano 901, fol. 2^{v} : « Essendo io nella migliore et piu fiorita età della vita mia, et pensando meco medesimo, quanto disdicevole cosa fosse il vivere otiosamente, et quanto fosse lodevole l'esercitio virtuoso mi dolevo fra me stesso, di haver consumato tutta la mia giovanezza, senza haver atteso né al governo delle cose pubbliche, et meno alle private, né haver anchora tanto dato opera alle scientie et alle buone lettere ch'io potessi comparire con i letterati, et di quelle cose con qualche ragione favellare, che quelli che virtuosi si domandono sogliono nei loro ragionamenti discorrere. »

7. Sur l'Académie Florentine et son passage sous la coupe médicéenne, voir notamment Plaisance, Michel, *L'Académie et le prince*, p. 29-280 ; Di Filippo Bareggi, Claudia, « In nota alla politica culturale di Cosimo I : l'Accademia Fiorentina », *Quaderni storici*, VII, 1973, p. 527-574 ; Bryce, Judith, « The Oral World of the Early Accademia Fiorentina », *Renaissance Studies*, 9/1, 1995, p. 77-103 et Werner, Inge, « The Heritage of the Humidi : Performative Poetry in the Early Accademia Fiorentina », dans Dixhoorn, Arjan van et Speakman Sutch, Susie (dir.), *The Reach of the Republic of Letters : Literary and Learned Societies in Late Medieval and Early Modern Europe*, Londres, Brill, 2008, 2 vol., t. 2, p. 257-284.

> « Bien que la saison ait alors grandement contrarié mon tempérament, que l'hiver ait été fort cruel, et que tout en ce jour se soit trouvé recouvert de neige et de glace, j'étais demeuré <chez moi> auprès du feu, <~~hors de toute pensée~~>, sans la moindre perturbation d'esprit. Après avoir longtemps débattu de bien des choses, je fus saisi d'un très grand désir et m'enflammais à l'idée d'employer mon temps de manière louable, plutôt que de le consumer vainement, comme je l'avais fait par le passé. Je savais que, quoique je me sois pendant quelque temps appliqué aux bonnes lettres — soit parce que j'avais abandonné mes études, soit parce que j'avais mal assimilé ce savoir, soit pour quelque autre raison que ce soit —, je me trouvais très timide, peu apte aux discussions entre particuliers et tout à fait inutile dans les échanges publics, ne pouvant faire sortir de ma bouche ne serait-ce qu'une seule parole, lorsque les yeux des auditeurs se trouvaient fixés sur moi. Ces considérations, venant s'ajouter à mon désir d'employer mon temps vertueusement, me stimulèrent d'autant plus et firent que je me résolus à trouver un moyen de pouvoir satisfaire à l'honnête désir qui était le mien. À cette fin, considérant que je pouvais malaisément faire cela par moi-même et sachant que les études entreprises dans un cadre privé m'avaient toujours été de peu voire d'aucune utilité, et que, surtout, celles-ci seules ne pouvaient mener <~~non seulement au fait d'apprendre véritablement quelque chose, mais encore à la capacité de parler avec ardeur et aptitude, devant une honnête brigade, de ce qu'on avait appris~~>, je me disposai à chercher si je pouvais trouver un parent ou un ami à Florence qui soit de la même opinion que la mienne [...][8]. »

La conversion mise en scène par Giulio del Bene est une sorte d'embrasement, qui, au milieu de la froidure mordante de l'humide hiver florentin, allume brutalement en lui le désir (*voglia/desiderio*) non seulement d'apprendre plus au long les belles-lettres, mais encore de s'élever à la vertu. Comme toute conversion, elle est représentée comme étant née d'une méditation en solitaire, qui produit une transformation intérieure profonde. Mais c'est d'une conversion à la vie sociale, et aux échanges lettrés, qu'il s'agit, non d'une conversion à la vie religieuse, née d'une grâce venue d'en haut. En ayant pour fondement la prise de conscience d'un désir — celui de mieux s'insérer

8. BAV Rossiano 901, fol. 2^v-3^r : « Imperochè sendo la stagione molto contraria alla mia complessione et il verno molto crudele et in quel giorno di neve et di giacci ricoperto tutto il paese dintorno al fuoco <~~fuori d'ogni pensiero~~> senza alcuno disturbo della mente dimorandomi ; di grandissima voglia dopo haver molte et molte cose discorso mi accesi di voler lodevolmente impiegare il mio tempo et non più come per il passato havevo fatto indarno consumarlo. Et conoscendo che anchora che io havesi qualche tempo atteso alle buone lettere fussi egli non di meno per haver dimesso gli studi o per haver male apparato, o per altra cagione qualunque ella si fosse, mi trovavo io molto timido et poco ordinato nei ragionamenti particulari et nei pubblici totalemente inutile, non potendo solo una parola, quando gli occhi degli auditori erano in me rivolti, mandar fuori della bocca ; le quali cose talemente oltre al desio di impiegar il mio tempo virtuosamente, tanto stimolo mi aggiunsero che mi risolvei di trovar modo per quel io potessi satisfare a questo mio onesto desiderio. Per il che considerato questo io male agevolmente poter fare, da me stesso havendo < mot illisible>, conoscendo ~~che~~ gli studi privati essermi stati sempre di poco anzi di nessuna utilità, et questi massime non poter solo conseguire <~~cioè di poter non solo imparare qualche cosa, ma poter arditamente parlare di quello che apparato havese et con buon ordine, fra honesta brigata~~> mi disposi di cerchare se alcuno parente o amico in Firenze io ritrovar potessi, che fussi della medesima opinione ch'io ero ; [ ] »

dans un espace social par la pratique des bonnes lettres —, cette conversion s'oppose même terme à terme aux conversions mystiques, généralement fondées non seulement sur le renoncement aux choses du monde, mais encore sur l'abandon des désirs qu'ils suscitent. Le pseudonyme de Desioso que Giulio del Bene se choisit ultérieurement au sein des Alterati commence alors à prendre sens : il désigne en effet l'académicien comme le produit de son désir (de sociabilité, de savoir et même de gloire) et définit ce désir non seulement comme le principal moteur de ses activités de lettré, mais aussi comme l'énergie originelle à partir de laquelle fut fondée l'académie tout entière.

Il est même probable que l'académie dont Giulio del Bene se présente comme l'initiateur doit au moins en partie son nom d'Accademia degli Alterati (ou académie des Altérés) — qu'elle ne prit formellement que plusieurs années plus tard[9] — à ce désir que le récit du Desioso ne cesse mettre en avant. Lorsque celui-ci est chargé, le 16 février 1575, de célébrer par un discours le sixième anniversaire de la nouvelle académie, il choisit en effet de disserter sur la notion d'altération, qui pour les Alterati a un sens tout à la fois matériel (l'ivresse) et spirituel (l'élévation par la connaissance du vrai, du beau et du bien)[10]. Or le propos du Desioso, ce soir-là, devant les académiciens réunis en banquet, s'ouvre par une évocation du texte qu'il leur avait autrefois soumis, sur les débuts de l'académie, et présente l'altération morale et spirituelle à laquelle les académiciens aspirent collectivement comme le produit du désir qui l'avait alors animé. Car, sans ce désir premier, souligne-t-il, aucune altération ne serait aujourd'hui possible. C'est pourquoi Del Bene demande aux académiciens de se souvenir avec émotion « avec quel désir <*desio*> ardent, le Desioso, au milieu de la neige et du verglas, convainquit le Sconcio <Tommaso del Nero>, le Soave <Alessandro Canigiani> et les autres que nous devions embrasser une si belle entreprise[11] ». Le désir du Desioso est ainsi dépeint comme une sorte de feu sacré dont la chaleur aurait eu la capacité de produire des conversions en chaîne. Apparaît ici un autre élément central de ce récit des origines dont le Desioso

9. BMLF Ashburnham 558.1, fol. 15^{v} (à la date du 13 mai 1571).

10. Cette notion est issue de la physique aristotélicienne, en particulier Aristote, *Physique*, III, §1 et VII, §3. Le philosophe décrit toute transformation qualitative, ou changement d'état, comme une *altération* (μεταβολή). La valeur morale de la notion et ses liens avec le vice et la vertu sont par ailleurs discutés en *Physique*, VII, 246a-248a. Sur la notion d'altération, voir Wardy, Robert, *The Chain of Change : A Study of Aristotle's Physics VII*, Cambridge, Cambridge University Press, 1990 et Maso, Stefano, Natali, Carlo, et Seel, Gerhard (dir.), *Reading Aristotle : Physics VII.3. "What is Alteration ?" Proceedings of the International ESAP-HYELE Conference*, Las Vegas, Parmenides Publishing, 2012. Pour de plus amples analyses de la valeur de ce concept au sein des Alterati, voir ch. 2, p. 182-189 et ch. 4, p. 355-369.

11. Biblioteca Nazionale Centrale di Firenze (BNCF) Magliabechiano (Magl.) IX, 137, 12^{r}-24^{v}, fol. 12^{r} : « [...] et con che caldo desio il Desioso nel mezzo delle neve et de giacci, mettesi in animo allo Sconcio, et di poi al Soave et alli altri che noi dovessimo sì bella impressa seguire ». Cette oraison a été publiée dans Puggelli, Paolo, « *Del convivio degli Alterati* di Giulio del Bene », *Accademia — Revue de la Société Marsile Ficin*, II, 2000, p. 63-87.

ambitionne de faire une mythologie collective, à savoir l'enthousiasme que, par le moyen de son propre désir, il dit avoir su transmettre à quelques-uns des membres de son entourage. Les causes, tant psychologiques que sociales, de leur « désir » à eux ne sont cependant pas explicitées. Mais, dans son *Historia del principio della Accademia*, la mention qui est faite de ces hommes, après l'exposé détaillé de la situation du Desioso, tend implicitement à suggérer qu'ils auraient souffert, à Florence, d'un désœuvrement comparable au sien.

De fait, la narration du Desioso, dans ce texte inachevé, se résume ensuite au récit des visites successives qu'il a faites pour constituer le premier noyau du groupe qu'il envisageait de fonder, entrecoupé de la relation des discussions programmatiques que ce projet a suscitées entre les individus contactés. Le premier homme que Del Bene approche est le riche et puissant Tommaso del Nero (1545-1572), dont il épousera plus de huit ans plus tard la jeune sœur Dianora del Nero, après avoir beaucoup plaidé[12]. Tommaso del Nero est beaucoup plus jeune que Giulio del Bene, mais ce n'en est pas moins avec l'idée de solliciter son aide que ce dernier l'approche : « Croyant facilement que, en raison de la cruauté du temps, je le trouverai à la maison, sans prendre garde à la mauvaise saison, aiguillonné par le désir, ou plutôt saisi d'une divine fureur, je me rendis chez lui pour lui confier mes idées et pour l'inciter à m'aider à les adapter à la fin que je désirais atteindre[13]. » Devenu « divine fureur », sur le modèle du *furor* néoplatonicien, le désir d'académie ne dit pourtant jamais clairement son nom, en ce sens qu'il se présente toujours, non comme la volonté de créer une institution nouvelle, mais comme une manière de rassembler des familiers et des parents à des fins particulières et privées, pour leur permettre de prendre plaisir (*diletto*) ensemble à la pratique des lettres[14]. Sont ainsi sollicités successivement, à la suite de Tommaso del Nero, Alessandro Canigiani (†1591), un jeune docteur en droit, futur archevêque d'Aix, « notre ami et parent à tous les deux[15] », le chanoine Renato de' Pazzi, puis Antonio degli Albizzi (né en 1547) — un patricien lettré qui se convertit au protestantisme en 1585, avant

12. Archivio di Stato di Firenze (ASFi), Raccolta Sebregondi 569 donne un arbre généalogique qui stipule que Giulio di Francesco di Niccolò del Bene a épousé Leonara (Dianora) del Bene, la sœur de Tommaso et de Nero del Nero (voir aussi ASFi Raccolta Sebregondi 3804). Les deux frères del Nero furent membres des Alterati. Je n'ai pu retrouver la date du mariage de Giulio del Bene avec Dianora del Nero, mais il est postérieur à 1577 dès lors qu'une lettre de Giulio del Bene à son maître et parent, l'humaniste Pier Vettori, conservée en Bristish Library (BL) Add. Ms 10264, fol. 28r, montre le Desioso à Rome, où se trouve alors Nero del Nero, et travaillant à « il negotio della Dianora il quale da me sarà abbraciata come cosa mia, propria » (la lettre est datée de Rome, le 26 mars 1577). Sur l'endogamie qui caractérisa les Alterati, voir *infra*, ch. 2, p. 154-161.

13. BAV Rossiano 901, fol. 3v : « Et credendo facilmente per la crudezza del tempo di trovarlo in casa, senza guardare alla mala stagione, spinto del desiderio, anzi più tosto da furor divino a casa sua me ne andai per raccontarli questo mio pensiero, et confortarlo a volermi aiutare a <conciliarlo ?> al desiato fine. »

14. BAV Rossiano 901, fol. 4r.

15. BAV Rossiano 901, fol. 5r : « amico et parente di tutti a dua noi ».

de s'exiler —, et enfin les cavaliers Vincenzo Acciaiuoli et Lorenzo Corbinelli, tous deux chevaliers de l'Ordre de Saint-Étienne, le premier décrit comme féru de philosophie et le second dépeint « ami de nous tous, et gentilhomme de très bon jugement, très désireux d'apprendre <les lettres> quoique sa profession soit les armes », et déjà bien formé, en raison de sa carrière militaire, aux mathématiques[16].

Chaque nouveau nom est suggéré et approuvé collectivement par l'ensemble de ceux qui ont déjà été approchés. De proche en proche, ces hommes se connaissent donc tous : ils sont parents ou amis, et même souvent voisins et c'est à pied que le Desioso se rend chez la plupart d'entre eux[17]. Ces effets de voisinage, qui réunissent des citoyens au sein d'un *gonfalone* (ou quartier) de la ville et les y assemblent en divers types d'associations (liens familiaux, guildes, confraternités, etc.), ont été abondamment étudiés par les historiens de la société florentine, qui s'appuient pour ce faire sur des documents d'origines très diverses[18]. Ils semblent avoir joué dans la fondation des Alterati un rôle déterminant, au moins pour ce qui est

16. BAV Rossiano 901, fol. 6r : « [...] il Cavalier Corbinelli, amico di tutti noi, et gentilhuomo di bonissimo ingegno et desiderotissimo d'imparare anchor che la sua professione fosse de le armi, havea egli non di meno atteso alle scientie delle matematiche [...] ». Sur l'Ordre de Saint-Étienne et son rôle dans la société du Principat, voir ANGIOLINI, Franco, *I cavalieri e il principe : l'ordine di Santo Stefano e la società toscana in età moderna*, Florence, Edifir, 1996.

17. Le palazzo Canigiani, actuellement sis via de' Bardi 28-30, se trouve par exemple situé à 300 mètres à pied de la piazza de' Mozzi, où s'élève la demeure des Del Nero. Ces deux bâtiments se trouvent sur le territoire de la paroisse de Santa Maria sopr'Arno, qui est alors un quartier assez peu développé et même campagnard, les palais Canigiani et Del Nero étant parmi les seules grandes demeures patriciennes du voisinage (voir le plan de Florence donné par Stefano Bonsignori en 1584 et 1594, mis en ligne et commenté par R. BURR LICHTFIELD en 2006 : http://cds.library.brown.edu/projects/florentine_gazetteer/). Sur le palazzo Canigiani, voir GINORI LISCI, Leonardo, *I palazzi di Firenze nella storia e nell'arte*, Florence, Giunti, G. Barbèra, 1972, 2 vol., t. 2, p. 673-675. Le palazzo Rinuccini, actuellement sis au 39-41 de la via Santo Spirito, n'a commencé à être développé qu'après 1600 (les frères Alessandro et Ottavio Rinuccini furent tous deux membres des Alterati, mais non parmi ses fondateurs). Néanmoins, l'homme qui avait formé nombre des premiers Alterati aux humanités, Pier Vettori — qui fut membre honoraire de l'académie mais ne participa jamais activement à ces travaux — habitait également à quelques centaines de mètres de Santa Maria sopr'Arno, à l'ombre de Santo Spirito (d'abord via Maggio puis près de l'église Santa Felicita), comme le signale Raphaële MOUREN dans *Biographie et éloges funèbres de Piero Vettori : entre rhétorique et histoire*, Paris, Garnier, 2014, p. 13-14. L'autre quartier investi par les Alterati — mais surtout après 1580 — est celui de l'actuelle via Tornabuoni, jadis via de' Legnaioli, dans (ou à proximité de) laquelle logèrent Lorenzo Giacomini (palazzo Giacomini Larderel), Giovan Battista Strozzi (palazzo Strozzi del Poeta), Bernardo Davanzati (palazzo Davanzati), Cosimo Minerbetti (palazzo Minerbetti) et les deux frères Giovan Battista et Gerolamo Vecchietti (palazzo Vecchietti), qui furent marchands et voyageurs, tout autant qu'orientalistes. Vers 1570, la via de' Legnaioli était en passe de devenir le quartier le plus élégant et le plus couru de la ville.

18. Les deux études fondatrices sont celle de KLAPISCH-ZUBER, Christiane, « Parenti, amici, vicini : il territorio urbano d'una famiglia mercantile nel XV secolo », *Quaderni storici*, 33, 1976, p. 953-82 et celle de KENT, Dale V. et KENT, Francis William, *Neighbours and Neighbourhoods in Renaissance Florence : The District of the Red Lion in the Fifteenth Century*, Villa I Tatti, 6, Locust Valley, New York, 1982. Pour une synthèse critique des études existantes, voir ECKSTEIN, Nicholas, « Neighborhood as Microcosm », dans CRUM, Roger J. et PAOLETTI, John T. (dir.), *Renaissance Florence : A Social History*, Cambridge, Cambridge University Press, 2006, p. 219-239.

du rassemblement des membres initiaux. Dès lors, on ne s'étonnera pas de voir que l'acte de la fondation à proprement parler — sur lequel le récit de Giulio del Bene se clôt — soit narré sur le ton de la plus grande familiarité :

> « Il fut conclu qu'il serait bon, pour donner quelque forme et ordre à notre désir, que tous s'assemblent un soir dans la maison du docteur Canigiani afin que nous mettions tous ensemble ordre et loi à ce qui, dans cette compagnie, devait se faire, pour obtenir le but désiré ; et c'est ainsi que nous nous retrouvâmes au moment convenu à la grande joie de tous. On discuta beaucoup des choses dont il a été question plus haut et l'on arrêta ce qui se peut voir dans les présents statuts[19]. »

Ainsi le récit du Desioso présente-t-il la fondation des Alterati comme une entreprise destinée réunir une poignée de parents et d'amis désireux de s'adonner collectivement aux lettres en privé. La mise au point des « lois » de l'institution — dont les visées ne sont pas détaillées par le Desioso — apparaît comme le résultat d'une joyeuse soirée, où l'on parle sans cérémonial particulier, et qui semble plus être la réunion d'un groupe de voisins en une sorte de cercle informel que le moment fondateur d'une institution réglée.

1.2. *Silences, tensions et étrangetés*

La collégialité spontanée décrite dans le récit de Giulio del Bene exista-t-elle jamais véritablement, dans l'instant fondateur ? En l'absence de témoignages additionnels, aussi bien concordants que discordants, la chose est aujourd'hui impossible à documenter. Mais certaines des sources subsistantes tendent néanmoins à suggérer que si concorde initiale il y eut, celle-ci ne tarda pas à laisser place à des rivalités de personnes. De ce point de vue, le récit du Desioso serait moins à comprendre comme l'expression d'une idyllique vérité des origines que comme une tentative d'agir, dans le temps même de son écriture et de sa circulation, sur le développement subséquent de l'académie. La mise en récit du Desioso s'efforce en effet de conférer à son auteur l'autorité nécessaire pour influer sur l'évolution de l'institution dans la durée. Or cette démarche fut peut-être avant tout nécessaire

19. BAV Rossiano 901, fol. 6v : « [...] fu concluso che ben fatto fussi, per dar qualche forma et ordine a questo nostro desiderio che tutti una sera in casa il dottor Canigiani ci adunassimo a fine che tutti insieme mettesimo ordine et legge a quello che in questa compagnia per ottenere il desiato fine far si dovesse, così tutti insieme al determinato tempo ritrovandoci con grande allegrezza di tutti. Si ragionò molte cose sopra di questo et si concluse quello che ne presenti capitoli si può vedere. » Les *capitoli* des Alterati sont actuellement conservés en BNCF Magl. IX, 134, 6r-15v. Ces *capitoli* ne sont cependant pas les statuts originellement esquissés en 1569. Ceux-ci furent en effet revus, modifiés et/ou restranscrits à la suite de plusieurs des conseils généraux de l'académie (notamment en 1580-1581, 1583, 1586, 1588, 1590, 1599 et 1604), quoique le préambule du document indique que ces lois, qui devront être « unitamente da tutti noi inviolabilimente observate », sont destinées à assurer la stabilité de l'institution et à prévenir son « alteratione ».

parce que, dans le temps même de la rédaction de ce récit, l'autorité fondatrice de Giulio del Bene se trouvait en réalité menacée par la montée en puissance, au sein de l'académie, de Tommaso del Nero, qui devint, à partir du 3 janvier 1570, le troisième régent de l'institution.

Le charisme du jeune homme, excellemment formé tant aux lettres et aux sciences qu'aux arts, mais aussi sa grande fortune et sa relative faveur à la cour médicéenne faisaient de lui une figure de proue académique beaucoup plus acceptable que ne le fut jamais celui qui devint son beau-frère après 1577. L'entregent de Giulio del Bene était en effet bien moindre, sa fortune beaucoup plus modeste et, selon toute vraisemblance, son prestige social bien plus restreint — et ce dès le moment de la fondation des Alterati. Les notices rédigées sur lui par les secrétaires des *Tratte*, lorsque, à partir des années 1590, il postula à diverses charges civiles, suggèrent en effet que l'homme aurait fait par la suite d'assez mauvaises affaires et soulignent avec insistance qu'il est « pauvre, avec femme et enfants ». Une présomption de faillite pesa même brièvement sur lui, avant d'être lêvée[20]. Mais, dès les années 1560-1570, l'inégalité de fortune entre les deux hommes devait en réalité être notable. Le prestige social de Tommaso del Nero n'avait d'ailleurs pas échappé à

20. Suivent quelques exemples de notes fournies par les secrétaires des grands-ducs en charge des *Tratte* (où sont sélectionnés les individus jugés capables d'exercer une charge civile). Archivio di Stato, Firenze (ASFi) Tratte 1257, fol.155^{r} : Del Bene est alors considéré pour une charge de magistrat du Conseil (ces magistats sont les membres du *Magistrato del luogotenente e consiglieri*, institué en 1532 ; ils sont généralement désignés seulement par le titre de *Consiglieri*), en mars 1592 ; la description qui est donnée de lui est la suivante : « Dubito se sia fallito ». Autrement dit, l'auteur de l'évaluation suppose que l'homme aurait fait faillite et suggère qu'un doute plane sur sa solvabilité. Voir aussi ASFi Tratte 1257, fol. 711^{v} : Del Bene est de nouveau considéré pour une charge de magistrat du Conseil, le 4 mars 1593. On trouve cette notation peu explicite : « Persona che fu in sospetto d'essere manchato <comprendre : « fallito »>, ma è stato dichiarato per i Consiglieri il suo caso non essere compreso dalla legge ; povero con figli, suocero di Ruberto di messer Gian Paolo Pucci. » L'accusation de faillite a été levée, mais seulement parce que le cas ne rentrait pas dans le cadre législatif existant. Il n'en reste pas moins que, en 1593, l'homme est tenu pour n'avoir pas réussi en affaires. Cet échec fait de lui un candidat peu recommandable aux yeux de l'administration des *Tratte*. Celle-ci souligne dès lors avec insistance sa pauvreté par rapport à son statut social d'origine — et le fit ensuite avec constance, chaque fois que l'homme fut candidat à une autre charge civile. Voir encore ASFi Tratte 1258, fol. 9^{v} (Giulio del Bene est considéré pour les neuf conservateurs de la Juridiction et du Domaine, en septembre 1595, et ne l'obtient pas : « Fu dichiarato non essere fallito per sentenza degli Consiglieri, di poi ha havuto il Collegio, povero con moglie et molti figli ») et ASFi Tratte 1258, fol. 612^{v} (Del Bene redemande le même poste en août 1596 et ne l'obtient pas non plus ; l'annotation est la suivante : « Persona d'assai buona intelligenza, havuto il Collegio, ha moglie e figli et è povero »), ainsi que ASFi Tratte 1259, fol. 168^{v} (en 1597, toujours pour une charge dans la même juridiction, qu'il n'obtient pas), ASFi Tratte 1259, fol. 363^{r} (pour un poste parmi les trois conservateurs des Archives, qu'il n'obtient pas non plus) et ASFi Tratte 1259, fol. 496^{r} (pour un poste parmi les quatre Conseillers). Il est probable que c'est sa situation de fortune et de famille qui a poussé Del Bene à rechercher des charges publiques. Celles-ci offraient en effet une rétribution assez modeste, mais néanmoins susceptible d'être d'un certain secours à un homme connaissant des difficultés financières. Sur les rapports différenciés des Alterati aux charges civiles, voir *infra*, ch. 2, p. 168-182. Qui voudra étudier plus à fond la situation de fortune et de famille de Giulio del Bene pourra aussi se reporter à son bref testament, accessible en ASFi Notarile moderno 11087, fol. 127^{r}-128^{r} (daté du 27 mai 1616).

Giulio del Bene lui-même, lorsque, enflammé de son désir d'académie, c'est de cet homme de sept années son cadet qu'il avait d'abord cherché l'appui. Cependant le jeune del Nero devint vite la figure centrale de la nouvelle académie, que sa fortune lui permit par ailleurs d'accueillir somptueusement dans son palais situé piazza de' Mozzi — au cœur de l'un des quartiers de l'Oltrarno qui avait alors le plus le vent en poupe parmi les aristocrates fortunés — dans un *salone* d'apparat spécialement apprêté à cet effet[21]. L'aura de Tommaso del Nero, et son importance symbolique aux premiers temps de l'institution, en tant que visage public de la sodalité, se mesurent rétrospectivement aux trois oraisons funèbres de facture académique qui commémorèrent sa disparition prématurée, le 3 août 1572, à l'âge de vingt-sept ans, l'une d'elles ayant même donné lieu à une cérémonie publique d'envergure, dans l'église Santa Felicita à Florence[22]. Étoile montante de l'académie, Tommaso del Nero, trop vite disparu, peut difficilement ne pas avoir fait de l'ombre, entre 1569 et le moment de sa mort, à l'homme qui était venu de prime abord le solliciter lors de la fondation de l'institution. En cela, le récit autocentré que produit le Desioso sur les origines de l'académie doit sans doute aussi être lu comme une tentative pour se réapproprier l'institution dont il se considère comme le vrai père. Son texte gomme sa rivalité avec Tommaso del Nero sous les dehors de la familiarité, mais, ce faisant, il la perpétue simultanément en sous-main, dans l'effort que l'académicien fait pour maintenir son beau-frère dans une position seconde. On comprend mieux, dès lors, pourquoi les Alterati ne voulurent pas que ce récit figure en préambule de leurs statuts : tout en prétendant conter la concorde, l'écrit de Giulio del Bene prenait en réalité le risque de susciter de la discorde.

Mais la narration savamment dépouillée et intimiste du Desioso ne visait pas seulement à maquiller des rivalités interpersonnelles tout en les entretenant :

21. Ce palais, situé au 5 piazza de' Mozzi, est actuellement connu comme le palazzo Torrigiani (già Del Nero). Leonardo GINORI LISCI, *I palazzi di Firenze nella storia e nell'arte*, t. 2, p. 675-682, rappelle que Tommaso del Nero fut l'architecte d'une partie de la façade et l'ordonnanceur du grand *salone* du *piano nobile*, où furent accueillis les Alterati. Le Sconcio avait même dédié cette salle aux Alterati par une inscription : « *Erigitur ab Alteratis Academia/Scribendi Dicendique Studio Creata/A.* MDLXVIII ».

22. BMLF Ashburnham 558.1, fol. 38r : trois oraisons funèbres furent rédigées par trois académiciens différents (Francesco Bonciani, Carlo Rucellai et Giovan Battista Strozzi), mais seules deux d'entre elles sont conservées (celle de Giovan Battista Strozzi en BNCF Magl. VIII 41, fol. 99r-101r et celle de Francesco Bonciani en Biblioteca Riccardiana (BRF) Riccardiano 2237, fol. 111r-121r). Santa Felicita, qui se trouvait dans la paroisse de Tommaso del Nero dans l'Oltrarno, avait sans doute aussi été choisie pour des raisons stratégiques, puisqu'il s'agissait de l'église située sur le passage du Corridoio vasariano, qui menait du palazzo Vecchio au palazzo Pitti, au-dessus du Ponte Vecchio. Elle constituait le lieu de culte privilégié des Médicis, qui pouvaient y accéder privément par ce couloir récemment érigé, et même y écouter la messe sans être vus par les personnes assises dans la nef. Autrement dit, la commémoration publique de la vie exemplaire de Tommaso del Nero en ce lieu symbolique fut sans doute aussi une manière pour l'académie de s'établir vis-à-vis de la cour médicéenne. Pour une analyse plus détaillée de la disparition de Tommaso del Nero et des oraisons funèbres auxquelles sa mort donna lieu, voir *infra*, ch. 4, p. 336-346.

aux fins de dépeindre la nouvelle institution sous les traits d'une *accademia privata* (académie privée), le récit tronquait et même occultait beaucoup de choses sur le plan du positionnement sociopolitique de la nouvelle institution. D'une part, aucun des autres membres fondateurs des Alterati ne semble avoir souffert de l'isolement désœuvré dont le Desioso se plaint initialement — ou du moins pas au même degré que lui. Certes, ces hommes ne détenaient pas de hautes charges à la cour médicéenne, et, le cas échéant, les fonctions qu'ils occupaient dans les institutions anciennement républicaines — que les Médicis avaient systématiquement vidées de leur substance, tout en en préservant les structures et en en distribuant les prébendes — manquaient fréquemment de lustre[23]. Mais la plupart de ces patriciens trouvaient néanmoins à s'intégrer socialement par leurs talents, leurs diplômes, leur entregent ou leur fortune, et n'étaient, à première vue au moins, pas aussi isolés que semblait le suggérer le Desioso. Tommaso del Nero, possesseur de l'élégant *palazzo* de la piazza de' Mozzi, était ainsi respecté pour sa connaissance des arts comme des lettres — et courtisé par les Médicis en raison de sa fortune. Alessandro Canigiani, très bien formé au droit, s'apprêtait à faire une belle carrière dans l'Église, en devenant archevêque d'Aix en 1576. Antonio degli Albizzi, qui étudia successivement à Padoue, Bologne et Pise, était reconnu pour un homme de savoir — y compris auprès des Médicis. C'est en effet lui qui fut chargé, en 1568, d'expliquer la *Rhétorique* d'Aristote, nouvellement traduite par Annibale Caro, à Jeanne d'Autriche, l'épouse de François de Médicis, futur grand-duc de Toscane. Quant à Vincenzo Acciaiuoli et Lorenzo Corbinelli, ils appartenaient à l'ordre militaire le plus prestigieux du grand-duché, où n'entraient que les individus les plus nobles, connus pour être idéologiquement acquis à l'ordre médicéen.

Par ailleurs, cinq des six hommes que le Desioso sollicita originellement pour se joindre à la communauté académique qu'il entendait constituer — soit tous sauf Lorenzo Corbinelli, le moins lettré d'entre eux tous — partageaient une autre caractéristique importante : ils étaient tous membres de l'Académie Florentine[24],

23. Avant 1590, les membres des Alterati occupèrent en effet peu de charges urbaines. Et, après cette date, les postes occupés par un petit nombre d'entre eux furent souvent des magistratures de peu de poids et/ou d'une durée brève. Certains des plus établis parmi eux ne se portèrent pas candidats à des charges civiles, ou seulement très occasionnellement. Pour de plus amples analyses, voir *infra*, ch. 2, p. 168-182.

24. BNCF II.IV. 211 (ex. Magl. IX, 210), « Stratto di tutti li accademici », contient une liste de tous les membres de la Fiorentina entre 1540 et la fin des années 1740, par ordre alphabétique des prénoms. Mais ce document fut constitué de manière rétrospective, à partir du dépouillement des registres (*atti*) de l'Académie Florentine pour les années 1540-1583, actuellement conservés à la Biblioteca Marucelliana (BMF), sous la cote Marucelliano B III, 52-54 (3 vol.). Il ne donne en marge de chaque nom que les dates d'entrée dans l'institution repérables à partir de ceux-ci et contient beaucoup d'erreurs. Tommaso del Nero est cité en fol. 114^r, sans date d'entrée. Puis Alessandro Canigiani est mentionné (marqué comme entré en 1565). Un Antonio degli Albizzi (noté comme entré en 1545) est également listé dans le BNCF II.IV.211, toujours fol. 114^r. Mais c'est un homonyme de l'*Alterato* dénommé il Vario, qui est né en 1547. Au fol. 2^v, le *canonico* Renato de'

signe non seulement qu'ils étaient, à divers titres, considérés comme des *letterati*, mais encore qu'il s'agissait d'hommes que le pouvoir médicéen ne voyait pas d'un trop mauvais œil, ou du moins ne désirait pas isoler de manière trop évidente[25]. Certains des individus auxquels Del Bene s'adressa étaient mêmes particulièrement actifs ou en vue au sein de l'académie médicéenne, au moment où il les approcha. Ainsi en va-t-il de Tommaso del Nero, qui, le 20 janvier 1569 — c'est-à-dire moins d'un mois avant la fondation des Alterati —, avait été élu consul de l'Académie Florentine, alors qu'il était âgé d'à peine vingt-trois ans. Alessandro Canigiani, dont Tommaso del Nero suggère immédiatement le nom à Giulio del Bene lors de la création des Alterati, officia pour sa part comme l'un des deux conseillers de Tommaso del Nero dans la gestion de l'académie médicéenne cette année-là. Antonio degli Albizzi jouait lui aussi un rôle important au sein de l'Académie Florentine, et ce depuis de longues années[26]. Il en fut même nommé le consul en 1574. Les deux autres individus contactés par Giulio del Bene, Renato de' Pazzi et Vincenzo Acciaiuoli, étaient des *accademici Fiorentini* moins en vue et sans doute moins engagés. Le chanoine Renato de' Pazzi avait néanmoins fait partie des fondateurs de la Fiorentina, avant d'officier comme son consul en 1579. Seul Vincenzo Acciaiuoli paraît n'avoir été membre de l'académie dite par la suite Accademia Grande que depuis un peu plus d'un mois lors de la fondation de la nouvelle académie[27]. Autrement dit, mis à part Lorenzo Corbinelli, le seul des sept fondateurs des Alterati à ne pas avoir été un membre de l'Académie Florentine lors de la naissance de la nouvelle institution est Giulio del Bene lui-même, qui n'apparaît pas dans les registres de la Fiorentina avant 1577[28].

Pazzi (désigné comme membre fondateur de l'Accademia Fiorentina car entré 1540) est aussi cité (son nom — « Renato Pazzi Canonico » — apparaît de nouveau au fol. 101v, mais vis-à-vis de la date de 1640, ce qui laisse supposer une erreur). Le *cavalier* Vincenzo Acciaiuoli (sans date d'entrée) est mentionné au fol. 120r.

25. Depuis 1547, l'entrée dans l'Académie Florentine était en effet étroitement contrôlée, voir Di Filippo Bareggi, Claudia, « In nota alla politica culturale di Cosimo I », p. 541 : « Entrare a farne parte diventa, infatti, cosa assai ardua. Occorreva una particolare segnalazione del console ed un accurato esame di uno dei censori. Sulla base di questi elementi, avrebbe poi espresso inappellabile giudizio il consiglio dei magistrati. »

26. L'Antonio degli Albizzi qui apparaît comme *accademico fiorentino* en BMF Marucelliano B III 52, fol. 25r, à la date de 1545 n'est pas le Vario non plus. En revanche l'Antonio degli Albizzi qui apparaît en BMF Marucelliano B III 54, fol. 22r, par exemple, est bien l'homme qui participa à la fondation des Alterati.

27. BMF Marucelliano B III 54 le liste comme nouvel académicien en fol. 27r, à la date du 5 janvier 1568.

28. BNCF II.IV.211 mentionne un Giulio del Bene au fol. 55v, mais il s'agit d'un homonyme (ou d'une erreur ?) car la date d'entrée donnée en marge est 1632. Or le Desioso (Giulio di Francesco di Niccolò del Bene) est mort en 1618, selon ASFi Ufficiali della grascia 194 (*Libro de' morti del 1601-1625*), fol. 240r : « Giulio di Francesco del Bene sepolto in Santi Apostoli 29 aprile 1618 ». En revanche, le Giulio del Bene qui apparaît en BMF Marucelliano B III 53, 2r, à la date du 22 janvier 1576, est bien le Desioso. Je n'ai pu retrouver la date de son admission au sein de la Fiorentina, mais il est possible que son rôle dans la fondation des Alterati ait facilité son intégration au sein de la « grande » académie, dans les registres de laquelle son nom apparaît ensuite fréquemment, lors des élections aux magistratures, entre 1577 et 1582.

Envisagée sous ce jour, la fondation des Alterati prend un sens assez différent de celui qu'essaie de lui donner le récit du Desioso, lorsqu'il place ostensiblement la naissance de l'académie sous le signe de la familiarité, en passant sous silence tout autre enjeu, de nature sociale ou politique. Dans la Florence des Médicis, s'était depuis trois décennies développée, sous le nom d'Académie Florentine, une académie puissante et nombreuse, dont une partie des conférences était non seulement publiques mais assidûment fréquentées par des Florentins de toutes conditions, et même largement diffusées, à Florence mais aussi au-delà, par l'imprimé[29]. Cette institution était devenue, à partir de sa réforme en 1547, l'un des principaux organes culturels du grand-duché en matière d'éducation et de savoir. Elle touchait en effet un auditoire beaucoup plus divers que le *Studio fiorentino* et l'Université de Pise, et exerçait parallèlement d'importantes fonctions de contrôle sur les métiers du livre (librairie, production de papier, etc.)[30]. Elle compta en son sein, entre 1540 et 1783 pas moins de 3364 membres, soit une grande partie des élites florentines, quoiqu'elle connût de longues périodes de creux, sur le plan de ses activités intellectuelles[31]. Vers 1560, l'académie médicéenne, alors prospère et toujours soucieuse de s'accroître, rassemblait sans doute déjà plusieurs centaines de membres, qu'elle s'enorgueillissait de pouvoir faire venir en nombre à l'occasion de ses leçons publiques[32]. Dès lors, pourquoi, vers 1569, un patricien désireux de développer sa maîtrise des lettres, tel que Giulio del Bene, n'aurait-il pas choisi de s'y intégrer — ou en aurait-il été tenu écarté ? Et comment comprendre que les Alterati aient précisément été créés au moment où deux des tout premiers membres de cette nouvelle institution, Tommaso del Nero et Alessandro Canigiani, venaient de prendre les rênes de l'Académie Florentine pour une durée d'un an ?

Solliciter cinq membres de l'académie qu'avaient investie les Médicis pour en faire naître une nouvelle est un geste d'autant plus étrange que la seconde institution semble en réalité avoir été élaborée sur un modèle institutionnel rigoureusement

29. Sur les activités de l'Académie Florentine, voir également FIRPO, Massimo, *Gli affreschi di Pontormo a San Lorenzo : eresia, politica e cultura nelle Firenze di Cosimo I*, Turin, Giulio Einaudi, 1997, ch. III et IV, p. 155-290 et RICCI, Antonio, « Lorenzo Torrentino and the Cultural Program of Cosimo de' Medici », dans EISENBICHLER, Konrad (dir.), *The Cultural Politics of Duke Cosimo I de' Medici*, Aldershot, Ashgate, 2001, p. 103-119.

30. Ces fonctions de gestion de la librairie et de la papeterie florentines sont documentées dans les registres subsistants, aux folios qui listent les actions administratives de l'académie, en BMF Marucelliano B III 54, 74^{r}-105^{v} et B III 53, 49^{r}-96^{v} (foliation erratique), mais elles n'ont jusqu'à ce jour pas été étudiées en tant que telles.

31. Ces chiffres sont ceux donnés par Jean BOUTIER, « Les membres des académies florentines à l'époque moderne : la sociabilité intellectuelle à l'épreuve du statut et des compétences », dans BOUTIER, Jean ; MARIN, Brigitte et ROMANO, Antonella (dir.), *Naples, Rome, Florence : une histoire comparée des milieux intellectuels italiens*, Rome, École française de Rome, 2005, p. 405-443 (p. 414-415).

32. Dans les actes de la Fiorentina sont même soigneusement notées les occasions où elle se trouve « in copioso numero » (BMF Marucelliano B III 52, fol. 21^{r}, par exemple).

inverse de la première. L'académie des Alterati devint en effet rapidement une institution aussi fermée, secrète et politiquement en retrait que l'Académie Florentine était peuplée, ouverte et généralement au service de la politique culturelle des Médicis, malgré la persistance d'un anticonformisme souterrain chez nombre de ses membres[33]. La différence d'effectifs entre ces deux institutions est de ce point de vue extrêmement parlante : entre 1569 et 1630 environ, les registres des Alterati énumèrent en tout et pour tout 147 membres[34]. Même au cours de leurs périodes les plus actives, la plupart des séances bihebdomadaires des Alterati ne regroupent pas plus de huit ou dix membres, et parfois beaucoup moins[35]. Il arrive même que le Desioso, qui fut longtemps l'un des académiciens les plus actifs, se retrouve — en particulier les jours de grand beau temps — devant une salle vide, et sans aucun interlocuteur[36]. Mais le groupe des Alterati n'est pas seulement restreint au point d'être, occasionnellement, menacé dans sa survie même, il protège aussi très soigneusement le secret de ses débats : sauf dérogation dûment approuvée à l'unanimité des académiciens votants (régent et orateurs du jour compris, à partir de 1604), aucun individu étranger à l'académie ne pouvait assister à ses séances, à moins qu'il ne s'agisse d'une des rares séances publiques organisées pour célébrer la mémoire d'un académicien disparu, ou d'une figure extérieure à l'académie que celle-ci veut, pour une raison ou pour une autre, honorer.

De plus, l'Académie Florentine n'imposait pas à ses membres l'usage de pseudonymes, comme le firent dès l'origine les Alterati au sein de leur propre institution, y associant également par la suite une devise (*impresa*)[37]. Dans l'académie publique, entrée dans le service du prince, chacun officie au grand jour, sous son nom de ville. Dans l'académie privée, le pseudonyme (en théorie, au moins) garde l'identité de chacun secrète, ne publiant son patronyme de patricien qu'auprès des autres membres de la sodalité et dissimulant ainsi son nom — si besoin est — lors de la circulation de ses écrits, en forme manuscrite ou imprimée. L'Académie Florentine est ainsi le prolongement de la sociabilité urbaine. Les Alterati, au contraire, opèrent

33. Zanrè, Domenico, *Cultural Non-Conformity in Early Modern Florence*, Aldershot, Ashgate, 2004.

34. BNCF Magl. IX 134, fol. 1r-4v.

35. Par comparaison, lorsque, dans les années 1560 et 1570, les registres de la Florentine font mention du nombre d'académiciens assistant à une séance, le chiffre avoisine plutôt 20 à 25 présents (ainsi en BMF Marucelliano B III 53, fol. 4r, à la date du 21 janvier 1576).

36. Ainsi lors de la séance du 6 décembre 1576, BMLF Ashburnham 558.1, fol. 75r : « Venne solamente il Desioso. »

37. Ce fut là l'un des apports centraux du troisième régent, Tommaso del Nero, à peine entra-t-il en fonction (BMLF Ashburnham 558.1, fol. 8r, à la date du 2 janvier 1569), sans doute notamment parce que ces devises pouvaient s'apparenter aux armes des familles aristocratiques et soulignaient ainsi la noblesse des patriciens réunis au sein des Alterati. Sur la culture des *insignia* dans l'Italie de la Renaissance et ses liens avec la philologie humaniste, voir Mackenzie, Jennifer, *Renaissance Heraldry*, thèse de doctorat (PhD) en Études italiennes, sous la direction d'Albert Ascoli, Université de Californie, Berkeley, 2017, en particulier ch. 2 et 3.

une rupture avec celle-ci, en la restreignant, en leur sein, aux hommes avec lesquels ils cultivent tout autant une familiarité sociale qu'une proximité idéologique. Dès lors, on ne s'étonnera pas de voir que les Alterati diffèrent aussi de l'Académie Florentine par les lieux où se tiennent leurs séances. Pour ce qui est de ses sessions publiques, l'académie médicéenne se réunissait en effet dans des lieux vastes, dotés d'une très forte visibilité dans l'espace urbain, c'est-à-dire dans le complexe de la basilique de Santa Maria Novella, dans un premier temps[38], puis, à partir de 1560, dans la salle du conseil des Deux-Cents, au sein du palazzo Vecchio, soit au cœur même des institutions de la République défunte[39]. En revanche, les Alterati ne se réunirent jamais que dans des espaces strictement privés[40] ; tout d'abord, à partir de leur fondation, chez Tommaso del Nero, qui disposait d'une salle pour les recevoir, puis — et non sans difficultés parfois — chez l'un ou l'autre de leurs régents ; enfin, à partir de juillet 1599, dans la salle que l'un de leurs membres les plus engagés, Giovan Battista Strozzi (il Tenero) avait fait aménager à cet effet dans le palais qu'il s'était fait construire sur l'actuelle via Tornabuoni[41].

Le surgissement des Alterati, dont les règles de fonctionnement étaient si différentes de celles de l'Académie Florentine, est d'autant plus surprenant que la plupart des Alterati qui étaient membres de la Florentine lors de la création de ce nouveau lieu de sociabilité lettrée le restèrent, participant ainsi simultanément aux deux académies. Or les réunions de chacune d'elles, au moins pour les plus engagés, avaient lieu deux fois par semaine. Autant dire que la double activité au sein de ces deux institutions pouvait constituer un engagement social et intellectuel très lourd. Et pourtant, une majorité des nouvelles recrues des Alterati, dans les décennies suivantes, continuèrent à être semblablement actifs, en parallèle, au sein de l'Académie Florentine — la proportion de membres des Alterati admis dans les deux institutions atteint en effet 66 % du total, sur l'ensemble de la vie de

38. BMF Marucelliano B, III, 52, fol. 3r, à partir du 17 février 1541, l'académie se réunit « nel luogo datoci dalla Eccellenza del duca in Santa Maria Novella ».

39. Le privilège de pouvoir utiliser la salle du conseil des Deux-Cents est renouvelé à l'académie par François Ier de Médicis en 1583. Les lieux des réunions privées de l'institution variaient, à la discrétion du consul : le plus souvent, elles avaient lieu dans le *Studio fiorentino*, lui-même un lieu public — mais parfois aussi dans une maison particulière.

40. Il s'agit d'un choix délibéré, affirmé comme tel dans les actes de l'académie. Le 26 mars 1579 (BMLF Ashburnham 558.1, fol 81r), lorsque la question du lieu de réunion de l'académie est pressante, puisque l'académie se trouve momentanément sans salle fixe où se retrouver, le régent (l'Ardito, soit Alessandro Rinuccini) impose en effet « che ragionasse se meglio et più approposito fusse che in publica stanza si ragunasse o in private case degli accademici et conchiuse che meglio fusse si ragunasse in casa ».

41. BMLF Ashburnham 558.2, fol. 101v à la date du 15 juillet 1599, il est indiqué que « essendosi transferiti gli academici in casa il Tenero nostro e quivi adorna una capace stanza per l'Accademia », dans une pièce spécialement préparée à cet effet. Barbi, Silvio Adrasto, *Un accademico mecenate e poeta : Giovan Battista Strozzi il Giovane*, Florence, G. C. Sansoni, 1900, p. 49-50, décrit cette salle sans citer de source. Sur cette *stanza*, décorée sur le thème de la vigne et du vin, voir *infra*, ch. 2, p. 136-137.

l'*accademia privata*[42]. Michel Plaisance suggère que les Alterati permirent parfois à leurs membres de préparer ensemble les *discorsi* qu'ils prononcèrent ensuite dans l'académie médicéenne. Mais il est évident que si telle avait été la seule fin du nouveau groupe, celui-ci aurait aussi bien pu rester informel, sans donner naissance à une institution aussi structurée[43].

Il est vrai qu'à l'époque moderne, les affiliations multiples n'étaient pas rares, à Florence, dans les milieux académiques. Mais elles furent en réalité davantage le fait des académiciens des XVIIe et XVIIIe siècles, que de ceux du dernier tiers du XVIe, où les académies de quelque prestige se comptaient encore sur les doigts d'une main, comprenant essentiellement l'Académie Florentine, les Alterati et l'Académie de la Crusca, née en 1583. De ce point de vue, la création des Alterati doit sans doute même être considérée comme l'une des origines du phénomène des affiliations multiples, dès lors que c'est en réalité avec le surgissement de cette institution que cette pratique se développa à Florence, au moins parmi les institutions les plus en vue. Comme le souligne Jean Boutier, à l'échelle de la cité, ces appartenances croisées « donne<nt> une cohésion à la société citadine dans son ensemble », en diffusant des valeurs et des modèles culturels communs. Mais ce phénomène d'uniformisation est peut-être avant tout un fait du XVIIe siècle, lorsque, à Florence, ne coexistent pas moins de deux cents institutions académiques[44]. Car, observées à plus petite échelle, et dans un temps antérieur, ces participations croisées semblent aussi avoir eu, au moins à l'origine, une fonction moins irénique : elles ne créent pas seulement des continuités mais structurent aussi des concurrences, et fonctionnent même parfois comme une forme d'entrisme. En particulier, ces appartenances multiples sont aussi susceptibles de nourrir des rivalités, dont les enjeux sont parfois avant tout politiques et idéologiques, tout en s'exprimant par des stratégies de distinction d'autant plus raffinées que la distance réelle entre les institutions concernées est, sur le plan strictement culturel, faible. Car si les écarts, tant pratiques qu'épistémologiques, entre les institutions académiques sont bien réels, ils sont aussi relativement minces, aussi bien pour ce qui est du choix des sujets d'étude que pour ce qui est des modes d'approche des textes classiques,

42. BOUTIER, Jean, « Les membres des académies florentines à l'époque moderne », p. 436 : « Sur les 151 membres de l'académie des Alterati (1571-1634), 100 sont membres de la Florentine (66 %), 20 de la Crusca (13 %), dont 13 (9 %) des deux à la fois. »

43. PLAISANCE, Michel, « L'Académie des Alterati au travail », dans *L'Académie et le prince*, p. 398-399 Et ce d'autant que, si les Alterati sont parfois un lieu où tester des discours qui sont ensuite prononcés dans la « grande » académie (ainsi le 1er décembre 1580 en BMLF Ashburnham 558.2, fol. 9r : « il Vivace in cattedra recitò una sua lettione sopra gl'affetti, che disegnava di recitare nell'Accademia grande, circa alla quale fu avvertito. »), ils sont aussi fréquemment un espace où exprimer son désaccord avec ce qui se dit dans la Fiorentina (ainsi le 24 février 1582, en BMLF Ashburnham 558.2, fol. 36v : « Lesse il Puro difendendo l'Ariosto di certe accuse dattagli dall'Aspro in una lezione da lui recitata nell'Accademia Fiorentina »).

44. BOUTIER, Jean, « Les membres des académies florentines à l'époque moderne », p. 438.

des rapports aux grandes figures de la littérature toscane, ou même de la structuration du travail collectif (leçons, discours *pro et contra*, oraisons, conversations improvisées, etc.). Les différences plus ou moins clairement revendiquées reposent donc le plus souvent sur des distinctions idéologiques subtiles.

Certes, rien dans le texte du Desioso ne suggère de pareilles rivalités. Mais c'est précisément l'absence totale de mention de l'Académie Florentine qui inquiète, suggérant même une tentative de dissimulation. Cet étrange silence invite en effet à prendre la mise en scène de la familiarité privée, dont seraient nés les Alterati, *cum grano salis*, en se demandant ce qu'elle aurait eu pour fonction de masquer. Que cherchaient les autres membres fondateurs des Alterati en s'associant à Giulio del Bene dans une entreprise qui pouvait les conduire à menacer, fût-ce depuis l'ombre et dans la discrétion, la prééminence de l'académie que Cosme Ier de Médicis avait tant favorisée ? Peut-on même réellement penser que les Alterati, qui rassemblèrent bientôt une grande partie des plus talentueux jeunes lettrés que comptait alors Florence, se soient développés *privément*, en dehors de toute protection médicéenne et sans négocier la place qu'ils s'arrogèrent dans le champ culturel urbain auprès de Cosme Ier — même si celui-ci avait, dès le milieu des années 1560, commencé à céder le pouvoir à son fils François ?

On sait en effet avec quelle attention les Médicis suivirent le développement de l'Accademia Fiorentina — et avec quelle adresse et quelle fermeté ils y imposèrent leur volonté politique aux anciens membres des Humidi, à partir de 1547. On sait aussi avec quels soins jaloux, durant les premières décennies du principat, ils surveillèrent la transformation des confraternités religieuses florentines. Ces organisations, dont les académies s'inspirèrent parfois de très près dans l'organisation institutionnelle et les pratiques sociales qu'elles se donnèrent, furent pour l'essentiel mises — quoique de manière plus ou moins indirecte — sous le contrôle du prince[45]. Il est donc difficile de croire que les Alterati aient pu naître et se développer, dans et/ou en marge de l'Accademia Fiorentina, sans l'aval (au moins tacite) du pouvoir médicéen. Cependant, si négociation il y eut bien, comment s'engagea-t-elle et qui la mena ? Enfin, par la suite, qu'aurait gagné François de Médicis, devenu grand-duc en 1574, à laisser se développer cette nouvelle institution académique dans le voisinage de l'Académie Florentine ? À toutes ces questions, le récit du Desioso n'apporte pas même le début d'une réponse. Son auteur semble au contraire s'efforcer, en son sein, de les faire disparaître en tant que questions.

45. Pour l'Accademia Fiorentina, voir la bibliographie citée en note 7, p. 46. Pour une description détaillée de la mise au pas des confraternités durant les premières décennies du principat, voir WEISSMAN, Ronald F. E., *Ritual Brotherhood in Renaissance Florence*, Londres, Academic Press,1982, ch. 5 : « The Courtiers of God : Ritual Brotherhood in Grand-Ducal Florence », p. 195-235 (en particulier p. 200-208).

De manière plus troublante encore, à la plupart de ces interrogations, les documents que les Alterati conservèrent et transmirent méticuleusement — et dont bon nombre sont encore soigneusement préservés aujourd'hui dans les bibliothèques de Florence, de Pise ou de Rome — n'apportent pas non plus de réponses directes ou précises. Au sein de l'académie des Alterati, la parole est reine — et le discours perpétuellement surabondant. Les archives de l'institution sont à l'avenant, totalisant, pour la seule partie qui a survécu, des milliers de folios manuscrits. Mais, au milieu de cette documentation pléthorique, les réponses aux questions que suscitent ses origines restent toutes hypothétiques — même pour qui guette les implicites, et recoupe patiemment les indices. Cette académie avait très évidemment dès ses premières années d'existence une identité très structurée, qui lui permit non seulement de se développer rapidement, et solidement, malgré un petit nombre de membres, mais encore de perdurer, en tant qu'institution privée, pendant six décennies, soit durant toute la durée de la vie de ses membres les plus engagés. Mais ce qui rassemblait les académiciens et faisait tenir ensemble leur communauté — au-delà des discours convenus sur l'idéal académique, dont les lieux communs circulent alors dans toutes les académies d'Italie — n'est jamais exprimé de manière explicite, comme aurait sans doute pu permettre de le faire un récit des origines relativement candide et/ou qui aurait rencontré l'assentiment de la majorité des membres. Tout se passe au contraire comme si, jusque et y compris dans les documents que l'institution réunit pour faire perdurer sa propre mémoire, rien ne devait trahir les tensions qui avaient présidé à sa naissance. Même la narration savamment intimiste du Desioso en laissait sans doute déjà trop deviner, dans son inachèvement et sa brièveté même, pour pouvoir figurer en tête d'un document aussi important et aussi facilement repérable que les statuts de l'institution : on jugea plus sûr de la cantonner au *Zibaldone*.

2. Mémoire(s) : une impossible mise en récit ?

Cependant, la difficulté que les Alterati eurent à dire leurs origines était en vérité bien plus générale : elle toucha, au cours de la vie de l'institution, toute forme de mise en récit de leur histoire et même toute tentative de mémorialisation d'eux-mêmes en forme discursive. Cette difficulté systématique à écrire leur propre histoire peut être vue comme un manque, ou du moins comme un inaccomplissement. Il serait sans doute plus juste de la comprendre comme un élément constitutif, et même tout à fait central, de l'identité collective de l'académie, en tant qu'institution privée. Certes, les pratiques archivistiques des Alterati, où l'accumulation prend presque toujours le pas sur la synthèse, s'apparentent pour une part à celles des autres types de structures privées qui à Florence conservent avec un soin méticuleux leurs lettres, leurs écrits ou leurs discours, leurs chartes, leurs statuts et leurs registres d'activité et leurs informations financières (familles, confréries, guildes, comités et conseils des institutions urbaines, etc.). Les chercheurs qui ont travaillé sur les livres de comptes des familles florentines soulignent par exemple qu'il s'agit de documents tenus, au jour le jour, avec le soin le plus méticuleux — mais d'où le regard tant prospectif que rétrospectif est souvent absent[46]. En matière d'archives à fonction mémorielle, les Alterati ne feraient ainsi, par leurs pratiques des entrées journalières dans leurs registres (en forme de *diario*), que décalquer les habitudes des familles au sein desquelles ils ont grandi. À ceci près qu'en tant qu'institution privée, sans appui officiel avoué, les Alterati auraient eu besoin — bien davantage que la plupart des familles du patriciat à proprement parler — d'une mise en histoire plus explicite, et à usage externe, pour affirmer leur légitimité et assurer leur mémoire. Les académiciens eux-mêmes en eurent d'ailleurs fortement conscience, notamment lorsque l'institution fut menacée de disparition, après 1620.

Pourtant, en leur sein, la réticence à la mise en récit toucha — pendant toute la durée de la vie de l'académie — l'ensemble des activités des académiciens, qu'aucune narration suivie ne vient jamais recueillir, bien que les traces de la plupart de ces activités soient en général soigneusement préservées, tant sous la forme de documents de toutes sortes que par de brèves notations au quotidien dans les actes de l'institution. Pas loin de deux douzaines de volumes, dont certains de plus de sept cents pages (350 folios), des textes de toute nature (actes, discours, dialogues, écrits critiques ou historiographiques, lettres, livres annotés) s'offrent ainsi encore à l'historien, parmi les documents que l'académie elle-même avait rassemblés dans ses archives. Mais, dans tout cela, aucune mise en histoire des hauts faits de l'académie ne se laisse apercevoir, quoique les Alterati en aient plusieurs fois manifesté l'ambition et même clairement conçu le projet. Comme le récit des origines qu'avait initialement tenté le Desioso, chaque tentative pour écrire ou faire écrire l'histoire de l'académie en son sein se noya dans les sables, soit parce qu'elle resta une velléité, soit parce qu'elle demeura en forme de notes éparses, sans jamais prendre la forme d'un récit abouti, qui aurait pu faire office de parole autorisée, si ce n'est officielle, de l'institution sur elle-même. Comment expliquer pareille difficulté à se raconter ?

46. Sur la pratique des livres de comptes à Florence à la Renaissance, voir GOLDTHWAITE, Richard, *Private Wealth in Florence : A Study of Four Families*, Princeton, Princeton University Press, 1968. Pour l'analyse d'un cas à la fin du XVIe, voir les analyses de Tim Carter et Richard A. Goldthwaite au sujet de Jacopo Peri — un musicien et chanteur de cour qui n'appartenait pas au patriciat mais sut s'enrichir considérablement par la pratique de son art et une gestion prudente — dans CARTER, Tim et GOLDTHWAITE, Richard A., *Orpheus in the Marketplace : Jacopo Peri and the Economy of Late Renaissance Florence*, Cambridge, Harvard University Press, 2013, en particulier les p. 122-133.

2.1. *Faire et raconter : mémoire n'est pas histoire (1570-1580)*

Les *atti* ou actes de l'institution (BMLF Ashburnham 558. 1 et 2) — pour la plupart rigoureusement tenus entre 1569 et 1606, sauf pendant quelques périodes de crise ou de relâchement — contiennent près de trois cents folios à eux seuls, et décrivent souvent les séances de l'académie de manière détaillée. On apprend ainsi quels étaient les académiciens présents tel ou tel jour, quels sujets ont été discutés ce jour-là et sous quelle(s) forme(s), et qui y a pris la parole, pour réciter une oraison soigneusement préparée ou pour parler à l'improviste, qui a été admis dans l'académie et qui furent les principaux magistrats en fonction (régent, provéditeur, censeurs) pour la durée de chaque régence de six mois. Toute la mémoire (*memoria*) de l'académie — saisie au jour le jour par son *provveditore*, qui a charge de tenir ces actes ou *memorie* — s'y trouve ainsi consignée. Mais cette mémoire morcelée n'est pas une histoire (*storia*), en ce qu'elle n'est jamais tissée de relations de cause à effet ou même simplement d'enchaînements : les *atti* énumèrent mais ne racontent pas, du moins dès lors que l'on admet que raconter c'est nécessairement aussi expliquer et donner du sens, notamment par l'énonciation de causalités. Or, de cela, les registres de l'académie s'abstiennent toujours, dressant la liste des faits et des actions des académiciens sans les interpréter, ni même, le plus souvent, les articuler les uns aux autres.

Les Alterati ne sont pas moins très attachés à ces actes, insistant périodiquement, et parfois non sans fétichisme, pour qu'ils soient tenus avec soin et exactitude et pour que rien n'y soit changé ou ajouté *a posteriori*. Pendant l'une des séances du mois de décembre 1574, le régent en titre, le Trasformato (Scipione Ammirato), recommande par exemple au secrétaire (ou *provveditore*) d'être plus soigneux dans la tenue des *atti* : « Le régent ordonne au secrétaire <il Vario soit Antonio degli Albizzi> d'être à l'avenir plus attentif et plus diligent dans la tenue du livre des actes et exige qu'à la fin de la présente régence soit lu dans l'académie tout ce qui s'est fait en son sein sous son gouvernement à lui[47]. » Le 10 septembre 1582, les académiciens décident par ailleurs que le régent « ne doit permettre en aucune manière que soit changé quoi que ce soit dans les livres publics de l'académie[48] ».

47. BMLF Ashburnham 558.1, fol. 59v : « Al segretario <il Vario> comandò <il Trasformato reggente> che per l'avvenire fusse più sollecito et più diligente nel tenere il libro de gl'atti ; e che nel fine del presente reggimento debba legere tutto quello che nell'Accademia s'è fatto nel suo reggimento [...]. »

48. BMLF Ashburnham 558.2, fol. 31r : « [...] per niun modo devea permettere che si rimutasse cosa alcuna in sui libri publichi senza consentimento dell'Accademia, e che nella sentenza del reggente per questo metter mano ne libri si intenda alterare e rimutare le cose di già scritte. » Par « livres publics », il faut entendre les *atti* et les *capitoli*, mais aussi les livres (ou liasses, s'il s'agit de papiers non réliés) contenant des compositions poétiques ou des discours. Ils sont dits « publics » car ils sont susceptibles de circuler en dehors de l'académie, mais aussi de pouvoir être montrés à une autorité politique ou religieuse en cas de demande.

Cette décision commune fait suite à un épisode où l'Horrido (Nero del Nero) — un académicien qui, selon le rédacteur du registre, a bien servi l'académie par le passé en hébergeant ses réunions[49] — est accusé d'avoir « mis la main dans les livres publics » de celle-ci, qu'il tenait chez lui, et d'y avoir effectué des changements. Cet épisode a donné cause au régent en titre d'affirmer que « nul académicien, aussi privilégié soit-il, ou membre du gouvernement <académique>, ne doit désirer à l'avenir mettre la main dans les écritures publiques de l'académie, sous peine d'être livré à l'arbitrage du régent[50] ». Le fait que, le 10 septembre 1582, les académiciens retirent au régent le droit de légiférer sur de telles transgressions pour exiger que toute décision en la matière soit soumise au consentement général de l'académie tout entière (« consentimento dell'Academia ») signale à quel point la question est sensible : les archives sont clairement pensées comme incarnant l'identité collective de l'institution, et définies comme ne pouvant relever, dans leur gestion, que de cette collectivité dans son ensemble. Personne ne pourra dorénavant les modifier sans l'accord explicite de tous. Comme pour les livres de comptes familiaux, leur valeur est sans doute tout autant mémorielle (et à l'occasion sentimentale) que pratique ou stratégique : si jamais quelqu'un, dans l'entourage du prince, demandait à voir les registres de l'académie, ils pourraient être offerts aux regards inquisiteurs en manière de justification de ses activités. C'est pourquoi la mémoire de l'académie, tels que ses *atti* l'élaborent et la préservent, est l'objet en son sein de soins très attentifs.

Mais il arrive aussi que cette mémoire ne semble plus suffisante à elle seule. Parfois — le plus souvent lorsque leurs activités connaissent un creux — les Alterati expriment en effet ce qu'on pourrait désigner comme un désir d'histoire, et en font mention dans leurs actes. Ainsi le 5 mai 1580, les registres de l'académie précisent que l'Horrido (Nero del Nero), alors régent, a exprimé la volonté que l'Aspro (Francesco Bonciani) « prenne soin d'écrire l'histoire et les événements de l'académie[51] », sans néanmoins que les *atti* ne justifient en aucune manière cette requête soudaine. Cette volonté de faire naître une histoire des faits collectifs ne fut sans doute pas assez ferme ou suffisamment partagée pour être suivie d'effet : il n'en sera en effet plus question dans les pages qui suivent. De même, le 20 juin 1591, à un moment où l'académie semble s'essouffler, il est question de faire un recensement

49. Nero del Nero est le frère de Tommaso del Nero. Il a continué à accueillir l'académie dans le palais de la piazza de' Mozzi après la mort de son frère.

50. BMLF Ashburnham 558.2, fol. 30^{v} (4 septembre 1582) : « [...] nessuno accademico quantunque privilegiato, e di magistrato per l'avvenire ardisca di metter mano nelle scritture pubbliche sotto pena del arbitrio del reggente ».

51. BMLF Ashburnham 558.1, fol. 89^{v} : « Diede cura il reggente al Vario, al Ruvido, allo Sdegnoso, che riveggano il libro de' capitoli e portargli acconci a lor modo il giorno del Consilio generale, volle che l'Aspro prendesse cura di scrivere la storia et avvenimenti dell'Accademia. »

(*rassegna*) des académiciens et de leurs discours académiques, et le Trasformato (Scipione Ammirato) « s'offre pour mobiliser les académiciens dans la considération de l'histoire » de l'institution[52]. Mais là encore l'initiative ne débouche sur aucun projet concret.

Le désir de voir la mémoire de l'académie devenir un récit suivi se dissout même parfois en des exercices stériles dont chacun semble savoir d'avance qu'il ne sortira rien. Ainsi, le 25 août de l'année 1580, le *provveditore* alors en fonction, il Torbido (Marcello Adriani il Giovane, 1562-1604)[53], se voit « condamné à extraire tout ce qu'il y a de mémorable dans le livre des actes anciens et à le porter à l'académie lors de la prochaine session ordinaire, qui est fixée au lendemain ». L'académicien satisfait sans rechigner à la peine qui lui a été imposée — pour une faute qui, là non plus, n'est pas mentionnée — et apporte avec lui lors de la prochaine séance « l'extrait du premier livre des actes », qu'il a dument préparé[54]. Mais, en cette instance aussi, son travail, qui se borne à extraire le plus mémorable de cette longue liste de *memorabilia* que sont déjà les *atti*, ne conduit à aucune mise en histoire. On peut même penser que cette punition (*pena*) imposée impromptu fonctionna comme une condamnation burlesque, tournant en ridicule tout à la fois le condamné et l'obsession historiographique perpétuellement inaboutie dont l'académie est le lieu. Car qui aurait pu, d'un jour à l'autre, relire en profondeur le premier volume des actes qui ne comptait pas moins de cent dix folios manuscrits en format in-folio et couvrait dix années d'activité académique ? La peine imposée au Torbido caricaturait les gestes par lequel tout historien sélectionne et médite ses sources, lorsqu'il projette de se faire historiographe, désignant implicitement comme futile le désir d'histoire, qui surgit pourtant de manière répétée au sein de l'institution, et écartant sans mot dire tout projet sérieux de mise en récit de l'académie par elle-même.

52. BMLF Ashburnham 558.2, fol. 92^r : « Il Trasformato offerse d'impiegare gli accademici in considerar la sua storia [...] ».

53. Sur Marcello Adriani il Giovane, qui enseigna le grec et le latin au *Studio fiorentino*, traduisit Plutarque et fut parallèlement membre de l'Accademia Fiorentina, voir l'article de Bramanti, Vanni, « Plutarco in Accademia e le traduzioni di Marcello Adriani », dans *Antichi e moderni*, supplément annuel de *Schede umanistiche*, II, 2000, p. 35-46. BNCF N. A. 850 I et II contiennent deux cahiers imprimés interfoliés et entièrement annotés, construits à partir des livres II et IV de la *Politique* d'Aristote dans le texte grec donné par l'édition suivante : *Aristotelis De optimo reipublicae libri octo*, Florence, Giunti, 1552. Ces *libri postillati* sont très semblables à ceux que produisirent d'autres Alterati, en particulier Giovan Battista Strozzi, Filippo Sassetti et Lorenzo Giacomini. Sur ces objets textuels particuliers, qui constituent au sein des Alterati un genre à part entière, voir ch. 3, p. 256-257.

54. BMLF Ashburnham 558.2, fol. 7^r : « Il provveditore fu condennato a cavare tutto quel che era di memorabile nel libro degli atti vecchi, e portarlo all'Accademia la prossima tornata ordinaria. S'intimò la tornata per domattina seguente » ; et 7^v : « Il Torbido soddisfece alla pena impostali del dovere portare lo stratto del primo libro degli atti. »

2.2. Dire l'académie, enfin ? Histoire d'un ultime naufrage (1618-1621)

On pourrait à la limite comprendre qu'écrire l'histoire de leur académie pendant la période de son plein épanouissement (soit entre 1570 et 1610, en gros) ait semblé aux académiciens une chose artificielle ou même risquée. Car comment dire les hauts faits d'une institution en développement sans peser d'une manière ou d'une autre sur son avenir et/ou risquer de favoriser telle ou telle faction en son sein ? Mais l'impossibilité pour les Alterati de mettre en récit leurs activités ne fut en réalité pas moins grande dans leur déclin, alors même que pareille narration aurait pu revigorer l'identité académique en mettant en valeur la raison d'être de l'institution et en expliquant les sens des divers projets dans lesquels elle s'était successivement investie.

En témoigne un ensemble de manuscrits aujourd'hui conservé à la Biblioteca Nazionale Centrale à Florence, qui documente de manière suivie le développement, entre 1618 et 1621, d'un projet d'histoire de l'académie qui a lui aussi tourné court[55]. Celui-ci a pourtant coûté beaucoup d'efforts à son instigateur, Giovan Battista Strozzi (il Tenero), qui devint le principal animateur de l'académie après la mort de Tommaso del Nero (lo Sconcio), en 1572, et était même souvent considéré à tort, au XVIIe siècle, comme l'un de ses fondateurs. Strozzi avait pris sous son aile, dès son adolescence, don Giovanni de Médicis, le fils illégitime de Cosme Ier et de sa maîtresse, Eleonora degli Albizzi, né en 1567 et de vingt-six ans son cadet. Le jeune homme avait été légitimé sur la volonté de son père, qui l'avait aussi doté d'une fortune considérable. Il avait autant de goût que de talent pour les arts et les sciences (musique, architecture, belles-lettres, astronomie, philosophie morale et politique, mais aussi art de la guerre)[56]. Giovan Battista Strozzi, resté toute sa vie célibataire, protégea don Giovanni de Médicis comme il aurait protégé un de ses jeunes neveux, tout en le courtisant comme il était de bon de courtiser les membres de la famille de Médicis, même issus d'une branche illégitime. Le 17 février 1587, alors que Giovanni de Médicis allait sur ses vingt et un ans, Strozzi le présenta aux Alterati, parmi lesquels il fut immédiatement élu, avant d'y faire officiellement son entrée le 5 mars (sous le pseudonyme du Saldo), après que Giovan Battista Strozzi a prononcé, en guise d'introduction formelle, un discours très élogieux en

55. BNCF Magl. IX 124, fol. 2^r^-44^v^ et 63^r^-81^v^.

56. Sur la carrière et les activités de don Giovanni de Médicis, voir l'article que lui consacre Paola Volpini dans le *Dizionario biografico degli italiani*, vol. 73, Rome, 2009, p. 72-77, ainsi que les travaux de Dooley, Brendan, « Le battaglie perse del principe don Giovanni », *Quaderni Storici*, 2004/115, p. 83-118 ; « Art and Information Brokerage in the Career of Don Giovanni de' Medici », dans Cools, Hans ; Keblusek, Marika et Noldus, Badeloch (dir.), *Your Humble Servant, Agents in Early Modern Europe*, Hilversum, Uitgeverij Verloren, 2006, p. 81-95 et « Narrazione e verità : don Giovanni de' Medici e Galileo », *Bruniana e Campanelliana*, 2008/2, p. 391-405.

sa faveur[57]. La date choisie n'était pas insignifiante. D'une part, la présentation de ce prince se fit lors l'anniversaire de la création de l'académie, le jour de son *natale*, comme si l'entrée du jeune homme avait été envisagée comme une sorte de nouvelle naissance. D'autre part, cette admission eut lieu quelques mois après la disparition de François Ier de Médicis, que son frère et successeur Ferdinand avait selon toute vraisemblance fait assassiner, soit à un moment où l'équilibre des pouvoirs était plus que mouvant à Florence. Il est possible qu'en faisant alors entrer don Giovanni de Médicis dans leur sein à ce moment précis, les Alterati aient tenté de se rapprocher des factions qui avaient alors le vent en poupe à la cour, pour s'assurer d'y avoir des protecteurs malgré les incertitudes de la transition qui s'accomplissait[58]. Toujours est-il que, en dépit de ses activités diplomatiques et militaires, don Giovanni de Médicis fut le plus souvent, par la suite, un Alterato diligent lorsqu'il était à Florence, comme en témoignent les divers écrits académiques qu'il a laissés, dont plusieurs articulent avec éloquence les idéaux civiques dans lesquels les Alterati se reconnaissaient[59]. Il sut sans doute aussi servir les intérêts des Alterati à la cour médicéenne, lorsque, au début du XVIIe siècle, ceux-ci se trouvèrent engagés dans la production de divertissements curiaux[60]. Au sein de l'académie, il fut enfin un allié fidèle de son mentor, pour lequel il professe souvent une véritable vénération.

C'est donc vers lui que Giovan Battista Strozzi se tourna en 1618 lorsqu'il souhaita faire écrire une histoire des mœurs et des réalisations passées de l'académie. Celle-ci n'est plus alors que l'ombre d'elle-même : ses livres ne sont, semble-t-il,

57. BMLF Ashburnham 558.2, fol. 68^r : « Fu proposto, e vinto per accademico l'altissimo ed eccellentissimo signor don Giovanni Medici. » Le discours d'introduction du Tenero en faveur de Giovanni de Médicis (il Saldo) est donné le 5 mars (fol. 68^v) et a été préservé parmi les papiers de Giovan Batttista Strozzi en ASFi Carte strozziane, 3e série, 187, fol. 266^r-277^v.

58. La prudence des Alterati semble sur ce plan avoir été justifiée mais vaine : Ferdinand Ier de Médicis commença par s'intéresser à eux et même à les solliciter pour l'organisation des funérailles de son frère, tout autant que des festivités de son propre mariage. Mais, dès 1590, l'académie semble perdre le peu de faveur qu'elle paraissait avoir acquise. Voir sur ce point *infra*, ch. 2, p. 121-140.

59. Les archives des Alterati témoignent en particulier de l'intérêt de don Giovanni de Médicis pour la philosophie morale et politique, dont il fait le fondement de toute noblesse véritable. Voir BNCF Magl. IX 124, fol. 48^r-54^r et Magl. VIII 1406, fol. 1^r-97^v, ainsi que BMLF Ashburnham 562, fol. 129^r-156^v. Ces textes, qui exposent au long ses réflexions sur la noblesse, la vertu et les règles de la vie académique, soulignent en quoi celle-ci devait être conçue comme une activité civique à part entière. Sur ces textes de don Giovanni de Médicis et l'idéal civique qu'ils articulent, voir *infra*, ch. 2, p. 180-182.

60. Don Giovanni de Médicis fut ainsi régent de l'académie à partir du 3 août 1600 (BMLF Ashburnham 558.2, fol. 68^r) à un moment ou plusieurs membres ou compagnons de route de l'académie, dont Ottavio Rinuccini et Jacopo Corsi, se préparent à monter une *Euridice*, pendant les célébrations du mariage de Marie de Médicis avec Henri IV, qui eurent lieu en octobre 1600. Or don Giovanni de Médicis était concurremment chargé, à la cour, de superviser certains des divertissements prévus cette semaine-là. Il est probable qu'il ait profité de cette double fonction pour protéger de son mieux les intérêts de Rinuccini et Peri dans les luttes de pouvoir qui opposèrent à cette occasion les différents artistes et musiciens de la cour. Sur la production de l'*Euridice*, voir *infra*, ch. 5, p. 484-541.

plus tenus depuis 1606, ses réunions sont devenues irrégulières et ses discussions se limitent le plus souvent à la question de savoir — sur requête du prince — ce qu'il faut penser du travail de tel ou tel auteur que les Médicis protègent. De même, en 1618, la position de don Giovanni de Médicis n'est plus alors, à la cour, ce qu'elle avait été dans sa jeunesse, vingt ans plus tôt. Sa relation avec la fille d'un matelassier, Livia Vernazza — qu'il épousera en 1619 —, indispose en effet les plus puissants membres de la famille régnante, et l'a contraint à s'installer à Venise dès 1615[61]. Là, il continua à officier quelques années comme *condottiere* pour le compte de la République vénitienne, avant de se retirer à Murano, où il mourut le 19 juillet 1621, après plusieurs années de fièvres intermittentes.

Autrement dit, l'homme auquel Giovan Battista Strozzi s'adresse en 1618 pour écrire l'histoire des Alterati n'est pas seulement un homme qui a perdu une grande partie de sa stature et de son influence à Florence. C'est aussi un homme malade, et, même, assez vite, un homme mourant. Il avait sans doute été choisi initialement pour sa fidélité tout autant que pour son appartenance au clan Médicis, dans l'espoir que son nom, s'il pouvait figurer au titre d'une histoire de l'académie, accroîtrait la renommée et le prestige (alors déclinant) de celle-ci. Il est aussi possible que plusieurs textes manuscrits du Saldo, datant peut-être des premières années de son activité au sein de l'académie, et dans lesquels certaines séances de celles-ci sont minutieusement décrites et mises en récit, aient suggéré à Giovan Battista Strozzi que son protégé était apte à une telle entreprise historiographique[62]. Mais si les lettres que don Giovanni de Médicis a échangées avec Giovan Battista Strozzi au sujet de ce projet d'histoire de l'académie le montrent désireux de décrire l'institution sous son meilleur jour, afin de contenter son mentor et de s'acquitter de la dette qu'il pense avoir envers l'institution, elles le dépeignent aussi, le plus souvent, comme trop affaibli pour pouvoir travailler en

61. Sur cet épisode, voir DOOLEY, Brendan (éd.), *Amore e guerra nel tardo Rinascimento : le lettere di Livia Vernazza e don Giovanni de' Medici*, Florence, Polistampa, 2009 et DOOLEY, Brendan, *A Mattress Maker's Daughter : The Renaissance Romance of Don Giovanni de' Medici and Livia Vernazza*, Cambridge, Harvard University Press, 2014.

62. Voir MÉDICIS, don Giovanni de, « Ragionamenti intorno alla virtù del Saldo, accademico Alterato » (BMLF Ashburnham 562, fol. 129r-156v), qui donne une transcription calligraphiée d'un texte qui figure en BNCF Magl. VIII 1406, fol. 58r-97v sous le même titre, en forme d'*abbozzo*. BMLF Ashburnham 562, fol. 158r-166v contient aussi une version narrativisée et calligraphiée de deux textes individualisés en BNCF Magl. VIII 1406 sous les titres de « Accusa dal Aspro fatta dal Vivace » (fol. 100r à 101v, texte incomplet) et de « Difesa de l'Aspro » (fol. 102r à 104v). Une version complète de l'*accusa* faite par Bernardino de MÉDICIS contre Francesco Bonciani est en donnée en BMLF Ashburnham 562, fol. 158v-163r, tandis que la *difesa* de Francesco BONCIANI est transcrite aux fol. 163r-166v de ce même codex. Les textes de Giovanni de Médicis, restés inachevés, se présentent sous la forme de récits. Mais ils visaient aussi plus largement à décrire les pratiques de l'académie, tout en illustrant ses valeurs et en offrant des considérations sur son histoire. Ils sont malheureusement difficiles à dater avec précision.

quelque manière que ce soit à la rédaction de cette histoire[63]. Cette maladie est mentionnée dès le début du printemps 1619 et semble même avoir provoqué une interruption de près de deux ans dans les échanges entre Giovan Battista Strozzi et son protégé au sujet de ce projet de mise en histoire : entre avril 1619 et mai 1621, aucune lettre n'est en effet conservée. Autrement dit, il est difficile d'imaginer que Giovan Battista Strozzi, même vieillissant, ait pu tout à fait ignorer l'état de santé dans lequel se trouvait son correspondant à partir de 1619. Pourtant il se lance dans ce projet avec la dernière énergie, et y travaille d'arrache-pied, aiguillonnant constamment don Giovanni de Médicis et lui fournissant, dans ou avec ses lettres, une foule d'informations, de brèves mises au point et même quelques bribes de récit déjà rédigées que son correspondant pourrait réemployer telles quelles dans sa narration.

La plupart des documents (notes ou mémoires) générés dans le cadre de cet échange, ainsi que onze lettres de Giovanni de Médicis et huit brouillons (*minute*) de réponses de Giovan Battista Strozzi, ont probablement été rassemblés et conservés par ce dernier, avant d'être légués, à sa mort, à l'un de ses cousins, avec l'ensemble des autres documents académiques alors en sa possession[64]. Ces documents (qui comptent soixante-trois folios en tout) comprennent plusieurs listes de devises académiques, deux dénombrements des principaux académiciens, avec leurs pseudonymes, quelques brèves remarques sur les divers projets collectifs de l'académie et une série d'écrits esquissant une définition de l'esprit et des mœurs de la sodalité. Il est clair que la préparation de ces matériaux a coûté à Giovan Battista Strozzi, alors âgé de près de soixante-dix ans et malvoyant depuis plus d'une décennie, un travail considérable. Il n'en fait d'ailleurs pas mystère, lorsqu'il répond aux multiples demandes de son correspondant : « Je me suis fait lire page par page tout ce qui se trouve dans les livres des actes et dans nos autres écrits[65]. » Pareille entreprise signifiait la (re)lecture et la synthétisation de plusieurs milliers

63. BNCF Magl. IX 124, fol. 20^{r} (5e lettre de Giovanni de Médicis à Giovan Battista Strozzi, datée de Venise, le 16 mars 1619) : « [...] e già affaticato mi ero sopra ciò <soit : à rassembler les éléments épars de la « memoria dellà Accademia » > qualche mese, quando sopra raggiunto da una fastidiosa, et lunga malattia, fui necessitato a far punto, et restò interrotto il corso delle mie fatiche. » Cette maladie l'a contraint à aller prendre le « bon air » dans une de ses petites propriétés de terre ferme, près de Padoue, où ses forces restent si « debole » qu'il est incapable de rien faire avancer. Au fol. 23^{r} (7e lettre, datée de la Villa Torniella à Paluello, le 3 mai 1619), Giovanni de Médicis s'excuse une fois de plus de ne pouvoir rien produire, fol 23^{r} . « non possuto per hora se non renderlene le dovute grazie ».

64. À sa mort, la plupart des archives des Alterati actuellement subsistantes, préservées par Giovan Battista Strozzi, entrèrent dans les collections de Carlo Strozzi, à qui Giovan Battista Strozzi les légua par voie testamentaire (ASFi Notarile moderno 9323, fol. 93^{v}). Sur la constitution des archives de l'académie et leur transmission, voir *infra*, ch. 3, p. 211-222.

65. BNCF Magl. IX 124, fol. 41^{r} : « Mi sono fatto leggere carta per carta tutto quello che è ne libri degli atti e nell'altre nostre scritture. »

de folios manuscrits, avec l'aide d'un secrétaire, pour lire et prendre des notes — autant dire un travail immense.

Dès lors, deux choses étonnent. D'une part, il est curieux que Strozzi se soit obstiné à attendre de Giovanni de Médicis un travail que celui-ci n'arrivait clairement pas à fournir. Il est certes possible que l'académicien ait sous-estimé la gravité du mal de son ancien protégé[66]. Néanmoins, pourquoi ne pas avoir tenté sa chance ailleurs ou même avoir rédigé cette histoire lui-même, dès lors que le projet n'avançait pas — et qu'il était le principal détenteur des informations nécessaires et des archives à mobiliser ? D'autre part, on ne peut qu'être surpris du peu d'informations que fournissent en réalité les notes que Giovan Battista Strozzi envoie à son correspondant, et du caractère finalement assez rudimentaire — et même flou — des mises en récit, ou en discours, qu'il propose, pour rendre compte des activités de l'académie, et de son esprit.

Les premières lettres de Giovan Battista Strozzi à Giovanni de Médicis ne contiennent en effet que des informations qui ne se prêtent pas à la mise en récit, et ne donnent lieu, là encore, qu'à des énumérations. Ainsi en va-t-il des listes de noms d'académiciens, assorties de leurs pseudonymes et devises, parfois brièvement glosées, dont le BNCF Magl. IX 124 ne donne pas moins de trois itérations différentes, dans des formats divers (fol. 1^{r}-11^{v}). L'avant-dernière lettre du Tenero au Saldo propose néanmoins une brève esquisse (un folio et demi de longueur) du développement de l'académie, et des projets dans lesquels elle s'est successivement lancée[67]. Ce court fragment non daté d'un brouillon de lettre, rédigé d'une main

66. Dans la dernière lettre qu'il envoie à Giovanni de Médicis, Giovan Battista Strozzi lui souhaite une « lunghissima vita » (BNCF Magl. IX 124, fol. 44^{r}). La lettre par laquelle il apprend la mort de son protégé a elle aussi été conservée (fol. 29) et laisse imaginer le choc que la nouvelle lui causa.

67. BNCF Magl. IX 124, fol. 41^{v}-42^{v} : « Rimanemmo ancora che da questo o da quello accademico si scrivesse la vita de' fiorentini piu illustri, e assai poche se ne scrivero. Si trattò del tradurre dal greco in toscano i principali autori. Il Torbido <Marcello Adriani> eseguì quella parte sua molto bene ma poch'altri s'affaticarono in ciò. Sovviemmci che ne primi anni dell'Accademia ci distribuimmo in metter insieme i nomi e l'uso di tutti gli instrumenti dell'arti, e lo Sconcio ci portò scritti e dipinti gl'appartenenti all'architectura et a artefici a lei sottoposti. Quando il Piccolomini stampò le sue annotationi sopra la Poetica <*Il libro della Poetica d'Aristotele tradotto di greca in lingua volgare da M. Alessandro Piccolomini,* Venise, G. Guarisco, 1575> perché incominciano dal biasmare il Vettori ci parve bene di prenderne la difesa e dire con brevità tutto quel che nell' annotationi sue ci pareva che fusse da non approvarsi. Gli si mandò. Ei per una sua lettera che l'Accademia consegnò a me rispose che della maggiore parte dell'avvertito da noi venie ancora egli della nostra opinione. Per dire alla libera a vostra Eccellenza il vero, come è debito e solito mio, gl'Alterati hebbero desiderio all'hora d'imporsi necessità d'havere mediante qualche honorata competenza a incitar se stessi, e però nella scrittura mandata al Piccolomini, ci cercò di dare occasione a gl'Intronati di rispondere per lui. Non riuscendo questo, l'Accademia amichevolemente divise se stessa in due parte. Il Vario <Antonio degli Albizzi> fu capo dell'una e l'Assetato <Filippo Sassetti> del altra. E pensammo havere a far gran cose ma il Vario in capo a poco tempo hebbe a ire in Germania e l'Assetato in Spagna. La partita di questi e l'esserci partiti prima da questo mondo lo Sconcio e lo Sconsigliato <Vincenzo Acciaiuoli>, impedì alla Accademia il progresso. Si risollevò quando l'eccellentissimo Saldo si <contentò ?> d'essere accademico nostro. Penso che vostra Eccellenza si ricordi che havemmo all' hor animo di dar contro al Mazzoni, che nella sua gran

hâtive et incertaine, constitue sans doute la mise en récit la plus détaillée de l'histoire de l'académie qui ait été conservée dans ses archives. Néanmoins, elle non plus ne propose pas de définition du projet académique, et ne fait que dresser brièvement la liste de quelques entreprises collectives saillantes. Sont ainsi énumérés : l'écriture de vies de Florentins illustres, le projet de traduire les classiques grecs, des recherches communes autour des instruments des arts, la volonté de se faire connaître en répondant à un commentaire de la *Poétique* d'Aristote publié par un auteur siennois, Alessandro Piccolomini, et celui de répondre aux considérations de Jacopo Mazzoni sur Dante. Mais, loin de mettre en valeur les réussites de l'académie, ce récit signale en réalité avant tout ses échecs. Giovan Battista Strozzi souligne en effet que peu de biographies furent effectivement écrites, avant d'ajouter que seules quelques traductions du grec furent menées à bien par Marcello Adriani, et de préciser dans la foulée que la tentative pour entraîner l'académie siennoise des Intronati dans la défense de Piccolomini, qui en était membre, échoua. Pour finir, le texte énumère les disparitions prématurées (Tommaso del Nero, Vincenzo Acciaiuoli) et les exils plus ou moins contraints (Antonio degli Albizzi, Filippo Sassetti) qui ont marqué l'évolution de l'académie et ont « empêché son progrès ». Enfin, Strozzi rappelle que l'entrée du Saldo a suscité beaucoup d'espoirs, avant de signaler que lui aussi a fini par délaisser l'académie en raison des « grandes affaires » (militaires et/ou diplomatiques) qui l'ont appelé en Flandre, en Hongrie ou ailleurs. Réduite à une série d'initiatives savantes qui semblent avoir toutes avorté, l'histoire de l'académie devient, sous la plume de Strozzi, le récit des pertes ou abandons successifs qui l'ont frappée — et, à ses yeux, affaiblie. Il est difficile de reconnaître dans ce récit au noir — sans doute plus stratégiquement misérabiliste que réellement humble — l'histoire de ce qui fut l'une des académies les plus savantes et les plus innovantes de la fin du XVIe siècle florentin.

Les folios 63^r^ à 81^v^ du même codex (BNCF Magl. IX 124) contiennent néanmoins un autre document tracé à la hâte et couvert de ratures, qui fit sans doute lui aussi partie des mémoires prêts à l'emploi que le Tenero envoya ou comptait envoyer à son ancien protégé. Cette ébauche — qui est selon toute vraisemblance de la main de Giovan Battista Strozzi, en sa manière la plus tardive[68] — ne décrit pas l'histoire des projets de l'académie mais bien plutôt le fonctionnement

difesa di Dante non havea detto che il poema suo fusse eroico, e molto ben mi ricordo io che havendolo noi condotto nell'Accademia vostra Eccellenza disse ottimamente intorno a ciò il parer suo. Veramente si per maggiori affari non l'havessero chiamata in Fiandra, in Ungheria et altrove l'Accademia sotto gl'auspici suoi havrebbe meglio e più felicemente operato. »

68. On trouve des exemples de graphies très similaires dans un volumineux codex comprenant des poésies de Giovan Battista STROZZI, actuellement conservé à la Newberry Library à Chicago (NL). Voir NL Vault Case 6 A 11, vol. 1 (*Miscellanea di poesie italiane*), fol. 232^r^-243^v^. Pour une mise au point détaillée sur l'écriture changeante de Giovan Battista Strozzi, voir aussi le catalogue dactylographié de cette collection conservé avec

de l'institution et l'idéal spécifique qui l'anime. Il est probable que son propos devait venir s'insérer dans le récit que le Tenero espérait du Saldo. Strozzi y décrit d'abord le gouvernement de l'académie, le choix des devises et les pratiques d'accusation et de défense qui se déploient à la fin de chaque régence. Puis, à partir du folio 62r, le texte fonctionne par rubriques plus ou moins détaillées, glosées en style télégraphique, et visiblement destinées à être complétées ultérieurement[69]. Soudain, au milieu de ces réflexions décousues, surgit une petite note additionnelle, sur un feuillet fixé à la cire rouge, qui semble résumer d'un trait toute la réflexion conduite jusque-là sur la nature de l'académie **[Ill. 5 à 8]**. Cette note énonce la formule suivante :

> « Rassemblant tout cela ensemble, nous dirons que l'Académie est une assemblée d'amis avec leurs lois propres, désireux, en s'exerçant aux sciences et aux arts, de s'améliorer eux-mêmes dans un échange réciproque et d'être ainsi utiles à autrui, par le moyen d'un louable plaisir[70]. »

Cette définition de l'idéal académique des Alterati est très proche de nombre d'autres définitions ayant fleuri au sein des académies italiennes des XVIe et XVIIe siècles. Elle s'en distingue néanmoins par la mobilisation de la notion de désir et, surtout, par celle de « plaisir louable » (« lodevole diletto »), qui fait une grande partie de la spécificité des Alterati dans le paysage académique italien de la fin du XVIe siècle et se trouve au cœur du présent livre. Dans les feuillets qui suivent, Strozzi glose cette définition avec un peu plus de détails, mais toujours de manière fragmentaire — nous y reviendrons[71]. Pour l'heure, il convient avant tout de souligner sous quelle forme cette définition — qui donne des informations tout à fait essentielles pour comprendre l'*ethos* de l'académie — surgit dans les papiers des Alterati, c'est-à-dire sous la forme d'une note elliptique ajoutée *in extremis*, comme en un repentir, au sein d'un ensemble de brouillons inaboutis, qui eux-mêmes ne donnèrent jamais naissance à la mise en histoire qu'ils étaient censés préparer et faciliter.

En cela, l'histoire de l'ambitieux projet historiographique dont Giovan Battista Strozzi espérait que Giovanni de Médicis serait la figure de proue est en réalité

les manuscrits (sous le titre *Catalogo dei manoscritti già della collezione del principe Strozzi e posti in vendita dalla libreria antiquaria L. Gonnelli et fili, di Firenze — Compilazione di Alberto Maria Fortuna. 1966*), p. 6-7.

69. Voici quelques-unes de ces rubriques : « Definitione delle accademica adunanza », « Amici », « Leggi », « Desiderosi », « Di giovamento cagione », « Non semper lodevole il diletto », « Lodevole », etc.

70. Cette note collée à la cire est numérotée fol. 74*bis* : « Noi però comprendendo tutti diremo che l'Accademia è adunanza d'amici <con> leggi proprie, desiderosi mediante l'esercitarsi nelle scienze e nell'arti <non> senza lodevol diletto, di migliorar vicendevolmente se stessi et essere <ad> altri di giovamento cagione. » Je remercie Francesco Martelli pour son aide dans la reconstitution de ces lignes, dont plusieurs mots, situés en marge droite, ont été coupés.

71. Voir *infra*, ch. 4, p. 422-432 et ch. 5, p. 481-483.

celle d'un naufrage. L'analyse des matériaux qui le documentent aujourd'hui encore suggère même que, fût-ce dans le cadre d'une entreprise aussi délibérée, mettre en mots, de manière suivie, sa propre histoire restait pour l'académie — tout autant que pour celui qui fut, à partir du début des années 1570, l'un de ses principaux animateurs — un projet quasi impossible. Et sans doute ce projet n'était-il pas seulement irréalisable parce que Strozzi avait, avec le Saldo, parié sur le mauvais cheval. Il était presque impossible pour une raison plus profonde : l'institution dont Strozzi était, au XVIIe, la figure tutélaire était animée par une culture du secret qui n'empêchait pas seulement que soient dits les motifs et les circonstances précises de sa naissance, mais encore que soient expliquées de manière claire les raisons pour lesquelles ses membres choisirent, ensuite, de s'investir dans tel ou tel projet collectif. Même quand il s'agit de définir les principes les plus essentiels de l'académie, soit son attachement à un plaisir (au moins extérieurement) digne d'éloges — c'est-à-dire qui apparaisse utile tant à ses membres qu'à leurs concitoyens —, le discours reste à jamais inabouti, parmi des notes presque informes.

Néanmoins, presque impossible n'est pas tout à fait impossible. De fait, ce n'est pas qu'aucun discours ou récit n'aient jamais été produits au sein des Alterati, c'est plutôt que ces récits ou ces discours — dont la forme est au mieux celle d'une ébauche (*un abbozzo*) — ne livrent finalement que très peu des secrets de l'académie, n'ayant le plus souvent été mis en forme que de manière très rudimentaire. Par ailleurs, ils n'ont en général existé que sous la forme de manuscrits circulant peu ou même pas du tout (comme ce fut vraisemblablement le cas pour les folios du BNCF Magl. IX 124 qui viennent d'être analysés), au moins au cours de la période où l'institution était encore en activité. Mais ces matériaux ont néanmoins été préservés et transmis avec le plus grand soin depuis la disparition de l'institution, dans les collections Strozzi, puis dans celles du grand-duché et dans celles de l'État italien. Ils demeurent ainsi aujourd'hui encore à la disposition de quiconque chercherait à en prendre connaissance[72]. À charge, cependant, pour cet éventuel lecteur de s'en faire lui-même l'historien. Ce n'est donc pas tant se dire qui fut presque impossible pour cette académie, ni même en réalité s'écrire. C'est avant tout se publier sous la forme d'un récit, par le manuscrit mais surtout par l'imprimé, qui fut insurmontable.

Il n'est cependant pas difficile d'imaginer quelles difficultés ce type de pratiques historiographiques (goût du secret, accumulation quasi exclusive d'archives manuscrites, difficultés à se raconter au long, réticence à publier sa propre histoire) pouvait générer, une fois l'académie disparue et une fois disparus, avec elle, ceux qui,

72. Pour une analyse détaillée des étapes de cette transmission, voir *infra*, ch. 3, p. 211-222.

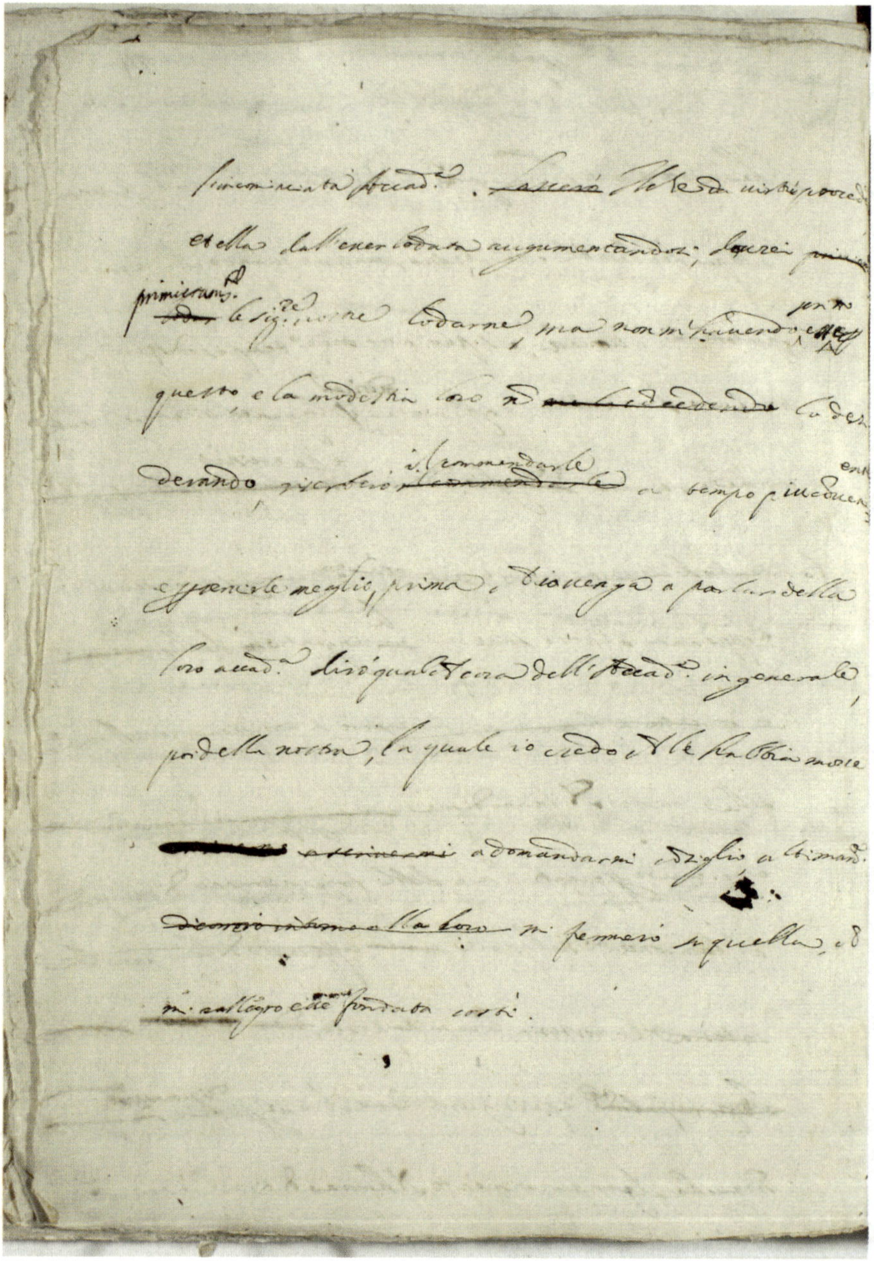

Illustrations 5 à 8

Les folios 74ᵛ, 74ᵇⁱˢ ʳ⁻ᵛ et 75ʳ du BNCF Magl. IX 124 où une définition récapitulative de l'institution académique a été insérée sur une bande de papier fixée au reste du manuscrit par un point de cire. Reproduits avec la permission de la Biblioteca Nazionale Centrale di Firenze — 2020. Tous droits réservés.
Source : BNCF Magl. IX 124.

Acad.a in generale

Cenno [illegible] Il nome d'Accademia derivò da quella di Platone, essa fu chiamata così perchè un generoso nobile e ricco huomo nominato Academo lasciò delle sue ricchezze e fece [illegible] ameno [illegible] vicino alla Città d'Atene un nobile edifizio, nel quale Platone chiamato divino insegnando a molti e grandi huomini ne ricevè poi d'altre adunanze di persone per imparare insegnare d'Accademia prendessero il nome, honorando in un med.o tempo lui di gran precettore e [illegible] e 'l nome d'Accademia è tanto universal.te piacque [illegible] nelle scienze ed in cinque nella pittura, e nella musica e in altro si esercitano vogliano addomandarsi Accademici.

Noi però comprendendo tutti diremo che l'Accad.a è radunanza [illegible] leggi proprie [illegible] mediante l'esercizio nelle scienze e nell'arti [illegible] altri di giovamento cagione

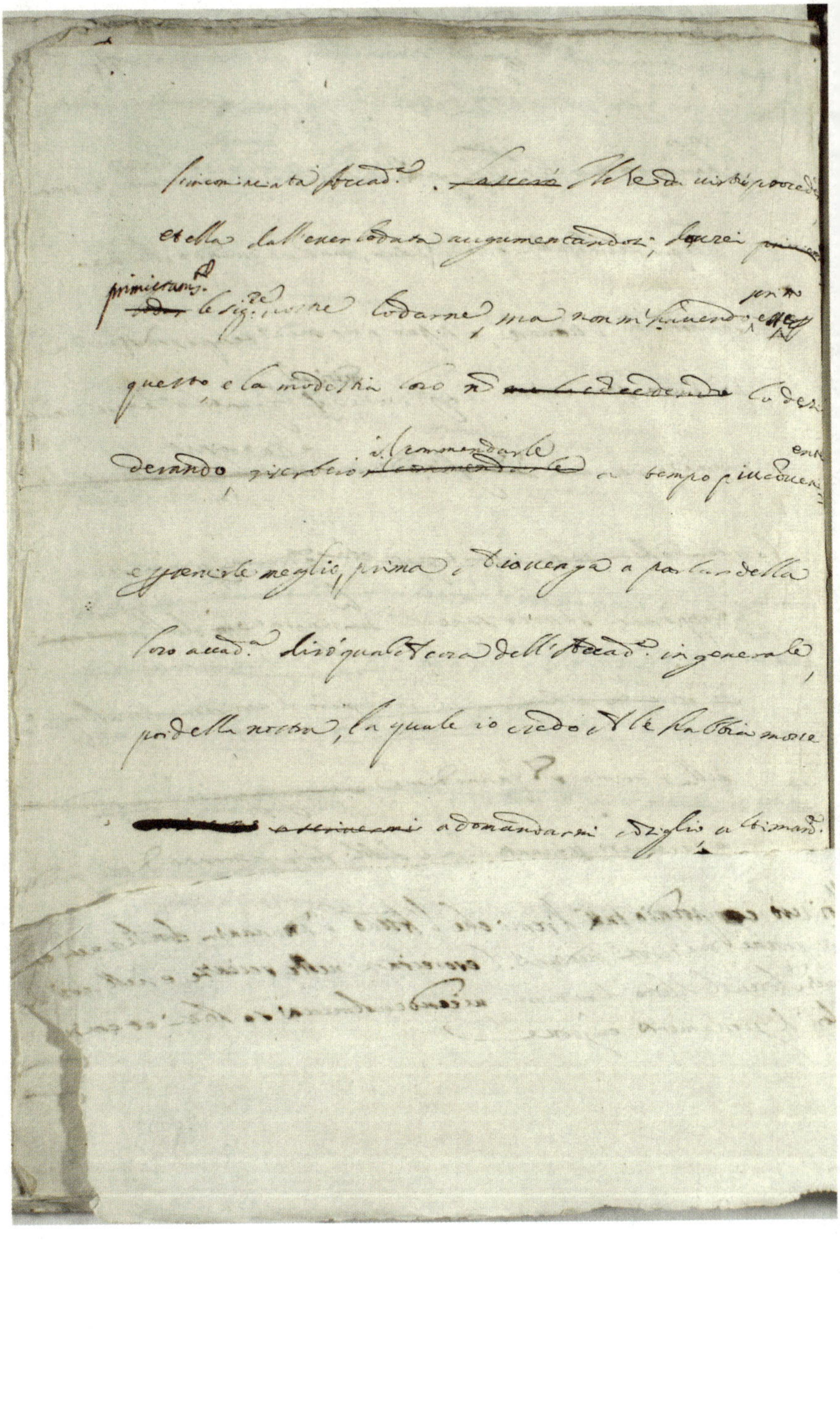

lincominciata Accad.a . delle sud.e virtù procede

e della dall'esser lodata augumentandosi, loderei

primieram.te le sig.re nostre lodarne, ma non mi piacendo a esse

questo, e la modestia loro [illegible] lo desi-

derando, riserbo il raccomandarle a tempo più conveniente

essendo le meglio, prima che si venga a parlar della

loro accad.a dirò qualche cosa dell'Accad.a in generale,

poi della nostra, la quale io credo che le habbia mosse

a domandarmi consiglio ultimam.te

~~Accad.~~^a in generale

Cosa sia. ~~Il~~ Il nome d'Accademia derivò da quella di Platone
essendo fu chiamata così perchè un ~~nobile~~ generoso e ricco huomo nominato
Academo lasciò delle sue ricchezze, frequentato [illegible]
~~[illegible]~~ ~~[illegible]~~ vicino alla Città d'Atene un
nobile edifizio, nel quale Platone ~~dall'antichità~~ chiamato
divino insegnando ~~meritò~~ a molti e grandi huomini meritò
che poi l'altre adunanze di persone [illegible] d'imparare [illegible]
d'Academia prendessero il nome, honorando ~~[illegible]~~
in un med.^o tempo lui, ~~e se stessi~~ di gran precettore e se stessi
e 'l nome d'Accademia è tanto universalm.^te piacciuto
~~et è ancora [illegible] [illegible]~~ nelle scienze
ed in cinque [illegible] nella pittura, e nella musica e in altro
che esercitano vogliano ~~esser detti~~ addomandarsi Accademici
Noi però comprendendo tutti diremo che l'Accademia è adunanza di amici
mediante l'esercitarsi nelle scienze
~~[illegible]~~
di [illegible] ~~di migliorar~~ desiderosi ~~di migliorarsi mediante~~
~~[illegible]~~
~~[illegible]~~ esercizio e scienza ~~[illegible]~~
~~altrui~~ e nell'arti e scienza dilettevol diletto di migliorar
ricevendone se stessi e venendo d'altri di ~~miglioramento~~ giovamento cagione

en son sein, auraient pu donner sens par oral à ses archives et aux événements auxquels elles font allusion. L'auto-histoire qu'articulèrent avec tant de réserve les Alterati dans leurs manuscrits subsistants ne permit en effet la survivance de l'identité intellectuelle et sociale de l'académie qu'en pointillé, tout en rendant par ailleurs les modalités de son insertion dans l'espace sociopolitique spécifique qui fut le sien quasiment illisibles. D'autant que, en son temps au moins, il ne se dit rien de l'institution en dehors d'elle-même : à peu près aucun témoignage externe ne subsiste, si ce n'est pour mentionner en passant l'une de rares assemblées publiques de l'académie, auxquelles quelques dizaines de *forestieri* (non-membres), appartenant au patriciat et/ou aux cercles curiaux, furent parfois conviés. Aussi, une fois disparue, l'académie devint-elle, dans les ouvrages qui l'évoquent, une sorte de page blanche, aussi mystérieuse qu'indéchiffrable. La difficulté à se raconter et plus encore à se publier, qui caractérisa les Alterati pendant toute leur existence institutionnelle, eut ainsi pour résultat un effacement historiographique et même une série d'évidements en cascade, qui transforma l'institution, dans l'historiographie moderne puis contemporaine, en un lieu sans identité précise, sans conflits et même sans réelle histoire. À trop vouloir cacher ses secrets, on finit parfois par perdurer comme l'ombre de soi-même.

3. Effacer les dynamiques de pouvoir : coups de force et re-historicisation(s)

Pour mesurer ce qui se perd dans la mémoire d'une institution de ce type lorsque de telles pratiques historiographiques y ont cours, revenir sur la configuration institutionnelle, sociale et même politique qui présida à la fondation de l'académie ne sera pas inutile. Il est en effet particulièrement intéressant de comparer les informations que distillent à ce sujet les répertoires biographiques et/ou institutionnels consacrés aux académies — qui commencent à prendre forme à Florence à partir au début du XVIIIe siècle — avec ce que l'on peut apprendre, et supposer, non seulement à la lecture des archives des Alterati, mais encore de celle des registres de l'Accademia Fiorentina.

3.1. Les Alterati dans la mémoire des letterati *du grand-duché*

La constitution progressive du champ littéraire en espace social institutionnalisé s'accompagna un peu partout, dans l'Europe de la première modernité, du développement d'une abondante littérature où les lettrés promouvaient leurs noms et leurs activités, tout en entretenant leur propre mémoire, et celles des institutions savantes qui leur avaient peu à peu conféré une légitimité sociale[73]. Le catalogue d'académiciens, et/ou d'institutions lettrées et savantes, généralement élaboré par des individus qui sont eux-mêmes membres de pareilles institutions, est ainsi un genre qui connut un essor rapide, à partir de la fin du XVIIe siècle, en parallèle avec celui des dictionnaires biographiques, avant d'atteindre son apogée, au moins pour les académies italiennes, au tournant des XIXe et XXe siècles, avec la rédaction de l'immense répertoire de Michele Maylender[74].

Pour ce qui est de Florence, l'un des premiers et principaux catalogueurs de ce type, en matière d'académies, est Salvino Salvini (1667-1751). Cet acteur influent de l'intelligentsia culturelle du grand-duché sous Cosme III et Jean Gaston de Médicis occupa une grande partie des charges qui, dans l'administration médicéenne, donnaient alors accès à une forme de magistrature intellectuelle et morale. En particulier, il fut membre de l'Accademia della Crusca, à la direction de laquelle il accéda comme *arciconsolo*, mais aussi de l'Accademia Fiorentina, dont il fut nommé le consul perpétuel. Il occupa aussi de hautes fonctions dans l'éducation supérieure, administrant le *Studio fiorentino* avant d'exercer, à la fin de sa vie, les fonctions de recteur de l'Université de Pise, où il avait précédemment enseigné la philosophie morale. Concurremment, il fut aussi chanoine, puis abbé, au chapitre de Santa Maria del Fiore. L'homme était reconnu comme poète, mais il produisit avant tout une abondante littérature biographique, d'abord autour des consuls successifs de l'Académie Florentine, puis au sujet des chanoines de Santa Maria del Fiore[75]. Cette littérature le montre extrêmement familier des archives florentines, dont certains des éléments les plus importants étaient alors encore aux mains de la famille Strozzi[76]. Étroitement lié avec Carlo Tommaso Strozzi, qui était dépositaire des manuscrits collectionnés

73. Sur les enjeux de cette littérature biographique jusqu'ici peu étudiée, voir CHAPPEY, Jean-Luc, *Ordres et désordres biographiques. Dictionnaires, listes de noms et réputation des Lumières à Wikipédia*, Seyssel, Champ Vallon, 2013.

74. Pour ce qui est des académies italiennes et de leurs membres, les principaux catalogues sont les suivants : MALATESTA, Giuseppe, *L'Italia accademica o sia le accademie aperte a pompa e decoro delle lettere più amene nelle città italiane*, Rimini, Dandi, 1688 (seul le premier volume est paru, les éléments du second étant conservés en manuscrit à Rimini) ; JARCKE, Johannes, *Specimen historiae academiarum reuditarum Italiae,* Leipzig, s.e.,1725 et FABRICIUS, Johan Albert, *Conspectus thesauri letterarii Italiae*, Hambourg, Brandt, 1730, qui, aux p. 289-291, énumère une grande partie de la littérature biographique consacrée aux lettrés florentins alors existante. L'aboutissement moderne du phénomène est l'ouvrage de MAYLENDER, Michele, *Storia delle accademie d'Italia*, Bologne, L. Cappelli, 1926-1930 et Bologne, A. Forni, 1976, 5 vol.

75. *Fasti consolari dell'Accademia Fiorentina di Salvino Salvini consolo della medesima e rettore generale dello Studio di Firenze*, 1717 et *Catalogo cronologico de' canonici della chiesa metropolitana fiorentina compilato l'anno 1751*, Florence, Gaetano Cambiagi, 1782. Pour une bibliographie complète des écrits de Salvini, voir MORENI, Domenico, *Bibliografia storico-ragionata della Toscana*, Florence, D. Ciardetti, 1805, 2 vol., t. 2, p. 301-305.

76. Les archives rassemblées par les Strozzi entrèrent dans les collections du grand-duché en 1786. Sur les manuscrits possédés par cette famille et leur destinée institutionnelle ultérieure, voir l'introduction de Cesare Guasti dans GUASTI, Cesare (dir.), *Le Carte strozziane del regio Archivio di Stato : Inventario, prima serie*, Florence, Tipografia Galileiana, 1884-1891, 2 vol., t. 1, p. V-XXXIX. Les fonds Strozzi, quoique souvent

au XVIIe siècle par son aïeul, Carlo di Tommaso Strozzi (1587-1670)[77], Salvino Salvini a, de son propre aveu, nourri l'ensemble de ses répertoires biographiques des documents qu'il y exhuma, notamment pour ce qui est des académies florentines[78].

Parus en 1717 dans un in-4° somptueux, les *Fasti consolari dell'Accademia Fiorentina* imitent par leur structure les fastes consulaires de la Rome antique, où des listes chronologiques des consuls successifs étaient utilisées comme calendriers de référence. L'ouvrage retrace en effet l'histoire de l'Académie Florentine au travers des biographies successives de ses consuls, chronologiquement agencées. Dédiée à Jean Gaston de Médicis, et publiée par l'un des imprimeurs officiels du grand-duc, cette énumération biographique chante plus généralement, à travers l'Académie Florentine, la gloire de l'ensemble de la politique culturelle médicéenne depuis ses origines, en en gommant soigneusement les difficultés, revers ou contradictions. Il est de ce point de vue particulièrement intéressant d'examiner comment ce discours encomiastique présente la coexistence de l'Académie Florentine et des Alterati, aux XVIe et XVIIe siècles, et de quelle manière il rend compte de la naissance de cette dernière en 1569.

C'est au sein de la biographie de Tommaso del Nero, quarante-deuxième consul de la Fiorentina et troisième régent des Alterati, que Salvini a choisi d'insérer ses considérations sur l'émergence des Alterati. Son bref compte rendu de l'événement — qui représente en réalité la première mise en histoire de l'académie à avoir trouvé le chemin de l'impression[79] — porte à la fois la trace de sa perplexité devant ce que révèlent les documents qu'il a lus[80], et celle de ses efforts pour atténuer l'incongruité de la situation, qui pourrait sembler porter atteinte à la gloire de l'Académie Florentine. Salvini relève en effet que « Tommaso del Nero fut élu à notre régence <soit à la régence de l'Académie Florentine> le 20 janvier 1568 <1569> ». Il souligne aussi dans la foulée que le fait que dans « dans le même temps, soit le 17 février de la même année », Tommaso del Nero se « soit trouvé

mobilisés en raison des documents qu'ils contiennent, ont malheureusement été peu étudiés, depuis lors, en tant que collections aristocratiques.

77. Sur ces collections, voir CALLARD, Caroline, « Conservazione e resistenza : la biblioteca di manoscritti di Carlo Strozzi », dans STRAPPINI, Luca (éd.), *I luoghi dell'immaginario barocco*, Naples, Liguori Editore, 2002, p. 410-419 et CALLARD, Caroline, *Le Prince et la République. Histoire, pouvoir et société dans la Florence des Médicis au XVIIe siècle*, Paris, Presses universitaires de la Sorbonne, 2007, p. 300-310.

78. SALVINI, Salvino, *Fasti consolari*, p. XXXVIII-XXVIIII. Salvini a aussi écrit un éloge de Carlo Strozzi, paru au XIXe siècle, avec quelques lettres de ce dernier (*Lettere inedite del senatore Carlo degli Strozzi precedute dalla sua vita scritta dal canonico Salvino Salvini ; con un discorso e annotazioni per cura di Giovanni Gargani*, Florence, G. B. Campolmi, 1859).

79. SALVINI, Salvino, *Fasti consolari*, p. 202-206.

80. Salvini souligne dans son introduction combien il est ardu d'extraire des informations des documents manuscrits qu'il a consultés au sujet des académies dans les collections Strozzi, évoquant « la difficultà, che per lo più s'incontra in cercar notizie (il che è incredibile a chi non maneggia simili materie) », *Fasti consolari*, p. XXVIII.

à fonder — afin que par lui les lettres soient encore plus cultivées — une nouvelle assemblée littéraire, dont il fut même lui-même le principal promoteur », « est une chose qui est digne d'une particulière réflexion ». Salvini ne manque pas en outre de remarquer que cinq des fondateurs des Alterati étaient membres de la Fiorentina, et que, parmi eux, trois furent même consuls de cette dernière institution[81]. Quoique son récit minore de manière très évidente le rôle de Giulio del Bene, pour mettre en valeur celui de Tommaso del Nero, désigné comme « principal promoteur » de l'académie, Salvini n'hésite donc pas à souligner l'étrangeté de la configuration initiale, qui voit un jeune consul de l'Académie Florentine, dès les premiers jours de son mandat, travailler très activement, avec quatre autres membres de l'Accademia Grande, à la création d'une autre institution académique.

Mais, tout en la relevant, Salvini ne cherche pas à rendre raison de cette bizarrerie : dans la suite des quelques pages qu'il consacre aux Alterati, il s'efforce simplement d'en produire quelques « mémoires », à partir des informations qu'il a glanées dans les manuscrits des Strozzi, et de celles qui lui ont été transmises de proche en proche, « parce qu'il ne reste pas d'autres mémoires de cette académie[82] ». Mais, informées avant tout par les manuscrits fragmentaires des Alterati, les *memorie* produites par Salvini sont, là encore, moins une mise en récit qu'une énumération, et se résument même essentiellement à un catalogue d'académiciens, dont les noms sont, comme dans les listes préservées dans les documents subsistants, dûment accompagnés de leurs pseudonymes et devises[83]. Autrement dit, le discours

81. Salvini, Salvino, *Fasti consolari*, p. 202-203 : « Fu Tommaso de Nero eletto alla nostra reggenza il dì 20. di gennaio del 1568 ed è cosa degna di particolare riflessione, che nel medesimo tempo, cioè il dì 17 del seguente febbraio, affinchè per lo suo mezzo più le lettere si coltivassero, si trovò, insieme con altri virtuosi suggetti a fondare una nuova letteraria adunanza, anzi ne fu egli principal promotore. Questa è l'Accademia degli Alterati, la quale essendo stata celebre tanto, e famosa nella Patria nostra, ed essendosi in essa fatti, ed allevati molti chiarissimi ingegni, e molte degne opere poi da lei uscite alla luce, ogni ragion vuole che io ne faccia quì, come in luogo opportuno, alcuna breve memoria. Ad oggetto di esercitarsi privatamente negli studi più belli, s'unirono della loro più fiorita età, pieni di bel fervore, e caldi d'onorato desiderio di gloria, sei gentilhuomini, che furono Giulio del Bene [...], il nostro Tommaso del Nero, il canonico Renato de' Pazzi, il cavaliere Vincenzio Acciaiuoli, il cavaliere Lorenzo Corbinelli, il mentovato Alessandro Canigiani, e Antonio degli Albizzi, tutti, fuori che il Corbinelli, nostri accademici, e tre di loro seduti consoli, che diedero nel sopradetto giorno il felice e bonaugurato principio alla nuova Accademia degli Alterati ; [...]. » On remarquera que Salvini fait erreur sur le nombre des fondateurs des Alterati : ils furent sept et non six, y compris dans sa propre énumération. Il n'est sans doute pas insignifiant que l'oubli du décompte semble principalement être Giulio del Bene, dont Salvini omet aussi de mentionner qu'il n'était pas, au moment de la fondation des Alterati, membre de la Fiorentina.

82. Salvini, Salvino, *Fasti consolari*, p. 204 : « E perchè non restino col tempo perdute altre memorie di questa Accademia, aggiungnerò, come dalla libreria de' manoscritti Strozzi ho io tratte le sopradette da me registrate, e quelle che di mano in mano dirò. » La tentative de Giovan Battista Strozzi pour faire écrire l'histoire de l'académie par don Giovanni de Médicis n'a par ailleurs pas échappé à Salvini (p. 205-206). Celui-ci se garde néanmoins d'en souligner l'échec.

83. On peut en dire autant de l'autre historiographe des Alterati dans la Florence des grands-ducs, Domenico Maria Manni (1690-1788), qui officia comme bibliothécaire de la Libreria Strozzi à partir de 1736. Ce dernier

historiographique de Salvini redouble si étroitement celui de ses sources qu'il vire vite aux recensements dont celles-ci sont emplies, sans jamais expliquer, dans l'histoire des Alterati, les étrangetés qu'il avait pourtant mises à jour d'entrée de jeu.

S'agit-il là d'une négligence ou d'une omission volontaire ? Il est évidemment impossible de trancher. Mais une incursion dans les registres de la Fiorentina, que Salvini ne connaissait pas moins bien que ceux des Alterati, tend à laisser penser qu'il fait silence sur certains aspects de l'histoire conjointe des deux académies pour ne pas avoir à mettre au jour des éléments qui pourraient nuire à la réputation de l'Accademia Grande.

3.2. *Au miroir de l'Académie Florentine — ou l'envers d'une histoire*

Les archives de la Fiorentina (qui comprenaient au premier chef ses registres ou *atti*, et ses *capitoli*) ont connu une histoire beaucoup plus mouvementée que celles des Alterati, et subsistent en beaucoup moins grande quantité[84]. De plus, les registres de la « Grande Académie » qui ont effectivement été conservés, soit ceux qui couvrent les années 1540 à 1583[85], sont considérablement plus elliptiques dans les comptes rendus qu'ils proposent des activités de cette institution — et même, pour certaines décennies au moins, nettement moins bien tenus — que ceux des Alterati. La chose est *a priori* étonnante, de la part d'une académie qui est certainement plus officielle, et plus puissante institutionnellement, que celle des Alterati. En cela, elle mérite sans doute réflexion, dès lors que la forme, l'état de conservation et les circuits de transmission des matériaux archivistiques subsistants peuvent permettre d'envisager sous un autre jour l'activité de cette académie. Il y a

publia en 1748 des *Memorie della famosa Accademia fiorentina degli Alterati* (25 p.). Marchant sur les pas de Salvini, dont il cite *in extenso* (p. 5-11) les pages qui, dans les *Fasti*, leur sont consacrées, Manni propose avant tout un long catalogue des membres de l'institution (p. 11-19), suivi d'une énumération des œuvres qu'il leur attribue (p. 19-23).

84. Voir Boutier, Jean, « Les membres des académies florentines [...] », p. 8, note 12, qui signale l'incendie qui, le 6 mai 1748, dans la maison du consul alors en exercice, détruisit une grande partie des archives de l'Accademia Fiorentina et cite le texte suivant : « Nell'anno 1748 restò incendiata l'abitazione del dottore <Michele Angiolo> Ceccherelli cancelliere dell'Accademia Fiorentina, presso del quale esistevano, per legarsi in libri, i manoscritti di quell'Accademia, ed in questa circonstanza restorono divorati dalle fiamme una quantità ben grande di opere, dissertazioni, ed atti [...] », dans Nelli, Giovan Battista Clemente, *Vita e commercio letterario di Galileo Galilei nobile e patrizio fiorentino*, Lausanne, s. e., 1793, 2 vol., t. 2, p. 476, note 2.

85. BMF Marucelliano B III 52–54 (les volumes ont été incorrectement numérotés : le vol. 54 contient des matériaux antérieurs à ceux contenus dans le vol. 53). Les *capitoli* de la Fiorentina sont par ailleurs préservés en BNCF Magl. IX 91, où les diverses étapes de l'évolution de l'institution (en particulier les réformes de 1547 et 1553) sont décrites aux fol. 31^{r}-38^{v}. Ce dernier document est beaucoup plus soigneusement calligraphié que les *atti* conservés à la Biblioteca Marucelliana et il l'est d'une seule main, ce qui suggère qu'il a été mis au propre plus tardivement — peut-être au tournant des XVIe et XVIIe siècles ? — dans le cadre d'une entreprise visant à mémorialiser l'académie. Le texte en a été, pour sa plus grande part, édité par Claudia Di Filippo Bareggi, dans « In nota alla politica culturale di Cosimo I », p. 548-574.

en particulier lieu de se demander, au vu de telles archives, si l'endossement précoce de cette institution par le régime médicéen et les discours d'éloges dont elle fut depuis lors constamment entourée — jusqu'aux *Fasti consolari* de Salvini et même au-delà — ne tendraient pas en réalité à faire lui attribuer une place plus importante dans la vie intellectuelle florentine de l'époque moderne que celle qui fut la sienne en réalité. Soulevant nombre de questions sur la fréquence, l'intensité et même la qualité des activités savantes qui se déroulèrent au sein de l'académie médicéenne, les registres de cette institution laissent en particulier entrevoir que, malgré les puissants patronages dont elle bénéficiait, celle-ci fonctionna souvent difficilement, au moins après 1565. Par un effet de miroir, ces documents permettent également d'éclairer d'une autre lumière la création des Alterati. En examinant les complémentarités entre les deux institutions, mais aussi la concurrence larvée qui les opposa, il est dès lors possible de mieux saisir l'enjeu des activités des Alterati dans les décennies qui suivirent leur fondation — et donc de mieux évaluer leur place dans la vie académique florentine de la fin du XVIe siècle.

Il est bien sûr difficile d'interpréter le sens d'apparentes négligences ou même de possibles omissions dans les registres d'une institution officielle, non seulement parce que chaque institution a ses propres normes en matière de tenue de ses archives, mais encore parce que le soin et la précision dans la prise de notes peuvent varier grandement, d'un individu à l'autre, en fonction des habitudes de celui ou de ceux qui se trouvent en charge de ces registres. Néanmoins, dans l'aspect général des trois volumes manuscrits contenant les registres de l'Académie Florentine de 1540 à 1583 (où manquent les années 1552 à 1558), plusieurs choses frappent presque immédiatement. D'une part, si le premier volume (1540-1552) est tenu avec précision, d'une main soigneusement calligraphiée, les deux suivants le sont beaucoup moins : dans le volume 54 (1558-1576) et le volume 53 (1577-1582), les calligraphies sont bien moins appliquées et l'encre utilisée semble même parfois avoir été excessivement diluée, au point que les notations entrées dans les registres en deviennent difficiles à lire. Par ailleurs, la configuration des volumes change de manière évidente. En effet, les deux derniers volumes contiennent en réalité deux formes distinctes d'*atti*, ce qui n'était pas le cas du premier, et la pagination de la seconde partie du dernier de ces deux derniers volumes est différente, suggérant que ces notations d'un autre type ont peu à peu commencé à être prises séparément, avant d'être adjointes dans un second temps à la première forme d'*atti* (soit celle qui occupait toutes les pages du premier des trois volumes)[86].

86. BMF Marucelliano B III 52 (1540-1552) a une numérotation continue (fol. 1-79). Ces actes sont seulement ceux de l'académie savante. Mais les volumes BMF Marucelliano B III 54 (1558-1576) et 53 (1577-1582) comprennent deux parties distinctes. Pour BMF Marucelliano B III 54, les actes de l'académie savante sont donnés dans la première partie (fol. 1-40, plus fol. 44) et sont suivis de 30 folios laissés en blanc. Puis les

Or les différences entre ces deux types d'*atti* sont importantes. Le volume 52 et les premières parties des volumes 53 et 54 enregistrent en effet principalement les étapes des processus électifs par lesquels sont choisis, au début de chaque année, les principaux magistrats de l'académie, tout en énumérant avec soin les noms de chaque série de *nuovi accademici* recrutés, et en notant, plus ou moins fréquemment, les intitulés et les auteurs des leçons publiques ou privées qui se sont tenues dans l'académie. Les deuxièmes parties des volumes 53 et 54 ont un contenu tout différent : elles enregistrent des actions administratives effectuées par l'académie, en employant pour cela une série de formules toutes faites qui indiquent des transactions ou interactions (« Si mandò il computo a » un tel, « Si inhibi a » un autre, ou encore « Si concesse licenza a » un troisième — soit « Un compte a été envoyé » à un tel, « Il est interdit à » celui-ci ou « Il est permis » à tel autre). Les noms des individus concernés par ces interactions sont précisés avec soin, mais la nature de ces échanges n'est guère explicitée, comme si ces éléments n'avaient pas été tenus pour susceptibles d'être lus par des personnes étrangères aux activités et commerces de l'académie. Ces parties des registres — qui, dans les volumes 53 et 54, occupent en réalité plus de folios que celles où sont répertoriées les activités des académiciens à proprement parler — documentent à usage interne les actions de l'Académie Florentine, lorsqu'elle intervient comme autorité administrative en matière culturelle, aussi bien dans le champ de l'enseignement supérieur en Toscane que dans celui de l'imprimerie ou de la librairie (c'est-à-dire parmi les *librai*) et dans celui de la copie et du commerce des manuscrits (dont les officines sont alors désignées à Florence par le terme de *cartolari*).

Par un décret du 23 février 1542, l'Académie Florentine s'était en effet vu conférer autorité sur le *Studio fiorentino*, où se tenaient par ailleurs ses leçons privées comme ses réunions administratives. Ce même décret la chargeait aussi du contrôle des imprimeurs et libraires et l'élevait même au rang de magistrat public[87]. Les actes de la Fiorentina, à partir de 1558, témoignent de la réalité quotidienne de ses activités

actes de l'académie en tant qu'autorité administrative sont données en fol. 74-150. Autrement dit, dès cette période, les activités administratives de l'académie tiennent plus de place dans ses registres que le compte rendu des travaux des académiciens. Dans le dernier volume existant, BMF Marucelliano B III 53 (1577-1582), les activités des académiciens occupent les fol. 1 à 24, dans un cahier distinct du reste des pages reliées dans le volume, qui sont pour leur part rassemblées en un autre cahier qui comprend les fol. numérotés 49-76. Dans le cas de ce dernier volume, les registres de l'instance de régulation culturelle qu'est l'Accademia Fiorentina depuis 1542 ont clairement été préparés sur un support distinct de celui de la description de ses activités académiques. Ceci a conduit, lors de l'assemblage deux cahiers, à l'affichage d'une pagination incohérente. Les fol. 24-49 ne manquent pas. Mais la numérotation des deux cahiers de BMF Marucelliano B III 53 n'a pas été harmonisée, suggérant que, au sein de l'institution, les activités savantes et celles ayant trait à l'administration de la sphère culturelle sont alors comprises comme de plus en plus distinctes.

87. Le texte de la disposition est cité dans Cantini, Lorenzo, *Legislazione toscana*, Florence, Piero Fantosini e figlio, 1800-1808, 32 vol., t. 1, p. 195-196.

en la matière, ainsi que du développement de ces mêmes activités au fil des années. Ces éléments des registres de l'Académie Florentine suggèrent que, à partir de cette date — et peut-être même beaucoup plus tôt en réalité, puisque le registre administratif correspondant au volume 52 peut fort bien avoir été perdu —, l'académie agit avant tout comme une instance administrative de contrôle et de régulation au sein du champ culturel florentin. La création, en 1576, d'une charge de chancelier (*cancelliere*), dont le détenteur se voit confier la gestion de ces actions administratives dont l'académie est responsable, ainsi que la tenue des registres y correspondant, confirme par ailleurs que l'importance de cette fonction administrative et de contrôle est allée croissant au sein des activités de l'académie au cours des décennies 1560 et 1570[88].

Or, pendant que le rôle — encore mal documenté à ce jour — de l'Académie Florentine en matière d'administration et de régulation du champ culturel toscan semble n'avoir cessé de se développer, ses activités dans le champ intellectuel paraissent en réalité avoir décru, et même avoir perdu en qualité. En effet, si le premier volume (le vol. 52) des actes de l'académie, celui dont la calligraphie et la présentation sont les plus soignées, détaille systématiquement les leçons publiques et privées qui ont lieu au sein de l'institution, la mention de ces leçons est moins fréquente, et même de moins en moins fréquente, à mesure que les années passent. L'absence de notations concernant ces leçons, ou au moins la rareté de celles-ci, à certains moments de la vie de l'académie suggère que l'activité intellectuelle, au sein de l'institution, faiblit à certaines périodes. On a même de plus en plus l'impression que l'activité de l'académie se réduit en réalité aux élections très complexes qu'elle conduit en début d'année pour élire ses magistrats : alors que les leçons ne sont plus inventoriées, le compte rendu minutieux de ces élections occupe souvent jusqu'à deux folios et plus dans les registres. Cette impression d'une institution qui serait de moins en moins active intellectuellement, tout en étant complètement obnubilée par ses rituels électoraux, est corroborée par ce que nous savons par ailleurs des formes que prit la vie intellectuelle au sein de l'Académie Florentine entre 1543 et 1570.

L'académie des Humidi avait notamment été fondée autour de la pratique de leçons en vernaculaire sur les sonnets de Pétrarque. On y ajouta, en 1541, la pratique de discourir sur Dante, qui était une tradition florentine depuis les leçons publiques que Francesco Filelfo (1398-1481) avait données dans Santa Maria Novella. Mais, dès 1543, une fois l'académie passée sous contrôle médicéen, tant les leçons

88. BMF Marucelliano B III 54, fol. 38v-39r. Le premier détenteur de cette charge de chancelier est un certain Piero Casani. Il est significatif qu'il ne s'agisse pas d'un lettré de renom (comme le sont en général les individus élus au consulat de la Fiorentina) : ces fonctions demandaient sans doute moins de lettres que d'entregent et devaient être considérées comme subalternes par les *letterati* du patriciat, qui aspiraient, au sein de l'académie, à des magistratures plus prestigieuses.

publiques du dimanche que celles, privées, du jeudi sur Dante deviennent difficiles à assurer : souvent, les volontaires manquent. Le problème se complique encore après l'expulsion, en 1547, de tous les membres de la Fiorentina ayant originellement appartenu aux Humidi, lesquels étaient souvent les plus actifs en matière de leçons, même si leurs sujets ou leur propos n'étaient pas toujours de la plus grande orthodoxie. C'est pourquoi, en 1553, lorsque l'académie, qui périclite, est réorganisée de nouveau, les membres expulsés en 1547 sont réintégrés à la condition qu'ils donnent des leçons publiques ou privées, mais sur des sujets qu'un des censeurs de l'académie aura préalablement approuvé[89]. Au même moment des leçons stipendiées sont instituées, pour redonner vie à l'institution, et les orateurs, choisis parmi les académiciens eux-mêmes, sont rémunérés pas moins de vingt-quatre scudi d'or par mois pour donner des leçons hebdomadaires. Giovan Battista Gelli est ainsi chargé de commenter Dante le dimanche, ce qu'il fera jusqu'à sa mort en 1563, et Benedetto Varchi est chargé de commenter Pétrarque le jeudi, ce qu'il semble avoir fait jusqu'en 1555. En 1558, Agnolo Segni succéda à Varchi dans ce rôle. Au sein de l'académie, celui-ci donna aussi, en 1573, six leçons sur la *Poétique* d'Aristote qui eurent un grand retentissement à Florence[90], avant d'être nommé consul de l'institution en 1576 et de mourir brutalement à l'extrême fin de son mandat, au début de l'année 1577[91].

L'assemblée où l'activité intellectuelle avait initialement été définie comme une occupation librement consentie devint ainsi dépendante d'une forme de salariat accordé à une poignée de ses orateurs. Le système mis en place ne fit cependant qu'aggraver la crise au sein de l'académie. Les leçons de Segni semblent en effet avoir été, dans l'ensemble, moins régulières que celles de Varchi et de Gelli : bien avant sa mort, plus aucune leçon stipendiée n'est régulièrement assurée dans l'académie qui connaît, de ce fait, de longues phases d'inactivité. Plus généralement, l'étatisation de l'académie semble être allée de pair avec l'appauvrissement de sa vie intellectuelle. En 1553, l'institution de leçons stipendiées est contemporaine de l'instauration de salaires pour l'ensemble des principaux magistrats de l'académie : à partir de cette date, le consul reçoit mensuellement du principat vingt-cinq scudi d'or, les censeurs reçoivent chacun quatre scudi, le *provveditore* six, et trois lires et dix soldi

89. Firpo, Massimo, *Gli affreschi di Pontormo a San Lorenzo*, p. 175.

90. Segni, Agnolo, *Ragionamento fiorentino sopra le cose pertinenti alla poetica : dove in quattro lezzioni lette da lui nell'Accademia fiorentina si tratta dell'imitazione poetica, della favola, della purgazione procedente dalla poesia*, Florence, Giorgio Marescotti, 1581, donne une version réécrite (en quatre parties) de ces leçons. Voir BMLF Ashburnham 531, II, fol. 45r-91v, pour le texte des six leçons originelles, de la main de Giorgio Bartoli. Ces leçons manuscrites furent éditées dans leur forme d'origine par Bernard Weinberg, *Trattati di poetica e retorica del Cinquecento*, Bari, Laterza, 1970-1974, 4 vol., t. 3, p.7-100.

91. BMF Marucelliano B III 53, fol. 5r.

par mois sont alloués aux deux *bidelli* (appariteurs et concierges)[92]. Ces rémunérations s'ajoutaient aux émoluments tant symboliques que matériels qui, depuis 1547, étaient distribués aux consuls et aux censeurs lors des cérémonies annuelles de passation de pouvoir. Ces rituels incluaient la remise d'une tasse d'argent à l'ancien consul et d'un anneau d'or aux censeurs sortants, qui, au sein de l'institution, officiaient comme les principaux agents de contrôle idéologique au service du pouvoir. Pour symboliques (et relativement modestes) qu'ils aient été, ces objets constituaient aussi une récompense matérielle, à la manière des jetons et médailles qui se distribuaient lors des étrennes dans les institutions françaises sous l'Ancien Régime et étaient destinées à s'assurer de la fidélité des hommes en charge. Ces différentes formes de rémunération étaient sans doute destinées à pallier un manque d'enthousiasme pour les activités tant intellectuelles qu'administratives de l'académie. Mais la consultation des registres de l'institution suggère que l'instauration de ce salariat aboutit souvent au résultat inverse, en ôtant aux échanges intellectuels au sein de celle-ci non seulement toute réelle liberté mais encore toute spontanéité.

3.3. *Un coup d'académie ?*

Autour de 1569, qui est l'année de la création des Alterati, les registres de l'Académie Florentine portent clairement la marque de cette inactivité intellectuelle aggravée, laquelle commença sans doute à ce moment-là à devenir pour l'institution une forme de vulnérabilité. En 1568, la Fiorentina ne semble en effet s'être réunie que six fois (les 20, 23 et 28 janvier, et les 7, 21 et 28 mars), sans que les registres ne mentionnent quelque leçon que ce soit. De même, l'année suivante, en 1569, l'académie ne se réunit que cinq fois (les 5 et 20 janvier, les 15, 20 et 25 mars)[93], sans qu'aucune activité intellectuelle ne soit signalée. Autrement dit, au cours de ces années, l'Accademia Grande ne se rassemble pratiquement plus que pour élire ses magistrats, alors que dans les années précédant cette phase des réunions contenant leçons et/ou discussions à contenu intellectuel avaient régulièrement lieu jusqu'en juin ou juillet, et même de nouveau, quoiqu'avec une fréquence variable, entre septembre et décembre. En 1569, les quelques notations entrées dans ce registre qui n'a jamais été particulièrement explicite — au point que l'historien Massimo Firpo le qualifie de « fade chronique académique » (« blanda cronaca accademica »)[94] — laissent par ailleurs deviner, entre les lignes, toutes sortes de tensions et de manœuvres, dont les archives ne conservent malheureusement pas

92. Di Filippo Bareggi, Claudia, « In nota alla politica culturale di Cosimo I », p. 543.
93. BMF Marucelliano B III 54, fol. 27r-29r.
94. Firpo, Massimo, *Gli affreschi di Pontormo a San Lorenzo*, p. 175.

de traces plus explicites. Pour parvenir à imaginer ce qui s'est sans doute joué cette année-là, il est dès lors nécessaire de suivre le déroulement des opérations dans tout leur détail.

L'elliptique chronique académique de la Fiorentina donne les éléments suivants. Pour commencer, le 5 janvier 1569, le chevalier Vincenzo Acciaiuoli — qui fut l'un des sept membres fondateurs des Alterati — est admis au sein la Fiorentina en tant que nouvel académicien, en compagnie de trois autres candidats. Le 20 janvier, trois académiciens supplémentaires sont admis. Le même jour, à la suite d'un processus électoral à plusieurs niveaux, Tommaso del Nero est élu consul, avec dix-neuf voix, et Antonio degli Albizzi arrive second, avec dix-sept voix. Puis, à la suite de cette première élection, un second processus de sélection est organisé dans la foulée, cette fois-ci pour élire le censeur (ici appelé *uditore*) de l'académie, c'est-à-dire celui qui, dans celle-ci, est chargé d'évaluer l'orthodoxie des leçons de ses collègues. Antonio degli Albizzi figure en tant qu'*electionaro* ou électeur dans le processus électoral rapporté. Alessandro Canigiani et Lorenzo Giacomini (1552-1598) y sont mentionnés en tant qu'*eletionati* (élus ou sélectionnés), Antonio degli Albizzi étant finalement nommé *uditore*[95]. Lorenzo Giacomini — dont il sera longuement question dans ce livre — était alors très jeune : il avait environ dix-sept ans. Mais il était déjà extrêmement savant et devint, dans les décennies qui suivirent, un penseur d'une grande originalité, qui outrepassa volontiers les limites de l'orthodoxie, tant morale qu'esthétique. Dans les années 1570 et 1580, il fut proche de plusieurs des hommes qui jouèrent un rôle important parmi les Alterati, au sein desquels il n'entra pourtant officiellement qu'en 1583. Ses échanges avec Giovan Battista Strozzi — qu'il a notamment fréquenté lorsque celui-ci était étudiant à Pise en 1571-1572 et qui logeait son cousin Filippo Sassetti, lui-même devenu membre des Alterati en janvier 1575 — sont abondamment documentés[96]. Il est ainsi possible que, dans le cours de ces processus électoraux au sein de l'Accademia Grande, Tommaso del Nero, Antonio degli Albizzi, Vincenzo Acciaiuoli et Alessandro Canigiani aient trouvé en Lorenzo Giacomini un allié, alors qu'ils étaient tous les quatre occupés en parallèle à préparer la fondation des Alterati. Ces processus d'appointement aux magistratures prennent en tout cas fin le 15 mars, lorsque Tommaso del Nero, en vertu de ses prérogatives de consul, nomme ses deux plus proches conseillers, en les personnes de Bastiano Antinori et d'Alessandro Canigiani. Enfin, le 20 mars,

95. BMF Marucelliano B III 54, fol. 28^{v}.

96. Les correspondances subsistantes témoignent de ces proximités, en particulier BNCF Magl. VIII 1399, fol. 23^{r}-53^{v}, qui contient des lettres de Lorenzo GIACOMINI à Giovan Battista Strozzi, et BRF Riccardiano 2438 *bis*, III, fol. 95^{r} à 143^{v}, qui contient des lettres de Filippo SASSETTI à son cousin Lorenzo Giacomini, reprises dans l'édition de la correspondance de Sassetti donnée par Vanni BRAMANTI (éd.), *Lettere da vari paesi, 1570-1588*, Milan, Longanesi & C., 1970.

est mentionnée l'entrée de deux nouveaux académiciens. Puis la chronique se tait jusqu'au 22 janvier de l'année suivante, sans qu'il soit laissé de pages blanches qui auraient pu permettre que les détails manquants soient remplis ultérieurement (comme il arrive à d'autres moments dans ces recueils). Tout laisse donc penser que, dans la suite de l'année 1569, l'académie ne se réunit plus — et n'entendit aucune leçon.

Que s'est-il passé là ? Il est difficile de le dire avec précision, tant les documents sont laconiques. Mais quelques suppositions peuvent néanmoins être faites. Il est en particulier frappant que quatre des sept fondateurs des Alterati figurent dans le récit des activités de la Fiorentina au début de l'année 1569, deux dans des positions de magistrat (Tommaso del Nero et Antonio degli Albizzi), le troisième comme nouvel académicien (Vincenzo Acciaiuoli) et le dernier comme membre électeur (Alessandro Canigiani). Si l'on ajoute que le nouveau consul de la Fiorentina, issu d'une famille influente, est âgé de vingt-trois ans, qu'Antonio degli Albizzi, nommé *uditore*, en a un ou deux de moins, qu'Alessandro Canigiani, nommé archevêque d'Aix en 1576 et mort en 1591, est probablement d'un âge voisin, et que l'un des participants au processus électoral qui a pu leur servir d'allié (Lorenzo Giacomini) en avait quant à lui tout au plus dix-sept, on est tenté de penser dans les termes d'une poussée générationnelle, qui, dans un moment de crise institutionnelle, aurait délogé l'arrière-garde académique. Or l'événement est sans doute moins anodin qu'il n'y paraît à première vue, car, depuis les réformes de 1547, l'Académie Florentine avait tout mis en place pour ne pas se trouver confrontée à pareille éventualité. En particulier, ses statuts interdisaient formellement aux hommes âgés de moins de vingt-cinq ans l'accès aux magistratures suprêmes, c'est-à-dire à celles de consul et de censeur[97]. Il s'agissait bien évidemment d'éviter que des têtes brûlées, sans respect pour les besoins du régime, ne puissent jamais inopinément prendre les rênes de l'académie d'État. La candidature de ce groupe d'hommes très jeunes, mais surtout leur élection elle-même, constituaient dès lors à elles seules un défi à la politique culturelle médicéenne. Le fait que ces mêmes hommes se soient parallèlement assemblés pour mettre au point les statuts d'une autre institution suggère par ailleurs que leurs gestes s'apparenteraient à une sorte de révolution de palais — ou plus exactement à ce qu'on pourrait appeler, en l'espèce, un coup d'académie.

Il restera sans doute toujours impossible de connaitre avec sûreté les buts et les modalités de cette prise de pouvoir au sein de l'académie médicéenne : les lettrés florentins ne laissent en général trace dans leurs archives que de ce qu'ils acceptent

97. Voir Di Filippo Bareggi, Claudia, « In nota alla politica culturale di Cosimo I », qui donne une édition des statuts de la Fiorentina (BNCF Magl. IX 91, fol. 1r-38r) aux p. 548-574. Le ch. 18, intitulé « De' divieti » (« Des interdits »), précise (p. 565) : « Ma che non possa già essere censore, o consolo chi non passa 25 anni, perché questi due magistrati non si convengono a giovanetti. »

que la postérité connaisse d'eux. Mais deux hypothèses semblent plausibles, sans néanmoins tomber dans une forme de théorie du complot. D'une part, il est possible que les quatre individus dont les noms apparaissent dans le compte rendu de l'Académie Florentine pour l'année 1569 aient avant tout voulu s'emparer des rênes de l'académie médicéenne. Mais pour en faire quoi, néanmoins, dès lors que le lieu semblait difficile à ranimer, tant socialement qu'intellectuellement ? D'autant que toute prise de pouvoir trop évidente au sein de la Fiorentina aurait nécessairement indisposé le pouvoir médicéen, qui n'aurait pas apprécié de voir déstabiliser une institution qu'il subventionnait et sur laquelle il avait fondé une grande partie de sa politique culturelle. Il est donc plus probable que la conquête des principales magistratures de la Florentine ait été destinée à faciliter la naissance des Alterati comme espace social alternatif, soit comme lieu où développer une forme d'activité intellectuelle plus libre, plus assidue et plus spontanée. Dans ce cadre, la prise de pouvoir au sein de la Florentine peut s'envisager comme une sorte de levier — ou même de monnaie d'échange ? — destinée à permettre au groupe qui entoure Tommaso del Nero de faire pression sur la cour médicéenne. Dans une telle hypothèse, les actions de ce groupe de jeunes gens en 1569, au sein de l'académie officielle, auraient d'abord et avant tout visé à obtenir que le pouvoir ferme les yeux sur la création d'une institution définie comme privée, dont certains modes de fonctionnement (élections, discours académiques, pratique des oraisons funèbres, etc.) allaient bientôt recouper étroitement les structures institutionnelles de l'Académie Florentine, mais dont ses jeunes promoteurs espéraient néanmoins qu'elle différerait profondément de celle-ci, tant dans son esprit — peut-être même faudra-t-il dire dans son éthique — que dans les rapports qu'elle allait instituer avec le pouvoir.

3.4. *Les ailes du désir : l'*accademia privata, *un rêve de liberté ?*

Pour mieux saisir ce qui s'est joué en 1569, il peut être utile de continuer à feuilleter les actes de l'Académie Florentine, pour s'arrêter cette fois-ci tout particulièrement sur les processus électoraux de janvier 1582 et leur étrange issue. Mais entre-temps, comment ont évolué les relations entre la Fiorentina et les Alterati, à en juger principalement par les actes de la première ? En 1570-1571, les noms des quatre principaux acteurs du drame de l'année précédente ne réapparaissent pas, sauf celui d'Antonio degli Albizzi, qui y figure une fois. En 1572 et 1573, beaucoup des nouveaux académiciens cités sont des lettrés qui soit sont membres des Alterati, soit sont sur le point d'y entrer : ainsi Federigo Strozzi (1547-1591), Alessandro Rinuccini (1555-1622) et Scipione Ammirato (1531-1601). Le nom de Luigi Alamanni (1558-1603) est aussi mentionné, tandis que Filippo Sassetti est cité, le 17 janvier 1574, parmi les « accademici » (soit les *nuovi accademici*), alors qu'il rejoignit officiellement les Alterati au début de l'année suivante[98]. En 1575, le consul en titre est Francesco Buonamici, qui a eu plusieurs des jeunes Alterati comme élèves à Pise, dans ses cours de philosophie, et notamment Filippo Sassetti, qui est nommé censeur de l'Accademia Fiorentina l'année suivante, lors du consulat de Bernardo Davanzati (1529-1606) — lequel devint lui-même membre des Alterati ultérieurement[99]. L'année 1575 est par ailleurs de nouveau une année creuse pour l'académie médicéenne : aucune leçon n'est signalée et les actes s'arrêtent une fois encore au 25 mars. Mais, en mai 1576, une reprise en main semble s'amorcer, succédant peut-être à une crise plus violente encore. En effet, cette année-là — où nous savons par ailleurs qu'Agnolo Segni est nommé consul[100] — aucun processus électoral n'est consigné dans les registres. Cependant, à partir du 1er mai 1576, la main qui tient les actes change et est remplacée par une écriture bien plus soigneuse et plus claire[101]. Par ailleurs, il est de nouveau fait mention des rituels de la Fiorentina (soit de la présentation de la tasse d'argent à l'ancien consul et de celle de l'anneau d'or au censeur passé). Enfin plusieurs leçons du consul en titre sont mentionnées en avril, mai et juillet. Il y a dès lors fort à supposer que la crise institutionnelle était devenue cette année là si évidente qu'il ne fut pas possible de mettre en place les processus de nomination aux principales magistratures. En conséquence, le lecteur stipendié depuis 1573, Agnolo Segni, fut appointé au consulat (sur intervention de la cour ?) et chargé de réanimer l'académie par une série de leçons. Néanmoins,

98. BMF Marucelliano B III 54, fol. 33r et 34v. Federigo Strozzi devient Alterato le 8 août 1575. Scipione Ammirato, arrivé de Lecce en 1569 pour servir les Médicis, est mentionné dans les actes des Alterati pour la première fois en mai 1571, Alessandro Rinuccini devient membre des Alterati le 3 décembre 1573 et Luigi Alamanni le 23 août 1576.

99. BMF Marucelliano B III 54, fol. 35v et 36r. On peut noter aussi la mention, au fol. 36r, de Francesco Bonciani (1552-1619), désigné comme *nuovo academico*. Ce lettré est membre des Alterati depuis 1571-1572 environ, sous le pseudonyme de l'Aspro. Le 22 novembre 1572, il est l'un des cinq Alterati à demander au reste de leurs confrères le privilège de faire fonctionner temporairement à Pise, où ils sont alors étudiants, une succursale de l'académie. Les quatre autres auteurs de la demande sont le Vario (Antonio degli Albizzi), le Tenero (Giovan Battista Strozzi), l'Assodato (Giuliano Gianfigliazzi) et le Ruvido (Giovanni Venturi). Ce droit leur est accordé le 20 décembre 1572 (voir les copies de cette correspondance, en BMLF Ashburnham 558.1, fol. 104v-106r). L'Aspro fut un membre particulièrement actif de l'assemblée de Pise, dont il est parfois même désigné comme le créateur. Mais la deuxième académie est vite contestée à Florence, tout autant que le rôle que Bonciani tient en son sein. Ainsi BMLF Ashburnham 558.1, fol. 60v, à la date du jeudi 27 janvier 1574, rapporte : « L'Ardito accusò l'Aspro d'havere fatta nuova Accademia a Pisa, chiese tempo l'Aspro a difendersi e se gli dette tempo tutto di 2 de febbraio prossimo a venire, il Tenero fu accusato ancora dall'Ardito per che essere della medesima Accademia creata dell'Aspro ; si difesa e giustificò. Si rimesse la sua causa al medesimo dì 2. La causa del Vario fu ordinato che si determinassi a dì 3 di febbraio prossimo avvenire. »

100. Salvini, Salvino, *Fasti consolari*, p. 231 et suivantes.

101. BMF Marucelliano B III 54, fol. 40r et suivants.

cet effort pour relancer l'institution tourna court en partie, car l'homme, probablement déjà fatigué, mourut en fonction l'année suivante[102].

L'absence d'activité intellectuelle spontanée durant les années 1569-1576, et même au-delà, jusqu'à l'année 1582, n'est cependant pas totale, puisque quelques leçons d'académiciens sont sporadiquement mentionnées. Mais celles-ci ont généralement été données par des hommes qui sont parallèlement des membres actifs des Alterati, ou s'apprêtent à les rejoindre officiellement. Ainsi Filippo Sassetti donne-t-il le 22 juin 1576 une oraison en mémoire de Lelio Torelli, un ancien secrétaire de Cosme Ier qui avait joué un rôle central dans le lancement de l'Académie Florentine, et venait de mourir[103]. Le registre accorde même une très grande place à cet événement[104]. En juillet est aussi mentionnée une leçon de Lorenzo Giacomini sur la question de savoir si les lettres sont plus nobles que les armes, ou inversement — et cette leçon occupe l'académie pendant trois séances[105]. Après ces mentions, le compte rendu des activités de l'académie prend cependant abruptement fin pour ce volume, avant de recommencer en janvier de l'année 1577 dans le volume suivant.

Cet ultime volume d'*atti* semble d'abord bien mieux tenu que le précédent, et on y prend de nouveau soin d'expliciter les rituels de l'académie et de souligner qu'elle est nombreuse et florissante. Des leçons non stipendiées y sont par ailleurs mentionnées, telles celles qu'Ottaviano de Giulio de Médicis donne sur la métaphore le 3 mars 1577 ou celle que Raffaelo Gualterotti propose le 4 avril de la même année, sur un sujet qui n'est pas précisé, aucun des deux n'étant membre des Alterati[106]. Néanmoins les Alterati reviennent en force en 1578, avec une longue leçon de Francesco Bonciani sur la prosopopée (9 mars, 4 mai et 8 juin 1578) et les 2, 14 et 19 décembre suivants, avec une leçon non moins fournie de Lorenzo

102. BMF Marucelliano B III 53, fol. 5r.

103. BMF Marucelliano B III 54, fol. 40.

104. BMF Marucelliano B III 54, fol. 40 : « Messer Filippo Sassetti accademico Fiorentino nell'Oratorio della Vergine Maria detta de Ricci fece una bellissima oratione funebre in lode della felice memoria del molto magnifico e eccelentissimo Lelio Torelli primo auditore et segretario di sua Altezza serenissima il quale passò di questa a migliore vita i 6 dì <di giungno> con un concorso universalemente di tutti letterati e di tutta la nobiltà e gratissima udienza, la quale oratione è questa che cioè : Oratione funebre in lode di messer Lelio Torelli fatta e recitata da messer Filippo Sassetti accademico Fiorentino detto tra gli Alterati l'Assettato <sic>. » Le registre cite même l'*incipit* de l'oraison (actuellement conservée en BNCF Magl. VI 155, fol. 95v-103r et BRF Riccardiano 767, fol. 217r-223v) et semble, dans ce qui suit, laisser de la place pour le texte en soit donné.

105. BMF Marucelliano B III 54, fol. 44r (4, 11 et 15 juillet 1576) : Lorenzo Giacomini a donné une leçon sur « quello che fussi più nobile, l'arme o le lettere », dont plusieurs copies manuscrites existent, sous divers titres. Voir BNCF Magl. VI 155, fol. 113r-145v (« Della nobilità delle lettere, e dell'arme, ragionamento di messer Lorenzo Giacomini de Tebalducci, fatto in tre volte nell'Accademia Fiorentina l'anno 1576) et BRF Riccardiano 2563, fol. 1r-42r (« Della nobiltà delle lettere e delle armi ragionamento di messer Lorenzo Giacomini de Tebalducci fatto in tre volte nell'Accademia Fiorentina l'anno 1576 »). Le texte en a été publié au XIXe siècle par Domenico MORENI : GIACOMINI, Lorenzo, *Della nobiltà delle lettere e delle armi, ragionamenti di Lorenzo Giacomini*, Florence, Il Magheri, 1821.

106. BMF Marucelliano B III 53, fol. 5v.

Giacomini sur « la ragione d'amore et <il> vero fine dell'Accademia[107] ». À quoi il faut ajouter que Renato de' Pazzi, qui fut aussi l'un des fondateurs des Alterati, est élu consul le 29 janvier 1579, tandis que Lorenzo Giacomini est appointé censeur cette année-là[108]. Il n'est pas jusqu'au nom de Giulio del Bene qui n'apparaisse fréquemment dans les processus électoraux détaillés dans ce dernier volume d'actes[109].

Néanmoins, jusqu'en 1580, aucun des Alterati qui jouent simultanément un rôle proéminent dans l'*autre* académie n'accède aux plus hautes magistratures au sein de la Fiorentina. Car ni Renato de' Pazzi (consul en 1579) ni Federigo Strozzi (consul en 1580) n'étaient à ce moment-là particulièrement présents au sein des Alterati. Cependant, en 1580, Giovan Battista Strozzi, qui est alors l'un des Alterati les plus actifs et les plus influents, est élu censeur de la Florentine, tandis que le nouveau consul de celle-ci, Francesco Martelli, paraît vouloir s'entourer de membres actifs de l'institution concurrente. Il choisit en effet deux Alterati très engagés, Bernardo Davanzati et Francesco Bonciani, pour ses deux plus proches conseillers[110]. L'année suivante, en 1581, les Alterati continuent à donner d'eux-mêmes dans les leçons, allant même jusqu'à offrir des *discorsi* dans des champs qui auraient autrefois été réservés aux lecteurs stipendiés : Giovan Battista Vecchietti (1552-1619) — qui ne fut officiellement admis au sein des Alterati qu'en 1590, mais était un proche collaborateur de Giovan Battista Strozzi depuis au moins le début des années 1580[111] — proposa par exemple une leçon sur Dante et Francesco Bonciani donna une leçon sur un sonnet de Pétrarque[112]. Enfin, le 20 août 1581, le jeune prince médicéen que Giovan Battista Strozzi courtise et conseille, don Giovanni de Médicis, est introduit dans l'Académie Florentine comme *nuovo accademico*[113]. Mais jusque-là, bien que la place des Alterati dans les activités de la Fiorentina se soit accrue depuis 1570 et que leur rôle dans

107. Le texte que Francesco BONCIANI a consacré à la prosopopée est conservé en BRF Riccardiano 2237, fol. 95^{r}-110^{v}, et a été édité par Bernard WEINBERG dans *Trattati*, t. 3, p. 237-253. Le raisonnement de Lorenzo GIACOMINI sur l'amour est conservé en BNCF Magl. VI 155, fol. 43^{r}-76^{v}, BRF Riccardiano 2437, fol. 27^{r}-70^{v} et BNCF Tordi 202. Sur ce dernier texte, voir MAGGI, Armando, « End of Renaissance *Trattati d'Amore* : An Unpublished Manuscript at the University of Pennsylvania », *Manuscripta*, 42, 1998, p. 109-115. Les 21 et 28 janvier 1582 (BMF Marucelliano B III 53, fol. 20), Lorenzo Giacomini donna aussi au sein de la Fiorentina une leçon sur l'honneur, dont deux manuscrits subsistent (BRF Riccardiano 2437, fol. 71^{r}-97^{r} et BRF Riccardiano 2563, fol. 58^{r}-82^{v}, ce dernier ne contenant néanmoins que les deux premières parties du raisonnement).

108. BMF Marucelliano B III 53, fol. 10^{r}.

109. BMF Marucelliano B III 53, fol. 2^{v}, 3^{v}, 6^{v}, 7^{r}, 12^{v}, 13^{r} et 14^{r} notamment.

110. BMF Marucelliano B III 53, fol. 16^{v} et 18^{r}.

111. L'admission de Giovan Battista Vecchietti au sein des Alterati a lieu le 20 juillet 1590 ; voir BMLF Ashburnham 558.2, fol. 83^{v}-84^{r}.

112. Les deux leçons ont lieu le 7 mai 1581 (BMF Marucelliano B III 53, fol. 18^{v}).

113. BMF Marucelliano B III 53, fol. 20^{r}.

la production des leçons non stipendiées semble de plus en plus marqué, l'équilibre institutionnel de la Fiorentina n'est pas menacé.

L'hiver 1582 semble néanmoins avoir été le théâtre d'une nouvelle prise de pouvoir des Alterati au sein de l'Accademia Fiorentina, laquelle eut cette fois encore des conséquences importantes pour la vie académique florentine dans son ensemble. Le 29 janvier 1582, les Alterati paraissent en effet avoir fait main basse sur le processus électoral destiné à permettre la nomination du nouveau consul de la Grande Académie. Au cours de celui-ci, trois d'entre eux commencent en effet par obtenir respectivement le plus grand nombre de voix au premier tour : Alessandro Rinuccini rassemble douze voix, à égalité avec Francesco Bonciani, et Giovan Battista Strozzi en totalise quatorze. Puis, au deuxième tour, Giovan Battista Strozzi arrive en tête, avec dix-huit voix : l'Alterato le plus charismatique et le plus respecté de sa génération devient ainsi consul de l'Académie Florentine. Ce qui advint lors de son consulat et dans les années qui suivirent immédiatement celui-ci n'est pas clair, car le jour même de cette élection le troisième volume d'actes s'interrompt brutalement[114]. Mais non sans préserver la trace de la première action que tenta, dans la foulée de son élection, le nouveau consul. Or celle-ci est tout à fait exceptionnelle dans le cadre des actes de la Fiorentina, qui n'enregistrent nulle part pareille initiative, et elle donne brusquement accès à nombres des tensions qui affectaient, depuis treize ans, les relations entre la jeune *accademia privata* et son aînée, l'Accademia Grande.

Le jour même de son élection Giovan Battista Strozzi ne voit en effet rien de plus pressé que de faire voter par l'assemblée de la Fiorentina le rétablissement, en son sein, des leçons stipendiées, c'est-à-dire des discours académiques financés et contrôlés, indirectement, par le pouvoir médicéen :

> « [...] après quoi <à savoir : après son élection> le seigneur consul <Giovan Battista Strozzi> proposa que, pour l'honneur de l'Académie, ne s'y trouvant pas actuellement de lecteur régulier, il serait bon d'y élire deux personnes pour un an sinon plus, pour y servir de lecteurs réguliers, comme il était autrefois d'usage, et avec le salaire habituel ; une motion demandant s'il devait en être fait ainsi fut mise au vote et fut approuvée par quatorze fèves <jetons> noirs ; et on remit à une prochaine fois le fait de tenir l'élection susdite[115]. »

114. Le fait est d'autant plus frappant qu'aucun volume ne subsiste actuellement pour l'ensemble des années qui suivirent, ceux-ci ayant vraisemblablement été perdus dans l'incendie qui, en 1748, qui détruisit une grande partie des archives de l'académie. Ces volumes existaient néanmoins autrefois : Salvino SALVINI y a eu recours dans le cadre de la préparation de ses *Fasti consolari*, parus en 1717. À l'article qu'il consacre au consulat de Giovan Battista Strozzi en 1582, il note ainsi p. 246 : « Seguitando perciò colla scorta degli atti di nostra Accademia, dice che la varietà delle lezioni, chi vi udirono, rendè felicissimo il corso di questo consolato. »

115. BMF Marucelliano B III 53, fol. 22^{v} : « [...] di poi il signor consolo propose che per honore dell'Accademia non ci essendo hoggi lettori fermi, sarebbe bene eleggerne duo almaneo per uno anno per

Les volumes ultérieurs d'actes ayant disparu, il est difficile de contextualiser l'initiative de Giovan Battista Strozzi. On peut néanmoins se reporter à la notice biographique que Salvini consacre à cet académicien. Celui-ci ne mentionne pas explicitement la tentative de Strozzi de faire nommer de nouveau deux lecteurs stipendiés, « pour l'honneur de l'académie », mais il cite d'entrée de jeu une lettre du philosophe Francesco Verino qui répond visiblement à une lettre de Strozzi lui demandant d'officier comme l'un de ces lecteurs stipendiés[116]. Dans cette lettre, Verino décline l'offre avec moult civilités, mais très fermement, disant qu'en tant que philosophe, il n'a pas le temps de se préoccuper aussi du « nettoyage de la langue » (« pulitezza della lingua ») et qu'il est par ailleurs accablé par les « soucis » (« impicci ») familiaux. Salvini poursuit en précisant, sans solution de continuité, que le consulat de Strozzi fut un temps « extrêmement heureux » (« felicissimo ») pour l'académie médicéenne, et particulièrement riche en discours de toutes sortes, dont il fournit immédiatement une longue liste[117]. Certains des orateurs cités sont membres des Alterati ou vont le devenir sous peu (Giovan Battista et Girolamo Vecchietti, Luigi Alamanni et Alessandro Rinuccini), d'autres sont des proches du groupe (Francesco Buonamici). Mais ce qui frappe surtout est l'abondance et la variété des sujets de leçons, et le fait que Giovan Battista Strozzi ait visiblement su faire en sorte qu'une grande diversité d'académiciens (y compris des hommes de peu de renom) investissent volontiers leur énergie dans la production de ces discours.

On peut dès lors supposer que le projet de Giovan Battista Strozzi de rétablir des lecteurs stipendiés ayant échoué, en dépit de l'assentiment des membres de l'académie, celui-ci a entrepris de gérer la Florentine comme il avait précédemment géré les Alterati — dont il fut le régent par deux fois avant d'accéder au consulat de l'Accademia Grande, une première fois entre juillet et octobre 1575 (avant de partir à Pise), puis entre juillet 1580 et février 1581. Giovan Battista Strozzi semble

lettori fermi come si usava con il solito salario et però si mandò a partito se si doveva far tale et cosi fu vinto per 14 fave nere e fu riservato ad altra volta farne la sudetta elezione ».

116. Salvini, Salvino, *Fasti consolari*, p. 245. Salvini cite ce texte sous la cote LY.115, fol. 271, c'est-à-dire dans le cadre du classement originel des collections Strozzi, qui n'étaient pas encore rentrées dans les bibliothèques et archives publiques florentines. La lettre est actuellement conservée en ASFi Carte strozziane, 3ᵉ série, 168 (« Lettere che contengono diverse memorie di Casa Strozzi »), fol. 271ʳ. Elle est datée de Pise, le 16 mai 1582.

117. Salvini, Salvino, *Fasti consolari*, p. 246 : « Seguitando perciò cola scorta degli atti di nostra Accademia, dice che la varietà delle lezioni, chi vi udirono, rendè felicissimo il corso di questo consolato ; poichè un buon numero di letterati gentilhuomini, come furono Agnolo Niccolini, Vincenzio Pitti, Francesco Buonamici, Bernardino Neretti, Lorenzo Franceschi, Francesco Verino, Giovan Battista, e Girolamo Vechietti, Lupidio Berrettari di Pescia, Domenico Mancini di Cortona, Luigi Alamanni, Alessandro Rinuccini, e Marco degli Asini eccellentemente parlarono dell'ira, dell'amicizia, della vita attiva, e contemplativa, sopra sonetti del Petrarca, delle leggi, della felicità, degli amanti, in lode d'Omero, di Vergilio, e di Dante, della preminenza della poesie sopra la pittura, e delle armi ; lezioni tutte, che gran perdita è che non si ritrovino. »

en effet avoir sollicité largement les membres de la Fiorentina en les invitant à participer activement à la vie intellectuelle de leur académie, comme c'est alors l'habitude au sein des Alterati, où le régent assigne des oraisons à son gré à ses collègues académiciens, après avoir proposé un thème de réflexion pour l'ensemble de son consulat. Le régent des Alterati agit ainsi (ou est censé agir ainsi) afin d'être en toutes circonstances l'aiguillon des énergies communes, c'est-à-dire celui par qui l'enthousiasme commun pour le savoir, mais aussi l'art, se trouve organisé et même déculpé, pour le plus grand plaisir de tous et la plus intense satisfaction intellectuelle de chacun.

La lecture de l'oraison que Giovan Battista Strozzi prononça à la fin de son mandat à la tête de l'Académie Florentine, alors qu'il s'apprêtait à en céder les rênes à son successeur, en janvier 1583, permet de mieux saisir quelle fut en l'espèce la stratégie, au sein de l'Accademia Grande, de celui que les Alterati appellent le Tenero. Dans cette oraison, Strozzi commence en effet par remercier ses collègues académiciens « de l'honneur que ceux-ci ont fait à son consulat en lui offrant tant de leçons si accomplies », puis il souligne qu'il serait utile de les publier pour les faire circuler plus largement. L'oraison se poursuit par une exaltation des auteurs qui, plus généralement, « ont apporté et apportent tant de plaisir et d'ornement au monde », et sont ainsi d'une si grande utilité à la vie civile[118]. S'exprime ici une représentation de l'activité intellectuelle qui est très proche de l'idéal qui fut développé concurremment au sein des Alterati, suggérant non seulement que Strozzi tenta d'étendre ces idéaux à la Florentine alors languissante, mais encore que, pour un an au moins, ses efforts furent couronnés de succès. Ils produisirent en effet une revitalisation de la Grande Académie, fût-ce en organisant les activités de celle-ci autour de principes qui étaient en réalité très différents de ceux qui animaient depuis 1553 les rouages de l'institution — voire reposaient sur une compréhension quasi opposée de la vie intellectuelle et de sa place dans la vie de la cité. L'Accademia Grande mettait en effet l'activité intellectuelle au service du prince, qui la faisait étroitement contrôler en son sein, tant en surveillant ses discours par l'intermédiaire des censeurs qu'en faisant octroyer des subsides à ses orateurs et administrateurs les plus dociles. Les Alterati circonscrivirent au contraire pour eux-mêmes un espace protégé — et même quasi domestique — où la vie intellectuelle pouvait (au moins à leurs yeux)

118. Le texte de cette oraison fut édité de manière posthume ; voir « Ragionamento nel rendere il consolato dell'Accademia Fiorentina », dans Strozzi, Giovan Battista, *Orazioni e altre prose del signor Giovambattista di Lorenzo Strozzi*, Rome, Grignani, 1635, p. 139-147. Strozzi écrit tout d'abord par antiphrase : « [...] m'asterrò (virtuosi accademici) dal ringratiarvi dell'honore, che fatto havete al mio consolato di tante, e di sì fatte lettioni honorandolo [...] » (p. 139), avant de se lancer un peu plus loin dans un éloge des auteurs, soulignant « [...] quanto diletto, quanto ornamento hanno apportato, et apportano al mondo gli scrittori [...] » (p. 144) et affirmant que « <gli scrittori> sono il cibo, sono il ricreamento degli animi, sono finalmente il campo larghissimo, onde dall'Universo si miette la prudenza » (p. 145).

se développer sans entrave, dans la liberté et même l'enthousiasme, parmi des hommes appartenant presque tous à une même génération (celle de 1550) et ayant pour origine sociale commune le patriciat. Ce dernier élement n'est évidemment pas indifférent : cette seconde institution rassemblant des individus pour l'essentiel fortunés et aux positions sociales bien établies, ses membres eurent en effet moins de difficultés à la placer en dehors de la sphère d'influence directe du patronage médicéen.

Mais dès lors, comment faut-il comprendre l'effort initial de Strozzi pour rétablir les lecteurs stipendiés dans la Fiorentina dès son entrée en fonction ? Au premier abord, le Tenero peut en effet sembler avoir travaillé à rétablir ou même à renforcer les logiques du patronage médicéen au sein de la Florentine. Là encore, on ne peut que faire des suppositions. Le plus probable est néanmoins que le chef de file des Alterati ait initialement craint que les difficultés que connaissait la Fiorentina pour maintenir une vie intellectuelle — ou même seulement l'apparence d'une vie intellectuelle — en son sein ne finissent par nuire aux activités des Alterati eux-mêmes, dès lors que certains membres ou sympathisants les plus centraux de ceux-ci (tels que Lorenzo Giacomini et Francesco Bonciani) se trouvaient de plus en plus souvent dans la situation d'avoir à préparer de longues oraisons pour pallier l'absence, au sein de la Fiorentina, de lecteurs officiant régulièrement et de manière stable, à la charge de la cour médicéenne. Autrement dit, tout en disant travailler à rétablir l'honneur de l'Académie Florentine, Strozzi travaillait peut-être surtout en sous-main à faire en sorte que la prospérité de l'*accademia privata* ne soit pas troublée par les difficultés que connaissait l'Accademia Grande.

Il y a plus néanmoins, car l'opposition entre lectures stipendiées par le pouvoir — et donc inscrites dans une forme ou une autre de soumission idéologique à celui-ci — et lectures spontanées, qui seraient le fruit de la bonne volonté d'individus agissant de leur propre initiative, et donc (théoriquement) libres de toute obligation idéologique, fut en réalité dès l'origine une revendication identitaire structurante parmi les Alterati. C'est sans doute en effet en ces termes qu'il convient revisiter le concept qui est au fondement du récit de Giulio del Bene analysé en ouverture de ce chapitre, soit celui de désir (*desiderio/desio*). Être animé par le désir, qu'il s'agisse du désir d'académie, du désir de savoir, ou du désir de plaisir(s) partagé(s) — être *desioso*, donc, c'est en effet être mû d'un mouvement interne, et non extérieur. C'est aussi être animé d'une aspiration à une altération, et même à une transformation intérieure. On comprend mieux dès lors le sens des termes d'*accademia privata* : est privée l'académie qui centre ses activités sur la satisfaction des désirs tant particuliers que collectifs de ses membres, sans avoir d'autres obligations publiques que celle de travailler en privé à l'épanouissement général de la vie civile et surtout sans être dans la nécessité de servir publiquement le pouvoir.

En conséquence, est donc privée, et même libre, dans l'idéal des Alterati, l'académie qui s'élance avec constance sur les ailes de son propre désir, ou, plus exactement, qui sait fédérer les aspirations spontanées de ses membres et en faire non seulement le moteur de leur élévation à tous, mais encore le fondement d'une réanimation, tant sociale qu'intellectuelle, de la vie civile elle-même. On touche sans doute ici au cœur du projet initial des Alterati, lequel n'est jamais clairement exprimé dans les documents subsistants. Ceux-ci permettent néanmoins de le reconstituer par recoupements.

3.5. *L'affirmation discrète d'une culture académique alternative*

Une très brève notation de Giovan Battista Strozzi dans les *abbozzi* (brouillons) qu'il prépara pour soutenir don Giovanni de Médicis dans l'entreprise historiographique sur laquelle il l'avait lui-même lancé permet de conforter cette dernière hypothèse. Ces notes, qui sont très vraisemblablement de la main de Strozzi, alors devenu presque totalement aveugle, sont extrêmement fragmentaires, très hésitantes et couvertes de ratures. Cependant, quelques folios avant que Strozzi n'y ait inséré, sur une feuille volante, sa définition de ce qu'est l'académie des Alterati et plus généralement de ce que doit être, selon lui, une académie — c'est-à-dire, comme on s'en souvient, « une assemblée d'amis avec leurs lois propres, désireux, en s'exerçant aux sciences et aux arts, de s'améliorer eux-mêmes par un échange réciproque et d'être ainsi utiles à autrui, par le moyen d'un louable plaisir » —, il y fait allusion aux leçons stipendiées qui avaient cours à l'Académie Florentine sous Cosme Ier et les présente comme une sorte de contre-exemple au modèle académique qu'il est lui-même en train de définir[119].

Au demeurant, cette question des auteurs *pensionati* ou *provisionati* — comprendre : à la solde du régime médicéen — resurgit à plusieurs autres reprises dans les archives des Alterati, surtout dans les premiers temps de l'existence de l'académie. L'un des cas les plus frappants est celui de Scipione Ammirato, dit parmi les Alterati le Trasformato. Entré dans l'académie dès 1571, l'homme, originaire de Lecce, était depuis 1569 un protégé des Médicis. Il joua très certainement au sein des Alterati une sorte de double jeu. Il vécut en effet de pensions médicéennes pendant près de trente années, apparaissant par exemple comme l'un des quatre *scrittori* (auteurs) inscrits au *ruolo* du grand-duc Ferdinand Ier, avec des appointements — fort élevés pour l'époque — de vingt-cinq scudi par mois

119. BNCF Magl. IX 124, fol. 71^r^ : « Nell'accademia fiorentina instituita da il primo duca durante gran tempo <c'erano> due lettori provisionati, un leggeva ogni domenica sopra Dante. E l'altro sopra il Petrarca. Voglio inferire [...] ». La suite du paragraphe est néanmoins si raturée qu'elle en est illisible.

durant les années 1590[120]. Mais tout en recevant une pension de la part des grands-ducs successifs pour l'écriture d'une histoire de Florence, à laquelle il travailla pendant trois décennies, Ammirato œuvrait aussi, simultanément, à un commentaire des discours d'un auteur aussi idéologiquement sulfureux que Tacite[121]. Comme le montrent ses lettres aux différents membres de la famille régnante, le Trasformato était également très habile : il parvint donc toujours à rester en faveur, tout en frôlant perpétuellement l'hétérodoxie explicite[122].

À l'origine, cet homme du Sud entra probablement dans les Alterati comme l'espion du grand-duc, c'est-à-dire comme un homme chargé de les surveiller de l'intérieur — et d'avertir le régime en cas d'écart trop préoccupant. Il s'agit en effet du seul non-Florentin à être admis dans la sodalité au cours des premières années de son existence et il est peu probable qu'un homme tel lui que lui, fraîchement arrivé de Lecce l'année précédente, aurait été accueilli dans ce club très fermé pour patriciens florentins d'excellente maison, sans une intervention de l'entourage de son protecteur, le grand-duc. On peut même imaginer que l'entrée d'Ammirato parmi les Alterati en 1571 fit l'objet d'une sorte de marché tacite, dont il ne subsiste évidemment aucune preuve tangible : en échange de l'admission de ce membre pour le moins hors norme, l'académie serait tolérée par le pouvoir, qui se voyait rassuré par l'introduction en son sein d'yeux et d'oreilles susceptibles de lui signaler tout dérapage ou excentricité trop marquée.

À la vérité, il arriva aussi à Ammirato — devenu en cela agent double — de représenter les intérêts du groupe auprès du pouvoir, et d'obtenir pour eux des protections ou du moins des tolérances, notamment en matière de publication imprimée[123].

120. ASFi Depositeria generale, Parte antica, 389, p. 5 (les p. 1-31 sont numérotés comme un livre moderne).

121. AMMIRATO, Scipione, *Dell'istorie fiorentine di Scipione Ammirato libri venti. Dal principio della città infino all'anno 1434 nel quale Cosimo de Medici il Vecchio fu restituito alla patria*, Florence, Filippo Giunti, 1600 et *Discorsi del signor Scipione Ammirato sopra Cornelio Tacito,* Florence, Filippo Giunti, 1594. Sur la fascination d'Ammirato pour Tacite et plus généralement la pensée machiavélienne, voir DI MATTEI, Rodolfo, *Il pensiero politico di Scipione Ammirato ; con discorsi inediti*, Milan, Giuffré, 1963 et SENELLART, Michel, « La critique de Machiavel dans les *Discorsi* sopra Tacito (1594) d'Ammirato », *Problèmes d'histoire des religions*, 1997, t. VIII, Bruxelles, Éditions de l'Université de Bruxelles, p. 105-119 et « Les méditations militaires de Scipione Ammirato : guerre et raison d'État », *Mots. Les langages du politique,* 73, 2003, p. 161-168, accessible en ligne : http://mots.revues.org/16932. Les chapitres qu'Eric COCHRANE lui consacre dans *Florence in the Forgotten Centuries*, Chicago, Chicago University Press, 1973, p. 95-161 ne font pas justice à ses talents, tant intellectuels que sociaux, et ne dépeignent qu'imparfaitement la complexité de sa position à la cour médicéenne, tout autant que parmi les lettrés florentins de son temps.

122. Pour le détail de cette abondante correspondance, voir l'inventaire analytique des manuscrits consultés, p. 573-574. Sur Scipione Ammirato, voir aussi *infra*, ch. 2, p. 159-161.

123. Voir *infra*, ch. 3, p. 271, pour une analyse de son possible rôle dans la publication du *Della cognitione di se stesso* (Florence, Giunti, 1595), sous le nom de Giovan Battista MUZI. Le livre contenait plusieurs passages sulfureux.

Sa présence au sein de l'académie, et son statut de *provisionato* d'origine extracitadine, ne manqua néanmoins pas de provoquer des tensions au sein de l'académie, surtout pendant ses premières années. C'est ainsi que Giulio del Bene attaqua en août 1576 l'historiographie stipendiée, soulignant qu'une telle historiographie ne pouvait qu'être inexacte et mensongère[124]. Ammirato étant non seulement le seul auteur stipendié alors actif parmi les Alterati, mais aussi le seul historiographe professionnel, il ne fait aucun doute que c'est lui que le Desioso avait en ligne de mire dans ce discours[125]. On voit que, en dépit de la discrétion des Alterati, la question de la liberté du travail intellectuel surgit parfois en leur sein de manière explicite. Néanmoins, le plus souvent, c'est secrètement que cette académie se pense comme une alternative à l'académie stipendiée et régentée par la famille régnante. Qui n'y regarde pas de trop près ou qui, comme Salvino Salvini, préfère fermer les yeux sur certaines tensions, tiendra la pluri-appartenance des Alterati et le rôle grandissant que ceux-ci jouèrent dans l'Accademia Grande après la fin des leçons régulièrement stipendiées pour le signe d'une synergie entre les deux institutions. Mais, le plus souvent, il s'agit bien de rivalité(s) — et même de l'affirmation, au sein des Alterati, de ce qu'on pourrait appeler une culture académique distincte.

Or, en 1582-1583, cette culture académique de nature différente, originellement minoritaire, est en réalité en passe d'imposer sa loi sur la vie intellectuelle florentine. Giovan Battista Strozzi, qui est pourtant la prudence même, en la majorité des occasions, ne manque pas d'ailleurs de triompher à mots couverts dans l'oraison par laquelle, en janvier 1582, il prend les rênes de l'Académie Florentine. Il y fait en effet référence à l'état dans lequel se trouve la Florentine et aux remèdes qu'il compte y apporter, en tant qu'Alterato, en usant de manière insistante du verbe « altérer » et du substantif « altération », dans une série d'allusions appuyées à l'*accademia privata* dont il est parallèlement l'un des membres les plus influents. Remerciant les académiciens assemblés des louanges qui lui ont été adressées, il explique en particulier :

> « [...] d'autant plus que je suppose que vous n'attendez rien d'autre de moi en récompense <de vos louanges> que le fait d'obéir à vos statuts, puisque c'est d'eux principalement que notre bien-être dépend. Ceux-ci se sont suffisamment altérés par divers accidents jusqu'à ce jour ; et comme vous savez, si l'altération outrepasse les bornes, elle tend à la corruption ; c'est la raison pour laquelle <~~je vous promets qu'~~> autant

124. BMLF Ashburnham 558.1, fol. 33r, à la date du 3 août 1576 : « Il Desioso lesse la sua lettione sopra la propositione che non si debba scriver l'historia d'un popolo o d'un principe sendo provisionato. » BNCF Magl. IX 137, fol. 59r-68r, donne le texte du discours du Desioso.

125. Les attaques de Giulio del Bene contre Scipione Ammirato furent d'ailleurs fréquentes. Le Desioso alla même jusqu'à soutenir que son collègue était incapable d'être un bon régent, voir BNCF Magl. VI 168, fol. 185r-191r : « Discorso come deve esser un reggente, havendo il Trasformato reggente dato licentia ch'ogni Alterato <dicesse ?> quello che voleva ; per il quale si monstrano i diffetti del Trasformato. »

je le pourrais je n'en laisserai plus aucune partie s'altérer, et que non seulement j'obéirai aux lois écrites ici <dans les statuts> mais encore à la loi qui régit toutes les choses matérielles et immatérielles, qui n'est pas écrite dans les tables, ni dans les marbres, ni taillée dans quelque autre matière, mais qui est gravée et fixée dans le cœur, à savoir la Raison, de laquelle un homme de grand sens a dit autrefois : "Toi qui veux commander à autrui, commande après que tu as appris à lui obéir à elle, et non aux hommes"[126]. »

Ce jeu avec le concept d'« altération » fut fréquent dans les écrits publiés des Alterati, lorsqu'ils étaient désireux de signaler leur présence ou du moins leur influence aux initiés, sans néanmoins renvoyer directement à leur académie de manière ouverte — nous en verrons plusieurs autres exemples dans ce livre[127]. Mais il est particulièrement frappant de voir Giovan Battista Strozzi utiliser ces termes comme signes de ralliement dans une situation aussi publique que son discours d'entrée en fonction comme consul de la Grande Académie. Le Tenero met d'abord en garde contre la « corruption » de l'Académie Florentine, rassurant ses membres sur le fait que lui — qui est centralement un Alterato — saura s'y opposer. L'usage répété de mots qui évoquent le nom de l'académie fondée en 1569 est ainsi une manière d'indiquer aux autres Alterati présents qu'elle sera sa stratégie, soit l'instillation dans l'académie d'une altération qui ne soit pas une corruption. Mais la mobilisation de ce vocabulaire de l'altération dit aussi à mots couverts à tous les membres de la Fiorentina, où sont les plus profondes allégeances du Tenero, et à quels principes — différents parce qu'altérés, mais sans corruption aucune — il compte soumettre l'institution à la tête de laquelle il vient d'être élu.

De ce point de vue, l'ensemble du passage semble écrit en chiffre et pourrait être décodé en ces termes, au-delà des lieux communs qu'il redéploie avec grâce : « L'Accademia Fiorentina est en pleine décadence, et cette altération est allée trop

126. BNCF Magl. VI 168, fol. 158r-166r (« Ragionamento di Giovan Battista Strozzi nel prendere il consolato dell' Accademia Fiorentina ») : « [...] tanto più ch'io presuppongo che voi non ricerchiate in ricompensa de altro da me che l'osservanza di questi vostri capitoli, poichè da essi il nostro ben'essere principalmente depende. Assai per diversi accidenti fin qui alterati si sono ; e come voi sapete ; l'alterazione se troppo oltre procede tende alle corruttione, il perchè <~~io prometto~~> per quanto in me sarà di non lasciargli più in alcune parte alterare ; et io non solo obedirò alle leggi qui <negli capitoli> scritte, ma a quella legge che è regina di tutte le cose mortali e immortali, che non è nelle tavole scritte, non è ne' marmi, o in altra materia intagliata, ma è scolpita et fissa nel cuore, cioè la Ragione, della quale huom di grand senno già disse : 'Tu che vuoi comandare agl'altri, comanda dopo che tu hai imparato a obedire a lei, non agl' huomini'. » Je souligne. Le manuscrit n'est pas de la main de Strozzi et il est évidemment impossible de savoir si le texte a jamais été prononcé sous cette forme exacte. Mais sa conservation parmi les archives des Alterati suggère à la fois qu'il était vu comme prenant sens dans le contexte de la vie de cette académie, et que son auteur consentait à la circulation restreinte des énoncés équivoques qu'il pouvait contenir

127. Ce fut en particulier le cas en 1600 lorsque certains des Alterati les plus en vue travaillèrent à l'*Euridice* qui fut monté à la cour médicéenne, durant la célébration du mariage *in absentia* de Marie de Médicis et d'Henri IV Voir *infra*, ch. 5, p. 484-541.

loin. Je vous promets de la relever de cette transformation néfaste en mettant un frein à sa déchéance, et cela, je le ferai non seulement en faisant respecter ses statuts mais encore en la soumettant à la loi de la raison, plutôt qu'à celle des hommes qui gouvernent sans avoir appris à obéir à celle-ci. » D'une altération vicieuse, qu'Aristote désigne comme corruption, Strozzi promet donc de faire une altération vertueuse, fût-ce même — faudrait-il entendre ? — en détachant la Fiorentina de l'obéissance qu'elle doit aux hommes qui, à Florence, gouvernent la cité de manière déraisonnable, pour la soumettre à la loi de cette Raison qui, selon le Tenero, doit seule régir non seulement la vie académique mais encore la vie civile elle-même. Pour contournée et allégorique qu'elle soit, l'intervention du Tenero est claire sur le fond : elle clame la victoire des Alterati sur l'académisme déréglé de la Fiorentina et annonce leur désir de convertir — maintenant qu'ils sont dans la place — l'académie du prince en lieu d'altération intellectuelle véritable, soumis à la loi de la raison plutôt qu'à la seule volonté du prince.

Or il semble bien que le consulat de Giovan Battista Strozzi, avec sa grande abondance de leçons, ait été de ce point de vue un succès d'envergure. De plus, l'emprise des Alterati sur la Florentine ne se desserra pas avec son départ, puisqu'en janvier 1583, il fut remplacé dans sa fonction de consul par Lorenzo Giacomini, qui était compagnon de route des Alterati depuis leurs origines et fut officiellement admis dans leur sodalité le 3 juillet suivant[128]. Le discours d'entrée en fonction de Giacomini comme consul de l'Accademia Fiorentina est lui aussi centré sur l'obéissance aux lois de la raison. Cependant Lorenzo Giacomini veilla également à y déployer un autre thème cher aux Alterati, celui du plaisir d'apprendre et d'enseigner, faisant même de ce plaisir le fondement d'une réforme plus générale de la vie civile[129]. Cette mainmise intellectuelle des Alterati sur la Fiorentina inquiéta sans doute le pouvoir, quoique là encore les traces de tensions explicites soient rares. Mais une concordance temporelle doit néanmoins attirer l'attention. C'est en effet le 25 janvier 1583 que les lettrés qui se réunissaient depuis la fin des années 1570 sous le nom de *brigata dei crusconi* (ou « brigade des particules de son de blé »), pour se rire de la pédanterie de la Fiorentina et se livrer à divers types de jeux burlesques (les *cruscate*), tinrent une première réunion en vue de se transformer en une académie dotée de statuts. Certes, cette transformation — accomplie principalement grâce aux efforts de Lionardo Salviati, qui agit ici, comme ailleurs, en fidèle serviteur du pouvoir médicéen[130] —

128. BMLF Ashburnham 558.2, fol. 43^{r}.

129. BNCF Magl. VI 168, fol. 226^{r}-235^{v} : « Orazione di Lorenzo Giacomino de Tebalducci nel prendere il consolato del Accademia Fiorentina nell' anno 1583 ». L'expression « diletto d'imparare » est notée en marge au fol. 277^{v}, mais on voit aussi apparaître les termes « desiderio d'imparare » et même « diletto del sapere » (à propos de Solon).

130. Voir Brown, Peter M., *Lionardo Salviati : A Critical Biography,* Oxford, Oxford University Press, 1974.

n'aboutit qu'en 1585, date de la fondation officielle de l'Accademia della Crusca[131]. Mais c'est bien en pleine crise institutionnelle au sein de la Fiorentina que l'idée de cette nouvelle académie prend forme. Autrement dit, si rivalité il y a bien eu entre la Florentine et les Alterati — et tout porte à le croire —, celle-ci a non seulement considérablement affaibli l'Accademia Grande, mais encore très vraisemblablement contribué, par ricochet, à susciter ou faire susciter la naissance de l'Accademia della Crusca.

Comme la Fiorentina, cette troisième académie d'envergure commença sous la forme d'un petit groupe oppositionnel, qui, une fois mis au service du pouvoir par une série de manœuvres, se focalisa sur la langue, jusqu'à obtenir rapidement plus de renommée en la matière que n'en eut jamais la Florentine. Mais les Médicis ne commirent pas avec la Crusca l'erreur qu'ils avaient faite avec la première académie officielle : ils n'en stipendièrent jamais directement les principaux intervenants et y encouragèrent toujours la semblance d'activités librement choisies et organisées. Autrement dit, la Crusca, quoique œuvrant plus nettement dans le cadre de la politique culturelle médicéenne, notamment en raison de la place privilégiée qu'elle accordait aux questions linguistiques, fonctionna institutionnellement comme une académie indépendante, au point de pouvoir donner pleinement l'illusion d'en être une. Cependant, une fois cette nouvelle institution bien établie, le pouvoir abattit ses cartes : en 1590-1591, juste après que Giovan Battista Strozzi eut fait le choix de s'installer à Rome[132], l'entourage savant du grand-duc Ferdinand Ier de Médicis — qui fut pour l'essentiel bien moins favorable aux Alterati que ne l'avait été son frère François Ier — entreprit en effet de contraindre en sous-main les Alterati à fusionner avec l'Accademia della Crusca, ainsi qu'avec une jeune académie créée en 1587 par le fils de Tommaso del Nero, Agostino del Nero. Cette dernière sodalité avait modelé ses institutions sur celle des Alterati, en cherchant à faire revivre l'esprit qui avait originellement animé cette dernière. De manière significative, elle avait même pris le nom d'Accademia degli Desiosi, plaçant le désir et le modèle de l'*alterato desioso* au cœur de son activité[133]. Les Alterati s'opposèrent vigoureuse-

131. Sur l'Accademia della Crusca, voir en particulier les ouvrages de Severina PARODI, *Quattro secoli di Crusca, 1583-1983*, Florence, Accademia della Crusca, 1983 et *Catalogo degli accademici <della Crusca> della fondazione*, Florence, Accademia della Crusca, 1983. Ces travaux sont fondés sur une étude minutieuse des archives existantes, actuellement conservés à l'Accademia della Crusca. Ayant été produits par une personne qui fut la secrétaire puis l'archiviste de l'académie, avant de devenir académicienne elle-même, ils manquent néanmoins parfois de distance vis-à-vis de leur objet d'étude.

132. Sur cet exil de dix années environ, qui est contemporain de celui de Giovanni de' Bardi (il Puro parmi les Alterati) dans cette même ville, voir *infra*, ch. 2, p. 127-140.

133. Sur cet épisode, voir CLASIO, Luigi [FIACCHI, Luigi] (éd.), « Lezione di Lorenzo Giacomini Tebalducci Malespini sopra il sonetto del Petrarca, 'La gola, il sonno, etc', tratta da un manoscritto del signor avvocato Luigi Bellini vice-soprintendente dell'Archivio generale di Firenze », *Collezione d'opuscoli scientifichi e letterari ed estratti d'opere interessanti*, vol. VII, Florence, 1808, p. 3-37 (p. 27-33) et BARBI, Silvio Adrasto,

ment à cette tentative du pouvoir, qui visait à les faire disparaître subrepticement en les associant non seulement aux Desiosi mais encore à la Crusca — et ils en eurent raison[134]. Mais l'enjeu de la manœuvre était assez clair : il s'agissait d'affaiblir une institution académique dont l'autonomie avait plusieurs fois mis en péril la domination de l'académie officielle, en l'intégrant dans une nouvelle académie (d'apparence) indépendante, dont le pouvoir médicéen avait alors entrepris de faire le bras le plus actif d'une politique culturelle redéfinie, dans ses activités, comme dans ses institutions et ses acteurs.

La vie académique florentine à la fin du XVIe siècle — lorsqu'elle est observée au plus près des archives subsistantes — fait parfois songer à une sorte d'étrange tectonique des plaques dont surgiraient, au gré des frictions telluriques entre individus, institutions et idées, une série de failles, de cratères et d'écrans de fumée aussi imprévisibles que soudains. Les soubresauts de ce champ de forces aux tensions aussi puissantes que dissimulées sont d'autant plus fascinants à reconstituer qu'ils ont parfois échappé à l'historiographie existante, que ce soit en raison de la discrétion des sources elles-mêmes, ou pour des raisons idéologiques. La reconstitution de ces jeux de forces n'est cependant pas l'objet central de ce livre, qui ne s'y livre que dans la mesure où une compréhension rénovée de la vie académique florentine de la fin de la Renaissance est un préalable essentiel à une analyse de ce qu'une institution comme celle des Alterati a pu apporter en termes de réflexion et de pratiques esthétiques.

De ce point de vue, l'investigation des origines de l'académie des Alterati et la mise au jour des conflits qui ont présidé tant à sa naissance qu'à son développement initial permettent d'apercevoir deux réalités que l'historiographie consacrée jusqu'ici aux Alterati n'avait pas mis en évidence, tout en faisant surgir une nouvelle série de questions. La première de ces deux réalités est l'inscription des Alterati dans une forme de décalage par rapport à la politique culturelle médicéenne, quoique leurs actions soient toujours en étroite interaction avec celle-ci, et avec les activités des principaux acteurs de ce champ, dont les plus investis des Alterati doivent bien

Un accademico mecenate e poeta, p. 47-50. On trouvera par ailleurs en BNCF II.IV.15, un texte catalogué comme « Relazione dell'Accademia dei Desiosi » (fol. 23[r]-38[v]), portant ce titre ajouté : « Scritti sopra l'Accademia dei Desiosi fondata in Firenze ». Le texte, qui est un ensemble de notes, est anonyme. Il y est principalement question de l'« union » (*unione*) envisagée en 1590 entre trois académies florentines (les Alterati, la Crusca et les Desisosi). Ce récit indique que l'union avec la Crusca est vite écartée — au motif peu explicite qu'elle poserait « molte difficultà » (fol. 28[v] et 29[v]) — tandis que celle avec les Alterati (qui ont, selon l'auteur de ces *abbozzi*, l'habitude de fréquenter les Desiosi et d'être « spesso insieme » avec eux, fol. 28[v] et 29[v]) est décrite comme aboutissant en 1593 (fol. 32[r]), à un moment où les Desiosi sont fragiles, leur fondateur Agostino del Nero étant mort en 1591.

134. Sur cette rivalité et la résolution qu'elle reçut, voir *infra*, ch. 4, p. 390-394.

sûr être considérés comme des membres à part entière. La nature de ce décalage et du recul pris par rapport à la vie intellectuelle que prétendait organiser le régime médicéen demande néanmoins à être précisée. Que cherchent les membres de cette nouvelle académie par l'affirmation discrète d'une telle distance ? Et que recouvre exactement leur prétention à un échange académique plus spontané, dans un cadre privé — ou prétendu tel ? Enfin, comment cette revendication discrète d'une culture académique alternative a-t-elle évolué au cours des soixante années pendant lesquelles l'académie fut active et qu'aurait-elle rapporté *in fine* aux membres de l'académie ?

L'autre réalité que l'investigation de la fondation des Alterati permet de toucher du doigt est leur culture du secret, ainsi que les conséquences de cette éthique très particulière. Malgré l'abondance de la documentation subsistante, aucune mise en histoire des Alterati par eux-mêmes ne circula jamais au grand jour. Lieu où l'on cultiva quotidiennement l'art de discourir et celui de se présenter à autrui sous son meilleur jour, l'académie fut aussi — et en parallèle — un lieu de non-dit(s). Elle tut avec grand soin tant les raisons que les modalités de sa constitution et fit silence sur ce qui rassemblait ses membres et les motiva à se réunir très régulièrement pendant près de six décennies. Cette culture du non-dit eut des retombées historiographiques importantes, en ce qu'elle rendit une partie de la spécificité de l'académie illisible tant pour la majorité de ses contemporains immédiats que dans les décennies et les siècles qui suivirent sa dissolution, en dépit de la circulation de certains des écrits de l'institution du vivant de celle-ci, et de la disponibilité de ses archives après sa disparition. Paradoxalement, l'effacement de la sodalité se trouve ainsi mémorialisé, dans et par sa documentation elle-même. Pour produire ce silence, tout en mettant en circulation les indices pouvant permettre de le percer, la publication par le manuscrit tout autant que celle par l'imprimé sont utilisées de manière soigneusement différenciée, mais l'anonymat, la pseudonymie et même la circulation d'écrits sous de faux noms sont également mobilisés. Ces modes de publication ne sont pas simplement des manières de dire ou de faire. En eux sont exprimés tant l'éthique que les idéaux d'une institution qui met toute son énergie à se publier non seulement comme privée mais encore comme distinctive et fermée. En cela, ces modes d'expression méritent pleinement l'attention de qui s'attache à une histoire sociale et politique des représentations esthétiques. Car le repérage de ces manières de se publier tout en se dissimulant conditionne étroitement le déchiffrement des textes ainsi mis en circulation : en ne s'y attardant pas, on s'exposerait soit à ignorer des sources pourtant centrales, soit à en méconnaître le sens ou la portée.

Ces deux types d'approche — d'une part, l'histoire sociale et politique, d'autre part l'étude des modalités de l'être public d'une institution aussi discrète — sont par ailleurs essentiels pour comprendre les apports intellectuels des Alterati en matière de belles-lettres, de philosophie et d'art. La configuration sociale et politique de l'institution délimita en réalité un espace de possibles pour la réflexion esthétique qui fut conduite en son sein, tout en formatant de manière relativement étroite les manières dans lesquelles celle-ci se trouva mise en circulation. Le désir d'académie déboucha en particulier sur un désir d'art, et les théories du plaisir élaborées en vase clos parmi les Alterati contribuèrent à donner corps à ces désirs, tout en revendiquant une liberté qui, dans la plupart des autres sphères d'activité de ces lettrés, ne pouvait trouver à se réaliser.

Chapitre 2

Les ambivalences d'une académie patricienne : commémorer la République — ou l'enterrer ?

1. D'un palais l'autre

Sur la via Tornabuoni à Florence s'élèvent jusqu'à ce jour deux palais Renaissance auxquels est communément associé le patronyme de Strozzi. Le premier est le plus imposant et ambitieux palais patricien jamais construit dans cette ville [**Ill. 9**]. Il est situé sur la place Strozzi, et occupe à lui seul tout un ancien pâté de maisons, ouvrant tout aussi bien sur la piazza et la via degli Strozzi que sur la via Tornabuoni, jadis via de' Legnaioli, et sur la via Porta Rossa[1]. Ce *palazzo* est une gigantesque construction carrée sur trois niveaux, organisée autour d'une cour centrale soutenue par un élégant péristyle à arcades en style corinthien, et surmontée d'une large corniche. Sa façade est décorée d'un bossage qui s'estompe d'étage en étage, permettant au bâtiment, par un effet de perspective, de paraître encore plus grand, vu d'en bas, qu'il ne l'est réellement. Au pied de l'immense bâtisse, que décore, bien au-dessus de la tête des passants, tout un lourd attirail en fer forgé — des porte-flambeaux, des lanternes, des hampes et des anneaux pour

1. Sur le *palazzo* de la piazza Strozzi, voir Ginori Lisci, Leonardo, *I palazzi di Firenze nella storia e nell'arte*, Florence, Giunti, G. Barbèra, 1972, 2 vol., t. 1, p. 195-205. Goldthwaite, Richard A., « The Building of the Strozzi Palace », *Studies in Medieval and Renaissance History*, X, 1973, p. 99-194 et Lamberini, Daniela (dir.), *Palazzo Strozzi : metà-millennio, 1489-1989 — atti del convegno di studi, Firenze, 3-6 luglio 1989*, Rome, Istituto della Enciclopedia italiana, 1991.

les chevaux — qui paraît anticiper une prise d'armes, le touriste se sent comme un nain au pied d'une forteresse. Il peut même difficilement éviter de se demander dans le cadre quelles guerres civiles, réelles ou symboliques, l'édifice était initialement destiné à être mobilisé. La réponse se trouve pour partie dans la construction que le palazzo Strozzi était à l'origine destiné à éclipser, à savoir la demeure bâtie par Cosme de Médicis l'Ancien à partir de 1445 et actuellement désignée sous le nom de palazzo Medici-Riccardi[2]. Ce palais cubique, dont l'architecte fut Michelozzo, occupe en effet lui aussi l'angle de deux artères importantes, l'ancienne via Larga (actuelle via Cavour) et la via de' Gori. Il comporte, de même, trois étages recouverts d'un bossage en estompe, une large corniche et une cour intérieure agrémentée d'élégantes colonnes. À vrai dire, une seule chose différencie — quoique minimalement — le palazzo Medici-Riccardi du palazzo Strozzi : le second, édifié à partir de 1489 par Filippo Strozzi, est un peu plus grand que le premier, pour peu qu'on y prête attention. Ce détail trahit à lui seul tout le projet de Filippo Strozzi lorsqu'il se lança dans l'édification de ce monument destiné à affirmer la puissance tant financière que politique de sa famille : il s'agissait en premier lieu de contrebalancer la domination des Médicis sur la cité, en construisant une demeure qui démontre la richesse et la volonté de puissance de la seule famille patricienne alors susceptible de leur faire concurrence, à savoir les Strozzi de la branche principale. La lutte entre ces deux lignées se termina néanmoins à l'avantage des Médicis lors de la défaite de Filippo (né Giovan Battista) Strozzi — le dernier fils du bâtisseur de l'orgueilleux édifice de la piazza Strozzi — et de ses troupes, à Montemurlo le 2 août 1537, face aux armées médicéennes[3]. Fait prisonnier, Filippo se donna la mort (ou fut assassiné sur ordre de Cosme Ier ?) dans la forteresse de San Giovanni Battista, en décembre 1538. Avec lui disparut tout espoir de voir renaître la République. Mais le palais des Strozzi de la branche principale témoigne jusqu'à ce jour de l'ambition, de la fortune et de la puissance qui fut autrefois celle de cette famille au sein du patriciat florentin.

2. Voir GINORI LISCI, Leonardo, *I palazzi di Firenze*, t. 1, p. 373-382.

3. Sur les relations entre Filippo Strozzi et les Médicis, voir BULLARD, Melissa M., *Filippo Strozzi and the Medici : Favor and Finance in Sixteenth-Century Florence and Rome*, Cambridge, Cambridge University Press, 1980, qui souligne que leurs rivalités ne vont pas sans fructueuses synergies, notamment financières, Filippo Strozzi ayant été le dépositaire général de la Chambre apostolique sous Léon X et Clément VII, et, plus généralement, le banquier de ces deux papes médicéens.

Illustration 9.

Le palazzo Strozzi et la rue conduisant au pont de Santa Trinita, d'après Giuseppe Zocchi (1754). Reproduit avec la permission de la Biblioteca Nazionale Centrale di Firenze — 2020. Tous droits réservés.

Source : BNCF CART.Piante.A.I.137, *Views of Florence : scelta di 24 vedute delle principali contrade, piazze, chiese e palazzi della città di Firenze*, gravures d'après des dessins de Giuseppe Zocchi, New York, Walker & Company, 1967, reproduction en facsimile de l'édition de Florence, Giuseppe Bouchard, 1754, planche XIII.

Illustration 10.

La façade du palazzo dit Strozzi del Poeta, sis au 5 de la via Tornabuoni (architecte : Gherardo Silvani), par Ferdinando Ruggieri (1728). Reproduit avec la permission de la Biblioteca Nazionale Centrale di Firenze — 2020. Tous droits réservés.

Source : BNCF PALAT.C.B.3.22.3 ; Ferdinando Ruggieri, *Studio d'architettura civile : sopra gli ornamenti di porte, e finestre colle misure piante, modini, e profili, tratte da alcune fabbriche insigni di Firenze erette col disegno de' piu' celebri architetti*, Florence, Giuseppe Bouchard, 1722-1755, 4 vol., t. III (1728), planche 52.

L'autre palazzo Strozzi, sis au 5 de la via Tornabuoni, peu avant l'intersection de celle-ci avec la via di Parione, est généralement désigné à Florence comme le palazzo Strozzi del Poeta [**Ill. 10**]. Ses fenêtres ouvrent sur l'élégante colonne romaine de la piazza Santa Trinita. Là se tenaient, à la fin du XVIe siècle, les jeux du *calcio*, au cours desquels les patriciens florentins aimaient à se donner la représentation de leur propre *nobiltà*[4]. La plupart des passants ignorent aujourd'hui à quel poète se réfère le nom actuellement donné au palazzo Strozzi del Poeta. La formule désigne une élégante demeure ornée d'une harmonieuse façade néoclassique en *pietra serena*, où les détails des ornements et les attributs des statues ont été comme dévorés par le temps et les intempéries. La bâtisse s'inspire nettement de l'architecture aussi sobre qu'équilibrée du palazzo Giacomini Larderel, édifié à partir de 1580 par l'Alterato Lorenzo Giacomini et sa famille, et situé au 19 de la même rue. Comme le palais des Giacomini, le palazzo Strozzi del Poeta n'a plus rien à voir avec les forteresses claniques que s'étaient fait bâtir au siècle précédent les Médicis et les Strozzi. Sa façade lisse, sur quatre étages, est ornée de pas moins de dix-neuf fenêtres, qui semblent manifester l'ouverture de son propriétaire sur la sociabilité urbaine. Loin de suggérer le conflit armé, le bâtiment s'affirme comme la demeure d'un riche particulier, qui serait tout à la fois soucieux de se montrer un *cittadino* discipliné et de s'affirmer comme un membre en vue de la cour médicéenne. La rénovation de la façade préexistante, sans doute entamée vers 1628, avait de fait été confiée à l'architecte le plus en vue à la cour de Cosme II de Médicis, Gherardo Silvani, qui, avec son frère Pier Francesco, dessina ou redécora, au tournant des XVIe et XVIIe siècles, les demeures de nombre des plus importantes familles patriciennes de la cour (celles des Caponi, des Corsini, des Marucelli, des Guadagni, des Guicciardini, des Pucci ou encore des Salviati)[5]. Or le commanditaire de la rénovation sans aucun doute coûteuse du palazzo Strozzi del Poeta ne fut autre que Giovan Battista Strozzi il Giovane (le Jeune), dit aussi il Cieco (l'Aveugle) en raison de sa mauvaise vue, dont on sait qu'il fut, à partir de la mort de Tommaso del Nero en 1572, l'un des membres les plus influents de l'Académie des Alterati. Et c'est à ses activités d'homme de lettres et de poète que le nom donné à l'édifice fait allusion.

4. Sur le *calcio*, tel qu'il fut pratiqué à Florence à la fin de la Renaissance, voir GORI, Pietro, *Il giuoco del calcio*, Florence, R. Bemporad & Figlio, 1898 (avec, aux p. 22-64, une transcription du *Discorso sopra 'l giuoco del calcio del Puro accademico Alterato*), également accessible dans un reprint paru chez Masso delle Fate, 2008, avec une préface de Luciano ARTUSI (le Puro est le pseudonyme académique de Giovanni de' Bardi (1534-1612), membre des Alterati à partir de 1574, et parallèlement principal animateur de la Camerata de' Bardi). Voir aussi ARTUSI, Luciano et GABBRIELLI, Silvano, *L'antico gioco del calcio in Firenze*, Florence, Sansoni, 1971.

5. BURR LITCHFIELD, R., *Emergence of a Bureaucracy : The Florentine Patricians, 1530-1790*, Princeton, Princeton University Press, 1986, p. 42.

Situés quasiment face à face sur l'artère la plus élégante de Florence, le palazzo Strozzi et le palazzo Strozzi del Poeta manifestent ainsi silencieusement, mais non sans éloquence, tout ce qui sépare les patriciens florentins de la fin du XVe siècle de leurs descendants, actifs à la fin du siècle suivant. Au monde de la faction, où la menace de la militarisation des rivalités n'est jamais loin, s'oppose celui de ce qui est devenu, en moins d'un siècle, une noblesse de cour, parmi laquelle les rivalités sont feutrées et se jouent avant tout dans l'espace du symbolique, sous le regard du prince. Cette transformation a récemment été dépeinte comme s'étant accomplie dès les vingt premières années du règne de Cosme Ier de Médicis, au cours d'une transition qui aurait été rapide, harmonieuse et même durable[6]. Dans cette lecture des événements, les familles du patriciat auraient rapidement reconfiguré leur adhésion au modèle républicain pour adapter leurs représentations et leur *ethos* aux usages de la société de cour qui se développait autour du palazzo Pitti. Puis ce mouvement se serait amplifié et pérennisé avec la stabilisation du régime médicéen. L'exemple des Alterati suggère néanmoins que, souterrainement, l'attachement à la République fut durable, en particulier parmi les vaincus, tout en laissant apercevoir que la méfiance des vainqueurs fut peut-être non moins persistante. Une analyse microhistorique de la trajectoire de Giovan Battista Strozzi dans la Florence médicéenne fait de ce point de vue apercevoir des réalités que les études prosopographiques à large spectre ne saisissent pas toujours, permettant ainsi de mieux comprendre les circonstances tant sociales que politiques qui furent à l'origine non seulement de la constitution des Alterati en académie, mais encore de leur présence persistante, pendant plus de six décennies, dans le champ académique florentin. Plus généralement, l'étude des parcours sociaux des membres les plus engagés de l'académie brosse un tableau plus nuancé de la réintégration tant sociale que politique du patriciat que ceux dont nous disposons actuellement, faisant en particulier ressortir les ambivalences et même les tensions qui ont marqué les différentes étapes de ce processus. Elle permet également de mieux comprendre quelle place le capital culturel de ces hommes (soit, principalement, leur connaissance des belles-lettres, leur pratique des arts et leurs compétences rhétoriques) a pu jouer dans leur réinsertion. Enfin, elle offre une autre perspective sur la vie académique elle-même, en suggérant qu'elle ne fut pas seulement le prolongement naturel de la vie civile,

6. La thèse d'une réintégration rapide est celle de Nicholas Scott BAKER dans *The Fruit of Liberty : Political Culture in the Florentine Renaissance, 1480-1550*, Cambridge, Harvard University Press, 2013, en particulier le ch. 3 : « Reimagining Florence : The Court Society of the Mid-Sixteenth Century », p. 189-227. L'intégration durable des patriciens au régime médicéen est par ailleurs mise en avant, pour la première moitié du XVIIe siècle, par Elisa GOUDRIAAN dans *Florentine Patricians and their Networks : Structures Behind the Cultural Success and the Political Representation of the Medici Court (1600-1660)*, Leyde et Boston, Brill, 2018, qui cherche à expliquer « in which ways the patricians contributed to the cultural climate of Florence and to the cultural success and social representation of the Medici court, in the period 1600-1660 » (p. 2).

mais aussi une manière de travailler à refaçonner celle-ci à partir d'un espace de semi-retraite, ainsi que le lieu d'une transition entre les anciennes activités de la vie communale et les nouvelles exigences de la vie de cour.

2. Giovan Battista Strozzi : une carrière de patricien lettré dans la Florence des Médicis

Lorsqu'il s'engagea dans la réfection complète du bâtiment de la via de' Legnaioli, Giovan Battista Strozzi était un homme arrivé. Il possédait non seulement le palais qu'il s'apprêtait à rénover mais encore une villa à Fiesole, et était financièrement à son aise. Après avoir passé dix années à Rome (1590-1599), où il bénéficia de la protection de Clément VIII et de celle du cardinal Maffeo Barberini, futur Urbain VIII, il était rentré à Florence pour trouver la faveur des Médicis, qui lui versèrent une pension à partir de 1605. Son testament, actuellement conservé à l'Archivio di Stato à Florence, témoigne non seulement de cette réussite, tant financière que sociale, mais encore de l'ambition qu'a eue le Tenero d'en faire passer le bruit à la postérité[7]. Ce document, en date du 6 décembre 1631, a été enregistré auprès du notaire Giuseppe Barni. Il est extrêmement long (cinq folios, soit dix pages, au format in-folio) et détaillé, comprenant plusieurs dizaines de legs différents, allant de la propriété d'un immeuble ou d'un objet d'art au don d'un manuscrit ou d'un ouvrage imprimé. Tout l'univers social de Giovan Battista Strozzi se trouve ainsi convoqué, tant les membres de sa famille dont il est proche que ses amis ou certains de ces protecteurs — qui sont désignés nommément comme lui ayant donné telle ou telle des possessions qu'il lègue —, et même les institutions religieuses avec lesquelles il est en interaction ou qu'il veut favoriser. Le document, calligraphié de manière élégante et lisible, présente par ailleurs la particularité d'être rédigé en langue toscane, à l'exception des dernières lignes du texte qui comportent seulement les formules et énumérations d'usage et sont en latin. L'utilisation du vernaculaire, qui reste encore rare dans les testaments florentins du début du XVIIe siècle, fut clairement un choix, dès lors que, parmi les papiers de Giovan Battista Strozzi, se trouve par ailleurs conservé un brouillon de testament antérieur au document enregistré et qui, lui, avait été rédigé en latin[8]. Il ne s'agissait sans doute pas seulement pour le Tenero d'affirmer

7. ASFi Notarile moderno 9323, n° 42, fol. 90^{v} à 95^{v}. Le document est suivi d'un codicille, au n° 55, fol. 121^{v} à 124^{v}. La villa du Tenero à Fiesole est mentionnée aux fol. 95^{r} et 123^{v}.

8. ASFi Carte strozziane, 3e série, 116, qui comprend une « Bozza di testamento del signore Giovan Battista di Lorenzo di Federigo Strozzi », sans date et en latin, fol. 9^{r}-11^{r}. Néanmoins, les Alterati furent peut être des partisans de l'usage du toscan pour ce type d'écritures puisque le testament de Francesco Bonciani (l'Aspro) — daté du 12 octobre 1613 et accessible en ASFi Notarile moderno 7650, fol. 76^{r}-79^{r} — fut lui aussi rédigé en toscan.

la valeur et l'utilité du vernaculaire, que l'académie dans laquelle il s'était tant engagé avait toujours tenu à illustrer. Le choix du toscan s'explique vraisemblablement aussi par la volonté de mettre la figuration de l'état, des mœurs et du réseau social du testateur, que le document était destiné à incarner, à la portée de tout lecteur curieux, au-delà du cercle direct de ses usagers premiers. En cela, l'opération relève que ce que Stephen Greenblatt a désigné sous le terme de *self-fashioning*, faisant par là référence à la manière dont les individus de l'époque moderne façonnaient leur image tant privée que publique et la faisaient circuler[9]. Car, avec ce document, Giovan Battista Strozzi ne préparait pas seulement sa mort, il affichait aussi sa fortune, sa culture, son entregent et sa réussite présente. Il faisait même plus : il les consignait dans un écrit dont il savait qu'il serait conservé avec soin, et investissait ce texte du pouvoir de faire vivre, dans les siècles à venir, la mémoire du statut que — en grande partie grâce à sa pratique des lettres et des arts — il s'était patiemment acquis. Son testament devenait ainsi une sorte de monument à sa mémoire[10].

2.1. Un homme riche mais dont l'insertion à la cour fut longtemps incomplète

La réussite du Tenero, où la faveur des puissants — tant à Florence qu'à Rome — joua en réalité un grand rôle, n'avait pourtant pas toujours été aussi éclatante[11]. Sa position sociale avait au contraire longtemps été fragile, et peut-être même

9. Greenblatt, Stephen, *Renaissance Self-Fashioning : From More to Shakespeare*, Chicago, University of Chicago Press, 1985 et 2005.

10. Autre signe du statut social de Giovan Battista Strozzi et de l'aura qui fut la sienne, une chapelle funéraire fut érigée à sa mémoire dans l'église San Piero Maggiore de Florence. Le projet de cette chapelle est décrit par le menu dans un document daté du 31 mai 1638 (« Erezione della cappella del signore Giovanni Battista di Lorenzo di Federigo Strozzi nella chiesa di San Pier Maggiore di Firenze »), actuellement conservé en ASFi Carte strozziane, 3e série, 148 (fol. 109r-116v). L'église, dont l'édifice fut estimé instable, a malheureusement été détruite en 1784.

11. Sur la carrière de Giovan Battista Strozzi voir Barbi, Silvio Adrasto, *Un accademico mecenate e poeta : Giovan Battista Strozzi il Giovane*, Florence, G.C. Sansoni, Editore, 1900. Les principales sources archivistiques permettant de documenter cette carrière ont été divisées à la fin du xviiie siècle entre les fonds de la Magliabechiana (aujourd'hui intégrés à la BNCF) et ceux de l'actuel ASFi. Les Carte strozziane contiennent plusieurs *filze* de ses lettres et papiers personnels et/ou familiaux, en particulier : ASFi Carte strozziane, 3e série, 148 ; ASFi Carte strozziane, 3e série, 35 ; ASFi Carte strozziane, 3e série, 40 ; ASFi Carte strozziane, 3e série, 75 (I), ASFi Carte strozziane, 3e série, 147 ; ASFi Carte strozziane, 3e série, 159 ; ASFi Carte strozziane, 3e série, 165 et 166 ; ASFi Carte strozziane, 3e série, 168 ; ASFi Carte strozziane, 3e série, 187 ; ASFi Carte strozziane, 3e série, 192 et ASFi Carte strozziane, 3e série, 194 (voir, en fin de volume, l'inventaire analytique des documents manuscrits consultés, pour plus de détails). À la BNCF sont conservés plusieurs volumes de lettres et de papiers se rapportant à ses activités au sein des Alterati, dont BNCF Magl. IX 124 et 125, et BNCF Magl. VIII 1399 (sur ce dernier codex, voir Rossini, Francesco, « Corrispondenti strozziani (Magliabechiano VIII, 1399) : le lettere di Angelo Grillo » dans Carminati, Clizia (dir.), *'Testimoni dell'ingegno'. Reti epistolari e libri di lettere nel Cinquecento e nel Seicento*, Sarnico, Edizioni di Archilet, 2019, p. 185-230).

difficile, en particulier à la cour, en raison de ses origines familiales, et des engagements politiques de ses aïeux. Car même si Giovan Battista Strozzi n'est pas issu de la branche centrale des Strozzi — celle qui tenta par tous les moyens de s'opposer à la prise du pouvoir par les Médicis durant une grande partie de la première moitié du XVIe siècle —, la lignée du clan Strozzi à laquelle il appartient était elle aussi suspecte aux yeux des Médicis, même aussi tard que dans les décennies 1570-1580, lorsque ce jeune homme savant, sociable et ambitieux fit ses débuts comme *letterato* dans le champ académique florentin[12]. Son père, Lorenzo Strozzi, avait en effet été l'un des compagnons de Niccolò Capponi, dont il avait soutenu les négociations avec le roi de France François Ier, avant de devenir l'un des quatre signataires de la capitulation de la République florentine, dans l'église de Santa Margherita a Montici, le 12 août 1530[13]. À l'arrivée au pouvoir d'Alexandre de Médicis, la sanction ne se fit pas attendre : Lorenzo fut exilé et tous ses biens furent confisqués. Ce n'est qu'en 1546 qu'il obtint le droit de se réinstaller à Florence, où il vécut comme marchand jusqu'en 1570.

Comme sans doute nombre de jeunes Strozzi de sa génération, Giovan Battista Strozzi fut élevé dans la nostalgie de la République et même dans un culte persistant — mais toujours soigneusement tenu caché de ceux qui ne le partageaient pas — des valeurs de l'oligarchie. Un petit ouvrage actuellement conservé dans le fonds Strozzi de la Newberry Library de Chicago documente son attachement — et celui de son entourage — à l'idéologie républicaine mieux que la plupart des lettres et documents, publics ou semi-publics, actuellement préservés dans les *Carte strozziane* de l'Archivio di Stato à Florence. La raison en est que l'objet n'était destiné qu'à un usage familial et même domestique, laissant ainsi apercevoir des pratiques auxquelles les membres de cette famille ne se livraient que lorsqu'ils ne se trouvaient pas dans la nécessité d'avoir à dissimuler leurs convictions politiques.

Le fonds Strozzi de la Newberry Library conserve beaucoup de documents ayant appartenu à Giovan Battista Strozzi, dont plusieurs volumes de textes poétiques[14]. On peut donc légitimement supposer que l'ultime document de la collection lui aura appartenu aussi. Il s'agit de l'item XIX de l'inventaire, actuellement coté parmi les imprimés sous la cote NL Vault Case 3A 1114 1547. Cet objet est un livre annoté (*libro postillato*), qui fut, selon toute vraisemblance, préservé avant tout en

12. Pour une généalogie commentée de cette branche de la famille Strozzi, voir Pompeo LITTA ET AL., *Famiglie celebri italiane — Strozzi di Firenze*, Milan, P. E. Giusti ET AL., 1819-[1883], vol. V, fascicule 71, 12e table.

13. Voir CECCHI, Alessandro, *In difesa della « dolce libertà » : l'assedio di Firenze (1529-1530)*, Florence, L. S. Olschki, 2018, p. 232-233.

14. Il s'agit de 29 volumes, pour l'essentiel manuscrits, acquis en 1966 et actuellement conservés sous la cote NL Vault Case MS 6A 11. Un inventaire détaillé du fonds, qui répertorie les documents au moment de la vente et est dû à Alberto Fortuna, est disponible auprès des bibliothécaires.

raison des notes marginales qu'il contenait. Il s'agit d'une *Politique* d'Aristote en toscan portant au titre *Gli otto libri della Repubblica, che chiamano Politica di Aristotile, nuovamente tradotti di greco in vulgare italiano per Antonio Brucioli* (Venise, A. Brucioli et frères, 1547[15]). L'exemplaire conservé est un in-8° recouvert de vélin, dont la reliure se défait et dont le plat de dernière est entièrement mangé par les vers, ce qui suggère un usage intensif mais pas toujours soigneux. Le texte de la *Politique* d'Aristote contenu dans cet ouvrage fut traduit par un *fuoruscito* florentin qui développa des sympathies pour le protestantisme et se trouva, à la fin de sa vie, accusé d'avoir fait circuler des textes hérétiques, tandis que sa traduction de la Bible était mise à l'Index[16]. La traduction d'Antonio Brucioli est de surcroît précédée d'une dédicace de ce dernier à celui qui était alors le plus célèbre rebelle de la famille Strozzi, le *condottiere* Piero Strozzi (1510-1558), entré au service de la monarchie française après la bataille de Montemurlo. L'exemplaire de la Newberry est annoté par trois ou quatre mains différentes, dont certaines — en grosses lettres, maladroitement formées — sont sans doute des mains de jeunes garçons ou d'adolescents. Parmi celles-ci, se trouve celle de Giovan Battista Strozzi, dont les diverses interventions, au vu de l'écriture, datent néanmoins de plusieurs moments différents de sa vie[17]. L'ouvrage porte aussi beaucoup de manicules, et même quelques arbres logiques, de la main de Giovan Battista Strozzi, représentant, dans les formes scolaires, les divisions de la pensée d'Aristote.

Or ces lecteurs adolescents, dont on peut supposer qu'il s'agissait de membres de la famille Strozzi de générations voisines à celle à laquelle appartenait celui que les Alterati appelaient le Tenero, abordent le texte d'Aristote traduit par Brucioli dans une perspective très évidemment républicaine, ou plus exactement oligarchique. Leurs annotations les montrent en effet projetant sur la réflexion politique d'Aristote — lui-même favorable à l'oligarchie en matière politique — non

15. Le colophon porte néanmoins la date de 1542, ce qui laisse penser que l'ouvrage est composite, une page de titre lui ayant apparemment été rajoutée cinq ans plus tard.

16. Voir Spini, Giorgio, *Tra Rinascimento e Riforma : Antonio Brucioli*, La Nuova Stampa, Florence, 1940. Brucioli fut aussi un des participants aux réunions de l'Orto Oricellari dans les années 1520, se trouvant même impliqué dans une tentative organisée en son sein pour assassiner le cardinal Jules de Médicis. Les annotateurs de cet exemplaire de la *Politique* étaient certainement conscients qu'Antonio Brucioli avait été soupçonné d'hérésie. Chaque fois que le nom du traducteur apparaît dans l'ouvrage, il est en effet soigneusement maquillé à l'encre, au point de le rendre méconnaissable. Eva del Soldato a récemment étudié les traductions en langue vulgaire qu'Antonio Brucioli a données de la philosophie d'Aristote, voir Del Soldato, Eva, « 'The Best Works of Aristotle' : Antonio Brucioli as a Translator of Natural Philosophy' », dans Bianchi, Luca ; Gilson, Simon et Kraye, Jill (dir.), *Vernacular Aristotelianism in Italy from the Fourteenth to the Seventeenth Century*, Londres, Institut Warburg, 2016, p. 123-138.

17. La main de Giovan Battista Strozzi se trouve à la fin de la dédicace, ainsi que dans le cours du texte, et jusque dans ses dernières pages ; voir NL Vault Case 3A 1114 1547, par exemple fol. 19v, 88r, 102v, 123r, 152r et 178v. Si les notations dans le texte semblent appartenir à la jeunesse de Giovan Battista Strozzi, celle qui figure à la fin de la dédicace et s'intéresse aux origines de la maison des Strozzi paraît plus tardive.

seulement toutes les valeurs des républicains florentins, mais encore nombre de leurs interrogations sur les raisons de la chute du régime oligarchique. Les annotateurs soulignent ainsi que la liberté est le fondement de la République (« Libertà fondamento della Repubblica », fol. 130r), tandis que la vertu et le vice mais aussi la pauvreté et les richesses — autrement dit les inégalités économiques — sont causes des discordes qui peuvent être à l'origine de la dissolution d'un régime politique (« La virtù e il vizio et povertà et richezze cagione principale di discordie », écrit par example Giovan Battista Strozzi au fol. 102v). La définition de la tyrannie intéresse aussi beaucoup ces jeunes lecteurs (« Tyrannide che sia », fol. 55r ; « Tyrannide di che si componga », fol. 116r ; « Tirannidi come si conservano », fol. 121v, etc.), comme les fascinent, inversement, les diverses définitions qu'Aristote donne de la *città* (« Cittadini et città quel che sia », fol. 47v, « Città che sia », fol. 151v). Il est dès lors probable que cet exemplaire annoté soit en fait l'ouvrage dans lequel les enfants mâles de la branche des Strozzi à laquelle appartenait Giovan Battista Strozzi ont appris à lire la *Politique*, seuls ou avec leurs pédagogues successifs, entretenant dans ce livre — produit par un républicain exilé à destination d'un public qui partageait ses convictions — leur compréhension de l'oligarchie défunte et de ses valeurs. Giovan Battista fut soit le plus jeune soit le plus nostalgique de ces jeunes gens : il conserva en effet le livre chez lui jusqu'au moment de transmettre tous ses papiers à Carlo Strozzi. Le livre n'entra cependant pas dans les collections du grand-duché à la fin du XVIIe siècle, comme l'essentiel des collections Strozzi. Signe de sa valeur symbolique aux yeux des descendants du Tenero, il fut au contraire soigneusement conservé dans la bibliothèque familiale avec une petite collection de volumes à forte valeur patrimoniale — où étaient documentées non seulement l'histoire politique et militaire des Strozzi mais encore leur pratique assidue des lettres — avant d'être vendu à la Newberry Library en 1966. En cela, l'objet, quoique ne payant décidément pas de mine, est un document exceptionnel. Il témoigne en effet avec candeur et sans équivoque possible des fidélités républicaines des Strozzi de la génération du Tenero, alors même que dans leur vie publique — notamment au sein des académies — ces hommes s'efforcèrent toujours de camoufler soigneusement de tels sentiments.

Cependant, les positions politiques des Strozzi, quoique toujours dissimulées ou très indirectement énoncées, n'étaient à Florence un secret pour personne et celles-ci les maintinrent longtemps à l'écart du pouvoir politique, tout en fragilisant leurs situations économiques. C'est ainsi par exemple que les biens que Lorenzo Strozzi, le père du Tenero, avait pu détenir avant 1530 ne lui furent jamais rendus, le maintenant tout autant que ses trois fils — dans une situation patrimoniale relativement précaire. C'est en tout cas ce que les registres de la dîme foncière du grand duché semblent suggérer. Ils gardent en effet la trace d'une donation que Federigo di Federigo Strozzi, le père de Lorenzo Strozzi et le grand-père du Tenero, fit le 28 avril 1575, aux trois fils de Lorenzo, dont l'académicien lui-même. Ce jour-là, le patriarche divisa sa fortune foncière en trois parts plus ou moins égales et la distribua entre ses trois petits-fils[18], éparpillant ainsi des biens qui ne se trouvèrent de nouveau rassemblés dans les mains d'un seul héritier qu'en 1634, avec pour cœur symbolique le palazzo édifié à partir de 1628 par Giovan Battista Strozzi sur l'actuelle via Tornabuoni[19]. Or on peut supposer que si Lorenzo, alors décédé

18. ASFi Decima granducale 3616 (1534), fol. 542b : « A dì 28 di aprile 1575 <fiorini> 10.7.10 a Federigo proprio in questo a 545 n° 34. A dì detto <fiorini> 11.7.4 a Giovambattista proprio in questo a 184, n° 35. A dì detto <fiorini> 9.4.8 a Tommaso proprio in questo a 430, n° 36. » Le volume contenant les *arroti* de l'année 1575 indique ainsi les biens qu'a reçus Giovan Battista au n° 35, ceux du frère aîné Federigo Strozzi au n° 34 et ceux de Tommaso en n° 36 (ASFi Decima granducale 2688, fol. 69^{r}-71^{v}). Signe de leur importance pour la famille, les *arroti* n° 34 et n° 35 figurent également en copie dans ASFi Carte strozziane, 3e série, 165, fol. 75^{r}-78^{v} (« Beni con relative decime assegnati a Federigo di Lorenzo Strozzi nelle divisioni con Giovanni Battista e Tommaso suoi fratelli ») et fol. 196^{r}-198^{v} (« Beni con relative decime assegnati a Giovan Battista di Lorenzo Strozzi nelle divisioni con Federigo e Tommaso suoi fratelli »). La complexe gestion familiale des biens légués par Federigo di Federigo Strozzi est retraçable dans les archives de la Decima granducale (voir note suivante). Sur l'histoire et le fonctionnement de la Decima, voir MARTELLI, Francesco, « La 'consegna' della decima alla comunità, tra riforma comunitativa e dibattito sul rinnovamento degli estimi » dans LAMIONI, Claudio (dir.), *Istituzioni e società in Toscana nell'età moderna*, Rome, Beni culturali e ambientali — Ufficio centrale per i beni archivistici, 1994, p. 365-403 et MARTELLI, Francesco, « Alcune considerazioni sull'introduzione della 'decima' a Firenze in epoca savonaroliana », dans GARFAGNINI, Gian Carlo (dir.), *Savonarola e la politica*, Florence, Galluzzo, 1997, p. 131-146. Je remercie Francesco Martelli pour son aide dans la localisation et l'analyse de l'ensemble des documents de la Decima granducale cités dans ce livre.

19. Pour Giovan Battista, le plus jeune des trois frères, ce legs consista cependant avant tout en une villa de Fiesole, décrit dans l'*arroto* n° 35 de ASFi Decima granducale 2688 comme « un podere con casa da signore et da lavatore dua con dua poderini con orto nel popolo di San Bartolomeo nel poggio di Fiesole ». La demeure de la via de' Legnaioli — qui, aggrandie grâce à diverses acquisitions, devint par la suite le palais de Giovan Battista Strozzi — fut en effet leguée d'abord en indivision par Federigo di Federigo Strozzi aux deux frères aînés de Giovan Battista Strozzi, Federigo (1547-1591) et Tommaso († 1628), qui y vécurent tous deux (voir ASFi Decima granducale 2688, fol. 69^{r} et 71^{r}, ainsi que ASFi Carte strozziane, 3e série, 165, fol. 76^{r}). Les trois frères semblent néanmoins avoir été soucieux que cette demeure familiale reste indivise dans les mains de la famille. En témoigne la donation de presque tous ses biens (y compris sa part de la demeure de la via de' Legnaioli) que Tommaso fait à ses deux frères le 6 janvier 1587 (une copie de l'acte de donation subsiste en ASFi Decima granducale, atti originali 2589, n° 129). Federigo, mort en 1591, légua pour sa part ses biens (dont sa part de la demeure de la via de' Legnaioli) à sa fille, Caterina. À la mort de cette dernière en 1611, ses biens sont divisés entre ses deux fils, Giovan Battista et Filippo dont le second meurt en 1616, laissant tous ses biens à son frère Giovan Battista (ASFi Decima granducale 3617, fol. 217 et 221). Le Tenero hérite ensuite de sa part de la donation de Tommaso lorsque celui-ci meurt sans enfants en juillet 1628 (ASFi Decima granducale 2773, *arroti* de l'année 1628, n° 68, fol. 197^{r}-199^{r}, qui mentionne au fol. 198^{r} que Giovan Battista Strozzi entre en possession de la moitié de la demeure de la via de' Legnaioli), tandis que l'autre part va au petit-fils de Federigo († 1591), Giovan Battista Strozzi, qui porta également le titre de marquis de Forano et devint, en 1634, l'héritier de son grand-oncle, le Tenero (ASFi Decima granducale 2773, *arroti* de l'année 1628, n° 67, fol. 195^{r}-196^{v}). Ainsi tout le patrimoine jadis légué aux trois frères disparus se trouva-t-il ressemblé entre les mains du marquis de Forano — mais seulement fugitivement puisque le jeune homme mourut deux ans plus tard, en 1636. La Decima granducale laisse aussi apercevoir que, escomptant sans doute la réalisation de la donation en indivision faite par Tommaso en 1587, le Tenero a, dès avant la mort de ce dernier en 1628, commencé à racheter autour de la demeure de la via de' Legnaioli des propriétés qui lui permettraient de l'agrandir et de la munir d'une élégante façade susceptible d'asseoir son statut social et celui de la famille.

depuis cinq ans, n'avait pas été banni et dépossédé après la chute de la République, c'est à lui que Federigo aurait songé à transmettre, bien antérieurement, tout ou partie de ce patrimoine. Mais il ne s'en défit au profit de ses petits-enfants qu'après la mort de l'ancien *sbandito* (banni), sans doute en partie par souci de ne pas mettre ses biens dans les mains d'un homme qui aurait pu devenir de nouveau la cible des rétorsions médicéennes. Cette donation tardive à ses petits-fils lui permit d'établir les héritiers de son fils rebelle sans risquer de mettre en péril la transmission du patrimoine familial.

Néanmoins, si la situation tant sociale que politique de Lorenzo fut sans doute longtemps délicate, cette branche des Strozzi jouissait clairement d'assez de biens pour permettre à ses rejetons de vivre confortablement : les trois fils de l'ancien banni furent toute leur vie dans l'aisance. C'est en particulier vrai pour le Tenero lui-même, dont la documentation subsistante suggère non seulement qu'il était à son aise, mais encore qu'il géra sa fortune avec habileté tout au long de sa vie, valorisant son patrimoine avec grand soin et faisant souvent des placements judicieux[20].

ASFi Decima granducale 2767, *arroti* de l'année 1623, n° 76, fol. 168 indique ainsi que, le 31 octobre 1623, Giovan Battista Strozzi acquiert auprès d'Ottavio et Ippolito d'Appiano une maison dont la dîme foncière se monte cette année-là à <0>5<soldi>.5<denari>. ASFi Carte strozziane, 3e série, 148, fol. 97^{r}-98^{v} contient aussi la copie d'un « Agiustamento e convenzione fra il signor Giovanni Battista del signor Lorenzo Strozzi e il signor Orazio Minerbetti per la compera della casa degli Innori da Santa Trinita », daté du 6 juillet 1623. Ce document est un contrat entre Strozzi et son voisin Orazio Minerbetti pour l'achat commun d'un bâtiment mitoyen avec la demeure du premier. En 1628, à la mort de Tommaso, Giovan Battista Strozzi hérita aussi de terres agricoles et de bois situés aux alentours de Florence (ASFi Decima granducale 2773, fol. 197^{r}-199^{r}, *arroti* de l'année 1628, n° 68). Les revenus de ces biens nouvellement acquis ont pu l'aider à faire débuter la construction de la façade qui donne sur l'actuelle via Tornabuoni. La construction du palazzo Strozzi del Poeta fut ainsi le fruit d'une longue et patiente stratégie familiale dont Giovan Battista Strozzi semble le principal exécutant en termes fonciers, mais non certes le seul architecte en termes symboliques. Avec elle, la valeur du patrimoine de Federigo di Federigo Strozzi, brièvement rassemblé en une seule main entre 1634 et 1636, put se trouver affichée aux yeux de tous à travers la construction d'un édifice qui publiait tant le goût que la puissance des descendants de sa lignée.

20. ASFi Carte strozziane, 3e série, 148 contient trois exemples de conventions privées passées par Giovan Battista Strozzi, qui le montrent en homme d'affaires avisé. Le premier est une copie d'une « Donazione fatta del signor Giovan Battista di Lorenzo Strozzi al signor Federigo Strozzi, suo fratello », datée du 1er décembre 1584, fol. 54^{r}-55^{v} (voir ASFi Carte strozziane, 3e série, 116, fol. 14^{r}-15^{v} pour une autre copie), où Giovan Battista prête à son frère mille scudi, sur une créance que lui doivent deux marchands, en échange d'une rente à vie qui lui est personnellement très avantageuse. Le second est la copie d'une « Vendita di un poderetto a Fiesole venuto da figliuoli di Filippo Giunti al signor Giovambattista di Lorenzo Strozzi », datée du 5 juillet 1607 (fol. 64^{r}-65^{v}). Par cet acte, Strozzi agrandit ses terres dans le « popolo di San Bartolomeo della Badia di Fiesole » en rachetant une propriété aux deux fils de l'éditeur Filippo Giunti, avec pour finalité affichée d'aider la veuve Giunti qui se trouvait dans des difficultés financières. Il paie cette propriété neuf cents scudi. Le dernier acte est un « Agiustamento e convenzione fra il signor Giovanni Battista del signor Lorenzo Strozzi e il signor Orazio Minerbetti per la compera della casa degli Innori da Santa Trinita », daté du 23 juillet 1623 (fol. 97^{r}-98^{v}), qui lui permit d'agrandir ensuite la demeure familiale de la via di Parione avec cent cinquante scudi (voir note précédente). Dans les deux premiers cas, les sommes échangées sont importantes : mille scudi est alors de quoi acheter une demeure respectable (mais non luxueuse) à Florence. Giovan Battista Strozzi n'est pas seulement dans l'aisance : il est habile à s'y maintenir.

L'insertion sociale des fils de Lorenzo Strozzi, en particulier leur intégration dans la société de cour médicéenne, semble néanmoins avoir été plus problématique, en dépit — ou peut-être, au moins un temps, à cause ? — de l'engagement de deux d'entre eux, Federigo et son cadet Giovan Battista, dans la vie académique florentine. Les deux frères fréquentèrent vraisemblablement le *Studio fiorentino*, commençant probablement à s'initier aux humanités auprès de Pier Vettori dès le début de leur adolescence. Puis ils allèrent pendant quelques années à Pise étudier en patriciens aisés, c'est-à-dire sans jamais prendre leurs grades, puisqu'ils n'avaient pas besoin d'exercer par la suite une profession[21]. À leur retour de Pise, ils semblent avoir cherché à s'insérer non seulement dans la vie académique mais aussi à la cour, où Giovan Battista misa peut-être d'abord sur ses talents de poète. Il paraît en particulier avoir essayé de se faire un nom dans l'entourage de François Ier de Médicis en écrivant des madrigaux pour sa maîtresse, Bianca Cappello, qui devint grande-duchesse de Toscane en 1579, au grand scandale d'une partie des Médicis[22].

Parallèlement, Federigo et Giovan Battista s'avancèrent dans la vie académique : tous deux sont parmi les premières recrues de l'académie des Alterati (mais non du nombre des fondateurs de l'institution)[23], et tous deux sont admis à l'Accademia Fiorentina, au sein de laquelle ils acquièrent une certaine influence. Entre 1575 et 1583, à un moment où l'institution culturelle médicéenne semble chroniquement en crise, les frères Strozzi ont en effet fait partie du groupe d'Alterati qui s'empara peu à peu des plus hautes magistratures de l'académie officielle. Federigo y est nommé consul en 1580, tandis que Giovan Battista accède à ce poste en 1582. Or le consulat de ce dernier eut un retentissement important, y compris dans une forme de polémique larvée[24]. On peut même supposer que le rôle que le Tenero joua dans cette tentative de déstabilisation et/ou de réforme de l'Académie Florentine le plaça dans une position quelque peu délicate vis-à-vis du prince et de ses conseillers. Les talents de Giovan Battista Strozzi — en tant que poète et orateur, et même

21. Archivio di Stato di Pisa (ASP), Università di Pisa, Matricole 42 <1563-1609> : à la date du 28 février 1567, on trouve le nom de Federigo Strozzi, inscrit comme « ha » (*humanista*) ; mais Giovan Battista ne fut même jamais inscrit à l'Université, alors qu'il séjourna à Pise en 1572 et 1573, avec d'autres Alterati, participant à la vie étudiante et suivant sans doute quelques cours. Aucun des deux frères n'obtint de titre universitaire.

22. ASFi Carte strozziane, 3e série, 192, fol. 100r-116v contient trente-huit sonnets et madrigaux chantant les vertus et les beautés de Bianca Cappello, en la comparant à l'aube (*alba / aurora*). Je remercie James Chater de m'avoir signalé ce manuscrit. Sur la pratique poétique de Giovan Battista Strozzi, voir son article : CHATER, James, « Poetry in the Service of Music : The Case of Giovambattista Strozzi the Younger (1551-1634) », *The Journal of Musicology*, 29/4, 2012, p. 328-384.

23. BNCF Magl. IX 134, fol. 1, Giovan Battista est nommé comme la dixième recrue de l'académie et Federigo (l'Agghiadato), qui s'y engagea moins, comme la vingt-sixième.

24. Après avoir tenté sans résultat de faire réinstituer des lecteurs pensionnés dans l'académie médicéenne, Strozzi mit en effet l'institution face à ses contradictions en y organisant un grand nombre de leçons spontanées, sur le modèle des activités des Alterati. Sur cet épisode, voir *supra*, ch. 1, p. 90-98.

en tant que meneur d'hommes, au sein d'une institution académique — étaient probablement connus dans l'entourage du grand-duc. Mais sa loyauté, en tant que rejeton des Strozzi, tout autant que comme habile manœuvrier des espaces académiques, faisait probablement question. Et son audace le fit même peut-être parfois percevoir comme un homme impropre à servir la politique culturelle médicéenne.

2.2. *Une transition difficile à négocier*

À la mort de François Ier, la position ambiguë qui avait été celle du Tenero dans le champ culturel florentin devint, selon toute vraisemblance, plus difficile à maintenir. La disparition brutale du grand-duc et de son épouse, les 19 et 20 octobre 1587, est un des événements les plus controversés du principat. Quelques semaines après que Ferdinand de Médicis, le frère de François, alors cardinal en résidence à Rome, leur a rendu visite dans leur villa de Poggio a Caiano, le couple tombe en effet soudainement malade avant de mourir douze jours plus tard, à quelques heures d'intervalle. Immédiatement, des rumeurs circulent qui accusent Ferdinand d'un double empoisonnement[25]. C'est en effet principalement à lui que profite cette double disparition, qui lui permet d'écarter de la lignée successorale le fils légitimé de François et de Bianca Cappello, don Antonio de Médicis, et de devenir lui-même grand-duc, à l'âge de trente-huit ans. Durant cette période de transition, les équilibres au sein de la cour médicéenne devinrent instables et mouvants, notamment dans le champ culturel. D'une part, le nouveau prince chercha à trouver des appuis au sein de l'Académie Florentine. Mais il était aussi rentré de Rome avec, dans sa suite, nombre d'artistes et d'intellectuels qui l'avaient longtemps servi dans la Ville éternelle et dont il entendait bien s'entourer en Toscane. Ainsi, par exemple, le musicien romain Emilio de' Cavalieri l'accompagna-t-il, devenant peu après le surintendant des artistes, artisans et musiciens de la nouvelle cour.

Une partie de ces tensions suscitées par cette transition se manifestèrent de manière souterraine pendant les cérémonies funèbres organisées à l'occasion de la disparition de François Ier. Ferdinand, soucieux de contrecarrer les rumeurs qui faisaient de lui le meurtrier de son frère, les voulut nombreuses, somptueuses et, selon les usages, hyperboliquement élogieuses[26]. Ces cérémonies eurent lieu à la mi-décembre 1587, soit après que Ferdinand eut regagné Florence, et leurs fastes,

25. Cette hypothèse paraît avoir été confirmée en 2006 par l'analyse des cadavres, qui a suggère un empoisonnement à l'arsenic, voir MARI, Francesco, POLETTINI, Aldo E., LIPPI, Donatella et BERTOL, Elisabetta, « The Mysterious Death of Francesco I de' Medici and Bianca Cappello : An Arsenic Murder ? », *British Medical Journal*, 333, 23-30 décembre 2006, p. 1299-1301.

26. Sur les cérémonies funèbres dans l'Italie de la Renaissance, voir SCHRAVEN, Minou, *Festive Funerals in Early Modern Italy : The Art and Culture of Conspicuous Commemoration*, Farnham, Ashgate, 2014.

tout autant que les éloges qui s'y trouvèrent insérés, furent abondamment diffusés par l'imprimé. Or, tant Giovan Battista Strozzi que Lorenzo Giacomini, deux des Alterati les plus actifs au sein de l'Académie Florentine dans les années 1580, se virent confier dans ce cadre des rôles importants, qu'ils semblent avoir exécutés en équilibristes, c'est-à-dire en balançant toujours l'éloge affiché avec une forme indirecte et contournée de blâme. Un texte anonyme paru à Rome diffusa une courte description des cérémonies dans la ville que Ferdinand venait de quitter, et où il tenait sans doute à continuer de travailler à sa gloire et à celle de sa famille[27]. Cet opuscule nous apprend que les cérémonies, qui eurent pour l'essentiel lieu le 15 décembre, se composèrent principalement d'une immense procession depuis le palazzo Pitti jusqu'à l'église de San Lorenzo, dans une ville pavoisée aux couleurs du deuil, suivie d'une longue messe funèbre en ladite église — l'église des Médicis — ornée pour l'occasion de douze tableaux retraçant la vie et les hauts faits de François Ier de Médicis. Giovan Battista Strozzi fut chargé d'écrire une relation détaillée de ces cérémonies, qui parut avec une gravure représentant le catafalque funéraire édifié pour l'occasion dans San Lorenzo[28]. L'oraison funèbre à proprement parler fut prononcée en latin durant la messe célébrée à San Lorenzo par Pietro Angeli di Barga, un professeur d'humanités grecques et latines à l'Université de Pise. Ce lettré était également membre de l'Accademia Fiorentina, dont il devint le consul l'année suivante. Cette oraison fut aussi publiée dans la foulée, dans une traduction en toscan[29]. Enfin, six jours plus tard, le 21 décembre 1587, Lorenzo Giacomini prononça au sein de l'Académie Florentine un long éloge funèbre du défunt, qui vantait ses qualités tant morales que politiques. Le texte en fut lui aussi publié immédiatement, chez le même imprimeur qui avait fait paraître la description de Giovan Battista Strozzi[30]. Le détail n'est peut-être pas sans importance, dès lors que l'imprimeur en question, Bartolomeo Sermartelli (actif entre 1553 et 1591), n'était ni le plus gros imprimeur de Florence ni l'éditeur attiré de la cour, mais une maison prospère, alors à son zénith, qui publiait des livres ecclésiastiques, et des ouvrages de dévotion et de philosophie, tout autant que des éloges des Médicis[31].

27. *Relatione delle solenni e pompose essequie fatte in Fiorenza nella morte del serenissimo Francesco de Medici gran duca II di Toscana, alli 15 di decembre 1587*, Rome, Bartolomeo Bonfadino, 1587.

28. STROZZI, Giovan Battista, *Essequie del serenissimo don Francesco Medici, gran duca di Toscana II, descritte da Giovambattista Strozzi*, Florence, Bartolomeo Sermartelli, 1587.

29. ANGÈLI, Pietro, *Orazione funerale del signor Pietro Angeli da Barga : recitata latina in Firenze nell'essequie del serenissimo don Francesco Medici, gran duca di Toscana, sotto di 15. di dicembre 1587*, Florence, Filippo Giunti, 1587.

30. GIACOMINI, Lorenzo, *Oratione de le lodi di Francesco Medici gran duca di Toscana, fatte per ordine de l'Academia Fiorentina nel tempio di San Lorenzo il dì 21 di dicembre nel consolato di M. Baccio Valori da Lorenzo Giacomini Tebalducci Malespini*, Florence, Bartolomeo Sermartelli, 1587.

31. La production de Bartolomeo Sermartelli est recensée par EDIT16 : http://edit16.iccu.sbn.it/web_iccu/ihome.htm. Ce site offre un dénombrement centralisé de toutes les éditions italiennes du XVIe siècle

Il est possible que le fait que tant Strozzi que Giacomini y furent alors édités ait été le signe qu'ils étaient à ce moment des auteurs en phase d'ascension. Les éloges de François Ier publiés après sa mort relevèrent en tout cas clairement d'une opération de publication très soigneusement orchestrée.

Cependant, tant Strozzi que Giacomini y introduisirent, par leurs contributions, quelques dissonances discrètes, qui ne furent peut-être pas étrangères au départ de Strozzi pour Rome dès 1589. Non sans audace, la description que Strozzi donna des cérémonies organisées à l'occasion de la disparition de François Ier commence en effet par revenir sur les conditions de la mort de ce prince. Or si son récit peut sembler dans un premier temps accréditer l'idée d'une fièvre tierce, comme le voulaient les bruits répandus par Ferdinand et son entourage, la description que Strozzi donne du cadavre — que Ferdinand s'était empressé de faire autopsier sous sa surveillance étroite, dans l'espoir de couper court à tout soupçon d'empoisonnement — est beaucoup plus ambiguë :

> « Son corps mort fut ouvert le jour suivant, et tous les médecins et toutes les autres personnes qui le virent trouvèrent qu'il était advenu à ce corps ce qu'il advient généralement à une cité dont un ennemi désire s'emparer, en faisant antérieurement une longue recherche pour corrompre certains individus desquels tous les autres dépendent, et c'est ainsi que tous virent que bien longtemps avant <sa mort> une mauvaise disposition avait en lui commencé à corrompre les parties internes dont les autres dépendent ; jugeant ainsi que sa maladie avait commencé quelques années auparavant, ils purent, quand elle se déclara, davantage la regretter qu'y porter remède[32]. »

La phrase est pour le moins contournée. En première lecture, elle semble chercher à disculper Ferdinand de toute accusation d'empoisonnement en soulignant que l'autopsie du corps de son frère aurait révélé les traces d'une maladie préexistante particulièrement insidieuse. Mais la métaphore de l'ennemi qui cherche à s'emparer d'une ville, en corrompant en sous-main plusieurs de ses habitants, dont tous les autres dépendent pour leur sécurité, pourrait néanmoins implicitement faire songer aux manœuvres auxquelles Ferdinand se serait livré pour préparer l'empoisonnement

actuellement conservées dans les bibliothèques de la péninsule. Il est une production de l'Istituto Centrale per il Catalogo Unico delle biblioteche italiane e per le informazioni bibliografiche (ou ICCU). Quelque 316 titres figurent au nom de Bartolomeo Sermartelli, et les exemplaires subsistants sont énumérés pour chacun.

32. Strozzi, Giovan Battista, *Essequie del serenissimo don Francesco Medici*, p. 5-6 : « Il morto suo corpo il giorno seguente fu aperto, e i medici tutti, e gl'altri che il videro trovarono che a lui era avvenuto quel che suole talhora avvenire a una città della quale si voglia impadronire un nimico, cioè che facendosi della lunga cerca prima occultamente di corrompere alcuni, da quali e' sa che tutti gl'altri dependono, così conobbero che molto tempo avanti la mala disposizione haveva in lui cominciato a corrompere alcune interne parti, dalle quali in ciascheduno hanno l'altre dependenza, e però giudicando che di qualche anno avanti fusse originata questa sua malattia, potevano quando ella venne più tosto dolersene che porvi remedio. »

de son frère et de la femme de celui-ci, avant de venir lui-même s'emparer de Florence. Cette dernière lecture suggère que la phrase dirait en vérité une chose et son contraire. François Ier souffrait d'un mal préexistant, mais ce mal préexistant était peut-être avant tout l'inimitié de son frère et le désir que celui-ci aurait eu de prendre le pouvoir à Florence. Or cette inimitié, qui se manifesta notamment par la corruption de l'entourage du prince régnant, pourrait fort avoir conduit à la corruption (autrement dit : à l'empoisonnement) de son corps. On voit que Giovan Battista Strozzi pratique ici avec une grande habileté l'art de l'énonciation ambiguë, que certains historiens n'ont pas hésité à caractériser comme le mode d'interaction sociale normal à Florence à la fin de la Renaissance[33]. Ce même savoir-faire semble faire surface à plusieurs autres moments dans la longue description qu'il donna des obsèques de François Ier et il est également possible d'en trouver de multiples exemples dans l'oraison funèbre que Lorenzo Giacomini prononça au sein de l'Accademia Fiorentina.

Dans le texte de Giacomini, l'ensemble de la rhétorique de l'éloge funèbre paraît en effet susceptible d'être retournée en blâme. C'est ainsi par exemple qu'il présente l'arrivée des Médicis au pouvoir, dont le règne de François découla, comme une sorte de providentiel pis-aller :

> « La Providence supérieure — dont les jugements, bien que souvent obscurs pour nous, ne sont jamais en soi injustes —, pour répandre sa paix sur cette cité, torturée et affligée par de longs siècles de séditions et de guerres externes et civiles, pour unir les âmes désaccordées des amants du bien public et de ceux qui recherchent leur propre intérêt, a choisi la famille des Médicis, dont le principat serait tempéré de liberté et non régi par une puissance étrangère, parce qu'autrement la cité n'aurait pu être gouvernée ; cette même Providence fit venir au monde ce Prince [...][34]. »

Il était habituel, dans les textes écrits dans le service des Médicis, de justifier leur arrivée au pouvoir par la nécessité de pacifier les différents dont Florence était chroniquement affligée. Mais Giacomini le fait ici de manière peu flatteuse pour la famille régnante, en présentant leur arrivée au pouvoir comme un moindre mal dont il serait difficile de savoir — tant les voies de la Providence sont obscures — en quoi il pourrait bien s'agir d'un bien. Le principat est en effet seulement, dans ce cadre,

33. WEISSMAN, Ronald F. E., « The Importance of Being Ambiguous : Social Relations, Individualism, and Identity in Renaissance Florence, » dans WEISSMAN, Ronald F. E. et ZIMMERMAN, Susan (dir.), *Urban Life in the Renaissance*, Newark, University of Delaware Press, 1989, p. 269-280. Sur l'équivoque et ses usages à l'époque moderne, voir aussi un numéro *Cahiers du Centre de recherches historiques* 33, 2004, dirigé par Jean-Pierre CAVAILLÉ et consacré aux « Stratégies de l'équivoque ».

34. GIACOMINI, Lorenzo, *Oratione de le lodi di Francesco Medici gran duca di Toscana*, p. 5-6 : « Havendo adunque la superna Providenza i cui giudizii benchè a noi spesse volte occulti non però mai in sè sono ingiusti, per sparger la sua pace sopra questa città, per lunghi secoli da sedizioni, e guerre et esterne e civili travagliata et afflitta, per unire i discordanti animi de gl'amatori del pubblico bene, e de' bramosi del proprio commodo, eletta la famiglia de' Medici, dal cui principato di libertà temperato e non da straniera potenza fusse retta, poichè altramente reggersi non havea potuto ; fece nascer questo principe al mondo [...] ».

un remède à l'ingouvernabilité chaotique qui aurait caractérisé la République. Le reste du texte de Giacomini est à l'avenant, faisant parfois l'éloge de François Ier par comparaison avec son père Cosme Ier, qui se trouve ainsi implicitement dévalorisé par le parallèle. Aux pages 14 à 18 du texte, l'accent est par exemple mis sur les guerres cruelles et destructrices que Cosme Ier a imposées à la Toscane, pour mieux désigner François Ier comme un prince pacifique et vertueux. Dans ce cas, c'est l'entrecroisement des deux figures qui permet l'énonciation discrète du blâme au cœur même de l'éloge. On voit que, selon toute vraisemblance, Strozzi tout autant que Giacomini ont utilisé la tribune que leur offrait leur sélection comme auteurs et/ou orateurs lors des obsèques de François Ier pour faire entendre en sous-main quelques réserves vis-à-vis du pouvoir médicéen.

La réception de leurs textes est mal documentée[35]. Mais il semble que ni Strozzi ni Giacomini ne tirèrent de bénéfices immédiats de ces charges rhétoriques prestigieuses, qui firent momentanément d'eux les lettrés les plus en vue de la ville. Giacomini, qui était de santé fragile et mourut à l'âge de quarante-six ans, n'obtint par la suite ni pension ni poste à la cour. Quant à Strozzi, ses services d'orateur ne furent plus sollicités, et ses interventions à la cour dans les premières années du règne de Ferdinand se limitèrent ensuite à quelques contributions poétiques. Mais, même dans ce cadre, il ne manqua apparemment pas de prendre ses distances avec le pouvoir médicéen, dès que l'opportunité lui en fut donnée — au moins sur le plan symbolique.

En témoigne sa contribution à l'élaboration de l'un des *intermedii* de *La Pellegrina*, le divertissement somptueux donné le 2 mai 1589 aux Offices pour célébrer le mariage de Ferdinand Ier de Médicis avec Christine de Lorraine. Ces tableaux chantés, dansés et mis en musique — dans lesquels les musicologues s'accordent souvent à voir l'une des origines de l'opéra — furent insérés entre les actes de la comédie que Ferdinand de Médicis avait, bien des années auparavant, commandée à Girolamo Bargagli. Giovan Battista Strozzi écrivit le texte de deux des airs du quatrième de ces intermèdes (*Io che dal ciel cader* et *Or che le due grand'alme*). Ce quatrième tableau était intitulé *La région des démons* (*La regione de' demoni*) et comprenait quatre morceaux (*brani*), mis en musique par trois compositeurs différents, le Romain Giulio Caccini, le Lucquois Cristofano Malvezzi et le Florentin Giovanni de' Bardi (lui-même membre des Alterati sous le pseudonyme du Puro).

35. Voir néanmoins BMF Marucelliano A 135, fasc. 20, fol. 176^r^-178^r^ qui comprend quatre lettres de Lionardo SALVIATI, le chef de file de l'Accademia de la Crusca, à Lorenzo Giacomini « in ringraziamento e lode dell' orazione da esso fatta in morte del gran duca Francesco I ». Ces lettres ne sont pas des originaux, mais des copies de la main de Salvino SALVINI — l'historiographe de l'Académie Florentine — qui ne précise pas où il aurait trouvé ces documents. D'autres lettrés sont aussi cités par Salvini comme ayant félicité Giacomini, mais seules les lettres de Salviati sont citées. La description de Strozzi est aussi mentionnée, au fol. 177. Les remarques de Salviati semblent principalement élogieuses, mais les extraits cités de ses lettres sont trop parcellaires pour être significatifs.

Au début du quatrième intermède, une sorcière descendait des cieux dans un chariot, convoquant les esprits pour leur demander de se prononcer sur l'avenir du couple grand-ducal. Ceux-ci annonçaient un nouvel âge d'or pour le grand-duché. Mais immédiatement après, la scène se métamorphosait brutalement pour laisser voir un Enfer d'inspiration dantesque, que les décors et les costumes de Bernardo Buontalenti avaient réussi à figurer — si l'on croit les sources subsistantes — de manière particulièrement effrayante. Là, des démons se lamentaient de ce que, bientôt, plus rien ne descendrait plus aux Enfers, si ce n'est l'envie et le dédain (« Null' altro scenderà ch'invidia, e sdegno »), soulignant qu'ils seraient dès lors privés d'âmes à tourmenter. La scène n'était pas seulement horrible mais aussi très étrange, au point de laisser l'auditoire perplexe, voire mal à l'aise, dès lors que la cause de la mélancolie des démons n'était pas explicitée.

Or, selon l'historienne de la musique Nina Treadwell, qui a étudié dans le plus grand détail l'ensemble du divertissement de 1589, le texte des lamentations des démons, dont Giovan Battista Strozzi était l'auteur, était destiné à être lu allégoriquement, comme un discours sur le pouvoir qui l'avait commandité[36]. L'Enfer ne connaîtrait, dans l'âge d'or à venir, plus d'autres victimes que ceux qui entretenaient encore dans leur cœur de l'envie ou du mépris (pour les Médicis), se lamentaient les démons — mais pour ces rebelles en puissance, aurait-il fallu comprendre, les portes de l'Hadès resteraient toujours grandes ouvertes et les supplices seraient éternels. Alors que l'ensemble des autres intermèdes plaçaient Ferdinand et Christine dans la sphère céleste, le quatrième aurait ainsi montré les dessous de leur pouvoir présent et à venir, à savoir sa composante féroce et même diabolique, en disant à mots couverts la détermination du commanditaire du spectacle à punir tout individu qui prendrait ses distances vis-à-vis de sa domination ou chercherait à la mettre en péril. À en croire Nina Treadwell, loin d'être dépeint seulement comme un pouvoir bienveillant, le pouvoir médicéen se serait ainsi trouvé implicitement représenté dans sa capacité à faire régner la terreur en écrasant toute expression de désaccord. Une fois encore le blâme se logerait ainsi — au moins allégoriquement — dans un discours d'éloge. Certes, voir représenter son pouvoir comme terrible n'aurait pas nécessairement déplu à un prince désireux, comme Ferdinand, d'affirmer sa domination. Mais la théâtralisation allégorique des logiques présidant à la persécution de ses opposants — dès lors qu'elle impliquait une sorte de dévoilement des *arcana imperi* de la tyrannie — n'était sans doute pas une représentation susceptible de trouver, auprès d'un pouvoir autoritaire, une approbation sans réserve.

36. Treadwell, Nina, *Music and Wonder at the Medici Court : The 1589 Interludes for* La Pellegrina, Bloomington, Indiana University Press, 2008, ch. VI : « Diabolical Bodies and Monstruous Machines : A Cautionary Tale (*Intermedio* Four) », p. 113-134 (p. 126-127 et p. 134).

2.3. *Rome et Milan (1590-1599)*

Il n'est pas impossible que les dissonances allégoriques de cet intermède, à la production duquel Bardi et Strozzi avaient étroitement collaboré, ne soient au moins partiellement à l'origine du départ de ces deux hommes pour Rome, au tout début des années 1590, à quelques années d'intervalle[37]. La mainmise de plus en plus forte d'Emilio de' Cavalieri sur l'organisation des divertissements de la cour, et plus généralement sur l'ensemble des arts qui pouvaient prétendre au patronage du grand-duc, fragilisa aussi la position de Bardi au sein de la cour, où lui-même avait auparavant tenu par intermittence certains de ces rôles. Strozzi quitta Florence dès le mois octobre 1590 et Bardi lui emboîta le pas un an et demi plus tard, en 1592. À Rome, le Tenero s'installa d'abord à l'Oratoire romain, en sa communauté de la Vallicella[38], et fit rapidement la connaissance de plusieurs personnalités de la Contre-Réforme romaine. Il se lia en particulier avec le Jésuite Antonio Possevino, qui officia comme légat pontifical dans l'Europe de l'Est et du Nord, avec l'Oratorien Cesare Baronio, auteur des *Annales ecclesiastici*, et avec le cardinal Maffeo Barberini — qui devint pape en 1623 sous le nom d'Urbain VIII —, se trouvant même occasionnellement logé chez lui, dans le palazzo Barberini. Antonio Querenghi, un lettré et habile latiniste, qui fut secrétaire de la Curie romaine, joua aussi un rôle important dans l'insertion du *letterato* florentin dans l'entourage papal[39], où il sut introduire et orienter Strozzi. Ce fut ainsi principalement par l'intermédiaire de Querenghi que Giovan Battista Strozzi obtint une pension du pape au début

37. Il convient néanmoins souligner que l'arrivée de Ferdinand au pouvoir semble avoir occasionné l'écartement de plusieurs autres individus gravitant dans ces mêmes cercles, tel que le compositeur et musicien Giulio Caccini (1551-1618), qui fut actif à la cour à partir de 1565, mais semble être tombé en disgrâce après que Ferdinand a été élevé au rang de grand-duc. Caccini, qui avait été actif au sein de la Camera de' Bardi (1573-1582 environ), suivit Giovanni de' Bardi à Rome en 1592, en tant que son secrétaire. Une partie de ces mouvements sont sans doute simplement liés au désir de Ferdinand Ier de s'assurer de la fidélité de ceux qui l'entourent, en remplaçant les serviteurs de son frère par les siens. Sur Giulio Caccini, voir CARTER, Tim, « Caccini's 'Amarilli, mia bella' : Some Questions (And a Few Answers) », *Journal of the Royal Musical Association*, 113, 1998, p. 250-273.

38. À l'Oratoire romain, Giovan Battista Strozzi participa activement à la vie de la communauté. En ASFi Carte strozziane, 3e série, 187, on trouve en effet un discours « recitato nella Vallicella il dì di San Giovanni decollato a' padri della Congregazione dell'Oratorio nel 1592 », dont le texte est de la main de Giovan Battista STROZZI, quoique les *appunti* donnés à la fin du document soient de la main d'un secrétaire (fol. 316^r^-327^v^). Sur les activités de Giovan Battista Strozzi à Rome, voir CAMEROTA, Michele, « Giovan Battista Strozzi e Galileo : dall'Accademia degli Alterati a quella degli Ordinati », dans ALBRECHT, Andrea ; CORDIBELLA, Giovanna et REMMERT, Volker (dir.), *Tintenfass und Teleskop : Galileo Galilei im Schnittpunkt wissenschaftlicher, literarischer und visueller Kulturen im 17. Jahrhundert*, Berlin, De Gruyter, 2014, p. 167-184 et ROSSINI, Francesco, « Giovan Battista Strozzi il Giovane a Roma : la *Lezione in biasmo della superbia* (1611) », *Aevum*, 91, 2017, p. 733-762.

39. Sur Antonio Querenghi, voir MOTTA, Uberto, *Antonio Querenghi (1546-1633). Un letterato padovano nella Roma del tardo Rinascimento*, Milan, Vita e Pensiero, 1997.

de l'année 1595[40]. Il s'agissait de cent cinquante ducats pris sur la Chambre (« 150 ducati di camera »), soit sur les fonds propres de Sa Sainteté, que Strozzi trouva quelque peu insuffisants. Aussi s'empressa-t-il de suivre à Milan le cardinal Federico Borromeo, qui venait d'y être nommé archevêque, et auprès duquel il séjourna entre juillet et décembre 1595.

Dans les années qui suivirent, Giovan Battista Strozzi fit aussi de nombreux allers-retours entre Florence et Rome, séjournant souvent six mois dans une ville, et six mois dans l'autre. Puis, au début de l'année 1599, il se réinstalla définitivement à Florence, tout en maintenant, au travers de sa correspondance, l'ensemble des relations qu'il s'était créées à Rome et à Milan, en particulier avec Antonio Querenghi, Maffeo Barberini et Federico Borromeo. Il est probable que les liens ainsi tissés avec ces influentes figures de la Contre-Réforme, tant à Rome qu'à Milan, permirent à Giovan Battista Strozzi de rentrer à Florence avec une sorte d'aura — celle que pouvait conférer à un Florentin de bonne naissance une réussite sociale relativement rapide et éclatante dans un espace social aussi compétitif que celui de la Curie romaine, mais aussi celle que lui donnait son adhésion affichée (et probablement des plus sincères) à la religiosité contre-réformée. Du prestige et de la réputation ainsi acquis témoigne un discours que don Giovanni de Médicis (il Saldo) prononça au sein des Alterati et où figure un éloge appuyé du Tenero, rentré de Rome depuis peu. Le Saldo ne manque pas de souligner en particulier que Giovan Battista Strozzi a fréquenté à Rome des hommes puissants et réputés, précisant que les interactions sociales du Tenero, d'académiques qu'elles étaient principalement avant son départ, en sont ainsi venues à inclure la fréquentation de « princes souverains et de beaucoup de célèbres prélats qui, dans la Curie romaine, sont tout recouverts de pourpre et très illustres ». Selon le Saldo, l'expérience acquise par le Tenero à Rome le rend aussi plus apte à conduire l'académie, car elle lui a en quelque sorte donné l'expérience des affaires publiques[41]. Mais la fréquentation des princes et cardinaux romains semble aussi avoir rendu l'académicien plus acceptable, et même plus désirable, dans l'entourage de Ferdinand Ier de Médicis.

40. BNCF Magl. VIII 1399, fol. 91^r^-93^v^, lettre d'Antonio Querenghi à Giovan Battista Strozzi datée du 3 février 1595, citée par Barbi, Silvio Adrasto, *Un accademico mecenate e poeta*, p. 45.

41. BMLF Ashburnham 562, « Ragionamenti intorno alla virtù del Saldo, accademico Alterato », fol. 129^r^ à 156^v^, fol. 136 : « Onde se fuori di reggenza cosi degnamente ha operato, che credere dobbiamo, che nelle reggenza istessa operar debba ? Molti veramente sono i virtuosi, che allo studio delle belle lettere attendendo, nel commune trattare ò sia tra gli uguali, o pure tra gli maggiori non hanno quella perspicace, e grave maniera che alla conversatione civile nel maneggiare gli affari della città, o vero con i principi nel divisare, e discorrere sopra le azzioni, che per lo mondo accagiono si conviene, ma il Tenero nostro quanto in ció vaglia, a ciascuno di noi lo ha fatto egli medesimo conoscere, non solo tra noi conversando, ma con l'amicitia de principi sovrani, e di molti celebri prelati che nella romana Corte di porpora insigniti sono illustrissimi. »

Divers documents témoignent en effet de l'entrée progressive de Giovan Battista Strozzi dans l'orbite de la cour médicéenne à son retour de Rome. Tout d'abord, une autorisation de publier signée de lui, le montre officiant comme censeur sur commission du grand-duc Ferdinand. Cet *imprimatur* figure à la fin d'un poème de Raffaelo Gualterotti (1544-1638), *L'Universo overo Il Polemidoro poema eroico*, paru en 1600 chez Cosimo Giunti. Le fait qu'il se soit agi, pour le Tenero, d'une commission de censeur pleine et entière est confirmé par la présence dans les papiers de Giovan Battista Strozzi actuellement conservés à la Newberry Library de Chicago du manuscrit de *L'Universo*, élégamment relié, ainsi que d'un exemplaire du texte imprimé[42]. À Florence, le manuscrit soumis au censeur lui était en effet généralement laissé, afin qu'il puisse ultérieurement comparer le texte originellement présenté avec celui du livre imprimé, dont il était également habituel de lui fournir un exemplaire à l'issue de l'impression. Placée à la suite des trois approbations ecclésiastiques affichées à la fin de *L'Universo*, l'autorisation de publier rédigée par Giovan Battista Strozzi mêle à l'affirmation de l'innocuité morale et philosophique du texte l'éloge des merveilles et beautés qu'il contient, alliant ainsi le discours du censeur avec celui du critique[43]. Raffaello Gualterotti était un poète florentin qui fut associé à la production des divertissements médicéens dès le mariage de François Ier avec Bianca Cappello en 1579 : il en écrivit en effet la description[44]. Il publia par ailleurs un bref poème en octosyllabes sur Amerigo Vespucci (*L'America*, Florence, Cosimo Giunti, 1611), qui n'est sans doute pas sans lien avec un poème de Giovan Battista Strozzi sur le même sujet, dont le texte est aujourd'hui pour l'essentiel perdu[45]. Son poème héroïque sur l'univers semble avoir suscité quelques inquiétudes d'ordre idéologique ou théologique, que l'accumulation d'autorisations tant ecclésiastiques que civiles figurant dans le volume

42. Il s'agit des items XI (actuellement coté NL Vault Case MS 6A 11, vol. 11) et XII (actuellement coté NL Case 4A 1174) de l'inventaire dactylographié d'Alberto FORTUNA précédemment cité.

43. GUALTEROTTI, Raffaello, *L'Universo overo Il Polemidoro poema eroico, con licenza et privilegi di tutti i principi e republiche d'Italia*, Cosimo Giunti, 1600. En bas de l'ultime page, avant les *errata*, on peut lire : « Io Giovanbattista Strozzi, per commissione del serenissimo gran duca havendo considerato questa parte del poema del signor Rafaello Gualterotti, non ho trovato cose, che impedisca di stamparla, anzi ho trovato maravigliose cose, e bellissime ».

44. GUALTEROTTI, Raffaello, *Feste nelle nozze di don Francesco Medici gran duca di Toscana et della signora Bianca Cappello*, Florence, Giunti, 1579.

45. Les deux hommes se connaissaient, selon Silvio Adrasto BARBI, *Un accademico mecenate e poeta*, p. 55-56. Sur le poème de Giovan Battista Strozzi, voir FIDO, Franco « *L'America* : primo canto di un poema inedito di Giovan Battista Strozzi il Giovane », *Studi secenteschi*, 23, 1982, p. 277-310. Sur l'intérêt des Alterati (en particulier Filippo Sassetti, Giovan Battista Strozzi et Luigi Alamani) pour le Nouveau Monde et les liens entre leurs activités et une série de dessins de Stradano actuellement préservés à la BMLF, voir MARKEY, Lia, « Stradano's Allegorical Invention of the Americas in Late Sixteenth-Century Florence », *Renaissance Quarterly*, 65, 2, été 2012, p. 385-442 et *Imagining the Americas in Medici Florence*, University Park, Penn State University Press, 2016, ch. 8.

était sans doute destinée à calmer[46]. Il est dès lors particulièrement intéressant de voir Giovan Battista Strozzi appelé pour garantir tout autant l'orthodoxie que la valeur esthétique du livre de Gualterotti. L'attribution d'une commission de censeur au Tenero, l'année de son retour de Rome, permet en effet de mesurer tout le chemin symboliquement accompli par lui, lors de son exil dans la Ville éternelle. Son adhésion à la religiosité contre-réformée lui a conquis assez de respectabilité morale pour le mettre en position de garantir publiquement l'orthodoxie d'autrui. Dès lors, ses talents d'homme de lettres et de critique pouvaient être reconnus aussi, et même indirectement validés par le grand-duc et son entourage lettré, par l'octroi d'une pareille commission. S'amorce ici un processus qui permit peu à peu à Giovan Battista Strozzi d'entrer beaucoup plus nettement dans le service du prince.

De fait, d'autres ouvertures sont bientôt faites à Giovan Battista Strozzi à la cour, par l'intermédiaire du premier secrétaire du grand-duc, Belisario Vinta. Ces gestes tardivement venus semblent néanmoins avoir d'abord pris la forme d'une mise à l'épreuve. Au cours de l'année 1603, Giovan Battista Strozzi se voit en effet officiellement confier la tâche d'écrire une brève histoire des Médicis destinée à être diffusée largement non seulement à Florence mais encore dans l'Europe entière[47]. Lorsque le livre parut enfin, en 1610, le texte de *Della famiglia de Medici* et sa dédicace à Belisario Vinta — qui publiaient sans détour la relation de service dans laquelle Strozzi était entré auprès des Médicis — furent en effet imprimés tant en toscan qu'en latin et reliés ensemble, chez les successeurs de l'imprimeur et libraire Bartolomeo Sermartelli[48]. Le texte lui-même n'occupe guère plus de neuf pages, résume à très grands traits l'histoire des Médicis dans les trois derniers siècles et semble de la plus grande orthodoxie. L'extrême brièveté du propos paraît n'avoir laissé, cette fois, place à aucun sous-entendu ni dissonance.

La récompense ne se fit pas attendre : Giovan Battista Strozzi fut invité à soumettre une demande de pension, ce qu'il fit en septembre 1605, requérant le soutien du

46. L'autorisation de Giovan Battista Strozzi fait en effet suite à celle d'un membre de l'ordre des Frères mineurs qui certifie « che non repugni alla religione christiana », à celle du Révérend Père inquisiteur et à celle de l'Inquisiteur général. Pareille accumulation n'était nullement systématique.

47. ASFi Mediceo del Principato 919, fol. 422 : une lettre de Giovan Battista STROZZI à Belisario Vinta, du 26 octobre 1603, le montre en effet chargé d'écrire un « breve ristretto sopra la genealogia e famiglia de Medici » et se préoccupant de se procurer livres et informations à cette fin. Dans cette lettre, pour laquelle Scipione Ammirato il Giovane lui sert de secrétaire, Giovan Battista Strozzi parle aussi très explicitement de servir les Médicis au mieux (« meglio servire i padroni »), ajoutant même : « non sendo altro desiderio in me che impiegare tutte le mie deboli forze in servizio sempre de nostri serenissimi padroni ». L'homme assume clairement la posture de service dans laquelle il est entré.

48. STROZZI, Giovan Battista, *Della famiglia de Medici*, Florence, Bartolomeo Sermartelli e Fratelli, 1610. Le texte comprend une dédicace à Belisario Vinta du 12 mai 1603, le texte résumant les destinées des Médicis et se clôt par une autre lettre-dédicace à Vinta, celle-ci datée du 1er juillet 1610. Ces textes en toscan sont suivis de leur traduction en latin, indiquant clairement qu'une destination européenne avait été envisagée.

prince en raison de la faiblesse de ses yeux : deux cents scudi de pension lui permettraient, affirmait-il, de s'offrir les services d'un secrétaire de manière stable. Sa requête fut immédiatement accordée[49]. Deux cents scudi annuels n'étaient pas une grosse somme pour un homme aussi à son aise que Giovan Battista Strozzi, mais ils pouvaient bien sûr lui donner un peu plus de commodité. D'autant que la Decima granducale indique qu'en 1634, date de la mort du Tenero, le revenu foncier de l'académicien était légèrement inférieur à ce qu'il touchait quand il avait hérité de son grand-père (sa dîme s'élevait en effet à dix florins annuels en 1634 contre onze en 1575)[50]. La plupart de cette richesse foncière lui venait en réalité de propriétés par lui acquises tardivement, par achat ou par héritage. En octobre 1623, Giovan Battista Strozzi acheta en effet une *casa* en vue d'agrandir ce qui devint l'harmonieux palais de l'actuelle via Tornabuoni[51]. Puis, en 1628, le Tenero hérita de la moitié

49. ASFi Carte strozziane, 3e série, 187, fol. 140 contient ce qui est probablement l'original de cette demande, avec la réponse attenante. ASFi Carte strozziane, 3e série, 147, fol. 192^{r} et 203^{v} contiennent une copie, dont le texte est le suivant : « Serenissimo Gran Duca, Giovambattista Strozzi devotissimo servitore di vostra Altezza serenissima desiderando di potere finire l'incominiciate fatiche, et bisognandoli aiuti per supplire al difetto de suoi occhi, humilmente la supplica a fargli la gratia dalle quale benignissimamente s'é degnata di darli intentione, che quei che leggeranno e scriveranno per lui, haranno in un medesimo tempo occasione di rendere atti se stessi, a poter servire vostra Altezza ; et egli dedicatosi a lei come debbe, e come a ogni suo cenno, sempre mai chiari segni s'è ingegnato di darne, spera che le sue deboli forze prenderanno vigore dal vendersi cosi favorevolmente impiegare in servitio dell'Altezza vostra serenissima, la quale il donatore d'ogni bene per universal benefitio lungamente conservi. » Un encadré au bas de la demande porte la mention : « Sua Altezza gli concede dugento scudi l'anno per honorario et sussidio delle virtuose fatiche, che fa, et il depositario generale gliene paghi ogni mese la rata. » ASFi Carte strozziane, 3e série, 165, fol. 110^{r}, contient une autre demande sans date mais postérieure à la mort du grand-duc Ferdinand (†1609), dont la mémoire est évoquée dans la lettre. Dans cette requête, Giovan Battista demandait deux cents scudi supplémentaires afin d'embaucher deux autres secrétaires et finir par ce moyen un poème que le prince l'avait plusieurs fois exhorté à achever (fol. 110^{r}). Il se targuait de former ces jeunes gens si bien qu'ils seraient ensuite aptes à servir de secrétaires au prince lui-même (« con l'insegnar loro talmente, che sieno atti a servir vostra Altezza in Segreteria »). Cette deuxième requête est un *abbozzo* et une note précise que son auteur ne se décida jamais à la soumettre au prince.

50. ASFi Decima granducale 3617, fol. 187, à la date du 28 avril 1575, Giovan Battista Strozzi est noté comme payant une dîme foncière de 11<fiorini>.1<soldo>.4<denari>, sur les propriétés que son grand-père vient de lui léguer. En ASFi Decima granducale 3620, fol. 2, en « deve dare », le bien qu'il possède en 1618 est décrit de la manière suivante : 4<fiorini>.9<soldi>.3<denari> de dîme foncière de départ, plus un bien qu'il a acquis ou reçu le 31 mai 1618 de Giuliano Giusti Nicchio, qui emporte <0>.8<soldi>.2<denari> ; plus un bien acquis le 31 octobre 1623 d'Ottavio d'Appiano qui emporte <0>5<soldi>.5<denari> (voir ASFi Decima granducale 2767, *arroti* de l'année 1623, n° 76, fol. 168, pour le détail de l'acquisition de ce bien qui fut restructuré pour devenir une partie du palais de la via Tornabuoni) et un ensemble de terres de rapport, héritées de son frère Tommaso Strozzi, référencé sur le fol. 496 du même registre et reçues le 28 octobre 1628. Ces terres lui confèrent un revenu foncier plus important : la dîme est ici évaluée à 6<fiorini>.8<soldi>.9<denari> (pour le détail de ces possessions, voir ASFi Decima granducale 2773, *arroti* de l'année 1628, n° 68, fol. 197^{r}-199^{r}). Au total, au 31 janvier 1634, Giovan Battista paie une dîme de 10<fiorini> environ, soit un florin de moins qu'en 1575, où sa dîme se montait à 11<fiorini>.1<soldo>.4<denari>. Son revenu foncier se montait donc en 1634 à peu près dix fois cette somme, soit cent florins annuels environ.

51. ASFi Decima granducale 2767, *arroti* de l'année 1623, n° 76, fol. 168 : le 31 octobre 1623 Giovan Battista Strozzi achète d'Ottavio et Ippolito d'Appiano « una casa nel popolo di Santa Trinita in via dei Legnaiuoli per andare al canto de Tornaquinci per via dei Minerbetti », au prix de <0>5<soldi>.5<denari>.

des biens fonciers de son frère Tommaso, qui étaient considérables. Ceux-ci comprenaient notamment la moitié de la demeure familiale de sa lignée, située via de' Legnaioli[52], que Giovan Battista Strozzi s'attacha immédiatement à rénover et embellir. Cette dépense excessive faite sur le tard dut sans doute drainer une grande partie de ses liquidités. Elle était néanmoins importante, car destinée à faire perdurer la mémoire de ce lettré tout autant qu'à manifester dans le tissu urbain la réintégration sociale de l'ensemble de son lignage. Il est aussi possible que, ajoutées aux revenus de ces terres, les pensions que Strozzi toucha tant du pape que des grands-ducs lui permirent d'arrondir ou de compenser des revenus fonciers en légère baisse, l'aidant ainsi à financer l'aménagement de son palazzo de la via de' Legnaioli.

Mais le plus probable est que le Tenero ait avant tout recherché ces pensions, tant la romaine que la florentine, pour leur valeur symbolique : elles manifestaient la reconnaissance des princes les plus puissants d'Italie et matérialisaient pleinement la (ré)insertion du fils d'un ancien *sbandito* dans l'économie de la société de cour médicéenne. Propriétaire d'un palazzo d'une rare élégance, rempli de livres, de manuscrits, de tableaux et de meubles précieux, possesseur d'une villa à Fiesole dont le domaine s'était étoffé, figure de proue d'une académie célèbre dans toute l'Italie, installé dans le service des Médicis, mais aussi protégé par Urbain VIII, en 1634, Giovan Battista Strozzi — quoique ne s'étant jamais marié — avait relevé l'honneur de son lignage. Pour lui, la route du succès avait néanmoins été longue — et même parfois ardue. Or sans doute cette progression n'aurait-elle pu être accomplie sans l'académie fondée en 1569, qui lui permit de maintenir sa position sociale à Florence — pendant les longues années où la cour médicéenne ne l'accueillit qu'avec méfiance — et même, peu à peu, de développer, tant dans sa cité qu'au-dehors, un réseau social étendu et puissant, en faisant fructifier la renommée que cette institution académique lui conférait.

Au demeurant, la réputation que Giovan Battista Strozzi s'était acquise dans les lettres n'était sans doute pas centralement fondée sur la circulation de textes dont il pourrait être tenu pour l'unique auteur. D'une part, mis à part ses quelques éloges des Médicis, très peu de ses écrits furent en réalité publiés de son vivant, et la circulation de ses manuscrits resta restreinte et contrôlée, même pour ce qui est de sa production poétique, qui joua un rôle important dans la constitution de sa réputation. Mais surtout, parmi ceux de ses écrits qui subsistent, tant en manuscrit que sous forme imprimée, beaucoup sont liés, d'une manière ou d'une autre, aux activités collectives de l'une ou l'autre des académies dont il fut membre — c'est-à-dire

52. Ces biens fonciers sont détaillés en ASFi Decima granducale 2773, *arroti* de l'année 1628, n° 68, fol. 197^{r}-199^{r}. Sur la stratégie familiale qui aboutit à la réfection du *palazzo* de la via de' Legnaioli, voir aussi les analyses de documents proposées *supra*, notes 18 et 19, p. 118-119.

qu'ils sont en fait le fruit d'un travail fait en commun. Ils furent en effet rédigés pour être lus et mis en débat, au sein de l'académie, et certains furent ensuite corrigés, amendés et réécrits collectivement parmi ses membres. De nombreux poèmes du Tenero firent ainsi l'objet de réécritures collectives au sein des Alterati — et ses discours y furent commentés et, au moins dans certains cas, corrigés et retravaillés collectivement. Le recueil des oraisons et principaux discours du Tenero, publié en 1635, de manière posthume, par son légataire universel, Giovan Battista di Filippo di Giovan Battista di Lorenzo Strozzi[53], montre comment ces productions scripturaires d'origine collective furent ensuite utilisées pour asseoir la réputation de ce *letterato*[54]. L'ouvrage est un in-4° somptueux, dédié au cardinal Antonio Barberini, le frère du pape Urbain VIII. Il fut publié à Rome, peut-être dans l'espoir de perpétuer la gloire du Tenero au-delà des frontières de la Toscane. Or ce livre contient pour moitié des textes des oraisons ou éloges que Giovan Battista Strozzi reçut pour commission de rédiger (dont un éloge funèbre de Jeanne d'Autriche et un autre de Ferdinand Ier de Médicis), lesquels furent fréquemment préparés et même prononcés en milieu académique[55], et pour moitié des textes produits dans le cadre normal des activités des diverses académies où Strozzi fut actif, à Florence comme à Rome (où il avait été admis dans l'académie du cardinal San Giorgio). Cependant,

53. Il s'agit du marquis de Forano, qui était le petit-neveu du Tenero. Il fut lui-même collectionneur et homme de lettres. Sur ce personnage, voir GUERRIERI BORSOI, Maria Barbara, « Il collezionismo di Giovan Battista Strozzi, marchese di Forano, a Firenze nel primo Seicento », *Bollettino d'arte*, LXXXIX, 2004, 130, p. 85-98. Le jeune homme était le fils aîné de Caterina Strozzi, la fille du frère aîné du Tenero, Federigo Strozzi. Celle-ci épousa un Filippo Strozzi dont elle eut deux fils, Giovan Battista et Filippo (†1616). Le marquis de Forano fut l'héritier de la plupart des biens du Tenero (y compris de son palais de la via de' Legnaioli), mais mourut dès 1636, en laissant la succession de son grand-oncle en jachère. La complexe transmission du patrimoine de Giovan Battista Strozzi il Giovane, à propos duquel les contestations semblent avoir continué jusqu'au XVIIIe siècle, est documenté dans un ensemble de *carte sciolte* rassemblées sous le titre de « Eredità di Giovan Battista Strozzi il Cieco », actuellement conservées en ASFi Carte strozziane, 5e partie, 530 (sans foliation). L'héritier du marquis de Forano fut finalement le duc Luigi Strozzi, à qui son grand-père le marquis Giovambattista di Filippo Strozzi avait déjà légué une fortune colossale. Voir ASFi Decima granducale 3620, fol. 194, qui chiffre l'immense fortune foncière de Luigi Strozzi, et mentionne l'héritage paternel : « Illustrissimo signore marchese Luigi dal illustrissimo signore marchese Giovan Battista di Filippo Strozzi dare a di 30 d'aprile 1636 107 <fiorini> 13 <soldi> et 8 <denari> dal marchese Giovanbattista Strozzi suo padre in questo <u>a 2</u> <arroto> n° 19. » Dans l'ASFi Decima granducale 2781, *arroti* de l'année 1636, n°19, l'interminable liste des biens de Luigi Strozzi occupe les fol. 41^r à 87^r. Au fol. 41^r de l'*arroto* est mentionnée « una casa nel popolo di Santa Trinità in via di Parione », qui est peut-être tout ou partie l'actuel palazzo Strozzi del Poeta. Mais certaines parties des successions du Tenero et du marquis de Forano semblent néanmoins être restées pendantes jusqu'en 1668.

54. STROZZI, Giovan Battista, *Orazioni e altre prose del signor Giovambattista di Lorenzo Strozzi*, Rome, Grignani, 1635.

55. C'est en particulier le cas de l'éloge funèbre de Jeanne Autriche, préparé entre juin et août 1578. Celui-ci est travaillé au sein de l'académie des Alterati et lu devant elle, au cours d'une séance publique de l'académie où sont invités des hôtes de marque comme le nonce apostolique, l'archevêque de Pise, l'évêque de Borgo et de nombreux gentilshommes de la cour du grand-duc. Sur cet épisode, voir BMLF Ashburnham 558 1, fol. 80^v et *infra*, ch. 3, p. 285 286.

le volume publié après la mort du Tenero gomme très largement le travail accompli en milieu académique et présente Strozzi comme le seul auteur des discours reproduits. Le travail collectif n'apparaît pour l'essentiel, dans ce livre commémoratif, que dans la mention du lieu où l'oraison académique a été prononcée et dans les allusions faites à celui-ci dans les discours eux-mêmes. Mais la notoriété acquise par le Tenero n'en était pas moins largement un produit de ces exercices collectifs. Et c'est sans doute en grande partie grâce à la réputation acquise dans le cadre de l'activité académique collective qu'il put, sur le tard, utiliser ses talents d'orateur, de poète et d'homme de lettres, eux aussi développés en commun, pour rentrer en grâce auprès des princes médicéens.

La devise académique que le Tenero se choisit au sein des Alterati suggère au demeurant qu'il était conscient de l'aura qu'était susceptible de lui donner une position de *leader* au sein de l'académie — ou du moins qu'il cherchait à mettre en avant un rôle d'autorité tutélaire offrant tout à la fois protection et conseil, et permettant par là le développement du travail collectif. L'*impresa* de Giovan Battista Strozzi en *accademico Alterato* se trouve reproduite dans un volume manuscrit où, au XVIIe siècle, l'abbé Luigi Strozzi (le fils de Carlo Strozzi) avait fait peindre les représentations de certaines des plus importantes « dignités » acquises par les membres de la famille Strozzi. L'ouvrage contient notamment les *imprese* des Strozzi ayant fait partie d'une académie florentine, dont celle de trois Strozzi qui participèrent aux activités des Alterati[56]. Celle de Giovan Battista Strozzi montre un bel arbre généreusement arrosé par une main qui verse à son pied une carafe de vin [**Ill. 11**]. Dans le volume destiné à préserver la mémoire des membres et activités de l'académie, la devise du Tenero est par ailleurs décrite en ces termes :

> « Le sieur Giovan Battista Strozzi dit le Tendre, un platane arrosé de vin avec la devise suivante : '<Déjà le platane donne> son ombre aux buveurs qui s'enivrent'[57]. »

Le vers choisi — et dont le Tenero ne garde que les deux derniers mots (le passage entre crochets a été complété pour faciliter l'intelligence du texte) — est tiré du livre IV des *Géorgiques* de Virgile. Il constitue le dernier des vers par lesquels le poète latin décrit le jardin idyllique dans lequel vit le vieillard de Tarente (*Géorgiques*, IV,

56. ASFi Carte strozziane, 3e série, 77 : « Abiti di cavaliere et altre dignità della famiglia degli Strozzi. Arme, cimieri, imprese, medaglie etc. della medesima », fol. 54r-55r. Je remercie Francesco Martelli de m'avoir signalé ces trois *imprese*, découvertes au cours de recherches communes sur la famille Strozzi. Ces images ont peut-être été dessinées d'après les *imprese* ayant figuré, dans le premier tiers du XVIIe siècle, dans la salle occupée par l'académie, au premier étage du palais de la via de' Legnaioli (voir *infra*, notes 61 et 62, p. 136-137). Les quarante-trois *imprese* peintes qui ornaient les murs de l'académie à la mort de Giovan Battista Strozzi semblent aujourd'hui entièrement perdues.

57. BNCF Magl. IX 124, fol. 1r (« Imprese delli accademici Alterati ») : « Il signor Giovambattista Strozzi detto il Tenero un platano annaffiato dal vino co'l motto '<*Jamque ministrantem plananum*> *Potantibus umbram*'. »

vers 116-148). Le platane n'est généralement pas tenu pour un bois tendre : le pseudonyme du Tenero se réfère donc plutôt aux qualités morales de l'académicien, voire à la tendresse qu'il aurait eue pour certains de ses collègues. On imagine que c'est une tendresse que le vin — dont, dans la devise, le platane est baigné — n'aurait fait qu'amollir davantage. Mais surtout, le vers de Virgile place le Tenero dans une position protectrice et même surplombante par rapport aux autres Alterati, qu'il abrite de son ombre puissante pendant qu'eux-mêmes, assoiffés de vin comme de savoir, s'y désaltèrent, comme les y invite la devise de l'académie (« *Quid non designat ebrietas ?* »). Cette devise académique était en effet tirée d'une scène de banquet évoquée dans les *Épîtres* d'Horace, et, dans l'esprit des académiciens, elle associait l'ivresse que produisent le savoir et l'élévation morale avec celle que génèrent le vin et les fêtes[58].

Illustration 11.
Impresa (devise) d'académicien Alterato de Giovan Battista di Lorenzo Strozzi (il Tenero), XVIIIe siècle. Il est figuré comme le bucolique platane à l'ombre duquel l'académie serait comme miraculeusement abreuvée de vin. Reproduit avec la permission de l'Archivio di Stato di Firenze — 2020.
Source : ASFi Carte strozziane, 3e série, 77, fol. 54[v].

58. HORACE, *Épîtres*, I, V, vers 20. Cette devise est analysée plus amplement plus loin dans ce chapitre, voir p. 183-188.

La posture de protection et d'autorité à laquelle prétend, par cette *impresa*, le Tenero se mesure mieux si l'on compare sa devise avec celle de son collègue Filippo Sassetti, dont le crédit social était bien moindre, en raison des sévères revers de fortune qu'avait connus sa famille depuis la fin du xve siècle. L'Assetato (l'Assoiffé) avait en effet pris pour devise une éponge (*una spugna*), assortie de deux vers tirés des *Odes* d'Horace : « Ici tu boiras à l'ombre, tout doucement, des coupes de ce vin de Lesbos qui ne fait de mal à personne[59]. » Dans ce chant, Horace s'adressait à Tyndaris pour lui décrire un havre de paix qui est sans doute sa propre maison des champs. En faisant de ces vers sa devise, l'Assoiffé s'agrège aux Alterati et se place en quelque sorte dans leur ombre, pour y boire (et s'y instruire) sous leur protection, dans l'espace de liberté et de loisir que leur institution lui offre. Ainsi, là où Filippo Sassetti est le protégé qui bénéficie du havre académique et du privilège de s'installer dans son ombre accueillante, Giovan Battista Strozzi est au contraire le protecteur, qui offre asile et liberté à ses collègues et alliés, qu'il sait rassembler dans leur institution. Parmi eux, ce noble platane prétend exister comme l'homme qui les réunit, les guide et les tient assemblés, couvrant au besoin leurs excès. Or tel est bien le rôle que le Tenero s'efforça de tenir au sein de l'académie, qu'il protégea, nourrit et accueillit chez lui. C'est en effet dans son palais de la via de' Legnaioli que se tinrent à partir du début du XVIIe siècle, les réunions de la sodalité, dans une salle spécialement décorée à cet effet[60]. De même, c'est chez lui que furent, à partir de cette même date, conservées les productions de la collectivité académique : une fois le Tenero rentré de Rome, les livres et les archives de l'institution furent apparemment également logés dans le palais de la via de' Legnaioli, dans un espace attenant à la salle de l'académie.

De la salle des Alterati, située dans le palazzo Strozzi del Poeta, nous ne savions jusqu'à une date très récente presque rien. Mais une historienne de l'art, Edina Adam, a retrouvé l'inventaire après décès du palais de Giovan Battista Strozzi, en date de 1634[61]. Ce document révèle que la salle que Giovan Battista Strozzi avait fait décorer pour accueillir l'académie se trouvait au rez-de-chaussée du palais, attenante à une « loggia » et proche d'une « libreria » (bibliothèque), où se trouvaient probablement les manuscrits et livres de l'académie. Dans la chambre de l'académie

59. BNCF Magl. IX 124, fol. 1^r^ (« Imprese delli accademici Alterati ») : « Il signor Filippo detto l'Assetato a una spugna co'l motto '*Hic innocentis pocula lesbii* <*duces sub umbra*> ». Les vers « Hic innocentis pocula Lesbii / duces sub umbra » sont issus des *Odes* d'Horace (livre I, chant 17).

60. BMLF Ashburnham 558.2, fol. 101^v^ du 15 juillet 1599 : « essendosi transferiti gli academici in casa il Tenero nostro e quivi adorna una capace stanza per l'Accademia. »

61. ASFi Carte strozziane, 5e série, 384, fol. 71^v^-77^r^ (« Libro dell'eredità giacente di Giovambattista di Filippo Strozzi, tenuto da Giuliano di Bernardo Panichi curatore dell'eredità », le document se présente comme « gli ricordi o inventario delle masserizzie e altri effeti della redità iacente del signore Giovanni Battista del Lorenzo Strozzi »). Je remercie Edina Adam de m'avoir transmis ces documents, sur lesquels elle prépare un article.

(« Nell'Academia », fol. 75^{r}), l'inventaire des meubles et effets mentionne la présence d'une chaire (« bigoncia da dispute d'albero tinta »), de deux fauteuils (« sgabelloni ») et de vingt tabourets (« sgabelli »), eux aussi en bois peint, ainsi que de quarante-trois devises académiques (probablement peintes) et de six portraits académiques (« Quarantà tre imprese, e sei ritratti dell'academia »). Une description élogieuse de cette nouvelle *stanza*, des meubles et objets qu'elle contient (les estrades ou *testate*, la *bigoncia*, l'urne en forme de tonneau de vendange et sa clef ou *chiave*, le sceau ou *sigillo*, le livre des lois de l'académie, les *imprese*, les *ritratti*) et des usages qui étaient rituellement les leurs apparaît par ailleurs à la fin du long discours de don Giovanni de Médicis cité plus haut. Celui-ci a vraisemblablement été prononcé entre 1600 et 1603, alors que Giovan Battista Strozzi rentrait de Rome, soit peu de temps après que la *sala* a été mise en service. Or, dans le manuscrit, qui retranscrit un discours du Saldo et un discours par lequel le Tenero acceptait une nouvelle régence de l'académie, se trouve aussi, entre ces deux allocutions, une description détaillée de la salle « ben proportionata » et « piutosto grande » (« bien proportionnée » et « plutôt grande ») que Giovan Battista Strozzi, à son retour de la Ville éternelle, avait fait meubler pour accueillir l'académie[62]. Cette description, dont le Saldo est sans doute l'auteur, souligne en particulier que l'ensemble du mobilier a été décoré sur le thème des vendanges (ainsi l'*impresa* de l'académie fut-elle revêtue de « tous les instruments de la vendange[63] »), pour mettre en évidence la thématique de l'ivresse et de l'altération, qui était si centrale à l'identité de l'institution. Ainsi s'explique la mention, dans l'inventaire après décès, des meubles en bois peint, qui devaient eux aussi être décorés selon cette thématique de la vigne et de la boisson. Ces deux sources témoignent du soin que le Tenero prit de faire meubler ce lieu, dont la création dut représenter pour lui, au moment où il rentrait de Rome, une dépense considérable. Or Giovan Battista Strozzi agissait ici tout autant pour l'honneur de l'académie que pour le sien propre, dès lors que loger l'académie chez lui avec pareil faste ne pouvait qu'augmenter tant sa réputation d'homme de bien que son prestige de *letterato*. En cela, une pareille *stanza* en dit aussi long sur ce que le Tenero fit pour l'académie que sur ce que l'académie fit pour lui.

L'activité académique apparaît ainsi comme l'un des principaux moteurs de l'intégration progressive du Tenero à la cour médicéenne. Il convient néanmoins de souligner ici que les activités académiques qui permettent à Giovan Battista Strozzi de se réinsérer socialement — soit la poésie, l'écriture de textes pour les divertissements de la cour et la pratique des oraisons funèbres — s'inscrivent

62. BMLF Ashburnham 562, « Ragionamenti intorno alla virtù del Saldo, accademico Alterato », fol. 129^{r}-156^{r}, en particulier les fol. 149^{v}-153^{v}.

63. BMLF Ashburnham 562, fol. 152^{r} mentionne « l'impresa universale del tino accademico, con l'ornamento di tutti gli strumenti di vendemia ».

principalement dans le champ des belles-lettres plutôt que dans celui des savoirs à proprement parler. Même quand il écrit des textes réflexifs, théoriques et/ou didactiques en contexte académique, le Tenero — à la différence de plusieurs de ses collègues au sein des Alterati, tels que Filippo Sassetti — ne s'inscrit le plus souvent pas dans les formes de l'érudition[64]. Le seul ouvrage à portée théorique et didactique qu'il ait écrit — lequel ne fut publié de son vivant que dans une édition anonyme et sans date — est ainsi un ensemble d'« observations » sur la manière de bien parler et écrire la langue toscane (sans doute mis au point à partir d'une réflexion commencée au sein des Alterati vers 1572). Or ce bref ensemble de remarques semble bien davantage l'ouvrage d'un pédagogue et d'un honnête homme que celui d'un lexicographe ou linguiste profondément érudit, comme il s'en était développé au XVIe siècle à Florence, tant au sein des Alterati que dans leurs marges[65]. Strozzi s'y attache en effet surtout à y définir rapidement une langue

64. Sa réédition, intégralement en latin, de la traduction que Pier VETTORI donna en 1560 (réédition en 1573) de la *Poétique* d'Aristote (*Aristotelis Poetica Petro Victorio interprete*, Florence, Giunti, 1617, avec une dédicace de Giovan Battista Strozzi à son petit-neveu et futur héritier) constitue de ce point de vue une exception. L'unique exemplaire subsistant est conservé en BNCF Magl. 5.9.119. Mais le choix d'un discours de savoir, tenu intégralement en latin, est dans ce cas dû à deux considérations. D'une part, l'exercice trouve son origine dans les cours suivis avec Pier Vettori au *Studio fiorentino* et dans le séjour que Strozzi fit à Pise en tant qu'étudiant. D'autre part, l'usage du latin permet de tenir secrète la réflexion esthétique de l'académie (dans le manuscrit correspondant, la *Poétique* est en effet commentée en vulgaire, voir BNCF Magl. VII 1199). Sur la publication de ce texte, et le manuscrit collectivement annoté qui était à son fondement, voir *infra*, ch. 3, p. 303-319.

65. Sur le texte que Giovan Battista STROZZI consacra à la langue toscane, sous le titre d'*Osservazioni intorno alla nostra lingua* et quelques autres écrits de linguistique qui lui sont attribués, voir SIEKIERA, Anna, « 'La lingua volgare si può ridurre in regola come la latina e la greca, et altre' : uno scritto grammaticale attribuito a Giovan Battista Strozzi il Giovane », *Studi di grammatica italiana, a cura de l'Accademia della Crusca*, 2015, 34, p. 161-183 et « Il lavoro paziente dall'Accademia degli Alterati », dans BELLONI, Gino et TROVATO, Paolo (dir.), *La Crusca e i testi. Lessicografia, tecniche editoriali e collezionismo librario intorno al* Vocabolario *del 1612*, Padoue, Accademia della Crusca, 2018, p. 105-146. Les *Osservazioni* furent peut-être rédigées vers 1583. Il en existe cinq manuscrits à la BNCF, dont aucun n'est de la main de son auteur (BNCF Magl. IV 30 ; Magl. IV 15 ; Magl. IV 16 ; Magl. IV 65 et Palatino 727). Une première édition anonyme du traité, sans doute très confidentielle, parut à Florence chez Pietro Nesti, entre 1630 et 1634, et seuls deux exemplaires en subsistent (voir BNCF Palatino 12.B.A.3.2.44 et Biblioteca Casanatense di Roma, Vol. Misc. 427.9). L'écrit fut ensuite réédité de nombreuses fois au XVIIe siècle, à partir de 1657, ainsi par exemple *Osservazioni intorno al parlare, e scriver toscano di G. S. con l'aggiunta d'alcune voci come si debbano profferire, e scrivere. Date in luce da P. B S.*, Florence, Francesco Livi, 1674 et *Osservazioni intorno al parlare e scriver toscano, di Giambattista Strozzi. Declinazioni de' verbi di Benedetto Buommattei e 'l sunto della favellatoria di Francesco Cionacci accademico Apatista*, Florence, Francesco Onofri, 1679. Sur la réflexion sur la langue toscane menée au sein des Alterati, voir également SIEKIERA, Anna, « Una disputa di fine Cinquecento intorno alla questione dei forestierismi (due lettere inedite di Lorenzo Giacomini a Scipione Bargagli) », *Studi Linguistici Italiani*, vol. XX, Rome, 1994, p. 166-195 ; « Il volgare nell'Accademia degli Alterati », dans BIFFI, Marco ; CALABRESE, Omar et SALIBRA, Luciana (dir.), *Italia linguistica : discorsi di scritto e di parlato. Nuovi studi di linguistica italiana per Giovanni Nencioni*, Sienne, Protagon, 2005, p. 87-112 et « Ancora sull'Accademia degli Alterati : il *Trattato di lingua toscana* di Francesco Bonciani », *Quaderni Veneti*, 2014/3, p. 89-96. Je remercie Anna Siekiera de m'avoir signalé les divers manuscrits des *Osservazioni*.

parlée élégante et distinguée — une langue d'homme de bien[66]. La participation à la vie académique revêt Strozzi d'une aura d'érudition, et son savoir est souvent réel, mais ce sont bien ses talents de poète et d'orateur, son entregent et son art de la conversation qui permirent son intégration dans la société de cour médicéenne[67]. Autrement dit, Strozzi se sert de la collectivité lettrée et savante qu'il anime — avec une ardeur qui est sans aucun doute sincère — pour s'introduire parallèlement en des lieux où règne en réalité une autre économie de la textualité que celle qui caractérise les échanges de savoir, et d'autres formes d'interlocution que celles visant principalement à la connaissance.

Dès lors, l'exemple du Tenero invite à examiner plus attentivement non seulement la place des discours de savoir dans l'académie des Alterati, mais encore la fonction d'une pareille académie dans la société politique florentine, à la fin du XVIe siècle. Son cas conduit en particulier à s'interroger sur la manière dont les familles du patriciat florentin qui s'étaient activement engagées dans la lutte contre les Médicis (ou même seulement avaient cultivé quelque nostalgie pour le régime oligarchique défunt) trouvèrent peu à peu leur place à la cour médicéenne, sur les temporalités spécifiques de cette intégration progressive et sur le rôle joué par une institution telle que les Alterati dans ce processus. Une fois ces évolutions mieux comprises, dans toute la diversité de leurs mécanismes et enjeux, il devient possible d'étudier comment le développement d'institutions académiques telles que l'académie des Alterati a parallèlement contribué non seulement à une redéfinition des formes du savoir, mais encore à la montée en puissance de nouvelles conceptions des arts. Car les transformations sociales qui accompagnèrent le développement d'une telle institution se caractérisèrent non seulement par la circulation de discours et de modèles venus de l'érudition dans des espaces nouveaux (académies), ou dans des cadres où jusqu'ici ils n'étaient que partiellement admis (les cours), mais encore par la modification profonde de ces mêmes discours et modèles, tant dans les enjeux

66. La brève « Vita di Giovambattista di Lorenzo di Federigo Strozzi detto il Cieco » que rédigea au XVIIIe siècle Luigi Strozzi (ASFi Carte strozziane, 3e série, 35, fol. 126^{r}-131^{v}) souligne avec insistance cet aspect du texte, fol. 126^{v} : « é solo restato un piccolo compendio et operetta stampata <g>ià in Firenze senza suo nome, che a nostri tempi è stata rimessa in publico da Carlo Dati intitolata Osservazioni intorno al parlare, e scriver Toscano, la quale egli fece nel 1583 per insegnamento di due principi giovani di Toscana, dove con brevità molto succincta disse quel tanto che a un fiorentino studioso di buone lettere può bastare, non avendo avuto altro fino che questo, come al principio di essa chiaramente per sua bocca apparisce. » Il ne subsiste pas, à ma connaissance, de source archivistique du XVIe siècle attestant de la réalité d'une telle charge pédagogique auprès de « deux jeunes princes toscans ». (Cette brève vie apparaît aussi sous forme calligraphiée et précédée d'un portrait au crayon rehaussé de terre de sienne en ASFi Carte strozziane, 3e série, 75/I, fol. 171^{r}-175^{v}.)

67. De son savoir-faire d'homme de cour témoigne encore abondamment, bien qu'*a posteriori*, la « Vita di Giovambattista di Lorenzo di Federigo Strozzi detto il Cieco » citée à la note précédente. Luigi Strozzi exagère sans doute quelque peu la faveur de Giovan Battista Strozzi auprès des quatre princes médicéens qu'il courtisa (François Ier, Ferdinand Ier, Cosme II et Ferdinand II), mais il souligne probablement avec raison que, à la cour, l'homme « fù gratissimo per la dolcezza del suo discorso, e per la sua gran prudenza e maniera » (fol. 128^{r})

dont ils étaient investis que dans les pratiques qu'ils impliquaient. Parallèlement, ces déplacements firent peu à peu émerger de nouveaux usages des arts, et de nouvelles manières de les considérer et d'en discourir. Mais, pour saisir ces déplacements, il faut d'abord élargir la perspective, en passant du cas de Giovan Battista Strozzi à une compréhension plus large de la sociologie de l'académie, comme de ses rapports avec le régime médicéen.

3. Les Alterati : une académie où le patriciat s'assemble et se ressemble

L'Académie Florentine recrutait de manière large dans l'espace social florentin — incluant les artisans et les libraires aussi bien que les membres du patriciat —, tout en maintenant des hiérarchies sociales strictes entre ses membres dans le cadre des activités de l'académie. Au sein de l'Accademia Fiorentina, les pseudonymes n'étaient pas en usage et les titres communément employés dans l'espace urbain (*messer*, *signor*, *cavaliere*, *marchese*, etc.) continuaient à avoir cours, comme le suggèrent clairement les registres de l'académie médicéenne qui, dans leurs comptes rendus, donnent toujours soigneusement à chaque membre cité la dignité qui lui revient, inscrivant ainsi les distinctions sociales au cœur des activités de l'académie[68]. À première vue, les actes des Alterati semblent bien moins soucieux des origines sociales de leurs membres, qui, une fois intégrés à l'académie, n'y sont jamais désignés que par leurs pseudonymes. Mais cette apparente désinvolture vis-à-vis des hiérarchies sociales préexistantes est trompeuse. Car l'absence de préoccupation explicite pour les états sociaux dans les registres des Alterati n'est pas le signe que leurs membres ne prêteraient pas une attention soutenue à ces réalités. Il est au contraire la marque de l'uniformité sociale quasi totale qui caractérise l'académie, laquelle ne recrute pour ainsi dire que des membres de ce que l'historiographie actuelle désigne comme des patriciens florentins. En cela, le silence qui règne au sein de l'institution sur la condition de chacun est avant tout le signe de l'extrême sélectivité de l'académie en termes sociaux. Il témoigne implicitement du fait que l'institution se conçoit comme un espace de distinction sociale extrême, où seuls peuvent être recrutés des individus que la grande majorité des autres membres reconnaissent comme leurs pairs. Autrement dit, la pratique consistant à faire disparaître la mention des distinctions sociales dans les actes de l'académie trahit en réalité l'obsession collective qui est entretenue dans l'institution autour de la dignité, des valeurs et des prérogatives du patriciat.

68. BMF Marucelliano B III 52-54, *passim*.

Les Alterati ne sont au demeurant pas seulement un lieu d'une très grande uniformité sociale. Ils sont aussi celui d'une forme d'endogamie, qui leur fit recruter leurs membres, pendant six décennies, parmi des familles qui, à Florence, se ressemblaient et s'assemblaient depuis des siècles. En cela, l'institution permet de revenir, depuis un point de vue quelque peu décentré, sur une question sur laquelle les historiens de la société florentine s'interrogent depuis des générations, sans toujours parvenir à des définitions satisfaisantes — à savoir la question de comment comprendre et définir le patriciat[69]. En fonctionnant comme le lieu d'une revendication identitaire tout autant que sociale, l'académie manifeste en effet, au travers de ses pratiques, l'*ethos* d'un groupe social qui est par ailleurs difficile à saisir, tant les frontières sociales et idéologiques en étaient mouvantes. Cerner le patriciat florentin n'est en effet pas moins complexe que tracer les contours de la « noblesse » dans la France moderne[70]. À tel point que Gene Brucker, l'un des historiens les plus respectés de la société florentine à la Renaissance, ne semble souvent pas loin de penser que cette « classe » serait avant tout caractérisée par une *Weltanschauung* (« an outlook[71] »), à savoir des valeurs, un style de vie et un ensemble de manières de percevoir le monde. C'est à une approche similaire du patriciat, en termes d'autoreprésentation, que voudrait contribuer la deuxième partie de ce chapitre consacré aux origines sociales des Alterati, aux représentations politiques qui s'y trouvaient associées et à la place que ces éléments tant sociaux que politiques jouaient dans leurs pratiques académiques. À un moment où le patriciat est en crise larvée — car les offices publics, qui étaient les fondements politiques de son identité sociale ont été, à Florence, vidés d'une grande partie de leurs pouvoirs lors de la mise en place du principat —, nombre de ces pratiques auto-définitoires peuvent en effet être saisies par le biais des activités académiques auxquelles s'adonnent, à la fin du XVIe siècle, une proportion non négligeable de ses membres.

La participation aux académies peut en particulier être envisagée comme une des pratiques de distinction par lesquelles les patriciens se représentent à eux-mêmes et

69. Sur la difficulté à définir à Florence le patriciat, ou encore ce qu'on pourrait appeler la noblesse d'office, voir BRUCKER, Gene A., *Renaissance Florence* (New York, Wiley, 1969 pour la 1re éd.), Berkeley, University of California Press, 1983, ch. III : « The Patriciate », p. 89-128 ; BERNER, Samuel L., « The Florentine Patriciate in Transition from Republic to *Principato*, 1530-1609 », *Studies in Medieval and Renaissance History*, 9, 1972, p. 3-15 (p. 3), BURR LITCHFIELD, Richard, *Emergence of a Bureaucracy*, p. 13 et BAKER, Nicholas S., *The Fruit of Liberty*, p. 6-13, qui préfère parler de « office-holding class ».

70. DESCIMON, Robert et HADDAD, Élie, *Épreuves de noblesse : les expériences nobiliaires de la robe parisienne (XVIe-XVIIIe siècles)*, Paris, Les Belles Lettres, 2010, soulignent qu'en France la noblesse d'Ancien Régime est une construction sociale multiforme et même souvent à géométrie variable, dont les matériaux principaux sont les seigneuries, les offices et le prestige immatériel qui naît de l'exercice ancien de l'autorité et de la puissance. On pourrait en dire à peu près autant du patriciat florentin, si ce n'est que les terres possédées n'y jouèrent pas un rôle symbolique important.

71. BRUCKER, Gene A., *Renaissance Florence*, p. 89.

réaffirment leur domination sur les autres composantes de la société florentine[72]. Examiner en quoi revendiquer son appartenance au patriciat est souvent passé, dans la Florence des Médicis, par l'activité académique permet par ailleurs d'envisager les participations aux institutions savantes dans toute l'étendue de leur portée politique, même si cette politicité est souvent tue ou exprimée indirectement dans le cadre de ces sodalités. Traditionnellement, les patriciens florentins se reconnaissaient entre eux à la présence de prieurs (les *priori*, soit les magistrats suprêmes, élus pour siéger pendant deux mois seulement au sein de la *Signoria*) parmi leurs ancêtres. Avoir compté un ou plusieurs prieurs parmi ses antécédents donnait même droit au titre de *signore*. Mais un patricien florentin n'est pas seulement, dans le siècle qui suivit l'accession des Médicis au principat, un membre des familles dont les ancêtres avaient autrefois accédé au priorat. C'est aussi bien souvent un individu qui entretient la mémoire de la République oligarchique, d'une manière ou d'une autre, et même un individu que le rapport qu'il établit avec ces pratiques mémorielles place dans un certain type d'interactions, tant pratiques qu'idéologiques, avec le régime médicéen.

Autrement dit, l'appartenance au patriciat n'est pas un fait objectif, c'est au contraire une construction complexe où l'identité sociale des membres du groupe dépend du regard que ceux qu'ils tiennent pour leurs pairs portent sur eux. Or, dans cette construction, les représentations politiques jouèrent dans la Florence du principat un rôle important, dès lors que c'est en grande partie à partir de la participation passée aux institutions de la République que s'évaluait l'appartenance légitime aux élites urbaines. De ce point de vue, l'enquête qui suit s'inscrit dans le prolongement des conclusions auxquelles Caroline Callard avait abouti dans son livre sur l'écriture de l'histoire à Florence au XVIIe siècle[73]. L'historienne y montrait en effet combien l'ombre de la République planait, jusque dans le Seicento, sur les pratiques historiographiques des *letterati* du patriciat. Or nombre des historiographes dont elle analysait les écrits furent en réalité formés au sein de la culture académique florentine. Les académies patriciennes (et au premier rang d'entre elles, celle des Alterati) ont même été l'un des principaux laboratoires où s'inventèrent ces pratiques historiographiques qui entretinrent non seulement la réputation des plus grandes familles florentines mais encore (bien que le plus souvent à mots couverts) la mémoire de la République elle-même. Ces académies furent ainsi l'un des facteurs les plus évidents de la perpétuation de telles représentations. À travers elles, le patriciat se définit, s'affirma et se reproduisit. Il ne faut dès lors pas trop

72. Pour l'étude de dynamiques sociales comprarables, voir Pierre Bourdieu, *La Distinction : critique sociale du jugement*, Paris, Minuit, 1979.

73. Callard, Caroline, *Le Prince et la République : histoire, pouvoir et société dans la Florence des Médicis*, Paris, Presses de l'Université Paris-Sorbonne, 2007.

s'étonner que nombre des académies florentines du XVIe siècle semblent s'inspirer, dans le cadre de la sélection de leurs magistrats, des complexes processus qui, sous la République, permettaient d'appointer les citoyens florentins aux charges civiles.

3.1. *Entre soi*

Quoiqu'ils soient souvent issus de familles proches ou alliées, tous les Alterati ne vivaient pas dans l'aisance, loin de là. À la fortune de Giovan Battista Strozzi ou de Lorenzo Giacomini (il Mesto) s'oppose par exemple l'impécuniosité de leur cousin et allié, Filippo Sassetti (l'Assetato), qui venait d'une ancienne famille patricienne, autrefois fort riche, mais réduite depuis des décennies déjà à la pauvreté. Ce dernier, qui joua un rôle non moins important que le leur dans l'académie des Alterati, vécut en effet la plus grande partie de sa vie dans le besoin. Les activités de son grand-père, Francesco Sassetti (1420-1468), au sein de la banque des Médicis avaient fait la fortune de sa famille sous Cosme l'Ancien. Mais, dès la fin de la vie du patriarche et tout au long du *Cinquecento*, la situation économique de la famille n'avait cessé de se dégrader. Cinq ans après la naissance de Filippo, en 1545, les Sassetti furent par exemple contraints de vendre aux Capponi la magnifique villa que leur aïeul avait fait édifier à Montughi. L'enfance de Filippo se déroula dans le dénuement, sa famille devant même souvent s'appuyer sur des familles alliées (les Giacomini, les Capponi, et les Strozzi) pour se loger[74]. Filippo étudia les humanités tout en se formant au commerce, au service d'autrui. À partir de 1568 et sans doute jusqu'en 1574, il est inscrit au *Studio pisano*[75], mais ses activités commerciales se poursuivaient encore au début de la décennie 1570, notamment pour le compte de son cousin Lorenzo Giacomini, comme en témoigne sa correspondance avec celui-ci[76].

74. ASFi Decima granducale 3782 (« Ricerca delle case di Firenze ordinata da Cosimo I […] », datant de 1561), fol. 83^{r} indique que Jacopo di Lorenzo Giacomini, le père de Lorenzo Giacomini, loue un logement à Giovan Battista Sassetti pour vingt-huit scudi l'année. Ces informations sont confirmées par BNCF II. I.120 (qui contient un dénombrement des habitants par foyer à Florence en 1551, réalisé par Antonio di Filippo Gianetti sur ordre de Cosme Ier). Ce volume indique que, dix années plus tôt, Francesco d'Agnolo Giacomini logeait chez lui Giovan Battista Sassetti (dont la famille comprenait « 3 maschi, 4 femmine, 3 serve »). La raison de ces locations ou cohabitations nous est livrée par ASFi Decima granducale 2670, fol. 227^{r} (*arroto* n° 112 de l'année 1567) : en 1567, le montant de la dîme payée par Francesco et Filippo Sassetti, les deux fils de Giovan Battista Sassetti, s'élevait à seulement « 2 <denari> ». Autrement dit, les frères Sassetti ne possédaient pratiquement plus rien. Je remercie Vanni Bramanti de m'avoir signalé l'existence de ces documents.

75. ASP Università di Pisa, Matricole 41 <1544-1572> et Matricole 42 <1563-1609> : dans le vol. 41, au fol. 78^{v}, à la date du 2 novembre 1568, Filippo Sassetti est inscrit comme « art^{a} » (« artista ») et, dans le vol. 42, au fol. 41^{r}, à la date du 3 novembre 1568, on le trouve aussi inscrit comme « h^{a} » (« humanista »). Le fait qu'il soit régulièrement inscrit à l'université signale qu'il n'est pas à Pise en dilettante : il cherchait à y acquérir des savoirs qu'il pourrait faire valoir professionnellement.

76. Voir SASSETTI, Filippo, *Lettere da vari paesi, 1570-1588*, éditées par Vanni BRAMANTI, Milan, Longanesi & C., 1970, lettres 1 à 33 (sauf les lettres 16, 19, 22 et 25 qui sont adressées à Pier Vettori).

L'entrée de Filippo Sassetti dans le monde académique, vers 1575, semble témoigner de la volonté de se faire un nom par les lettres, et peut-être même d'entrer, grâce à la notoriété ainsi gagnée, dans une forme de service de plume auprès des Médicis. C'est du moins ce que laisse supposer la rédaction, en 1577, d'un texte sur le commerce de la Toscane avec le Levant, qui était clairement une commande médicéenne[77]. L'opuscule contenait des recommandations pour faciliter l'installation à Livourne des marchands levantins, en échange de quoi Filippo Sassetti espérait que les Turcs ouvriraient leurs marchés aux commerçants toscans. Ce texte était destiné à servir de mémoire préparatoire à un voyage de Bongianni Gianfigliazzi, qui visita effectivement Constantinople l'année suivante[78]. Mais ce petit écrit ne permit pas à Sassetti de se trouver une place au sein de l'administration médicéenne. Or l'état de sa fortune ne l'autorisait pas à mener éternellement la vie d'académicien. Il retourna alors au commerce, et saisit même l'occasion pour quitter Florence tout de bon, partant pour la péninsule ibérique en 1578, avant de s'embarquer en 1582-1583 pour les Indes, où il développa une activité commerciale, tout en restant en contact avec le monde des lettres florentines par le moyen d'une importante correspondance. Il mourut de fièvres malignes à Goa, en 1588, étant semble-t-il sur le point de faire fortune dans le commerce du poivre.

La carrière de Filippo Sassetti ne fut pas celle de son ami et allié, Giovan Battista Strozzi. En particulier, elle ne comporta pas de réintégration dans la société de cour médicéenne, vraisemblablement en grande partie parce que Sassetti ne disposait initialement d'aucune fortune, mais sans doute aussi parce qu'il mourut jeune. C'est en effet principalement après 1590 que l'intégration du patriciat dans la société de cour médicéenne devint une réalité. Enfin, le rapport que Sassetti entretint avec les choses de l'esprit ne fut pas celui du Tenero : il cultiva les savoirs savants (humanités latines et grecques, philologie, philosophie, emblématique, linguistique, géographie[79]) bien davantage que ne le fit jamais Giovan Battista

77. Sassetti, Filippo, *Ragionamento sopra il commercio ordinato del granduca Cosimo I tra i sudditi suoi e le nazioni del Levante, diretto a Bongianni Gianfigliazzi, cavaliere gerosolimitano*, rédigé en 1577 ; un manuscrit est conservé en ASFi Miscellanea medicea 514, fascicule 14 (12 fol.). Le texte fut imprimé dans Sassetti, Filippo, *Sul commercio tra la Toscana e le nazioni levantine : ragionamento*, Florence, Tipografia Galileiana di M. Cellini e C., 1853 (extrait de l'*Appendice all'Archivio Storico Italiano*, v. IX, p. 172-194). Quelques années ans plus tard, Bongianni Gianfigliazzi employa probablement Francesco Bonciani, l'un des plus proches amis de Filippo Sassetti, dans des fonctions de secrétaire (1583-1587). En témoignent plusieurs des manuscrits rassemblés en BRF Riccardiano 1826. Pour plus de détails sur ce codex, qui comprend aussi plusieurs autres écrits de Filippo Sassetti ; voir l'inventaire analytique des documents manuscrits consultés, en fin de volume.

78. Goldthwaite, Richard A., *The Economy of Renaissance Florence*, Baltimore, The Johns Hopkins University Press, 2009, p. 191-192.

79. Sur les activités savantes de Filippo Sassetti au sein des Alterati, en particulier ses efforts pour élucider la *Poétique* d'Aristote, voir *infra*, ch. 3, p. 308-321.

Strozzi, qui préférait s'adonner à la poésie, aux belles-lettres, aux divertissements et à la musique. Pourtant, Strozzi et Sassetti partageaient nombre de valeurs ou d'opinions, en particulier le sentiment d'appartenir de droit à l'élite sociale de la ville, une méfiance résignée vis-à-vis du pouvoir médicéen ou encore la conviction que les savoirs humanistes étaient l'apanage de leur classe. Par là même, ils se reconnaissaient mutuellement comme des membres du patriciat. En cela, les Alterati pouvaient les réunir au-delà de l'écart considérable de leurs fortunes et même de l'inégalité de leurs destinées. C'est de ce point de vue qu'il est possible de suggérer que les Alterati ont en quelque sorte fonctionné comme l'un des *gentlemen's clubs* du West-End londonien à leur apogée[80]. Ils étaient en effet structurés comme un dispositif social sélectif et distinctif, dont la première fonction était de délimiter un lieu où ceux qui, dans la Florence des Médicis, avaient le sentiment de se ressembler — dans leur attachement à la dignité et aux valeurs du patriciat — pouvaient se réunir, créant ainsi, pour tous, le confort de se sentir entre soi. L'identité que les Alterati se reconnaissaient n'était cependant pas seulement sociale — elle était aussi, et de manière indissociable, politique.

3.2. L'opposition aux Médicis en héritage

Il est particulièrement frappant de constater combien d'Alterati ont en commun d'appartenir à d'anciennes familles patriciennes où un ou plusieurs membres ont tenté de s'opposer, lors de la chute de la République, à l'arrivée au pouvoir des Médicis. Giulio del Bene (il Desioso), qui se voyait comme le principal fondateur de la sodalité[81], était ainsi issu d'une famille patricienne d'ancienne souche, puisque ayant accédé aux magistratures dès 1283[82]. Cette famille compta dans ses rangs vingt prieurs (*priori*), dont le dernier avait accédé au priorat aussi récemment qu'en 1512. Or plusieurs membres de ce lignage avaient activement défendu l'oligarchie lors de sa chute, en particulier les fils de Tommaso del Bene (Leonardo, Neri, Lodovico, Francesco et Giovan Battista), qui furent mis au ban de la ville une fois la République tombée[83]. Parallèlement, d'autres membres de la famille avaient quitté Florence dans les premières années du XVIe siècle, pour échapper à la montée en puissance des Médicis et chercher meilleure fortune en France, notamment

80. Sur ces institutions, voir MILNE-SMITH, Amy, *London Clubland : A Cultural History of Gender and Class in Late-Victorian Britain*, New York, Palgrave Macmillan, 2011.

81. Voir *supra*, ch. 1, p. 39-50.

82. ASFi Ceramelli Papiani 547.

83. Voir ADEMOLLO, Agostino, *Marietta de Ricci ovvero Firenze al tempo dell'assedio, racconto storico*, Florence, Stabilimento Chiari, 1845, 2nde édition avec les corrections et additions de Luigi PASSERINI, 6 vol., vol. 4, p. 1522-1525.

Niccolò del Bene et son frère Piero, qui passèrent une grande partie de leur temps à la cour de France à partir de 1503[84].

Le fils de Niccolò, Bartolomeo (Baccio) del Bene (1514-1588 ?) — qui était l'oncle du Desioso[85] — quitta lui-même Florence immédiatement après son mariage en 1533, pour aller tenter sa chance en France, auprès de Catherine de Médicis. Il acquit rapidement de l'influence dans l'entourage de la reine, sans faire mystère auprès d'elle de son antipathie pour ceux qui s'étaient emparés du pouvoir à Florence. À plusieurs reprises, en 1562 et en 1567, Catherine envoya Bartolomeo dans sa ville natale, pour obtenir un prêt de son cousin, Cosme Ier, et même à Rome, pour une mission de même nature. Bartolomeo avait été éduqué aux humanités grecques et latines, pratiquait les belles-lettres, aussi bien comme poète que comme orateur, et écrivit un traité d'éthique en forme allégorique qui ne fut publié qu'après sa mort[86]. Il fut également membre de l'Académie du Palais sous Henri II[87], et Giulio del Bene le fit entrer parmi les Alterati en 1571, sous le pseudonyme moqueur du Gravoso (soit « celui qui est en charge <officielle> » mais aussi celui qui est « lourd » ou « pesant »). Baccio del Bene eut alors à cœur de participer aux activités de l'académie par correspondance, depuis Paris, et l'institution paraît s'enorgueillir, dans ses actes, d'avoir entretenu une correspondance suivie avec cet exilé riche et puissant en France, qui est aussi un philosophe et un poète respecté[88]. Mais la famille del Bene n'est pas la seule famille d'expatriés pour

84. Sur leurs activités à la cour de France, voir BALSAMO, Jean, « Les Delbene à la cour de France », dans FONTANA, Alexandre et MARIETTI, Marina (dir.), *La Circulation des hommes et des œuvres entre la France et l'Italie à l'époque de la Renaissance*, Paris, CIRRI, 1993, p. 61-76.

85. ASFi Raccolta Sebregondi 569 : Giulio di Francesco di Niccolò del Bene est le fils d'un des deux autres fils de Niccolò del Bene, Francesco del Bene.

86. BENE, Bartolomeo del, *Civitas veri sive morum*, Paris, A. & J. Drouart, 1609, réédité en fac-similé avec une préface de Patrizia CASTELLI, Vernio, Centro Bardi et Ivry-sur-Seine, Phénix, 2001. La dédicace à Henri III porte la date de 1585, qui est vraisemblablement celle à laquelle la rédaction du livre fut achevée. Le livre est une territorialisation allégorique de l'*Éthique à Nicomaque*, soit un voyage dans les terres de la morale guidé par Aristote lui-même, et est pourvu de nombreuses planches illustrant les diverses réalités et concepts de celle-ci. Sur ce texte, voir notamment JOUKOVSKI, Françoise, « Une commande de Marguerite de Savoie : la *Civitas veri* de Bartolomeo del Bene », dans BALSAMO, Jean (dir.), *Mélanges de poétique et d'histoire littéraire du XVIe siècle offerts à Louis Terreaux*, Paris, Champion, 1994, p. 465-479 et GORRIS CAMOS, Rosanna, « *La Città del vero* : une ville en papier entre utopie et hétérotopie », *Seizième Siècle*, 9, 2013, p. 171-196.

87. Voir YATES, Frances A., *The French Academies of the Sixteenth Century* (1947), Londres et New York, Routledge, 1988, notamment p. 108-116 et p. 145-146.

88. Sur Bartolomeo del Bene, voir l'article de Paolo PROCACCIOLI, *Dizionario biografico degli italiani*, vol. 36, Rome, 1988, p. 330-333. Étant la plupart du temps absent de Florence, le Gravoso ne peut assister aux séances des Alterati. Mais les actes de l'académie le montrent participant aux travaux de celle-ci par correspondance et soumettant des poèmes pour évaluation et correction (BMLF Ashburnham 558.2, fol. 58v : « Lessesi tre canzoni mandatevi a considerare di Francia dal nostro Gravoso »). La fin du second volume des actes de l'académie — où se trouve recopiée la correspondance de l'académie avec ses membres et correspondants extérieurs — comprend plusieurs lettres du Gravoso ou adressées à lui, dont BMLF Ashburnham 558.2 fol. 134, 135v, 136v, 138v et 139v. Vers 1584-1586, soit à l'extrême fin de sa vie, Baccio del Bene semble

raisons politiques (*fuorusciti*) dont les Alterati aient accueilli (et même recherché) les rejetons.

Le cas d'Antonio degli Albizzi, membre fondateur des Alterati, n'est en effet pas très éloigné de celui de Giulio del Bene et de son oncle. À ceci près que les Albizzi étaient une famille plus ancienne, plus riche et dont l'opposition à la montée en puissance des Médicis avait, dans l'ensemble, été plus visible encore que celle des Del Bene. Les linéaments de leur histoire familiale sont aussi mieux connus. Les Albizzi sont répertoriés pour la première fois à Arezzo au XIIe siècle, et leur nom apparaît initialement dans les listes de prieurs (*priori*) en 1282, avec Filippo degli Albizzi. La famille, enrichie dans la laine, fut ensuite très présente au sein des plus importantes institutions politiques de la ville, en particulier au XIVe siècle, totalisant pas moins de quatre-vingt-neuf prieurs et treize gonfaloniers de justice avant la chute de la République. Bannis de Florence après l'éclatement de la révolte des Ciompi (1378), au cours de laquelle Piero degli Albizzi fut suspecté de conspiration, les Albizzi reprirent néanmoins la main dans les instances gouvernantes de la *Signoria* lorsque Maso degli Albizzi — qui prit part à la conquête de Pise et fut dès lors autorisé à se réinstaller à Florence — accéda à la fonction de gonfalonier de justice en 1393. Son fils, Rinaldo degli Albizzi (1370-1442), fut néanmoins, avec Palla Strozzi, le principal opposant à la mainmise de Cosme de Médicis l'Ancien sur le gouvernement de la ville, dans la première moitié du XVe siècle.

Mais, en 1433-1434, Rinaldo échoua dans sa tentative de faire exiler définitivement Cosme, et dut quitter Florence pour s'installer à Ancône, où il mourut en 1442. Son frère, Luca degli Albizzi (1382-1458), prit au contraire parti pour les Médicis, ce qui lui permit d'accéder à la charge de gonfalonier de justice en 1442, et de rester propriétaire du palazzo Albizzi, sur l'actuel Borgo degli Albizzi, alors que son frère se trouva dépouillé du sien (aujourd'hui connu comme le palazzo Valori-Altoviti). Cependant, Anton Francesco degli Albizzi (1486-1537), l'un des fils de Luca, s'engagea pleinement dans la lutte pour la préservation du régime oligarchique, aux côtés de Filippo Strozzi, et fut décapité à Montemurlo. D'autres membres de la famille, tels que Girolamo degli Albizzi (1485-1556), avaient pris fait et cause pour les Médicis et en tirèrent des bénéfices politiques non négligeables[89]. Au tournant des XVe et XVIe siècles, le clan était ainsi le lieu d'affiliations politiques divergentes, qui témoignent des difficultés des plus grandes familles florentines à s'adapter à la domination de plus en plus irrésistible des Médicis.

ainsi un académicien plutôt actif, fût ce depuis Paris, tout particulièrement en ce qui concerne les activités poétiques et la *censura* de celles-ci (sur lesquelles, voir *infra*, ch. 4, p. 369-422).

89. Sur Anton Francesco degli Albizzi et Girolamo degli Albizzi, voir BAKER, Nicholas S., *The Fruit of Liberty*, notamment, p. 258-260.

Antonio di Luca degli Albizzi (1547-1606), qui fut actif parmi les Alterati sous le pseudonyme du Vario, est issu d'une branche moins célèbre de la famille[90]. Il passa ses premières années à Lucques, avant d'aller étudier au *Studio* de Venise sous Carlo Sigonio, puis de se former à la logique et au droit pendant cinq ans à Padoue, avec une année supplémentaire à Bologne. De retour à Florence à partir de 1565, il suivit également des cours de philosophie morale auprès de Pier Vettori, et s'initia à la physique auprès d'Agnolo Segni. À partir de 1566 ou 1567, il est à Pise comme étudiant, mais sans être formellement inscrit à l'université. C'est semble-t-il à ce moment qu'il se lie avec d'autres jeunes membres des Alterati présents à Pise, devenant même le premier régent d'une branche de l'académie qui y est officiellement créée en décembre 1572[91]. Mais, dès 1568, il est également appelé auprès de Jeanne d'Autriche pour s'entretenir avec elle de la *Rhétorique* d'Aristote, dont Annibale Caro venait de produire une traduction[92]. C'est vraisemblablement aussi à ce moment qu'il est admis à l'Accademia Fiorentina, dont il devint consul en 1574.

De cette époque date aussi sa *Vita* de Piero Strozzi, dont il subsiste deux manuscrits parmi lesquels l'un est autographe et se trouve actuellement conservé dans le fonds Strozzi de la Newberry Library, aux côtés de l'exemplaire de la *Politique* d'Aristote en langue toscane — couvert d'annotations dues à une poignée de jeunes membres de la famille Strozzi et elle-même dédiée à Piero Strozzi — qui a été analysé plus haut[93]. Le texte de la vie de Piero Strozzi fut rédigé dans le cadre

90. Voir Litta, Pompeo et al., *Famiglie celebri italiane — Albizzi di Firenze ; Alessandri già Albizzi di Firenze*, Milan, P.E. Giusti et al., 1819-[1883], vol. XV, fascicule 178, 4e table (Turin, Francesco Basadonna, 1876 pour ce fascicule).

91. Le 20 décembre 1572, un privilège est accordé par les Alterati de Florence à cinq d'entre eux — Antonio degli Albizzi (il Vario), Giovan Battista Strozzi (il Tenero), Giuliano Gianfigliazzi (l'Assodato), Francesco Bonciani (l'Aspro) et Giovanni Venturi (il Ruvido) — qui se trouvent à Pise. Le Vario est nommé régent de cette nouvelle section académique dont le fondateur est l'Aspro. Une copie du privilège figure en BMLF Ashburnham 558.1, fol. 105v-106r et la demande signée par les cinq exilés est préservée aux fol. 104v-105r. Cette succursale de l'académie est néanmoins vite contestée à Florence. À la date du jeudi 27 janvier 1574, BMLF Ashburnham 558.1, fol. 60v, rapporte en effet des tensions (sur lesquelles voir *supra*, ch. 1, note 99, p. 91). Une lettre des académiciens de Pise est discutée le 5 mai 1575, en BMLF Ashburnham 558.1, fol. 62v. Sur les rapports entre culture universitaire et pratiques académiques, voir *infra*, ch. 4, p. 346-355.

92. Cantimori, Delio, *Dizionario biografico degli italiani*, Rome, vol. 2, Rome, 1960, p. 21-22, article « Antonio degli Albizzi » (p. 21).

93. Le manuscrit original de la vie de Piero Strozzi, transcrite de la main Antonio degli Albizzi, est actuellement conservé à la Newberry Library sous la cote Vault Case MS 6A 11, vol. 3. La main est identique à celle qui est présente dans les *atti* des Alterati, BMLF Ashburnham 558. 1, fol. 3, où un « sonetto del Vario » a été transcrit par lui-même. À Florence, on trouve une copie de cette vie de Piero Strozzi en BNCF II.II.325 (anciennement BNCF Magl. VIII 1401), fol. 222r-249v. Le texte alterne une main courante et des passages calligraphiés. Il est intitulé « Vita del signor Piero Strozzi maresciallo e capitano generale del re di Francia scritta da Antonio degli Albizzi, dedicata al signor cardinal Andrea d'Austria ». Une autre transcription, datant du xviie siècle, existe en BMF Marucelliano C 133, fol. 138r-169v. Le texte a été imprimé au xixe siècle dans Guasti, Cesare (éd.), *Vite di uomini d'arme e d'affari del secolo xvi, narrate da contemporanei*, Florence, G. Barbera, 1866, p. 509-601.

d'un ensemble de textes biographiques dont les Alterati avaient collectivement entrepris la rédaction vers 1574-1575 — l'un d'entre eux, Torquato Malaspina, écrivant même ultérieurement un traité sur l'art d'écrire les vies, qui fut lu au cours de deux séances consécutives de l'académie, les 20 et 27 août 1584[94]. Or les *vite* écrites par les Alterati, qui restèrent toutes manuscrites, avaient en grande majorité pour sujet des figures de la Florence républicaine. Parmi elles, on compte en effet une vie de Francesco Ferrucci par Filippo Sassetti, une *vita* de Pier Capponi et une biographie de Gianozzo Manetti par Vincenzo Acciaiuoli[95]. De surcroît, le projet d'une vie de Piero Strozzi a clairement été suggéré à Antonio degli Albizzi par Giovan Battista Strozzi, qui fut sans doute en grande partie à l'origine du lancement de ce vaste projet de productions biographiques à tonalité républicaine au sein des Alterati[96]. Il n'est même pas impossible que l'étude de la *Politique* traduite par Antonio Brucioli et dédiée à Piero Strozzi, dans laquelle Giovan Battista Strozzi chercha à l'adolescence un fondement à ses conceptions de la République, ait pu contribuer à orienter le choix du Tenero vers la figure de Piero Strozzi.

Comme le texte de Filippo Sassetti sur Francesco Ferrucci, celui du Vario sur Piero Strozzi suggère clairement un attachement à la République et à ses héros. Piero Strozzi, le fils aîné de l'homme qui conduisit la République à sa perte à Montemurlo, était en effet la figure par excellence du *fuoruscito*. Après la défaite de son père, il fit l'ensemble de sa carrière militaire au service de la France, devenant général des galères en 1545. Il commanda les troupes qu'Henri II envoya au secours de Sienne en 1552, au cours d'un siège sanglant, avant de devenir maréchal de France en 1554. Comme Bartolomeo del Bene dans le domaine de la diplomatie et des belles-lettres, Piero Strozzi mit ainsi ses talents au service de Catherine de Médicis et de ses fils, mais dans le champ des armes. Écrire sa vie dans la Florence

94. MALASPINA, Torquato, *Dello scrivere le vite*, texte édité et introduit par Vanni BRAMANTI, Bergame, Moretti & Vitalli, 1991, Introduction, p. 33.

95. Sur l'écriture de ces vies parmi les Alterati, voir l'introduction de Vanni BRAMANTI à son édition de SASSETTI, Filippo, *Vita di Francesco Ferrucci*, Turin, RES, 2000, p. XI, ainsi que BRAMANTI, Vanni : « Biografie in tempo di pace » (1999), dans BRAMANTI, Vanni, *Uomini e libri del Cinquecento fiorentino*, Manziana (Rome), Vecchiarelli, 2017, p. 67-93 (en particulier p. 67-72) et DE CARO, Gaspare, *Euridice. Momenti dell'umanesimo civile fiorentino*, Bologne, Ut Orpheus, 2006, p. 73-116.

96. La plupart de ces textes demandèrent soit des recherches dans les archives de la République, aux Offices — sur autorisation de l'administration médicéenne —, soit la circulation parmi les Alterati de sources familiales (*notizie*) documentant les figures républicaines choisies. ASFi Carte strozziane, 3e série, 135, fol. 243r-245r (la numérotation de cette *filza* est irrégulière, en raison de l'assemblage de documents de provenances diverses ; il s'agit de l'ultime document du codex) préserve ainsi une lettre de Giovan Battista Strozzi sans lieu, date ni destinataire, qui contient une notice biographique consacrée à Antonio degli Albizzi (peut-être en préparation d'un éloge funèbre ?). Cette copie de lettre suggère l'échange d'archives familiales parmi les Alterati. Strozzi écrit en effet (fol. 243v-244r) : « [...] lo pregai che imprendesse a scrivere la vita del signor Piero, il che volontieri ei fece, e mi disse desiderar che scrivessi io la vita d'uno delli Albizzi del quale mi harrebbe dato notizie, si come ne hebbe da me per la sopra detta vita del marescial. »

des Médicis était signaler ses sympathies politiques de manière peu équivoque. La mort de ce *condottiere* en 1558, au siège de Thionville, d'un coup d'arquebuse, donne même lieu, dans le texte du Vario, à un éloge appuyé[97]. Il n'est dès lors pas difficile de comprendre pourquoi ce récit, pourtant très long et très achevé, ne circula originellement qu'en manuscrit et de manière fort restreinte, et se trouva par la suite conservé avec tant de soin, dans sa version autographe, par les membres de la famille Strozzi.

Vers 1576-1577, Antonio degli Albizzi semble lui aussi avoir senti que ses perspectives d'avenir, à Florence, étaient limitées, peut-être notamment en raison des affiliations politiques de sa lignée. En 1576, il entra au service du cardinal André d'Autriche (1558-1600), qu'il servit pendant près de vingt-cinq années en diverses capacités. En 1577-1579, il suivit son protecteur à Rome puis dans une variété de missions auprès de la cour impériale, puis de nouveau en Toscane, auprès du grand-duc, et enfin à Ferrare et à Mantoue. En 1585, il tomba gravement malade et se convertit au luthérianisme après sa guérison. Après la mort du cardinal André d'Autriche en 1600, il se rendit à Florence clandestinement pour y vendre tous ses biens, avant d'annoncer sa conversion et de retourner dans le Saint Empire. Il s'installa à Kempten où il vécut plus de vingt ans et mourut en juillet 1626, non sans avoir été inquiété deux fois par les tribunaux de l'Inquisition, qui cherchèrent à obtenir sa rétractation. Cette carrière n'est guère moins excentrique que celle de Filippo Sassetti et elle suggère, elle aussi, combien la réintégration sociale tout autant que politique du patriciat d'obédience antimédicéenne a pu parfois se révéler compliquée. Entre 1570 et 1580, certains Alterati, en particulier ceux qui appartenaient aux familles les moins riches ou à celles dont la position restait politiquement fragile — tels que le Vario ou l'Assetato —, jetèrent selon toute vraisemblance l'éponge devant les difficultés, et quittèrent ostensiblement Florence pour aller chercher fortune ailleurs. Par ailleurs, jusqu'à 1590-1600, l'intégration sociale et politique de

97. « Vita del signor Piero Strozzi maresciallo e capitano generale del re di Francia scritta da Antonio degli Albizzi, dedicata al signor cardinal Andrea d'Austria », dans GUASTI, Cesare (éd.), *Vite di uomini d'arme*, p. 592-594 : « Ma egli <Piero Strozzi> non potè già godere il frutto di quella vittoria, per quale aveva cotanto affaticato; perciò che, andando il giorno di poi (come era costume) a rivedere le trincee con monsignore di Guisa, venne di lontano un colpo di archibuso da porta, e lo ferì sopra poppa manca : e incontanente il fece cascare morto in terra, non avendo per ancora finito il quarantesimo anno della sua vita. La cui morte fu pianta e lamentata grandemente da tutto quel'esercito, e dal re sopra tutti gli altri : il quale con tutta la corte si vestì a bruno, lasciando di sè Piero tale reputazione, che di molti e i più intendenti hanno portato oppinione, che se egli fosse vissuto, non sarebbe per avventura quel regno caduto nelle calamità che ora è ; allegando che la regina <Catherine de Médicis>, per mancamento di un simile di cui ella si potesse fidare come faceva di lui, ha tentate molte cose, di che egli averebbe potuto assicurare. Il giorno di poi si arrese Tiunville, che fu certo gran perdita al re di Spagna ; por lo che ambedue questi gran re con molta lode di Piero si accordarono a dire, l'uno che in acquistando aveva più perduto che l'inimico, e l'altro che non gli pareva aver perduto ; poi che l'inimico era privo di un sì fedele e valente capitano. »

beaucoup de leurs collègues mieux établis demeura fragile ou partielle. L'académie des Alterati, en fournissant à ses hommes le moyen de se retrouver entre soi, pouvait leur permettre de s'entraider, mais elle ne constituait pas un gage de réussite en fin de parcours, tant la fortune, l'entregent ou la santé des individus étaient susceptibles d'influer sur le succès ou l'échec de leurs tentatives d'intégration. D'autant que leur appartenance à la sodalité pouvait aussi contribuer à l'isolement général de ces hommes, dès lors qu'elle les associait publiquement avec une nostalgie collective, et sans doute inégalement camouflée, pour la République, qui rendait parfois leur réintégration sociale plus malaisée encore.

Il est évidemment impossible de s'attarder aussi longuement sur tous les membres de l'académie, mais il convient de souligner que, pour peu que l'on approfondisse un peu l'histoire familiale de chacun, les mêmes schémas (ré)apparaissent presque toujours, sous une forme ou sous une autre. Ces schémas familiaux entrelacent systématiquement, quoique dans des configurations variées, l'appartenance aux familles qui détinrent les plus importantes magistratures sous la République et une forme ou une autre d'opposition à la domination médicéenne, construite en tradition familiale latente. Citons pour terminer le cas de Bernardo Davanzati, qui est peut être l'un des plus frappants, en ce que le fait d'avoir pris parti contre les Médicis fragilisa considérablement la famille dans la première partie du XVIe siècle, avant que l'un de ses rejetons n'en rétablisse la dignité, en alliant le commerce à une vie académique très engagée[98]. Bernardo Davanzati (1529-1606) n'appartient pas à la génération des fondateurs des Alterati, qui avaient entre dix-sept et vingt-cinq ans en 1569 : il est en effet né juste avant le siège de Florence. Les Davanzati étaient aussi une famille patricienne ancienne et relativement puissante. Ils avaient accédé au priorat pour la première fois en 1320 et pouvaient s'enorgueillir d'avoir donné à la ville quarante-quatre prieurs. Leur fortune, acquise dans le commerce, était néanmoins bien inférieure à celle des Strozzi ou même des Albizzi. Le père de Bernardo Davanzati, Anton Francesco di Giuliano Davanzati, s'engagea de manière déterminée dans la lutte pour la sauvegarde de l'oligarchie, faisant en particulier partie, lors du siège de Florence, de la commission qui était chargée de récolter des fonds pour soutenir l'effort de guerre. Après Montemurlo, il compta parmi les deux cents membres du patriciat que les *Otto di guardia e balìa* condamnèrent à l'exil, avec une peine particulièrement sévère : il fut en effet déclaré rebelle, privé de tous ses biens et exilé en Sicile, puis à Pontremoli. Bernardo Davanzati fut élevé à Florence par sa mère, qui le fit initier aux humanités. Il semble avoir eu à cœur très jeune de relever la fortune de sa famille, que le bannissement de son père avait gravement compromise.

98. Sur Bernardo Davanzati, voir en particulier la notice que lui consacre Raffaella ZACCARIA, *Dizionario biografico degli italiani*, vol. 33, Rome, 1987, p. 97-103.

Dès le début de son adolescence, il se forma au commerce dans le service de la famille Capponi, qui l'envoya d'abord travailler dans ses comptoirs lyonnais, puis en mission en Calabre. De retour à Florence, il continua à faire du commerce, mais pour son propre compte, et se lança parallèlement dans la vie académique. Il entra à l'Académie Florentine dès 1547, à l'âge de dix-huit ans, et participa aux travaux des Alterati dès les premières années de fonctionnement de leur académie, sous le pseudonyme du Silente (le Silencieux)[99]. Après la fondation de l'académie de la Crusca, en 1583, Bernardo Davanzati collabora aussi aux travaux de celle-ci, en particulier pour ce qui est de la préparation du dictionnaire que cette institution s'efforça de produire, à partir des années 1590.

Mais c'est néanmoins au sein des Alterati que Davanzati entreprit, sans doute à partir de 1579, son œuvre maîtresse. Il s'agissait originellement d'une traduction du premier livre des *Annales* de Tacite, qu'il fit paraître en 1596, et qu'il compléta, en 1600, par celle des cinq livres suivants[100]. Il continua ensuite à travailler à la traduction des œuvres de cet auteur, et ses versions non seulement des derniers livres des *Annales*, mais encore de la plupart des autres écrits de Tacite furent publiées de manière posthume par son fils (1637), après que l'Alterato Cosimo Minerbetti (l'Asciutto) eut révisé l'ensemble des textes[101]. Davanzati revendiquait en général son intérêt pour Tacite en termes linguistiques, décrivant cet auteur comme le parangon de la brièveté élégante et efficace, et le désignant comme son modèle personnel — lui qui se voulait un académicien muet ou du moins économe de ses mots[102], et avait modelé son pseudonyme académique (il Silente) sur le nom de son auteur de prédilection (Tacite). Mais il est bien évident que son goût pour cet auteur s'inscrivait plus généralement dans la vogue du tacitisme, à laquelle un autre Alterato, Scipione Ammirato (il Trasformato), succomba également. En cela, le choix d'un tel auteur de prédilection manifestait aussi l'attirance de Bernardo Davanzati pour une pensée politique critique, si ce n'est hétérodoxe, la figure de Tacite et celle de Machiavel se trouvant fréquemment superposées dans l'Italie de la

99. Je n'ai pu retrouver la date de son admission dans les *atti* des Alterati, mais les *capitoli* (BNCF Magl. IX 134, fol. 1^r) le donnent pour le seizième membre de l'institution, ce qui signifie qu'il y est entré entre 1570 et 1572 environ.

100. *Il primo libro degl'Annali di Gaio Cornelio Tacito da Bernardo Davanzati Bostichi espresso in volgare fiorentino per dimostrare quanto questo parlare sia breve e arguto*, Florence, Georgio Marescotti, 1596, et *L'imperio di Tiberio Cesare scritto da Cornelio Tacito nelli Annali espresso in lingua fiorentina propria da Bernardo Davanzati Bostíchi*, Florence, Filippo Giunti, 1600.

101. *Opere di Gaio Cornelio Tacito con la traduzione in volgar fiorentino del signor Bernardo Davanzati posta rincontro al testo latino, con le postille del medesimo e la dichiarazione d'alcune voci meno intese, con la tavola copiosissima. Al serenissimo signor principe Leopoldo di Toscana*, Florence, Pietro Nesti, 1637.

102. Il Silente ne fit pas mystère de ce désir de discrétion et l'énonça sans détour dans la dédicace « A gl'accademici Alterati » qu'il avait préparée pour son édition de Tacite (voir ses *Opere di Gaio Cornelio Tacito*, p. 464-465).

Renaissance[103]. Dans ce paradigme, la figure de Tacite devint une incarnation de la prudence politique et, plus particulièrement, dans la perspective de Davanzati, le modèle d'une résistance silencieuse et dissimulée des esprits forts devant toute forme de tyrannie contre laquelle il ne serait pas possible de lutter ouvertement[104].

De fait, toute hétérodoxie fut le plus souvent, chez il Silente, sous-entendue — ou, plus exactement, tacite. Il est ainsi frappant de constater que les convictions politiques de Davanzati ne trouvent sans doute nulle part où s'exprimer plus clairement, dans ses textes publiés, que dans les notes tant linguistiques qu'historiques qu'il rédigea pour les six premiers livres des *Annales*, et dans lesquelles il s'autorise quelques comparaisons avec son propre temps[105]. En cela, le goût de Davanzati pour la brièveté et même le silence doit aussi se comprendre comme une revendication constante du non-dit et de l'ambivalence, comme si le seul fait de se taire tout en n'en pensant pas moins — c'est-à-dire le fait de mettre constamment en scène une conformité politique apparente — était vu comme un gage de réintégration sociale en soi. Pour Davanzati, cette stratégie du silence, de la retenue et du conformisme politique apparent, mise en œuvre au sein des académies et associée au succès de ses entreprises commerciales — qui lui permirent de rebâtir peu à peu le patrimoine de sa famille — fut en tout cas payante. En 1586, il put acheter l'actuel palazzo Davanzati aux Bartolini Salimbeni, et en faire la résidence d'apparat de sa famille. Le fils du *sbandito* dépossédé par les Médicis avait enfin dignement pignon sur rue.

Cependant, l'académie des Alterati ne fut pas seulement un lieu où, vers 1570-1580, les rejetons des familles patriciennes qui ne trouvaient pas le moyen de prendre pied à la cour en raison de leur histoire familiale s'assemblèrent, pour mieux contrecarrer l'ostracisme inavoué qui pesait sur eux et parvenir peu à peu à rétablir leur position sociale au travers de la pratique des lettres. Elle permit aussi à ces familles de perpétuer leurs traditions familiales — tant savantes, littéraires et artistiques que politiques — et d'affirmer ainsi leur identité sociale de manière durable dans l'espace urbain, notamment grâce à leurs productions manuscrites et aux quelques imprimés qu'ils publièrent en se revendiquant de leur appartenance à l'académie[106]. Ce résultat fut principalement atteint par une endogamie

103. Sur le tacitisme, voir LUCE, T. J. et WOODMAN, A. J. (dir.), *Tacitus and the Tacitean Tradition*, Princeton, Princeton University Press, 1993.

104. Les enjeux politiques du tacitisme de Bernardo Davanzati sont analysés plus au long par Ilario MOSCA dans « Le Tacite florentin à l'âge des premiers grands ducs : l'oisiveté prudente de Bernardo Davanzati (1529-1606) », dans MERLE, Alexandra et OÏFFER-BOMSEL, Alicia (dir.), *Tacite et le tacitisme en Europe à l'époque moderne (XVIe-XVIIIe siècle)*, Paris, Champion, 2017, p. 101-118 (p. 110-118).

105. DAVANZATI, Bernardo, *Opere di Gaio Cornelio Tacito*, « Postille a primi sei libri della traduzione di Tacito », p. 425-460.

106. Sur les pratiques de publication de l'institution, voir *infra*, ch. 3, p. 222-294.

académique, c'est-à-dire par une propension à recruter de nouveaux académiciens quasi exclusivement parmi les familles et les alliés de ceux qui faisaient déjà partie de l'institution (frères, fils, neveux, cousins, etc.). En raison des traditions et valeurs familiales qui préexistaient au sein du groupe, cette tendance constitua les Alterati en un sous-groupe du patriciat dans son ensemble, avec un profil socio-idéologique spécifique. Ce sous-groupe était caractérisé tout autant par des liens de voisinage et des alliances familiales croisées, que par sa culture : tous les membres des Alterati avaient été formés aux humanités classiques, souvent avec une grande rigueur. Sans la maîtrise de cette culture lettrée, l'entrée dans l'académie était impossible à négocier. Enfin, les membres de l'académie partageaient un attachement discret aux valeurs de la République oligarchique. Le patriciat rallié aux Médicis adhérait en général moins à ces valeurs. Mais plusieurs des familles florentines nouvellement enrichies, et agrégées depuis peu au patriciat, tels que les Corsi — dont certains membres furent ultérieurement des interlocuteurs et même des protecteurs des Alterati[107] —, s'y montrèrent également sensibles.

S'ajoutant à l'endogamie sociale endémique du patriciat florentin, au sein duquel les familles les plus puissantes s'alliaient entre elles depuis des générations, l'endogamie académique qui caractérisa les Alterati facilita, pendant une soixantaine d'années, la longévité de l'institution comme lieu de rassemblement de ce sous-groupe spécifique du patriciat florentin. Mais elle limita aussi considérablement ses capacités à s'étendre et à durer au-delà d'une ou deux générations, fragilisant même de manière irrémédiable cette institution académique demeurée privée, au début du XVIIe siècle, à un moment où le patriciat florentin le plus anciennement établi n'avait sans doute plus les mêmes besoins d'affirmation identitaire. De fait, si l'académie ne s'éteignit officiellement qu'avec Giovan Battista Strozzi, en 1634, elle avait en réalité commencé à tourner à vide dès la première décénnie du XVIIe siècle, alors que l'intégration de cette frange du patriciat florentin à la société de cour était déjà en grande partie accomplie.

3.3. Endogamie(s) : l'académie entre reproduction et distinction

Les Alterati furent dès l'origine une affaire de famille(s). Depuis le moment de sa fondation, l'académie fut en effet tissée de liens inter- tout autant qu'intrafamiliaux, avant de voir ensuite la liste de ses membres s'accroître, sur plusieurs décennies, par intégration transgénérationnelle. Là encore, le cas de Giulio del Bene est parlant. Car l'homme à qui celui-ci raconte, dans son récit des origines

107. Sur ces liens, voir *infra*, ch. 5, p. 485-496.

de l'académie, s'être en premier lieu adressé lors de la fondation de l'institution — à savoir Tommaso del Nero — n'est autre que celui dans la prestigieuse et opulente famille duquel le Desioso s'ingénia ensuite lui-même à entrer, par un avantageux mariage[108]. Giulio del Bene épousa en effet Leonora (Dianora) del Nero, la sœur de Tommaso (disparu en 1572) et de Nero del Nero, qui semble avoir joué un rôle dans la négociation de cette alliance matrimoniale[109]. Le Desioso entra ainsi, après 1577, dans une famille bien plus riche et plus établie que n'était la sienne. Or Nero, le frère cadet de Tommaso, fut lui aussi parmi les tout premiers académiciens, sous le pseudonyme de l'Horrido (l'Épouvantable)[110]. Autant dire que, après la fondation de l'institution, le lien académique s'est, dans le cas des Del Bene et des Del Nero, superposé aux stratégies d'alliance interfamiliales qui étaient par ailleurs au cœur des préoccupations quotidiennes des patriciens florentins. L'alliance matrimoniale paraît même ici redoubler le lien académique : elle la renforce et peut-être même l'accomplit.

Le parallèle entre les modalités de l'entrée dans l'académie des Alterati et les alliances matrimoniales auxquelles les patriciens florentins étaient accoutumés est au demeurant moins forcé qu'on ne pourrait le croire : certains membres de l'académie semblent en effet avoir clairement aperçu toutes les subtilités de tels recoupements. Dans un discours conservé en BNCF Magl. IX 137 (fol. 82r-84v) et visant notamment à modifier les procédures d'admission au sein de l'académie, un académicien dont je n'ai pas réussi à clarifier l'identité (ni à reconnaître la main) envisage en effet le rituel d'intégration du *nuovo accademico* (nouvel académicien) comme une sorte de mariage et cherche à le réformer pour qu'il apparaisse d'autant mieux

108. ASFi Raccolta Sebregondi 3804.

109. Je n'ai pu retrouver la date exacte de ce mariage, mais plusieurs des lettres de Giulio del Bene à Piero Vettori, actuellement conservées à la British Library de Londres, dans les *carteggi* de l'humaniste, indiquent qu'il n'eut pas lieu avant 1577, soit près de dix années après la fondation des Alterati. Il s'agit des volumes cotés British Library (BL) Add. Ms. 10263 à Add. Ms. 10281, pour une analyse desquels voir GIANNOTTI, Donato, *Lettere a Piero Vettori, pubblicate sopra gli originali del British Museum da Roberto Ridolfi e Cecil Roth*, Florence, Vallecchi, 1932. Ces volumes contiennent vingt-deux lettres de Giulio del Bene à son maître Pier Vettori conservées en BL Add. Ms 10264, fol. 19-50, sur une période qui va du 7 octobre 1566 au 25 octobre 1578. Ces lettres montrent le Desioso travaillant obtenir la main de Dianora (fol. 28r, de Rome le 26 mars 1577), apparemment auprès du frère de la jeune femme, Nero del Nero, alors à Rome lui aussi, dans l'entourage du cardinal Ferdinand de Médicis. Del Bene tente parallèlement d'avancer les affaires de Vettori, qui lui enseignait encore les humanités dix années auparavant (comme le confirme la lettre conservée en BL Add. Ms 10264, fol. 19r, datée d'octobre 1566) et qui cherchait alors, par l'intermédiaire de son ancien élève, à se concilier les bonnes grâces de plusieurs cardinaux. Sur les relations entre Pier Vettori et ses élèves, voir MOUREN, Raphaële, « Un professeur de grec et ses élèves : Piero Vettori (1499-1585) », *Lettere italiane*, 59, 4, 2007, p. 473-506.

110. Les *capitoli* de l'académie (BNCF Magl. IX 134, fol. 1r) le donnent pour le huitième membre de l'institution, juste après les fondateurs. Le Piero del Nero (l'Inquieto) qui est cité comme le vingtième membre de l'académie est selon toute vraisemblance Piero di Simone di Marco del Nero, c'est-à-dire qu'il est issu d'une autre branche de la famille que celle de Tommaso et Nero, qui sont les fils d'Agostino di Piero del Nero. Piero del Nero est avant tout connu pour avoir collectionné des manuscrits.

comme tel (fol. 82ʳ)[111]. Cet académicien suggère par exemple que le régent demande à l'impétrant s'il veut être « nostro accademico » (« notre académicien ») et, qu'à cette demande celui-ci réponde hautement « voglio » (« Je le veux »). Ensuite l'auteur du texte désire voir le nouvel élu porter sa main sur son cœur, à la demande du régent, avant de jurer d'observer de toutes ses forces les lois de l'académie. Enfin le *nuovo accademico* devra faire une oraison et le régent lui répondra brièvement, en insistant davantage sur les devoirs de la nouvelle recrue que sur l'éloge de celle-ci. Le nouvel académicien baisera alors la main du régent et embrassera les autres membres de l'académie. Puis le régent devra lire les *capitoli* (règles de fonctionnement de l'académie) et demander une nouvelle fois au nouveau venu s'il observera ces lois. L'élu devra répondre par un nouveau « oui ». Mais l'intégration ne sera achevée (fol. 82ᵛ) que quand, « à la première séance ordinaire » (« nella prima tornata ordinaria »), le nouveau membre reviendra avec son pseudonyme académique et son *impresa* (devise). Le nouvel académicien se verra alors accorder le droit de « jouir du privilège du silence » (« god[ere] il privilegio del silentio » — autrement dit du droit de se taire) et utilisera ce temps d'initiation pour « observer par-devers soi les habitudes et coutumes de l'académie » (« da per sè ad osservare i modi et costumi dell'Accademia », fol. 83ʳ). L'exigence d'un acquiescement répété (« je le veux » / « oui »), la reconnaissance et l'acceptation des devoirs de sa charge, le respect que le nouveau membre doit prodiguer à l'officiant comme aux membres de sa nouvelle famille académique, le changement de nom et même d'armes (dont l'équivalent académique est l'*impresa*) qu'il doit effectuer, et même l'attitude humble et respectueuse qui doit ensuite être celle du nouveau venu au sein du groupe auquel il s'agrège placent *de facto* le *nuovo accademico* dans une position similaire à celle d'une femme qui entrerait dans un nouveau clan. Quoique ce nouveau cérémonial n'ait jamais été institué, cette tentative de réforme, qui fut défendue devant les académiciens sans remporter leur assentiment, en dit long sur la vision que certains d'entre ceux avaient des enjeux sociaux qui sous-tendaient les processus d'intégration de chaque nouveau membre.

Cependant, dans le cours de l'histoire de l'académie, le développement de l'institution ne suivit pas seulement l'axe horizontal des arbres généalogiques, c'est-à-dire celui des fraternités et des alliances intragénérationnelles. Il s'accomplit aussi verticalement, soit d'une génération à l'autre, et ces deux types d'acroissements s'entremêlèrent souvent. C'est ainsi par exemple que, parmi les cinq fils de Giulio del Bene, trois devinrent membres de l'institution qu'il avait contribué à créer. L'aîné, Piero

111. Le BNCF Magl. IX 137 contient très majoritairement des écrits de Giulio del Bene : tous, sauf celui qui vise à réformer la cérémonie de l'intégration dans l'académie, sont même transcrits par lui. Il est donc possible que le dernier écrit du codex lui soit également au moins en partie attribuable, tout en ayant été transcrit par la main d'un autre académicien. Mais ce n'est là qu'une hypothèse.

del Bene entra en effet dans l'académie des Alterati sous le pseudonyme de l'Acerbo et son frère cadet, Tommaso del Bene, rejoignit la sodalité au printemps 1582, avec pour pseudonyme il Brusco[112]. Puis, Scipione del Bene, le plus jeune fils du Desioso, fut admis à participer aux séances de la sodalité en septembre 1599. Les *capitoli* des Alterati mentionnent également quatre membres du clan des Rucellai, Cosimo Rucellai (il Travagliato), Carlo Rucellai (lo Sdegnoso), Piero Rucellai (l'Humido) et Francesco Rucellai (l'Annacquato) qui furent respectivement les onzième, douzième, dix-septième et trente-troisième membres de l'académie. Ces hommes ayant été des lettrés moins prolifiques ou de moindre renom que les membres les plus en vue de l'académie, leurs activités sont beaucoup plus difficiles à documenter[113]. Par ailleurs, la généalogie des Rucellai à la fin du XVIe siècle étant particulièrement complexe, il n'a pas été possible de déterminer si ces quatre Alterati étaient issus d'un même rameau de la famille ou de rameaux proches[114]. Mais il y a fort à parier qu'ils étaient au moins cousins et se connaissaient. Il convient de citer aussi le cas des frères Alessandro et Ottavio Rinuccini (dont les pseudonymes respectifs étaient l'Ardito et le Sonnacchioso), qui furent pour leur part des Alterati particulièrement actifs[115], et de rappeler celui de Giovan Battista Strozzi et de

112. Les *capitoli* de l'académie (BNCF Magl. IX 134, fol. 1^v^) donnent Piero pour le vingt-deuxième membre de l'institution et Tommaso pour son trente-sixième membre.

113. Certains de ces hommes semblent néanmoins apparaître dans la correspondance de Pier Vettori, dont ils suivirent aussi les enseignements, comme une grande partie des Alterati. C'est ainsi qu'on trouve un Piero Rucellai, un Cosimo Rucellai et Carlo Rucellai parmi les correspondants de l'humaniste. Les deux derniers sont probablement les fils de Ruberto Rucellai. Ces individus s'adressent tous à l'helléniste comme à leur maître. Au vu des lettres conservées aux noms de ces hommes, deux parmi eux — Cosimo et Piero — semblent néanmoins avoir davantage appartenu à la génération de 1530 qu'à celle de 1550, d'où sont issus la plupart des fondateurs des Alterati. Voir BL Add. Ms. 10272, fol. 50-54 (deux lettres de Carlo Rucellai, du 21 octobre 1570 et du 12 mars 1573), fol. 61-93 (dix-neuf lettres de Cosimo Rucellai, allant du 15 avril 1542 au 19 avril 1544) et fol. 101-106 (trois lettres de Piero Rucellai, allant du 15 avril 1553 au 4 octobre 1554). Seules les deux lettres de Carlo Rucellai concernent la période où les Alterati furent actifs. Mais elles sont écrites de Carcassonne et montrent leur auteur engagé dans d'autres activités.

114. Sur la généalogie des Rucellai, les travaux les plus aboutis sont ceux de PASSERINI, Luigi, *Genealogia e storia della famiglia Rucellai*, Florence, Cellini, 1861. Les descriptions proposées dans ce livre des membres des dix-huit branches de la famille restent souvent sommaires. On y repère néanmoins celle de Piero di Giovan Francesco di Pancrazio Rucellai (1527-1587), qui est sans doute le Piero Rucellai qui fut actif parmi les Alterati sous le pseudonyme de l'Humido (table X, note 8, p. 76-77). Plusieurs erreurs apparaissent néanmoins. Il est en effet peu probable que le Francesco di Benedetto di Giovan Battista (1616 ?-1674), mentionné à la table XVIII, note 2, p. 159-160, soit le Francesco Rucellai qui a participé aux activités des Alterati avec le pseudonyme de l'Annacquato — comme le soutient Passerini — dès lors que cet homme atteignit dix-huit ans vers 1634, soit l'année de la mort du Tenero, date à laquelle l'académie cessa effectivement de fonctionner.

115. Sur Alessandro (1555-1622) et Ottavio (1562-1621) Rinuccini, les sources imprimées se limitent à SALVINI, Salvino, *Fasti consolari dell'Accademia Fiorentina*, Florence, Giovanni Gaetano Tartini et Franchi Santi, 1717, p. 326-329 et à un livre d'historiographie familiale, les *Ricordi storici di Filippo di Cino Rinuccini dal 1282 al 1460 colla continuazione di Alamanno e Neri, suoi figli, fino al 1506*, Florence, Stamperia Piatti, 1840, p. 168-178. Les Rinuccini possédaient néanmoins une vaste collection de manuscrits littéraires et historiques, ainsi que d'importantes archives familiales. Sur ces collections, voir PASSERINI, Luigi, « Notizie sui

son frère aîné Federigo (l'Agghiadato). D'autant que, au cours des années et décennies qui suivirent, au moins six autres membres du clan Strozzi — Filippo Strozzi (lo Svegliato), Alessandro di Lorenzo Strozzi (sans pseudonyme repertorié), Lorenzo Strozzi (l'Attonito), Giovan Battista Strozzi (il Robusto, derrière lequel se cache Giovan Battista di Filippo Strozzi, marquis de Forano), Niccolò Strozzi (l'Ammostato) et un Alessandro Strozzi designé dans les *capitoli* de l'académie comme chanoine et auditeur du nonce apostolique — rejoignirent l'académie. On voit que c'est à plus d'un titre que celle-ci pouvait être tenue, à la mort du Tenero en 1634, pour une possession des Strozzi.

Le développement de l'académie par accroissement intergénérationnel (soit, de pères en fils, d'oncles en neveux, etc.) mérite attention en ce qu'il met en lumière un autre élément important du fonctionnement de l'académie, à savoir son rôle de moteur de la reproduction sociale, au sens que Pierre Bourdieu donnait à ces termes. L'institution se voit en effet sans cesse attribuer cette fonction primordiale au sein de toute aristocratie, à savoir celle d'assurer la transmission de la domination sociale et culturelle d'une génération à l'autre. Cette fonction n'est pas seulement alimentée constamment, au sein de l'institution, par ses pratiques de recrutement. Elle est aussi pensée comme telle par certains de ses membres. Vers 1615, à un moment où l'académie commençait à péricliter, beaucoup de ses membres initiaux étant morts ou ayant quitté Florence, Giovan Battista Strozzi tenta par exemple de la ranimer en s'attelant à la préparation d'un opuscule qu'il dédia à son petit-neveu et futur héritier universel, Giovan Battista di Filippo di Giovan Battista Strozzi, marquis de Forano. Ce petit livre, paru en 1617, chez les Giunti, contenait la transcription de la traduction latine autrefois donnée de la *Poétique* d'Aristote par Pier Vettori, avec quelques très brèves notations marginales[116]. La dédicace renvoyait à mots couverts à un manuscrit, actuellement préservé à la Biblioteca Nazionale Centrale à Florence, et dans lequel figure une transcription manuscrite

manoscritti rinucciniani acquistati dal governo toscano e nuovamente distribuiti tra gli archivi e le biblioteche di Firenze », *Archivio Storico Italiano. Appendice*, 8, 1850, p. 207-215. En 1854, les manuscrits littéraires et historiques des Rinuccini entrèrent dans les collections du grand-duché (ils sont actuellement préservés à la BMLF et à la BNCF, qui conserve aussi un *fondo Rinuccini* de 27 *filze*, composé de papiers épars incomplètement inventoriés, dont certains matériaux académiques en Rinuccini 1 et 18). Les archives domestiques et commerciales de la famille furent confiées aux Corsini, aux mains desquelles elles sont encore. Mais la plupart des productions académiques des frères Rinuccini semblent aujourd'hui perdues. Pour Ottavio, subsistent dans la BNCF quelques recueils de poésies et de livrets (BNCF Palatino 249, 250 et 251, BNCF Magl. VII 562 et 563 — devenu BNCF II.IV.17 —, et Magl. VII 907). Pour Alessandro, d'importantes traces de ses activités à la cour, en tant que dépositaire général (1612-1621), sont accessibles en ASFi Miscellanea medicea 136 et 137 qui contiennent une partie de sa correspondance dans cette charge. L'homme est aussi l'auteur d'un poème de dévotion : *Diva Catharina martyr Alexandri Rinuccinii ad serenissimum Cosmum secundum Magnum Ducem Etruriae quartum*, Florence, Cosimo Giunti, 1613.

116. *Aristotelis Poetica Petro Victorio interprete*, Florence, Giunti, 1617 (un seul exemplaire de cette édition destinée à une diffusion très restreinte subsiste, en BNCF Magl. 5.9.119).

du même texte, collectivement annotée par six ou sept Alterati, tout au long de la vie de l'académie[117]. Dans ce manuscrit fut consignée une grande partie des débats esthétiques qui avaient occupé l'académie depuis ses origines, et que ses membres s'étaient le plus souvent bien gardés de rendre publics. À un moment où l'académie périclitait et avait urgemment besoin de sang neuf, Giovan Battista Strozzi se décida à publier le texte qui avait fait l'objet de ces commentaires, mais non les spéculations qui couvraient les marges du manuscrit collectivement annoté. Dans la dédicace de l'opuscule, qu'il adresse en réalité à l'ensemble du petit groupe de jeunes patriciens qui entourent son petit-neveu, Giovan Battista Strozzi indique entre les lignes que cette publication est destinée à leur permettre de se former à la *Poétique* d'Aristote et plus généralement aux belles-lettres, en s'initiant tant au plaisir d'apprendre qu'à celui d'enseigner à ses pairs. Il s'agit donc de donner au jeune Giovan Battista et à son cercle le goût des activités qui furent celles de leurs aînés auprès de Pier Vettori puis au sein des Alterati, en leur transmettant un capital culturel dont l'opuscule est comme la matérialisation[118]. Une dizaine d'années plus tard, dans son testament, Giovan Battista Strozzi répéta au demeurant ce geste, en léguant ostensiblement les derniers exemplaires de l'édition de 1617 alors en sa possession à d'autres jeunes membres de sa famille élargie ou de son cercle[119]. Ces actions de transmission, que l'opuscule permettait — dans les multiples occasions où il fut successivement offert —, n'avaient sans doute pas pour seul but de repeupler l'académie chancelante. Leur portée symbolique était plus vaste : il s'agissait en effet de travailler — par la valorisation du loisir savant et des plaisirs qui s'y attachent — à la reproduction des valeurs d'une famille et, plus largement, de la caste à laquelle cette famille appartenait, pour mieux assurer leur pérennité dans la Florence des Médicis.

On comprend mieux pourquoi l'académie des Alterati fut la seule académie florentine d'importance à ne rassembler que des membres du patriciat — si l'on

117. BNCF Magl. VII 1199. Sur ce commentaire collectif en forme manuscrite, longtemps resté inconnu des chercheurs, voir *infra*, ch. 3, p. 303-319, ainsi que BLOCKER, Déborah, « Shedding Light on the Understanding of Aristotle's *Poetics* Developed within the Alterati of Florence (1569-ca. 1630) : From Book History to the Social and Political History of Æsthetics », dans BRAZEAU, Bryan (dir.), *The Reception of Aristotle's* Poetics *in the Italian Renaissance and Beyond : New Directions in Criticism*, Londres, Bloomsbury, 2020, p. 98-132.

118. *Aristotelis Poetica Petro Victorio interprete*, dédicace non paginée : « Vestrum (adolescentes nobilissimi) antiquae gloriae patrimonium vestrae commissum fidei tueri, atque etiam propriis laudibus amplificatum, posteris transmittere. »

119. ASFi Notarile moderno 9323, n° 42, fol. 94[r] : « A figliuoli del senatore signor Amerigo Strozzi et del senatore Giovanni Dini trinepoti d'esso signor testatore, et a ciascuno d'essi una Poetica d'Aristotile dedicata da esso al sopradetto signor Giovanni Battista Strozzi loro zio ». Immédiatement après, sur le même fol. : « Al signor Giovanni Battista di Lorenzo Strozzi, una Poetica d'Aristotile simile. » Enfin, fol. 94[v] : « Al signor Francesco Rovai, La Difesa di Dante in dua tomi di Jacopo, una Poetica d'Aristotile fatta stampare da esso signor testatore, <e il> ragionamento d'Agnolo Segni appartenente a Poetica »

excepte celle des Desiosi, créée par le fils de Tommaso del Nero sur le modèle des Alterati et dont l'existence fut brève. Ce lieu n'était pas seulement destiné à consolider la domination symbolique d'une élite, que l'arrivée au pouvoir des Médicis avait menacée jusque dans ses fondements identitaires les plus centraux, à savoir l'attachement à la République oligarchique de leurs aïeux. Il avait aussi pour fonction de la distinguer des autres éléments traditionnels de la société florentine et en particulier du *popolo grasso*. Il est de ce point de vue révélateur que la seule exception notable aux règles de recrutement socialement très restrictives de l'académie ait été Scipione Ammirato (il Trasformato). L'homme, dont il a déjà été question au chapitre précédent[120], est en effet né à Lecce dans une famille ancienne et aisée mais sans lustre particulier. Il vécut par ailleurs dans le service des Médicis pendant près de trente années et joua très tôt au sein des Alterati un rôle ambigu, informant la cour de leurs activités mais aussi obtenant pour eux des passe-droits et même des faveurs auprès du pouvoir. Cependant, à y regarder de plus près, son profil sociopolitique très particulier confirme la règle d'uniformité sociale qui définissait l'académie par un autre biais. Car, quand il n'était pas occupé à commenter Tacite en frôlant toujours l'hétérodoxie, Scipione Ammirato mit beaucoup de ses énergies dans la production d'énormes répertoires généalogiques de la noblesse, tant napolitaine que florentine[121]. Or, en cette fonction de généalogiste, il se trouva, non sans ironie, tout à fait à sa place parmi les Alterati, étant *de facto* dans la situation d'avoir à dire leur noblesse depuis la position d'autorité que lui donnait le patronage du prince. Ses généalogies des plus grandes familles florentines ne furent pas publiées avant 1615, mais chacun à Florence — et parmi les Alterati — savait qu'Ammirato y travaillait dès 1580. En cela, malgré son statut de *forestiero* (au sens d'homme étranger à la bonne société florentine), la présence d'Ammirato renforçait — fût-ce de manière paradoxale — le caractère patricien de l'académie. D'autant que lui-même se trouvait peut-être partiellement en accord, quoique de manière implicite, avec l'hétérodoxie politique du lieu.

On peut même supposer que le succès d'Ammirato en tant qu'écrivain au service du pouvoir a parfois fonctionné, au sein de l'institution elle-même, comme un modèle pour les patriciens de souche en mal d'intégration qui s'y assemblaient, lequels n'étaient par ailleurs certainement pas sans connaître l'intérêt que celui-ci portait parallèlement aux pensées politiques hétérodoxes. Car l'académie

120. Voir ch. 1, p. 98-100.

121. *Delle famiglie nobili napoletane di Scipione Ammirato parte prima, le quali per levar ogni gara di precedenza sono state poste in confuso*, Florence, Giorgio Marescotti, 1580 ; *Delle famiglie nobili napoletane di Scipione Ammirato, parte seconda, poste in confuso con due tavole*, Florence, Amadore Massi da Furlì, 1651 ; et *Delle famiglie nobili fiorentine di Scipione Ammirato parte prima le quali per levar ogni gara di precedenza sono state poste in confuso con la tavola nel fine*, Florence, Giovanni Donato e Bernardino Giunti, 1615.

des Alterati ne fut pas seulement une sorte de *nucleus* identitaire, érigé en dispositif mémoriel visant à faire revivre la sociabilité républicaine et les libertés qu'y étaient associées, par le réinvestissement de l'humanisme savant au travers duquel le patriciat s'était défini depuis le XIVe siècle. Elle fut aussi — et même simultanément — un instrument de mobilité politique grâce auquel ses membres purent trouver le moyen de se faire accepter dans la société de cour médicéenne sans pour autant renier leurs origines ni leurs valeurs. Cette mobilité politique, tardivement acquise, fut également pour ces hommes une forme de mobilité sociale, dès lors que la faveur des Médicis eut aussi pour eux des retombées en termes tant financiers que statutaires. Grâce notamment aux avantages acquis au cours de ce long processus, ils purent mieux faire perdurer la position de domination qui était la leur à Florence depuis des générations.

4. Dissidence et/ou adhésion : une institution ambivalente

C'est en quoi les Alterati furent une institution profondément ambivalente, tant sur le plan social que sur le plan politique. Cette ambivalence, qui est pourtant une des caractéristiques les plus centrales de la sodalité, a néanmoins longtemps échappé aux chercheurs qui se sont penchés sur ses archives. La majorité d'entre eux ont en effet réduit cette bivalence constante à une forme ou une autre d'univocité, produisant ainsi un ensemble de caractérisations mutuellement exclusives. C'est ainsi qu'Eric Cochrane et Michel Plaisance semblent présupposer que l'académie était largement promédicéenne, tandis que Vanni Bramanti, Gaspare de Caro et Henk van Veen soulignent l'attachement des Alterati non seulement à leurs lignages, mais encore à l'idéologie de la défunte République[122]. Une troisième catégorie de chercheurs, préoccupés avant tout d'identifier les contributions des Alterati à divers domaines de savoir, négligent le plus souvent de se prononcer sur leur positionnement politique, semblant implicitement tenir celui-ci pour accessoire

122. Du côté de la présupposition pro-médicéenne, voir en particulier COCHRANE, Eric, *Florence in the Forgotten Centuries, 1527-1800*, Chicago, University of Chicago Press, 1973, p. 93-161 et PLAISANCE, Michel, *L'Académie et le Prince : culture et politique à Florence au temps de Cosme Ier et de François de Médicis*, Manziana (Rome), Vecchiarelli, 2004, p. 363-404. Pour une lecture en termes d'opposition aux Médicis, voir NARDI, Jacopo, *Vita di Antonio Giacomini*, éditée par Vanni BRAMANTI, Bergame, Moretti & Vitali, 1990, et BRAMANTI, Vanni, « Plutarco in Accademia e le traduzioni di Marcello Adriani », in « Antichi e moderni », supplément annuel de *Schede umanistiche*, II, 2000, p. 35-46 ; DE CARO, Gaspare, *Euridice. Momenti dell'umanesimo civile fiorentino*, p. 73-116 et VEEN, Henk van, « The Accademia degli Alterati and Civic Virtue », dans DIXHOORN, Arian van et SPEAKMAN SUTCH, Susie (dir.), *The Reach of the Republic of Letters : Literary and Learned Societies in Late Medieval and Early Modern Europe*, Londres et Boston, Brill, 2008, 2 vol., t. 2, p. 285-308.

dans le cadre de l'analyse de leurs perspectives sur la musique, la poésie ou encore le langage[123].

Cette difficulté à situer l'académie dans les dynamiques politiques de la Florence médicéenne tient pour une large part au fait que l'institution est principalement documentée par une masse d'écrits restés manuscrits, dont l'accès est aussi restreint que difficile. Mais elle s'explique sans doute d'abord et avant tout par le fait que les Alterati ont laissé d'eux des traces pour le moins contradictoires. D'un côté, beaucoup des principaux membres de l'institution rédigèrent — et souvent publièrent — des oraisons funèbres de la plupart des grands princes médicéens et de leurs épouses, dans lesquelles, à première vue au moins, ils semblent faire l'éloge de la famille régnante[124]. De l'autre, ces hommes écrivirent, dans le secret de leur académie, des éloges des grandes figures de la Florence républicaine, qu'ils ne firent jamais imprimer et dont les textes, lorsqu'ils ont circulé en manuscrit, ont parfois été perdus[125]. Il serait dès lors tentant de caractériser ces académiciens comme des opportunistes, en expliquant que tout en étant, en leur for intérieur, des adversaires déterminés des Médicis, ils savaient se montrer conciliants tout autant que

123. C'est le notamment le cas de Bernard WEINBERG, « The Accademia degli Alterati and Literary Taste from 1570 to 1600 », *Italica*, 31/4, décembre 1954, p. 207-214 et « Argomenti di discussione letteraria nell'Accademia degli Alterati (1570-1600) », *Giornale Storico della Letteratura Italiana*, 131,1954, p. 175-194 ; de Claude V. PALISCA, « The Alterati of Florence, Pioneers in the Theory of Dramatic Music » (1968), repris dans PALISCA, Claude V., *Studies in the History of Italian Music and Music Theory*, Oxford, Clarendon Press, 1994, p. 408-431 et d'Anna SIEKIERA, « Il volgare nell'Accademia degli Alterati », dans BIFFI, Marco ; CALABRESE, Omar et SALIBRA, Luciana (dir.), *Italia linguistica : discorsi di scritto e di parlato. Nuovi studi di linguistica italiana per Giovanni Nencioni*, Sienne, Protagon, 2005, p. 87-112.

124. Voici les plus importantes, par ordre chronologique : STROZZI, Giovan Battista, *Orazione a gli accademici Alterati intorno alle lodi della serenissima Giovanna d'Austria reina nata di Ungheria e di Boemia, e gran duchessa di Toscana*, Florence, Bartolomeo Sermartelli, 1578 ; DAVANZATI, Bernardo, *Oratione in morte del gran duca Cosimo I* (prononcée le 25 juin 1574 devant les Alterati, en présence de *forestieri*, mais jamais publiée avant 1638), parue dans DAVANZATI, Bernardo, *Scisma d'Inghilterra con altre operette al serenissimo Ferdinando secondo gran duca di Toscana*, Florence, Massi e Landi, 1638, p. 124-138 ; STROZZI, Giovan Battista, *Essequie del serenissimo don Francesco Medici, gran duca di Toscana II*, Florence, Bartolomeo Sermartelli, 1587 ; GIACOMINI, Lorenzo, *Oratione de le lodi di Francesco Medici gran duca di Toscana*, Florence, Bartolomeo Sermartelli, 1587 ; STROZZI, Giovan Battista, *Orazione delle lodi del serenissmo gran duca di Toscana Ferdinando I* (prononcée en 1609 en contexte académique mais jamais publiée avant 1635), parue dans STROZZI, Giovan Battista, *Orazioni e altre prose del signor Giovambattista di Lorenzo Strozzi*, Rome, Grignani, 1635, p. 117-125 ; SOLDANI, Jacopo, *Delle lodi di Ferdinando Medici gran duca di Toscana, orazione recitata da lui nell'Accademia de gli Alterati il dì 25 di giugno 1609*, Florence, Cristofano Marescotti, 1609 ; CERCHI, Vieri, *Delle lodi di don Francesco Medici de' principi di Toscana orazione, recitata pubblicamente da lui nell' Accademia degli Alterati*, Florence, Cosimo Giunti, 1614.

125. Sur cet ensemble de travaux biographiques, voir *supra*, notes 95 et 96, p. 149. Pour ce qui est des textes qui semblent perdus, on peut citer notamment une vie de Pier Capponi par Filippo SASSETTI. Le 21 février 1574, Sassetti lut en effet devant l'académie, qui venait de l'admettre en son sein, le texte de cette vie (BMLF Ashburnham 558.1, fol. 61v : « Messer Filippo Sassetti lessesi la Vita di Pier Capponi »), dont plus aucune trace ne subsiste. Pier Capponi fut l'un des hommes qui chassa Pierre de Médicis de Florence en 1494. Il fut ensuite nommé à la tête de la République florentine.

courtisans à l'égard de la famille régnante, dès que le pouvoir leur faisait miroiter la perspective d'une place ou d'une faveur.

Mais une telle lecture, qui fait des Alterati des hypocrites, pèche par cela même qu'elle réduit de nouveau l'ambivalence à une univocité, évacuant ainsi le fait central du positionnement politique de l'académie en prétendant l'expliquer. Car, au sein de cette institution, il se dit, du point de vue politique, une chose et son contraire, non seulement dans l'alternance de discours privés et des textes ayant circulé publiquement, mais souvent aussi dans le cours d'une seule et même activité collective centrée sur les lettres, les arts ou les savoirs. Ce n'est pas seulement que les éloges codés du prince ayant publiquement circulé semblent contredits par les vies rédigées sur des héros de l'oligarchie défunte. Nombre de conceptualisations de l'académie en termes poétiques sont en effet aussi marquées par une ambivalence politique foncière, notamment dans les usages ou destinations supposés pour elles. L'académie prôna par exemple longtemps, dans le champ de l'art, des plaisirs particuliers qui purent pourtant aisément être reconvertis (grâce aux concepts de stupeur et de merveille) en plaisirs par lesquels le prince pouvait entreprendre de séduire ses sujets : au début du XVIIe siècle, Giovan Battista Strozzi effectua même cette reconfiguration avec une élégance consommée[126]. On pourrait même soutenir que cette ambivalence est la seule chose que l'institution affirme publiquement et avec constance d'elle-même, pendant des décennies — fût-ce toujours de manière contournée et indirecte.

Or l'ambivalence des Alterati envers la Florence médicéenne a sans doute beaucoup à nous apprendre, non seulement sur cette académie particulière, mais encore, plus généralement, sur les rapports de l'ensemble des élites patriciennes de la fin du XVIe siècle avec le pouvoir des Médicis. On peut en effet concevoir la Florence médicéenne comme le lieu d'un traumatisme, ainsi que Nicholas Baker a récemment proposé de le faire dans la lecture qu'il a donnée des *Istorie della città di Firenze* du *fuoruscito* Jacopo Nardi[127]. Dans cette perspective, la chute de la République serait à comprendre comme un passé qui ne passe pas, ses drames étant au contraire constamment rejoués en silence dans l'espace sociopolitique, par exemple lorsque les fils des vaincus d'hier se trouvent silencieusement tenus à l'écart, au quotidien, de la cour et des charges auxquelles ils aspirent. L'académie des Alterati pourrait dès lors être tenue pour l'un des lieux de la perlaboration de ce traumatisme, c'est-à-dire à la fois comme un espace où celui-ci peut se rejouer en vase clos, au travers

126. Sur ce retournement, voir *infra*, Épilogue, p. 546-548.

127. BAKER, Nicholas Scott, « The Remembrance of Politics Past : Memory and Melancholia in Jacopo Nardi's *Istorie della Città di Firenze* », dans BAKER, Nicholas Scott et MAXSON, Brian Jeffrey (dir.), *After Civic Humanism : Learning and Politics in Renaissance Italy*, Toronto, Center for Renaissance and Reformation Studies, 2015, p. 259-272.

du rappel constant de ce qui a été perdu — la République —, et comme une structure où cette perte originiellement désignée comme irréparable peut être subsumée, tant en mettant l'objet du deuil à distance qu'en parvenant, au travers de l'activité collective, à se réinscrire dans le temps présent, par le moyen d'une acceptation négociée de la nouvelle donne politique et de ses enjeux. L'ambivalence de l'institution se comprendrait dès lors mieux : tout à la fois commémoration et enterrement de la Florence républicaine, l'académie serait à concevoir comme le lieu d'un travail de deuil.

Vue sous cet angle, la sodalité est moins l'expression d'une résistance constamment étouffée que celle d'un déplacement : la perlaboration, qui ne peut plus s'accomplir dans l'espace public florentin — lequel n'est plus dans la Florence des Médicis que l'ombre de ce qu'il était sous la République —, s'y accomplit dans le cadre de la vie académique, qui en vient ainsi à remplacer, sur le plan symbolique, la vie publique dont les académiciens pleurent la perte. Une équivalence est au demeurant souvent tissée, dans le discours que les académies italiennes de la fin du XVIe siècle tinrent sur elles-mêmes, entre vie académique et vie civile, les institutions académiques étant par ailleurs fréquemment établies sur le modèle des règles organisant la distribution et l'exercice des charges civiles. La corrélation a déjà été relevée par Jean Boutier pour le XVIIe siècle[128]. Dans le cas des Alterati, la vie académique ne peut cependant être comprise seulement comme un prolongement de la vie civile, dès lors que, bien souvent, ces *letterati cittadini* aspirent aussi à être parallèlement des *cortigiani*. C'est en quoi la pratique académique des Alterati est plus souvent le lieu d'une activité politique symboliquement transposée dans le champ des lettres et des savoirs[129]. Cette transposition permit à des individus qui sont en réalité longtemps tenus — et/ou se tinrent eux-mêmes — éloignés des charges urbaines de retrouver, dans le cadre du principat, et à sa cour même, une place qui corresponde au statut qui, par le passé, avait été le leur.

128. BOUTIER, Jean, « Les membres des académies florentines à l'époque moderne : la sociabilité intellectuelle à l'épreuve du statut et des compétences », dans BOUTIER, Jean ; MARIN, Brigitte et ROMANO, Antonella (dir.), *Naples, Rome, Florence : une histoire comparée des milieux intellectuels italiens*, Rome, École française de Rome, 2005, p. 405-443. À propos de l'académie des Instancabili, fondés en 1631, Boutier écrit ainsi (p. 429-430) : « Elle est dirigée par des officiers — un consul, deux conseillers, un secrétaire, deux censeurs, un provéditeur, un camerlingue et un trésorier — dont les mandats sont de quatre mois ; leur désignation s'effectue selon des procédures semblables à celles utilisées par la Florence républicaine, combinant scrutin (*squittino*), constitution de bourses (*imborsazione*) et tirage au sort (*tratte*), pour éviter la perpétuation d'individus au pouvoir ou la formation de factions. »

129. Sur l'articulation entre arts, lettres et savoirs au sein des activités des Alterati, et la valorisation de ces différentes disciplines ou savoir-faire, voir *infra*, ch. 4, p. 333-369.

4.1. La République et l'académie : un jeu pour un autre ?

L'intégration progressive des anciennes familles patriciennes dans la Florence des Médicis est un phénomène sur lequel il existe encore trop peu d'études approfondies ou transversales. Mis à part l'enquête de Richard Burr Litchfield — qui est d'une remarquable extension et précision, mais qui n'en laisse néanmoins beaucoup de questions sans réponse —, les travaux restent rares[130]. De ce point de vue, l'étude des pratiques et positions sociales des membres des Alterati, à partir des perspectives de la micro-histoire, peut apporter quelques éléments de réponse supplémentaires, ou du moins permettre de formuler de nouvelles hypothèses, que des enquêtes d'histoire sociale plus étendues pourront ensuite mettre à l'épreuve.

4.1.1. Une caricature de République ?

On sait que Cosme Ier et ses fils conservèrent pour l'essentiel le système des magistratures et charges, tel qu'il existait encore au début du XVIe, mais en transformèrent profondément le fonctionnement, dans le but de contrôler de plus en plus étroitement l'accès aux offices, pour s'assurer qu'ils ne soient détenus que par des individus dont l'administration curiale aurait approuvé la candidature[131]. Ainsi se trouve préservé un fantôme de la République, qui est aussi une forme de caricature de celle-ci. Certes, la *Signoria*, avec ses prieurs et ses gonfaloniers, est supprimée, mais elle est remplacée par un *Magistrato supremo*, composé de quatre membres, à choisir parmi un ensemble de quarante-huit sénateurs. Pour remplacer les anciennes assemblées de la République, sont en effet créés deux conseils, celui des Deux-Cents et celui des Quarante-Huit, qui deviendra ultérieurement le Sénat. Deux hautes magistratures républicaines sont par ailleurs maintenues, les *Buonomini del Collegio* et les *Procuratori di palazzo*. Le Sénat ne fournissait pas seulement les membres du *Magistrato supremo*, en les sélectionnant en son sein, il établissait aussi — sous le contrôle de plus en plus étroit de la cour — des listes de noms pour les emplois à fournir au sein des magistratures de moindre importance.

Ces dernières magistratures, dont les structures étaient pour l'essentiel ce qu'elles avaient été pendant la République, étaient de trois ordres — juridique, financier, et

130. BURR LITCHFIELD, Richard, *Emergence of a Bureaucracy.*

131. Sur la mise en place et le fonctionnement de ce système dans la Florence communale, voir KLAPISH-ZÜBER, Christiane, « Les acteurs politiques de la Florence communale (1350-1430) », dans BOUTIER, Jean ; LANDI, Sandro et ROUCHON, Olivier (dir.), *Florence et la Toscane XIVe-XIXe siècle. Les dynamiques d'un État italien*, Rennes, Presses universitaires de Rennes, 2004, p. 217-239. Pour un exposé des modifications introduites sous le gouvernement des Médicis, voir ROUCHON, Olivier, « L'Invention du principat médicéen (1512-1609) », dans le même volume, p. 65-89, ainsi que la description extrêmement minutieuse que Richard BURR LICHTFIELD donne de ces évolutions dans *Emergence of a Bureaucracy*, ch. 4 : « From Magistrates to Functionaries », p. 65-83. La présentation sommaire donnée ici s'appuie pour l'essentiel sur ces trois textes.

d'administration générale. Lorsque les Alterati exercèrent des charges publiques, ce fut souvent parmi ces charges moins prestigieuses qu'ils officièrent. Les magistratures de justice comprenaient celles des cours civiles (*Ruota*) et criminelles (*Otto di guardia e balìa*), mais aussi les magistratures plus modestes telles que celles des *Soprastanti alle Stinche*, qui géraient les prisons. Les offices de nature financière incluaient les officiers du *Monte Comune* et la *Camera del Comune*, qui administraient les finances de la République, ainsi que les comités chargés de la collection des diverses taxes (*Gabella dei contratti*, *Gabella del sale* et *Decima*) et de la gestion du *Monte di Pietà*. Du côté de l'administration générale, on trouvait les magistratures gérant l'approvisionnement de la ville (*Abbondanza* et *Grascia)* et celles qui veillaient plus généralement à l'administration de la Toscane (*Conservatori del contado*).

L'ensemble de ces magistratures fournissaient entre cent trente-cinq et cent quarante-deux offices à pourvoir, par rotations, pour des charges dont les obligations pouvaient aller de trois mois à trois ans, et même, pour les plus prestigieuses (telle le *Consiglio del dugento*), conféraient à l'officier des fonctions à vie. Les plus hautes magistratures (*Otto di guardia*, *Otto di pratica*, *Conservatori di leggi*, etc.) revenaient le plus souvent, dans la seconde moitié du XVIe siècle, aux sénateurs, qui étaient généralement des hommes d'âge mûr, soigneusement sélectionnés par les plus hauts administrateurs des Médicis, et pour qui l'accès au Sénat constituait une marque de faveur et/ou le couronnement de leur carrière d'officiers. Les candidats aux magistratures de moindre prestige étaient présélectionnés par le conseil des Deux-Cents, et leur nomination pouvait au premier abord sembler moins liée à la faveur du prince. Mais, comme dans le cas des plus hautes magistratures, l'intervention de Cosme Ier et de ses successeurs fut en réalité de plus en plus nette, par le biais de la généralisation des sélections *a mano* (à la main). Ces procédures existaient déjà sous la République, mais dans le sens de l'établissement *a mano*, au sein d'une magistrature, d'une liste d'hommes, dont les noms étaient ensuite placés dans une *borsa* (bourse), avant un tirage au sort. Cosme modifia radicalement le sens de ces pratiques, en établissant lui-même les listes de présélection ou en les faisant établir par ses principaux secrétaires, en collaboration avec le *Magistrato supremo*.

De 1551 à 1604, ce système de sélection *a mano*, tel que Cosme et ses successeurs le redéfinirent, toucha presque toutes les magistratures, ne laissant les tirages au sort en place, au sein de celles-ci, que pour une poignée d'entre elles (*Mercanzia*, *Onestà*, *Gabella del sale*, *Gabella dei contratti* et *Dogana*). L'inflexion autoritaire ainsi donnée aux procédures de sélection eut pour principal résultat de favoriser l'accès aux offices, tant importants qu'humbles, de tous ceux qui avaient la faveur du pouvoir. La faveur en vint même à primer nettement sur la naissance, comme le suggère le cas du musicien et chanteur de cour Jacopo Peri, étudié par Tim Carter et Richard A. Goldthwaite dans une étude qui mêle histoire économique, histoire de la musique et histoire sociale, à partir d'un fonds d'archives jusque-là inexploré[132]. Jacopo Peri (1561-1633), qui se donnait le titre de *nobile fiorentino*, était d'une naissance bien moins illustre que les hommes qui appartinrent aux Alterati[133]. Mais il fit une carrière dans les charges et offices municipaux qui fut beaucoup plus prestigieuse — et par conséquent beaucoup plus avantageuse pour lui, à tous points de vue, tant financièrement que socialement — que celles auxquelles la plupart des membres des Alterati aboutirent[134]. Peri accéda en effet aux plus hautes fonctions, en particulier au conseil des Deux-Cents, où les nominations, accordées pour la vie, se faisaient à la seule discrétion du prince. Or ce sont clairement ses fonctions de musiciens de cour — Peri est inscrit sur la liste des serviteurs et domestiques pensionnés du prince dès 1588 — et la proximité que celles-ci lui donnèrent avec le prince et ses familiers (les membres de sa famille, mais aussi les administrateurs de sa maison) qui permirent à Peri de faire pareille carrière dans les magistratures urbaines. L'homme avait l'entregent nécessaire pour triompher des nouvelles formes de sélection *a mano* et savait gérer avec habileté la faveur qui était la sienne en tant que domestique de la maison royale. Dans ce cadre, il était en particulier essentiel de savoir manier l'art de la supplique. Sous les premiers princes médicéens se généralisa en effet l'usage de ces requêtes (appelées *suppliche*), par lesquelles les citoyens demandaient au prince à se faire placer sur telle ou telle liste de sélection en vue de l'obtention d'une charge, en détaillant leurs compétences pour cette responsabilité particulière. La pratique disait à elle seule la place qui était maintenant faite à la volonté du prince dans les processus de sélection.

Ces évolutions eurent une autre conséquence institutionnelle d'importance. En attribuant en vase clos ces magistratures d'une durée plus ou moins longue, occupées par roulement continuel, le pouvoir avait trouvé le moyen d'affecter quasi constamment les quarante-huit sénateurs à l'exercice de l'une ou de l'autre de ces magistratures. Dès lors, ces hommes n'avaient plus de disponibilité pour délibérer, au sein de leur assemblée, des lois préparées par l'administration du grand-duc : le Sénat devint ainsi une chambre d'enregistrement, dont les membres étaient

132. CARTER, Tim et GOLDTHWAITE, Richard A., *Orpheus in the Marketplace : Jacopo Peri and the Economy of Late Renaissance Florence*, Harvard, Harvard University Press, 2013. Il est plus longuement question de Jacopo Peri et de ses rapports avec les Alterati, *infra*, ch. 5, p. 485-496, dans le cadre de l'analyse de la production d'*Euridice* en 1600.

133. CARTER, Tim et GOLDTHWAITE, Richard A., *Orpheus in the Marketplace*, discutent les prétentions de Peri à la « noblesse », p. 85. Celles-ci sont pour le moins fragiles dans les termes qui étaient traditionnellement ceux des patriciens les mieux nés (voir les mêmes, p. 89-92).

134. CARTER, Tim et GOLDTHWAITE, Richard A., *Orpheus in the Marketplace*, donnent la liste complète des vingt-six charges que Jacopo Peri se vit proposer entre 1596 et 1631 (p. 87) et en discutent la signification (p. 86-89).

de facto des officiers et non des législateurs. Dans la seconde moitié du XVIe siècle, la participation des patriciens florentins aux magistratures, qui était autrefois leur prérogative politique première dans le cadre de la vie communale, se trouva par ailleurs considérablement réduite, même par comparaison avec ce qu'elle avait été dans les dernières années de la République. Pour qui n'avait pas de soutien à la cour, parmi les sénateurs ou auprès des secrétaires du grand-duc, accéder aux offices devint très difficile, si ce n'est impossible. Cet état de fait laissa beaucoup de patriciens sans espoir de recouvrer les offices qui avaient fait la dignité de leurs familles depuis des générations : seul un petit nombre d'entre eux — ceux qui avaient d'une manière ou d'une autre (re)trouvé une forme de faveur auprès des Médicis — accédaient encore à ces charges, et encore, pas toujours aux plus prestigieuses, loin de là. Les Médicis gouvernèrent ainsi en s'appuyant sur les groupes de leurs affiliés, et en excluant silencieusement beaucoup d'autres individus ou familles — en lesquels ils n'avaient pas confiance — de toute participation réelle au gouvernement de la ville.

4.1.2. Carrières académiques et magistratures civiles

Les membres des Alterati ayant rejoint l'académie dans les années 1570 et 1580 appartenaient clairement à la partie du patriciat qui n'accédait plus aussi facilement aux magistratures les plus importantes, et n'obtint que peu et/ou tardivement les offices tenus pour moindres. Le cas de Giulio del Bene (il Desioso), tel que le documentèrent les généalogistes de la *Raccolta Sebregondi*, actuellement conservée à l'Archivio di Stato à Florence, est de ce point de vue révélateur[135]. Né en 1537, Giulio del Bene ne semble pas avoir tenu d'office public avant 1593, date à laquelle il fut membre des *Dodici buonomini*, c'est-à-dire de la commission de douze membres qui supervisait les processus de sélection des citoyens en vue du pourvoiement des offices[136]. Il s'agissait là d'un office d'importance, quoique de durée très courte (trois mois), et il était souvent difficile d'y être appointé sans être sénateur, à moins de bénéficier de la faveur du prince, comme ce fut le cas pour Jacopo Peri. Peut-être Del Bene trouva-t-il quelque soutien à l'intérieur de la commission ? Mais le plus remarquable est que le fondateur des Alterati n'ait apparement pas tenu de charges publiques avant 1593, date à laquelle il n'avait pas moins de cinquante-six ans. Pour un homme de son milieu, c'était assez tard pour commencer un *cursus honorum*. Au vu de l'ampleur de la documentation existante dans les archives des *Tratte*,

135. ASFi Raccolta Sebregondi 569.

136. Sur cette commission, voir CECCHI, Giovanni, Maria, *Il* Sommario de' magistrati di Firenze *di ser Giovanni Maria Cecchi (1562). Per una storia istituzionale dello Stato fiorentino*, édité par Arnaldo D'ADDARIO, *Quaderni della Rassegna degli Archivi di Stato*, 77, Ministero per i beni culturali e ambientali — Ufficio centrale par i beni archivistici, 1996, p. 37.

il est difficile de déterminer si Giulio del Bene n'avait jamais, avant 1593, soumis de placet (*supplica*) pour se faire appointer à une charge ou si les demandes qu'il aurait faites n'avaient pas abouti[137]. Mais il convient de souligner que sa carrière d'officier fut, dans les années qui suivirent, plutôt modeste et relativement courte. Les seules magistratures de prestige auxquelles il fut appointé par la suite sont les *Dodici buonomini* (pour la seconde fois en 1609) et le *Consiglio dei dugento* (en 1610). Pour le reste, les charges occupées par le Desioso sont de peu de poids (par exemple les *Nove conservatori del dominio*, en 1599, pour quatre mois ; le *Tre conservatori degli archivi*, pour un an, à partir de mars 1601 ; les *Ufficiali dell'onestà* en 1596, pour quatre mois, et les *Ufficiali del Monte di Pietà*, la même année, pour six mois). En tout, entre 1593 et 1615, soit au cours des vingt-cinq dernières années de sa vie, Giulio del Bene occupa dix charges, ce qui est peu. De plus, presque toutes furent de très courte durée (seule l'une d'entre elles dura un an) et la plupart étaient mineures[138]. Il n'est par ailleurs pas impossible que Giulio del Bene les ait principalement demandées comme un palliatif à ses déboires en affaires. Les archives des *Tratte* signalent en effet de manière répétée, chaque fois que l'homme fait partie des candidats pour une charge, qu'un soupçon de faillite a autrefois pesé sur lui dans une affaire commerciale, précisant de surcroît qu'il est maintenant « pauvre » (« povero »), avec une femme à nourrir et plusieurs enfants à charge[139]. On peut dès lors supposer que Giulio del Bene a cherché à exercer des charges publiques à partir du début des années 1590 parce que celles-ci pouvaient non seulement l'aider à retrouver une forme de respectabilité dans la cité, mais encore lui fournir

137. Ces sources comprennent ASFi Miscellanea medicea 413 (« Teatro di grazia e di giustizia »), qui contient la liste de tous ceux ayant occupé une charge dans la ville de Florence entre 1553 et 1695 et Miscellanea medicea 414, qui contient ces mêmes informations pour « gli uffizi e cariche per fuori della città di Firenze », mais surtout les archives de l'*Ufficio delle Tratte* (inventoriées dans Viti, Paolo et Zaccaria, Raffaella Maria, *Archivio delle Tratte*, Rome, Beni culturali e ambientali — Ufficio centrale per i beni archivistici, 1989), en particulier les fonds des *Signori e collegi*, des *Consigli pubblici*, des *Uffici intrinseci ed estrinseci*, et celui des *Lettere e suppliche*.

138. L'ensemble de ces charges est énuméré en ASFi Raccolta Sebregondi 596. Pour les documents originaux, voir les inventaires des charges détenues à Florence entre 1580 et 1651 en ASFi Tratte 909 et 910. On retrouvera la trace des charges successivement détenues par Giulio del Bene entre 1580 et 1614 en ASFi Tratte 909, fol. 51^{r}, 65^{r}, 103^{r}, 111^{r}, 168^{r} et 174^{r}.

139. Voir *supra*, ch. 1, note 20, p. 52 pour le détail de ces caractérisations qui apparaissent à partir de 1592, notamment en ASFi Tratte 1257, fol 155^{r} ; ASFi Tratte 1257, fol. 711^{v} ; ASFi Tratte 1258, fol. 9^{v} ; ASFi Tratte 1258, fol. 612^{v} ; ASFi Tratte 1259, fol. 168^{v} ; ASFi Tratte 1259, fol. 363^{r} , ASFi Tratte 1259, fol. 496^{r}. À partir de 1608, l'accumulation d'offices vaut à Giulio del Bene des appréciations plus favorables de la part des secrétaires des *Tratte*, telles qu'en ASFi Tratte 1266, fol. 549, lorsqu'il demande à faire partie des neuf conservateurs du domaine (*Nove conservatori del dominio*) : « Ne fu l'anno 1599. Attende alle cose sue, huomo di lettere, et intelligente, è stato di piu officii in Firenze et l'ultimo fu di Collegio, che lo fini di dicembre 1605. Ha moglie, e figli. » Voir aussi, avec des remarques similaires, ASFi Tratte 1267, fol. 54 ; ASFi Tratte 1267, fol. 608 ; ASFi Tratte 1268, fol. 67 ; ASFi Tratte 1268, fol. 276 et ASFi Tratte 1268, fol. 613.

quelques revenus supplémentaires (la plupart de ces charges offraient en effet des émoluments, qui variaient selon les offices détenus).

Or, dans les cas où les Alterati ont effectivement fait le choix de tenter une carrière d'officier dans les institutions civiques florentines en parallèle avec leur carrière académique, les trajectoires de ce type — soit tardives, en demi-teintes ou à vocation compensatoire — semblent avoir constitué la norme parmi eux, au moins parmi ceux qui vécurent au-delà des années 1585-1590 (qui sont les dates approximatives à partir desquelles une forme d'intégration à la vie publique par l'office semble s'être parfois dessinée pour ces hommes) et qui ne disposaient pas d'une fortune importante et bien assise. C'est en effet aussi ce que suggère le cas de Bernardo Davanzati, qui accéda à sa première charge en 1578, soit à quarante-neuf ans. Il occupa ensuite dix-huit offices publics jusqu'en 1602, dont les plus prestigieux sur le plan politique furent les *Dodici buonomini* (en 1578 et en 1579, pour un an), le *Consiglio dei dugento* (en 1583) et les *Conservatori di leggi* en 1589 (pour six mois). Mais, en marchand et banquier que l'économie et la monnaie intéressaient, Davanzati semble s'être avant tout spécialisé dans les affaires commerciales et économiques[140], accédant surtout à des charges se rapportant à l'administration du commerce (il fait partie des *Sei della Mercanzia* en 1582, 1585, 1587, 1590, 1592 et 1598, toujours pour quatre mois) et de l'économie (en 1598, il servit dans les *Signori della Zecca*, où se trouvait gérée la fabrication de la monnaie)[141].

Il est probable qu'en recherchant de pareilles responsabilités administratives Davanzati ait cherché à élargir ses réseaux d'affaires, voire à développer ou consolider certaines de ses propres positions commerciales. La participation à ces comités permettait en effet à leurs membres de rencontrer d'autres acteurs de la vie économique florentine, et parfois même de favoriser leurs propres intérêts commerciaux ou financiers tout en veillant au bien public. De ce point de vue, il convient de souligner que, pour conquérir ces positions dans l'administration civile du commerce et de la banque, Bernardo Davanzati semble s'appuyer non seulement sur ses activités de marchand mais encore sur ses succès dans le champ académique. Dans les

140. Sur les activités de Bernardo Davanzati en tant que marchand, voir MOLINARI, Giuseppe, *Il Davanzati mercante o le lettere della mercatura*, Turin, Tipografia C. Favale e Comp., 1876. Davanzati a aussi écrit des essais sur la monnaie et les taux de change, parus de manière posthume dans DAVANZATI, Bernardo, *Scisma d'Inghilterra con altre operette del signor Bernardo Davanzati al serenissimo Ferdinando secondo gran duca di Toscana*, p. 93-123. Les historiens de l'économie les considèrent maintenant comme des textes pionniers, ce qui a leur a valu une réédition récente : DAVANZATI, Bernardo, *Lezione delle monete e notizia de' cambj*, préface de Sergio RICOSSA,Turin, Fògola, 1988.

141. Les principales charges détenues par Bernardo Davanzati sont énumérées en ASFi Raccolta Sebregondi 1896/b (2nd fascicule). Pour les documents originaux, voir les inventaires des charges détenues à Florence entre 1580 et 1651 en ASFi Tratte 909 et 910. Les charges occupées par Bernardo Davanzati entre 1580 et 1606 (qui est la date de sa mort) sont mentionnées successivement en ASFi Tratte 909, fol. 60r, 68r, 77r, 90r, 180r, 181r, 182r, 183, 186v, 196v, 210v, 211r, 240r et 236r.

registres des *Tratte*, les secrétaires médicéens chargés de sélectionner les candidats notent en effet fréquemment que, outre sa connaissance du commerce, l'homme est aussi « un lettré très compétent et un homme de grand savoir » (« e huomo oltre a la pratica della Mercantia di bonissime lettere et di molto sapere », écrit par exemple l'un d'eux, Lorenzo Niccolini, vers 1593-1594[142]). De telles notations sont par ailleurs reprises, dans une variété de formulations différentes, à chacune de ses candidatures, où les secrétaires du prince insistent de manière appuyée sur ses doubles compétences de marchand et d'homme de bonnes et solides lettres[143]. Elles suggèrent que pour Bernardo Davanzati, ses activités d'académicien, de traducteur et d'auteur étaient au moins en partie destinées à l'aider à rétablir sa crédibilité de marchand et de banquier après le bannissement imposé à son père, afin de lui permettre de faire fleurir au mieux ses activités commerciales et financières. De telles notations invitent aussi à penser que, en raison des parallélismes structuraux entre les rituels académiques et les procédures et pratiques de certains des comités de la vie civile florentine (discussions *pro* et *contra*, pratiques d'évaluation, énonciations de jugements, etc.), les contemporains jugeaient spontanément que la vie académique — parce qu'on y développait tant son « intelligence » que sa capacité à s'exprimer — pouvait être une bonne préparation à l'exercice de responsabilités civiles, administratives ou même curiales.

On ne peut dès lors qu'être surpris, au premier abord, que les membres des Alterati ne se soient pas investis dans les charges de la vie civile florentine en plus grand nombre et avec plus d'assiduité et de détermination. Le Desioso et le Silente semblent en effet être, parmi les Alterati les plus engagés dans la vie académique, les deux seuls académiciens à avoir recherché activement et de manière suivie les offices

142. ASFi Tratte 1257, fol. 894r. Sans doute vers 1593-1594 (le document ne porte pas de date), Davanzati a fait une demande hors délais pour être consul de la mer (un poste qu'il n'obtint pas). Le secrétaire du grand-duc Ferdinand écrit alors exceptionnellement à son prince pour lui faire un portait de sa trajectoire et de ses motivations : « Serenissimo Gran Duca, Bernardo soprascritto è venuto dopo la mandata nota dei supplicanti il consol di mare, il quale per essere huomo straodinario, ho voluto fuori del mio solito informare la presente supplica et tanto pui, che nella nota mandata, non mi parevon huomini suffitienti abanstanza eccetto Inghlese Lotti, per quello officio. E 'l supplicante fu a Monte Lione nel regno di Napoli molti anni sono per ministro di Capponi con il compimento, et vi fece gran bene, di poi andò a Lione di Francia ministro et compagno di Francesco Capponi dove stette molti anni con loro satisfatione et tornò con molta facultà a Firenze : è huomo oltre a la pratica della mercantia di bonissime lettere et di molto sapere, et cercha, come mi dice, questo luogo, per alleggerire, in qualche parte la sua perdita fatta a Venetia, et più per essere scorta a un suo figliolo, il quale e disegna questo anno mandare a Pisa a studio et per fine di questa inchinandomi le bacio humilmente la veste di vostra Altezza serenissima. Humilissimo servitore, Lorenzo Niccolini. »

143. Voir par exemple ASFi Tratte 1258, fol. 378v (« personna di molta intellegenzia et di buonissime lettere ») : ASFi Tratte 1258, fol. 654v (« Persona practica et intelligente della mercantia et di lettere anchora ») et ASFi Tratte 1259, fol. 430r (« Ha atteso alla mercatura et è stato nel Regno di Napoli et a Lione ministro e compagno di Capponi, persona di molto sapere et di molta esperienza. »), ainsi que ASFi Tratte 1262, fol. 784v.

de la vie civile florentine après cinquante ans. Cette particularité tient sans doute pour une large part à leur situation de fils de *sbanditi* qui se trouvèrent par ailleurs, au moins à certains moments de leurs carrières, dans des situations financières fragiles ou risquées. Les charges de la sphère civile étaient en effet susceptibles de leur apporter un meilleur statut, plus d'entregent dans la conduite de leurs affaires et, au besoin, un revenu complémentaire. Leurs pratiques d'académiciens pouvaient par ailleurs aisément servir de point d'appui tant à leurs activités commerciales qu'à la construction d'un *cursus honorum* au sein des offices civiles.

La plupart des principaux Alterati qui vécurent au-delà des années 1590-1595 ne firent cependant pas le choix de rechercher des offices publics. Francesco Bonciani (1552-1620) — qui rentra ultérieurement dans la diplomatie médicéenne avant de devenir archevêque de Pise — n'occupa par exemple que deux charges entre 1580 et 1614 (il est membre des *Consiglio dei dugento* en 1590 et membre des *Conservatori di leggi* en 1592, pour six mois)[144]. Le cas de Giovan Battista Strozzi (il Tenero) est plus frappant encore : son nom n'apparaît en effet dans aucun des registres des *Tratte* entre 1580 et l'année de sa mort, en 1634[145]. Ce fait suggère que certains Alterati possédaient, en raison de leur naissance et de leur fortune, une situation sociale telle qu'ils n'ont pas ressenti la nécessité de s'engager dans la carrière des offices pour trouver, en fin de parcours, la faveur du prince. Une forme de réintégration sociale au sein de la cour médicéenne était possible pour eux sans passer par l'exercice de charges civiles, même lorsque leurs familles s'étaient opposées, autrefois, à la domination médicéenne. Dans ce cadre, une trajectoire d'académicien pouvait même suffire à ouvrir des portes à qui tentait ensuite de servir à la cour comme producteur ou intermédiaire culturel, comme ce fut le cas pour Giovan Battista Strozzi.

Une comparaison entre les trajectoires des Alterati les plus riches et les plus établis — dont Tommaso del Nero aurait sans doute aussi constitué un bon exemple, s'il avait vécu au-delà de 1572[146] — et celles des hommes issus des familles florentines

144. ASFi Tratte 909, fol. 61^{v} et 167^{r}. ASFi Tratte 1257, fol. 112^{r} indique que Bonciani est considéré pour une charge parmi les *Otto di guardia* qui aurait commencé en mars 1592, mais qu'il n'obtint pas.

145. Lorenzo Giacomini († 1598) semble, pour sa part, avoir commencé, vers 1590, à poser des jalons pour une carrière d'officier. Mais il mourut trop jeune pour qu'il soit possible de comprendre ce qu'il en espérait exactement. ASFi Tratte 909 indique qu'il détint les charges suivantes : membre des *Buonomini delle Stinche* en 1588 et 1590, chaque fois pour quatre mois (fol. 194^{v} et 195^{v}), membre du *Consiglio dei dugento* en 1590 (fol. 167^{r}) et membre des *Signori della Zecca* en 1592, pour six mois. Le nom de Lorenzo Giacomini n'apparaît cependant pas dans ASFi Tratte1256 ou 1257-1259, ce qui signifierait que, entre 1592 et 1598, il n'a pas déposé de *suppliche* pour obtenir quelque charge que ce soit.

146. Sur Tommaso del Nero, qui, avant mourir en 1572, ne détint pour seule charge publiqueque celle de membre des *Buonomini delle Stinche* — ce qui était une fonction modeste pour un jeune homme de sa naissance et de sa fortune —, voir l'analyse des éloges funèbres qui lui furent consacrés par les Alterati, *infra*, ch. 4, p. 336-346.

les plus récemment enrichies, tels que les Corsi ou les Riccardi, est de ce point de vue parlante. Leur grande fortune, parfois rapidement acquise, donnait en effet aux rejetons de ces familles enrichies de fraîche date un accès sûr et pour l'essentiel stable à la cour. Beaucoup n'eurent donc pas non plus besoin d'obtenir des charges civiles pour améliorer leur position. Leurs membres tendirent même plutôt à les éviter, mais sans néanmoins investir massivement la vie académique, qui n'avait pas pour eux l'utilité sociale qu'elle pouvait avoir pour les patriciens d'ancienne souche dont la fortune était moindre et dont la fidélité politique pouvait faire question, comme dans le cas de Giovan Battista Strozzi et de son frère Federigo[147]. Au demeurant, les académies patriciennes n'accueillaient peut-être pas toujours volontiers ces nouveaux riches. Le très fortuné Jacopo Corsi, qui finança partiellement et organisa sans doute pour une large part, en 1600, la production à la cour de l'*Euridice* de Jacopo Peri et Ottavio Rinuccini, fut ainsi candidat par deux fois à l'entrée au sein des Alterati. Mais il ne semble jamais y avoir officié comme membre[148]. Or, en parallèle, Corsi ne paraît pas non plus avoir été actif dans les magistratures civiles, étant apparemment assez assuré de sa stature sociale pour n'avoir à s'imposer ni un *cursus honorum* d'officier, ni une participation assidue à la vie académique.

Le seul Alterato disposant d'une fortune considérable à s'être investi avec détermination et un certain succès dans les charges civiles constitue de ce point de vue un cas particulier. Il s'agit d'Alessandro Rinuccini (l'Ardito), qui, après s'être considérablement enrichi dans le commerce et la banque, devint dépositaire général du grand-duc en 1612 et semble avoir signalé sa disponibilité et ses qualifications pour une telle fonction en accumulant, à partir de 1600, l'exercice d'offices civils[149]. On remarque néanmoins que, lorsque les qualifications de l'Ardito sont détaillées par

147. Federigo Strozzi (1547-1591) est lui aussi mort jeune. Il détint néanmoins quelques charges, obtenues de surcroît à un plus jeune âge que la plupart des autres Alterati. ASFi Tratte 909 mentionne qu'il fut membre des *Conservatori di leggi* en 1583, pour six mois (fol. 58v), des *Domini della Zecca* en 1586 pour six mois (fol. 210r) et des *Sei della Mercanzia* en 1587 pour quatre mois (fol. 182r).

148. Sur les rapports de Jacopo Corsi avec les Alterati, voir *infra*, ch. 5, p. 485-496.

149. En octobre 1600, Alessandro Rinuccini demande une charge parmi les *Conservatori di leggi*. En ASFi *Tratte* 1261, fol. 771v, le secrétaire du grand-duc remarque que c'est la première charge qu'il ait jamais demandée : « Mercante, persona virtuosa, non ha mai chiesto officii. » ASFi Tratte 909 indique par ailleurs que, entre 1580 et 1614, Alessandro Rinuccini a détenu les charges suivantes : membre des *Sei della Mercanzia* en 1592, en 1605 et 1611, toujours pour quatre mois (fol. 184v, 188v et 190v respectivement) ; membre du *Consiglio dei dugento* en 1605 (fol. 165r) ; membre des *Conservatori di leggi* en 1605, pour six mois (fol. 87v) ; membre des *Ufficiali di grascia*, en 1609, pour un an (fol. 70v) ; membre des *Buonomini delle Stinche* en 1600 et 1604, pour quatre mois (fol. 197v et 198v), membre des *Ufficiali del Monte di Pietà* en 1606 et 1612 pour trois ans (fol. 201). ASFi Tratte 910 (qui couvre les années 1611-1651) montre que, pendant qu'il est dépositaire général du grand-duc (1612-1622), Alessandro Rinuccini, qui est sénateur à partir de 1613, détient des charges plus prestigieuses et plus importantes : il fait partie de *Consiglieri* (il s'agit des membres du *Magistrato del luogotenente e consiglieri*) en 1617 et 1622, pour trois mois (fol. 1v et 3v) et des *Accoppiatori* en 1616, 1617, 1620 et 1622 (fol. 22v, 23r, 25v et 26r).

les secrétaires du grand-duc, ses activités d'académicien et d'homme de lettres sont peu mentionnées : si la qualification de « huomo da bene » (homme fortuné) lui est sans cesse attribuée, le fait qu'il soit « assai litterato » (« assez lettré ») n'est mentionné qu'une fois[150]. C'est donc avant tout à sa grande réussite financière qu'il est fait allusion dans les notes des secrétaires des *Tratte*, l'exercice de charges publiques semblant ensuite lui avoir permis de prétendre, sur cette base, à de hautes fonctions administratives et financières dans l'entourage du grand-duc. Ce dernier exemple laisse supposer que, parmi les Alterati, seuls les patriciens les plus fortunés pouvaient espérer occuper des fonctions administratives importantes à la cour. Pour y accéder, un *cursus* dans les charges urbaines restait néanmoins souhaitable. À cette fin, une carrière académique ne nuisait sans doute pas, mais ne constituait pas un élément déterminant. Pour accéder, dans l'orbite de la cour, à des fonctions de producteur ou d'intermédiaire culturel, une carrière académique pouvait en revanche être cruciale, comme le suggère la trajectoire de Giovan Battista Strozzi (il Tenero).

Les nuances de statut ou de fortune entre ces différents cas de figure ne sont pas toujours immédiatement perceptibles lorsque ces hommes sont simplement caractérisés comme des membres du « patriciat ». Elles n'en sont pas moins importantes, car sans elles une compréhension fine de l'espace social qui fut celui des Alterati n'est pas possible. L'analyse des rapports que les Alterati les plus actifs entretinrent, selon leur statut et leur niveau de fortune, avec les offices de la vie civile reste néanmoins parcellaire dans la présente étude, en raison du manque de travaux de synthèse accomplis à partir du fonds des *Tratte*. Sans des recherches plus amples, il reste difficile de construire des comparaisons parlantes. Comprendre l'évolution des pratiques de ces officiers sur une période longue est plus ardu encore. Une exploration plus large du fonds des *Tratte* pourrait néanmoins permettre, à l'avenir, l'élaboration d'une histoire sociale, économique et politique du patriciat, dans ses rapports avec les institutions civiles de l'ancienne République. L'analyse des parcours de certains des Alterati à travers les charges civiles florentines, telle qu'elle a été présentée ici, a au moins le mérite de suggérer quel type d'informations de telles investigations seraient susceptibles de mettre au jour, et d'indiquer quelques directions de recherche pour une étude prosopographique plus ambitieuse.

150. Voir notamment ASFi Tratte 1266, fol. 37, 136 et 808 et ASFi Tratte 1269, fol. 707.

4.1.3. L'activité académique comme vie civile relocalisée

Le fait que nombre des membres de l'académie s'abstinrent pendant des décennies de solliciter les charges et offices qui avaient été longtemps la chasse gardée de leur famille, ou bien n'y accédèrent pas, invite parallèlement à considérer sous un jour quelque peu différent leur engagement dans la vie académique elle-même. Comme les confraternités, les académies offrent en effet un accès à une vie publique d'un autre type, soit une forme d'activité collective qui n'était pas directement politique dans ses enjeux — les lettres et les savoirs dans le cas des académies, la foi et/ou la charité dans celui des confraternités [151]. Les académies, non moins que les confraternités, furent même tout entières organisées — particulièrement dans les villes de tradition communale — par des représentations de la vie civile, qu'elles firent beaucoup pour maintenir et pour développer[152]. Mais, dans certaines configurations, elles en vinrent parfois aussi à devenir des espaces de substitution, où la vie civile, fragilisée par l'évidement des institutions urbaines, pouvait perdurer, voire renaître, sous d'autres formes. Ce fut notamment le cas à Florence au XVIe siècle, où les recoupements entre les pratiques académiques qui s'y développèrent et les activités de la vie civile, telles qu'elles existèrent sous la République et même au-delà, semblent avoir été particulièrement étroits pour plusieurs raisons.

D'une part, les institutions académiques, tout en pratiquant largement la cooptation, garnissaient généralement leurs rangs à Florence au moyen de processus qui mêlaient, quoique dans des proportions diverses, les *tratte* (tirages au sort), la sélection *a mano* et une variété d'autres procédures électorales. Autrement dit, entrer dans une académie était un processus qui ressemblait beaucoup à celui de se porter candidat pour une charge publique : il fallait être pressenti, disposer de soutiens dans la place, accepter l'éventualité de cabales, se soumettre aux risques des tirages au sort, de l'élection ou de la sélection et enfin, en cas de succès, se conformer aux rituels académiques (si possible avec brio), lors de la cérémonie d'investiture et

151. Sur les confraternités à Florence, voir WEISSMAN, Ronald F. E., *Ritual Brotherhood in Renaissance Florence*, Londres, Academic Press, 1969 et EISENBICHLER, Konrad, *The Boys of the Archangel Raphaël : A Youth Confraternity in Florence, 1411-1785*, Toronto, University of Toronto Press, 1998. Sur les points communs entre les confraternités et les académies, voir les réflexions de Paul O. Kristeller à propos de l'académie platonicienne de Marsile Ficin, « Lay Religious Traditions and Florentine Platonism » dans KRISTELLER, Paul O., *Studies in Renaissance Thought and Letters*, Rome, Edizioni di Storia e Letteratura, 1956, p. 99-122. Ces éléments de continuité mériteraient d'être davantage étudiés ; jusque dans la Florence de la fin de la Renaissance, nombre d'académiciens patriciens sont en effet membres en parallèle d'une ou plusieurs confraternités.

152. Quant au développement d'un idéal civique dans les confraternités bolognaises, voir TERPSTRA, Nicholas, *Lay Confraternities and Civic Religion in Renaissance Bologna*, Cambridge, Cambridge University Press, 1995. Pour la persistance des idéaux civiques parmi les *letterati cittadini* florentins, voir BOUTIER, Jean et PAOLI, Maria Pia, « Letterati cittadini e principi filosofi. I milieux intellettuali fiorentini tra Cinque e Settecento », dans BOUTIER, Jean ; MARIN, Brigitte et ROMANO, Antonella (dir.), *Naples, Rome, Florence*, p. 331-403.

au-delà. Or, dans le déroulement quotidien des activités académiques, les ressemblances avec les mœurs politiques de la République n'étaient souvent pas moins fortes. Dans leur fonctionnement, les académies partageaient en effet avec les institutions républicaines certains traits structuraux, qu'elles semblent même, dans certains cas, avoir intentionnellement cherché à dupliquer. En leur sein, on trouvait en particulier des charges à exercer (régent ou consul, provéditeur, censeur, etc.), lesquelles étaient elles-mêmes réparties entre les académiciens au moyen de procédures de sélection et d'élection complexes, et étaient détenues par roulement pour des temps courts (rarement plus d'un an). Enfin, dans le cours de leurs activités savantes, les pratiques discursives des académies florentines (leçons, débats *pro et contra*, mais aussi éloges, oraisons funèbres et discours d'apparat) ne recoupaient pas seulement celles des confraternités, qui pratiquaient régulièrement l'éloge, l'oraison funèbre et le discours d'apparat. Elles faisaient aussi une place importante à la rhétorique délibérative, qui, sous Cosme Ier et ses successeurs, devint de plus en plus rare dans les assemblées publiques à proprement parler (Sénat et conseil des Deux-Cents).

Les points communs avec les institutions républicaines sont particulièrement évidents dans les pratiques des Alterati, même si de telles similarités sont également repérables jusque dans les structures institutionnelles de l'Académie Florentine — quoique les statuts maintes fois réformés de cette dernière aient davantage évoqué, vers 1570, les structures communales telles qu'amendées par le principat, que les manières de faire de la République anté-médicéenne. Les *capitoli* des Alterati — qui sont aussi appelées leurs lois (*leggi*) — détaillent ainsi les charges respectives du régent (élu pour six mois), du provéditeur (élu pour un an) et des censeurs (renouvelés à chaque régence). Or ces statuts semblent tout spécialement attentifs à la préservation de l'équilibre des pouvoirs entre les membres et leur régent, et veillent à donner autant de pouvoir que possible aux académiciens qui ne font pas partie de la magistrature en place. C'est ainsi par exemple qu'un vote à l'unanimité est nécessaire pour faire élire un nouvel académicien, rendant impossible l'introduction d'un nouveau membre que la magistrature favoriserait, si tous les académiciens (même ceux qui ne peuvent physiquement être présents lors du vote et à qui il est nécessaire demander préalablement leur assentiment écrit) ne donnent pas leur accord[153]. La fonction du régent est elle-même soigneusement encadrée, afin d'éviter

153. BNCF Magl. IX 134, fol. 9^r^ : « Niuno si mandi à partito per accademico, se nell'Accademia non sono in scrittura tutti i voti degli'accademici assenti, che non soliti venire all'Accademia. » Le texte martèle même : « Non possa essere accademico se non chi vincerà per tutti i voti. » À l'origine, pareille mesure avait peut-être avant tout pour but de rendre impossible un noyautage de l'institution par le pouvoir, sur le modèle de ce qui était arrivé à l'académie des Humidi en 1540-1541. Les académiciens, soucieux de ne froisser personne et/ou de ne pas s'attirer des inimitiés, ne gardent pas de traces explicites, dans leurs *atti* (BMLF Ashburnham

toute tentation de tyrannie : il est élu pour une période courte (son mandat est ainsi moitié moins long que celui du consul de la Florentine), au travers d'une procédure qui mêle tirage au sort, sélection *a mano* par le régent en titre et vote au suffrage universel, avec l'exigence d'une majorité des deux tiers (en cas de ballottage, on procède à un tirage au sort pour départager les candidats)[154]. Le gouvernement de chaque régent est soumis à la fin de sa régence à un examen soigneux, ce qui donne lieu à ce qui est parfois un véritable réquisitoire (*accusa*), auquel le régent sortant est ensuite invité à répondre en personne ou par l'intermédiaire d'autrui (*difesa*)[155]. De plus, une procédure d'urgence peut être intentée contre lui à n'importe quel moment, si sa régence menace l'identité ou les lois de l'institution[156]. Enfin, et peut-être surtout, tout académicien peut mettre une question au vote durant un conseil général, sans avoir besoin de l'accord du régent[157]. Le conseil général de l'académie — qui a lieu chaque année vers le 25 juillet — donne ainsi annuellement le droit à chaque membre de proposer et faire discuter parmi ses collègues académiciens des changements structuraux dans le fonctionnement de l'académie en se passant de l'assentiment du régent en titre. On voit quelle attention était donnée, parmi les Alterati, au respect de la parité entre les académiciens, et à la nécessité d'assurer à tous les membres de cette institution oligarchique voix au chapitre de manière régulière. Les institutions de l'académie soulignaient en effet que le régent n'était jamais qu'un *primus inter pares* temporaire, dont les droits n'excédaient pas statutairement ceux de ses pairs. À la suite de ce débat annuel et des éventuels votes requis pour adopter les transformations structurelles proposées, l'institution célébrait au demeurant rituellement la parité fondamentale de ses membres par un banquet.

En outre, les structures institutionnelles de l'académie ponctuent son fonctionnement d'amples espaces de délibération. Ainsi en va-t-il de l'anniversaire (« Natale ») de l'académie, généralement célébré le 17 février, et du 25 juillet, date habituelle du conseil général annuel. Ces deux événements donnent lieu à

558.1 et 2) des élections avortées. Mais il est possible que Jacopo Corsi ait été un de ceux qui n'obtinrent pas l'unanimité désirée, même au bout de deux candidatures, voir *infra*, ch. 5, p. 485-496.

154. BNCF Magl. IX 134, fol. 9v : « La penultima tornata ordinaria del reggimento traggansi della borsa i nomi di due accademici : de quali ciascuno separamente nomini per reggente chi più gli piace, e 'l reggente vecchio ne nomini un'altro nel medesimo modo, i tre nominati vadano a partito, e quel di loro, c'harà più voti passando i 2/3 sia reggente, e'n caso di concorrenza rimetta alle sorte. »

155. BNCF Magl. IX 134, fol. 10r : « Nell'altra tornata ordinaria stia il reggente vecchio a ragione, e debba o per sè, e per quale accademico gli piacerà rispondere all'hora all'accuse che gli saranno date. »

156. BNCF Magl. IX 134, fol. 11v : « Vogliamo, che il reggente possa essere accusato mentre è in reggimento ogni volta che faccia esercitare gl'accademici non accademicamente, o introduca cose espressamente proibite da gli ordini nostri. »

157. BNCF Magl. IX 134, fol. 14v : « Possa ciascuno accademico nel general consiglio mettere a partito etiamdio contro alla volontà del reggente. »

des cérémonies et à des banquets (surtout pour le *Natale*, fêté le jour de *Berlingaccio*), encadrés de force discours. Mais ce sont en réalité avant tout des journées consacrées à la délibération et au vote de nouvelles lois, et à l'élection de nouveaux magistrats de l'académie, toujours avec une majorité d'au moins deux tiers[158]. À la suite de ces votes, lorsque le nouveau régent entre en fonction, de nouvelles délibérations ont lieu au cours desquelles se planifient une grande partie des activités de l'académie pour la régence qui s'ouvre[159]. Autrement dit, le débat est au cœur du fonctionnement institutionnel de l'académie au jour le jour. Mais c'est aussi à la discussion qu'il est fait appel en cas de crises, lesquelles suscitent parfois la convocation de *balie*, c'est-à-dire d'assemblées extraordinaires habilitées à prendre des mesures d'urgence, mais aussi à réformer les conseils et offices existants, ou à nommer des commissions restreintes chargées de diligenter des enquêtes ou de prendre des décisions difficiles[160]. Or ces conseils de crise étaient un des éléments les plus centraux des institutions de la République florentine. C'est même par une *balìa* que, en 1532, il avait été mis fin — sous Alexandre de Médicis — à la *Signoria*, à ses prieurs et à ses gonfaloniers.

Les débats de fond sur la nature et le bon exercice du pouvoir oligarchique qui, sous les Médicis, avaient pour l'essentiel déserté les institutions de la commune florentine, étaient ainsi au cœur des activités, tant institutionnelles qu'intellectuelles des Alterati, où ils semblent souvent avoir eu vocation à faire renaître, sur un autre plan, les rhétoriques délibératives des échanges publics de l'ancienne République. Dans un article consacré à la place de la délibération dans la Florence de la fin de la période républicaine, Nicholas Baker souligne la centralité de ces pratiques discursives dans les communes italiennes, tout en suggérant qu'il serait fallacieux de les penser dans les termes de la création d'un « espace public » habermassien[161].

158. BNCF Magl. IX 134, fol. 8r : « Niuna legge si vinca, nè nuovo magistrato si crei fuor solamente ne' giorni del general consiglio, e della celebratione del Natale, et all'hora non a voce ma per partito con li ¾ dell'uve nere. »

159. BNCF Magl. IX 134, fol. 10r : « La tornata nella quale piglierà il reggente l'ufficio faccia risolvere di che materia s'habbia a trattare nelle lettioni del suo regimento distinguendola per ordine, e trare per sorte, che de gli accademici habbia a leggere prima, o poi, acciochè ognun sapiendo in che tempo ha ad essere occupato per l'Accademia possa sodisfare più commodamente a suo obligo. »

160. Ainsi le 13 janvier 1575 (BMLF Ashburnham 558.1, fol. 59v), les actes de l'académie indiquent que les quatorze académiciens présents instaurent une *balìa*, composée de quatre membres — le Desioso (Giulio del Bene), le Silente (Bernardo Davanzati), le Vario (Antonio del Albizzi) et l'Horrido (Nero del Nero) — et donnent à cette commission « autorita ampissima di potere fare di nuovo, annullare o rifomare leggi e ordini ». Il est possible que la mention de la nomination d'une *balìa* dans une *accusa* anonyme datant sans doute des années 1574-1575 fasse allusion à cet épisode (voir BMLF Ashburnham 559, « Accusa contro al Vario reggente 4. degli Alterati », fol. 213r-215v, en particulier fol. 214r ; le même discours figure aussi aux fol. 107r-111v du codex sous une forme calligraphiée). Dans ce texte, la *balìa* et les *pratiche* dont elle serait le fruit sont néanmoins critiquées comme des symptômes de tyrannie.

161. Baker, Nicholas Scott, « Discursive Republicanism in Renaissance Florence : Deliberation and Representation in the Early Sixteenth Century », *Past and Present*, 225, novembre 2014, p. 47-77.

Au cours d'une analyse des pratiques discursives des institutions républicaines et en particulier de celles des *consulte e pratiche* — ces conseils *ad hoc* réunis au sein des plus importantes magistratures florentines pour résoudre une crise ou une question pressante[162] — Baker montre que les pratiques délibératoires des institutions de la Florence républicaine sont à comprendre à la fois comme des lieux d'expression des désaccords et comme des espaces où le consensus est constamment recherché. Dans les rituels de la discursivité contradictoire, les conflits d'opinion et d'intérêts sont en effet circonscrits à un lieu et l'unité républicaine est préservée à travers les cérémonies de la parole collective. En cela, la délibération — qui semble s'être d'autant plus épanouie, au sein de ces assemblées *ad hoc*, que la République s'enfonçait de la crise — paraît même avoir été promue dans les *consulte e pratiche* au rang d'une fin en soi. Le but était en effet souvent moins de parvenir à une décision que de mettre en scène collectivement les idéaux et les valeurs de la République à travers une exhibition de la discursivité.

Or, tant dans leurs débats institutionnels (conseils délibératifs et élections) que dans leurs échanges intellectuels, les Alterati semblent avoir constamment rejoué les cérémoniaux de la parole républicaine. D'une part, au sein de leurs conseils généraux et des assemblées de leurs anniversaires annuels, les discours qui encadrent les prises de décision et l'attribution des charges sont ritualisés : ils alternent accusations et défenses (des régents mais aussi des poèmes tirés de l'urne pour être évalués), non seulement pour permettre aux académiciens de démontrer leur habileté dans les discours épidictiques, mais encore pour rendre possible la réduction des éventuels conflits au travers du spectacle donné à tous de la parole cérémonieusement et civilement échangée. D'autre part, les activités intellectuelles des Alterati, qui alternent des débats *pro et contra* soigneusement préparés avec des discussions *all'improvviso*, semblent, elles aussi, implicitement inscrire leurs échanges sous le signe de la discursivité républicaine. Leurs débats contradictoires — qui s'inspirent des pratiques de la scolastique, auxquelles les Alterati ont été abondamment exposés tant au *Studio fiorentino* qu'à l'université de Pise — sont consacrés aux sujets les plus divers (poétique, rhétorique, éthique, histoire, arts, sciences, etc.). Ils s'inscrivent le plus souvent dans une thématique choisie en commun pour une régence, et qui peut être poursuivie collectivement pendant plusieurs d'entre elles. Leur succession est planifiée avec soin et ils se déploient rituellement en une thèse (confiée à l'un des académiciens), une antithèse (confiée à un autre) et une synthèse

162. Les *consulte e pratiche* sont les seuls corps délibératoires florentins dont les débats ont été archivés (dans tous les autres comités et conseils, seul le contenu des décisions finalement prises est préservé), voir Denis FACHARD (éd.), *Consulte e pratiche della Repubblica fiorentina, 1505-1512*, Genève, Droz, 1988 ; *Consulte e pratiche della Repubblica Fiorentina (1498-1505)*, Genève, Droz, 1993 ; et *Consulte e pratiche della Repubblica fiorentina (1495-1497)*, Genève, Droz, 2002.

improvisée (qui est toujours de la responsabilité du régent, lequel a aussi préalablement distribué les tours de parole).

Les archives des Alterati préservent par ailleurs de nombreuses traces des discours d'affirmation ou de négation que préparaient les académiciens, mais aucune des conclusions du régent, qui ne sont résumées que d'une phrase dans les entrées successives de leurs actes, et parfois même n'y apparaissent pas du tout[163]. Ces débats permettent donc tout à la fois de verbaliser les désaccords intellectuels (ou autres) qui pourraient traverser l'institution, et de les résoudre au cours d'une cérémonie de la parole où le régent a pour tâche ultime de lisser les différends sans néanmoins les escamoter. C'est ainsi que, au sein de l'académie, les exercices scolastiques — qui se doublent de conversations civiles suscitées à l'improviste — acquièrent un autre sens que celui qu'ils avaient dans l'université. Car, à travers eux, les Alterati ne recréaient pas seulement les cadres académiques d'une poursuite collective du savoir, ils plaçaient aussi leurs pratiques interlocutoires dans un cadre communal, où les rémanences des interactions qui caractérisaient la vie publique sous la République cohabitent avec la nécessité, pour des hommes qui aspirent aussi à s'intégrer à la cour, de maîtriser la parole improvisée, fondement de la *sprezzatura* vantée par Baldassar Castiglione[164].

Certains des académiciens n'hésitaient au demeurant pas à présenter l'académie, dans leurs discours, comme le lieu privilégié d'un ensemble de pratiques tant politiques qu'intellectuelles qui auraient permis de faire revivre la vertu civique florentine au milieu de l'Italie des cours et des *condottieri*. Telle semble en particulier la visée de nombre des écrits académiques de don Giovanni de Médicis qui ont été préservés, bien que le sens de ces bribes de textes, où des passages soigneusement rédigés alternent avec des plans qui ne font qu'établir des listes de réflexions à inclure, ne soit pas toujours aisé à établir[165]. Les textes du Saldo sont souvent

163. Par exemple, le 13 mai 1574 (BMLF Ashburnham 558.1, fol. 52^r), est tirée au sort parmi les sujets de leçons préalablement établie la proposition « Che al poeta è necessario sapere l'arte del comporre la storia ». Cette proposition est ensuite discutée en format de thèse et d'antithèse le 27 mai suivant, par il Gravo (Baccio Neroni) : « Affermò il Gravo », et il Vario (Antonio degli Albizzi) : « Negò il Vario ». La synthèse du régent n'est pas mentionnée dans les actes.

164. Castiglione, Baldassar, *Le Livre du courtisan* (1528), traduit et présenté par Alain Pons, Paris, Gérard Leibovici, 1987.

165. Les principaux écrits académiques du Saldo sur la vertu civile se trouvent dans les codices suivants, où leurs relations croisées ne sont malheureusement pas toujours faciles à retracer. BNCF Magl. IX 124, fol. 48^r-54^v comporte des « Ragionamenti accademici », avec le plan détaillé d'un raisonnement sur la vertu (« Tre sono adunque le cose principalemente trattate. Del cavaliero nel tomo primo, del principe et de popoli nel secondo. Il trattato del cavaliere comprende la prima, seconda et terza parte, il principe la quarta et i popoli la quinta, havendo havuto riguardo nelle persone all'ordine della natura, et ne gradi all'opinione del mondo », fol. 48^v). BNCF Magl. VIII 1406, fol. 1^r-97^v contient des notes sur la vertu, ainsi que, aux fol. 58^r à 97^v, un texte parcellaire et fréquemment raturé, intitulé « Ragionamenti intorno alla virtù del Saldo accademico Alterato », qui est probablement un *abbozzo* du texte mis au propre actuellement conservé en

décrits par lui-même — au travers des titres qu'il leur donne — comme consacrés à la vertu (*virtù*), par laquelle il faut comprendre avant tout la vertu civique. Dans des « Ragionamenti accademici », restés fragmentaires et actuellement préservés en BNCF Magl. IX 124, fol. 48^{r}-54^{r}, on trouve ainsi, sous le titre « Dichiarazione dell'ordine » (fol. 48), le plan d'un raisonnement qui, à partir d'une description de l'ordre des choses selon un modèle d'inspiration aristotélicienne, entend expliquer la place du « cavalier » dans la cité, ainsi que les nécessaires rapports du peuple à son prince. Ce cavalier est une figure de l'aristocratie urbaine, lorsqu'elle s'adonne — comme don Giovanni de Médicis lui-même — aux carrières militaires, et c'est en priorité du développement de la vertu de cette figure que le Saldo se préoccupe. Or, dans le traité qu'envisageait don Giovanni de Médicis, chaque partie du raisonnement qu'il avait imaginé s'appuyait en réalité sur un discours académique prononcé au sein des Alterati, dont les débats apparaissaient ainsi comme l'espace social où les membres de l'institution pouvaient cultiver au mieux leurs vertus civiles, destinées à servir de fondement, dans le cas du Saldo et de ceux qui envisageraient de l'imiter, aux vertus militaires et curiales. En cela, l'ouvrage envisagé — mais jamais terminé — par don Giovanni de Médicis désignait les académies, plutôt que d'éventuelles charges civiles et militaires, comme un lieu où se transmettrait l'art de bien vivre et de bien gouverner civilement, suivant les valeurs de l'ancienne République, tout permettant l'adaptation de ces valeurs traditionnelles aux nouvelles nécessités qu'imposent l'existence d'un prince et le développement, autour de lui, de logiques de cour[166].

De manière plus intéressante encore, certains des écrits les plus aboutis du Saldo — dont plusieurs étaient sans doute aussi destinés à s'insérer dans le cadre d'un traité sur la vertu civile qu'il envisageait d'écrire — présentent l'académie des Alterati

BMLF Ashburnham 562, fol. 129^{r}-156^{v}. BNCF Magl. VIII 1406 comporte aussi une « Accusa Aspro fatta dal Vivace <Bernardino de Medici> » (fol. 100^{r} à 101^{v}) et une « Difesa de l'Aspro <Francesco Bonciani> » (fol. 102^{r} à 104^{v}). Ces deux derniers textes, eux aussi en forme d'*abbozzi*, semblent être des premiers jets de textes figurant sous forme rédigée et calligraphiée en BMLF Ashburnham 562, fol. 158^{r} à 166^{v}. Magl. VIII 1406, fol. 106^{r} à 107^{v} comporte aussi un *abbozzo* qui porte au titre « Ordine de seguenti ragionamenti » et où se lit l'esquisse d'un raisonnement sur la vertu (« Primo adunque formero l'huomo civile, ragionando degli offici cavalloreschi et civili che occorono nel conversare et vittare civilmente, et dopo, mediante alcuni ragionamenti accademici sopra la virtù, seguiti nelle adunanze degli Alterati, si vedrá donde la virtù habbia havuto origine ») qui semble très similaire à celui est développé dans la « Dichiarazione dell'ordine » mise au propre au fol. 48 des « Ragionamenti accademici » conservés en BNCF Magl. IX 124, fol. 48^{r}-54^{r}. Enfin, sur un thème très voisin, BNCF Magl. XXI 88 contient un traité intitulé « Della educazione de' giovanni nobili, discorso del Saldo accademico Alterato ». Il s'agit d'un traité sur l'éducation de la noblesse, visiblement calligraphié pour être mis en circulation en manuscrit.

166. Le *continuum* ainsi envisagé est simplement évoqué sous la forme d'une énumération dans la « Dichiarazione del ordine », BNCF Magl. IX 124, fol. 52^{v} : « Della vita solitaria et privata / Della vita civile / Della vita della corte / Della vita del soldato / Della vita del litterato. » On imagine que le traité aurait hiérarchisé les relations entre ces différentes manières de vivre en société.

comme un espace où les académiciens apprendraient l'art de gouverner par le moyen de l'exercice des charges académiques, en raison des négociations constantes que celles-ci exigent et de l'apprentissage journalier de la vertu morale qui serait, dans ce cadre, nécessaire. Alors qu'il semble s'être apprêté (en 1601 ?), à transmettre la régence de l'académie au Tenero, le Saldo décrivit ainsi son expérience à la tête de l'institution dans les termes d'un apprentissage de l'art de gouverner autrui, tout en faisant constamment l'expérience d'être soi-même gouverné par ses pairs : « Vous, Messieurs les académiciens Alterati, qui m'avez élu pour gouverner, vous devez me gouverner, et, moi, j'ai accepté la régence pour être corrigé et gouverné par vos très prudents conseils[167]. » Or, comme le souligne longuement don Giovanni de Médicis dans la suite de son discours, cet apprentissage n'est pas seulement un apprentissage qui se fait dans la réciprocité et la parité, entre académiciens de même rang, c'est aussi, dans l'académie, un apprentissage qui s'accomplit par la pratique, dans l'exercice des charges académiques et des ajustements constants que celles-ci demandent, « tant il est absolument vrai que le faire enseigne à faire » (« essendo verissimo, che il fare insegna fare », fol. 145^{r}). C'est ainsi que l'académie devenait, en filigrane, le lieu d'où faire refleurir en pratique les valeurs civiles de la République, pour mieux les faire revivre, sous une autre forme, dans les espaces curiaux où certains des académiciens évoluaient (ou espéraient évoluer).

Le souvenir qui est tacitement préservé de la République au travers de ces pratiques dé- ou plus exactement relocalisées, est cependant un souvenir des plus ambivalents, tissé non seulement d'idéalisation mais encore de désillusions, de regrets et d'amertume, car il entretient parallèlement la conscience de la lente et pénible décadence des institutions oligarchiques. Dès lors, les cérémonies de la parole qui scandent la vie de l'académie sont en réalité à double tranchant : elles mêlent en effet constamment la célébration commémorative avec la mise en bière parodique. Car si l'académie est, à bien des égards, un jeu de rôles crypto-républicain, elle est aussi — et par là même — une caricature du régime dont elle prétend implicitement faire (re)vivre la mémoire.

167. BMLF Ashburnham 562, fol. 144^{v} : « Voi, signori Alterati, che me eletto havete à reggere, mè reggere dovete, et io la reggenza l'hò accettata per dover' essere retto, e governato da vostri prudentissimi consigli. »

4.2. Enterrer la République dans le jeu, l'ivresse et l'autodérision burlesque ?

Les travaux de Domenico Zanrè ont révélé à quel point la culture académique florentine avait été habitée, au XVIe siècle, par une fascination pour le burlesque, au travers duquel s'exprima une grande partie de ses tendances non-conformistes[168]. Zanrè souligne en particulier que le burlesque était une tradition fortement ancrée dans la culture populaire florentine, où il surgissait constamment dans le folklore et les fêtes, en particulier lors du carnaval et pendant les festivités de Noël. La culture académique, nourrie des traditions citadines, s'en empara et fit de cette culture du renversement[169], devenue un style d'écriture, un des principaux véhicules de ses discours de contestation, tout autant qu'un des instruments les plus centraux de leur camouflage. Zanrè traque principalement cette culture au sein de l'Accademia Fiorentina, au cœur de laquelle elle semble avoir été particulièrement active en sous-main. Mais l'enquête qu'il a menée en parallèle sur l'Accademia del Piano tendrait à suggérer que l'attrait pour le burlesque, et l'usage de celui-ci dans l'expression d'une forme ou d'une autre de prise de distance vis-à-vis du régime médicéen, étaient largement répandus à Florence dans la deuxième moitié du XVIe siècle[170]. On ne sera dès lors pas étonné d'en voir les Alterati semblablement imprégnés.

4.2.1. Les Alterati, une République ivre et avide de plaisirs

Comme les Intronati de Sienne, dont l'iconographie est bien mieux connue, en raison de la préservation de leur salle de réunion et d'une grande partie de leurs archives[171], les Alterati élaborèrent autour de leur identité et de leurs pratiques toute une signalétique se rattachant à l'univers du carnaval, du burlesque et — dans leur cas — de la beuverie. Ou, plus exactement, ils placèrent délibérément — et ce dès l'origine — leur académie sur ce territoire symbolique. Ils fondèrent en effet leur institution le 17 février 1569, qui était cette année-là le *giorno di Berlingaccio*. Cette fête est célébrée à Florence le Jeudi gras, soit le jour qui clôt

168. ZANRÈ, Domenico, « 'Che K.^{zo} vuol dire ?' A Re-Reading of Mid-Sixteenth-Century Linguistic Debates in the Accademia Fiorentina », *Italian Studies*, 53, 1998, p. 20-37 et *Cultural Non Conformity in Early Modern Florence*, Aldershot, Ashgate, 2004.

169. BAHKTINE, Mikhaïl, *L'Œuvre de François Rabelais et la culture populaire au Moyen Âge et sous la Renaissance*, Paris, Gallimard, 1970.

170. ZANRÈ, Domenico, « Ritual and Parody in Mid-Cinquecento Florence : Cosimo de' Medici and the Accademia del Piano », dans EISENBICHLER, Konrand (dir.), *The Cultural Politics of Duke Cosimo I de' Medici*, Aldershot, Ashgate, 2001, p. 189-204.

171. Voir http://www.accademiaintronati.it.

les débordements du carnaval, avant que ne s'imposent les restrictions du carême[172]. Le verbe *berlingare* signifie plaisanter et dire du mal son prochain, dans le contexte d'un banquet (un *berlengo* est en effet une table de festin, ou de jeu). Le choix du jour de *Berlingaccio* comme jour de fondation de l'institution suggère ainsi une réunion allègre et insouciante d'amis, comme il était coutumier d'en rassembler ce jour-là pour faire bombance, en terminant son repas par des bugnes, des gaufres (*brigidini*) et/ou un *berlingozzo* (une brioche de carnaval, en forme de couronne). Placer l'académie sous le signe de cette fête — comme le fit l'académicien qui prit soin de signaler de manière rétrospective, à l'ouverture des *atti* de l'institution, que celle-ci avait été fondée *il giorno di Berlingaccio*[173] —, c'était la mettre de manière très évidente sous le signe du carnaval, de la bonne chère, et surtout du vin. De fait, les Alterati prirent l'habitude de célébrer l'anniversaire de la fondation de leur institution non seulement par un conseil, des débats et des discours, mais encore par un repas d'apparat, financé par les contributions annuelles de chaque membre[174]. Une liste très détaillée des provisions achetées pour l'un de ces banquets, actuellement conservée à la Biblioteca Riccardiana avec quelques autres papiers de l'académie, laisse penser que ces repas étaient fort agréables sans être luxueux[175]. Enfin, le vin occupait dans la mythologie collective de l'académie une place centrale.

172. Sur le carnaval à Florence à la Renaissance, voir Ciappelli, Giovanni, *Carnevale e Quaresima : comportamenti sociali e cultura a Firenze nel Rinascimento*, Rome, Edizioni di Storia et Letteratura, 1997.

173. BMLF Ashburnham 558.1, fol. 1^r, une main académique rajouta en haut du folio la notation suivante : « Addi 17 di febbraio dell'anno 1568 e 1569 secondo la Chiesa fù la prima tornata dell'Accademia degli Alterati nel giorno del Berlingaccio. »

174. Voir BMLF Ashburnham 558.1, fol. 59^v, à la date du 10 janvier 1575, où la célébration du *Natale* de l'académie est instaurée : « Se messe' in considerazione che si dovesse celebrare il giorno del Natale dell'Accademia et in questo giorno fare il simposio, e donare all'Accademia, e ch'el dì fusse quel di Berlingaccio ogn'anno. » Les Alterati contribuaient régulièrement à leur institution, mais le montant de ces dons n'est pas connu. Voir aussi BNCF Magl. IX 137, fol. 82^r-84^v, où Giulio del Bene (il Desioso) fait des suggestions de modification aux règles de fonctionnement de l'académie. En fol. 83^r, il évoque un plan de réforme des cotisations des académiciens, qui rendraient les contributions mensuelles : « Particolar cura del proveditor sia tener conto del dare et dell'havere, riscuotendo tre giulii il mese da ciascuno academico. » Il est aussi suggéré que le *provveditore* ne fasse « la polizia de' creditori » que sur mandat du régent.

175. BRF Riccardiano 2471, fol. 98 (un folio plié en deux décrit comme « Spesa del simposio dell'Accademia degli Alterati ») énumère une liste d'ingrédients nécessaires pour l'un des banquets des Alterati, avec leurs prix respectifs. Parmi les ingrédients cités, on trouve des « susine », des « fragole », des « poponi », des « pesce per la gelatina e altro », de la « fior di farina », des « mandorle », des « niocciole », des « noce », du « pan tondo », « sette limoni », « cinque zucche », une « insalata », des « carcioffi », du « finocchio », « un fiasco di latte », « sei pollastri d'India da Batista pollaiolo », « tre capponi » du même volailler, « sei zampe di vitello », de l'« accattatura da cucina » et de l'« accattatura di fiasche di neve » (pour rafraîchir les mets), un « 21 fiaschi di vino rosso a 25 soldi il fiasco », « tre fiaschi di greco di Chianti », de la « neve » (sans doute pour la préparation des glaces) et des « candelotti » (pour s'éclairer). Le texte mentionne aussi qu'il n'est pas fait mention dans la liste du « bois » (« legni ») ni du « sale », de l'« olio » et de l'« accetto » qui ont servi à la préparation du banquet. Le repas — dont le coût s'éleva à 205 lires et 3 soldi, ce qui constitue une coquette somme, même pour une vingtaine de personnes — ne fut pas fastueux, mais certainement

On pourrait même dire que le nom que les académiciens s'étaient collectivement choisi et, dans certains cas, les pseudonymes qu'individuellement ils se donnèrent sentaient le vin. Car être altéré (*alterato*) ne signifie pas seulement en italien être transformé, mais encore avoir l'esprit embrumé par l'alcool — et même être ivre. Le double sens était évidemment voulu, et se trouvait même explicité aussi clairement, sans doute, qu'il pouvait l'être au travers de la devise que l'assemblée s'était choisie. Celle-ci décida en effet d'adopter comme représentation d'elle-même une cuve pleine de raisins qui fermentent (*una tina piena d'uve*) et pour devise le début tronqué d'un vers d'Horace : « Quid non designat ? ». De ce vers avait été facétieusement effacé, dans la mise au point du sceau de l'académie, le mot d'*ebrietas*, que chacun était néanmoins invité à suppléer, en se remémorant ces vers des *Épîtres* :

> « Quid non ebrietas designat ? Operta recludit :
> Spes jubet esse ratas : in praelia trudit inertem :
> Sollicitis animis onus eximit : addocet artes.
> Fecundi calices quem non fecere disertum ?
> Contracta quem non in paupertate solutum ?[176] »

Souvent mobilisés comme un véritable cri de ralliement de la vie de débauche, ces vers constituaient pour un homme de la Renaissance la reformulation lettrée, mais topique, de l'adage *in vino veritas*[177]. En raison de leur allusion à la capacité qu'aurait le vin de faciliter l'apprentissage des arts et même la maîtrise de la rhétorique, ils pouvaient également être lus sur un mode allégorique, comme Giulio del Bene proposa aux Alterati de le faire dans le discours qu'il proféra lors de la célébration de leur premier banquet de *Natale*, le 16 février 1575[178]. Dans ce texte, l'altération qui naît de l'ivresse que procurerait le savoir est en effet présentée comme conduisant à une forme de transmutation intellectuelle et morale. Cette altération se produirait en chacun — soutient le Desioso — par la fréquentation des savoirs et faciliterait l'acquisition de la vertu. Pareille transformation s'inspire de

agréable, fin, copieux et bien arrosé. Sur ce banquet, voir PALISCA, Claude V., « Gli Alterati di Firenze e gli albori del melodramma », dans ANNIBALDI, Claudio (dir.), *La musica e il mondo. Mecenatismo e committenza musicale in Italia tra Quattro e Settecento*, Bologne, Il Mulino, 1993, p. 171-193 (p. 179-180).

176. HORACE, *Épîtres*, I, V, 16-20 : « De quoi l'ivresse n'est-elle pas capable ? Elle ouvre la voie aux secrets, réalise nos espérances, pousse le lâche au combat, soulage l'âme du poids de l'angoisse, enseigne les arts. Quand la coupe est pleine, qui ne devient éloquent ? Qui ne se sent libéré des liens de la pauvreté ? » Pour une analyse de la manière dont les travaux de l'académie s'inscrivent dans le programme tant social qu'intellectuel suggéré par ces vers d'Horace, voir *infra*, ch. 4, en particulier p. 355-369.

177. Pour une analyse de la circulation de cet « imaginaire du vin » dans l'art européen de la Renaissance, voir MOREL, Philippe, *Renaissance dionysiaque, inspiration bachique, imaginaire du vin et de la vigne dans l'art européen (1430-1630)*, Paris, Éditions du Félin, 2015.

178. Voir BNCF Magl. IX 137, fol. 12r-22r. Ce texte a été édité par Paolo PUGGELLI, « *Del convivio degli Alterati* di Giulio del Bene », *Accademia — Revue de la Société Marsile Ficin*, II, 2000, p. 63-87.

l'altération aristotélicienne, tout en en modifiant les processus. Au septième livre de la *Physique*, Aristote souligne en effet qu'« être altéré et l'altération arrivent dans les parties sensibles et dans la partie sensitive de l'âme, et en rien d'autre sinon par accident[179] ». Autrement dit, le plaisir et la peine sont des altérations, mais le vice et la vertu n'en sont pas. Le texte de la *Physique* précise néanmoins que la vertu et le vice surgissent souvent là où le plaisir ou la peine sont présents, de sorte que la « génération » des premiers « s'accompagne d'altération sans qu'eux-mêmes soient des altérations[180] ». Lorsqu'il discourt devant les Alterati qui célèbrent leur naissance par un banquet, Giulio del Bene semble cependant faire résulter l'altération d'une ivresse tant sensuelle qu'intellectuelle, la vertu semblant naître de leur conjonction.

La lecture allégorique de l'ivresse que proposait le Desioso était néanmoins à double fond, dès lors que l'oraison était elle-même prononcée en ouverture d'un repas bien arrosé. La bouffonnerie de ces situations, annuellement répétées, n'échappait évidemment pas à l'assistance, conduisant par exemple les académiciens à s'interroger facétieusement à l'improviste, quelques jours avant le *Natale* de l'année 1577, sur la question de savoir si « la philosophie a sa place parmi les verres[181] ». Le débat dut être tout particulièrement savoureux pour l'auditoire parce que la tâche de soutenir la thèse selon laquelle la philosophie pouvait être conciliée avec la boisson revint à l'un des meilleurs classicistes parmi eux, le jeune Filippo Sassetti, dit au sein du groupe l'Assetato (l'Assoiffé). Or le goût de cet orateur pour les beuveries, la débauche nocturne sous toutes ses formes, et les amours masculines, qui affleure à plusieurs reprises, sous une forme codée, dans sa correspondance, était sans doute bien connu de ses collègues académiciens[182].

Filippo Sassetti n'était cependant pas seul parmi les Alterati à aimer boire et faire la fête entre hommes. En témoigne une aventure collective que les *atti* de l'académie narrent indirectement, au travers des punitions (*pene*) bouffonnes qui furent infligés aux académiciens qui y participèrent. À la date du 22 juin 1583, l'académie

179. Aristote, *Physique*, traduction, présentation, notes et bibliographie et index par Pierre Pellegrin, Paris, GF Flammarion, 1999, VII, 3, 248a, p. 371.

180. Aristote, *Physique*, VII, 3, 247a, p. 369.

181. BMLF Ashburnham 558.1, fol. 76^r, daté du 14 février 1577 : « Propose il reggente che si ragionasse all'improviso se la filosofia havea luogo tra biechieri. Negò il Vario, sostenne l'Assetato. »

182. Voir Sassetti, Filippo, *Lettere da vari paesi, 1570-1588* : les lettres 33, 34, 46 (qui évoque des jeux d'argent) et 49 mettent en scène la sociabilité universitaire pisane, en faisant allusion à d'extravagants banquets, suivis de sorties nocturnes (lettre 34), ou encore à ce qui peut être lu comme la transcription voilée d'aventures sexuelles et/ou amoureuses entre hommes (lettres 33 et 46). Ces lettres sont néanmoins écrites dans une forme cryptée, selon les catégories du style burlesque, par jeu et/ou pour éviter d'éventuelles poursuites. Sur leur problématique valeur documentaire, je me permets de renvoyer à Blocker, Déborah, « Le lettré, ses *pistole* et l'académie : comment faire témoigner les lettres de Filippo Sassetti, *accademico Alterato* (Florence et Pise, 1570-1578) ? », *Littératures classiques*, 71, 2010, p. 31-66 (en particulier p. 62-66).

ne rassembla en effet que quatre de ses membres, dont le régent, qui n'est autre que Giulio del Bene. Celui-ci ayant appris que, en ce premier jour de l'été, la majorité des Alterati était partie se baigner dans l'Arno au lieu de venir à la séance hebdomadaire de l'académie, fulmina, lançant contre les contrevenants des condamnations *in absentia* :

> « Le régent condamna le Rinnovellato <Luigi Alamanni>, pour ce qu'il n'était pas venu à l'académie, à prouver par raisons probantes qu'il est meilleur d'aller à l'académie que dans l'Arno. <Il condamna> le Tenero <Giovan Battista Strozzi> à dire la raison pour laquelle il n'était pas venu à l'académie ; <il condamna> l'Allegro <Niccolo Niccolini> à répondre de ce qu'on avait dit de lui pendant ce temps-là, à savoir qu'il avait répandu le bruit que l'académie ne tenait pas séance ce jour-là ; <il condamna> le Smemorato <Francesco Guiccardini> à parler à l'improviste en blâmant ceux qui ne viennent pas à l'académie ; et messer Filippo Strozzi voulut que par la même peine, il soutînt le contraire ; il <le régent> condamna l'Assodato <Giuliano Gianfigliazzi> à faire un sonnet sur le plaisir de se baigner ; et l'Infiammato<?> à dire les raisons pour lesquelles en été il fait chaud[183]. »

Les baignades estivales dans l'Arno — habituellement du côté du quartier de San Niccolò, là même où, dès les premières chaleurs, surgissent, aujourd'hui encore, des semblants de plages — étaient alors une des occupations préférées de la jeunesse florentine. Elles étaient aussi l'un des hauts lieux de la sociabilité homosexuelle dans la cité (avec, entre autres points de rencontre, les marches du Duomo)[184]. Dès lors, la colère du régent ne tient sans doute pas seulement au fait que l'académie est restée vide cette après-midi-là. Elle vient sans doute aussi du fait qu'une demi-douzaine d'Alterati ont été vus ensemble se baignant quasi nus dans un lieu qui sent le soufre, écornant peut-être par leurs jeux la réputation de l'académie — ou au moins confirmant publiquement ce qui à Florence se disait vraisemblablement déjà tout bas, à savoir que cette sodalité était pleine de mauvais garçons.

Contre les fautifs ne sont néanmoins prononcées que des peines légères, toutes plus burlesques et même absurdes les unes que les autres — et toutes centrées sur la production de discours ou de poèmes. Ainsi se trouvent moquées les pratiques de l'académie, c'est-à-dire ses discours pompeux et vides de sens, et sa production de vers de circonstance, qui montent en épingle de petits riens. Cette entrée des *atti*

183. BMLF Ashburnham 558.2, fol. 42 . « Condennò il reggente il Rinovellato per non esser venuto all'Accademia a provare co' ragioni che è meglio andare all'Accademia che in Arno. Il Tenero che dica la cagione per che non venne all'Accademia. L'Allegro che risponda a quello che quà entro è stato di lui detto, cioè dell'havere sparso voce che non si veniva all'Accademia. Lo Smemorato che dica improviso biasimando chi non viene all'Accademia. Messer Filippo Strozzi volle per la medesima pena dicesse in contrario ; l'Assodato condennò a fare un sonetto sopra la dolcezza del bargnarsi ; e l'Infiammato a dire le cagioni per che di state è caldo. »

184. Sur l'homosexualité à Florence à la Renaissance, voir Rocke, Michael, *Forbidden Friendships : Homosexuality and Male Culture in Renaissance Florence*, Oxford, Oxford University Press, 1996.

dépeint aussi, en sous-main, une république toujours traversée de tensions interpersonnelles, en soulignant que ses hautes aspirations au savoir — qui ont, ce jour-là, pris l'eau de toutes parts — sont parfois bien fragiles. Dès lors, il n'est pas jusqu'à la finalité même de l'académie qui ne semble remise en question par cette entrée dans ses actes. Est-elle un lieu de débat, sérieusement dévoué à la quête de la connaissance et à la pratique des arts du langage — ou est-elle un groupement de jeunes hommes assoiffés de vin et de plaisirs, et qui sert avant tout de paravent à leurs débauches ?

Il faut sans doute veiller, en l'espèce, à ne pas prendre l'autodérision et la constante mise en scène de soi en mode parodique pour un discours de vérité. Mais il convient aussi de ne pas juger le burlesque insignifiant sous prétexte qu'il ne serait qu'une convention : l'académie ne revendique pas seulement son amour du vin sur le mode ludique, elle en intègre aussi les marques dans tout l'attirail dont elle use pour ses rituels, tant savants qu'électoraux. C'est ainsi par exemple qu'en son sein, la chaire où les académiciens montent pour prononcer leurs discours est toujours désignée par le terme de *bigoncia*. En Toscane, ce mot désignait au sens propre les barriques évasées où le raisin nouveau était récolté et sommairement écrasé avant d'être transporté vers la *cantina*, où il serait finalement placé dans une cuve de fermentation (*uno tino*). Mais, au sens figuré — et en manière de plaisanterie —, le mot *bigoncia* signifiait aussi le pupitre (*pulpito*) ou l'estrade (*cattedra*) à partir desquels, à l'université ou dans les académies, étaient professées les discours et les leçons. *Andare* ou *salire in bigoncia* — qui est l'expression par laquelle commencent fréquemment les entrées des *atti* où l'auteur et le sujet d'un discours ou d'une présentation improvisée sont précisés[185] — signifiait aussi, au sens péjoratif, « faire le savant » ou « faire le pédant ». Qui montait en chaire, se perchait donc en réalité toujours dernière un tonneau *pieno d'uve*, s'enivrant de sa propre importance et produisant un savoir qui pouvait être tenu pour suspect.

Il n'est pas jusqu'aux rituels électoraux de l'académie qui n'aient été teintés de vin. Les jetons avec lesquels les académiciens votaient lors des élections avaient en effet la forme de grains de raisins blancs ou noirs (*uve bianche o nere*). Ainsi l'ivresse, qu'elle soit élévation ou ébriété, semble s'étendre jusqu'aux choix des magistrats de l'institution, comme si cette sodalité soudée par le vin ne pouvait se choisir des chefs que dans les brumes de l'enthousiasme et de l'alcool. Autrement dit, l'académie revendiquait simultanément, dans ses actes comme dans ses discours, tant son

185. BMLF Ashburnham 558.2, fol. 37^r, la date du 3 mars 1583, lors d'une discussion visant à fixer le thème de la régence qui s'ouvre : « Andò in bigoncia il Rinovellato e ragionò che dovesse trattar del modo scriver la storia e discorrere all'improviso delle materie che in essa si trattano, ancora disse che si poteva in questo presente reggimento trattar del poema di Dante. [...] Di poi messer Filippo Strozzi pure in bigoncia gentilmente discorse sopra le materie proposte e lodò la storia in particolare. L'Annacquato ancora egli la seconda volta risalì in bigoncia e lodà il discorrere dell'istoria. »

attachement aux idéaux républicains et aux valeurs de l'humanisme savant, que son goût des plaisirs sensuels sous toutes leurs formes, préférablement généreusement arrosés de vin. En cela, le savoir et l'ampleur rhétorique sont, en son sein, toujours au seuil de la pédanterie et de l'enflure. Et la République oligarchique elle-même, par effet de contiguïté, est contestée ou même moquée par ceux-là mêmes qui affectaient d'en commémorer les pratiques et les valeurs avec tant de ferveur dissimulée.

4.2.2. Rejouer la République et/ou s'en moquer : de la nostalgie à la parodie

Un exemple pourra suffire à se convaincre de l'ambivalence radicale du modèle républicain (ou, plus exactement, oligarchique) au sein de l'académie. Pour mieux le comprendre, il convient néanmoins d'abord de revenir brièvement sur les fonctions de son régent. Élu pour six mois, celui-ci avait principalement pour tâche de gouverner l'académie, c'est-à-dire d'organiser ses activités intellectuelles et de policer le comportement de ses membres, qui pouvaient — comme on vient de le voir — être turbulents. Il était aussi, durant son mandat, le gardien des statuts de l'institution et de ses objets symboliques. Lors de sa prise de pouvoir, il se voyait en effet confier le *libro dei capitoli* (le livre contenant les statuts de l'académie), la clef de l'urne (dans laquelle toutes les compositions académiques étaient déposées avant d'en être tirées anonymement et remises aux deux censeurs en fonction) et le sceau de l'académie, qui arborait sa devise. Mais surtout, le régent était « primo giudice delle cause » (soit le « principal arbitre de toutes choses »), selon la formulation des *capitoli*. Autrement dit, il était juge en dernier ressort de toutes les disputes qui pouvaient surgir dans l'académie, tant des conflits interpersonnels qui se réglaient au travers de la déclamation d'*accuse* et de *difese* que des non moins formels débats *pro et contra*[186].

Or, pour quiconque est familier avec les institutions de la République florentine, il est difficile de ne pas être frappé par le fait que les pouvoirs du régent des Alterati,

186. BNCF Magl. IX 134, fol. 9^{v}-12^{r} détaille les fonctions du régent. Sous la République, le terme de *reggimento* désignait aussi l'ensemble des principales familles patriciennes qui étaient à la tête de l'oligarchie. Sur les difficultés à cerner les contours sociopolitiques de ce *reggimento*, au sens de gouvernement élitiste et élitaire de la République, voir l'utile mise au point de R. BURR LICHTFIELD, dans *Florence, Ducal Capital, 1530-1630*, New York, ACLS Humanities E-Book, 2008 : http://hdl.handle.net/2027/heb.90034, ch. 4, p. 151, qui renvoit aux analyses en partie divergentes de BRUCKER, Gene, *The Civic World of Early Renaissance Florence*, Princeton, Princeton University Press, 1977, p. 251-253 ; KENT, Dale V. « The Florentine Reggimento in the Fifteenth Century », *Renaissance Quarterly*, 28, 1975, p. 575-638 et MOLHO, Anthony, *Marriage Alliance in Late Medieval Florence*, Cambridge, Harvard University Press, 1994. Il n'en reste pas moins que le choix du terme de *reggente* (plutôt que de consul, par exemple), pour qualifier le premier magistrat de l'académie pendant un temps donné et l'usage fréquent du mot de *reggimento*, dans les actes de l'institution, pour désigner l'ensemble des magistrats des Alterati alors en place, est significatif.

au sein de l'académie, ressemblent étroitement à ceux du *gonfaloniere di giustizia* (gonfalonier de justice) au sein de la commune. Depuis 1293, un *gonfaloniere* avait été ajouté aux six *priori* qui étaient tirés au sort tous les deux mois, par les consuls des douze principales guildes, pour former le gouvernement de la ville. Au sein de la *Signoria*, les charges de ce nouveau magistrat étaient d'administrer la justice et de tenir la bannière de la ville (*il gonfalone*) en lieu sûr. Il était aussi chargé de la sécurité à l'intérieur du palazzo della Signoria — où lui-même et les autres prieurs étaient logés — ainsi que des forces destinées à défendre le bâtiment, et plus généralement du maintien de l'ordre public à Florence. En particulier, il était placé *ex officio* à la tête des forces de sécurité du *popolo*, avec pour charge de protéger tous les citoyens des exactions des *magnati*[187]. Bien qu'opérant seulement sur le plan symbolique, les ressemblances entre les fonctions du *gonfaloniere* et les responsabilités du régent sont pour le moins marquées : tous deux sont investis d'un mandat très bref (avec l'idée explicite d'éloigner tout risque de tyrannie), tous deux sont élus au rang de *primus inter pares* au sein d'une assemblée restreinte, tous deux se voient remettre tout l'attirail symbolique du *reggimento* lors de leur prise de pouvoir, et tous deux avaient pour mission de rendre la justice et de maintenir la paix parmi ceux qu'ils gouvernaient. Au point qu'il est difficile de ne pas supposer que la charge du régent des Alterati n'ait pas largement été modelée sur celle du gonfalonier de justice.

La manière dont les Alterati interagissaient avec leur régent, dans la vie quotidienne de l'académie, tend à conforter cette hypothèse. Dans les actes de l'académie, est en effet omniprésente la crainte obsessionnelle que les régents n'excèdent leur mandat et ne s'instituent en « tyrans » de l'institution académique. Les discours d'accusation (*accuse*) qui sont adressés aux régents lorsqu'ils quittent leur charge ritualisent même ces craintes, en relevant les moindres faux-pas que ceux-ci auraient faits dans l'exercice de leurs fonctions. Ils soulignent également à plaisir leurs velléités despotiques (réelles ou prétendues), en forçant presque toujours complaisamment le trait[188]. Cependant, les punitions (*pene*) infligées à la suite de ces processus de mise en accusation ne dépassent en général pas l'obligation d'écrire un récit ou de prononcer un discours en expiation de ses fautes réelles ou prétendues[189]. C'est donc avant tout le rituel ludique qui prime lors de ces accusations, lesquelles permettent à chacun de régler ses comptes, sous couvert de plaisanterie,

187. Voir NAJEMY, John M., *A History of Florence, 1200-1575*, Londres, Blackwell, 2006, p. 84-85.

188. Voir par exemple BMLF Ashburnham 559, fol. 107r-111r (et 213r-215v) : « Accusa contro al Vario reggente 4. degli Alterati » (1570); fol. 122r-126v : « Accusa data dal Travagliato Al Ruvido reggente XI doppo l'amministratione del suo reggimento » et fol. 234r-243v : « Oratione contro al reggente Sdegnoso in forma d'accusa del Desioso », ou encore BNCF Magl. VI 168, fol. 179r-184v : « Accusa contra allo Aspro falso reggente ».

189. L'« Historia del principio della Accademia » de Giulio del BENE, actuellement conservée en BAV Rossiano 901, fol. 1r à 6v, fut par exemple produite en expiation d'une pareille *pena* ; voir *supra* ch. 1, p. 39-50.

en disant tout haut — avec outrance et dans le rire — ce qu'il a pensé tout bas au cours d'une régence.

Mais de pareilles activités ne manquent cependant pas moins d'évoquer simultanément les pratiques politiques — et au premier chef discursives — des dernières années de la République, durant lesquelles la magistrature du gonfalonier de justice fut généralement comprise comme une des positions institutionnelles à partir desquelles il pouvait être possible de se faire tyran de Florence. Lors de l'exercice de sa charge de *gonfaloniere a vita*, Piero Soderini avait par exemple été constamment suspecté d'ambitionner la tyrannie, et sa déposition par les Médicis en 1512 en était venue à symboliser à elle seule, dans la mémoire collective, la désagrégation de la République[190]. Parmi les Alterati, la régence avait un rôle comparable : elle symbolisait tout à la fois le désir d'une gouvernance solide et la peur constante que celle-ci ne vire à la tyrannie (soit que le régent ne s'empare indûment des pleins pouvoirs au sein de l'académie, soit qu'il ne se montre trop faible pour résister aux ambitions d'un ou plusieurs autres académiciens), avec pour résultat la destruction de la stricte parité que les membres de cette sodalité oligarchique cherchaient toujours à maintenir parmi eux.

Dans l'académie, cette peur viscérale de la tyrannie ne s'exprime cependant pas seulement à l'égard du régent en exercice. Elle est présente partout et perpétuellement mémorialisée sous la forme d'oraisons tonitruantes, en style burlesque, dont la *pronuntiatio* fut le plus souvent agrémentée de force effets de manche. C'est ainsi par exemple que le codex BNCF Magl. IX 137 contient une *accusa* de Giulio del Bene (il Desioso) critiquant Federigo Strozzi (l'Agghiadato), de ce qu'il s'est, en tant que *provveditore* de l'académie, enfermé dans la salle de l'académie un matin, abandonnant tous ses collègues dehors et les contraignant à attendre impatiemment sur le trottoir qu'une clef de rechange soit apportée sur les lieux. Le *provveditore* avait pour fonction de tenir les actes de l'académie, de superviser la récolte des contributions annuelles des académiciens, de conserver avec soin les manuscrits et livres de l'institution, et de veiller à la bonne tenue et préparation de sa salle de réunion. Dans son *accusa*, le Desioso dramatise la bourde de l'Agghiadato — qui, de toute évidence, n'est rien d'autre qu'une négligence — en la présentant comme un acte intentionnel. Il va même jusqu'à décrire son geste comme une tentative de fomenter un coup d'État pour démettre le régent en fonction et prendre sa place :

> « Toi <Federigo Strozzi, l'Agghiadato>, en manière de tyran, ayant la garde de la forteresse, autrement dit de la clef de l'académie, tu t'en es rendu maître et par là en as tenu écartés le prince et régent, ainsi que ses soldats et ministres, refusant d'ouvrir la salle à l'heure fixée ; et certains croient et même tiennent pour certain que pour

190. Najemy, John M., *A History of Florence*, p. 404-426, en particulier p. 407-408.

te rendre maître des lieux tu t'y es introduit et enfermé sous bonne garde, trônant sur le siège de la régence, te pavanant, faisant de nouvelles lois, et admettant en manière de tyran de nouveaux académiciens au sein de la magistrature. Et si le régent et les académiciens étaient arrivés pour donner l'assaut et ouvrir par force la porte, toi — bien armé et bien préparé — tu aurais donné le coup de grâce aux Alterati, ce que notre prudent capitaine et régent, craignant tes perfidies, ne voulut pas faire, se réservant prudemment la possibilité de te châtier, quand tu serais sorti de ta folie et que l'académie serait bien garnie d'Alterati et d'autres choses pour résister à ta force. Il y a même des Alterati, et des familiers de la maison <où se trouve leur salle> qui affirment que, le même jour, ils ont entendu des bruits d'armes dans l'académie, ainsi que des éclats de voix et des commandements, et d'autres qui sont quasi sûrs d'avoir reconnu ta voix, mais vous avez sans doute fait dedans de si grandes fortifications et défenses, que vous ne l'avez pas laissée bien discerner et entendre[191]. »

La rhétorique est ronflante et les images frappantes, l'ensemble étant visiblement destiné à provoquer, avec force mises en scène bouffonnes, l'hilarité générale. Mais sans doute les Alterati ne riaient-ils pas seulement ici de la disproportion entre le fait reproché à l'Agghiadato (une clef égarée et une poignée de lettrés potaches attendant dans la rue qu'elle soit retrouvée) et la prise d'armes fantasmagorique à laquelle l'inadvertance du provéditeur donnait naissance dans la rhétorique grandiloquente du Desioso. Car, dans une culture où les déboires de la République hantaient encore les mémoires, ces accusations d'entreprises à velléités tyranniques, ces mentions d'hommes en armes s'attaquant à une forteresse, ces rumeurs de violence et surtout cette attaque envisagée depuis la rue pour sauvegarder une république académique présentée comme en détresse, évoquaient sans doute immanquablement une tentative avortée d'un des membres du priorat pour s'emparer du pouvoir au sein du palazzo della Signoria, au nez et à la barbe du *gonfaloniere* laissé impuissant, avec toute sa garde, *in piazza*. L'histoire de l'oligarchie florentine est en effet jalonnée de telles révoltes de palais.

191. BNCF Magl. IX 137, fol. 1ʳ-7ʳ (fol. 3ᵛ-4ʳ) : « Tu <Federigo Strozzi, l'Agghiadato> a guisa di tiranno, havendo la guardia della rocca ch'altro non è che la chiave della Accademia te ne sei fatto padrone, et ne hai tenuto il principe et il reggente et i suoi soldati et ministri discosto, col non volere aprirla a tempi debiti, et per impadronirt<i> sono alcuni che credono et tengono per certo che tu qui entro serrato fussi con buona guardia, sedente su la reale seggiola et quivi ti pagoneggiassi et facessi nove leggi et ammettessi a guisa di tiranno nuovi accademici al governo; et se il reggente colli accademici venivano per dar l'assalto et aprire per forza tu allora sendo d'arme et di tutto ben guernito havesti dato l'ultimo fine all'Alterati il che il prudente capitano et reggente nostro delle tue insidie dubitando non volse fare riserbandosi con prudente consiglio gastigarti quando, fussi il tuo furore passato et che l'accademia fussi di Alterati et d'altre cose per resistere alla tua forza ben guernita. Et ci sono di quelli Alterati et de familiari qui di casa che affermono in quello stesso giorno haver sentito rumor d'arme nella accademia, strepiti di voce et comandamenti ; et altri quasi che affermerebbono d'havere la tua voce conosciuta, ma e' gran ripari che dentro forse havevi fatti, non la lasciavano cosi ben discernere et udire. »

Il est clair, au travers d'un tel exemple, que le souvenir de la République hantait les pratiques de l'académie, dont la sociabilité — savante ou pas — avait notamment pour but de permettre aux membres de la sodalité de rejouer les heur(t)s et malheurs du régime oligarchique au travers de leurs rituels. Mais l'exemple suggère aussi que la fonction de tels jeux de rôle au sein de l'institution était en réalité beaucoup plus complexe et ambivalente qu'il n'y pouvait sembler à première vue. De fait, l'intensité de la tonalité burlesque, dans laquelle ces jeux rhétoriques étaient habituellement dramatisés, indique que ces mises en scène n'étaient pas seulement destinées à cultiver en vase clos la nostalgie de la République, ni même à en pleurer éternellement la chute. Pareilles bouffonneries avaient également — et même simultanément — pour fonction d'exposer l'enflure des rhétoriques politiques de la défunte République et même d'en ridiculiser la perpétuelle instabilité institutionnelle. En tant que telles, ces activités parodiques étaient donc aussi des tentatives pour mettre la République à distance, voire pour la mettre en bière, au travers de l'autodérision : en rejouant leur nostalgie *ad libitum*, les Alterati se moquaient en effet tout autant d'eux-mêmes que de ce modèle politique perpétuellement chancelant, que tous, parmi eux, savaient pertinemment être tombé à jamais. Ainsi l'activité académique était-elle tout à la fois une commémoration de la République disparue, et un burlesque enterrement de première classe, entièrement traversé de satire et même, à l'occasion, violemment parodique — autrement dit un éloge funèbre où se serait narquoisement infiltrée toute l'ironie d'un blâme sévère.

5. L'académie comme tremplin ? Marginalités et réinsertions

Il semble dès lors clair que la commémoration nostalgique de la République défunte — ou, si l'on veut, la culture d'une sorte de crypto-républicanisme passéiste — ne fut pas l'unique finalité de l'académie des Alterati. Au reste, la culture d'une pareille nostalgie n'aurait pas exigé un cadre académique : une confrérie ou même un cercle d'amis aurait pu y suffire. Il convient donc de mieux comprendre ce qu'apportait (ou était susceptible d'apporter) à une poignée de jeunes patriciens avides de réintégration — et même de réussite sociale — la fondation d'une institution telle que l'académie des Alterati. Quelles valeurs la pratique des lettres et de la musique, l'étude de la philosophie et de l'histoire, la spéculation sur leur langue (et même les langues en général), et plus généralement la réflexion sur l'art poétique, le théâtre et les formes narratives avaient-elles pour ces hommes ? À quels besoins ou nécessités répondaient-elles ? Et même quels buts pouvaient-elles servir ? Il ne s'agit évidemment pas ici de désigner les activités intellectuelles et artistiques de ces hommes comme insincères, mais seulement de comprendre comment elles s'articulaient à leur posture sociopolitique — c'est-à-dire comment elles exprimaient celle-ci, tout en étant envisagées par les acteurs sociaux eux-mêmes comme un levier leur permettant de modifier leur positionnement dans les champs d'action qui étaient les leurs.

5.1. *De l'académie pensée comme instrument d'une réintégration sociale collective*

Une première manière de répondre à la question des finalités des pratiques académiques auxquelles les Alterati se livraient est d'examiner les justifications que ceux-ci donnaient de leurs activités. De telles définitions — qui étaient des lieux communs de la culture académique à travers l'Italie entière — ne donnent évidemment pas accès à la réalité des intentions des académiciens, et moins encore à la vérité de leurs pratiques. Mais elles n'en offrent pas moins un point de vue sur les représentations qu'ils véhiculaient d'eux-mêmes dans les discours qu'ils prononçaient et/ou faisaient circuler publiquement par l'imprimé.

Certains des discours de Lorenzo Giacomini proposent une exposition claire de pareils idéaux. Les 2, 14 et 19 décembre 1578, il donna en particulier une série de leçons au sein de l'Académie Florentine au sujet de la « ragione d'amore et del vero fine del Academia » (« de la raison d'amour et de la vraie fin de l'Académie »)[192]. Son propos articulait une critique nourrie des académies, dans lesquelles il regrettait que les membres réfléchissent perpétuellement sur des matières aussi futiles que l'amour. Giacomini affirmait pour sa part que la fonction des académies était tout autre. Il mettait ainsi en scène son propre idéal académique, qui est, dans ce texte, très proche de celui des Alterati, bien qu'il n'ait officiellement rejoint cette dernière académie, sous le pseudonyme du Mesto, qu'en 1583[193]. Or, dans le texte de ce *ragionamento*, Giacomini n'insistait pas seulement sur le fait que les académies devaient développer un savoir encyclopédique dans tous les champs existants, de la rhétorique

192. BMF Marucelliano B III 53, fol. 8ᵛ. BRF 2437, fol. 27ʳ-68ᵛ contient un mansucrit de ce *discorso* transcrit par Giorgio Bartoli. D'autres manuscrits existent (Van Pelt Library, University of Pennsylvania, MS ITAL. 182 ; BNCF II.IV.661, fol. 69ʳ-104ᵛ et BNCF Magl. VI 155, fol. 43ʳ-76ᵛ), ce qui suggère que le texte a circulé largement. Sur ces trois leçons, voir MAGGI, Armando, « End of the Renaissance *Trattati d'Amore* : An Unpublished Manuscript at the University of Pennsylvania », *Manuscripta*, 42, 1988, p. 109-15.

193. Sa leçon sur la « ragione d'amore » peut dès lors être comparée avec profit à une leçon qu'il donna le 26 janvier 1587 au sein des Alterati en réponse à une *pena* qui exigeait de lui qu'il fasse « l'éloge des lois et de l'obédience due à icelles ». Voir BMLF Ashburnham 558.2, fol. 54ʳ et 55ʳ. Plusieurs manuscrits de cette dernière leçon ont également survécu, dont BNCF Magl. VI 168, fol. 213ʳ-224ᵛ. Le texte en a été publié par GIACOMINI dans ses *Orationi e discorsi*, Florence, Sermartelli, 1597, sous le titre de *De la nobiltà de le leggi e del obedienza ad esse dovuta — Al Accademia degli Alterati nel anno 1586* (p. 15-28).

jusqu'à la théologie[194], il posait aussi que cette finalité épistémologique répondait d'abord et avant tout à une nécessité politique. Il affirmait même que

> « [...] la fin de l'Académie est le souverain bien, à savoir la perfection et le bonheur de l'homme tels qu'ils peuvent être obtenus par les opérations du savoir — et comme c'est précisément à cette fin que les cités ont été organisées, il s'ensuit que les cités sont en réalité la fin première des académies[195] ».

Cette définition suggère que les Alterati ne voyaient pas seulement leur poursuite collective du savoir et de la vertu comme un substitut à la vie civique à laquelle, en tant que patriciens, ils furent un temps empêchés de participer dans la Florence des Médicis. Ils envisageaient aussi cette quête comme destinée à soutenir et même à développer le peu de vie civile que l'avènement du principat avait laissé en partage à chacun à Florence, hors des frontières de l'académie. Autrement dit, la retraite et l'isolement hors de la vie sociale et/ou curiale que l'investissement académique demandait généralement d'eux étaient seulement défendables, à leurs yeux, comme des moyens pour développer en eux-mêmes et autour d'eux des talents qui devaient impérativement être réinsérés, ensuite, dans le tissu social, et même pleinement intégrés aux interactions de la vie civile.

Néanmoins, quoique véritable, l'idéal d'engagement civique qui était celui des Alterati n'en était pas pour autant entièrement désintéressé. Car, tout en espérant sincèrement pouvoir servir leur cité, les patriciens florentins qui s'engageaient dans l'activité académique étaient aussi désireux de servir leurs propres intérêts et ceux de leur famille. L'académie était dès lors comprise par nombre d'entre eux comme un lieu où ils pouvaient se préparer, tout à la fois oralement et par l'écriture, non seulement à exercer des charges publiques, mais encore à tenir des fonctions appropriées à la cour, si jamais ils s'en voyaient proposer. Cette finalité sociale — qu'on peut désigner comme l'expression tacite d'un désir de réintégration — fut même présente dès la fondation de l'institution, jusqu'au sein des revendications de marginalité dont le groupe fut originellement le lieu, dans sa volonté de se différencier des pratiques académiques développées dans l'Académie Florentine. L'investissement

194. BRF Riccardiano 2437, fol. 28v : « Ma in vero essendo le Academie concorso d'huomini gravi et desiderosi di farsi virtuosi et perfetti, sarebbe conveniente che in esse si trattasse, non di cose ridicole et vane, ma di cose gravi et importanti · et delle arti nobili in prima, cioè de la rethorica, come necessaria al ben parlare, che è una delle principali operazioni proprie del huomo et de la poetica, come dilettevole, et utile a la vita, ma molto più delle cose morali, come piu belle più dilettevoli, et più utili, et piu ancora delle naturali et delle divine, come più nobili di tutte et come fine al quale tutte le arti et tutte le cognitioni sono ordinate. »

195. BRF Riccardiano 2437, fol. 28v : « [...] il fine dell'Academia è il sommo bene, cioè la perfezione et la felicità dell'huomo per le operazioni de la sapienza et perchè a questo fine sono ordinate le città, segue che le città siano a fine de le Academie ».

académique des Alterati — qui fut pour eux tous coûteux en temps comme en énergie, et demanda même aux plus actifs d'entre eux d'inlassables efforts — apparaît de ce point de vue comme extrêmement complexe, et même comme particulièrement ambivalent, étant à la fois une manière de s'isoler de la vie civile et une façon de se préparer à s'y intégrer mieux et plus harmonieusement. Pour mieux comprendre ces tensions, il est utile de revenir brièvement sur l'histoire de la fondation de l'académie, telle que la narrait Giulio del Bene dans son *Historia del principio della Accademia* (1569-1571)[196].

On se souvient peut-être que le Desioso justifiait sa volonté de fonder une nouvelle académie en commençant par dire son sentiment d'avoir gâché ses plus belles années dans l'oisiveté, sans pouvoir participer aux affaires publiques ni savoir s'intéresser aux considérations domestiques[197]. Il précisait par ailleurs que, ne possédant pas de formation rhétorique, ni surtout aucune pratique de l'art de discourir, il se sentait « très timide » dans les discussions privées et « totalement inutile » (« totalmente inutile ») dans les débats publics. Il continuait en expliquant qu'il avait fondé les Alterati dans l'espoir d'acquérir une meilleure maîtrise des usages privés tout autant que publics du langage et de l'argumentation, par la pratique d'exercices littéraires et rhétoriques au sein d'un petit groupe d'individus animés de semblables désirs[198]. Cette déclaration paraît dire à mots couverts la frustration qui fut celle de nombre des patriciens qui s'engagèrent dans l'académie des Alterati : la Florence médicéenne les avait en effet initialement condamnés à l'*otium*, en les tenant éloignés tant des charges civiles que des fonctions curiales qu'ils pouvaient convoiter.

Cependant, le récit de Giulio del Bene suggère aussi que l'étude de la littérature, de la philosophie, de l'histoire et des arts parmi les Alterati n'était pas seulement une activité permettant de se réapproprier, par civisme et/ou amour de l'art, l'humanisme savant que leurs ancêtres avaient autrefois développé[199]. Les ambitions de l'« humanisme civique », qui fut sans doute exagérément idéalisé par Hans Baron

196. Sur ce texte, voir *supra*, ch. 1, p. 39-50.

197. BAV Rossiano 901, fol. 2^v : « Essendo io nella migliore et più fiorita eta della mia vita, et pensando meco medesimo, quanto disdicevole cosa fosse il vivere otiosamente, et quanto fosse lodevole l'esercitio virtuoso mi dolevo fra me stesso, di haver consumato tutta la mia giovanezza, senza haver atteso nè al governo delle cose pubbliche, et meno alla private, nè haver anchora tanto dato opera alle scientie et alle buone lettere ch'io potessi comparire con i letterati, et di quelle cose con qualche ragione favellare, che quelli che virtuosi si domandono sogliono nei loro ragionamenti discorrere. »

198. BAV Rossiano 901, fol. 2^v-3^r.

199. Cette thèse est récurrente dans l'analyse des académies florentines, voir notamment Boutier, Jean et Paoli, Maria Pia, « Letterati cittadini e principi filosofi », dans Boutier, Jean ; Marin, Brigitte et Romano, Antonella (dir.), *Naples, Rome, Florence*, p. 331-403. On la trouve développée au sujet des Alterati dans De Caro, Gaspare, *Euridice. Momenti dell'umanesimo civile fiorentino*, notamment p. 15-116.

et ses élèves[200], ont au demeurant été réévaluées au cours des dernières décennies, par un ensemble d'études d'horizons très divers, qui ont mis en lumière la complexité de ses enjeux, tant sociaux que politiques, à différents moments de l'histoire de la République[201]. Dans le cas des Alterati, cet investissement du champ de la philosophie, des lettres, de l'histoire et des arts, sans exclure ni le civisme, ni l'amour de l'art, était en effet parallèlement destiné à leur permettre de signaler leur disponibilité auprès des princes médicéens, au cas où ceux-ci — en quête de serviteurs de plume, de gestionnaires de leurs affaires curiales, ou d'esprits aptes à imaginer un divertissement de cour — choisiraient de se tourner vers eux. Les Alterati furent généralement très attentifs à ne pas laisser ces ambitions mondaines transparaître clairement dans leurs écrits. Mais certaines des activités mentionnées dans leurs *atti* les laissent pourtant deviner, donnant ainsi un autre sens à l'ensemble de leurs entreprises académiques.

Ainsi en va-t-il par exemple des exercices rhétoriques en forme de jeux de rôle, auxquels les Alterati se livrèrent de manière régulière. Les joutes oratoires placées dans des situations fictives, où l'orateur se voyait demander de s'imaginer en conseiller du prince, ou aux commandes d'une armée, n'étaient en effet pas rares parmi eux. Giovan Battista Strozzi (il Tenero), dont la réussite à la cour, après son retour de Rome, fut plutôt éclatante, paraît même en avoir été un adepte assidu. Le 31 décembre 1579, les *atti* enregistrent ainsi que « <le régent> fit argumenter le Tenero, qui fit semblant d'être en présence du roi d'Espagne et le dissuada de l'entreprise contre le roi du Portugal[202] ». Il s'agissait là d'un raisonnement directement inspiré par l'actualité : à la fin de l'année 1579, le trône du Portugal se trouvait en effet sans héritier et Philippe II ambitionnait de s'en emparer. Le 9 mai 1583, un autre jeu de rôle à la cour fut organisé, toujours autour de la crise de succession du Portugal, qui s'éternisait, mais cette fois-ci avec deux participants : « Le régent commanda au Tenero que, se feignant conseiller de don Antonio de Portugal, il lui conseillât en sa présence de s'en remettre au roi d'Espagne. L'Assodato <Giuliano Gianfigliazzi>, feignant d'être don Antonio de Portugal, lui répondit

200. BARON, Hans, *The Crisis of the Early Italian Renaissance : Civic Humanism and Republican Liberty in an Age of Classicism and Tyranny*, Princeton, Princeton University Press, 1966 et *In Search of Florentine Civic Humanism : Essays on the Transition from Medieval to Modern Thought*, Princeton, Princeton University Press, 1988.

201. Voir en particulier MARTINES, Lauro, *The Social World of the Florentine Humanists, 1390-1460*, Princeton, Princeton University Press, 1963 ; MASON, Brian Jeffrey, *The Humanist World of Renaissance Florence*, Cambridge, Cambridge University Press, 2014 (en particulier le ch. 7 : « Humanism as a means to social status, 1456-1485 ») et FIELD, Arthur, *The Intellectual Struggle for Florence : The Humanists and the Beginnings of the Medici Regime, 1420-1440*, Oxford, Oxford University Press, 2017.

202. BMLF Ashburnham 558.1, fol. 84v : « Di poi il reggente ordinò che parlasse all'improviso et fece ragionare il Tenero fingendo fusse alla presenza del re di Spagna et gli dissuadasse l'impresa contro il regno di Portogallo. In contrario a lui parlò il Desioso. »

a contrario[203]. » Un exercice similaire a également lieu le 16 mai 1583, toujours en référence au conflit portugais, mais cette fois-ci sur le champ de bataille et non en contexte curial : « Le Torbido <Marcello Adriani>, feignant d'être le prince d'Orange, exalte ses soldats à rester en armes, et à ne pas faire la paix avec le roi Philippe <II d'Espagne>[204]. » On voit qu'il s'agit là de jeux de rôle très élaborés et même suivis, qui demandaient aux participants de prêter une grande attention aux affaires du temps, pour être prêts à improviser leur contribution avec autant d'élégance, d'habileté et d'à-propos qu'un homme de cour aguerri. Les sujets de ces joutes sont par ailleurs tous choisis hors de la sphère d'influence directe des Médicis en Europe, ce qui était sans doute une manière d'éviter de toucher à des questions qui auraient été, localement, trop sensibles. De telles activités suggèrent en tout cas clairement que les Alterati ne limitaient pas leurs ambitions à la production de *discorsi* académiques centrés sur la philosophie et les arts. Ils envisageaient bien plutôt leurs exercices — et peut-même jusqu'à leurs leçons les plus abstraites et les plus savantes ? — comme des activités qui devaient les préparer à devenir des hommes d'action, tant dans la vie civile que sur le champ de bataille, ou, au moins, des conseillers qui sauraient retenir l'oreille du prince.

5.2. *Une réinsertion par la culture ?*

Or, après 1590, les efforts de réintégration des Alterati furent peu à peu couronnés de succès, comme le suggérait déjà, dans la première partie de ce chapitre, la trajectoire de Giovan Batista Strozzi. En cela, l'étude des parcours sociaux des membres de cette académie permet de préciser quelque peu les contours du processus d'intégration progressive du patriciat, que Richard Burr Lichtfield a décrit à grands traits dans son livre *Emergence of a Bureaucracy : The Florentine Patricians, 1530-1790.* Dans cet ouvrage, ce chercheur évalue notamment l'intégration des familles patriciennes de la cour médicéenne à partir des *libri di ruolo*, qui recensaient les familiers admis à la table du grand-duc, ainsi que l'ensemble de ceux qu'employait son entourage. Il signale en particulier qu'aucun des gentilshommes de la chambre ou de la table de Cosme Ier ne paraît avoir appartenu au petit groupe de familles qui avaient eu accès au priorat au cours du XVe siècle. Si l'en juge seulement par les *libri di ruolo*, ces hommes ne pénètrent pas non plus dans l'entourage domestique des princes médicéens pendant la décennie 1560. Mais, d'après Burr Litchfield,

203. BMLF Ashburnham 558.2, fol. 40r : « Comandò il reggente al Tenero, che fingendosi consigliere di don Antonio di Portogallo, in presenza lo consigliasse a rimettersi nel re di Spagna. L'Assodato sotto la persona di don Antonio rispose in contrario. »

204. BMLF Ashburnham 558.2, fol. 40v : « Il Torbido sotto la persona del principe d'Orange confortò i suoi soldati a mantenersi armati e non far pace col re Filippo. »

on les voit figurer dans ces registres avec une plus grande fréquence à partir de 1580 et surtout après 1590, sous Ferdinand Ier. Au-delà de 1610, sous Cosme II, et jusqu'en 1650, les noms de ces patriciens autrefois exclus de la vie de cour y apparaissent même abondamment[205].

Une partie de cette intégration progressive s'explique sans doute en termes purement quantitatifs, dès lors que la cour médicéenne ne cesse de s'accroître entre la fin du XVIe siècle et le début du XVIIe siècle. Selon Burr Litchfield, en 1550, la cour de Cosme Ier comptait en effet à peine deux cents quatre-vingt familiers et domestiques. Or, au moment où Ferdinand Ier arrive au pouvoir, elle en englobait environ quatre cents[206]. Selon Hélène Chauvineau, qui s'en tient aux officiers les plus importants, le nombre des courtisans fut un peu moindre, mais le développement de la cour n'en fut pas moins spectaculaire, passant d'une vingtaine d'officiers en 1543 à cent soixante-huit en 1564, deux cent trente-trois en 1587 et même trois cent cinquante-neuf en 1609[207]. Or, plus il y a de courtisans, plus les chances de s'intégrer à la cour sont grandes. À mesure que la cour des Médicis se développe et s'ouvre sur l'extérieur, attirant un personnel aux origines de plus en plus diverses, l'intégration des anciennes familles s'en ainsi trouve facilitée : elles parviennent mieux à se fondre dans la masse, à un moment où, par ailleurs, le souvenir des luttes républicaines commence enfin à s'estomper quelque peu.

Les trajectoires sociales des Alterati dans la Florence médicéenne illustrent ce mouvement d'intégration progressive et permettent de mieux en comprendre les modalités dans un cas spécifique, celui qu'on pourrait appeler la réintégration par le déploiement de capacités culturelles particulières (l'écriture, l'interprétation, la spéculation, la rhétorique, la musique, l'expression allégorique, etc.), qui rendent ceux qui les possèdent aptes à servir le prince dans les domaines de la représentation, de la communication et/ou de la gestion des clientèles. De tels hommes se voient confier non pas des positions où s'exerce un pouvoir politique direct, comme celles de premier secrétaire — ces postes restent en effet l'apanage d'individus issus de familles beaucoup moins anciennes ou prestigieuses, et souvent nées hors de Florence —, mais des charges d'intermédiaires culturels, dans la diplomatie, le préceptorat, la gestion de la maison princière ou encore l'agencement des divertissements de la cour. Le concept d'intermédiaire culturel est bien sûr anachronique,

205. BURR LITCHFIELD, R., *Emergence of a Bureaucracy*, p. 34. Ces résultats sont confirmés par une étude de Yoko KITADA, « L'aristocrazia fiorentina nella corte medicea da Cosimo II a Ferdinando II », *The Journal of Humanities*, Meiji University, 2009, 15, p. 51-85, qui suggère que l'intégration des patriciens florentins dans la société de cour médicéenne ne s'accomplit pleinement que sous Ferdinand II.

206. BURR LITCHFIELD, R., *Emergence of a Bureaucracy*, p. 27.

207. CHAUVINEAU, Hélène, « La cour des Médicis (1543-1737) », dans BOUTIER, Jean ; LANDI, Sandro et ROUCHON Olivier (dir.), *Florence et la Toscane, XIVe-XIXe siècle. Les dynamiques d'un État italien*, Rennes, Presses universitaires de Rennes, 2004, p. 287-301 (p. 288-289).

dès lors que la « culture », au sens où nous l'entendons actuellement, est une invention du XIXe siècle allemand. Mais il permet de délimiter une forme de professionnalisation alors naissante dans la plupart des grandes cours d'Europe, où émergent partout des individus qui mettent leur éducation et leurs connaissances des arts libéraux au service du prince et s'appuient principalement sur ces savoirs pour y conquérir des positions[208].

Au sein des Alterati, outre la trajectoire de Giovan Battista Strozzi, plusieurs carrières des membres les plus en vue de l'académie, tout au long de la vie de l'institution, exemplifient cette réintégration sociale par les compétences culturelles. On peut citer en premier lieu celle de Francesco Bonciani, dit l'Aspro au sein de la sodalité[209]. Bonciani (1552-1620) venait d'une famille patricienne ancienne pour l'essentiel désargentée, dont plusieurs membres avaient soutenu la République chancelante[210]. Il fit des études à Pise avec ceux des autres Alterati de la première génération qui s'y étaient transportés au début des années 1570[211]. À son retour à Florence, il devient un orateur reconnu tant dans l'Académie Florentine que dans celle des Alterati, proposant aussi bien des réflexions génériques novatrices (sur les nouvelles, sur l'oraison funèbre, etc.) que des textes épidictiques et des réflexions de nature politique[212]. Il est aussi l'auteur d'un traité

208. La cour de France au XVIIe siècle compte nombre de profils similaires, tant dans le champ des belles-lettres que dans celui des sciences. On peut penser aux frères Perrault, à André Dacier, aussi bien qu'à Molière ou à Racine, mais aussi à Fénelon ou à Bossuet. Sur les frères Perrault, voir RABINOVITCH, Oded, « Stratégies familiales, carrières littéraires et capitalisme de cour dans la famille Perrault », *XVIIe siècle*, n° 264, 2014/3, p. 403-415 et « The Perrault and Versailles : mediating grandeur », dans *The Perrault : A Family of Letters in Early Modern France*, Ithaca, Cornell University Press, 2018, p. 103-119 ; sur Bossuet, voir RIBARD, Dinah, « Au service de la grandeur. Enseignement et disciplines dans le *Carême du Louvre* », dans PEUREUX, Guillaume (dir.), *Lectures de Bossuet. Le* Carême du Louvre, Presses universitaires de Rennes, 2002, p. 131-143 ; sur André Dacier, je me permets de renvoyer à BLOCKER, Déborah, « Servir le prince par la philologie : André Dacier (1651-1722), un érudit dans l'orbite du pouvoir royal », *Seventeenth-Century French Studies*, 35/1, 2013, p. 3-22.

209. La notice biographique la plus récente est celle de CANTAGALLI, Roberto, *Dizionario biografico degli italiani*, vol. 11, Rome, 1969, p. 673-74.

210. ADEMOLLO, Agostino, *Marietta de Ricci*, vol. 4, p. 1227-1228.

211. ASP Università di Pisa, Matricole 42 <1563-1609>, fol. 42r, à la date du 1er novembre 1571 : « Francesco Bongianninius Florentinus » est inscrit comme « arta » (*artista*).

212. BRF Riccardiano 2435 est un codex assemblé par les soins de Francesco Bonciani, qui contient plusieurs de ces travaux académiques, ainsi que des textes d'autres Alterati, collectionnés par lui (on trouvera une description plus détaillée de ce codex *infra*, dans l'inventaire analytique des documents manuscrits consultés). BMF Marucelliano D 484, fol. 19r-27v, contient son oraison funèbre de Giovan Battista Adriani, qui fut imprimée sous le titre de *Delle lodi di G. B. Adriani*, dans *Prose fiorentine raccolte dallo Smarrito accademico della Crusca*, Florence, Stamperia di Santi Franchi, 1716-1745, 4 parties en 17 vol., 1re partie, 3e tome,1719, p. 60-80. Le texte que Bonciani a consacré aux nouvelles a connu plusieurs rééditions modernes, dont BONCIANI, Francesco, BARGAGLI, Girolamo et SANSOVINO, Francesco, *Traités sur la nouvelle à la Renaissance*, introduction, établissement des textes et notes par Nuccio ORDINE, traduction française par Anne GODARD, Turin, Nino Aragno et Paris, Vrin, 2002, p. 117-186. Le discours de Bonciani sur la manière de faire les oraisons funèbres est disponible dans une édition du XIXe siècle, *Sulla maniera di fare le orazioni*

sur la langue toscane collectivement élaboré au sein des Alterati mais rédigé par lui, puis retravaillé par Lorenzo Giacomini. Le texte, resté inachevé, ne fut jamais publié[213]. Le travail de Bonciani sur ce texte fut interrompu lorsqu'il fut appelé à servir le cavalier Bongianni Gianfigliazzi, qui officia comme résident en Espagne entre 1583 et 1587[214].

C'est seulement à partir de 1594 — à l'âge de quarante-deux ans — que Francesco Bonciani semble trouver grâce à la cour, même s'il est probable qu'il ait signalé ses compétences et sa disponibilité à servir de diverses manières dès 1580. C'est en effet en 1594 qu'il est dépêché auprès d'Henri IV — qui bataille alors pour le trône de France — comme envoyé secret du grand-duc, et qu'il est, à cette fin, placé au service du cardinal de Gondi, archevêque de Paris[215]. Cette mission secrète dure plus de quatre ans, entrecoupée d'un séjour à Rome entre avril et novembre 1595, sur commission de l'archevêque. Pendant son séjour en France, en janvier 1596, Bonciani obtint un canonicat à Florence, très vraisemblablement en récompense de ses bons et loyaux services auprès d'Henri IV. À son retour en Toscane, il s'empressa d'obtenir un diplôme de théologie à Pise et fut nommé archidiacre à Florence. À partir de 1603, il est également examinateur et juge synodal. Enfin, le 6 novembre 1613, il est sacré archevêque de Pise. Il s'agit pour lui d'une promotion sociale d'importance, qu'il n'aurait pu espérer obtenir sans la protection et

funerali, Florence, Il Magheri, 1824, et ses réflexions politiques ont été publiées à la même époque sous le titre de *Discorsi politici inediti*, textes édités par Filippo Luigi POLIDORI, dans *Appendice alle letture di famiglia*, II, n° 2-3, Florence, 1855, p. 1-36.

213. Sur ce texte et son histoire, voir SIEKIERA, Anna, « Ancora sull'Accademia degli Alterati : il *Trattato di lingua toscana* di Francesco Bonciani » et *infra*, ch. 3, p. 295-302.

214. La mission (probablement essentiellement d'espionage, à un moment de grande tension avec l'Espagne) semble avoir été secrète, mais les registres des *Tratte* en font néanmoins mention lorsque le nom Francesco Bonciani est ultérieurement évoqué dans le cadre du possible pourvoiement d'une charge civile. Ainsi en ASFi Tratte 1257, fol. 112v, lorsque Bonciani est considéré pour un poste dans les *Otto di guardia e balìa* qui aurait commencé en mars 1592 (il ne l'obtint pas). À cette occasion, l'Aspro est décrit par Lorenzo Niccolini, le secrétaire du grand-duc en charge de la sélection *a mano*, comme un « Giovane da bene et litterato, quello che andò in Spagna col cavaliere Gianfigliazzi ». De nombreuses traces manuscrites des activités de Francesco Bonciani dans le service du cavalier Bongianni Gianfigliazzi subsistent en BRF Riccardiano 1836, sur lequel voir mes hypothèses, *infra*, dans l'inventaire analytique des documents manuscrits consultés.

215. Là encore, il s'agit d'une mission secrète : ASFi Mediceo del Principato, 4613 et 4613a conservent les lettres que Bonciani a écrites lors de cette mission (d'août 1594 à novembre 1599). Celles-ci sont en chiffre, avec néanmoins un déchiffrement interlinéaire effectué à réception dans le premier volume et un déchiffrement mis au propre et donné séparément dans le second, signe de l'importance de ces missives pour la diplomatie du grand-duc. Les lettres sont signées du pseudonyme de Baccio Strozzi. Bonciani y travaille à la conversion d'Henri IV et à la conclusion de son mariage avec Marie de Médicis, qui aura lieu en 1600 et que plusieurs Alterati célébreront avec éclat à la cour par la production de l'*Euridice* (sur ces prolongements, voir *infra*, ch. 5, p. 484-541). Les réponses de la chancellerie du grand-duc sont conservées en ASFi Mediceo del Principato, 4614. On trouvera une analyse ainsi qu'une transcription partielle des lettres de Bonciani dans DESJARDINS, Abel, *Négociations diplomatiques de la France avec la Toscane*, 6 vol., Paris, Documents inédits sur l'histoire de France, 1875, t. 5, p. 289-368.

l'aval du grand-duc[216]. Malgré l'âge et la position qui étaient dorénavant celles de l'ancien Alterato à Pise, Cosme II continua à faire appel à ses talents d'intermédiaire et d'homme d'action, l'envoyant même en France au début du mois de mai 1617, avec pour mission de faire libérer Marie de Médicis, que Louis XIII faisait tenir sous bonne garde à Blois, dans le cadre des conflits de la mère et du fils. Francesco Bonciani ne mourut pas dans l'opulence[217]. Mais il avait acquis une position très prestigieuse au sein de l'Église toscane, après avoir su se rendre utile dans le cadre des relations entre le grand-duc et la cour de France. Dans son cas, la transition entre ses activités de *letterati* et ses activités ultérieures, tant à la cour que dans la diplomatie secrète et dans l'Église, semble s'être faite sans heurt, comme si la continuité entre ces différents types d'activité et de compétences allait en quelque sorte de soi.

Les carrières des frères Rinuccini, et celle de Jacopo Soldani ne semblent pas de nature très différente, quoiqu'elles se soient accomplies dans d'autres domaines d'activité. Ces trois trajectoires suggèrent en effet semblablement que la vie académique a pu constituer pour certains patriciens, que l'engagement politique passé de leur famille avait longtemps fait tenir à l'écart des offices curiaux, un excellent tremplin de réintégration sociale. Les différentes branches de la famille Rinuccini — qui était une famille patricienne ancienne, respectée et, pour la plus grande partie, financièrement à son aise — avaient elles aussi compté parmi elles des défenseurs de la République[218]. Deux des fils de Francesco Rinuccini firent carrière dans l'engagement académique. Alessandro Rinuccini (1555-1622) fut introduit dans l'académie des Alterati le 3 décembre 1573, sous le nom de l'Ardito. Il avait étudié les humanités auprès d'Agnolo Segni et était un très bon connaisseur des langues anciennes. Il fut par la suite trois fois élu à la tête des Alterati (en tant que 16e, 27e et 42e régent), tout en participant aux activités de l'Accademia Grande, où il entra

216. Sur les relations entre l'Église et le grand-duché aux XVIe et XVIIe siècles, voir PAOLI, Maria Pia, « Nuovi vescovi per l'antica città : per una storia della chiesa fiorentina tra Cinque e Seicento », dans LAMIONI, Claudio (dir.), *Istituzioni e società in Toscana nell'età moderna*, Florence, Edifir, 1994, 2 vol., t. 2, p. 748-786. Les sermons de l'archevêque BONCIANI ont été réédités au XIXe siècle : *Sermoni di monsignor Francesco Bonciani, arcivescovo di Pisa*, Florence, Tipografia della casa di correzione, 1855.

217. Le testament de Francesco Bonciani, ainsi qu'un codicille, tous deux faits à Pise, sont préservés l'ASFi. ASFi Notarile moderno 7650, fol. 76r-79r donne le testament (12 octobre 1613), dont une grande partie est en toscan, comme le testament de Giovan Battista Strozzi mentionné plus haut (note 119, p. 159). Bonciani n'y fait que des dons très modestes à une poignée d'institutions religieuses. Se trouve aussi mentionnée une villa, désignée comme un « podere detto il Sanetto in Pretognano di Val d'Elsa » (fol. 78). Mais cette terre semble en partie hypothéquée quand le texte est dressé. ASFi Notarile moderno 11975, fol. 17v, mentionne le don de la bibliothèque de l'archevêque aux dominicains de Santa Maria Novella. Cette bibliothèque était apparemment très bien fournie, et constituait sans doute l'une des seules vraies richesses de ce *letterato* devenu homme d'Église. Elle fut effectivement léguée à la bibliothèque du couvent de Santa Maria Novella, mais paraît s'être ensuite dissoute dans la suppression des institutions religieuses italiennes : toute trace en est aujourd'hui perdue.

218. ADEMOLLO, Agostino, *Marietta de Ricci*, vol. 4, p. 1528-1531.

le 5 février 1572[219]. Ce n'est néanmoins que sous Cosme II qu'il semble avoir trouvé un biais pour s'introduire à la cour, sans doute notamment en faisant la preuve de ses capacités de lettré : son poème latin consacré à sainte Catherine parut en effet en 1613 avec une dédicace au prince, alors que lui-même venait d'être nommé dépositaire général (*depositario generale*) l'année précédente[220]. Cette fonction était un office d'une importance centrale dans la maison du grand-duc, puisque celui qui l'exerçait était chargé de payer tous les officiers du prince. C'est pourquoi étaient de préférence choisis pour cette charge des hommes fortunés et habiles en matière de gestion financière, comme l'était Alessandro Rinuccini, marchand enrichi à la réussite indéniable[221]. L'entregent et le doigté du trésorier général n'étaient pas moins importants, dès lors que l'homme était également chargé de la distribution des faveurs du prince : auprès de lui s'obtenaient prêts, commissions, et grâces de toutes sortes[222]. En tant que dépositaire général, Alessandro Rinuccini devint ainsi l'un des principaux accès à la bienveillance du grand-duc, dont lui-même et les autres membres de l'académie des Alterati avaient longtemps été tenus éloignés. La faveur du prince à son encontre se marqua aussi dans le fait qu'il fut nommé sénateur en 1613.

Son frère, Ottavio Rinuccini (1563-1621), dit il Sonnacchioso parmi les Alterati, fut admis dans l'académie à vingt-quatre ans, au cours de l'année 1586-1587[223]. Il était davantage poète qu'érudit et devint, grâce notamment à la protection de Jacopo Corsi, l'un des principaux librettistes des divertissements de cour médicéens pendant deux décennies. Il écrivit ainsi une grande partie des *intermedii* préparés pour le mariage de Ferdinand Ier avec Christine de Lorraine, en 1589, ainsi que le livret d'*Euridice*, un divertissement musical que Jacopo Corsi fit préparer pour

219. Voir BMLF Ashburnham 558.1, fol. 49^{v} et 50^{r} et BNCF Magl. IX 134, fol. 1^{v} (pour l'admission d'Alessandro Rinuccini au sein des Alterati) et BMF Marucelliano B III 54, fol. 33^{r} (pour son entrée dans l'Accademia Fiorentina).

220. ASFi Miscellanea medicea 413, *Teatro di grazia e di giustizia*, p. 334 : Alessandro Rinuccini exerça la fonction de dépositaire général entre le 6 mai 1612 et le 3 octobre 1621, mourant l'année suivante.

221. Lorsqu'Alessandro Rinuccini postule à la charge de dépositaire général, sa fortune est soigneusement détaillée par le secrétaire du grand-duc en charge des *Tratte* : voir ASFi Tratte 1266, fol. 808, pour sa première candidature en 1607 et ASFi Tratte 1269, fol. 707 pour la seconde en 1613. En 1607, la note est plus développée : « Mercante che ha banco et è compagno in tre botteghe d'Arte di Seta et di batiloro nelle quali ha impiegato grossa quantità di denari. E ha modo e commodo d'impiegarne anco in Arte di Lana e altri esercitii. 1. Ha beni con decima insieme con tre suoi fratelli e nepoti d'altro fratello morto <per> fiorini 62.8 soldi.10 denari. » Le montant de la *decima* indique sans ambiguïté qu'il s'agit là d'une fortune familiale très importante. Les trois frères Rinuccini et leurs rejetons sont alors l'une des familles les plus riches de Florence.

222. Les activités d'Alessandro Rinuccini dans ce champ sont bien documentées dans les archives florentines : voir ASFi Miscellanea medicea 27/III, fol. 941^{r} à 948^{v}, ASFi Miscellanea medicea 30/30, fol. 50^{r}, ASFi Miscellanea medicea 131, fol. 186^{r}-187^{r} et ASFi Miscellanea medicea 136 et 137, qui contiennent une partie de la correspondance d'Alessandro Rinuccini dans le cadre de ses fonctions de dépositaire général.

223. Voir BMLF Ashburnham 558.2, fol. 60^{v}, 65^{v}, 73, 74^{r}, 76, 78, 79^{v}, 81^{r} et 85^{r}. Il fut présenté au groupe le 28 mars 1586. Son introduction formelle a lieu le 16 avril 1587, avec confirmation le 3 septembre. Sur Ottavio Rinuccini, voir aussi *infra*, ch. 5, p. 484-541.

la cour en 1600 et qui y fut représenté notamment durant les festivités du mariage par procuration de Marie de Médicis avec Henri IV[224]. Rinuccini avait tant su plaire à la jeune reine que celle-ci l'emmena à la cour de France, où il travailla un temps à s'imposer comme poète (1600-1604). Déçu dans ses espérances, il revint néanmoins à Florence où il continua à écrire pour la cour et l'aristocratie[225]. Cette carrière de poète et de librettiste lui donna moins de pouvoir qu'à son frère, mais son influence en termes esthétiques fut grande, notamment pour ce qui est du développement de l'opéra.

La carrière de Jacopo Soldani (1570-1641), désigné comme il Quieto au sein des Alterati, est similaire. L'homme, qui appartenait à ce qu'on pourrait appeler la seconde génération des Alterati — il avait quinze à vingt ans de moins que le groupe des fondateurs — semble en effet avoir également fait de l'académie un marchepied pour s'introduire à la cour. Pourtant, lui aussi fréquenta durant ses jeunes années des cercles patriciens où les Médicis étaient implicitement contestés[226]. Il écrivit même des satires qu'il veilla à ne jamais faire imprimer de son vivant[227]. Il trouva lui aussi la faveur des Médicis sur le tard : en 1628, il devint le précepteur de Léopold de Médicis, puis le premier gentilhomme de sa chambre. En 1637, quatre années avant sa mort, il fut nommé sénateur[228].

À ce moment, l'académie avait cessé de fonctionner depuis longtemps, n'ayant semble-t-il plus été que l'ombre d'elle-même à partir du moment où ses membres commencèrent à s'intégrer à la vie de cour. D'une part, ses réunions s'espacèrent, ses curiosités intellectuelles s'émoussèrent et ses actes ne furent plus tenus régulièrement. D'autre part, l'institution sembla peu à peu entrer elle-même au service du prince — sans néanmoins que son indépendance formelle s'en soit trouvée menacée. Dès que Giovan Battista Strozzi commença à recevoir sa pension annuelle de deux cents scudi — à lui accordés en 1605 —, la cour fit en effet de lui l'un de ses serviteurs dans le champ des belles-lettres, le sollicitant, lui et l'académie dont il était devenu comme l'âme, pour quantité de petits services. C'est ainsi qu'en mars 1606 le premier secrétaire de Ferdinand Ier, Belisario Vinta, fit demander à l'académie, par le biais de Giovan Battista Strozzi, si elle pensait que la traduction de l'*Iliade*,

224. Sur cet opéra, qui exprima sans doute — quoique à mots couverts — certaines des préoccupations esthétiques les plus centrales des Alterati, voir *infra*, ch. 5, p. 484-541.

225. Voir Raccamadoro-Ramelli, Francesco, *Ottavio Rinuccini, studio biografico e critico*, Fabriano, Gentile, 1900, en particulier ch. I, p. 27-78, et l'article que lui a consacré Francesca Fantappié, *Dizionario biografico degli italiani*, vol. 87, Rome, 2016, p. 618-623. Les œuvres poétiques de Ottavio Rinuccini furent réunies et publiées posthumément par son fils sous le titre de *Poesie alla maestà cristianissima di Luigi XIII, re di Francia, e di Navarra*, Florence, Giunti, 1622.

226. Callard, Caroline, *Le Prince et la République*, p. 332-353.

227. Elles parurent de manière posthume : *Satire del senatore Iacopo Soldani patrizio fiorentino con annotazioni date ora in luce la prima volta*, Florence, Gaetano Albizzini, 1651.

228. Casari, Cornelia, *Jacopo Soldani : un satirico del Seicento*, Lovere, Luigi Filippi, 1904, p. 7-16.

que Giovan Battista Elicona venait d'achever, était digne d'une publication que le prince aurait financièrement soutenue[229]. Trois ans plus tard, en octobre 1609 — le délai peut marquer tant le ralentissement de l'activité académique qu'une certaine résistance au sein de l'institution —, Giovan Battista Strozzi répondit que l'académie jugeait le texte publiable, avalisant ainsi, quoique avec retard, non seulement les processus de publication semi-officiels que les Médicis avaient instaurés, mais encore le fait même de devenir dans ces transactions une simple instance d'évaluation au service du pouvoir[230].

Le travail intellectuel et la maîtrise des belles-lettres semblent ainsi être devenus, dans les dernières décennies de l'académie, une sorte de monnaie d'échange : grâce à ceux-ci, tout un groupe d'individus que le pouvoir médicéen avait originellement tenu à distance parvint à s'insérer, à divers titres, à la cour du prince. Mais cette insertion s'effectua vraisemblablement au prix de la cessation d'un travail intellectuel véritable, et conduisit souvent à placer les savoir-faire de ces lettrés au service du pouvoir. Pareille évolution ne signifie évidemment pas que l'activité intellectuelle des Alterati, depuis leur création jusqu'à l'orée du XVIIe siècle, n'aurait été qu'un prétexte, avec pour seule fonction de permettre la réintégration sociale de leurs membres. Mais elle suggère qu'une grande partie de l'audace et de la créativité de ces académiciens trouva originellement sa source dans leur marginalité — et dans l'ambivalence qui était la leur vis-à-vis du pouvoir médicéen. De ce fait, leur réflexion esthétique — née dans cette marginalité — ne fut pas seulement, comme on va le voir, une esthétique du retrait et du refus, mais encore (et même simultanément) le produit de leurs constants efforts de réinsertion.

Il convient donc de comprendre l'académie des Alterati comme le lieu d'une ambiguïté fondamentale : en son sein, ses membres enterraient en effet collectivement cela même qu'ils commémoraient, cherchant à la fois à faire perdurer leur identité — tant sociale que politique — et à l'effacer. Une telle ambiguïté n'eut sans doute rien d'accidentel ou d'impensé. Elle semble au contraire avoir été un projet depuis la fondation même de l'académie, au moins si l'on s'en tient à ce que rapporte le Desioso du moment fondateur et si on prend en compte la manière dont il le dit, soit dans l'indirection la plus étudiée. Cette ambivalence se révéla même essentielle au fonctionnement de l'institution, tant au jour le jour que dans la durée.

229. ASFi Carte strozziane, 3e série, 187, fol. 113.

230. ASFi Mediceo del Principato 960, fol. 643. Un exemple semblable apparaît en ASFi Mediceo del Principato 970, fol. 444 où l'on trouve une lettre addressée au grand duc Cosme II, signée « Humilissimi e devotissimi li accademici Alterati — Jacopo Soldani et Ottavio Rinuccini ». Cette lettre est aussi une réponse à une demande d'évaluation du grand-duc et recommande la publication d'un poème du chevalier Tommaso Balli. La lettre est datée du 9 février 1610.

Elle rendait en effet l'académie tout à la fois malléable et maniable, lui permettant ainsi d'être simultanément un lieu d'élaboration d'une réflexion intellectuelle collective, un espace de résistance et même d'activisme, et une institution à partir de laquelle chaque membre pouvait parallèlement mettre en scène son adhésion aux cadres sociopolitiques existants, et s'y insérer.

Ce savant numéro d'équilibriste collectif, qui donna à l'académie les moyens d'être, idéologiquement parlant, partout et nulle part en même temps, imposa cependant la mise au point d'une forme très particulière d'existence publique, grâce à laquelle les positions idéologiques étaient articulées sans être nécessairement assumées. Dans cette configuration, les discours mis en circulation ne pouvaient que rarement être assignés avec certitude à un auteur, qu'il soit singulier ou collectif. Ce mode d'être public, c'est-à-dire cette manière d'exister dans l'espace public comme institution, conditionna à peu près toutes les modalités d'expression de la sodalité. Il fut aussi ce par quoi l'identité politiquement et socialement ambivalente de ce collectif prit forme et se perpétua, jusque dans les archives et imprimés aujourd'hui subsistants. Dès lors, qui prétend s'interroger sur les idées ou théories qui ont pu émerger au sein de pareille institution, en termes de réflexion esthétique ou autre, ne peut faire l'économie d'un examen très soigneux de ses façons de faire, de dire et de se publier.

Nées de l'identité sociopolitique complexe de la sodalité, les activités collectives des académiciens en matière d'écriture, d'oralisation et de publication rendent en effet largement inassignables et/ou équivoques des discours et des représentations que les historiens des idées ne peuvent en général analyser qu'en les ramenant à une intention auctoriale singulière, présumée claire et sans ambivalence. Pour lire et analyser sans malentendu les écrits d'une pareille institution, force est donc de se défaire des *a priori* que nous a légués la philologie allemande, en replaçant les textes produits dans un contexte énonciatif radicalement différent, qu'on pourrait définir comme celui de l'ambivalence collective. L'enjeu méthodologique est de taille, non seulement en ce qui concerne les Alterati, mais encore plus largement du point de vue de l'appréhension de toute collectivité de discours. Il ne s'agit en effet de rien de moins que de se donner les moyens de faire l'histoire d'idées que, jusqu'ici, l'histoire intellectuelle a souvent été réticente à considérer comme telles, quand elle n'alla pas jusqu'à refuser d'envisager les académies et autres conglomérats de pensées et d'écriture (écoles, universités, groupes de recherches, etc.) comme les lieux d'un travail intellectuel véritable.

Chapitre 3

Les Alterati au miroir de leurs productions académiques

« Multiforme, l'archive n'est pas un dépôt mort, c'est une énergie fossile. Le principe qui guide notre travail est que l'archive elle-même pense *en donnant à penser*. La pensée qui se construit en elle n'est pas une répétition de celle qui fut, mais une anamnèse de celle qui vient. »

Alain de Libera, « Histoire, archives, anamnèse », dans *L'Art des généralités : théories de l'abstraction*, Paris, Aubier, 1999, p. 9-13 (p.11).

1. Vous avez dit (production) académique ?

Le mot *académique* a actuellement deux sens. D'une part, il signifie ce qui appartient à ou relève d'une académie — ainsi parle-t-on par exemple d'une *élection académique*. Mais, depuis la deuxième moitié du XVIIIe siècle environ, le mot possède aussi en français un second sens, nettement péjoratif : celui de *conforme aux normes et aux usages reçus*, et, plus fréquemment encore, celui de *conventionnel* et/ou *sans originalité*. Les dictionnaires de synonymes, qui sont parmi les meilleurs recenseurs institutionnalisés de l'usage, glosent même le mot « académique » par une impressionnante liste d'épithètes, pour la plupart méprisantes : *guindé, apprêté, emphatique, étudié, soufflé, ampoulé, froid, compassé, pompeux, constipé, châtié, conformiste, conventionnel, démodé, emmerdant, empesé, ennuyeux, fossilisé, prétentieux, pseudo-classique, ridicule, soigné, travaillé, universitaire* et *vieux jeu*. Or, lorsqu'on parle aujourd'hui d'un *discours académique*, c'est moins souvent dans le sens premier du mot que dans son sens péjoratif.

Nous vivons en effet dans un monde où l'*académie* évoque un lieu sclérosé par son institutionnalisation séculaire, sans rapport avec la pensée vive, et vide de toute inventivité intellectuelle — du moins quand le mot d'*académie* et les réalités qu'il désigne évoquent encore pour nous quelque chose. Nous avons presque totalement oublié que les académies n'ont pas toujours été des lieux intellectuellement établis voire conformistes, et — en raison des processus d'institutionnalisation qui ont affecté la plupart des grandes académies nationales nées à l'époque moderne, telles que l'Académie française, la British Academy ou la Real Academia Española —, nous ne les imaginons plus autrement qu'étatisées ou du moins fermement adossées à un pouvoir, et dans une position de domination culturelle. Dès lors, il ne viendrait à l'esprit de (presque) personne de se plonger avidement dans la lecture de *discours académiques*. Même les historiens des pratiques lettrées ne s'y risquent guère — car qu'y aurait-il à glaner là, mis à part des brassées de poncifs et d'idées reçues ? Seuls les historiens de la culture, en quête de la *Zeitgeist* d'une époque révolue et/ou désireux de ressaisir ses modèles de pensée, s'adonnent encore à telles lectures[1]. Autrement dit, évoluant dans un monde où les académies sont des institutions pour l'essentiel ossifiées — et ce parfois depuis des siècles —, nous avons beaucoup de mal à les envisager, fût-ce dans un passé très lointain, comme des lieux où l'innovation, la créativité et même des pensées neuves ont un jour pu fleurir. L'opprobre présent rejaillit sans cesse sur les objets du passé.

Or nombre des six mille académies que compta — au bas mot — l'Italie aux XVIe et XVIIe siècles n'ont en réalité pas grand-chose à voir avec les académies momifiées que nous connaissons (ou croyons connaître). Beaucoup des académies italiennes de l'époque moderne furent en effet des espaces d'effervescence intellectuelle, où, malgré la ritualité apparente des pratiques, le conformisme de mœurs comme de pensée fut rarement de mise. L'originalité de ces institutions reste cependant souvent invisible pour nous, même quand elles ont laissé une importante production textuelle — ce qui n'est bien sûr pas toujours le cas. C'est que, à force de ne pas être lus, les écrits académiques sont devenus à peu près illisibles : lorsque nous les scrutons, leur projet n'a souvent plus grand sens pour nous et, très vite, le contresens guette. Le malentendu tient sans doute d'abord à ce que les conditions de production et de circulation de ces discours nous sont pour l'essentiel devenues opaques, tant les paramètres socio-culturels de l'auctorialité savante et/ou lettrée se sont, depuis le temps de leur rédaction, profondément modifiés. Du côté de la production de ces objets textuels, la nature du

1. Ainsi par exemple RIBARD, Dinah, « Belles-lettres et philosophie à l'Académie : parler du savoir, parler du pouvoir dans les éloges académiques » dans POULOUIN, Claudine et ARNOULD, Jean-Claude (dir.), *Bonnes lettres / Belles-lettres. Actes des colloques du Centre d'études et de recherches Éditer / Interpréter de l'Université de Rouen (26 et 27 avril 2000 — 6 et 7 février 2003)*, Paris, Champion, 2006, p. 343-361.

travail collectif dans une académie privée est pour nous difficile à reconstituer, et son intensité peut même être malaisée à admettre, tant l'auteur est avant tout pensé de nos jours comme une individualité. Du côté de leur circulation, les différentes modalités de publication de ces textes — par la profération, le manuscrit et/ou l'imprimé — et les effets de sens auxquels l'articulation de ces différentes manières de faire pouvait autrefois donner lieu sont généralement perdus pour nous[2]. Mais surtout, nous avons du mal à faire entrer les productions académiques — qui se caractérisaient souvent par le traitement de questions topiques ou une forme ou une autre de glose des textes les plus célèbres de la tradition classique — dans les catégories de l'histoire des idées telle qu'elle se pratique depuis le XIXe siècle, et même dans le cadre d'une histoire intellectuelle devenue, depuis lors, plus soucieuse de mieux recouvrer les contextes dans lesquels ces idées auraient émergé[3]. Nous percevons par exemple difficilement comment une position neuve peut venir s'inscrire dans ce qui nous apparaît comme un ressassement de lieux communs engoncés dans une rhétorique trop visiblement formelle, ou de quelle manière l'interprétation d'un texte ancien mille fois commenté peut devenir le lieu de l'émergence de réflexions jusque-là impensées, si ce n'est même impensables.

C'est en quoi apprécier l'audace et l'originalité de la réflexion que les Alterati menèrent sur les arts impose d'abord de reconstituer non seulement les formes de leur travail intellectuel, mais encore les conditions matérielles dans lesquelles leurs pensées furent mises en circulation. Ces manières de faire — et les valeurs qui s'y trouvaient attachées — sont accessibles pour nous par l'archive, qui préserve aussi bien les traces du labeur collectif des académiciens que celles des formes de sa circulation. Cependant, dans le cas des Alterati — comme dans la plupart des fonds d'archives que l'époque moderne nous a légués, qu'ils soient publics ou privés — ces traces ne peuvent être ressaisies qu'au travers d'une analyse minutieuse des modalités de constitution, de circulation, d'archivage, de morcèlement et/ou de conservation de ces collections elles-mêmes, dans le cours de leur transmission. C'est pourquoi avant de pouvoir comprendre, au miroir de l'archive, comment les Alterati travaillaient et selon quelles modalités leurs productions acquirent une forme ou une autre de publicité, il faut se donner les moyens de saisir dans quelle

2. Pour une tentative collective d'historicisation de ces circonstances, voir GROUPE DE RECHERCHES INTERDISCIPLINAIRES SUR L'HISTOIRE DU LITTÉRAIRE (GRIHL), *De la publication : entre Renaissance et Lumières*, introduction de Christian JOUHAUD, Alain VIALA ET AL., Paris, Fayard, 2002.

3. Sur les rapports entre histoire des idées traditionnelle et les différentes formes d'histoire intellectuelle aujourd'hui en concurrence, voir le panorama proposé par Stéphane VAN DAMME dans « Le retour de l'histoire intellectuelle, révolution conservatrice ou programme de relance ? », *Revue d'histoire moderne et contemporaine*, 2012/5, n° 59-4 *bis*, p. 29-46

mesure et de quelle manière les documents par eux conservés, puis transmis, témoigneraient effectivement des activités qui furent les leurs. Or seule une analyse minutieuse de l'état actuel de ces documents — qui passe nécessairement par l'étude de leurs lieux et conditions présentes de conservation — peut nous donner accès à leurs usages passés.

Pour que l'archive *pense*, et *donne à penser*, selon la formulation d'Alain de Libera, il est en effet nécessaire d'apprendre à appréhender son passé au travers de son état présent. C'est alors seulement qu'il devient possible d'imaginer aussi son éventuel *avenir*, dans une configuration culturelle devenue très différente. Faire parler l'archive demande en cela un double regard : d'une part, la contemplation rétrospective des modalités et étapes de sa transmission, d'autre part une appréhension prospective, qui — tant dans le contenu que dans la forme des productions textuelles envisagées — cherche à lire un devenir, ou plus exactement l'avènement prochain de ce qu'Alain de Libera nomme, non sans un certain mysticisme, une *anamnèse*. La matérialité des documents n'est en effet pas seulement le moyen de relier notre présent à celui, aujourd'hui (dé)passé, des Alterati : elle peut aussi permettre donner à leurs réflexions une postérité, et même une réelle présence parmi nous.

L'exemple des Alterati peut, de ce point de vue, servir de territoire d'expérimentation. Peut-on faire renaître, par l'examen d'archives aujourd'hui éparpillées, une pensée collective, qui n'a pas connu de mise en histoire, et n'est plus aujourd'hui une pensée pour personne — et si oui, comment ? Le cas des Alterati invite en particulier à réfléchir à la manière dont l'étude matérielle des productions textuelles produites dans le cadre d'un groupe pourrait permettre de saisir la dynamique d'une activité intellectuelle commune et de mieux mesurer ses contributions au monde des idées. Dans un tel questionnement, la focalisation du regard philologique se trouve profondément déplacée. Il ne s'agit en effet plus d'attribuer la paternité de tel concept ou texte à l'un ou l'autre membre du groupe. Il s'agit bien plutôt de comprendre, en historien(ne) de l'activité idéelle, comment fonctionna l'innovation idéologique à l'intérieur d'un groupe, à travers une étude des pratiques scripturaires de celui-ci. Tel est au moins le pari de ce chapitre, qui entend également offrir, dans ses ultimes pages, une série de propositions méthodologiques facilitant la lecture et la contextualisation des productions académiques des siècles antérieurs, tant pour en faire davantage ressortir les effets de sens que pour mieux les intégrer à l'histoire de la culture européenne.

L'analyse se centre dans un premier temps sur le corps des matériaux académiques subsistants, dont elle commence par étudier la transmission. Les modalités de la circulation initiale de ces matériaux sont ensuite examinées, afin de mieux comprendre comment en son temps l'académie des Alterati entendait publier ses travaux, tout en maintenant l'essentiel de ses activités secrètes. Enfin, une tentative est faite pour reconstituer les formes du travail en commun au sein de l'académie, à partir d'une étude détaillée de quelques-uns des documents préservés. Dans ce cadre, l'accent est mis sur la reconstitution des formes de l'échange intellectuel au sein de l'académie, ainsi que sur l'étude de l'élaboration de ce qu'on peut appeler des horizons intellectuels collectifs au sein de l'institution.

2. Transmissions : de l'*armadio* académique aux collections nationales

Les documents des Alterati qui ont survécu à la disparition de leur institution portent tous la trace d'un paradoxe central : leur nombre et leur diversité attestent l'abondante production textuelle du groupe — et donc son désir de publicité et même de gloire — tandis que la matérialité de leurs manuscrits, et même parfois de leurs rares productions imprimées, témoigne de manière éloquente de la discrétion avec laquelle leurs écrits ont initialement été produits et circulés. Les modes de diffusion que les membres de l'académie choisirent pour leurs productions suggèrent même qu'ils jugeaient que le secret, ou au moins une circulation étroitement contrôlée (voire camouflée) de leurs écrits, pouvaient seuls leur donner pleinement prix, sûreté et sens. Une telle réserve dans les formes même de la publicité visée n'a certes pas de quoi surprendre au sein d'un groupe dont le positionnement politique fut très largement caractérisé par une ambivalence durable vis-à-vis du pouvoir en place. Mais elle impose nécessairement à l'historien la mise au point de protocoles de lecture adaptés. Car, à défaut, les silences, les ambiguïtés, les doubles jeux et même les auctorialités troubles ou déguisées par lesquels les membres de ce groupe avaient l'habitude de voiler leurs pensées audacieuses ou hétérodoxes deviendraient illisibles pour nous, avec pour résultat qu'une partie de leurs travaux et activités nous échapperaient. Une archéologie de ces pratiques du secret ou du moins de l'entre-soi — de leurs manifestations matérielles et textuelles comme de leurs enjeux philosophiques — est dès lors le seul moyen de ne pas être pris au jeu de ces lettrés.

Parmi les Alterati, la publication par l'imprimé fut toujours rare, en particulier en nom collectif : aucun recueil ou écrit théorique ne fut par exemple imprimé au nom de l'académie[4]. Par ailleurs, mis à part les éloges appuyés des Médicis, par

4. Les archives préservent néanmoins la trace d'au moins un projet de publication collective, possiblement par l'imprimé : en ASFi Carte strozziane, 3e série, 187, fol. 9^{r}, on trouve ainsi un billet daté du 6 décembre 1576 (adressé à l'Assodato, au Tenero et à l'Aspro) où s'énonce l'intention « di mandar fuori e publicare per

lesquels certains Alterati ont espéré séduire la cour des grands-ducs[5], les académiciens publièrent assez peu en leur nom propre. Et, même lorsqu'ils donnèrent effectivement leurs écrits à l'impression en leur nom, ils le firent le plus souvent au compte-gouttes et à la toute fin de leur vie. Nombre de leurs ouvrages parurent même de manière posthume. En revanche, les Alterati furent de grands adeptes de la publication manuscrite, qui était au demeurant une pratique des plus communes dans les milieux académiques italiens de la fin du XVIe siècle, en particulier à Florence[6]. Les pratiques des Alterati en la matière semblent néanmoins avoir été plus déterminées, plus sophistiquées et peut-être même plus retorses que dans la plupart des autres académies italiennes de leur temps.

Ces pratiques sont documentées aujourd'hui encore, dans les bibliothèques et archives florentines, au travers de dizaines de manuscrits de toutes sortes (registres d'activités, comptes rendus de séances, statuts, recueils d'oraisons académiques et de compositions poétiques corrigées et amendées, esquisses de traités en main collective, lettres, livres et manuscrits annotés, etc.). La plus grande partie de ces documents sont issus de la bibliothèque que l'académie s'était créée au fil des ans et en constituent, à presque cinq cents ans de distance, la trace désormais éparpillée. Il est possible que ces matériaux aient parfois voyagé d'un académicien à l'autre, dans un *armadio* — soit une armoire grillagée, qui servait à stocker et présenter les livres dans les bibliothèques privées ou semi-publiques du temps — au gré des régences de l'institution. Jusqu'à la fin du XVIe siècle, les livres de l'académie, toujours placés sous la responsabilité du provéditeur, passaient en effet probablement de main en main, et même de maison et maison, à chaque renouvellement de la magistrature académique. Une telle armoire-bibliothèque est en tout cas mentionnée à plusieurs reprises dans les actes de l'académie[7]. À partir du moment où l'académie posséda une salle fixe pour se réunir — c'est-à-dire à l'été 1599,

tutti questo presente mese di dicembre 1576, trenta sonetti, 60 madrigali, 2 canzoni, 40 stanze, 4 orationi e 2 discorsi di quelli che saranno giudicati migliori ». Mais, à en juger seulement par les archives subsistantes, aucun recueil manuscrit ou imprimé comprenant conjointement des poèmes et des discours académiques ne vit jamais le jour au sein des Alterati.

5. Voir *supra*, ch. 2, p. 162, note 124.

6. RICHARDSON, Brian, *Manuscript Culture in Renaissance Italy*, Cambridge, Cambridge University Press, 2009, ch. 1 : « The contexts and characteristics of manuscript publication », en particulier les considérations consacrées aux académies, p. 44-53.

7. Ainsi le 17 mars 1582 (1583), en BMLF Ashburnham 558.2, fol. 38^r^, où l'Ardito (Alessandro Rinuccini) accuse le provéditeur d'avoir déplacé l'*armadio* ; s'ensuit un débat pour savoir si celle-ci doit être remise à sa place antérieure, ce que le régent finit par ordonner. Voir aussi les entrées du mois de juillet 1587, où l'Acceso (Ruberto degli Albizzi) souligne dans une note circonstanciée que le provéditeur qui l'a précédé ayant été négligent dans sa tenue des actes de l'institution, lui, le provéditeur actuel a, sur ordre du nouveau régent (l'Aspro, soit Francesco Bonciani), retrouvé « alcune cartuccie » « nel armadio dell'Accademia » et les a recopiées sur le livre des actes « se bene molte ne mancono e molte sono imperfette » (BMLF Ashburnham 558.2, fol. 76^r^).

grâce aux soins de Giovan Battista Strozzi, qui accueillit alors chez lui l'institution de manière régulière[8] —, ces manuscrits y furent sans doute entreposés de manière permanente, probablement avec un certain nombre d'autres manuscrits ou imprimés de référence, les académiciens pouvant ainsi les consulter pendant les séances, mais aussi en dehors celles-ci, en les empruntant contre signature et/ou dépôt. Ce système d'emprunt contre signature et/ou gage(s) était alors en usage en Italie dans la plupart des bibliothèques semi-publiques qui étaient ouvertes aux lettrés, notamment à la Biblioteca Laurenziana, située dans le complexe de San Lorenzo à Florence, mais aussi à Rome, à la Bibliothèque vaticane elle-même. Une fois l'académie pourvue d'une salle fixe, les matériaux collectionnés par l'institution furent, selon toute vraisemblance, conservés au sein même de cette salle, ou dans sa proximité immédiate, dans un meuble fixe *ad hoc*, toujours du type *armadio*, sous la responsabilité constante des hauts magistrats de l'académie.

Les archives des Alterati ne mentionnent cette bibliothèque qu'en passant, mais certaines de ces mentions sont particulièrement intéressantes, car elles permettent de se faire une idée de la manière dont les ouvrages de l'*armadio* étaient utilisés au sein de l'académie, tout autant que de la manière dont ils circulaient parmi les académiciens. C'est ainsi que le 31 décembre 1579, un ambitieux nettoyage d'hiver semble avoir été organisé au sein des Alterati qui vident alors leur urne et en extraient toutes les compositions qui y avaient été déposées pendant les mois précédents[9]. Ces textes sont ensuite répartis entre pas moins de neuf des académiciens présents, pour examen approfondi, selon les sujets, genre(s), langue(s) et/ou discipline(s) de prédilection de chacun. Au Tenero (Giovan Battista Strozzi) et à l'Horrido (Nero del Nero) sont confiés la supervision générale de l'évaluation, ainsi que le soin des nouvelles et des comédies ; au Desioso (Giulio del Bene) les poèmes latins ; à l'Ardito (Alessandro Rinuccini), la prose latine ; au Sdegnoso (Carlo Rucellai) les histoires ; à l'Agghiadato (Federigo Strozzi) l'éloquence ; au Torbido (Marcello Adriani) et au Svanito (Giovan Antonio Popoleschi) « les universaux des comédies et tragédies » (« li universali delle commedie et tragedie » — à savoir sans doute la théorie dramatique) ; à l'Aspro (Francesco Bonciani) les traités et « tout ce qui relève des sciences » (« cose appartenenti a scienze »). Une telle répartition témoigne amplement de l'étendue des curiosités de l'académie, tout en suggérant que certaines spécialisations se firent peu à peu jour en son sein.

Mais surtout, la suite de cette entrée des actes permet de mieux comprendre la manière dont les Alterati utilisaient leur bibliothèque de compositions académiques

8. BMLF Ashburnham 558.2, fol. 101v (voir *supra*, ch. 1, p. 136).
9. BMLF Ashburnham 558.1, fol. 84v.

antérieures pour accomplir ces tâches de recension, de classement et d'évaluation. Pour bien réussir dans la mission qui leur a été confiée, l'Horrido et le Tenero se voient en effet remettre ce jour-là les livres dans lesquels l'académie archive ses compositions censurées, qu'ils semblent même avoir été autorisés à emporter chez eux pour l'occasion :

> « L'Horrido a pris, pour exercer son office, le livre in-4° qui porte comme marque la devise de l'académie, le Tonneau, et le premier Ziba, qui porte comme marque le Tonneau du dehors et le Ziba de dedans[10], et est intitulé premier Ziba de rimes et de vers in-folio. Le Tenero a pris le second Ziba in-folio avec une couverture en vélin portant une inscription et un livre in-4° sans marque particulière, relié en vélin et commençant à la première régence du Desioso[11]. »

Pour accomplir leurs tâches d'évaluation, les deux académiciens sont ainsi autorisés à emprunter les deux volumes du *Zibaldone* de l'académie (le plus souvent dit familièrement *Ziba* parmi eux), dans lesquels sont archivées les compositions académiques considérées comme à peine passables — voire médiocres —, plus un volume commençant lors de la première régence du Desioso, qui est sans aucun doute le premier volume d'actes de l'académie[12]. À la précision des descriptions qui sont faites de ces différents volumes (format, nature de la reliure et toute marque distinctive inhabituelle, telle que la présence d'une devise ou d'un titre), on comprend que les Alterati — en l'absence d'un système de classification qui aurait permis d'attribuer aux volumes de leurs collections des cotes, sur le modèle de ce qui commençait alors à se faire dans les bibliothèques semi-publiques — avaient

10. Les termes « le Tonneau du dehors et le Ziba de dedans » ne sont pas clairs dans le contexte. Il serait tout à fait possible, étant donné l'attention que les Alterati portaient à la circulation de leurs manuscrits, que les recueils du *Ziba* aient à un moment été distingués selon leur circulation interne ou externe. Mais je n'ai pas trouvé d'autres notations dans les archives subsistantes qui suggéreraient une circulation différenciée. Certains livres manuscrits, surtout s'ils étaient affectés à une circulation externe, ont néanmoins pu être perdus.

11. BMLF Ashburnham 558.1, fol. 84v : « L'Horrido hebbe per esercitare suo ufficio il libro in quarto contrasegnato della impresa della Accademia, il Tino, et il Ziba primo contrasegnato con il Tino di fuora, et con il Ziba di dentro intitolato Ziba primo di rime et versi in foglio. Il Tenero hebbe il Ziba secondo in foglio con coverta in carta pecora scritta et uno libro in quarto senza segno in carta pecora commincia Reggimento primo del Desioso. »

12. Le « Ziba primo » et le « Ziba secondo » sont actuellement reliés ensemble et conservés en BMLF Ashburnham 560. Ce codex composite est en effet l'assemblage d'un « Ziba primo di rime » (ou « primo » a été rajouté à la main dans un second temps, avec l'accroissement de la production académique), orné au fol. 7r d'une belle *impresa* burlesque représentant trois autruches enlacées, et d'un « Ziba secondo di rime », qui commence au fol. 115r. La numérotation originelle du 2e volume (« Ziba secondo ») recommence à 1, même si une numérotation plus moderne (en bas des folios) est continue. Le volume BMLF Ashburnham 558.1 s'ouvre sur le titre suivant : « Reggimento del molto magnifico Giulio del Bene primo reggente dell'Accademia degl'Alterati. » C'est donc très probablement cette notation que l'auteur de cette entrée des actes (qui est le Desioso lui-même, à en juger par sa main) cite de mémoire comme marque distinctive permettant de reconnaître le livre.

l'habitude de prêter leurs volumes en consignant dans leurs actes un signalement détaillé pour chacun d'eux. Ce geste permettait en effet ensuite de vérifier, au retour des volumes au sein de l'*armadio* de l'académie, qu'il s'agissait bien du codex qui avait été confié à tel ou tel des académiciens. Ainsi l'intégrité de ce bien collectif qu'était la bibliothèque de l'académie pouvait-elle être préservée en dépit de l'usage intensif auquel devaient être soumis les volumes de compositions et d'actes, qui étaient en réalité nécessaires à une grande partie des exercices académiques (*censure*, *accuse*, *difese*, nouvelles compositions académiques en vers comme en prose, activités historiographiques ou biographiques diverses, etc.)[13]. L'*armadio* incarnait ainsi le lieu même du collectif, celui où les voix individuelles étaient rassemblées pour exister en commun dans le cadre de l'activité académique. Les textes ainsi collectés et préservés donnaient en effet — par et dans l'écriture, principalement manuscrite — une forme de durée et même de permanence aux réunions au cours desquelles les académiciens se rencontraient, une à deux fois par semaine, en séance plénière, pour accorder et/ou constater leurs différences d'opinion.

Avec l'étiolement de l'activité académique, les archives de l'académie furent néanmoins de moins en moins un bien collectif. Dans les dernières années de la vie de l'institution, les collections de l'*armadio* se sont en effet confondues avec les archives personnelles de Giovan Battista Strozzi, qui essaya notamment de les faire servir à la rédaction de mémoires sur l'académie[14]. Ce phénomène d'appropriation personnelle d'une documentation à l'origine institutionnellement rassemblée en vue d'un usage collectif était lui aussi un processus courant à l'époque moderne, tant dans le cadre de l'exercice de charges publiques que dans la gestion d'institutions culturelles ou de charité. Mais il prenait sans doute, dans le cadre d'une institution qui avait jadis accordé tant d'importance à l'action et la propriété commune, une tout autre valeur : il signifiait en effet en pointillé une forme de déshérence du collectif.

Signe ultime du fait que Strozzi était devenu, avec les années, le principal conservateur de cette collection exceptionnellement riche, ce fut lui qui en assura non seulement la préservation mais encore la transmission *post mortem*. Par legs testamentaire, il la confia en effet, en décembre 1631, à son héritier universel, à charge pour celui-ci de s'assurer que la mémoire du groupe qu'il avait animé viendrait ensuite trouver place parmi la très importante collection de manuscrits que

13. Sur les raisons pour lesquelles des compositions jugées médiocres (celles du *Ziba*) étaient archivées et tenues pour utiles dans le cadre de ces tâches, voir *infra*, ch. 4, p. 398-422.
14. Voir *supra*, ch. 1, p. 66-78.

son cousin, l'érudit Carlo Strozzi (1587-1670), était alors en train de constituer. Le testament du Tenero comporte en effet la provision suivante :

> « À Giovan Battista Strozzi son petit-neveu, <né> de feu le seigneur Filippo Strozzi, <le présent testateur lègue>, tous les écrits tant en vers qu'en prose composés par le seigneur testateur, au cours de sa vie, tous les madrigaux composés par le seigneur sénateur Giovan Battista Strozzi, son ancêtre[15], qui sont en deux tomes, <et> les livres et les écrits qui concernent l'Académie des Alterati, qui est logée dans la maison dudit seigneur testateur [...] et il prie ledit Giovan Battista Strozzi <son petit-neveu> de bien vouloir communiquer ces écrits au seigneur Carlo di Tommaso Strozzi [...][16]. »

Ainsi le Tenero disposait-il, au moment de sa mort, des archives des Alterati entreposées chez lui au même titre qu'il disposait de ses propres écrits et de ceux de ses aïeux, soit parce que, à cette heure dernière, ces écrits faisaient à ses yeux partie de son propre patrimoine (culturel et autre), soit parce qu'il se sentait devenu seul responsable de leur préservation.

Parmi les documents ainsi transmis se trouvaient sans doute la plupart des manuscrits qui avaient pour l'institution une valeur centrale, tels que ses statuts, ses actes, ses recueils de compositions mais aussi, selon toute vraisemblance, certains des écrits individuels ou travaux collectifs qui avaient eu une importance pour l'histoire de l'académie. Plusieurs de ces manuscrits, comme les actes de l'institution, faisaient partie du fonds académique depuis ses origines — statutairement, en quelque sorte. Mais d'autres volumes collectionnés dans ce cadre ont pu appartenir d'abord à des académiciens particuliers, avant d'être remis à l'académie à la mort de leur auteur.

15. Il s'agit de Giovan Battista Strozzi (1504–1571), dit il Vecchio, parent assez éloigné du Tenero, célèbre auteur de madrigaux qui étaient encore lus et admirés du temps de son descendant (voir STROZZI, Giovan Battista, *Madrigali*, Strasbourg, Heitz & Mündel et NewYork, G. E. Stechert, 1909 et STROZZI, Giovan Battista, *Madrigali inediti*, édités par Marco ARIANI, Urbino, Argalìa, 1975). L'œuvre de ce poète a principalement circulé en manuscrit de son vivant. Pour une étude de la circulation de ses poèmes, voir AMATO, Lorenzo, *La tradizione manoscritta delle* Rime *di Giovan Battista Strozzi il Vecchio : censimento dei testimoni e incipitario delle poesie*, Florence, Polistampa, 2019. Sur ce madrigaliste et son influence sur Giovan Battista Strozzi il Giovane, *cf.* également CHATER, James, « Poetry in the Service of Music : The Case of Giovambattista Strozzi the Younger (1551-1634) », *The Journal of Musicology*, 29/4, 2012, p. 328-384.

16. ASFi Notarile moderno 9323, fol. 93v : « A Giovan Battista Strozzi del già signor Filippo Strozzi suo bisnipote, per titolo di prelegato, tutti gli scritti tanto in versi quanto in prosa composti da esso signor testatore, in vita sua, tutti li madrigali composti dal senatore signor Giovan Battista suo avo, che sono in due tomi, i libri et li scritti attinenti all'Accademia delli Alterati, quale ha la residenza in casa d'esso signor testatore, [...] et di queste scritture prega il detto signor Giovan Battista che voglia fare parte al signor Carlo di Tommaso Strozzi [...] ». Sur Carlo Strozzi et sa collection de manuscrits, voir CALLARD, Caroline, « La biblioteca di manoscritti di Carlo Strozzi, tra conservazione e resistenza », dans STRAPPINI, Lucia (dir.), *I luoghi dell'immaginario barocco*, Naples, Liguori editore, 2002, p. 410-419.

Tel fut sans doute la destinée du codex conservé à la Biblioteca Nazionale Centrale à Florence sous la cote Magl. IX 137, qui ne contient pratiquement que des discours de Giulio del Bene[17]. Celui-ci fut vraisemblablement assemblé par Giulio del Bene lui-même, qui, selon toute probabilité, inscrivit ou fit aussi inscrire sur une reliure en vélin blanc sans luxe particulier un titre générique qui ne mentionnait pas son propre nom mais seulement la nature des documents contenus en son sein (« Libro d'orazioni e lezioni »), ainsi que la devise de l'académie (« Quid non designat ? »), au milieu de deux cercles hâtivement gravés au compas **[Ill. 12]**. L'absence de tout nom propre suggère en effet que le possesseur initial du volume n'avait pas besoin de se voir rappeler qu'il était l'auteur de son contenu. Par ailleurs, aucun des volumes des Alterati qui rassemblent un contenu à forte valeur institutionnelle ne porte la devise de l'académie sur sa reliure, ce qui laisse supposer que ce geste d'ornementation fut le fruit d'une volonté individuelle — laquelle est selon toute probabilité celle du Desioso, qui fut en outre l'un de ceux qui, en tant que membre fondateur, inventa ladite devise. Cependant, comme nombre de volumes les plus fortement liés à la vie institutionnelle de l'institution, ce volume est aussi issu des collections de Carlo Strozzi — au sein duquel il était coté comme l'in-4° 598 —, ce qui suggère qu'il aurait transité par les mains de Giovan Battista Strozzi, avant de venir trouver place dans les vastes collections de son cousin. Le plus probable est ainsi qu'il a été joint aux collections de l'académie ou aux papiers du Tenero avant (ou au moment de ?) la disparition du Desioso (†1618).

17. Voici un aperçu du contenu de ce volume, où les neuf premiers textes sont de la main du Desioso et très vraisemblablement de sa composition (le dernier texte est plus difficile à attribuer mais a sans doute été conservé par ses soins) : 1) fol. 1^{r}-7^{v} : « Accusa del Desioso allo Agghiadato », 2) fol. 8^{r}-10^{v} : « Accusa contro al Trasformato reggente », 3) fol. 12^{r}-24^{v} : « Del convivio degli Alterati », 4) fol. 25^{r}-35^{v} : « Lezione in lode della lingua toscana esortando gli accademici a esercitarsi in essa », 5) fol. 36^{r}-43^{v} : « Sopra il sonetto 'Strano amor a mirar la gloria nostra' », 6) fol. 44^{r}-46^{v} : « Sopra il sonetto 'Strano amor a vedere' », 7) fol. 47^{r}-58^{v} : « Che la favola della comedia vuole esser honesta et non contenere mali costumi », 8) fol. 60^{r}-68^{v} : un discours sans titre marqué pour le *Ziba* commençant par « Dico adunque che quelle cose le quali sono di gran giovamento all'huomini bene et prudentemente trattate [...] », et critiquant les historiens pensionnés par le pouvoir politique, 9) fol. 69^{r}-80^{v} : « Che egli è necessario per esser poeta imitare actioni » et 10) fol. 82^{r}-84^{v} : « Del nuovo accademico » qui propose des changements dans les rituels de l'académie (ce texte n'est pas de la main du Desioso)

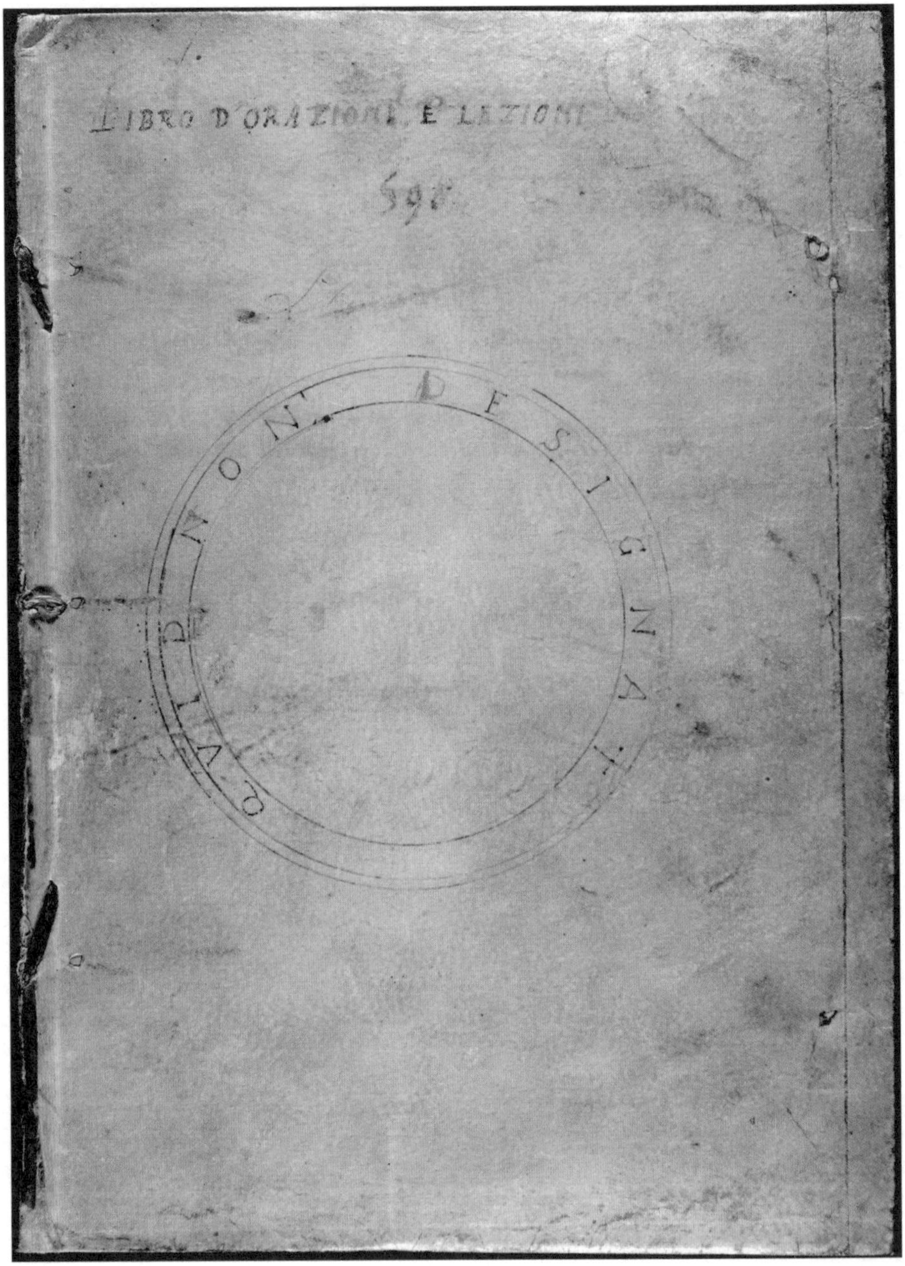

Illustration 12.

La couverture en vélin blanc du BNCF Magl. IX 137, contenant des oraisons de Giulio del Bene, probablement rassemblées par lui, ornée de la devise de l'académie des Alterati : « QUID NON DESIGNAT. » Reproduite avec la permission de la Biblioteca Nazionale Centrale di Firenze — 2020. Tous droits réservés.

Source : BNCF Magl. IX 137.

D'autres collections de matériaux académiques d'origine individuelle peuvent aussi se repérer dans les archives subsistantes — qu'il s'agisse d'un volume ou d'un ensemble de volumes — sans que leurs destinées puissent toujours être retracées avec autant de précision. Ainsi en va-t-il d'un codex actuellement conservé à la Biblioteca Riccardiana, à Florence, sous la cote Riccardiano 1539. Ce volume semble être intégralement de la main de Filippo Sassetti, quoique la taille des caractères et la qualité de la calligraphie varient de manière non négligeable selon l'état d'achèvement des textes ou le type de circulation qui fut originellement envisagé pour ceux-ci. Une calligraphie plus soignée et plus nette signifie en effet presque toujours un projet de publication plus large qu'une main courante, ou qu'une calligraphie hâtive et brouillonne. Le volume en question (BRF Riccardiano 1539) contient deux textes de Sassetti à l'état d'ébauche (des éléments de sa *Vita di Francesco Ferrucci* aux folios 1^r à 51^r et un commentaire inachevé de la *Poétique* d'Aristote aux folios 81^r à 126^v), plus un *Trattato della giustitia di messer Piero Rucellai* (folios 61^r à 77^v) et deux textes de Francesco Bonciani (une *Dissertatione sopra la figura prosopopea* aux folios 147^r à 153^r et une transcription incomplète de son discours sur la composition des oraisons funèbres aux folios 132^r à 144^r). La provenance de ce recueil n'est pas documentée, mais on peut supposer qu'il s'agit d'un ensemble de textes originellement transcrits séparément par Sassetti (les filigranes des papiers utilisés sont en effet distincts), qu'il avait par la suite rassemblés pour son propre usage et/ou pour les faire circuler en l'état parmi ses plus proches amis ou collègues. De même, le BRF Riccardiano 2437 contient aux folios 27^r à 97^r plusieurs oraisons académiques de Lorenzo Giacomini transcrites de la main de Giorgio Bartoli, dont Giacomini était lui-même très proche[18]. Là encore, il s'agissait sans doute de textes que Bartoli avait copiés pour son propre usage et/ou pour faire circuler le travail de son ami. Enfin, le BRF Riccardiano 2435 contient un ensemble d'écrits qui ont très vraisemblablement appartenu à Francesco Bonciani. Celui-ci les a probablement aussi rassemblés lui-même pour son propre usage : certains sont en effet de lui et même de sa main, tandis que d'autres sont d'auteurs dont il fut très proche ou avec qui il collabora[19]. Il n'est pas certain que les manuscrits BRF Riccardiano

18. Sur leur amitié et collaboration, voir BARTOLI, Giorgio, *Lettere a Lorenzo Giacomini*, éditées par Anna SIEKIERA, Florence, Accademia della Crusca, 1997 et SIEKIERA, Anna, « Una traduzione del 1573 della *Poetica* di Aristotele », *Rinascimento*, 34, 1994, p. 365-376, ainsi que SIEKIERA, Anna, « La traduzione della *Poetica* di Giorgio Bartoli : il manoscritto inedito del 1573 », dans BERTOLINI, Lucia ; COPPINI, Donatella et MARSICO, Clementina (dir.), *Nel cantiere degli umanisti. Per Angela Regoliosi*, Florence, Polistampa, 2014, p. 1197-1239.

19. BRF Riccardiano 2435 comprend notamment : 1) fol. 1^r-20^v : un « Trattato della favola e novelle » de Francesco BONCIANI 2) fol. 21^r-24^v : une « Dissertazione per provare che i Fiorentini deveno scrivere nella lingua latina », suivie d'un autre texte sur les « mimes » (fol. 25^r-26^v), tous deux de la main de BONCIANI 3) des lettres ou textes d'autres Alterati adressés à Francesco Bonciani (une lettre de Filippo SASSETTI aux fol. 27^r-30^r et une lettre d'Alessandro RINUCCINI datée du 13 septembre 1608, aux fol. 39^r-40^v), 4) des discours

1539, 2435 et 2437 aient jamais été remis à Giovan Battista Strozzi pour conservation, dans les dernières années de la vie de l'académie, et les chemins par lesquels ils entrèrent à la Biblioteca Riccardiana ne sont pas connus.

Inversement, certains manuscrits académiques de nature fortement institutionnelle, qui, pour leur part, figuraient certainement parmi les matériaux que Giovan Battista Strozzi avait, à sa mort, fait transmettre à son jeune cousin, furent circulés et/ou vendus séparément, sans doute bien avant que les collections de Carlo Strozzi et de ses descendants ne soient intégrées à celles du grand-duché, à partir de 1786. Ces volumes sont actuellement conservés à la Biblioteca Laurenziana en Ashburnham 558. 1 et 558. 2 et Ashburnham 559 à 562 (avec des reliures du XIXe siècle)[20]. Ils contiennent les *atti* de l'académie (BMLF Ashburnham 558.1 et 558.2) et la plupart des recueils qui préservent actuellement ses compositions poétiques, autrement dits son *Zibaldone* de poèmes et son « Livre des censures » (BMLF Ashburnham 560 et 561). On y trouve enfin deux volumes (BMLF Ashburnham 559 et 562 comprenant des discours académiques d'un petit nombre d'Alterati (principalement Giulio del Bene, Antonio degli Albizzi et Giovanni de Médicis) — dont certains portent des marques de corrections ou ont été désignés pour un placement dans le *Zibaldone* — et quelques autres compositions en prose, dont des traductions. Ces livres passèrent ensuite entre les mains de deux collectionneurs privés, celles du comte Gugliemo Libri-Carrucci (1803-1869) et celles de lord Bertram Ashburnham (1797-1878), avant que la collection de ce dernier ne soit rachetée par le gouvernement italien et n'entre à la Laurenziana au XIXe siècle sous le nom de fonds Ashburnham[21]. Selon toute vraisemblance, ces documents

académiques de BONCIANI ou de proches collègues (un texte de BONCIANI sur l'Horrido, aux fol. 41^r^-46^v^ ; un autre de lui contre le Tenero, aux fol. 75^r^-83^v^, deux oraisons de BONCIANI faites lors de son consulat à l'Académie Florentine, aux fol. 105^r^ à 114^r^, de la main de Bonciani ; deux copies d'une leçon de Filippo SASSETTI sur les devises académiques ou *imprese*, aux fol. 47^r^-62^r^ et 64^r^-73^v^, etc.), 5) de longues « Osservazioni per la correzione della Storia di Giovanni Villani », aux fol. 165^r^-240^r^, et 6) des « Observazioni di lingua toscana », aux fol. 265^r^-336^v^, qui sont un texte que BONCIANI rédigea à partir d'un travail collectif fait par les académiciens et que Lorenzo GIACOMINI retravailla après que son principal auteur eut quitté Florence en 1583 (BRF Riccardiano 2316 consigne le fruit de ce retravail, en proposant une transcription du texte de BONCIANI avec les annotations de Giacomini en marge). Sur les BRF Riccardiani 2435 et 2316, voir les analyses détaillées de SIEKIERA, Anna, « Ancora sull'Accademia degli Alterati : il *Trattato di lingua toscana* di Francesco Bonciani », *Quaderni Veneti*, 2014/3, p. 89-96, qui a identifié la plupart des textes mentionnés ci-dessus.

20. Pour une description plus détaillée (mais non exhaustive) du contenu de ces volumes, voir l'inventaire analytique des documents manuscrits consultés proposé en fin de volume.

21. Sur les collections que lord Bertram Ashburnham a acquises de Gugliemo Libri-Carrucci en 1847, voir le *Catalogue of the manuscripts at Ashburnham Place. Part the first comprising a collection formed by professor Libri*, Londres, C. F. Hodgson, 1849 (?), sans pagination. Le mathématicien Guglielmo Libri Carucci dalla Sommaja est par ailleurs un personnage controversé. Il fut en particulier accusé d'avoir volé des manuscrits dans les institutions publiques françaises entre 1841 et 1848. L'homme se réfugia à Londres après avoir été chassé de France et certains de ses manuscrits furent vendus dans la capitale anglaise dès 1847. Il est probable que lord Beltram Ashburnham ait eu conscience que les collections qu'il achetait avaient une origine problématique.

sont parmi les seuls codices des Alterati à n'avoir pas transité par la bibliothèque Strozzi avant que celle-ci n'entre progressivement, et en ordre dispersé, dans les collections du grand-duc, où ses fonds furent répartis peu à peu et de manière inégale entre les principales bibliothèques florentines alors existantes. Les matériaux les plus centraux de la collection Strozzi, lorsqu'ils étaient associés aux belles-lettres, furent principalement confiés à la Biblioteca Magliabechiana (dont les fonds forment maintenant la base des collections de livres et manuscrits rares de la Biblioteca Nazionale Centrale de Florence) et, dans une moindre mesure, à la Biblioteca Medicea Laurenziana. Les fonds considérés comme relevant de l'histoire de Florence et de ses grandes familles furent en revanche déposées à l'Archivio Mediceo et à celui delle Riformagioni, dont les collections font aujourd'hui partie de l'Archivio di Stato de Florence[22].

Mais, mis à part les manuscrits des Alterati qui furent séparés des collections de Carlo Strozzi avant que celle-ci ne soient intégrées à celles du grand-duché et ceux qui ne les rejoignirent jamais, l'histoire de la bibliothèque de l'académie se confondit, par la suite — au moins pour l'essentiel —, avec celle des matériaux des legs Strozzi qui furent considérés comme relevant des belles-lettres : la plupart d'entre eux sont, par voie de conséquence, conservés aujourd'hui dans le *fondo Magliabechiano* de la Biblioteca Nazionale Centrale de Florence, où leur ancien statut de *strozziani* est encore aisément repérable sur les reliures et dans les catalogues. La dispersion actuelle de l'ensemble de ces matériaux — qui formaient sans doute, du temps de l'*armadio*, une collection cohérente — dans les classifications génériques larges établies par Antonio Magliabechi (1633-1714) rend néanmoins difficile la reconstitution, ne serait-ce qu'en imagination, des contours de la collection originelle de l'académie[23]. En particulier, les transformations matérielles que le fonds a subies (nouvelles reliures, insertions de tables des matières, indexations, catalogages) — lors de son passage dans les collections Strozzi, mais aussi entre les mains d'Antonio Magliabechi et de ses successeurs (notamment lors de la campagne de reliure et de refoliation qui eut lieu au sein de la Biblioteca Nazionale Centrale de Florence au tout début du XXe siècle) — ont eu pour conséquence qu'il est presque impossible aujourd'hui de se faire une idée

22. Pour une histoire de la destinée des collections de Carlo Strozzi, voir GUASTI, Cesare (éd.), *Le Carte strozziane del regio Archivio di Stato : Inventario, prima serie*, Florence, Tipografia Galileiana, 1884-1891, 2 vol., t. 1, introduction, p. V-XXXIX.

23. Sur Magliabechi et son travail de bibliothécaire dans l'entourage des grands-ducs, voir WAQUET, Françoise, « Antonio Magliabechi : nouvelles interprétations, nouveaux problèmes », *Nouvelles de la République des Lettres*, 1982/1, p. 173-188 ; CALLARD, Caroline, « Diogène au service des princes : Antonio Magliabechi à la cour de Toscane (1633-1714) », *Histoire Économie Société*, XIX, 2000, p. 85-103. Sur son rôle dans l'Europe savante, voir BOUTIER, Jean ; PAOLI, Maria Pia, VIOLA, Corrado (dir.), *Antonio Magliabechi nell'Europa dei saperi*, Pise, Edizioni della Normale, 2017.

exacte de la manière dont cette collection se présentait à ses premiers lecteurs, dans les rayonnages de la salle qui était réservée à l'académie dans le palais de Giovan Battista Strozzi.

3. Destinations internes, communauté scripturaire et effets de coterie

Quelques-unes des caractéristiques générales de la collection des Alterati restent néanmoins immédiatement repérables parmi les matériaux dont on peut supposer qu'ils appartenaient à l'ensemble des manuscrits longtemps conservés au sein de l'institution. En premier lieu, les éléments de cette collection sont, pour une large part, des volumes in-folio de deux à trois cent cinquante feuillets — soit de 400 à 700 pages, selon nos catégories modernes —, reliés en vélin blanc sans apprêt aucun, avec (au moins pour certains) des titres très abrégés écrits à la hâte sur la tranche (mais très rarement une page de titre originale), sans qu'on puisse toujours savoir avec certitude si la reliure et le titrage actuellement existants remontent à la collection des Alterati ou datent du séjour des volumes dans les collections Strozzi. Beaucoup de ces volumes regroupent divers types de matériaux classés grossièrement par genre, par sujet ou par auteur, parfois sans grand respect de leur ordre chronologique de production. Mais la chronologie fut sans doute aussi, dans certains cas, un principe classificatoire. BMLF Ashburnham 559, qui contient plusieurs textes de Tommaso del Nero († 1572) et d'Antonio degli Albizzi (qui n'est plus que très épisodiquement à Florence à partir de 1577), semble ainsi rassembler pour l'essentiel des écrits datant des premières années de l'académie (1569-1577)[24]. Parmi les volumes à classement thématique, on peut citer notamment le BNCF Magl. VIII 1399, qui comporte des lettres adressées à Giovan Battista Strozzi par d'autres Alterati, et le BNCF Magl. VI 168, qui est un recueil d'oraisons académiques. D'autres volumes, souvent d'un format plus petit (in-4°), contiennent le fruit d'un travail académique collectif (comme les annotations croisées de la *Poétique* d'Aristote que préserve le BNCF Magl. VII 1199) ou, plus rarement, un groupement d'oraisons de la main d'un seul et même académicien, comme dans le cas du BNCF Magl. IX 137 précédemment mentionné, qui regroupe des oraisons de Giulio del Bene. Il s'agit par ailleurs généralement de textes écrits d'une main courante, plutôt que calligraphiés en vue d'une circulation large. Un grand nombre sont même inaboutis (brouillons de discours, notes diverses, ébauches en tous genres, textes d'un académicien critiqués et annotés par un autre, que les Alterati désignaient, dans le jargon interne à

24. Voir l'inventaire analytique des documents manuscrits consultés pour un aperçu du contenu de ce codex.

l'académie, par le terme de *censure*, etc.), donnant ainsi à voir un travail individuel ou collectif en cours, plutôt qu'un produit fini.

Cependant, quoique très divers, ces documents partagent tous une caractéristique essentielle : très peu d'éléments de leur aspect extérieur, titrage compris, seraient susceptibles de les relier de manière immédiate aux Alterati aux yeux d'un lecteur non averti et, à l'intérieur des volumes eux-mêmes, la quasi-totalité des textes préservés apparaît soit anonymement soit exclusivement sous le pseudonyme académique des différents auteurs. Tant l'absence de marquage externe que l'usage constant de l'anonymat ou de la pseudonymie sont des signes clairs que ces volumes et les documents qu'ils contiennent n'étaient originellement destinés qu'à une circulation interne organisée oralement, plutôt qu'à travers des formes de mise en ordre et d'indexation qui seraient passées par l'écrit. Ces caractéristiques suggèrent en effet qu'en l'absence de catalogue ou de toute autre forme de classement (telle qu'une numérotation) qui aurait manifesté immédiatement au non-initié la logique ayant présidé, au sein de l'*armadio*, à l'organisation de la collection, les membres les plus anciens de l'institution guidaient individuellement — par leurs conseils, par leurs anecdotes et, au besoin, par leurs identifications — leurs plus jeunes collègues, en leur transmettant verbalement les informations nécessaires pour s'orienter dans la mémoire de l'académie.

Harold Love a proposé le terme de « *scribal communities* » (« communautés scripturaires ») pour désigner les groupes au sein desquels la circulation de textes manuscrits constitue l'élément fédérateur principal[25]. Parmi les Alterati, la circulation interne des manuscrits ne définit pas à elle seule le groupe, qui est d'abord constitué non seulement par l'admission dans l'académie, mais encore par la présence constante aux séances et par la participation aux travaux collectifs. Mais il n'en reste pas moins qu'être pleinement *accademico Alterato* exigeait avant tout d'avoir une familiarité avec les documents pour l'essentiel anonymes qui conservaient la trace du travail autrefois fait en commun. Il était même capital de savoir s'orienter dans cette mémoire et de savoir y orienter autrui, tant pour trouver là des exemples de manières d'écrire et de penser que pour célébrer l'institution au travers de ses travaux. Parce qu'ils constituaient un moyen de restreindre l'accès des documents des Alterati aux seuls initiés et d'en faire le support d'une sociabilité sélective, la discrétion des recueils de l'académie et l'absence de nom d'auteur dans leurs pages étaient ainsi le support d'un « anonymat de coterie[26] ». Dans leur manière d'organiser la mémoire

25. LOVE, Harold, *Scribal Publication in Seveteenth-Century England,* Oxford, Clarendon Press, 1993, p. 180 : « For groups [...] bounded by the exchange of manuscripts, the term 'scribal community' is proposed. »

26. NORTH, Marcy L., *The Anonymous Renaissance : Cultures of Discretion in Tudor England,* Chicago, Chicago University Press, 2003, p. 161 et suivantes, propose la notion de « coterie anonymity » (ou « anonymat de coterie ») pour décrire les groupes délimités par la circulation restreinte de manuscrits anonymes en leur sein. Les effets de coterie de la circulation manuscrite ont aussi été étudiés au sein de l'aristocratie espagnole,

de l'académie pour un usage exclusivement interne, ces manuscrits manifestaient — et même matérialisaient — par ailleurs un *ethos* académique, c'est-à-dire une manière d'exister ensemble dans l'institution et à travers elle.

Cet *ethos* — qui fut sous différentes formes partagé, en Toscane, par d'autres académies privées — associait trois éléments étroitement interdépendants : le secret, la distinction et la connivence, tant sociale qu'intellectuelle et politique. Ainsi — grâce à la matérialité d'une collection de manuscrits — se trouvait délimité, à l'abri des regards indiscrets, un groupe d'individus partageant les mêmes intérêts, les mêmes valeurs et les mêmes buts. De ce point de vue, le corps largement anonyme des documents de l'académie avait — et continue d'avoir, dans sa dispersion présente, aux yeux du lecteur moderne — une fonction ambiguë. Aux regards extérieurs, il désignait, tout en le masquant, ce qu'il avait précisément été constitué pour rendre manifeste aux yeux des membres de l'institution, à savoir la communauté académique elle-même, avec ses activités et ses secrets. Car, en face de ces documents, le profane se trouvait — et se trouve encore aujourd'hui — constamment confronté à sa propre exclusion : n'étant pas membre de la coterie, il ne pourra conférer un sens à cette masse documentaire sans un effort démesuré qui, en le mettant dans le secret, aura en quelque sorte pour résultat de l'agréger symboliquement au groupe.

Il est bien évident que peu de ceux qui s'intéressèrent aux documents des Alterati y investirent jamais un tel effort. L'archiviste qui s'en approcha le plus fut sans doute l'abbé Luigi Strozzi (1632-1700), l'un des fils de Carlo Strozzi et le principal catalogueur de sa collection[27]. Sa main est fréquemment reconnaissable sur les volumes actuellement préservés à la Biblioteca Nazionale Centrale à Florence, ainsi que dans ceux qui sont conservés à l'Archivio di Stato. Luigi Strozzi ne s'est pas contenté d'attribuer à ces matériaux une cote. Il a aussi fait relier certaines des liasses, ajoutant au passage une page de titre de sa main. Celle-ci spécifie généralement la nature du document, et porte au bas la date à laquelle l'objet est passé entre ses mains **[Ill. 13]**. Cet archiviste a aussi pourvu certains volumes d'un sommaire ou d'un index, dans lesquels il identifie (ou tente d'identifier) les auteurs des oraisons ou des lettres recueillies[28].

particulièrement à la cour, voir Bouza, Fernando, *Corre manuscrito. Una historia cultural del Siglo de Oro*, Madrid, Marcial Pons, 2001.

27. Sur ce personnage, voir Alazard, Jean, *L'Abbé Luigi Strozzi correspondant artistique de Mazarin, de Colbert, de Louvois et de La Teulière*, Bibliothèque de l'Institut français de Florence (Université de Grenoble), 1re série, t. VIII, Librairie ancienne Édouard Champion, 1924.

28. BNCF Magl. VIII 1399, qui contient des lettres adressées à Giovan Battista Strozzi, s'ouvre ainsi par un minutieux index de pas moins de trois folios, où Luigi Strozzi a soigneusement identifié et répertorié tous les correspondants de Strozzi au regard des fol. où leurs lettres apparaissent.

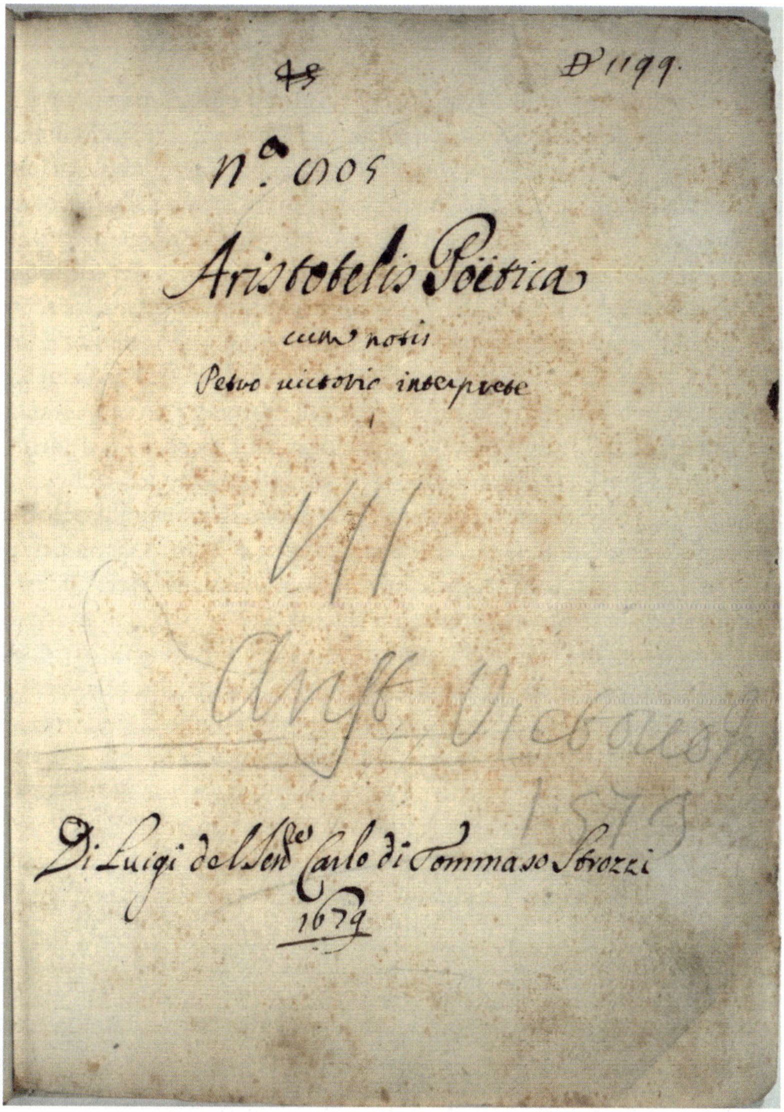

Illustration 13.

Cette page de titre ajoutée à l'ouverture du BNCF Magl. VII 1199 est un exemple des travaux d'archivage de Luigi Strozzi. Le manuscrit contient une *Poétique* traduite par Pier Vettori et annotée par plusieurs Alterati. Il se voit donner un titre qui spécifie sa nature (« Aristotelis Poetica cum notis Petro Victorio interprete »). Au-dessous, la notation « Di Luigi del Senatore Carlo di Tommaso Strozzi 1679 » indique le nom de celui qui a requalifié le document et la date de son action. Le numéro 805 placé au-dessus du titre attribué correspond à la cote du document dans les collections Strozzi (in-4° 805). On remarque que Luigi Strozzi n'avait pas associé le texte avec les Alterati. Reproduite avec la permission de la Biblioteca Nazionale Centrale di Firenze — 2020. Tous droits réservés.

Source : BNCF Magl. VII 1199.

Ces gestes de catalogage et de désanonymisation furent poursuivis et amplifiés par d'autres archivistes du fonds Strozzi, en particulier Domenico Maria Manni (1690-1788), qui tira de la fréquentation de ces archives — et de sa lecture des *Fasti consolari* de Salvino Salvini, parus en 1717 — un petit livre proposant une histoire succincte de l'académie. Dans celui-ci, il dressait la liste de la plupart des pseudonymes des Alterati, et attribuait certains des textes produits en leur sein[29]. Ces identifications et attributions se fondaient d'abord sur le croisement des sources alors existantes, qui sont pour l'essentiel celles qui sont disponibles à l'historien aujourd'hui. C'est ainsi que les registres d'activité de l'académie (BMLF Ashburnham 558.1 et 558.2), en dressant la liste des discours *pro et contra* prononcés à chaque séance et en mentionnant les pseudonymes de leurs auteurs, permettent souvent d'identifier le rédacteur, le sujet précis et même la date des discours académiques archivés anonymement, en vrac, sans date et souvent sans titre aucun dans les volumes réservés à cet effet. La liste des pseudonymes conservés en BNCF Magl. IX 134 permet par ailleurs de retrouver les noms des académiciens, au moins dans les cas où le pseudonyme y apparaît et s'y trouve effectivement élucidé.

Enfin, faire circuler des textes écrits ou transcrits de sa main ayant été une chose commune dans la culture académique florentine, la comparaison des écritures et l'identification des mains ont aussi permis diverses formes d'attribution. Néanmoins, comme il arrivait fréquemment, du temps de l'activité de l'académie, que les textes écrits par tel ou tel académicien aient été copiés par un autre, en vue de leur conservation et/ou diffusion, cette dernière méthode a parfois généré aussi des confusions. Ainsi en va-t-il par exemple d'une des trois oraisons funèbres écrites à la mort d'un des fondateurs de l'académie, Tommaso del Nero, en août 1572. Selon les registres de l'académie, la seconde oraison a en effet été écrite par Francesco Bonciani[30]. Or BRF Riccardiano 2237 fol. 111^{r}-121^{r}, contient un texte qui est clairement celui de cette seconde oraison. Mais le discours transcrit là est de la main de Filippo Sassetti — qui retranscrivit peut-être pour son propre plaisir ou usage l'éloge rédigé par son collègue Bonciani —, ce qui explique qu'il ait été, lors de son édition au XIXe siècle, attribué par erreur à Sassetti lui-même, plutôt qu'à Francesco Bonciani[31].

D'autre part, en dehors des tentatives des archivistes du fonds Strozzi, la plupart des démarches d'attribution et d'identification dont les manuscrits des Alterati ont

29. Manni, Domenico Maria, *Memorie della fiorentina famosa Accademia degli Alterati*, Florence, G. B. Stecchi, 1748 (p. 11-23). Manni fut l'archiviste de Carlo Tommaso Strozzi, fils d'Alessandro Strozzi et petit-fils du collectionneur initial, Carlo di Tommaso Strozzi. Sur Manni et ses *Memorie*, voir aussi *supra*, ch. 1, note 83, p. 81-82.

30. BMLF Ashburnham 558.1, fol. 38^{r}.

31. Voir *Orazione inedita in morte di Tommaso del Nero recitata nell'Accademia degli Alterati da Filippo Sassetti*, Bologne, A l'ancora, 1856.

fait l'objet ont tendu à morceler ce *corpus*, plutôt qu'à rendre perceptible sa cohérence. Dès le XVIIe siècle même, l'édition isolée de tel ou tel texte des Alterati, le plus souvent sans effort pour contextualiser la production de celui-ci dans le cadre de l'ensemble des activités collectives de l'académie, a en effet constitué le geste historiographique et critique dominant. Ce morcèlement est très évident dans les *Prose fiorentine raccolte dallo Smarrito accademico della Crusca*, (Florence, Stamperia di sua Altezza reale, par Santi Franchi, 1716-1745, 4 parties en 17 volumes). Cette vaste entreprise d'édition fut lancée par Carlo Dati (1619-1676), au sein de l'Accademia della Crusca, mais elle ne prit véritablement corps qu'après la mort de celui-ci. Il s'agissait de publier des exemples remarquables de prose florentine et la majorité des écrits réunis dans ces tomes sont issus de la culture académique ou para-académique des XVIe et XVIIe siècles.

Les textes rassemblés dans les *Prose fiorentine raccolte* ne sont pas réunis par académie mais par genre, par sujet et/ou par auteur. De nombreux discours des Alterati s'y trouvent imprimés pour la première fois, à la suite d'un patient travail d'identification et de transcription, mais ils s'y trouvent dans le même temps détachés du contexte académique dans lequel ils ont été produits, pour servir de modèles rhétoriques, linguistiques et stylistiques. Aux XIXe et XXe siècles, cette forme de décontextualisation se poursuit avec la production d'une myriade de petits opuscules proposant le texte de tel ou tel discours académique, le plus souvent sans autre forme d'identification que celle qui passe par la publication du nom de l'auteur — parfois hypothétique ou même erroné — et sans tentative de réinsertion du discours mis au jour dans le contexte alors depuis longtemps oublié des travaux de l'institution[32].

La curiosité suscitée par le corps documentaire souvent anonyme et aujourd'hui très largement éparpillé au sein duquel se trouvait déposée jadis la mémoire des Alterati a dès lors eu pour étrange résultat de faire peu à peu disparaître l'histoire de l'institution derrière l'affichage du nom de ceux qui s'y étaient investis. En privilégiant l'identification des individus et en valorisant avant tout leurs écrits pour leurs qualités stylistiques ou rhétoriques, les protocoles de désanonymisation associés avec la pratique de la philologie moderne semblent ainsi être allés largement

32. Ces éditions individuelles furent souvent publiées à l'occasion d'un mariage ou d'un anniversaire et destinées à être offertes en cadeau. Les éditeurs sont généralement des érudits sans grand renom et leurs publications ne comportent parfois même pas de propos introductif. Ainsi par exemple : GIACOMINI, Lorenzo, *Della nobiltà delle lettere e delle armi : ragionamenti di Lorenzo Giacomini*, Florence, Il Magheri, 1821, dont l'éditeur est Domenico MORENI (1763-1835), ou encore SASSETTI, Filippo, « Il *Discorso contro l'Ariosto* di Filippo Sassetti, edito per la prima volta di su l'originale Magliabechiano con breve introduzione sulle idee estetiche dello scrittore, nota di Giuseppe Castaldi », *Rendiconti della reale Accademia dei Lincei, classe di scienze morali, storiche e filologiche*, vol. XXII, fasc. 7°-10°, Rome, Tipografia della reale Accademie dei Lincei, 1913-1914, p. 473 523.

à l'encontre du projet initial des académiciens. Ceux-ci entendaient en effet d'abord, en préservant leurs écrits dans un dépôt collectif, que la bibliothèque pour l'essentiel anonyme de leurs manuscrits fasse entrer l'ensemble de l'académie dans l'histoire, en incarnant sa vie et ses travaux bien au-delà de leur propre individualité et en faisant principalement valoir, au sein de celle-ci, les vertus du travail intellectuel accompli en collaboration. Néanmoins, si l'on substitue à l'obsession de l'identification des textes anonymes l'étude des dynamiques de publication, comme de non-publication, au sein de l'institution, certains des modes de fonctionnement les plus centraux de l'académie (re)deviennent observables — tels que les jeux de l'individuel et du collectif en son sein, mais aussi la manière dont celle-ci articule, dans et hors le secret de ses réunions, publication orale, publication manuscrite et publication imprimée. Il apparaît alors que, dans le travail intellectuel comme dans l'écriture et la publication, le collectif sert les individus tout autant qu'eux-mêmes s'en servent, non seulement pour se développer intellectuellement et artistiquement dans le cadre d'une collaboration suivie, mais encore pour s'affirmer publiquement comme lettrés et même comme créateurs d'idées neuves.

4. Se publier collectivement par le secret : l'art, la manière et les finalités

Comme l'ont montré les travaux collectifs du Groupe de recherches interdisciplinaires sur l'histoire du littéraire (Grihl), la publication — de son nom, de ses écrits, de sa réputation, de son identité et/ou de ses idées — est dès l'époque moderne un enjeu social, culturel et politique d'importance[33]. C'est en effet au travers de la publication — mais, parfois aussi, au travers d'une non-publication ou d'une publication soigneusement restreinte — qu'un individu, une institution ou un pouvoir trouvent, alors comme aujourd'hui, les moyens d'affirmer leur existence et/ou leurs valeurs dans un espace socio-culturel donné, auquel le mouvement de cette publication donne simultanément forme et contour(s). Le développement de l'imprimerie — et, peu à peu, dans son sillage, des formes modernes de ce qui est aujourd'hui appelé la publicité — a évidemment grandement facilité la coalescence de ces savoir-faire de la mise en circulation de soi-même et de ses idéaux. Mais, à la vérité, nombre des techniques de publication que nous associons aujourd'hui à la publication imprimée avaient déjà cours à l'âge du manuscrit et du codex. Au demeurant,

33. Voir Grihl, *De la publication : entre Renaissance et Lumières*, en particulier l'introduction de Christian Jouhaud, Alain Viala et al., p. 5-21. Sur les moyens et les enjeux de la publication en Italie à la Renaissance, voir aussi la synthèse de Richardson, Brian, « Publication », dans Wyatt, Michael (dir.), *The Cambridge Companion to the Italian Renaissance*, Cambridge, Cambridge University Press, 2014, ch. 7, p. 164-178.

l'époque moderne — et ce tout particulièrement en Italie — ne fut en rien le temps d'un triomphe rapide et inéluctable de l'imprimé sur la circulation manuscrite des textes et des idées. Ce fut bien au contraire le moment d'une coexistence intense et continuelle de ces deux modes de publication — l'imprimé et le manuscrit, donc —, tout particulièrement dans la culture académique de l'Italie du Nord[34].

La naissance, l'institutionnalisation et l'expansion à Florence d'une académie telle que celle des Alterati illustre de manière éloquente la diversité et la complexité des modes de publication auxquels la coexistence entre imprimés et manuscrits a pu donner naissance dans les milieux lettrés de la fin du XVIe siècle. L'étude des modes par lesquels l'académie des Alterati s'affirma en son temps dans l'espace public florentin — tout en maintenant soigneusement ses activités à l'abri des regards indiscrets — permet de plus de saisir par quels moyens une pareille institution pouvait espérer imposer sa légitimité intellectuelle et sociale, sans jamais s'adosser pleinement au pouvoir des grands-ducs. Elle ouvre aussi la voie à l'étude des phénomènes par lesquels le développement d'une telle sodalité a pu favoriser — au travers de stratégies de publication qui étaient avant tout celles d'un groupe — l'émergence tant sociale que culturelle de ces figures individualisées de lecteur, d'auteur et d'orateur d'un nouveau type, qu'on commençait alors à désigner de manière de plus en plus fréquente par le vocable de *letterati*. Observer les modes de publication adoptés par une institution aussi ambivalente que les Alterati permet en effet d'examiner comment des patriciens — dont les familles avaient originellement tiré leur prestige du commerce, de la banque et de la détention de charges publiques au sein des institutions républicaines — pouvaient, grâce à une telle sodalité, espérer endosser dans l'espace public les habits du *studioso* et même s'y affirmer avec succès. Pareille transformation était très loin, sur le moment, d'aller de soi mais elle joua un rôle non négligeable dans la légitimation des discours que nous tenons aujourd'hui pour esthétiques, dont ces *letterati* devinrent fréquemment les premiers énonciateurs.

L'usage des pseudonymes, qui était l'un des mécanismes institutionnels les plus centraux de l'académie, fut au cœur de cette dynamique complexe. Il permettait en effet aux Alterati d'exister concurremment, sur le plan social, en tant que membres du patriciat et en tant qu'académiciens, en articulant constamment aussi bien la solidarité de ces deux positions (ou identités) que leur dissociation[35]. Or la pseudonymie pouvait tenir ce rôle d'abord et avant tout parce qu'elle permettait aux académiciens d'exister — tant individuellement que collectivement — *dans* et *par* le secret.

34. Voir RICHARDSON, Brian, *Manuscript Culture in Renaissance Italy*, ch. 1 : « The context and characteristics of manuscript circulation », p. 1-58 et ch. 4, p. 153-191, ainsi que LOVE, Harold, *Scribal Publication in Seventeenth-Century England*, ch. 5 : « The Social Uses of the Scribally Published Text », p. 177-230.

35. Sur le rôle du pseudonyme comme de manière d'articuler identité citadine et activité savante, voir aussi *supra*, ch. 1, p. 57-58.

En théorie du moins, les noms cachés derrière ces pseudonymes ne devaient en effet être divulgués qu'aux membres de l'académie. Dans ce but, la liste de ces pseudonymes et des noms auxquels ils renvoyaient, reliée avec les *capitoli* ou statuts de l'académie, restait toujours dans les mains des plus hauts magistrats en poste (c'est-à-dire celles du régent et du provéditeur)[36]. Ainsi la possession d'un pseudonyme donnait-elle une certaine liberté de parole aux académiciens au sein de l'institution tout en leur permettant de garder leur nom d'emprunt secret s'ils choisissaient de faire circuler au-dehors leurs productions académiques écrites dans la pseudonymie. Certes, la discrétion était loin d'être totale, mais elle était réelle puisqu'il fallait être membre de l'académie, ou au moins proche d'un ou plusieurs de ses membres, pour savoir avec certitude qui se cachait derrière tel ou tel pseudonyme.

Signe d'appartenance au groupe, le pseudonyme était donc à la fois un mécanisme de protection des individus et un outil qui leur donnait les moyens de moduler leur présence dans l'espace public, en apparaissant sous un nom qui pouvait permettre, avec quelque effort, de les identifier, mais n'était néanmoins pas immédiatement transparent à tous. Ce procédé n'était cependant pas seulement au service des identités et des carrières individuelles. Étroitement associé à des formes d'anonymat collectif, le pseudonymat individuel permettait en effet de protéger parallèlement l'académie elle-même, tout en lui donnant la possibilité d'exister comme lieu de production de discours qui ne seraient pas nécessairement orthodoxes. C'est du moins ce que suggèrent les modes de la prise de parole académique au sein de l'institution, où tout semble en fait avoir été organisé de manière à rendre inassignables l'ensemble des discours tenus oralement dans la sodalité.

On se souvient que deux types principaux de discours avaient cours parmi les Alterati, d'une part les discours attribués (sous forme d'oraisons à prononcer ou de thèses à soutenir), qui donnaient lieu à une préparation écrite parfois extrêmement soignée et dont de nombreux brouillons subsistent dans les archives florentines ; d'autre part les discours *all'improvviso,* qui étaient tenus au pied levé et desquels aucune trace écrite n'était en général conservée. Les sujets des discours attribués étaient choisis collectivement par les académiciens au début de chaque régence, puis deux académiciens étaient tirés au sort pour en traiter contradictoirement à telle ou telle séance. Ces sujets se rapportaient le plus souvent à un thème que le régent avait proposé au début de son mandat (tel que la poétique, la rhétorique ou encore l'histoire). Enfin, les discussions planifiées étaient presque toujours organisées sous forme de *quæstio*, avec une allocution en faveur de la thèse proposée, suivie d'un discours argumenté soutenant la thèse adverse, le tout étant généralement

36. BNCF Magl. IX 134, fol. 12^{v} : « Tenga <il provveditore> diligente cura di tutti i libri, et arnesi dell'Accademia e sia obligato consegnarli per inventario al successore. »

couronné par un discours improvisé du régent dont la fonction était théoriquement de trancher le débat.

Or un tel agencement de la parole collective, lors des séances plénières, empêchait non seulement d'imputer à aucun des trois orateurs une opinion nette et distincte, il rendait aussi très difficile la détermination du sentiment général de l'académie. En effet, les académiciens qui parlaient pour et contre la thèse ayant été tirés au sort, nul n'aurait pu dire avec certitude que les opinions que les orateurs désignés défendaient correspondaient aux leurs, quoiqu'il soit néanmoins impossible de l'exclure formellement. Cependant la parole improvisée du régent n'avait pas non plus un statut clair, puisqu'il n'était pas possible de savoir de manière sûre s'il parlait en son nom propre ou au nom de l'académie. Si quelque puissance s'inquiétait jamais de voir soutenue telle ou telle thèse parmi les Alterati, les discours incriminés pourraient dès lors toujours être décrits comme de simples exercices rhétoriques, tant sur le plan individuel qu'au niveau collectif. La parole des académiciens, mais aussi celle de l'académie tout entière, était ainsi prudemment mise à l'abri de toute persécution éventuelle.

Dans le même esprit, l'académie limita aussi très étroitement l'accès à ses assemblées et travailla de son mieux à contrôler la circulation des productions académiques de ses membres. À la différence des académies publiques ou semi-publiques, telles que l'Accademia Fiorentina et, plus tard, l'Accademia della Crusca, les Alterati n'instituèrent en effet aucune assemblée accueillant régulièrement un public élargi pour des leçons ou des discussions publiques. Ils défendirent au contraire constamment leur statut d'académie privée : toute introduction occasionnelle d'un non-membre lors d'une séance nécessitait ainsi un vote à l'unanimité, avec un minimum de huit académiciens présents. Le recrutement était par ailleurs extrêmement restrictif : pour devenir *Alterato*, il fallait être plébiscité par tous les académiciens, y compris les absents chroniques, qu'il était impératif de solliciter individuellement avant l'élection, afin qu'ils expriment leur sentiment par écrit. Les statuts interdisaient de plus la circulation d'aucun des livres ou compositions de l'académie hors de l'institution (sous forme de don ou de prêt) sans le consentement exprès du régent. Enfin, aucun académicien ne pouvait publier ou faire circuler hors de l'institution un de ses écrits académiques sous son pseudonyme d'académicien sans le consentement de l'ensemble de l'académie — ce qui revenait à rappeler que tout écrit individuel produit au sein de l'académie était en réalité d'abord et avant tout une production collective, par le seul fait qu'il avait été rédigé dans l'institution et était le produit d'activités savantes et/ou scripturaires conduites en commun[37].

37. BNCF Magl. IX 134, fol. 8r : « Forestiere non s'introduca mai nell'Accademia raunata se non se per partito con tutte l'uve nere si concedesse, e sieno almeno otto. » ; fol. 9r : « Niuno si mandi a partito per accademico, se nell'Accademia non sono in scrittura tutti i voti degli accademici assenti, che non soliti venire all'Accademia. » ; « Non possa essere accademico se non chi vincerà per tutti i voti. » , fol. 12v :

Mais, en pratique, l'académie fut moins fermée que ne le suggèrent ses statuts. D'une part, parce que des séances d'apparat étaient parfois organisées, au cours desquelles l'institution conviait des auditeurs soigneusement choisis et mettait alors complaisamment en scène son adhésion au régime médicéen. À la mort de l'épouse de François Ier, Jeanne d'Autriche, une séance fut par exemple organisée au mois d'août 1578 pour faire entendre à un public d'une soixantaine de personnes l'oraison funèbre que Giovan Battista Strozzi avait écrite en sa mémoire[38]. Bien des années plus tard, lors de la mort de Torquato Tasso, une autre assemblée de ce type fut organisée lors de la lecture de l'oraison funèbre que Lorenzo Giacomini dédia à la mémoire du Tasse[39]. D'autre part, la circulation manuscrite incontrôlée des productions des académiciens devait en réalité être relativement fréquente : les documents de l'académie laissent en effet entendre que les fuites plus ou moins intentionnelles de matériaux académiques en tous genres étaient loin d'être rares.

Dans un discours (*accusa*) qui recensait toutes les fautes du précédent régent et date vraisemblablement de février 1571, Giulio del Bene (il Desioso) accuse ainsi Carlo Rucellai (lo Sdegnoso) d'avoir fait circuler non seulement des livres dans lesquels l'académie préservait ses oraisons, mais encore ses compositions poétiques et la liste des pseudonymes et devises de ses membres :

> « [...] les livres du second lieu <il s'agit d'un livre contenant des compositions jugées acceptables[40]> sont parvenus dans les mains de personnes qui ne sont pas de l'académie et, s'il ne s'était pas trouvé que celles-ci soient proches parentes des

« Non possa in modo alcuno dare, o prestare nè ad accademico nè ad altri libri, o compositioni dell'Accademia senza il consentito del reggente. » ; fol. 15^{r} : « Niuno possa mandar fuori alcuna compositione sotto nome d'accademico Alterato senza consentimento dell'Accademia. »

38. BMLF Ashburnham 558.1, fol. 80^{v} — pour plus de détails sur cet épisode, voir *infra* dans ce ch., p. 285-286.

39. Selon BMLF Ashburnham 558.2, fol. 95^{v}, cette lecture eut lieu le 1er décembre 1595. L'oraison fut imprimée dans la foulée, avec une dédicace à don Giovanni de Médicis. Dans le texte de cette dédicace, Giacomini invoque une lecture semi-publique, à laquelle le dédicataire aurait assisté ; voir *Oratione in lode di Torquato Tasso fatta ne l'Academia degli Alterati da Lorenzo Giacomini Tebalducci Malespini*, Florence, Giorgio Marescotti, 1595, dédicace non-paginée : « Le Lodi di TORQUATO TASSO, le quali vostra Eccellenza illustrissima si degnò di ascoltare, quando ne la sua e nostra Academia furono raccontate da me, vengono hora al cospetto di eli illustrate del suo glorioso nome, et accompagnate da versi di Alessandro Rinuccini l'Ardito nostro. Spero che come ella hebbe sempre in gran pregio lui <Torquato Tasso>, che da tutti i Principi d'Italia fu grandamente honorato, cosi al presente gradirà le sue lodi [...]. »

40. Les Alterati avaient décidé que les poèmes censurés devaient être classés en deux catégories : les textes déclarés médiocres étaient placés dans le *Zibaldone* et ceux qui étaient jugés acceptables étaient conservés dans un « secondo libro ». Ce *secondo libro* ne se trouve pas actuellement parmi les collections de la BMLF, avec les autres livres contenant les compositions poétiques de l'académie (BMLF Ashburnham 560 et 561), et est, pour le moment, perdu. Une lettre don Giovanni de MÉDICIS à Giovan Battista Strozzi conservée en BNCF Magl. IX 124 (fol. 20) fait aussi allusion à l'existence d'un « libro ottimo » (appellé parfois aussi « primo libro » dans les *atti* de l'académie) originellement destiné aux productions estiméees excellentes et qui, selon lui, resta toujours vide. Le Saldo écrit en effet : « [...] desiderei grandemente di haver [...] ancora una nota dell'opere che si trovano registrat<e> nel secondo libro [...] », ajoutant « [...] non parlo dell'ottimo,

> académiciens, les secrets de l'académie se sauraient déjà à travers tout Florence et il <Carlo Rucellai> a fait la même chose avec le livre des devises et celui de l'urne <il s'agit probablement d'un livre énumérant les compositions poétiques qui étaient rituellement placées dans une urne avant d'en être tirées à l'aveugle pour être censurées> et de toutes les autres choses les plus secrètes de cette assemblée [...][41]. »

L'ampleur et même la gravité de la fuite semblent évidentes : oraisons, poèmes, devises et pseudonymes — à en croire le Desioso (qui est néanmoins coutumier de l'outrance), ce sont tous les plus précieux trésors de l'académie qui ont ainsi couru les rues de Florence sans chaperon, exposant indécemment les secrets de l'institution aux yeux de tous les curieux.

Néanmoins, l'indignation du Desioso est sans doute là encore à prendre *cum grano salis*. Car si, en dépit des interdictions des *capitoli*, la circulation de matériaux académiques hors du cadre académique était fréquente, elle était peut-être tout aussi fréquemment provoquée à dessein. La fuite (ou une savante mise en scène de la fuite) n'était-elle pas en effet le meilleur moyen de faire de l'institution le sujet de toutes les conversations, notamment dans les familles qui étaient étroitement liées — par leur parentèle — à l'académie ? On remarquera en tout cas que, au moins dans l'*accusa* du Desioso, il s'agit clairement d'une fuite contrôlée, qui ne dépasse pas les limites étroites des familles liées, par le sang comme par l'esprit, à l'institution elle-même : en cette occasion au moins, les secrets de l'académie ne s'éventèrent pas au-delà des frontières étroites du patriciat florentin. Dès lors, on peut légitimement se demander si, en permettant d'organiser des fuites stratégiques, le secret déployé autour des réunions de l'académie n'était pas avant tout destiné à attiser la curiosité des lettrés florentins qui n'en étaient pas membres pour les activités et les écrits de l'institution. En cela, le secret et son revers, la divulgation accidentelle et/ou intentionnelle, étaient en réalité des formes très efficaces de publicité, au sens moderne du terme : ils rendaient en effet l'académie désirable aux yeux des non-initiés, en la faisant miroiter comme un lieu de pensée et de collaboration intellectuelle intense à travers tout le patriciat florentin.

sovenendomi che è stato quasi sempre bianco, ne tratto del Zibaldone, per che non desidero avviso, se non delle opere sciolt<e>. » Sur ces pratiques de classement et de censure, voir *infra*, ch. 4, p. 398-421.

41. BMLF Ashburnham 559, fol 238^{r} : « [...] i libri del secondo luogo sono pervenuti in mano a persone che non sono della Accademia et se non fosse che sono parenti stretti delli accademici già si saprebbe per tutto Firenze tutti i secreti di essa, il medesimo ha fatto de<l> libro de imprese, de urna et di tutte le cose più secrete di questa ragunanza [...] Des matériaux détaillant les devises et pseudonymes des académiciens sont actuellement rassemblés en BNCF Magl. IX 124, fol. 2^{r}-12^{r} et en BNCF Magl. IX 134, fol. 1^{r}-4^{v}, mais sans doute ne s'agit-il pas là du « libro de imprese » à proprement parler, qui semble actuellement perdu. Selon toute vraisemblance, le « libro de urna » fut également égaré, ou n'a *in fine* pas été préservé. Il est bien évidemment possible que d'autres volumes académiques aient existé et aient également été perdus, réorganisés, voire même privatisés par certains des académiciens les plus influents, tel que Giovan Battista Strozzi, et/ou soustraits à l'*armadio* académique à un moment donné.

5. Oralité, circulation manuscrite et stratégies de publication par l'imprimé

De telles pratiques invitent dès lors à considérer plus largement l'utilisation concurrente de l'oralité, de la circulation manuscrite et de la publication imprimée comme un système cohérent, dont les différentes modalités furent mobilisées ensemble et/ou de manière différenciée pour créer des effets spécifiques dans le public visé — quoique bien sûr l'intention initiale puisse parfois se trouver déviée ou tronquée dans le cours même de l'action (ou des actions) de publication. C'est au demeurant en ces termes que les historiens du livre tendent désormais à envisager le phénomène de la publication et ses liens avec l'oralité[42]. La culture savante des académies italiennes de la première modernité commence à peine à être étudiée sous ce jour[43]. En ce domaine, les Alterati offrent néanmoins un point d'observation privilégié, tant en raison de leur longévité qu'en raison de l'abondance de la documentation aussi bien imprimée que manuscrite qu'ils laissèrent derrière eux. Pour mieux comprendre comment ces académiciens utilisaient en association ces trois modalités de publication — l'oralité, le manuscrit et l'imprimé —, il convient néanmoins d'abord de détailler les formes et les effets de chacune d'elles.

5.1. Oralité et éciture : dire et écrire en milieu académique

L'oralité est, dans la chaîne de la publication, le mode premier de diffusion des textes des Alterati au sein de leur institution, et même au-delà. Nous avons vu au chapitre précédent à quel point de ce mode de circulation était important pour les membres de l'académie, du point de vue de ses enjeux politiques : c'est en effet au premier chef la publication orale qui permet aux Alterati de s'inscrire au quotidien — sur un mode sérieux ou parodique — dans la commémoration de la discursivité

42. Voir notamment RICHARDSON, Brian, « Manuscript, Print, Orality and the Authority of Texts in Renaissance Italy », dans BROMILOW, Pollie (dir.), *Authority in European Book Culture 1400-1600*, Aldershot, Ashgate, 2013, p. 15-29 et RICHARDSON, Brian, introduction à un numéro spécial de la revue *The Italianist*, 2014, 34/3, intitulé *Oral Culture in Early Modern Italy : Performance, Language, Religion*, préparé par DEGL'INNOCENTI, Luca, SALZBERG, Rosa ; MICHELSON, Emily ; ROSPOCHER, Massimo ; DALL'AGLIO, Stefano dall' ; SBORDONI, Chiara, et NICCOLI, Ottavia, p. 313-317.

43. Sur les pratiques académiques, voir en particulier DEGL'INNOCENTI, Luca ; RICHARDSON, Brian, et SBORDONI, Chiara (dir.), *Interactions between Orality and Writing in Early Modern Italian Culture,* Aldershot, Ashgate, 2016. La troisième partie de cette dernière collection d'articles est consacrée à « Orality, the Learned, and Learning ». Elle comprend trois articles qui étudient de près les pratiques d'oralisation des académies : WAQUET, Françoise, « Not By Books Alone : The Spoken Life of the Learned », p. 189-202 ; GIUBILINI, Roberta, « Oral, Manuscript, and Printed Circulation : The Many Lives of Benedetto Varchi's Lectures in the Accademia degli Infiammati of Padua », p. 203-212 et BOUTCHER, Warren, « The Private and Public Sessions of the Accademia dei Ricovrati : Orality, Writing, and Print in 17th Century Padua », p. 213-226.

républicaine défunte[44]. C'est aussi le mode de publication le plus restreint dont ils disposent (même en cas de la convocation d'une assemblée réunissant aussi plusieurs dizaines de *forestieri*), tout autant que le plus fugitif des trois moyens de diffusion qu'ils peuvent choisir.

Cette oralité est néanmoins difficile à documenter dès lors que les seules traces qui en subsistent sont les notations préservées dans les actes de l'académie et dans les discours académiques — ou, plus fréquemment, les brouillons (*abbozzi*) de discours académiques — que conservent les archives. Ces discours, dans leur forme manuscrite (tant *in extenso* que sous forme de notes fragmentaires), portent en effet la marque non pas d'une oralité effective mais bien d'une oralité visée. Les autres discours publics de l'époque moderne pour lesquels nous disposons de traces écrites — tels que les transcriptions des audiences des ambassadeurs de la République vénitienne, récemment analysées par Filippo de Vivo[45] — sont le plus souvent des retranscriptions ou des mises en forme *ex post* (c'est-à-dire réalisées dans le prolongement de la prononciation, généralement par d'autres personnes que les auteurs de ces discours, à l'aide de pratiques mnémotechniques et/ou de systèmes de notation à la volée[46]). Les discours des Alterati — au sein desquels aucune trace n'est gardée des discours improvisés *in situ* — sont au contraire des ébauches où l'oralité se rêve et même s'invente sous la plume de leurs auteurs, entre repentirs et ratures. Autrement dit, il s'agit de traces d'un projet d'oralisation.

Le codex BMLF Ashburnham 559, qui rassemble notamment beaucoup d'oraisons importantes produites dans les toutes premières années de l'académie (1569-1577), contient de très intéressants exemples de l'importance qui était donnée au sein de l'académie à l'oralité, tout autant que des patients apprentissages que sa pratique exigeait. Le volume s'ouvre en effet avec les textes de plusieurs oraisons du Desioso (Giulio del Bene), qui ont toutes l'apparence d'avoir été préservées dans l'état qui était le leur le jour de leur prononciation. On y trouve abondance de ratures et de corrections marginales, ainsi qu'une numérotation des arguments clefs (pas moins de cinquante points minutieusement énumérés figurent par exemple dans le texte intitulé « Difesa del Desioso reggente contro alla Accademia del Travagliato scritta per difenderlo » soit « Défense du Desioso régent contre l'Académie, du Travagliato, écrite pour le défendre », aux fol. 1^r-12^r) **[Ill. 14]**. Les textes ainsi préservés donnent ainsi une idée précise de la manière dont un texte pouvait être préparé et (re)transcrit en vue d'une prononciation académique.

44. Voir *supra*, ch. 2, p. 189-193.

45. De Vivo, Filippo, « Archives of Speech : Recording Diplomatic Negotiation in Late Medieval and Early Modern Italy », *European History Quarterly*, 46, 2016, p. 519-544 (en particulier p. 526-535).

46. Sur ces pratiques de retranscription mémorielle dans le cas de l'édition du théâtre, voir Chartier, Roger, *Publishing Drama in Early Modern Europe* (Panizzi Lectures, 1998), Londres, The British Library, 1999, p. 28-50.

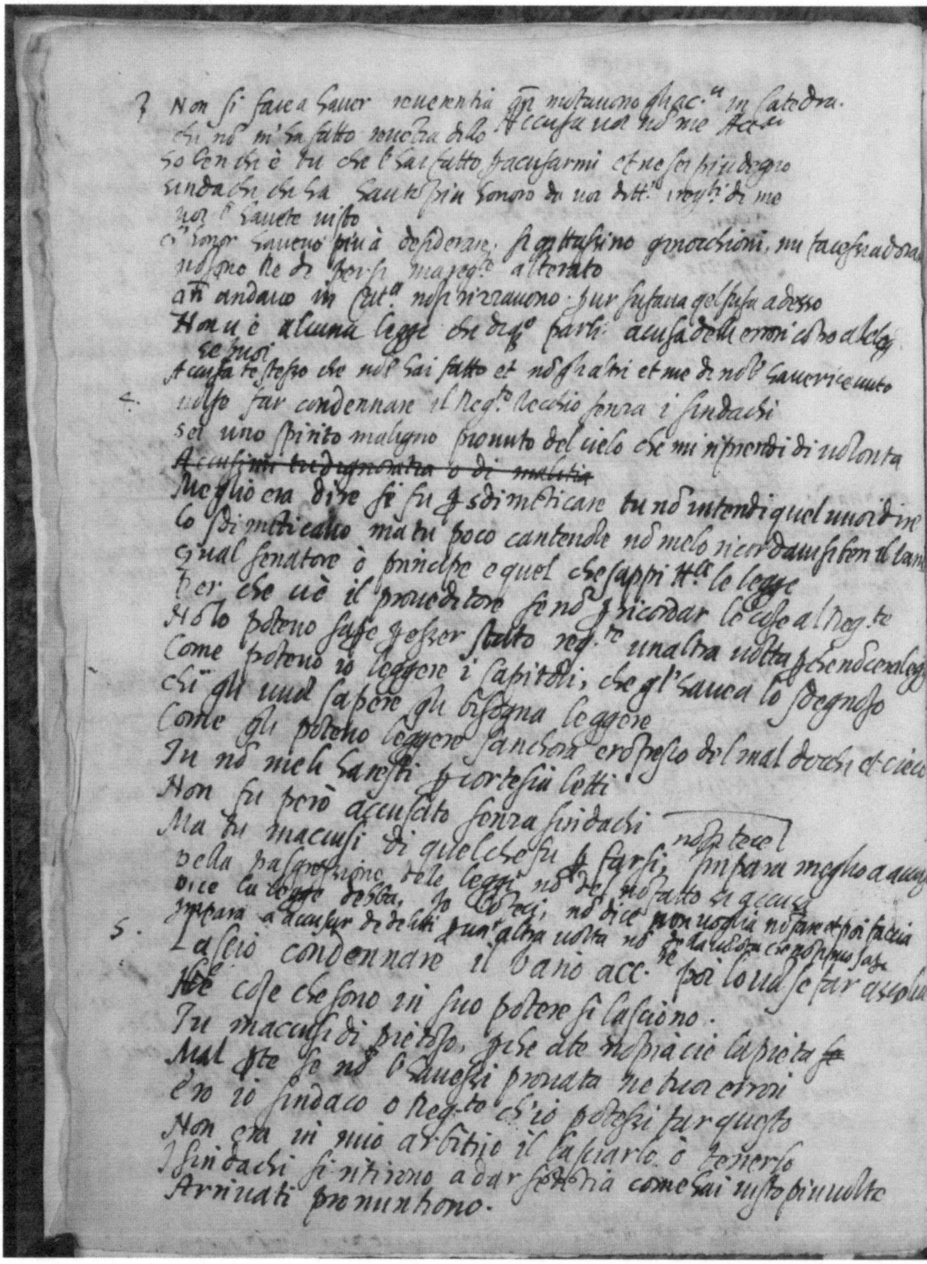

Illustrations 14 et 15.

Les folios 1^v^ et 2^r^ du BMLF Ashburnham 559, extraits d'une oraison de Giulio del Bene (« Difesa del Desioso regente contro alla Accademia del Travagliato scritta per difenderlo »). Reproduits avec la permission de la Biblioteca Medicea Laurenziana, Florence — 2019. Tous droits réservés.

Source : BMLF Ashburnham 559.

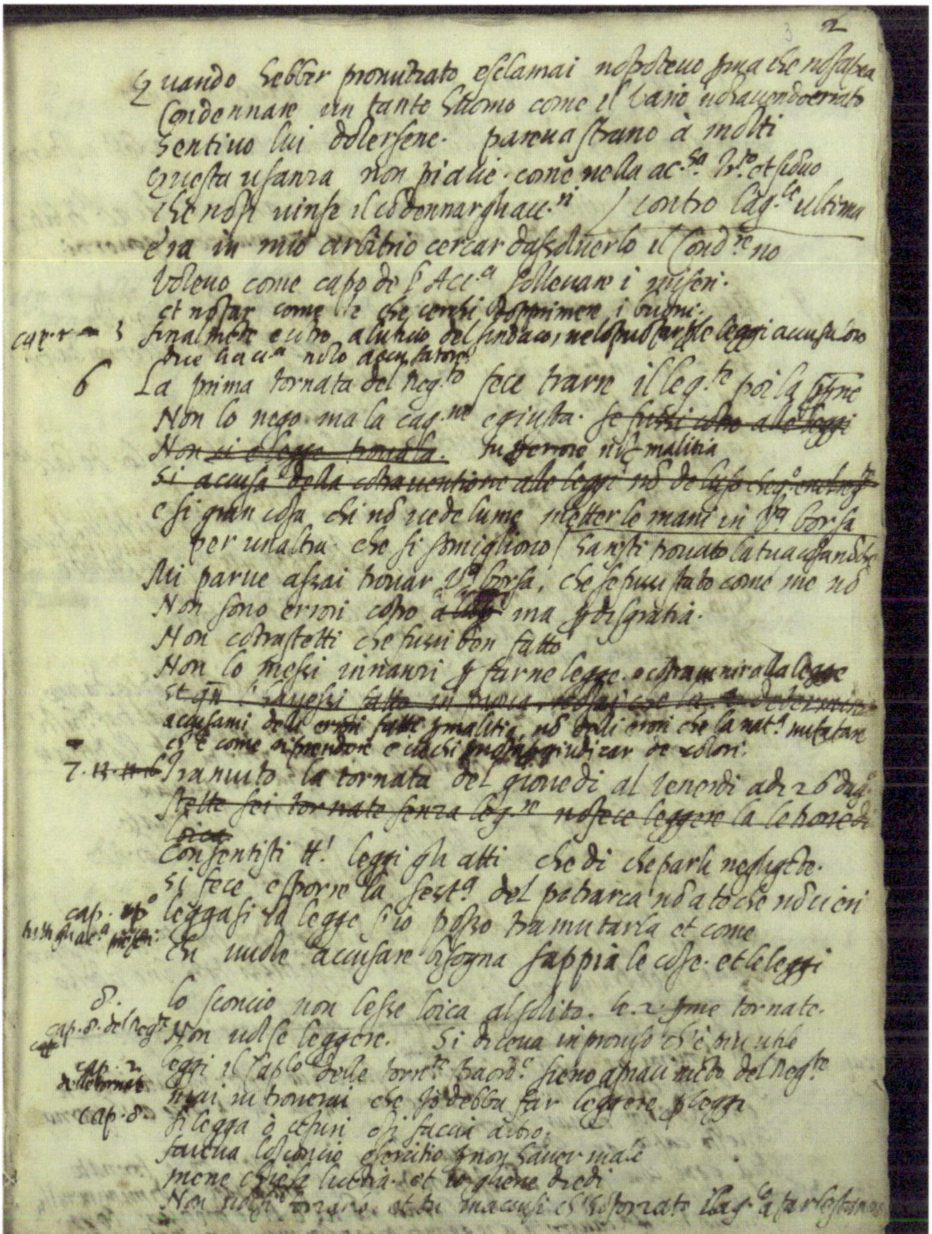

3 2

Quando s'ebber pronuntiato esclamai no potevo [illegible] che no sapea
Condennare un tanto huomo come il Varchi non havendo errato
Sentivo lui dolersene. pareva strano à molti
Questa usanza non piace. come nella Acc.ª Fior.º et sedevo
che no si vinse il condennargli [illegible] / contro l'ag.le ultima
era in mio arbitrio cercar d'assolverlo il Cons.re no
voleno come capo de l'Acc.ª sollevar i miseri.
et no star come [illegible] che cerchi d'opprimere i buoni.
cap. 3 finalmente contro al'uffitio del sindaco, nel suo [illegible] le leggi accusatore
dice havea nullo accusatore
6 La prima tornata del Reg.to fece trarre il leg.te poi le terze
Non lo nego. ma la cag.ne è giusta. ~~se fussi [illegible] alle leggi~~
~~Non si elegge [illegible].~~ fu errore non malitia
~~Si accusa della contraventione alle leggi no de [illegible]~~
e si gran cosa chi no vede lume metter le mani in v.ra borsa
per un'altra che si somigliono / [illegible] trovato la tua cercando
Mi parve assai trovar v.ra borsa, che se fussi stato come me no
Non sono errori contro ~~[illegible]~~ ma disgratia.
Non contrastetti che fussi ben fatto
Non lo messi innanzi per farne legge. o contravenir alla legge
~~et [illegible] fatto in [illegible]~~
accusami delle ~~errori~~ fatte per malitia, no degli errori che la nat.ª [illegible]
ch'è come chi riprendessi e ciechi [illegible] giudicar de colori.
7. ~~12~~ Tramutò la tornata del giovedì al venerdì adi 26 d'ag.to
~~Stette sei tornate senza leg.re no fece leggere la lettione~~
Consentisti tu! leggi gli atti che di che parli negligente.
Si fece esporre la sest.ª del petrarca no a te che no dici
cap. 4.º leggasi la legge s'io posso tramutarla et come
chi vuole accusare bisogna sappia le cose et le leggi
8. lo sconcio non lesse loica al solito. le 2 prime tornate.
cap. 8 del Reg.to Non volse leggere. Si diceva in proverbio ch'è [illegible]
cap. 2 delle tornate leggi il cap.lo delle torn.te straord.e sieno a piacimento del Reg.te
Mai mi troverai che io debba far leggere per leggi
cap. 8 si legga o chiuni [illegible] facci altro.
faceva lo sconcio esercitio per non haver male
mene chiese licentia. et io gliene diedi
Non [illegible] [illegible] [illegible]

Par ailleurs, certains de ces textes portent des annotations marginales qui sont visiblement postérieures à l'oralisation du discours, laissant ainsi entr'apercevoir ce qui s'est (ou non) bien passé lors de la prononciation, et donnant selon toute vraisemblance à envisager un ensemble de modifications à faire pour la mise en circulation d'un manuscrit amélioré. Ainsi trouve-t-on, aux folios 59^{r} à 64^{v} du même codex (BMLF Ashburnham 559), un discours en latin attribué sur sa première page au Sconcio (Tommaso del Nero) et conservé sans titre. Ce texte soigneusement calligraphié porte des marques de *censura* ou, plus probablement — étant donné la grande similarité de la main qui transcrit avec celle qui annote —, des marques d'autocensure. Au folio 59^{v}, apparaissent ainsi en marge en bas à gauche les mots « troppi exordiis e spicis » (« trop d'exordes et de piques »), au folio 61^{v}, presque en même place « forse troppi esimpi » (« peut-être trop d'exemples ») et au folio 62^{r} cette note : « forse troppo distinta et ordinata » (« peut-être trop de distinctions et d'ordonnancements <comprendre : peut-être trop de distinctions scolastiques> » **[Ill. 16 et 17]**.

Mais le texte le plus intéressant du point de vue de l'étude des pratiques de l'oralité discursive au sein des Alterati est le texte figurant immédiatement après celui-ci dans le même codex (BMLF Ashburnham 559, fol. 65^{r} à 74^{v}). Ce dernier est toujours du Sconcio et même très certainement tracé de sa main, comme le précédent. Le précédent manuscrit était néanmoins mis au propre en vue d'une circulation manuscrite, tandis que celui qui le suit est tracé d'une main courante et couvert de ratures, en forme d'*abbozzo*, comme s'il n'était destiné qu'à mettre en place le travail illocutoire de l'orateur et/ou à manifester celui-ci aux yeux d'éventuels lecteurs intra-académiques **[Ill. 18 et 19]**. Le lecteur moderne comprend néanmoins immédiatement que cette apparente négligence dans la présentation d'une « oraison » qui a visiblement demandé beaucoup de réflexion à son auteur a tout à voir avec le sujet de son discours, qui se trouve adroitement résumé en son titre : « Dello Sconcio. Orazione recitata in difese della presente propositione che l'oratione debbe essere interamente indiritta a gl'uditori, non ai lettori » (« Du Sconcio. Oraison prononcée en défense de la présente proposition que l'oraison doit être adressée entièrement dirigée aux auditeurs et non aux lecteurs »).

Cet intitulé et le texte qu'il introduit révèlent, chez Tommaso del Nero, une préoccupation toute particulière pour l'oralité et ses pratiques et même une volonté de placer ces pratiques discursives au centre des activités de l'académie, avant même l'apprentissage des rhétoriques et genres spécifiques de l'écrit, dans lesquels il est pourtant clair que, après la mort du Sconcio en 1572, les Alterati se préoccupèrent de plus en plus activement de se perfectionner. De ce point de vue, le texte de Tommaso del Nero fait clairement écho aux motivations qu'avait mises en avant Giulio del Bene dans son récit des origines de l'académie, lorsqu'il évoquait son désir de se former, en bonne compagnie, aux discours et conversations publiques[47]. Mais le Sconcio va en réalité bien plus loin dans la pensée des modes et des moyens de l'oralité que ne semble être jamais allé le Desioso, soutenant que tout discours — fût-il écrit — est d'abord et avant tout une action oratoire, et allant même jusqu'à proposer, dans la forme de l'*abbozzo* qu'archiva l'académie, un système de signes permettant de faire apparaître dans le manuscrit les intonations et la gestuelle de la *pronuntiatio* rhétorique oralisée qui est envisagée.

Ce texte s'inscrit dans le cadre d'un débat qui a sans doute opposé non sans âpreté les membres fondateurs de l'académie et dont les contours ne se dessinent ici qu'en filigrane. Cette discussion paraît avoir mis aux prises, au sein de l'institution, les partisans de la production de discours destinés à être lus aux défenseurs d'un apprentissage rhétorique avant tout centré sur l'oralité. Une telle discussion avait évidemment des enjeux politiques importants dans une ville où la discursivité oligarchique de jadis se trouvait maintenant strictement encadrée — d'aucuns disaient même étouffée — au sein des institutions civiques qu'avait laissées subsister le régime médicéen, tout en les vidant le plus souvent de leur souffle premier, à travers un contrôle de plus en plus étroit des échanges discursifs qui caractérisaient autrefois l'activité de la plupart des commissions de la République. De ce point de vue, ce débat sur les avantages comparés de l'oral et de l'écrit était aussi, au moment où l'académie tentait de prendre son essor, un débat sur la fonction même de l'académie dans l'espace public florentin ainsi reconfiguré. L'institution devait-elle viser à former des rhéteurs qui seraient aptes à participer à la vie publique, dans l'hypothèse — fort improbable, chacun parmi les Alterati en avait bien conscience — d'un éventuel retour aux cadres de la vie publique républicaine ? Ou devait-elle au contraire chercher à favoriser le développement, chez ses membres, de savoir-faire de l'écrit, dont l'apprentissage aurait l'avantage de permettre aux académiciens de s'affirmer comme lettrés (plutôt que comme membres de droit de l'ancien gouvernement oligarchique) dans l'espace public médicéen, mais aussi l'inconvénient évident et non négligeable d'entériner implicitement et comme *de facto* la disparition des formes rhétoriques de la vie publique qui caractérisait la défunte République ?

Cette tension entre la préservation des formes de l'oralité propres aux discours publics et le développement parmi les membres de l'académie de formes d'expression centrées sur l'écrit — et plus généralement sur l'expansion de ces genres d'écriture que nous associons aujourd'hui spontanément avec ce qu'il est convenu d'appeler la « littérature » — n'est au demeurant pas propre à la Florence du dernier tiers du XVIe siècle. Elle fut également omniprésente en France lors de

47. Voir *supra*, ch. 1, p. 46-51 et ch. 2, p. 177-182.

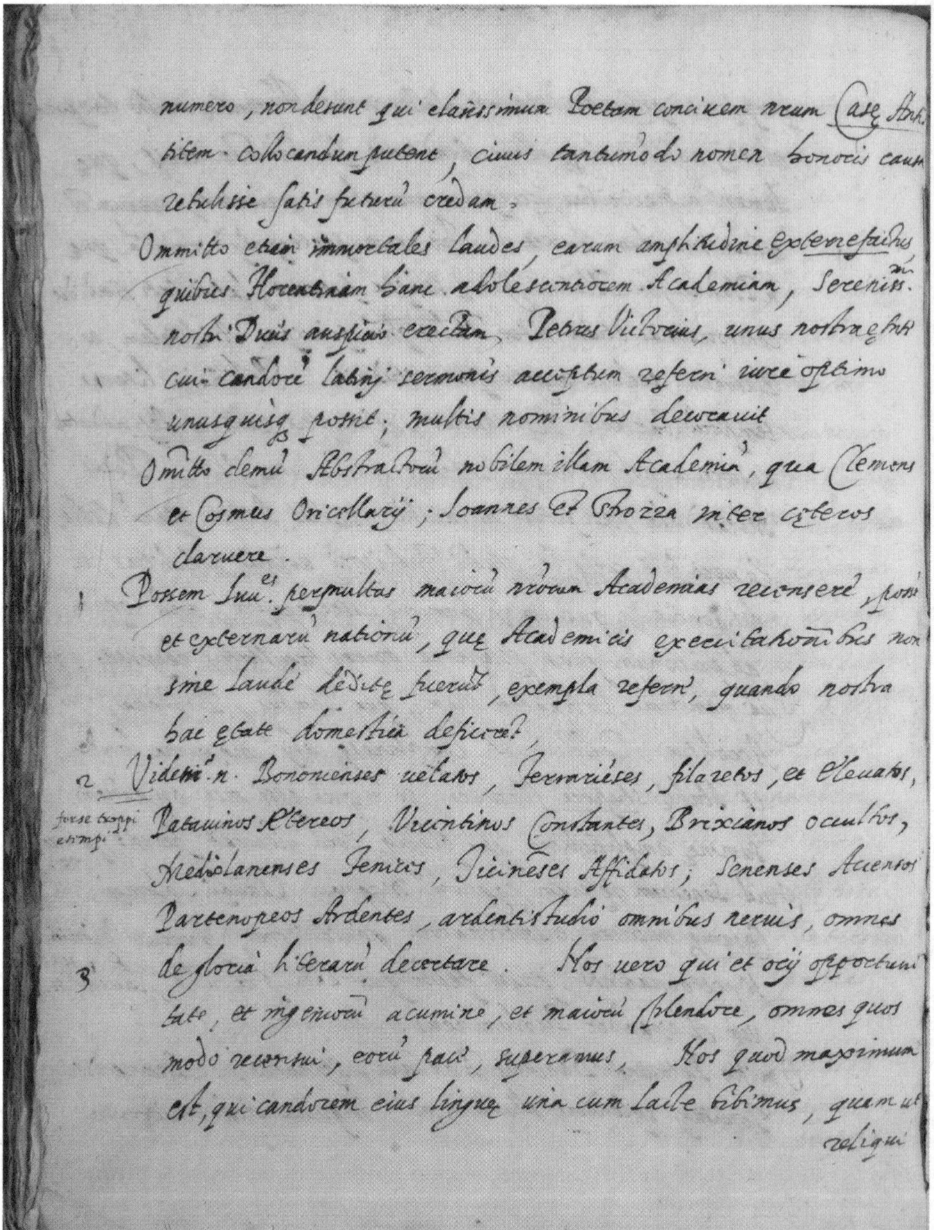

numero, non desunt qui clarissimum Poetam concivem nostrum Casa[?] ...
stem collocandum putent, cuius tantummodo nomen honoris causa
retulisse satis fuerit credam.
Ommitto etiam immortales laudes, earum amplitudine externe facilius
quibus Florentinam hanc adolescentiorem Academiam, Serenissimi
nostri Ducis auspiciis erectam, Petrus Victorius, unus nostrae etatis
cum candore latini sermonis acceptum referri iure optimo
unusquisque possit, multis nominibus decoravit
Omitto demum Alterationum[?] nobilem illam Academiam, qua Clemens
et Cosmus Oricellarij; Ioannes et Strozza inter ceteros
claruere.
1 Possem Ill.mi permultas maiorum nostrum Academias recensere, posse[?]
et externarum nationum, quae Academicis exercitationibus non
sine laude deditae fuerunt, exempla referri, quando nostra
hac aetate domestica deficerent?
2 Videmus n. Bononienses velatos, Ferrarienses, filaretos, et Elevatos,
forse troppi esempi Patavinos Alterneos[?], Vicentinos Constantes, Brixianos occultos,
Mediolanenses Femios[?], Ticinenses Affidatos; Senenses Accensos
Parthenopeos Ardentes, ardenti studio omnibus nervis, omnes
3 de gloria literarum decertare. Hos vero qui et otij opportuni-
tate, et ingeniorum acumine, et maiorum splendore, omnes quos
modo recensui, eorum pace, superamus. Hos quod maximum
est, qui candorem eius linguae una cum lacte bibimus, quam ut
reliqui

Illustrations 16 et 17.
Deux folios extraits du BMLF Ashburnham 559 (fols 61v-62r). Ils sont tirés d'un texte rédigé par Tommaso del Nero, qui est soigneusement calligraphié et porte de marques de « censure ». Reproduits avec la permission de la Biblioteca Medicea Laurenziana, Florence — 2019.
Source : BMLF Ashburnham 559.

62

reliqui consequant(ur) tot labores sustinere manifestum est.
Nos denique qui Principes non immerito dicimur candidissimi
sermonis Etrusci, tot preclara Naturę, temporum, maiorumque
munera spernentes, eiusdem palmam ab exteris nationibus
nobis uidentibus circumferri patiemur!

Sit igitur honestum, nec ne clarissimorum uirorum uestigia persequentes
huiuscemodi exercitationes tum fouere, tum quoad possimus
augere, ex antedictis, ni fallor, colligere possumus,
preterea nostrarum laudum ęmulos superare nostras esse partes

At impresentia uidendum est, quam utilitatem afferant Academicę
questiones, et exercitationes, quę bifariam diuidi posse
uidetur: in priuatam scilicet Academicorum propriam; et publicam

forse tropp(o) distratta et ordin(ata)

Omnes homines, Natura ut uultu, ita et ingenio fingit uarietate
distinctos, hinc dissimilitudines animorum studiorumque uarietates
procreari manifestum est; quod sanè cum optimo ab ea factum
uideatur, ea potissimum ratione uidebitur quod cum diuersę
etiam et multiformes, scientię sint facultates, et artes, quę (inter se)
generi humano usui sint, nec ab uno homine omnes
consequi possint; uarias etiam ingeniorum conditiones requi
rere uidebantur: quę omnes, omnia ea adhibere possent,
quę hominibus ad bene beateque uiuendum necessaria sunt,

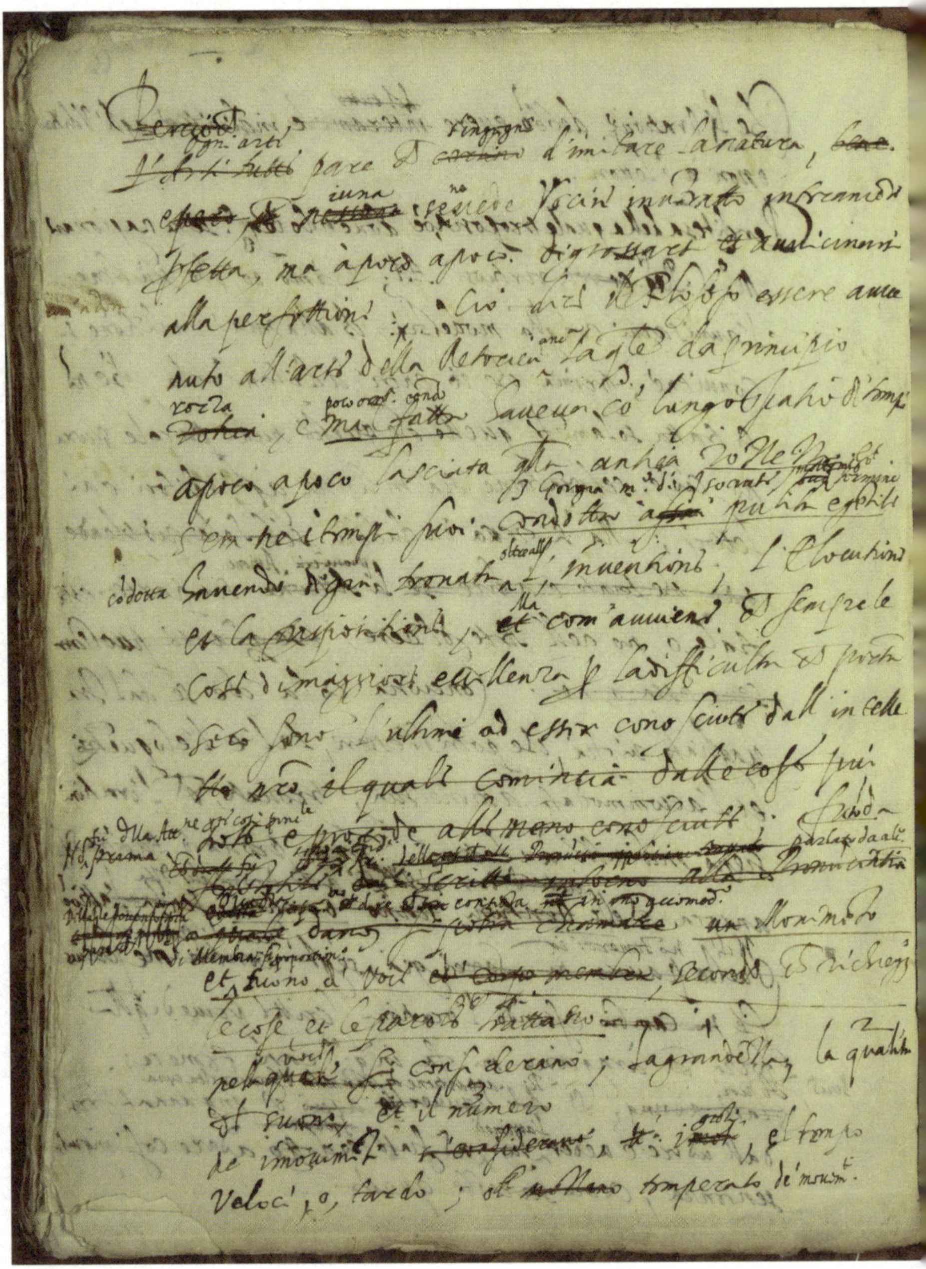

Illustrations 18 et 19.

Deux folios extraits du BMLF Ashburnham 559 (fol. 66v-67r). Ils sont issus d'un *abbozzo* tracé en main courante par Tommaso del Nero et portant des corrections de sa main. Reproduits avec la permission de la Biblioteca Medicea Laurenziana, Florence — 2019. Tous droits réservés.

Source : BMLF Ashburnham 559.

Questi togli così e

~~Tutti effetti~~ i concetti quali vagha nell'arte del Dial.

si conoscie agevolm.te

~~l'Attione~~ poi che noi veggiamo che coloro, i quali l'usarono

~~et~~ nelle ~~loro~~ orationi convenientemente; ancora che

~~molto~~ idioti, sono come oratori, stimati da questi

~~Ne~~ furono gli huomini ~~litterati~~ et sacerdoti; et

ancora da sapientissimi grandiss. questa riguardo;

segno evidente che l'Attione è parte essentiali dell'Arte

~~[illegible]~~ con gran ragioni l'assegnò Demosthene il primo,

il secondo et terzo luogo; domandato, qual parte de

dell'orare tenendo egli il primo ~~luogo~~

Et in questi ~~nella quale~~ usava dire Plutarco doversi esser

cibare con ogni studio l'oratore più che, ma la lingua

dell'altre et senza questa restano privi di tutti

Da questa confessa Cicer. di riconoscer gran gloria

che egli sopra gli altri Latini s'acquistò nella

arte del dire; dicendo che più neggiati [?] sapere col gesto

[illegible] i bambini in collo, et col pianger commovere

dirottamente, commosso i giudici, ~~[illegible]~~ però

La chiama Anima della oratione, et eloquenza delle

Aleph[?]; e dice non essere di tanta importanza

il concetto quanto è il modo e l'attione colla quale

~~[illegible]~~ si esprime; et apparisce al senso, che

non si trova così saldo argomento che mal ~~[illegible]~~

proferito non [illegible] debolissimo, e ~~[illegible]~~

l'affirmation d'un pouvoir monarchique autoritaire, comme l'ont montré tant Hélène Merlin-Kajman que Christian Jouhaud dans leurs travaux sur le développement du champ littéraire français pendant le premier XVIIe siècle[48], et caractérisa tout aussi bien, à vrai dire, l'Angleterre de la Restauration. La métamorphose des formes publiques de l'énonciation (oraisons, discours, et autres prises de parole plus au moins codifiées) en genres littéraires (récits, dialogues, pièces de théâtre, nouvelles, et même recueils de lettres) réservés à des lecteurs particuliers — souvent fortement individualisés et même étrangers l'un à l'autre — est en effet l'une des caractéristiques premières du champ littéraire naissant en contexte autoritaire. On comprend dès lors mieux pourquoi, ce mouvement, au sein des Alterati, n'alla pas sans tensions, tant toute dévalorisation de l'oralité en son sein pouvait donner l'impression à certains que la pratique de la discursivité républicaine — que l'académie avait pourtant pour une part été créée pour prolonger — s'y trouvait indument délaissée[49]. Au demeurant, dans les premières années de la vie de l'institution, la question de la rhétorique, de ses formes et de ses usages avait constitué le tout premier sujet de discussion parmi les membres de l'académie, donnant clairement lieu parfois à des débats relativement tendus. C'est à l'occasion de l'un de ces échanges lourds de sous-entendus politiques que fut récitée l'oraison de Tommaso del Nero (lo Sconcio) soutenant que « l'oraison doit être entièrement dirigée vers les auditeurs et non vers les lecteurs ».

À la date du 27 décembre 1571, les *atti* de l'académie portent en effet la notation suivante, entre les lignes de laquelle se devine une discussion qui fut sans doute vive, mais dont l'issue n'en fut pas moins clairement tranchée, en dépit de quelques dissidents :

> « Le jour dit le Sconcio lut <le discours suivant> : que l'oraison doit être entièrement dirigée vers les auditeurs et non vers les lecteurs. Le Travagliato <Cosimo Rucellai> lui répondit en soutenant l'opinion contraire. Le Vario <Antonio degli Albizzi>, vice-régent, jugea que la proposition initiale devrait être corrigée comme suit : <~~que~~> l'oraison doit être principalement et proprement <*ajouté entre les lignes* : et non entièrement> dirigée vers les auditeurs et non vers les lecteurs[50]. »

48. Voir en particulier MERLIN-KAJMAN, Hélène, *Public et littérature en France*, Paris, Les Belles Lettres, 1994 et JOUHAUD, Christian, *Les Pouvoirs de la littérature*, Paris, Gallimard, 2001.

49. L'insistance sur le savoir-faire rhétorique en milieu académique n'est cependant pas toujours signe d'un quelconque républicanisme, fût-il patricien. SCHWINDT, Joël, « 'All that Glisters' : Orpheus's Failure as an Orator and the Academic Philosophy of the Accademia degli Invaghiti », *Cambridge Opera Journal*, 2014, 26/3, p. 239-270 (p. 257-258 notamment), montre par exemple comment, dans le cas de l'Accademia degli Invaghiti, à Mantoue, l'attachement aux normes de l'art rhétorique put au contraire fonctionner comme une sorte de marqueur de l'élitisme aristocratique qui fut au fondement de cette institution — laquelle s'est principalement épanouie dans le patronage étroit des ducs de Mantoue.

50. BMLF Ashburnham 558.1, fol. 31r : « A dì detto lesse lo Sconcio che l'orazione debbe essere interamente indiritta a gli uditori non ai lettori. Il Travagliato rispose in contrario. Giudicò il Vario vicereggente

Le fait que, en l'absence du régent en titre, le vice-régent se soit aussi explicitement prononcé en faveur d'une position nuancée signale qu'il tient à faire une place, au sein de l'académie, à ceux qui entendent écrire des discours pour qu'ils soient lus. Mais cette place doit, selon lui, être minime et même rester secondaire. Et il est probable que cette position, qui privilégie clairement l'oralisation, ait représenté la position de la majorité des académiciens les plus actifs, dans les toutes premières années de la vie de l'institution. Or que soutient, dans cette oraison, Tommaso del Nero, qui est alors l'un des principaux chefs de file de l'académie ? L'académicien commence par reformuler la question traitée en en faisant ressortir tout l'enjeu, qui est selon lui de savoir « si l'action, étant ce qu'elle est, fait ou non partie de l'art de dire » (« se l'attione sia parte, essendo tale, o no, dell arte del dire[51] »). Par « attione », le Sconcio entend parler des nuances de l'intonation et de l'art du geste théâtral qui constituent, dans la tradition de la rhétorique classique, une si grande part du savoir-faire du rhéteur — autrement dit de la *pronuntiatio*.

Il devient clair dans la suite du discours du Sconcio que cet attachement à l'action oratoire est aussi un attachement à l'émotion que celle-ci provoque, ainsi qu'à la force (ou *enargeia*) que possèdent ces émotions, et même à leur puissance d'action dans l'espace social, aussi bien que dans l'interaction politique. En témoigne, s'il en était besoin, la longue liste de rhéteurs antiques que le Sconcio cite d'entrée de jeu à l'appui de sa thèse dans son discours (Démosthène, Plutarque, Démade, Théophraste, Cicéron, etc.). Cette liste ancre la tradition de l'action rhétorique dans celle de l'action politique, soulignant par là même que, dans l'esprit du Sconcio, pour être au plus près des modèles antiques, le dire doit toujours rester une forme de faire, fût-ce lorsqu'il est couché sur la page et réduit à n'être qu'un amas de traits de plume tracés d'une main hâtive. Toute la suite du discours du Sconcio est alors consacrée à la question de comment faire apparaître l'action dans la transcription manuscrite d'un discours, tant pour servir de guide à celui qui prononcera un tel discours, à partir des notes qu'il aura lui-même préparées, que pour permettre à toute personne qui le lirait par la suite de reconstituer par et pour elle-même l'intonation et la gestuelle qui manquent audit texte, une fois devenu lettre quasi morte dans le cours de sa retranscription manuscrite. Ainsi le manuscrit du Sconcio n'argumente-t-il pas seulement en faveur de la primauté essentielle de l'oralité — et de sa force primordiale et sans seconde —, il prétend aussi accompagner le passage de l'oral à l'écrit, et le processus de la transcription manuscrite à proprement parler, en trouvant le moyen de fixer l'*actio* et son *enargeia* dans la matérialité même de la page.

che presente propositione si dovesse correggere cioè <~~che~~> l'oratione essere principalemente e propriamente <*ajouté entre les lignes* : e non interamente> indiritta a gli uditori e non ai lettori. »

51. BMLF Ashburnham 559, fol. 66r.

C'est en convoquant et en reformatant, de manière particulièrement subtile et ingénieuse, tout l'art de mémoire de la tradition rhétorique antique que Tommaso del Nero parvient paradoxalement à faire entrer des traces manuscrites d'oralité dans son écrit, suggérant ainsi une nouvelle manière d'écrire la *pronuntiatio* tout en la préparant. Les arts de mémoire ont été abondamment étudiés depuis les années 1960, dans le sillage de l'ouvrage de Frances Yates, notamment par Mary Carruthers et ses collaborateurs[52]. Le système de signes et de pratiques par lequel les discours s'inventaient, se mémorisaient et se prononçaient chez les érudits, depuis l'Antiquité jusqu'à la fin du Moyen Âge, est dès lors bien connu. Mais les exemples en sont rares dans les pratiques des lettrés de la fin du XVIe siècle — et ils n'ont guère reçu d'attention. Cependant, le manuscrit du Sconcio montre que lui-même en maîtrisait encore parfaitement les codes et les usages, tout en cherchant à les adapter avec ingéniosité à un temps où la circulation des manuscrits était *de facto* déjà devenue, à Florence, bien plus importante que celle des discours effectivement prononcés, qu'ils aient ou non été relayés par le bouche-à-oreille.

Après avoir souligné que tout discours, pour être au plus près de la tradition rhétorique, doit nécessairement être, au moins pour une part, *actio*, le Sconcio imagine immédiatement une objection de son adversaire, le Travagliato, en se plaçant spontanément dans l'hypothèse d'un discours qui devra nécessairement circuler sous forme manuscrite : « Dirà forse il Travagliato che l'attione non può rappresentarsi con la penna ? » (« Le Travagliato dira peut-être que l'action ne se peut représenter au moyen de la plume[53] ? »). Au Sconcio d'expliquer alors comment l'*actio* peut, grâce à une reconfiguration de l'art de mémoire — ainsi détournée de ses finalités premières, au moins pour une part — se trouver matérialisée dans le manuscrit d'un discours (académique ou non), en illustrant son propos de croquis, placés dans les marges des phrases raturées et corrigées qui font le tissu de l'*abbozzo* qu'il a préparé en vue de la prononciation de son texte.

Le Sconcio commence par souligner par une interrogation rhétorique la difficulté même de ce qu'il entreprend, demandant qui pourrait bien, à la vérité, transcrire sur le papier les diverses transformations de la voix, dont nous avons besoin pour traduire, dans et par le discours, la nature des choses et la subtilité de nos idées. Mais c'est pour suggérer immédiatement qu'il serait possible de le faire aisément, au moins selon lui « en trouvant quelque moyen de mettre au-dessus ou

52. Voir Yates, Frances A., *The Art of Memory*, Chicago, Chicago University Press, 1966 ; Carruthers, Mary J., *The Craft of Thought : Meditation, Rhetoric and the Making of Images*, 400-1200, Cambridge, Cambridge University Press, 2000 et *The Book of Memory : A Study of Memory in Medieval Culture*, Cambridge, Cambridge University Press, 2008 ; enfin Carruthers, Mary J. et Ziolkowski, Jan M. *The Medieval Craft of Memory : An Anthology of Texts and Pictures*, Philadelphie, University of Pennsylvania Press, 2002.

53. BMLF Ashburnham 559, fol. 69r.

en-dessous des paroles quelques notes comme cela se fait pour les madrigaux » (fol. 69^{r} : « trovato qualche nuovo modo di mettere sopra o sotto alle parole alcune note come a i madrigali si fa »). Or, sans doute tout autant pour se souvenir de cet exemple lors de la prononciation de son discours que pour illustrer, aux yeux d'un autre lecteur, ce qu'il pense que ce nouveau système de notation pourrait être, le Sconcio — qui avait été formé au *disegno* et à l'architecture, et les pratiquait avec plaisir[54] — dessine en marge du papier à musique orné de quelques notes **[Ill. 20]**. Ce croquis sert une double fonction. Dans la tradition de l'art de mémoire qui encadrait si étroitement le savoir-faire des rhéteurs, il sert en effet à aider l'orateur — en l'occurrence, le Sconcio — à se remémorer les éléments, parties et/ou exemples de son discours au moment où il le prononce. Mais, simultanément, dans le cadre de ce qu'on pourrait appeler une rhétorique du manuscrit, il sert à permettre à l'éventuel lecteur du Sconcio de se représenter ce que serait un manuscrit qui porterait les marques de l'intonation originellement souhaitée par l'orateur, à la manière dont une portée de notes transcrivant les mélodies composées pour accompagner la récitation d'un madrigal viendrait soutenir l'expressivité du texte de celui-ci.

Dans la suite du texte, de semblables croquis apparaissent en marge à plusieurs reprises. Par exemple, une tête dessinée de profil est visible en marge d'un passage du manuscrit à un moment où l'orateur-auteur se demande comment il serait possible de traduire dans la transcription manuscrite d'une oraison les mouvements de tête que fait un rhéteur pour accentuer certains moments de son discours (fol. 72^{r}). Un visage expressif est alors placé en marge à droite d'une série de phrases dans le cours desquelles le Sconcio s'interroge sur la façon de traduire les changements de visage et la succession des émotions sur le front de l'orateur, suggérant qu'il serait possible de traduire la diversité de tels mouvements de l'âme par une série de pareils visages exprimant différents types de sentiments (fol. 71^{r}) **[Ill. 21]**. Semblablement, le Sconcio suggère que pour transcrire l'apparition de larmes sur le visage du rhéteur, il suffirait de dessiner en marge du manuscrit un œil qui pleure (fol. 70^{v}), et il ajoute que pour signaler la mobilisation de tropes, de divisions rhétoriques ou de démonstrations scholastiques, il est possible de faire apparaître en marge une main ouverte, où de petits bâtonnets tracés à la plume sur la paume signaleraient le nombre des arguments et/ou divisions du discours.

54 Voir *infra*, ch. 4, p. 342-343.

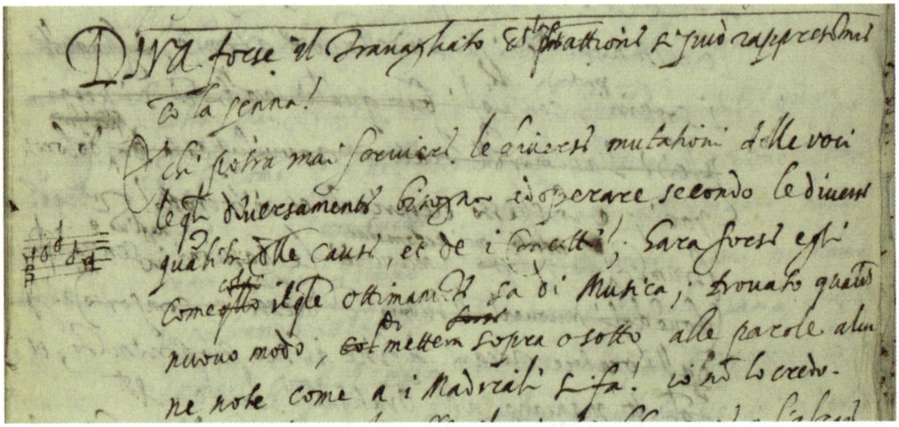

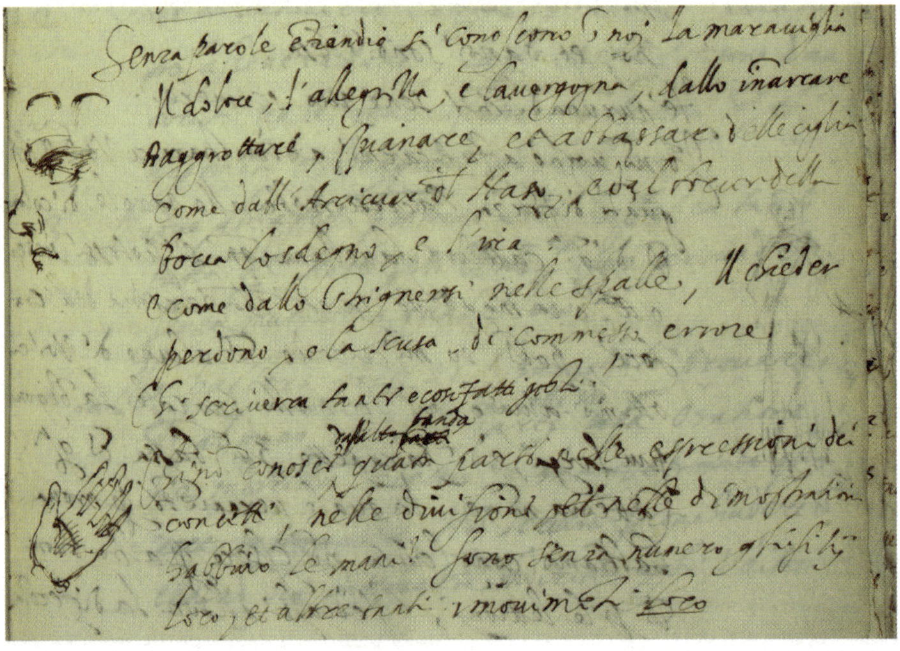

Illustrations 20 et 21.

Détails du fol. 69r et du fol. 71r. du BMLF Ashburnham 559, où les techniques de l'art de mémoire deviennent un moyen de suggérer une *pronuntiatio* dans les marges d'un manuscrit. Reproduits avec la permission de la Biblioteca Medicea Laurenziana, Florence — 2019. Tous droits réservés.
Source : BMLF Ashburnham 559.

En dépit de l'ingéniosité du système de signes que le discours du Sconcio exposait, tant à l'écrit qu'à l'oral, il ne manqua pas, en excellent rhéteur qu'il était, de faire quelques concessions rhétoriques à son adversaire. Dans la suite de son oraison, le Sconcio propose en effet qu'il suffirait au Travagliato de parvenir à prouver qu'une partie — mais en aucun cas l'intégralité — de toute oraison doit être dirigée vers d'éventuels lecteurs (fol. 72). C'est au demeurant là le sens du système de signalisation de l'oralité dont il orne le manuscrit de son propre texte, lequel s'adresse clairement à un lecteur. Mais, dans un tel système de notation, ledit lecteur n'est visé que secondairement. C'est en quoi ces apparentes concessions faites au Travagliato ne font en réalité que renforcer la thèse qui est celle du Sconcio, à savoir que ces éventuels lecteurs ne seront que des destinataires subsidiaires d'un propos dont les destinataires légitimes et premiers ne pourront jamais être que les Alterati réunis en séance plénière. Et le vice-régent, lorsqu'il fit la synthèse du débat qui opposa le Sconcio au Travagliato, en affirmant que « l'oraison doit être principalement et proprement <mais> *non entièrement* adressée aux auditeurs et non aux lecteurs », adopta clairement le point de vue du premier.

C'est sans doute la raison pour laquelle le Sconcio, se sachant en territoire conquis, termina son discours en rappelant à ses confrères académiciens les règles de l'intonation et de la gestuelle qui s'appliquent selon lui à chacune des principales parties du discours (*proemio* ou préambule, narration, preuves et épilogue), soulignant avec éloquence qu'en matière de *pronuntiatio*, l'usage et les normes partagées par une communauté de discours doivent toujours primer. Autrement dit, l'oraison du Sconcio se transforma, dans ses ultimes lignes, en une véritable leçon de rhétorique appliquée à la vie académique, au cours de laquelle Tommaso del Nero rappela à ses collègues ce que lui-même attendait de la prononciation d'une oraison au sein de leur institution de savoir. Puis, dans sa péroraison, le Sconcio, comme tout orateur qui maîtrise pleinement les règles de son art, revint aux fondements mêmes de son discours, en martelant son idée principale par une formule qui visait à frapper les esprits (fol. 73^{v}) : « Oratio credo io che fusse detta così quasi *oris actio* — come dunque volete fare una attione senza attione ? » (« Je crois, pour ma part, que l'oraison est dite telle car c'est pour ainsi dire une *oris actio* <littéralement : une *action de la bouche*, soit une action orale> : dès lors, comment voulez-vous faire une action sans action ? »). Et non sans panache l'homme indiqua dans son *abbozzo* qu'il convenait de terminer sa péroraison par un tonitruant « Ho detto ! » (« J'ai dit ! »), suivi de près par un lieu commun axiomatique qui est clairement destiné à réduire son adversaire au ridicule (fol. 74^{r}) : « La retorica si chiama arte di dire e non di scrivere. » (« La rhétorique est appelée art de dire et non art d'écrire »).

Tommaso del Nero fit ainsi bien plus, dans cet *abbozzo* illustré de croquis de sa main, que soutenir sa thèse : il l'illustra dans le manuscrit qui fut préservé dans les archives de l'académie, comme il l'illustra sans doute non moins clairement par des effets de manches spectaculaires et des modulations de voix emphatiques, le jour où il prononça lui-même ce discours, au sein de l'institution. Le discours graphiquement illustré du Sconcio et la manière dont il fut reçu au sein de l'académie permettent dès lors de mesurer l'attachement des Alterati à la pratique de l'oralité et de mieux saisir les enjeux dont pouvait se trouver lestée à leurs yeux toute *pronuntiatio*. La fréquentation assidue des archives de ce collectif, où de pareils *abbozzi* sont légion (mais sans les croquis préconisés par le Sconcio), nous apprend par ailleurs que ces mêmes académiciens envisagèrent longtemps la transcription manuscrite des discours qu'ils avaient préparés pour les prononcer devant leur auditoire restreint comme des traces encore animées en sous-main par les gestes et la prononciation de l'*actio* rhétorique à laquelle ils avaient donné lieu.

Préserver des centaines de *discorsi* en manuscrit(s) — car il y a bien souvent plusieurs copies d'un seul texte, allant de l'*abbozzo* au texte mis au propre une dernière fois, dans le but de le faire imprimer — semble en effet être devenu pour les Alterati le moyen maintenir un lien entre leurs pratiques d'écriture et l'oralité discursive autrefois plus libre (ou imaginée comme telle) qui ne pouvait plus, en leur temps, avoir cours dans la vie civile. L'usage constant du manuscrit pour assurer la circulation de la parole académique peut ainsi se lire comme une manière de donner vie, dans le secret de l'*accademia privata*, à une forme d'oralité déplacée — par rapport à l'espace politique pensé comme premier dans une cité-État qui avait autrefois été maîtresse de ses propres destinées. On comprend alors mieux pourquoi la circulation manuscrite de *discorsi* en tous genres était, pour les Alterati, un mode de communication central, tant entre les académiciens eux-mêmes qu'aux marges de l'institution et même en dehors, dans l'espace public de la Florence médicéenne.

Néanmoins, si la circulation de manuscrits est effectivement le moyen de communication et de publicité le plus généralement mobilisé par les académiciens pour échanger des textes entre eux ou avec les sympathisants ou curieux dont s'entoure avec soin leur institution, cette forme de communication est elle-même multiforme. Ces différentes manières de générer et de faire circuler du matériau manuscrit produisirent par ailleurs en leur temps des effets de sens et des degrés de publicité fort divers, qu'il est aujourd'hui possible de recouvrer, au moins en partie, en examinant de près la matérialité des documents qui sont parvenus jusqu'à nous, ainsi qu'en reconstituant, autant que faire se peut, leurs destinées ultérieures dans les collections et/ou fonds où ils se trouvent aujourd'hui conservés.

Mises en série(s), de telles traces permettent en effet de se faire une bonne idée des divers types d'écrits et de discours académiques ayant circulé en manuscrit au sein des Alterati — soit en particulier de leur longueur, des formes de leur composition et transcription et de leurs voix et tonalités possibles, telles au moins que les écrits subsistants les laissent apercevoir. Elles permettent aussi de cerner ce qu'on pourrait appeler des stratégies de publicité, lesquelles sont le plus souvent discernables non seulement au travers des tonalités employées dans ces écrits mais encore dans les modes mêmes de leur transcription et dans les formes de leurs circulations initiales. Il apparaît néanmoins très vite que pareils effets de sens n'existaient comme tels qu'en raison de l'existence parallèle d'un autre mode publication — à savoir l'imprimé — qui fonctionnait au sein des Alterati tout à la fois comme un fantasme, comme un repoussoir et comme une forme de consécration tout autant espérée que crainte.

Les archives de l'académie contiennent par exemple nombre de documents dont on imagine mal qu'ils aient jamais été destinés à circuler largement, telles des notes préparatoires à la rédaction de tel ou tel discours, traité ou récit. Dans le BRF Riccardiano 2237, on trouve ainsi un document postérieurement intitulé « Notizie di messer Manno Donati per dare a messer Filippo Sassetti » (« Notes sur le sieur Manno Donati, pour donner au sieur Filippo Sassetti », fol. 73^{r}-94^{v}), qui contient des notes préparatoires à une vie de Manno Donati, un des héros de la République florentine, de la main de deux auteurs différents[55]. Ces notes contiennent pour l'essentiel des éléments biographiques ou historiques, et aux folios 73^{v}-74^{r} et 90^{r}, des généalogies détaillées sont même établies, schémas à l'appui. Il semble que plusieurs personnes (parmi lesquelles se trouvait sans doute Francesco Bonciani, dont la main courante est repérable) aient accompli des recherches dans les archives de la République et/ou dans celles de certaines familles patriciennes pour aider Filippo Sassetti à documenter la vie de Manno Donati. Au folio 221 d'un autre recueil de la Biblioteca Riccardiana, le BRF Riccardiano 1826, on trouve par ailleurs des notes de lecture où apparaît également le nom de Donati, lesquelles sont cette fois de la main même de Filippo Sassetti (il y a en particulier une liste de numéros de pages, avec des notes et des dates renvoyant aux années 1200-1300). Le folio 222 comporte aussi des notes mentionnant Donati, avec en marge une chronologie. Enfin, les folios 225 et 226 du BRF Riccardiano 1826 concernent le même sujet et sont de la même écriture que les folios 73 à 75 du BRF Riccardiano 2237. Il s'agit donc clairement de notes reliées au même projet historiographique que visaient à documenter celles qui étaient présentes dans le BRF Riccardiano 2237. La *vita* correspondante n'est pas préservée et ne fut peut-être jamais achevée.

55. Lors de la bataille de Cascina, qui eut le 28 juillet 1364, Manno Donati, patricien florentin, permit aux troupes de Florence d'éviter de se faire surprendre par celles de Pise alors que, en raison de la chaleur, elles avaient commencé à se baigner dans l'Arno et étaient sur le point d'être attaquées sans pouvoir se défendre. Donati donna l'alerte. En 1503, la République demanda à Michel-Ange de faire une fresque représentant cette scène pour la salle des Cinq-Cents dans le palazzo Vecchio. Leonardo da Vinci devait représenter la bataille d'Anghiari sur le mur d'en face. Aucune des deux fresques ne vit jamais le jour. Il est possible qu'en travaillant à l'écriture d'une vie de Donati, il s'agissait entre autres choses pour Filippo Sassetti de faire un clin d'œil à l'entreprise iconographique avortée jadis envisagée par la défunte République.

Mais le fait que les notes préparatoires en aient été conservées avec soin suggère que certains des Alterati tinrent à garder une trace de ces travaux préliminaires.

On peut imaginer que ce type de documents préparatoires à un travail plus ou moins clairement collectif est le type de traces manuscrites qui devait avoir le moins de circulation en dehors du cercle restreint des académiciens. La matérialité même en est au demeurant révélatrice : phrases souvent incomplètes, écrites en ce qu'on appellerait aujourd'hui un style télégraphique, écritures (et plus généralement mains) plus que courantes et souvent difficiles à déchiffrer, absence de pagination ou de titrage, folios aux formats disparates, papiers de natures et de qualités diverses, texte non réglé, qui apparaît en général horizontalement sur la page mais parfois aussi verticalement ou en travers. En dehors de ceux qui participèrent à ces recherches préparatoires, il n'est pas sûr que quiconque, même parmi les Alterati, ait jamais vraiment su quelles informations, sans doute originellement jugées importantes, avaient été consignées-là.

5.2. *Jeux de manuscrits : un cas de publication manuscrite différenciée*

D'autres types de manuscrits, dont certains ont pu fonctionner aussi comme un travail préparatoire ou au moins d'accompagnement à un texte plus rédigé, ont néanmoins clairement été produits pour une circulation plus large. Ainsi en va-t-il des livres et manuscrits annotés (appelées en italien *postillati*) dont les Alterati ont été des créateurs — et sans aucun doute aussi des utilisateurs — assidus. Plusieurs de ces ouvrages savants sont analysés ailleurs dans ce livre pour les points de vue doctrinaux qu'ils élaborent et mettent en circulation, mais il convient d'examiner ici un exemple de ce type d'objets textuels, pour mieux cerner quels usages — en termes de stratégie(s) de publication — étaient envisagés pour les annotations qui les couvraient, ainsi que comment (et même en quelle compagnie textuelle) cette forme d'intervention érudite manuscrite circulait habituellement dans et hors de l'académie.

Le 12 août 1575, les actes de l'académie enregistrent l'action suivante :

> « L'académicien Desioso <Giulio del Bene> a mis en avant que madame l'Ardente désirait avoir un jugement de l'Académie sur le livre des *Annotations* du seigneur Alessandro Piccolomini sur la *Poétique* d'Aristote. La question de savoir si le jugement susmentionné devait se faire ou pas a été mise au vote. L'idée qu'un tel jugement devait se faire vainquit par tous les raisins <jetons> noirs. »[56]

56. BMLF Ashburnham 558.1, fol. 69^{r} : « Propose questo giorno l'accademico Desioso <Giulio del Bene> che la signora Ardente desiderebbe havere un giuditio di questa Accademia sopra il libro delle Annotationi di messer Alessandro Piccolomini sopra la Poetica d'Aristotile. Mandossi a partito se si doveva fare il sopradetto giuditio o no. Vinsesi per tutte uve nere che si dovesse fare il sopradetto giuditio. »

L'Ardente n'était autre qu'Éléonore de Garzia de Tolède (1555-1576), souvent désignée simplement comme Leonora ou Dianora. Elle avait épousé don Piero de Médicis, lui-même plus jeune fils de Cosme Ier. Cette jeune femme est un personnage aussi mystérieux que fascinant, qui fut, entre autres choses, l'unique membre féminin qu'ait jamais compté l'académie des Alterati. L'Ardente n'assista probablement jamais en personne aux discussions de l'institution mais, étant membre au sens plein, elle s'était vue accorder le privilège de s'y faire représenter pour y faire connaître ses opinions, ainsi que celui de s'y faire accompagner par deux de ses suivantes, au besoin[57]. Éléonore de Tolède fut par ailleurs proche d'Isabelle de Médicis, la fille aînée de Cosme, et vécut comme elle une vie de cour et de salon avec beaucoup de libertés, revendiquant non sans audace(s) son attrait pour le plaisir et même les plaisirs (de l'intellect, de l'amour, de la mondanité, etc.). Parallèlement, son mariage ne fut pas heureux et, comme Isabelle, elle prit sans doute des amants. Être admise parmi les Alterati avec pareil pseudonyme était clairement pour l'Ardente une manière d'exprimer les diverses libertés qu'elle revendiquait.

Quoique d'abord protégée par Cosme Ier, cette malheureuse princesse s'attira néanmoins la colère de son mari qui l'assassina de ses propres mains, pour mauvaise conduite, le 10 juillet 1576 dans leur villa de Cafaggiolo, vraisemblablement avec la bénédiction de François Ier de Médicis, que le comportement trop libre de la jeune femme — alors âgée d'à peine vingt et un ans — avait apparemment également irrité. Même si les liens de certains des Alterati les plus en vue (Filippo Sassetti, Francesco Bonciani, Antonio degli Albizzi et Giulio del Bene notamment) avec la princesse sont aujourd'hui difficiles à documenter, il semble vraisemblable qu'ils aient au moins fait partie de son entourage littéraire et/ou social élargi, à divers

57. Vanni Bramanti lui a consacré un livre : *Breve vita di Leonora di Toledo, 1555-1576*, Florence, Le Lettere, 2007. Éléonore de Tolède est élue parmi les Alterati le 6 juin 1575, à l'unanimité, selon les *atti*, BMLF Ashburnham 558.1, fol. 64v. Un document du 16 juin 1575, conservé en BMLF Ashburnham 558.1, fol. 106v et signé du régent l'Agevole, confère à Éléonore de Tolède des privilèges spéciaux, en particulier celui de se faire représenter à l'académie par un académicien ou d'y venir accompagnée de deux suivantes : « [...] sì come'ella è in fatto, Accademia Alterata e per questo potere e dover godere ogni privilegio, onore, uficio e dignità di essa Accademia, quegli esercitando per persona nominata da lei, purché sia academico. E quando pure avvenisse ch'ella dovese o potesse in detta Accademia intervenire, ci contentiamo che allora non ostante la legge de' forestieri, possa introdurre seco due donne che stiano al suo servizio et non più. » Scipione Ammirato (il Trasformato) fut même chargé de lui trouver un pseudonyme et une *impresa* au sein des Alterati, en préparation de son admission officielle, au cours de laquelle elle devait être représentée par un académicien de son choix. Sur ce dernier épisode, voir Favaro, Maiko, « Sulla concezione dell'impresa in Scipione Ammirato », *Italianistica*, 28, 2, mai-août 2009, p. 285-298 (p. 294-295). Sur le rôle restreint des femmes dans les académies italiennes du *Cinquecento*, voir Fahy, Conor, « Women and Italian *Cinquecento* Literary Academies », dans Panizza, Letizia (dir.), *Women in Italian Renaissance Culture and Society*, Oxford, Oxford University Press, 2000, p. 438-452 et Cox, Virginia, « Members, Muses, and Mascots : Women and the Italian Academies », dans Everson, Jane ; Reidy, Denis V. et Sampson, Lisa (dir.), *The Italian Academies, 1525-1700 : Networks of Culture, Innovation, and Dissent*, Londres, Routledge, 2016, p. 132-67.

titres. Le choix de cette jeune femme scandaleuse comme destinataire de la réponse que les Alterati avaient entrepris de donner au commentaire que l'érudit siennois Alessandro Piccolomini venait de publier en accompagnement de sa traduction de la *Poétique* d'Aristote n'était dès lors sûrement pas dû au hasard[58]. Il révèle au contraire tout à la fois leur inscription, dès 1575, dans l'économie des intrigues de la cour, et leur choix d'une forme de marginalité au sein de celle-ci.

Le commentaire de Piccolomini, qui défendait clairement un usage utilitariste et même moralisateur de la poésie dramatique, était en effet dédié au cardinal Ferdinand de Médicis — futur Ferdinand Ier —, lequel faisait profession publique d'austérité morale et condamnait hautement la liaison de son frère Francesco avec la vénitienne Bianca Cappello, que ce dernier finit néanmoins par épouser en 1579, au grand scandale de son frère. Se revendiquer publiquement du patronage d'Éléonore de Garzia de Médicis pour attaquer, fût-ce indirectement, le moralisme et l'utilitarisme en matière poétique dont faisait preuve Piccolomini, sous la protection de l'austère cardinal Ferdinand, fut dès lors sans doute une discrète provocation de la part des Alterati. Ce geste peut en effet se lire tout à la fois comme une manière de faire concurrence à une académie alors aussi établie et respectée que celle des Intronati de Sienne — dont Piccolomini était l'un des membres les plus influents — que comme une façon de prendre fermement (quoique implicitement) position en faveur des plaisirs de la mondanité curiale, et, plus généralement, d'une éthique libérale en termes moraux tout autant que politiques. De ces choix tant littéraires que sociaux témoigne indirectement une lettre du Vario (Antonio degli Albizzi) au Tenero (Giovan Battista Strozzi), datée du 5 octobre 1575, soit au moment où le texte adressé à l'Ardente était vraisemblablement en cours de finalisation. Dans cette lettre, le Vario explique au Tenero — qui lui demandait des nouvelles de leur lecture de l'ouvrage de Piccolomini — que les Alterati envisagent parallèlement la rédaction d'« un giusto trattato e piacevole » qui serait une œuvre collective sur la poétique et couvrirait la plupart de grands genres poétiques[59].

58. *Annotationi di M. Alessandro Piccolomini nel libro della Poetica d'Aristotele con la traduttione del medesimo libro, in lingua volgare*, Venise, Giovanni Guarisco, 1575.

59. BNCF Magl. VIII 1399, fol. 202 : « Molto magnifico signore mio, Quanto al Piccolomini non ho che dire d'altro, staremo a vedere che ne seguirà, e secondo quello ci governeremo : il discorso sopra la Poetica di che io vi scrissi intendeva io che si potesse fare agevolmente si ciascuno degli accademici o almeno la maggiore parte ci si impiegasse, perchè altri del lirico, alcuno dell'epico o del comico, e chi di qualch'altra sì fatta cosa, a sua fantasia potrebbe pigliar a trattare, le quali cose tutte insieme potrebbono per mio avviso fare un giusto trattato e piacevole. Però se vi pare da richiederne ciascuno di essi di per sé, o almeno coloro che vi parono più a proposito me ne rimetto a voi ; e me <gravate> in quella parte chi vi pare ch'io posso sostenere ; perchè il tutto non posso e non voglio ; ma fra pochi giorni sarò in Firenze e ne parleremo a bocca. In tanto raccomendomi a tutti gli amici <e> che nostro Signor vi feliciti ; e me vi raccomando. Di Valdibotti el dì 5 di ottobre 1575. Di vostra Signoria servitore, il Vario. » Le sommaire du traité de poétique qu'envisageait le Vario est joint à sa lettre au Tenero et figure au fol. 205 du même codex. Cette ébauche est centrée sur la question du plaisir

Ce traité écrit en commun ne vit jamais le jour. Mais il semble qu'en sa place — et peut-être sur les conseils du Tenero, qui a vraisemblablement poussé à ce que réponse soit faite à Piccolomini — émergea un autre type d'écrit sur la poétique, soit une lettre elle-même tout à la fois « juste » et « plaisante à lire », dont la circulation devait être mondaine si ce n'est salonnière, et dont l'une des principales visées, sur le plan social, était d'attirer l'attention d'un public florentin choisi, où les femmes jouaient déjà un rôle important. Ainsi s'expliquent la recherche de la protection d'Éléonore de Médicis et la décision symbolique — et en réalité fort surprenante, étant donné la composition sociale de l'académie — de faire entrer cette princesse dans leur institution. Autrement dit, dans le cadre de telles stratégies de publication, les Alterati se servirent vraisemblablement tout autant d'Éléonore qu'elle-même se servit d'eux. Mais le pari se révéla risqué pour tout le monde. Car il fragilisa sans doute encore davantage la position de la princesse à la cour et dans l'entourage du prince — qui la laissa (ou la fit ?) périr de mort violente moins d'un an après la circulation de cette « réponse ». Parallèlement, l'épisode contribua à inscrire les Alterati dans une position d'externalité, implicitement associée à la dissidence morale tout autant que politique, voire à la débauche, ou à tout le moins à la revendication à peine voilée d'une vie de mauvais garçons et/ou d'agents moralement et socialement provocateurs.

Et, de fait, le comportement des quelques Alterati qui furent associés à cette entreprise, par laquelle l'institution entendait sans doute s'affirmer dans le champ intellectuel florentin, évoque le comportement d'un petit groupe de jeunes gens contestataires, agissant en sous-main de manière concertée. Une réponse aux *Annotationi* de Piccolomini, avec le patronage plus ou moins scandaleux de la signora Ardente, était en effet déjà en préparation depuis plusieurs semaines, et même sans doute plusieurs mois, lorsque le projet est mis au vote dans l'assemblée plénière des Alterati. Car, dès la séance suivante, la réponse, déclarée prête, est approuvée par tous et le Vario (Antonio degli Albizzi) et l'Aspro (Francesco Bonciani) sont tous les deux chargés de la porter à la princesse en délégation[60]. Au demeurant, les notes que Giovan Battista Strozzi (il Tenero) envoya plus de trente années après les faits à don Giovanni de Médicis (il Saldo), lorsqu'il espérait qu'il écrirait une brève histoire de l'académie, suggèrent clairement qu'une partie des Alterati les plus actifs travaillaient déjà à cette réponse bien avant que la possibilité

qui, selon le Vario, constitue le propre de la tragédie plus que de l'épopée, la première étant « più dilettevole per esser più raccolto e ristretto il suo piacere » (fol. 205[r]).

60. BMLF Ashburnham 558.1, fol. 69[r], du 16 août 1575 : « Vinsesi la risposta fatta a l'illustrissima signora l'Ardente sopra la domanda fattaci ella di sapere il giuditio nostro sopra le annotationi del Piccolomini nella Poetica d'Aristotele et ordinasse che 'l Vario et l'Aspro la portasero a sua Eccellenza. »

en soit proposée à l'académie tout entière[61]. Enfin, les écrits académiques préparés à cette occasion témoignent d'une série de stratégies de publication différenciées et même d'un usage très savant des modalités de la circulation manuscrite.

Les Alterati — et tout particulièrement Filippo Sassetti, qui fut clairement, avec le Vario, le moteur de toute cette tentative de « réponse » ouverte à Piccolomini, tout en s'efforçant de ne pas apparaître publiquement comme tel — firent en effet connaître leur position sur le commentaire de Piccolomini au moyen de plusieurs types de supports manuscrits, destinés, selon toute apparence, à des publics légèrement différents. Parmi ces différentes productions textuelles, on trouve notamment un exemplaire soigneusement annoté du commentaire d'Alessandro Piccolomini, actuellement préservé au département des manuscrits de la Biblioteca Nazionale Centrale à Florence sous la cote BNCF Postillati 15. Celui-ci porte des commentaires manuscrits de Filippo Sassetti lui-même, insérés d'une main très soigneuse. Les livres et manuscrits annotés (*libri postillati*) étaient des productions textuelles courantes dans la culture académique de l'Italie du XVIe siècle, tant à Florence qu'en dehors, et ils furent pour beaucoup d'entre eux soigneusement préservés dans les collections publiques italiennes, en tant que pièces uniques où se donne à voir jusqu'à aujourd'hui le travail d'un ou plusieurs érudits.

Parmi les livres et manuscrits annotés par les Alterati actuellement conservés à Florence ou dans les bibliothèques toscanes, on peut citer aussi le BNCF Magl. VII 1199, qui contient une transcription manuscrite de la traduction que Pier Vettori donna de la *Poétique* en 1560, collectivement annotée par une demi-douzaine d'Alterati — il en sera plus longuement question plus loin —, mais aussi les BNCF N.A. 850.1 et 850.2, qui contiennent une édition annotée des livres 2 et 4 de la *Politique* d'Aristote due à Marcello Adriani (il Torbido), ainsi que les BUP Ms. 551 et 552 qui constituent un couple d'exemplaires annotés de la *Rhétorique* d'Aristote traduite en langue toscane par Annibale Caro (Venise, À l'enseigne de la Salamandre, 1570) portant les annotations de Lorenzo Giacomini[62]. Mais ces pratiques d'annotation érudites ont bien sûr existé dans d'autres académies italiennes, telle que l'académie des Infiammati à Padoue. La Bancroft Library de l'Université de Californie Berkeley préserve ainsi deux livres annotés par l'Infiammato Sperone Speroni : le Bancroft Library PA6393. A2 1545p, qui contient ses annotations sur une édition des œuvres complètes d'Horace (Paris, Michel de Vascosan, 1545) et le Bancroft Library f PN 1040.A73 P1 1548, dans lequel figurent les quelques annotations que le commentaire que

61. Voir sur ce point *supra*, ch. 1, note 67, p. 70-71 et BNCF Magl. IX 124, fol. 41[v]-42[v]. Voir aussi ROSSI, Mario, *Un letterato e mercante fiorentino del secolo XVI : Filippo Sassetti*, Città di Castello, 1899, p. 23-25.

62. Je remercie Anna Siekiera de m'avoir signalé ces deux derniers volumes.

Francesco Robortello donna de la *Poétique* (Florence, Lorenzo Torrentino, 1548) suggéra à l'érudit. Les ouvrages préparés dans l'entourage immédiat des Alterati comportent presque tous une interfoliation — soit l'introduction, dans la reliure, de folios blancs qui permettent une annotation plus aérée et/ou plus nourrie. Ce n'est cependant pas le cas du BNCF Postillati 15 annoté par Sassetti, qui n'en avait peut-être pas les moyens financiers. L'interfoliation était en effet une pratique relativement coûteuse car elle demandait en général l'intervention d'un libraire et/ou d'un relieur professionnel. Mais elle avait l'avantage de permettre une véritable adaptation de l'exemplaire aux besoins de l'annotateur. L'interfoliation permettait aussi de faciliter la lecture de l'objet par un public un peu plus large, dès lors qu'elle créait de la place pour faire figurer dans les marges de l'imprimé une écriture plus lisible et, à l'occasion, même soigneusement calligraphiée, comme dans le cas des BUP Ms. 551 et 552.

Le BNCF Postillati 15 est un très bel exemplaire des *Annotationi* de Piccolomini, que Filippo Sassetti a couvert de notes minuscules mais très soigneusement calligraphiées, en dépit des abréviations fréquentes auxquelles l'a visiblement contraint l'étroitesse des marges [**Ill. 22 et 23**]. L'annotation est si délicate et minutieuse, jusque dans son emploi d'un grec très attentivement tracé et accentué — qui fait ainsi démonstration pleine et entière des talents d'helléniste du scripteur —, que l'ouvrage peut difficilement avoir été annoté pour le seul usage de l'annotateur. Il paraît au contraire avoir été préparé pour être lu par d'autres lecteurs, tout autant pour faire circuler auprès d'eux la compréhension que Sassetti avait du texte de Piccolomini et le jugement qu'il portait sur celui-ci, que pour signaler à leurs yeux les capacités de philologue, de critique et de philosophe de son auteur. Le texte de ces annotations manuscrites est néanmoins clairement destiné à des initiés et/ou aux érudits, comme le montrent tant le contenu à la fois savant et allusif des notes que la tonalité souvent polémique avec laquelle l'annotateur s'attaque aux raisonnements de Piccolomini. Par ailleurs, le scripteur déploie de clairs signes de connivence avec le lectorat relativement étroit qu'il paraît viser, par exemple lorsqu'il désigne son maître Pier Vettori — qui fut aussi le maître de la plupart des autres académiciens et lettrés florentins de sa génération —, par des « messer Piero » aussi respectueux que tendres. Le déchiffrement des annotations de Sassetti suggère au demeurant que son analyse de la *Poétique* se fonde largement tant sur sa fréquentation du commentaire que Vettori consacra à ce texte[63], que sur des conversations

63. *Aristotelis De arte poetica ad exemplar libri a Petro Victori correcti*, Florence, Giunti, 1560 ; *Petri Victorii Commentarii, in primum librum Aristotelis De arte poetarum. Positis ante singulas declarationes graecis vocibus auctoris : iisdemque ad verbum latine expressis. Accessit rerum et verborum memorabilium index locupletissimus*, Florence, Giunti, 1560 et *Petri Victorii Commentarii in primum librum Aristotelis De arte poetarum. Positis ante*

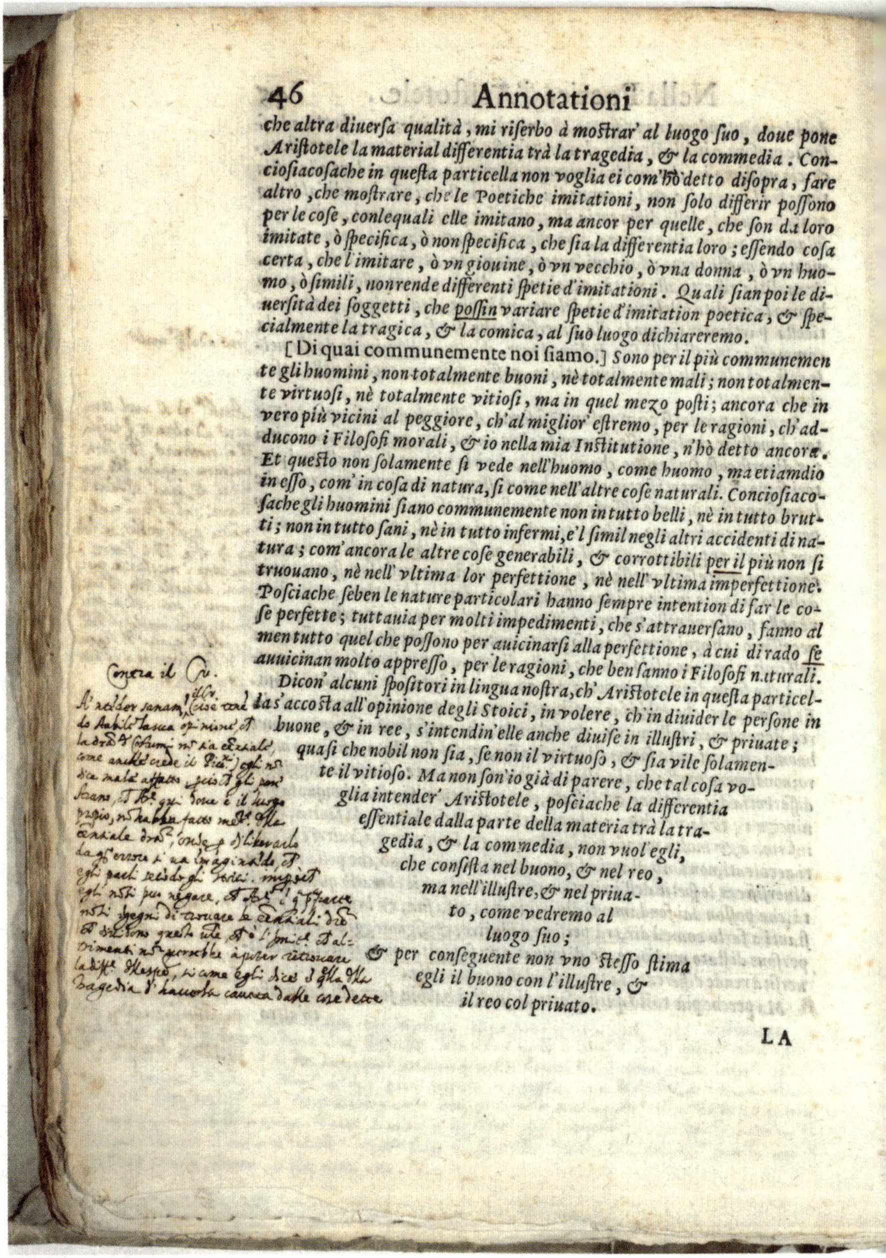

46 Annotationi

che altra diuersa qualità, mi riserbo à mostrar' al luogo suo, doue pone Aristotele la material differentia trà la tragedia, & la commedia. Conciosiacosache in questa particella non voglia ei com' hò detto di sopra, fare altro, che mostrare, che le Poetiche imitationi, non solo differir possono per le cose, con lequali elle imitano, ma ancor per quelle, che son da loro imitate, ò specifica, ò non specifica, che sia la differentia loro; essendo cosa certa, che l'imitare, ò vn giouine, ò vn vecchio, ò vna donna, ò vn huomo, ò simili, non rende differenti spetie d'imitationi. Quali sian poi le diuersità dei soggetti, che possin variare spetie d'imitation poetica, & specialmente la tragica, & la comica, al suo luogo dichiareremo.

[Di quai communemente noi siamo.] Sono per il più communemente gli huomini, non totalmente buoni, nè totalmente mali; non totalmente virtuosi, nè totalmente vitiosi, ma in quel mezo posti; ancora che in vero più vicini al peggiore, ch'al miglior' estremo, per le ragioni, ch'adducono i Filosofi morali, & io nella mia Institutione, n'hò detto ancora. Et questo non solamente si vede nell'huomo, come huomo, ma etiamdio in esso, com' in cosa di natura, si come nell'altre cose naturali. Conciosiacosache gli huomini siano communemente non in tutto belli, nè in tutto brutti; non in tutto sani, nè in tutto infermi, e'l simil negli altri accidenti di natura; com'ancora le altre cose generabili, & corrottibili per il più non si truouano, nè nell'vltima lor perfettione, nè nell'vltima imperfettione. Posciache seben le nature particolari hanno sempre intention di far le cose perfette; tuttauia per molti impedimenti, che s'attrauersano, fanno almen tutto quel che possono per auicinarsi alla perfettione, à cui di rado se auuicinan molto appresso, per le ragioni, che ben sanno i Filosofi naturali.

Dicon' alcuni spositori in lingua nostra, ch'Aristotele in questa particella s'accosta all'opinione degli Stoici, in volere, ch'in diuider le persone in buone, & in ree, s'intendin'elle anche diuise in illustri, & priuate; quasi che nobil non sia, se non il virtuoso, & sia vile solamente il vitioso. Ma non son'io già di parere, che tal cosa voglia intender' Aristotele, posciache la differentia essentiale dalla parte della materia trà la tragedia, & la commedia, non vuol egli, che consista nel buono, & nel reo, ma nell'illustre, & nel priuato, come vedremo al luogo suo; & per conseguente non vno stesso stima egli il buono con l'illustre, & il reo col priuato.

LA

Illustrations 22 et 23.

Les pages 46 et 47 du BNCF Postillati 15, portant les commentaires soigneusement calligraphiés de Filippo Sassetti sur les *Annotationi di messer Alessandro Piccolomini nel libro della Poetica d'Aristotele con la traduttione del medesimo libro, in lingua volgare*, Venise, Giovanni Guarisco, 1575. Reproduites avec la permission de la Biblioteca Nazionale Centrale di Firenze — 2020. Tous droits réservés. Source : BNCF Postillati 15.

LA PARTICELLA DVODECIMA.

ET COSI è manifeſto, che in ciaſcheduna ancor di quelle arti d'imitare, diſopra addote, ſi ritruouano così fatte differentie, in eſſer tali arti in queſto frà di lor diuerſe, che coſe nel modo, che pur' hora ſi è detto, imitano, & rappreſentano, poſciache nell'arte del ſaltare, & in quella dei flauti, & in quella parimente della cethara, poſſon così fatte diuerſità ritrouarſi.

Annotationi nella Particella Duodecima.

CON QVELLO, ch' Ariſtotel dice in queſta particella, ſi viene à confermar quanto ſopra la precedente hauiam detto; cioè che la differentia delle imitationi, ch' Ariſtotel' adduce, che conſiſte nella varietà delle coſe imitate; non vi è addotta, perche habbia forza à far differentia ſpecifica in tutte le imitationi, doue la ſi truoua. Imperciocheſi come con l'eſſempio della pittura ſi vede quiui, che i Pittori differiſcono ſpeſſo trà di loro in depinger le perſone ò più belle, ò più brutte di quello, ch' ordinariamente ſono; & nondimeno nõ ſi deono per queſto ſtimare le arti loro eſſer diuerſe ſpetie, ma ſolo differenti per differẽtie accidentali, & non eſſentiali; così ancora in queſta particella, nell'applicar, che fà Ariſtotele la coſa alle ſpetie dell' imitation poetica, per moſtrare, ch' in ciaſcheduna d'eſſe accaſchi queſta differentia; cominciando egli da quelle facultà, che ſenza'l parlare, imitan con l'harmonia, & col ritmo; ci fà vedere, che & nell'arte dei flauti, & della cethara, & del ſaltare, accade d'imitar peſone, & migliori, & peggiori; & nondimeno non dobbiamo credere, ch' egli voleſſe, che per cagione di tal differentia, ſi trouaſſer' in ciaſcheduna di dette facultà più ſpetie eſſentialmente, & non ſol' accidentalmente, diuerſe. Onde ſi dee, come quiui anche diſſi, ragioneuolmente, dire, ch' ad Ariſtotel baſti in quella particella dire, eſſer' vna delle differentie dell' imitationi, la varietà dei ſogetti imitati; riſerbandoſi egli a' i luoghi proprij à moſtrare poi, quando tal varietà ſarà tale, che poſſa cagionare ſpecifica differentia; com' etiamdio noi, diremo al luogo ſuo.

Si dee notare, che ſe ben' Ariſtotele in monſtrar nelle ſeguenti particelle, differir per tal differentia quelle ſpetie della Poeſia, che ſi ſeruon del parlare, adduce, di ciò gli eſſempi d'imitationi, & poemi fatti in eſſe; nientedimanco non gli adduce già in queſta particella nelle facultà, & arti, che pone in eſſa. Concioſiacoſache non laſciando cotai facultà, com' à dir,

dei

et des échanges épistolaires qu'il a eus avec son maître sur ce sujet[64]. Prenant souvent la défense des positions de Vettori contre celles de Piccolomini, Maggi ou Robortello, Sassetti se positionne, dans ses annotations marginales, en disciple loyal du premier auprès d'un lectorat qu'il suppose acquis : il écrit en homme qui pense que la plupart de ses lecteurs seront susceptibles d'adhérer spontanément à l'interprétation tendanciellement hédoniste qu'il avance, dans les marges de ce livre annoté, de la *Poétique* d'Aristote, en s'inspirant étroitement des interprétations que Vettori avaient précédemment données de ce texte.

Néanmoins, si le public envisagé pour ce livre annoté semble se réduire assez étroitement aux membres des académies florentines elles-mêmes, ou même de la seule académie des Alterati, la prudence n'en motiva pas moins, comme ce fut très généralement le cas au sein de l'institution, la recherche d'un anonymat qui ne serait transparent que pour ceux qui connaissaient personnellement un ou plusieurs des membres de l'académie. C'est ainsi que ce livre annoté — pourtant clairement une œuvre à part entière, tant ses commentaires sont nourris et réfléchis — n'est signé en aucun lieu, bien qu'il soit daté et même localisé, sur sa dernière page, aussi précisément que le serait une lettre, par la mention suivante : « Cominciato a 29 d'agosto 1575, e finito a 18 di settembre il medesimo anno a Pretognano » (« Commencé le 29 août 1575 et terminé le 18 septembre de la même année à Pretognano[65] »). Aux yeux d'un lecteur proche de l'académie, cette notation aurait laissé entrevoir deux choses. Premièrement, l'annotation du livre se présentait comme ayant été terminée *après* qu'eut été produit le texte du jugement placé sous le patronage de l'Ardente — quoique ce n'ait peut-être pas été le cas. En second lieu, les indications très précises placées à la fin du volume annoté auraient permis à un lecteur averti de comprendre que ces annotations avaient été rédigées (ou du moins prétendaient avoir été rédigées) dans la villa d'un des académiciens les plus en vue, Francesco Bonciani, lequel possédait une propriété à Pretognano et était aussi bien un ami qu'un proche collaborateur de Filippo Sassetti[66]. Cette mise en scène des conditions de production de ces annotations a laissé dans le flou le principal auteur de ce travail, Filippo Sassetti, alors même

singulas declarationes graecis vocibus auctoris : iisdemque ad verbum latine expressis. Accessit rerum et verborum memorabilium, index locupletissimus, Florence, Giunti, 1573.

64. Voir ses lettres à Vettori, dans SASSETTI, Filippo, *Lettere da vari paesi, 1570-1588*, éditées par Vanni BRAMANTI, Milan, Longanesi & C., 1970, lettres 16, 19, 22, 23, 25, 26, 35, 37, 41, 50 et 103.

65. BNCF Postillati 15, p. 422.

66. Le testament de Francesco Bonciani, actuellement conservé en ASFi Notarile moderno 7650, du 12 octobre 1613, fol. 76r-79r, mentionne que celui-ci possédait un « podere detto il Sanetto in Pretognano di Val d'Elsa » (fol.78) qui est très vraisemblablement le lieu où Filippo Sassetti a annoté le livre d'Alessandro Piccolomini, durant les vacances d'automne que l'académie accordait annuellement à ses membres, pour leur permettre de veiller aux récoltes *in campagna*, sur les terres entourant leur(s) villa(s).

que sa main, présente sur la plupart des manuscrits subsistants de la réponse, était bien connue parmi ses collègues, notamment parce qu'il calligraphiait lui-même ses propres écrits, ainsi que ceux de certains de ses collègues académiciens, avant de les mettre en circulation. Ainsi était produit un objet textuel étroitement associé à l'académie aux yeux de ceux qui la connaissaient, mais sans que la figure de son principal auteur ne soit jamais mise en avant. Le texte était dès lors peu susceptible d'être rattaché à l'académie par un lecteur extérieur au monde académique florentin, en raison de cet anonymat de connivence, qui protégeait tant l'institution que Sassetti lui-même de toute accusation d'hétérodoxie. Mais ce *libro postillato* n'en permettait pas moins la circulation discrète d'idées audacieuses que les mieux initiés ne manqueraient pas d'associer par-devers eux avec les Alterati tout autant qu'avec Sassetti.

On ne sera dès lors pas surpris que Sassetti ait inscrit, dans les marges d'un livre annoté destiné à circuler de manière restreinte parmi les membres de son académie et d'une poignée de leurs compagnons de route, des remarques bien plus mordantes et techniques que celles qu'il fit circuler dans le texte de la « réponse » de l'académie, dont il fut très certainement aussi le principal auteur. À l'inverse du livre annoté, cette réponse — qui resta toujours manuscrite, elle aussi — visait en effet clairement un public plus large, comme le suggèrent sa brièveté et sa rhétorique relativement lisse et très évidemment moins érudite. Ce public pouvait inclure non seulement des lecteurs savants des annotations de Piccolomini, mais encore, et peut-être même au premier chef, les membres de l'entourage de la signora Ardente et de celui d'Isabelle de Médicis, soit de jeunes courtisans avides de plaisirs. Les quatre manuscrits principaux de cette réponse subsistant à ce jour suggèrent nettement que le texte trouva effectivement le chemin de ce public plus vaste. Le premier est contenu dans le BNCF Magl. IX 124 (fol. 153^{r}-158^{r}), sous le titre de « Lettera a Elenora di Toledo sulla Poetica esposta dal Piccolomini » et correspond sans doute au premier état de la rédaction que Sassetti en donna. Le manuscrit est en effet calligraphié de sa main, avec des corrections en sa main courante — et il ne porte aucune signature, ni individuelle ni collective. L'antériorité de ce manuscrit est confirmée par l'examen des deux autres manuscrits existant encore aujourd'hui parmi les volumes qui préservent les productions textuelles des Alterati, le BNCF Magl. IX 125 (fol. 229^{r}-238^{v}, sous le titre de « Discorso degli'accademici Alterati sopra le Annotationi della Poetica di messer Alessandro Piccolomini all'illustrissima signora Leonora di Tolledo di Medici nella detta Accademia chiamata l'Ardente ») et le BRF Riccardiano 2435 (fol. 127^{r}-134^{v}, sous le titre légèrement différent de « Discorso degli'accademici Alterati sopra le Annotazioni della Poetica di messer Alessandro Piccolomini all'illustrissima et eccellentissima signora Leonora di Tolledo di Medici nella detta Accademia chiamata l'Ardente »).

Le changement de titre entre le premier des trois manuscrits et les deux derniers — qui est marqué par un passage de la lettre au discours — indique que le texte n'adopte plus le ton de la familiarité mais est conçu comme une production académique de type démonstratif. Ces deux derniers manuscrits semblent également de la main de Sassetti, mais le premier de ces deux textes est nettement moins soigneusement calligraphié que le second, suggérant que la circulation envisagée pour ce dernier était sans doute la plus large et la plus formelle de toutes. Par ailleurs, ces deux derniers textes sont signés. Cependant, ils ne le sont pas du nom de Filippo Sassetti mais bien collectivement, à savoir au nom de « Gli accademici Alterati ». Or c'est là la seule et unique fois dans toute l'histoire de l'académie qu'une de ses productions circula sans équivoque au nom de tout le groupe, ce qui laisse à penser que cette publication élargie — qui permettait à Sassetti de cacher ses propres audaces doctrinales derrière la figure de la communauté — avait originellement pour but de faire connaître l'académie plus largement, et d'asseoir sa réputation, en la faisant entrer dans une querelle publique avec une académie beaucoup plus établie et célèbre qu'elle-même ne l'était en 1575[67].

Les corrections successivement intégrées dans ces trois manuscrits invitent enfin à penser qu'ils furent copiés en succession, et corrigés d'une version sur l'autre, chaque fois que l'auteur et/ou copiste était soucieux d'en améliorer le style[68]. Au moins un autre manuscrit subsiste, dans les fonds de la Bibliothèque apostolique vaticane (BAV Vaticani Latini 6528, fol. 103^{v}-107^{v}, le titre étant identique à celui du BRF Riccardiano 2435). Celui-ci date probablement du XVIIe siècle et témoigne sans doute d'une (modeste) circulation du texte après le déclin de l'institution. Les trois premiers de ces manuscrits, vraisemblablement destinés à fonctionner en tandem avec l'exemplaire annoté, participent ainsi d'une stratégie de publication

67. C'est ce que Giovan Battista Strozzi expliqua lui-même à don Giovanni de Médicis (il Saldo) lorsqu'il lui résuma à grands traits les hauts faits de l'académie trente années plus tard ; voir sur ce point *supra*, ch. 1, note 67, p. 70-71 et BNCF Magl. IX 124, fol. 41^{v}-42^{v}.

68. C'est que montre la comparaison des trois fragments suivants, où les passages transformés apparaissent en gras. Le BNCF Magl. IX 124, fol. 153^{r} donne par exemple : « per lo che havendole noi di poi vedute e lette <en marge à droite : **come che e non sia nostri costumi il fare giuditio d'altri scritti che de nostri**> <et en insert en interligne : **tutta volta per sodisfare alla sua domanda**, soit à celle d'Éléonore> le diciamo havere trovate in molti parti corrispondenti al concetto che s'haveva di questo autore, per molti discorsi che'egli per entro vi ha sparsi ; e per molti sue proprie spositioni […] ». Le BNCF Magl. IX 125, fol. 220^{r}, donne pour le passage correspondant : « per ~~lo~~ che havendole noi di poi vedute e lette, **come che e non sia nostri costumi il fare giuditio d'altri scritti che de nostri, tutta volta per piacere alla sua domanda** le diciamo havere trovate in molti parti corrispondenti al concetto che s'haveva di questo autore, per molti discorsi che'egli per entro vi ha sparsi ; e per molti sue proprie spositioni […] ». Enfin, le BRF Riccardiano 2435 donne à voir d'ultimes ajustements : « **per che** havendole noi di poi vedute e lette, **come che e non sia nostri costumi il fare giuditio d'altri scritti che de nostri, tutta volta per piacere alla sua domanda** le diciamo havere trovate in molti parti corrispondenti al concetto che s'haveva di questo autore, per molti discorsi che'egli per entro vi ha sparsi ; e per molti sue proprie spositioni […] ».

soigneusement différenciée, où Filippo Sassetti paraît avoir tiré le meilleur parti des diverses possibilités que lui offrait la circulation manuscrite. Fut ainsi diffusé un texte qui pouvait être associé avec l'académie mais non formellement avec lui-même, en dépit du fait que sa main avait tracé une grande partie des manuscrits qui en avaient circulé. Le mode de circulation choisi pour ce texte créait une forme de publicité à la fois ciblée et restreinte tout en maintenant secrètes tant les conditions de sa production que les motivations qui avaient conduit à sa rédaction. Néanmoins, les manières de faire des Alterati n'étaient pas moins fines et adroites lorsqu'il s'agissait de faire jouer entre elles publication imprimée et publication manuscrite, comme le suggère le cas de la production d'un imprimé ayant fonctionné en tandem avec plusieurs manuscrits dont la circulation fut sans doute aussi très restreinte.

5.3. Publication manuscrite et publication par l'imprimé

En 1595 parut à Florence un livre portant le titre énigmatique de *Della cognitione di se stesso*[69]. Ce livre comportait deux dialogues consacrés successivement à la génération, aux rapports entre perception et entendement et à l'examen des pouvoirs et particularités des cinq sens, du toucher jusqu'à la vue. La page de titre de ce livre en attribuait la paternité à un professeur de médecine et de philosophie né à Poggibonsi en Toscane en 1531, Giovan Battista Muzi (1531-1595). Celui-ci enseigna à la médecine théorique et la philosophie à l'Université de Pise entre 1557-1581[70] et fut le médecin attiré des grandes-duchesses Jeanne d'Autriche et Christine de Lorraine — et, selon toute probabilité, leur obstétricien[71]. Il mourut à Florence en 1595. L'homme n'a publié aucun autre ouvrage que celui qui lui est attribué en 1595, mais deux manuscrits d'un commentaire scholastique du *De Generatione* d'Aristote subsistent sous son nom dans les archives florentines[72].

69. *Della cognitione di se stesso, dialogi di Gioanbattista Muzi, nuovamente publicati e dedicati alla serenissima madama Christiana di Loreno, gran duchessa di Toscana, con licenza e privilegio*, Florence, Filippo Giunti, 1595.

70. Giovan Battista Muzi est répertorié dans les archives de l'Université de Pise. Voir COMMISSIONE RETTORALE PER LA STORIA DELL'UNIVERSITÀ DI PISA (dir.), *Storia dell'Università di Pisa, 1343-1861*, Ospedaletto, Pacini Editore et Pise, Edizioni Plus, 1993-2000, 2 parties en 5 vol., 1re partie, 2e vol., p. 526 : « MUZI (O MUTI O MUCCI), GIOVAN BATTISTA, DI POGGIBONSI. Straordinario di medicina teorica dal 1557-1558 al 1559-60 ; straordinario di filosofia dal 1560-61 al 1567-68 ; ordinario di medicina teorica dal 1568-69 al 1580-81. »

71. Voir ASFi Raccolta Sebregondi 3723 et ASFi Ceramelli Papiani 3325. Ses fonctions d'accoucheur des grandes-duchesses ne sont jamais explicitement mentionnées dans la documentation subsistante mais peuvent se déduire de son champ de spécialisation, qui est — comme en témoignent ses écrits — la génération et les naissances.

72. BNCF Magl. XII 29 renferme un texte intitulé *De incremento et decremento viventium corporum tractatio* (fol. 1r-35v) attribué et BNCF Magl. XV 28 contient une transcription soigneusement calligraphiée d'un *De Incremento et decremento viventium corporum Iohannis Baptistae Mutii Podiobonitiensis, ad Franciscum Medicem Florentinorum et Senenorum Principem Optimum*, qui circula très vraisemblablement en manuscrit.

Giovan Battista Muzi est également l'auteur d'un traité en vernaculaire portant au titre *Della generazione et nascimento dell'huomo* dont un manuscrit est actuellement conservé à la Biblioteca Nazionale Centrale de Florence[73].

Par ailleurs, les archives florentines nous apprennent que Giovan Battista Muzi, quoique né à Poggibonsi, avait obtenu le statut de citoyen de Florence et pouvait légitimement se dire « nobile fiorentino ». Ce titre, qui figure sur la page de titre interne du *Della cognitione di se stesso* **[Ill. 24]**, lui avait sans doute en partie été accordé en raison de ses services auprès des grandes-duchesses Jeanne d'Autriche et Christine de Lorraine, c'est-à-dire eu égard à ses fonctions de médecin de cour. Grâce à ses charges auprès des Médicis, mais aussi à la réussite de son frère, Ercole Muzi, en affaires, la famille semble en tout cas avoir amorcé dans le dernier quart du XVIe siècle une ascension sociale d'envergure. Les Archives du Sénat des Quarante-Huit contiennent en effet une provision du conseil des Deux-Cents indiquant que Giovan Battista Muzi et son frère Ercole, qui possédaient en commun dans le quartier de Santo Spirito des biens dont la dîme annuelle (*decima*) se montait à 9 florins, sont inscrits « a gravezza » à Florence, ce qui constituait le premier pas vers l'accession à la citoyenneté florentine. Ce document précise aussi que Giovan Battista Muzi a précédemment habité vingt-trois ans à Pise, où il enseignait la philosophie et la médecine et dont il était également citoyen[74]. Ce n'est cependant que trois années plus tard que les deux frères Muzi obtinrent la citoyenneté florentine pleine et entière, qui leur donnait la possibilité d'être élus aux magistratures civiles de la ville — et le droit de se dire « nobili fiorentini[75] ». Enfin, en 1767, la famille Muzi demanda et obtint l'entrée dans la noblesse florentine[76].

Ce processus de promotion semble néanmoins avoir au moins en partie reposé sur l'occultation de quelques-unes des réalités sociales d'origine : dans la demande d'accession à la noblesse faite en 1767, les probables fonctions de Giovan Battista

73. Eva DEL SOLDATO a signalé l'existence de ce traité en langue vulgaire (« Vernacular Doctors : Philology, Medecine, and Leisure at the Florentine Academy », dans DEL SOLDATO, Eva et RIZZI, Andrea (dir.), *City, Court, Academy : Language Choice in Early Modern Italy*, Routledge, New York, 2018, p. 100-115, p. 105 et p. 113, notes 28 à 30). La seule transcription existante semble conservée en BNCF Magl. XV 62. (DEL SOLDATO mentione aussi un manuscrit coté BNCF Magl. XV 216. Mais ce manuscrit n'est répertorié dans aucun des catalogues du fonds Magliabecchiano, où la classe XV ne va pas au-delà du numéro 174. Il ne figure pas non plus au nom de Muzi dans l'index alphabétique des manuscrits de la Magliabechiana.) Le texte transcrit en BNCF Magl. XV 62 est adressé à François Ier de Médicis et a probablement circulé en manuscrit avant la mort de son auteur.

74. ASFi Senato dei Quarantotto 11, pour l'année 1582, vol. 67v.

75. Voir ASFi Tratte 67, fol. 73v, des 14 juin et 13 septembre 1585.

76. Voir ASFi Raccolta Sebregondi 3723 et ASFi Ceramelli Papiani 3325, et surtout les pièces ayant soutenu leur demande : ASFi Deputazione sopra la nobiltà e cittadinanza 20, insert 15. Je remercie Francesco Martelli d'avoir exhumé l'ensemble de ces documents concernant la famille Muzi.

Muzi comme obstétricien (et donc comme chirurgien) auprès des grandes-duchesses ne sont en effet jamais explicitées. C'est que ces deux occupations étaient tenues pour mécaniques — parce qu'elles s'exerçaient avec les mains — à la différence de l'enseignement de la médecine, qui relevait des arts libéraux : les mentionner explicitement dans une demande d'accession à la noblesse, qui exigeait de certifier qu'aucun membre de la famille n'avait jamais exercé de métier mécanique, aurait pu condamner la requête à l'échec. C'est sans doute aussi la raison pour laquelle Giovan Battista Muzi ne les revendique jamais hautement dans aucun de ses écrits. L'homme à qui le *Della cognitione di se stesso* est attribué en 1595 est ainsi un homme qui a connu une ascension sociale notable. Mais c'est aussi un individu dont la légitimité sociale resta sans doute toujours fragile, en raison même de ses activités d'obstétricien. Son appartenance pleine et entière aux professions libérales et intellectuelles n'allait sans doute pas tout à fait sans faire question non plus. Car, à la différence de plusieurs autres médecins florentins de son temps, Giovan Battista Muzi n'est pas membre de l'Académie Florentine — ni d'aucune autre académie florentine de la fin du XVIe siècle, telle que les Alterati — peut-être parce que sa connaissance des humanités classiques ou/et des lettres italiennes n'était pas jugée suffisante pour lui donner accès aux sphères où évoluaient les *letterati* florentins les plus respectés[77]. Ces déficiences sont au demeurant perceptibles dans son traité en vernaculaire, qui porte au titre *Della generazione et nascimento dell'huomo*. Dans ce texte, qui contient un exposé relativement succinct de ses connaissances sur la génération, exprimées sous « un voile d'honnêteté et de gentillesse » (« un velo d'honestà e di gentilezza[78] »), on trouve par exemple une poignée de citations tirées de la *Divine Comédie* de Dante[79] ou de la poésie de Bembo et de Giovanni della Casa, mais sans que ces références littéraires soient véritablement intégrées aux raisonnements du médecin, ni abordées comme les énonciations littéraires à visées symboliques qu'elles sont. La culture lettrée de Giovan Battista Muzi semble ainsi quelque peu superficielle — ou du moins maladroitement mobilisée. Et il n'est pas jusqu'à sa manière d'exposer ses connaissances scientifiques qui ne semble souvent cavalière, en comparaison avec les pratiques de l'érudition l'universitaire qui sont celles de ses contemporains. Car si le *Della generazione et nascimento dell'huomo* est

77. Les registres de l'Accademia Fiorentina (BNCF II.IV.211, « Stratto di tutti li accademici ») ne mentionnent pas le nom de Muzi. Le dénombrement des membres de l'Accademia des Alterati (BNCF Magl. IX 134) non plus. Eva DEL SOLDATO, « Vernacular Doctors : Philology, Medecine, and Leisure at the Florentine Academy », étudie le cas de trois médecins qui furent membres actifs de l'Accademia Fiorentina, Pompeo della Barba, Pietro Orsilago et Baccio Baldini. Les profils tant intellectuels que sociaux de ces hommes diffèrent néanmoins assez nettement de celui de Giovan Battista Muzi. En particulier, ils semblent avoir été mieux formés aux humanités et aux lettres.

78. BNCF Magl. XV 62, fol. 5[v].

79. BNCF Magl. XV 62, en particulier fol. 20[v]-21[r] et fol. 70[r]-71[r].

bien rempli de renvois aux textes d'Aristote et de Galien sur ces sujets, les références données à leurs écrits sont presque toujours floues : Muzi pointe un auteur, mais plus rarement une de ses œuvres spécifiques et moins souvent encore un passage précis au sein de celle-ci. Ces mentions relativement vagues laissent supposer que sa culture médicale n'est peut-être pas toujours fondée sur une fréquentation directe et assidue des textes médicaux antiques.

C'est en quoi, en lisant le *Della cognitione di se stesso*, un lecteur un peu averti peut être pris de doutes : Muzi est-il bien l'auteur de ce dialogue d'une rare sophistication tant littéraire que scientifique ? De ce point de vue, le péritexte du volume ne fait en vérité qu'attiser les soupçons. Car si Giovan Battista Muzi signe bien dans *Della cognitione di se stesso* une dédicace à Christine de Lorraine, datée de juillet 1595, celle-ci est en réalité comme supplantée dans l'ouvrage par une autre épître dédicatoire à la même personne, en date de novembre de la même année, et au bas de laquelle figure le nom de Lorenzo Giacomini, membre des Alterati sous le pseudonyme du Mesto. Celui-ci y explique que Muzi, dont il prétend avoir été très proche, étant mort durant l'été 1595, il s'est chargé, à sa demande, de faire paraître son dialogue immédiatement après sa mort[80]. Cependant, mis à part cette épître dédicatoire, aucun lien entre les deux hommes n'est actuellement documenté[81]. De surcroît, le texte des deux dialogues est préfacé pourvu de deux poèmes se disant « in lode del'autore » (« écrits en éloge de l'auteur ») qui sont néanmoins suffisamment ambigus pour pouvoir être lus comme des blâmes déguisés. Le premier, dû à Lorenzo Giacomini, insiste en effet lourdement sur les fonctions d'accoucheur qui étaient celles de Muzi, mentionnant par exemple sa main droite qui donne la vie en appliquant les fers et désignant même toute son œuvre comme « il bel parto gentile » (« le bel et noble accouchement ») de son esprit. Le second poème d'éloges, signé par l'Alterato Scipione Ammirato (il Trasformato), n'est pas moins ambivalent. Il insiste en particulier sur le parcours de Muzi, de « Bonizio il Poggio » (Poggibonsi) et Certaldo, jusqu'à Pise et Florence. Ainsi se trouve indirectement suggéré le fait que le médecin n'est pas né parmi les meilleures familles florentines[82]. En lisant ces éloges aussi insistants qu'ambigus, il est difficile de

80. *Della cognitione di se stesso*, dédicace non paginée : « L'autore di quelli dialogi in partendo di quella vita, a me, il quale egli grandemente amava, in ricompensa del molto honore, che io portava a la virtù sua, diede cura di publicarli [...] ».

81. En particulier, Giovan Battista Muzi n'apparaît pas dans la partie de la correspondance de Lorenzo GIACOMINI qui a été conservée en manuscrit, en BNCF II.III.288, fol. 1r-145v. Il n'est pas non plus mentionné dans les lettres que Cosimo BARTOLI à envoyées à Lorenzo Giacomini (voir BARTOLI, Cosimo, *Lettere a Lorenzo Giacomini*, transcrites et présentées par Anna SIEKIERA, Florence, Accademia della Crusca, 1997).

82. *Della cognitione di se stesso*, éloges non paginés, éloge de Giovan Battista Muzi par Lorenzo Giacomini : « Muzio, la destra porre in foco ardente / Non ti se sdegno di commesso errore ; / Ch'a dar vita fu intento il suo valore, / E da morte a scampare l'inferma gente. / [...] Se morte a mezzo 'l corso s'interpose : / Pur di tua mente il bel parto gentile / Vivrà co'l mondo a par pregiato e caro. »

ne pas se demander si on ne serait pas, avec le *Della cognitione di se stesso*, devant unes de ces impostures dont les lettrés de l'époque moderne étaient si friands[83]. De ce point de vue, l'analyse interne du dialogue, tout autant l'examen détaillé du manuscrit du texte du livre publié, actuellement préservé BNCF Magl. XV 43, ne font que renforcer le doute, conduisant même à formuler l'hypothèse que Lorenzo Giacomini serait en réalité lui-même l'auteur du texte — ou du moins son principal auteur.

Della cognitione di se stesso est en effet un dialogue fictif en deux parties qui se déroule à Bonazza, dans la villa même de Lorenzo Giacomini. La première partie met en scène trois personnages. Deux d'entre eux portent les noms de deux membres des Alterati, à savoir celui de Giacomini lui-même et celui de son collègue et ami Giovan Battista Strozzi (il Tenero). Le troisième est un personnage de médecin, répondant au nom — sans doute fictif — de Bastiano[84]. Ces trois personnages débattent ensemble de la génération, des capacités de l'âme, et de la perception et du toucher, Bastiano exposant ses théories sur ces différents sujets tandis que Giacomini et Strozzi lui posent des questions et émettent des objections. Dans la première partie du texte, Bastiano est le principal locuteur, mais le dialogue reste conduit par Lorenzo Giacomini, qui est celui qui pose le plus grand nombre de questions et semble ainsi organiser la discussion. À la mi-journée, deux autres personnages arrivent en expliquant qu'ils étaient en chemin pour rejoindre Giovan Battista Muzi dans sa villa de Poggibonsi quand ils ont rencontré le cocher de Giacomini qui leur a appris que ce dernier et Strozzi étaient engagés dans une discussion ardue mais passionnante avec un médecin de campagne. Les deux hommes, abandonnant aussitôt leur projet de se rendre auprès de Muzi à Poggibonsi, décident alors de rejoindre immédiatement la discussion à Bonazza. Ces deux personnages appartiennent aussi au monde académique florentin, puisqu'il s'agit de représentations fictives de deux membres de l'Accademia della Crusca, Francesco Marinozzi et Giovanni Berti[85]. Il est alors

83. Sur la pratique des supercheries littéraires ou philosophiques (*forgeries*) à l'époque moderne, voir GRAFTON, Anthony, *Forgers and Critics : Creativity and Duplicity in Western Scholarship* (1990), nouvelle édition avec une préface d'Ann BLAIR et une nouvelle postface de l'auteur, Princeton, Princeton University Press, 2019 et MARTINEZ, Javier (dir.), *Fakes and Forgers of Classical Literature : Ergo decipiatur!*, Leyde, Brill, 2014. L'étude de ces supercheries s'est jusqu'ici principalement focalisée sur création de faux textes classiques. La forgerie de Lorenzo Giacomini, quoique extrêmement savante et nourrie de textes anciens, viserait principalement une cible contemporaine qu'elle parodie, et de surcroît une cible universitaire (Giovan Battista Muzi). Elle semblerait en cela plus proche des pratiques de la potacherie, sur lesquelles voir les analyses transéculaires de SAINT-AMAND, Denis, *Le Style potache*, Neuchâtel, La Baconnière, 2019.

84. Sur la fonction autoreprésentative des dialogues produits dans l'Italie de la Renaissance et le fréquent mélange de caractères « historiquement identifiables » et de personnages fictifs qui s'y repère, voir COX, Virginia, *The Renaissance Dialogue : Literary Dialogue in its Social and Political Contexts, Castiglione to Galileo*, Cambridge, Cambridge University Press, 1992, p. 22-33.

85. Sur les activités de Francesco Marinozzi au sein de l'Accademia della Crusca, voir l'entrée à son nom (http://www.accademicidellacrusca.org/scheda?IDN=203) dans le catalogue des académiciens de cette

décidé qu'on déjeunera avant de parler du goût et des autres sens. Après le banquet, Bastiano expose ses idées sur le goût et l'odorat, puis se tait et laisse Giacomini exposer au long ses vues sur l'ouïe et la vue. La discussion sur la vue s'interrompt à la tombée de la nuit lorsque le médecin est appelé en urgence au chevet d'une femme enceinte qui a soudainement été prise d'une « grave infirmité » (« una grava infermità[86] »). Bastiano s'éclipse alors promptement pendant que les autres personnages vont se promener à loisir dans la campagne en attendant que le dîner leur soit servi.

La conversation entre les cinq personnages mêle un questionnement scientifique, philosophique et théologique avec une raillerie de bon ton, truffée d'allusions au patrimoine littéraire florentin, en particulier à la *Divine Comédie* de Dante et aux commentaires que Benedetto Varchi donna de certains de ces *canti* dans les leçons publiques qu'il prononça devant l'Accademia Fiorentina à partir de 1543. Mais son contenu n'est pas anodin. Car Bastiano y donne par exemple des descriptions crues de la génération, où non seulement il dépeint minutieusement le rôle du plaisir sexuel chez l'homme (p. 39-40) mais encore s'étend de manière non moins explicite et détaillée sur la fonction de celui-ci chez la femme, en s'interrogeant sur la raison des naissances gémellaires (p. 45-46)[87]. Plus largement, l'ensemble de la description de la génération proposée par Bastiano semble en fait sous-tendue par une vision matérialiste, voire hédoniste, de la création. D'une part, rien n'est dit dans le dialogue d'une intervention divine dans la génération de l'âme : l'*anima* et la *vita* sont au contraire décrites comme transmises par le sperme (p. 37), tandis que l'« esprit » est dit prendre naissance dans les fonctions nutritives du cœur (p. 57).

institution disponible en ligne (http://www.accademicidellacrusca.org). Il fut notamment chargé de la révision du texte de l'*Enfer* dans l'édition que la Crusca donna de la *Divine Comédie* (voir *La Divina Commedia di Alighieri nobil fiorentino, ridotta a miglior lezione dagli accademici della Crusca*, Florence, Domenico Manzani, 1595 et réimpression anastatique à l'identique, Florence, Accademia della Crusca, 2000). Pour les activités de Giovanni Berti, voir le catalogue en ligne à la page suivante : http://www.accademicidellacrusca.org/scheda?IDN=1543. Lui aussi travailla à l'édition de la *Divine Comédie*. Sur cette édition de la *Divine Comédie*, le jugement que les Alterati portaient sur elle (qui se trouve notamment exprimé entre les lignes du *Della cognitione di se stesso*) et plus largement la rivalité qui opposa les Alterati et la Crusca en 1590-1591, voir *infra*, ch. 4, p. 380-398.

86. *Della cognitione di se stesso*, p. 190.

87. Certains de ces passages sont en réalité tirés *verbatim* (ou peu s'en faut) du ch. 16 du manuscrit du *Della generazione et nascimento dell'huomo* de Giovan Battista Muzi (voir en particulier p. 43-48, où une grande partie du texte a été prise en BNCF Magl. XV 62, fol. 80-88 : l'exposé de Bastiano comprend de très longues reprises textuelles du texte de Muzi mais aussi, vers la fin de la réplique, des passages résumés). Ce geste est peut-être une manière de parodier Muzi. Mais la parodie n'exclut pas aussi certaines formes de reprise ou d'assentiment. Bastiano (dans la bouche duquel sont mis ces passage tirés des écrits de Muzi) n'est en effet en rien un personnage ridicule : son statut social est différent de ceux des autres membres du dialogue, mais certaines de ses idées sont sincèrement approuvées — et même validées — par les autres interlocuteurs. Pour d'autres analyses de ces reprises semi-parodiques, voir *infra*, ch. 5, p. 443-447.

D'autre part, la nature apparaît nettement dans les propos de Bastiano comme à l'origine de toute création[88].

Il est également possible que le titre même de l'ouvrage publié sous le nom de Giovan Battista Muzi ait fonctionné sur un mode parodique. En 1531, le dominicain Battista da Crema publia en effet à Venise un ouvrage de spiritualité particulièrement austère intitulé *Opera utilissima de la cognizione et vittoria di se stesso*, lequel connut plusieurs rééditions ainsi qu'une diffusion importante dans toute l'Italie du Nord. L'ouvrage recommandait de prendre la mesure de la misère de l'homme — qu'il dépeignait comme esclave de ses vices — et sommait ses lecteurs d'apprendre à se mortifier et à se vaincre[89]. Battista da Crema y réprimait aussi le luxe et toute exhibition de richesse, ainsi que le théâtre, le chant, les bals, les représentations picturales, les vêtements trop ostentatoires, le goût des mets trop délicats — et plus généralement toute la pompe et les plaisirs du monde. Son texte avait ainsi des accents savonaroliens. La rigueur ascétique de Crema, telle qu'elle s'exprimait dans ce texte comme dans ses autres écrits, fut telle qu'elle lui valut une accusation d'hérésie et la mise à l'Index de ses œuvres sous Paul IV. Il est possible que le titre du dialogue sur les sens et la sensualité paru en 1595 à Florence sous le nom de Muzi — et que le texte lui-même justifie manière quelque peu contradictoire[90] — ait notamment été destiné à fonctionner comme une réécriture parodique du titre de l'*Opera utilissima* de la cognizione *et vittoria* di se stesso (je souligne). À l'hérésie

88. La nature est décrite par deux fois comme « ministra di Dio » (p. 29 et p. 60), une expression qui est par ailleurs très proche de celle de « figliuola di Dio » utilisée par Giacomini dans certains autres de ses discours pour désigner la nature (voir *De la nobiltà de le leggi e del obedienza ad esse dovuta*, dans GIACOMINI, Lorenzo, *Orationi e discorsi*, Florence, Sermartelli, 1597, p. 28 par exemple). Par ailleurs, le Dieu de *Della cognitione di se stesso* n'apparaît pas comme le Dieu chrétien mais principalement comme l'Être suprême (« sommo Ente ») et même le souverain Beau (« sommo Bello ») (p. 60). Se trouve ici esquissée une vision spiritualisée de la nature qui ne semble pas exclusivement fondée sur la spiritualité chrétienne.

89. Je remercie Diego Pirillo d'avoir attiré mon attention sur cet ouvrage.

90. La dédicace à Christine de Lorraine signée par Muzi se termine de la manière suivante (*Della cognitione di se stesso*, dédicace non paginée) : « Perche havendo in questi raccolto i ragionamenti cominciati in una villa da un eccellente medico, e da due gentil'huomini per lettere, per costumi, e per nobilità chiari nella nostra città, e poscia da altri, che sopravennero, continuati intorno alle potenze dell'anima humana, in questi altri esporrò gli affetti, e gli habiti di essa, le quali cose comprendono tutto l'esser nostro, e per conseguente la cognitione di noi stessi ; il che ci è mezzo, e scala alla sapienza, et alla felicità ; la quale nel più alto grado di perfezzione a lei, et al suo serenissimo consorte da Dio desiderando, reverentemente me le inchino. » Cependant le dialogue porte moins sur l'âme, dont il traite principalement en son début, que sur les sens. La dédicace de Giacomini, qui précède celle ci, formule le sujet de la conversation en des termes autres, précisant que ces dialogues « contengono nobili cognitioni intorno a le potenze de l'anima, et a gli oggetti de la virtù sensitiva, lontane in gran parte da le vulgari opinioni ». Giacomini souligne aussi dans cette dédicace que la lecture du dialogue sera source d'un « sommo piacere ». Mais, p. 5 du premier dialogue, Giovan Battista Strozzi affirme que de la connaissance des pouvoirs de l'âme dépend « la connaissance de soi-même » (« il conoscer se stesso »), qui est, selon, lui le fondement le plus ferme de notre félicité éternelle — celle-ci devant être comprise comme le but de toutes nos pensées et la finalité de toutes nos actions. Autrement dit, le texte semble hésiter, là encore, entre une finalité spirituelle et une visée sensualiste.

austère de Battista da Crema, les participants aux deux dialogues mis en scène dans *Della cognitione di se stesso* opposaient ainsi implicitement leur goût pour les plaisirs. Celui-ci est souligné dans leurs discussions par leur focalisation sur les cinq sens, mais est néanmoins étroitement associé, chez certains d'entre eux, avec une préoccupation pour la félicité éternelle.

Plusieurs éléments du texte, tant internes qu'externes, laissent penser que Giacomini fut en l'auteur principal tout en ne souhaitant pas l'assumer publiquement. Tout d'abord, il est l'hôte de la discussion, le personnage central du dialogue, et celui à qui est confiée la tâche de décrire l'ouïe et la vue, désignées comme les plus nobles de tous les sens. Or il semble que Giacomini ait eu un intérêt pour les théories de la musique et du son. Un manuscrit contenant une traduction italienne des éléments des *Problèmes* d'Aristote qui concernent la musique lui est en effet attribué (BRF Riccardiano 1612)[91]. Il s'intéressait aussi aux théories de la peinture — et donc à celles la perspective et de la vue. Il fit en effet copier un manuscrit, subséquemment annoté par lui-même, du *De Pittura* de Léonard de Vinci, actuellement conservé en BRF Riccardiano 2136[92]. Par ailleurs, Giacomini maîtrisait extrêmement bien les discours de la médecine, comme en témoigne son oraison sur la purgation des passions dans la tragédie prononcée en 1586 devant les Alterati[93]. Enfin, le Mesto fut au sein des Alterati un de ceux qui proposait le plus volontiers à ses collègues de débattre de sujets scientifiques, notamment de physique et d'astronomie, et il fut sans conteste celui qui intervint en leur sein avec le plus d'érudition sur ces questions[94]. On peut aussi penser que la fin du premier dialogue, en décrivant comment les deux membres de la Crusca délaissent la conversation de Muzi pour celle de Giacomini, a pour fonction de suggérer la supériorité de la culture des *letterati* sur celle des *medici*. Ce n'est pas que le discours de Bastiano soit en rien méprisé dans le dialogue — au contraire, les personnages, dans la première partie du texte, écoutent le médecin avec attention et semblent interagir avec lui à parité. Néanmoins, dans la fin du second dialogue, Bastiano devient un auditeur presque entièrement silencieux, comme si son savoir sur la génération, dont l'expression

91. Sur ce manuscrit, voir PALISCA, Claude V., « Gli Alterati di Firenze e gli albori del melodramma », dans ANNIBALDI, Claudio (dir.), *La musica e il mondo. Mecenatismo e committenza musicale in Italia tra Quattro e Settecento*, Bologne, Il Mulino, 1993, p. 171-193 (p. 178).

92. Voir SCONZA, Anna, « La prima trasmissione manoscritta del *Libro di pittura* », *Raccolta Vinciana*, 2010, p. 309-366 (en particulier p. 282-286).

93. GIACOMINI, Lorenzo, *Orationi e discorsi*, p. 29-52, repris dans WEINBERG, Bernard (éd.), *Trattati di poetica e retorica del Cinquecento*, Bari, Laterza, 1970-1974, 4 vol., t. 3, p. 345-371.

94. Le 14 juin 1584, BMLF Ashburnham 558.2, fol. 51^{r}, on lit par exemple : « Il Mesto <Lorenzo Giacomini> discorse dopo che si furono letti, e considerati privatamente alcuni problemi intorno all'aria, di Aristotele Delle Comete, trattato della loro generazione, e dalle opinioni che hebbero di esse Anassagora, Ippocrate, Seneca, il Cardano, lo Scaligero, et altri, e tutte le confutò ; del luogo loro, degl'auguri che significano, del tempo che durano et somigliante cose. »

voisine toujours avec l'obscénité, s'effaçait peu à peu devant celui que Giacomini possède sur l'ouïe et la vue — les deux sens non seulement les plus nobles mais encore les plus étroitement associés à l'intellect et aux beaux-arts (poésie, peinture, musique, etc.). Ce savoir plus haut est aussi fondé, dans les interventions du personnage de Giacomini, dans une connaissance plus vaste et plus éclairée des lettres comme des sciences. Or c'est bien ce savoir, implicitement présenté comme l'apanage des patriciens florentins les plus lettrés, qui permet en fin de compte au personnage de Giacomini d'évincer symboliquement celui de Bastiano, à qui ses obligations professionnelles d'obstétricien imposent par ailleurs de s'éclipser avant le dîner qui rassemblera les autres participants du dialogue. Ainsi se trouvait suggéré tout ce qui distinguait des hommes pouvant s'adonner pleinement au loisir lettré d'un simple médecin de campagne.

Un autre élément péritextuel était susceptible de mettre la puce à l'oreille des lecteurs. L'auteur du second poème louant Muzi, à l'orée du livre, est en effet Scipione Ammirato (il Trasformato). Membre des Alterati depuis 1570, celui-ci était depuis 1569 étroitement au service des Médicis. Mais l'hétérodoxie de ses écrits ne le plaçait pas moins souvent en délicatesse avec les censeurs tant politiques qu'ecclésiastiques. Il avait développé de ce fait un art consommé de manier la protection de ses maîtres pour assurer la publication de ses œuvres[95]. Il est dès lors possible que son nom apparaisse dans le péritexte de *Della cognitione di se stesso* comme une manière de signaler discrètement que c'est grâce à son intervention qu'un livre où l'obscénité voisine avec la diffusion de doctrines qui flirtent avec le matérialisme a pu être imprimé *con licenza e privilegio*.

Néanmoins, comme souvent parmi les Alterati, la clef permettant de mieux comprendre la nature et la portée de cet énigmatique imprimé est, d'abord et avant tout, cachée entre les lignes d'un manuscrit. Ce manuscrit est celui du *Della cognitione di se stesso*, actuellement conservé à la Biblioteca Nazionale Centrale de Florence sous le nom de Muzi (bien que le codex soit en réalité anonyme), à la cote BNCF Magl. XV 43. Ce manuscrit a été établi en vue de l'impression du dialogue en 1595, selon une technique de transcription qui permettait de faire en sorte que le nombre de pages manuscrites transcrites corresponde à peu près au résultat escompté lors de l'impression[96]. Or ce manuscrit a été soigneusement

95. Voir par exemple ASFi Mediceo del Principato 856, fol. 155^{v} (une lettre du 16 janvier 1594 à Belisario Vinta) où Ammirato demande au premier secrétaire de Ferdinando de hâter l'examen de ses *Discours* par le censeur ecclésiastique, et ASFi Mediceo del Principato 885, fol. 645 (une lettre du 25 mai 1598, à la grande-duchesse), où Ammirato cherche à imposer le nom d'un censeur qui facilitera la publication de ses *Histoires*.

96. Le BNCF Magl. XV 43 compte en effet 192 folios (dont deux blancs entre le premier et le second dialogue), tandis que le texte imprimé exhibe 190 pages de texte. Au fol. 83^{r} du manuscrit figure par ailleurs une addition qui fait le compte du nombre de pages estimé pour le volume (190). Celle-ci n'est pas de la main de Giacomini, mais sans doute plutôt de celle de son imprimeur.

calligraphié par Lorenzo Giacomini lui-même, avant d'être attentivement corrigé par lui de sa main courante. De nombreux exemples de l'écriture calligraphiée de Giacomini, comme de sa main courante, subsistent en effet dans les archives — et les comparaisons ne laissent aucun doute sur l'identité de celui qui a transcrit et corrigé ce manuscrit préparatoire à l'impression du *Della cognitione di se stesso*[97]. Certes, Giacomini pourrait avoir transcrit et même corrigé un manuscrit de Muzi pour en préparer l'impression en tant qu'éditeur du texte (ce qui est précisément la fonction qu'il revendique dans son épître dédicatoire à la grande-duchesse). Mais les corrections multiples et importantes apportées au texte par Giacomini dans le BNCF Magl. XV 43 sont clairement des corrections d'auteur plutôt que d'éditeur : Giacomini coupe le texte de manière significative, introduit des nuances, réécrit ou transforme des passages entiers, nuance ou modifie l'usage de certains concepts, et même ajoute plusieurs lignes en marge ou en supprime autant, la plupart des corrections étant reprises telles quelles dans le texte imprimé[98]. À ces corrections introduites dans le manuscrit préparatoire à l'impression s'ajoutèrent celles que Giacomini a visiblement introduites ensuite, une fois que le texte était entre les mains de l'imprimeur : le livre imprimé exhibe en effet plusieurs différences sensibles avec le manuscrit initialement corrigé. Certaines de ces corrections plus tardives introduisent dans le texte des éléments entièrement neufs (ainsi l'addition significative et substantielle d'un paragraphe entier, dont le manuscrit ne porte aucune trace, à la toute fin du texte imprimé[99]). Mais d'autres changements viennent en rectification ou raffinement des modifications déjà entrées dans le BNCF Magl. XV 43 (y compris des interventions éditoriales assez radicales ayant abouti à la suppression chez l'imprimeur d'une dizaine de lignes du

97. Pour des exemples de la calligraphie de Lorenzo GIACOMINI, voir les livres annotés mentionnés plus haut, BUP Ms. 551 et 552, dont la calligraphie est très similaire à celle du BNCF Magl. XV 34 (notamment pour ce qui est de la forme donnée aux *f*, aux *r*, aux *z*, aux *p*, aux *g*, aux *h* et aux *t*). Pour des exemples de la main courante de Giacomini, voir notamment BNCF II.I.98 (anciennement BNCF Magl. VII 920), fol. 143^{r}-170^{v}, qui contient deux discours du Mesto, le *Discorso della purgazione della tragedia* (datant de 1586) et le *Discorso del furor poetico* (datant de 1587). Ces manuscrits sont des copies préparatoires à l'impression, probablement calligraphiés par un professionnel mais portant des corrections de la main courante de Lorenzo Giacomini. Lorenzo Giacomini a également annoté de sa main courante un traité de Francesco Bonciani sur la langue toscane actuellement conservé en BRF Riccardiano 2435 (fol. 265^{r}-336^{v}). Le fol. 275^{v} de ce dernier manuscrit offre un exemple de sa main courante qui correspond étroitement à la main qui a inséré une note en BNCF Magl. XV 43, fol. 84^{v}.

98. Par exemple, sur le BNCF Magl. XV 43, fol. 48^{r}, à la fin du premier paragraphe du folio, Giacomini a supprimé trois lignes de texte qui n'apparaissent effectivement pas à la fin du premier paragraphe de la page 48 du *Della cognitione di se stesso*. Ces lignes proposaient un exemple de plus pris dans Aristote.

99. On comparera ainsi BNCF Magl. XV 43, fol. 192^{r} et *Della cognitione di se stesso*, p. 190. L'ajout de ce paragraphe final suggère que le texte n'était pas terminé quand le texte a été remis à l'imprimeur et que c'est hâtivement, dans l'atelier de ce dernier, que Giacomini lui a apporté une conclusion.

texte du manuscrit préparatoire à l'impression[100]). Devant le nombre et l'ampleur des modifications faites, il est difficile de croire que Giacomini ait simplement agi en l'espèce comme un éditeur posthume du texte de Muzi. Il est beaucoup plus probable que le texte publié ait en réalité été le sien, ou au moins très largement écrit par lui.

Un autre élément matériel vient confirmer cette hypothèse : le haut de la première page du BNCF Magl. XV 43, où devaient figurer le nom de l'auteur et le titre du dialogue, a en effet été déchiré (alors que le reste du codex est intact et plus généralement en bon état), laissant subsister seulement les premières lettres du prénom de Giacomini : « M. Lore...[101] » **[Ill. 25]**. Ce fait suggère un maquillage de dernière minute, alors que le livre était peut-être déjà chez le censeur et/ou l'imprimeur, ou encore juste après l'impression, lorsqu'il a été archivé pour conservation. Pareil archivage est au demeurant en soi assez inhabituel : les manuscrits préparatoires à l'impression étaient le plus souvent détruits. On peut dès lors supposer que la personne qui a conservé et transmis le BNCF Magl. XV 43 avait de bonnes raisons de le faire — comme le désir de conserver une trace écrite qui pouvait permettre (pourvu que soit identifiée plus tard la main de Giacomini) de voir clair dans la supercherie ? Tous ces éléments portent en tout cas à croire — mais bien évidemment sans certitude absolue — que Giovan Battista Muzi, dont la pensée médicale était nourrie d'aristotélisme matérialiste (il fut apparemment un lecteur de Pomponazzi[102]), devint à sa mort, à l'été 1595, le support commode d'une imposture littéraire qui évita peut-être à Giacomini d'assumer publiquement son intérêt pour des sujets considérés comme obscènes et/ou des positions philosophiques voisinnant avec le matérialisme ou le sensualisme, tout en lui permettant d'associer fictivement sa figure, tout autant que l'image publique des Alterati, avec ceux-ci.

100. Une comparaison entre la page 187 du texte imprimé et le folio 189^r du BNCF Magl. XV 43 révèle que neuf lignes du manuscrit ont été supprimées chez l'imprimeur après « fra le cose si trovano ». La suppression fait disparaître une série d'exemples qui suggèrent que certains animaux fuient à la vue d'animaux appartenant à d'autres espèces, dont la couleur représenterait certaines propriétés occultes.

101. BNCF Magl. XV 43, fol. 1.

102. La Biblioteca Universitaria di Pisa préserve un exemplaire du *De naturalium effectuum causis, sive de incantationibus [...]* de Pietro Pomponazzi (Bâle, Henri Pierre, 1556 ; cote : BUP B f. 4. 3), portant une « nota di possesso » (ou inscription) au nom de Muzi sur le recto de la page de garde antérieure (« Messer Gianbattista Mutij da Poggi Bonzi »).

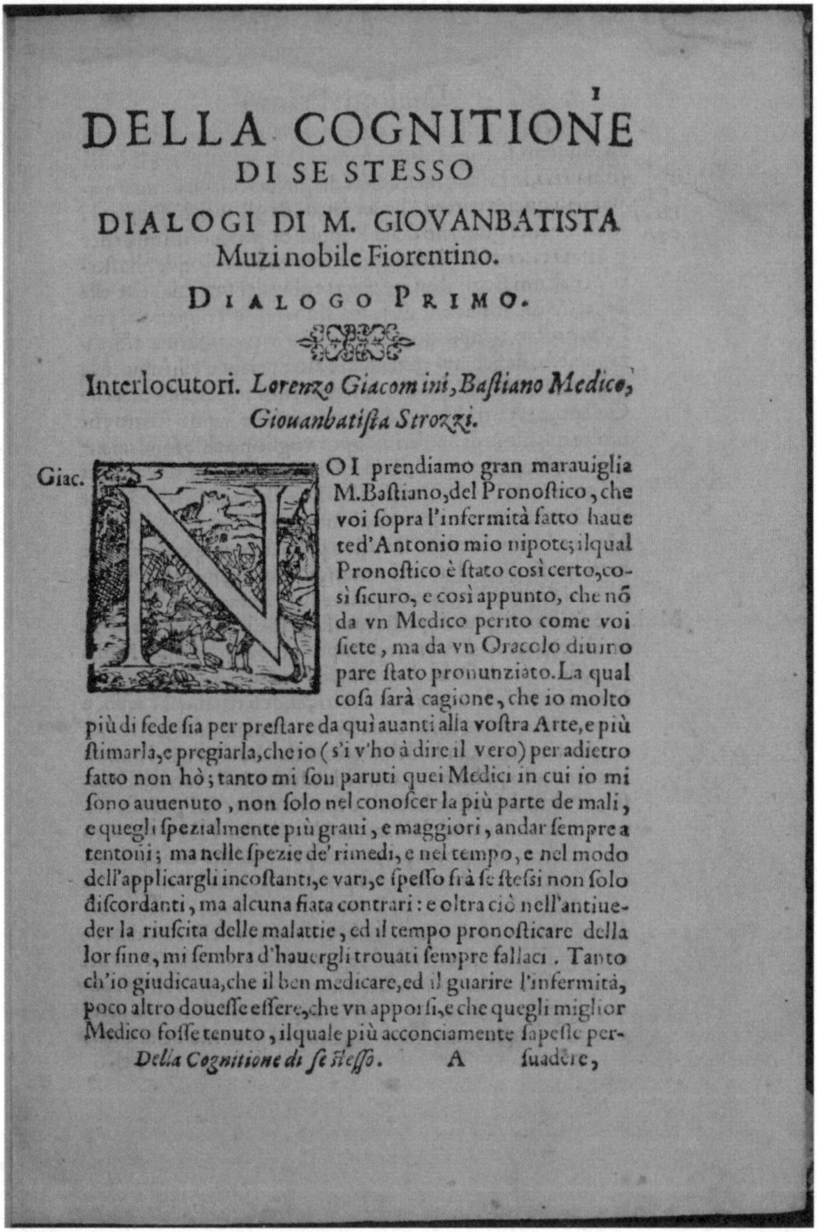

1

DELLA COGNITIONE
DI SE STESSO

DIALOGI DI M. GIOVANBATISTA
Muzi nobile Fiorentino.

DIALOGO PRIMO.

Interlocutori. *Lorenzo Giacomini, Baſtiano Medico, Giouanbatiſta Strozzi.*

Giac. NOI prendiamo gran marauiglia M.Baſtiano,del Pronoſtico, che voi ſopra l'infermità fatto haue ted'Antonio mio nipote; ilqual Pronoſtico è ſtato così certo,così ſicuro, e così appunto, che nō da vn Medico perito come voi ſiete, ma da vn Oracolo diuino pare ſtato pronunziato. La qual coſa ſarà cagione, che io molto più di fede ſia per preſtare da quì auanti alla voſtra Arte, e più ſtimarla, e pregiarla, che io (s'i v'ho à dire il vero) per adietro fatto non hò; tanto mi ſon paruti quei Medici in cui io mi ſono auuenuto, non ſolo nel conoſcer la più parte de mali, e quegli ſpezialmente più graui, e maggiori, andar ſempre a tentoni; ma nelle ſpezie de' rimedi, e nel tempo, e nel modo dell'applicargli incoſtanti, e vari, e ſpeſſo frà ſe ſteſsi non ſolo diſcordanti, ma alcuna fiata contrari: e oltra ciò nell'antiueder la riuſcita delle malattie, ed il tempo pronoſticare della lor fine, mi ſembra d'hauergli trouati ſempre fallaci. Tanto ch'io giudicaua, che il ben medicare, ed il guarire l'infermità, poco altro doueſſe eſſere, che vn apporſi, e che quegli miglior Medico foſſe tenuto, ilquale più acconciamente ſapeſſe per-

Della Cognitione di ſe ſteſſo. A ſuadere,

Illustrations 24 et 25.

La page de titre interne (p. 1). du *Della cognitione di se stesso*, Florence, Giunti, 1595 et le premier folio (1r) du manuscrit préparatoire à l'impression de ce texte (BNCF Magl. XV 43), au titre duquel le nom de Lorenzo Giacomini a été déchiré. La main ayant calligraphié et corrigé le manuscrit est celle de Lorenzo Giacomini. Reproduits avec la permission de la Biblioteca Nazionale Centrale di Firenze — 2020. Tous droits réservés.

Sources : BNCF Magl. 3.2.679 et Magl. XV 43.

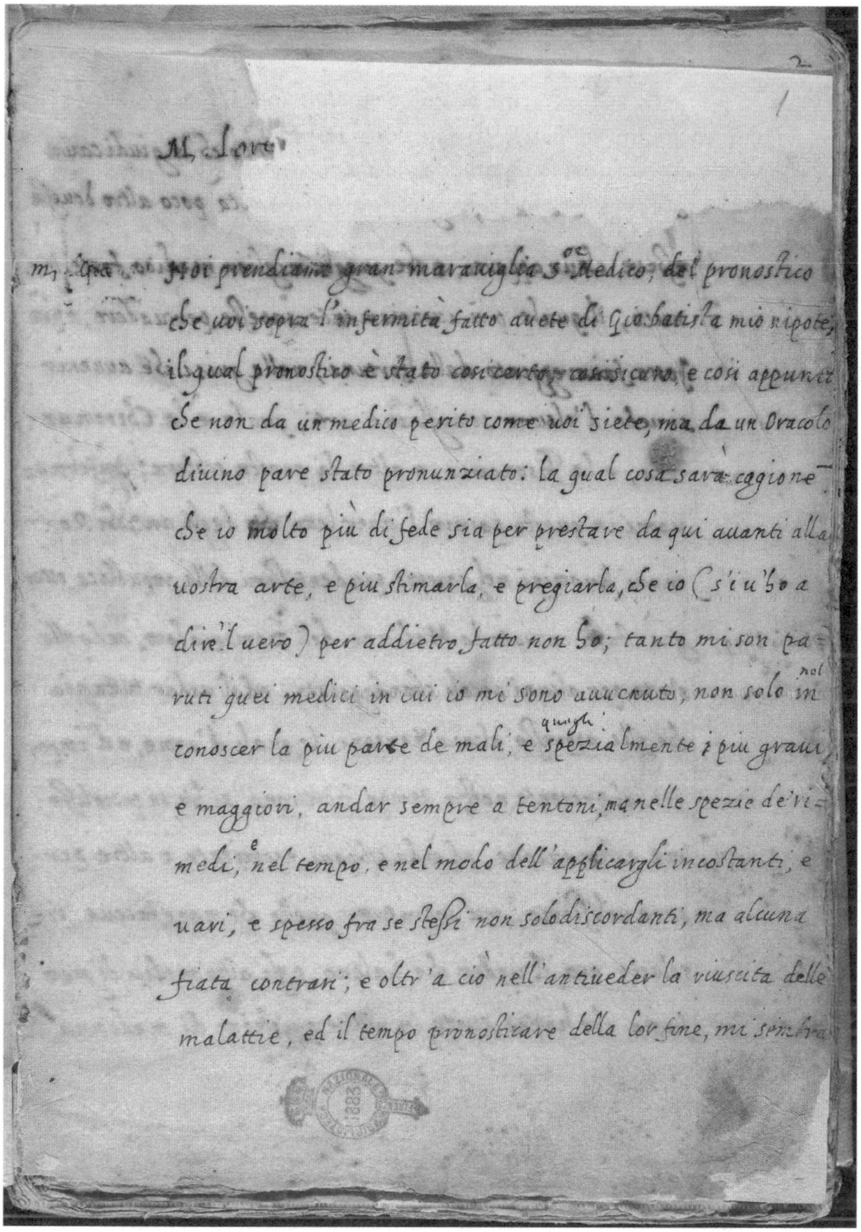

M.co Lor.zo

Noi prendiamo gran maraviglia S.or Medico, del pronostico
che voi sopra l'infermità fatto avete di Gio: batista mio nipote,
il qual pronostico è stato così certo, e così sicuro, e così appunto
che non da un medico perito come voi siete, ma da un Oracolo
divino pare stato pronunziato: la qual cosa sarà cagione
che io molto più di fede sia per prestare da qui avanti alla
vostra arte, e più stimarla, e pregiarla, che io (s'i'ho a
dire 'l vero) per addietro fatto non ho; tanto mi son pa-
ruti quei medici in cui io mi sono avvenuto, non solo nel
conoscer la più parte de mali, e quegli spezialmente i più gravi,
e maggiori, andar sempre a tentoni, ma nelle spezie de' ri-
medi, e nel tempo, e nel modo dell'applicargli incostanti, e
vari, e spesso fra se stessi non solo discordanti, ma alcuna
fiata contrari; e oltr'a ciò nell'antiveder la riuscita delle
malattie, ed il tempo pronosticare della lor fine, mi sembra

Il est de ce point de vue frappant de constater que Giacomini, tout en agissant probablement au moins en partie en faussaire, respecte toutes les formes d'une publication légitime. Il fait la demande d'une autorisation et d'un privilège, insère deux dédicaces et deux poèmes d'éloges, et fournit même un index des notions, dont l'apparent sérieux invite ses lecteurs à penser que le livre est un texte à visée scientifique qui n'aurait rien à cacher. Cette lecture en termes essentiellement scientifiques, à laquelle le texte invitait, est au demeurant documentée par l'un des exemplaires toujours existants de ce livre. En 2010, la Biblioteca Berenson (Villa I Tatti, Florence) acquit en effet un exemplaire annoté du texte imprimé qui est actuellement coté SPEC B 2430.M89 1595 M dans ses collections[103]. Cet exemplaire porte sur sa page de titre une notation qui précise qu'un certain Christophorus a Wisenthaw (Christophe de Wisenthau) a donné ce livre à la nation germanique de l'Université de Bologne en 1596 (« Hunc librum Christophorus a Wisenthaw Bononia abiens [...] natione Germanica dono dedit anno 1596 »). Cette indication est suivie de la mention « ex dono autoris » (« donné par l'auteur », selon toute probabilité à Wisenthau lui-même), ce qui ne manque pas d'étonner dès lors que l'homme dont le nom apparaît sur la page de titre du livre (Giovan Battista Muzi) est, au sein même de celui-ci, donné pour mort avant sa parution. Ce Christophe de Wisenthau fut un étudiant de la nation germanique auprès de l'Université de Bologne à partir de 1596, comme le documentent les archives répertoriant les immatriculations de cette université. Le 26 mai 1596, au nº 2061, figure en effet un certain « Christophorus a Wisentav Francus, 4 libras [Siena, 2720 : 1596, a Wisenthau Franco] », qui est parallèlement décrit comme s'étant également enregistré à l'Université de Sienne la même année[104]. Le second tome de cette collection mentionne parallèlement un « Christophorus a Wisenthaw Franco[105] ». On ne sait comment cet étudiant d'origine germanique est rentré en contact avec le ou les auteurs du *Della cognitione di se stesso*, mais la mention « ex dono autoris » suggère que, avant de remettre le livre à la nation germanique à Bologne dès 1596 (soit une année après sa parution), il l'a lui-même reçu d'un auteur qui ne pouvait en tout état de cause être Muzi. La maison de campagne de Lorenzo Giacomini, à Bonazza, se trouvant près de Sienne, il est néanmoins possible qu'il ait fait la connaissance de celui-ci lors de son ou

103. Je remercie le directeur de la Biblioteca Berenson (Villa I Tatti), Michael Rocke, d'avoir accepté d'acquérir cet exemplaire sur ma recommandation.

104. Voir ACCORSI, Maria Luisa (éd.), avec la collaboration de Claudia ZONTA, *La Matricola 1573-1602, 1707-1727* (*Die Matrikel : 1573-1602, 1707-1727*), Bologne, CLUEB, 1999, p. 166.

105. NERI, Silvia et PENUTI, Carla (éds.), *Annales : 1595-1619*, Bologne, CLUEB, 2002, p. 85 et p. 87. Par ailleurs, ce « Chistophorus a Wi(e)senthau, franco » a aussi été présent, dans sa jeunesse, à l'Université d'Orléans, voir RIDDERIKHOFF, Cornelia M. et DE RIDDER-SYMOENS, Hilde (éd.), *Quatrième Livre des procurateurs de la nation germanique de l'ancienne université d'Orléans 1587-1602 : texte des rapports des procurateurs*, Leyde, Brill, 2015, p. 410.

ses séjours dans cette ville comme étudiant, à partir de 1596, et que Giacomini lui ait donné un exemplaire du texte paru en 1595.

Toujours est-il que cet exemplaire annoté porte la marque d'une lecture du dialogue qui aurait en effet pris au sérieux ce texte comme texte scientifique sur la génération, les cinq sens et le plaisir. Il exhibe en effet principalement des notations marginales indexatives qui signalent les éléments essentiels des points de vue échangés pour en faciliter la localisation ultérieure et la rétention. Ce fait pourrait indiquer que la supercherie de Giacomini — si supercherie il y a bien eu — était suffisamment adroite, convaincante et même sérieuse dans ses ambitions scientifiques pour passer inaperçue de lecteurs qui n'auraient pas été très au fait des manières de faire des Alterati en matière de publication. Si Wisenthau a effectivement reçu le livre d'un « auteur » qui portait le nom de Lorenzo Giacomini, la connaissance de la supercherie ne l'a apparemment pas empêché de lire cet ouvrage pour ce qu'il était effectivement, c'est-à-dire une réflexion scientifique aussi aboutie que neuve, sur des questions brûlantes et/ou sulfureuses. On peut même penser que, pour un public susceptible de soupçonner une possible imposture, le texte cherchait en fait à être lu sur deux niveaux, soit à la fois comme un écrit scientifique sur la perception et comme un commentaire parodique et mordant sur la vie académique florentine. Son ou ses auteurs et publicateurs défiaient ainsi en sous-main les autorités pour affirmer la spécificité des groupes sociaux auxquels ils appartenaient et exalter la dissidence discrète qui s'y était développée, en faisant jouer dans l'imprimé même des mécanismes de publication extrêmement restreints, qui présupposaient tant l'étroite connivence institutionnelle et/ou sociale de leurs lecteurs, que la maîtrise des codes de la publication manuscrite[106].

5.4. *L'imprimé : éloge, monument(s) et formes de la publication doctrinale*

Plus généralement, l'imprimé — dont l'usage parmi les Alterati fut assez rare, au regard de l'ensemble de la production textuelle de l'académie — semble avoir principalement eu deux fonctions au sein de l'institution. La première fut celle de courtiser le pouvoir, au travers de textes d'éloge, à contenu plus ou moins clairement historiographique et/ou hagiographique[107]. La seconde fut celle de publier, le plus souvent de manière posthume ou quasi posthume, des monuments éditoriaux à la gloire de l'un de ses académiciens, les deux visées étant loin d'être toujours

106. Pour une analyse des pratiques et positions des Alterati sur l'herméneutique, telles qu'elles apparaissent dans *Della cognitione di se stesso*, et quelques précisions supplémentaires sur la manière dont le texte du dialogue pille et réécrit, en plusieurs endroits, le traité de Muzi sur la génération (BNCF Magl. XV 26), voir *infra*, ch. 4, p. 396-398 et ch. 5, p. 443-447.

107. Sur cette production de tonalité encomiastique, voir *supra*, ch. 2, note 124, p. 162.

mutuellement exclusives. Enfin, l'imprimé a aussi servi, mais bien plus rarement, à faire connaître une prise de position dont l'académie avait souhaité faire la publicité, afin de voir son nom et ses contributions de critique ou de doctrine circuler plus largement.

Du côté de la publication d'œuvres complètes en forme de monument(s), plusieurs cas peuvent être mis en parallèle. On dénombre en effet une demi-douzaine de publications de cet ordre, dont la parution d'une sélection de discours de Lorenzo Giacomini en 1597, celle des poésies d'Ottavio Rinuccini en 1622, celle de quelques œuvres choisies de Giovan Battista Strozzi parues au moment de sa mort (1634-1635) et celle d'une série d'œuvres narratives et discursives de Bernardo Davanzati publiées au début du XVIIe siècle (en particulier dans une collection datant de 1638)[108]. Ces publications-monuments ne prennent en général forme qu'au moment de la mort d'un des académiciens. Elles paraissent parfois juste avant celle-ci, comme dans le cas de la publication des *Orationi e discorsi* de Lorenzo Giacomini, parues en 1597, alors que leur auteur meurt en 1598. Mais elles peuvent aussi voir le jour immédiatement après la disparition d'un Alterato de renom, comme dans le cas de la publication des *Orazioni e altre prose* de Giovan Battista Strozzi, parues à Rome en 1635, un an après la mort de l'académicien, et sous la direction de son petit-neveu et héritier universel, le marquis de Forano. Autrement dit, ces publications interviennent au moment où il n'est plus utile de maintenir l'anonymat de connivence qui avait marqué la diffusion première des écrits ainsi rassemblés, le plus souvent créés à l'origine pour une prononciation orale et circulés ensuite en manuscrit. La publication imprimée de ces collections, souvent extrêmement soignée et exécutée dans des formats somptuaires — comme dans le cas des *Orazioni e altre prose* de Giovan Battista Strozzi et des *Poesie* d'Ottavio Rinuccini **[Ill. 26 et 27]** —, apparaît ainsi comme une manière de soigner la réputation posthume de tel ou tel académicien, en l'associant étroitement au renom de l'académie elle-même, dont l'aura se trouvait renforcée, comme par ricochet, par la diffusion imprimée de certains des écrits produits et/ou récités en son sein. Ceux-ci sont en effets rendus accessibles à un auditoire qui ne se réduit plus, en termes géographiques tout autant que symboliques, aux seules élites florentines, accroissant de ce fait la visibilité et la réputation de l'institution académique.

Car si, dans ces éditions tardives, le nom de l'académicien semblait souvent prendre le dessus, dans la ou les pages de titre, sur le nom de l'académie — comme

108. GIACOMINI, Lorenzo, *Orationi e discorsi di Lorenzo Giacomini Tebalducci Malespini*, Florence, Sermartelli, 1597 ; RINUCCINI, Ottavio, *Poesie alla maestà cristianissima di Luigi XIII, re di Francia, e di Navarra*, Florence, Giunti, 1622 ; DAVANZATI, Bernardo, *Scisma d'Inghilterra con altre operette del signor Bernardo Davanzati al serenissimo Ferdinando secondo gran duca di Toscana*, Florence, Massi e Landi, 1638 et STROZZI, Giovan Battista, *Orazioni e altre prose del signor Giovambattista di Lorenzo Strozzi*, Rome, Grignani, 1635.

dans le cas de la publication des oraisons académiques de Lorenzo Giacomini **[Ill. 28]** —, la configuration éditoriale était en général plus complexe et stratifiée qu'il n'y paraissait au premier abord. Par exemple, toujours dans le cas des *Orationi e discorsi* du Mesto, la mention du nom de l'académie persiste et est même systématiquement répétée dans les pages du livre, même si le pseudonyme académique de Giacomini n'apparaît pas. Une mention qui stipule « nel Academia de gli Alterati nel anno [...] » souligne en effet, à l'ouverture de chacune des oraisons concernées, l'origine académique (et, dès lors, aussi en partie collective) du texte publié **[Ill. 29]**. Alors que la carrière de l'académicien atteignait son terme, celui-ci ne s'appuyait donc sans doute pas moins sur l'académie pour s'affirmer comme lettré qu'il ne renvoyait à elle avec une sorte de déférence, comme pour lui reverser une partie de la gloire qu'il était susceptible de tirer de l'impression de ses œuvres oratoires. Par là, l'institution académique entrait elle-même dans la lumière à l'occasion du dévoilement tardif des écrits d'un de ses membres. La même remarque peut être faite à propos des *Poesie* d'Ottavio Rinuccini, où le nom de l'académie n'apparaît pas au titre de l'ouvrage, mais qui sont néanmoins pourvues d'une épître aux académiciens Alterati. Dans ce texte, le fils d'Ottavio Rinuccini fait l'éloge de son père tout en associant très étroitement le travail de ce poète de cour avec l'académie dont avait il été membre depuis son plus jeune âge et dont les activités étaient sans doute, à ce moment-là, fort réduites **[Ill. 27]**.

ORAZIONI
ET ALTRE PROSE
DEL SIGNOR
GIOVAMBATISTA
DI LORENZO STROZZI.
All'Em.mo e Reu.mo Sig.
CARD. BARBERINO.

IN ROMA, Nella Stampa di Lodouico Grignani. 1635. Con licenza de' Superiori.

Illustrations 26 à 29.

Le frontispice des *Orazioni* (1635) de Giovan Battista Strozzi, celui des *Poesie* (1622) d'Ottavio Rinuccini et celui des *Orationi e discorsi* (1597) de Lorenzo Giacomini, avec la page de titre de son discours « Del furor poetico » (p. 53). Reproduits avec la permission de la Biblioteca Nazionale Centrale di Firenze — 2020. Tous droits réservés.

Sources : BNCF Magl. 21.2.21 ; Magl. 21.4.135 et Magl. 19.3.115.

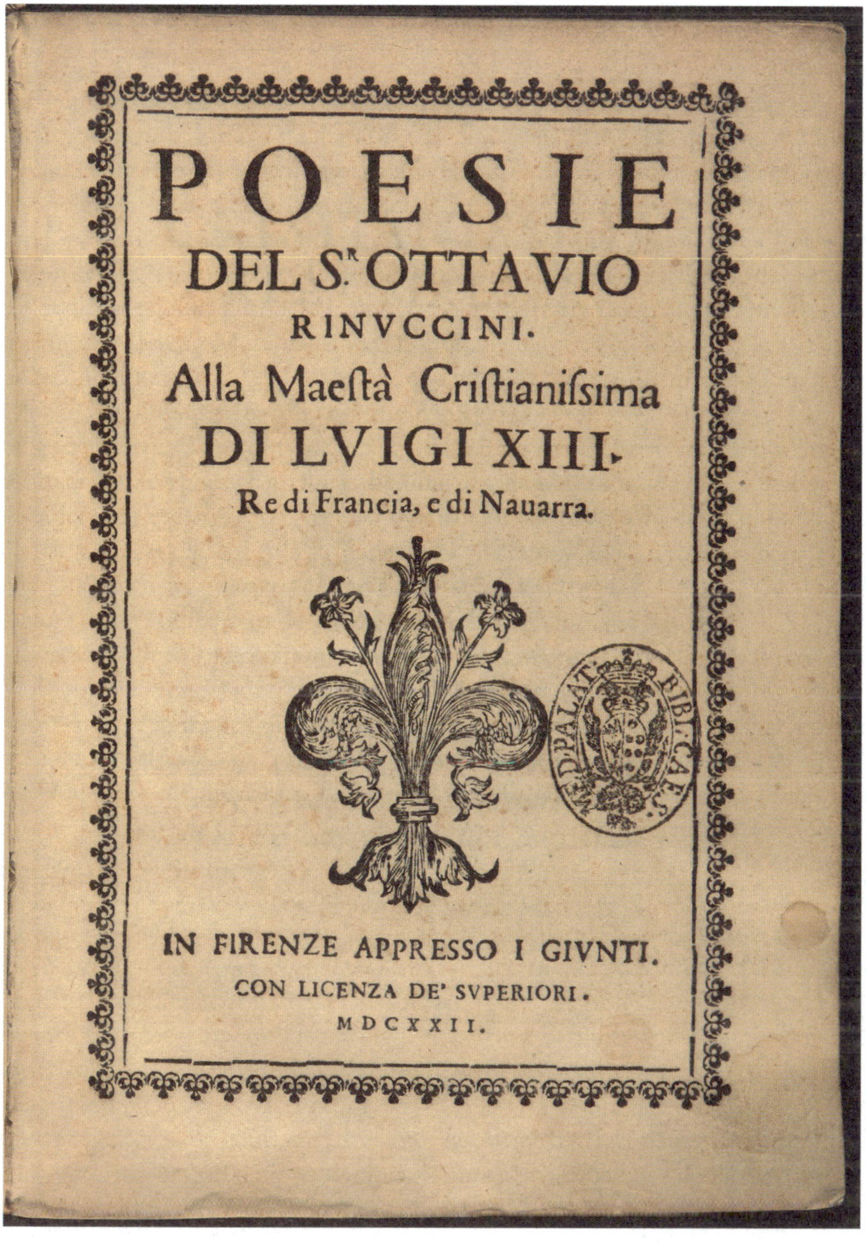

POESIE
DEL S.r OTTAVIO RINVCCINI.

Alla Maestà Cristianissima

DI LVIGI XIII.

Re di Francia, e di Nauarra.

IN FIRENZE APPRESSO I GIVNTI.

CON LICENZA DE' SVPERIORI.

MDCXXII.

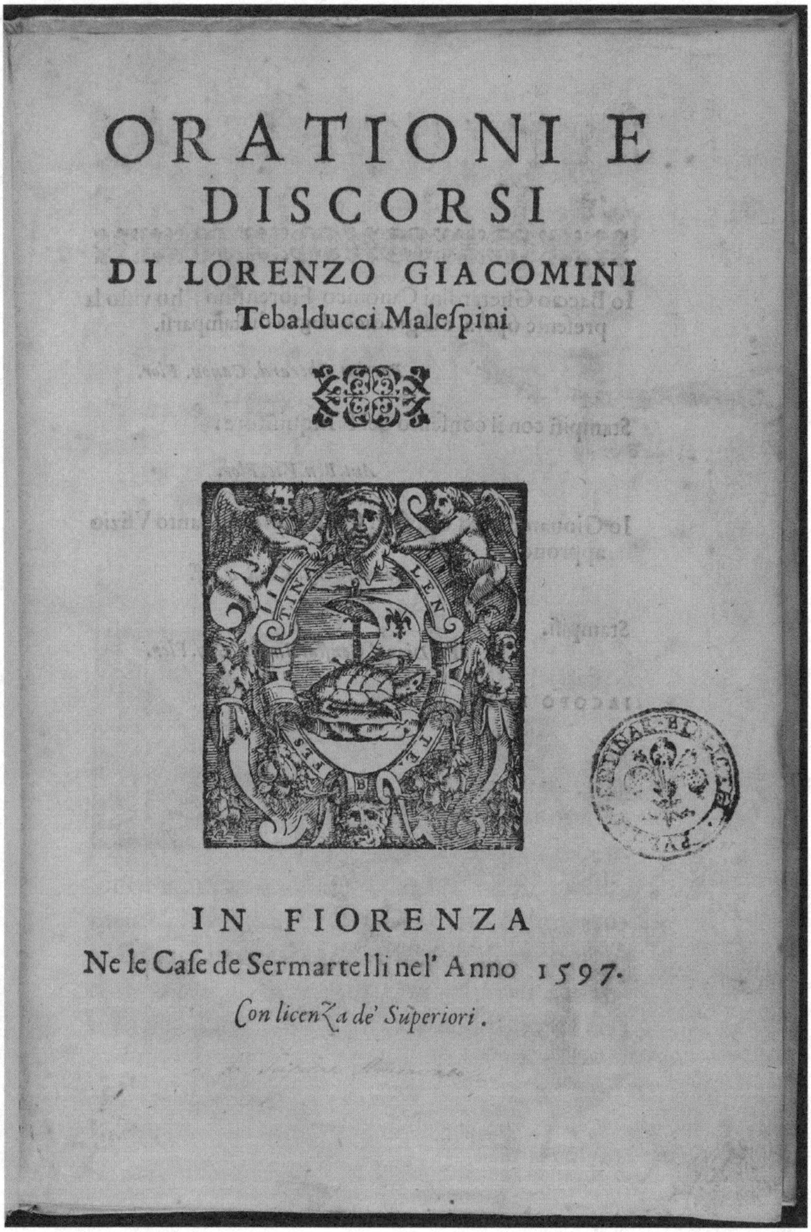
ORATIONI E
DISCORSI
DI LORENZO GIACOMINI
Tebalducci Malespini

IN FIORENZA
Ne le Case de Sermartelli nel' Anno 1597.
Con licenza de' Superiori.

DEL FVROR POETICO DISCORSO

Fatto da Lorenzo Giacomini Tebalducci Malespini Nel Academia de gli Alterati nel Anno MDLXXXVII.

TRA le controuersie, che ci si parano auanti pertinenti a la Poesia, non tiene l'vltimo luogo quella, che è del furore Poetico; intorno al quale fu de la Gentilità comune opinione, che egli hauesse origine Diuina, & hoggi ancora è da alcuni mantenuta: e pare che porti il pregio il considerare se è vera, ò nò, si perche la verità in tutte le cose è degna di essere conosciuta, si perche la cognitione di questa può molto giouare a noi; percioche se stimeremo furore Diuino esser quello che forma i Poeti, & in ciò nessuno o piccolo aiuto potersi sperare dal Arte, quādo di esso ci scorgiamo mācare, non andremo in vano faticando, ma ad altre imprese volgeremo i nostri pensieri; e se giudicheremo esser ben necessaria la forza del ingegno, ma l'arte pure dar la perfezzione, e nessuna cagione sopranaturale douersi aspettare, con somma, e diligente cura ci andremo preparando al acquisto del Arte, e di quello, che l'Arte presuppone, per salire a quell'altezza, a la quale arriuarono i piu lodati. Intorno a questo soggetto sarà hoggi il nostro ragionamento, il quale in questa guisa fia da noi ordinato. Verranno prima in campo le ragioni di ambo le parti, e di quella che afferma, e di quella che niega. indi stabiliti alcuni principij risolueremo la Questione, poi risponderemo a gli argomenti contrari, & vltimamente soggiugneremo alcune considerazioni a questa materia attenenti. Le quali cose mentre io mi sforzo di adempire con quella breuità, che potrò maggiore, ricercando pure la verità da suoi veri principij, voi prego con quell'attentione, che sogliate migliore, volere ascoltare, non perche io piu de gli altri me ne reputi degno, ma perche piu de gli altri me ne conosco bisogneuole per la mia naturale timi-

Semblablement, le sommaire des *Orazioni et altre prose* de Giovan Battista Strozzi mentionne que l'une des oraisons publiées a été « recitata nell'Accademia delli Alterati di Firenze », tout en faisant apparaître parallèlement les autres attachements académiques du Tenero, soit sa participation tant aux activités de l'Accademia Fiorentina qu'à celles de « l'Accademia del signore cardinale San Giorgio, nipote di Clemente VII », dont il fut membre à Rome au cours de ses séjours successifs dans cette ville, entre 1590 et 1600. Enfin, les œuvres rassemblées dans l'ouvrage intitulé *Scisma d'Inghilterra con altre operette del signor Bernardo Davanzati al serenissimo Ferdinando secondo gran duca di Toscana* (Florence, Massi e Landi, 1638) font apparaître au sommaire, sous un portait de « Bernardo Davanzati gentilhuomo fiorentino », « deux oraisons ou plus exactement actions académiques » (« Due orazioni, o vero azioni accademiche »). Pour chacun de ces deux textes, un titre est ensuite inséré dans le cours du texte, où se trouvent mentionnés tant le pseudonyme académique de Davanzati parmi les Alterati que l'académie elle-même et même certaines de ses magistratures (« Accusa data del Silente al Travagliato nel suo sindacato della reggenza degl'Alterati », p. 139 et « Orazione in genere deliberativo sopra i provveditori dell'Accademia degl'Alterati », p. 146). Cette édition est très tardive — puisque Davanzati est mort en 1606 — et a été préparée sous la responsabilité des deux imprimeurs du texte, Amador Massi et Lorenzo Landi, lesquels signent la brève dédicace au grand-duc. Ceux-ci espéraient visiblement tirer profit commercialement de la publication ou republication d'œuvres jusque-là moins connues de Davanzati, dont les traductions de Tacite furent des succès d'édition, tant à Florence qu'au-delà[109]. Il est dès lors d'autant plus intéressant de voir que ceux qui ont travaillé à la publication du *Scisma d'Inghilterra con altre operette del signor Bernardo Davanzati* ont tenu à rappeler l'étroite association de Davanzati avec les Alterati (mais non avec l'Accademia Fiorentina, dont il fut aussi membre, ni avec l'Accademia della Crusca, dont il semble pourtant avoir été un compagnon de route assez actif). Ces publicateurs allèrent même jusqu'à inscrire les discours choisis dans la lignée des considérations de Tommaso del Nero sur l'oraison comme « action » oratoire et même, plus précisément, comme « action académique ». Ainsi se trouvaient rappelés non seulement certains éléments du fonctionnement de l'académie (à savoir quelques-uns de ses pseudonymes et certaines de ses charges), mais encore une partie de son *ethos* en matière d'oralité. Dans tous ces exemples, la publication imprimée, qui commémore l'œuvre d'un académicien au travers d'un livre-monument, célèbre aussi l'académie elle-même :

109. En particulier *Il primo libro degl'Annali di Gaio Cornelio Tacito da Bernardo Davanzati Bostichi espresso in volgare fiorentino per dimostrare quanto questo parlare sia breve e arguto*, Florence, Georgio Marescotti, 1596 et *L'imperio di Tiberio Cesare scritto da Cornelio Tacito nelli Annali espresso in lingua fiorentina propria da Bernardo Davanzati Bostichi*, Florence, Filippo Giunti, 1600.

elle est une manière discrète mais efficace de faire entrer ses pratiques discursives et ses valeurs, tant sociales qu'esthétiques, dans la sphère publique, au-delà même du secret qui caractérisait ses activités au moment de son apogée.

On peut remarquer aussi que, au moins dans la plupart des cas évoqués plus haut, les textes académiques publiés dans le cadre de ces éditions-monuments sont souvent, parmi les centaines de textes produits au fil des années au sein de l'académie, ceux qu'on pourrait dire les plus écrits ou les plus travaillés, ou encore ceux qui ont donné lieu, dans l'académie elle-même, à des assemblées extraordinaires, réunissant non seulement le corps des académiciens en titre mais encore plusieurs dizaines d'invités, appartenant généralement aux élites sociales et politiques de la ville.

Un bon exemple de ce type de pratiques est l'« Oratione in lode della granduchessa Giovanna d'Austria », qui constitue le troisième des discours publiés dans le cadre des *Orazioni et altre prose* de Giovan Battista Strozzi[110]. Il s'agit en effet clairement d'un discours d'apparat, qui fut soigneusement préparé au sein des Alterati durant l'année 1578. La grande-duchesse était morte à Florence le 11 avril 1578. Or, dès le dernier jour de juin 1578, les académiciens se réunirent, en présence de Giovan Battista Strozzi pour parler « sopra il modo del recitare l'oratione del Tenero sopra alla serenissima gran duchessa[111] », soit pour discuter des modalités de la prononciation d'un éloge funèbre de la princesse que Giovan Battista Strozzi avait visiblement composé en toute hâte. Ce texte était sans doute en grande partie destiné à faire entrer le Tenero en faveur tant auprès de François Ier de Médicis que de son frère le cardinal Ferdinand de Médicis, tout en attirant plus généralement sur l'académie les bonnes grâces de la famille régnante. Cette oraison prit même une telle importance aux yeux des académiciens qu'ils organisèrent pour elle une cérémonie de *pronuntiatio* publique, cinq semaines plus tard, le 7 août 1578. Pendant cette séance publique se trouvèrent réunis non seulement la plupart des membres les plus actifs de l'académie mais encore le nonce apostolique, l'archevêque de Pise et l'évêque de Borgo, ainsi que les principaux gentilshommes et administrateurs de la ville comme de la cour — soit en tout environ soixante personnes[112]. Cette pronon-

110. Sur ce texte, voir Kaborycha, Lisa, « Expressing a Habsburg Sensibility in the Medici Court : The Grand Duchess Giovanna d'Austria's Patronage and Public Image in Florence », dans Strunck, Christina (dir.), *Medici Women as Cultural Mediators (1533-1743)*, Milan, Silvana Editoriale, 2011, p. 89-109.

111. BMLF Ashburnham 558.1, fol. 80r

112. BMLF Ashburnham 558.1, fol. 80 : « Si ragunò l'accademia et vi fu il Trasformato, il Queto, il Silente, l'Humido l'Agghiadato, il Ruvido, lo Sdegnoso, l'Assodato, il quale fu vicereggente per l'Aspro che in quel tempo si trovava nel letto ammalato, l'Ardito, il Rinovellato e l'Ebro ; e il Tenero recitò la sua orazione delle lodi della granduchessa alla presenza del nuntio di sua Santità, di monsignore lo arcivescovo di Pisa e di monsignore il vescovo del Borgo et piu principali et intendenti gentilhuomini et della città et di corte in numero tutti circa a sessanta. Di poi, assente il Ruvido et il Queto andonno a partito per accademici messer Marcello Hadriani et fu vinto. »

ciation publique devant une assemblée à la vérité tout à fait considérable — non seulement pour Florence mais encore pour une académie dont la règle première était le secret — fut en outre suivie de la publication quasi immédiate de ce texte de nature encomiastique chez un éditeur qui servit souvent les Alterati, mais n'était pas particulièrement proche du régime médicéen[113].

Le texte de cette oraison est plein de longues périodes et de *concetti* sophistiqués, et il est fort probable que, contrairement aux recommandations du Sconcio sur la priorité qu'il convenait toujours d'accorder à l'oralité dans le cadre de la rédaction d'une contribution académique, il avait été écrit avec l'idée qu'il serait publié dans la foulée. Il est n'est donc pas étonnant de le voir repris dans le cadre d'une édition posthume des œuvres du Tenero, dès lors que sa forme et son mode de circulation principal — l'imprimé — le signalaient déjà pour pareil usage. À l'autre bout du spectre de la production académique, aucune œuvre oratoire du Desioso (Giulio del Bene) ne fut jamais imprimée de son vivant, alors même que ses écrits abondent dans les archives des Alterati, fréquemment sous la forme d'*abbozzi* raturés et/ou corrigés[114]. Dans un cas, la publication imprimée avait sans doute été envisagée dès l'abord. Dans l'autre, sa possibilité même avait peut-être été exclue avant même que la rédaction des textes en question n'ait commencé.

La même remarque peut être faite pour les discours de Giacomini dont celui-ci organisa la publication par l'imprimé quelques mois avant sa mort, dans ses *Orationi e discorsi*, en particulier son discours intitulé « De la purgatione de la tragedia » (p. 29-52) et son oraison sur la fureur poétique (« Del furor poetico », p. 53-73), qui sont des textes érudits, travaillés et aboutis. Les manuscrits préparatoires à l'impression ont été préservés pour ces deux textes[115], alors même qu'aucune autre trace matérielle qui accréditerait une intense circulation manuscrite ne paraît subsister. Ces deux manuscrits contiennent un texte au moins partiellement calligraphié, mais d'une main relativement hâtive, avec des corrections manuscrites qui sont clairement de la main de Giacomini (alors que le texte lui-même peut avoir été transcrit par un copiste). Ils ont peut-être servi à l'imprimeur — qui est une nouvelle fois la maison Sermartelli — pour la mise en page du texte. Mais ils étaient sans doute d'abord destinés à être soumis au(x) censeur(s), pour l'obtention des approbations, permissions et privilèges d'usage. Au folio 169^{r} (anciennement 25^{r})

113. *Orazione di Giovan Battista Strozzi a gli accademici Alterati, intorno alle lodi della serenissima Giovanna d'Austria reina nata di Ungheria e di Boemia, e gran duchessa di Toscana*, Florence, Bartolomeo Sermartelli, 1578. Sur Bartolomeo Sermartelli, voir *supra*, ch. 2, p. 122-123.

114. Outre les textes du BNCF Magl. IX 137, déjà mentionnés, on peut citer aussi ceux du BNCF Magl. IX 168, fol. 167^{r}-197^{r} et BMLF Ashburnham 559, fol. 1^{r}-50^{v}.

115. BNCF II.I.98, fol. 143^{r}-170^{v}. Il s'agit de deux manuscrits distincts mais visiblement préparés conjointement qui figuraient originellement en BNCF Magl. VII 920.

du manuscrit BNCF II.I.98, on trouve en effet une note d'un censeur ecclésiastique qui certifie que les deux discours ne contiennent rien de contraire aux bonnes mœurs et peuvent être imprimés sans soupçon ni réserve : « Nihil est et contra bonos mores et adversus cristianam pietatem quasi et possint haec ora imprimi absque suspicione. In fidem Gio. Baccionus Gherardus C^{s} F<G>^{s} ». Les exemplaires actuellement préservés des *Orationi e discorsi* portent en outre, au dos même de leur page de titre, un lourd appareil de permissions et d'autorisations ecclésiastiques diverses, à commencer par celle qui figure sur le manuscrit subsistant — lesquelles suggèrent toutes que Giacomini a été à un moment très soucieux que ses oraisons ne soient pas *a posteriori* déclarées hétérodoxes par les autorités de l'Église florentine, l'Inquisition et/ou le Saint-Office[116].

On ne sera pas surpris de voir un auteur dont certains écrits de jeunesse laissent supposer qu'il ait pu être tenté par le valdésianisme[117] et qui, en 1595, publia vraisemblablement — sous un autre nom que le sien — un texte qui suggère un intérêt pour des doctrines matérialistes et sensualistes, chercher à se protéger de telles accusations. C'est peut-être d'ailleurs notamment le fait que, dans l'impression, il était possible (mais non absolument nécessaire, au moins à Florence) de faire figurer dans chaque exemplaire pareilles autorisations qui motiva la circulation de ces discours très pensés — mais aussi aux accents occasionnellement subversifs sur le plan philosophique — sous la forme quasi exclusive de l'imprimé, une fois leur prononciation orale au sein des Alterati effectuée. On devine en effet ici que, au moins dans certains cas, la publication imprimée pouvait être considérée non seulement comme plus ouverte et donc plus légitimante que la circulation manuscrite, mais encore comme plus sûre sur le plan de la réputation et de l'orthodoxie,

116. En voici le texte intégral : « Io Baccio Gherardini canonico fiorentino, ho visto la presente opera e la giudico degna di stamparsi. *Baccis Gherardinus canonicus florentinus.* Stampisi con il consenso del Padre Inquisitore. *Antonius Benivienus vicarius florentinus.* Io Giovambattista Confetti coadiutore del Santo Ufizio approvo. *Iohannisbaptista Confectus coadiutor Sancti Officii.* Stampisi. *Frater Dionysus Constacciarus Inquisitor Generalis Florentiae.* JACOPO DANI » (Dionigi Sanmattei da Costacciaro fut inquisiteur à Florence entre 1587 et 1603).

117. C'est le cas au moins de son *Esortatione alla vita cristiana e confermatione della fede scritta da Lorenzo Giacomini,* Florence, Jacopo Giunti, 1571 et de plusieurs de ses manuscrits à teneur théologique, dont des sermons ou oraisons visiblement préparés et/ou prononcés dans le cadre de activités de Giacomini au sein d'une confraternité ou confrérie que je n'ai pu identifier. Voir, pour ces derniers textes, le BNCF II.III.288, fol. 147^{r}-155^{v}, où l'on trouve deux sermons ou oraisons de la main de Lorenzo Giacomini. Le premier, aux fol. 147^{r}-150^{r}, porte au titre « Della Resurrettione — 1595 ». Le deuxième, figurant aux fol. 151^{r} à 152^{v}, s'intitule « Il giorno di San Tomaso intorno la fede ». Voir également un sermon de Lorenzo GIACOMINI sur la Passion du Christ actuellement conservé en BNCF Magl. XXXV 234, fol. 13^{r}-18^{v}, qui est sans doute un écrit de jeunesse. La centralité de la question de la foi (*fede*) et de la figure du Christ dans l'ensemble de ces écrits fait penser aux conceptions théologiques de Juan de Valdés (1499-1541), qui mettaient lourdement l'accent sur ces deux éléments. Sur cet érudit et humaniste espagnol et les hérésies qu'il fut accusé de propager, voir notamment FIRPO, Massimo, *Tra alumbrados e 'spirituali' : studi su Juan de Valdés e il valdesianesimo nella crisi religiosa,* Florence, L. S. Olschki, 1990.

dès lors que — au moins dans une ville comme Florence — il était possible, avec les bons intermédiaires, de s'assurer par avance de la bonne volonté d'un ou plusieurs censeurs ecclésiastiques, et, par là, de se prémunir de certaines difficultés qui auraient pu survenir lors d'une circulation moins contrôlée du ou des textes en question.

Il convient enfin de signaler un cas de publication doctrinale, faite au nom de Lorenzo Giacomini, mais mentionnant l'académie dans sa page de titre. Il s'agit de l'*Oratione in lode di Torquato Tasso fatta ne l'Academia degli Alterati da Lorenzo Giacomini Tebalducci Malespini*, qui parut au moment même où l'oraison funèbre mentionnée plus haut fut prononcée au sein des Alterati (Florence, Giorgio Marescotti, 1595 pour la première édition). Les Alterati avaient tissé des liens étroits avec Torquato Tasso — notamment lors de ses séjours à Florence à la fin de la décennie 1580 — et avaient, pour sa poésie comme pour ses positions philosophiques, un très grand intérêt et même beaucoup d'admiration. En témoigne le testament de Giovan Battista Strozzi, qui suggère que la salle que le Tenero avait fait décorer pour l'académie, dans sa demeure de l'actuelle via Tornabuoni, était ornée, sur l'un de ses murs, d'un grand tableau du peintre de cour Santi di Tito (1536-1603), où Torquato Tasso figurait au centre de la composition. Selon le texte de ce testament, le tableau, selon toute vraisemblance perdu en partie ou en totalité aujourd'hui, représentait le Tasse entouré de quatre des académiciens Alterati les plus célèbres, soit Francesco Bonciani, Lorenzo Giacomini, Ottavio Rinuccini et Giovan Batista Strozzi lui-même[118]. L'oraison funèbre du Tasse par Lorenzo Giacomini, parue en 1595, peut ainsi se lire comme une manière pour l'académie de rendre public son attachement au poète et son enthousiasme tant pour la *Jérusalem délivrée* que pour ses dialogues philosophiques. L'oraison était sans doute d'autant plus importante aux yeux des Alterati qu'en articulant le plaisir pris à la poésie avec

118. En ASFi Notarile moderno 9323, fol. 93v, le testament de Giovan Battista Strozzi mentionne en effet : « Il quadro che è in sala di mano di Santi di Tito, dove sono depinti il signor Torquato Tasso, il signor Francesco Bonciani che fu poi arcivescovo di Pisa, il signor Lorenzo Giacomini, il signor Ottavio Rinuccini, et il signor testatore. » Un catalogue de vente de chez Philips à Londres (*Fine Old Master Paintings to be Sold by Auction, Tuesday July 7 1992 at 11am and 2pm, sale n° 29013,* Londres, Philips, Son & Neal, 1992, p. 203) mentionne par ailleurs un portait de 54,5 cm sur 44,3 cm attribué à l'atelier de Santi di Tito et qui représenterait un érudit ou un poète. Ce portrait, qui a visiblement été découpé dans une toile plus large, est vraisemblablement un élément détaché de ce tableau de groupe [**Ill. 42**] et il est possible, au vu de la description du tableau dans le testament, qu'il s'agisse du personnage immédiatement à la droite du Tasse, qui se trouvait sans doute au centre de la toile. L'homme du portrait subsistant serait alors Ottavio Rinuccini. Si ce portrait est bien un détail de cette toile perdue, celle-ci devait être assez grande. Avec les quatre autres personnages que mentionne le testament, cette représentation de groupe aurait en effet fort bien pu atteindre 2,5 à 3,5 mètres de large, soit effectivement de quoi meubler un mur d'une grande salle de réception. Je remercie le conservateur de la Fototeca Berenson à la Villa I Tatti, Giovanni Pagliarulo, pour son aide dans la localisation de ce portrait. Il n'est par ailleurs pas impossible que d'autres parties de cette toile — si c'est bien celle qui pendait jadis dans la salle que mentionne le Tenero — puissent un jour être retrouvées.

la recherche de la vertu et même la possibilité d'une ascension spirituelle par le biais des arts, le texte publiait en réalité en filigrane une grande partie des positions tant éthiques qu'esthétiques de l'académie, jusque-là pour l'essentiel tenues secrètes[119]. En cela, sa diffusion large était d'une grande importance, surtout à un moment où, Giovan Battista Strozzi étant à Rome, l'académie, dont les réunions s'espaçaient nettement — au moins à en juger par ses registres d'activité durant cette période —, risquait de s'essouffler.

Deux choses frappent en tout cas, concernant la circulation de cet éloge du Tasse, qui est en vérité une défense tant du poète que de sa poésie en termes de doctrine. D'une part, il s'agit dans ce cas aussi d'un texte travaillé, dont les phrases très longues et syntaxiquement très complexes sont d'une ampleur et d'une majesté quasi cicéroniennes. Autrement dit, ce texte a sans doute lui aussi été écrit en vue d'une impression. D'autre part — si l'on en croit les données du catalogue des manuscrits italiens de la Renaissance, jadis préparé par Paul O. Kristeller et maintenant disponible sous la forme d'une base de données, sous le titre d'*Iter Italicum*[120] —, aucun manuscrit ne subsiste pour cette oraison, pas même le manuscrit préparatoire à l'impression. Il s'agirait alors du seul cas de publication imprimée exclusive (ou quasi exclusive ?) au sein des Alterati, ce qui permet de subodorer que le texte aurait eu une importance doctrinale et/ou stratégique capitale aux yeux des académiciens, au point que sa publication leur soit apparue comme une nécessité absolue. Il convient de préciser qu'en tant que publication imprimée, l'oraison eut une circulation importante et même une longue vie, dans le sillage de la popularité du Tasse. Cet éloge du Tasse fut en effet réédité dès 1596, chez l'éditeur Filippo Giunti, ce qui est un signe évident de sa popularité immédiate. Enfin, il fut ensuite fréquemment réimprimé, jusqu'au XIXe siècle, avec les œuvres du Tasse[121]. C'est pourquoi il sera analysé avec attention plus loin, lors de l'étude des conceptualisations esthétiques des Alterati[122].

119. Pour une analyse détaillée de l'esthétique spiritualiste articulée par Lorenzo Giacomini dans ce texte, voir ch. 5, p. 460-463.

120. Voir http://www.itergateway.org/resources/iter-italicum.

121. *Oratione in lode di Torquato Tasso fatta ne l'Academia degli Alterati da Lorenzo Giacomini Tebalducci Malespini*, Florence, Filippo Giunti, 1596. Pour une réédition du XIXe siècle, voir par exemple les *Rime di Torquato Tasso : di nuovo corrette ed illustrate*, éditées par Giovanni ROSINI, Pise, Niccolo Capurro, 1821-31, 5 vol., dont le t. 5 donne le texte de ce discours aux p. 75-115.

122. Voir *infra*, ch. 5, p. 460-463.

5.5. *Modes de publication et régimes de publicité*

L'ensemble de ces stratégies de publication furent très différentes de celles de l'*Accademia Fiorentina*, dont les discours académiques furent massivement imprimés par les éditeurs officiels du grand-duché, en particulier Lorenzo Torrentino[123], mais ont circulé en manuscrit(s) dans une bien moindre mesure. L'Accademia della Crusca prit aussi grand soin de faire paraître des œuvres collectives, telles que son édition de la *Divine Comédie*, où les pseudonymes et devises de tous les académiciens ayant participé à la préparation du texte s'affichent clairement[124]. Par comparaison, les Alterati impriment infiniment moins, le plus souvent dans la foulée de (rares) exercices oraux ostentatoires et jamais en nom exclusivement collectif. Par ailleurs, lorsqu'ils publient de manière subreptice ou discrète, ou recherchent une édition somptuaire, leurs imprimeurs de prédilection sont souvent les Giunti, qui restent alors des éditeurs plus ou moins ouvertement attachés au souvenir de l'oligarchie florentine [125]. Les Alterati semblent en effet n'utiliser Marescotti ou Sermartelli — qui furent sans doute tous deux un peu plus proches du pouvoir médicéen — que lorsqu'ils cherchent à gagner les bonnes grâces du régime avec des publications à caractère encomiastique, ou dans le cadre de leurs éditions posthumes ou préposthumes. En cela, le rapport de l'académie à la circulation de ses propres travaux, dans le contexte florentin du dernier tiers du XVIe siècle et au cours de la première décennie du siècle suivant, peut légitimement être tenu pour singulier. Le manuscrit est constamment privilégié en son sein, l'impression n'est choisie que très stratégiquement et avec beaucoup de parcimonie et, lorsqu'elle l'est, les éditeurs sont

123. Sur cet éditeur, voir RICCI, Antonio, « Lorenzo Torrentino and the Cultural Programme of Cosimo de Medici », dans EISENBICHLER, Konrad (dir.), *The Cultural Politics of Duke Cosimo I de' Medici*, Aldershot, Ashgate, 2001, p. 103-118.

124. *La Divina Commedia di Dante Alighieri nobil fiorentino, ridotta a miglior lezione dagli accademici della Crusca*, Florence, Domenico Manzani, 1595. Sur cette édition célèbre, voir notamment : DONATI, Lamberto, *Chi furono gli accademici della Crusca che preparano la* Divina Commedia *del 1595 ?*, Biblioteca degli eruditi e dei bibliofili, Scritti di bibliografia e di eruditione raccolti da Marino Parenti, n° 1, Florence, Sansoni, 1953, 19 p. et PARODI, Severina, « Sugli autori della *Divina Commedia* di Crusca », *Studi danteschi*, 44, 1967, p. 211-222.

125. Les Giunti furent aussi les principaux éditeurs des œuvres de Pier Vettori, lui-même une figure du patriciat attachée à la mémoire de la République (voir sur ce point LO RE, Salvatore, *La crisi della libertà fiorentina. Alle origini della formazione politica e intellettualle di Benedetto Varchi e Piero Vettori*, Rome, ESL, 2006). On n'est donc pas surpris de voir cette famille d'éditeurs publier les textes les plus hétérodoxes ou les plus ostentatoires des Alterati, dont les titres suivants, par ordre chronologique : *Della cognitione di se stesso, dialogi di Gioanbattista Muzi, nuovamente publicati e dedicati alla serenissima madama Christiana di Loreno, gran duchessa di Toscana, con licenza e privilegio*, Florence, Filippo Giunti, 1595 ; GIACOMINI, Lorenzo, *Oratione in lode di Torquato Tasso fatta ne l'Academia degli Alterati da Lorenzo Giacomini Tebalducci Malespini*, Florence, Filippo Giunti, 1596 (2e édition), [STROZZI, Giovan Battista (éd.)], *Aristotelis Poetica Petro Victorio interprete,* Florence, Giunti, 1617 (BNCF Magl. 5.9.119) et RINUCCINI, Ottavio, *Poesie alla maestà cristianissima di Luigi XIII, re di Francia, e di Navarra*, Florence, Giunti, 1622.

apparemment sélectionnés avec soin, non seulement en fonction de leur savoir-faire mais sans doute aussi en fonction de leurs propres allégeances politiques et sociales[126].

Plus généralement, les pratiques de publication des Alterati s'agençaient en un savant *continuum* qui articulait — sans hiatus mais avec des effets d'une extrême sophistication — production orale, circulation manuscrite et publication imprimée. Un tel *continuum* était certes fréquent à la fin de la Renaissance parmi les lettrés, notamment dans le monde universitaire et autour de celui de la prédication[127]. Mais son association avec les jeux de masquage et de démasquage qui caractérisent la dynamique de l'anonymat et de la pseudonymie, dans le cadre d'une académie telle que celle des Alterati, produisit néanmoins des effets de sens bien spécifiques. Une telle configuration créait en effet des gradations dans le secret, par lesquelles étaient institués différents régimes de publicité. Au sein de l'académie, le discours et l'orateur (ou le poète) se confondaient et étaient immédiatement identifiables pour leurs auditeurs. Sous forme manuscrite, l'auctorialité de ces textes se brouillait et leur circulation mettait souvent en avant le nom de l'académie pour mieux cacher celui de l'auteur, qui, fréquemment, ne figurait pas, de manière claire, sur le manuscrit. Dans l'imprimé, la dynamique s'inversait, au moins en partie : en se nommant, la voix de l'académicien s'individualisait jusqu'à ce que l'académie ne devienne plus parfois pour lui qu'une forme de faire-valoir. L'auteur d'une oraison académique se publiait alors autant comme illustrant le groupe que comme s'autorisant de lui. Cependant, dès lors que ces publications individuelles se multiplièrent — comme ce fut le cas à la fin du XVIe siècle et pendant les premières décennies

126. Sur ces questions, voir Di Filippo Bareggi, Claudia, « Giunti, Doni, Torrentino : tre tipografie fiorentine fra Repubblica e Principato », *Nuova rivista storica*, LVIII, 1974, p. 318-348. Documenter ces allégeances n'est pas toujours chose aisée dès lors que peu d'études approfondies existent sur la plupart des éditeurs florentins de la fin du XVIe siècle et que les sources manquent parfois. Le site EDIT16 (http://edit16.iccu.sbn.it/web_iccu/imain.htm) permet néanmoins de se faire une idée des productions imprimées de ces familles d'imprimeurs. Les annales des Giunti ont été publiées, voir Camerini, Paolo (éd.), *Annali dei Giunti*, Florence, Sansoni, 1962. Les activités de la famille ont été étudiées en détail par William A. Pettas, dans deux ouvrages complémentaires : *The Giunti of Florence : A Renaissance Printing and Publishing Family. A History of the Florentine Firm and a Catalogue of the Editions*, New Castle, Delaware, Oak Knoll Press, 2012, qui se concentre sur la branche florentine de la famille, et un ouvrage qui suit les Giunti dans une grande partie de leur extension européenne, *A History and Bibliography of the Giunti (Junta) Printing Family in Spain 1526-1628*, New Castle, Delaware, Oak Knoll Press, 2005. Voir également Decia, Decio, *I Giunti tipografi editori di Firenze, 1497-1570*, 2 vol., Florence, Giunti Barbèra, 1976-1979. Sur les Marescotti, voir Delfiol, Renato, « I Marescotti, librai, stampatori ed editori a Firenze tra Cinque e Seicento », *Studi secenteschi*, XVIII, 1977, p. 147-204. Les Sermartelli ont été très peu étudiés, mis à part un bref article qui documente leurs activités d'imprimeurs à Florence en remontant jusqu'au XVe siècle : Maracchi Biagiarelli, Berta, « I Sermartelli, discendenti di Bartolomeo de' Libri », *La Bibliofilia*, 63, 1961, p. 281-288.

127. Donald F. MacKenzie a été l'un des premiers à attirer le regard des chercheurs sur ces continuités ; voir « Speech-Manuscript-Print », dans Oliphant, Dave et Bradford, Robin (dir.), *New Directions in Textual Studies*, Austin, The Harry Ransom Humanities Research Center, The University of Texas, 1990, p. 87-110.

du siècle suivant —, l'institution y gagna, elle aussi, une forme d'existence publique en tant que groupe et ce alors même qu'en parallèle ses activités collectives semblent s'être assez nettement ralenties.

L'accroissement — vers 1595 et dans les années qui suivirent — du nombre de publications imprimées où le nom de l'académie apparaissait d'une manière ou d'une autre ne doit en effet pas être tenu pour un signe de ce que les activités de l'académie se maintiennent ou même se développent. Il semble au contraire que plus la présence de l'académie par l'imprimé dans l'espace public devint nette et ferme, moins celle-ci était en réalité active en tant que lieu de travail intellectuel. Ce qui se publiait ainsi, alors que la sodalité périclitait, c'était donc avant tout une image publique de l'institution, qu'il importait sans doute tout particulièrement de faire vivre par l'imprimé à un moment où ses activités s'étiolaient. En outre, chez les Alterati, cette forme de publicité par l'imprimé — qui est en réalité un mode spécifique d'existence collective et de légitimation auprès du public, tant à Florence qu'au-dehors — resta toujours restreinte. En cela, la publication d'oraisons ou de textes poétiques en nombre limité, tout en témoignant publiquement des travaux de l'académie, n'en continuait pas moins de désigner discrètement, aux plus attentifs de leurs éventuels lecteurs, le corps secret des archives de celle-ci, où les traces de la plupart des activités du groupe restaient entreposées à l'abri des regards du vulgaire. Autrement dit, même les formes de publication les plus franches — par l'imprimé — demeuraient paradoxalement un moyen de renvoyer implicitement à des productions orales et écrites plus ou moins nettement dissimulées.

En cela, ces jeux constants sur les régimes de publication du travail intellectuel au sein de l'académie renvoyaient *in fine* à celle-ci comme à un principe générateur invisible. Les différentes formes de mise en circulation employées par ses membres pointaient l'institution comme on pointerait vers un élégant paravent, en suggérant à demi-mot que derrière lui se cacherait un trésor mystérieux. Les académiciens s'autorisaient collectivement, dans l'espace public, de cette institution élusive, que leurs pratiques de publication d'une grande discrétion faisaient exister en filigrane, tant à Florence qu'en dehors de la Toscane, tout en la désignant toujours simultanément comme fermée et même insaisissable. De ce secret constamment mis en scène naissait ce qu'on pourrait appeler une forme de légitimité paradoxale, fondée à la fois sur une marginalité affirmée et sur la revendication ambitieuse — si ce n'est même quelque peu arrogante — d'une sorte de centralité intellectuelle. Il semble en effet que ce soit en dernière instance cette (prétention à la) centralité intellectuelle que le secret qui planait sur l'ensemble des activités de l'institution ait en grande partie été destiné à établir, tout en permettant d'éviter qu'il puisse être constamment demandé aux académiciens de faire avec régularité et publiquement la preuve de leur activité diligente par la circulation de leurs travaux. En cela, le caractère élusif des entreprises de l'académie participait en réalité d'une stratégie d'établissement de sa réputation qu'on pourrait décrire comme ayant été conduite à moindres frais — sans, bien sûr, qu'il soit nécessaire de voir là quelque mystification que ce soit. En publiant peu et toujours sous le sceau du mystère, l'académie suggérait simplement — à tous les curieux potentiels — tout à la fois l'ampleur de ses activités et l'étendue de ses préoccupations critiques et/ou théoriques sans avoir, la plupart du temps, à en produire systématiquement des preuves matérielles tangibles et/ou même pleinement convaincantes dans l'espace public.

Mais cette dynamique, où secret et dévoilement allaient main dans la main, n'avait pas pour seule raison d'être de donner à l'académie une existence publique légitime et autorisée, tout en soulignant sa volonté de discrétion. Elle permettait aussi aux académiciens qui en étaient membres de faire circuler leurs textes en manuscrits sous leurs pseudonymes académiques, c'est-à-dire sans les assumer en leur nom propre et en se retranchant derrière l'institution secrète dans laquelle, ce faisant, ils se présentaient comme actifs. Don Giovanni de Médicis (il Saldo) — dont la position vis-à-vis des branches plus légitimes des Médicis fut parfois délicate[128] — prit ainsi l'habitude de signer de son pseudonyme ceux de ses écrits qu'il faisait calligraphier pour circulation manuscrite, sans doute parce que, bâtard de Cosme Ier, il jugeait plus sage de rendre publiques ses réflexions morales et politiques sous un nom qui ne renvoyait à lui qu'en tant que membre de cette institution[129].

Ces pratiques de circulation différenciée — dont certaines furent propres aux Alterati mais d'autres se répandirent plus ou moins largement dans la culture académique florentine — favorisèrent également l'émergence d'un nouveau régime de l'engagement lettré, centré sur la figure du *letterato*. Cette figure fut par la suite soigneusement mise en scène au travers d'anthologies. Ainsi en va-t-il, au premier chef, des *Prose fiorentine raccolte dallo Smarrito accademico della Crusca*, (Florence, Stamperia di sua Altezza reale, par Santi Franchi, 1716-1745, 4 parties en 17 vol.), où les éditeurs construisirent la prose des *letterati* qu'ils citaient en exemple, faisant des lettrés dont ils (re)publiaient les écrits des modèles d'élégance rhétorique et stylistique. Cette ou — sans doute plus exactement — ces nouvelles figures de *letterati*

128. Voir *supra*, ch. 1, p. 66-67.

129. Ainsi en va-t-il par exemple d'un traité sur l'éducation des jeunes nobles soigneusement calligraphié pour circulation, actuellement préservé en BNCF Magl. XXI 88. Le traité porte au titre « Della educazione de' giovani nobili, discorso del Saldo accademico Alterato ». Au folio 2^{r}, le titre apparaît de nouveau, mais ici les mots « Saldo accademico Alterato » ont été tracés sur une petite languette de papier qui a été collée pour masquer le nom de Giovanni de Médicis, suggérant qu'une circulation en son nom propre avait originellement été envisagée, puis abandonnée — possiblement pour des raisons d'hétérodoxie politique. BNCF Magl. IX 124 (fol. 48^{r}-54^{r}) contient un exemple similaire, soit des « Raggionamenti accademici » d'envergure tout aussi évidemment morale que politique, pour lesquels le Saldo ne semble avoir envisagé — au moins au moment de leur transcription en calligraphie soignée — qu'une circulation restreinte sous forme manuscrite, et sous couvert de son pseudonyme académique.

sont clairement différentes de celle(s) de l'humaniste savant du *Quattrocento* : ce sont en effet des figures mondaines, sociales, courtisanes même —, mais néanmoins savantes, au moins dans de nombreux cas. L'activité de ces lettrés d'un nouveau type se focalisa cependant moins sur l'étude des textes classiques que sur le développement d'un savoir en langue vulgaire — c'est-à-dire destiné à un auditoire plus large — et sur le développement de cette langue vernaculaire par la transmutation des savoirs savants en sujets de conversations et de débats. Or l'étude des stratégies de publication d'une académie telle que celle des Alterati invite à penser que ces figures de *letterati* émergèrent avant tout de l'interaction de l'individu et du groupe, au cours d'une dialectique où l'institution académique s'autorisait de ses membres, qui eux-mêmes légitimaient tout autant leurs activités de lettrés que leurs ambitions (aussi bien sociales que littéraires) par leur appartenance collective à ce type d'institution.

6. Penser collectivement : une communauté où l'unanimité n'est pas de mise

L'examen des modalités du travail collectif au sein de l'académie permet de mieux comprendre l'interaction entre les individus et le groupe au sein de l'institution. Ce travail en commun n'est pourtant accessible aujourd'hui qu'au travers des traces documentaires que les académiciens nous en léguèrent — lesquelles, dans bien des cas, ne sont pas seulement le produit de ce travail collectif, mais encore des formes de mise en scène de celui-ci. Les documents d'archives permettent en effet souvent moins d'avoir accès au travail collectif lui-même qu'à la manière dont les académiciens le faisaient exister (et subsister) parmi eux au travers de l'écrit, généralement en manuscrit. L'étude de ces documents n'en est pas moins extrêmement intéressante, dès lors qu'elle permet de toucher du doigt tant la pluralité intellectuelle et énonciative à laquelle aspirait l'institution que son attachement à l'acceptation des *dissensus* en son sein. Placés devant leurs divergences d'opinions, les académiciens semblent en effet s'être souvent accordés dans le désaccord, quand ils n'ont pas systématiquement cultivé celui-ci en encourageant parmi eux une constante pluralité des voix. L'examen de la manière dont l'académie pratiquait, valorisait et même parfois théâtralisait le travail collectif et l'échange d'idées contradictoires donne ainsi les moyens de mieux mesurer, dans telle activité ou tel écrit académique, la part de l'individuel et celle de la communauté. De manière symétrique et inverse, une telle étude rend aussi possible — au moins dans certains cas — l'analyse de la manière dont un sentiment collectif sur un point de critique ou de doctrine a pu naître au sein de l'académie. En cela, elle permet de mieux comprendre comment aborder les différents types de productions textuelles d'une institution au sein de laquelle les voix singulières sont toujours aussi, quoique à des degrés divers, des voix collectives.

Le travail en commun, dans l'interlocution et l'échange, est à la base de toutes les activités de l'académie. À l'oral, il est d'abord fondé sur la reconfiguration des débats scolastiques *pro et contra* dont témoignent éloquemment les actes de l'institution. Au sein des Alterati, les débats doctrinaux, couramment pratiqués dans les universités de la péninsule, deviennent en effet des formes de conversations suivies, autour de thèmes particuliers (la rhétorique, la poétique, l'histoire, l'écriture biographique, la langue toscane, etc.). Des discussions à l'improviste sont aussi fréquemment organisées dans le cadre de ces thématiques. Au cours de ces débats suivis, diverses positions doctrinales plus ou moins topiques peuvent être mises à l'épreuve et un sentiment collectif peut parfois naître, sans que les désaccords individuels soient pourtant niés. À l'écrit, ces formes de collaboration furent matérialisées par des productions collectives, dont de nombreuses traces subsistent et où certains échanges de vues peuvent aussi, parfois, être reconstitués. Dans la plupart des cas, ces discussions et interactions — qui, généralement, ne circulèrent pas au-delà des académiciens eux-mêmes — n'aboutirent pas à la formulation de doctrines critiques ou théoriques fermes ou abouties. Mais elles n'en participèrent pas moins, sur le plan social, à la formation d'une communauté académique tout tant idéelle que réelle, ainsi qu'à la constitution — sur le plan intellectuel — d'un horizon analytique ou du moins d'un ensemble de questionnements communs sur telle ou telle question. À partir de ces débats, peuvent parfois être reconstitués une perspective collective ou, à défaut, des manières d'envisager ensemble des solutions à un problème de critique ou de doctrine. Le plus souvent la mise au point de ces horizons communs passa néanmoins tant par l'oral que par l'écrit, comme le suggèrent les exemples qui suivent.

6.1. De la collaboration comme éthique plutôt que comme produit ?

Les travaux de l'historienne de la langue Anna Siekiera, déjà brièvement mentionnés au chapitre précédent, ont mis au jour, au sein de l'académie, un ambitieux travail collectif sur l'analyse et la codification de la langue italienne[130].

130. Voir *supra*, ch. 2, note 65, p. 138. Les principaux travaux d'Anna Siekiera sur ces questions — sur lesquels s'appuient une grande partie des analyses qui suivent — sont les suivants (par ordre chronologique) : SIEKIERA, Anna, « Una disputa di fine Cinquecento intorno alla questione dei forestierismi (due lettere inedite di Lorenzo Giacomini a Scipione Bargagli) », *Studi Linguistici Italiani*, vol. XX, Rome, 1994, p. 166-195 ; « Il volgare nell'Accademia degli Alterati », dans BIFFI, Marco ; CALABRESE, Omar et SALIBRA, Luciana (dir.), *Italia linguistica : discorsi di scritto e di parlato. Nuovi studi di linguistica italiana per Giovanni*

Ces travaux sont amplement documentés en manuscrit mais n'aboutirent pas à une publication en nom collectif, quoiqu'ils aient visé à un projet de ce type. L'analyse des différentes étapes de ce travail collectif permet néanmoins de se faire une idée des diverses modalités du travail en commun chez les Alterati, dès lors qu'elle laisse voir la manière dont contributions individuelles et activités collaboratives pouvaient se trouver articulées parmi eux. Elle met aussi au jour les difficultés que le travail en collaboration pouvait faire surgir, et suggère que cette collaboration était peut-être avant tout parmi les académiciens une éthique, dont la valeur pouvait, d'une certaine manière, être indépendante de la finalisation effective du projet intellectuel et/ou d'écriture auquel elle avait originellement visé. La contextualisation et l'analyse détaillée des positions des Alterati sur la question de la codification de la langue toscane dépassent néanmoins largement le cadre de ce livre, et devront attendre qu'Anna Siekiera conduise elle-même à leur terme ses projets d'étude et/ou d'édition des écrits linguistiques de Francesco Bonciani, Lorenzo Giacomini et Giovan Battista Strozzi.

La première mention d'un travail en commun sur la langue toscane apparaît dans les actes de l'académie à la date du 26 juin 1579. Lors du conseil général qui eut lieu ce jour-là, Giulio del Bene (il Desioso) propose que, pendant la régence qui s'ouvre, l'académie se saisisse du projet de traiter de la langue toscane, à l'occasion d'un livre français récemment paru, où il était soutenu que la langue française était la plus belle de toutes les langues vivantes[131]. Ce livre était un ouvrage d'Henri Estienne (1528-1598), portant au titre *Project du livre intitulé De la precellence du langage françois* (Paris, Mamert Patisson, 1579). La proposition du Desioso visant à lancer collectivement l'académie dans un travail sur la langue prenait la suite d'un discours par lui prononcé le 12 mars 1579, où il avait fait l'éloge de la langue toscane et avait incité les académiciens à s'y exercer[132]. À partir de l'été 1579, les académiciens semblent en tout cas céder volontiers à l'invitation du Desioso et consacrent plusieurs de leurs séances à la discussion de questions linguistiques. Leurs travaux s'intensifient néanmoins soudainement à la mi-mai 1580. Le 16 mai 1580 a en effet lieu dans l'académie une discussion très concrète sur la question de comment répondre au livre d'Henri Estienne. Ces échanges débouchent immédiatement sur le choix d'une forme d'énonciation et même d'un plan, ainsi que sur l'improvisation d'un

Nencioni, Sienne, Protagon, 2005, p. 87-112 ; « Ancora sull'Accademia degli Alterati : il *Trattato di lingua toscana* di Francesco Bonciani », *Quaderni Veneti*, 2014/3, p. 89-96 et « 'La lingua volgare si può ridurre in regola come la latina et la greca, et altre' : uno scritto grammaticale attribuito a Giovan Battista Strozzi il Giovane », *Studi di grammatica italiana, a cura de l'Accademia della Crusca*, 2015, 34, p. 161-183.

131. BMLF Ashburnham 558.1, fol. 81r. On trouve des notes de lecture se rapportant à l'ouvrage d'Henri Estienne de la main de Giulio del Bene en BNCF Magl. IX 125, fol. 27r-38v.

132. Ce discours de Giulio del Bene est conservé en BNCF Magl. IX 137, fol. 25r-35v, comme le signale Anna Siekiera, qui le commente dans « Il volgare nell'Accademia degli Alterati », p. 92-95.

séjour collectif dans la villa du régent en titre Nero del Nero (l'Horrido), où les débats se poursuivirent quotidiennement dans la foulée[133].

Ainsi s'organise au pied levé une sorte de retraite ou plus exactement un petit séminaire de travail *in campagna*, destiné à mettre en place le plan du texte envisagé et même à amorcer une forme d'écriture collective. Entre le 17 et le 21 mai 1580, les actes de l'académie (BMLF Ashburnham 558.1, fol. 90v-91r) font en effet le récit de la présence d'une grande partie de l'académie chez Nero del Nero, à Maiano, pour discuter de ce projet. Durant toute cette semaine, les *atti* décrivent par le menu le contenu des discussions quotidiennes — qui ont lieu le matin avant le déjeuner mais aussi l'après-midi, après celui-ci —, ainsi que les allées et venues des différents académiciens présents. Parfois, certains académiciens doivent en effet s'absenter pour retourner en ville vaquer à leurs affaires. À d'autres moments, c'est leur hôte, Nero del Nero, qui les laisse à eux-mêmes pour aller s'occuper de charges domestiques ou des travaux des champs aux alentours de sa villa, qui est aussi une exploitation agricole. Néanmoins, la discussion collective, aussi approfondie que suivie, semble là progresser à vive allure. Ainsi prend forme une sorte de traité général sur la langue et les styles. Les académiciens discutent en particulier des noms, des verbes, des propositions, des mots d'origine étrangère, des vers et de la prose, puis de nouveau des noms en plus grand détail, et des verbes plus en profondeur (et en particulier des temps et des voix). Une grande partie des catégories grammaticales majeures semblent ainsi être passées en revue. Mais la rhétorique est aussi abordée puisque est soulevée la question des styles (humble, magnifique, etc.). À cette occasion, on cherche même des exemples chez les autorités classiques et en particulier chez Démétrios de Phalère, qui est l'auteur auquel était alors attribué un *De Elocutione* dont les Alterati avaient souvent entendu parler dans leur jeunesse, en suivant les cours de l'humaniste Pier Vettori au *Studio fiorentino*[134]. Il est même

133. BMLF Ashburnham 558.1, fol. 90 : « Ragionò il Vario <Antonio degli Albizzi> adducendo e proponendo due modi, per li quali si potesse scrivere la difesa contro al libro francese : cominciando o veramente del fine, e cercare de mezzi per le quali si venga al fine delle lingue, e poi venirsene in particolare alla nostra, e discorrere sopra essa della bellezza, et altre sue particolari lode. O veramente cominciare dall'origine della lingua toscana e trattare di suo stato, e dichiaratione. Propose l'Ardito <Alessandro Rinuccini> un terzo modo di scriverlo in dialogo secondo l'ordine del Bembo. Risolversi di scriverlo nel primo modo proposto del Vario e insiememente di andare la mattina di poi tutti gli academici in villa del reggente per discorrere sopra il medesimo. » L'ouvrage de Pietro BEMBO que le Vario propose d'imiter est les *Prose nelle quali si ragiona della volgar lingua scritte al cardinale de Medici che poi è stato creato a sommo pontefice et detto papa Clemente settimo divise in tre libri*, Venise, Giovanni Tacuino, 1525.

134. Pier VETTORI est en effet l'auteur d'un commentaire savant sur un traité sur le style qui était alors attribué à Démétrios de Phalère (*Petri Victorij Commentarij in librum Demetrii Phalerei De Elocutione positis ante singulas declarationes græcis vocibus auctoris : ijsdemque ad verbum latine expressis. Additus est rerum et verborum memorabilium index copiosus*, Florence, les fils de Bernardo Giunti, 1562). Selon la biographie que lui consacra Francesco NICCOLAI (*Pier Vettori*, Florence, Libr. Internazionale Succ. B. Seeber, 1912), Vettori enseignait régulièrement ce texte dans ses cours du *Studio fiorentino*, avec pour but de former tant les capacités

probable que les Alterati avaient emporté (ou trouvé ?) à Maiano quelques livres, où il leur fut possible de chercher exemples et références. Enfin, avant de s'en retourner en ville le 21 mai, les académiciens distribuent à cinq d'entre eux cinq petits travaux d'écriture (ou *digressioni*), en vue de la rédaction du livre à venir (fol. 91v : « Dopo la messa si distribuì a cinque accademici cinque piccole digressioni da mettersi nel libro da farsi »).

Cette semaine de travail *in villa* est en elle-même significative. Comme dans le cas de l'annotation du commentaire de la *Poétique* par Alessandro Piccolomini, et dans celui — fictif, et néanmoins fortement représentatif, en cela même, de l'imaginaire du groupe — du *Della cognitione di se stesso,* dont Lorenzo Giacomini fut probablement le principal auteur, la *villa* semble avoir en effet souvent été le lieu pour les Alterati d'une activité intellectuelle productive, en particulier dans le cas d'un travail à accomplir collectivement. Cette particularité s'explique évidemment par la classe à laquelle ces *letterati* appartiennent, tout en suggérant comment ils en transforment leur être-au-monde social en *ethos*. L'agriculture ne les préoccupe pas exclusivement, ni leurs revenus : dans leurs moments de loisir, qui sont nombreux, ils transforment leurs villas en lieux où cultiver collectivement les lettres, la linguistique et la philosophie.

Il semble néanmoins que les travaux d'écriture à proprement parler se fassent plus aisément parmi eux dans l'isolement. Cependant, après que chacun s'est concentré quelque temps sur sa contribution, le travail collectif reprend, avant de prendre de nouveau un tour plus individualisé. Au 1er juin 1580, trois des académiciens à qui il a été demandé de rédiger des « digressions » les ont en effet remises et celles-ci sont lues, discutées, modifiées le cas échéant, et, dans tous les cas, approuvées[135]. Sur ces entrefaites, le 9 juin 1580, l'Aspro (Francesco Bonciani), alors vice-régent, propose par une lettre qui est lue à l'assemblée des académiciens « qu'il soit donné à un académicien la charge d'étendre les choses écrites qui ont été mises au point pour le livre en projet » (« che si dovesse dare a un accademico il distendere quelle cose scritte, e trovate per il libro da farsi », fol. 92v). La proposition du vice-régent est approuvée et, dans la foulée, il est lui-même élu pour prendre en charge cette tâche, à l'unanimité des votants. Il est probable que, comme la décision de partir une

oratoires que le goût de ses jeunes étudiants. Ce texte est actuellement attribué à Démétrios d'Alexandrie. Sur ce traité, voir l'édition et la traduction de Pierre Chiron (Démétrios, *Du style*, Paris, Les Belles Lettres, 1993), en particulier l'introduction de l'ouvrage.

135. BMLF Ashburnham 558.1, fol. 92 : « Il reggente comise <sic> all'Aspro <Francesco Bonciani> che leggesse quello che havea pensato circa la digressione datagli da metersi nel libro. Lessela, piacque. E 'l Vario <Antonio degli Albizzi> consigliò che si abbreviasse e restrignesse. Commise medesimamente al Tenero <Giovan Battista Strozzi> che leggesse quello che havea pensato et scritto anch'esso circa il finire le nostre voci in vocali. Lesse, e piacque. L'Ardito <Alessandro Rinuccini> ancora lesse la sua digressione circa alle rime e dolcezza sua, piacque e promise di arrecare quanto prima certe considerazioni circa al nome. »

semaine *in villa* pour s'atteler collectivement au projet, cette deuxième orientation d'importance ait été préparée par une poignée d'académiciens en dehors des séances plénières de l'institution, dès lors que les actes ne la justifient pas. On ne peut ainsi que supposer que, après l'effort et le temps que leur ont demandés ces travaux collectifs, les académiciens (ou du moins certains d'entre eux) ont pris conscience que l'écriture collaborative avait ses limites. Néanmoins, au 30 juin 1580, l'Aspro (Francesco Bonciani) prend soin de consulter de nouveau collectivement l'assemblée des académiciens sur la question du genre dans lequel doit être écrit le livre envisagé. Il demande au Tenero (Giovan Battista Strozzi) de faire un discours sur la question de savoir si le livre doit être écrit sous la forme d'un traité ou d'un dialogue. L'académie décide alors collectivement que le texte sera plus approprié à son projet s'il est écrit sous la forme d'un traité « selon une méthode soit cumulative soit résolutive, que sous la forme d'un dialogue » (« con methodo o compositivo, o resolutivo, che in dialogo », fol. 93^{r}). L'Ardito (Alessandro Rinuccini) est, depuis le début de l'entreprise, de l'opinion contraire, mais le vice-régent est en faveur de la décision envisagée et déclare qu'il faut « lasciare stare il dialogo » (« laisser tomber le dialogue », fol. 93^{r} toujours) qui serait cause de trop grandes difficultés.

Le choix d'une forme démonstrative et, selon toute vraisemblance, didactique en dit long sur le positionnement sociologique de l'académie sur la question de la langue, puisqu'il suggère que n'était pas visé, avec ce projet de livre, un public mondain qui se serait sans doute plu à voir les académiciens mettre en scène leurs débats au travers d'un dialogue où plusieurs d'entre eux seraient apparus comme personnages. On ne sait néanmoins quel type de lectorat le texte en mode démonstratif du livre ainsi esquissé aurait effectivement trouvé parmi les élites florentines — et là réside sans doute une des raisons du fait que le projet se soit finalement perdu dans les sables. Selon toute probabilité, les aléas de l'écriture collective furent néanmoins aussi responsables de cet échec. Car, même à partir du moment où un scripteur principal a été désigné, l'entreprise ne paraît pas avancer vers son terme de manière pleinement satisfaisante. Certes, le 18 août 1580, l'Aspro lit des parties du traité qu'il est en train rédiger aux Alterati assemblés, qui les approuvent et l'encouragent non seulement à leur en apporter la suite mais encore à leur en laisser le manuscrit pour considération attentive[136]. Pendant les deux années et demie qui suivirent, soit jusqu'au 5 janvier 1583, Francesco Bonciani lut même régulièrement des parties de ce même traité aux Alterati[137]. Mais, en mars 1583, l'académicien

136. BMLF Ashburnham 558.2, fol. 6^{v}.

137. BMLF Ashburnham 558.2, fol. 34^{v} mentionne par exemple à la date du 5 janvier 1582 que, en présence de Francesco Bonciani, « lessesi alquanto del libro della lingua composto dall'Aspro ». C'est la dernière mention d'une telle lecture dans les actes de l'académie.

quitta Florence pour l'Espagne, pour affaires, et demeura loin de sa patrie pendant de longues années, sans jamais terminer son traité.

En janvier 1585, ses collègues académiciens s'impatientèrent et commencèrent à retravailler sur les éléments textuels que l'Aspro leur avait laissés — lesquels furent préservés et sont aujourd'hui conservés en BRF Riccardiano 2435, fol. 265r-336v — avant de lui envoyer à Saragosse une lettre signée de leur régent en titre, pour lui demander de terminer dès que possible le travail par lui commencé quatre ans et demi plus tôt, « pour l'honneur de la langue, de la patrie et de l'académie » (« per honore dela lingua, e dela patria e del' Academia »)[138]. Francesco Bonciani répondit à l'académie, par une lettre datée du 4 avril 1585, où il s'excusait de n'être pas en état de terminer sa tâche, par manque de loisir tout autant que de livres. La lettre de l'Aspro en disait aussi un peu davantage sur ce qui avait empêché le projet d'aboutir avant son départ de Florence, mettant par là même en évidence tant les ambivalences que les aléas des travaux collectifs. Francesco Bonciani y soulignait en effet que si le texte ébauché tenait encore tant à cœur à ses collègues, c'est que l'œuvre était la leur avant d'être sienne — tenant en réalité moins de lui que de l'académie elle-même —, avant de constater que s'il n'avait pu mener la rédaction du livre à bien, c'est parce que l'enthousiasme avait manqué au sein du collectif académique[139]. L'Aspro pointait ainsi du doigt à demi-mot les difficultés ou même les tensions que le projet avait fait naître au sein de l'académie, du point de vue de l'articulation du travail individuel et de la volonté collective. Dépositaire du travail de tous, l'Aspro n'avait apparemment pu trouver à s'y investir personnellement — n'y mettant, si l'on doit l'en croire, rien d'autre que l'effort de rédaction (« il disteso ») — et l'entreprise avait alors fait naufrage, du moins à ses yeux, en raison du manque de volonté collective plutôt que du fait d'un enthousiasme insuffisant de son côté.

L'académie semble néanmoins ne s'être pas satisfaite de son renoncement. Ou, du moins, en son sein, un académicien paraît avoir été soucieux de faire en sorte que tout le travail collectif déjà accompli en vue de ce livre ne se perde pas. Les recherches d'Anna Siekiera ont en effet démontré que, dans les premiers mois de 1585, Lorenzo Giacomini reprit le manuscrit que Francesco Bonciani avait laissé aux mains de l'académie et l'annota, comme en témoigne le fait que le BRF Riccardiano 2435, fol. 265r-336v, comporte de nombreuses annotations marginales de sa main, ainsi qu'un double feuillet de notes supplémentaires, visiblement

138. BMLF Ashburnham 558.2, fol. 136r (cette lettre est transcrite dans les documents adjacents aux deux volumes des actes de l'académie, lesquels sont donnés après les entrées journalières).

139. BMLF Ashburnham 558.2, fol. 137r : « La bozza del trattatello di nostra lingua non dispiace affatto agli Alterati per ciò che l'opera è loro, nè di mio ha altro che il disteso, rimasto imperfetto non perchè mi fusse fuggita la voglia di finirlo, ma per parermi che l'Accademia non vi havesse più l'animo. »

inséré par lui (fol. 328-329). Giacomini fit ensuite recopier le texte légué à la collectivité par Francesco Bonciani, en y faisant intégrer par le scribe — qui travailla visiblement sous sa direction — tant les commentaires que lui-même avait insérés dans les marges du manuscrit actuellement conservé en BRF Riccardiano 2435, fol. 265r-336v, qu'un préambule qui manquait dans ledit manuscrit. Ce second manuscrit, ainsi repris et remanié, a en effet été identifié par Anna Siekiera, sous la forme d'un codex de 136 folios, lui-même conservé à la Biblioteca Riccardiana sous la cote BRF Riccardiano 2316 et portant au titre « Trattato di lingua toscana, e osservazioni sopra la medesima », sans mention d'auteur(s). La présentation matérielle donnée à ce dernier état du texte est particulièrement intéressante du point de vue de l'étude de la dialectique du particulier et du collectif au sein de l'académie. Ce texte donné pour anonyme est en effet systématiquement disposé, à travers tout le codex, sur une colonne qui n'occupe que la moitié de la page, laissant ainsi supposer qu'il a été mis en page en vue de permettre une annotation complémentaire et/ou l'insertion de nouveaux éléments, au cours d'un ultime retravail. Il est impossible de savoir si Lorenzo Giacomini pensait ici compléter le traité lui-même ou s'il envisageait un nouvel effort collaboratif au sein de l'académie pour l'amener à un état où une publication serait en effet envisageable, soit par l'imprimé soit par le manuscrit. Mais, dès lors que Giacomini avait lui-même déjà fait entrer quelques-unes de ses remarques dans le texte ainsi repris et redisposé, on peut supposer que cette nouvelle mise en page était destinée à faciliter une reprise collective du texte. Pourtant, les colonnes laissées blanches dans le BRF Riccardiano 2316 le demeurèrent à jamais. Et le projet de traité, qui avait occupé l'académie pendant près de cinq ans, en resta là.

Cette tentative de composer et publier une œuvre collective doit peut-être moins être tenue pour un échec que pour la manifestation de la manière dont l'académie envisageait le travail collectif en son sein. Telle semble en effet la principale fonction, en dernière instance, de la myriade de traces que l'académie a laissées de la manière dont, en l'espèce, elle espérait collaborer, sans jamais parvenir à le faire de façon pleinement satisfaisante à ses yeux, et surtout sans mener son projet jusqu'au produit final initialement envisagé. Ces documents signalent sans équivoque que la collaboration est une valeur centrale au sein de l'académie. Ils suggèrent même que cette forme d'interaction est peut-être plus importante au fond que toute production tangible qui en serait issue. Ainsi s'expliquerait le soin que l'académie met à mettre en scène dans ses actes et à travers ses archives les étapes de la collaboration qui s'est imaginée en cette occasion, en dépit du fait que celle-ci n'aboutit à rien d'autre, sur le plan concret, qu'à une suite d'échanges tant oraux qu'écrits qui, en eux-mêmes, ont peut-être sur le moment été jugés satisfaisants (et même agréables ?) par la plupart des académiciens qui s'y sont engagés. Dans l'échange collaboratif se marquent en effet non seulement la collégialité mais encore une égalité de principe entre tous les participants — laquelle est une donnée primordiale dans une académie patricienne qui présuppose une communauté de statut entre tous ses membres et craint par-dessus tout que l'un d'eux prenne un pouvoir indu sur les autres dans le cours de leurs activités collectives. Ainsi s'expliquerait également l'insistance mise, à plusieurs moments de la collaboration qui vient d'être retracée, sur la capacité de chacun à incarner, dans le cours de cet échange, la voix de la communauté. C'est sans doute aussi ainsi qu'il conviendrait de comprendre, rétrospectivement, l'affirmation de Francesco Bonciani selon laquelle l'œuvre théorique ou didactique envisagée était celle de l'académie avant d'être sienne. Dans la collaboration, l'académie semble en effet s'inventer comme lieu d'échanges à parité, où chacun peut chérir l'illusion de pouvoir, occasionnellement, parler pour tous, loin des pressions sociales et/ou politiques auxquelles les académiciens sont constamment soumis par ailleurs. En cela, le rêve collectif auquel les tentatives de collaboration donnèrent fréquemment lieu parmi les académiciens fut sans doute souvent bien plus important encore, en son sein, que le produit fini qui en naquit — ou aurait pu en naître.

6.2. Travail en commun et perspectives partagées

La collaboration n'en produit pas moins aussi, au sein des Alterati, des résultats plus tangibles. L'échange constant d'idées dont l'académie est le lieu et les pratiques discursives qu'elle met en œuvre pour le nourrir conduisent cependant moins à l'élaboration de points de vue unanimes sur telle ou telle question qu'à un ensemble de questionnements et de perspectives communes. Ces processus d'élaboration intellectuelle en mode collectif ne sont pas toujours faciles à repérer, ni à retracer, puisque les documents subsistants n'en préservent le plus souvent, dans l'écrit, que des traces discrètes et éparses, qui s'échelonnent fréquemment sur plusieurs années et même plusieurs décennies.

Dans ce qui suit, une tentative est néanmoins faite pour faire apparaître comment, au cours des différents types d'échanges dont des traces éparpillées ont été préservées, ont pu s'élaborer, au sein de l'académie, des horizons intellectuels communs sur la question du plaisir pris au théâtre et, plus largement, aux arts. Le but est, en premier lieu, de suggérer par quels processus, au cours des diverses activités qui sont les leurs, les académiciens parviennent à penser en commun, tout en préservant leur identité intellectuelle individuelle. Mais il est aussi de souligner à quels types de formations idéelles ou de pensée les académiciens paraissent aboutir, lesquelles sont souvent moins des théories fermes, articulées et inébranlables qu'une communauté de principes et de perspective(s). Pour reprendre la terminologie autrefois proposée par le philosophe Gilbert Ryle, les Alterati développent en commun au sein de leur académie un « savoir comment faire » (*knowing how*) plutôt qu'un « savoir (de) quelque chose » (*knowing that*), c'est-à-dire un savoir qui leur permet de formuler des questions et de développer des réponses possibles, plutôt qu'un savoir qui consisterait en une liste stabilisée de réponses à des questions prédéterminées[140]. Ainsi se crée une manière d'aborder ensemble un vaste éventail de problèmes et même parfois de les résoudre, plus qu'une doctrine partagée par tous, au sein de laquelle chacun renoncerait à l'exercice de son propre jugement. Les échanges constants entre les académiciens donnent par là naissance à des champs de pensées communs, où peut s'épanouir librement une forme de *concordia discors*, ou, si l'on préfère, de *dissensus* collégial.

Le BNCF Magl. VII 1199, qui a déjà été évoqué brièvement au chapitre précédent, est l'un des manuscrits des Alterati où leur travail en commun est matérialisé avec le plus de précision. Au sein de l'académie, l'une des fonctions de ce manuscrit — dont la paternité ne leur a été attribuée qu'en 2008[141] — fut au demeurant précisément de donner corps par l'écriture à leurs activités de collaboration, notamment afin de pouvoir ultérieurement les donner en modèle à d'éventuelles nouvelles recrues. C'est en quoi son analyse donne accès tant aux pratiques des académiciens qu'à la manière dont ils les mémorialisaient et les transmettaient. Ce manuscrit anonyme est actuellement conservé dans le *fondo Magliabechiano* de la Biblioteca Nazionale Centrale de Florence sous le titre d'*Aristotelis Stagiritae Poetica Petro Victorio interpetre* <sic>. Il contient 93 feuillets de 21 cm de haut sur 15 cm de large, lesquels ont été reliés à neuf au début du XXe siècle. Sur la page de titre du manuscrit, qui imite celle d'un livre imprimé **[Ill. 30]**, figurent la date de 1573 et les armes des Strozzi, qui constituent le seul indice matériel interne permettant de subodorer une provenance. Le manuscrit contient une transcription suivie de la traduction latine que Pier Vettori donna de la *Poétique* d'Aristote dans le commentaire linéaire qu'il en avait originellement fait paraître en 1560. Cette édition du texte ne donnait en effet qu'une traduction fragmentée de celui-ci, tout en entrelaçant le texte d'Aristote des commentaires de l'humaniste. Le BNCF Magl. VII 1199 permettait

140. Voir RYLE, Gilbert, « Knowing How and Knowing That : The Presidential Address », *Proceedings of the Aristotelian Society*, nouvelle série, vol. 46 (1945-1946), p. 1-16.

141. Je me permets de renvoyer à Déborah BLOCKER, « Dire l'"art" à Florence sous Cosme Ier de Médicis : une *Poétique* d'Aristote au service du prince », *AISTHE*, II, 2, 2008, p. 56-101 (p. 88-94). Pour d'autres réflexions sur ce manuscrit, voir BLOCKER, Déborah « Le lettré, ses *pistole* et l'académie : comment faire témoigner les lettres de Filippo Sassetti, *accademico Alterato* (Florence et Pise, 1570-1578) ? », *Littératures classiques*, 71, 2010, p. 31-66 (en particulier p. 57-62) et BLOCKER, Déborah, « Shedding Light on the Understanding of Aristotle's *Poetics* Developed within the Alterati of Florence (1569-ca. 1630) : From Book History to the Social and Political History of Æsthetics », dans BRAZEAU, Bryan (dir.), *The Reception of Aristotle's* Poetics *in the Italian Renaissance and Beyond : New Directions in Criticism*, Londres, Bloomsbury, 2020, p. 98-132.

au contraire de lire et de travailler en continu un texte dont l'original était discontinu. Le principal intérêt de cette transcription dans son état actuel est qu'elle est couverte d'annotations marginales, où il est possible d'identifier au moins six mains différentes.

Un imprimé du fonds de la Biblioteca Nazionale Centrale de Florence (BNCF Magl. 5.9.119) permet par ailleurs de rapporter avec certitude le manuscrit aux activités des Alterati. Ce petit opuscule, dont le titre est *Aristotelis Poetica Petro Victorio interprete*, est paru à Florence chez les Giunti en 1617. Il contient lui aussi le texte de la traduction latine que Vettori avait donnée de la *Poétique*. L'imprimé présente même cette traduction selon certaines des divisions que le manuscrit suggère pour son étude, mais sans néanmoins donner aucune des abondantes annotations qui figurent dans ce dernier. L'imprimé est également pourvu d'une dédicace en latin, adressée par Giovan Battista Strozzi (il Tenero) à son petit-neveu et futur héritier, le marquis de Forano, qui porte le même nom que lui. Structurée comme une réponse à une *quaestio* académique (celle de savoir si apprendre génère plus de plaisir qu'enseigner), cette dédicace explique que la traduction de Vettori a joué un rôle central dans les activités des Alterati, que le jeune dédicataire est ainsi invité par son mentor à perpétuer. Le texte suggère aussi, mais toujours à mots couverts, que, dans ce cadre, le texte imprimé est destiné à être lu en parallèle avec un manuscrit interfolié et annoté, qui ne peut guère être que le BNCF Magl. VII 1199. Le dédicataire et son entourage sont ainsi invités par le Tenero à prolonger par leur lecture les activités savantes de la communauté des Alterati, en y prenant, si possible, tout le plaisir que ceux-ci avaient eu l'habitude de partager dans le cours de leurs propres collaborations :

> « Mais qu'il nous importe peu de savoir si nous récréons mieux notre esprit à apprendre ou à enseigner, pourvu que soit garanti le fait que l'un et l'autre nous procurent énormément de plaisir. Ce qui est sûr, c'est que moi, je me présente comme témoin d'une jouissance éprouvée dans les deux cas, très cher Giovan Battista. Souvent, j'ai appris bien des choses en y trouvant de l'agrément mais j'en ai trouvé davantage en écoutant, il y a cinquante ans, Pietro Vettori — la plus éclatante lumière de son temps et des lettres — tandis qu'il expliquait avec la plus grande érudition la *Poétique* d'Aristote. Et puis, vingt ans se sont écoulés quand j'ai eu la grande joie de me voir confier par l'Académie des Alterati la charge de présenter ce même ouvrage ; se trouvait là, parmi les auditeurs de premier rang à qui je me réjouis d'avoir apporté une aide intellectuelle, Filippo Strozzi, un homme très fréquenté pour son intégrité, ton père, dont je voudrais que présentement il te serve d'exemple à imiter dans ta famille. Mais l'excellence, c'est dans la difficulté précisément que la nature la fait valoir et Aristote n'a pas dévoilé les oracles de la sagesse à ceux qui, les yeux fermés, parcouraient ses écrits. Est-il besoin de te répertorier nos veilles ? Si minuscule soit ce que j'ai perçu, cela repose sur de grands travaux nocturnes. Que dire de l'étude

qu'a requise ce petit livre ? Je ne suis pas mécontent d'avoir pris assez souvent ma plume en main. Il appartient à un éminent précepteur de transcrire des mots et de joindre à chacun des parchemins du texte transcrit des pages vierges sur lesquelles je pouvais reporter, comme sur un tableau blanc, aussi bien mes pensées que celles des autres, trouvées avec un zèle qui n'avait rien d'ordinaire, de façon que, si besoin était d'être utile à des amis, j'eusse tout prêts à tirer, comme d'une réserve, des éléments de poétique[142]. Aujourd'hui, me mettant au service de ce qui peut t'être profitable, à toi ainsi qu'à tes proches et à tes amis qui me rejoignent quand je discute de la *Poétique*, j'ai pris soin de faire imprimer le livre d'Aristote et c'est la traduction qu'en a faite Vettori que j'ai choisie entre toutes. En effet je ne sais pas s'il se peut que la majesté et la concision du grec d'Aristote doivent plus à un autre traducteur qu'à Vettori. J'ai renoncé à de trop longs commentaires et j'ai seulement inscrit en marge de brèves remarques, de peur que le poids du volume accable les lecteurs, et de sorte que (c'est ce qu'Alexandre a fait à propos de l'*Iliade* d'Homère, est-il écrit) vous ayez ce petit livre de faible poids entre vos mains, qu'il nourrisse votre esprit et fasse vos délices[143]. »

142. Le texte de la dédicace latine mobilise l'expression de « poetica documenta », ce qui signifie des exemples de poétique ou de la matière permettant de réfléchir à la poétique — plutôt que des « enseignements » de poétique.

143. *Aristotelis Poetica Petro Victorio interprete*, Florence, Giunti, 1617, dédicace sans pagination : « [...] Sed nostra parui referat, in discendo ne an in docendo potior sit oblectatio, dum constet utrumque plurimum delectare. Utriusque ego certe me tibi testem voluptatis exhibeo (Ioannes Baptista dilectissime.) Saepe non pauca suaviter didici : suavius autem cum quinquaginta ab hinc annos Petrum Victorium suæ aetatis ac literarum lumen clarissimum, Aristotelis Poeticam artem doctissime explanantem audirem. Praeterae post viginti elapsos annos, magnam cœpi iucunditatem cum munus obirem mihi ab Academis Alteratis eumdem librum exponendi delatum, ubi inter primarios auditores quibus me aliquam ingenii operam praestitisse gaudeo, Philippus Stroza vir integerrimis moribus pater tuus frequentissimus adherat, quem hac in re tibi propositum velim domesticae imitationis exemplum. Sed quae præclara sunt, natura ipsa difficultate commendat, nec sapientiæ oracula detegit iis Aristoteles qui conniventibus oculis, eius scripta percurrunt. Decet ne nostras tibi recensere vigilias ? Quæ ego quantulacumque percaepi, magnis constant lucubrationibus. Quid dicam de huiusce libelli studio ? Non me pinguit manum calamo saepius admovere : præstantissimi præceptoris verba excribere : singulis quibusque excripti textus membranis puras paginas inserere, in quas tum aliorum, tum meas interdum sententias non vulgari studio quaesitas velut in album referrem, ut si quando amicorum utilitas id postuleret, parata haberem quæ velut e penu depromerem poetica documenta. Nunc tuæ, affinium, amicorumque tuorum me de Poetice differentem convenientium commoditati inserviens, Aristotelis librum hunc imprimendum curavi, eamque quam Victorius versionem fecerat, ex omnibus apprimè elegi ; non enim scio an allii latino interpreti graeca Aristotelis maiestas et brevitas magis debeat quam Victorio. Omissa sunt longiora commentaria, brevesque tantum notulæ margini adscriptae, ne degravet legentes, voluminis sarcina, utque (quod Alexander de Homeri Iliade fecisse scribitur) vos hunc tenui mole libellum, in manu, in mente, et in deliciis habeatis. [...] ». Je remercie Monique Bouquet pour sa traduction de ce texte, que je n'ai que très peu amendée.

Illustrations 30 et 31.
La page de titre originale du BNCF Magl. VII 1199 et le fol. 2r du même manuscrit. Reproduits avec la permission de la Biblioteca Nazionale Centrale di Firenze — 2020. Tous droits réservés.
Source : BNCF Magl. VII 1199.

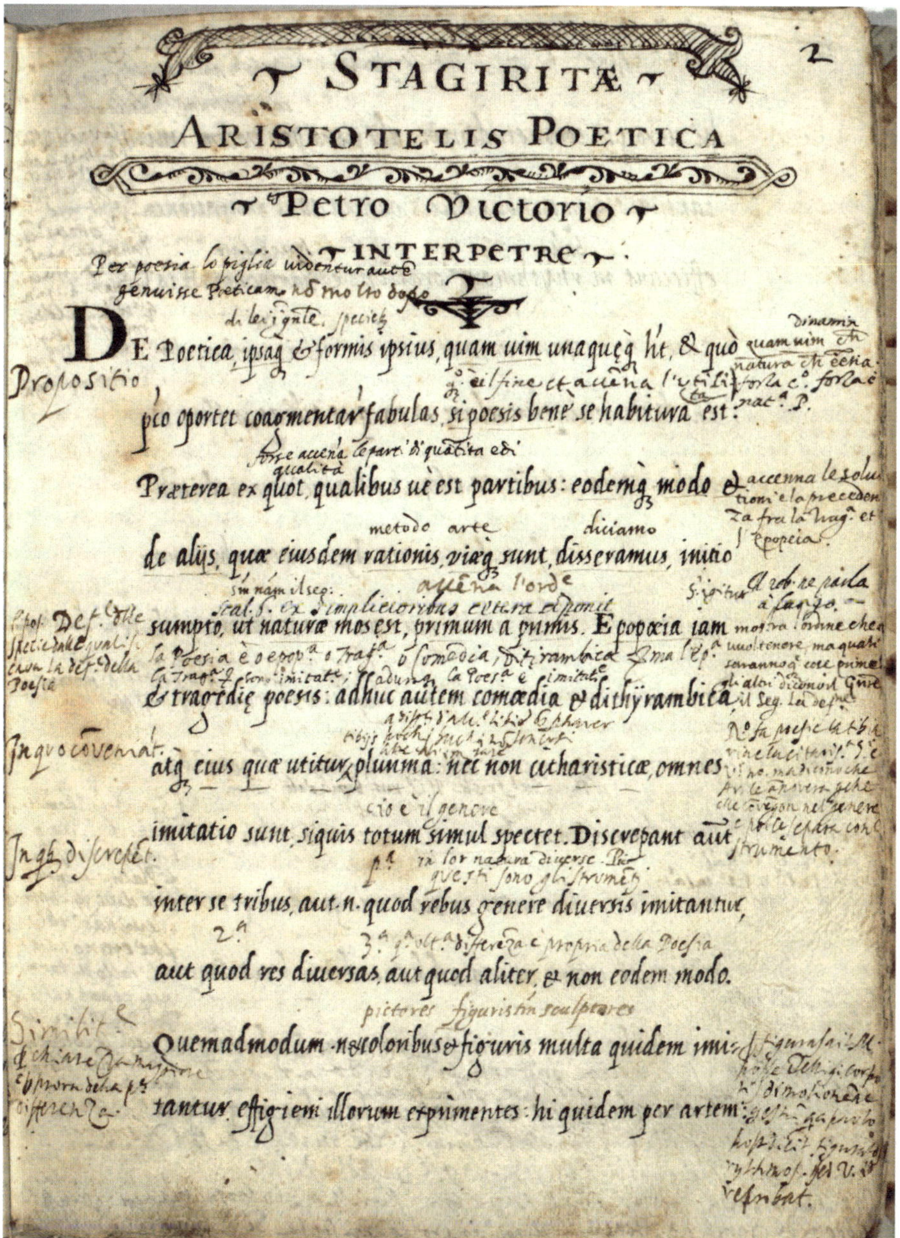

STAGIRITÆ

ARISTOTELIS POETICA

Petro Victorio

INTERPETRE

De Poetica, ipsaq; & formis ipsius, quam uim unaqueq; h't, & quo pto oportet coagmentar fabulas, si poesis bene se habitura est:

Præterea ex quot, qualibus ue est partibus: eodemq; modo & de aliis, quæ eiusdem rationis, viæq; sunt, disseramus, initio sumpto, ut naturæ mos est, primum a primis. Epopœia iam & tragœdiæ poesis: adhuc autem comœdia & dithyrambica, atq; eius quæ utitur plurima: nec non citharisticæ, omnes imitatio sunt, siquis totum simul spectet. Discrepant aut inter se tribus, aut n. quod rebus genere diuersis imitantur, aut quod res diuersas, aut quod aliter, & non eodem modo.

Quemadmodum n. & coloribus & figuris multa quidem imitantur effigiem illorum exprimentes: hi quidem per artem:

Un examen plus approfondi du BNCF Magl. VII 1199 permet de se faire une meilleure idée des fins pour lesquelles celui-ci a originellement été créé, tout autant que des usages auxquels il fut par la suite soumis. La structure du manuscrit suggère en effet que, comme le laissait entendre Giovan Battista Strozzi dans sa dédicace à son neveu, celui-ci a été assemblé pour faire alterner un folio de texte avec un folio blanc, destiné à permettre une annotation détaillée et abondante du texte transcrit. Le texte d'Aristote est par ailleurs suffisamment espacé, dans le cours de sa transcription, pour pouvoir donner lieu à des remarques interlinéaires, lesquelles fournissent essentiellement des éclaircissements linguistiques ou historiques [**Ill. 31**]. Enfin, dans le premier et le quatrième cahier, un ou même deux folios blancs supplémentaires ont été interfoliés avec les autres, sans doute pour créer encore plus de place en des lieux du texte où l'on pressentait que l'annotation serait particulièrement abondante. La date de 1573, qui apparaît sur la page de titre du manuscrit, indique très vraisemblablement le moment où le processus d'annotation a commencé. Enfin, l'analyse des différentes mains ayant participé à l'annotation permet d'y repérer avec certitude celle de Giovan Battista Strozzi [**Ill. 32**], qui fut sans doute le commanditaire de la transcription (dès lors qu'elle porte ses armes en couverture) et resta toujours le propriétaire premier du manuscrit, et celle de Filippo Sassetti (l'Assetato), qui est l'annotateur dont la main apparaît le plus fréquemment dans le volume [**Ill. 32**].

La correspondance de Filippo Sassetti, telle qu'elle est donnée dans l'édition que Vanni Bramanti en fit paraître en 1970, documente par ailleurs les circonstances dans lesquelles le manuscrit prit initialement forme. Dans une lettre de Filippo Sassetti à Lorenzo Giacomini du 2 décembre 1573, il apparaît que Sassetti logeait chez Strozzi à Pise en l'année 1573, à un moment où tous deux s'y trouvaient pour étudier (ou, au moins, pour y mener la vie d'étudiant), sans doute parce que Sassetti, n'ayant pas lui-même de quoi se loger, bénéficiait de l'hospitalité de son ami qui était bien plus fortuné[144]. Une seconde lettre, du 3 décembre 1575, contient par ailleurs la trace d'un échange entre Strozzi et Sassetti concernant une *postilla* (annotation) que Sassetti désire que Strozzi insère dans les marges de ce qui est actuellement devenu le BNCF Magl. VII 1199[145]. Ces deux lettres confirment que Strozzi et Sassetti furent les premiers annotateurs du manuscrit, entre 1573 et 1575. Elles permettent également de subodorer que celui-ci a commencé comme un exercice para-universitaire permettant à deux anciens élèves de Vettori de poursuivre en collaboration un travail sur le texte de la *Poétique* auquel leur maître les avait initiés. Cette hypothèse est confirmée par un élément de la dédicace

144. Sassetti, Filippo, *Lettere da vari paesi*, 1570-1588, p. 120.
145. *Ibid.*, p. 171.

du BNCF Magl. 5.9.119, qui suggère que le Tenero a suivi un cours de Vettori sur la *Poétique* à Florence vers 1567[146]. Cependant, au moins quatre autres mains apparaissent aussi sur le manuscrit, dont on peut supposer que les interventions furent plus tardives parce que certaines d'entre elles se glissent apparemment dans les intervalles laissés par Strozzi et Sassetti. Parmi ces mains se trouve sans doute la main de Lorenzo Giacomini [**Ill. 32**].

Strozzi et Sassetti semblent avoir initialement abordé le texte d'Aristote comme ils auraient pu le faire dans un cours d'introduction à la lecture de celui-ci. Leurs annotations élucident en effet le vocabulaire d'Aristote — soit les *verba* —, tout en fournissant des éclaircissements sur les objets ou pratiques qu'il mentionne, expliquant ainsi en parallèle les *res*, selon la distinction scolastique qui était alors familière à tous ceux qui avaient appris dans les écoles les rudiments de la *praelectio*. Les deux annotateurs cherchent aussi à comprendre les raisonnements d'Aristote et ils utilisent pour ce faire les savoir-faire logiques dont leur éducation les a dotés. Sassetti, en particulier, repère les syllogismes dans la pensée du philosophe et trace des arbres logiques qui permettent la visualisation des différentes formes de distinctions (ou catégorisations) que le texte propose. À l'occasion, Sassetti se lance aussi dans l'analyse synthétique d'une question, telle que celle des fins de la tragédie, qui donne lieu à une ample digression sur le folio 92^{v}. Mais ces efforts de synthèse sont rares : pour l'essentiel, Strozzi et Sassetti ont travaillé sur le texte de manière linéaire, en très étroite collaboration. Au folio 8^{r}, on remarque par exemple que Sassetti commence une note sur le point de savoir si le poète qui parle en son nom propre peut être dit un imitateur, puis s'interrompt au milieu d'une phrase. Strozzi poursuit la remarque à partir du point où Sassetti s'est interrompu, avant de s'interrompre lui aussi. Enfin, la main de Sassetti complète la remarque [**Ill. 34**]. La lettre de Sassetti à Strozzi du 3 décembre 1575 permet aussi de prendre la mesure de l'étroitesse de leur collaboration. Dans cette lettre, Sassetti répond à une demande de Strozzi concernant un passage de la traduction qui commence par « Nullo non haberemus » et en fournit un très long commentaire, avant de suggérer à Strozzi de résumer ses remarques en une annotation qu'il l'invite à insérer dans le manuscrit. On voit que, dans un premier temps, le manuscrit servit d'abord à préserver en forme abrégée la trace succincte d'un travail d'interprétation linéaire du texte accompli en binôme.

146. *Aristotelis Poetica Petro Victorio interprete*, dédicace non paginée : « [...] suavius autem cum quinquaginta ab hinc annos Petrum Victorium suæ aetatis ac literarum lumen clarissimum, Aristotelis Poeticam artem doctissime explanantem audirem [...] ».

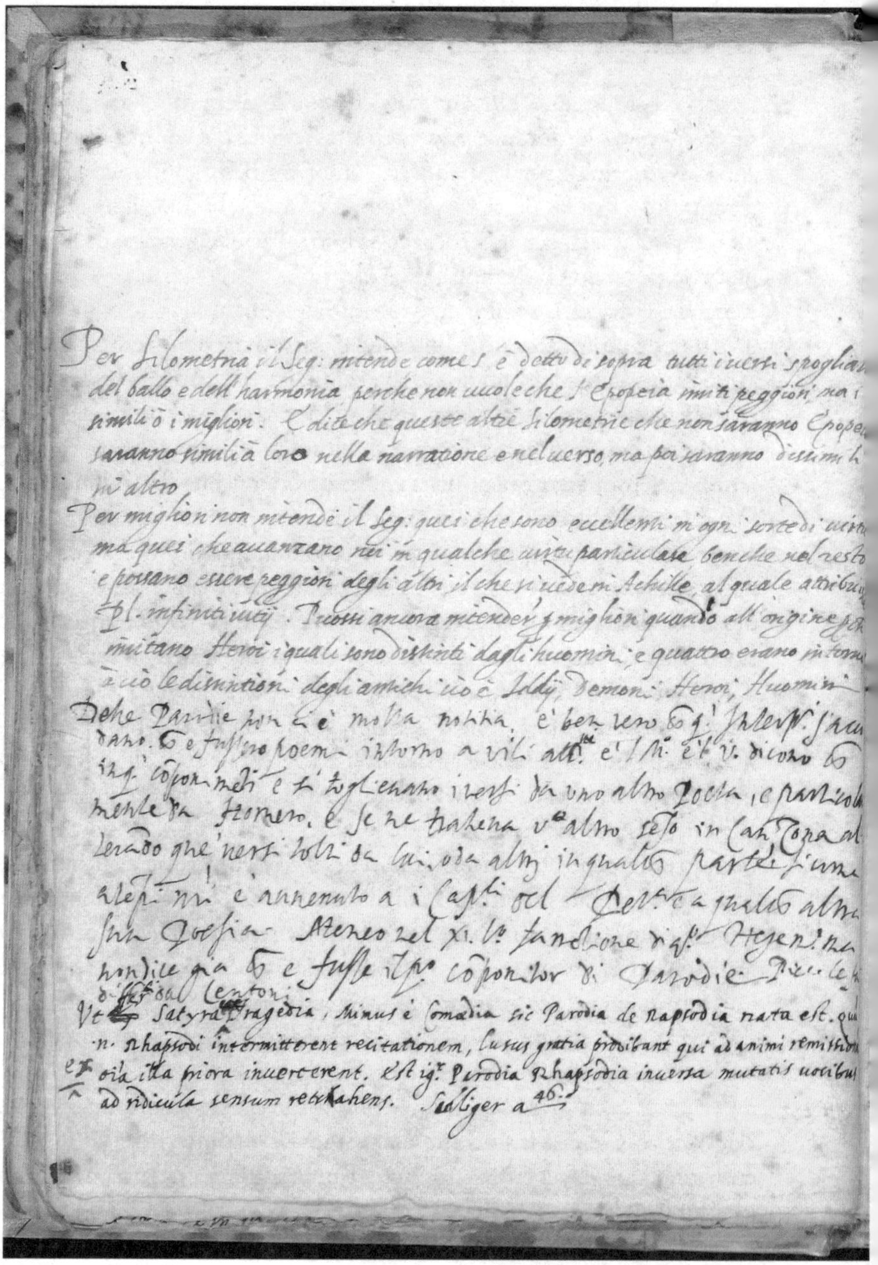

Illustrations 32 et 33.

Les fol. 6v et 7r du BNCF Magl. VII 1199 ; sur le fol. 6v (folio de gauche), la main en haut de la page est celle de Filippo Sassetti et celle qui a entré l'annotation centrale est celle de Giovan Battista Strozzi. L'ultime note de ce folio est vraisemblablement de la main de Lorenzo Giacomini. Reproduits avec la permission de la Biblioteca Nazionale Centrale di Firenze — 2020. Tous droits réservés.
Source : BNCF Magl. VII 1199.

7 . 8

ro similes pingebat. Planum autem est, quod unaquæque dictarum imitationum habebit has differentias: & erit diuersa, eo quod diuersas res imitetur hunc in modum. etenim in saltatione, & tibiarum fidiumque [citharæ] usu fieri potest, ut sint hæ dissimilitudines. Et circa orationem & nuda carmina: ceu Homerus quidem, meliores: Cleophon autem, pares: Hegemon uero Thasius, ille qui primus parodias cecinit: & Nicochares, qui Deliada uersibus scripsit, deteriores. Simili modo autem & circa dithyrambos, & circa nomos: ut Persas & Cyclopas Timotheus & Philoxenus, imitari posset aliquis. In eadem differentia & tragœdia separata fuit à comœdia: hæc quidem .n. deteriores: hæc uero meliores imitari uult, quam ij qui nunc sunt. Adhuc autem horum tertia differentia est, ut singulas has res imitaretur ali

e l modo è proprio della poesia perche è proprio dell'oratione la quale mancando il ballo la tibia e la cetra non ci hanno niente che fare.

Differenze fra le Poesie

Nota che dichiara orationem con nuda carmina

Il Castel. di fantasia aggiugne Ipprando, Frinide, et Arga.

non è nel Grec.

Ristrignesi adesso alla poesia sola et lascia le altre arti imitatrici che conuenivano seco negli istrumenti nelle cose imitate

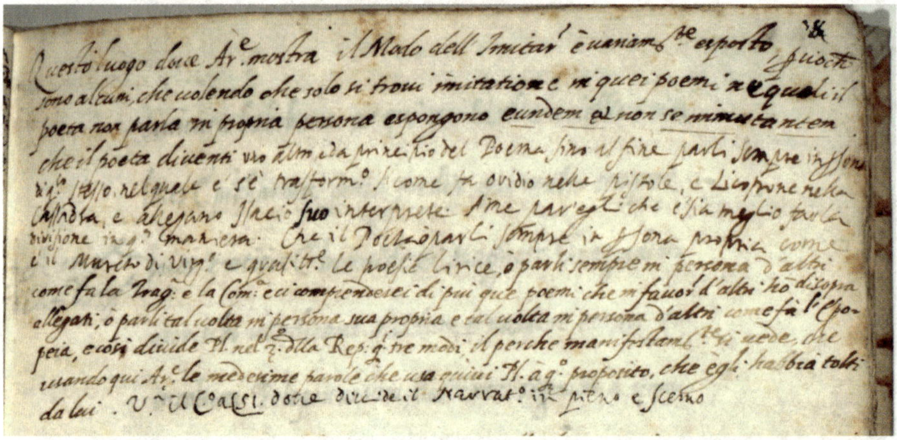

Illustration 34.
En haut du fol. 8r du BNCF Magl. VII 1199 (détail), Filippo Sassetti et Giovan Battista Strozzi collaborent étroitement en vue de la rédaction d'une annotation. Reproduit avec la permission de la Biblioteca Nazionale Centrale di Firenze — 2020. Tous droits réservés.
Source : BNCF Magl. VII 1199.

Néanmoins, dans les années qui suivirent, le manuscrit entra selon toute probabilité dans la bibliothèque des Alterati, où il se trouva investi d'autres fonctions. Ceci est visible en particulier dans la manière dont les références savantes sont mobilisées dans l'ouvrage. Les premiers annotateurs ne se réfèrent en effet qu'aux commentaires de la *Poétique* parus entre 1548 et 1560[147], et ils le font principalement afin de justifier leurs propres interprétations. Mais plus tard d'autres références sont ajoutées, qui renvoient à des commentateurs plus tardifs, en particulier à Castelvetro et à Piccolomini[148]. Par exemple, au bas du folio 7v, une note ajoutée à la fin d'une remarque plus ancienne due à Sassetti suggère de se référer à la page 60 du commentaire de Castelvetro (« Vedi il Castelvetro a pagina 60 »). Parfois ces notes sont aussi d'une tonalité bien plus polémique. Ainsi, au folio 10r, une note explique que, sur le point discuté, Piccolomini s'embrouille dans son propre raisonnement

147. Les commentaires et traductions alors mentionnés sont les suivants : ROBORTELLO, Francesco, *Francisci Robortelli utinensis in librum Aristotelis De arte poetica explicationes*, Florence, Lorenzo Torrentino, 1548 ; MAGGI, Vincenzo et LOMBARDI, Bartolomeo, *Vincentii Madii brixiani et Batholomeo Lombardi veronensis in Aristotelis librum De Poetica communes explanationes*, Venise, Vincenzo Valgrisi, 1550 ; SEGNI, Bernardo, *Rettorica et Poetica d'Aristotele tradotte di greco in lingua vulgare fiorentina da Bernardo Segni*, Florence, Lorenzo Torrentino, 1549, et la traduction commentée de Pier VETTORI déjà citée, de 1560.

148. CASTELVETRO, Lodovico, *Poetica d'Aristotele vulgarizzata, et sposta per Ludovico Castelvetro*, Vienne, Gaspar Stainhofer, 1570 ; PICCOLOMINI, Alessandro, *Il libro della Poetica d'Aristotele tradotto di greca in lingua volgare da messer Alessandro Piccolomini*, Sienne, Luca Bonnetti, 1572 et les *Annotationi di messer Piccolomini nel libro della Poetica d'Aristotile* déjà mentionnées, de 1575.

pour se justifier (« <Piccolomini> s'avviluppa per voler salvare la sua prosa »). Autrement dit, après avoir été le support d'un intense travail collaboratif à deux mains, le manuscrit devint au sein de l'académie une sorte d'ouvrage de référence. Il permit d'abord aux nouveaux académiciens de prendre connaissance des interprétations auxquelles Strozzi et Sassetti avaient abouti, dans le sillage de Vettori. Mais, peu à peu, avec l'addition de nouvelles références savantes, il fut aussi utilisé comme un instrument commode permettant de comparer les interprétations des différents commentaires imprimés de la *Poétique* sur un point particulier, notamment au cours d'une discussion entre académiciens. C'est au demeurant l'usage que Giovan Battista Strozzi indique pour le manuscrit dans la dédicace de l'édition qu'il fit préparer pour son neveu et l'entourage de celui-ci. Le Tenero s'y dépeint en effet non seulement comme ajoutant ses propres remarques dans le volume mais encore comme y insérant celles des meilleurs maîtres, afin que, si jamais ses collègues avaient besoin de matériaux ou d'exemples pour interpréter la *Poétique*, il puisse sortir l'ouvrage de leur armoire à provisions (« ex penu ») et le leur présenter pour consultation[149]. Le manuscrit devint ainsi, au fil des années, un lieu textuel où se trouvèrent consignés tous les différents points de vue que l'académie accumula sur le traité d'Aristote, au cours de ses lectures, de ses discussions et de ses travaux, et, par là même, un réservoir dans lequel puiser continuellement pour alimenter la réflexion collective des académiciens sur la poétique.

Saisir la spécificité des perspectives que les Alterati élaborèrent en commun sur le texte d'Aristote, au fil des pages du BNCF Magl. VII 1199, est cependant moins aisé que de comprendre dans le cadre de quelles activités le manuscrit fut utilisé parmi eux. Une partie de la difficulté tient aux conditions dans lesquelles les annotations furent originelles produites. Beaucoup portent en effet les traces stylistiques des discussions au cours desquelles elles sont nées : leur syntaxe est souvent chaotique, leur ponctuation est parfois inconsistante, les abréviations y abondent, et même dans le cas des annotations les plus développées, ces remarques visent plus souvent à la retranscription d'échanges oraux qu'à la formulation de phrases élégantes. D'autres difficultés sont attribuables à la nature fragmentaire, discontinue et plus généralement allusive du processus d'annotation. Ces difficultés, qui surgissent de manière générale à la lecture de la plupart des formes de *marginalia*, sont accrues dans le cas du BNCF Magl. VII 1199 en raison de l'abondance des remarques, de la très longue période durant laquelle le manuscrit fut annoté (de 1573 à 1617

149. *Aristotelis Poetica Petro Victorio interprete*, dédicace non paginée : « Quid dicam de huiusce libelli studio ? Non me pinguit manum calamo saepius admovere : praestantissimi praeceptoris verba excribere : singulis quibusque excripti textus membranis puras paginas inserere, in quas tum aliorum, tum meas interdum sententias non vulgari studio quaesitas velut in album referrem, ut si quando amicorum utilitas id postuleret, parata haberem quæ velut e penu depromerem poetica documenta. »

— et peut-être même au-delà ?) et de la multiplicité des mains qui sont intervenues sur le texte. Parfois le sens littéral d'une annotation semble clair, mais la réinsérer dans le cours d'un raisonnement suivi se révèle difficle. C'est en quoi — face à cette tentative collective de développer un « savoir comment » (« knowing how ») lire la *Poétique* d'Aristote (plus qu'une connaissance stabilisée de ce que le texte signifierait) —, il convient sans doute avant tout de respecter la nature fragmentaire et discontinue du tissu textuel, sans chercher à combler artificiellement les lacunes que son mode de composition a créées.

Or, à qui ne cherche pas des théories abouties ni des raisonnements suivis, le déchiffrement des notes marginales du BNCF Magl. VII 1199 peut apprendre beaucoup, tant sur les curiosités et intérêts collectifs des Alterati lorsqu'ils se confrontèrent à la *Poétique* que sur les perspectives communes qu'ils développèrent au cours de leur travail sur celle-ci. Pour mettre au jour ces informations, il est néanmoins nécessaire d'aborder ce manuscrit comme s'il s'agissait d'un laboratoire au sein duquel certains concepts émergent, sont mis à l'épreuve et commencent à être articulés, sans nécessairement faire l'unanimité ou même trouver de signification définitive. Un certain nombre de termes clefs reviennent en effet à de multiples reprises dans ces *marginalia* et, là où l'annotation est particulièrement étendue et détaillée, apparaissent plusieurs problèmes ou questions qui semblent avoir tout spécialement retenu l'attention des commentateurs. C'est ainsi que lire le BNCF Magl. VII 1199 en cherchant à localiser les matériaux qui donnaient plus particulièrement aux Alterati l'occasion de penser met au jour leur intérêt pour la question de l'« action », leur fascination pour le concept d'« intrigue » (*favola*), leur perplexité sur le sujet de la *catharsis* (ou purgation des passions) et, par-dessus tout, leur attraction pour la notion de « plaisir », où certains d'entre eux voient la seule fin véritable de toute activité dramatique. En prêtant attention aux différentes étapes de l'élaboration intellectuelle dont chacun de ces concepts ou problèmes est, dans le manuscrit, le nœud, il est même possible d'apercevoir comment ceux-ci sont mis en relation pour créer un horizon interprétatif, ou, si l'on préfère, une perspective de lecture commune.

Nombre des commentaires des Alterati soulignent ainsi à plaisir et avec force précisions l'importance de l'action dans la création d'un poème tragique efficace. Glosant le passage de la *Poétique* où Aristote oppose l'action aux mœurs (1450a 1-30), Sassetti insère par exemple au folio 21r la réflexion suivante, en forme de réflexion syllogistique :

> « La Tragédie a pour fin la représentation du bonheur et du malheur. Mais le bonheur et le malheur consistent en l'action, donc la finalité de la tragédie est l'action. Mais l'action n'est rien d'autre que l'intrigue, donc l'intrigue est la finalité <de la tragédie>. Mais la finalité est primordiale, donc l'intrigue est primordiale.

Que l'intrigue et non les mœurs soient la finalité se prouve par le moyen du bonheur, et que les mœurs ne soient pas la finalité se prouve par le moyen des caractères, parce que les mœurs sont les caractères et <de cela il découle que> les caractères ne sont pas la finalité <de la tragédie> et donc les mœurs ne sont pas la finalité. Et que l'intrigue et les mœurs ne soient pas la même chose en découle car si les mœurs ne sont pas la finalité et que l'intrigue est la finalité, alors nécessairement l'intrigue ne sera pas les mœurs[150]. »

Au premier regard, Sassetti paraît seulement chercher à reformuler la pensée d'Aristote. Mais il apparaît vite que sa visée première est d'établir la primauté de l'intrigue sur les mœurs. C'est à cette fin qu'il martèle que l'intrigue est la principale fin de la tragédie, plutôt que les mœurs ou les caractères. Les dernières lignes de sa note posent même que l'intrigue est entièrement distincte des mœurs, dont il est ainsi suggéré qu'elles seraient en quelque sorte inessentielles. Ce faisant, Sassetti ne se méprend pas à proprement parler sur le texte d'Aristote, mais il le tord clairement de manière à présenter les mœurs — et donc aussi la moralité même de l'intrigue — comme une préoccupation secondaire, dont l'auteur tragique ne doit pas s'embarrasser outre mesure.

Pareille remarque est cependant trop allusive pour permettre de déterminer avec certitude la position de Sassetti, qui ne peut être précisée qu'en mettant en série plusieurs autres de ses insertions marginales se rapportant à l'action. Parmi celles-ci, on trouve en particulier le commentaire que lui suggère le passage de la *Poétique* où Aristote déclare que pour que le poème tragique produise le plaisir qui lui est propre, il doit être composé d'une action unique, laquelle doit aussi être entière et complète (1459a 15-20). Dans ce cas, Sassetti reformule en effet le propos d'Aristote pour lui faire dire que le plaisir qui naît de l'action tragique appropriée est le plaisir que nous donne la beauté d'un tout bien composé, et non celui qui jaillirait de la purgation des passions. Il souligne aussi que la poésie et l'histoire diffèrent parce que l'histoire ne vise pas à la « beauté » que la poésie espère au contraire atteindre en imitant une vérité[151].

150. BNCF Magl. VII 1199, fol. 21ʳ : « La tragedia ha per fine il rappresentarci la felicità e l'infelicità. Ma la felicità e l'infelicità consiste nell'attione, dunque il suo fine è l'attione, ma l'attione non è altro che la favola, dunque la favola è il fine, ma il fine è principale dunque la favola è principale. Che la favola e non il costume sia fine si prova per mezzo della felicità, e che il costume non sia fine si prova per mezzo dell'habito, perciò che il costume è habito, l'habito non è fine, dunque il costume non è fine. E che la favola e 'l costume non sieno il medesimo ne segue perchè se il costume non è fine e la favola è fine necessariamente la favola non sarà costume. »

151. BNCF Magl. VII 1199, fol. 74ʳ : « Mostra <Aristotile> perchè conto <sic> l'attione per esser bella debba havere l'unità con l'esempio delle cose naturali belle, le quali hanno unità e integrità le quali dua cose fanno la bellezza dalla quale nasce il piacere ; però è da avvertire che egli <Aristotile> intende qui il piacere della sua propria bellezza e non quello che nasce dalla purgatione. Se uno dirà che all'historia ancora fa di

Or cette distinction entre la « beauté » d'une intrigue et l'effet de la purgation des passions n'appartient pas à Aristote. C'est une distinction que Sassetti projette sur le texte, à partir des préoccupations qui sont celles des lecteurs d'Aristote en son siècle à lui. Dès lors, elle permet de situer Sassetti dans une constellation de lectures contemporaines au sein desquelles il prend position. En effet, depuis le milieu du XVIe siècle, la clause au cours de laquelle Aristote définit l'action tragique comme provoquant un certain type de *catharsis* (1449b 23-29) était devenue l'un des points d'appui majeurs des commentateurs qui cherchaient à attribuer à la tragédie une fin morale. En insistant sur l'importance de l'action et des beautés spécifiques qu'elle génère, Sassetti prenait ses distances avec ces interprétations moralisantes, cherchant même selon toute vraisemblance à esquisser une poétique de la tragédie qui repose sur le plaisir plutôt que sur l'utilité. Afficher une forme ou une autre de perplexité vis-à-vis de la *catharsis* n'était au demeurant pas rare au sein des Alterati, parmi lesquels cette attitude dubitative était sans doute en partie issue des enseignements et des ouvrages de Piero Vettori. On la trouve par exemple exprimée aussi dans une lettre de Francesco Bonciani (l'Aspro) à Giovan Battista Strozzi (il Tenero), du 5 mai 1575. Bonciani est alors étudiant à Pise, d'où il écrit à Strozzi pour lui faire part de ses réflexions sur les fonctions politiques de la tragédie, et lui exposer ses difficultés à faire sens de la notion de *catharsis*. Après avoir énuméré plusieurs hypothèses sur la purgation des passions dont il ne semble pas convaincu, Bonciani plaisante ouvertement sur leurs incohérences, finissant par exprimer à Strozzi son exaspération : « Savez-vous bien que tout ceci me fait tourner en bourrique ? Et vous, qu'est-ce que vous en dites ? » (« [...] sapete che questo mi dà un gran fastidio, voi che ne dite[152] ? »).

Néanmoins, établir — contre les lectures utilitaristes de la *catharsis* — que le plaisir est la seule finalité de la tragédie selon la *Poétique* d'Aristote n'est pas chose facile à faire, et, dans le cours du BNCF Magl. VII 1199, Sassetti semble souvent en difficulté sur ce point. À la toute fin du manuscrit, dans la longue note synthétique consacrée à la finalité de la tragédie qui a déjà été mentionnée plus haut (fol. 92^{v}), Sassetti établit par exemple quatre buts pour la tragédie[153]. Ce faisant,

mestiere questa bellezza, gli risponderemo esser vero che ell' è una e intiera ma non ricerca la bellezza della poesia che consiste <i>n'imitare, ma verità. »

152. BNCF Magl. VIII 1399, fol. 397^{r}-400^{v}, fol. 398^{r}.

153. Voici une transcription de la partie centrale de cette longue note (BNCF Magl. VII 1199, fol. 92^{r}) : « Il fine della tragedia è stato diversamente mostrato da Aristotile et il fine similmente dell'epopeia perciò che egli fa che l'una e l'altra habbia il medesimo : e pare che quattro d<e>va<no> esser i fini cioè la favola e l'attione, l'eccitar misericordia e terrore, il purgare delle passione et ultimamente un certo piacere. Quanto a che la favola sia fine si prova perchè la tragedia è un tutto composto di più parti fra le quali una ve ne ha che è il fondamento e l'esser d'essa, e si chiama fine della tragedia perche è fine di tutte le parti di lei, essendo l'altre ordinate e servendo a essa o sieno qualitative o sieno quantitative sì come il corpo serve all'anima la quale è fine. Perciò poco dopo la definitione disse Aristotile la favola essere fine. E nella

il pose « un certo piacer » (« un certain plaisir ») comme le but de ce type de spectacles — c'est du moins ainsi qu'on peut choisir de comprendre l'insertion de l'adverbe *ultimamente*, qui signifie littéralement en dernier lieu —, mais Sassetti mentionne aussi, dans une suite de remarques quelque peu confuses, « l'intrigue et l'action », l'excitation de la pitié et de la terreur et même la purgation des passions. En confrontant toutes les finalités qu'Aristote lui a semblé donner à la tragédie dans le cours de son traité, Sassetti ne semble ainsi pas tout à fait prêt, au terme du parcours herméneutique qui a été le sien, à soutenir que le plaisir est selon le philosophe la finalité la plus fondamentale du poème tragique.

Un lecteur cherchant dans le BNCF Magl. VII 1199 une interprétation définitive de la *Poétique* sera peut-être déçu de voir Sassetti tergiverser ainsi à l'avant-dernier folio du manuscrit, dès lors que ses hésitations semblent laisser sans solution au sein des Alterati l'un des problèmes centraux de l'interprétation du traité d'Aristote aux yeux des commentateurs de l'époque moderne. Mais il est sans doute plus productif de voir ces difficultés comme une trace des hésitations et même des différences d'opinions qui sous-tendirent les débats des académiciens lorsque certains d'entre eux cherchèrent à établir une poétique fondée sur le plaisir et la beauté plutôt que sur l'utilité morale. Car, s'il est clair que Sassetti et la plupart des autres annotateurs du BNCF Magl. VII 1199 montrent un intérêt particulier pour les subtilités de l'action tragique et les plaisirs que, dans la *Poétique*, ils sont dits générer — comme l'indique le fait que leurs remarques se concentrent sur les notions de reversement, de reconnaissance et de merveille (*meraviglia*) —, nombre d'entre eux n'en cherchent pas moins le plus souvent à concilier utilité et plaisir.

De ce point de vue, une série de notations s'étalant du folio 82^{v} au folio 84^{r} sont révélatrices. Elles permettent en effet d'observer comment Filippo Sassetti et Lorenzo Giacomini (selon toute probabilité, au vu de la main comme du contenu des remarques) cherchent à la fois à distinguer finalités poétiques et finalités politiques

definitione accennò la purgatione di certi affetti esser fine. E in un altro luogo mostra il terrore e con il terror intende anco la misericordia esser fine della tragedia e dell'epopeia ma questi duoi sono fini perchè e' sono operatione della tragedia il che apparirà dicendo che ogni cosa che ha la sua virtù e faculta è ordinata a qualche operatione et è in lei l'operatione e sì come nell' huomo l'anima è fine in un modo, così la favola nelle tragedia, e sì come in un altro l'operar virtuoso dell'anima è fine cosi l'operatione della tragedia e da questo si cava che ella habbia dua altri fini cioè l'eccitare gli affetti et il purgare, etc. Ci dobbiamo ricordare che alcune operationi lasciano qualche opera dopo di loro e alcune no. Hora in quelle che lasciano qualcosa il fine è non solamente far quelle operationi ma ancora l'opera stessa, come del pittore, il dipigner è fine, e la pittura ancora, la quale è molto più da essere apprezzata. Cosi se la tragedia ha per fine l'eccitare gli affetti e purgare, che sono suoi fini come sue operationi è necessario che gli affetti eccitati e la purgatione sieno ancor essi fini, essendo che e' restano in noi e rimangono quando e' non è più l'operatione della tragedia; pero altro è il muovere gli affetti, altro è gli affetti mossi, e il medesimo aviene della purgatione ch'e è usata in noi e del purgare. »

et à suggérer comment le plaisir tragique et l'émerveillement qu'il produit sont susceptibles de servir des visées morales[154]. Sassetti commence par souligner que, selon Aristote, poésie et politique visent à une même fin, dès lors que toutes deux cherchent à rendre le corps politique plus heureux (*felice*). Ainsi s'efforçait-il de trouver un moyen terme entre les moyens et finalités propres à la tragédie et les nécessités morales et politiques de toute forme de gouvernement. Cependant, au folio 83^{r}, la main qui est vraisemblablement celle de Lorenzo Giacomini semble insister sur l'importance centrale du plaisir, en soulignant que l'intrigue tragique doit avant tout charmer les spectateurs par la nouveauté des « accidents » qu'elle met en scène. Pour finir, les deux annotateurs semblent pourtant se rejoindre au folio 84^{r}, lorsque Giacomini, ajoutant une note à une pensée précédemment insérée par Sassetti, désigne la *meraviglia* (merveille) comme finalité première de la tragédie — ce qui n'est pas une lecture commune parmi les interprètes de la *Poétique* de la première modernité et place son auteur parmi ses interprètes les plus ouvertement hédonistes. Pourtant, dans la phrase suivante, le même annotateur souligne que c'est précisément parce que la poésie plaît qu'elle génère de bonnes mœurs (*costumi*) chez les spectateurs ; dès lors, suggère-t-il, il n'est pas inconvenant en poésie qu'une finalité (le plaisir) s'accorde avec l'autre (l'utilité). Le plaisir vanté ici apparaît donc pour finir non comme le contraire de l'utilité, mais bien comme l'un de ses fondements principaux.

Autrement dit, le BNCF Magl. VII 1199 fonctionne comme un champ d'expérimentation conceptuelle, ou, si l'on veut, comme une sorte de lieu textuel expérimental où échanger des idées qui permettraient à l'académie de définir collectivement des manières de lire la *Poétique*. L'avantage d'un tel laboratoire fut, au premier chef, sa souplesse : il permettait pleinement l'expression de positions personnelles — comme celles de Giacomini sur l'utilité de la merveille — au sein même d'une démarche qui entendait rendre possible la mise au point de

154. Voici une transcription partielle de ces annotations (BNCF Magl. VII 1199, fol. 82^{v}, 83^{v} et 84^{r}) : 1) fol. 82^{v} : « [...] <Filippo Sassetti> Hora è da sapere che di queste due poesie in fino sono duoi, un prossimo, et uno ultimo, il prossimo eccita misericordia e terrore, l'ultimo il purgare. I mez<z>i loro sono le cose terribili e compassionevoli. Hora la rettitudine dell'arte poetica consiste nel conseguire questo fine mediante questi mezzi. Aristotile fece mentione dell'arte politica perchè ella concorre con la poetica : in trattare attioni humane et il suo fine è il fare tutta la città felice et i suoi mezzi sono le buone leggi, però la sua rettitudine consisterà in conseguire questo fine mediante i suoi mezzi » ; 2) fol. 83^{r} : « <Lorenzo Giacomini> Ma la dirittura della poetica consiste in rassomigliar con parole harmonizzate una attione humana possibile ad avvenire, dillettevole per la novità dello accidente »; 3) fol. 84^{r} : « <Filippo Sassetti> Si quæ adversus, ipsam artem : qui coniunge l'impossibile e 'l peccar in un arte e dice così se il poeta fa cose impossibili e pecca ancora in qualche arte egli ha peccato, ma nondimeno ha fatto bene perché e' l'ha fatto per conseguire il suo fine, e se bene ha tolto mezzi non buoni è da salvarlo perchè cosi l'ha conseguito maggiormente. <Lorenzo Giacomini> Il M<aggi> pon per fine della poesia homines virtutibus exornare, ma non è inconveniente che un fine riguardi l'altro, come nella medicina la sanità è il fine, e questo per potere operare, così la maravaglia è il fine della poesia, e questa per poter in altrui generar buon costumi. »

perspectives communes. Ainsi le manuscrit était-il susceptible de servir tout à la fois d'exemple de discussion collégiale sur un sujet complexe et de matrice intellectuelle ouverte au sein de laquelle les académiciens étaient chacun susceptibles de venir puiser lorsqu'ils cherchaient à formuler leur propre point de vue sur une question poétique, dans la lignée générale des questionnements qui étaient ceux de l'institution. Pour mieux comprendre comment un tel manuscrit a pu tout à la fois encadrer une réflexion collective et laisser une grande liberté à chaque académicien pour se déterminer individuellement et s'exprimer en son nom propre, il convient néanmoins de convoquer aussi quelques exemples de discussions et de travaux académiques où l'influence de cet important travail collectif autour de la *Poétique* se fait sentir.

6.3. *Individualités noétiques et sentiment collectif en milieu académique*

L'examen des productions de deux des académiciens les plus actifs, Filippo Sassetti et Giulio del Bene, lorsqu'ils s'inscrivirent dans le prolongement de ces efforts pour commenter la *Poétique*, permet d'envisager la dialectique de l'individuel et du collectif au sein de l'académie du point de vue des réappropriations individuelles qu'elle permit. On s'en tiendra ici aux années 1574-1575 — soit à un moment où le BNCF Magl. VII 1199 était sans doute très activement annoté au sein de l'académie — pour examiner comment les individus s'emparent des discussions dont le manuscrit témoigne, aussi bien pour poursuivre leur réflexion individuellement que pour répondre à la nécessité de la préparation des discours académiques où la réflexion en commun se poursuit.

Vers 1575-1576, Filippo Sassetti prolongea sa réflexion sur la *Poétique* par la rédaction d'une traduction commentée de celle-ci qu'il ne conduisit jamais à son terme. Le BRF Riccardiano 1539 (81^r à 126^v) préserve la trace de cet effort, qui s'interrompt vers le milieu de ce qui est actuellement considéré comme le chapitre 4 du texte d'Aristote. On ne sait pas dans quel(s) but(s) Sassetti s'attela à cette tâche, dès lors qu'il précise lui-même dans le préambule de son travail qu'il a jugé nécessaire de taire ses motivations (fol. 81^r : « Io nondimeno ho deliberato per honeste cagioni di tacere la causa che a questa impresa mi spigni »). Mais, à en juger par les détails dans lesquels il entre dans les pages qui en subsistent — lesquelles font démonstration non seulement de ses talents de logicien mais encore de sa capacité à élucider avec érudition les *res* que mentionne Aristote, par exemple sur la question de la danse et de l'harmonie —, il s'agissait visiblement pour lui d'essayer de capitaliser d'une manière ou d'une autre sur le travail qu'il avait accompli sur la *Poétique*, peut-être pour solidifier sa propre position de lettré à Florence, et/ou se ménager ainsi des protections.

Sassetti semble en particulier poursuivre la réflexion du BNCF Magl. VII 1199 sur au moins deux points, sans nécessairement parvenir à dépasser les difficultés qu'il avait rencontrées dans son étude de la transcription de la traduction de Vettori. Le premier point est la question des rapports entre poésie et politique, le second est la question du plaisir — les deux étant évidemment étroitement liés, dès lors que la question de l'utilité morale et politique du plaisir pris à la poésie paraît sous-tendre tout le raisonnement. Sassetti semble en particulier chercher un équilibre entre les nécessités du bon gouvernement des cités et les libertés qu'il aimerait voir attribuer aux poètes dans la pratique de leur art. Dans les premières pages de son commentaire suivi, il commence en effet par souligner que ceux qui gouvernent devraient toujours avoir autorité dernière sur les poètes, de peur que ceux-ci ne produisent des œuvres qui puissent nuire au corps politique[155]. Mais, vers la fin de son commentaire, Sassetti s'intéresse de très près au plaisir, dont il fait clairement non seulement la finalité du travail du poète mais aussi le fondement de l'appréciation que le poème reçoit ses lecteurs. Dans cette dernière partie de son commentaire, Sassetti affirme non seulement que « le plaisir est la fin qui meut l'intellect humain à créer la poésie » (« il diletto [è] il fine che mosse l'intelletto humano a creare la poesia », fol. 119v), mais encore que le plaisir intellectuel qui naît de la lecture la poésie est supérieur à tous les plaisirs des sens (« sarà il piacer che si sente de componimenti poetici da antiporre a ogni diletto de sensi », fol. 122r), soulignant même que ce plaisir est cause de ce que nous apprenons dans et par l'imitation elle-même[156]. Il sent néanmoins clairement que les deux éléments de son raisonnement — qui, dans les deux cas, radicalisent considérablement les propos qui étaient les siens dans les annotations du BNCF Magl. VII 1199 — sont difficilement ajustables.

155. BRF Riccardiano 1539, fol. 82v-83r : « Senza dubbio alcuno, poi che mostrato habbiamo che la poesia ha gran forza in disporre in questa o in quella maniera l'animo de cittadini, i governatori o regolatori delle città i magistrati e principi, o coloro che alla tranquillità delle cittadi hanno riguardo, saranno coloro che impongono a poeti che l'opere loro facciano questo e non quell'altro ufficio ; imperochè a costoro s'appartiene il pensare alla tranquillità degl'animi de popoli ; et alla felicità degli stati e delle republiche, e questo e quello che da Aristotile fu detto nel primo <libro> dell' <E>tica ; che uno artificio sovrano si ritrovava ; il quale della felicità teneva cura e la procacciava il politico addomandandolo ; al quale egli tutte le arti sottoposi come le servì alla signora le quali di procacciarle studiano quelle cose che ella comanda per il bene di sua signoria sarà adunque l'arte politica come regina che chiede a poeti suoi servi le poesie che facciano certo e determinato uficio ; [...] e sì come nel dimonstrare a poeti a quale fine habbiano ad havere le poesie e sarà principe e maggior sendo egli la cagione alla quale s'ordinano l'altre cose; così egli o d'altri nello insegnare a' poeti il modo che tenere debbano, sarà agli stessi poeti inferiore ; avvenga che questi ammaestramenti siano a fine di quella poesia ritrovate ; tale adunque sarà l'ordine tra queste arti che la politica sarà la piu nobile e la principale come quella che comanda ; dopo a lei sara la poesia, e nel terzo luogo si riporrà quella facultà, che dimostra a poeti in che maniera de<v>ono comporsi le poesie [...]. »

156. BRF Riccardiano 1539, fol. 119v-120r : « Ma tornando al proposito nostro io dico che il diletto fu la cagione finale della poesia, dicendo Aristotile che il rallegrarsi concorse alla prontezza che noi habbiamo dello imitare, perciò che le cose che ci dilettano solamente sono quelle che sono a noi cagione d'allegrezza, et altra niuna. »

Mais il renvoie la résolution de cette évidente tension au commentaire qu'il compte donner de la définition qu'Aristote propose de la tragédie en 1449b 23-29 — et où figure centralement la mention de la *catharsis*[157]. Cependant, soit parce que ses longues digressions érudites lui ont semblé inadaptées au public envisagé, soit parce qu'il n'est pas parvenu à harmoniser pleinement les deux parties de son raisonnement, Sassetti abandonne son travail avant d'en arriver au commentaire de cette célèbre clause. Ce commentaire inabouti suggère néanmoins qu'il travailla très diligemment, en solitaire, à résoudre les contradictions inhérentes à son approche de la *Poétique*, en approfondissant considérablement deux des éléments les plus saillants des remarques qu'il avait faites sur ce texte dans le cadre du travail mené en commun sur le BNCF Magl. VII 1199.

Un tel travail d'approfondissement est aussi mené concurremment par un autre académicien, dont la main ne figure néanmoins pas dans le BNCF Magl. VII 1199, à savoir Giulio del Bene. Dans ce cas, l'effort n'est néanmoins pas strictement individuel, dès lors qu'il répond à une demande institutionnelle, dans le cadre des travaux collectifs alors en cours dans l'académie. Pendant leur conseil général du 26 juin 1573, les Alterati décident en effet que dans la régence qui s'ouvre les académiciens produiront des discours sur la *Poétique* d'Aristote[158]. À partir de janvier 1574 se met même en place une forme de collaboration qui demande aux académiciens un travail intense : à la fin de chaque séance bihebdomadaire, un sujet de discours est choisi pour la prochaine séance et un lecteur est tiré au sort pour en traiter, tandis qu'un autre devra être trouvé dans l'intervalle pour le contredire. Les contributions se succèdent dès lors à un rythme très rapide, mais non sans laisser un peu de liberté aux orateurs, puisque ceux qui sont tirés au sort semblent pouvoir choisir entre défendre la proposition qui leur a été attribuée et la contredire. Cette forme de flexibilité permettait sans doute aux producteurs de discours d'affiner leurs propres positions sur la poétique tout en répondant aux nécessités du travail en commun. Dans ce cadre, Giulio del Bene est successivement choisi les 4 et 11 mars 1574 pour traiter coup sur coup de deux propositions[159]. La première pose que la comédie veut être honnête et ne doit pas contenir de mauvaises mœurs (« Che la favola della comedia vuole esser honesta, e non contenere mali costumi »). Le Desioso soutient publiquement cette proposition le 11 mars, alors que le Vario (Antonio

157. BRF Riccardiano 1539, fol 119^{v} : « [...] ma di questo non è tempo da ragionare adesso perciò che sebene adoperar si de<v>ono le poesie in maniera disposte che elle ci dilettino e ci giovino honestamente e non é da raggionare al presente di questo ; poco luogo piu commodo si harà di farlo nelle difinitione della tragedia. » Sassetti conçoit donc la définition de la tragédie donnée en 1449b 23-29 comme le lieu textuel où la question de la manière dont les poèmes tout à la fois plaisent et sont utiles pourra être articulée, voire résolue.

158. BMLF Ashburnham 558.1, fol. 47^{v}.

159. BMLF Ashburnham 558.1, fol. 51^{r}.

degli Albizzi), qui était censé lui répondre en soutenant la négative, est remplacé à l'improviste par l'Assodato (Giuliano Gianfigliazzi). La seconde proposition pose qu'il est nécessaire pour être poète d'imiter des actions (« Che egli è necessario al'esser poeta imitare attioni »). À la date du 18 mars 1574, Giulio del Bene est inscrit dans les actes de l'académie comme contredisant cette thèse, mais le discours manuscrit qui subsiste de lui sur le sujet soutient en fait l'affirmative, suggérant soit une confusion de la part du provéditeur de l'académie lors de la prise en note des discours assignés, soit (plus probablement) un changement de position à la dernière minute, effectué au cours de la semaine de préparation et visant à mieux adapter le propos à l'opinion de l'orateur[160].

Dans chacun de ces deux discours, Giulio del Bene se débat lui aussi avec la question de la place respective de l'utilité morale et du plaisir dans l'activité poétique, associant étroitement ces questions avec celles du rôle de l'action. L'analyse de ces oraisons permet donc d'observer tout à la fois comment les débats dont le BNCF Magl. VII 1199 contient la trace informent la réflexion de cet académicien et comment celui-ci les prolonge et les infléchit au gré des questionnements et intérêts qui sont les siens. Mais elle suggère aussi qu'au sein des Alterati la position personnelle d'un académicien est parfois difficile à déterminer et ne peut en réalité se comprendre que par rapport à l'horizon intellectuel qui est celui de la discussion collective.

Dans le cas du discours écrit pour soutenir que la comédie veut être honnête et ne doit pas contenir de mauvaises mœurs, il est en effet difficile de savoir, au premier abord, si le Desioso défend une position pour laquelle il a de la sympathie, ou s'il reprend, par jeu ou pour se plier aux règles de l'exercice collectif, un ensemble d'arguments en faveur de la moralité de la comédie, dont il sait pertinemment qu'ils vont à l'encontre des spéculations collectives de l'académie sur la question des mœurs, au moins telles que celles-ci affleurent dans le BNCF Magl. VII 1199. Car si les notes marginales de ce manuscrit n'évacuent pas la question de la moralité, elles la subordonnent néanmoins nettement à celle de l'action, qui est définie comme le vecteur principal du plaisir. Il est dès lors possible que, le 11 mars 1574, le Desioso prenne occasion de la tâche qui lui a été assignée pour articuler une position avec laquelle ni lui ni les autres académiciens ne sont réellement d'accord, mais pour laquelle il leur serait commode de disposer, sur le plan rhétorique, d'une (ré-)articulation qui en ferait apparaître les faiblesses. Outre la désorganisation générale du discours, qui souffre de plusieurs répétitions, quelques autres indices

160. Le premier discours est conservé en BNCF Magl. IX 137, fol. 47r-58v et le second apparaît aux fol. 69r-80v. Tous deux furent édités par WEINBERG, Bernard (éd.), *Trattati di poetica e retorica del Cinquecento*, Bari, Laterza, 1970-1974, 4 vol., t. 3, p. 175-204. Ils sont étudiés ici à partir des textes manuscrits.

pointent dans la direction de l'énonciation délibérée d'une thèse outrée, que son argumentaire exagéré finit par miner de l'intérieur.

Par exemple, au fol. 55v, le Desioso paraît adopter une lecture morale de la tragédie, fondée sur une compréhension moralisatrice de la clause qui met en avant sa capacité à purger tant la peur que la pitié[161]. De cette lecture, il semble vouloir tirer un argument *a fortiori* selon lequel la comédie purgerait des passions contraires, par le moyen du rire et de l'allégresse, même s'il suggère parallèlement qu'il ne sait pas bien de quoi la comédie pourrait alors purger — si ce n'est du plaisir, de l'allégresse et du rire eux-mêmes. La confusion que génère pareil argument, qui voisine avec l'absurde, permet alors à l'orateur de souligner indirectement l'outrance de la thèse initiale et de faire retraite, en précisant qu'il ne sait pas quelle serait la fin extrinsèque de la comédie. Il ajoute que lui-même n'est pas là pour énoncer des préceptes, tout en soulignant que ceux qui se permettent de le faire disent que, dans toute forme de poème, les mœurs doivent être « honnêtes et vertueuses » et que le sujet de la fable et les personnages doivent apparaître comme exempts non seulement de « violence » et de « vices », mais encore de toute « malhonnêteté » et « mauvaise habitude[162] ». D'autre part, la péroraison du discours se ressent de la bouffonnerie habituelle du Desioso, qui, après avoir rappelé non sans exagération que la poésie est un don des dieux, souligne que ceux-ci ne pourraient vouloir qu'elle contienne quoi que ce soit de malhonnête. Et d'avertir alors avec emphase son contradicteur, l'Assodato, du fait qu'il devra craindre de soutenir l'opinion inverse à la sienne, car pareille opinion risquerait de déplaire aux dieux, qui le priveront d'inspiration pour ses discours futurs et le couvriront ainsi non de gloire mais bien de déshonneur[163]. Une péroraison aussi catégorique et grandiloquente encourage à envisager l'ensemble du discours comme l'investigation spéculative d'une position que non seulement le Desioso n'approuve pas, mais encore dont il sait que l'académie elle-même voudrait collectivement se détacher. Si le discours du Desioso constitue un retravail du BNCF Magl. VII 1199, c'est donc sans doute avant tout par un retour sur des interprétations de la *Poétique* que l'académie écarte en réalité

161. BNCF Magl. IX 137, fol. 55v : « Perchè la tragedia muove timore et la misericordia ne petti delli auditori, per questi medesimi liberare et purgarli da questi medesimi affetti di timore et di misericordia. »

162. BNCF Magl. IX 137, fol. 56r : « Ma perché è molto dubbio qual sia il fine estrinseco della comedia et io di dar leggi alla poesia non intendo, dirò solo che da coloro che danno i precetti della poesia, quando parlono de' costumi, quello che eglino mettono per il primo e più importante è ch'i costumi debbono essere in ogni sorte di poesia onesti e virtuosi secondo il subietto delle persone che nella favola si contengono, onde chiaramente si exclude ogni bruttezza, ogni vizio et ogni disonestà e cattivo costume, il che è assai di sopra provato per i più famosi comici. »

163. BNCF Magl. IX 137, fol. 57v : « Ceda adunque et faccia chi tale opinione havesse et guardi l'Assodato a non dispiacere alli dei che per ira di così dishonesta opinione che egli ha delle loro attioni, non si degnino di assisterli alle sue honeste et virtuose compositioni, come hanno fatto per il passato et in cambio di gloria dishonore et vituperio non gli procaccino. »

dans ce manuscrit et dont l'exercice auquel Giulio del Bene accepte de se livrer permet de mettre au jour quelques-unes des contradictions les plus flagrantes.

La défense de la seconde proposition, qui pose qu'il est nécessaire pour être poète d'imiter des actions, semble donner lieu chez le Desioso à un travail inverse. Suivant une inflexion déjà très nette dans le BNCF Magl. VII 1199, son discours explore en effet la centralité de l'action dans toute composition poétique (qu'elle soit dramatique, narrative ou lyrique), constituant ainsi une amplification ferme des thèses développées dans certaines des notes du manuscrit collectif, qui considéraient l'action du seul point de vue de sa fonction dans la fable tragique. De manière non moins intéressante, le Desioso fait résider dans la fable — et dans les péripéties et retournements qu'elle contient — non seulement la beauté de la fiction et les plaisirs qu'elle apporte, mais encore toutes les formes de purgation qui pourraient s'y trouver[164]. Il va même jusqu'à soutenir qu'imiter l'action est le seul moyen de peindre des mœurs, ce qui revient en fait à subordonner l'expression de la moralité aux plaisirs de la fable. Selon le Desioso, « les mœurs ne se connaissent <en effet> que par ce que l'on fait, c'est pourquoi, pour imiter les mœurs, il faut imiter les actions à partir desquelles les mœurs peuvent être déduites[165] ». L'académicien poursuit en ajoutant qu'il n'est pas possible d'imiter les mœurs sans imiter les actions, car le poète imite les mœurs par les actions et non l'action par les mœurs (« il poeta imita i costumi per le actioni et non l'actione per i costumi », fol. 78ᵛ). Enfin, après que les œuvres d'une longue suite de poètes ont été examinées par l'académicien à l'appui de ses arguments, aucune péroraison outrée n'est ici offerte à l'auditoire. Bien au contraire, le Desioso s'autorise à suggérer que la position qu'il défend doit être celle de l'académie. Il demande en effet que, dès lors que tous les poètes que son discours a passés en revue ont imité des actions dans leurs poèmes, « il ne soit jamais dit que l'académie ait été assez audacieuse pour oser déterminer contre tant d'opinions <établies> qu'il ne serait pas nécessaire pour être poète d'imiter des actions[166] ». À l'inverse de celui que le Desioso avait prononcé la semaine précédente, ce discours paraît ainsi

164. BNCF Magl. IX 137, fol. 71ʳ, le Desioso affirme que la fable est l'« âme » de la poésie et il ajoute qu'elle est plus importante à ses yeux que toute autre partie de la poésie, précisant : « Il quale anchora ardisce dire che il poeta è principalemente poeta per la favola, potendosi far molte poesie, senza costumi, sententia, et affetti et altre infinite cosa alle favola appartenenti, ma non senza la favola. Et meritamente ciò dire ardisce, perchè tutta la actione nella favola consiste, et da lei depende tutto il poema. Et tutte le bellezze et i diletti et li purgamenti che fanno le poesie tutte dependono della favola et dalle actioni che in essa si contengono et mediate <sic> le quali il poeta consegue il suo fine. »

165. BNCF Magl. IX 137, fol. 78ʳ : « Non si conosce adunque il costume altrui se non nelle operationi, però bisogna e imitare i costumi e imitare l'actioni de' quale costumi dimonstrono. »

166. BNCF Magl. IX 137, fol. 80ʳ : « [...] e quanti mai furono buoni e lodati poeti, avere imitato azioni, non sia mai detto che la Accademia delli Alterati sia si audace che contro a tante opinione determini che non sia necessario allo esser poeta imitare azioni [...]. »

représenter une amplification personnelle de thèses dont l'académicien savait qu'elles emporteraient l'adhésion au sein du groupe.

Ces deux discours, prononcés à une semaine d'intervalle par le même académicien, sont riches en enseignements non seulement en ce qui concerne les rapports entre les individus et le groupe, mais encore sur la question de savoir comment se crée, dans l'institution, une perspective collective sur telle ou telle question (ou groupe de questions). Ces oraisons suggèrent en particulier clairement qu'il serait dangereux, étant donné le système d'interlocution et de contradiction qui caractérise le fonctionnement de l'académie, d'attribuer l'opinion d'un individu au groupe sans une contextualisation extrêmement attentive. À l'intérieur de l'institution, des opinions communes, plus ou moins partagées, se développent dans la durée, au cours des échanges et des activités collectives dont l'académie est le lieu chaque semaine, et ces opinions ou sentiments ne peuvent être détachés de la succession de ces débats sans courir au contresens. Enfin, en dépit leur aspect très formel et même parfois impersonnel, au moins à nos yeux, les *quaestiones* autour desquelles l'académie organise son travail sont en réalité utilisées par les académiciens de manière aussi fine que différenciée. Elles leur permettent tout autant de faire entendre leur sentiment propre que de contribuer à la définition d'un horizon intellectuel commun.

7. Comment lire une production académique — et même comment *lire* une académie ?

Dans un article consacré à la manière de lire les rapports de fin de mission (ou *relazioni*) des ambassadeurs vénitiens de l'époque moderne, Filippo de Vivo invite à abandonner le regard qui, depuis le XIXe siècle, faisait de ces sources des documents transparents où puiser une information documentaire objective pour nourrir l'histoire diplomatique et militaire de l'Europe[167]. À cette fin, l'historien cherche d'abord à reconstituer la façon dont ces textes furent produits et celle dont ils circulèrent, tant oralement qu'en forme écrite, avant d'être copiés et/ou imprimés, en dépit des lois qui à Venise interdisaient leur diffusion. Puis De Vivo examine les fonctions institutionnelles, tant individuelles que collectives, que les *relazioni* ont pu avoir au moment de leur rédaction, démontrant qu'il s'agissait d'abord de textes orientés vers l'action, tant sur le plan interpersonnel que sur le plan idéologique, politique et diplomatique. L'historien souligne qu'aussi bien le mode de

167. De Vivo, Filippo « How to Read Venetian Relazioni », *Renaissance et Réforme*, 34, 1-2, hiver-printemps 2011, p. 25-59.

production et de circulation de ces textes que les fonctions qui étaient les leurs au sein des élites politiques vénitiennes et même européennes interdisent d'y voir aujourd'hui le simple reflet d'une situation historique qui aurait existé en dehors d'eux. En lieu et place de cette vision statique qui a longtemps dominé dans l'historiographie, il propose une perspective plus dynamique qui envisagerait les *relazioni* comme des éléments à part entière du débat politique. Il devient alors possible de les faire servir non seulement à l'histoire intellectuelle de Venise, mais encore à une meilleure compréhension de sa culture politique.

C'est à un changement de perspective semblable que, toutes proportions gardées, on voudrait inviter ici, en manière de conclusion. Trop souvent, les productions académiques de l'époque moderne ont en effet été lues comme reflétant de manière transparente le point de vue de leur auteur et intégrées telles quelles à l'histoire des idées. C'est en particulier ainsi que les abordait Bernard Weinberg, qui ne les rattachait souvent que nominalement aux académies où elles prirent naissance, sans étudier les pratiques ou les valeurs des institutions dont elles étaient issues[168]. L'analyse des formes dans lesquelles les documents des Alterati sont parvenus jusqu'à nous, tout autant que l'examen de leurs modes de circulation en leur temps et des modalités souvent plus collectives qu'individuelles de leur production initiale, invite pourtant à mettre au point des protocoles de lecture qui soient à la fois mieux adaptés à la nature de ces sources et plus susceptibles de les faire servir à une histoire culturelle et intellectuelle rénovée.

L'exemple des Alterati suggère en particulier que la production d'une académie telle que la leur doit d'abord être envisagée comme une sorte d'espace d'expérimental, où des idées sont travaillées et retravaillées en commun, et maintes fois redéployées dans des contextes et pour des publics différents, avec des effets de sens très variables. Le lien de tel ou tel écrit avec l'horizon intellectuel de l'académie — à la création duquel chacun participe, quoique à des degrés divers — doit donc toujours être construit, au cours d'une contextualisation minutieuse qui envisage tout autant les modalités de production du document que celles de sa circulation initiale et de sa transmission jusqu'à nous. Lire une production académique demanderait ainsi un point de vue stratifié, qui replace systématiquement un écrit au sein d'une nébuleuse de pratiques et de discours et évalue à partir de là dans quelle mesure il serait (ou non) l'expression d'un sentiment individuel et/ou collectif. Une telle lecture va pour l'essentiel à l'encontre de nos habitudes philologiques actuelles, qui attribuent spontanément toute énonciation à une entité singulière. Mais elle est essentielle si l'on veut redonner vie aux activités

168. Voir Weinberg, Bernard (éd.), *Trattati di poetica e retorica del Cinquecento*, 4 vol., ainsi que son *History of Literary Criticism in the Italian Renaissance*, Chicago, Chicago University Press, 1961, 2 vol.

d'une collaboration académique — autrement dit si l'on veut pouvoir *lire* cette académie elle-même — et mieux comprendre les contributions de celle-ci tant à l'émergence d'idées nouvelles qu'au développement de pratiques culturelles innovantes.

L'intégration de tels collectifs dans le cadre d'une histoire culturelle et intellectuelle élaborée à nouveaux frais est par ailleurs importante (et même urgente) pour plusieurs raisons. D'une part, le geste permettra de replacer nombre de contributions intellectuelles jadis tenues pour principalement individuelles au sein des réseaux au sein desquels elles sont nées, et dont beaucoup, au moins pour le XVIe siècle italien, furent de nature académique ou para-académique. Cette manière de faire, en faisant apparaître les logiques pragmatiques dont ces textes furent le produit, leur redonnera aussi une épaisseur et une complexité qu'ils ont pour nous perdues. Mais la démarche permet également d'envisager d'autres manières de rendre compte de ce que l'histoire des idées appelle des « mouvements de pensée », en les rattachant plus nettement au fonctionnement de lieux ou d'institutions. L'étude des travaux collectifs d'une académie permet en effet de saisir comment naissent des représentations partagées, et peut par là fournir des modèles pour comprendre comment un horizon commun prend forme au sein d'autres types collectifs, que ceux-ci soient fortement institutionnalisés ou plus lâches (écoles, universités, salons, etc.).

Enfin, l'étude de collectifs tels que les académies invite à reconsidérer certains des concepts les plus centraux de l'histoire intellectuelle, telles que celles d'« idée(s) » ou de « théorie(s) ». De tels concepts sont en effet plus adaptés à l'étude de productions textuelles fortement individualisées. Les académies, quant à elles, produisent moins des « idées » ou des « théories » que des constellations conceptuelles et un savoir-faire de l'investigation intellectuelle conduite en commun. En particulier, au sein de celles-ci émergent fréquemment des formes de *savoir comment* (penser), que leurs membres peuvent ensuite réagencer de différentes manières, au gré des configurations pragmatiques qui sont les leurs. Substituer à la notion de « théorie » celles d'horizon conceptuel et de *knowing how*, selon le vocabulaire de Gilbert Ryle, permet dès lors de redonner vie aux débats dont de telles constellations de représentations sont le produit, tout en ouvrant la voie à la considération des logiques actantielles qui les firent exister, à un moment donné, au sein d'une collectivité d'action et de pensée.

Comprendre comment de nouvelles manières d'envisager collectivement les productions des arts s'inventent au sein d'une académie telle que les Alterati peut dès lors s'envisager dans la lignée de ce que Michel de Certeau désignait comme un « art de faire », soit comme une série d'opérations qui subvertissent les pratiques établies et y introduisent du jeu[169] — en l'occurrence, un jeu qui redoublerait les jeux auxquels se livrent les académiciens eux-mêmes. Ces jeux académiques — qu'ils prennent ou non une tonalité burlesque — résident principalement dans la mise au point de manières de penser ensemble, lesquelles permettent d'engager l'énergie intellectuelle du collectif sans la fixer dans des productions textuelles figées, produisant ainsi des constructions conceptuelles qui restent toujours pour partie inassignables. Le BNCF Magl. VII 1199 analysé dans ce chapitre est un bon exemple de tels jeux, qu'il convient de se donner les moyens de déchiffrer dans toute leur compléxité — et même dans toute leur ambivalence. L'analyse de la production de l'*Euridice* d'Ottavio Rinuccini et Jacopo Peri (1600), qui est envisagée au chapitre 5, en fournit un autre, dès lors que l'allégorie complexe qui est au centre de cette œuvre peut aussi se lire comme une manière libre, ouverte et ludique de représenter une réflexion collective sur les arts. L'investigation détaillée de la production d'une pareille académie invite parallèlement tant à la souplesse qu'à l'inventivité, imposant en particulier la nécessité de prêter attention à la manière dont une vision commune peut se loger dans un ensemble de pratiques discursives qui ne semblerait pas, au premier abord, avoir l'épaisseur que nous attendrions spontanément, depuis l'élaboration de l'esthétique en discours philosophique, d'une énonciation « théorique ».

169. CERTEAU, Michel de, *L'Invention du quotidien. 1. Arts de faire*, Paris, Gallimard, 1990, en particulier l'introduction générale, p. XXXV-LIII.

Chapitre 4

L'académie comme lieu de l'art : loisir, critique, plaisir(s)

> « *Quid non ebrietas designat ? Operta recludit :*
> *Spes jubet esse ratas : in praelia trudit inertem :*
> *Sollicitis animis onus eximit : addocet artes.*
> *Fecundi calices quem non fecere disertum ?*
> *Contracta quem non in paupertate solutum*[1] *?* »

1. Vivre en patriciens : les Alterati, entre villa et académie

Le plus souvent issus de familles enrichies dans le commerce et dans la banque, les Alterati furent aussi des propriétaires terriens, et même, à leur manière, des agriculteurs. Posséder une ou parfois même plusieurs villas — sur les collines de Fiesole, dans le Mugello ou dans le Chianti — était d'abord pour eux une manière d'affirmer leur statut social et de marquer leur appartenance au patriciat. Les propriétaires de ces lieux de villégiature n'en tiraient le plus souvent pas des revenus importants, mais ils y récoltaient des produits de première nécessité pour nourrir leur famille (en particulier l'huile d'olive, le vin, les légumes et les fruits) et y faisaient produire de quoi garnir leurs tables de mets réservés, en ville, aux populations les plus aisées (viandes, fromages, œufs, etc.)[2]. L'importance de certaines de

1. Horace, *Épîtres*, I, V, 16-20 : « De quoi l'ivresse n'est-elle pas capable ? Elle ouvre la voie aux secrets, réalise nos espérances, pousse le lâche au combat, soulage l'âme du poids de l'angoisse, enseigne les arts. Quand la coupe est pleine qui ne devient éloquent ? Qui ne se sent libéré des liens de la pauvreté ? » *Quid non ebrietas designat ?* est la devise des Alterati, sur laquelle voir *supra*, ch. 2, p. 183-189.

2. Voir Borelli, Giorgio, « Il patrizio e la villa », *Nuova rivista storica*, vol. LXXIV, 1990, p. 385-400 (p. 393-400).

ces productions pour l'économie domestique des maisons patriciennes et le prestige symbolique qu'il pouvait y avoir à y exceller se marquent dans le fait que plusieurs membres des Alterati ont aussi écrit et publié, en parallèle avec leurs contributions savantes, des traités sur la culture de la vigne ou celle des olives[3]. Leurs terres constituaient aussi des lieux de villégiature où se reposer, échapper aux chaleurs estivales, ou même aux épidémies de peste, mais les productions agricoles qu'elles généraient restaient la motivation principale de leurs propriétaires[4]. La centralité de ces récoltes dans l'économie familiale de ceux des Alterati qui possédaient de telles demeures est au demeurant inscrite dans le calendrier des activités de l'académie. Celle-ci accordait en effet tous les ans près de deux mois de liberté à ses membres, entre le début du mois de septembre et le début du mois de novembre, pour vaquer à leurs vendanges, à la collecte de leurs olives et à la cueillette de leurs fruits d'automne. Cette période était appelée parmi les Alterati *la vacanza*, mais elle était moins une période de repos qu'un temps intensément consacré aux travaux des champs. Cependant, comme tout temps passé *in villa*, elle était idéalisée comme un temps de détente et de relâchement, loin des tracas des affaires et des fatigues des exercices académiques.

C'est pourquoi il était d'usage parmi les académiciens de célébrer l'arrivée des « vacances » académiques par une oraison, tout en consacrant la dernière séance avant les congés d'automne à quelque sujet de discussion approprié à l'occasion. Le 1er septembre 1581, les actes de l'académie rapportent ainsi une discussion improvisée au cours de laquelle les Alterati réfléchissent non seulement sur la situation sociale et politique qui est la leur dans le cadre du régime médicéen, mais encore sur le rapport entre le loisir (*ozio*) que celle-ci leur confère et la disponibilité dont ils bénéficient pour se consacrer aux lettres :

3. L'humaniste Pier Vettori — qui enseigna le grec à nombre des jeunes gens qui rejoignirent ensuite les Alterati et fut lui-même membre de l'académie à titre honorifique — est un ainsi l'auteur d'un *Trattato di Piero Vettori delle lodi et della coltivatione degl'ulivi*, Florence, Giunti, 1569, qui fut réédité à maintes reprises tout au long de la période moderne (1574, 1622, 1718, 1762). Bernardo Davanzati (il Silente) est quant à lui l'auteur d'un traité sur la vigne et la cultivation des arbres fruitiers, qui fut imprimé avec d'autres écrits de contenu similaire, dus à deux autres patriciens florentins : *Trattato della coltivazione delle viti, e del frutto che se ne può cavare, del signor Gioanuettorio Soderini gentil'huomo fiorentino e la Coltivazione toscana delle viti, e d'alcuni arbori del signor Bernardo Davanzati Bostichi gentil'huomo fiorentino, aggiuntavi la Difesa del popone dell'eccellentissimo dottore signor Lionardo Giachini*, Florence, Giunti, 1600. Le traité de Davanzati est aussi repris avec les opuscules contenus dans le *Scisma d'Inghilterra*, Florence, Massi e Landi, 1638. Ces divers textes furent également réédités ensemble, toujours chez le même éditeur : *Coltivazione toscana delle viti, e d'alcuni alberi del signor Giovanvettorio Soderini, e del signor Bernardo Davanzati Bostichi, aggiuntovi di nuovo in quest'ultima impressione la Coltivazione degli ulivi del clarissimo signor Piero Vettori*, Florence, Giunti, 1622.

4. L'économie tant matérielle que symbolique des villas toscanes a été étudiée par l'historienne de l'architecture Amanda Lillie, *Florentine Villas in the Fifteenth Century : An Architectural and Social History*, Cambridge, Cambridge University Press, 2005, qui examine le fonctionnement des villas possédées par les Strozzi et les Sassetti. Sur les usages faits de ces propriétés, voir en particulier le ch. 8 (« Villa functions and attitudes »), p. 147-154.

« Le régent <il Rinnovellato, soit Luigi Alamanni> ordonna à l'Aspro <Francesco Bonciani> qu'il montât en chair pour donner son sentiment sur la question de savoir si les hommes de lettres se trouvent mieux sous le Principat ou sous la République. Il <l'Aspro> dit que dans un règne bien ordonné les lettres devraient fleurir, mais que bien souvent on voit que c'est le contraire qui advient. L'Ardito <Alessandro Rinuccini> lui porta la contradiction. Le régent trancha la question en disant que dans les républiques les hommes ont plus d'occasions de s'exercer aux lettres, et que dans les principats les hommes ont plus de loisir <*otio*> pour s'y appliquer. Le Sdegnoso <Carlo Rucellai> récita alors son oraison sur le fait de s'accorder des vacances[5]. »

Sont implicitement mobilisées dans cette discussion plusieurs considérations qui avaient été au fondement du projet académique des Alterati. On y trouve en particulier l'idée que la chute de la République a privé les patriciens lettrés d'« occasions » de perfectionner leur savoir-faire rhétorique dans l'exercice des charges publiques, tout en créant un contexte politique où les lettres ne peuvent pas fleurir librement, en dépit de la stabilité qu'offre le nouveau régime. Mais la discussion de 1581 fait surgir un paramètre de plus, celui du *loisir* que créerait le principat, lequel est maintenant présenté comme offrant le plus de disponibilité et même de commodité pour s'exercer privément aux lettres, même si ce régime prive *de facto* les lettrés des « occasions » sociales et/ou politiques que les républiques bien ordonnées font d'habitude naître pour ceux qui voudraient engager leurs savoirs dans le débat public. En vertu de ce raisonnement, ce serait ainsi en provoquant un désengagement de la vie tant civile que politique — lequel résulterait en une forme de désœuvrement — que le régime médicéen permettrait le développement des lettres et même des arts dans la ville. Libérés de leurs obligations civiles, les patriciens seraient en effet plus disponibles pour se consacrer aux savoirs et aux arts — en privé. Dans ce cadre, se donner des vacances, comme le Sdegnoso incita ses collègues à le faire, dans l'oraison qui terminait la séance, était en quelque sorte redoubler ce loisir diligent, en petit comité, par le délassement industrieux qu'occasionnaient les travaux des champs.

Le résumé de la discussion du 1er septembre 1581 n'explique cependant pas quel rôle les académiciens attribuaient à l'institution académique elle-même dans la création et le maintien de ce loisir que le régent Luigi Alamanni disait propice aux lettres et sans doute plus généralement aux arts, compris ici comme un ensemble de savoir faire et de discours de savoir. Car le désœuvrement que le principat impose

5. BMLF Ashburnham 558.2, fol. 19v : « Il reggente commise all'Aspro che in cattedra dicesse il suo parere sopra questa propositione, se gl'huomini di lettere hanno miglior luogo nel Principato, o nella Republica. E disse che nel regno bene ordinato doverrebbero fiorire le lettere, ma il più delle volte si vede avvenisse il contrario. Disse in contrario l'Ardito. Sententiò il reggente che nelle republiche hanno più occasione gli huomini di esercitarsi nelle lettere, e nei principati maggior otio di atterdervi. Lo Sdegnoso recitò la sua oratione nel darsi la vacanza. »

aux membres du patriciat — une manière de « vacance » forcée, en quelque sorte — pourrait fort bien n'être qu'un vide, tant sur le plan social que sur le plan intellectuel. Dès lors, l'académie structure ce vide en faisant de ce désœuvrement le lieu d'un travail d'un autre type, à savoir celui d'un labeur qui fait exister (et même prospérer) les lettres et plus largement les arts. En se consacrant entièrement aux discours de savoir et à la pratique des arts libéraux, de l'architecture à la musique, l'académie fait même plus : elle légitime ces activités socialement et institutionnellement, par le seul fait qu'elle revendique le droit pour ses membres de s'attacher exclusivement et librement à ces occupations. En créant, dans le retrait et même le secret, un espace pour les arts, l'académie travaille aussi à une forme d'autonomisation partielle de ces activités, alors même que ces arts sont, dans le cadre du principat, le plus souvent instrumentalisés à des fins politiques[6]. L'espace ainsi créé pour les arts et les lettres n'est cependant pas un espace dépolitisé ou même qui feindrait de l'être, à la manière du « champ littéraire » délimité, dans la France du XIXe siècle, par Pierre Bourdieu. Il est au contraire investi, par contiguïté et même par allégorie, des valeurs et des pratiques de l'oligarchie défunte, que ces patriciens n'ont alors plus la liberté de faire vivre comme ils l'entendraient dans la vie civile florentine.

Avant de déterminer ce que les académiciens disent collectivement des arts dans leurs productions écrites et quels usages ils considèrent comme important ou utile d'en faire, il importe donc d'examiner comment l'académie instaure de l'art par ses pratiques mêmes, et quels processus de valorisation — voire de légitimation croisée — celles-ci mettent en mouvement. Pour ce faire, il est nécessaire de reconstituer tout autant les représentations que les activités par lesquelles l'académie est définie par ses membres comme le lieu de l'art (ou sans doute plus exactement des arts), en examinant comment l'institution ainsi structurée permet et même organise le transfert de plusieurs des valeurs clefs du patriciat — noblesse, liberté d'évaluation et de jugement, plaisirs socialisés — de l'espace civil au sens large à celui des pratiques et jugements que nous dirions esthétiques. Dans le cours de ce processus, les académiciens gagnent une nouvelle légitimité sociale, en tant que possesseurs d'un savoir se rapportant à des objets simultanément déclarés nobles — par cela même qu'ils suscitent l'intérêt d'hommes bien nés —, mais sans entrer dans une dynamique de professionnalisation[7]. Simultanément, les savoirs et savoir-faire dont

6. L'usage politique qui a été fait des beaux-arts dans la Florence médicéenne a été abondamment étudié. Voir notamment COX-REARICK, Janet, *Dynasty and Destiny in Medici Art : Pontormo, Leo X, and the Two Cosimos*, Princeton, Princeton University Press, 1984 et VEEN, Henk Van, *Cosimo de' Medici and his Self-Representation in Florentine Art and Culture*, Cambridge, Cambridge University Press, 2006.

7. Ces processus d'institution sociale des arts ont été relativement peu étudiés jusqu'ici, en particulier pour la période moderne ; voir néanmoins MORTENSEN, Preben, *Art in the Social Order : The Making of the*

ils se préoccupent sont établis comme pouvant exister par eux-mêmes, ou au moins dans le cadre d'une interaction minimale avec le pouvoir politique, en devenant les sources socialisées du plaisir d'un groupe de particuliers.

Trois aspects de ce phénomène complexe méritent particulièrement attention. La manière dont les Alterati définissent et pratiquent ce qu'on pourrait appeler le loisir académique — par lequel les arts deviennent pour ces patriciens les objets d'une occupation d'un nouveau type — est au fondement de cette dynamique. Mais la façon dont l'académie s'institue en lieu critique, en articulant constamment dans le cours de ses exercices l'*inventio* (nous dirions l'activité créative), l'évaluation (ou le jugement) et l'amendement (que la tradition rhétorique désigne sous le nom d'*emendatio*) est aussi un élément central de ce processus. Cette composante critique met en effet l'accent sur le travail des arts — qui ne sont pas posés comme un donné, mais bien plutôt comme le produit d'une élaboration constante — tout autant que sur la liberté d'expression et de pensée dont ceux-ci ont besoin pour être développés en tant que tels. Enfin, l'académie définit l'exploration des arts comme le lieu d'un plaisir partagé privément en son sein, la recherche de ce plaisir commun devenant même peu à peu l'expression des libertés particulières dont jouissent collectivement les académiciens. Ce plaisir est parfois présenté comme louable et opposé aux plaisirs répréhensibles qui naîtraient d'un loisir mal gouverné — mais ici les discours de l'académie ne reflètent sans doute pas toujours exactement ses pratiques. Le plus important est au demeurant ailleurs, soit dans la définition d'une communauté qui s'autorise à prendre librement plaisir aux exercices qu'elle s'assigne et aux savoirs qu'elle s'approprie, en produisant des artefacts ou des discours qui pourront ensuite non seulement plaire mais encore bénéficier plus généralement à la communauté civile, au-delà du retrait dont l'académie se définissait originellement comme le lieu.

2. L'*otium* académique : un état défini par le travail des arts

L'*otium* et un concept qui lui est souvent associé depuis le Moyen Âge, celui de « vie contemplative », sont des représentations qui, au regard des multiples remobilisations dont elles font l'objet à la Renaissance, ont sans doute été trop peu étudiées par les historiens de la littérature, des idées ou de la culture. De la longue

Modern Conception of Art, Albany, State University of New York Press, 1997. Cet historien des pratiques et discours esthétiques mobilise le concept de « worldmaking » cher à Nelson Goodman (voir GOODMAN, Nelson, *Manières de faire des mondes*, traduit de l'anglais par Marie-Dominique POPELARD, Paris, Gallimard, 2006 ; originellement paru en 1978 sous le titre de *Ways of Worldmaking*) pour analyser comment des communautés de pratiques et de discours font exister de l'art. Son livre étudie principalement le XVIIIe siècle anglais et allemand (p. 63-183).

étude en deux volets qu'a conduite Brian Vickers, il ressort néanmoins que l'*otium*, aux yeux de l'Antiquité latine, comme sous la plume de la plupart des auteurs de la première modernité examinés, est le plus souvent conçu comme l'ennemi de la vertu, l'inoccupation menaçant toujours, dans les représentations, d'être une source de luxure et même de perdition morale. Selon Vickers, le loisir, que la modernité conçoit comme l'espace d'un délassement nécessaire, source non seulement d'un repos mais encore d'une énergie retrouvée, était jusqu'au XVIIIe siècle compris comme un danger moral. Il ne pouvait dès lors être acceptable pour un lettré que s'il s'agissait d'un *otium honestum* — dans les termes de Cicéron —, c'est-à-dire d'un loisir docte et productif, engagé dans la lecture et/ou la production d'œuvres de littérature, de poésie, de philosophie ou d'histoire (dit aussi à Rome *otium cum litteris*). En se consacrant aux travaux de l'esprit, un humaniste était ainsi compris comme développant les talents qui étaient les siens afin de mettre les fruits de son labeur à la disposition de ses concitoyens[8]. Ainsi (re)trouvait-il symboliquement sa place dans la société civile.

Dans la brève analyse qu'il propose des représentations de la vie contemplative depuis l'Antiquité jusqu'à la Renaissance italienne, Paul O. Kristeller souligne par ailleurs que les valeurs qui donnèrent naissance à cet idéal trouvent pour partie leur source dans les mystères grecs, avant de se trouver étroitement associés, au Moyen Âge, avec les pratiques de la vie monastique. Tout en invitant à ne pas surestimer l'engagement d'humanistes tels que Leonardo Bruni dans la vie de la cité, Kristeller insiste également sur la particularité de la position de Marsile Ficin dans le cadre de son académie ou cercle platonicien. Il rappelle notamment que celui-ci y privilégia la contemplation, en l'associant non seulement avec l'ascèse et l'étude, mais encore avec une forme d'ascension tant morale que spirituelle vers le monde intelligible, à partir de laquelle il serait possible tant de contempler le divin que de mettre le monde matériel à sa juste place[9]. Le retrait du lettré devient ainsi une expérience intérieure, qui met celui-ci en contact avec le monde des idées. Sur le modèle de l'initiation aux mystères antiques, tout autant que de la conversion qui marque l'entrée dans la vie religieuse, cette expérience est même le lieu d'une transformation interne, qui permet ensuite au lettré de faciliter, pour autrui, l'accès au divin.

8. VICKERS, Brian, « Leisure and Idleness in the Renaissance : The Ambivalence of Otium », article publié en deux parties dans *Renaissance Studies*, 4/1, 1990, p. 1-37 et 4/2, 1990, p. 107-154. L'*otium honestum* défini par Cicéron est défini dans le premier volet de l'étude, qui est consacré à l'Antiquité romaine, à partir de la p. 11. Cette première partie de l'étude s'appuie largement sur ANDRÉ, Jean-Marie, *L'Otium dans la vie morale et intellectuelle romaine des origines à l'époque augustéenne*, Paris, Presses universitaires de France, 1966.

9. KRISTELLER, Paul O., « The Active and Contemplative Life in Renaissance Humanism », dans VICKERS, Brian (dir.), *Arbeit, Musse, Meditation : Betrachtungen zur Vita activa und Vita contemplativa*, Zurich, Verlag der Fachevereine, 1985, p. 133-152 (p. 143-145 pour les considérations sur Ficin).

À en juger par les sources subsistantes, les Alterati ne tinrent pas beaucoup de discours suivis sur l'*ozio* : leurs archives ne conservent que deux textes dont la *vita contemplativa* est le sujet central. Dans les deux cas, le propos est relativement conventionnel et n'est pas explicitement rattaché à la vision que les académiciens développent de leurs propres pratiques. Le premier manuscrit (BNCF Magl. IX 124, fol. 220r-255v) est un « ragionamento » en trois parties intitulé *Dell'eccellenza della vita contemplativa*. Le texte, qui soutient principalement que, seule vraie alternative aux « fastidieuses préoccupations tant domestiques que civiles » (« cure fastidiose o domestiche o civili », fol. 220v), « la contemplation est l'activité qui convient dignement à l'homme » (« la contemplazione [è] quella operatione che degnamente ad huomo si convegna », fol. 254v) et même la source de toute « béatitude humaine » (« humana beatitudine », fol. 221v). Cet écrit est anonyme, ce qui le rend difficile à contextualiser. Le fait qu'il soit en trois parties suggère en outre qu'il a été récité à l'Académie Florentine, ou dans quelque autre lieu (tel qu'une confraternité), plutôt que parmi les Alterati. Il est néanmoins possible que son auteur ait été simultanément membre de la Fiorentina et des Alterati, ce qui expliquerait que ce texte ait été conservé dans un codex qui contient certaines des archives les plus centrales de cette dernière institution. Le second texte, intitulé *Dieci considerationi appartenenti alla vita dell'huomo* (BMLF Ashburnham 559, fol. 198r-208v), est une sorte de petit traité sur la vie humaine, qui comprend une brève comparaison de la vie active et de la vie contemplative (fol. 204v-205v). Il a été conservé dans un volume qui comprend principalement des discours manuscrits se rapportant aux premières années de l'académie des Alterati (1569-1577 environ). Au vu de la main qui a transcrit (et/ou rédigé ?) non seulement ces réflexions sur la vie humaine, mais aussi nombre des autres textes qui entourent ces « considérations » dans ce codex, ces réflexions sont sans doute un écrit de jeunesse d'Antonio degli Albizzi. Le peu d'écrits consacrés au loisir ou à la vie contemplative conservés parmi les documents l'académie et l'excentricité de ces textes par rapport aux exercices les plus centraux de l'institution tendraient néanmoins à suggérer que ces concepts ne furent que relativement peu présents, sous forme explicite, dans les travaux des Alterati.

Cependant, même s'ils ne font pas de l'*ozio* ou de la vie contemplative un sujet de réflexion constante, les Alterati semblent nourris par les lieux communs que la notion charrie après elle, au point de définir une grande partie de l'identité institutionnelle et des fonctions de leur académie au travers de ces représentations, qui réapparaissent sous la forme d'idéaux structurants dans nombre des écrits de leurs membres. Pour comprendre ce mouvement, il est néanmoins nécessaire de rendre explicite ce qui, dans les productions des Alterati, est le plus souvent sous-entendu, en examinant tout d'abord comment les académiciens justifient l'état social qui est le leur, en dehors de toute référence appuyée aux charges publiques ou à l'exercice d'une profession. Il devient alors possible d'étudier de quelle manière, à leurs yeux, les exercices académiques et la fréquentation tant des arts que des savoirs transforment leur oisiveté — originellement contrainte — en un labeur qui les élève, les ennoblit et leur (re)donne une place dans l'économie de la cité[10]. Il apparaît dès lors l'*otium* académique fut avant tout parmi eux un travail des arts et des lettres, dont ceux qui s'y livraient espéraient pouvoir tirer un statut et une légitimité, sans pour autant s'enfermer dans des fonctions serviles ou trop étroites, qui seraient entrées en contradiction avec leur aspiration à une forme de noblesse.

2.1. Exister hors des logiques de l'office, de la profession et du service

Les Alterati ne produisent le plus souvent pas de discours sur l'état qui est le leur, à savoir celui d'un patriciat dont le pouvoir économique reste considérable, alors même que certains de ses membres accédaient plus difficilement aux charges civiles et s'intégraient encore mal à la vie de cour. Mais la conscience de la particularité de leur situation semble néanmoins structurer une grande partie de leur vision du monde social qui les entoure, tout en les incitant à trouver des justifications nouvelles aux paradoxes de leur état. La comparaison de deux textes à vocation biographique et/ou épidictique peut servir de point d'entrée dans cet ensemble de représentations. Ces deux textes font en effet apparaître une série d'oppositions terme à terme au croisement desquelles le patricien lettré et/ou engagé dans une pratique des arts est principalement défini comme un homme existant hors des logiques de la profession, de l'office et du service politique. Il s'agit de deux oraisons funèbres quasiment contemporaines, écrites par deux des Alterati les plus engagés, Francesco Bonciani et Filippo Sassetti. La première, qui date de 1572, est l'une des trois oraisons funèbres écrites et récitées parmi les Alterati après la mort soudaine de leur fondateur le mieux né, Tommaso del Nero, disparu au cours de l'été de cette même année. La seconde est une oraison funèbre que Filippo Sassetti prononça au sein de l'Académie Florentine quatre ans plus tard, en 1576, à l'occasion de la disparition de Lelio Torelli (1498-1576). Le jeune académicien avait alors été chargé de rendre hommage à celui qui fut l'un des plus dévoués serviteurs de Cosme Ier de Médicis, auprès duquel ce juriste exerça en particulier les charges de chancelier puis de premier secrétaire. La comparaison de ces deux textes fait apparaître plusieurs lignes de faille, permettant notamment d'observer comment les membres des Alterati opposaient patriciens florentins et hommes venus d'ailleurs (*forestieri*), hommes de

10. Cette transmutation du loisir académique en un espace d'un labeur noble devint par la suite une posture fréquente dans les académies aristocratiques ; voir par exemple cette étude sur les Oziosi de Naples : De Miranda, Girolamo, *Una quiete operosa. Forma e pratiche dell'Accademia napoletana degli Oziosi, 1611-1645*, Naples, Fridericiana Editrice Universitaria, 2000.

loisir et d'art et hommes de profession et d'office, hommes affranchis des besoins de la protection politique et hommes de service. La mise en parallèle de ces deux textes fait aussi toucher du doigt le rôle que jouent, dans l'élaboration de ces contrastes, l'intérêt pour les lettres et les arts et la pratique de ceux-ci.

La mort de Tommaso del Nero, à vingt-sept ans, aurait pu grandement fragiliser l'académie dont il était devenu la figure de proue. Pour l'avenir de l'institution, il était donc important tout à la fois de célébrer le jeune homme — dont la bonne naissance et l'éducation soignée pouvaient être données en exemple de la qualité de l'ensemble des membres de l'académie — et d'organiser sa succession symbolique, en faisant émerger d'autres meneurs de jeu. Ce fut la fonction des trois oraisons funèbres successives — pas une de moins — dont l'institution organisa la production et la prononciation après la disparition du Sconcio. Le 3 août 1572, les actes de l'académie enregistrent sombrement que ce même jour, à sept heures et demie, est mort Tommaso del Nero, dit le Sconcio parmi les Alterati, à l'âge de vingt-sept ans, six mois et vingt-deux jours[11]. Il est ensuite indiqué le lendemain qu'aucun texte n'a été lu ce jour-là dans l'académie, parce que tous les membres de l'institution étaient dans l'église de Santa Felicita, dans l'Oltrarno, pour participer aux « esequie » du Sconcio — soit à ses obsèques — après que son éloge funèbre eut été prononcé par le Sdegnoso (Carlo Rucellai). Le texte de l'oraison du Sdegnoso, qui racontait sans doute notamment les derniers moments du défunt, comme c'était l'usage, a disparu. Dix jours plus tard, le 14 août, les activités de l'académie paraissent reprendre. Mais, au lieu de retourner à leurs exercices habituels, les académiciens entendent, dans « la stanza della censura » (l'expression désigne le salon du palais des Del Nero, où l'académie avait coutume de se réunir avant la mort du jeune académicien), une nouvelle oraison funèbre du Sconcio, dont l'auteur est désigné dans les actes comme Francesco Bonciani. Ce texte, qui est au cœur de la présente analyse, subsiste mais a été attribué par erreur à Filippo Sassetti depuis le XIXe siècle[12]. Dès lors qu'il s'agissait non d'une cérémonie religieuse mais bien d'une activité académique à proprement parler, l'accent y est mis sur la figure sociale du Sconcio, et sur ses talents pour les lettres et les arts. Enfin, le 18 août, les *atti* de l'académie mentionnent qu'une troisième oraison funèbre a été prononcée en mémoire de Tommaso del Nero, cette fois-ci par le Tenero (Giovan Battista

11. BMLF Ashburnham 558.1, fol. 38ʳ.

12. L'opuscule qui a généré la confusion est le suivant : SASSETTI, Filippo, *Orazione inedita in morte di Tommaso del Nero*, Bologne, A l'ancora, 1856. L'erreur vient du fait que le manuscrit subsistant (BRF Riccardiano 2237, fol. 111ʳ-121ʳ) est de la main de Sassetti, qui a sans doute transcrit le manuscrit de Bonciani pour le conserver et/ou le faire circuler. Au fol. 111ʳ, il est néanmoins clair qu'il s'agit du second des trois textes en raison de cette mention de l'orateur : « [...] dal non meno amorevole che dotto Carlo Rucellai è stato già fatto sopra al proprio corpo publicamente nella stessa chiesa quello, che io dinanzi alla sue imagine in questa accademia sono hora per fare ».

Strozzi). Ce bref texte est conservé en BNCF Magl. VIII 41, fol. 99ʳ-101ʳ. Il s'agit essentiellement d'une exhortation faite aux académiciens à perpétuer le travail du Sconcio en donnant une longue et prospère vie à l'académie qu'il a fondée. Par ce texte, où il invitait les membres de l'académie à sécher leurs larmes et à reprendre leurs exercices, le Tenero se positionnait clairement en successeur de Tommaso del Nero et en nouveau chef de fil de l'institution.

L'oraison de Francesco Bonciani intéresse ici au premier chef parce qu'en idéalisant tant la position sociale que les activités du Sconcio elle permet de se faire une idée de la manière dont le loisir d'un riche patricien et son engagement dans l'activité académique pouvaient être revendiqués au sein des Alterati. Le texte de cette oraison laisse en particulier apercevoir comment les comportements sociaux d'un tel homme pouvaient être décrits et justifiés. Francesco Bonciani commence par souligner qu'il y a un « plaisir » (« piacere ») à entendre parler de celui dont la « vertu » (« virtù »), la « bonté » (« bontà ») et la « courtoisie » (« gentilezza ») étaient si merveilleuses, et dont les qualités ont apporté tant de satisfaction à ses collègues au sein de leur académie[13]. L'homme est ainsi présenté comme un individu des plus sociables, parce qu'ayant allié une vertu véritable à une civilité honnête : sa fréquentation fut un « plaisir » au sein de l'académie, comme l'est l'évocation de sa mémoire, car ses mœurs sont celles d'un homme né et élevé en vue du bien, dont le comportement n'a, par exemple, pas été perverti par la fréquentation d'une cour. L'image qui est donnée de l'académie, au travers de cet académicien modèle, est implicitement celle d'une sociabilité affable, égalitaire, sans contrainte, fondée sur le plaisir de tous. Dans cet équilibre, chacun — selon Francesco Bonciani — trouve une sorte de félicité (« felicità ») car il est possible pour un homme tel que Tommaso del Nero, tant sont grandes ses qualités humaines (« beni umani »), d'y développer une forme de « parentèle » (« parentado ») et d'« amitié » (« amicizia ») avec tous ceux qu'il fréquente[14]. L'institution académique apparaît ainsi comme le lieu où peut s'épanouir une vie civile fondée sur des liens d'ordre privé librement consentis, dont la figure du Sconcio serait à la fois un produit et un emblème.

13. *Orazione inedita in morte di Tommaso del Nero*, p. 10 : « [...] abbia in qualunque modo a piacere il sentire parlare di lui che tanto vi era caro, dilettandovi sommamente, se non altro, il nome di quello di cui avete la virtù e la bontà e la gentilezza che era in lui maravigliosa, con tanta vostra soddisfazione, in questa onorata Accademia goduto ».

14. *Orazione inedita in morte di Tommaso del Nero*, p. 10 : « Et ciò meritamente adiviene, con ciò sia che egli non solo sente in se medesimo il contento della sua felicità, ma la conoscono e la godono ancora chi in un modo e chi in un altro, secondo il bisogno o 'l piacere di ciascuno, comunemente tutti. Da questo adunque si può fermamente concludere, che quanto niuno è a cui non fusse noto lo smisurato amore e benevolenza che portava tutta la città a messer Tommaso vivo, e morto come ne sia rimasta addolorata et afflitta, quasi che egli fusse nel più stretto grado di parentado e d'amicizia congiunto con tutti, tanto sopravanzasse in lui ogni sorte delli beni umani. »

Francesco Bonciani poursuit en énumérant toutes les qualités de cette figure emblématique. Il mentionne d'abord la beauté physique et la fortune, mais insiste surtout sur la « grande vertu » (« virtù grande ») pour laquelle le défunt fut principalement admiré. Cependant, cette vertu est d'abord illustrée dans les termes de la noblesse (« nobiltà ») de Tommaso del Nero, que Bonciani explicite en retraçant l'histoire de cette famille d'origine napolitaine. Il prend soin de mentionner les services que ses divers membres ont rendus à la République florentine, en signalant en particulier Bernardo del Nero (1422-1497), trois fois gonfalonnier de justice[15]. Bonciani ne précise cependant pas que ce dernier perdit la vie en 1497 en tentant de soutenir le parti des Médicis contre celui de Savonarole. Il faut dès lors supposer que la mention de Bernardo del Nero visait avant tout à souligner l'ancienneté de la famille Del Nero dans les institutions politiques de la ville[16]. À partir du milieu du XVIe siècle, la prétention des patriciens florentins à la noblesse se fonda en effet avant tout sur l'appartenance passée d'un ou plusieurs membres de leur famille au corps des prioristes, c'est-à-dire au petit nombre de lignées qui avaient fourni à la ville des prieurs ou des gonfalonniers avant la chute de la République[17]. Mais, concurremment, se développait à Florence une rhétorique de la noblesse fondée tout autant sur la mise en avant d'une éthique que sur la pratique de généalogies. Cette quête d'une définition de la noblesse qui puisse s'appliquer aux élites d'une ville où les *magnati* avaient si longtemps été vus d'un mauvais œil donna lieu, entre 1570 et la fin du siècle, à la publication d'une littérature abondante et diverse, où la généalogie occupe une place de choix[18]. Le raisonnement de Bonciani paraît s'appuyer à la fois sur les antécédents du Sconcio et sur les signes extérieurs de son statut social, tels que sa richesse (les propriétés en ville et *in campagna* des del Nero sont citées à l'appui de cette affirmation) et son apparence physique (il est décrit avec insistance comme bien fait de sa personne)[19]. De telles caractéristiques ne seraient pas tenues pour des marqueurs de noblesse dans la France d'Ancien Régime, mais toutes deux

15. *Orazione inedita in morte di Tommaso del Nero*, p. 11.

16. Il est aussi possible que Bonciani ait cherché à minorer les liens des del Nero avec les Médicis.

17. Sur ces questions, voir BOUTIER, Jean, « Les noblesses du grand-duché (XVIe-XIXe siècle) », dans BOUTIER, Jean ; LANDI, Sandro et ROUCHON, Olivier (dir.), *Florence et la Toscane XIVe-XIXe siècle. Les dynamiques d'un État italien*, Rennes, Presses universitaires de Rennes, 2004, p. 265-285, ainsi que ANGIOLINI, Franco « Les noblesses italiennes à l'époque moderne. Approches et interprétations », *Revue d'histoire moderne et contemporaine*, XLV, 1998, p. 66-88 et CONTINI, Alessandra, « Le nobiltà toscane e il potere mediceo tra Cinque e Seicento. A proposito di una recente discussione », *Archivio storico italiano*, 555/4, 1997, p. 735-754.

18. Voir en particulier VIERI, Francesco de, *Il primo libro della nobiltà*, Florence, Marescotti, 1574 ; BORGHINI, Vincenzio, *Discorso d'intorno al modo del far gl'alberi delle famiglie nobili fiorentine*, Florence, Giunti, 1602 (mais achevé avant 1580, date de la mort de l'auteur) ; MINI, Paolo, *Discorso della nobiltà di Firenze e dei fiorentini*, Florence, Domenico Manzani, 1593. Plus tardivement furent publiés les travaux généalogiques de Scipione AMMIRATO sur les familles florentines, qui étaient en cours dès avant 1580 : *Delle famiglie nobili fiorentine*, Florence, Giovanni Donato et Bernardo Giunti, 1615.

19. *Orazione inedita in morte di Tommaso del Nero*, p. 13.

sont associées aux représentations que les élites dominantes avaient alors l'habitude d'entretenir d'elles-mêmes dans la Florence médicéenne[20].

C'est néanmoins à la description de la bonne éducation de Tommaso del Nero et à l'exposé de ses talents pour les lettres et les arts que Bonciani consacre l'essentiel de son propos, soulignant clairement que ces qualités firent beaucoup pour assurer l'aura du Sconcio dans la société florentine, en renforçant la perception que chacun avait de sa noblesse. L'orateur va même jusqu'à affirmer que ce sont avant tout les grandes capacités du Sconcio dans le champ du savoir qui firent de lui un homme aimé, honoré et admiré de tous[21], mettant constamment en avant un talent généralisé pour l'ensemble des domaines du savoir et de la créativité artistique. « Sa mémoire était si grande et son esprit tel, que quel que soit l'art ou la science auxquels il s'appliquait, il semblait que c'était là qu'il avait placé toute son étude[22] », écrit Bonciani dans son éloge, avant de faire le tableau d'un homme qui possédait une compétence universelle pour tous les arts et les savoirs. Cette maîtrise de l'ensemble des sciences et des arts — lesquels sont néanmoins toujours désignés comme des passe-temps (« questi suoi passatempi », p. 17) — est plusieurs fois soulignée comme exceptionnelle[23]. Le rhéteur la martèle même au point de sembler définir le Sconcio à travers elle, allant jusqu'à souligner qu'à sa mort les sciences et les arts, qui étaient si merveilleusement rassemblés et ordonnés en lui, se trouvèrent comme « divisés » et « séparés »[24].

Bonciani paraît ainsi chercher à présenter cette capacité à exceller simultanément dans tous les arts comme ce qui permet au Sconcio d'exister socialement, sans jamais faire métier d'aucune occupation. De fait, l'oraison ne mentionne pour le jeune homme aucune activité de type professionnel, semblant ainsi suggérer à demi-mot que les « passe-temps » du Sconcio se substituent à l'exercice d'une charge publique ou à celle d'une activité comme le commerce ou la banque. Exercer un de ces arts ou savoirs à plein temps, en étant musicien, peintre ou philosophe,

20. Sur les conceptions de la noblesse en France, du XVIe au XVIIIe siècle, voir DESCIMON, Robert et HADDAD, Élie (dir.), *Épreuves de noblesse. Les expériences nobiliaires de la robe parisienne (XVIe-XVIIIe siècle)*, Paris, Les Belles Lettres, 2012.

21. *Orazione inedita in morte di Tommaso del Nero*, p. 10-11 : « Non voglio già per questo affermare che egli non fusse inferiore a qualcuno o di ricchezze, o di forma e disposizione di persona, o di qualche altro delli beni della fortuna : ma ardirò ben di dire, che sì come queste cose tutte non gli mancavano, così potevano apparire in lui maggiori di quelle de gli altri, per la virtù grande che egli aveva nel sapere adoperare ; e per ciò era cosi amato, onorato ed ammirato. »

22. *Orazione inedita in morte di Tommaso del Nero*, p. 13-14 : « Qualunque molto più lo facevano amabile le egregie doti dell'animo, essendo stato di felicissima memoria, e di ingegno tale, che a qualunque arte o scienza lo applicava, pareva che in quella sola avesse posto ogni suo studio. »

23. *Orazione inedita in morte di Tommaso del Nero*, p. 17 : « Questa tanta diversità di studii, Alterati magnifici, credo che darebbe a molti da dubitare della verità, parendo impossibile che uno medesimo abbia a essere e letterato di più lingue, e poeta, e oratore, e matematico, e filosofo, et eziamdio artefice. »

24. *Orazione inedita in morte di Tommaso del Nero*, p. 22 : « Sonsi divise e separate quelle nobili arti e scienze che con sì maraviglioso ordine erano in lui composte et adunate. »

aurait en effet été socialement rabaissant, dès lors qu'il s'agissait essentiellement, dans la Florence du XVIe siècle, de professions de service, qui demandaient à ceux qui les pratiquaient d'entrer dans la clientèle des puissants. Mais s'adonner à tous ces savoir-faire simultanément, dans le cadre d'une académie, semble au contraire conférer immédiatement au Sconcio l'aura d'une compétence totale dans tous les domaines de l'esprit, sans qu'il soit pour lui besoin d'en faire la démonstration dans un autre cadre (magistrature, charge de cour ou activité commerciale). Isolément, toute spécialisation dans l'un ou l'autre des sciences et des arts qu'il maîtrisait l'aurait déclassé, mais la pratique conjointe de ces activités renforce au contraire fortement les prétentions de ce patricien à la noblesse, en garantissant qu'il ne s'y adonne que dans son loisir et en *dilettante* — soit comme un homme qui n'y cherche que son plaisir et exprime par ces activités mêmes les libertés qui sont statutairement les siennes.

La description que Francesco Bonciani donne des pratiques du Sconcio dans le champ des arts et des savoirs renforce l'idée de compétences acquises sans finalité autre que d'occuper l'*otium* de l'homme bien né. Le Sconcio est d'abord dépeint comme ayant été formé aux humanités, soit au latin et au grec, mais ne se trouvant capable d'écrire en latin et de lire en grec qu'autant qu'il lui est nécessaire pour se former aux sciences[25]. Autrement dit, le Sconcio n'acquiert pas les compétences d'un érudit ou d'un enseignant d'humanités. Bonciani précise d'ailleurs que si le jeune homme a commencé des études de philosophie à Pérouse, il ne les a pas terminées en raison d'autres « occupations » qui ne sont pas spécifiées. On imagine qu'il s'agit du soin de ses affaires, mais Francesco Bonciani ne mentionne jamais de telles obligations, donnant ainsi l'impression que l'homme jouit d'une fortune de la gestion de laquelle il n'a pas à se préoccuper. Mais l'orateur souligne en revanche que l'interruption de ses études de philosophie n'a pas nui à cet homme bien né qui ne désirait pas en faire sa profession : ce qu'il en a retenu lui a en effet amplement suffi pour agir vertueusement dans l'espace social qui était le sien[26]. Des sciences, Tommaso del Nero n'apprend donc jamais que ce dont il a besoin pour vivre en patricien. Ainsi se trouve toujours éloignée toute idée de métier ou même simplement de compétence exclusive.

25. *Orazione inedita in morte di Tommaso del Nero*, p. 14 et surtout p. 16 : « Egli, adunque, pervenne a tale della lingua latina, che scriveva in essa con assai lode e della greca apparò tanto, quanto gli faceva di mestieri per apprendere le scienze [...] ».

26. *Orazione inedita in morte di Tommaso del Nero*, p. 17 : « Nè lo scherzo di questi suoi passatempi lo impedi già, che egli non attendesse ancora agli studii della filosofia, per quanto gli fu concesso da quelle occupazioni delle quali non era in sua potestà liberarsi. E per ciò non potette continuare la stanza a Perugia, dove per questo solo era ito a studio : ma, in qualunque modo, vi fece assai profitto, e nella morale particularmente, sicome hanno dimostro li suoi virtuosi costumi. »

D'autant que c'est surtout dans les arts que l'homme est dit exceller. Cependant, là encore, il ne maîtrise la musique, « tant vocale qu'instrumentale, qui sont celles qui conviennent le mieux à un gentilhomme », qu'afin de se délasser de « ses études plus sérieuses » et pour l'enseigner autour de lui, « à ceux qui prennent plaisir à sa douce conversation[27] ». On reconnaît là le goût des familles patriciennes non seulement pour la musique mais encore pour les formes de sociabilité qu'ils créaient autour de celle-ci[28]. Il était en revanche plus rare pour un patricien de maîtriser aussi l'art du dessin (« disegno »). C'est sans doute la raison pour laquelle, en soulignant les talents de Tommaso del Nero dans ce domaine, l'orateur prend soin d'expliquer qu'il y excelle autant qu'un professionnel mais ne s'y adonne qu'en tant qu'amateur. « Si cette activité <le dessin> avait été sa propre profession, il n'aurait pu y exceller davantage » (« che se ciò fusse stata la propria professione, non altrimenti in quella potrebbe essere divenuto così eccellente »)[29], précise en effet l'orateur, avant de rapporter une anecdote qui souligne que les talents de Tommaso del Nero dans la peinture dépassent ceux des peintres professionnels, alors même qu'il ne s'est jamais exercé à celle-ci qu'en dilettante :

> « Il n'a pas non plus dédaigné de faire quelques œuvres de sa main, alors même que ces arts <du dessin> sont le plus souvent exercés par des gens de peu de condition — ce que lui-même n'était pas —, ayant plus tôt fait ce faisant d'ennoblir l'art que de s'abaisser lui même : et, entre autres, il peignit un tableau d'histoire *a fresco* dans l'Accademia del Disegno, où les peintures de tous ceux qui sont au premier rang dans cet art et sont célèbres non seulement à Florence mais dans toute l'Italie sont jugées moins parfaites par comparaison à cette fresque, qu'elles ne le sont véritablement, et qu'elles n'auraient été estimées sans l'exemple de celle-ci[30]. »

27. *Orazione inedita in morte di Tommaso del Nero*, p. 14 : « Nè per ciò vi stava sempre occupato ; anzi nel medesimo tempo dove gli altri sogliono in giochi fanciulleschi dilettarsi, egli che sempre fu volto ad ogni sorte di virtù, prese ad imparare la musica, così di voce come di instrumenti che più a gentiluomo si convengono ; per mezzo della quale, poi che egli ha non solo ricreato l'animo suo da più gravi studii, ma dato occasione ancora di apprenderla ad altri che della sua dolce conversazione si dilettavano. »

28. Ces formes de sociabilité ont été récemment documentées au travers de l'étude de figures telles que Giovanni de' Bardi, qui fut membre des Alterati sous le nom du Puro, ou de Jacopo Corsi, qui protégea tant Ottavio Rinuccini (il Sonnacchioso) que le compositeur et chanteur Jacopo Peri. Sur Giovanni de' Bardi et son entourage, voir PALISCA, Claude V., *The Florentine Camerata : Documentary Studies and Translations*, New Haven, Yale University Press, 1989, en particulier l'introduction. Sur Jacopo Corsi, voir CARTER, Tim, « Music and Patronage in Late Sixteenth-Century Florence: The Case of Jacopo Corsi (1561-1602) », *I Tatti Studies in the Italian Renaissance*, vol. 1, 1985, p. 57-104 (repris dans CARTER, Tim, *Music, Patronage and Printing in Late Renaissance Florence*, Aldershot, Ashgate, Variorum Collected Studies Series, 2000).

29. *Orazione inedita in morte di Tommaso del Nero*, p. 14.

30. *Orazione inedita in morte di Tommaso del Nero*, p. 15 : « Nè perchè queste arti sieno per lo più esercitate da persone di assai manco condizione che egli non era, non per tanto si è egli sdegnato, avendo più presto nobilitato l'arte che abbassato se medesimo, di fare alcune opere di sua mano : e, fra le altre, dipinse a fresco quell'istoria nell'Accademia del Disegno, dove le pitture di tutti li primi dell'arte, che non solo in questa città

Cette anecdote est intéressante aussi bien par ce qu'elle révèle que par ce qu'elle obscurcit. Car les liens de Tommaso del Nero avec l'Accademia del Disegno ne se réduisaient en réalité pas à une scène d'histoire — qui semble aujourd'hui perdue — peinte *al fresco* en son sein. Les recherches accomplies par Karen-edis Barzman pour sa thèse ont en effet montré qu'à partir de 1570, l'Accademia del Disegno, fondée en 1563 par Cosme Ier de Médicis pour former tout autant que pour contrôler peintres et architectes, admit de plus en plus de patriciens et d'aristocrates qui n'exerçaient pas comme peintres ou architectes mais pratiquaient ces disciplines comme amateurs et/ou étaient collectionneurs. Or, Tommaso del Nero fut le premier patricien à rejoindre l'académie en tant que *dilettante*, en décembre 1571, soit un peu plus de six mois avant sa mort en août 1572. Il n'intégra cependant pas l'institution en tant que membre de la guilde (*membro del corpo*), ce qui aurait fait de lui un *mécanique*, car cela aurait supposé un travail manuel rémunéré incompatible avec le statut social d'un patricien. Il entra au contraire directement dans l'académie avec le titre alors neuf d'*accademico*. Or ce titre devint subséquemment, dans les années qui suivirent sa mort, un titre honorifique que d'autres patriciens et aristocrates recherchèrent, aux fins, selon Karen-edis Barzman, de « rehausser leur libéralité, leur vertu et leur noblesse[31] ». L'anecdote rapportée par Bonciani n'explique pas cette situation institutionnelle complexe, peut-être par peur de prêter à confusion, dès lors que Tommaso del Nero était le premier patricien à se voir accorder cette forme d'admission honorifique. Mais l'Aspro souligne néanmoins ce statut de noble amateur en insistant sur le fait que Tommaso del Nero, tout en n'exerçant la peinture qu'en dilettante, dépassait en habileté tous les hommes de métier.

La même rhétorique est utilisée par Bonciani pour évoquer les réalisations de Tommaso del Nero en tant qu'architecte, qui sont plus exceptionnelles encore pour un homme de sa condition, même si don Giovanni de Médicis (1567-1621) — qui fut membre des Alterati sous le nom du Saldo, ainsi qu'*accademico* dans l'Accademia del Disegno — fut aussi reconnu, plus tard, pour ses talents d'architecte. Tommaso del Nero avait en effet redessiné lui-même une grande partie de l'intérieur du *palazzo* familial situé piazza de' Mozzi dans l'Oltrarno. Son rôle dans cette rénovation avait été d'une telle importance que, dans sa description des « beautés » de Florence publiée en 1591 (et où sont détaillés les principaux monuments et palais

ma in tutta Italia sono reputatissimi, allato a quella non sono giudicate tanto perfette quanto veramente sono e si giudicherebbono senza il paragone di quella. »

31. Barzman, Karen-edis, *The Università, Compagnia ed Accademia del Disegno*, thèse de doctorat de l'Université Johns Hopkins, Baltimore, Maryland, 1985, p. 270-283 (p. 280). Ces éléments ne sont pas repris dans les mêmes termes dans le livre issu de la thèse : Barzman, Karen-edis, *The Florentine Academy and the Early Modern State : The Discipline of Disegno*, Cambridge, Cambridge University Press, 2000.

de la ville), Francesco Bocchi passait en revue longuement les aménagements que le jeune homme avait faits à l'architecture de sa demeure, originellement dessinée par Baccio d'Agnolo, tout en décrivant également les collections de tableaux qu'elle contenait[32]. Bonciani est néanmoins bien plus succinct sur le sujet de ces embellissements, tout en cherchant à souligner que, dans ce domaine aussi, le Sconcio, quoiqu'en ayant travaillé en homme de loisir, a toujours surpassé les hommes de l'art. Il précise en effet que bien que le Sconcio n'ait travaillé à ces aménagements que « pour son divertissement » (« per suo spasso ») et par souci de son propre confort domestique, son « génie » (« ingegno ») est d'autant mieux apparu en cette occasion « qu'il lui était besoin d'abord de corriger les erreurs d'autrui, avant d'accommoder les choses à son idée[33] ». Ainsi le jeune homme démontrait-il une nouvelle fois son habileté dans un art en surpassant un professionnel (Baccio d'Agnolo), dont il corrigeait même le travail, tout en n'œuvrant qu'à des fins particulières et privées, pour embellir le palais de sa famille, dont l'élégance (« leggiadria ») et la commodité étaient, dans la ville, un symbole non seulement de son goût mais encore de sa noblesse et de ses libertés.

Bonciani mentionne également l'aisance avec laquelle Tommaso del Nero maniait la langue toscane. Il souligne qu'il prenait un plaisir tout particulier à la poésie, se délectant de la composition de toutes sortes de rimes et en particulier de la création de « canzoni » (« [...] essendosi principalmente dilettato dello studio della poesia ; onde ha composto in ogni sorte di rime, ma sopra tutto gli son piaciute le canzoni », p. 16), tout en excellant dans la prose, en particulier dans tous les genres d'oraison. Bonciani mentionne encore la pratique des mathématiques et de la perspective — auxquelles le Sconcio prenait, selon lui, plaisir comme le fondement de tous les arts qui lui apportaient tant de satisfactions (« delle quali egli si dilettò assai come maestre di quelle arti che naturalmente tanto gli piacevano », p. 16). Puis, ayant détaillé le goût du disparu pour chacun de ces arts, Bonciani en fait la somme avec une sorte émerveillement, soulignant une nouvelle fois la pluriactivité continuelle du Sconcio.

Mais, fait notable, l'Aspro prend alors également soin de rattacher sa capacité à exceller dans tous les arts à l'académie des Alterati elle-même, qu'il décrit comme lui ayant offert la possibilité de s'exercer en chacun d'entre eux de manière suivie :

32. Bocchi, Francesco, *Le bellezze della citta di Fiorenza, dove à pieno di pittura, di scultura, di sacri tempii, di palazzi i più notabili artifizii, et più preziosi si contengono*, Florence, Bartolomeo Sermartelli, 1591, p. 131-135.

33. *Orazione inedita in morte di Tommaso del Nero*, p. 15 : « Benchè si può dire che queste sieno veramente state fatte da lui per suo spasso ; per ciò che la prima sua cura intorno alla casa è stata senza dubbio l'architettura di quella ; nella quale è apparso tanto più l'ingegno suo, quanto li è bisognato prima correggere li errori d'altri, e accomodarvi poi il suo concetto. »

> « Une si grande diversité d'objets d'étude, je crois — magnifiques Alterati — donnerait des doutes à plus d'un, tant il paraîtrait impossible qu'un même homme puisse être aussi lettré en tant de langues, tout en étant poète, et orateur, et mathématicien, et philosophe, et même artiste tout à la fois. Mais il ne faut pas s'émerveiller de ce que ces arts aient réussi à messer Tommaso, considérant d'abord la félicité de son génie, en second lieu son étude continuelle, et enfin l'occasion que cette académie — dont lui-même, qui était tant amateur de lettres et de conversations sur quelque beau sujet que ce fût, fut à la vérité l'impulsion — lui donna de s'exercer[34] […]. »

L'académie que le *dilettante* a créée devient ainsi le lieu privilégié où travailler aux arts, non dans une perspective de professionnalisation, mais dans le cadre d'un ensemble de pratiques collectives qui sont autant de manières d'en jouir, librement et avec distance, sans s'attacher particulièrement à aucun. L'*otium* académique mis en place est ainsi un loisir de nature paradoxale : il n'est en rien une inactivité ou un repos. Il se caractérise au contraire par une forme de suractivité, dans le cours de laquelle un patricien tel que le Sconcio investit l'ensemble des arts et les pratique simultanément et en compagnie. Dans ce cadre, la surenchère dans la polyactivité vise à la fois à faire la preuve du mérite supérieur de ceux qui s'adonnent à ces différents arts — en leur permettant de faire la démonstration de leurs capacités universelles — et à signaler qu'aucun d'entre eux ne s'y investit comme un homme qui aurait besoin de travailler pour vivre.

Néanmoins, en terminant l'éloge du Sconcio, Bonciani tient aussi à souligner que cette pratique des arts confère à Tommaso del Nero « matière à exercer la justice et la prudence, avec lesquelles il modérait toutes ses opérations, se trouvant dès lors non moins estimé et honoré que s'il était d'âge mûr[35] ». On ne peut manquer d'être surpris que Bonciani mentionne, chez un homme qu'il vient de décrire comme s'étant exercé quotidiennement aux arts, le développement de qualités comme la justice, la prudence et la maturité, lesquelles ne sont pas des vertus que l'on associerait spontanément avec l'application, l'invention ou même le « génie » (« ingegno ») que l'orateur vient de rattacher de manière répétée aux arts — mais bien plutôt à l'expérience acquise dans l'exercice de charges publiques. Or c'est en vérité au travers de ce détail insolite que la valeur substitutive de la pratique académique se

34. *Orazione inedita in morte di Tommaso del Nero*, p. 17 : « Questa tantà diversita di studii, Alterati magnifici, credo che darebbe a molti da dubitare della verità, parendo impossibile che uno medesimo abbia a essere e letterato di più lingue, e poeta, e oratore, e matematico, e filosofo, et eziamdio artefice. Ma non è da maravigliarsi se riuscivano a messer Tommaso, considerando prima la felicità dell'ingegno suo, e poi il suo continuo studio, et ultimamente l'occasione che li fu di esercitarsi questa dotta accademia, impresa veramente da lui che era tanto amatore delle lettere e della conversazione di qualunque bello ingegno […]. »

35. *Orazione inedita in morte di Tommaso del Nero*, p. 20 : « […] la qual cura quanto gli tolse di commodità nelli suoi studii, che più che altro gli erano a quore, tanto gli diede materia di esercitare la giustizia e la prudenza, con la quale moderava tanto ogni sua operazione, che non meno era stimato ed onorato, che se fusse di matura età. »

révèle le plus nettement. Car Bonciani, après avoir suggéré que Tommaso del Nero développait dans « ses études » et au sien de l'académie qu'il a créée les qualités qui seraient celles d'un magistrat, évoque les deux fonctions publiques qu'il a occupées dans la cité, à savoir celle de consul de la « Grande Académie » en 1569, à l'âge d'à peine vingt-trois ans, et celle de membre des *Buonomini delle Stinche*, c'est-à-dire du corps des administrateurs de la principale prison de Florence. La première de ces charges n'est pas à proprement parler une charge publique, même si l'orateur la traite comme telle, sans doute en raison de la protection que le régime médicéen accorde à l'Accademia Fiorentina, prenant même soin de préciser là encore que Tommaso del Nero y fit preuve de « grande prudence et justice dans son gouvernement » (« grandissima prudenza e giustizia nel governo[36] »). Quant à la seconde — par laquelle il se trouva en charge du soin des prisonniers et de la gestion de l'administration de la prison du centre de la ville —, il s'agit d'une charge mineure, que l'on obtenait en général à l'orée d'un *cursus honorum* et qui n'avait que peu de signification politique. Bonciani n'en précise pas moins pour finir que, quoique le Sconcio n'ait pu accéder à aucune autre charge en raison de son jeune âge, « la réputation qu'il avait comme magistrat au sein de la cité ne fut pas petite » (« ne fu punto minore la reputazione del magistrato che egli ebbe nella città », p. 20). Ainsi la rhétorique de l'éloge funèbre de Bonciani paraît-elle se résumer à une sorte de tour de passe-passe : le défunt, homme bien né qui cultive les sciences et les arts dans une forme de retraite, hors des offices publics comme de la cour, se trouve *in fine* revêtu de toutes les qualités morales du « magistrat », en vertu du fait qu'il s'est livré avec constance et application — au sein de deux académies — à des activités de lettré pour lesquelles un homme poursuivant une carrière soutenue dans les offices civils n'aurait sans doute guère pu trouver de loisir.

De cette manière, le labeur académique se trouve défini comme l'exercice d'une sorte de magistrature déplacée, accomplie dans la liberté et la civilité aristocratique, et centrée autour d'objets qui développent l'*ingegno* et se trouvent anoblis par cela même qu'ils existent dans, par et pour le loisir d'une petite société étroitement élitiste. Mais, pour mieux comprendre ce qu'un modèle aussi paradoxal rejette, il est nécessaire d'analyser de plus près l'envers du miroir, en examinant comment les membres des Alterati envisagent l'univers des charges et le service du prince. C'est en cela que la comparaison de l'oraison funèbre du Sconcio par Bonciani avec celle dont le jeune Filippo Sassetti honora la mémoire de Lelio Torelli est parlante. Car Torelli fut lui-même un lettré, et, comme tel, se trouva engagé — au cours

36. *Orazione inedita in morte di Tommaso del Nero*, p. 20. On sait néanmoins que ce fut pendant son consulat au sein de la Fiorentina que Tommaso del Nero créa une académie concurrente, celle des Alterati, voir *supra*, ch. 1, p. 87-90.

de l'exercice de ses fonctions de premier secrétaire du prince — non seulement dans l'administration des deux principales académies médicéennes, l'Accademia Fiorentina et l'Accademia del Disegno, mais encore dans la gestion l'Université de Pise[37]. Cependant, l'oraison que lui consacre Sassetti le dépeint comme un homme incessamment occupé, et dont le contact avec les arts est soit de nature professionnelle — l'homme est juriste et, même s'il n'exerce pas le droit à proprement parler, il s'en sert dans le cadre de ses fonctions et produit des travaux savants dans ce champ[38] —, soit étroitement inscrit dans une relation de service. Issu d'une famille sans grand lustre, et *forestiero* de surcroît, Torelli devient ainsi le modèle de ces *uomini nuovi* que le régime médicéen appelle à son service et promeut en les maintenant — au moins aux yeux des patriciens florentins que le pouvoir tient éloignés de ces positions administratives — dans un labeur constant. Même lettré, l'homme est donc dépeint comme n'étant pas libre de s'exercer aux arts : il en aurait au contraire une pratique aussi restreinte que contrainte. Son panégyriste le décrit même comme tirant des arts d'autant moins d'ennoblissement symbolique que, tout en étant membre des deux académies médicéennes, il n'est pas inscrit dans une sociabilité lettrée de type aristocratique.

L'oraison funèbre est rédigée à un moment où Filippo Sassetti faisait figure d'étoile montante de la culture académique florentine, se montrant actif tant parmi les Alterati que dans l'Accademia Fiorentina. C'est aussi le moment où le jeune homme rechercha — sans succès notable — la faveur des Médicis, pour lesquels il écrivit au moins un autre texte de service. Il s'agissait d'un raisonnement sur le commerce avec le Levant adressé à Bongianni Gianfigliazzi, que François Ier de Médicis dépêcha en Orient l'année suivante, en 1578[39]. Il est probable que

37. Il manque un travail monographique sur Lelio Torelli. Sur son rôle au sein de l'Academia Fiorentina, voir les archives de celle-ci, en particulier BMF Marucelliano B III 52 (pour les années 1540-1556), concernant la mise en place de la réforme de 1547, fol. 40^{r}-41^{v} et BMF Marucelliano B III 54 (pour les années 1558-1576), notamment fol. 1^{r}-6^{v} (1556-1557) ; sur ses interventions au sein de l'Academia del Disegno, voir CARRARA, Eliana, « La nascita dell'Accademia del Disegno di Firenze : il ruolo di Borghini, Torelli et Vasari » dans DERAMAIX, Marc ET AL. (dir.), *Les Académies dans l'Europe humaniste : idéaux et pratiques*, actes du colloque international de Paris, 10-13 juin 2003, préface de Marc FUMAROLI, Genève, Droz, 2008, p. 129-162 ; sur son administration du *Studio pisano*, voir CASCIO PRATILLI, Giovanni, *L'università et il principe : gli Studi di Siena e Pisa tra Rinascimento e Controriforma*, Florence, L. S. L. S. Olschki, 1975, p. 45-49.

38. Lelio Torelli fut en particulier le premier éditeur florentin du digeste de Justinien, voir GUALANDI, Giovanni, « Per la storia della *editio princeps* delle pandette fiorentine di Lelio Torelli », dans SPAGNESI, Enrico (dir.), *Le Pandette di Giustiniano. Storia e fortuna di un codice illustre*, Florence, L. S. Olschki, 1986, p. 143-198 (p. 147-150).

39. SASSETTI, Filippo, *Ragionamento sopra il commercio ordinato del granduca Cosimo I tra i sudditi suoi e le nazioni del Levante, diretto a Bongianni Gianfigliazzi, cavaliere gerosolimitano*, rédigé en 1577 et paru dans SASSETTI, Filippo, *Sul commercio tra la Toscana e le nazioni levantine : ragionamento*, Florence, Tipografia Galileiana di M. Cellini e C., 1853 (extrait de l'*Appendice all'Archivio Storico Italiano*, vol. IX, p. 172-194). Sur ce texte, voir *supra*, ch. 2, p. 144.

la rédaction de l'oraison funèbre de l'un des plus fidèles serviteurs de Cosme lui fut confiée au sein de l'Accademia Fiorentina tout à la fois pour honorer le jeune homme et comme une manière d'éprouver sa capacité à servir le régime par sa plume. L'occasion fut en tout cas d'importance, puisque l'éloge funèbre de celui qui fut, en 1557, le trentième consul de l'institution, rassembla toute la noblesse et tous les lettrés de la ville en l'église Santa Maria dei Ricci, à l'ombre de la cathédrale de Santa Maria del Fiore, au cours d'une cérémonie qui se trouve rapportée dans les actes de l'académie médicéenne avec beaucoup plus de détails que la très grande majorité des autres oraisons mentionnées dans ce registre[40]. Dans le portait que Sassetti fait du serviteur de Cosme, le jeune homme semble élaborer de lui un éloge qui, au premier abord, paraît exempt de blâme explicite. Nombre des éléments de la description qu'il donne de Torelli trahissent néanmoins le point de vue d'un patricien lettré à la vie quelque peu tumultueuse, qui ne regarde pas cet homme affairé et austère sans une forme de distance, voire de discrète condescendance.

Sassetti commence son portrait en précisant qu'il n'a pas grand-chose à dire de la noblesse de la famille du défunt, stipulant même qu'il ne veut pas utiliser le peu de temps qui lui est consenti pour raconter des choses que l'homme partageait avec bien des gens[41]. C'est là une manière à peine contournée de suggérer que le disparu est d'une naissance si commune qu'il vaut mieux ne pas en faire mention. Sassetti souligne ensuite de manière très appuyée que l'homme n'est pas florentin, en décrivant avec beaucoup de détails l'histoire et la société de la ville de Fano, près d'Urbino dans les Marches, dont Torelli est originaire. Par le moyen d'une présentation apparemment élogieuse de sa ville d'origine, l'homme se trouve ainsi désigné comme un étranger, ce qui, aux yeux du patriciat florentin, faisait de lui un individu

40. BMF Marucelliano B III 54, à la date 22 juin 1576, fol. 40 : « Messer Filippo Sassetti accademico Fiorentino nell'oratorio della Vergine Maria detta de' Ricci fece una bellissima oratione funebre in lode della felicite memoria del molto magnifico e eccellentissimo Lelio Torelli primo auditore et segretario di sua Altezza serenissima il quale passò di questa a migliore vita i 6 di <di giugno> con un concorso universalemente di tutti letterati e di tutta la nobiltà e gratissima udienza, la quale oratione è questa che cioè : 'Oratione funebre in lode di messer Lelio Torelli fatta e recitata da messer Filippo Sassetti accademico Fiorentino detto tra gli Alterati l'Assettato <sic>'. » Enfin les actes de l'Accademia Fiorentina citent les premières lignes de l'oraison, sans doute dans le but de rendre le texte reconnaissable, lors d'une circulation manuscrite de celui-ci : « Tale è la conditione delle cose humane dottissimo consolo, signori et ascoltanti nobilissimi, l'Academia Fiorentina è mesta, e lacrimosa mirando la sospesa [...]. » Au moins deux manuscrits subsistent pour cette oraison (BRF Riccardiano 767, 217^r-223^v et BNCF Magl. VI 155, 95^v-103^r, le second étant de la main de Giorgio Bartoli). Salvino Salvini donne le texte de cette oraison dans ses *Fasti consolari dell'Accademia Fiorentina*, Florence, Giovanni Gaetano Tartini et Franchi Santi, 1717, au cours de la notice biographique qu'il consacre au trentième consul de l'Académie Florentine, p. 130-142. C'est dans cette dernière édition que le texte est cité dans ce qui suit.

41. Salvini, Salvino, *Fasti consolari*, p. 131 : « [...] non dirò molto della nobilità della sua famiglia ; imperocchè le cose fatte da lui si fanno innanzi, e non consentono che 'l picciolo spatio di tempo che m'è conceduto si consumi, narrando quelle cose, che gli furono con molti altri communi [...] ».

dont la fidélité aux intérêts de Florence et de ses élites pouvait toujours être mise en doute. De fait, lorsqu'il décrit comment l'homme exerce ses charges auprès de Cosme Ier, Sassetti pense nécessaire de préciser que, quand l'homme raisonnait des affaires de Florence, il en raisonnait comme un Florentin et non comme un étranger — comme si la chose n'allait pas de soi[42]. Mais, immédiatement après avoir affirmé la loyauté de Torelli aux intérêts des florentins, Sassetti indique avec force détails que les liens du secrétaire de Cosme avec la ville de Fano restèrent toujours forts étroits (« grande fu sempre l'amore tra lui, e i migliori di Fano »), précisant même que la demeure de Torelli fut de tout temps « un refuge commun à toute la cité de Fano », que le serviteur de Cosme ne se contentait pas de loger chez lui mais encore soutenait avec tous les moyens dont il disposait, partageant généreusement avec eux ses propres biens[43]. Ainsi l'homme n'aurait-il jamais tout à fait quitté sa cité d'origine : il l'a au contraire en partie transportée dans Florence même, où ses amis et féaux vivent auprès de lui à ses dépens. Loin d'avoir une famille qui pourrait le soutenir dans son ascension dans le service des Médicis, il ne semble avoir que des dépendants qui prospèrent de son succès, trahissant ainsi toujours son statut d'étranger aux yeux de florentins de souche.

L'homme n'en vient pas moins d'une famille instruite et a lui-même reçu une bonne éducation, mais son rapport aux savoirs et aux arts semble, sous la plume de Sassetti, être d'une tout autre nature que celui que Bonciani attribuait à Tommaso del Nero. Torelli est en effet issu, dans le portrait qu'en propose Sassetti, d'une lignée où les savoirs et les arts sont avant tout destinés à permettre une professionnalisation. C'est ainsi que son père l'envoya dans son adolescence au *Studio* de Ferrare, avec dessein de lui faire apprendre la médecine, le plaçant sous l'autorité de son oncle, Jacopo Gostanzi, qui y enseignait les humanités grecques et latines[44]. Le jeune homme choisit au contraire d'apprendre le droit, et quitta Ferrare pour Pérouse où il passa son doctorat à l'âge de vingt-deux ans. Autrement dit, dans le milieu dont est issu Torelli, on allait à l'université en s'immatriculant — soit dans le but de faire carrière au sein de celle-ci comme enseignant (comme le fit son oncle), soit avec l'idée de s'appuyer sur les diplômes et les compétences acquis en

42. SALVINI, Salvino, *Fasti consolari*, p. 136 : « [...] Imperocchè delle cose nostre ragionava, come fiorentino, e non come forestiere [...] ».

43. SALVINI, Salvino, *Fasti consolari*, p. 136 : « [...] la casa sua era un rifugio commune a tutta la città di Fano ; e non la casa solamente, ma la facoltà ancora, le quali egli partiva volentieri con tutti coloro, che 'l valessero [...] ».

44. SALVINI, Salvino, *Fasti consolari*, p. 133 : « [...] fu mandato del padre nello Studio di Ferrrara sotto il governo di messer. Jacopo Gostanzi suo zio, che umanità greca, e latina ivi leggeva. Diedesi incontanente ad ascoltare i principi della legale filosofia, non ostante la volontà del padre, che alla medicina desiderava ch' e' si volgesse [...] ».

ces lieux pour faire une carrière d'homme de savoir, en officiant professionnellement comme médecin, juriste ou théologien.

La condescendance des Alterati pour ce type de carrière ne se marque pas très ouvertement dans l'oraison de Sassetti, mais elle est clairement perceptible dans le dialogue fictionnel intitulé *Della cognitione di se stesso* que Lorenzo Giacomini fit paraître en 1595 sous le nom d'un professeur de médicine à Pise, Giovan Battista Muzi[45]. Dans ce texte, le statut de médecin est en effet discrètement raillé à plusieurs reprises, tant à travers la figure du médecin Bastiano, qui est initialement le principal interlocuteur des lettrés rassemblés dans la villa de Lorenzo Giacomini, qu'à travers de celle de Muzi lui-même, aux divers moments où il est mentionné dans le livre[46]. Il est au demeurant probable que Bastiano tienne au moins pour partie dans ce livre la place de celui auquel Giacomini en attribue la paternité — lequel ne fut pas seulement un professeur de médecine à Pise, mais encore le médecin (et selon toute vraisemblance l'obstétricien) des grandes-duchesses Jeanne d'Autriche et Christine de Lorraine. Or, bien que savant et raisonnant avec habileté, Bastiano ne doit pas seulement s'incliner devant l'érudition et l'invention de Giacomini — auquel est ostensiblement donnée la péroraison du dialogue — il est aussi *in fine* représenté comme n'étant pas libre de son temps. Dans l'ultime page du dialogue, ce médecin de campagne est en effet appelé auprès d'une femme enceinte à Petrognano, un village voisin, et se voit alors contraint d'abandonner la discussion sans délai. Cependant, ses interlocuteurs bien-nés ont pour leur part tout loisir de disposer de leur temps : ils décident dès lors d'« aller se promener dans la contrée pour leur plaisir », en attendant l'heure du dîner[47]. Ainsi, bien que les *letterati* rassemblés dans la villa de Giacomini aient semblé discuter avec Bastiano d'égal à égal, leur statut est clairement marqué pour finir comme radicalement différent : les uns ont la libre disposition de leur temps, tandis que l'autre est esclave des nécessités de sa profession et n'a de loisir qu'autant qu'il n'est pas soudainement appelé à travailler de ses mains — en l'occurrence pour venir en aide à une femme enceinte. Cependant la condescendance de ces patriciens lettrés pour un homme de peu qui aurait transformé le savoir acquis dans le *Studio* non seulement en savoir-faire pratique (comme médecin) mais encore en position d'autorité au sein d'une institution universitaire

45. Sur les conditions de publication et de circulation de ce texte, voir *supra*, ch. 3, p. 263-277.

46. Les préjugés dont le texte du *Della cognitione di se stesso* semble se faire l'écho ne doivent pas masquer que, depuis le début de la Renaissance, les carrières médicales étaient en réalité devenues progressivement plus respectées, voir PARK, Katharine, *Doctors and Medicine in Early Renaissance Florence*, Princeton, Princeton University Press, 1985.

47. *Della cognitione di se stesso, dialogi di Gioanbattista Muzi, nuovamente publicati e dedicati alla serenissima madama Christiana di Loreno, gran duchessa di Toscana, con licenza e privilegio*, Florence, Filippo Giunti, 1595, p. 190 : « Ed egliono poscia che l'hora oggimai era tarda di comun concordia deliberarono, fino a otta di cena d'andersene a spasso per la contrada e così feciono. »

(comme professeur) est peut-être plus profonde encore. Les savoirs de Giovan Battista Muzi, comme professeur de médecine, sont en effet explicitement raillés dans le dialogue lui-même lorsque Bastiano se rappelle avoir lu de lui un « traité sur les urines », qui paraît à ce médecin de village incarner « la vraie manière de philosopher[48] ». Ainsi se trouvent sourdement moqués — à travers les recoupements suggérés entre la figure fictive de Bastiano et la carrière réelle de Muzi — tant la profession de médecin que celle d'enseignant dans un cadre universitaire. Ces activités sont en effet présentées comme centrées sur des objets bas (un accouchement, les urines, etc.) et comme ne laissant à ceux qui s'y adonnent aucun vrai loisir pour se consacrer à une libre recherche du savoir — ce qui serait sans doute, aux yeux des Alterati, la « vraie manière de philosopher ».

On remarque par ailleurs que Muzi, comme Torelli, furent tous deux des hommes de savoir au service des Médicis. Certes, Torelli ne faisait pas des connaissances qu'il avait acquises à Ferrare et à Pérouse un usage qui aurait suscité autant de distanciation que les activités d'un obstétricien, notamment parce que le droit était valorisé bien au-dessus de la chirurgie. Mais Sassetti paraît néanmoins également suggérer que Torelli entretient lui aussi un rapport contraint aux savoirs qui sont les siens, voire possède une manière mercenaire de les faire valoir. Torelli est en effet décrit comme mettant ses savoirs universitaires au service des hommes puissants auprès desquels il fait carrière. Selon Sassetti, c'est même ainsi que Lelio Torelli a trouvé la faveur qui est la sienne à la cour de Toscane : sa réputation de juriste et d'intermédiaire entre partis en conflit lui valut, dans sa cité natale, des commissions qui le mirent en contact avec les Médicis[49]. Le pape Clément VII — Jules de Médicis, qui fut souverain pontife entre 1523 et 1534 — aurait ainsi remarqué ses qualités et son grand savoir lorsque l'homme fut envoyé en mission auprès de lui, le jugeant « droit » et « loyal », « connaissant son intelligence et son vaste savoir » et « l'estimant pour ce fait un excellent instrument pour le gouvernement des États[50] ». Il devint ensuite auditeur (*auditore*) auprès du duc Alexandre de Médicis avant que Cosme ne le reconduise dans cette charge. Puis ce dernier le nomma chancelier et premier secrétaire. À ce moment de son oraison, Sassetti ne manque

48. *Della cognitione di se stesso*, p. 5 : « Bastiano medico : Io ho veduto alcune cose del Muzio, e spezialmente le quistioni medicinali, e un trattato che egli fa dell'orine e piaccmi, se non per altro, almen per questo, (forse che è conforme a mio genio) che libero mi pare da ogni parzialità ; che è questo vero finalmente me pare il vero modo de filosofare. »

49. Salvini, Salvino, *Fasti consolari*, p. 133 : « Quindi tornato nella patria, che già rovinava per la credultà delle parti, fu fatto uno de' capi del sommo Magistrato, come ottimo strumento della sua salute, e fu mandato a Roma ambasciadore al pontefice, e qui in Firenze al cardinale de' Medici, che fu poi papa Clemente, e finalmente conchiuse la pace tra' suoi cittadini su 'l governo del duca Lorenzo de' Medici. »

50. Salvini, Salvino, *Fasti consolari*, p. 134 : « Perchè Clemente il giudicò uomo diritto, e leale, e sapendo di suo ingegno, e alta letteratura, lo stimando ottimo strumento per governo degli stati [...]. »

pas de suggérer que Torelli marche sur les traces de grandes figures de l'humanisme florentin, telles que Leonardo Bruni (1370-1444) ou Poggio Bracciolini (1380-1459), signalant par là même que l'homme serait inscrit dans la tradition des érudits florentins à qui leur connaissance des lettres (*litteratura*) donna accès à des positions de service[51]. Sassetti ne désigne évidemment pas directement Torelli comme le serviteur docile du prince, mais il sous-entend la dépendance et la soumission de celui-ci à de multiples reprises, par exemple lorsqu'il suggère que l'homme est, dans les talents qui sont les siens, le reflet conforme des qualités de son maître, ce qui semble faire de lui, dans l'exécution des tâches qui lui sont assignées, une sorte de figure vicariante de celui-ci[52].

Plus largement, Sassetti dépeint Torelli en homme harassé de travail, car affecté à une multiplicité de tâches. Il est en effet celui qui tranche les conflits entre les membres des plus grandes familles florentines (« egli ha deciso molte liti d'honore tra uomini illustri, e grandissimi », p. 138). Il conseille également le prince, en temps de guerre comme en temps de paix, et veille tant sur l'Accademia Fiorentina que sur le *Studio pisano* (p. 139). Il est par ailleurs chargé de la gestion des suppliques (*suppliche*), par lesquelles les Florentins demandaient au prince quelque grâce (une charge, une pension, un privilège). Autrement dit, Torelli gère, administre et surveille la distribution de la faveur du prince, ce qui était une tâche considérable. Selon Sassetti, il excella même dans ces fonctions, au point de toujours trouver grâce auprès de son prince (p. 139). Enfin, Torelli est élu sénateur en 1548. Et Sassetti de souligner parallèlement que tant d'occupations dépouillent cet homme de tout loisir, précisant même que Torelli « ne sortait pratiquement jamais de chez lui, sauf lorsque les offices religieux et le soin des affaires publiques l'en tiraient » (« Non usciva di casa quasi mai, se non quanto i divini offizi, e pubblici negozi nel traevano [...] », p. 140), se contentant de recevoir chez lui quelques visites. Cet homme de service serait ainsi un homme quasi cloîtré, sans fréquentations autres que celle de ses dossiers — et de son prince.

Autre caractéristique par laquelle Sassetti oppose implicitement Torelli au patriciat dont lui-même est issu, l'homme quoique riche vit sans ostentation aucune — donnant néanmoins libéralement aux pauvres — et cultive la plus grande simplicité, l'orateur le comparant même à saint François d'Assise[53]. Chez tout

51. SALVINI, Salvino, *Fasti consolari*, p. 135. Sur les carrières de ce type de lettrés au sein de l'administration de la République florentine, voir BROWN, Alison, *Bartolomeo Scala, 1430-1497, Chancellor of Florence : The Humanist as Bureaucrat,* Princeton, Princeton University Press, 1979.

52. SALVINI, Salvino, *Fasti consolari*, p. 136 : « [...] imperocchè lo specchio di prudenza, il paragone di giustizia, e la sembianza di tutte altre virtù non arebbe eletto per suo ministro maggiore chi non fusse stato prudente, giusto forte e temperante ».

53. SALVINI, Salvino, *Fasti consolari*, p. 141 : « A queste opere <sa générosité hebdomadaire envers les prisonniers de la prison centrale> era congiunta la simplicità dell'animo suo, della quale ci era argomento quella del suo vestire, imitando in ciò l'umilità profonda del serafico Francesco. »

autre, le service des Médicis aurait été une occasion d'amasser des richesses, précise Sassetti. Mais Torelli fuit l'abondance de « grandeurs » (« grandezze ») et les « délicatesses de la vie » (« delicatezze della vita », p. 137). On est bien loin ici de la demeure somptueuse d'un Tommaso del Nero, qui en avait fait un monument à sa propre gloire et à celle de sa famille, en l'ornant de tableaux et d'objets qui disaient tant leur discernement en matière artistique que leur fortune. D'autant que l'austérité morale de l'homme, telle que dépeinte par Sassetti, suggère un personnage marqué par une religiosité austère, possiblement d'inspiration savonaralienne : Torelli est par exemple décrit comme ayant vu mourir plusieurs de ses fils en s'inclinant toujours devant la justice divine, sur le modèle de la soumission qui fut celle de Job (« [...] e detta la sentenza di Job, si inchinò al volere della divina giustizia », p. 137).

Dans la péroraison de son discours, Sassetti compare même le serviteur de Cosme à Platon, au cours d'un parallèle un peu forcé, qui n'est sans doute pas en tout point flatteur pour Torelli :

> « Platon qui était réputé de nature plus qu'humaine vécu quatre-vingt une années, faisant toujours de grandes choses, et souffrant de grandes épreuves, étant aimé des rois, fidèle au culte divin et excellent philosophe. Messer Lelio a vécu quatre-vingt-sept ans, dont il n'a passé aucune partie dans l'*otium*, même pas sous la forme d'une nuit passée dans une villa. Il était toujours des plus agréables aux princes. Nul n'étant plus pieux que lui, et personne n'avait sur lui de supériorité pour la philosophie civile[54]. »

Le parallèle ainsi établi entre Platon et Torelli semble quelque peu artificiel, au point qu'on peut se demander si les écarts ne sont pas plus signifiants que les points communs. C'est ainsi que le portrait de Torelli en tant qu'homme qui ne connaît pas le loisir et ne sait quels plaisirs apportent les séjours *in villa*, quoique n'ayant que fort peu de choses à voir avec la figure de Platon, apparaît dans ce parallèle comme l'information déterminante : ce personnage est en effet par là présenté en creux comme l'image symétrique et inverse de tout patricien florentin qui se respecte. Il convient aussi de prendre garde à la mention de la « philosophie civile », qui est décrite comme le domaine de spécialisation de Torelli — par opposition à la philosophie tout court, que Sassetti pose implicitement comme le champ propre de Platon. La mention de la « philosophie civile » est en effet une manière de référer à la formation de Torelli comme juriste, tout en désignant ses activités

54. SALVINI, Salvino, *Fasti consolari*, p. 142 : « Platone, che fu riputato di più alta natura che umana, visse LXXXI. anni e sempre adoperò cose grandi, e sofferse di molti travagli, fu gradito da i re, e fu amatore del culto divino, e sommo filosofo. Messer Lelio è vissuto LXXXVII. anni, niuna parte de' quali con ozio ha trapassata, in guisa chè nè anco una sera alla villa albergò ; fu a' principi gratissimo ; niuno nella pietà li è avanti, e della civil filosofia ne' tempi suoi ha tenuto la maggioranza. »

professionnelles de conseiller et d'intermédiaire. Autrement dit, la convocation de la « philosophie civile » est aussi une manière de sous-entendre que Torelli n'est pas un philosophe qui serait libre de considérer toute question philosophique : cet homme — qui n'aurait connu dans sa longue vie aucune période d'*otium* et n'aurait même jamais passé ne serait-ce qu'une nuit dans une villa — est aussi un homme qui ne spécule que dans le champ restreint de sa profession, laquelle se résume à des charges administratives.

De fait, si Sassetti mentionne que l'homme avait autrefois aimé lire les poètes et les historiens, écrivant même des compositions poétiques dans sa jeunesse, il précise parallèlement, non sans insistance, que l'homme lisait avant tout du droit : « il passait la plus grande et la meilleure partie de son temps dans l'étude des lois, lisant les auteurs principaux et les plus célèbres et ne s'embarrassant pas habituellement d'une multitude de livres » (p. 140). L'orateur soulignait enfin qu'en guise de production lettrée, l'homme avait surtout produit des interprétations ou des mises au point sur des textes de la tradition juridique, et rédigé des textes de lois et des avis (« consigli ») sur toutes les plus importantes matières du gouvernement[55]. En un mot, quoique membre des deux académies médicéennes, l'homme n'a ni le loisir, ni l'érudition, ni la polyvalence qui caractérisent le rapport d'un patricien lettré aux savoirs et aux arts : il est toujours si étroitement focalisé sur les discours de sa profession qu'il n'a pas le temps de s'inscrire dans la recherche de la vérité ou de prendre plaisir à la contemplation d'arts tels que la poésie et la peinture. D'autant que, bien qu'accueillant chez lui les habitants de Fano, qui cherchent auprès de lui protection, et recevant parfois la visite d'amis (p. 140), Torelli est implicitement dépeint comme ne possédant pas la sociabilité qui pourrait contribuer à faire de lui un lettré : ses interlocuteurs ne sont pas eux-mêmes des *letterati* et il n'est pas étroitement associé à un collectif d'hommes de loisir et de plaisir au sein duquel il aurait pu développer vis-à-vis des arts et des savoirs une attitude différente.

La comparaison entre l'oraison funèbre de Tommaso del Nero et celle de Lelio Torelli permet ainsi non seulement de dresser le tableau de l'*otium* académique tel qu'il se rêve au sein des Alterati, mais encore d'esquisser une image de la représentation qui lui est opposée, laquelle n'est pas le commerce ou la banque, mais bien l'occupation constante dans le soin des affaires publiques, dans une position qui place l'individu dans une logique de service. Il est bien évident que l'opposition qui se trouve générée lorsque ces deux textes sont placés en diptyque est pour une part artificielle, dès lors qu'elle est le fruit d'une confrontation que les membres

55. Salvini, Salvino, *Fasti consolari*, p. 139-140 : « […] la maggiore, e la miglior parte spendeva nello studio delle leggi, leggendo gli autori principali, e più famosi, e di moltitudine di libri non era curante. Interpretò già la legge *Gallus* : fece un repertorio sopra il Jasone, nella materia di azzioni : diede fondati intelleti alle leggi, et alle dottrine di Bartolo lume della ragione, scrisse numero infinito di consigli sopra le più materie […] ».

des Alterati ne construisirent pas explicitement — et même furent peut-être attentifs à ne pas formuler de manière directe. Mais l'étude croisée des représentations que véhiculent ces deux oraisons funèbres permet néanmoins de se faire une idée de la manière dont ces patriciens lettrés envisageaient l'inoccupation que le régime médicéen leur avait initialement imposée. Elle met en particulier en lumière comment la pratique des arts et des savoirs devient entre leurs mains un moyen d'exalter la distinction de leur condition dans des occupations dont ils affirment que, pratiquées hors de toute forme de professionnalisation et loin des lieux où s'exerce le pouvoir, elles seraient à la fois nobles en elles-mêmes et productrices d'une forme d'élévation morale.

Ces sciences et ces arts dont les Alterati espèrent une forme de valorisation de leur état ne sont cependant pas tenus pour intrinsèquement différents des arts et savoirs dont Torelli a lui-même tâté : c'est l'état d'esprit de ceux qui s'y adonnent en milieu académique qui est posé comme autre, comme si l'attitude avec laquelle ces pratiques et discours sont abordés — alliée avec la liberté de ceux qui trouvent à y communier au sein d'une petite communauté d'individus que, à leurs yeux du moins, rien ne contraindrait sauf eux-mêmes — suffisait à en faire des occupations d'une nature radicalement différente. D'évidence, cette vision des pratiques lettrées et artistiques est créée pour servir le patriciat qui s'investit dans la vie académique. Mais c'est aussi une représentation dont l'efficacité sociale et même politique fut réelle : elle eut en effet pour résultat de commencer à détacher les savoirs et les arts tant de leurs amarres professionnelles que de la nécessité de servir le pouvoir des princes. Elle contribua ainsi à répandre l'idée d'un rapport aux arts qui serait détaché de toute autre fin que lui-même — bien qu'une telle posture soit très évidemment marquée aussi, au sein de l'académie, par la recherche de ce que Pierre Bourdieu caractérisa comme les nécessités de la « distinction », soit par le besoin de se différencier par ses goûts et attitudes des autres groupes sociaux. Pour mieux comprendre cette tentative de valoriser son état par la pratique d'arts et de savoirs dont on exalte parallèlement la valeur, il convient néanmoins d'envisager plus précisément comment les Alterati se représentent ce travail des arts dont ils comptaient meubler leur loisir avec l'espoir, le plus souvent informulé, d'accéder eux-mêmes un jour, grâce aux compétences ainsi développées, à l'univers des charges de cour.

2.2 : Travailler aux arts : s'exercer, contempler, s'élever

Disposer de loisir apparaît comme une condition *sine qua non* pour participer activement à une académie comme celle des Alterati. Néanmoins, la vie académique n'est pas conçue parmi les membres de l'académie comme un espace où cultiver l'oisiveté, mais bien comme le lieu d'un travail intense, centré sur la production de discours sur les sciences et les arts, et sur l'évaluation et l'amendement des productions poétiques au sein du groupe. Il est de ce point de vue particulièrement frappant de constater que, dans l'académie, le reproche le plus virulent qui puisse être fait à un régent — après l'accusation de tentative de tyrannie, qui est rituelle — est celui d'indolence (« pigrizia ») et de négligence (« transcurataggine ») dans l'organisation des « exercices » académiques. Car, sans un travail assidu des arts et des sciences, l'académie ne peut plus, aux yeux des académiciens, être le lieu de la transformation tant morale qu'épistémique qu'elle ambitionne de créer chez ses membres.

En février-mars 1571, le Desioso (Giulio del Bene) lança ainsi une *accusa* (accusation) contre le cinquième régent, alors sortant, Carlo Rucellai (lo Sdegnoso). Le discours (actuellement conservé en BMLF Ashburnham 559, fol. 234^{r} à 243^{v}, sous le titre d'« Oratione contro al reggente Sdegnoso in forma d'accusa del Desioso ») reprochait à Carlo Rucellai sa négligence sur le mode burlesque dont le Desioso était coutumier. L'incurie du Sdegnoso se serait, selon son accusateur, marquée d'entrée de jeu. L'homme a en effet été élu régent en son absence (fol. 235^{r}), les académiciens lui ayant fait annoncer son élection par une lettre collective. Or le nouveau régent n'a pas pensé à renvoyer une lettre à l'académie pour en accepter la direction et la remercier de son choix. Il s'est contenté de revenir de ses villas vers Florence avec un train de sénateur, le temps se prêtant, selon le Desioso, aux promenades à cheval et le chemin étant agréable et « tutto piano » (« sans obstacle »). La lenteur de sa progression est complaisamment décrite par son accusateur (fol. 235^{v}), qui prétend que le Sdegnoso prétexte fallacieusement des empêchements (« certi impendimenti ») alors qu'en réalité il cherche surtout à « stare a passegiare fra la polvere dei campi » (« à rester à se promener dans la poussière des champs »). Tout soupçon d'inactivité *in campagna* semble ainsi appeler une vigoureuse condamnation : la vie de la villa n'est acceptable que si elle est consacrée aux travaux agricoles et/ou aux travaux savants. Mais, si l'on en croit son accusateur, l'indolence du Sdegnoso ne prend pas fin lorsqu'il finit par arriver à Florence pour prendre la tête de l'académie. Selon le Desioso, le nouveau régent continue au contraire à montrer son flegmatisme et sa paresse, ne faisant par exemple pas travailler l'académie à ses « exercices » habituels lors de son intronisation, à la manière — plaisante son accusateur — d'un certain médecin florentin qui souvent prend congé de ses malades sans avoir pris leur pouls (fol. 236^{r}). Giulio del Bene prétend même qu'aucun des régents, depuis les débuts de l'académie, aurait aussi peu fait s'exercer (« exercitarsi ») les académiciens à leurs discours et à leurs conversations improvisées.

Or ces exercices sont la chose la plus belle et la plus rare parmi toutes les activités de l'académie, rappelle son fondateur. Mais, au lieu d'y travailler, les académiciens se sont laissés aller au plaisir de « cicalare di cose impertinenti all'accademia o vero di fare censurare un madrigaluccio e qualche sonetto » (fol. 236^{v}), autrement dit ils auraient perdu le temps qu'ils devaient consacrer à leurs travaux sérieux en bavardages (« cicalare ») ou à commenter des vers sans importance. Cette indolence collective est pourtant des plus dangereuses, aux yeux du Desioso — qui accuse Carlo Rucellai de « transcurataggine in tutte le cose » (« négligence en toutes choses », fol. 238^{r}) — car elle menace l'identité même de l'académie. En effet, selon son accusateur, en n'incitant pas les académiciens à bien faire et à se surpasser, par l'écriture de choses neuves, ce régent indigne œuvre à la disparition de l'institution. Car, si « la bontà et sottiglienza degli ingegni » (« la bonté et la subtilité des esprits ») de l'académie ne sont pas constamment cultivées par l'écriture de textes poétiques, d'éloges, de pièces de théâtre et de « discorsi per parlare sopra le scientie et le arti con metodo » (« de discours pour parler sur les sciences et les arts avec méthode »), ces esprits risquent de ne pas se développer, voire de régresser (fol. 238), empêchant ainsi toute forme d'élévation collective par les arts. Bien qu'étant la création d'hommes de loisir, l'académie ne peut dès lors perdurer qu'en devenant le lieu d'une activité incessante. Pour pouvoir se consacrer aux arts et aux savoirs, il faut à ses membres une liberté importante. Mais, paradoxalement, celle-ci ne peut se trouver mise à profit pleinement, au service de ces activités nobles, que dans un labeur perpétuel. L'*otium* académique doit ainsi être le lieu d'un engagement intellectuel et créatif aussi continu qu'intense, sans lequel le rapport que les académiciens cherchent à établir aux choses de l'art ne pourrait être maintenu de manière signifiante et pleine.

Pour mieux comprendre la nature de ce rapport — au moins tel que les académiciens le rêvent — deux questions demandent néanmoins à être clarifiées. La première est celle de la relation entre sciences et arts. Dans la vision qu'entretiennent les Alterati, le discours des sciences qu'ils privilégient (linguistique, histoire, poétique, rhétorique, etc.) et la pratique des arts qu'ils valorisent (écriture de poèmes, de pièces de théâtre, de nouvelles, d'oraisons funèbres, mais aussi une curiosité soutenue pour la peinture et l'architecture, au moins chez des hommes tels que Tommaso del Nero et Lorenzo Giacomini) semblent en effet aller de pair, comme si leur quête du savoir était pensée comme susceptible de renforcer la capacité de chacun d'entre eux à exceller dans les arts. Néanmoins il convient d'examiner de plus près les formes de cette association. Car si la pratique des discours de savoir était traditionnellement associée, à Florence, aux activités des humanistes, le fait d'y ajouter celle des pratiques pensées comme créatives, ou du moins dominées par l'*inventio*, n'allait pas toujours de soi. Cette association est cependant importante pour le développement de nouvelles représentations des pratiques artistiques puisque l'alliance des sciences et des arts permet souvent la légitimation de ces derniers, dont l'image était encore loin d'être unanimement valorisée. La nature et les modalités de leur association parmi les Alterati éclairent ce processus.

Le deuxième point qui demande à être précisé est la question du type de rapport aux savoirs ou aux arts que les « exercices » que s'imposent les Alterati entendent créer, ainsi que celle des bénéfices qu'ils prétendent tirer de ces pratiques. Le travail auquel ils s'adonnent semble viser avant tout à rendre les académiciens capables d'une forme de contemplation à laquelle ils associent une élévation collective, appelée parmi eux « altération ». Cet idéal d'ennoblissement par les sciences et les arts n'est néanmoins pas aisé à définir. Il semble essentiellement allier l'idée de se soustraire aux logiques tant de la vie civile que des professions, avec celle d'affermir ou d'accroître sa réputation. Mais cet idéal suppose aussi l'établissement d'un rapport au divin, et même la recherche d'une forme de purification de ceux qui s'engagent dans la contemplation ainsi élaborée : les participants à l'activité pratiquée sont en effet pensés comme cherchant à se rapprocher non seulement de la connaissance de la vérité mais encore de la perception de la transcendance. On touche là à la définition d'une forme de culte — ou de mystère — dont le savoir et les arts seraient le fondement et où les traditions associées avec la notion de *vita contemplativa* sont entremêlées avec une forme de ficinisme qui ne dit pas clairement son nom. Quoique fortement idéologique, cette représentation complexe mérite elle aussi une description attentive car elle semble travailler à une forme de sacralisation des arts, qui est, dans l'histoire du développement des discours esthétiques, un phénomène important, et, pour une part, nouveau.

Dans deux articles consacrés à l'émergence de ce qu'il appelait le « système moderne des arts » (« the modern system of the arts »), l'historien de philosophie et de la culture Paul O. Kristeller examine comment les beaux-arts (peinture, sculpture, architecture, musique et poésie) se trouvèrent progressivement associés, soulignant que leur regroupement ne date que du XVIIIe siècle[56]. Il rappelle que le terme latin d'*ars* s'appliquait à toute forme de savoir-faire technique ou de science, désignant principalement un savoir qui peut être appris ou enseigné. La poésie et la musique étaient les deux arts les plus valorisés dans l'Antiquité, et la peinture, la sculpture et l'architecture étaient alors des savoir-faire considérés comme bien moins prestigieux. Néanmoins, le schéma des sept arts libéraux (grammaire, rhétorique, dialectique, arithmétique, géométrie, astronomie et musique), qui ne se trouve comme tel que chez Martianus Capella, ne comprend pas la poésie, laquelle n'est pas non plus explicitement inscrite dans la définition du *trivium* (grammaire, rhétorique, dialectique) et du *quadrivium* (arithmétique, géométrie, astronomie, musique), dont l'articulation servait de fondement à l'organisation de

56. Kristeller, Paul Oskar, « The Modern System of the Arts : A Study in the History of Æsthetics (Part I) », *Journal of the History of Ideas*, 12, 4, octobre 1951, p. 496-527 et « The Modern System of the Arts : A Study in the History of Æsthetics (Part II) », *Journal of the History of Ideas*, 13, 1, janvier 1952, p. 17-46.

l'enseignement dans les écoles à la fin du Moyen Âge. On sait pourtant que la poésie (associée à la musique) se trouvait alors enseignée dans nombreuses écoles et universités. Par ailleurs, lorsque les premiers humanistes italiens redéployent le *trivium* et le *quadrivium* sous le nom de *studia humanitatis*, ils n'ajoutèrent pas seulement à ceux-ci l'histoire, le grec et la philosophie morale. Ils eurent aussi tendance à promouvoir la poésie — jadis maintenue dans la dépendance de la grammaire et de la rhétorique — au rang d'élément le plus central du *curriculum*. Il s'agissait d'abord de poésie latine, mais le développement des académies aboutit progressivement à la légitimation de la poésie en langue vernaculaire.

Les représentations que les Alterati élaborent de leurs activités suggèrent qu'ils participèrent pleinement à ce mouvement, qu'ils semblent même accentuer, en faisant une place très importante aux arts de l'*inventio* en langue vulgaire (écriture de poèmes et production d'écrits en prose) et en accordant sans doute, par comparaison, un peu moins d'importance à certains arts définissant des savoir-faire spécifiques (comme la logique, et, dans une moindre mesure, la rhétorique et la poétique). Lorsque, le 16 février 1575, Giulio del Bene est chargé de célébrer par un discours le sixième anniversaire de l'académie, il choisit de disserter sur la notion d'altération qui a, pour les Alterati, un sens tout à la fois matériel (l'ivresse) et spirituel (l'élévation par la recherche collective du vrai, du beau et du bien)[57]. Après avoir expliqué à ses collègues — alors que le carnaval bat son plein dans Florence — qu'il ne faut pas trop s'adonner aux mets fins, aux vins recherchés, aux bals, aux chants, aux mascarades et aux autres activités qui « incitent à Vénus et aux délices de Bacchus », le Desioso leur propose un tableau de l'élévation qui naîtra pour eux de leur engagement dans les activités de l'académie. Or, si cette description évoque bien les sciences, le Desioso semble néanmoins y placer beaucoup plus nettement l'accent sur les activités scripturaires d'invention et de création :

> « [...] c'est en parlant de belle manière et agréablement, en écrivant de manière élégante <que nous pourrons nous élever comme il convient>, car il y a là les ferments de toutes les bonnes mœurs, de tous les arts et toutes les sciences, voilà ce que doivent être nos altérations, voilà ce qui doit remplir notre âme et chasser l'ignorance en occupant notre temps selon nos règles et les termes de notre constitution, c'est-à-dire en lisant de nombreuses leçons, en prononçant à haute voix des sonnets, en s'exerçant à réciter et à écrire des discours, à faire des comédies, à composer des tragédies, des *canzoni*, des sonnets, des madrigaux et toutes sortes de compositions qui pourront procurer utilité et honneur à notre académie, en discourant et en écrivant des discours sur des sujets qui se rapportent aux trois principaux domaines

57. Cette notion est tirée issue de la physique aristotélicienne, en particulier Aristote, *Physique*, III, §1 et VII, §3. Le philosophe définit toute transformation qualitative, ou changement d'état, comme une *altération* (μεταβολή). Sur cette notion d'altération, voir aussi *supra*, ch. 1, p. 46-49 et p. 100-102, et ch. 2, p. 183-189.

> de la philosophie, en parlant et disputant à l'improviste de rhétorique, de politique, d'éthique, de poétique, et finalement en faisant toutes les choses qui conviennent à des hommes doctes et bien nés, et dans cette manière d'altération s'enivrer, afin que nous soyons nommés à juste titre les Alterati <les Altérés>, et que notre science ne nous altère pas seuls, mais que ceux qui sont proches et éloignés entendent le bruit de notre gloire, afin qu'ils restent admiratifs de notre valeur et que nous soyons vus comme portant avec mérite ce nom si mystérieux d'Alterati, dont la réputation est telle aujourd'hui à travers toute la Toscane et l'Italie[58]. »

Le Desioso met principalement en avant le fait pour les Alterati d'écrire et de discourir et la longue énumération dans laquelle il se lance fait la part belle à la production de poèmes et de pièces de théâtre, à savoir à ces activités que nous dirions littéraires. De plus, si différents domaines de la philosophie sont bien énumérés, l'accent n'est pas mis par Giulio del Bene sur les questions philosophiques traitées, mais bien plutôt sur le fait d'écrire des discours dans ces champs — au point qu'on peut se demander si l'exercice d'invention et de prononciation en langue vulgaire n'est pas, à ses yeux, le cœur des activités des Alterati, les contenus de savoir apparaissant dans cette énumération comme secondaires par rapport à l'activité créative qui caractérise tant la production d'un poème que celle d'un discours.

De fait, si les arts qui décrivent des savoir-faire pratiques se trouvent parfois dévalorisés dans les discours des Alterati par rapport aux considérations spéculatives — comme ils l'étaient fréquemment dans l'aristotélisme[59] — les activités créatrices ne le sont pas. Les 4, 11 et 15 juillet 1578, Lorenzo Giacomini donna une leçon en trois parties au sein de l'Accademia Fiorentina, sur la question de savoir « si les armes ou les lettres sont plus nobles » (« quello che fussi più nobile, l'arme

58. BNCF Magl. IX 137, fol. 12^{r}-24^{r}, fol. 21 : « [...] ma per il bello et dilettevolo parlare, per lo scriver elegante, et per esser qui dentro il seme di tutti buoni costumi et di tutte le arti et di tutte le scientie ; queste debbono essere le nostre alterationi, di queste debbiamo rienpiere l'animo nostro, et scacciarne la ignorantia, et attendere a consumare il tempo secondo i nostri ordini et le nostre constitutioni in leggere molte letioni, in dichiarare sonetti, in esercitarci a recitare et scrivere orationi, in far comedie, comporre tragedie, canzone sonetti madrigali et d'ogni altra sorte di compositione che possa arrecare utile et honore alla nostra accademia discorrere et scrivere, cose attenenti alla filosofia di tutta tre le sue spetie, parlare inproviso disputare, de la retorica, politica, etica, et poetica, et finalmente fare tutte quelle cose che a huomini dotti et ben nati si conviene, et in questa alteratione di maniera inebriarci, che a ragione possiamo essere nominati, gli Alterati, et che la scientia nostra non solo alteri noi, ma i vicini et lontani odano il suono della nostra fama di maniera che restino ammirati del valor nostro, et cosi verremo meritamente a portare quel tanto misterioso nome et di tanta opinione quanta hoggi e per tutta Toscana et per Italia delli Alterati. » Cette oraison a été publiée dans PUGGELLI, Paolo, « *Del convivio degli Alterati* di Giulio del Bene », *Accademia — Revue de la Société Marsile Ficin,* II, 2000, p. 63-87 (p. 86 pour la citation).

59. Sur la mise en place de ces hiérarchies entre *technè* et *praxis*, voir LONG, Pamela, *Openness, Secrecy, Authorship : Technical Arts and the Culture of Knowledge from Antiquity to Renaissance*, Baltimore, Johns Hopkins University Press, 2001, p. 16-45.

o le lettere »), ce qui était un parallèle topique[60]. La réponse qu'il donna à la question s'inspire largement des considérations qu'Aristote consacre aux rapports de la théorie (*épistémè*), de l'action (*praxis*) et de la technique (*technè*) dans l'*Éthique à Nicomaque*[61], tout en étant animée par nombre des principes qui furent chers aux Alterati. En particulier, alors que l'académie médicéenne privilégiait dans ses leçons la philosophie et les commentaires de Pétrarque et de Dante, et pratiquait peu l'écriture d'invention, Giacomini semble en vérité valoriser bien davantage cette dernière. Faisant l'éloge des « sciences contemplatives », Giacomini commence par déclarer celles-ci plus nobles que les savoirs pratiques, en s'appuyant implicitement sur la division aristotélicienne des savoirs. Il juge ainsi la philosophie qui se préoccupe de vérités éternelles supérieure « non seulement à la force <guerrière>, mais encore à la prudence, à la justice, et à toutes les vertus morales » (« non solo della fortezza, ma della prudenza, della giustizia e di tutte le virtù morali »). Mais Giacomini déclare aussi parallèlement que tous les arts qui se préoccupent de définir des savoir-faire — sont en particulier citées « la philosophie morale, la logique, la rhétorique, la poétique, l'histoire, la médecine, l'architecture » (« la filosofia morale, l'arte logica, la rettorica, la poetica, istorica, medicina, architettura ») — sont en réalité inférieurs car consistant en discours sur des pratiques, plutôt qu'en une pratique même. Or, selon Giacomini, « la force est meilleure que la doctrine de la force » (« migliore adunque è la fortezza, che la dottrina de la fortezza[62] »).

Le sens de cette dernière réflexion est éclairci dans la suite du texte, lorsque la création entre dans le raisonnement. Giacomini continue alors à souligner que « la logique, la rhétorique, la poétique, la musique, et l'histoire, qui gouvernent les vertus intellectives et morales » (« la logica, la rettorica, la poetica, la musica, e l'istoria, le quali ministrano alle virtù intellettive, e alle morale »), sont moins nobles que « la doctrine morale » (« la dottrina morale »), qui régit notamment le savoir-faire de la guerre et des armes. Mais il affirme aussi que « les opérations dans lesquelles consiste l'usage de ces savoir-faire, à savoir les démonstrations, les discours délibératifs, les tragédies, les compositions musicales, les histoires sont nobles selon la noblesse de la vertu de laquelle elles dépendent » (« le operazioni,

60. BMF Marucelliano B III 54, fol. 44^{r}. Les manuscrits subsistants sont les suivants : BNCF Magl. VI 155, fol. 113^{r}-145^{v} (« Della nobilità delle lettere e dell'arme, ragionamento di messer Lorenzo Giacomini de Tebalducci, fatto in tre volte nell'Accademia fiorentina l'anno 1576 ») et BRF Riccardiano 2563, fol. 1^{r}-42^{r} (« Della nobiltà delle lettere e delle armi ragionamento di messer Lorenzo Giacomini de Tebalducci fatto in tre volte nell'Accademia Fiorentina l'anno 1576 »). Le texte en fut également édité sous le titre *Della nobiltà delle lettere e delle armi : ragionamenti di Lorenzo Giacomini*, Florence, Il Magheri, 1821. Je cite l'édition de 1821. Pour un tour d'horizon des débats que suscite la question de la vertu des lettres à la Renaissance, voir CHRON, Pascale et RADI, Lidia (dir.), *Valeur des lettres à la Renaissance. Débats et réflexions sur la vertu de la littérature*, Paris, Classiques Garnier, 2016.

61. ARISTOTE, *Éthique à Nicomaque*, VI, en particulier § 4-5, 1140a-1141a.

62. GIACOMINI, Lorenzo, *Della nobiltà delle lettere e delle armi*, 1821, p. 39-40.

nelle quali consiste il loro uso, cioè, le dimostrazioni, l'orazioni deliberative, le tragedie, le melodie, e l'istorie, sono nobili secondo la nobiltà della virtù, dalla quale dependono »)[63]. Ces remarques s'inspirent également du livre VI de l'*Éthique à Nicomaque*, qui, dans son quatrième chapitre, souligne que l'art est « création » et non « action », dès lors que « tout art a pour caractère de faire naître une œuvre et recherche les moyens techniques et théoriques de créer une chose appartenant à la catégorie des possibles et dont le principe réside dans la personne qui exécute[64] ». Le raisonnement de Giacomini n'en est pas moins original dans la manière dont il finit par valoriser les processus d'invention par-dessus les discours qui prétendent dire comment mener à bien ces activités de création. La raison invoquée pour cette supériorité — soit la « noblesse » de ce type d'activité, selon le type de « vertu » auquel chaque forme d'invention se rattache — est en effet absente du texte d'Aristote.

La « noblesse » ainsi attribuée à l'art n'est pas explicitée par Giacomini, mais on peut supposer que commence à être valorisée ici, dans le rapport à l'invention, une forme de liberté qui apparaît comme la preuve d'une habileté valorisante, tout en témoignant d'une autonomie qui serait signe de distinction. L'idée d'auctorialité et celle d'originalité qui commencent à y être rattachées à l'époque moderne ne sont toutefois pas mentionnées, tout en semblant parfois comme en germe[65]. Pareille évolution n'en est pas moins remarquable : les activités d'invention — qui étaient encore largement liées à des formes de dépendance et de service, dans le cadre de relations de patronage — commencent en effet à être envisagées par les Alterati comme des activités qui permettent la revendication d'une forme d'aristocratie. Or ce type de valorisation, dont Tommaso del Nero semble avoir initialement été l'un des principaux ouvriers, paraît avoir existé dès les premières années de l'académie. Dans les notes que Giovan Battista Strozzi (il Tenero) envoya en 1619 à don Giovanni de Médicis (il Saldo), qu'il espérait voir rédiger des mémoires sur l'histoire de l'académie, il précisa en effet qu'il se souvenait que « dans les premières années de l'académie nous nous distribuâmes la tâche de rassembler les noms et les usages de tous les instruments des arts, et que le Sconcio décrivit et peignit ceux qui appartiennent à l'architecture et aux artistes qui se rattachent à ces arts[66] ». Un tel intérêt pour

63. *Ibid.*, p. 58.

64. ARISTOTE, *Éthique à Nicomaque*, VI, §4, 1140a (la traduction citée est celle de Jean VOILQUIN dans *Éthique de Nicomaque*, Paris, Flammarion, 1965, p. 157).

65. Pour une tentative d'historicisation du concept d'*authorship* (auctorialité), voir LONG, Pamela, *Openness, Secrecy, Authorship : Technical Arts and the Culture of Knowledge from Antiquity to Renaissance*, p. 7-12, 102-142 et 175-243.

66. BNCF Magl. IX 124, fol. 41^{v} : « Sovviemmi che ne primi anni dell'Accademia ci distribuimmo in metter insieme i nomi e l'uso di tutti gli instrumenti dell'arti, e lo Sconcio ci portò scritti e dipinti gl'appartenenti all'architectura et a artefici a lei sottoporti. »

des savoir-faire qui sont clairement considérés par les académiciens comme manuels — tel est en effet le sens des recherches qui visent à énumérer les « instruments » de tous ces arts — semble avoir été spécifique aux Alterati parmi les académies lettrées de la fin du XVIe siècle florentin. Le fait suggère que, dans la continuité des activités autour desquelles Tommaso del Nero avait construit sa figure de *dilettante*, l'institution s'envisageait comme curieuse de toutes les pratiques de créativité, y compris celles qui — en dehors de l'écriture d'invention — étaient clairement comprises comme moins nobles par les contemporains.

Pourtant, l'intérêt pour la création et l'invention, ainsi que pour leurs instruments et leurs pratiques, n'est pas le seul fondement du rapport les Alterati entretinrent avec les arts au sein de leur académie. Lorsqu'ils mettent en discours leurs pratiques, ils font également une large place à la notion de contemplation. Celle-ci est issue de la tradition philosophique et en particulier du néoplatonisme de Marsile Ficin, mais cette source semble être considérée par eux comme si évidente et si commune que les Alterati ne la mentionnent jamais de manière directe, ce qui rend leur lecture de Ficin difficile à documenter[67]. Cependant, leur valorisation des activités intellectuelles liées à la contemplation est nette, et clairement associée aussi à l'idée d'une élévation et même à celle de la création d'un chemin conduisant au divin. Dans l'ouverture de son discours sur la noblesse respective des armes et des lettres, prononcé en 1576 devant l'Accademia Fiorentina, Lorenzo Giacomini commence ainsi par décrire les bienfaits de la contemplation en soulignant la capacité de la rationalité à créer un lien avec Dieu, qui est posé comme une incarnation de l'intellect :

> « Vertueux auditeurs, parce que la félicité humaine consiste à agir selon la vertu, soit active soit contemplative, toutes nos pensées et toutes nos actions doivent regarder cette fin. Et parce que l'intellect est la plus haute et la plus excellente puissance qui soit en nous et que c'est par celle-ci que nous nous rendons le plus semblables à Dieu, dont l'opération propre et essentielle est l'entendement, il semble qu'il n'y ait pas de plus noble ni de plus digne étude que l'action de rendre parfaite cette faculté très digne et très parfaite, l'occupant à la contemplation des choses, et principalement à celles qui sont très hautes et très nobles[68]. »

67. Dans son analyse des réflexions que Lorenzo Giacomini a consacrées à la psychologie de la musique, Paolo Gozza a rencontré des difficultés similaires. Le musicologue remarque en effet que Giacomini et Ficin se rejoignent sur la question du plaisir pris à la musique sans pouvoir prouver que le premier a attentivement lu l'œuvre du second. Voir GOZZA, Paolo, « Mousikè, hèdonè et arête : la psychologie de la musique chez Ficin et Giacomini », dans MALHOMME, Florence et WERSINGER, Anne-Gabrièle (dir.), *Mousikè et aretè : la musique et l'éthique, de l'antiquité à l'âge moderne — Actes du colloque international tenu en Sorbonne les 15-17 décembre 2003*, Paris, Vrin, 2007, p. 193-204 (originellement publié en italien dans *Il Saggiatore Musicale*, XI, 2004, n° 2, p. 233-252).

68. GIACOMINI, Lorenzo, *Della nobiltà delle lettere e delle armi*, 1821, p. 1 : « Virtuosi ascoltatori, poichè la felicità umana consiste nella operazione secondo la virtù ; o attiva, o contemplativa, dovrebbe

Cette définition de la contemplation comme manière de s'élever vers le monde de l'intellect et la sphère du divin correspond assez étroitement à la vision que Marsile Ficin expose dans ses commentaires de l'œuvre de Platon, notamment dans son commentaire sur le *Philèbe*[69]. Dans le chapitre 34 de celui-ci, Ficin explique par exemple que l'homme doit viser à concilier sagesse et plaisir. Or ces deux éléments sont selon lui unifiés en nous par Dieu. Nous nous trouvons ainsi au plus près du souverain bien lorsque nous nous sommes intérieurement réconciliés, sur le modèle du conducteur de char évoqué dans le *Phèdre* de Platon, qui est conduit par deux chevaux, l'un représentant l'intellect, l'autre incarnant la volonté. Selon Ficin, qui revient sans cesse au mythe du conducteur de char dans ses commentaires de l'œuvre de Platon, l'unité de notre âme dans la contemplation serait même seule apte à rassembler ces deux facultés en une seule et même capacité de conduire notre vie. Ficin considère enfin que de cette droite conduite naîtront trois formes de bonheur : le bonheur humain, qui jaillit de ce que le chariot est mis sur le chemin du divin, le bonheur divin, lorsque notre âme s'identifie pleinement à l'intelligence et à l'entendement, et le bonheur qui naît de notre unité intellectuelle et morale retrouvée, par laquelle nous nous unissons simultanément avec Dieu et gagnons même la capacité de devenir nous-mêmes des dieux[70].

Or, dans les écrits de Giacomini, il semble que l'académie soit conçue comme le lieu où cette ascension vers le ciel des idées que Marsile Ficin appelait de ses vœux pourrait avoir lieu, permettant ainsi aux académiciens de s'élever au-dessus de leurs sens, tout en s'appuyant sur eux pour accéder à l'univers des intelligibles. Les annales de l'Accademia Fiorentina précisent également que les 2, 14 et 19 décembre 1578 Lorenzo Giacomini donna trois leçons sur la « rationalité de l'amour et la vraie fin de l'académie[71] » (soit sur la « ragione d'amore » et « il vero fine del Academia »). Dans ce texte, le Mesto critique les académies qui se consacrent à l'écriture de poèmes d'amour, affirmant que l'académie doit au contraire être

ogni nostro pensiero, e ogni nostra opera questo fine riguardare. E perchè l'intelletto è la più alta, e la più eccellente potenzia, che sia in noi, e per essa più ci assomigliamo a Dio, la cui propria, ed essenziale operazione è lo intendere, pare, che nè più degno nè più nobile studio possa ritrovarsi che render perfetta questa più degna facoltà et resa perfetta, occuparla nelle contemplazione delle cose, e principalmente di quelle che sono altissime e nobilissime. »

69. Sur la contemplation chez Ficin, voir en particulier ALLEN, Michael J. B., *The Platonism of Marsilio Ficino : A Study of his Phaedrus Commentary, its Sources and Genesis*, Berkeley, University of California Press, 1984, ch. 4 et 5, p. 86-143.

70. Voir FICINO, Marsilio, *The Philebus Commentary*, édité et traduit en anglais par Michael J. B. ALLEN, Tempe, Arizona, Arizona Center for Medieval and Renaissance Studies, 2000, ch. 34, p. 347-355.

71. BMF B III, 53, fol. 8v. Au moins deux manuscrits existent dans les bibliothèques florentines pour ce texte en trois parties : BRF Riccardiano 2437, fol. 27r-70v et BNCF Magl. VI 155, fol. 43r-76v. Aucune édition moderne n'est disponible, mais un article a été consacré à un manuscrit plus tardif : MAGGI, Armando, « End of the Renaissance *Trattati d'Amore* : An Unpublished Manuscript at the University of Pennsylvania », *Manuscripta*, 42, 1988, p. 109-115. Le texte est cité est celui du BRF Riccardiano 2437, fol. 27r-70v.

le lieu où se hisser au-dessus du plaisir des sens pour accéder au monde de l'esprit, qui seul permet de toucher à la félicité. Il pose ainsi que « la fin de l'académie est le souverain bien, c'est-à-dire la perfection et la félicité de l'homme par les opérations du savoir[72] », précisant qu'il s'agit d'une « association d'hommes qui étudient les lettres qui permettent de se rendre parfaits dans toutes les sortes de vertu grâce à la connaissance des choses nobles, qui ennoblissent l'intellect et rendent l'homme semblable à Dieu [...], sachant qu'il ne peut advenir à l'homme de bien plus grand[73] ». On retrouve clairement ici la rhétorique ficinienne, que Giacomini semble appliquer à la vie académique — et tout particulièrement à la pratique des lettres — comme une clause définitoire, comme si cette représentation allait de soi et n'avait pas de source précise. Giacomini semble également reprendre aux conceptualisations de Ficin l'idée qu'il faut associer les sens à l'ascension vers le monde des intelligibles, plutôt que les renier. Dans son *Ragionamento d'amore* — qui est l'autre titre que la tradition manuscrite donne à ce raisonnement en trois parties sur l'amour et la vie académique —, il insiste ainsi fortement sur le rôle des sens comme manière de conduire l'homme à la contemplation des lois de la raison : « car l'homme, avec l'usage de ces sens et l'aide des autres hommes, rend l'esprit — qui est la part divine en lui — sage et appliqué, et le conduit des choses sensibles vers les choses intelligibles, et des effets aux causes, et des causes à la cause suprême et de la contemplation de celle-ci à la félicité[74] ». La vie académique devient ainsi un lieu où surmonter les tentations de la sensualité en se centrant sur la contemplation des sciences et des arts, qui, selon Giacomini, font appel aux plaisirs des sens d'une manière qui ne rabaisse pas l'homme mais lui donne accès à des activités agréables et qui l'élèvent[75].

Dans le propos de Giacomini, la contemplation du monde des idées — tant morales que scientifiques — est également associée à la notion de beauté.

72. BRF Riccardiano 2437, fol. 28^{v} : « [...] il fine de la Academia è il sommo bene, cio è la perfezione et la felicità del huomo per le operazioni de la sapienza [...] ».

73. BRF Riccardiano 2437, fol. 28^{v} : « [...] non è da dubitare che l'academia essendo adunanza di huomini studiosi di lettere, quale procurano render perfetti se stessi in ogni virtù con la cognizione de le cose nobilissime nobilitare l'intelletto e renderlo simile a Dio [...], del qual bene nessun può avvenire al huomo maggiore [...] ».

74. BRF Riccardiano 2437, fol. 29^{v} : « [...] ma acciochè egli con l'uso di questi sensi, et con l'aiuto de gli altri huomini renda la mente, parte in lui divina, saggia et intendente, et da le cose sensibili la conduca a le intelligibili, et da gli effetti a le cagioni ; e de le cagioni a la suprema cagione, et nella contemplatione di essa a la felicità ».

75. BRF Riccardiano 2437, fol. 57^{v}-58^{r}: « [...] conviene adunque che la gioventù non si parta da l'ordine de la ragione, e che non faccia il suo corso in azzioni lascive et viziose, anzi, che con ottima instituzione contraria a le inclinazioni giovenili e a li costumi de i più sia moderata, e che si occupi in migliori affetti, et in migliori diletti ; de la gimnastica cio è, sotto la quale sono compresi gli esercizii militari et la caccia ; de la pittura ; de la musica ; de la poetica ; de la dialettica ; de la retorica ; de le dottrine morali et de le scienze, le quali morali siano utili et necessarie a la vita, quanto meritino da noi essere apprezzate, contra l'opinione di coloro che come inutili le disprezzano, e stimano cosa più bella et più a le academie conveniente esporre poesie amorose [...] ».

Le Mesto précise par exemple dans son raisonnement sur les matières d'amour qu'« il convient que l'homme tombe amoureux non de la beauté d'autrui, laquelle nul ne peut acquérir pour s'en orner soi-même — dès lors qu'elle est un privilège de nature —, mais bien de la beauté de la vertu et de la science », puisque c'est par là que notre âme pourra le mieux se rendre semblable à Dieu[76]. Or cette association de la beauté avec les objets de l'intellect est vraisemblablement aussi d'origine ficinienne. Pour Marsile Ficin, la beauté est en effet ce qui, dans le monde sensible, est le plus susceptible d'attirer l'âme humaine vers l'univers idéel[77]. Sans l'attrait de la beauté, le conducteur de char ne commencerait pas son ascension vers l'intelligible. De plus, dès lors que la beauté participe elle-même de l'idée, l'amour de la beauté sensible ne peut qu'accentuer le désir que l'âme aurait de la beauté de l'intelligible, ce qui rapproche l'homme du bien et le place dans la position de pouvoir percevoir le divin. La plupart des commentateurs de Ficin s'accordent néanmoins à dire que l'importance que ce philosophe accorde au beau ne doit pas être comprise en termes esthétiques, précisant que la beauté est avant tout ce par quoi le rapport tant à l'univers des phénomènes qu'à l'espace du nouménal se trouve conceptualisé dans la pensée du philosophe néoplatonicien.

On retrouve chez Giacomini une vision pareillement mystique de la beauté, comme ce qui nous rend la nature perceptible tout en permettant la création d'un lien avec le divin. C'est ainsi que, dans le cours de son raisonnement sur l'amour, l'académicien affirme que la beauté « n'est pas un bien à mépriser, mais au contraire une chose qui doit nous être chère : elle est un don de la nature, et donc peut-être dite don de Dieu, parce que la nature est ministre de Dieu[78] ». Il serait sans doute non moins inexact de construire le rapport qui est ici postulé avec le beau en termes esthétiques. Mais cette appréhension du beau, tant sensible qu'intelligible, qui conduit à la contemplation du divin, est néanmoins conceptualisée par Giacomini dans les termes d'un émerveillement, devant les sciences aussi bien que les arts :

> « L'homme ne doit pas s'arrêter dans un objet mortel ni se faire l'esclave d'une beauté corruptible, mais doit connaître les causes éternelles des choses, à savoir les merveilles de la nature, qui soutiennent toutes les merveilles qui peuvent naître des arts : les propriétés des éléments, des plantes, des animaux, des cieux, et <de toutes les formes> d'intelligence ; et de la connaissance de ces choses <il doit> s'élever vers la connaissance du plus noble et plus excellent des objets <Dieu>, grâce à la

76. BRF Riccardiano 2437, fol. 40^{v} : « [...] conviene al huomo innamorarsi, non di bellezza altrui, la quale essendo privilegio di natura, nessuno puo acquisitare per adornarne se stesso ; ma de la bellezza de la virtù et de la scienzia [...] ».

77. Sur l'idée de beauté dans la philosophie de Marsile Ficin, voir Allen, Michael J. B., *The Platonism of Marsilio Ficino : A Study of his Phaedrus commentary*, ch. 8, p. 184-202.

78. BRF Riccardiano 2437, fol. 63^{v} : « E in vero bene non dispregiabile, ma degno da essere havuto caro : è dono de la natura, puo essere detta dono di Dio, perche la natura è ministra di Dio [...]. »

> médiation de cette très haute vertu appelée savoir, laquelle ne s'acquiert pas à travers un objet mais à travers de multiples réflexions, avec une longue étude, dans l'âge mûr et parfaitement accompli[79]. »

La fonction de l'émerveillement (« maraviglia ») semble ici celle d'un éveil au monde sensible et idéel, qui préluderait à l'émerveillement que ferait naître le divin. Tout comme les sciences, l'art a donc principalement dans la description que propose Giacomini une fonction de moyen. Néanmoins il convient de souligner que les arts d'invention précédemment examinés se voient aussi attribuer dans cette vision le rôle important de communiquer le contenu d'une contemplation et d'en étendre les vertus à une communauté. Giacomini souligne en effet que quand un académicien contemple Dieu et ses œuvres, le bénéfice de cette contemplation s'étend aux autres « avec les livres qu'il écrit et de vive voix, dans l'académie ou privément, quand il communique ses contemplations[80] ». Autrement dit, ses travaux d'écriture et/ou de rhétorique, qui sont des productions de l'art, travaillent à répandre l'émerveillement dont ils sont eux-mêmes le produit. Ainsi Giacomini étend-il aux productions des arts langagiers tant la notion de fascination — celle qui habite celui qui écrit mais aussi celle qui serait générée par l'écriture — que celle du rapport au divin, contribuant à une forme de sacralisation de ces activités qui ne se trouve pas sous cette forme dans les conceptualisations de Ficin.

Il peut être tentant de voir dans cette manière d'associer les produits de l'art scripturaire avec l'appréhension des mystères de la divinité — tant à production qu'à réception — un trait qui annoncerait les conceptions romantiques de l'œuvre d'art, telles en particulier que les a analysées M. H. Abrams, dans ses lectures de la poésie romantique anglaise. Celui-ci décrit par exemple comment l'augustinisme marque la poésie de Wordsworth, tout en soulignant combien les conceptualisations du néoplatonisme — celles de Proclus comme celle des néoplatoniciens chrétiens —, associées à la tradition ésotérique et hermétique, ont marqué au XIXe siècle le développement des représentations du fait artistique. Plus généralement, il souligne tout ce que l'idée de la création artistique et de la contemplation de l'œuvre d'art comme objet intelligible et autosuffisant doivent aux conceptions

79. BRF Riccardiano 2437, fol. 38^v : « Non de<v>e adunque l'huomo fermarsi in un oggetto mortale, nè farsi servo di bellezza corruttibile, ma de<v>e conoscere le cagioni eterne de le cose, sapere le maraviglie de la natura, che avanzano tutte le maraviglie che possono nascere de le arti : la proprietà de gli elementi, de le piante, degli animali, de i cieli, de le intelligenzie : et da la cognizione di queste ascendere a la cognizione de l'ottimo nobilissimo et eccellentissimo oggetto, mediante l'abito di quella altissima virtù, detta sapienza, la quale per uno oggetto non si acquista, ma per molti cognitioni, con lungo studio, in età matura et perfetta. »

80. BRF Riccardiano 2437, fol. 39^v : « [...] è perfettissimo e felicissimo l'huomo [...] mentre contempla Dio e le opere di Dio, dal che poi ne segue benefizio a gli altri quando egli con libri scritti, e con viva voce ne le academie o privatemente communica le sue contemplazioni, e quando ne le azioni humane versi gli altri virtuosamente operando si vale de le sue cognizioni ».

que la tradition judéo-chrétienne associe avec la puissance de Dieu, ainsi qu'avec la méditation que celle-ci peut susciter[81]. La manière dont Giacomini travaille à une forme de sacralisation du rapport aux arts par le biais de la contemplation semble néanmoins plus limitée, tant pour ce qui est du système philosophique mobilisé que pour ce qui est de la valorisation des arts qui en découle. La philosophie qui soutient cette tentative de légitimation est en effet étroitement associée à la tradition florentine. Elle établit moins les arts comme finalité de la contemplation exigée que comme instruments de celle-ci, dont la visée reste de mener à Dieu plutôt que de travailler à l'établissement de l'objet d'art en valeur suprême. On est donc loin des approches de l'art dont le romantisme fut le lieu. D'autant que, en l'espèce, d'autres médiations sont sans doute à envisager, comme le suggèrent les travaux de Dorothea von Mücke, qui voit dans les pratiques piétistes l'un des principaux creusets des conceptualisations esthétiques de l'idéalisme allemand[82]. En l'état actuel des connaissances, on évitera en tout cas de désigner trop vite en Giacomini une anticipation des romantiques : ces évolutions sont encore trop peu étudiées, et trop mal comprises, tant pour ce qui est de l'histoire sociale que pour ce qui est de l'histoire des idées.

D'autant que parmi les caractéristiques spécifiques de cette relation que les Alterati entendaient créer avec les sciences et les arts se trouve le rôle qu'ils attribuent aux sens, qui permettent — dans les conceptualisations de Giacomini, mais aussi plus largement au sein de l'académie, comme l'analyse de l'*Euridice* de Jacopo Peri et d'Ottavio Rinuccini le met en évidence au chapitre suivant — de créer un lien entre le monde sensible et celui des idées. Or on sait qu'au XIXe siècle, les conceptualisations esthétiques accordent souvent une place restreinte aux sens qui se trouvèrent parfois accusés, comme dans l'esthétique kantienne, de conduire à un jugement de goût intéressé et plein d'*a priori*[83]. En cela, l'insistance des Alterati sur une sensualité qui serait susceptible, par la contemplation qu'élaborent les sciences et les arts, d'élever jusqu'au divin, dans un paradigme fortement marqué par le néoplatonisme de Ficin, est intéressante comme une voie que le développement

81. ABRAMS, M. H., *Natural Supernaturalism : Tradition and Revolution in Romantic Literature*, New York, Norton & Company, 1971, en particulier le ch. 2 (p. 71-140), le ch. 3 (p. 141-1996) et le ch. 8 (p. 409-462).

82. MÜCKE, Dorothea E. von, *The Practices of the Enlightenment : Æsthetics, Authorship, and the Public*, New York, Columbia University Press, 2015, en particulier la première partie intitulée « The Birth of Æsthetics, the Ends of Teleology, and the Rise of Genius », p. 1-76. Voir également la réflexion de Stefanie BUCHENAU, dans *The Founding of Æsthetics in the German Enlightenment : The Art of Invention and the Invention of Art* (Cambridge, Cambridge University Press, 2013), qui souligne le rôle joué par l'invention, telle qu'elle fut redéfinie par Leibniz, Wolff et Baumgarten. Il est possible que la place faite à l'invention dans certaines académies italiennes, telle que celle des Alterati, ait anticipé sur les dévelopements qu'elle décrit.

83. KANT, Emmanuel, *Critique de la faculté de juger*, traduction d'Alexis PHILONENKO, Paris, Vrin, 1986, première partie, 3e moment (« Des jugements de goût au point de vue de la relation des fins, qui sont considérées en ceux-ci »), p. 63-76.

de l'esthétique moderne ne suivit pas. Dans le sillage des conceptualisations kantiennes, les rapports hédonistes aux productions des arts se sont en effet souvent trouvés conceptuellement condamnés dans les discours de la modernité esthétique. Il est néanmoins probable que cette évolution théorique n'ait en rien fait disparaître la sensualité des pratiques culturelles qui font aujourd'hui exister l'art comme ensemble de valeurs et de productions spécifiques. C'est en quoi les Alterati peuvent permettre de faire l'histoire d'une attitude vis-à-vis des arts — celle l'appréhension sensuelle, associée avec la contemplation intellectualisée — qui structure peut-être encore notre relation à ceux-ci, quoique nous n'ayons guère de paradigme discursif pour en rendre compte dans les termes de l'esthétique contemporaine. S'attarder sur cette association donne aussi les moyens de mieux comprendre les liens entre art et spiritualité à l'époque moderne, dès lors que joindre le plaisir à la contemplation est, parallèlement, le geste fondateur de l'expérience mystique, telle qu'elle se théorise à la même époque[84].

3. S'exercer à juger, à corriger et à créer : pratiques et enjeux

D'autres éléments du rapport que les Alterati entretiennent avec les arts et leurs productions semblent plus immédiatement réliés à nos propres pratiques esthétiques. Ainsi leur pratique de l'évaluation et de la critique, auxquelles ils soumettent l'essentiel de leurs productions écrites (soit leurs poèmes, mais aussi une partie de leurs discours et autres écrits en prose, quoique selon des procédures différentes). Nous sommes en effet habitués à considérer les produits des arts comme des objets qui demandent spontanément la production de jugements. Cependant, les jugements que les Alterati produisent ne ressemblent pas, pour ce qui est des formes de leur socialisation, à l'exercice public de la raison que Jürgen Habermas associait avec le développement d'une « sphère publique bourgeoise[85] ». Pour Habermas, le développement d'échanges publics sur des sujets d'intérêt général, tout autant que l'émergence de ce qu'il appelle « une conscience publique littéraire », travaillent, dans l'Europe du XVIIIe siècle, à mettre fin à la pratique du secret qui caractérise le fonctionnement de l'État absolu. Ce processus donnerait en particulier naissance à une forme de « publicité » des jugements critiques, qui deviendraient l'expression librement partagée d'une rationalité commune. Selon Habermas, la diffusion

84. Sur la construction de l'expérience mystique, voir notamment CERTEAU, Michel de, *Le Lieu de l'autre : histoire religieuse et mystique*, Paris, Gallimard, 2005, notamment, le ch. 14 (« Mystique »), p. 323-342. Sur le lien entre spiritualité et plaisir dans la production et la réception des œuvres de l'art, selon les Alterati, voir également *infra*, ch. 5, p. 451-463 et p. 505-514.

85. HABERMAS, Jürgen, *L'Espace public*, traduction de Marc B. de LAUNAY, avec une préface inédite de l'auteur, Paris, Payot, 1993 (1962, pour le texte allemand).

de cette posture critique collective se structurerait peu à peu en limite publiquement imposée au pouvoir de l'État.

On ne reviendra pas ici sur les problèmes que pose cette mise en récit, qui a été abondamment critiquée par les historiens de l'époque moderne, après avoir longtemps façonné la compréhension de l'émergence de la « société civile » dans la modernité[86]. Mais il faut souligner que le paradigme habermassien — devenu lieu commun — colore encore souvent notre vision de la « critique » à la période moderne, se trouvant au fondement d'analyses qui associent spontanément la naissance d'une pensée critique de l'art avec celle de l'émergence des sociétés civiles modernes. C'est ainsi par exemple qu'Ann Blair, dans une synthèse récente sur la « critique érudite » à l'époque moderne, analyse le passage de la dispute universitaire à la controverse publique en soulignant que le développement de l'imprimerie crée dans ce domaine des dynamiques de publicité nouvelles[87]. Le modèle habermassien est cependant largement inadapté à l'analyse de la manière dont les discours sur les arts et leurs productions prennent forme dans un espace comme l'académie des Alterati, qui se conçoit comme une communauté fermée. Les formes de l'évaluation, telle qu'elle se pratique dans cette *accademia privata*, sont en effet très différentes de celles qui caractérisent la configuration sociopolitique délimitée par Habermas. Parmi les Alterati, l'évaluation se fait en lieu clos, dans la connivence, l'intimité et même le secret. Sa fonction est d'abord de créer un échange discursif aux frontières étroitement contrôlées et dont le fondement premier est la parité constamment réaffirmée de ses membres. Ces débats ne présupposent par ailleurs pas une définition établie de l'art : ils examinent au contraire sans cesse sa nature et ses enjeux dans le cours d'une discussion contradictoire toujours renouvelée, où se crée un savoir-faire tout autant pratique que théorique.

L'évaluation conduite dans un cercle fermé est également pensée par ceux qui participent à la formulation de ces jugements contradictoires comme créatrice de compétences spécifiques. Construites au cours de procédures de critique et d'amendement d'une grande minutie, discutées ensuite par les académiciens lors des séances de leur sodalité, puis transmises et préservées à l'abri des regards, dans les archives de l'académie, ces compétences sont générées et partagées comme des secrets de métier. À cet égard, les sessions des Alterati peuvent être considérées comme des espaces de travail où s'acquiert un savoir-faire collectif, tel qu'il

86. Pour une synthèse de ces critiques conduites dans la perspective de l'histoire des sciences, voir Van Damme, Stéphane, « Farewell Habermas ? Deux décennies d'études sur l'espace public », *Les Dossiers du Grihl* [en ligne], *Les Dossiers de Stéphane Van Damme. Historiographie et méthodologie*, mis en ligne le 28 juin 2007 et accessible à l'adresse suivante : http://dossiersgrihl.revues.org/682.

87. Blair, Ann, « Scholarly Critique in Early Modern Europe », *H-France Salon,* vol. 7, numéro 20, 2015 : http://www.h-france.net/Salon/Salon7Blair.pdf.

pourrait se trouver partagé dans l'atelier d'un artisan, où le secret serait également aussi de mise. Plusieurs travaux récents sur le développement des savoir-faire artisanaux ont mis en évidence que la diffusion des savoirs pratiques à la Renaissance est souvent « tacite », corporelle et strictement interne à l'atelier ou à la guilde[88]. Mais ce modèle de l'atelier — qui implique une socialisation des compétences pratiques acquise en vase clos, et non la conquête d'une publicité énonciative — est rarement appliqué au développement des arts d'invention, auxquels est souvent spontanément accordée aujourd'hui une valeur théorique et même philosophique, qui est en réalité celle que présuppose géneralement pour elles le régime esthétique des arts. Le cas des Alterati permet néanmoins d'envisager le développement des discours sur les arts d'invention à partir d'un autre point de vue : il suggère en particulier que le modèle de l'atelier et de ses savoir-faire pratiques développés en commun a pu parfois être central, dans ce cadre, à l'époque moderne, même dans le cas d'individus visant la création d'une forme de distinction par la pratique d'arts envisagés comme nobles et, par-là même, non professionalisants.

La prégnance latente de ce modèle corporatif est d'autant plus probable dans une ville comme Florence que de pareilles formes de collaboration intellectuelle étaient en réalité rares dans les pratiques scolaires ou universitaires de l'Italie de l'époque moderne, où elles n'existaient sans doute qu'en dehors des enseignements à proprement parler (soit parmi les pratiques parascolaires des étudiants). Il est donc peu probable que les formes de collaboration dont témoignent les activités des Alterati aient principalement été développées sur le modèle des pratiques des écoles ou des universités. Parallèlement, dans la Florence de la Renaissance tardive, la culture politique de tradition républicano-oligarchique restait avant tout une culture corporative, c'est-à-dire une culture issue des guildes. Les guildes avaient en effet longtemps servi de fondement au fonctionnement communal lui-même. En particulier, elles généraient en leur sein des collèges électoraux pour les élections aux charges civiles, qui s'étaient traditionnellement effectuées à travers elles[89]. C'est

88. Sur la culture du secret dans l'univers de l'artisanat, voir LONG, Pamela, *Openness, Secrecy, Authorship : Technical Arts and the Culture of Knowledge from Antiquity to Renaissance*, en particulier le ch. 3 (« Handing down craft knowledge »), p. 72-103, qui contient une section dévolue au secret des savoir-faire artisanaux et au développement de l'idée que le tour de main est une forme de propriété commune au sein de la guilde (p. 88-96). Voir aussi SMITH, Pamela, « Making as Knowing : Craft as Natural Philosophy » dans SMITH, Pamela H. ; MEYERS, Amy R. W., et COOK, Harold J. (dir.), *Ways of Making and Knowing : The Material Culture of Empirical Knowledge*, Ann Arbor, The University of Michigan Press, 2014, p. 17-p. 47 (p. 18) : « Much artisanal knowledge is largely tacit : apprentices learned their craft not by reading texts or even sometimes by language at all but rather by working alongside experienced masters and by observation and repetitive bodily experience »

89. Voir sur ce point NAJEMY, John M., *Corporatism and Consensus in Florentine Electoral Politics, 1280-1400*, Chapel Hill, University of North Carolina Press, 1982.

en quoi, même pour des patriciens qui se piquaient de distinction, la guilde pouvait avoir une fonction de modèle pratique, dès lors que c'était non seulement un lieu où régnait une forme de parité implicite et où les prises de décision se faisaient dans le partage et le débat, mais encore un espace où tout autant des savoirs que des apprentissages pouvaient être mis en commun.

Dès lors, le paradigme habermassien de la « critique » ne permet pas non plus de saisir les enjeux politiques, aux yeux des Alterati, de ces pratiques d'évaluation collectives. Car il ne s'agissait pas en l'espèce de mettre fin aux pratiques secrètes d'un pouvoir autoritaire, mais plutôt de les contrecarrer dans le cercle restreint de l'assemblée académique. Les membres de l'académie « accusent » leurs régents et « censurent » les productions écrites de toute l'académie en parallèle, critiquant les actions des premiers avec franchise et déclarant les fautes des activités d'invention de chacun sans détour, en faisant même souvent des suggestions précises pour l'amélioration des écrits soumis à évaluation. Dans les deux cas, le but est moins de sanctionner les membres de l'académie — comme le ferait un pouvoir qui chercherait à policer des conduites ou tenterait d'imposer des normes — que d'encourager les académiciens à réformer leurs pratiques tout autant que leurs travaux, dans une forme de collégialité qui présuppose une équivalence de statut entre tous les participants aux exercices et entreprises de l'institution, même dans le cas où l'un d'eux est régent. La fonction première de l'évaluation, sur le plan sociopolitique, semble ainsi de créer un espace clos qui donne vie à une liberté de jugement qui ne peut plus, dans la Florence médicéenne, s'exercer publiquement. L'activité d'évaluation apparaît également comme la revendication d'une parole réformatrice lointainement liée aux pratiques de la République, où la critique était non seulement possible mais encore tenue pour absolument nécessaire[90]. Celle-ci n'ayant plus sa place en public à Florence, l'espace du loisir académique permettrait en quelque sorte de la faire symboliquement refleurir par des pratiques d'évaluation et de réforme interne, à l'abri des regards indiscrets.

En cela, les activités des Alterati permettent d'envisager les linéaments d'une autre histoire de l'activité « critique » et de ses liens avec les structures et pratiques politiques. Les échanges par lesquels les Alterati évaluaient leurs travaux structuraient en effet les sciences et les arts comme un espace discursif où perdurait, en secret, la mémoire d'un autre type de rapport à la parole publique, tout en cherchant

90. Pareille conception est souvent exprimée dans les *accuse*. C'est ainsi que Giulio del Bene, dans une accusation dirigée contre Agnolo Niccolini, compare le fait de taire les défauts d'autrui à un venin et même à une peste, tandis que la critique vigoureuse serait au contraire une médecine salutaire. Voir « Accusa del Desioso contro l'Allegro per commissione del reggente », BNCF Magl. VIII 1406, fol. 186r-208v (fol. 188r) : « Nascondere i delitti veri, palesare i falli falsi, celare gli errori, scoprire le calumnie non chiare, ad Alterato, ad accusatore di reggente, che altro è se non veleno in cambio di medicina, peste alla sanità arrecare ? »

à développer, à partir des savoir-faire cultivés, un ensemble de compétences qui pourraient possiblement être réinvesties dans la conquête d'une position ou d'une charge au sein du nouveau régime. Dans ce cadre, le secret avait plus de valeur que la publicité, dès lors qu'il pouvait permettre à un groupe pour l'essentiel socialement homogène et partageant une même vision politique — tels que l'étaient les Alterati —, de se réclamer de formes de maîtrise susceptibles de faire exister pour tous parité tout autant que distinction.

3.1. Évaluer des conduites, apprécier des écrits : accusation, censure, amendement

Si l'on se place dans une perspective qui présuppose l'autonomie des objets des arts, il peut être difficile de comprendre comment la pratique rituelle de l'évaluation du gouvernement et des conduites des magistrats de l'académie pouvait être liée, dans l'esprit et les activités de ses membres, à celle de l'analyse critique des productions écrites des académiciens. Pourtant, les parallèles entre ces deux types d'activité au sein de l'institution sont très étroits et semblent même être revêtus aux yeux ses membres d'une signification importante. Travailler au bien-être institutionnel de la sodalité et chercher à définir et à mettre en œuvre les principes des arts d'invention semblent en effet, parmi les académiciens, participer d'un même effort pour faire régner la collégialité et s'assurer que les normes sont autant que faire se peut collectivement produites. Il en résulte un rapport à l'évaluation et à la censure qui transfère sur la définition des choses de l'art un certain nombre d'exigences politiques associées avec les pratiques de la République disparue. Certaines des *accuse* écrites contre les régents de l'institution mentionnent d'ailleurs également les processus de censure des productions écrites des académiciens, permettant ainsi de mieux comprendre le sens de ces parallèles parmi les Alterati — et de saisir plus clairement de quelle manière ceux-ci informaient leur pratique de la critique.

C'est en particulier le cas d'une accusation écrite contre le Vario (Antonio degli Albizzi), à l'issue de sa seule et unique régence, qui eut lieu dans la seconde année de la vie de l'institution (21 avril-3 août 1570)[91]. Malheureusement, les actes de l'académie ne permettent pas de savoir qui fut son accusateur. Néanmoins, le texte de cette *accusa* semble avoir été valorisé au sein de l'institution, dès lors qu'une version soigneusement calligraphiée de celui-ci est préservée dans le même volume qui conserve le texte originel sous forme d'*abbozzo*[92]. Cette seconde copie suggère que

91. BMLF Ashburnham 558, fol. 9r-10v.

92. BMLF Ashburnham 559, fol. 213r-215v donne le brouillon et ne porte pas de titre, la copie calligraphiée (qui est peut-être de la même main) se trouve en fol. 107r-111r et porte au titre « Accusa contro al Vario reggente 4. degli Alterati ». Le texte cité est le texte originel, mais celui-ci a été confronté à la version mise au propre.

le texte aurait ensuite circulé au sein de l'académie et/ou dans ses marges, comme modèle rhétorique tout autant que comme l'expression des valeurs de la sodalité. On peut en particulier supposer que cette oraison contribua à établir certaines des normes des discours d'accusation tout en commençant à élaborer une conception du sens et de la valeur des pratiques de censure textuelle.

Le discours commence par expliquer les finalités des processus d'accusation et de condamnation conduits à la fin d'une régence. L'accusateur souligne « combien bien et justement accuser quelqu'un est difficile » (« quanto sia difficile cosa l'accusare bene, et giustamente alcuno[93] ») avant d'expliquer que l'entreprise dans laquelle il se lance est « utile car elle regarde seulement au bien universel <de l'académie> et louable car sa finalité n'est rien d'autre que de connaître et démontrer la vérité » (« utile havendo riguardo solamente al bene universale, et lodevole poichè il suo fine non è che conoscere et dimostrare la verità[94] »). Le processus d'accusation relève donc à la fois d'une recherche pesant le pour et le contre dans le but de faire surgir le vrai — selon les paradigmes des investigations scolastiques *pro et contra*[95] — et d'une enquête de sortie de fonctions. Un autre aspect important de la procédure transparaît dans le discours avec le terme utilisé pour désigner les académiciens dans l'auditoire : le vocable de « sindachi » (du latin *syndicus*) est en effet mobilisé pour en référer aux membres de la communauté académique. Dans la vie civile, ce titre — qui surgit par la suite fréquemment dans les *accuse* de l'académie — désigne des individus députés pour contrôler l'activité et la gestion (notamment financière) des administrateurs en place et leur observance des lois. La mobilisation de ce vocable, dans le discours évaluant le Vario, place ainsi les académiciens auxquels s'adresse son accusateur dans la position d'évaluateurs civiques, dont l'autorité est implicitement considérée comme égale ou même supérieure à celle de celui dont la conduite et les pratiques sont passées au crible. L'accusateur construit ainsi ses collègues en gardiens du « bien universel », qu'il s'agit de faire triompher sur l'intérêt particulier du régent, mais aussi contre la vanité de celui qui l'accuse — lequel risque toujours tomber dans la partialité. Pour que « la raison » dévoile la vérité des actions du magistrat sortant, il faut au contraire que chacun place l'utilité commune et le bien de tous les académiciens avant ses liens d'amitié avec le régent examiné. C'est en effet seulement ainsi que la communauté académique pourra discerner le bien commun et prospérer, en maintenant une stricte parité entre ses membres. La conception qui est implicitement mobilisée du *buon governo*,

93. BMLF Ashburnham 559, fol. 213r.

94. *Idem*.

95. Voir sur ce point les travaux d'Olga Weijers sur la dispute, en particulier *In Search of the Truth : A History of Disputation Techniques from Antiquity to Modern Times*, Turnhout, Brepols, 2013.

dans ce discours, est donc celle d'une petite république oligarchique où chacun connaît ses concitoyens et entretient avec eux des liens étroits, tout en se devant d'agir dans les institutions du gouvernement en fonction du seul intérêt général, de peur que l'équilibre des forces au sein de l'oligarchie ne se trouve compromis par l'émergence d'intérêts partisans.

Or, selon l'accusateur, si le Vario a pu donner l'impression de travailler dans l'intérêt de tous, ce ne fut en vérité pas le cas. Ses collègues ont cru que l'académie, sous son gouvernement, prospérerait, trouvant « avantage et accroissement très grand » (« giovamento e accrescimento grandissimo »), mais en cela ils ont été « bernés » (« ingannati[96] »). Viennent alors les chefs d'accusation. Le premier est que tout en cherchant à recruter une « personne <au sein de l'académie> qui, par sa doctrine et ses bonnes mœurs, aurait été digne de tant d'honneur » (« personna che per dottrina et costumi buoni fusse degna di si honorato luogo »), le régent sortant n'a pas pris garde que l'académie ne disposait encore que d'une toute petite salle pour se réunir (« picciola stanza »), et il a cherché à imposer quelqu'un de son choix (« tirare alcuni del parer suo »), plutôt que de laisser un nom surgir parmi les académiciens, comme le voulait l'usage[97]. En second lieu, le Vario s'est mis en tête de faire choisir une « devise universelle » (« una impresa universale ») pour l'académie — il s'agit sans doute ici du processus par lequel l'institution a choisi la devise « Quid non designat <ebrietas> ? » — mais, là encore, il a fait passer son intérêt particulier devant celui de l'institution, satisfaisant à « ses désirs pleins de vanité et d'ambition » (« i suoi desideri peni di vanità et d'ambitione ») plutôt qu'à ceux de l'assemblée des académiciens :

> « [...] ayant, en une quantité de raisonnements, blâmé et réfuté toutes les devises qui ont été proposées avec une merveilleuse acuité d'esprit par les académiciens, tout en louant la sienne grandement, sans avoir leur consentement, il a fait porter chez lui le livre où toutes les devises particulières des académiciens sont tracées et là il a fait tracer aussi celle trouvée par lui pour pouvoir se vanter d'avoir lui-même donné le nom et la devise à notre académie[98]. »

L'accusateur du Vario est plus sobre dans sa rhétorique que ne le fut jamais le Desioso (Giulio del Bene). Mais il est possible que certaines des accusations qu'il porte soient également des amplifications de petits faits qui ne devaient

96. BMLF Ashburnham 559, fol. 213^{v}.

97. *Idem.*

98. BMLF Ashburnham 559, fol. 213^{v} : « [...] havendo in molti ragionamenti biasimato et rifiutato tutte le imprese che erano state con maravigliosa acute<z>za d'ingegno trovate dagl'academici et lodatone una sua grandemente, senza havere il consentimento loro fattosi portare a casa il libro, nel quale tutte le imprese particulari di essi sono disegnate vi fatto disegnare ancora quella ritrovata da lui, per potersi vantare di haver dato lui solo il nome et l'impresa alla nostra Academia ».

originalement pas prêter à conséquence. L'essentiel semble en effet de dénoncer devant les « signori sindachi » « l'âme malveillante et ambitieuse » (« l'animo cattivo et ambitioso »[99]) du régent, qui pourrait, de tant de manières différentes, être cause de tyrannie au sein de l'institution.

Les formes de mauvais gouvernement que l'accusateur envisage demandent néanmoins à être examinées de plus près, dès lors que, à travers elles, se précise le modèle politique qui structure l'académie et sous-tend l'ensemble de ses pratiques d'évaluation — productions scripturaires comprises. La crainte, que l'accusateur exprime de plusieurs manières différentes, est celle d'un gouvernement partisan où le régent parviendrait à obtenir le soutien d'un petit groupe d'académiciens, dévoyant ainsi le fonctionnement de la communauté académique, dont le sentiment collectif ne pourrait plus s'exprimer. Selon l'accusateur, le régent sortant aurait, par ses intrigues, provoqué de tels déséquilibres :

> « [...] il chercha avec une grande habileté à persuader chacun en dehors de l'académie en tenant de continuelles délibérations en conseil restreint <*pratiche*> avec certains académiciens, avec l'espoir de s'assurer de leurs votes, <pensant> que parce qu'ils étaient la majorité, son dessein devait réussir facilement[100]. »

Les *pratiche* mentionnées ne revoient sans doute pas aux *consulte e pratiche*, ces conseils délibératifs *ad hoc* qui, sous la République, étaient réunis au sein des grandes magistratures florentines pour débattre d'une question pressante et au sein desquels des partis mouvants pouvaient se former[101], mais plutôt à des conciliabules de groupes informels d'individus, rassemblés par leurs seuls intérêts particuliers, qui étaient, aux yeux de l'orateur anonyme, susceptibles de compromettre les décisions du corps académique en pervertissant la détermination du bien commun. La crainte exprimée par l'accusateur apparaît clairement par-là, sous la forme de la hantise d'une oligarchie fragilisée qui conduirait pour finir au pouvoir d'un seul, menaçant alors de manière durable l'égalité de principe entre les académiciens[102]. Le Vario est ainsi décrit comme ayant tenu un discours visant à exclure une partie de l'académie de l'accès à la régence. Il aurait en particulier affirmé que :

99. BMLF Ashburnham 559, fol. 214^{r}.

100. BMLF Ashburnham 559, fol. 214^{r} : « [...] cercò con grande astutia privatamente di persuadere fuori di essa a ciascuno per questo teneva egli continue pratiche con alcuni academici sperando che assicuratosi de i voti loro perchè erano la maggiore parte facilmente gli dovesse riuscirci suo disegno [...] ».

101. Sur ces conseils, voir *supra*, ch. 2, p. 179.

102. Il faut néanmoins noter que l'absence du régent ne semble pas moins un problème : selon l'accusateur, celle-ci menace aussi l'académie dès lors que l'institution risque alors de perdre son chef, qui ne doit donc être ni trop actif, ni trop désinvesti, les deux extrêmes pouvant en vérité être cause d'une forme différente de « tyrannie » (BMLF Ashburnham 559, fol. 214^{v}).

> « [...] tous ne peuvent pas monter à ce degré <d'honneur> et que nécessairement, pour le bien de tous, on recherchera l'élection de personnes prudentes qui, par leur doctrine, bonté et intelligence, sont en quelque manière supérieures aux autres[103] ».

L'idée que certains académiciens seraient « supérieurs » aux autres met en péril la parité fondamentale qui est supposée régner partout dans la communauté académique, et semble dès lors particulièrement pernicieuse à l'accusateur. Mais c'est aussi la collectivité de décision, dont l'académie se pense le modèle, que pareille énonciation menacerait en réalité, à savoir tant la recherche commune de la vérité et de la justesse, dans les sciences et les arts, que la capacité à faire apparaître le vrai et le juste, dans le cours des activités du gouvernement académique, grâce à une égalité générale et entière dans la prise de parole.

Cette articulation entre la vérité à chercher dans les sciences et les arts et celle qui serait à trouver dans l'administration de l'académie apparaît avec une particulière acuité dans la formulation du dernier chef d'accusation qui concerne justement la gestion des processus de censure des productions textuelles, dans le cadre desquels, selon l'accusateur, le Vario n'aurait pas non plus respecté les conditions permettant l'émergence d'une évaluation véritablement collective. L'accusateur reproche en particulier au Vario d'avoir tenté de faire évaluer deux intrigues de comédie à la va-vite par deux membres choisis par lui hors de saison. La procédure de nomination de deux évaluateurs par le régent en titre, au début de chaque régence, semble avoir été la norme depuis les toutes premières années de l'académie[104]. Les compositions se trouvaient ensuite tirées de l'urne anonymement à l'ouverture d'une magistrature pour être remises à deux censeurs (« censori ») chargés de les évaluer contradictoirement en présence de l'assemblée des académiciens — en proposant des améliorations —, avant de demander aux présents de dire lesquels ils jugeaient excellentes, acceptables ou indignes. La discussion était suivie d'un vote. Pour finir, les compositions étaient archivées dans deux séries de volumes différents (ceux du *Zibaldone* pour les productions jugées trop médiocres et ceux du « Secondo » pour les écrits tenus pour acceptables) en fonction des jugements collectivement exprimés.

Il semble cependant que le Vario ait voulu accélérer la procédure de censure en nommant des évaluateurs pour ces intrigues de comédie à la fin de sa propre régence, alors qu'il aurait dû laisser son successeur y pourvoir. Dès lors, d'après l'accusateur,

103. BMLF Ashburnham 559, fol. 214^{v} : « [...] in quel grado non poteva salire ognuno, et che necessariamente al bene di tutti si ricercava l'elettione di persone prudente che per dottrina, bontà et intelligentia fusse in qualche parte superiore agl'altri [...] ».

104. Le premier « Inventario di compositioni cavate dell'urna » apparaît dans les *atti* de l'académie le 22 février 1570 (soit en 1571), voir BMLF Ashburnham 558.1, fol. 24^{r}-25^{r}. Au cours de la première année de la vie de l'institution, les compositions — le plus souvent écrites à la suite d'une « pena » (peine) infligée à l'un des académiciens — était transcrites directement dans les *atti*, à leur date de remise.

les censeurs nommés auraient pu manquer de temps pour accomplir leur tâche. Un grand dommage en aurait alors résulté pour les activités de l'académie, qui n'aurait pu établir contradictoirement les préceptes de l'art et les faire collectivement appliquer en son sein. La docte assemblée a néanmoins su mettre bon ordre à ce désordre potentiel, en rétablissant les cadres de la procédure établie, qui plaçait l'évaluation dans les mains de la majorité des présents, les censeurs n'étant en réalité que des rapporteurs :

> « [...] parce qu'il n'était pas possible que, dans le bref intervalle de temps décidé par lui <le Vario>, les intrigues soient examinées et soient étendues et développées en comédies, ce qui est une chose difficile et qui, même dans un grand espace de temps et avec l'attention de nombreuses personnes, ne pourrait réussir bien et sans une infinité d'erreurs, lesquelles auraient aisément été faites si les modes et les préceptes de l'art n'avaient pas été observés comme il convient ; <au contraire> les intrigues furent tirées de l'urne par consentement des académiciens et remises aux censeurs avec ordre qu'ils les considèrent avec la plus grande diligence, dès lors qu'ils devaient les porter dans l'académie et montrer à tous pour quelle raison il leur paraissait qu'il convenait de choisir ou refuser telle ou telle, la résolution <finale> devant être prise par la majeure partie d'entre eux[105]. »

On voit que le danger évoqué dans le cas d'évaluation des productions écrites de l'académie est en réalité le même que lors de l'investigation de la conduite de ses plus hauts magistrats : le risque perçu et/ou fantasmé est celui d'une prise de pouvoir par le petit nombre qui pervertirait les institutions académiques en tyrannie et rendrait la sodalité incapable de déterminer collectivement ses propres préceptes et lois. La solution, dans les deux cas, est un strict respect des procédures (qui ne peuvent être changées qu'au cours des conseils généraux, à la suite d'un scrutin où tous sont consultés) et une considération constante pour les sentiments de l'ensemble de l'assemblée, tels qu'ils s'expriment contradictoirement lors de ses délibérations.

De ce parallèle — qui reste fréquemment implicite dans les écrits des académiciens mais se trouve mis en valeur avec une grande clarté dans l'accusation écrite contre le Vario — il ressort que les préceptes de l'art, tels qu'ils sont déterminés

105. BMLF Ashburnham 559, fol. 215r : « [...] perchè non era possible che in sì breve tempo da lui ordinato, si considerassero le favole, si distendessero et spiegassero in comedie, cose difficilissime et che in molto tempo et considerate da molti a pena riescono bene senza infiniti errori che agevolmente si sarebbono fatti non osservando i modi et precetti dell'arte come è conveniente, si trassero per consentimento degl'accademici le favole dell'urna et si dettono a i censori con ordine che considerate diligentissime le dovessino portare nell'Accademia et innanzi a tutti monstrare per qual ragione paresse a loro eleggerne, o rifiutare alcuna, la qual' resolutione si dovesse pigliare dalla maggior parte di essi. » (Le verbe *dettare* ne signifie pas ici « dicter », dès lors que les censeurs corrigent le plus souvent les manuscrits remis par les académiciens sans les recopier. Il signifie plutôt donner un ordre, soit dans le présent cas « remettre quelque chose à quelqu'un avec obligation de s'en occuper d'urgence ».)

dans le cours des activités de censure de l'académie, sont aussi, dans les représentations de ses membres, le produit d'un attachement aux modes de fonctionnement politique que les académiciens imaginaient avoir été ceux de la République oligarchique. C'est en cela sans doute que tout excès dans l'un ou l'autre champ doit être châtié, pour rétablir les principes collectivement instaurés dans le cadre de l'institution académique, et condamner (fermement, mais toujours en vase clos) ceux qui ont alors cours à Florence, tant dans le domaine politique que dans le champ des arts. L'accusateur du Vario conclut de fait en ces termes :

> « Dans votre jugement, ô syndics <*sindachi*>, réside la ruine ou la conservation de notre académie. Si vous le libérez <sans condamnation>, ce que je ne pense pas que vous alliez faire en aucune manière, vous serez sans nul doute causes de la ruine ultime de l'institution. Mais si vous le punissez <il Vario>, comme je l'espère, vous donnerez de l'épouvante et tout ensemble établirez un frein des plus solides à qui aurait désir de l'imiter et d'un autre côté donnerez aux bons le courage non seulement de la conserver <l'académie> dans son état présent mais encore de la faire arriver un jour avec toutes ses forces propres et tous les autres qui cherchent son accroissement — si Dieu très grand et plein de grâce le lui concède — à ce suprême degré de bien et d'honneur que tous ses amants désirent très grandement pour toutes les choses qui sont les plus chères[106]. »

Pensant vivre dans un monde régi par la tyrannie, l'esprit partisan et la déraison, les Alterati passent leur temps à essayer de rétablir en leur sein l'ordre qui leur paraît être celui de la rationnalité et de la vérité, se servant des peines qu'ils s'attribuent mutuellement et des jugements auxquels ils parviennent pour manifester ce qui est à leurs yeux la droite manière de (se) gouverner, tant dans l'espace du politique que dans la pratique des arts. Certes, l'investigation et le châtiment des régents restèrent toujours des cérémonies symboliques, dès lors que les peines ne dépassaient jamais l'assignation de quelque travail d'écriture — laquelle assignation n'était d'ailleurs pas toujours suivie d'effet, loin de là. Mais la valeur symbolique de ces condamnations était pourtant importante[107]. Tout autant que la critique et l'évaluation

106. BMLF Ashburnham 559, fol. 215^{v} : « Nel giuditio vostro, o sindachi, sta la rovina o la conservatione della nostra Academia. Se lo liberate il che non penso che siate per fare in modo alcuno, senza dubbio siete cagione dell'ultima sua rovina. Ma se lo punite come io spero, date spavento et insieme ponete fortissimo freno a chi havesse animo di seguitarlo, et da l'altra parte a i buoni date animo che non solo la conservino nel suo stato ma che con tutte le forze loro proprie et degl'altri tutti cerchino l'acrescimento di essa, per farla arrivare un giorno, il che a Dio ottimo et grandissimo piaccia di concederci, a quel supremo grado di bene et di honore che tutti suoi amatori sopra tutte le cose piu care et grandissimamente si desidera. » Par « degl'altri tutti cerchino l'acrescimento di essa », il faut probablement comprendre : « tous ceux qui envisageraient de rejoindre l'académie ».

107. Sur l'importance symbolique de ces condamnations, voir aussi une oraison probablement rédigée par Antonio degli ALBIZZZI et intitulée « Oratione fatta per pena recitata nel felice reggimento dello Sconsigliato nella quale si loda il condannare e si monstra esser utile all'Accademia » (BMLF Ashburnham 559, fol. 159^{r}-164^{v}). Le texte conservé est transcrit de la main du Vario.

des compositions des membres, elles avaient en effet centralement pour fonction d'affirmer la contre-culture académique envers et contre tout, en maintenant au sein de l'académie l'ordre (pour l'essentiel oligarchique) qui semblait aux académiciens avoir été perturbé au-dehors, sans qu'ils puissent raisonnablement en espérer le rétablissement.

3.2. Contrer l'expurgation : la censure comme amélioration et comme collaboration

Cette prétention à se construire en contre-culture est particulièrement visible dans le cas des pratiques que les académiciens ont baptisées « censure » (*censura*). On sait en effet que c'est peu d'années avant la formation de l'académie que la mise à l'Index des œuvres littéraires en langue italienne fut instaurée à travers l'Italie, devenant très vite un phénomène massif et contribuant à imposer un peu partout, localement, le souci de l'orthodoxie et de la bienséance. Or certains indices laissent penser que les Alterati virent d'un mauvais œil la censure moralisatrice des grandes œuvres de la tradition littéraire florentine (Pétrarque, Boccaccio, Dante) qui se développa à Florence vers 1560-1570 et fut souvent accompagnée de réécritures très interventionnistes. En réaction implicite à ces pratiques visant à contrôler la circulation d'idées déclarées irreligieuses, l'un d'entre eux — à savoir Lorenzo Giacomini — fit selon toute vraisemblance paraître, sous le titre de *Della cognitione di se stesso*, un ouvrage sensualiste et irrévérencieux, au nom d'un autre[108]. On peut dès lors faire l'hypothèse que, pour les Alterati, appeler *censure* des pratiques d'amendement collectif des écrits de leurs membres, où les idéaux et pratiques discursives de la République devaient se trouver réinvestis, relève en réalité d'une forme de contestation indirecte : à la censure ecclésiastique et politique qui devenait de plus en plus présente, générant offuscations tout autant que réécritures moralisantes, il s'agissait tacitement d'opposer l'amendement volontaire, dépassionné et collectif auquel les Alterati soumettaient leurs travaux, afin d'améliorer collectivement leur maîtrise des arts du langage, sans faire de la défense de la religion ou de la morale leur priorité. L'académie semble ainsi avoir implicitement répondu aux logiques de la Contre-Réforme en investissant tous ses efforts dans son laboratoire littéraire privé, avant tout centré sur le développement des savoir-faire scripturaires de ses membres.

108. *Della cognitione di se stesso, dialogi di Gioanbattista Muzi, nuovamente publicati e dedicati alla serenissima madama Christiana di Loreno, gran duchessa di Toscana, con licenza e privilegio*, Florence, Filippo, 1595. Sur la production et la circulation de ce texte, voir *supra*, ch. 3, p. 263-277.

Le développement de la censure des ouvrages en langue italienne au cours du *Cinquecento* est parfois difficile à saisir, dès lors que les efforts de la papauté en ce domaine ont pu être redoublés mais aussi contrés localement par les autorités politiques, tandis que la pratique de l'expurgation se répandit parfois au point d'être avant tout le produit d'une initiative privée. Les recherches d'Ugo Rozzo ont néanmoins permis d'établir une chronologie du développement de la censure des œuvres en langue vernaculaire durant la Contre-Réforme[109]. La mise à l'Index d'œuvres de la littérature italienne commença en 1559 dans l'Index promulgué par Paul IV. Furent mis à l'Index des auteurs tels que Poggio Bracciolini, Giovanni della Casa ou Giovan Battista Gelli, ainsi que Machiavel, mais aussi Pétrarque (pour ses sonnets) et Boccace (à moins que ses écrits ne soient débarrassés des blasphèmes et hérésies dont ils étaient déclarés coupables). L'année 1559 marque aussi le début des pratiques d'expurgation, qui consistèrent d'abord en passages que l'auteur, s'il était encore de ce monde, était sommé de réécrire pour obtenir que soit levée l'interdiction qui pesait sur son livre. L'Index de 1593 (repris et développé en 1596) explicite les principes de cette pratique dans un texte liminaire intitulé *Instructio eorum qui libris tuum expurgandis et corrigendis, tum imprimendis diligentem et fidelem (ut par est) operam sunt daturi*. Il s'agit en particulier de supprimer les considérations qui font injure à la réputation des ecclésiastiques ou des princes, tout ce qui attente aux rituels ou à la dignité de l'Église, et l'obscénité du texte ou des images. La liste des auteurs interdits ne cessa de s'allonger, incluant en 1574 non seulement des œuvres d'Alessandro Piccolomini et de Sperone Speroni, mais encore des catégories de textes aussi générales que populaires parmi les élites lettrées, comme les « chansons déshonnêtes et lascives » (« canzone dishoneste et lascive »), les « comédies déshonnêtes de quelque sorte que ce soit » (« comedie dishonneste di nissuna sorte ») et les « madrigaux déshonnêtes et lascifs » (« madrigali dishonnesti et lascivi »)[110]. On sait que ces genres figurent parmi ceux pour lesquels les Alterati ont manifesté le plus d'intérêt, travaillant assidûment tant aux formes poétiques en vogue (sonnets, madrigaux, chansons) qu'au genre comique.

109. Les travaux d'Ugo Rozzo étudient le développement de l'Index en rapport avec d'autres formes de contrôle des écrits littéraires, offrant ainsi une vue d'ensemble ; voir en particulier « Italian litterature on the Index » dans Fragnito, Gigliola (dir.), *Church, Censorship and Culture in Early Modern Italy*, traduction anglaise d'Adrian Belton, Cambridge, Cambridge University Press, 2001, p. 194-222, et *La letteratura italiana negli 'Indici' del Cinquecento*, Udine, Forum, 2005, qui comprend une version plus détaillée de l'article en langue l'anglaise (ch. 1, p. 11-71) ainsi que des études de cas. Sur l'Index, voir aussi Frajese, Vittorio, *Nascita dell'Indice : la censura ecclesiastica dal Rinascimento alla Controriforma*, Brescia, Morcelliana, 2006.

110. Rozzo, Ugo, « Italian litterature on the Index » dans Fragnito, Gigliola (dir.), *Church, Censorship and Culture in Early Modern Italy*, p. 204-207. Sur la censure de la poésie dans l'Italie de la Contre-Réforme, voir aussi Helm, Jennifer, *Poetry and Censorship in Counter-Reformation Italy*, Leyde et Boston, Brill, 2015.

Parallèlement, la production et la circulation de versions expurgées et réécrites d'auteurs célèbres se développent, et ces œuvres d'un nouveau type deviennent parfois très populaires. Réimprimé sept fois entre 1536 et 1587, le *Petrarcha spirituale* du franciscain Girolamo Malipiero s'efforce ainsi de transformer toute forme d'amour charnel dans l'œuvre de Pétrarque en expression de l'amour de Dieu, substituant par exemple constamment le mot *madonna* au terme *donna*[111]. Dans cet exemple, la censure, au sens où nous l'entendons aujourd'hui, est en réalité indiscernable d'une pratique de réécriture ou d'amélioration du texte, comme elle le fut dans les *censure* des Alterati, qui partagaient avec leurs contemporains cette conception de la censure comme amélioration mais focalisaient néanmoins leur attention sur les enjeux linguistiques et littéraires des écrits qu'ils examinaient (vocabulaire, rhétorique, versification, genre, règles de l'art, etc.) plutôt que sur leur seule orthodoxie morale ou religieuse (dont il se préoccupaient néanmoins aussi, à l'occasion, mais dans une perspective très différente de celle des expurgateurs). Le cas du *Petrarcha spirituale* du franciscain Girolamo Malipiero fournit d'ailleurs l'occasion d'un intéressant parallèle avec les Alterati. Car la recherche, chez Pétrarque, d'une articulation entre le mondain et le divin fut en réalité un sujet de fascination pour certains Alterati, en particulier pour Lorenzo Giacomini, qui écrivit plusieurs leçons sur ou d'après des sonnets de Pétrarque et emprunta même au *Canzoniere* sa devise académique, qui concernait précisément le rapport entre plaisirs du monde et plaisirs pris à la contemplation du divin[112]. Il n'est pas impossible que cet intérêt ait notamment répondu aux éditions du Pétrarque spiritualisé par Malipiero, qui circulaient alors abondamment en Italie. Dans certains cas, des œuvres apparemment sans danger furent elles aussi expurgées. Ainsi une édition de la *Vita nuova* de Dante parue en 1579 chez Bartolomeo Sermartelli laissa en blanc toute citation des écritures et même tout mot désignant le sacré (comme *beatitudine* ou *salute*), afin de ne pas les profaner par la publication. Enfin, vers la fin du XVIe siècle, on vit apparaître des expurgateurs professionnels, tels qu'Antonio Ceccarelli et

111. QUONDAM, Amedeo, « Riscrittura — Citazione — Parodia del codice. *Il Petrarcha spirituale* di Girolamo Malipiero », *Studi e problemi di critica testuale*, 1978, 17, p. 77-125.

112. CLASIO, LUIGI [FIACCHI, Luigi] (éd.), « Lezione di Lorenzo Giacomini Tebalducci Malespini sopra il sonetto del Petrarca, 'La gola, il sonno, ect.', tratta da un manoscritto del signor avvocato Luigi Bellini vice-soprintendente dell'Archivio generale di Firenze », *Collezione d'opuscoli scientifichi e letterari ed estratti d'opere interessanti*, vol. VII, Florence, 1808, p. 3-19 (avec une notice sur Lorenzo Giacomini et l'académie des Alterati aux p. 20-37). Trois sonnets de Pétrarque sont aussi commentés dans le *Ragionamento d'amore* évoqué plus haut ; voir en particulier BRF Riccardiano 2437, fol. 37^{v}, 42^{r} et 54^{r} (dans le dernier cas le poème 143 du *Canzoniere* est cité *in extenso*). La devise académique de Giacomini est tirée du 264e poème du *Canzoniere* et demande « Quanto fia quel piacer, se questo è tanto [?] », s'interrogeant ainsi sur l'intensité du plaisir pris à la contemplation du divin, dès lors que les plaisirs de l'amour sont d'une telle force. Pour un plus ample commentaire de cette devise, voir *infra*, ch. 5, p. 453-454.

Girolamo Giovannini, dont les noms remplacèrent parfois les noms des auteurs dans les éditions par eux expurgées[113].

Néanmoins, localement, la volonté politique a parfois cherché à freiner les ardeurs des expurgateurs de l'Église. Ce fut en partie le cas à Florence. Dans un premier temps au moins, Cosme Ier semble en effet s'être opposé à la mise en place de l'Index, qui menaçait d'interdire la lecture des écrits des plus grandes gloires littéraires toscanes, en particulier celle du *Décaméron* de Boccace[114]. Gigliola Fragnito signale ainsi une lettre de Lelio Torelli à l'archevêque de Raguse, Ludovico Beccadelli — un membre de la commission instituée par le Concile de Trente pour réformer l'Index de Paul IV —, dans laquelle le fidèle serviteur de Cosme Ier demande au nom de son maître la révocation de l'Index qu'il déclare « inconsidéré, indiscret et scandaleux ». Il requiert même que soit publié un décret « charitable et discret, en accord avec la pratique séculaire de l'Église », ajoutant que celle-ci avait toujours permis la lecture de livres en vue d'apprendre les langues et les sciences, quelle que soit leur provenance, en laissant la détermination des « malhonnêtetés et obscénités » à la « conscience du lecteur[115] ». Cette démarche n'aboutit pas : le *Décaméron* resta interdit dans l'Index tridentin de 1564, sauf dans la version expurgée préparée par la commission appointée par le Concile lui-même. Une forme de négociation semble alors avoir été tentée, sous la forme d'une édition « rassettata » ou « réarrangée » des contes de Boccace préparée au sein de l'Accademia Fiorentina, laquelle prétendait s'appuyer sur deux manuscrits de la Biblioteca Laurenziana. Celle-ci fut élaborée sous la direction de Vincenzio Borghini, avec l'assistance de plusieurs autres membres de la Grande Académie — qui restent anonymes et ne sont désignés au titre du livre que par le terme mystérieux de « députés » du prince — à partir d'un texte expurgé transmis par les autorités conciliaires. L'ouvrage est par ailleurs placé sous le patronage de Cosme Ier et de son épouse, désignés au titre du livre par le titre d'« Altesses sérénissimes » de ceux qui se trouvent ainsi mandatés (« <i> deputati di loro Altezze serenissime »). Le réarrangement consistait surtout en des modifications de nature linguistique et culturelle, sans effort soutenu d'épuration morale, l'édition se voyant au demeurant adjoindre un volume d'annotations

113. Ugo Rozzo cite ainsi une édition des *Dialoghi piacevoli* d'Érasme en date de 1593 où Girolamo Giovannini s'affirme véritable auteur du texte d'Érasme pourtant remanié avant lui par Niccolò Franco, voir Rozzo, Ugo, « Erasmo espurgato dai *Dialogi piacevoli* di Niccolò Franco », dans Olivieri, Achille (dir.), *Erasmo, Venezia, e la cultura padana nel '500*, Rovigo, Minelliana, 1995, p. 193-208 et « Italian literature on the Index », dans Fragnito, Gigliola (dir.), *Church, Censorship and Culture in Early Modern Italy*, p. 218-219.

114. L'expurgation du *Décaméron* en trois vagues successives a été abondamment analysée mais semble loin d'avoir livré tous ses secrets. L'étude la plus fouillée est celle de Chiechi, Giuseppe et Troisio, Lusciano, *Il Decameron sequestrato : le tre edizioni censurate nel Cinquecento*, Milan, Unicopli, 1984.

115. Fragnito, Gigliola, *La Bibbia al rogo : la censura ecclesiastica e i volgarizzammenti della Scrittura (1471-1605)*, Bologne, 1997, p. 100, note 50, cité par Rozzo, Ugo « Italian litterature on the Index » dans Fragnito, Gigliola (dir.), *Church, Censorship and Culture in Early Modern Italy*, p. 202.

essentiellement savantes[116]. Mais l'entreprise ne convainquit pas Rome : lorsque Paolo Costabili, le maître du Sacré Palais — qui est en quelque sorte le théologien de la maison pontificale — interdit, en 1574, une série d'œuvres de sa propre autorité, il ne manqua pas d'y adjoindre l'édition de Boccace parue à Florence en 1573[117].

Deux autres éditions expurgées de Boccace furent préparées à Florence dans le dernier tiers du XVIe siècle, celle dont Lionardo Salviati fut le maître d'œuvre, parue en 1582, et celle qui est due aux soins de Luigi Groto, imprimée en 1588. La première est importante dans le cadre de cette enquête car elle est pour partie liée à la définition des pratiques de la nouvelle académie de la Crusca, qui fut fondée immédiatement après la publication de l'édition de Salviati — soit au cours de l'automne et de l'hiver 1582-1583 — et pour une large part à l'instigation de Salviati lui-même[118]. Or cette académie, fondée par une poignée de membres de la Grande Académie, fit rapidement concurrence aux Alterati, qui envisagèrent avec attention les pratiques éditoriales des membres de la Crusca et cherchèrent à s'en distinguer, non seulement par la poursuite de leurs activités de « censure », qui avaient cours depuis 1571, mais encore par la publication de critiques implicites des activités de la Crusca.

La production de l'édition que Salviati donna de Boccace a été étudiée en profondeur, mais les interprétations qui en sont données diffèrent considérablement. Peter M. Brown suggérait en effet que Salviati avait travaillé avec les encouragements de l'Église et en particulier de Sixte V, que l'édition de 1573 aurait laissé insatisfait[119]. Mais Giuseppe Chiecchi et Luciano Troisio soulignent que

116. BOCCACCIO, Giovanni, *Il Decameron di messer Giovanni Boccacci cittadino fiorentino, ricorretto in Roma, et emendato secondo l'ordine del sacro Concilio di Trento, et riscontrato in Firenze con testi antichi et alla sua vera lezione ridotto da' deputati di loro Altezze serenissime*, Florence, Giunti, 1573 et *Annotationi et discorsi sopra alcuni luoghi del Decameron, di messer Giovanni Boccacci, fatte dalli molto magnifici signori deputati da loro Altezze serenissime, sopra la correttione di esso Boccaccio*, Florence, Giunti, 1573.

117. ROZZO, Ugo, « Italian litterature on the Index » dans FRAGNITO, Gigliola (dir.), *Church, Censorship and Culture in Early Modern Italy*, p. 204.

118. *Il Decameron di messer Giovanni Boccacci, cittadino fiorentino, di nuovo ristampato, e riscontrato in Firenze con testi antichi, et alla sua vera lezione ridotto dal cavalier Lionardo Salviati*, Venise, par les Giunti de Florence, publiée au mois d'août 1582. Une deuxième édition est publiée à Florence au moment où est créée la Crusca : *Il Decameron di messer Giovanni Boccacci cittadino fiorentino, di nuovo ristampato, e riscontrato in Firenze con testi antichi, et alla sua vera lezione ridotto dal cavalier Lionardo Salviati*, seconde édition, Florence, Giunti, publiée en octobre-novembre 1582. Dans les deux éditions, les précisions chronologiques sont données au mois près sur la page de titre, ce qui est rare dans les éditions florentines de ce temps et suggère que la mention de temporalité était importante pour Salviati, notamment pour faire valoir le succès de ces impressions successives. Salviati a également opéré des révisions entre ces éditions, voir MAINO, Paolo G., « L'uso dei testimoni del *Decameron* nella rassettatura di Lionardo Salviati », *Ævum*, 86, 2012, fasc. 3, p. 1005-1030 (p. 1029).

119. Voir Peter M. BROWN, en particulier « I veri promotori della 'rassettatura' del *Decameron* nel 1582 », *Giornale storico della letteratura italiana*, 134, 1957, p. 314-332 et « Aims and Methods of the Second 'Rassettatura' of the *Decameron* », *Studi Secenteschi*, 8, 1967, p. 3-41. Ces travaux sont en partie repris dans *Lionardo Salviati : A Critical Biography*, Oxford, Oxford University Press, 1974. Voir néanmoins les objections,

cette hypothèse — issue de la tradition biographique italienne[120] — est chronologiquement insatisfaisante, dès lors que Sixte V ne fut pape qu'à partir de 1585. Ils soutiennent au contraire que Salviati travailla avant tout à parfaire l'édition de 1573, en s'inspirant des critères d'expurgation et des modes de censure mis en circulation par la Contre-Réforme, pour donner un caractère plus cohérent et plus ferme au texte[121]. Ils proposent également de comprendre les efforts de Salviati comme une forme d'autopromotion, soulignant qu'il travailla longuement — avec son protecteur, Jacopo Boncompagni — à obtenir de François Ier de Médicis une forme de privilège destinée à lui permettre de corriger et purger le texte. Cet honneur lui fut d'abord accordé par une lettre du prince du 9 août 1580, avant de prendre la forme d'une sorte de privilège placé dans l'édition de 1582, par lequel il était déclaré que « pour le bénéfice et la splendeur de notre langue toscane », le prince, « spécialement confiant dans le savoir et le jugement du magnifique cavalier Lionardo Salviati », lui confiait cette tâche importante[122]. De telles pratiques sont inhabituelles dans la Florence du *Cinquecento*, où il n'y avait pas d'obligation de publier l'intégralité (ni même seulement un extrait) du privilège d'édition dans un ouvrage. Proclamer son droit de préparer une édition, en publiant un éloge de sa personne signé du prince, était plus rare encore[123]. Ces manières de faire suggèrent non seulement que le pouvoir pensait avoir trouvé en Salviati un serviteur fidèle, mais encore que celui-ci fut encouragé à le faire savoir, dans et par son édition.

Plus récemment, Paolo Maino a souligné, dans une perspective voisine, que l'édition de Salviati avait peut-être d'abord été destinée à faire apparaître la supériorité de son travail d'éditeur sur celui des « députés » qui avaient œuvré sous la direction de Borghini à l'édition de 1573[124]. Mais il appréhende parallèlement le travail de Salviati sur les textes et les manuscrits existants comme ayant eu deux enjeux centraux, le travail de purification morale du texte du *Décaméron* se trouvant, selon lui, largement contrebalancé par un effort pour retrouver, grâce aux manuscrits

mises au point et réévaluations de Tim CARTER dans « Another Promoter of the 1582 'Rassettatura' of the *Decameron* », *The Modern Language Review*, 81, 1986, p. 893-899, qui souligne que les principaux promoteurs de cette nouvelle édition expurgée étaient probablement ses éditeurs, les Giunti.

120. Ils citent en particulier l'ouvrage de Giusto FONTANINI, *Biblioteca dell'eloquenza*, Venise, Pasquali, 1753.

121. CHIECCHI, Giuseppe et TROISIO, Luciano, *Il Decameron sequestrato : le tre edizioni censurate nel Cinquecento*, Milan, Unicopli, 1984, p. 65-83 (p. 83).

122. Peter M. BROWN a découvert ce mandat et le publie dans « I veri promotori della 'rassettatura' del *Decameron* nel 1582 », p. 323. Cet écrit est cité en regard du texte donné dans l'édition dans CHIECCHI, Giuseppe et TROISIO, Luciano, *Il Decameron sequestrato : le tre edizioni censurate nel Cinquecento*, p. 65.

123. Mais la pratique d'insérer des éloges dans les privilèges se développa en France aux XVIe et XVIIe siècles ; voir en particulier SCHAPIRA, Nicolas, « Quand le privilège de librairie publie l'auteur », dans GRIHL, *De la publication. Entre Renaissance et Lumières*, Paris, Fayard, 2002, p. 121-137.

124. MAINO, Paolo G., « L'uso dei testimoni del *Decameron* nella rassettatura di Lionardo Salviati », p. 1030.

subsistants, la langue du XIVe siècle, que le texte établi non seulement par les éditeurs florentins de 1573, mais encore par ceux de 1527, paraissait à Salviati avoir fait disparaître[125]. Ce travail pour retrouver (ou, plus exactement, se mettre en position de prétendre avoir retrouvé) un texte des origines, à la fois plus pur et plus véritablement florentin que celui des impressions existantes — dont Paolo Maino analyse de nombreux exemples —, est particulièrement intéressant. C'est en effet un effort dont l'Accademia della Crusca fit par la suite sa marque de fabrique, à la fois dans la préparation de son édition collective de la *Divine Comédie* de Dante. et dans la rédaction de son *Vocabulaire*. Le projet tant linguistique que philologique de cette nouvelle édition avait au demeurant été énoncé dans l'éloge que François Ier avait autorisé Salviati à publier en tête de son livre, lequel ne mentionnait pas l'expurgation du texte en vue d'en renforcer l'orthodoxie religieuse et morale, mais bien plutôt le désir du prince d'encourager Salviati à servir la langue toscane et son choix d'un seul et même individu pour « réduire le texte <du *Décaméron*> à sa véritable leçon » (« ridurlo alla sua vera lezione »)[126]. Dans le contexte de la Contre-Réforme italienne, où la pratique de l'expurgation s'était rapidement répandue hors des cadres de la censure ecclésiastique pour devenir une activité diffuse dont des particuliers n'hésitaient pas à s'emparer, le geste critique ou philologique est néanmoins fréquemment indissociable de l'effort d'épuration, dès lors que le travail pour retrouver un texte original, pensé comme perdu, permet souvent une moralisation non assumée de celui-ci. L'entreprise qui vise à reconstruire un texte idéal ne peut en effet guère être conduite à bien sans des mécanismes d'idéalisation, au sein desquels purification linguistique et épuration morale sont souvent étroitement associées, et même indissociables.

L'association constante, mais le plus souvent tacite, de ces deux formes de censure est une réalité qui n'échappa pas aux Alterati, lesquels furent prompts à en repérer la trace dans les pratiques de l'Académie de la Crusca. Celle-ci fut créée à partir d'un petit groupe d'auteurs, dont nombre étaient membres de la Grande Académie. Ces hommes se réunirent originellement — certains peut-être depuis le milieu des années 1570 ? — pour socialiser et s'adonner informellement à des compositions en style burlesque. D'après les rares mises en récit subsistantes, en particulier celle de Piero Bardi, c'est à la fin du mois d'octobre 1582 que Salviati commença à travailler à rassembler les Crusconi (dont une traduction approximative pourrait être « <les particules d'>un son de blé mal dégrossi ») en une académie plus

125. Boccaccio, Giovanni, *Il Decamerone di messer Giovanni Boccaccio nuovamente corretto et con diligentia stampato*, Florence, héritiers de Filippo di Giunta, 1527.

126. Cité par Chiecchi, Giuseppe et Troisio, Luciano, *Il Decameron sequestrato : le tre edizioni censurate nel Cinquecento*, p. 66.

formalisée, dont la première séance eut lieu le 25 janvier 1583[127]. Le burlesque et la théâtralisation satirique des pratiques académiques semblent avoir été longtemps au cœur des activités des membres de la Crusca, qui ne trouvèrent leur devise qu'en novembre 1589. Celle-ci s'énonce comme « Il più bèl fior ne coglie », soit « Il en (re)cueille la plus belle fleur » — laquelle fleur est à comprendre avant tout comme la fleur de farine —, et est associée à l'image du « frullone », soit à la machine alors d'invention récente qui permettait de séparer le son de la farine pour en recueillir la *melior pars*. Cette devise symbolisait ainsi la volonté des académiciens de travailler à la purification de la langue et des textes, comme on raffinerait de la farine. Pourtant, cette visée ne fut que rarement reflétée dans leurs registres — qui sont peut-être intentionnellement lacunaires — entre la naissance de l'académie et la mort de Salviati. On n'y trouve par exemple qu'une seule fois la mention, au sujet d'une session « à propos de la première nouvelle de Boccace », d'un moment où « l'on raisonna de certaines questions de langue[128] ».

Cependant, un peu plus d'un an après la disparition de Salviati, la Crusca se lança dans ce qui devint sa première entreprise collective d'envergure, soit la « correction » du texte de la *Divine Comédie* de Dante, qui avait déjà préoccupé ponctuellement les académiciens en septembre 1589 et pour l'établissement duquel il Sollo (Giovan Battista Deti) proposa alors la préparation d'une édition collective, avec le choix d'un « bon » (« buono ») texte, soit d'un texte amélioré et purifié des erreurs qu'aurait générées sa transmission[129]. Mais le maître d'œuvre de l'entreprise semble en réalité avoir été le Riscaldato (Francesco Marinozzi), dont les actes précisent qu'il avait déjà préparé des « annotazioni » sur le texte de Dante. Celui-ci demande en effet à se voir confier la supervision du projet — qui fut de fait placé sous son autorité —, exigeant même que ses collègues soient obligés de l'aider à le réaliser. L'édition, préparée par trente-trois membres de la Crusca, qui y travaillèrent essentiellement entre 1591 et la fin juin 1594, parut dans les premiers

127. La source manuscrite de ces informations est citée dans PARODI, Severina, *Quattro secoli di Crusca, 1583-1983*, Florence, Accademia della Crusca, 1984, p. 12 ; voir Accademia della Crusca — Archivio storico (AcCF) : Serie Carte di accademici e di studiosi — Sottoserie Carte Piero de' Bardi (1564-1643), fascicules 1-5 : Pietro BARDI (IL TRITO) ET AL., *Memorie storiche (1583-1591)*.

128. Cité par PARODI, Severina, *Quattro secoli di Crusca, 1583-1983*, p. 16 (« A dì 27 di luglio <1589> S'adunò l'Accademia in numero 15 ; a proposito della prima novella del Boccaccio si ragionò d'alcune cose di lingua »).

129. PARODI, Severina, *Quattro secoli di Crusca, 1583-1983*, p. 17 et 20, où se trouve cité le texte des actes de l'académie : « S'adunarono il dì 29 nel medesimo luogo <la sede accademica> 21 accademici [...]. Di poi, il Sollo <Giovan Battista Deti> disse che, non si ritrovando testo di Dante corretto, giudicava che facesse a proposito correggerlo ed ancora far sopra d'esso alcuni scolii e mettergli insieme con l'opere d'alcuni comentatori, avendo scelto da esse il buono, se a<vesser> corretto il testo. E 'l Riscaldato <Francesco Marinozzi> ed egli aver fatto di molte annotazioni, e chiedere all'Accademia che fosse con sua autorità e che gl' accademici richiesti da lui e dal Riscaldato fossero obbligati ad aiutarlo. Il che tutto si vinse. »

jours d'août 1595[130]. L'ouvrage fut imprimé dans un format de poche (in-8°), sur un mauvais papier et sans grand soin, ce qui suggère que la Crusca n'avait alors que peu de moyens et/ou de réputation, et que son éditeur — Domenico Manzani, qui n'était pas une maison florentine de grand renom — travailla dans l'urgence. Dès lors, on ne peut exclure que le texte ait avant tout visé à publier l'académie elle-même : il se présente en effet comme une collaboration, au travers de laquelle se trouveraient démontrées en acte les capacités des académiciens et la valeur de leurs travaux collectifs. L'*impresa* (devise) de la Crusca — soit la figure du *frullone* — occupe par exemple la moitié de la page de titre. Elle se trouve aussi représentée sous un autre angle en clôture de l'édition et, d'une manière encore différente, à la fin de certains chants. Par ailleurs, à l'initiale de chaque *canto* corrigé se trouve l'*impresa* de l'académicien qui travailla à la préparation de cette partie du texte[131]. On pouvait difficilement être plus insistant quant à la publication de l'identité et du corps collectif de cette institution, dont le nom était jusque-là obscur.

Ce projet d'établissement d'un texte purifié de l'œuvre la plus canonique de la littérature florentine semble par ailleurs avoir obéi à des principes similaires à ceux qui avaient guidé la production du Boccace restitué dont Salviati avait été le maître d'œuvre, associant l'amendement linguistique et philologique — qui est présenté comme la finalité première de l'entreprise — avec une forme de purification morale qui ne se signalait pas comme telle. Selon les publicateurs de cette édition, la « correction » du texte aurait été conduite à partir de quarante textes imprimés (où figuraient à la fois des éditions et des commentaires du texte de Dante) et d'une cinquantaine de manuscrits, dont beaucoup auraient été mis à la disposition des académiciens à la Biblioteca Laurenziana[132]. Étant donné l'ampleur des matériaux qui se seraient ainsi trouvés mobilisés, les académiciens, dont l'édition corrigée fut prête en deux ans et demi, tentaient clairement d'apparaître aux yeux de leurs lecteurs comme des érudits ayant travaillé avec diligence. Ils ne manquèrent pas aussi de rendre visible leur érudition dans leur œuvre collective, mais sans lui donner une forme invasive qui aurait rendu leur édition au format portatif illisible

130. Dante, *La Divina Commedia di Dante Alighieri nobil fiorentino, ridotta a miglior lezione dagli accademici della Crusca*, Florence, Domenico Manzani, 1595 (réimpression à l'identique, Florence, Accademia della Crusca, 2000). Pour la datation des entreprises de la Crusca, voir Parodi, Severina, « Sugli autori della *Divina Commedia* di Crusca », *Studi danteschi*, 44, 1967, p. 211-222 (p. 219) et « Dante e l'Accademia della Crusca », *Studi danteschi*, 56, 1984, p. 169-188.

131. Ces *imprese* sont élucidées dans l'opuscule suivant : Donati, Lamberto, *Chi furono gli accademici della Crusca che preparano la* Divina Commedia *del 1595 ?*, Florence, Sansoni, 1953, 19 p. Voir aussi Parodi, Severina, « Sugli autori della *Divina Commedia* di Crusca », p. 220-221.

132. Dante, *La Divina Commedia di Dante Alighieri nobil fiorentino, ridotta a miglior lezione dagli accademici della Crusca*, Florence, Domenico Manzani, 1595, avis au lecteur non paginé. La Laurenziana (ou « libreria di San Lorenzo ») est mentionnée à la fin de l'avis au lecteur signé par Bastiano de' Rossi. Voir aussi Parodi, Severina, « Sugli autori della *Divina Commedia* di Crusca », p. 219.

pour le plus grand nombre. De courtes notes — dont la densité est en réalité assez faible — figurent ainsi en marge du texte, citant le texte abrégé de la source dont est tirée une leçon ou, le plus souvent, proposant une variante. Les textes imprimés sont par ailleurs cités et numérotés à la fin de l'avis au lecteur, et cette numérotation permet ensuite de produire en fin de volume une ample table des sources de chacun des amendements, qui paraissent ainsi être le fruit d'un intense et rigoureux travail de collation des manuscrits et imprimés existants. Le travail des éditeurs de la Crusca se borne néanmoins ostensiblement à la correction du texte : tout en éditant un ouvrage qui a, avant eux, fait l'objet d'infinis discours de commentaire, tant manuscrits qu'imprimés, ils n'en produisent aucune glose explicite. Ils font même absolument silence sur les sens qu'il conviendrait de donner au poème. Cependant, comme dans le cas de Boccace, le choix des variantes pouvait constituer à lui seul un commentaire et/ou ou une forme de moralisation du texte.

3.3. *Corriger ou critiquer : les Alterati, censeurs implicites de la Crusca ?*

Contrairement aux éditions successives de Boccace, les « corrections » des académiciens sur le texte de Dante n'ont pas encore été étudiées avec précision par les historiens de la langue et de la littérature italiennes. Il est donc difficile d'en rendre compte sans un travail qui dépasserait de beaucoup le cadre de cette enquête. Mais il ne fait pas de doute que l'entreprise de la Crusca se plaçait dans la lignée des travaux de Salviati : l'ombre de celui-ci plane en effet sur l'édition sous la forme de l'*impresa* de l'Infarinato, qui apparaît pour trois des chants de la *Divine Comédie* (*Purgatoire*, XXXI et *Paradis*, XVI et XXIV), bien que l'éditeur de Boccace, alors disparu, n'ait en réalité pas participé à la préparation du texte de la *Divine Comédie*.

Mais surtout, les Alterati semblent avoir porté sur la publication de cette nouvelle édition de l'œuvre de Dante un regard critique, au travers duquel il est possible non seulement de retracer certaines des réactions qu'elle suscita, mais encore de mieux comprendre comment l'académie fondée 1569 par Giulio del Bene envisageait, pour sa part, la lecture et l'analyse des textes littéraires canoniques. La correspondance du Tenero témoigne de l'attention avec laquelle les académiciens suivirent les étapes de la préparation de l'édition de la *Divine Comédie* préparée par la Crusca et celles de sa publication : une lettre de Luigi Alamanni (il Rinnovellato) à Giovan Battista Strozzi (il Tenero), en date de Florence, le 7 août 1594, annonce en effet à ce dernier la publication de l'édition que la Crusca s'apprête à donner de la *Divine Comédie*, en lui précisant bien que l'ouvrage ne comportera pas d'« annotations » savantes, mais seulement la justification de toutes les « corrections » faites dans le texte (« ma senza annotationi per questa prima volta, solo con la ragione di tutte correttioni »)[133]. Or, une fois parue cette édition de la *Divine Comédie* « recorrigée », les critiques ne mirent apparemment pas longtemps à prendre forme parmi les Alterati, fût-ce de manière voilée. On trouve en particulier des allusions aussi cryptées que narquoises à la Crusca et à ses travaux sur Dante dans le dialogue que, sous le titre de *Della cognitione di se stesso*, Lorenzo Giacomini publia en 1595, en en attribuant la paternité entière à un ancien médecin de Jeanne d'Autriche et de Christine de Lorraine, Giovan Battista Muzi, alors fraîchement décédé. Le texte, paru l'année même où fut imprimée l'édition que la Crusca donna collectivement de la *Divine Comédie* de Dante semble même témoigner d'une forme de rivalité larvée entre les deux académies, au sein desquelles la question des formes que devaient prendre la critique et l'analyse textuelles a vraisemblablement été une pomme de discorde. Face aux pratiques de lecture de cette institution rivale, les Alterati paraissent en particulier avoir cultivé, mais toujours en sous-main, un autre type de rapport à la textualité et aux œuvres canoniques, fondé non sur la « correction » et même la « recorrection » des textes, mais bien plutôt sur le jeu, sur l'interprétation et sur le plaisir[134].

La rivalité entre les Alterati et la Crusca est très certainement antérieure à la publication de l'édition par les Crusconi d'une *Divine Comédie* épurée. Les archives des Alterati permettent en effet de retracer une tentative de fusion de ceux-ci avec la Crusca lancée en février 1591, avec pour but d'inclure également la jeune académie des Desiosi fondée par Agostino del Nero, le fils de Tommaso del Nero[135]. Le 4 février 1591, les actes des Alterati rapportent que le « premier censeur » de la Crusca, Francesco Marinozzi — vraisemblablement introduit par le Torbido (Marcello Adriani) — est venu parler aux Alterati de ce projet de fusion des trois

133. BNCF Magl. VIII 1399, fol. 247 : « Gli accademici della Crusca finirono di ricorreggerlo <Dante>, e mi dicono havendo di già consegnato al Sermartelli per che lo stampi in 4° col rimario, ma senza annotationi per questa prima volta, solo con la ragione di tutte correttioni. Ma devrà questa prima stampa esser finita questo Ognisanti ». Apparemment, l'éditeur Sermartelli se récusa avant la Toussaint. Le livre parut en effet chez un éditeur moins réputé que lui, Domenico Manzani. L'ouvrage prit aussi beaucoup de retard sur le calendrier initialement prévu, ne voyant finalement le jour que l'année suivante.

134. Ma lecture des interactions entre les Alterati et la Crusca, sur la question de l'édition de Dante, diffère quelque peu de celle de Domenico De Martino dans « 'Della nostra favella questo divin poema è la miglior parte' : gli accademici della Crusca tra *Vocabolario* e *Commedia* », dans *La Divina Commedia di Dante Alighieri nobil fiorentino, ridotta a miglior lezione dagli accademici della Crusca*, Turin, Loescher et Florence, Accademia della Crusca, 2012, p. XI-XXII et « Dante, la *Commedia* », dans Belloni, Gino et Trovato, Paolo (dir.), *La Crusca e i testi. Lessicografia, tecniche editoriali e collezionismo librario intorno al* Vocabolario *del 1612*, Padoue, Libreria Universitaria (avec l'Accademia della Crusca), 2018, p. 427-440. De Martino ne souligne en effet pas ces rivalités. Ses analyses, lorsqu'elles caractérisent le projet intellectuel de l'édition de Dante à l'aune de celui du dictionnaire de la Crusca, ne sont pas moins convaincantes.

135. Cet épisode a d'abord été documenté par Luigi Clasio dans « Lezione di Lorenzo Giacomini Tebalducci Malespini sopra il sonetto del Petrarca, 'La gola, il sonno, ect' [...] », p. 27-33, où sont transcrits la plupart des textes manuscrits. Voir aussi Prezziner, Giovanni, *Storia del pubblico Studio e delle società scientifiche e letterarie di Firenze*, Florence, Carli, 1810, 2 vol., t. 2, p. 44.

académies, en leur lisant un écrit de l'Inferigno en faveur du projet[136]. Derrière ce dernier pseudonyme se cachait Bastiano de' Rossi, le chef de file de l'académie de la Crusca depuis la mort de Salviati. Il est néanmoins probable que Francesco Marinozzi et Bastiano de' Rossi n'aient pas agi de leur seule initiative. Les actes des Alterati rapportent en effet que l'écrit de l'Inferigno justifiait la fusion au nom du « bien public » (« pubblico bene ») tout en invoquant la « nécessité de se conformer à l'opinion des autres qui ont la mire en vue » (« per conformarsi con l'opinione degli altri che hanno la mira »)[137]. Cette dernière expression est particulièrement vague, dès lors que l'entrée du *diario* ne précisait pas qui étaient ces « autres ». Mais on peut supposer que ce langage codé désignait ceux qui décident des buts à atteindre, soit le prince et son entourage, dès lors que leur mention est associée à celle du « bien public ». Quelles pouvaient néanmoins être les visées du pouvoir en l'espèce ? Il s'agissait peut-être de protéger l'Accademia Fiorentina de la concurrence de trop de petites académies dynamiques. Mais le but était peut-être surtout de parvenir à neutraliser — sans faire trop de vagues — deux académies patriciennes, qui étaient étroitement liées l'une à l'autre, en les poussant à fusionner avec une académie que ses récents projets de « correction » des œuvres canoniques de la littérature toscane, sans visée herméneutique affichée, rendaient sans doute plus acceptable au régime médicéen.

Toujours est-il que le projet échoua. Les Alterati déclarèrent en effet que la proposition leur paraissait « neuve et inconvenante » car elle contenait « tacitement l'annulation de leurs lois et de leurs coutumes », résolvant « en guise de moindre mal [...] de n'en plus parler[138] ». La diplomatie et la discrétion dont le groupe fit preuve en cette occasion tendent à confirmer qu'il s'agissait effectivement d'un projet venu d'en haut : grand soin est en effet pris sur le moment de ne froisser ni les Crusconi ni le prince, en faisant silence sur toute l'affaire. Mais, à la séance suivante (20 février 1591), les académiciens les plus anciens se déchaînent, Lorenzo Giacomini (il Mesto) reprochant par exemple au Torbido (Marcello Adriani) de s'être laissé convaincre « de souscrire à un écrit si contraire à la réputation de l'académie » (« a soscrivere una scrittura tanto contraria alla riputazione dell'Accademia[139] »). L'Aspro (Francesco Bonciani) souligna parallèlement que le texte proposé à la délibération des académiciens « détruisait l'honneur et l'essence de leur académie » (« distruggeva l'onore e l'essenza della loro

136. BMLF Ashburnham 558.2, fol. 90.

137. BMLF Ashburnham 558.2, fol. 90r.

138. BMLF Ashburnham 558.2, fol. 90v : « Gli Alterati sentendo tal proposta, e parendo loro nuova e sconvenevole, poichè tacitamente conteneva l'annullazione delle loro leggi et de' loro costumi, per manco male deliberarono di non ne far più parola, e così impor fine a questo trattamento. »

139. BMLF Ashburnham 558.2, fol. 91r.

accademia »[140]). La séance fut si houleuse que — fait exceptionnel dans l'histoire de l'institution — l'élection du nouveau régent, qui était prévue pour ce jour-là, ne put se tenir et fut reportée. L'épisode laissa visiblement aussi dans les consciences un souvenir traumatique. Après la mort d'Agostino del Nero en 1591, une fusion entre les Alterati et les Desiosi fut en effet également envisagée, très probablement à l'initiative des ces derniers, que la mort de leur fondateur laissait orphelins. Le 30 août 1593, après une discussion générale, le Trasformato (Scipione Ammirato), régent en titre, invita le Torbido (Marcello Adriani) et le Desioso (Giulio del Bene) à « discourir de l'union avec les Desiosi, à la condition que soit toujours maintenu le nom d'Alterati[141] ». Les actes des Alterati devenant ensuite lacunaires, on ne sait comment la discussion sur cette seconde fusion se termina. Un récit émanant sans doute d'un ou plusieurs membres des Desiosi suggère néanmoins clairement que l'union des deux académies se réalisa[142]. Mais elle semble s'être effectuée à l'avantage des Alterati, soit seulement par l'intégration des quelques Desiosi subsistants dans l'académie la plus ancienne, qui maintenait son nom, son identité, ses lois, ses coutumes et surtout sa réputation.

Certains éléments du cadre narratif de *Della cognitione di se stesso* paraissent par ailleurs faire implicitement allusion à la fusion avortée avec la Crusca. Dans la première partie du dialogue, qui se déroule dans la villa de Lorenzo Giacomini à Bonazza, seuls trois personnages sont mis en scène : l'hôte, son ami Giovan Battista Strozzi et le médecin de campagne dont il a été question plus haut, Bastiano. La discussion porte sur la génération, la nature et les « pouvoirs » de l'âme, la perception et le toucher, ainsi que sur la notion d'altération et sur la question du plaisir (p. 80). Puis deux autres personnages se joignent à la discussion. Ceux-ci arrivent avant le déjeuner en précisant qu'ils avaient originellement eu l'intention de se rendre à Poggibonsi chez Giovan Battista Muzi — le professeur de médecine auquel Giacomini a attribué le dialogue par lui-même imprimé — pour y passer deux jours. Mais, en traversant le village voisin de Tavernelle, ils ont rencontré le cocher de

140. *Idem.*

141. BMLF Ashburnham 558.2, fol. 95^{r} : « Finalmente il reggente elesse il Torbido in compagnia del Desioso e Trasformato a trattare l'unione co' Desiosi, con patto di dover sempre mantenere il nome d'Alterati ».

142. L'union des Desiosi avec les Alterati est votée au sein des Desiosi le 5 août 1593, d'après le BNCF II.IV.15, fol. 23^{r}-38^{v}, qui raconte sous forme d'*abbozzi* l'histoire des tractations ayant conduit à cette union du point de vue des Desiosi. Ce document fragmentaire est malheureusement anonyme en son état actuel. Je n'ai pas réussi à en identifier la main (voir néanmoins l'inventaire analytique des documents manuscrits consultés, pour plus de détails). Le fol. 32 énonce les conditions posées par les Desiosi — dont celle qu'un nouveau nom, commun aux deux académies, soit trouvé dans les trois mois. Les actes des Alterati indiquent clairement que, sur ce point, ceux-ci n'accordèrent pas aux Desiosi ce qu'ils demandaient. En conséquence, les Desiosi se sont en réalité dissous dans l'académie des Alterati. Le texte conservé en BNCF II.IV.15 fol. 23^{r}-38^{v} doit dès lors sans doute être lu avant tout comme le récit de la disparition des Desiosi en tant qu'institution académique indépendante.

Giacomini, dont la villa est située à quelques kilomètres (« un miglio ») de là. Celui-ci leur a dit que son maître et Giovan Battista Strozzi se trouvaient au milieu d'« un raisonnement serré avec un médecin » (« a stretto ragionamento con un medico », p. 83). Or les deux voyageurs, qui sont présentés comme « très amis » (« amicissimi ») de Giacomini et de Strozzi, portent les noms de deux membres de la Crusca. Le premier est désigné comme Francesco Marinozzi, ce *cruscono* qui était venu lire aux Alterati l'offre de fusion rédigée par Bastiano de' Rossi. Membre de l'Accademia Fiorentina, dont il fut censeur en 1595, l'homme rejoignit la Crusca en 1588-1589 sous le pseudonyme de Riscaldato et en devint l'archiconsul (soit le premier magistrat) en 1592. Quant à son compagnon d'excursion fictif, le nom qui lui est donné dans le dialogue publié sous le nom de Muzi est celui de Giovanni Berti, qui devint membre de la Crusca à partir de juillet 1593 sous le pseudonyme d'il Rispigolato, mais ne semble pas avoir participé au gouvernement de l'institution. Les deux hommes ont également en commun le fait d'avoir travaillé à l'édition de la *Divine Comédie* de Dante. Francesco Marinozzi fut l'un des principaux inspirateurs du projet et joua un rôle important dans sa mise en œuvre, puisqu'il organisa et supervisa la révision de l'*Enfer*. Giovanni Berti, pour sa part, est désigné dans le volume publié en 1595 comme l'éditeur du chant XXII du *Paradis*.

À quoi rime l'introduction de ces deux individus dans la deuxième partie de ce dialogue au contenu hétérodoxe ? Un bref survol de la discussion qui occupe les cinq hommes peut permettre d'y voir plus clair. Au cours de celle-ci, le médecin Bastiano, qui est le principal exposant dans le dialogue depuis le début de la conversation, disserte sur le goût et l'odorat puis s'arrête en suggérant qu'il veut laisser les hommes de lettres présents parler de la vue et de l'ouïe, dès lors qu'ils sont plus aptes à cette tâche (p. 117-118). Giacomini suggère alors que Marinozzi fasse les exposés attendus sur ces deux sujets. Mais celui-ci se défausse *propter incapacitatem*, en citant Dante dans l'un des chants dont il a lui-même supervisé la « recorrection » : « Me degno a ciro, nè io, ne altri ne crede » (*Enfer*, II, v. 33). Le passage auquel il est ainsi fait allusion exprime la crainte de Dante et ses doutes, au moment de commencer son parcours vers l'Enfer, soulignant son sentiment d'indignité : « Mais moi, pourquoi venir ? Qui le permet ? / Je ne suis ni Enée ni Paul ; / Ni moi ni aucun autre ne m'en croit digne[143]. » Le fait de placer ces vers dans la bouche du personnage de Marinozzi était sans doute un geste parodique : ce récent éditeur de l'*Enfer* de Dante semble en effet se dire indigne non seulement de la demande qui lui est faite — disserter sur la vue et l'ouïe —, mais encore incapable du travail d'établissement du texte de la *Divine Comédie* qui a été le sien au sein de l'édition

143. DANTE, *La Divine Comédie*, édition bilingue et traduction de Jacqueline RISSET, Paris, GF, 3 vol., 1992, t. 1 : *L'Enfer*, II, v. 31-33.

de 1595 (et donc aussi inapte, par voie de conséquence, à l'interprétation dudit texte ?). On soupçonne dès lors qu'affleure en réalité dans ce passage du *Della cognitione di se stesso* quelque conflit sur les manières de lire et d'aborder les textes canoniques. De fait, la deuxième moitié du dialogue semble chercher non seulement à exposer les théories de Giacomini sur les sens, mais encore à faire la démonstration d'un type de lecture de la *Divine Comédie* que les membres de la Crusca ne valorisent pas dans leur édition, à savoir la lecture scientifique et philosophique de son œuvre, à laquelle ils avaient substitué une approche étroitement philologique et linguistique.

À partir du moment où Giacomini accepte d'exposer ses pensées sur l'ouïe et la vue, Dante est en effet cité à de multiples reprises à l'appui des thèses de son discours, que Marinozzi qualifie d'« en partie poétique et peut-être plus rhétorique que démonstratif » (« in parte poetico, e forse piu rhetorico che demonstrativo », p. 129). Le raisonnement sur la vue (à partir de la page 144) est tout particulièrement « poétique », avec par exemple une belle digression sur les vers luisants. Mais surtout, Giacomini semble souvent s'appuyer principalement sur Dante pour étayer ses thèses. Aux pages 163 et 164, où il disserte sur le surgissement de la lumière et la manière dont elle frappe nos sens, Giacomini cite ainsi trois extraits de la *Divine Comédie* de Dante coup sur coup, dans un texte qui n'est pas celui récemment établi par la Crusca[144]. Est d'abord mentionné le début du livre XVII du *Purgatoire*, qui évoque le soleil surgissant des nuages (*Purgatoire*, XVII, v. 4-6). Puis un bref passage du *Paradis* (XXIII, v. 79-81) est offert, lequel évoque aussi le soleil traversant un nuage, cette fois-ci pour éclairer un pré de fleurs. Enfin, Giacomini retourne au livre XVII du *Purgatoire* (v. 41-42) pour rappeler des vers qui décrivent l'aveuglement de Dante lorsqu'une lumière frappe son visage. L'auteur de la *Divine Comédie* est ainsi mobilisé à l'appui des théories de Giacomini sur la lumière et la vue, non seulement comme une manière de souligner la poéticité des expériences quotidiennes que lui-même décrit, mais encore comme une illustration de la capacité du poète à les décrire adéquatement, d'une manière qui permette pleinement la compréhension des choses de la nature. Dante est en effet déclaré « excellent observateur de l'adéquation des mots <aux choses> » (« sommo observatore della proprietà delle voci », p. 167), ce qui est sans doute aussi une pique contre ceux

144. La dédicace de l'édition de la *Divine Comédie*, signée par Bastiano de' Rossi, date du 14 août 1595, tandis que la dédicace de Lorenzo Giacomini à Christine de Lorraine dans *Della cognitione di se stesso* date du 1er novembre. Autrement dit, l'usage de cette édition aurait peut-être été possible pour l'auteur, qui corrigea et augmenta le texte attribué à Muzi jusque dans la boutique de son imprimeur (comme le révèle la comparaison entre le manuscrit conservé en BNCF Magl. XV 43 et le texte finalement imprimé par les Giunti, voir *supra*, ch. 3, p. 271-273). Mais l'analyse des citations mobilisées montre que les corrections proposées par la Crusca ne sont jamais reprises.

qui, parmi les *crusconi*, ont voulu corriger le texte de son poème sans toujours bien comprendre ses choix de mots (ni même la nature des choses qu'elles désignaient ?).

La centralité des exemples tirés de la *Divine Comédie* pour l'élaboration des raisonnements de Giacomini est enfin soulignée par le fait que la discussion se clôt sur l'un d'entre eux. En point d'orgue de ses réflexions sur la peinture et la couleur, Giacomini rappelle en effet le surgissement de la « montagne brune » (« montagna bruna ») qui ravit Dante et ses compagnons à la fin du XXVIe livre de l'*Enfer* (v. 133-135). Il s'agit de la montagne du Paradis terrestre, où le Christ était censé avoir placé le Purgatoire et que la troupe aperçoit avec joie en s'apprêtant à quitter l'Enfer. La citation, sur laquelle la conversation se termine, a probablement dans le texte du *Della cognitione di se stesso* une valeur méta-discursive. Elle semble en effet fonctionner comme une manière d'annoncer aux interlocuteurs la fin d'une sorte de traversée de l'Enfer : une fois la nature de l'âme et les capacités des sens expliqués, en compagnie de Dante, les participants au dialogue sont ainsi (allusivement) déclarés en voie de rédemption — tant morale que poétique et scientifique. Ils ont été éclaircis et inspirés, et les ténèbres se sont, pour eux aussi, déchirées.

Alors que Francesco Marinozzi, en s'invitant parmi les Alterati en février 1591, avait été perçu par eux comme désirant mettre fin à leur autonomie et à leurs lois, voici que lui et Giovanni Berti étaient maintenant fictivement conviés à entrer dans l'univers des Alterati et même sommés de s'y adapter. Ce monde est présenté comme celui du loisir consacré à la compréhension du monde physique et à l'appréciation conjointe des textes canoniques de la littérature toscane — qu'il convient, selon Giacomini, de lire non seulement pour leur poéticité mais encore pour les connaissances qu'ils recèlent, en particulier lorsqu'il s'agit de Dante. Situé dans une agréable villa et ponctué de bons repas qui se partagent gaiement — Giacomini joue en effet pleinement son rôle d'hôte, offrant à ses invités tant un déjeuner qu'un souper —, cet univers allie aussi les plaisirs des sens et de la sociabilité avec ceux de l'intellect, ennoblissant les premiers par les seconds. Or cette atmosphère d'investigation libre, qui ne s'interdit aucun sujet d'interrogation, semble aussi s'opposer implicitement aux travaux philologiques des éditeurs de la Crusca, qui, dans leur édition de Dante, se publiaient au contraire comme un groupe travaillant laborieusement — dans la pénombre studieuse de la bibliothèque du prince, à San Lorenzo — à la tâche de « corriger » les plus grands textes de la littérature toscane, plutôt qu'à les méditer, à les interpréter et à les comprendre. À l'étendue des préoccupations herméneutiques et épistémologiques d'un Giacomini, se trouvait ainsi narquoisement juxtaposée, dans *Della cognitione di se stesso*, l'étroitesse de celles des membres de la Crusca, focalisés sur les manières d'améliorer un texte dont ils ne comprendraient peut-être même pas toutes les implications. Leurs stratégies de publication opposaient aussi les deux académies : du côté de la Crusca, les membres faisaient exister leur groupe par l'imprimé en nom collectif, du côté des Alterati, les académiciens faisaient vivre leur institution secrètement au travers de manuscrits ou, dans le cas *Della cognitione di se stesso*, de textes vraisemblablement publiés sous le nom d'un autre. Tout en rassemblant des individus sans doute effectivement « très proches » sur le plan social, le dialogue de Giacomini opposait ainsi clairement ses interlocuteurs à mots couverts, laissant entrevoir aux lecteurs qui auraient été familiers avec la culture académique florentine les linéaments d'une concurrence, si ce n'est de désaccords de principe.

Il convient également de préciser que l'académie de la Crusca n'était très vraisemblablement pas l'unique cible des stratégies de distanciation dont la mobilisation de la *Divine Comédie* de Dante semble avoir été, dans le *Della cognitione di se stesso*, l'un des principaux véhicules. Car, comme mentionné au chapitre précédent, le texte de Dante était aussi cité dans le *Della generazione et nascimento dell'huomo*, ce traité de Giovan Battista Muzi sur la procréation et les naissances dont un manuscrit est actuellement conservé à Florence[145]. Dans le BNCF Magl. XV 62, Dante était en particulier mobilisé aux fol. 20^{v}-21^{r} et aux fol. 70^{r}-71^{r}. Or ces citations sont reprises dans *Della cognitione di se stesso* (où les vers 37 à 61 du *Purgatoire*, XXV, sur la génération, cités aux fol. 70^{r}-71^{r} du BNCF Magl. XV 62 sont cités aux pages 25 et surtout 28 du texte imprimé), mais avec des commentaires plus amples et bien plus approfondis que dans le manuscrit de Muzi, dont la mobilisation du texte de Dante semble fruste par comparaison. Quantité d'autres références à Dante sont aussi ajoutées par l'auteur du *Della cognitione di se stesso*[146], comme si Giacomini — s'il fut bien le rédacteur principal de ces dialogues — voulait affirmer en sous-main sa maîtrise de la *Divine Comédie* tout autant que sa connaissance des interprétations scientifico-poétiques qui en ont été données, en suggérant indirectement combien sa lecture du texte de Dante, mais aussi sa compréhension des phénomènes naturels complexes mentionnés dans celui-ci, étaient supérieures à celles de Muzi.

Ces procédures de réécriture et d'amplification concernant la mobilisation du texte de la *Divine Comédie* dans *Della generazione et nascimento dell'huomo* de Muzi semblent en outre se trouver redoublées, dans *Della cognitione di se stesso*, lors de plusieurs moments de ce que l'on peut envisager comme des formes de plagiat parodique (ou semi-parodique) du traité que l'obstétricien des grandes-duchesses produisit sur la génération. En plusieurs lieux, l'auteur du *Della cognitione di se*

145. Voir BNCF Magl. XV 62 : ce manuscrit a probablement circulé à Florence entre le moment de sa rédaction et celui de la mort de son auteur (1595).

146. On trouve des références plus ou moins nourries à la *Divine Comédie* de Dante aux p. 17, 28, 37, 41, 64, 66, 95, 119, 132, 134, 163, 164, 167 et 190 du *Della cognitione di se stesso.*

stesso place en effet dans la bouche du médecin Bastiano soit des passages qu'il recopie directement dans *Della generazione et nascimento dell'huomo* de Muzi, soit des passages qu'il tire de manière évidente d'une lecture très attentive de ce traité, mais a résumé et reformulé avant de les attribuer au médecin de village que met en scène le dialogue paru en 1595. Dans l'un de ces cas, l'auteur attribue ainsi à Bastiano une tirade sur les naissances gémellaires qui correspond presque mot pour mot au chapitre que Muzi consacrait à ses questions au chapitre 16 de son traité sur la génération[147]. L'analyse de cette reprise parodique est cependant compliquée par le fait que le chapitre 16 du traité de Muzi s'inspire lui-même — et de manière très évidente — d'une leçon publique que Benedetto Varchi donna en 1543 à l'Académie Florentine, dans le cadre d'une réflexion suivie sur les vers 37 à 61 du chant XXV du *Purgatoire* de Dante[148]. À quoi il faut ajouter que, un peu plus loin dans le dialogue, l'auteur du *Della cognitione di se stesso* fait disserter Bastiano sur le terme naturel des naissances et les naissances prématurées, en construisant sa réplique à partir de matériaux qu'il a très clairement tirés du chapitre 18 du *Della generazione et nascimento dell'huomo* (fol. 91^{v}-105^{v}), comme l'indique en particulier la reprise en abrégé de considérations astrologiques que ce chapitre du manuscrit présente dans le plus grand détail, à l'aide d'une demi-douzaine de schémas.

Comprendre la visée épistémologique de telles pratiques de citation, de plagiat et/ou de réécriture dans le *Della cognitione di se stesso* excède le cadre de ce chapitre, dont le propos n'est pas de clarifier ce que ce dialogue rédigé, en tout ou partie, par Lorenzo Giacomini espérait faire saisir à son lecteur en matière de discours sur la médecine et la philosophie naturelle[149]. On peut néanmoins supposer que ces reprises parodiques ou semi-parodiques du texte de Muzi — et, à travers lui, des considérations de Benedetto Varchi sur le même sujet — n'étaient pas seulement une critique de Muzi mais aussi une forme de captation de ses idées, dont Bastiano devenait dans le dialogue le principal représentant. Simultanément,

147. Voir *Della cognitione di se stesso*, p. 43-48 et BNCF Magl. XV 62, fol. 80-88.

148. Le texte de ces leçons avait été publié en 1560 dans VARCHI, Benedetto, *La prima parte delle lezzioni di messer Benedetto Varchi nella quale si tratta della natura, della generazione del corpo humano, e de' mostri, lette da lui publicamente nella Accademia Fiorentina*, Florence, Giunti, 1560, p. 30-84. Les leçons sont accessibles dans VARCHI, Benedetto, *Lezioni sul Dante e prose varie la maggior parte inedite tratta ora in luce dagli originali della Biblioteca Rinucciana*, édités par Giuseppe AIAZZI et Lelio ARBIB, Florence, Società editrice delle storie del Nardi e del Varchi, 1841, 2 vol., t. 1, p. 1-116, où l'on trouve notamment le *proemium* (« Dichiarazione sopra il canto XXV del Purgatorio ») et la première leçon (« Lezione prima della dichiarazione sopra il canto XXV del Purgatorio »). C'est cette première leçon (notamment en son second problème) qui est moblisée par Muzi dans son ch. 16 (*Lezioni sul Dante*, p. 59-61). Pour une contextualisation de la production de ces leçons, voir ANDREONI, Annalisa, « 'Sangue perfetto che poi non si beve...' : le lezioni di Benedetto Varchi sul canto XXV del Purgatorio », *Rinascimento*, 2004, 44, p. 139-223. Sur la réception de Dante dans la culture académique florentine de la Contre Réforme, voir DALMAS, Davide, *Dante nella crisi religiosa del Cinquecento italiano, da Trifon Gabriele a Lodovico Castelvetro*, Rome, Vechiarelli Editore, 2005, p. 33-153.

149. Sur ces questions, on trouvera néanmoins quelques considérations additionnelles *infra*, ch. 5, p. 443-447.

comme les piques lancées contre l'édition que la Crusca avait fait paraître de la *Divine Comédie* de Dante, ces reprises entendaient sans doute aussi suggérer qu'il existait des manières à la fois plus savantes, plus rigoureuses et plus imaginatives (ou plus poétiques) non seulement d'envisager mais encore d'énoncer les savoirs de la médecine, de la physique et de la philosophie, en évitant notamment de se laisser aller à trop d'affabulations ou de superstitions, comme c'était le cas tant dans le manuscrit de Muzi sur la génération que dans la leçon de Varchi, dont certains des passages du texte de Muzi repris dans le *Della cognitione di se stesso* étaient tirés. Par là, le savoir linguistique, poétique, rhétorique et surtout herméneutique — tel qu'il fut développé parmi les Alterati — était présenté, dans ce dialogue, comme le fondement de savoirs plus ambitieux et plus vastes, où l'ensemble des principales questions de la philosophie naturelle pouvaient se trouver englobées. Ou, du moins, les questions de langue, de style et de rhétorique apparaissaient, dans ce dialogue, comme des préalables aussi essentiels qu'incontournables à toutes les activités de savoir — ce que le temps dévolu par les Alterati aux pratiques d'évaluation et de « censure » de leurs propres productions poétiques suggère par ailleurs également.

3.4. *Secrets de métier et arts de faire : la production poétique comme travail collaboratif*

Car les Alterati se livraient aussi, au jour le jour, à des exercices de « censure » qui ressemblent beaucoup, à première vue, aux travaux d'établissement et de « correction » de textes qui furent ceux de la Crusca, dès lors qu'il s'agissait aussi d'améliorer des écrits en les réécrivant. Où se trouvait néanmoins pour eux la différence — ou les différences ? La première d'entre elles résidait sans doute dans le fait que, chez les Alterati, l'évaluation et la critique collective portaient exclusivement sur les travaux (en prose mais surtout en vers) du groupe lui-même. L'autre différence majeure était que ces activités donnaient lieu à des échanges discursifs nourris, détaillés et contradictoires (*pro et contra*) — et pas seulement à des corrections manuscrites isolées. Enfin, lorsque les censeurs suggéraient des amendements pour les vers qu'ils estimaient défectueux, dans le cours de leurs « censures » et « défenses » (ou « anticensures ») des poèmes tirés de l'urne, toute amélioration était supposée devoir être faite par l'auteur lui-même, et les changements proposés ne semblent pas avoir eu vocation, dans la très grande majorité des cas, à être autre chose que des suggestions. Plus intéressant encore, ce processus d'autocorrection ne semble pas avoir été particulièrement valorisé ni même assidûment pratiqué au sein de l'académie elle-même, dès lors que les archives des Alterati conservées à Florence, avec l'ensemble de ses manuscrits les plus centraux, ne préservent pas de trace de textes poétiques ayant été corrigés avec soin et de manière suivie selon les suggestions de leurs censeurs[150]. On peut dès lors faire l'hypothèse que l'enjeu de ces pratiques de « censure » se trouvait en réalité ailleurs. Il semble en particulier que, parmi les Alterati, la production poétique et les processus d'évaluation des écrits de chaque membre aient principalement eu pour but de réfléchir collectivement à l'art poétique de manière générale, visant ainsi un objectif plus large que la seule critique ponctuelle. Il s'agissait en effet plutôt de se livrer à des expérimentations collectives dans le savoir-faire poétique, par l'invention et la critique de textes originaux, dans un geste qui faisait naître l'art — ou au moins une forme de compréhension de celui-ci — des essais (et même des échecs) de la créativité commune. Parallèlement, dans le cours des évaluations croisées *pro et contra* que produisaient les censeurs sur les textes poétiques qu'ils jugeaient dignes d'être placés dans le livre des compositions contradictoirement évaluées (BMLF Ashburnham 561), un vocabulaire et des manières de faire pour évaluer l'art poétique se trouvaient collectivement mis en circulation au sein de l'académie, ainsi que des conceptions de la beauté et du plaisir, quoique celles-ci soient parfois tacites et même élusives[151].

150. Lorenzo Amato m'a néanmoins signalé, peu avant la parution de ce livre, l'existence d'un recueil de poèmes des Alterati conservé à la Bibliothèque vaticane à Rome, en BAV Vaticani Latini 8858, dont il prépare une édition. Ce codex très soigneusment calligraphié mais sans titre aucun contient des poèmes des Alterati classés chronologiquement par régence, avec, dans la première partie du recueil, la mention du pseudonyme académique de chaque auteur. Mais on ne sait pas quand il a été transcrit, ni pour qui ou par qui. D'autre part, seule une partie des textes copiés dans ce recueil figure dans BMLF Ashburnham 560. Les textes du BMLF Ashburnham 561, surtout ceux qui sont conservés dans la deuxième moitié de ce volume (fol. 94r-343r), sont en revanche bien mieux représentés dans le BAV Vaticani Latini 8858, en particulier dans son dernier tiers. Néanmoins, les corrections qui ont été apportées aux textes copiés dans ce dernier ne semblent pas toujours avoir été effectuées d'après les suggestions faites pendant les opérations de « censure » au sein des Alterati (voir par exemple BMLF Ashburnham 560, fol. 74r et BAV Vaticani Latini 8858, fol. XIXv, qui donnent deux versions très différentes d'un sonnet du Sconsigliato commençant par « Cotesta d'Arno memorabil'onda »). Ceci suggère que le BAV Vaticani Latini 8858 n'a sans doute pas été assemblé dans la foulée des activités de « censure » des Alterati, mais dans un autre cadre et plus tardivement, très vraisemblablement par Giovan Battista Strozzi, qui l'aurait laissé à Rome après son départ. Il s'agissait peut-être pour Giovan Battista Strozzi de faire valoir les travaux de l'académie en dehors de celle-ci, pendant son séjour à Rome ? À cette fin, certaines des compositions reprises furent peut-être rassemblées à partir d'un ou plusieurs autres volumes académiques qui seraient aujourd'hui perdus, dont en particulier le « Secondo libro » (où les Alterati conservaient leurs compositions déclarées acceptables, dites aussi du « second lieu »). Le « Secondo » originel manque actuellement dans les archives florentines des Alterati et je ne pense pas, pour ma part, que le BAV Vaticani Latini 8858 soit ce volume perdu, car s'il était, il porterait très certainement un titre explicite et contiendrait selon toute probabilité un index des *incipits*, comme les BMLF Ashburnham 560 et 561.

151. Sur le savoir esthétique comme savoir élusif, voir les travaux d'Ulrike Schneider et de son groupe de recherche, « Theorie und Ästhetik elusiven Wissens in der Frühen Neuzeit : Transfer und Institutionalisierung » (SFB 980, groupe Episteme in Bewegung, projet B05). La rhétorique élusive du discours sur la « grâce » a par exemple été analysée par Ulrike SCHNEIDER dans « Vom Wissen um *gratia*. Strategien der Diskursivierung elusiven Wissens in der Frühen Neuzeit », paru dans EUSTERSCHULTE, Anne et SCHNEIDER, Ulrike (dir.), *Gratia. Mediale und diskursive Konzeptualisierungen ästhetischer Erfahrung in der Vormoderne*, Wiesbaden, Harrassowitz, 2018, p. 89-105. Voir aussi SCHNEIDER, Ulrike, « (Nicht)Wissen ? Relevanz und Modalitäten elusiven Wissens in Ästhetik und Verhaltenslehre der Frühen Neuzeit », dans DADAS, Sirin et VOGEL,

3.4.1. Procédures collaboratives : évaluations et classements

Le travail collaboratif parmi les érudits et poètes de l'époque moderne reste une réalité malcommode à documenter. Le plus souvent, les historiens du livre et de la circulation des savoirs pointent des formes de collaboration indirectes ou fantasmées. C'est ainsi qu'Ann Blair suggère que les collections de *variae lectiones* (ou diverses leçons) — dans lesquelles un érudit rassemblait un ensemble d'extraits textuels divers, pour lesquels il proposait amendements et commentaires — peuvent être considérées comme des « commentaires collectifs », dès lors qu'ils rassemblaient des textes originellement établis par d'autres et devenaient après leur publication une source où l'ensemble de la collectivité érudite pouvait puiser[152]. La collaboration est ici réelle, au moins à l'échelle de la République des Lettres, mais elle ne se fait pas *in presentia*. Ann Blair analyse également comment, dans son *Polyhistor*, George Morhof envisageait la polymathie comme une entreprise collective, dans le sens où il rêvait de voir d'autres savants, après lui, compléter son projet et résumer tous les livres érudits, avec le soutien de mécènes[153]. Dans ce cas, la collaboration est un fantasme, qui s'articule au rêve d'une extension infinie du savoir. Les collaborations régulières que pratiquaient les Alterati en cherchant à se former collectivement à la pratique de la poésie sont de nature très différente, dès lors qu'elles reposent sur des interactions réelles et très fréquentes, et travaillent non seulement au développement d'une conception commune — mais non nécessairement consensuelle — de l'art poétique, mais encore à l'amélioration des savoir-faire des individus. Le fonctionnement du laboratoire des Alterati, quoique pas toujours facile à reconstituer, est dès lors particulièrement instructif.

Pour l'établir, nous disposons à la fois de collections de poèmes rassemblés par les Alterati et de quelques précisions éparses sur leurs activités de censure dans les actes de l'académie. Deux volumes de compositions poétiques censurées — au sens que les Alterati attribuent à ce mot, soit celui de lues, analysées, évaluées et/ou corrigées — subsistent aujourd'hui parmi les archives de l'académie (en BMLF Ashburnham 560 et Ashburnham 561). Il s'agit des sources qui permettent le plus étroitement de documenter leurs pratiques d'évaluation et d'amendement. La première de ces deux collections (BMLF Ashburnham 560, qui comprend 209 fol.) est le *Zibaldone* (ou *Ziba*) des compositions poétiques de

Christian (dir.), *Dynamiken der Negation. (Nicht)Wissen und negativer Transfer in vormodernen Kulturen*, Wiesbaden, Harrassowitz, 2021, p. 43-72.

152. Blair, Ann, « The Collective Commentary as Reference Genre », dans Häfner, Ralph et Völkel, Markus (dir.), *Der Kommentar in der Frühen Neuzeit*, Tübingen, Max Niemeyer, 2006, p. 115-131 (p. 124).

153. Blair, Ann, « The Practices of Erudition according to Morhof », dans Waquet, Françoise (dir.), *Mapping the World of Learning : The* Polyhistor *of Daniel Georg Morhof*, Wiesbaden, Harrassowitz, 2000, p. 59-74.

l'académie, soit le volume où sont placées les compositions considérées comme par trop défectueuses. Il contient en son état actuel deux parties, un « Ziba primo di rime » — où « primo » a été ajouté au titre *a posteriori*, signalant l'accroissement progressif du volume — et, à partir du fol. 115^{r}, dans la numérotation moderne, un « Ziba secondo di rime ». Les deux parties du volume, qui étaient originellement numérotées séparément, sont chacune précédées de folios qui indexent avec soin les poèmes par types (madrigaux, sonnets, *canzoni*, etc.), puis par ordre alphabétique de leur premier vers (ou *incipit*). Ce premier volume ne contient pas de censures ni de défenses rédigées, mais seulement des appréciations brèves, qu'accompagnent le plus souvent des soulignements de groupes de mots au sein du texte évalué et, parfois, quelques notes éparses. La plupart des textes comportent aussi, généralement à la fin du poème, la mention « Al Ziba » ou même simplement un « Z », qui peut parfois être assez large, appuyé ou insistant dans sa graphie [**Ill. 35 et 36**].

Les raisons données pour expliquer le placement d'un texte dans le *Ziba* sont toujours très succinctes : « parce qu'il n'y a pas d'ornements poétiques » (« per non c'essere ornamenti poetici », fol. 105^{r}), dit une appréciation. « En raison des erreurs signalées au fil du texte, de la métaphore insuffisamment filée et du style ordinaire » (« per i sopra scritti errori et per lo concetto non continuato, e per lo stile ordinario », fol. 94^{v}), affirme une autre. Une autre notation est plus télégraphique encore : « pour les choses signalées <dans le texte> et les mauvaises mœurs (« per le cose notate et mal costumi », fol. 137^{r}). Ce volume paraît ainsi contenir les pièces que les censeurs désignés par le régent au début de chaque régence ont écartées avant censure approfondie — soit les poèmes jugés mauvais au premier coup d'œil (ou presque). Mais pourquoi les Alterati conservaient-ils avec tant de soin ces textes jugés insuffisants et pourvus d'évaluations négatives, de surcroît avec un indexage aussi attentif, qui permettait de retrouver chacun d'entre eux par sa première ligne ? Une telle forme de conservation suggère que les productions jugées mauvaises (« cattive ») étaient parallèlement comprises comme ayant une grande valeur dans le cadre du travail collaboratif de l'académie. On peut même penser qu'elles étaient consultées fréquemment dans le cadre de celui-ci, car sinon leur indexation n'aurait pas été jugée utile. Mais ce classement soigneux n'explicite pas quelle utilité était exactement attribuée à ces pièces dans les activités poétiques du groupe.

Le deuxième volume de compositions poétiques subsistantes permet de mieux comprendre la fonction des poèmes collectivement évalués dans le travail des Alterati. BMLF Ashburnham 561 ne porte pas de page de titre mais se trouve néanmoins désigné en son sein comme « le livre des censures » (« il libro delle censure », fol. 94^{r}). Il rassemble en effet les textes pourvus de censures et de

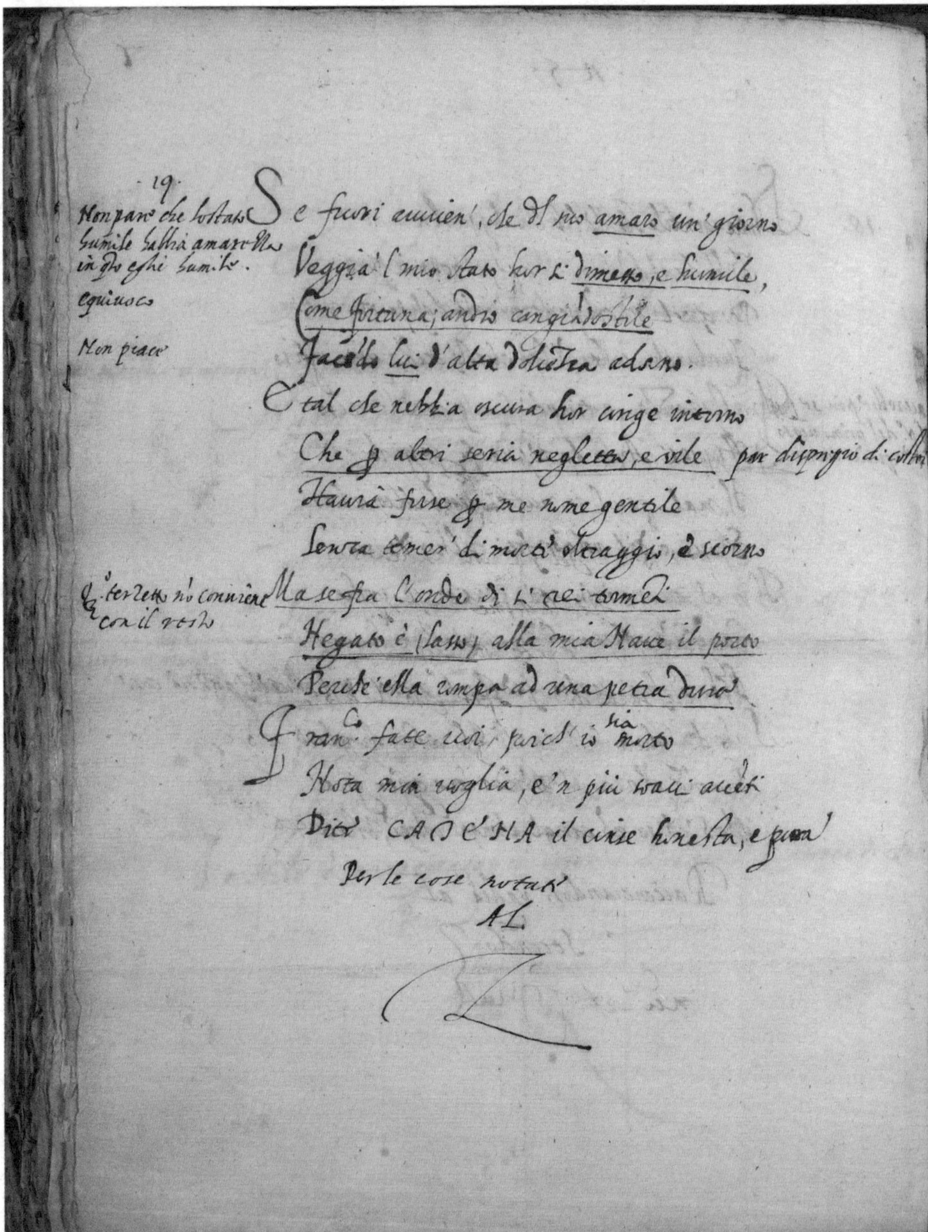

Illustrations 35 et 36.
Les fol. 134v et 135r du BMLF Ashburnham 560 qui contient le *Zibaldone* des Alterati. Les poèmes placés « Al Z<iba> » comportent des traces de corrections et des appréciations. Reproduits avec la permission de la Biblioteca Medicea Laurenziana, Florence — 2019. Tous droits réservés.
Source : BNCF Ashburnham 560.

8.

~~n. 6~~

+

20 Alma gentil, che dal bel nodo sciolta
Candida, e pura al Ciel spiegasti i vanni
Per quel dritto sentier, che da primi anni
T'apristi lieta al sommo ben rivolta.
Mira la schiera tua d'oscuro avvolta,
E negre bende, qual scura i suoi danni
Pianga, e provi per te ~~tuoi~~ gravi affanni
E pietà dal Ciel sue voci ascolta.
Che sentirai fra lagrime, e sospiri
Dir con doglia, et interrotti accenti
...n si dice, ma perduto Ahi, che sarà di noi ~~Hor~~ perso il tuo HERO?
Morto ~~di Flora~~ l'honor di Flora, e spento il vero
Lume di gloria, il Mondo hor ~~co~~ giri / Non è buona locutione
Morte, e suoi strali, ove più le piace accenti: mal suona

Il concetto è troppo ordinario

AZ

135

défenses, c'est-à-dire ceux que les censeurs en titre ont accepté de commenter de manière approfondie. Il était en effet possible de refuser de corriger ou défendre un texte, comme le suggère une note de la main du Desioso au fol. 320^{r} de ce volume, laquelle indique qu'après que le premier censeur a condamné quelques vers au *Ziba*, « ils n'ont pu être défendus » (« non si possono difendere »). Le volume BMLF Ashburnham 561, qui est une fois et demie plus gros que le précédent (343 fol.), comprend à la fois des textes envoyés au *Zibaldone* (notamment fol. 10^{r}, 17^{r}, 25^{r} et 158^{r}-171^{r}) et des textes jugés dignes du « Secondo », soit du livre des compositions déclarées moyennes ou acceptables. Les textes marqués du signe du *Ziba* sont ceux qui — quoique ayant été jugés dignes par les censeurs d'une analyse croisée approfondie — n'ont pas remporté l'assentiment de la majorité des membres de l'académie lors de la discussion publique des *censure* (censures), laquelle comprenait rituellement un vote sur chaque texte soumis à évaluation, avec les jetons en forme de raisins blancs ou noirs mis à la disposition des académiciens pour cet effet. Les textes ayant été collectivement approuvés pour un placement dans le « Secondo » paraissent cependant constituer la majorité du recueil BMLF Ashburnham 561. Les censures et défenses que ce manuscrit contient sont en outre de longueurs très variables, allant d'un demi-folio à trois ou quatre. Leur forme varie aussi considérablement — ce qui signale d'entrée de jeu qu'une assez grande liberté était laissée aux censeurs dans leurs modes d'approche et d'appréciation. Les évaluations produites comprennent néanmoins fréquemment quelques considérations de poétique générale en ouverture puis citent et critiquent linéairement (ou de manière synthétique) des passages précis du texte examiné, en proposant souvent — mais pas toujours — des améliorations [**Ill. 37-41**].

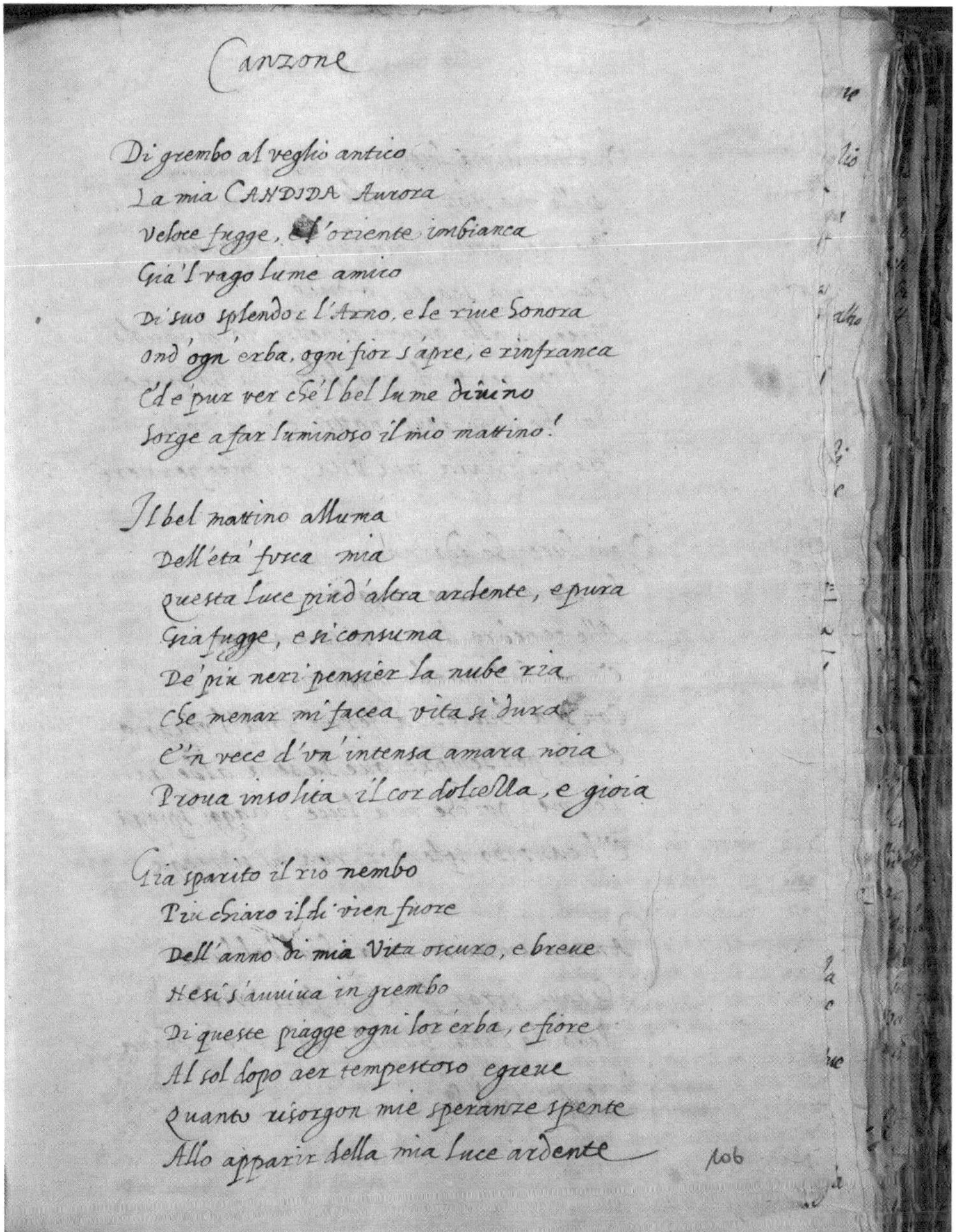

Canzone

Di grembo al veglio antico
La mia CANDIDA Aurora
Veloce fugge, e l'oriente imbianca
Già 'l vago lume amico
Di suo splendor l'Arno, e le rive Sonora
Ond'ogn'erba, ogni fior s'apre, e rinfranca
Ch'è pur ver che 'l bel lume divino
Sorge a far luminoso il mio mattino!

Il bel mattino alluma
Dell'età fresca mia
Questa luce più d'altra ardente, e pura
Già fugge, e si consuma
De' più neri pensier la nube ria
Che menar mi facea vita sì dura
E 'n vece d'un'intensa amara noia
Prova insolita il cor dolcezza, e gioia

Già sparito il rio nembo
Più chiaro il dì vien fuore
Dell'anno di mia Vita oscuro, e breve
Né sì s'avviva in grembo
Di queste piagge ogni lor erba, e fiore
Al sol dopo aer tempestoso e greve
Quanto risorgon mie speranze spente
Allo apparir della mia luce ardente

106

Illustrations 37 à 41.

Les fol. 106[r] à 108[r] du BMLF Ashburnham 561, qui contient le « Libro delle censure » des Alterati. La « canzone » évaluée est suivie d'une brève censure, de la main de l'Aspro (Francesco Bonciani). La défense est en revanche de la main du Desioso (Giulio del Bene). Reproduits avec la permission de la Biblioteca Medicea Laurenziana, Florence — 2019. Tous droits réservés.

Source : BMLF Ashburnham 561.

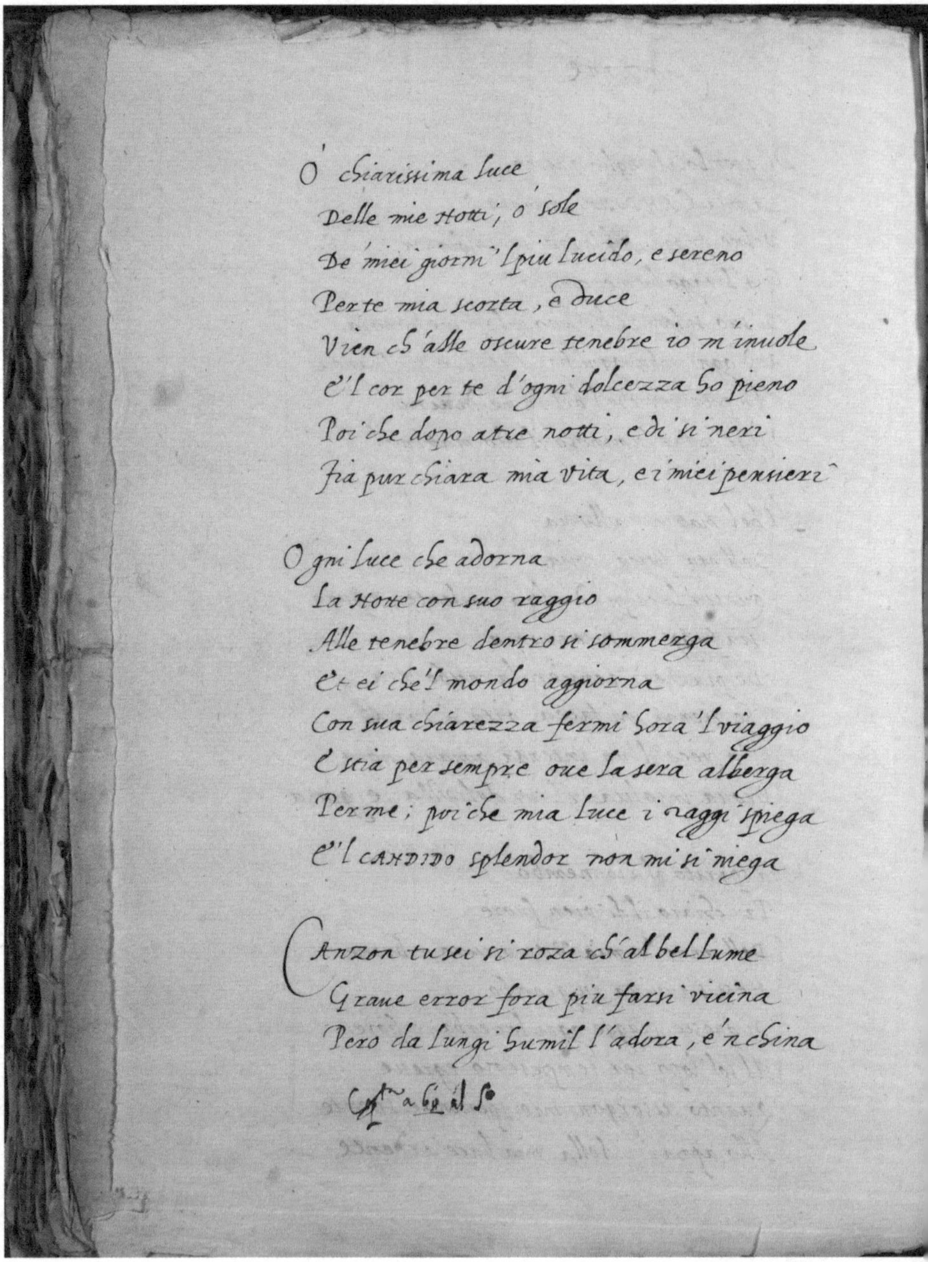
Ó chiarissima luce,
Delle mie notti; ó sole
De' miei giorni 'l piu lucido, e sereno
Per te mia scorta, e duce
Vien ch'alle oscure tenebre io m'inuole
E'l cor per te d'ogni dolcezza ho pieno
Poi che dopo atre notti, e di si neri
Fia pur chiara mia vita, e i miei pensieri

Ogni luce che adorna
La notte con suo raggio
Alle tenebre dentro si sommerga
Et ei che'l mondo aggiorna
Con sua chiarezza fermi hora'l viaggio
E stia per sempre oue la sera alberga
Per me; poi che mia luce i raggi spiega
E'l candido splendor non mi si niega

Canzon tu sei si roza ch'al bel lume
Graue error fora piu farti vicina
Pero da lungi humil l'adora, e 'nchina

[illegible]

Canzone n° 4) Di grembo al vecchio antico Censura

Pare che si trapassi da quella che è veramente Aurora alla Dama del Poeta
qualunque ella si sia senza che fra di loro si conosca differenza: perchè
alla rugiadosa Aurora si conviene quell'attributo di vago lume amico et
massime per rispetto di quel verso Ond'ogni herba ogni fior s'apre, e rinfranca
che son effetti dell'Aurora presa propriamente, et quell'altro ancora il bel
lume divino. Talchè questa cosa genera non piccola oscurità. Et se il
Poeta dicesse, che la sua Dama è l'Aurora non harebbe dovuto farsene
nuova questa mattina, poichè ella fa quel medesimo quasi ogni giorno

È ancora degno di consideratione, che molte volte ci sono le medesime voci replicate
lumi quattro volte, lume tre, e luminoso e alluma: ardenti, chiaro, tene=
bre, raggi, stelle, di, pensieri, neri, core, dolcezza, herba, fiore, e vita, sia
splendore, tutti replicati: ancorchè per avventura questo è stato fatto dal
Poeta ad arte non parendo che toglia di gratia alla canzone.

Pare che il poeta distingua il lume de l'aurora da quel della sua dama, perchè
dopo haver descritto l'Aurora, dice Già il vago lume amico etc. cioè hora
il vago lume amico, a me amico et della mia donna Sorom l'avvio etc. Et
par che voglia che su l'aurora gli sia apparita la sua donna. il che repete
nel principio della seconda stanza dandogli epiteto d'ardente il che non è nella
l'aurora, ma in quella che gli fa consumar e neri pensieri. Et così segue
in tutte l'altre stanze. Et quelli medesimi effetti de l'aurora il poeta gli da a l'amata l'aurora stesso
Ma quando pur fosse la sua dama l'aurora, non saria già fatto, poi che molti di state
si sono innamorati; che lui oro gli fosse quivi venuto de l'aurora, fu per la sua
bellezza, si ancora per le tante odi dettigli da tanti poeti et oratori che invitorno
ad amarla. et il poeta come huomo che si pasce forse più di cose divine, et
dice sole colla vista et udito si puo innamorarsi, si può esser di lei preso. Et se ben
ogni mattina esce de l'orizonte, alli innamorati sempre si rallegrano vedendo la cosa
amata, et con grande affetto la vagheggiano come se mai vista la havessero
Ma si dire la canzone al secondo verso la mia candida aurora nel suo ... [illegible]

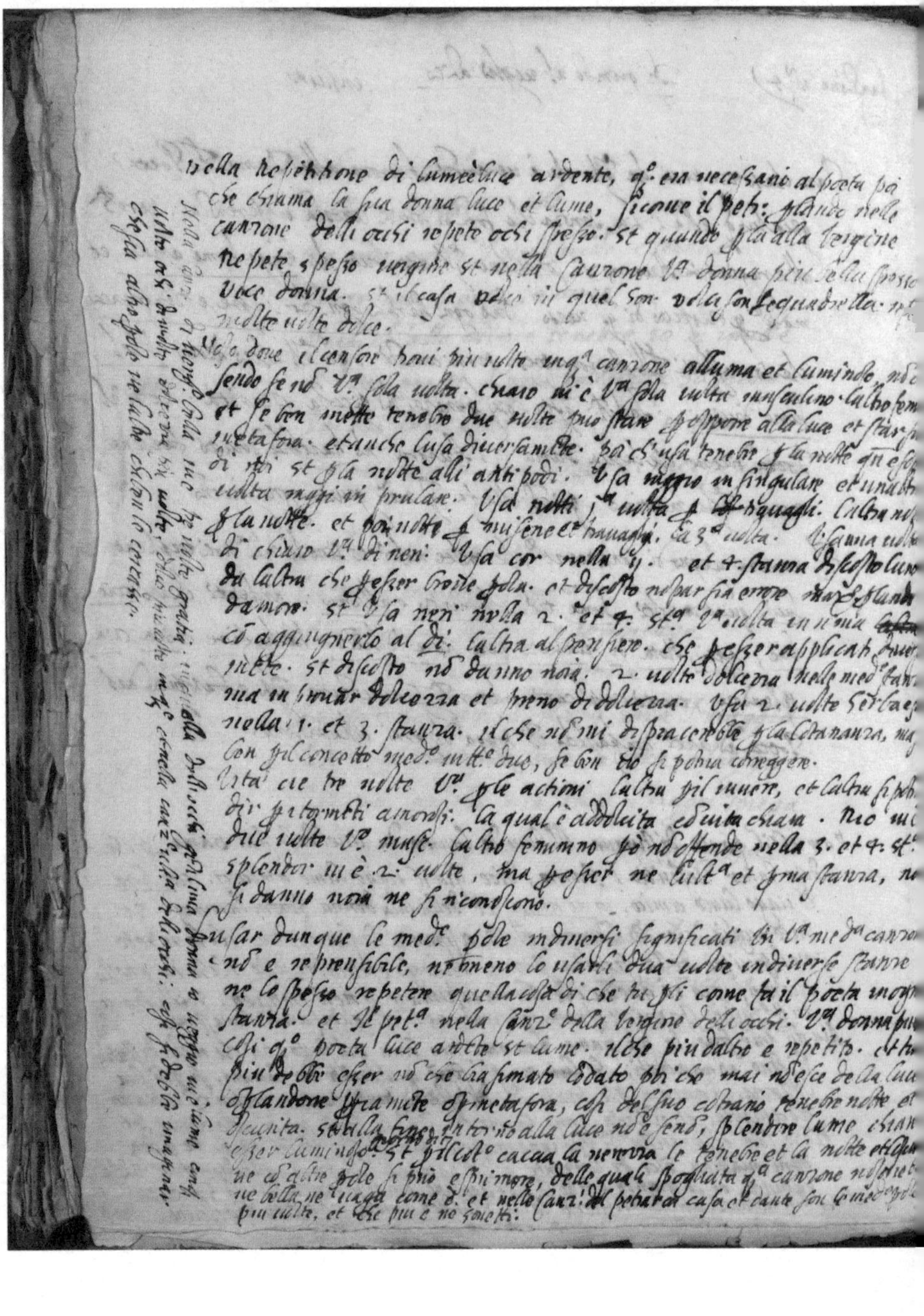

Si nota il med.° concetto espresso nella prima et 3.ª stanza col lume med.° sole.

Nella 3.ª stanza oppone a avvivarsi, risorger le speranze spente. meglio forse altra voce cioè a spente e più simile ad avvivarsi:

Pare che nell'ult.ª stanza voglia che l'aurora sia sua donna, poiché prega ch'il sole stia sotto terra poi che la sua luce spiega i raggi: et che poi levato il sole segli nega il veder l'aurora come egli dice.

Vorrei sapere quel ch'il poeta intende per l'anno di sua vita, se è il dì o che altro nella 3.ª stanza.

Saria forse da avvertire, che q.i concetti così replicati non paiono da canzone, ma più presto da madrigali.

Così circa le rime. se a fior si rima cos(ì) fuore: et se q.te rime così simili di cadenza danno noia in sì breve canzone, rima et rime se ben in diverse stanze. et ino et ina.

Parebbe che il ritornello più tosto d'ombra che di roria

108

Le « livre des censures » a lui aussi subi une tentative d'indexation en son début (fol. 1^r-2^v) et en son milieu (fol. 94^r-95^v). Celle-ci est cependant inaboutie : les paginations font en effet défaut ici, ce qui rendait *de facto* l'index impossible à utiliser. Ceci tendrait à suggérer qu'indexer le *Zibaldone* fut perçu par les académiciens comme plus nécessaire ou plus urgent qu'indexer les textes examinés dans le plus grand détail — ou que le système d'indexation utilisé pour le premier volume fut jugé en quelque manière insuffisant pour classifier les textes analysés en profondeur et les « censure » s'y rapportant, et fut, de ce fait, abandonné. Mais le plus frappant est que le « livre des censures » ne contient pas de compositions jugées excellentes, qui auraient été susceptibles d'être déclarées aptes à être placées dans un « primo libro ». Pareille absence pourrait suggérer que le volume des compositions exemplaires a disparu, mais les quelques autres éléments d'information fournis par les archives des Alterati suggèrent plutôt qu'il n'a jamais existé en tant que tel. L'inexistence de ce recueil — qui est probablement étroitement liée au geste de la conservation (et probable fréquente consultation) des textes déclarés mauvais et passables — est particulièrement intéressante car elle révèle comment les Alterati comprenaient la fonction de ces processus évaluatifs dans l'économie de leurs activités collectives d'écriture et de réflexion.

L'absence de recueil destiné à préserver les textes qui auraient été jugés excellents est éclaircie lors d'une des rares discussions nourries sur les pratiques de censure dont les actes des Alterati portent la trace. Ce débat eut lieu lors du conseil général du 17 juillet 1581. Ces conseils annuels étaient en théorie le seul moment de l'année où il était institutionnellement possible de modifier les « lois » constitutives de l'académie, dont les modalités de la censure faisaient évidemment partie[154].

154. Cette discussion est rapportée avec beaucoup de détails en BMLF Ashburnham 558.2, fol. 16^v-17^r : « Furono all'Accademia il reggente, il Puro, il Desioso, l'Aspro, l'Ardito, l'Agghiadato, l'Assodato, l'Annacquato, il Rinovellato, l'Inquieto, lo Scolorito, il Torbido. [...] Andò in cattedra l'Aspro <Francesco Bonciani> mostrando a gli accademici che è fussi bene fare un libro dove si dovessono mettere, e scrivere le compositioni migliori, non tutte insieme e le migliori, e le ragionevoli come si fa hora nel secondo, che non havessi però nome il primo, ma si serbasse questo nome di primo per farne quando che sia una scelta ottima. Disse in contrario il Desioso <Giulio del Bene>, mostrando che non si de<v>e a patto niuno discostarsi dall'ordine della natura, la quale non patisce se non tre ordini di cose, buono, cattivo, e mezzano, a quali corrispondono il Primo, il Ziba, e 'l Secondo. Salì in cattedra l'Assodato <Giuliano Gianfigliazzi>, e parlò in confermatione del parere dell'Aspro. E di poi andò pure in cattedra l'Ardito <Alessandro Rinuccini> e disse che il volere accrescere nuovi libri era superfluo, e insieme cercò di persuadere a gli accademici che è fussi bene dare autorità al reggente e due censori che quan<d>o si cavassero le compositioni dell'urna cattive, subito le stracciassero, per non fare perdere tempo inutilmente a' censori, e difensori. Di nuovo ragionò l'Aspro in confermatione di quel haveva detto prima, e mandossi a partito, e non si vinse, ma si vinse bene che le compositioni che si conoscessono assolutamente cattive senz'altro, senza censure, e difese si mandassono al Ziba. Vensesi per partito di dieci uve nere et due bianche che 'l reggente non habbia nel giuditio delle poesie se non un voto solo. » Comme le demandaient les procédures de l'institution, les décisions prises lors du conseil général du 17 juillet 1581 furent ensuite entrées dans les statuts de l'académie (voir BNCF Magl. IX 134, fol. 13^v et 14^r : « De censori, e modo di censurare »).

Dans le cours de cette discussion, l'Aspro (Francesco Bonciani) déclara qu'« il serait bon de faire un livre où l'on doive mettre et recopier les compositions les meilleures et non <placer> ensemble les compositions les meilleures et celles qui sont acceptables comme on le fait aujourd'hui dans le second (livre)[155] ». Il précisait aussi qu'il faudrait donner à ce livre le nom de « primo » et y conserver une sélection de textes estimés excellents (« una scelta ottima »). Le problème, selon Bonciani, aurait donc été que le « secondo libro » — terme par lequel il désigne un livre où étaient copiés les textes jugés acceptables et qui semble aujourd'hui perdu — contenait des écrits excellents qui n'étaient pas reconnus comme tels et se trouvaient ainsi mêlés aux productions jugées moyennes, sans que leur différence de qualité soit en rien marquée. Le texte des actes ne précise pas pourquoi, selon l'Aspro, cet état de fait aurait constitué un problème, mais on peut supposer que son idée était de prendre en exemple les textes les meilleurs ou au moins de les distinguer à hauteur de leur juste mérite. Il semble également que lui et d'autres membres de l'académie aient à un moment songé à faire circuler une « sélection» (« scelta ») de textes pour mettre en valeur et/ou faire rayonner le travail de l'académie[156].

Cependant, le 17 juillet 1581, le Desioso (Giulio del Bene) répondit à l'Aspro « en montrant que, dans aucune convention que ce soit, on ne doit se départir de l'ordre de la nature, laquelle ne souffre que trois ordres de choses — bonnes, mauvaises et moyennes, à quoi correspondent le Premier (livre), le Ziba et le Second (livre)[157] ». Autrement dit, l'excellence n'existe pas dans la nature

155. BMLF Ashburnham 558.2 fol. 16^{v} : « [...] che e fussi bene fare un libro dove si dovessono mettere, e scrivere le compositioni migliori, e non tutte insieme e le migliori, e le ragionevoli, come si fa hora nel secondo [...] ».

156. L'idée d'une anthologie de textes choisis surgit assez tôt au sein de l'académie et fut apparemment occasionnellement sur le point de prendre forme, voir par exemple BMLF Ashburnham 588.1, fol. 77, à la date du 11 avril 1577, où on lit : « Fecero gl'accademici tornata straordinaria, e vincero per partito che si eleggessero quattro accademici con autorità di fare scelta delle compositioni tutte che ci sono di prosa et di verso, comprendenoci ancora quelle che di gia sono state condennate al Ziba per metterle al primo luogo se pero che saranno approvate da i duoi terzi delli academici presenti. Gli elleti a ciò furono il Tenero <Giovan Battista Strozzi>, l'Aspro <Francesco Bonciani>, l'Assetato <Filippo Sassetti> et il Rinnovellato <Luigi Alamanni>, e tre di loro almeno habbino a essere d'accordo. » Mais ce projet de « scelta » n'aboutit jamais en tant que projet ayant l'approbation de toute l'académie, qui mit ce jour-là des exigences de majorité des deux tiers et même des ¾ à son exécution. Ces exigences étaient vraisemblablement destinées à rendre le projet quasi impossible à mener à son terme. Ceci n'empêcha pas le petit groupe qui, autour du Tenero, souhaitait voir ce projet aboutir d'y travailler. Il est même possible que le BAV Vaticani Latini 8858 soit au moins en partie le produit de cet effort isolé d'une poignée d'académiciens Alterati. Le fait que ce petit volume calligraphié n'ait pas été conservé avec les BMLF Ashburnham 560 et 561 et ne porte ni le titre de « scelta » ni le titre de « secondo libro » interdit en tout cas de le tenir pour une sélection de textes poétiques des Alterati qui aurait été officiellement approuvée par l'ensemble de l'académie. Les *atti* de l'académie ne gardent d'ailleurs trace d'aucune approbation collective de ce type.

157. BMLF Ashburnham 558.2 fol. 17^{r} : « [...] mostrando che non si de<v>e a patto niuno discostarsi dall'ordine della natura, la quale non patisce se non tre ordini di cose, buono, cattivo e mezzano a quali corrispondono il Primo, il Ziba e 'l Secondo ».

— où n'existe que ce qui est « bon », « mauvais » et « moyen ». L'affirmation étonne aujourd'hui. Mais il s'agit sans doute là encore d'une représentation d'origine politique, dès lors que, dans l'histoire de la République florentine, toute personne qui prétendait s'élever au-dessus de la masse des citoyens en clamant son excellence était perçue comme un tyran en puissance. Dans la république académique, où chacun est par principe l'égal de l'autre, il ne saurait dès lors — au moins selon le Desioso — y avoir d'excellence non plus, ni d'individus pouvant déclarer un texte (ou l'auteur de celui-ci) meilleur que tout autre. C'est sans doute pour cette raison que ce même conseil général se termine par une approbation collective de la proposition selon laquelle « le régent n'a dans le jugement de la poésie qu'un seul vote » (fol. 17ʳ : « il reggente non habbia nel giuditio delle poesie se non un voto solo »). Il s'agit en effet là encore d'une manière d'affirmer la parité foncière de tous les membres, y compris dans l'appréciation esthétique : le jugement du magistrat en chef de l'institution — dont la charge n'excède au demeurant jamais six mois — n'a pas à avoir en matière de production poétique plus d'influence que celui de n'importe quel autre membre. Les textes produits sont, par principe, tous mauvais ou de qualité moyenne — et les académiciens, dans leurs écrits comme dans leurs jugements, sont tous semblablement qualifiés et faillibles tout à la fois, régent inclus.

Reste néanmoins la question du *Ziba*, dont la conservation soigneuse n'est pas explicitée dans les actes de l'académie. Certes, lors de ce conseil général du 17 juillet 1871, le *Ziba* est évoqué, d'abord pour proposer que les censeurs et les défenseurs ne perdent pas de temps avec les productions de mauvaise qualité et même les déchirent, puis pour décider « que les compositions qui se laissent discerner pour absolument mauvaises soient envoyées au *Ziba* sans rien d'autre, sans censure ni défense[158] ». Mais cette dernière mesure ne fut sans doute appliquée que rarement dès lors que la plupart des compositions actuellement réunies dans le *Zibaldone* portent des marques de lecture ou de correction, fussent-elles brèves et peu explicites. Dès lors, comment comprendre l'enthousiasme des Alterati à collectionner des compositions jugées fautives, et leur ardeur persistante à les évaluer et corriger, même si certains — comme l'Aspro durant ce conseil général — déclarent qu'il est important de « ne pas faire perdre de temps inutilement aux censeurs et aux défenseurs » (« non fare perdere tempo inutilmente a censori, e difensori[159] ») ?

158. BMLF Ashburnham 558.2, fol. 17ʳ : « [...] le compositioni che si conoscessono assolutamente cattive senz'altro, senza censure, e difese si mandassono al Ziba ». La mesure fut approuvée ce jour-là à la majorité des suffrages. Les statuts de l'académie ont enregistré la teneur en BNCF Magl. IX 134, fol.14ʳ : « VI. Che il reggente insieme co' due censori possano senz'altra consideratione mandare al Ziba quelle compositioni che parranno loro assolutamente cattive. »

159. BMLF Ashburnham 558.2, fol. 17ʳ.

On peut faire l'hypothèse que l'académie trouvait en réalité plus profitable, dans le cadre de l'apprentissage de la poésie, de se pencher sur les productions qui posaient un problème ou ne satisfaisaient pas à tous les critères d'excellence. Tout se passe en effet comme si, sans jamais gloser sa démarche, l'institution préférait, dans sa grande majorité, s'attacher aux tentatives manquées ou aux essais imparfaits, faisant même le choix de considérer tout effort, quel qu'il soit, comme défectueux ou critiquable, et comme ne pouvant prétendre à l'excellence — *a priori* et par définition.

Le modèle de lecture et d'évaluation adopté apparaît dès lors comme un modèle qui privilégie l'expérimentation, au lieu de valoriser le produit perfectionné ou achevé. Dans ce contexte, tout texte écrit, aussi admirable soit-il dans son premier jet, est considéré comme à « reprendre » ou à « raccommoder ». Le verbe employé par les Alterati pour désigner ces réécritures est en effet le verbe « racconciare » et, dans le BMLF Ashburnham 561, les textes envoyés « Al Secondo » sont souvent marqués parallèlement du terme « racconcio » (fol. 202, par exemple), qui évoque un possible « racommodage ». Beaucoup des textes de l'Ashburnham 561 sont même conditionnellement envoyés au Secondo, sous réserve de modifications. Pourtant, dans les archives de l'académie que Giovan Battista Strozzi fit transmettre à Carlo Strozzi, aucune trace ne subsiste de textes qui, dans la foulée des activités collectives de censure, auraient été retravaillés avec soin selon les indications des censeurs et défenseurs, au sein du collectif académique. De plus, dans l'ensemble des papiers de l'académie actuellement connus, aucune allusion n'est faite à l'existence institutionnelle d'un volume de compositions poétiques collectivement corrigées. Il semble dès lors plus probable que ces travaux de réécriture n'aient eu lieu que rarement, isolément et/ou tardivement — et qu'ils n'aient jamais constitué la finalité première des activités académiques collectives. L'intention de parfaire était sans doute présente chez certains membres de l'académie, mais c'est en réalité le laboratoire de l'évaluation et de la correction collectives qui semble avoir fasciné et préoccupé la majorité de ses membres, dont plusieurs ne pensaient au demeurant pas qu'une production poétique puisse jamais être ou devenir au-dessus de toute critique. Or, dans la perspective selon laquelle l'excellence est inatteignable, la réécriture est une activité futile — et inutilement chronophage. Le repérage des défauts et des problèmes apparaît au contraire comme bien plus productif : de la collection de ces imperfections repérées, il était en effet possible d'apprendre ensemble l'art d'écrire et d'évaluer des poèmes, par un échange constant de points de vue et la consultation répétée des erreurs passées.

3.4.2. De l'essai à l'art ?

L'apprentissage collectif par le repérage des fautes, et l'appréciation et la verbalisation des maladresses stylistiques et génériques, se fait le plus souvent, au sein des Alterati, par la production de discours *pro et contra*. Cette pratique ne semble cependant que partiellement et même assez lointainement inspirée des situations d'interlocution qui ont pu avoir cours dans les universités. La focalisation des Alterati sur la faute et les échecs fait en effet davantage penser aux pratiques d'expérimentation des artisans lorsqu'ils élaborent des savoir-faire à partir d'essais successifs souvent collectivement menés, discutés et évalués. Les pratiques des ateliers à l'époque moderne sont elles aussi difficiles à documenter, mais les historiens des sciences et des savoirs peuvent néanmoins s'appuyer sur les constitutions des guildes, les contrats, les inventaires d'atelier, la correspondance, les descriptions ou représentations graphiques d'ateliers et les recueils de recettes ou de secrets. Or certains livres de recettes ou de secrets suggèrent que ceux-ci soient testés ou essayés par le ou les lecteurs, qui sont ainsi implicitement invités à apprendre de leurs échecs et éventuellement à améliorer par là les ouvrages par eux examinés. L'historienne des savoir-faire artisanaux Pamela Smith travaille ainsi depuis plusieurs années sur un recueil de recettes et de secrets français de la fin du XVIe siècle, dans lequel les processus d'expérimentation individuels mais aussi collectifs — dans la préparation des recettes, comme au cours de la réception active qui est espérée de celles-ci — semblent essentiels au développement des savoir-faire recherchés[160].

Or même si, dans les essais poétiques des Alterati, l'idée qu'il puisse exister parmi eux un ou plusieurs maîtres est bannie, le secret de leurs conclaves académiques et le fait qu'il s'agisse de travailler en commun à l'amélioration des productions poétiques de l'institution en remettant sans cesse l'ouvrage sur le métier — par la répétition constante des gestes de la création poétique comme de ceux de la critique et de l'amendement — évoquent pour une part les pratiques des membres des guildes et celle des artisans. Ces communautés avaient traditionnellement une très grande importance à Florence, tant dans le tissu socio-économique de la ville que dans les traditions politiques de sa République défunte[161]. Le modèle devait être

160. Manuscrit anonyme intitulé « Recueil de recettes et secrets contenant l'art du mouleur, de l'artificier et du peintre », Bibliothèque Nationale de France, Ms. Fr. 640, Paris : http://gallica.bnf.fr/ark:/12148/btv1b10500001g.r=Recueil%20de%20recettes%20et%20secrets. Voir, sous la direction de Pamela H. SMITH, le projet « Making and Knowing » (http://www.makingandknowing.org), qui est centré sur ce manuscrit.

161. Les seules études synthétiques sur les guildes florentines sont anciennes : voir STALEY, Edgcumbe, *The Guilds of Florence*, Londres, Methuen & C°, 1906 et GANDI, Giulio, *Le arti maggiori e minori in Firenze : con numerose illustrazioni di Firenze scomparsa*, 2 vol., Rome, Multigrafica, 1971. Pour une analyse de la manière dont le système des guildes structurait le fonctionnement de l'oligarchie, voir NAJEMY, John M., *Corporatism and Consensus in Florentine Electoral Politics, 1280-1400* et ASTORRI, Antonella, *La Mercanzia a Firenze nella prima metà del Trecento : il potere dei grandi mercanti*, L.S. Olschki, Florence, 1998.

d'autant plus présent parmi les patriciens qui participaient aux travaux de l'académie que la plupart d'entre eux étaient issus de familles dont l'ascension sociale et politique s'était faite par les sept arts dits majeurs (*Arti di calimala*), dont les plus nobles était la banque, la fabrication et le commerce des draps, la production de la soie et de l'orfèvrerie et l'art de laine. Plusieurs des Alterati — dont Lorenzo Giacomini, Bernardo Davanzati, Filippo Sassetti et Alessandro Rinuccini — exerçaient même encore, à divers titres, des activités commerciales et bancaires et ont continué dans ce cadre à avoir des relations constantes avec ce que les Médicis avaient laissé subsister des guildes médiévales, entrant ainsi fréquemment en interaction avec les pratiques sociales et politiques qui étaient au cœur du fonctionnement de ces institutions[162].

Certes, ces activités commerciales et bancaires apparaissent peu dans la documentation académique elle-même, au moins telle qu'elle est arrivée jusqu'à nous. Mais on en retrouve plus fréquemment la trace lorsque les membres de l'académie candidatent pour des charges publiques au sein de la ville. Dans ce cadre, ils sont en effet évalués par le *segretario delle Tratte* (le sécrétaire du grand duc en charge du processus de sélection *a mano*), qui transcrit systématiquement son évaluation du candidat dans les registres de cette administration. Lorsque Alessandro Rinuccini, futur dépositaire général du grand-duc, se porte candidat en 1607 pour devenir membre du Sénat des Quarante-Huit — la plus prestigieuse charge du Principat —, le secrétaire des *Tratte*, Geri Spini, rappelle ainsi que l'homme est un « marchand qui a sa propre banque et est compagnon dans trois ateliers de l'Art de la soie et <l'Art de> l'orfèvrerie, dans lesquels il a investi de grosses sommes d'argent », ajoutant qu'il a aussi « les moyens d'investir dans l'Art de la laine et dans d'autres activités[163] ». Or pareils investissements nécessitaient évidemment une très bonne connaissance des activités des artisans des *Arti di calimala*.

162. Pour une analyse de la manière dont la culture des corporations s'élabore et se modifie dans le cadre des interactions sociales qui caractérisent les communautés urbaines, voir les travaux de Simona CERUTTI sur Turin, en particulier *La Ville et les métiers. Naissance d'un langage corporatif — Turin, XVIIe-XVIIIe siècle*, Paris, Éditions de l'EHESS, Paris, 1990.

163. L'évaluation complète, qui figure en ASFi Tratte 1266, fol. 808, est la suivante : « Alessandro di Francesco Rinuccini : La famiglia de' Rinuccini non ha havuta questa dignità ma al tempo della Signoria hebbe per la maggiore 17 priori, il primo de quali fu l'anno 1347 e l'ultimo 1520. E se bene no hebbe attualmente gonfaloniere non dimeno n'era capace e perciò l'anno 1471 fu tratto Alamanno di Filippo di Cino, il quale non potete risedere par havere dovuto rispetto a Cino suo fratello che sedeva allora de priori. E d'età d'anni 52 finiti per essere nato a' 20 di settembre 1555. Mercante che ha banco et è compagno in tre botteghe d'Arte di seta et di batiloro nelle quali ha impiegato grossa quantità di denari. E ha modo e commodo d'impiegarne anco in Arte di lana e altri esercitii. 1. Ha beni con decima insieme con tre suoi fratelli e nepoti d'altro fratello morto <per> fiorini 62.8 soldi 10 denari. 2. 2. Huomo da bene, assai litterato, intelligente, suffitiente, e honorevole. 3. Nato per madre de' Portinari e non ha moglie. » Alessandro Rinuccini n'obtient pas cette charge prestigieuse en 1607, mais seulement en 1613, après être devenu dépositaire général (voir ASFi Tratte 1269, fol. 707). Je remercie Francesco Martelli pour son aide dans la localisation et l'analyse de ces documents.

Quoique souvent moins riches qu'Alessandro Rinuccini, nombre des lettrés de l'académie sont issus comme lui de familles de marchands et d'artisans à qui leurs succès commerciaux et bancaires garantissaient autrefois les meilleures places dans l'économie de la République. Eux aussi continuèrent à investir dans l'économie florentine sous les Médicis : leur familiarité avec les activités des artisans dans le cadre des guildes, comme avec les pratiques d'expérimentation et d'évaluation qui avaient cours au sein de celles-ci, ne doit donc pas être sous-estimée. Il convient enfin de rappeler que la spéculation intellectuelle sur les règles de l'art, dans le cadre d'un apprentissage pratique, et le polissage collectif des savoir-faire n'étaient pas inconnus dans la culture académique florentine elle-même : l'Accademia del Disegno, dont l'Alterato Tommaso del Nero (lo Sconcio) était membre dans la dernière année de sa vie, n'était pas seulement un lieu de débats et d'enseignement (du dessin, des mathématiques, de l'anatomie), c'était aussi un lieu d'expérimentation et d'échanges pratiques, et même une confraternité tout autant qu'une structure corporative à part entière[164].

Les rapports entre pratique et élaboration théorique intéressent au demeurant beaucoup les historiens de l'artisanat, qui se tournent actuellement vers les productions artisanales elles-mêmes pour comprendre les savoirs dont ils sont le produit. Cette démarche conduit à considérer les objets de l'art non seulement comme des témoignages des pratiques qui ont permis leur élaboration, mais encore comme les dépositaires de connaissances théoriques, dont ils permettent l'avancée et la transmission[165]. Il est probable qu'au sein d'un atelier ou d'une guilde, les artefacts produits faisaient l'objet de commentaires et/ou d'évaluations, qui permettaient tout autant la diffusion des savoir-faire et l'enrichissement des connaissances théoriques que les apprentissages tacites, inscrits dans l'imitation des gestes de la fabrication. De ce type d'échanges nous n'avons plus guère de traces pour ce qui est des artisans. Mais parmi des hommes comme les Alterati, dont la culture était centralement celle de l'écrit — et même de la trace écrite —, ces conversations sur les objets produits furent formalisées en processus discursifs codifiés, préservées dans des registres et conservées comme telles. Leur statut d'archive vivante, qui les rendait aptes à permettre l'accumulation des connaissances et la transmission de celles-ci sur plusieurs décennies, à des générations d'académiciens, en faisait une somme de savoirs, tout aussi théoriques que pratiques, qui resteraient accessibles à tous les membres de l'institution, même après la disparation de leurs premiers

164. Voir Barzman, Karen-edis, *The Florentine Academy and the Early Modern State*, 2e partie, ch. 5 et 6, p. 143-214.

165. Smith, Pamela, « Making as Knowing : Craft as Natural Philosophy », p. 20 : « [...] I examine objects because, above all else craft is productive knowledge and its products are records of practices as well as repositories of knowledge. »

possesseurs. Le *Zibaldone* et le « libro delle censure » devinrent ainsi au sein de l'académie à la fois un lieu où trouver des traces de tentatives poétiques passées, une collection à travers laquelle réfléchir plus généralement aux conceptions de l'art qui étaient celles de l'institution et un ensemble d'exemples d'*inventio*, qui pouvaient susciter tant un désir d'imiter que la volonté d'innover.

Pour mieux comprendre l'imbrication de considérations pratiques et de spéculations théoriques qui caractérisaient ces activités et saisir comment, à partir de la discussion d'un essai, s'inventait une pensée de l'art et de ses complexités, il convient néanmoins d'examiner ces échanges de plus près. Il apparaîtra alors que pour les Alterati l'art est peut-être avant tout quelque chose dont on débat contradictoirement, soit un savoir-faire ouvert, où l'on ne peut bien réussir qu'en comprenant qu'il y a plusieurs manières de faire et de juger. Il en va en effet parmi eux de la poésie comme de la prose oratoire (et des thèses qu'elle défend) : on s'y améliore par la confrontation des pratiques et des discours, mais on n'y acquiert jamais d'excellence absolue, laquelle ne serait en réalité que le résultat nécessairement illusoire de la domination du point de vue d'un seul sur les esprits et la créativité du groupe.

En feuilletant le recueil des censures et défenses (actuellement conservé en BMLF Ashburnham 561), on est d'abord frappé par le fait que, le plus souvent, les censeurs présentent clairement leur opinion comme étant personnelle, en soulignant qu'elle exprime d'abord et avant tout leur plaisir (ou déplaisir) individuel. À propos d'un sonnet qui commence par les vers « Non più del vivre mio rallenta il freno / Di mortal febre disegual rigore » (littéralement : « L'inégale rigueur de la mortelle fièvre ne ralentit plus le frein de ma vie », fol. 20[r]), le premier censeur écrit : « il ne me plaît pas que le frein de la vie du poète soit placé dans la main de la fièvre ; cela me paraît une manière de dire impropre et une métaphore qui heurte la bienséance » (« et non mi piace il riporre il freno della sua vita in mano delle febbre, parendomi modo di dire improprio et concetto fuori del decoro », fol. 22[r]). L'idée est que l'image du frein est la fois étrange, dans le cas d'une fièvre, et trop basse pour être adéquate. En réponse, le défenseur explique ce que cette métaphore veut dire à ses yeux, en déclarant que le poète entendait par là souligner la manière dont la fièvre retient l'âme et le corps, et non le fait qu'elle nous gouvernerait, tout en accordant que l'image doit être expliquée et amplifiée, comme le suggéraient les censeurs (« si dovesse distendere, come dicono i censori », fol. 23[r]). Le défenseur donne alors à l'auteur des conseils personnels pour accomplir cette tâche, en l'invitant par exemple à distinguer le pouvoir d'une fièvre sur nous de celui qu'ont nos affections.

Ce qui ressort d'un tel échange, c'est la valeur que les Alterati attachent à la libre expression de jugements, qui sont clairement pensés comme subjectifs et même faillibles : après avoir choisi de censurer (ou de défendre) un texte ou de ne pas le faire, les censeurs et les défenseurs, suivant les rôles qui leurs ont été ponctuellement attribués par le régent, s'expriment honnêtement et sans détour, donnant une opinion à laquelle ils ne semblent pas donner d'autre valeur que celle d'un avis parmi d'autres possibles. Plus que les conseils donnés, qui ne sont apparemment pas nécessairement suivis de réécritures intensives, c'est peut-être surtout le fait de formuler un jugement qui est important dans le cadre de cet exercice. Savoir juger n'était au demeurant pas seulement une valeur centrale au sein du patriciat florentin : on en retrouve aussi la trace, sous une forme ou sous autre, dans nombre d'autres aristocraties européennes, et notamment en France. La centralité de la figure du juge dans la définition de l'*ethos* aristocratique de Montaigne a ainsi été mise en évidence par Francis Goyet dans un livre dont la seconde partie est consacrée à l'analyse de l'exercice du jugement dans les *Essais*[166]. Goyet montre en particulier comment la mise en scène de la finesse du discernement de Montaigne en matière civile et/ou politique se trouve sans cesse renforcée dans son œuvre par la démonstration de ses qualités de critique et d'herméneute en matière littéraire et philosophique. Or pareil parallèle fut en réalité courant à l'époque moderne parmi les élites urbaines. Celles-ci perçurent en effet souvent la capacité à évaluer des œuvres non seulement comme une manière de manifester leur noblesse (ou d'exprimer leur aspiration à celle-ci), mais encore comme une façon d'illustrer leur jugement et même de suggérer à travers la manifestation de celui-ci leurs capacités d'hommes d'action. Il ne faut dès lors pas s'étonner de voir l'expression du jugement tenir une place aussi centrale dans une académie patricienne telle que celle des Alterati, au sein de laquelle les académiciens se formaient aux arts de l'écriture non seulement pour y exceller, mais encore parce qu'ils espéraient par la suite obtenir, grâce à la reconnaissance de leurs talents de *letterati*, des positions où leurs capacités en tant qu'évaluateurs pragmatiques en feraient des hommes respectés et recherchés, tant dans la vie civile qu'à la cour.

Les échanges contradictoires des censeurs dans le BMLF Ashburnham 561 manifestent néanmoins non moins centralement la variété des jugements que peut susciter un texte. En cela, ils apparaissent également comme une manière de faire prendre conscience à ceux qui y participent (ou les lisent *a posteriori*) de la diversité des plaisirs, opinions et interprétations que peut faire naître un poème. Certes, certaines des perspectives énoncées dans ce cadre se fondent sur une grande culture littéraire, les censeurs étayant avec ostentation leurs jugements tant sur leurs lectures de la littérature gréco-latine classique que sur leur connaissance des poètes toscans

166. GOYET, Francis, *Les Audaces de la prudence : littérature et politique aux XVIe et XVIIe siècles*, Paris, Classiques Garnier, 2009, deuxième partie : « L'orgueil du juge », p. 237-465.

modernes et contemporains (Pétrarque et Giovanni della Casa, en particulier)[167]. Mais l'opinion exprimée s'appuie aussi fréquemment sur une première impression, qui est parfois ouvertement affirmée comme personnelle et singulière. Ainsi, au fol. 35ʳ, un sonnet est-il déclaré faible d'entrée de jeu, par son manque de clarté, parce qu'on ne sait pas de quoi il parle, ni ce qu'on y apprend et parce qu'en le lisant l'évaluateur n'a senti aucun plaisir (« dopo l'haver letto questo sonetto, l'huomo non sa quel che ci s'habbia imparato, e non ne sente diletto nè altro »). En tant que juge, chaque académicien s'affirme ainsi comme souverain dans ses évaluations : lui seul est apte et fondé à dire quel est son plaisir et sur quoi celui-ci repose. Sa liberté se manifeste précisément dans l'énonciation de celui-ci, ce qui explique sans doute pourquoi les archives de l'académie enregistrent avec tant de soin et de nuances, dans le « livre des censures », tant ce qui plaît ou déplaît à tel évaluateur que ce qui a plu ou déplu au groupe. Dans les discussions qui précédaient le vote ultime et le classement définitif du texte, il revenait en effet à la communauté de faire la part des différents types de plaisirs exprimés et de les concilier avec les défauts

167. Voir par exemple l'érudition qui nourrit les commentaires qu'un défenseur produit d'une série de madrigaux reposant sur des *concetti* que le premier censeur disait par trop abscons, en BMLF Ashburnham 561, fol. 45ʳ-51ᵛ (fol. 50) : « Quello che contra la canzone è stato detto le poesie ricercare una certa facilità e naturalità, patisce molte obiettioni. Perchè in prima si vede il poema d'Homero se non ne' concetti pure nele parole esser pieno di difficultà, di ciò fanno fede i scolii di molti, de' quali ha havuto bisogno. La medesima e maggiore difficultà hanno le ode de Pindaro non solo nele parole, ma ne la compositione e ne' concetti ancora, nè però mancano di essere pregiate, e tali sono le poesie di Horatio e di altri. Inoltre le canzoni de Cori di Sofocle o di altri tragici sono piene di durezze e di difficultà; et in essi che rappresentano agenti, molto più si ricercava la facilità che in quelle poesie che rappresentano non persone che improvisamente parlino, ma che pensatamente cantino i loro concetti. Onde si al'espistola è lecito trapassare la locutione ordinaria, come scritta con studio, molto piu sarà lecito, al poeta che con più mezzi e debbe discostarsi del triviale e dal consueto. Nè pretende il poeta con la facilità dilettare, ma con la maraviglia del arte, nela favola, ne' concetti, nela parole, nela compositione e nel verso. E perchè il poema ditirambico è piccolo nè contiene in sè favola, o attione, o piccola e di poco momento, è necessario in esso procurare la maraviglia con l'esquisitezza nele parole, con la novità de concetti, con l'artifitio dela testura altrimenti sarà disprezzato dagli huomini intendenti a quali è indiritto se bene <en marge à gauche : [tan]to più mancando del ballo [e] del canto> forse piacerà più a la rozza moltitudine, la quale dale comedie scritte per recitarsi in palco, <~~a suo diletto>,~~ de<v>e attendere diletto. Ne lo essempio dele pitture da censori addotto persuade il contrario, anzi con quanto maggior arte, studio, industria, diligenza, e tempo, saranno condotte a fine tanto più saranno perfette, e di tanto maggior lode si mostreranno degne. E la natura similimente si vede haver voluto tutte le operationi grandi del huomo o sieno intelletive o morali operarsi con fatica onde è stato detto la virtù e l'arte essere intorno alle cose difficili, et avanti la virtù essere il sudore, et i beni essere venali con la fatica. Nè il fine del poeta è il persuadere, ma esprimere il suo concetto e generare maraviglia, a la quale mal si accompagna la chiarezza e la facilità grande. Per il che appresso Cicerone disse Antonio, o chi altri fusse, che non ardiva por mano a poeti, come quelli che han parlato in altra lingua. E per esperienza si vede le rime del Ariosto in molte parti per la loro molta facilità se ben piacciono al vulgo che subito le intende, non satisfare a gli huomini intendenti, ai quali piacciono quelle del Casa ancor che nel primo aspetto si mostrino alquanto dure e faticose. Nè è fuor del verisimile che l'amante seco stesso parlando esquisitamente esprima i suoi <~~concetti~~> affetti. Però che si crede che amore che si presuppone deità, o virtù atta ad opera quello inspiri nelli amanti concetti alti e nobili non compresi dal vulgo altre tutte le poesie amorose <contenenti ?> rime, metafore illustri locutioni peregrine, cose contrarie al affetto et a la persuasione sarebbono reprobate e dannate. »

évoqués pour aboutir à un jugement collectif qui soit équilibré. Dans l'énonciation des jugements collectifs sur lesquels s'est fondé le scrutin, l'expression du plaisir de chacun et sa liberté foncière de juger sont dès lors enregistrées avec le plus grand soin dans la formulation même du consensus sur lequel s'appuyait finalement le vote de l'académie. Au folio 317r, concernant une composition envoyée au *Ziba*, l'appréciation finale d'un poème explique ainsi que ce sonnet a été déclassé « bien que le premier quatrain n'ait pas déplu et que le dernier tercet ait plu assez, le reste ne correspondant pas » (« Al Ziba se ben il primo quadernario non dispiace e l'ultimo terzetto piace assai. Ma perchè il resto non corrisponde »). Et les exemples de telles conciliations, qui soulignent le plaisir ressenti par les différents évaluateurs malgré la condamnation finale, sont nombreux[168]. En cela, c'est bien la diversité des vues exprimées au sein de l'académie que l'archivage des débats contradictoires préserve ostensiblement avec le plus grand soin, le droit d'y exprimer son plaisir fonctionnant en l'espèce comme l'exercice d'une liberté statutairement fondamentale — celle du patricien bien né, soigneusement éduqué à exprimer ses jugements et à les voir écoutés et respectés par autrui.

À la diversité des appréciations esthétiques fait par ailleurs pendant dans le recueil BNCF Ashburnham 561 la diversité des compréhensions de l'art. Celle-ci est inscrite dans la structure même des jugements émis, puisque ceux-ci s'énoncent en forme contradictoire, sans qu'une résolution des différends ne soit jamais proposée, au moins dans le cadre des textes archivés. L'une des discussions conservées oppose ainsi radicalement deux conceptions du travail poétique. Le premier censeur prend en effet le parti du naturel sur celui sur de l'artifice :

> « Les poésies doivent avoir une certaine facilité et un certain naturel, desquels, s'ils manquent, ils manquent de toute douceur et grâce, et n'atteignent pas leur but qui est de plaire en étant utile. Au contraire, au lieu de divertir l'esprit, ils le fatiguent et comme les peintures difficiles et faites avec trop d'efforts génèrent moins de plaisir ; de la même manière, les poésies plaisent moins quand elles sont composées avec trop d'artifices. Pour cette raison, les bons peintres et les <bons> poètes s'ingénient à cacher l'art par leur art, cherchant le plus qu'il est possible à ressembler à la nature qui fait ses opérations sans effort[169]. »

168. Pour d'autres exemples de formulations soigneusement nuancées dans les énoncés qui résument la discussion collective au sein de l'académie, voir par exemple BMLF Ashburnham 561, fol. 216r : « Al Ziba si bene piacciono i terzetti », et fol. 203r : « Il concetto piace, ma perchè pare che ci sieno molte cose dette d'Alessandro Magno che non servono al concetto al Ziba. »

169. BMLF Ashburnham 561, fol. 49r : « […] Le poesie vogliono havere una certa facilità e naturalità della quale mancando mancano d'ogni dolcezza e d'ogni gratia, e non conseguono i lor fine ch'è il dilettar giovando anzi in cambio de recrear la mente, l'affaticano, e come le pitture stentate e con troppa fatica tirate men dilettano, così le poesie men piacciono quando sono con troppo artificio composte. Per questo i buon pittori e poeti s'ingegnano de coprir l'arte con l'arte studiando il più che sia possibile di rassomigliar la natura che fa le sue operationi senza fatica […] ».

Le défenseur lui répond en opposant aux lieux communs du naturel ceux de l'importance du travail poétique, qui produit le raffinement et l'émerveillement : « Le poète ne prétend pas plaire avec la facilité mais avec la merveille de l'art, dans la fable, dans les figures, dans l'élocution, dans la composition et dans le vers[170]. » Il explicite aussi dans ce cadre sa perception de la composition poétique comme une activité qui doit être socialement discriminante : la « merveille » doit viser à séduire les lecteurs bien nés par la sophistication de ses paroles (« l'esquisitezza nelle parole »), sans se soucier de la « grossière multitude » (« rozza multitudine »), qui, elle, préférera la comédie. Or ces deux points de vue de principe ne sont pas réconciliés, pas plus que ne sont réconciliées, ailleurs dans le recueil, deux opinions divergentes sur l'opportunité d'imiter une métaphore ou une allégorie. Dans leur jugement du sonnet « Mia stanca navicella non affonda », les censeurs critiquent en effet une métaphore imitée de Pétrarque, disant qu'« une métaphore utilisée auparavant par d'autres n'est plus une métaphore » (« una metafora usata prima da altri non sia pìu metafora ») mais une « métaphore prolongée », qui a perdu toute « grâce » (« gratia »)[171]. Le défenseur répond en citant le troisième livre de la *Rhétorique* comme source de l'idée que la métaphore ne doit pas être prise chez autrui mais tirée de l'esprit du poète (« non si debbe pigliare da altri, ma bisogna con la propria indagine procacciarsela »). Il conclut néanmoins que, dans ce cas précis, l'emprunt est d'un bel effet et ne doit pas recevoir autre chose « qu'éloge et approbation, en tant qu'imitation belle et judicieuse » (« anzi dovrebbe egli riportarne lode et commendazione, come imitazione bella et giudiziosa[172] »). Là encore, la question (« dubitazione ») est ouverte, débattue, expliquée — mais elle n'est pas formellement tranchée. Elle peut d'ailleurs sans doute d'autant moins l'être, en termes absolus, que les objets qui font naître ces questions de poétique générale appellent en réalité structurellement à une résolution au cas par cas.

Autrement dit, les Alterati ne travaillent pas collectivement à l'art poétique pour en établir les règles de manière stricte et inflexible. Pareil résultat ne serait sans doute à leurs yeux rien d'autre qu'une manière d'imposer une forme de tyrannie du groupe sur les conceptions et préférences personnelles de ceux qui le composent. Ces académiciens cherchent bien plutôt à explorer souverainement l'espace des possibles en matière poétique. Dès lors, ils ne s'accordent en réalité que sur la manière de s'éduquer à la poésie — en envisageant ensemble les formes, toujours diverses, que pourront prendre, pour chacun d'eux, non seulement l'invention poétique mais encore l'évaluation personnelle des travaux d'autrui. « Il est constant qu'il y a

170. BMLF Ashburnham 561, fol. 50r : « Nè pretende il poeta con la facilità dilettare, ma con la maraviglia del arte, nela favola, ne concetti, nela parole, nela compositione e nel verso. »

171. BMLF Ashburnham 561, fol. 117r.

172. BMLF Ashburnham 561, fol. 118.

des préceptes, puisqu'il y a un art, mais il n'est pas constant quels ils sont », écrit Corneille au début de son *Discours de l'utilité et des parties du poème dramatique*[173]. Les Alterati envisagent la poétique comme un savoir-faire qui demande précision et réflexion, mais pour eux comme pour le dramaturge français cet art est un art ouvert : il ne doit comporter ni dogmatisme ni règles établies et ne peut prendre forme, sur le plan pragmatique, que dans une expérience collective caractérisée par l'acceptation d'une nécessaire diversité de vues. En particulier, chacun devra pouvoir l'envisager à sa guise et surtout selon son bon plaisir, tout en sachant qu'il sera soumis, dans ses productions poétiques, aux jugements d'autrui, qu'incarnent, au sein des Alterati, les procédures d'évaluation et d'amendement collectives qui viennent d'être décrites. Car là est sans doute le sens ultime de ces ateliers collectifs de lecture, d'interprétation et d'amendement que sont les censures et les défenses : ceux-ci présupposent bien implicitement qu'il existe un art, mais ils affirment simultanément, dans leurs structures mêmes, que nul n'en détient les critères, ni ne peut prétendre à l'énoncer pour les autres. On comprend alors mieux l'intérêt des Alterati pour les essais et les productions déclarées « cattive » : cette fascination est d'abord le signe que pour eux l'art est tentative et recherche constantes, et non un savoir établi et immuable. Dans ce cadre, les poèmes jugés « mauvais » ont, au fond, plus de valeur que ceux qui sont déclarés « bons », car d'eux il est possible d'apprendre davantage. Quant à la prétention à l'excellence, elle ne sera jamais, en matière poétique, comme ailleurs, qu'une tentative à peine voilée de prendre indument pouvoir sur autrui.

4. L'académie comme lieu de plaisir(s) partagé(s)

Au sein des Alterati, l'organisation de la vie académique aboutit ainsi à la constitution d'une sorte de contre-société au fonctionnement oligarchique, où les activités des membres, en se centrant sur les sciences et les arts, paraissent toujours indirectement recadrer, à leur manière, les règles qui régissaient, à Florence, les activités lettrées dans le monde extra-académique. Aux labeurs incessants des serviteurs du prince, les Alterati opposent leur loisir, en dehors des cadres des professions ou des charges, tout en travaillant avec ardeur à des « exercices » qui servent principalement à leur propre développement intellectuel et artistique. Aux contraintes que les Médicis font peser sur les arts et les savoirs dans leur orbite, ils répondent par ailleurs par l'affirmation de leur liberté souveraine dans la lecture des textes canoniques et par l'exercice de leur créativité et de leur jugement dans le cadre

173. CORNEILLE, Pierre, *Œuvres complètes*, textes établis présentés et annotés par Georges COUTON, Paris, Gallimard, « Bibliothèque de la Pléiade », 1980-1987, 3 vol., t. 3, p. 117.

d'activités qui ne les soumettent, dans le domaine poétique, à aucune loi qu'ils ne se seraient pas eux-mêmes donnée. En permettant à ses membres de se former aux arts et aux savoirs, cette institution crée ainsi une forme de distinction quelque peu excentrée (ou même excentrique) pour des hommes que le pouvoir médicéen tient silencieusement à distance de son administration et de sa cour — ou, plus exactement, dans les termes qui sont ceux des Alterati, l'activité académique génère pour eux une forme d'honneur. Mais l'institution est aussi décrite par ces académiciens comme le lieu d'un plaisir partagé, qui crée les conditions d'une jouissance (*diletto*) prise en commun aux arts et aux savoirs. Ce plaisir — qui forme en réalité la base de la liberté que revendiquent collectivement les membres de l'institution — n'est cependant pas conçu seulement comme le fondement interne de la sociabilité académique : il est aussi l'élément par lequel l'académie espère être utile au-delà de l'espace propre qui est le sien. En d'autres termes, il en va de l'académie comme des arts et des savoirs dont elle se préoccupe : pour exister en tant que telle, il lui faut plaire en instruisant, selon l'injonction horatienne de l'*utile dulci*. Dès lors, l'analyse du plaisir pris à l'engagement académique permet aussi de mieux saisir dans quelles perspectives les Alterati envisagent l'ensemble des plaisirs pris aux arts. Pour analyser, dans toute sa complexité, cette relation en miroir — dont le versant proprement esthétique est examiné plus au long au chapitre suivant —, il est néanmoins nécessaire de considérer préalablement les représentations qui sont données au sein des Alterati des plaisirs de la vie académique, en cherchant, lorsque faire se peut, à distinguer les idéaux des pratiques.

On se souvient peut-être que, au moment où Giovan Battista Strozzi chercha à définir l'institution académique pour nourrir les mémoires qu'il espérait que don Giovanni de Médicis rédigerait sur la sodalité, il résuma les notes qu'il avait collectionnées en rubriques abrégées par la formule suivante :

> « Rassemblant tout cela ensemble, nous dirons que l'Académie est une assemblée d'amis avec leurs lois propres, désireux, en s'exerçant aux sciences et aux arts, de s'améliorer eux-mêmes dans la réciprocité et d'être utiles à autrui, par le moyen d'un louable plaisir[174]. »

On retrouve ici l'exercice contemplatif des sciences et des arts, comme moyen d'atteindre à des plaisirs collectifs toujours plus grands. Pour que le plaisir commun soit maximal, il est néanmoins nécessaire d'associer ces exercices réflexifs à la pratique de la vertu. Une telle définition fait écho aux remarques de Lorenzo

174. BNCF Magl. IX 124, fol. 74*bis* : « Noi però comprendendo tutti diremo che l'Accademia è adunanza d'amici <con> leggi proprie, desiderosi mediante l'esercitarsi nelle scienze e nell'arti <non> senza lodevol diletto, di migliorar vicendevolmente se stessi et essere <ad> altri di giovamento cagione. » Sur ces notes prises en vue d'une histoire de l'académie qui ne vit jamais le jour, voir *supra*, ch. 1, p. 71-78.

Giacomini dans sa leçon sur les armes et les lettres (1578), dans laquelle, tout en soulignant que « la contemplation est plus heureuse que l'action morale » (« più felice è la contemplazione che l'azione morale »), l'académicien affirmait que la contemplation est tout particulièrement source de plaisir (« dilettevolissima ») lorsqu'elle tend au bien parce que « dès lors que le plaisir dérive de la poursuite de quelque bien, plus celui-ci est noble, plus le bien poursuivi est grand, mieux nous le connaissons, et plus important est le plaisir généré[175] ». Il ne fait pas de doute que pour le Tenero, c'est aussi en raison de ses liens avec la recherche de la vertu, du bien, et du vrai que le plaisir académique est déclaré « louable ». Car un plaisir qui repose sur le bien est un plaisir qui rapportera honneur, éloges et même gloire à ceux qui s'y adonnent.

Mais le « louable plaisir » (« lodevole diletto ») — où s'affirme collectivement la liberté statutaire de chacun des académiciens — est peut-être avant tout, tel qu'il est évoqué par le Tenero, un plaisir qui n'a pas mauvaise réputation. Lorsqu'il glose un à un les éléments de la définition qu'il suggère à don Giovanni de Médicis, Giovan Battista Strozzi explique en effet l'expression qu'il a choisie en soulignant non seulement l'importance du plaisir comme moteur de l'activité académique, mais aussi la nécessité que ceux qui s'y adonnent se tiennent à l'écart du vice. Ces notes sont écrites d'une main hâtive et le texte en est parfois difficile à reconstituer, mais on peut proposer de leur transcription la traduction suivante :

> « Non sans un plaisir louable : Voilà le stimulus, voilà l'incitation qui a le pouvoir d'inciter chacun à agir. À lui, certains attribuent tant <de pouvoir> qu'ils ont affirmé qu'en lui consiste la félicité même. Et de fait, il est vraiment sa conséquence et une propriété qui ne se disjoint jamais d'elle. Nous l'avons associé au mot 'louable' pour le distinguer des plaisirs ennemis de la vertu, laquelle, se délectant du bien agir et s'élevant toujours plus haut par la contemplation, méprise les plaisirs sensuels — ou seulement quand les mépriser est nécessaire. Dans les académies, l'enseignement, le fait d'apprendre, celui de se sentir libéré de l'ignorance, la vision qui s'acquière dans les sciences — dont naissent de grands éloges — est source de plaisir, s'il n'apporte rien de plus[176]. »

175. Giacomini, Lorenzo, *Della nobiltà delle lettere e delle armi*, 1821, p. 51 : « [...] dilettevolissima è prima la contemplazione, perchè derivando il diletto dal conseguire qualche bene, quanto quello, che consegue il bene, è più nobile, e quanto il bene conseguito è maggiore, e quanto meglio conosco di conseguirlo, tanto è maggiore il diletto [...] ». J'ai traduit ici « diletto » par « plaisir » (plutôt que par « ravissement » ou « délectation morale », par exemple), parce qu'il me semble que Giacomini ne marque pas, dans ce discours, de différence nette entre « piacere » et « diletto ». Cette différence n'est au demeurant guère soulignée dans les écrits des Alterati, qui utilisent souvent les deux termes indifféremment.

176. BNCF Magl. IX 124, fol. 78^{v} : « Non senza lodevole diletto : Ecco lo stimolo, ecco l'incitatione che ha possanza di movere ogn'uno ad operare. A lui attribuirono tanto alcuni, che affirmarono in lui consister la stessa felicità. E veramente egli è un suo conseguente, e una proprietà che mai non si disgiunge da lei. Noi l'habbiamo congiunto con lodevole per distinguerlo da piaceri inimici di virtù, la quale del ben operar dilettandosi e con la contemplatione più in alto surgendo i sensuali diletti disprezza, o solamente quant'è di

Le Tenero commence par opposer implicitement le plaisir au sens de délectation morale (« diletto ») avec les plaisirs principalement sensuels (« piaceri »). Mais, bien qu'il pose le premier en fondement de la vie académique, il suggère parallèlement que certains plaisirs sensuels (dont il ne conviendrait dès lors de se départir que lorsque cela est « nécessaire ») seraient en réalité le moyen de motiver les académiciens à travailler et à se développer dans le cadre de l'académie. Ses notes font même probablement allusion — sans les nommer — à des théoriciens du plaisir, qui placent tout le bonheur de l'homme dans celui-ci. On peut supposer que parmi eux figuraient Épicure et plus certainement encore Lucrèce. Comme l'ont montré les travaux d'Alison Brown, l'œuvre de ce dernier fut en effet abondamment lue et mobilisée dans la Florence de la Renaissance, mais le plus souvent sans que son nom ou ses écrits soient explicitement cités, tant ses doctrines, qui étaient dénoncées comme encourageant la luxure et l'athéisme, sentaient le soufre[177]. En distinguant le « plaisir louable », qu'il place au cœur des activités des académiciens des « plaisirs ennemis de la vertu », le Tenero cherche clairement à distinguer les activités intellectuelles des Alterati des plaisirs sensuels. Mais, tant les ambivalences des notes de Giovan Battista Strozzi dans ce passage que les récits de soirées passées à la taverne, les banquets bien arrosés, les baignades sulfureuses dans l'Arno — auxquelles l'homosexualité était souvent associée — ou encore la publication probable d'un dialogue sur les sens, où un intérêt pour le matérialisme transparaît clairement[178], suggèrent que la réalité académique était, au sein des Alterati, plus complexe.

De fait, l'aspiration aux plaisirs vertueux ne semble pas avoir été unanime ou constante dans l'institution, au point qu'on peut parfois se demander si ce but, qui est souvent affiché, ne relevait pas d'un double discours où le souci de la réputation de la sodalité prit le pas sur celui de la moralité effective des académiciens. Il est évidemment difficile de distinguer en ce domaine le vrai de la mise en scène collective. On en prendra pour exemple une accusation du Desioso (Giulio del Bene) contre le Rinnovellato (Luigi Alamanni), lorsque celui-ci quitta la régence, qu'il exerçait pour la première fois. Le texte, qui est conservé dans le BNCF Magl. IX 124, date du 8 mars 1582, et porte au titre : « Accusation du Desioso contre le Rinnovellato pour avoir porté atteinte à l'honneur de l'Académie et à la majesté du régent, et pour son intempérance[179] ». Le principal chef d'accusation de cette oraison

necessità se ne vale. Nelle Accademie l'insegnar, l'imparare, il sentirsi liberar da ignoranza, il vedere che nelle scienze s'acquista, e che ne risulta gran lode, è dilettevole sì non niente più. »

177. Voir BROWN, Alison, « Lucretius and the Epicureans in the Social and Political Context of Renaissance Florence », *I Tatti Studies : Essays in the Renaissance*, 9, 2001, p. 11-62 et surtout *The Return of Lucretius to Renaissance Florence*, Cambridge, Harvard University Press, 2010.

178. Voir *supra*, ch. 2, p. 183-189 et ch. 3, p. 263-277.

179. BNCF Magl. IX 124, fol. 270r-277v : « Accusa del Desioso contro al Rinovellato d'haver vituperato l'Accademia et la maestà del reggente. » BMLF Ashburnham 558.2, fol. 24r, mentionne qu'à cette date (qui

— qui est tout entière conduite sur le ton de la vitupération la plus rigoureuse et la plus enflée — se résume au reproche qui est fait au régent sortant d'avoir donné aux académiciens des sujets de réflexion indignes et de les avoir fait inscrire dans le livre des actes (où chacun pouvait donc en trouver la trace). Y fut par exemple transcrite la question savoir si « l'homme noble devait aimer plutôt les hommes que les femmes » (« Che l'huomo generoso debbe più tosto amare i maschi che le femmine[180] »). Pareille question pouvait évidemment sonner comme une invitation à défendre publiquement l'homosexualité, mais il aurait aussi été concevable d'y répondre par des considérations sur la noblesse de l'amitié. Cependant, selon le Desioso, de telles ambiguïtés ne pouvaient être causes que d'un grand déshonneur pour l'académie : il déclare craindre le fait que la sodalité discute de choses nauséabondes (« nefande ») et « abominables » (« abominevole »), que cela ne se sache à l'extérieur de celle-ci et que de telles activités ne portent vite ombrage à la réputation de l'institution, détruisant ainsi l'image de l'académie en France, en Allemagne, en Espagne, et même jusqu'au haut des cieux (« fino al cielo »)[181]. Le Desioso reproche enfin sans détour au Rinnovellato d'entraîner l'académie sur la voie de l'épicurisme le plus immoral, l'accusant de « faire traiter des propositions non par les Alterati mais par les académiciens du plaisir et par des personnes qui sont davantage des disciples d'Épicure que des Péripatéticiens ou des Platoniciens » (« far trattare propositioni non da Alterati, ma da accademici del diletto, da persone che sieno piu tosto scolari di Epicuro, che de Peripatetici, o Platonici ») :

> « Nous ne sommes pas les académiciens du plaisir, nous ne les sommes pas, et cette académie n'est pas — Rinnovellato ! — l'académie d'Épicure, qui place le souverain bien seulement dans les plaisirs charnels, nous ne sommes pas davantage des disciples de Diogène le cynique, à qui le déshonneur n'était rien d'autre qu'une forme d'éloge[182]. »

Au folio 273, le Desioso concède néanmoins que certains régents ont introduit dans l'académie des divertissements. Il évoque en particulier le souvenir du Sconcio (Tommaso del Nero), qui a été « accusé de se livrer à des jeux théâtraux (« accusato di mimo »), de jouer de la cithare, et d'avoir organisé « des banquets et des jeux » (« banchetti et giochi »). Mais aucune de ces activités ne peut, selon Giulio

figure dans le manuscrit comme le 8 mars 1581, comme le veut le calendrier florentin) « accusò il Desioso il Rinovellato reggente vecchio d'haver vituperato l'Accademia et la maestà del reggente et d'intemperanza ».

180. BNCF Magl. IX 124, fol. 271ʳ.

181. BNCF Magl. IX 124, fol. 272ʳ. Au fol. 274ᵛ, cette crainte est reformulée : tout comme les obscénités sont condamnées sur tous les théâtres publics, l'académie sera condamnée « nel teatro della Toscana et d'Italia et forse del mondo », pour ses paroles « oscene et brute ».

182. BNCF Magl. IX 124, fol. 272ᵛ : « Non sono, non sono questi nè questa è l'accademia d'Epicuro, Rinovellato, che solo nel piacere carnale haveva posto il sommo bene, non siamo noi discepoli di Diogene Cinico, a cui le vergogne non erano se non lode. »

del Bene, être tenue pour aussi ignoble que les initiatives dont on peut légitimement accuser le Rinnovellato, dès lors que celui-ci a perverti la fin première de l'académie, qui est le travail intellectuel, en orientant les académiciens vers des oraisons « obscènes et détestables » (« oscene et brute »)[183] : « Cette troupe, ces devises <académiques> et ces sièges <de l'académie où nous sommes> n'ont jamais rien entendu que des raisonnements doctes et sages d'astrologie, de mathématique, de philosophie, d'éthique, de politique, de poésie et de rhétorique, et sur la finalité de l'amour, dont avons traité civilement et avec honnêteté[184]. » L'académie, vouée aux plaisirs les plus bas durant la régence du Rinnovellato, aurait ainsi marché sur la tête.

Mais cette sodalité fut-elle jamais un lieu où ne se cultivaient que la vertu et le savoir ? Il est difficile d'adhérer sans restriction aux accusations du Desioso, dont la tendance à l'exagération et aux effets de manches grandoliquents, dans ses discours académiques, est déjà apparue à plusieurs reprises dans le cours de cette enquête. Celui-ci signale au demeurant que le Rinnovellato espérait peut-être échapper à toute condamnation en raison du fait qu'il est jugé pendant le carême[185]. Or la proximité des fêtes du Carnaval explique peut-être à elle seule l'outrance de la rhétorique du Desioso, lorsqu'il accuse le Rinnovellato d'immoralité en se fondant sur l'ambiguïté du titre d'une seule de ses propositions de leçon. L'ensemble de l'oraison de Giulio del Bene pourrait en effet n'être qu'une facétie de carnaval. Le résultat de la procédure d'accusation semble même valider une telle lecture, dès lors que, à la date de celle-ci, les actes des Alterati rapportent que « le Rinnovellato s'est défendu et fut absous de toute faute à l'unanimité des votes » (« Difesesi il Rinnovellato et fu assoluto con tutte le uve nere[186] »). En d'autres termes, les Alterati eux-mêmes n'ont pas adhéré au tableau de corruption morale que leur peignait complaisamment Giulio del Bene. C'est en quoi de tels exercices nous disent en réalité peu de choses des mœurs effectives des Alterati, sur lesquelles ceux-ci font le plus souvent planer un brouillard soigneusement entretenu. Ils documentent néanmoins clairement le souci que les Alterati avaient de leur réputation. En cela, les *accuse* ne sont pas seulement des activités ludiques : ces accusations rituelles, même quand elles ne sont pas suivies de sanctions (ce qui est le cas le plus fréquent, dès lors que trop de sanctions infligées menaceraient sans doute la parité intra-académique), servent

183. BNCF Magl. IX 124, fol. 274^{v}.

184. BNCF Magl. IX 124, fol. 273^{v} : « Nè mai si udirono da questa muta, da queste imagini et da questi seggi, se non ragionamenti dotti et prudenti di astrologia, matematiche, filosofia, d'etica, politica, poesia et retorica ; et alla fine di amore gentilmente et con honestà trattato da noi. »

185. BNCF Magl. IX 124, fol. 276^{r} : les souvenirs du Carnaval envahissent en réalité les derniers folios du texte (fol. 276^{r}-277^{r}), au cours desquels le Desioso évoque notamment le banquet de l'académie (fol. 276^{v}), qui a lieu annuellement le jour de Berlingaccio.

186. BMLF Ashburnham 558.2, fol. 24^{r}.

à réaffirmer la loi de l'académie au sein de la sodalité, tout autant qu'à publier les valeurs et même la vertu de celle-ci au-dehors, lorsque les discours d'accusation circulent en manuscrit.

Pour le reste, il est probable que le discours de l'académie sur la moralité de ses plaisirs soit moins un double discours que l'expression de contradictions internes tant à l'institution même qu'aux individus qui la composaient. À l'origine constituée d'hommes qui avaient mené la vie festive — si ce n'est dissolue — que les étudiants issus de familles patriciennes avaient l'habitude de mener à Pise, l'académie est sûrement restée longtemps un lieu de plaisirs collectifs plus ou moins clairement interdits. Ces plaisirs allaient de la fréquentation des tavernes à l'intérêt pour les discussions hétérodoxes, en passant par le goût des plaisirs sensuels, comme le suggèrent indirectement les mises en scène d'un dialogue tel que le *Della cognitione di se stesso*. Mais l'aspiration aux plaisirs intellectuels et plus généralement vertueux qui s'exprime dans les discours académiques de plusieurs des Alterati n'en est sans doute pas moins sincère. Le plus vraisemblable est en effet que les membres de l'académie furent, pour beaucoup d'entre eux, convaincus que les plaisirs de la réflexion et de la création poétique, collectivement partagés de manière régulière au sein de l'académie, pouvaient conduire à l'élévation tant intellectuelle que morale que Marsile Ficin considérait comme la finalité de la philosophie. Néanmoins, certains l'étaient peut-être moins que d'autres — on pense par exemple à Filippo Sassetti, qui ne tient guère de discours sur les plaisirs de la contemplation intellectuelle — tout en étant davantage attirés par les plaisirs des sens. D'autres enfin — dont Lorenzo Giacomini semble avoir été l'un des principaux exemples — cultivaient avec liberté les plaisirs de l'hétérodoxie (intellectuelle et/ou morale ?), tout en valorisant explicitement l'association de la vertu et de la contemplation.

Il est au demeurant possible que ce soit pour inclure les sentiments contradictoires d'individus tels que Giacomini que la note que le Tenero avait préparée pour don Giovanni de Médicis sur le « plaisir louable » précisait que le mot « plaisir » « a été associé au mot "louable" pour le distinguer des plaisirs ennemis de la vertu, laquelle, se délectant du bien agir et s'élevant toujours plus haut par la contemplation, méprise les plaisirs sensuels — *ou seulement quand les mépriser est nécessaire* ». Le sens de la formule en italique (« o solamente quant'è di necessità se ne vale[187] ») est très peu clair. Mais on peut y lire en filigrane l'idée que la vertu n'est pas *toujours* ennemie des plaisirs sensuels, même s'il peut être nécessaire, dans certaines situations, de l'en distinguer. Pareille ambiguïté — si tel est bien le sens de

187. BNCF Magl. IX 124, fol. 78r : « Noi l'habbiamo congiunto con lodevole per distinguerlo da piaceri inimici di virtù, la quale del ben operar dilettandosi e con la contemplatione piu in alto surgendo i sensuali diletti disprezza, o solamente quant'è di necessità se ne vale. » La clause pourrait aussi être traduite par : « ou seulement quand la nécessité s'en fait sentir ».

cette remarque — était peut-être au plus près de la vision du plaisir qui était celle des Alterati, dès lors que certains, tels que Lorenzo Giacomini, semblent fréquemment envisager une sorte de *continuum* entre plaisirs sensuels et plaisir intellectuels, ces derniers conduisant (parfois mais pas toujours) au détachement à l'égard des premiers. Cependant, dans la Florence de la Contre-Réforme, pareille position ne pouvait s'énoncer sans les précautions, détours et/ou restrictions mentales, dont semble précisément relever la formulation sans doute à dessein obscure de Giovan Battista Strozzi.

Les Alterati sont également soucieux de ne pas présenter leurs plaisirs académiques comme n'étant plaisants et utiles que pour eux seuls. Ils envisagent ainsi couramment que ceux-ci puissent servir la société qui les entoure et plus spécifiquement leur ville. Dans ses leçons sur l'amour et la vie académique, Lorenzo Giacomini affirme par exemple que « la fin de l'académie est le souverain bien, c'est-à-dire la perfection et la félicité de l'homme par les opérations du savoir — et parce que c'est à ces fins précisément que tendent les cités, il suit que les cités sont les fins des académies[188] ». Autrement dit, les académies, en focalisant leurs activités sur la contemplation intellectuelle, ne visent pas que leur propre bien : elles travaillent aussi au bénéfice de ce que, en termes modernes, on appellerait la société civile. Il est de ce point de vue frappant de constater que les Alterati n'envisagent pas de servir la société dont ils sont issus en servant leur prince, mais bien plutôt d'être utiles à leurs concitoyens dans le cadre sociopolitique qui est le leur en se passant de la médiation de l'autorité politique. Ils ne se placent en effet pas dans l'économie d'un patronage princier — qui supposerait une relation triangulaire entre l'académie, la société florentine et son prince, où ce dernier serait dans une position dominante —, mais plutôt dans la configuration d'une relation directe avec la société dont ils seraient, en tant qu'académie, l'émanation. La relation envisagée pourrait même être décrite dans les termes d'une relation d'homothétie : tendant au souverain bien en tant que microsociété, l'académie, par les plaisirs qu'elle cultive, se veut à la fois à l'image de sa ville — et de son histoire politique — et un modèle d'activité intellectuelle (et de vertu) pour celle-ci.

Cette relation d'homothétie se trouve exprimée avec une particulière clarté dans l'oraison funèbre d'Agostino del Nero, le fils de Tommaso del Nero, qui fut le fondateur de l'académie de Desiosi, avant de mourir en 1591. Les Alterati et les Desiosi étaient si proches sur le plan social et idéologique que les seconds furent — on s'en souvient — intégrés aux premiers en 1593, après la mort de

188. BRF Riccardiano 2437, fol. 28v : « [...] il fine de la Academia è il sommo bene, cio è la perfezione et la felicità del huomo per le operazioni de la sapienza e perchè a questo fine sono ordinate le città segue che le città siano a fine de le Academie ».

leur fondateur. En cela, la vision de la place des académies dans la vie civile qui avait cours parmi cette académie plus jeune, pour laquelle les Alterati constituaient un modèle central, s'inspirait sans doute largement de celle qui était développée au sein de l'académie fondée par leurs aînés en 1569. C'est pourquoi le propos du chanoine Francesco Nori, lorsqu'il fait l'éloge d'Agostino del Nero pour avoir fondé les Desiosi, mérite attention. Il propose en effet un tableau particulièrement frappant du rayonnement civil des académies, qui définit l'utilité sociale des sodalités patriciennes d'une manière générale :

> « <Qui dira assez l'importance d>es académies, qui sont un divertissement des esprits, une occasion de s'exercer aux arts dits libéraux, un moyen pour se maintenir éternellement vivant dans le monde, qui remplissent les hommes de bonté et de valeur, par lesquelles non seulement un académicien <peut être utile> à un autre, mais chacun d'entre eux peut être utile à une infinité d'autres personnes ? L'utilité de ces assemblées ne se réduit pas au petit nombre des académiciens, mais s'étend et se dilate à travers les cités et les provinces, même si ceux qui ne le savent pas ne s'en rendent pas compte et n'en tirent pas bénéfice de multiples manières — bénéfice qui n'est contrebalancé par aucun dommage, ni aucun sinistre accident [...]. Si donc les édificateurs des premières <les cités>, qui dans les premiers temps étaient comptés parmi les dieux, et les fondateurs des secondes <les académies> sont aujourd'hui aussi exaltés de tous, comment est-il possible que ces dernières ne soient pas dignes d'être grandement prisées[189] ? »

En faisant de l'institution d'une académie une action aussi héroïque que celle de la fondation d'une ville, l'oraison en mémoire d'Agostino del Nero mobilise l'idée que les académies sont des cités en miniature — si n'est même des micro-États. Sans expliciter pleinement sa pensée, l'orateur suggère néanmoins qu'il ne convient pas de voir ces institutions comme des États dans l'État, comme s'il tentait de contrecarrer l'idée qu'elles pourraient constituer une forme de menace pour le gouvernement civil. Cette possible nocivité résidait sans doute d'abord dans la liberté de pensée et/ou de mœurs que les académies étaient parfois vues comme encourageant. Mais elle tenait peut-être aussi aux concurrences avec les formes

189. BNCF Palatino 640, fol. 9v-10r. Le discours est transcrit et imprimé dans les *Prose fiorentine raccolte dallo Smarrito accademico della Crusca*, Florence, Stamperia di sua Altezza reale, per Santi Franchi, 1716-1745, 4 parties en 17 vol., 1re partie, vol. 4 (1720), p. 58-92 (p. 73-74) : « L'accademie le quali sono un diporto degli ingegni, una occasione d'esercitar l'arti, che liberali si dicono, un mezzo per manternersi eternamente vivo nel mondo, che riempiono gl'huomini di bontà, e valore, per lo quale non solamente l'uno accademico all'altro, ma ciascheduno di loro può ad infinite altre persone giovamento recare ? Che non istà per certo nel piccol numero degli accademici l'utilità di queste virtuose adunanze ristretta ; si spande, e si dilata per le città, e provincie, e quegli etiandio, che no' lo sanno, non se n'accorgendo ne traggono benefizio di molte volte, benefizio non contrapesato da alcun dannaggio, nè da sinistro accidente [...]. Dunque se gli edificatori di quelle <città>, i quali ne primi tempi fra gli Dei erano annoverati, sono anche hoggi sommamente esaltati da i fondatori di queste <accademie> com'è possibile, che non siano degni di pregio grande ? »

du gouvernement des cités que les lois des académies patriciennes généraient à Florence, au moins lorsque ces institutions n'étaient pas placées sous le patronage étroit du prince. À cette vision des académies comme civilement ou politiquement dangereuses, Francesco Nori oppose la représentation de l'« utilité » que la cité en tire, en décrivant celle-ci comme une forme d'expansion concentrique par laquelle le bénéfice que chaque académicien trouve dans l'activité académique s'étendrait par contiguïté à l'ensemble d'une cité ou d'une province. Cette vision des lumières académiques se répandant de proche en proche sur les esprits n'avait vraisemblablement pas de quoi rassurer le pouvoir politique, dès lors que des esprits académiquement éclairés pouvaient toujours être des esprits trop libres. Mais elle laisse apercevoir comment, au sein des Alterati et autour d'eux, était conçue l'utilité civile des plaisirs académiques que ces patriciens florentins cultivaient. La représentation collectivement entretenue parmi eux ne supposait pas seulement l'extension des bénéfices de la contemplation des arts et des sciences à l'ensemble du corps civil, par la fréquentation de leurs concitoyens. Elle impliquait aussi, par là même, la propagation d'un contre-modèle politique qui valorisait le questionnement, la mise en débat, l'affirmation de points de vue individuels, et même la revendication du bien-fondé des plaisirs collectifs pris au sein d'une assemblée de particuliers, résistant ainsi tacitement à l'injonction d'inféoder toute activité civile aux besoins du prince et de son gouvernement.

Les Alterati ne semblent donc définir les plaisirs du loisir académique, dans le cadre de leur *accademia privata*, que pour mieux affirmer, à partir du lieu de leur (semi-)retraite ainsi délimitée, leur engagement dans l'espace civil, en récusant implicitement toute relation d'exclusivité avec le prince et son entourage. La revendication de leur « utilité » en tant qu'académie est fondée sur les savoirs et les arts dont ils font la matière tant de leur contemplation que de leur créativité. Leur désœuvrement original, qui ne pouvait pas se dire ouvertement, les conduisit à définir ces préoccupations comme les objets de leur labeur propre, et, par ce fait même, à en faire les fondements de leur identité sociale en tant que *letterati*. La vie académique leur donna ainsi une raison d'être tout autant qu'une forme de légitimité dans l'espace civil, que leur richesse et leur appartenance au patriciat ne semble pas avoir suffi à leur garantir, dès lors que le régime refusa longtemps de les intégrer à la nouvelle donne politique, les privant du même coup de la reconnaissance sociale qui en aurait découlé. Tout en affirmant leur indépendance vis-à-vis du prince et en suggérant implicitement — par la clôture de leur institution — celle des savoirs et des arts dont ils se préoccupent, les Alterati affirmaient dès lors, par leur académie, leur valeur et leur place dans l'espace social, ainsi que leur capacité à éclairer celui-ci par leurs réflexions, leurs jugements et leurs créations.

Depuis le lieu de leur extériorité construite et savamment entretenue, ils revendiquent ainsi en sous-main leur centralité dans le corps social, tout autant que leur noblesse, dignité et distinction. Or cette position d'externalité resta pour une large part la leur, même après que certains d'entre eux ont trouvé le moyen de s'intégrer à la vie de la cour et d'y introduire leurs arts et les représentations qu'ils y avaient attachées. C'est du moins ce que laisse apercevoir la création de l'*Euridice* d'Ottavio Rinuccini et de Jacopo Peri, dont la mobilisation à la cour médicéenne, en 1600, permet à la fois d'analyser le positionnement des Alterati lorsqu'ils œuvrent dans le cadre de la cour et d'envisager la façon dont ils conçoivent et diffusent, dans cette configuration pour eux nouvelle, leurs représentations des plaisirs et usages de l'art qu'ils créent. Dans l'*Euridice*, le plaisir, par lequel les Alterati définissent les arts et leurs fonctions, se trouve en effet élaboré en une fable allégorique qui permet à la fois d'en représenter les différentes facettes et de matérialiser les rapports qu'il entretient avec l'autorité politique.

Chapitre 5

Les détours du plaisir : théories et pratiques de l'art, entre cour et académie

1. Les Alterati dans le sillage du Tasse

Dans les dernières années de sa vie, Torquato Tasso erra de cour en cour, à travers toute l'Italie, à la recherche d'un prince qui le stipendiât libéralement, tout en lui laissant la disponibilité de travailler à la correction de son épopée, la *Jérusalem délivrée*. Au printemps 1590, ses déplacements incessants le conduisirent à Florence, qu'il n'avait brièvement visitée qu'une seule fois auparavant, en 1576[1]. Ses relations avec le pouvoir médicéen étaient tendues depuis 1580, date à laquelle son dialogue *Il Gonzaga overo del piacer onesto* (réécrit et imprimé en 1582, puis publié une nouvelle fois en 1587 sous le titre *Il Nifo overo del piacer*) avait commencé à circuler en manuscrit. Dans ce texte, l'un des personnages, le courtisan et homme de lettres mantouan César de Gonzague, comte de Guastalla, lit en effet un discours du *fuoruscito* florentin Vincenzo Martelli, qui dénonce en termes peu équivoques la « tyrannie » médicéenne. Puis est discutée une oraison attribuée à Bernardo Tasso, où celui-ci décrit la ville des Médicis pour son manque d'*ethos* aristocratique. Le personnage du père de Torquato Tasso y insinue en particulier que le grand-duché n'est qu'une principauté de simples « artisans », gouvernés

1. Serassi, Pierantonio, *La vita di Torquato Tasso*, éditée et annotée par Cesare Guasti, Florence, Barbera, Bianchi e Comp., 1858, 2 vol. en 1 t. (1re éd. Rome, 1785), p. 293. À cette occasion, le Tasse fait la connaissance de Vincenzio Borghini. Mais il ne reste dans la ville que quelques jours.

par une famille de vulgaires marchands[2]. La riposte, quoique indirecte, ne se fit pas attendre : en 1583-1584, Lionardo Salviati et Bastiano de' Rossi, deux membres de la jeune académie de la Crusca, probablement soucieux d'attirer sur celle-ci la bienveillance du pouvoir médicéen, affirmèrent publiquement la supériorité du *Roland furieux* de l'Arioste sur la *Jérusalem délivrée* du Tasse[3]. Revendiquer la supériorité d'un *romanzo*, apte à séduire un public large, sur une épopée calquée sur les plus célèbres modèles antiques était une manière détournée de flatter les Médicis, qui, au cours de leur ascension politique, avaient toujours cherché à se présenter comme des hommes proches du *popolo minuto*. Par contraste, l'attachement du Tasse aux valeurs aristocratiques (et au premier chef, parmi celles-ci, à l'idéal du « plaisir honnête ») se manifestait hautement dans sa *Jérusalem délivrée*, l'associant étroitement aux élites des cours italiennes. Tout autant que les difficultés psychologiques dont souffrait le poète, ces valeurs ne s'accordaient pas bien avec le service du régime médicéen. Accueilli avec faste et générosité à la cour de Ferdinand Ier de Médicis à la mi-avril 1590[4], le Tasse en repartit dès le 5 septembre suivant, en se plaignant de n'y avoir trouvé ni tranquillité ni fortune[5]. Pourtant, le poète n'avait pas à Florence que des adversaires. Il avait su également y cultiver, parmi le patriciat, un réseau d'admirateurs et d'amis, qui furent pour lui, dans le cours de la querelle sur le poème épique, de soutiens précieux. Ces hommes contribuèrent efficacement à la diffusion

2. TASSO, Torquato, *Il Nifo overo del piacer* dans *Dialoghi*, édités et annotés par Giovanni BAFFETTI, avec une introduction d'Ezio RAIMONDI, Milan, Rizzoli 1998, 2 vol., t. 1, p. 230-303. Les propos critiquant les Médicis se trouvent aux p. 238 (« la nuova tirannide de la casa de' Medici »), p. 239, p. 249 et p. 253 (« la plebe de gli artefici fiorentini »).

3. L'envoyé florentin à Ferrare essaya aussi d'empêcher la parution du dialogue du Tasse sur le plaisir sous forme imprimée, mais sans succès. Sur les enjeux politiques de cet épisode voir GUASTI, Cesare, « La Crusca e il Tasso », dans *Le lettere di Torquato Tasso*, éditées par Cesare GUASTI, Naples, G. Rondinella, 1857, 5 vol., t. 4, p. I-XXXVIII (p. XII-XIII) et SANTI, Venceslao, « La precedenza tra gli Estensi e i Medici e l'*Historia de' principi d'Este* di Giovan Battista Pigna », *Atti della Deputazione Ferrarese di Storia Patria*, vol. IX, 1897, p. 37-122 (p. 116), qui montre que les attaques du Tasse s'inscrivaient dans le cadre des rivalités politiques entre les Médicis et les d'Este. Pour une présentation des enjeux littéraires de la querelle, voir WEINBERG, Bernard, *A History of Literary Criticism in the Italian Renaissance*, Chicago, Chicago University Press, 1961, 2 vol, t. 2, ch. 19 : « The Quarrel over Ariosto and Tasso », p. 954-990 ; SANSONE, Mario, « Le polemiche antitassesche della Crusca », dans POLLAK, Roman (dir.), *Torquato Tasso*, Milan, Marzorati, 1957, p. 527-574 ; BROWN, Peter M., « The Historical Significance of the Polemics on Tasso's *Gerusaleme liberata* », *Studi Secenteschi*, XI, 1970, p. 3-24, et LOMBARDI, Maria Maddelena, « La polemica antitassiana della Crusca nella *Proposta* di Monti », dans GAVAZZENI, Franco (dir.), *Sul Tasso. Studi di filologia e letteratura italiana offerti a Luigi Poma*, Rome, Antenore, 2003, p. 321-350.

4. Selon Angelo SOLERTI, *Vita di Torquato Tasso*, Turin, Loescher, 1895, 3 vol., t. 1, p. 641-663, Ferdinand Ier de Médicis et don Giovanni de Médicis lui firent plusieurs dons d'argent successifs. Christine de Lorraine lui fit également porter du linge (six « camice de panno lino », deux paires de « calzini di panno lino », douze paires de « calcette di panno lino », etc) et quelques vêtements de cour (un « beretta di veluto riccio con velo » et une « cappa di buratto di Fiandra con nastro di seta atorno in vergha »), tout comme elle l'aurait fait pour un courtisan qui serait entré dans sa maison (ASFi Guardaroba medicea 122, fol. 31v, du 10 juin 1590).

5. SOLERTI, Angelo, *Vita di Torquato Tasso*, t. 1, p. 660-663.

tant de son œuvre poétique que de sa réflexion esthétique et philosophique. Or au premier rang d'entre eux se comptaient les principaux membres et compagnons de route de l'académie la plus fermée et la plus aristocratique de Florence — celle des Alterati.

La sympathie de ces patriciens florentins pour le Tasse et leur admiration pour son œuvre furent grandes, mais les documents existants ne permettent pas d'éclairer la nature de leurs liens avec le poète avec beaucoup de précision. Il subsiste néanmoins une copie d'une lettre du Tasse à Lorenzo Giacomini, datée du 30 juin 1587, dans laquelle le poète mentionne une visite du Mesto à Mantoue, où lui-même se trouve alors. Alors que Giacomini quitte la ville des Gonzague, le Tasse le charge de cultiver pour lui à Florence tant la bienveillance de don Giovanni de Médicis que celle de la grande-duchesse Christine de Lorraine[6]. Cette lettre, au cours de laquelle le poète se dit le « débiteur » de Giacomini — dont il a visiblement reçu protection, présents et/ou faveurs —, suggère qu'une forme de relation de patronage s'était instaurée entre ce riche patricien et le poète. Il est dès lors probable que certains Alterati, dont Giacomini, travaillèrent en coulisses à faciliter l'arrivée du Tasse à la cour médicéenne, trois ans plus tard. Mais la nature de leurs interventions est difficile à documenter. Les érudits des XVIIIe et XIXe siècles mentionnent néanmoins une autre lettre, dans laquelle Giovan Battista Strozzi s'adressant à Lorenzo Giacomini — alors absent de Florence — décrivait avec force détails l'accueil qui fut réservé au Tasse à son arrivée à la cour de Ferdinand Ier de Médicis, au printemps 1590. Malheureusement, cette lettre semble aujourd'hui perdue[7]. On peut néanmoins imaginer que le (bref) retour en grâce du poète, qui semblait mettre fin aux conflits des années 1580-1585, fut perçu par ces ardents partisans du Tasse comme la réparation d'une offense.

6. BNCF II.II.288, qui contient des *minute* de lettres de et à Lorenzo Giacomini (le recueil fut sans doute préparé à sa demande, pour garder une trace de sa correspondance), donne au fol. 44r la lettre suivante : « Illustrissimo signor mio observandissimo, Niuna cosa mi spiace più ne la sua partita che la sua partita medesima ; ma accrebbe il mio dolore l'oppinione che illa se ne portò della mia negligenza, et fu più tosto sciagura, per la quale io partii quel giorno istesso ; vostra Signoria intenderà dal signor Zenobio Spini, et essendo poi ritornato ho perduta quasi la speranza di rivederla così tosto, ma non la memoria del mio obligo, e della sua cortesia, ma quanto piu tarderò a pagare il mio debito, tanto pagherollo piu appieno. Desidero che 'l signor Zenobio venendo a Fiorenza mi soddisfaccia col fare a vostra Signoria fede, et testimonanza della verità per la quale allora fui reputato, o poco ricordevole delle promesse, o poco affezzionato a meriti del illustrissimo signor don Giovanni, al quale bacio le mani, e prego vostra Signoria che mi tenga in sua gratia, et in quella della gran duchessa, e viva lieta. Di Mantova l'ultimo giugno del 1587. Di vostra Signoria illustrissima affezionatissimo servitore, Torquato Tasso. »

7. La lettre est signalée mais non citée dans SALVINI, Salvino, *Fasti consolari dell'Accademia Fiorentina di Salvino Salvini consolo della medesima e rettore generale dello Studio di Firenze*, Florence, Giovanni Gaetano Tartini et Santi Franchi, 1717, p. 270 : « In altra lettera del 1590, gli dà nuova lo Strozzi, esser giunto allora il Tasso a Firenze, chiamato, come si diceva, dal granduca, e da esso nobilmente trattato e lungamente parla di lui. ». SERASSI, Pierantonio, *La vita di Torquato Tasso*, t. 2, p. 250, note 3 et SOLERTI, Angelo, *Vita di Torquato Tasso*, t. 1, p. 656 ont tous deux cherché ce document sans succès — comme je l'ai fait moi-même.

Illustration 42.

Portait d'un érudit ou d'un poète (peut-être Ottavio Rinuccini), par Santi di Tito (1536-1603), 54,5 cm sur 44,3 cm, reproduction tirée de *Fine Old Master Paintings to be sold by auction, Tuesday July 7 1992 at 11am and 2pm, sale n° 29013,* Londres, Philips, Son & Neal, 1992, p. 203. Le propriétaire actuel de l'œuvre n'est pas connu. Photo Déborah Blocker.
Source : *Fine Old Master Paintings to be Sold by Auction, Tuesday July 7 1992 at 11am and 2pm, sale n° 29013,* Londres, Philips, Son & Neal, 1992, p. 203.

Pourtant, jusqu'à la mort du poète, les Alterati ne clamèrent pas haut et fort leur admiration pour le Tasse. Ils semblent au contraire l'avoir principalement tenue secrète, honorant avant tout son œuvre et sa personne dans les confins de leur académie[8]. C'est du moins ce que laisse penser la toile qu'à une date incertaine, Giovan Battista Strozzi commanda au peintre de cour florentin Santi di Tito. Décrite succinctement dans le testament du Tenero, cette toile figurait encore, à la mort de Giovan Battista Strozzi, dans la *sala* de son palais de la via de' Legnaioli (actuelle via Tornabuoni) où se tinrent les réunions de l'académie des Alterati dans les dernières années de l'existence de l'institution. Selon toute probabilité, ce tableau représentait en son centre le Tasse, flanqué de quatre des Alterati les plus célèbres, avec sans doute Francesco Bonciani et Lorenzo Giacomini à sa droite, et Ottavio Rinuccini et Giovan Battista Strozzi, à sa gauche[9]. À en juger par un portait qui en a très vraisemblablement été extrait **[Ill. 42]**, cette toile était de très grande dimension[10]. Ce tableau de groupe devait dès lors produire, dans la salle où il était accroché, un effet de présence tout à fait saisissant. Car l'image plaçait symboliquement le Tasse au milieu des membres d'une académie dont il n'était pas membre, en l'entourant de quatre admirateurs qui, eux, en étaient, l'intégrant ainsi comme figurativement à l'institution. Le Tasse apparaissait ainsi comme le poète et penseur tutélaire des Alterati, si ce n'est même comme un homme qui faisait, parmi eux l'objet d'une sorte de culte privé. On trouve d'ailleurs parmi les poèmes censurés au sein des Alterati un poème latin sur le Tasse (« De Torquato Tasso ») qui le porte aux nues[11]. La vénération des membres des Alterati pour l'auteur de

8. Il fut souvent question du Tasse dans les débats des Alterati, généralement pour prendre sa défense dans des comparaisons avec l'Arioste, comme le relève Cesare GUASTI, « La Crusca e il Tasso », dans TASSO, Torquato, *Le lettere di Torquato Tasso*, t. 4, p. XXXVIII, qui dresse la liste des sept occasions où l'œuvre du Tasse se trouve mentionnée dans le *diario* de l'académie (BMLF Ashburnham 558 1 et 2), entre 1582-1599, pour avoir donné lieu à un débat *pro et contra* ou à un éloge.

9. ASFi Notarile moderno 9323, fol. 93v : le testament de Giovan Battista Strozzi stipule : « Il quadro che è in sala di mano di Santi di Tito, dove sono depinti il signor Torquato Tasso, il signor Francesco Bonciani che fu poi arcivescovo di Pisa, il signor Lorenzo Giacomini, il signor Ottavio Rinuccini, et il signor testatore. »

10. Un catalogue de vente de chez Philips à Londres (*Fine Old Master Paintings to be Sold by Auction, Tuesday July 7 1992 at 11am and 2pm, sale n° 29013*, Londres, Philips, Son & Neal, 1992, p. 203) mentionne un portait de 54,5 cm sur 44,3 cm attribué à l'atelier de Santi di Tito **[Ill. 42]**. Ce tableau — qui a visiblement été taillé sur ses quatre côtés et paraît extrait d'une toile bien plus grande — représente un érudit ou un poète, qui écrit ou signe quelque chose. En raison du positionnement du modèle (si l'on admet que le testament de Giovan Battista Strozzi indique sans trop d'imprécision les individus figurant sur cette toile avant sa mutilation), il est possible qu'il s'agisse de la partie de la toile qui représentait Ottavio Rinuccini. Si ce portrait est bien extrait du tableau décrit par Giovan Battista Strozzi, ce tableau de groupe devait originellement être très large (2, 5 à 3,5 mètres ?) — soit de quoi couvrir tout le centre d'un pan de mur, dans une grande pièce. Les personnages, saisis à mi-corps ou peut-être même en pied, auraient ainsi été représentés presque en grandeur nature.

11. BMLF Ashburnham 561, fol. 281v. Dans les *censure* et *difese* des Alterati sur les poèmes soumis à évaluation en leur sein et dont ce codex préserve les traces écrites, la poésie de l'Arioste est par ailleurs souvent

la *Jérusalem délivrée* et leur enthousiasme pour son œuvre ne devinrent cependant publics qu'avec l'impression de l'oraison funèbre que lui consacra, en 1595, Lorenzo Giacomini. Par ce texte se trouva exprimée non seulement l'admiration que le Mesto lui-même vouait au poète, mais encore — en raison tout aussi bien de la publicité originellement donnée à l'oraison que de la mention de l'académie sur la page de titre de la publication — l'adhésion de l'ensemble de l'institution à la poésie et à la poétique qui avaient été celles du Tasse[12].

Mais que signifiait cette admiration, si activement cultivée et si tardivement déclarée, pour le poète de la *Jérusalem délivrée* ? Elle participa sûrement, chez les Alterati, d'une manière de revendiquer les valeurs aristocratiques dont la poésie du Tasse était porteuse, aussi bien dans sa façon de peindre l'héroïsme que dans son usage de l'expression allégorique. Mais cette admiration avait sans doute principalement pour fonction d'exprimer, de manière détournée, une vision des pratiques artistiques qui non seulement associait constamment hédonisme et spiritualité — comme le faisait le poète dans l'ensemble de son œuvre —, mais encore développait une conception ésotérique de l'art, avec pour finalité à peine camouflée de le soustraire aux instrumentalisations des pouvoirs politiques. À l'instar du Tasse, les Alterati définirent en effet l'art comme un mystère, au sens d'un parcours réservé à ceux qui, en initiés, veulent, par le moyen des sens, accéder à une meilleure compréhension d'eux-mêmes et des vérités les plus hautes. Or, pour être capable de conduire à l'idée et même au sentiment du divin, le « miracle de l'art » — dans les termes que Françoise Graziani mobilise pour décrire la vision que le Tasse cultive des moyens et pouvoirs de la poésie[13] — doit pouvoir exister en dehors des logiques du monde, où tout pouvoir est accidentel et transitoire. Cependant, les Alterati — nourrissant peut-être quelque méfiance envers les audaces que le Tasse mit dans la bouche de certains des interlocuteurs de ses dialogues — n'énoncèrent que rarement leurs conceptions de l'art avec la clarté dont fit preuve l'auteur de la *Jérusalem délivrée* dans ses considérations sur la poétique, même lorsqu'il s'est agi pour eux de se positionner vis-à-vis du pouvoir politique. Ils usèrent au contraire

présentée comme destinée au vulgaire ; voir par exemple BMLF Ashburnham 561, fol.50r : « E per sperienza si vede le rime del Ariosto in molti parti per la loro molta faciltà se ben piacciano al vulgo che subito le intende, non satisfare a gli huomini intendenti, ai quali piacciono quelle del Casa ancor che nel primo aspetto si monstrino alquanto dure e faticose. »

12. Giacomini, Lorenzo, *Oratione in lode di Torquato Tasso fatta ne l'Academia degli Alterati da Lorenzo Giacomini Tebalducci Malespini*, Florence, Giorgio Marescotti, 1595 (pour la 1re édition). Sur la publication de ce texte, voir *supra*, ch. 3, p. 288-289. Un autre Alterato, Scipione Ammirato (il Trasformato), rédigea également un éloge funèbre du Tasse, sans qu'on sache où et quand son discours a été prononcé. Cette *Orazione di Scipione Ammirato in morte di Torquato Tasso* parut bien après la disparition de son auteur, dans les *Opuscoli del signore Ammirato*, Florence, Amadore Malli et Lorenzo Landi, 1637-1642, 3 vol., t. 3, p. 499-516.

13. Graziani, Françoise, « Le miracle de l'art : le Tasse et la poétique de la meraviglia », *Revue des études italiennes*, 42, 1996, p. 117-139.

soit de formes fragmentaires sur le plan théorique, tels que les discours académiques — lesquels répondent à une question précise sans prétendre à la portée totalisante des traités —, soit de fables allégoriques, dont, à la différence du Tasse, ils se gardèrent bien de fournir jamais aucune clef[14]. C'est en quoi l'œuvre du Tasse — dont la poésie et la poétique firent l'objet, chez les Alterati, d'une lecture très attentive — peut servir de fil conducteur pour y voir plus clair dans la conception que les Alterati développèrent des arts et de leurs rapports avec les pouvoirs. Il ne s'agit pas de transformer le Tasse en clef universelle des mystères théoriques que les Alterati cultivèrent dans son sillage, mais seulement de s'appuyer ponctuellement sur son œuvre pour élucider certains des écrits que les Alterati mirent en circulation. La visée de ce rapprochement est de comprendre la signification, tout autant que les enjeux sociaux et politiques, d'une esthétique qui place le plaisir des sens à son fondement, tout en décrétant que l'idée — et même l'au-delà — est son horizon premier.

Le mystère de l'art que le Tasse met en avant — et dont les Alterati se réclament à son exemple — est en effet largement tributaire d'un principe de plaisir, ou, plutôt, d'une série de représentations de ce qu'est le plaisir. Dans ce paradigme, l'art est compris comme faisant naître, par le plaisir des sens, la curiosité, la surprise, la contemplation, et, en dernière instance, un plaisir plus haut, celui de l'idée, où vertu et raison sont envisagées comme se rejoignant. Mais, dans ce cadre, la fonction de l'art est aussi de définir symboliquement, au travers de l'activité herméneutique qu'il demande, une forme d'aristocratie, tout en soustrayant les plaisirs de celle-ci aux logiques de pouvoir qui sont celles des régimes absolutistes. La primauté donnée à un plaisir qui élève mais reste toujours particulier, privé et même secret apparaît en effet non seulement comme une manière de revendiquer un accès à la transcendance, mais aussi comme une façon de circonscrire une forme d'indépendance vis-à-vis des pouvoirs temporels, dans la sphère des perceptions, des jugements et même de la vérité. Cette manière d'envisager et de pratiquer les arts entend créer, par et pour eux, un espace d'investigation et d'appréciation destiné à rester inaccessible aux non-initiés. Un tel espace n'est pas placé sous la domination directe d'un pouvoir mais instaure une forme de liberté qui à la fois définit l'art et les savoirs qu'il demande, et affirme (voire rend possibles) par contiguïté, d'autres formes de

14. Les écrits théoriques du Tasse sont accessibles dans TASSO, Torquato, *Discours de l'art poétique, Discours du poème héroïque*, traduits de l'italien, présentés et annotés par Françoise GRAZIANI, Paris, Aubier, 1997. Vers 1576, le Tasse rédigea une élucidation des allégories de la *Jérusalem délivrée*, qui fut publiée pour la première fois dans l'édition de Venise, en 1581. Pour une édition récente de ce dernier texte, voir TASSO, Torquato, *Jerusalem Delivered (Gerusalemme liberata)*, texte traduit en anglais et annoté par Anthony M. ESOLEN, John Hopkins University Press, 2003, p. 415-419. Pour une lecture platonicienne de cette allégorie, voir CONFALONIERI, Corrado, « Platone tra maschera e smascheramento. Una rilettura dell'*Allegoria del poema* di Tasso », *Campi immaginabili*, 2013, 48-49 et 2014, 50-51, p. 132-156.

liberté, tant sociales que politiques. Dans ce qui suit, il s'agit d'abord de reconstituer l'horizon conceptuel de ces discours à dessein mystérieux. Mais il s'agit aussi de cerner en quoi cette manière d'envisager les arts est à la fois une expression de la position sociopolitique qui est celle des Alterati et une manière pour eux de travailler activement à la modifier. À cette fin, il conviendra d'élucider comment la merveille et l'intellection — posées comme des finalités primordiales dans le champ de l'art — s'articulent, dans l'espace social, à des postures telle que la distinction, le retrait, et le refus de toute forme de service qui pourrait ressembler à un asservissement. En quoi de pareils discours, qui placent l'art aux marges du monde et le rattachent à la transcendance plutôt qu'aux pouvoirs temporels, s'articulent-ils aux contraintes et privilèges qui furent ceux des Alterati dans la Florence des Médicis — non moins, peut-être, qu'à ceux du Tasse dans le cours de ses errances ?

Les énonciations et fables allégoriques examinées dans les pages qui suivent posent ainsi une question dont les enjeux dépassent largement le cas des Alterati. Cette question est plus généralement celle des rapports que les poétiques hédonistes ou hédonisto-idéalistes de la première modernité entretinrent avec les configurations politiques dans lesquelles elles émergèrent, soit avec les diverses formes d'absolutisme dont l'Europe fut alors le théâtre, et avec les réalignements tant sociaux que politiques auxquelles ces nouvelles formes d'autoritarisme donnèrent lieu. Faire apparaître les rapports, aujourd'hui depuis longtemps oubliés, entre ces nouvelles formes de pouvoir et les conceptions esthétiques d'une partie des aristocraties qu'elles affectèrent ne permet pas seulement de mieux comprendre la nature de ces discours, souvent devenus pour nous opaques. Le geste ouvre aussi des perspectives nouvelles sur notre propre configuration, tant sur le plan esthétique que sur le plan politique, en fournissant des éléments pour réfléchir à la constitution des conceptions qui, dans la modernité, déclarent l'art « autonome », soit en l'associant avec la notion de plaisir, soit en le dissociant de celle-ci.

Les discours des Alterati sur les plaisirs — et la place des arts en leur sein — sont d'abord analysés ici en regard des théories du Tasse, mais aussi des traditions épicuriennes et néo-platoniciennes dont il est, conjointement, l'héritier. Les oraisons académiques des Alterati sont ainsi scrutées en vue de cerner comment elles exposent la matérialité des plaisirs, en affirmant hautement leur ancrage dans la nature et dans le monde. Le lien établi, dans ces discours, entre sensualité et transcendance, est ensuite envisagé, afin de comprendre en quoi l'art peut être posé comme un mode d'accès à l'idée et même au divin. La réflexion se focalise enfin sur les rapports entre plaisirs et pouvoirs, tels qu'ils sont postulés dans ces discours, posant d'abord la question de la valeur éthique du plaisir, avant de s'interroger sur le plaisir comme forme d'autorégulation dans la sphère civile, et comme principe d'indépendance sociale et même politique en contexte absolutiste. Les discours de

Lorenzo Giacomini où le plaisir est discuté constituent le point d'appui central de l'analyse, dans une démarche qui ne vise pas seulement à éclairer ses discours l'un par l'autre, mais encore à les mettre en dialogue tant avec les écrits du Tasse qu'avec ceux de Ficin, dont le Mesto fut aussi un lecteur assidu.

À cette analyse en termes doctrinaux, qui cherche, à partir d'oraisons fragmentées, à reconstituer une série de discours sur le plaisir — ainsi que sur la place des arts dans l'économie des plaisirs ainsi définie —, fait pendant l'étude du fonctionnement *in situ* d'une représentation allégorique à la production de laquelle plusieurs des Alterati les plus en vue participèrent activement. Il s'agit de l'*Euridice* d'Ottavio Rinuccini et Jacopo Peri, qui fut donnée à la cour de Ferdinand Ier de Médicis en 1600, à l'occasion de la célébration du mariage *in absentia* de Marie de Médicis et d'Henri IV. L'étude de ce divertissement en musique — qui occupe toute la deuxième moitié de ce dernier chapitre — se propose de montrer en quoi la fable que met en scène ce spectacle peut s'envisager comme une mise en scène allégorique des conceptions que les Alterati élaborèrent de leurs plaisirs, tout autant que comme la figuration des pouvoirs qu'ils attribuaient aux arts. L'*Euridice* d'Ottavio Rinuccini et Jacopo Peri est aussi abordée comme une intervention collective des Alterati dans l'espace de la cour médicéenne, soit comme une action qui, en affirmant une conception de l'art et de ses usages, permet aux hommes qui la menèrent non seulement de définir leur propre position à la cour, mais encore de publier, par les détours de l'allégorie, en quoi ils espéraient que leur maîtrise des arts — et des plaisirs que, selon eux, ils procurent — pourrait leur permettre de transformer celle-ci.

Comparer ces discours académiques morcelés et cette allégorie cryptée invite enfin à réfléchir à la manière dont l'art et ses usages sont dépeints dans ces deux formes d'énonciation très différentes, ainsi qu'aux implications spécifiques de ces deux manières de les décrire. En cultivant le non-dit et la suggestion, ces façons d'énoncer le plaisir pris aux arts posent en effet ceux-ci comme les objets d'une sorte de culte dont le temple n'est jamais nettement dessiné pour celui qui les contemple. Or c'est précisément parce qu'ils sont mystère(s) que les arts peuvent, dans une pareille configuration, à la fois devenir le fondement d'une quête de distinction et servir de base à la revendication d'une forme d'indépendance par rapport à un pouvoir autoritaire.

2. Énoncer les logiques du plaisir : un discours fragmenté, pluriel et dissimulé

Les discours académiques sont généralement envisagés comme relevant du genre déclaratif. L'étude des conditions de production et de circulation de ce type d'écrits, au sein et dans les marges d'une académie telle que celle des Alterati, invite néanmoins à ne pas considérer spontanément les propos qu'ils contiennent comme l'expression des opinions de leurs auteurs. Dans ces exercices, où les sujets sont le plus souvent imposés, un orateur peut en effet fort bien se trouver défendre une thèse qui contredit son propre sentiment[15]. D'autant qu'un discours académique n'expose jamais les vues de celui qui l'énonce que de manière parcellaire, puisque sa fonction est de répondre à une question spécifique. En cela, l'oraison académique peut être particulièrement adaptée à l'énonciation d'une perspective hétérodoxe : elle permet en effet d'en fragmenter les audaces, en les éparpillant à travers plusieurs raisonnements distincts dont seule une lecture suivie, qui mette en série plusieurs oraisons sur des sujets différents, serait susceptible de faire apparaître les hardiesses. Les oraisons académiques de Lorenzo Giacomini, dont certaines furent rassemblées et publiées par lui à la fin de sa vie[16], mais d'autres ne subsistent qu'en manuscrit, sont un exemple particulièrement frappant de la manière dont ce genre, aujourd'hui perçu comme une énonciation terne et formelle, pouvait devenir le lieu de l'expression indirecte et morcelée d'une pensée aventureuse qu'il aurait vraisemblablement été délicat d'exposer de manière ouverte et suivie. En cela, la production d'une série de discours académiques successifs n'est pas si éloignée de l'écriture de dialogues, qui est un genre qu'aussi bien Lorenzo Giacomini que Torquato Tasso pratiquèrent, le second assidûment[17]. Le dialogue permet en effet aussi de faire coexister plusieurs types de perspectives sur un sujet donné sans jamais donner à voir clairement (ou dans sa complétude) le point de vue de son auteur : il crée au contraire, pour l'expression de réflexions hétérodoxes, un espace où s'échangent des discours qui ne peuvent que très difficilement être attribués à ce dernier[18].

15. Sur ces questions, voir *supra*, ch. 3, p. 321-328.

16. GIACOMINI, Lorenzo, *Orationi e discorsi di Lorenzo Giacomini Tebalducci Malespini*, Florence, Sermartelli, 1597.

17. Je pense en particulier au dialogue que Lorenzo GIACOMINI publia sous le nom de Giovan Battista MUZI mais dont il est sans doute en grande partie l'auteur : *Della cognitione di se stesso, dialogi di Gioanbattista Muzi, nuovamente publicati e dedicati alla serenissima madama Christiana di Loreno, gran duchessa di Toscana, con licenza e privilegio*, Florence, Filippo Giunti, 1595 (sur lequel voir *supra* ch. 3, p. 263-277 et ch. 4, p. 394-398). Pour les dialogues du Tasse, voir TASSO, Torquato, *Dialoghi*, édités et annotés par Giovanni BAFFETTI, Milan, Rizzoli, 1998, 2 vol.

18. Carnes LORD, qui est l'éditeur anglo-saxon de plusieurs dialogues du Tasse (TASSO, Torquato, *Tasso's Dialogues : A Selection with the Discourse on the Art of Dialogue*, traduction anglaise avec une introduction et

En raison de cette proximité structurelle entre les deux genres, il est souvent utile, dans le cas de Lorenzo Giacomini, d'éclairer la portée philosophique de sa prose académique en faisant appel au dialogue sur les sens qu'il fit paraître au nom de Giovan Battista Muzi. La confrontation de ces différents types d'écrits sur la question du plaisir fait d'abord apparaître chez lui une fascination pour la matérialité de celui-ci, qui est présenté — dans la lignée du *De rerum natura* — comme la force primordiale qui régit l'univers, en ancrant fondamentalement l'homme dans la nature. Mais le plaisir est aussi dépeint dans ces mêmes textes comme la voie par laquelle l'homme peut accéder à la transcendance, les arts étant envisagés comme le moyen privilégié de cette ascension qui conduit du matériel au spirituel. Enfin, la place du plaisir — et tout particulièrement du plaisir pris aux arts — dans l'économie de la cité est délimitée dans les écrits de Lorenzo Giacomini avec prudence et de manière contournée, dans une perspective qui semble emprunter beaucoup à celle du Tasse sur le même sujet.

2.1. Matérialités : le plaisir comme principe premier

Les travaux d'Alison Brown ont montré à quel point le *De rerum natura* de Lucrèce avait fasciné les lettrés florentins à la fin du XVe siècle et au début du siècle suivant[19]. Cette historienne a ensuite poursuivi son enquête sur la diffusion de la pensée épicurienne jusque dans les milieux académiques florentins de la fin du XVIe, signalant à cette occasion que les Alterati — le plus souvent à l'initiative de Giulio del Bene — avaient souvent mis à l'ordre du jour de leurs débats des questionnements inspirés de la pensée de Machiavel et, à travers lui, de la philosophie de Lucrèce[20]. Cependant, comme la plupart de leurs contemporains, les Alterati citent peu le texte de Lucrèce — dont la pensée était considérée comme contraire aux enseignements de la religion chrétienne, en particulier sur la question de l'immortalité

des notes par Carnes LORD et Dain A. TRAFTON, Berkeley, University of California Press, 1982), décrit le fonctionnement du genre du dialogue en ces termes : « The dialogue is an ideal vehicle for the discussion of ideas for which an author may want to avoid taking complete responsibility » (LORD, Carnes, « The Argument of Tasso's Nifo », *Italica*, vol. 56, 1979/1, p. 22-45). Sur ces usages du dialogue dans la Renaissance italienne, voir également COX, Virginia, *The Renaissance Dialogue : Literary Dialogue in its Social and Political Context, Castiglione to Galileo*, Cambridge, Cambridge University Press, 1992, ch. 3 : « The Uses of Dialogue in Sixteenth-Century Italy : Celebration and Control », p. 22-34, qui insiste sur « the aura of heresy which surrounded the form » (p. 28 et suivantes).

19. BROWN, Alison, « Lucretius and the Epicureans in the Social and Political Context of Renaissance Florence », *I Tatti Studies : Essays in the Renaissance*, 9, 2001, p. 11-62 et surtout *The Return of Lucretius to Renaissance Florence*, Cambridge, Harvard University Press, 2010.

20. BROWN, Alison, « Defining the Place of Academies in Florentine Culture and Politics », dans EVERSON, Jane ; REIDY, Denis V. et SAMPSON, Lisa (dir.), *The Italian Academies, 1525-1700 : Networks of Culture, Innovation, and Dissent*, Londres, Routledge, 2016, p. 22-37 (p. 30-32).

de l'âme —, ne faisant référence, lorsqu'ils le citent, qu'aux passages de son poème qui ne pourraient pas être soupçonnés d'hétérodoxie[21]. Ils emploient plus volontiers toutes sortes de modes d'énonciation contournés qui leur permettent de mobiliser la philosophie de Lucrèce sans paraître la reprendre explicitement à leur compte dans leurs écrits, par exemple en reformulant certaines de ses doctrines sans mentionner leur source, ou en plaçant des éléments de sa philosophie dans la bouche de personnages qui ne pourront pas être tenus pour leurs porte-parole directs. L'intérêt des principaux membres de l'académie pour un ensemble de doctrines que nous dirions aujourd'hui « matérialistes » ne semble cependant guère faire de doute, et ressort avec une particulière netteté dans le cas de Lorenzo Giacomini.

Dans le *De rerum natura*, le plaisir est en effet présenté d'entrée de jeu comme le principe de toutes choses, et même comme l'énergie première qui meut l'ensemble de l'univers. C'est là le sens de l'invocation à Vénus, « mère de la Nature » et « volupté des dieux et des hommes », qui souligne que tout « l'univers est séduit » par le plaisir qu'elle incarne, et indique même que « le monde vivant court où <s>a loi le conduit[22] ». Or, le plaisir se voit donner une place très similaire dans les discours du médecin Bastiano que Lorenzo Giacomini met en scène dans le dialogue sur les cinq sens qu'il fit paraître au nom de Giovan Battista Muzi, sous le titre de *Della cognitione di se stesso* (1595). Bien sûr, la tonalité des propos de Bastiano diffère grandement de l'ampleur quasi épique qui caractérise le poème philosophique de Lucrèce. Ce dialogue à la tonalité familière frise même en plusieurs lieux non seulement l'hétérodoxie mais encore l'indécence. En son sein, les remarques les plus obscènes sont au demeurant placées dans la bouche du médecin, sans doute afin qu'elles puissent être mises en moins en partie au compte de sa profession. Mais, malgré la récurrence de remarques d'une grivoiserie leste, que les discours savants et la logique scholastique mobilisées par Bastiano camouflent au fond moins qu'elles ne les mettent en valeur, les propos du médecin ont bien une portée philosophique, laquelle fait écho en plusieurs lieux aux principes exposés dans le *De rerum natura*.

Bastiano place en effet lui aussi le plaisir au fondement de toutes choses. Dans la première partie du dialogue, les trois personnages présents (Bastiano le médecin,

21. C'est ainsi par exemple que, dans son discours sur la purgation des passions, Lorenzo Giacomini commence par comparer la purgation des passions aux émotions contradictoires qui surgissent en nous à la vue d'une tempête, lorsque nous sommes nous-mêmes à l'abri des éléments, en citant à l'appui de son raisonnement les vers 1-4 du livre II du *De rerum natura* (voir GIACOMINI, Lorenzo, « De la purgazione de la tragedia », dans WEINBERG, Bernard (éd.), *Trattati di poetica e retorica del Cinquecento,* Bari, Laterza, 1970-1974, 4 vol., t. 3, p. 348). Or ce passage n'est pas seulement un des plus célèbres passages du poème de Lucrèce, c'est aussi un de ceux qui ne pourraient que très difficilement être pointés comme hétérodoxes.

22. LUCRÈCE, *De rerum natura*, I, vers 2 et 17-18 : « Aeneadum genetrix, hominum divomque voluptas, / Alma Venus, [...] ita capta lepore / Te sequitur cupide quo quamque inducere pergis. »

Giovan Battista Strozzi et Lorenzo Giacomini lui-même) discutent successivement de la génération et du sens du toucher, en associant étroitement — et très explicitement — ce dernier à l'acte de la procréation. Or pareille association fait du plaisir un principe premier puisque, selon Bastiano, sans la jouissance générale que le toucher procure aux hommes dans l'acte d'amour, la reproduction de l'espèce ne pourrait être assurée :

> « Le médecin Bastiano : [...] Le plaisir que l'on ressent <dans le moment de la procréation> — que sans doute aucun plaisir sensuel ni corporel ne surpasse — naît parce que le sens du toucher est plus efficace que tous les autres pour appréhender les objets qui relèvent de lui ; et, tout comme toutes les douleurs qui se perçoivent à travers lui sont difficiles à supporter et angoissantes, de même les plaisirs qui par lui se ressentent, sont plus doux et plus agréables que ceux que l'on ressent avec les autres sens : le sens du toucher se diffuse par tout le corps, partout où sont les nerfs (alors que les autres sens utilisent une seule voie, déterminée par la nature pour faire leur office), il advient par-là que, par une certaine forme de compassion, le plaisir que suscite un objet dans une partie du corps se communique à presque tout le reste du corps : [...] Et c'est avec raison et une singulière providence que la nature plaça tant de plaisir dans cet acte <l'acte vénérien> afin que l'homme, qui a une volonté libre, ne soit pas conduit par une raison perverse à s'abstenir de la génération, étant donné que certains ne s'y adonneraient pas si une suprême jouissance et un plaisir très grand ne les y incitaient, <lesquels gens> étant peu soucieux ou de leur succession ou de la postérité, se retireraient des accouplements vénériens, ce qu'on voit arriver chez un assez grand nombre de personnes, soit par zèle de religion, soit pour une tout autre raison [...][23]. »

Dans cette vision de la génération, le plaisir n'est pas seulement narquoisement présenté comme la seule force qui peut permettre d'assurer la reproduction de

23. *Della cognitione di se stesso,* p. 39-40 : « Bastiano medico : [...] Il piacere grande che si sente, del quale nessun de sensuali, e corporali, per avventura non è maggiore, nasce perchè 'l sentimento del tasto è efficacissimo fra tutti gli altri sensi ad apprender gli oggetti suoi ; e si come dolori che in esso avvengono son gravi, e angosciosi molto, così i piacer, che per lui si sentono, son più che quegli de gli altri sentimenti soavi, e piacevoli : se essendo il senso del tasto diffuso per tutto 'l corpo, dove son nervi (là ove gli altri sentimenti hanno una sola parte per l'uso loro determinata dalla natura) perciò avviene, che per un certo compatimento, il piacer d'uno oggetto che in una parte sia, si communichi quasi a tutto il rimanente del corpo : [...] E a ragione fu, e con singolar providenza posto dalla natura in cotal'atto tanto piacere, affine che l'huomo ch'ha libera la sua volontà, non forse indotto da perversa ragione, s'astense dal generare ; perciò che, per poco molti si troverebbono, se sommo diletto, e piacer non ve gli spignesse, i quali, non curanti della successione, e della posterità, da' venerei congiugnimenti si ritrarrebbono, il che pur in non pochi o per zelo di religione, o per altro tuttavia avvenire si vede ; [...]. » Le propos de Bastiano ici recoupe encore une fois celui de Giovan Battista Muzi lui-même dans son traité sur la génération resté manuscrit (voir BNCF Magl. XV 62, le ch. 10, fol. 48r-52v. « Come il seme sia mandato fuori et la cagione del piacere che si sente »), mais il ne semble y avoir dans ce passage ni reprise ou plagiat du texte manuscrit, ni synthétisation ou réécriture de celui-ci à proprement parler, alors que l'auteur de la *Della cognitione di se stesso* pratique ces deux formes d'emprunt en d'autres lieux de son dialogue (voir *supra*, ch. 4, p. 396-398).

l'espèce, malgré les interdictions que l'Église fait porter sur la sexualité. Il est plus fondamentalement dépeint comme l'instrument principal de l'action de la nature, qui, selon Bastiano, assure grâce à lui la création continuée du monde à travers le processus de la reproduction. Cette manière de décrire le rôle du toucher dans l'économie du monde est particulièrement audacieuse dès lors, dans la plupart des traités contemporains sur la sensation, le toucher est bien souvent décrit plutôt comme le sens le plus bassement matériel, et le plus propre à faire naître une concupiscence coupable[24]. Mais le discours mis dans la bouche de Bastiano ne fait aucune allusion à ces condamnations, suivant au contraire de près les vers que le *De rerum natura* consacre au toucher, sans mentionner leur auteur. Dans le livre II de son poème, Lucrèce présente en effet le toucher, désigné comme le principal moyen de l'action de Vénus, comme le seul sens qui affecte tout le corps, le louant comme le moyen par lequel la reproduction est assurée[25]. À son exemple, Bastiano promeut le toucher au rang de *primum mobile*, exaltant sa capacité à se propager à travers tout le corps et à stimuler ainsi tous les autres sens, et le plaçant dès lors au fondement de toute vie.

La nature primordiale des sensations qui naissent du toucher et leur caractère paradigmatique dans la compréhension de ce qu'est le plaisir sont envisagés avec plus d'attention quelques pages plus loin dans le dialogue, lors de la discussion de la manière dont la sensation se développe chez l'homme. Giovan Battista Strozzi demande en effet au médecin durant quel mois de la grossesse le fœtus commence à développer la capacité de sentir. Le médecin lui répond que ce sens se développe dès quarante jours chez l'homme (mais seulement à partir de quatre-vingt-dix jours chez la femme), désignant ainsi le toucher comme la première de toutes les capacités à naître en l'homme, soit comme la forme originelle du rapport que l'être humain, en se développant, crée peu à peu avec le monde. Bastiano illustre cette idée en décrivant comment l'enfant, dans la chaleur du ventre de sa mère, prend peu à peu physiquement conscience de cette faculté sensitive, au fur et à mesure que ses membres grandissent et que, en éprouvant plaisir ou douleur, il apprend à se mouvoir et prend — au travers de la sensation — conscience de son corps :

24. Voir notamment SYNNOTT, Antony, « Puzzling over the Senses : From Plato to Marx », dans HOWES, David (dir.), *The Varieties of Sensory Experience : A Sourcebook in the Anthology of the Senses*, Toronto, 1991, p. 61-76 et JOHNSON, Geraldine A., « The Art of Touch in Early Modern Italy », dans BACCI, Francesca et MELCHER, David (dir.), *Art and the Senses*, Oxford, Oxford University Press, 2011, p. 59-84.

25. LUCRÈCE, *De rerum natura*, II, vers 431-439 : « Denique iam calidos ignis gelidamque pruinam / Dissimili dentata modo conpungere sensus / Corporis, indicio nobis est tactus uterque / Tactus enim, tactus, pro divum numina sancta, / Corporis est sensus, vel cum res extera sese / Insinuat, vel cum laedit quae in corpore natast / Aut iuvat egrediens genitalis per Veneris res, / Aut ex offensu cum turbant corpore in ipso, / Semina confundunt inter se concita sensum ; [...]. »

> « L'enfant, dans l'utérus la plupart du temps dort, et en s'éveillant sent, et sentant avec plaisir ou avec douleur, se meut, s'allongeant ou se rétractant, comme font les huîtres et les autres animaux imparfaits[26]. »

Dans cette description de l'état de l'enfant *in utero*, l'être humain semble naître à lui-même en apprenant, par la sensation, à ressentir le plaisir ou son contraire, la douleur. Bastiano suggère ainsi que l'homme est ancré dans la matière dès son éveil le plus précoce à la conscience. Mais le raisonnement du médecin implique aussi que, en raison de l'état premier du fœtus dans le corps de sa mère, l'homme demeure en réalité corporalité — et même animalité, comme le suggère la comparaison établie avec les huîtres — tout au long de sa vie. Le raisonnement de Bastiano est ainsi sous-tendu par l'idée que l'humanité n'est pas autre chose, dans son fondement premier et mais aussi tout au long de son développement, que l'aptitude physiquement acquise à sentir plaisir ou douleur, la vie elle-même se réduisant dans son discours à l'expansion que provoque le plaisir, et aux contractions que suscite la douleur. L'humanité trouverait ainsi toujours dans le plaisir (ou son contraire) son mode de régulation premier, et ce dès les premiers moments de l'existence de chaque individu.

Sous ses dehors facétieux, la position que l'auteur ou les auteurs du *Della cognitione di se stesso* attribue(nt) au médecin Bastiano dans ces dialogues est en réalité d'une grande radicalité. On ne s'étonnera dès lors pas que Lorenzo Giacomini ne se risque pas, dans les écrits académiques parus en son nom, à énoncer de pareilles théories. Une même conception du caractère fondamental du plaisir dans l'économie du monde, comme de sa centralité dans la vie des hommes, affleure néanmoins çà et là dans certains d'entre eux. C'est ainsi par exemple que, lorsque le Mesto cherche à expliquer les différents types de tempéraments humains et la nature de la mélancolie dans son discours sur la fureur poétique, prononcé en 1587 devant les Alterati, il mobilise une théorie de la diversité de la matière — et de la place du plaisir dans la création de cette diversité — qui paraît très proche des conceptions lucrétiennes :

> « Et il faut aussi savoir que toutes les âmes rationnelles sont issues du même principe <que les éléments, les plantes et les animaux> : elles sont entre elles en tout similaires ; mais en raison de la diversité de la matière diversement disposée, à laquelle elles s'unissent, elles sont différentes et fonctionnent chacune de manière différente. De là vient que certains sont ingénieux, d'autres sont mal dégrossis et ont l'esprit lent, d'autres ont le jugement bon, et d'autres encore, manquant de jugement, ont besoin qu'une prudence extérieure les guide, d'autres encore ont une excellente

26. *Della cognitione di se stesso*, p. 69 : « L'infante nell'utero il piu tempo dorme, e svegliandosi sente, e sentendo, o sia con piacere o con molestia, si muove, quasi allargandosi, o strignendosi, come fanno l'ostriche, e altri cosi imperfetti animali. »

mémoire, d'autres l'ont instable et fuyante. Nous voyons beaucoup de gens qui sont par nature colériques et ardents, d'autres sont doux et peureux. Qui se voue aux plaisirs, qui à l'acquisition des richesses, qui est avide d'honneurs, qui de la science des choses merveilleuses et, finalement, selon l'adage virgilien :

Chacun est conduit par son propre plaisir[27]

Cette inclination naturelle <à être attiré par son plaisir propre> a pour cause immédiate et prochaine le tempérament du corps, mais sa cause lointaine se trouve dans la disposition des cieux, dans la diversité des lieux, des alimentations et dans la complexion des géniteurs[28]. »

À première vue, l'académicien paraît, avec ces considérations, égrener des lieux communs sur la variété des choses du monde. Pourtant, son discours est moins anodin qu'il n'y paraît, dès lors que ses réflexions sur la diversité de la matière et les manières dont ses éléments peuvent se mélanger pour créer des choses ou des êtres de nature différente semblent là encore s'inspirer de très près des thèses que développe Lucrèce dans le *De rerum natura*. On pense en particulier aux vers 345 à 534 du deuxième livre du poème, dans lesquels le poète expose la variété quasi infinie des combinaisons atomiques et s'émerveille de la diversité de tout ce qui existe. Dans l'extrait cité, Giacomini semble essentiellement reformuler en des termes plus concis le texte de Lucrèce, notamment lorsqu'il décrit la manière dont chaque chose ou être influence tous les autres, de près comme de loin, créant ainsi un équilibre par leur différence même (*concordia discors*). La citation tirée du livre II des *Bucoliques* de Virgile est une autre manière pour Lorenzo Giacomini d'indiquer tacitement à ses lecteurs qu'il adhère aux théories lucrétiennes de la matière. Virgile était en effet un grand lecteur de Lucrèce et, dans les *Bucoliques*, l'affirmation selon laquelle « chacun est conduit par son propre plaisir » et se laisse porter par son « inclination naturelle » résonne comme une reformulation de l'ouverture du *De rerum natura*, qui faisait du plaisir à la fois l'origine et le moteur de

27. Virgile, *Bucoliques*, II, vers 65 : « Te Corydon, o Alexi ; trahit sua quemque voluptas. »

28. Giacomini, Lorenzo, « Del furore poetico », dans Weinberg, Bernard (éd.), *Trattati di poetica e retorica del Cinquecento*, Bari, Laterza, 1970-1974, 4 vol., t. 3, p. 428-429 : « È da por mente ancora che le anime razionali tutte venendo da istesso principio ; son fra sé in tutto simili ; ma per la diversità de la materia diversamente disposta, a la quale si uniscono, son dette differenti e differentemente operare l'una et l'altra. Di qui avviene che alcuni ingegnosi, altri rozzi e tardi d'ingegno, alcuni giudiziosi ; altri mancando di giudizio hanno bisogno di esterna prudenza che gli guidi ; vaglion alcuni ne la memoria, altri l'hanno labile e caduca. Veggiamo molti per natura iracondi et arditi, altri mansueti e paurosi. Chi è dedito a' diletti, chi a l'acquisto de le ricchezze, chi è avido degli honori, chi de la scienza de le cose maravigliose et finalmente secondo il detto virgiliano :

Il suo proprio piacer ciascuno alletta

Questa naturale inclinazione si ha immediatamente del temperamento del corpo, come da vicina cagione ; ma come da remota dipende da la dispozione de' cieli, da' luoghi, da' cibi, da la complessione de' genitori. »

toutes choses. Dans un texte destiné à des lettrés, la mention de ce vers de Virgile est ainsi une manière cryptée mais aisément déchiffrable pour Giacomini d'indiquer qu'il reprend à son compte les principes les plus fondamentaux du matérialisme lucrétien.

Il convient enfin de souligner que, par la place qu'il fait au plaisir, le médecin de *Della cognitione di se stesso* suggère aux lecteurs de ce dialogue non seulement qu'il a lu Lucrèce, mais encore qu'il aurait eu une certaine fréquentation des discours hédonistes qui se développèrent en Italie depuis le début du XVIe siècle. On peut dès lors supposer que le créateur du personnage de Bastiano avait lui-même eu de telles lectures[29]. Au vu des textes subsistants, il n'est pas certain que Giacomini ait lu le dialogue que Lorenzo Valla fit paraître en 1512 sous le titre de *De Voluptate*[30]. Il est néanmoins plus que vraisemblable qu'il ait eu connaissance non seulement des réflexions du Tasse sur la question du plaisir, mais encore des écrits du philosophe napolitain Agostino Nifo (ca. 1473-1538 ou1545), dont le Tasse fait le personnage principal du dialogue qu'il consacre à la question du plaisir, sous le titre d'*Il Nifo overo del piacer* (1580-1588). Nifo était principalement admiré pour son traité sur la beauté et l'amour, paru pour la première fois à Rome en 1531, sous le titre de *De pulchro et amore*. Dans cet ouvrage, le philosophe campanien exposait des thèses qui avaient très évidemment partie liée avec le matérialisme et le sensualisme, tout en déniant de manière répétée toute adhésion aux doctrines épicuriennes ou même simplement hédonistes[31]. Il y déclarait par exemple, non sans audace, que la sexualité procurait le plus grand de tous les plaisirs — s'alignant même sur plusieurs des thèses traditionnellement attribuées au philosophe Aristippe de Cyrène — avant

29. Sur cette tradition, dont la diffusion est encore mal mesurée à ce jour, voir GAMBINO LONGO, Susanna, *Savoir de la nature et poésie des choses : Lucrèce et Épicure à la Renaissance italienne*, Paris, Champion, 2004 et PROSPERI, Valentina, *Di soavi licor gli orli del vaso : la fortuna di Lucrezio dall'Umanesimo alla Controriforma*, Turin, Nino Aragno Editore 2004, ainsi que GAMBINO LONGO, Susanna, « Débauche ou plaisir chrétien, se réclamer d'Épicure à la Renaissance : entre Lorenzo Valla et le Tasse » et BOULÈGUE, Laurence, « *Voluptas* et *beatitudo* chez Marsile Ficin et Agostino Nifo : théories du plaisir et détours du discours » dans BOULÈGUE, Laurence et LÉVY, Carlos (dir), *Hédonismes : penser et dire le plaisir dans l'Antiquité et à la Renaissance*, Lille, Presses universitaires du Septentrion, 2007, p. 189-200 et p. 233-253 respectivement.

30. Deux éditions successives parurent en 1483 et 1509, mais seules les deux éditions ultérieures connurent une circulation significative : VALLA, Lorenzo, *De Voluptate ac vero bono Laurentii Vallae declamationes ac disputationes in libros tris <sic> contractae*, Paris, Josse Bade, 1512 et *De Voluptate ac vero bono libri III*, Bâle, A. Cartander, 1519. Deux traductions récentes existent : VALLA, Lorenzo, *On Pleasure. De Voluptate*, traduit par Kent A. HIEATT et Maristella LORCH, avec une introduction de Maristella DE PANIZZA LORCH, New York, Abaris Books, 1977 et VALLA, Lorenzo, *Sur le plaisir*, traduction de Laure CHAUVEL, avec une préface de Michel ONFRAY, Paris, Les Belles Lettres, 2004. Sur le *De Voluptate*, voir DE PANIZZA LORCH, Maristella, *A Defense of Life. Lorenzo Valla's Theory of Pleasure*, Munich, W. Fink Verlag, 1985.

31. NIFO, Agostino, *De pulchro et amore I (De pulchro liber. Du Beau et de l'amour I — Le Livre du beau)*, et *De pulchro et amore II (De amore liber. Du Beau et de l'amour II — Le Livre de l'amour)*, textes édités et traduits par Laurence BOULÈGUE, Paris, Les Belles Lettres, 2003 et 2011. Aux p. CXXI — CXXVIII du vol. 1, Laurence Boulègue analyse le positionnement de Nifo sur la question de l'épicurisme.

de souligner que ce plaisir était essentiel à la propagation de l'espèce[32]. Dans le *Della cognitione di se stesso*, certaines des considérations précédemment examinées du médecin Bastiano sur la sexualité semblent faire écho à ce type de prises de position.

Lorsque le Tasse fait parler Nifo dans son dialogue intitulé *Il Nifo overo del piacer*, il se garde bien de faire évoquer explicitement à ce philosophe les plaisirs de la sexualité, mais il met dans sa bouche une réplique qui évoque non seulement la génération, mais encore la manière dont les divers éléments de la nature s'assemblent et se mêlent pour en créer de nouveaux, selon un modèle qui est proche de celui décrit par Lucrèce au livre II du *De rerum natura*. Comme dans l'oraison de Giacomini sur la fureur poétique, ce passage d'*Il Nifo overo del piacer* associe génération, diversité et plaisir :

> « Agostino Nifo : Tous n'en reconnaissent pas moins que le plaisir est plus grand chez certains, moindre chez d'autres ; et s'il est ainsi fait, ou il est mouvement ou il se fait avec mouvement : c'est la raison pour laquelle nous devons dire qu'il y a deux formes de génération, l'une de ce qui est composé, laquelle a besoin, pour atteindre à la perfection, de choses très dissemblables, comme dans le cas de l'édification de quelque temple ou palais ; l'autre qui pour être dans son état de perfection n'a pas besoin de choses d'espèces différentes, comme pour la génération de la lumière ou de la vue. Et c'est ainsi que le plaisir est génération et que la génération se fait[33]. »

Dans la réplique que lui attribue le Tasse, Nifo place lui aussi le plaisir à l'origine de la manière dont le monde s'invente et se recrée sans cesse, le promouvant implicitement au rang d'énergie première. En mobilisant des représentations très similaires à celles mises en circulation par Agostino Nifo et, dans son sillage, par le Tasse, le médecin de *Della cognitione di se stesso* se présente donc en réalité implicitement comme adhérant à un ensemble de lieux communs par lesquels les partisans d'une vision hédoniste du monde se reconnaissaient alors tacitement comme tels. Indirectement, l'éditeur de ce dialogue et son probable auteur, Lorenzo Giacomini, signale aussi sa connaissance de ces doctrines.

Les deux personnages centraux du *Nifo* — Agostino Nifo et Cesare Gonzaga — s'accordent par ailleurs sur des définitions du plaisir qui font de celui-ci un principe agissant dans la sphère de l'intellect et pas seulement celle de la matière. C'est ainsi que lorsque Nifo demande à Gonzaga si, à son sens, le plaisir est un « retour à l'état naturel », comme le suggère Platon, ou s'il consiste, comme le soutient Aristote, en l'effectuation d'« une action sans entrave », l'homme répond que l'une et

32. Nifo, Agostino, *De pulchro et amore II*, ch. XLI-XLII, p. 52-57.

33. Tasso, Torquato, *Il Nifo overo del piacer* dans *Dialoghi*, t. 1, 293 : « Agostino Nifo : Tutti nondimeno confessiamo ch'il piacere in alcuni è maggiore, in altri è minore ; e s'egli è sì fatto, o è movimento o si fa co'l movimento : laonde debbiam dire che due sian le generazioni, l'una del composto, il quale per sua perfezione ha bisogno di molte cose dissimili, come l'edificio di qualche tempio o di qualche pallagio ; l'altra, che nel suo esser perfetto non richiede cose di specie dissomigliante, come la generazione del lume e de la vista. E se 'l piacere è generazione, è sì fatta generazione. »

l'autre hypothèse « lui plaisent beaucoup[34] ». Deux théories dont la juxtaposition conduit à l'idée du plaisir comme principe naturel premier sont ainsi implicitement présentées comme les plus justes *parce que* les plus plaisantes. Le plaisir apparaît dans ce cadre comme une force capable de séduire non seulement les sens mais encore l'esprit. Cet élément est également un trait caractéristique — et même tout à fait central — des théories hédonistes qui circulèrent parmi les lettrés de la Renaissance italienne. La puissance intellectuelle du plaisir est même au fondement, dans ces représentations, de la valeur spirituelle qui lui est attribuée[35]. Sensualité et transcendance se trouvent ainsi étroitement associées, par l'intermédiaire de l'intellect et par le biais des arts. Dans cette vision, qui mêle matérialisme et néo-platonisme au point de les rendre indissociables, les arts sont en effet construits comme un mode d'accès au divin. Les écrits de Lorenzo Giacomini le montrent nourri d'une telle conception des arts, qu'il semble avoir élaborée à partir de l'œuvre du Tasse tout autant que dans les ouvrages de Ficin.

2.2. *Sensualité, intellectualité et transcendance : l'art comme mode d'accès au divin*

La sacralisation des arts et de leurs productions, dont les discours des Alterati témoignent, a été envisagée au chapitre précédent comme l'une des positions théoriques qui, au sein de l'institution, travaillent à transformer les activités de l'académie en facteurs de distinction. Mais, pour comprendre comment ces académiciens conçoivent le pouvoir des arts et analysent la manière dont ses productions sont appréhendées, il est nécessaire d'étudier de plus près la nature des liens qui existent, à leurs yeux, entre l'appréhension sensuelle dont ces productions font l'objet et les représentations non seulement intellectuelles mais encore spirituelles auxquelles elles donnent, selon eux, accès. Le discours allégorique par lequel, dans l'*Euridice* de Jacopo Peri et Ottavio Rinuccini, se trouvent exposées les conceptions que les Alterati développèrent des arts repose en effet très largement sur le postulat de ce *continuum* entre monde sensible, monde idéel et monde spirituel. Par cette articulation, que l'allégorie figure et signale tout à la fois, l'art acquiert un statut privilégié — celui de permettre à ceux qui l'appréhendent pleinement d'accéder

34. TASSO, Torquato, *Il Nifo overo del piacer* dans *Dialoghi*, t. 1, p. 295-296. Les passages mobilisés correspondent à PLATON, *Philèbe*, 31e-32b et ARISTOTE, *Éthique à Nicomaque*, X, 4, 1174b.

35. Mais cette association entre matérialisme et néoplatonisme n'est pas spécifique au context italien. Elle n'est pas moins étroite dans l'œuvre d'Edmund Spenser, comme le suggère un article de RAMACHANDRAN, Ayesha, « Edmund Spenser, Lucretian Neoplatonist : Cosmology in the *Fowre Hymnes* », dans BORRIS, Kenneth ; KASKE, Carol et QUITSLUND, Jon (dir.), *Spenser and Platonism: An Expanded Special Volume*, *Spenser Studies*, XXIV, 2009, p. 373-411.

à la compréhension du divin. Dès lors, dans le cas d'auteurs tels que Lorenzo Giacomini et Ottavio Rinuccini, l'art devient aussi ce qui permet de concilier une compréhension profondément matérialiste du monde avec une foi chrétienne sincère et même ardente. Cette vision du rôle de l'art repose sur une association entre sensualité et transcendance dans laquelle les sens sont intégrés à la spiritualité, plutôt que désignés comme entrant sans cesse en conflit avec elle.

Une telle association est présente chez plusieurs des auteurs dont Lorenzo Giacomini est nourri, à commencer par le Tasse. Au travers du personnage d'Armide, la fable de la *Jérusalem délivrée* expose par exemple tant la puissance de la sensualité — sous le joug de laquelle la magicienne tient Renault prisonnier aux chants XV et XVI de l'épopée — que la possibilité pour ceux qu'elle habite de se soumettre aux impératifs de la foi. Dans le cas d'Armide, l'enchanteresse qui, avant sa rencontre avec Renault, ne sait manier que les « fausses sirènes du plaisir[36] », cette élévation se fait par l'amour, qui de profane et sensuel qu'il était se transforme, dans l'ultime chant du poème, en amour sacré. Dans le cadre de cette conversion, la magicienne n'abandonne pas ses « désirs » : elle se borne à leur donner une autre forme, qui les rend compatibles avec les exigences de la spiritualité. Lors de la prise de Jérusalem, Armide, animée de sensualité tout autant que d'amour véritable, cède en effet aux supplications de Renault, qui lui demande de se faire chrétienne, en lui signifiant sa complète soumission : « "Or voici ta servante", lui dit-elle ; / "Tes ordres sont sa loi ; dispose d'elle"[37] ». Ainsi la sensualité ne se trouve-t-elle pas bannie mais bien plutôt intégrée à la foi, et comme disciplinée par elle, dans une forme d'amour qui semble pouvoir tenir ensemble le matériel et le spirituel.

Dans le dialogue intitulé *Il Nifo overo del piacer*, cette idée d'un plaisir sensuel qui serait tout aussi matériel qu'intellectuel est par ailleurs attribuée par le Tasse à l'auteur du *De pulchro*, qui, dans sa discussion avec Cesare Gonzaga, soutient que le plaisir que fait naître l'amour physique est susceptible de nous rabaisser tout autant que de nous élever :

> « Agostino Nifo : Peut-être nous faut-il concéder qu'il existe une puissance supérieure à la raison, à laquelle le plaisir d'amour n'est pas contraire, et par lui nous serions ravis comme l'exposent les vers suivants :
>
> *Ravi par la main de l'Amour, je ne sais parfois pas où*
> *Je poursuis une double douceur dans un visage*[38]

36. TASSO, Torquato, *La Jérusalem délivrée*, texte présenté, traduit et annoté par Michel ORCEL, Paris, Gallimard, 2002, chant XV, vers 62, p. 403.

37. TASSO, Torquato, *La Jérusalem délivrée*, chant XX, vers 135-136, p. 544.

38. Cette traduction est mienne. PÉTRARQUE, François, *Canzoniere*, préface et notes de Jean-Michel GARDAIR, traduction du comte de GRAMONT, Paris, Gallimard, 1983, CXCIII, vers 7-8, p. 160 donne : « [...] ravi par la main d'Amour, sans savoir où je vais, je goûte à la fois une double douceur ; [...] ».

> celui-ci ne nous portera pas contre la nature, mais au-dessus d'elle : parce que, tout comme le feu, se mouvant vers le centre de la terre, se meut par force contre sa tendance naturelle, qui l'élève extrêmement, mais, se tournant vers le ciel, n'est plus mû violemment d'une manière qui va à l'encontre de sa nature, et devient surnaturel, de même l'appétit raisonnable, tiré vers le bas par la concupiscence, est comme contraint, mais s'il est tiré vers le haut par la partie supérieure de l'intellect, il devient presque divin : et par là nous devenons semblables à l'intelligence[39]. »

La particularité de cette perspective est qu'elle ne condamne pas *a priori* la sensualité ou le désir mais les présente comme ayant un double visage, à l'image de cette « double douceur » que Pétrarque attribue à l'amour dans le sonnet auquel se réfère le personnage de Nifo. Dès lors, l'attirance pour la matière peut soit nous conduire vers Dieu, soit nous en éloigner, suivant les visées dont nous sommes animés en cédant aux séductions du monde sensible. Comme cette vision de la sensualité ne trouve pas de contradicteur dans le dialogue, le lecteur peut par ailleurs légitimement être tenté de l'associer au Tasse lui-même[40].

Or Lorenzo Giacomini revendiqua lui aussi cette double relation à la matière, de surcroît en s'appuyant, comme le Tasse, dans *Il Nifo overo del piacer*, sur une lecture attentive de Pétrarque. La devise académique qu'il se choisit en 1586, lorsqu'il est officiellement admis parmi les Alterati, est en effet tirée de la troisième strophe du poème CCLXIV du *Canzoniere* de Pétrarque, où le poète compare les plaisirs qu'il pourra trouver dans l'au-delà avec ceux qu'il a connus auprès de Laure : « Quanto fia quel piacer, se questo è tanto ? » (« Quel pourrait être le plaisir de l'au-delà, si ce plaisir <celui d'aimer Laure> est tel ? »)[41]. Ce poème est celui qui ouvre le deuxième livre du recueil. Sa fonction dans l'architecture du *Canzoniere* est ainsi

39. Tasso, Torquato, *Il Nifo overo del piacer* dans *Dialoghi,* t. 1, p. 292-293 : « Agostino Nifo : Forse debbiam concedere che ci sia una potenza superiora a la ragione, a la quale il piacere amoroso non ripugna ; e se da lui sarem rapiti in quel modo che s'accenna in que' versi :

> *Rapto per man d'Amor, né so ben dove*
> *Doppia dolcezza in un volto delibo,*

no ci porterà egli contra la natura, ma sovra lei : perché, sì come il foco, movendosi verso il mezzo del mondo, si muove a forza contra la sua propria inclinazione, che l'inalza a l'estremo, ma girando a torno co'l cielo, non fu moto violento né contrario a la natura, ma sopranaturale, così l'appetito ragionevole, essendo tirato a basso dal concupiscibile, è quasi sforzato , ma s'egli è rapito con la somma parte de l'intelletto, divien quasi divino : laonde divegnamo simiglianti a l'intelligenze. »

40. Sur les particularités de l'énonciation dans ce dialogue, Cox, Virginia, « Rhetoric and Politics in Tasso's *Nifo* », *Studi Secenteschi*, 30, 1989, p. 3-98 (p. 30).

41. Cette devise est citée en BNCF Magl. IX 124, qui liste les devises des principaux académiciens (fol. 1v) : « Il signor Lorenzo Giacomini detto il Mesto una cerva che a un fontana e 'l motto Quanto fia quel piacer se questo è tanto ? » Le vers est tiré de Pétrarque, François, *Canzoniere*, CCLXIV, dont la 3e strophe énonce (vers 18-54) : « Or ti solleva a piú beata spene, / Mirando 'l ciel che ti si volve intorno, / Immortal et addorno : / Ché dove, del mal suo qua giú sí lieta, / Vostra vaghezza acqueta / Un mover d'occhi, un ragionar, un canto, / Quanto fia quel piacer, se questo è tanto ? »

de commencer à opérer une transition de l'amour du monde à l'amour de Dieu. Cependant, quoique l'ensemble du poème exprime le désir du poète de trouver la paix auprès de Dieu, le texte est tout entier tissé des souvenirs des plaisirs que celui-ci a trouvés auprès de son amante. Le vers dont Giacomini fit sa devise académique résume dès lors à lui seul son ambivalence vis-à-vis des plaisirs, tout en posant deux questions en une. Car, en faisant de ce vers sa devise, le Mesto ne se demande en réalité pas seulement comment les plaisirs qui peuvent être trouvés dans l'amour de Dieu pourraient jamais égaler ceux que font naître la sensualité, il se demande aussi si les plaisirs que lui donnera la contemplation du divin ne seront pas plus bouleversants que ceux qu'il a trouvés dans l'amour. En se choisissant une telle devise, Giacomini s'affiche dès lors tout autant comme quelqu'un qui est fasciné par le monde et attaché à ses plaisirs que comme un individu en quête d'une vérité plus haute, qui ne saurait résider qu'en Dieu. Pour lui, comme pour le Tasse, et pour Pétrarque avant eux, le monde sensible a une « double douceur » dans un même visage : ses plaisirs peuvent soit conduire à une forme de perdition, soit devenir le fondement d'une élévation morale et même spirituelle.

Or, dans cette conception qui postule deux usages symétriques et inverses des plaisirs que procure la matière, l'art semble être à la fois la figure par excellence de la dualité du monde sensible et le moyen privilégié par lequel celui-ci pourra devenir un mode d'accès aux vérités les plus hautes. À première vue, la promotion de l'art au rang d'intermédiaire privilégié entre le matériel et le spirituel trouve pourtant moins sa source dans les écrits hédonistes d'Agostino Nifo que dans les commentaires de Marsile Ficin. Le *De pulchro* ne s'attarde en effet guère sur la question de l'art[42], préférant s'en tenir à celle de la beauté. Nifo conteste par ailleurs la validité des thèses néoplatoniciennes selon lesquelles il existe trois manières distinctes d'apprécier le beau (sur le plan physique, sur le plan intellectuel et sur le plan spirituel). Pour le philosophe campanien, ces trois formes de plaisir sont en effet simultanément présentes dans l'appréhension que nous avons de la beauté, et toutes trois ont les sens pour fondement premier. Nifo reconnaît certes qu'une perception de la beauté qui ne mettrait pas en œuvre l'ensemble de ces trois formes d'appréhension serait incomplète et réductrice, stipulant que « le beau qui est véritable sera défini comme celui qui ravit l'âme vers une triple jouissance[43] ». Mais pour lui la beauté est d'abord et avant tout une chose des sens. Dans une telle représentation, l'art ne peut pas devenir un intermédiaire entre le matériel et le spirituel, puisque, comme toute autre forme de beauté, il est matière et s'adresse d'abord au corps. Aux yeux

42. Nifo, Agostino, *De pulchro et amore I*, 2003, ch. XLVI, p. 96-98 est le seul lieu de son traité où les arts sont, très brièvement, considérés.

43. Nifo, Agostino, *De pulchro et amore I*, 2003, ch. XLVI, p. 98-99 : « Quare pulchrum, quod vera ratione pulchrum est, definietur esse id quod animam rapit ad sui triplicem fruitionem. »

de Nifo, dans l'appréhension du beau, la spiritualité ne fait donc que s'ajouter à la sensualité, sans pouvoir se substituer à elle, ni l'évincer.

L'art a un statut différent dans les écrits de Ficin, où l'élévation qu'il est dit provoquer semble pouvoir détacher l'homme du monde sensible. Pour ce néoplatonicien, les plaisirs de la contemplation sont radicalement différents de ceux que procurent les sens. Par la pensée et la méditation, l'homme investit sa nature rationnelle et accède au souverain bien, devenant ainsi semblable aux dieux mêmes. Mais la contemplation ne donne pas seulement accès chez Ficin à la vérité : elle permet aussi de percevoir la proportion et la beauté, que le philosophe associe avec une lumière céleste, c'est-à-dire avec une forme de matérialité épurée, de nature divine ou quasi divine[44]. Pourtant, les liens entre contemplation, beauté et art ne sont que peu développés dans l'ultime commentaire de Ficin, qui porte sur le *Philèbe* de Platon et demeura inachevé[45]. Seule une allégorie conclusive, placée à la fin du texte imprimé, semble aborder frontalement cette question, en exposant les rapports entre plaisir, art et spiritualité par le biais d'une fable. Ce mythe néoplatonicien raconte comment les dieux contraignirent le Plaisir à les rejoindre dans l'Olympe. Ficin y explique comment le plaisir en vint à être associé au divin et présente les arts libéraux comme les intermédiaires grâce auxquels il put être élevé au rang d'une chose de l'esprit.

La fable commence par décrire la colère de Jupiter, lorsqu'il apprend que les âmes humaines se détournent du ciel parce que le Plaisir les retient sur terre. Bien décidé à détruire la déesse Plaisir, Jupiter envoie sur terre une succession de divinités, avec pour mission de la tuer. Mars et Vulcain sont les premiers à être dépêchés mais, loin de pouvoir lui nuire, ils sont séduits par ses charmes. Pallas (Athéna), bientôt assistée par la Douleur, se voit intimer l'ordre de se confronter à elle, mais la déesse Plaisir en vient à bout non moins aisément en s'introduisant dans son bouclier. Saturne est ensuite consulté, qui conseille de ne pas tuer la déesse mais plutôt de la capturer afin que les êtres humains qui chercheraient le plaisir soient attirés aux cieux par la présence du Plaisir. Il précise que la Douleur doit être laissée sur terre, afin que la demeure des dieux soit d'autant plus attirante pour les hommes. Des démons sont alors envoyés pour capturer le Plaisir. Mais ils ne parviennent pas à s'en saisir fermement, car le plaisir est fuyant, et la déesse leur échappe également. Minerve — une allégorie de la sagesse et du pouvoir humain — s'essaie ensuite à la charmer plutôt qu'à la violenter. Mais elle aussi échoue.

44. FICINO, Marsilio, *The Philebus Commentary*, édité et traduit en anglais par Michael J. B. ALLEN, Tempe, Arizona, Arizona Center for Medieval and Renaissance Studies, 2000, ch. 15, p. 164-171 et ch. 35, p. 354-358.

45. Michel J. B. ALLEN dans FICINO, Marsilio, *The Philebus Commentary*, p. 20, précise que le commentaire du *Philèbe* est abandonné juste avant le passage du dialogue qui est consacré au plaisir, alors même que c'était très probablement cette discussion qui avait attiré Ficin vers ce texte.

Pour finir, Mercure est dépêché pour se saisir du Plaisir, en compagnie d'Apollon, des Muses et des Grâces. Mercure parvient à convaincre le Plaisir de quitter la terre en représentant à cette déesse qu'elle n'a rien d'autre que des ennemis (tels que la peur, la douleur, la colère, la haine, l'envie, etc.) dans le monde sublunaire. Ficin décrit l'ascension de la déesse du Plaisir aux cieux dans les termes suivants :

> « Phébus <Apollon> la captiva avec son luth, les Muses avec leurs chants et mélodies, et les Grâces avec des bondissements et chœurs dansés. Séduit par eux, le Plaisir se joignit au chant des Muses, et, étendant ses mains, la déesse les entrelaça avec celle des Grâces qui dansaient doucement. Ainsi, tout en chantant et en dansant, elle accompagna les dieux (qui s'en retournaient aux cieux) et fut conduite au ciel. Le Plaisir a maintenant déserté la terre et les hommes doivent dès lors quitter la terre pour les cieux ; mais il convient de partir en s'assurant qu'on ne regardera pas en arrière, et qu'on ne perdra pas la récompense promise, comme le fit Orphée[46]. »

Le Plaisir est ainsi séduit par la conjonction des Muses (qui représentent les arts libéraux) et des Grâces, qui incarnent certains des beaux-arts (musique, poésie, danse). En cela, les arts sont dépeints comme ce par quoi le plaisir s'élève jusqu'aux cieux. Mais, à la différence des réflexions de Nifo précédemment envisagées, la fable créée par Ficin suggère qu'en s'associant aux arts, le plaisir change d'état. Sa montée au ciel apparaît en effet comme une sorte de transmutation : la Douleur est abandonnée à elle-même et le Plaisir se tourne exclusivement vers les vérités de l'au-delà. La comparaison faite avec le mythe d'Orphée est de ce point de vue particulièrement intéressante. Elle suggère en effet que pour accéder à la contemplation des vérités célestes, l'homme doit abandonner la concupiscence et la sensualité, de crainte que ses désirs sensuels ne le renvoient aux Enfers, comme l'amour qu'Orphée portait à Eurydice renvoya celle-ci à la mort, tout en condamnant son amant à errer douloureusement sur la terre, sans espoir de la retrouver jamais.

On comprend alors que, sur la question du rôle et de la nature des arts, le Tasse et Giacomini, dans son sillage, sont en réalité plus proches de Nifo que de Ficin. Lorsqu'ils envisagent les fonctions de ceux-ci, aucun des deux ne suggère en effet que celui qui envisage une production artistique doive à cette occasion se détourner de la matière pour n'apercevoir à travers elle que les vérités les plus saintes. Tous deux conçoivent au contraire l'art sur le mode sur lequel ils abordent plus généralement la sensualité, c'est-à-dire en envisageant son intégration au processus contemplatif,

46. FICINO, Marsilio, *The Philebus Commentary*, p. 476-477 : « Phoebus quoque eam cithara delinivit ; Musae cantilenis et modulis ; Gratiae saltibus atque choris. His enim pellecta voluptas inservit se canentibus Musis, manibusque porrectis implicuit se Gratiis blande ludentibus. Itaque numinibus his canendo atque ludendo coelum repetentibus comitata voluptas coelo invecta est. Terra a voluptate deserta est, hinc ergo illuc abeundum ; ita tamen ut abeundo te retro ne vertas, ne Orphei more perdas praemium. »

dans une forme d'appréhension du monde sensible où celui-ci est appelé à participer à l'univers idéel. C'est ainsi par exemple que, lorsque, dans le dialogue que le Tasse consacra à la question de la beauté, *Minturno overo della bellezza* (1592-1593), les deux interlocuteurs en présence envisagent comment décrire la beauté d'une âme, les arts sont immédiatement désignés comme le médium privilégié. L'un des intervenants est Antonio Minturno, un poète et humaniste d'origine napolitaine, qui avait été l'élève d'Agostino Nifo. L'autre personnage représente Geronimo Ruscelli (1500 ?-1566, dit aussi Girolamo Ruscelli), un polygraphe et éditeur à succès principalement actif à Venise[47]. Ces deux personnages s'interrogent sur la question de savoir où trouver la beauté et Minturno suggère de la chercher dans l'âme. Mais il remarque aussitôt que la beauté d'une âme n'est pas facile à saisir :

> « Antonio Minturno : [...] Mais la beauté de l'âme ne peut-être pas être décrite ou circonscrite pour ce qui est du lieu, du temps, de la matière ou des mots, et chercher à faire plus est peut-être trop audacieux et présomptueux ou le signe d'une foi trop vive, comme dans le cas de ceux qui passent derrière le rideau du temple, et entrent dans le *sancta sanctorum*. Là se connaît, là se contemple et là seulement peut s'envisager la beauté de l'âme ; mais nous qui sommes devant le rideau, nous marchons çà et là en admirant les colonnes et les poutres de cèdre et de cyprès odorant, les arches, la voûte, les chapiteaux, les statues qui le soutiennent, et déclarons beau ce que nous voyons, ou plutôt ce qui semble beau à nos yeux et flatte nos sens. C'est en quoi vous ne vous êtes pas trompé, seigneur Geronimo, en consacrant votre *Temple* à l'immortelle gloire de dame Jeanne d'Aragon, dès lors qu'il n'y a rien qui ressemble plus à la beauté qu'un temple[48]. »

Pour Minturno, la beauté d'une âme est une chose si ardue à circonscrire que même la foi ne peut permettre de l'appréhender pleinement. Chercher à trop

47. Sur Geronimo Ruscelli, voir Marini, Paolo et Procaccioli, Paolo (dir.), *Girolamo Ruscelli : dall'accademia alla corte alla tipografia, atti del convegno internazionale di studi (Viterbo, 6-8 ottobre 2011)*, Rome (Manziana), Vecchiarelli, 2012, 2 vol.

48. Tasso, Torquato, *Il Minturno overo Della bellezza* dans *Dialoghi,* édités et annotés par Giovanni Baffetti, t. 2, p. 983-1012 (p. 1008) : « Antonio Minturno : [...] ma la bellezza de l'anima per aventura non patisce d'esser descritta o circoscritta dal luoco, dal tempo da la materia o da le parole, e 'l ricercarne più oltra è per aventura ardire e presunzione o fede troppo animosa e simile a quella di coloro che passando dentro al velo del tempio, entrano in *sancta sanctorum* Ivi si conosce, ivi si contempla, ivi solamente si può sapere quel che ella sia ; ma noi altri fuor del velo andiamo rimirando le colonne e le travi di cedro e di cipresso odorifero, gli archi, la testudine, il vaso e l'immagini da le quali è sostenuto, chiamando bello quel ch'appare, o che pare più tosto e lusinga i nostri sentimenti : però non v'ingannaste, signor Geronimo, quando consacraste a la gloria immortale de la signora donna Giovanna d'Aragona il *Tempio*, perchè nulla cosa è più simile a la bellezza che 'l tempio. » Le livre cité par Minturno (Ruscelli, Girolamo, dit aussi Geronimo Ruscelli (éd.), *Del tempio alla divina signora donna Giovanna d'Aragona, fabricato da tutti i più gentili spiriti, et in tutte le lingue principali del mondo*, Venise, Plinio Pietrasanta, 1555) est un ensemble de poèmes décrivant et louant Jeanne d'Aragon. Ces poèmes furent rassemblés et préfacés par l'interlocuteur de Minturno dans le dialogue, Geronimo Ruscelli.

approfondir ce mystère — en dévoilant ce que Dieu a caché derrière un voile — relèverait même du sacrilège. Dès lors, les hommes n'auraient pas d'autre choix que d'appréhender la beauté d'une âme par ses caractéristiques extérieures, comme on jugerait de la beauté d'un temple par les différents éléments de son architecture. Grâce à l'image du temple, le monde sensible est présenté comme un écrin aussi séduisant que précieux qui, par ses caractéristiques extérieures, laisse deviner les éléments immatériels qu'il renferme.

Cependant, la métaphore du temple renvoie tout autant au sacré qu'à l'art, comme le souligne le fait que, dans son discours, Minturno — qui est le personnage qui domine et conduit la discussion — passe sans solution de continuité du temple auquel il compare l'âme de manière générale au temple poétique que son interlocuteur, Geronimo Ruscelli, a consacré à Jeanne d'Aragon, en l'honneur de laquelle l'homme a réuni une importante collection de poèmes (sous le titre de *Tempio*). L'art apparaît alors comme ce qui ordonne (et encadre) le monde sensible pour en faire mieux encore apparaître les beautés : en redoublant le temple de la nature, celui de l'art permet une appréhension encore plus juste et plus profonde des vérités idéelles que le monde matériel ne laisse pas directement apercevoir. Minturno file ensuite ce parallèle entre les mystères de la foi et les pratiques artistiques en suggérant que Jeanne d'Aragon a sculpté son âme pour en faire une statue d'une grande beauté, susceptible de devenir une image de la vertu même. À l'action par laquelle cette reine a façonné sa conscience en une image idéale (et idéalisée) d'elle-même fait pendant celle au cours de laquelle Geronimo Ruscelli a réuni à son propos des portraits en vers qui permettent d'apercevoir ce mystère autrement inaccessible.

Cette image d'une âme travaillée par les efforts de la vertu, dont l'art exprime ensuite indirectement les beautés, livre sans doute une des clefs du passage. Car c'est du premier livre des *Ennéades* de Plotin, consacré à la question de la beauté, qu'est probablement tirée cette idée de travailler à parfaire la vertu de son âme jusqu'elle devienne une belle statue[49]. En plaçant dans la bouche d'un disciple de Nifo des propos qui s'inspirent de réflexions de Plotin, le Tasse propose une réécriture des considérations de ce néoplatonicien sur la beauté de l'âme qui les détourne assez nettement de leur visée première. Dans la bouche de Minturno, l'art apparaît en

49. PLOTIN, *Traités 1 à 6*, traduction établie sous la direction de Luc BRISSON et Jean-François PRADEAU, Paris, GF Flammarion, 2002, 6 vol. en 7 tomes, traité 1, 6, § 9, lignes 5 à 15 p. 78-79 : « Retourne en toi-même et vois. Et si tu ne vois pas encore ta propre beauté, fais comme le fabriquant qui doit rendre une statue belle : il enlève ceci, efface cela, polit et nettoie jusqu'à ce qu'une belle apparence se dégage de la statue ; de même pour toi, enlève le superflu redresse ce qui est tordu et, purifiant tout ce qui est ténébreux, travaille à être resplendissant. Ne cesse de sculpter ta propre statue jusqu'à ce que brille en toi la splendeur divine de la vertu et que tu voies la tempérance qui siège sur son "auguste trône". »

effet comme ce qui est susceptible de manifester la réalité idéelle dans le monde sensible, alors que, pour Plotin, tout art n'est que simulacre, dès lors qu'il prend pour modèle ce que nous percevons plutôt que ce qui existe (ou devrait exister) en idée. Autrement dit, au travers du discours qu'il attribue à Minturno à la fin de son dialogue sur la beauté, le Tasse tentait selon toute vraisemblance de prendre indirectement ses distances avec le néoplatonisme sur la question de l'art, en suggérant non seulement que le monde sensible et le monde idéel ne devaient pas être trop rigoureusement distingués, mais encore que l'art, en participant tout à la fois de la matière et de la pensée, pouvait permettre d'accéder par les sens aux réalités les plus spirituelles.

Dans ses écrits théoriques, le Tasse exprime principalement cette position au travers du rôle qu'il accorde au plaisir et à la merveille, qu'il présente comme des moyens de conduire les lecteurs du poème héroïque aux vérités les plus hautes[50]. Il semble néanmoins le plus souvent faire preuve sur ce plan d'une certaine prudence, ne détaillant par exemple guère les procédés par lesquels ses poèmes frapperaient les sens. Dans son oraison funèbre du Tasse, Giacomini explicite néanmoins davantage le rôle que le Tasse assignait à l'art, en soulignant en particulier sa capacité à servir d'intermédiaire entre le monde sensible et l'univers des idées[51]. Giacomini commence par insister avec force et ampleur sur le fait que, par le biais des sens, la poésie enseigne les doctrines les plus nobles :

> « Ces doctrines, lorsqu'elles enseignent dans un langage dépouillé et simple, sont appelées théologie, philosophie et sagesse ; si elles n'enseignent pas par le plaisir et l'émotion, mais persuadent l'esprit au moyen d'une douce force, elles sont appelées éloquence ; si elles fabriquent des simulacres et des portraits de vertu, et avec l'élégance du vers et l'élévation du langage conduisent l'âme, saisie d'un grand plaisir, à une certaine stupeur, elles méritent le nom de poésie ; car la poésie dans sa plus parfaite essence, quand elle est ministre non de lascivité ni d'impiété mais de vraie vertu, n'est autre qu'une sagesse ornée, traitant de Dieu et des choses divines, et des choses créées, et des vertus — qui méritent d'être comptées parmi les œuvres divines — de la plus noble manière qui s'en puisse traiter [...]. À la vérité, la vertu des philosophes, qui prend forme dans un langage dépouillé, a un aspect majestueux et une beauté appropriée, avec laquelle elle enchante et plaît ; mais les yeux de beaucoup de gens ne sont pas habitués à la contemplation des sciences : ce n'est pas un objet proportionné <à leurs yeux>. Cette beauté leur plaît d'autant plus et attire d'autant plus les âmes quand elle est vue agissant en actes, non dessinée au fusain rustique ou avec une simple hématite, mais peinte avec d'élégantes couleurs

50. TASSO, Torquato, *Discours de l'art poétique, Discours du poème héroïque*, p. 109, p. 148-149, p. 342-343.

51. GRAZIANI, Françoise, « Le miracle de l'art : le Tasse et la poétique de la meraviglia », souligne cette capacité de Lorenzo Giacomini à synthétiser et approfondir la poétique du Tasse « dans le style même » de celui-ci (p. 117-119).

d'une main de maître par un noble poète, et se trouve proposée à l'œil de l'âme — qui reçoit les objets sensibles — par le moyen de l'oreille. Dans chacune de ces formes de doctrines, le Tasse s'est montré digne de grands éloges […][52]. »

L'idée centrale ici est que la poésie serait une forme de philosophie rendue moins austère par les beautés du vers et — dans le cas du poème épique comme du théâtre — par les séductions de l'action, devenant par là même une école adaptée à l'intelligence de ceux qui n'ont pas les capacités nécessaires pour prêter l'oreille aux discours des philosophes. Pareille idée est essentiellement une élaboration sur l'impératif horatien de plaire en instruisant (*utile dulci*). Mais l'insistance et le degré de détail avec lesquels, dans cette oraison, le Mesto décrit la capacité de la poésie à séduire les sens ne semblent pas moins originaux qu'importants, dès lors qu'on sait que, en parallèle, l'académicien fut probablement aussi l'auteur inavoué d'un dialogue sur les sens dont la parution est exactement contemporaine de celle de son éloge funèbre du Tasse (1595).

D'une part, la poésie du Tasse est définie comme une « sagesse » capable d'élucider non seulement toutes les choses créées, mais encore les vertus et même les réalités les plus hautes. De l'autre, elle est présentée comme un tableau tissé de mots qui sait séduire tant l'oreille que l'œil, en incitant l'imagination de ses auditeurs (ou de ses lecteurs) à faire naître dans leur esprit une représentation qui les ravira aussi bien par ses formes que par ses couleurs. La fonction de l'expression poétique est ainsi de médiatiser non seulement les objets sensibles, mais encore les représentations les plus abstraites pour les rendre perceptibles à l'âme sensitive, et, par ce moyen, à l'intellect. Tout en paraissant concorder avec une vision de la poésie qui en ferait le médium privilégié de l'instruction morale des moins instruits, Giacomini lui attribue donc en réalité simultanément un pouvoir quasi magique dont ses contemporains les plus étroitement moralisateurs auraient probablement eu tôt fait de s'inquiéter : celui de rendre le monde — tant matériel qu'idéel — intelligible à l'homme par le biais de ses sens. Pareille capacité donne à la poésie un grand pouvoir,

52. GIACOMINI, Lorenzo, *Oratione in lode di Torquato Tasso*, 1595, p. 6 : « Queste dottrine se con puro e semplice parlare insegnano, son chiamate teologia, filosofia, sapienza, se non pure insegnando ma dilettando e commovendo fanno dolce forza di persuasione a la mente, son dette eloquenza ; se fabrican simulacri e ritratti di virtù, e con la vaghezza del verso e con l'altezza de la favella ad un certo stupore conducon l'anima dal gran diletto soprapesa, sortiscon nome di poesia, la quale ne la sua più perfetta essenza, quando è ministra non di lascivia non d'empietà ma di vera virtù, altro non è che ornata sapienza, trattante di Dio e delle cose divine, e delle opere create, e delle virtù, che tra beni divini meritano essere annoverate, ne la più mirabil maniera che trattare se ne possa. […] Ha in vero la virtù da' filosofi con puro parlare formata maestevole aspetto e dicevole bellezza, con la quale diletta e piace ; ma gli occhi di molti non avvezzi all'alte contemplazioni delle scienze non è proportionato oggetto : oltre a ciò quanto più piace, e più attrae gli animi, quando è vista in atto operante non con rozzo carbone, nè con semplice ematita delineata, ma con vaghissimi colori da maestro mano di nobil poeta dipinta, e per mezzo dell'orechio proposta all'ochio dell'anima de' sensibili oggetti ricevitrice. In ciascuna di queste maniere di dottrina di gran pregio degno si mostrò il Tasso […]. »

celui de faire trembler — par le moyen des représentations dont elle assaille les sens — les représentations et savoirs établis, en donnant accès à des perspectives qui sans elle resteraient largement hors de portée de ses lecteurs. Giacomini souligne à plusieurs reprises que la poésie du Tasse possède à ses yeux cette capacité de conduire à une forme d'intellection qui rend ses lecteurs capables d'appréhender des savoirs qui sinon leur demeureraient inaccessibles, en ne manquant pas de préciser qu'elle accomplit ce miracle par le biais de la stimulation de leurs sens. Il remarque par exemple qu'en mobilisant comparaisons, *concetti* (figures de pensée), fables, allégories, paraboles et exemples historiques — qui touchent l'âme sensitive — la poésie du Tasse donne à ses lecteurs « l'intelligence des mystères occultes[53] ».

La sensualité de l'expression poétique paraît semblablement au cœur de la compréhension que Lorenzo Giacomini propose du fonctionnement de la *meraviglia* (merveille), dont le Tasse fait le fondement de l'art du poète :

> « Car il <le poète> n'est pas enfermé dans d'étroites limites, il parcourt tout le vaste champ de la nature et des arts et se hisse jusqu'à l'incompréhensible grandeur des cieux et s'élève jusqu'au trône de Dieu auteur de toutes les merveilles et de cette Providence qui gouverne avec fermeté et dispose avec grâce toutes les choses célestes, naturelles et humaines, il fait descendre la merveille dans le poème qu'il entend créer et ravissant (*dilettando*) ainsi par la merveille les âmes de ceux qui sont capables de vertu, conduit à la vertu, en quelle semblance de vertu chacun prend plaisir en tant qu'elle est semblance de vertu, de telle sorte que de cette vertu même il profite peut-être bien davantage[54]. »

Dans la description qu'en donne Giacomini, la merveille apparaît comme ce par quoi les mystères divins s'incarnent dans la matière du poème — laquelle, par le vers et le langage poétique, met ensuite ce savoir ineffable à la portée de ses lecteurs. Un double mouvement s'opère ainsi, des cieux vers la terre puis de la terre vers le ciel, la poésie servant d'intermédiaire entre ces deux plans : sa langue imagée et majestueuse rend sensibles les vérités les plus abscondes, tout en permettant à ses lecteurs

53. GIACOMINI, Lorenzo, *Oratione in lode di Torquato Tasso*, p. 13 : « Quindi la sapienza eterna, che ne guida a la verità et a la virtù cioè al cognoscimento e a l'amore di sè, condescende al humana fievolezza, e non usa sempre semplice dottrina, ma per schivare il tedio del attenzione, adopera metafore e tutte le figure e tutti gli ornamenti de la favella, hor propone piacevoli esempi di historie, hor con ascose maniere di similitudini di parabole e di allegorie ammaestra, con la difficultà accendendo il desiderio dell'intelligenza degli occulti misteri. »

54. GIACOMINI, Lorenzo, *Oratione in lode di Torquato Tasso*, p. 8 : « Egli perciò non è dentro a stretti confini racchiuso, scorre per lo spazioso campo de la natura e de le arti si innalza al incomprehensible grandezza de' cieli et ascende al seggio di Dio autore di tutte le maraviglie, e da quella Providenza, che tutte le cose celesti e naturali, e humane fortamente governa e soavemente dispone, fa descender la maraviglia nel poema, che egli formare intende, e con la maraviglia dilettando, gli animi di virtù capaci a la virtù conduce, che chiunque di virtuosa sembianza prende piacer in quanto è sembianza di virtù, forza è che della istesa virtù lo prenda molto maggiore. »

de s'abstraire du sensible pour se tourner vers la vertu et même l'au-delà. Là serait aux yeux de Giacomini le plus grand de ses miracles. Quoique le Tasse n'explicite pas le fonctionnement de la merveille en des termes aussi précis, Giacomini ne trahit guère, par cette reformulation, la poétique de l'auteur de la *Jérusalem délivrée*, dont il témoigne, à travers toute son oraison, avoir une intime connaissance. Il semble plutôt réussir à faire ressortir une caractéristique centrale de la manière dont le poète conçoit l'activité poétique, à savoir sa conviction que la poésie ne peut s'élever au-dessus du monde sensible que dans et par le plaisir que celui-ci procure, l'art devenant ainsi — en raison même de sa matérialité — la meilleure des passerelles vers le monde des idées et même vers les mystères de l'au-delà.

Par là, Lorenzo Giacomini élabore en réalité une forme d'aristotélisme poétique qui a pour premier fondement théorique le plaisir — et plus généralement la matière. Certes, cet aristotélisme n'exclut pas la spiritualité, l'auteur n'hésitant pas à donner parfois à celle-ci des accents néoplatoniciens et/ou ficiniens. Mais le Mesto ne s'inscrit pas moins en faux contre une poétique qui attribuerait tout à l'inspiration (ou à l'esprit) et rien au travail (c'est-à-dire aussi au corps et à ses habitudes). Le contexte dans lequel est né le discours que Giacomini consacra à la fureur poétique est de ce point de vue des plus intéressants. Il est en effet probable que celui-ci fut initialement conçu comme une réponse directe à des thèses néoplatoniciennes qui avaient été introduites au sein de l'assemblée des Alterati. Le mardi 12 juin 1584, les *atti* des Alterati rapportent en effet que le Puro (Giovanni de' Bardi), de retour d'un voyage qui l'a conduit tant à Mantoue qu'à Ferrare, a exposé devant l'académie les chapitres et diverses divisions d'une « poétique » (*poetica*) que le penseur néoplatonicien Francesco Patrizi (1529-1597) — alors professeur de philosophie à l'université de Ferrare — est en train de se préparer à faire imprimer. Une discussion improvisée s'ensuit immédiatement[55]. Or, moins d'un mois plus tard, Lorenzo Giacomini paraît avoir voulu contrer certains des arguments néoplatoniciens avancés lors de ce débat — où la fureur que Patrizi portait aux nues occupa sans doute une place centrale — dans l'espoir de ramener les Alterati vers un aristotélisme dont le plaisir était le principal fondement, tant théorique que pratique. Le 10 juillet 1584, les actes de l'académie rapportent en effet que lors d'une autre séance plénière, une nouvelle discussion a lieu, à laquelle le Puro assiste également. Au cours de celle-ci le Mesto lit une leçon qui développe deux propositions, la première portant sur la question de savoir si la fureur divine est cause efficiente de la poésie (« se il furor divino è cagione efficiente della poesia ») et la seconde demandant si l'art du poète a plus ou moins d'importance, dans l'acte créateur, que la nature (« se nel poeta l'arte è di più momento o la natura »). Après que ces deux questions ont été

55. BMLF Ashburnham 558.2, fol. 50^{v}-51^{r}.

discutées longuement par Giacomini, les propos de l'orateur sont dits dans les *atti* avoir trouvé en tout l'approbation du régent (« il reggente approvò tutto quello che fu detto »)[56], ce qui suggère que le Mesto, par cette double oraison — qui contenait apparemment un premier jet de son oraison sur la fureur poétique — a en effet réussi ce jour-là à limiter l'influence de la pensée de Patrizi au sein de l'académie, et à y (ré-)imposer un aristotélisme d'ascendance matérialiste, si ce n'est hédoniste.

2.3. *Plaisirs, honnêteté et pouvoirs : l'art comme lieu d'une liberté contrainte*

Ne voir dans de pareils débats que des enjeux théoriques serait cependant se laisser prendre au piège de ces poétiques du plaisir, en ne leur attribuant pas d'autre fonction que celle qu'elles-mêmes attribuent à la poésie, à savoir celle de viser avant tout le ciel des idées par le moyen du plaisir des sens. L'insistance avec laquelle, tant chez les Alterati que chez le Tasse, les plaisirs pris aux arts sont définis comme moralement recommandables, « honnêtes » et même « louables » invite au contraire à les envisager non moins centralement comme un élément de la manière dont ces patriciens et hommes de cour définissent leur identité sociale, et, au travers de celle-ci, s'efforcent de circonscrire des espaces de liberté pour eux-mêmes dans le cadre des nouvelles formes de pouvoir qui émergent alors dans nombre des principautés de la péninsule. Des arts qui ne s'appuieraient sur les sens que pour les dépasser, et conduire ainsi à des appréhensions qui élèveraient tant le cœur que l'esprit, sont en effet aptes à servir de point d'appui aux identités sociales complexes dont se réclament alors ces individus, pris entre le besoin de préserver pour eux-mêmes quelques espaces d'autonomie — tant morale que sociale — et la nécessité de rechercher à la cour faveurs et charges. Revendiquer le droit de prendre privément aux arts un « honnête plaisir » et même celui de fixer soi-même les lois, les limites et les visées d'un tel plaisir, peut ainsi s'entendre comme une manière de circonscrire pour soi-même un domaine d'action réservé, dans une configuration sociopolitique où la contrainte est partout. Mais l'honnêteté ainsi revendiquée était sans doute aussi destinée à rassurer les pouvoirs établis : elle pouvait également résonner comme une protestation d'orthodoxie et même comme une promesse de docilité et de service.

C'est en cela qu'il convient d'envisager de plus près comment les Alterati, dans le sillage du Tasse, définissent les rapports entre les plaisirs dont ils se réclament et la configuration politique dans laquelle ils évoluent. Cette question exige d'abord de comprendre ce que serait, dans un tel cadre, un plaisir honnête. Il s'agit en

56. BMLF Ashburnham 558.2, fol. 51v.

particulier de déterminer quelles satisfactions sont permises ou défendues au sein de régimes dont certains tendaient de plus en plus ouvertement à l'autoritarisme. Mais il s'agit aussi de savoir comment et par qui les frontières de l'honnête et du malhonnête sont définies. Il est également nécessaire de cerner ce que signifie revendiquer pour soi-même une satisfaction honnête dans une telle configuration. Enfin, il faut examiner ce que le geste de construire les arts en objets d'un plaisir moral et/ou honnête — dans une situation politique caractérisée par la contrainte — fait aux arts eux-mêmes. Dans l'espace d'interactions protégées ainsi mis en place, en retrait ou même en marge des rationalités politiques contemporaines, l'art est en effet construit comme une forme de satisfaction où chacun serait libre d'obéir à ses propres lois, tant que ses activités dans ce domaine ne contreviennent pas aux lois du prince. Pareille répartition des rôles impose aux arts des formes d'expression spécifiques, susceptibles de s'adapter au fonctionnement des régimes autoritaires, c'est-à-dire capables de ne pas en heurter frontalement les logiques. La fable allégorique, la mise en dialogue, l'énonciation indirecte (y compris dans un discours académique) ou au nom d'un autre, ou encore l'anonymat soigneusement préservé deviennent dans ce cadre des modes de discours privilégiés. Mais — au moins dans les écrits des Alterati — ces formes ne sont pas simplement une nécessité : elles dotent aussi ceux qui démontrent en avoir la maîtrise de pouvoirs propres et d'une capacité — certes limitée, mais réelle — de se gouverner eux-mêmes dans le champ d'action et de compétences ainsi délimité. En cela, elles sont susceptibles de devenir non seulement une figure lointaine des libertés politiques perdues mais encore un moyen de les reconquérir symboliquement, sans exprimer d'opposition directe aux pouvoirs établis, et même, le plus souvent, en se soumettant pour l'essentiel à ceux-ci.

Pour que les arts soient aptes à être construits en un espace qui permette la délimitation symbolique d'une forme de liberté substitutive, il faut néanmoins d'abord qu'ils soient déclarés être des activités moralement tout autant que socialement acceptables. Or, dans l'Italie de la Contre-Réforme, l'association des arts avec la sensualité et les plaisirs qu'ils sont susceptibles de provoquer est souvent cause que cette légitimité — ou du moins acceptabilité — leur est déniée[57]. Sans finalité morale reconnue ou honnêteté affirmée, l'art risque en effet d'être désigné comme menaçant directement ou indirectement l'ordre politique, ce qui est susceptible de compromettre (ou du moins de compliquer) tout effort qui viserait à définir pour ces pratiques des normes et des visées qui leur soient propres. On comprend

57. La musique et la danse furent particulièrement critiquées pour leur action sur le corps. Pour la danse, l'étude des discours la condamnant a été menée par Alessandro ARCANGELI dans *David o Salomè ? Il dibattito europeo sulla danza nella prima età moderna*, Rome, Fondazione Benetton/Viella, 2000, en particulier p. 69-132.

alors mieux pourquoi les Alterati travaillèrent toujours à affirmer non seulement la moralité intrinsèque mais encore l'utilité morale plus générale des productions des arts : si ces qualités ne leur étaient pas reconnues, toute tentative pour placer ces activités à l'abri des interventions de l'autorité politique et les doter d'une forme d'autonomie pratique serait mort-née.

Pareil effort pour associer plaisir et utilité morale, tout en soustrayant l'art à toute forme de régulation politique directe, est particulièrement visible dans le discours académique que Lorenzo Giacomini consacra, devant les Alterati, à la purgation des passions (1586). La notion de purgation des passions, qui apparaît dans la *Poétique* d'Aristote, est vraisemblablement le résultat d'une interpolation[58]. Le problème tant philologique que philosophique que posait en ce lieu la *Poétique* n'en fascina pas moins — tout autant qu'il dérouta — les interprètes de la Renaissance, qui le construisirent souvent en clef de voûte d'une lecture moralisante du traité d'Aristote[59]. Dans ce type de lecture, la *catharsis* devient souvent le moyen de lire la *Poétique* d'Aristote — dont les analyses sont principalement centrées sur l'examen de la *mimésis* et de ses plaisirs — au prisme d'un concept d'origine (lointainement) horatienne, celui de l'utilité de la poésie. Mais Lorenzo Giacomini se garde bien de présenter la purgation des passions seulement comme le moyen de débarrasser les spectateurs de leurs passions mauvaises par le moyen de la terreur et de la pitié que susciterait en eux le spectacle tragique. Il s'efforce au contraire de superposer — et même de confondre — la purgation des passions avec l'agrément pris à l'action tragique elle-même, affirmant même que c'est par le biais du plaisir que chacun prend aux représentations de la tragédie que l'émotion peut naître et, avec elle, une conscience morale plus fine et plus éclairée. Le plaisir devient ainsi non pas simplement un instrument de la purgation, mais plutôt son mode d'action principal et même le cœur de son efficacité à proprement parler. Giacomini détaille ensuite minutieusement comment la tragédie fait naître le plaisir, en prenant soin

58. Pour une analyse tant textuelle que philosophique de cette probable interpolation, voir Veloso, Claudio William, « Aristotle's *Poetics* without Katharsis, Fear, or Pity », *Oxford Studies in Ancient Philosophy*, 33, 2007, p. 255-284, ainsi que Veloso, Claudio William, *Pourquoi la* Poétique *d'Aristote ? DIAGOGÈ*, préface de Marwan Rashed, Paris, Vrin, 2018, en particulier le ch. VI qui traite de « l'affaire *catharsis* » et Scott, Gregory L., *Aristotle on Dramatic Musical Composition : The Real Role of Literature, Catharsis, Music and Dance in the* Poetics, New York, ExistencePS Press, 2018, 2e édition, 2 vol., en particulier les ch. 5-7, dans le t. 2.

59. Pour un survol des débats qui constituèrent la notion en *quaestio* au cours de la première modernité, voir Scott, Gregory L., *Aristotle on Dramatic Musical Composition*, t. 2, p. 523-573 et Hoxby, Blair, *What Was Tragedy ? Theory and the Early Modern Canon*, Oxford, Oxford University Press, 2015, p. 62-68. Je me permets aussi de renvoyer à mon étude de la manière dont la notion de *catharsis* prend forme dans le premier commentaire de la *Poétique* paru en Italie (1548) : « Élucider et équivoquer : Francesco Robortello (ré)invente la *catharsis* », dans Cavaillé, Jean Pierre (dir.), *Stratégies de l'équivoque*, *Cahiers du Centre de recherches historiques*, 33, 2004, p. 109-140 et http://ccrh.revues.org/index250.html.

de souligner toujours que l'agrément et le profit moral sont en elle conjoints et non opposés.

Il établit en permier lieu qu'un honnête plaisir peut naître d'une passion triste, telle que la commisération : « le plaisir trouve place dans la plainte que fait surgir en nous un objet véritable » (« nel pianto da verace ogetto cagionato ha luogo il diletto[60] »). Mais c'est surtout grâce aux différents types de plaisirs qu'elle suscite par sa nature propre que la tragédie est, selon Giacomini, capable d'avoir une action morale :

> « Premièrement la tragédie plaît en nous enseignant les détails de l'action représentée, parce que le fait d'apprendre appartient aux activités par nature agréables, puis elle nous plaît par la merveille, elle est aussi plaisante par l'imitation, nous faisant comprendre par l'opération du syllogisme que telle chose est telle, elle plaît aussi par la noblesse des comparaisons, par l'élégance des métaphores, par la douceur du vers, par la suavité de la musique, par le festoiement des danses, par la magnificence des décors, par la splendeur des costumes royaux, par la considération de l'habileté dont le poète a fait preuve dans la disposition de la fable, dans les digressions, dans les reconnaissances, dans les retournements de fortune, dans les mœurs, dans la fable[61]. »

Cette longue énumération — qui résume et même parfois glose de près les considérations d'Aristote sur les six parties constitutives de la tragédie[62], mais en lui donnant une tonalité résolument hédoniste — frappe principalement par sa manière de suggérer que tout en la tragédie est plaisir, depuis le sens de ses fables (et leur capacité à enseigner par l'exemple, qui incite au raisonnement syllogistique) jusqu'à la splendeur de ses décors et de ses costumes, et la magnificence des fêtes à l'occasion desquelles elle se trouve représentée. La mise sur le même plan de ces différents types de plaisirs tend même à confondre plaisirs des sens (en particulier ceux qui frappent la vue et l'ouïe) et plaisirs intellectuels (tel que celui qui naît de l'appréciation du travail de disposition du poète). Ainsi Giacomini brouille-t-il les frontières établies entre plaisirs honnêtes (car spirituels) et plaisirs déshonnêtes (car corporels). Dans la description qu'il donne du *modus operandi* du spectacle

60. Giacomini, Lorenzo, « De la purgazione de la tragedia », dans Weinberg, Bernard (éd.), *Trattati di poetica e retorica del Cinquecento*, t. 3, p. 364.

61. Giacomini, Lorenzo, « De la purgazione de la tragedia », dans Weinberg, Bernard (éd.), *Trattati di poetica e retorica del Cinquecento,* t. 3, p. 365 : « Primieramente piace la tragedia insegnando l'azione rappresentata, poiché lo imparare è tra le cose per natura gioconde ; aggrada con la maraviglia ; è dilettevole per l'imitazione, facendone per sillogismo comprendere che questo è quello ; diletta con l'altezza de' concetti, con la vaghezza delle metafore, con la dolcezza del verso, con la soavità della musica, col festeggiamento del ballo, con magnificenza del apparato, con la splendidezza de' regali vestimenti, con la considerazione de l'eccellenza de l'artificio dal poeta usato nel disponimento della favola, ne le disgressioni, ne le riconoscenze, ne' rivolgimenti di fortuna, ne' costumi, ne la favella. »

62. Aristote, *Poétique*, 1449b 31 à 1450a 14.

tragique, le Mesto suggère au contraire que ces deux types de plaisirs doivent être envisagés en association et dans leurs complémentarités : plaisirs des sens et plaisirs de l'esprit existent pour lui ensemble et agissent simultanément pour faire naître en nous une réflexion morale lors d'une représentation tragique. Ainsi la synergie affirmée fait-elle subrepticement passer tous les plaisirs tragiques pour des plaisirs honnêtes.

On ne sera dès lors pas surpris de voir Giacomini audacieusement désigner les bénéfices moraux que, selon lui, la tragédie peut apporter à ses spectateurs comme des « plaisirs ». C'est en effet par le moyen des plaisirs précédemment énumérés que trois autres « diletti » naissent, selon lui. Or ces derniers plaisirs relèvent clairement de ce que la plupart des théoriciens italiens contemporains désigneraient comme l'utilité morale de la tragédie. Dès lors, les qualifier de « plaisirs » est un geste pour le moins osé sur le plan théorique. Giacomini définit ces trois utilités-plaisirs de la manière suivante. Le premier serait la compassion, dont le Mesto souligne qu'elle peut générer du plaisir (« portare diletto ») tout en étant simultanément un « acte de vertu » (« un atto di virtù »). Le second tient en la capacité de la tragédie à nous enseigner à reconnaître notre propre liberté — et, là encore, Giacomini prend soin de souligner que cette prise de conscience est nécessairement source d'une forme de plaisir (« <la tragedia> ne fa conoscere che pur da sì fiere disavventure siamo liberi noi, il che non può non ci porgere piacere e gioia »). Le dernier de ces plaisirs moraux est l'apprentissage de ce que Giacomini appelle les « documenti salutevoli » (« faits salutaires »), par lesquels il entend les destinées des rois et des princes, dont les mésaventures nous apprennent la « vraie félicité des mortels » (« la vera felicità de' mortali »), tout en nous incitant à tendre au souverain bien[63]. L'analyse de Giacomini implique que, dès lors que ces formes de profit moral sont elles-mêmes des plaisirs, ces derniers ne sont en rien différents des autres plaisirs précédemment énumérés, qui se trouvent ainsi légitimés de manière rétrospective par la continuité que le raisonnement construit entre eux et le deuxième type de plaisir analysé (soit les trois formes de plaisir que j'ai désignées ci-dessus comme des « utilités-plaisirs »). Le raisonnement de Giacomini est ainsi animé d'un double mouvement : il tend à la fois à faire de tout profit moral qui serait tiré de la tragédie un plaisir et à suggérer que tout plaisir pris à la tragédie ouvre à une forme de prise de conscience morale. Ce faisant, plaisir et utilité morale finissent par devenir indissociables, dans un discours qui suggère que chaque plaisir pris aux productions de l'art tragique serait par nature utile, soit parce qu'il contient un enseignement moral, soit parce

63. GIACOMINI, Lorenzo, « De la purgazione de la tragedia », dans WEINBERG, Bernard (éd.), *Trattati di poetica e retorica del Cinquecento*, t. 3, p. 365.

qu'il conduit, par la stimulation des sens ou celle de l'esprit — et peu importe laquelle au fond, dès lors que le raisonnement déclare ces deux formes de stimulation semblablement honnêtes —, à l'appréhension de vérités plus hautes.

Or cette audacieuse affirmation de la moralité de tous plaisirs pris à la tragédie est parallèlement associée, dans ce discours de Giacomini, à un effort pour dissocier, dans la pratique de cet art, ce qui relève de l'autorité politique et ce qui ne doit être déterminé qu'en fonction des logiques de l'art lui-même. L'affirmation de la moralité foncière des plaisirs pris à l'art fonde en effet chez le Mesto la délimitation d'un espace propre pour les pratiques artistiques, définies comme le lieu d'un plaisir et d'une liberté qui ne doivent inquiéter les autorités politiques que quand elles donnent lieu à des excès. On se souvient que Filippo Sassetti s'était lui-même essayé à pareille distinction dans son commentaire inachevé de la *Poétique*, actuellement conservé à la Biblioteca Riccardiana[64]. Mais le raisonnement esquissé dans ce manuscrit restait fragmentaire et allusif. Dans le discours de Lorenzo Giacomini sur la purgation des passions, la distinction entre ce qui relève de l'autorité de l'art et ce qui doit être laissé à la responsabilité des gouvernants est au contraire établie d'entrée de jeu avec clarté, mais non sans prudence :

> « Pour faire cela <élucider la penser d'Aristote>, il nous faut <d'abord> établir quelques vérités sans lesquelles notre discours serait incompréhensible ou du moins confus et obscur. Et la première <de ces vérités> est que la fin du poète en tant que poète est de fabriquer le poème selon la droite raison et que la fin du poète tragique est de former le poème tragique selon l'idée de l'art, dès lors que tout poème peut être utilisé en vue d'une multiplicité de fins et que la considération de celles-ci sous l'angle de leurs rationalités appartient à l'homme politique qui fonde la cité ou la gouverne. Pour la claire intelligence de tout ceci, il faut savoir que, dès lors que chaque doctrine a besoin de quelque fin, la poétique étant un art regardera à la fin qui est la sienne, laquelle est le poème même, de même que le musicien regardera à la mélodie, le sculpteur à la statue, le peintre à la peinture et le médecin à la santé[65]. »

Giacomini distingue la rationalité de l'art des logiques du gouvernement des cités avec une forme de discrétion mais non sans fermeté, affirmant de manière insistante

64. BRF Riccardiano 1539, fol. 81r-126v. Sur ce texte, voir *supra*, ch. 3, p. 319-321.

65. GIACOMINI, Lorenzo, « De la purgazione de la tragedia », dans WEINBERG, Bernard (éd.), *Trattati di poetica e retorica del Cinquecento*, t. 3, p. 351 : « E per ciò fare, stabiliamo alcune verità senza le quali sarebbe incomprehensibile o almeno confuso et oscuro il nostro discorso. E la prima sia anche il fine del poeta in quanto poeta è il fabricare il poema con retta ragione, et il fine del poeta tragico è secondo l'idea de l'arte formare la tragedia, la qual sì come ogni poema per molti fini può essere adoperata, la considerazione de' quali per le loro cagioni pertiene al politico che forma la città o vero la governa. Per chiara intelligenza di tutto questo è de sapersi che desiderando ogni doctrina qualche fine, la poetica ancora essendo arte rimira il fine suo, il quale è lo istesso poema, sì come del musico la melodia, de lo scultore la statua, del pittore la pittura e del medico la sanità. »

le droit des arts à ne regarder qu'aux fins qui sont les leurs. Il définit pour ce faire un espace pour les finalités politiques et un espace pour celles de l'art, et les tient rigoureusement séparées, sans néanmoins expliquer leur articulation. Il ne dit en particulier pas comment, dans son esprit, les finalités de l'art s'adapteraient aux rationalités politiques, ni si les visées des gouvernants seraient parfois susceptibles de s'ajuster à celles de l'art. Pareil discours suggère que les fins des hommes de l'art pourraient — en certaines occasions — aller à l'encontre des buts que les gouvernants d'un État sont susceptibles de fixer pour celui-ci. Mais Giacomini n'explicite pas cette possible source de conflits.

En lieu et place de l'analyse des tensions que la répartition des tâches qu'il suggère pourrait faire naître, le Mesto expose au contraire longuement le fonctionnement de la purgation des passions, qui est ainsi implicitement présentée comme un exemple de la manière dont les finalités de l'art et celles de la politique peuvent spontanément s'accorder, sans que les praticiens de l'art aient besoin de concéder aux hommes politiques un droit de regard constant sur leurs activités en tant qu'artistes. En affirmant que les plaisirs que la tragédie procure sont précisément ce qui lui permet d'avoir une utilité morale — laquelle utilité est par ailleurs elle-même définie comme l'un des nombreux plaisirs de l'art —, Giacomini parvient à aligner silencieusement les finalités qu'on peut supposer aux gouvernants (telles que maintenir la paix civile ou encore promouvoir la vertu et l'obéissance) avec celles des poètes tragiques lorsqu'ils cherchent à plaire aux spectateurs par le moyen de l'imitation d'une action. Si le plaisir est non seulement un facteur d'utilité morale mais encore une forme d'utilité morale en soi, la plupart des tensions entre la logique de l'art et celle du gouvernement des États se trouvent de fait éradiquées, les gouvernants ne pouvant plus — au moins en théorie — que se féliciter de l'existence des poètes tragiques dont les ouvrages travaillent, dans les limites mêmes de leur art, à rendre les hommes meilleurs. Dans la suite de son discours, Giacomini prend au demeurant soin de souligner que « ceux qui sont purgés restent pour un bon moment tranquilles, obéissant aux exhortations salutaires » (« purgati restin per buon tempo quieti et obedienti a le salutevoli esortazioni[66] »). Dès lors, précise-t-il, les autorités n'ont besoin que d'accepter la tragédie telle qu'elle est, en la reconnaissant comme fondamentalement bonne, par nature, pour la cité. Il ne restera à ce stade que le problème (pratique plutôt que théorique) d'en régler la fréquence :

66 Giacomini, Lorenzo, « De la purgazione de la tragedia » dans Weinberg, Bernard (éd.), *Trattati di poetica e retorica del Cinquecento*, t. 3, p. 369.

> « Il apparaît donc que l'homme politique doit accepter la tragédie comme utile à la cité si elle est pratiquée de manière opportune, au temps qui convient et avec mesure, car l'usage trop fréquent de celle-ci ne purgerait pas ou rendrait la purgation ni utile ni nécessaire[67]. »

Bien évidemment, pareil raisonnement peut entraîner des conséquences d'une certaine radicalité dans le champ du politique (même si, là encore, l'académicien se garde bien de les pointer ouvertement). Un tel partage des tâches revient en effet à confier aux poètes la détermination de ce qui, dans un spectacle, convient à une population en termes de bien-être moral et même de stabilité politique, tout en leur laissant simultanément la liberté de déterminer par quels moyens il conviendrait d'organiser, en chaque occasion, l'équilibre des finalités poétiques et des rationalités politiques. Par là même, le raisonnement de Giacomini réduit au strict minimum la nécessité d'une intervention du pouvoir dans le champ de la poésie, ou même pointe implicitement le fait qu'une pareille intervention ne saurait jamais être pleinement justifiée. Inversement, les poètes tragiques et ceux qui — comme Giacomini — se consacrent à la réflexion sur la poétique de la tragédie se voient conférer certaines des fonctions qui, dans un régime de type monarchique ou autoritaire, seraient confiées aux autorités politiques et/ou ecclésiastiques, telles que la détermination mais aussi la régulation des bonnes mœurs. De surcroît, ce gouvernement moral de et par la poésie n'opère pas par la contrainte ou l'intimidation, mais s'accomplit par le plaisir, c'est-à-dire en faisant appel à ce qui est — pour le penseur hédoniste qu'est, non sans dissimulation, Lorenzo Giacomini — non seulement le fond de la nature humaine mais encore l'énergie première qui anime le monde, à savoir l'agrément ou sans doute plus exactement la délectation (« diletto »).

Tout en étant exprimée de manière sobre et même voilée, la position de Giacomini est, dans ses implications les plus immédiates, aussi neuve et sophistiquée qu'hétérodoxe. Sa manière de mettre les autorités politiques à distance dans la régulation des productions des arts semble par ailleurs faire écho à l'une des principales fonctions que les Alterati confèrent à leur académie dans l'espace de la cité, c'est-à-dire celle de fonctionner comme une instance de réflexion oligarchique et paritaire au sein de laquelle leurs membres, en tant que spécialistes des arts de l'écrit, sont collectivement institués évaluateurs souverains de leurs propres productions scripturaires. L'académie devient ainsi pour eux le lieu où — à l'abri de toute intervention politique directe — les arts s'autorégulent, en fonction de ce qui plaît à leurs producteurs comme à leurs lecteurs, comme le suggèrent les opérations d'évaluation et de

67. GIACOMINI, Lorenzo, « De la purgazione de la tragedia », dans WEINBERG, Bernard (éd.), *Trattati di poetica e retorica del Cinquecento*, t. 3, p. 369-370 : « Apparisce dunque dovere il politico accettare la tragedia come giovevole a la città, se convenevolmente et a tempo e con misura è adoperata ; perché il troppo frequente uso o non purgherebbe o farebbe purgazione non utile né necessaria. »

censure conduites très régulièrement par les académiciens[68]. Les parallèles entre la prise de position de Giacomini et les activités tant pratiques que théoriques de l'académie dont il était membre invitent dès lors à se demander comment un tel point de vue s'articulait avec le positionnement sociopolitique qui était celui de la plupart des membres de l'institution, c'est-à-dire en quoi il aurait été à la fois l'expression discrète de leur marginalité (ou excentricité) dans la Florence des Médicis et une manière pour eux de tenter d'y remédier. Les Alterati ne s'expriment cependant que rarement de manière directe sur le sujet des rapports entre art et pouvoir(s), la position de Giacomini (qui est elle-même énoncée de manière elliptique) constituant probablement l'une des seules formulations subsistantes de la manière dont ils envisagent ces interactions. Dès lors, un nouveau détour par les écrits du Tasse peut être utile, puisque les Alterati admiraient tant l'homme que son œuvre, et que nombre des préoccupations qui furent celles du poète — en tant qu'aristocrate lettré qui tenta (vainement) de trouver sa place dans plusieurs des sociétés de cour de la péninsule — furent aussi celles des Alterati à la cour florentine. Or l'œuvre théorique du Tasse s'efforce aussi de circonscrire pour l'art du poète un espace qui soit — autant que faire se peut — autorégulé, tandis que le dialogue qu'il publia en 1587 sous le titre d'*Il Nifo overo del piacer* indique indirectement en quoi revendiquer le plaisir (fût-il « honnête ») comme principale loi pouvait être une manière détournée pour certains aristocrates italiens de la fin du XVIe siècle de se positionner par rapport au renforcement des pouvoirs des princes. C'est en quoi l'examen des écrits du Tasse sur ces questions est susceptible d'éclairer par ricochet certaines des positions des Alterati.

Dans son *Discours sur l'art poétique*, paru pour la première fois en 1587, le Tasse prend clairement position en faveur d'une vision hédoniste des finalités de la poésie, formulant même ses convictions de manière non moins directe que polémique : « J'admets quant à moi ce que je crois vrai et que beaucoup nieraient, à savoir que le but de la poésie soit de plaire[69]. » Cette prise de position se trouve cependant considérablement amplifiée et nuancée dans le *Discours du poème héroïque*, paru en 1594, où le Tasse — semblant principalement désireux de faire pièce aux discours de ceux qui martèlent que la poésie doit avoir pour fin l'utilité — énonce une théorie du « plaisir honnête » qui rappelle beaucoup certaines des conceptualisations de Giacomini dans son discours sur la purgation des passions (prononcé en 1586, mais imprimé seulement en 1597). Dans ce texte, le Tasse ne semble en effet concéder que les pouvoirs civils seraient légitimement fondés à avoir un droit de regard sur le contenu des poèmes

68. Sur ces activités, voir *supra*, ch. 4, p. 398-422.

69. TASSO, Torquato, *Discours de l'art poétique, Discours du poème héroïque*, « Discours de l'art poétique », second discours, p. 109.

que pour mieux affirmer — immédiatement après avoir fait cette apparente concession — que les poètes sont en réalité capables de réguler leurs productions eux-mêmes, par la recherche de ce qu'il désigne comme un « plaisir honnête » :

> « Or l'utile est ce à quoi veille principalement cet art <à savoir : l'art politique> qui est pour ainsi dire architecte de tous les autres. Aussi appartient-il à l'art politique de considérer quelle poésie doit être prohibée, et quel divertissement, afin que le plaisir, qui doit être comme le miel dont on enduit le verre pour donner un remède aux enfants, ne fasse pas l'effet d'un poison pestifère, ni ne maintienne les esprits dans une vaine occupation. Le poète ne doit donc pas se donner pour fin le plaisir [...] mais l'utile. [...] Du moins doit-on croire que tout plaisir n'est pas la fin de la poésie mais celui-là seul qui est lié à l'honnête : car, tout comme le plaisir qui naît de la lecture d'actions infâmes et déshonnêtes est indigne du bon poète, de même le plaisir d'apprendre beaucoup de choses, joint à l'honnêteté, est son plaisir propre. C'est pourquoi une telle fin n'est peut-être pas aussi méprisable que le croyait Fracastor dans son *Dialogue de la poésie* ; au contraire, si on le compare à l'utile, le plaisir est une fin plus noble, car on le désire pour lui-même et c'est pour lui qu'on désire tout le reste. C'est pourquoi il ressemble par là tellement au bonheur qui est la fin de l'homme civil, que rien ne se peut trouver qui lui ressemble davantage ; de plus, il est ami de la vertu, car il magnifie la nature humaine, comme le dit Athénée ; aussi est-il fréquent que ceux qui aiment le plaisir acquièrent grandeur d'âme et éclat. Tandis que l'utile ne se recherche pas pour lui-même, mais pour autre chose : aussi constitue-t-il une fin moins noble que le plaisir et ressemble-t-il moins à ce qu'est la fin absolue. Si donc le poète, en tant que poète, se donne ce but, il ne s'égarera pas loin de la cible sur laquelle il doit concentrer toutes ses pensées, tel l'archer ses flèches ; mais en tant qu'il est homme civil et fait partie de la cité, ou du moins en tant que son art est subordonné à celui qui est le roi de tous les arts <comprendre ici encore : l'art politique>, il se propose d'instruire, ce qui est honnête plutôt qu'utile[70]. »

Tout en semblant admettre d'entrée de jeu que l'art politique est seul capable de déterminer ce qui serait utile ou nuisible dans le cadre du gouvernement d'une principauté (« aussi appartient-il à l'art politique de considérer quelle poésie doit être prohibée, et quel divertissement », écrit le poète), le Tasse introduit en réalité immédiatement, entre les logiques de l'art et celles des gouvernants, un niveau de rationalité intermédiaire. Ce niveau pourrait être décrit comme celui de la vie civile, où l'honnêteté, la vertu, le bonheur et le plaisir tant particulier que collectif (plutôt que l'intérêt personnel des plus puissants) sont définis comme les valeurs centrales. S'inspirant de manière lâche des considérations qu'Aristote consacre à ces notions dans l'*Éthique à Nicomaque*[71], le Tasse crée par là un espace où le poète — aussi

70. Tasso, Torquato, *Discours de l'art poétique, Discours du poème héroïque*, « Discours du poème héroïque », second discours, p. 148-149.

71. Aristote, *Éthique à Nicomaque*, en particulier le livre II (sur la vertu, 1103a-1109b) et le livre X (sur le plaisir et le bonheur, 1172a-1181b).

bien en que tant membre de la communauté civile qu'en tant qu'artisan compétent des plaisirs collectifs — peut légitimement se voir confier la tâche d'énoncer non seulement ce qu'est la vertu, mais encore ce qui convient le mieux à l'homme vivant en société et même ce qui est susceptible de rendre heureux tant un individu qu'un groupe. Cet espace symbolique recoupe par ailleurs pour partie le cadre éthique des cités-États, qui étaient structurées par des valeurs telles que la parité élitiste, le débat, l'agrément mutuel et l'idée d'autorégulation de la communauté oligarchique par elle-même.

Parce que le poète est déclaré capable de savoir ce qui, dans un poème, parviendra à plaire sans aller à l'encontre de la vertu ou du bien commun, il n'est pas seulement tenu pour apte à juger de la moralité de ses propres œuvres : il est consideré comme susceptible d'être plus généralement constitué en l'arbitre de l'honnêteté, qui est la vertu civile par excellence. Dans l'espace civil, ses œuvres sont alors décrites comme aidant à la régulation des mœurs sans autoritarisme, en instaurant avec celles et ceux à qui elles sont destinées non une relation de domination mais bien plutôt une interaction qui implique tout autant séduction que réciprocité — car là est le plaisir. Enfin, dans la vision du Tasse, une fois promu au rang de celui qui sait déterminer les contours du « plaisir honnête », le poète devient également l'incarnation des valeurs aristocratiques (ou oligarchiques) dont il est le produit, ainsi que l'un des biais par lequel ces valeurs sont mises en circulation dans l'espace civil. Car le plaisir, souligne le Tasse, « magnifie la nature humaine » et « ceux qui aiment le plaisir acquièrent grandeur d'âme et éclat ». Le plaisir est même défini comme plus « noble » que ce qui est utile car il est à lui-même sa propre fin. La capacité du poète à générer un « plaisir honnête » devient ainsi un marqueur de sa noblesse tout autant que l'expression privilégiée de son esprit civil, ses œuvres relayant implicitement les valeurs dont les élites italiennes se réclamaient toujours à l'âge des principats. Tout en soumettant formellement l'art du poète au « roi de tous les arts » (à savoir l'art politique), le Tasse fait donc en réalité du plaisir qui naît des poèmes héroïques et des divertissements de théâtre une activité qui non seulement s'autorégule mais encore invite la cité tout entière à l'autorégulation. Ainsi la poésie est-elle indirectement définie comme l'une des manières de publier et même de célébrer les valeurs des aristocraties urbaines.

On pensera peut-être que lire ces quelques réflexions du Tasse sur les rapports entre art poétique et art de gouverner en les rapportant à l'*ethos* politique complexe des élites dont il était lui-même issu force quelque peu le texte du *Discours du poème héroïque*. Pourtant, le long et très complexe dialogue que le Tasse consacra à la question du « plaisir honnête » suggère que cette notion d'honnêteté était bien pour lui une représentation centrale, autour de laquelle l'ensemble de sa compréhension des changements politiques qui affectaient les aristocraties de la péninsule s'est articulée. Le dialogue publié sous le titre d'*Il Nifo overo del piacer* permet aussi de comprendre quelles options alternatives le poète envisageait aux contraintes générées par les nouvelles sociétés de cour, structurées autour de la domination d'un seul. Dans une pareille configuration, la notion de « plaisir honnête » — dont l'art n'est qu'un élément parmi d'autres — permet en effet de délimiter un espace pour les échanges de la vie civile, la création de sociétés restreintes (académies, cercles, conversations, etc.) et même l'affirmation des individualités. À travers elle, nombre d'activités de la vie sociale — et de formes d'intervention dans celles-ci — peuvent alors être mises à l'abri des limitations qu'impose le service du prince.

Il Nifo overo del piacer est certainement la contribution la plus aboutie du Tasse sur la configuration politique à laquelle lui-même et ses contemporains sont confrontés. C'est aussi — et par voie de conséquence — l'un de ses écrits les plus dissimulés. Le dialogue pointe d'ailleurs d'entrée de jeu — en mode allégorique — ses propres stratégies de dissimulation. Sa toute première réplique est en effet une question d'Agostino Nifo à Cesare Gonzaga, où le philosophe interroge son interlocuteur sur ce qu'il cache sous sa cape tout en faisant en sorte que sa manœuvre de dissimulation soit immédiatement identifiable pour tous ceux qui l'approchent (« Che cosa nascondete sotto la cappa, signor Cesare, ma in modo che par che vogliate ch'altri s'accorga che voi la nascondiate ? », soit : « Que cachez-vous sous votre cape, seigneur César, mais d'une manière qui semble que vous vouliez qu'autrui se rende compte que vous la cachez[72] ? »). Or Cesare Gonzaga dissimule sous sa cape les deux discours qui deviennent ensuite le sujet de la conversation : son geste semble dès lors annoncer en mode allégorique les gestes de dissimulation en cascade dont le dialogue entier est émaillé. L'opacité du texte est accrue par le fait qu'il fit l'objet de trois réécritures différentes entre 1580 et 1588, ce qui le rend encore plus malcommode à interpréter. Le dialogue met en scène la discussion d'une question politique précise, celle de savoir si le prince de Salerne a bien agi quand il s'est rendu auprès de Charles V en 1547 pour lui exprimer le mécontentement de ses sujets devant le projet impérial d'introduire l'Inquisition à Naples. Dans la première partie du dialogue sont lues deux oraisons *pro et contra* que les deux plus proches conseillers du prince de Salerne, Vincenzo Martelli et Bernardo Tasso, ont tenues devant leur maître en cette occasion. Puis le philosophe Agostino Nifo débat avec un aristocrate d'origine mantouane, qui est à la fois un militaire et un homme de cour, Cesare Gonzaga. Ce personnage s'inspire lui aussi d'un personnage réel, puisqu'il représente César Ier de Gonzague, comte de Guastalla (1530-1575). Il s'agissait du fils du *condotierre* mantouan Ferrante de Gonzague, lui-même comte de Guastalla, et d'Isabelle de Capoue. Le Tasse, que ce prince protégea, lui dédia en 1580 son

72. TASSO, Torquato, *Il Nifo overo del piacer* dans *Dialoghi*, t. 1, p. 234.

dialogue *Il messagerio* et plaça un éloge appuyé de lui dans la bouche d'un des personnages de son dialogue sur la dignité (*Della dignità*, 1581)[73]. Riche et cultivé, César de Gonzague fut aussi un *accademico* engagé : il fut membre de l'académie des Nuits Vaticanes, à Rome, et fonda à Mantoue, en 1562, l'académie des Invaghiti, au sein de laquelle fut conçu l'*Orfeo* de Claudio Monteverdi et d'Alessandro Striggio, dont il sera longuement question plus loin.

Dans *Il Nifo overo del piacer*, Agostino Nifo et Cesare Gonzaga discutent d'abord de la valeur des deux discours qui ont été lus par Gonzaga et des idées qu'ils contiennent, avant de s'interroger plus généralement sur les rapports entre honneur, honnêteté et plaisir. *Il Nifo overo del piacer* a donné lieu à deux études fouillées divergentes mais complémentaires sur certains points. Dans la première, Carnes Lord propose une analyse détaillée des questions politiques débattues par les deux interlocuteurs, en soulignant qu'ils visent d'abord et avant tout à déterminer comment un homme cherchant l'honneur doit mener sa vie dans le cadre d'une cour[74]. La seconde étude, conduite par Virginia Cox, présente au contraire le texte comme une méditation sur la forme que prennent les arts du discours dans l'espace de la cour[75]. La brève lecture transversale proposée ici n'ambitionne rien d'aussi fouillé que ces études très approfondies. Elle ne cherche qu'à faire mieux ressortir quelques-unes des caractéristiques de la notion de « piacer onesto », telle qu'elle est discutée à la fin du dialogue. Il s'agit de préciser à la fois quels types de pratiques ce « plaisir » désignerait et quelles fonctions le Tasse leur attribue dans le cadre de la société de cour où ses personnages évoluent. Les enjeux politiques de cette notion, lorsqu'elle est déployée dans le *Discours du poème héroïque*, apparaîtront alors plus nettement par comparaison, permettant également d'éclairer par ricochet les théorisations de Giacomini sur la manière dont les plaisirs de la tragédie sont susceptibles de réguler la vie civile.

Il Nifo overo del piacer se déroule dans un jardin, sur les collines de Naples, soit dans un lieu à la fois beau, isolé et surplombant. Ce lieu est un lieu de retraite, hors de l'agitation de la ville et des ambitions de la cour, tout autant qu'un lieu de plaisir, où les agréments de la nature égalent les beautés de l'art[76]. Là, Gonzaga consent à

73. TASSO, Torquato, *Della dignità*, dans *Dialoghi*, t. 1, p. 443-505, p. 493, où se trouve mentionnée l'académie des Invaghiti, « di cui fu protettore il signore Cesare Gonzaga, principe d'alto ingegno e di maturo giudicio e di somma prudenza e di molta cognizione di lettere, amatore de' letterati e de' poeti grandissimo, a' quali porgeva non solo materia, ma commodità di scriver e di poetare ».

74. LORD, Carnes, « The Argument of Tasso's Nifo ».

75. COX, Virginia, « Rhetoric and Politics in Tasso's *Nifo* ».

76. TASSO, Torquato, *Il Nifo overo del piacer* dans *Dialoghi*, t. 1, p. 288, où Nifo décrit ce *locus amoenus* : « Agostino Nifo : Il mormorio di quella fontana risuona un non so che d'estiva e di canoro e fa così dolce concento con quel de le fronde de gli alberi e co'l canto de gli uccelli che ben si pare che la natura è miglior maestra de la musica che non è l'arte umana ; e oltre a ciò è così vago a riguardare che niuno altro obietto più grato può appresentarsi a la vista. »

lire les oraisons adressées au prince de Salerne, qu'il tenait jusque-là cachées sous sa cape. Dans la première, Vincenzo Martelli commence par mettre en avant ses origines florentines et ses convictions républicaines : il rappelle avoir quitté la ville lorsque la « tyrannie » des Médicis s'y est établie, tout soulignant qu'il aurait pu y faire fortune, s'il avait accepté d'obéir à un prince injuste. Le but de ce préambule semble être d'établir sa liberté de jugement, et son absence de servilité. Pourtant, dans la suite de son discours, Martelli donne à son prince des conseils dignes du plus intéressé des courtisans. Il lui conseille en particulier de ne pas aller parler à Charles V, en disant que la démarche ne lui sera d'aucun profit personnel. Il explique même que quoiqu'il n'y ait rien à ses yeux de plus grand que les devoirs d'un citoyen envers sa ville, le prince de Salerne — dès lors qu'il est un prince — n'a aucune obligation envers ses sujets : il n'aurait de devoirs qu'envers son propre maître, à savoir Charles V. Le discours par lequel Bernardo Tasso répondit à ces arguments est ensuite lu. Dans son oraison, le père du Tasse commence par railler le républicanisme affiché par Martelli, soulignant qu'il convient mal aux temps qui sont les leurs, « où les Caton d'Utique et les Marcus Claudius Marcellus naissent si rarement[77] ». Les conseils que Bernardo Tasso donne à son prince sont par ailleurs bien plus modérés que ceux de Martelli : il souligne en effet qu'en se refusant à l'ambassade dont le chargent les Napolitains, le prince de Salerne risquerait de s'aliéner tout autant Charles V que ses propres sujets. Il lui conseille plutôt d'être attentif, en cette occasion, à l'obligation qu'il a envers Charles V de maintenir la ville de Naples dans l'obéissance, tout autant qu'à la nécessité de montrer de la considération pour ses sujets, en acceptant de relayer les propos que ceux-ci lui demandent de transmettre à l'empereur.

Le discours de Bernardo Tasso emporte, pour l'essentiel, l'adhésion des deux intervenants du dialogue. Agostino Nifo souligne même, à la fin de leur discussion, que seul ce discours est digne des « cités bien instituées », précisant qu'il souhaite que « les cavaliers napolitains ne manquent jamais de tels orateurs ni d'oraisons faites sur ce modèle, lesquelles les persuadent de bien agir et le convainquent du plaisir et de la gloire qui d'ordinaire en découlent[78] ». L'expression de cette

77. L'ironie de Bernardo Tasso est sur ce point cinglante : « Ma non posso senza menzione trapassare l'alterezza del Martello, forse non molto disdicevole a gentiluomo nato in libertà, ma poco convenevole a questi tempi, ne' quali i Catoni e i Marcelli ci nascon così di rado » (Tasso, Torquato, *Il Nifo overo del piacer* dans *Dialoghi*, t. 1, p. 246). Marcus Claudius Marcellus, consul en -51 av. J.-C., fut questeur urbain pour l'année 64 av. J.-C., charge qu'il partagea avec Caton d'Utique.

78. Tasso, Torquato, *Il Nifo overo del piacer* dans *Dialoghi*, t. 1, p. 303 : « Ma certo l'orazion del Tasso mi pare che volentieri debba esser letta e ascoltata ne le città bene instituite ; e s'alcun oratore verrà giamai, il quale, facendo questa mescolanza, tragga dal fonte del sapere la prima e la maggior parte, assai dovrà essere prezzato e piaccia a Dio ch'a' cavalieri napolitani non manchino oratori e orazioni sì fatte, i quali lor persuadono a le buone operazioni e a quel piacere che da esse e da la gloria suol derivare. »

préférence indique clairement que les deux interlocuteurs d'*Il Nifo overo del piacer* ont pour l'essentiel abandonné le modèle politique des cités-États : par leur rejet de la posture de Martelli — qui représente un républicanisme attardé, désenchanté et cynique — ils pointent même l'incapacité du système républicain à assurer un gouvernement stable et bien ordonné. À ce modèle, que les erreurs de stratégie et les maladresses oratoires de Martelli dépeignent indirectement comme aussi inadapté qu'inopérant et trompeur, ils opposent la principauté respectueuse de sa noblesse (c'est-à-dire, en l'espèce, de ses « cavaliers napolitains »), soit un pouvoir autoritaire limité dans ses actions par ce qu'il doit à ses sujets les mieux nés. Or, cette adhésion au modèle d'une principauté tempérée par le respect de sa noblesse était susceptible de séduire tout autant les lecteurs du dialogue que les personnages qu'il met en scène : elle représentait en effet un rêve auquel, devant le renforcement des principats, une grande partie des élites patriciennes de la péninsule pouvait s'identifier. Il était en particulier possible d'y associer certaines des valeurs des cités-États, telles que la vertu et « l'honnêteté », comme le suggèrent les conseils que Bernardo Tasso donne au prince de Salerne, lorsqu'il lui recommande d'agir avec droiture envers celui dont il dépend, comme envers ceux qui dépendent de lui.

Cependant, ce modèle politique de la principauté tempérée n'est peut-être pas celui que le Tasse — au travers des personnages qu'il met en scène — était le plus soucieux de promouvoir. Car si les intervenants du dialogue paraissent approuver ce type de régime, ils ne le font en réalité que dans la distance, tant physique qu'intellectuelle. C'est ainsi par exemple que, depuis le lieu de retrait(e) que les deux personnages ont choisi pour échanger secrets et réflexions hétérodoxes, Nifo s'autorise à conduire une investigation audacieuse sur la question de la loi naturelle, soulignant que si une loi civile y contrevient, elle sera à bon droit appelée injuste. Il affirme même dans la foulée que l'on peut — et même doit — désobéir aux lois civiles si elles sont injustes, trouvant toujours sur ces questions l'approbation de Gonzaga[79]. On comprend dès lors mieux la fonction première de l'espace extra-curial que le jardin délimite. Il permet la création d'un lieu de discussion où les structures de pouvoir au sein desquelles Gonzaga et Nifo, en tant que courtisans, évoluent au quotidien (à savoir la cour de Naples) peuvent être radicalement questionnées, dans l'intimité d'une conversation qui ne sera entendue de personne — sauf des lecteurs que la circulation du dialogue fait entrer dans les secrets des personnages qui s'y trouvent représentés. Pareille mise en scène suggère qu'une principauté

79. Tasso, Torquato, *Il Nifo overo del piacer* dans *Dialoghi*, t. 1, p. 270 : « Agostino Nifo : E s'alcuna legge non sarà conforme a la giustizia naturale, non sarà giusta, né sarà veramente legge, benché sia così chiamata, ma un ordine o un decreto più tosto. Cesare Gonzaga : Vero dite, per quel ch'ora a me ne paia. Agostino Nifo : Dunque alcuno, seconda questi decreti commandando, commanderà ingiustamente; e s'alcuno gli ubbedirà, ingiustamente gli ubbedirà. Cesare Gonzaga : Questa conchiusione par che si tragga da le cose dette. »

respectueuse des prérogatives de sa noblesse serait avant tout, aux yeux du Tasse, une principauté qui accorde à son patriciat la liberté de faire exister de tels lieux, en marge des dynamiques curiales.

Or ces lieux secrets sont aussi des lieux de plaisir, tout autant que des lieux où le plaisir peut, lui aussi, devenir un objet de libre investigation. Quoique la question du plaisir ne soit directement débattue que dans la toute dernière partie du dialogue[80], les diverses formes que celui-ci peut prendre — au niveau individuel, dans la vie domestique ou au sein de la vie civile — sont constamment évoquées, à travers l'ensemble de la discussion, où est élaborée par petites touches l'opposition entre plaisir des sens et plaisirs intellectuels. D'entrée de jeu, Gonzaga est par exemple dépeint comme hésitant entre les plaisirs solitaires d'une promenade au bord de la plage et ceux de la conversation avec un lettré — en l'occurrence Nifo — en quelque lieu retiré[81]. Nifo semble ensuite soucieux d'orienter toujours plus son interlocuteur vers les plaisirs de l'esprit, tels qu'ils s'expérimentent au sein d'un groupe restreint. Le plaisir de prendre connaissance ensemble des oraisons de Martelli et du Tasse, et de les discuter dans un lieu isolé, est également souligné à plusieurs reprises par Nifo[82], tandis que Cesare Gonzaga dit l'agrément qu'il a de comprendre les relations entre l'agréable (« piacevole »), l'honnête (« onesto ») et l'honorable (« orrevole ») dans un lieu plaisant[83]. Ces plaisirs de l'intellect ne sont pas seulement présentés comme supérieurs à ceux des sens[84]. Ils sont aussi désignés comme plus honnêtes — c'est-à-dire tout autant comme plus vertueux sur le plan individuel que comme plus respectueux, sur le plan civil, des nécessités de la vie en commun — que ceux qu'un homme de cour pourrait trouver à la poursuite de l'honorabilité. L'une des visées centrales de la discussion est en effet de distinguer l'honnête de l'honorable. Nifo s'efforce ainsi à plusieurs reprises de détacher Gonzaga des ambitions de courtisan dont il est animé, en lui signalant que

80. TASSO, Torquato, *Il Nifo overo del piacer* dans *Dialoghi*, t. 1, p. 289-303.

81. TASSO, Torquato, *Il Nifo overo del piacer* dans *Dialoghi*, t.1, p. 236-237.

82. TASSO, Torquato, *Il Nifo overo del piacer* dans *Dialoghi*, t.1, p. 244 (« Agostino Nifo : Ho udita con molto mio diletto l'orazion del Martello. Ora aspetto d'udir la risposta del Tasso, e parlerem poi de la ragione de le cose [...] ») et p. 254 (« Agostino Nifo : L'eloquenza del Tasso m'ha così rapito che, mentre avete letto, m'è paruto di vederlo e d'esser tra quelli auditori il favor de' quali egli mostrava desiderare; e niun n'udii giamai il qual movesse con maggior diletto; e se 'l suo signore non difficilmente è persuaso co'l piacere, niuna arte più acconcia a persuadere poteva essere usata dal Tasso. Ma non m'ha dilettato e commosso egualmente l'orazion del Martello, o perch'egli vi ponesse minore studio, o perché l'animo mio fosse più inclinato al Tasso e a la causa ch'egli difende »).

83. TASSO, Torquato, *Il Nifo overo del piacer* dans *Dialoghi*, t. 1, p. 287 : « Cesare Gonzaga : [...] E l'intendere è con mio grandissimo piacere : e questo diletto da molti altri è accompagnato, da quelli, dico, che ha seco il luogo stesso, il quale è molto piacevole e c'invita a seguire il ragionamento. »

84. TASSO, Torquato, *Il Nifo overo del piacer* dans *Dialoghi*, t.1, p. 299 : « Agostino Nifo : Ma quale stimate più perfetto piacere, quello che fa perfette l'operazioni de l'intelletto o pur quello che rende perfette l'operazioni del senso ? Cesare Gonzaga : Senza alcun dubbio il primo. »

l'honorable n'est pas toujours honnête[85]. Dans le cours de leurs échanges, l'honnêteté est peu à peu caractérisée comme une préoccupation vertueuse d'un individu pour le bien-être de la communauté civile, tout autant que pour son équilibre moral propre, tandis que la recherche de l'honorabilité est décrite comme trahissant, chez ceux qui s'y adonnent, la quête d'une vaine gloire, et la poursuite de leurs seuls intérêts particuliers.

Le jardin et ses conversations agréables (« piacevole ») sur des sujets qu'il est bon de ne pas aborder dans les lieux où s'exerce directement l'autorité du prince délimitent ainsi le lieu d'une liberté contrainte — celle de parler de loin et obliquement, en questionnant les dynamiques de pouvoir existantes sans les remettre en cause frontalement. Les honnêtes plaisirs du retrait, de la contemplation et du débat deviennent ainsi ce par quoi les membres du patriciat et les lettrés qu'ils fréquentent peuvent affirmer leurs valeurs dans un espace protégé, sans offenser leur prince ou trop risquer de compromettre leur position à sa cour. Leurs libertés en matière intellectuelle, esthétique, morale mais aussi politique et même religieuse, se trouvent ainsi préservées malgré les contraintes que les pouvoirs renforcés des principats font peser sur eux. Les discussions d'*Il Nifo overo del piacer* couvrent en effet la plupart de ces champs, y compris celui de la religion, au travers de la question de l'hérésie[86]. L'art seul ne s'y trouve guère abordé de manière directe, mais les considérations du *Discours du poème héroïque* témoignent sans équivoque de ce que le Tasse plaçait ses productions et l'évaluation de celles-ci au cœur de l'économie civile du « plaisir honnête ». Cet espace protégé paraît même parfois figurer en miniature celui d'une de ces réunions académiques dont Gonzaga avait une grande habitude : comme une séance académique, le dialogue est en effet centré sur la discussion d'une paire de discours *pro et contra*, qui invitent à la formulation d'évaluations, de jugements et de questionnements.

Mais, malgré les apparences, cet espace protégé n'est pas, dans *Il Nifo overo del piacer*, un espace clos. Ce lieu est au contraire traversé de circulations, que ce soit dans les usages que présuppose pour lui-même le dialogue entre Nifo et Gonzaga, tel qu'il est dépeint par le Tasse, ou en raison des destinations que l'auteur d'*Il Nifo*

85. Tasso, Torquato, *Il Nifo overo del piacer* dans *Dialoghi*, t. 1, p. 263-264 : « Agostino Nifo : A mio giudizio la virtù non segue l'onore come sua fine ; ma, seguita da lui, no 'l ricusa, anzi gli piace d'esser seguita : laonde l'orrevole è piacevole. Cesare Gonzaga : Niun maggior piacere stimo che possano sentir gli animi nobili che quello de l'esser onorato. Agostino Nifo : L'opinion dunque del Tasso in questa parte non è forse lontana da quella del Martello ; ma non istimando egli le stesse cose orrevoli, non de<v>e stimarle piacevoli. Ma lasciando ora ciò da canto e ricercando de l'onesto, credete ch'una cosa che sia onesta per sé possa divenire non onesta ? Cesare Gonzaga : Non istimo possibile che l'onesto possa divenir non onesto. Agostino Nifo : Onesta nondimeno è la cura de le cose famigliari, né sarebbe però onesto che l'uom per essa abbandonasse il governo de le cose publiche. »

86. Tasso, Torquato, *Il Nifo overo del piacer* dans *Dialoghi*, t. 1, p. 279 et suivantes.

overo del piacer postule implicitement pour le texte de son dialogue. Car, tout comme Nifo s'efforce d'influer sur les représentations et la conduite de Gonzaga et de ses semblables, le Tasse tentait lui-même, par la circulation d'une telle œuvre, de participer à la redéfinition tout autant qu'à la régulation de l'espace civil dont il se pensait un acteur, à partir des principes qu'il posait, dans le texte, comme devant être ceux de ses concitoyens et lecteurs les mieux nés. Les « cavaliers napolitains » (ou autres) qui liraient *Il Nifo overo del piacer* — de même que les lettrés que ces aristocrates seraient susceptibles de fréquenter — étaient en effet constamment invités, par la structure même du texte, à entrer dans le miroir que leur tendait le dialogue, en imitant ses protagonistes dans leur recherche de toutes les composantes d'un honnête plaisir.

Ce « plaisir honnête » que le Tasse construit en principe de régulation de l'espace civil par les patriciats locaux — sans que l'autorité des principautés ne s'en trouve directement remise en cause — rappelle ainsi beaucoup, dans les effets qui en sont attendus, l'impact que Lorenzo Giacomini attribuait à la *catharsis* tragique dans son discours sur la purgation des passions. Celle-ci est en effet décrite par le Mesto à la fois comme un plaisir qui incarne l'honnêteté — tant morale que civile — et comme un processus qui contribue à en répandre les valeurs et les pratiques. La *catharsis* devient alors une manière de réguler la vie civile depuis un lieu qui est situé à l'écart de l'action politique, sans empiéter néanmoins sur les prérogatives des gouvernants. Les fonctions attribuées au dialogue et à la tragédie dans les textes du Tasse et de Lorenzo Giacomini qui viennent d'être examinés peuvent enfin être profitablement rapprochées de celles qui sont assignées à l'activité académique elle-même, dans une académie telle que celle des Alterati[87].

Cercle fermé où les débats sont conduits à l'abri de toute intervention politique directe, l'académie redéploye certaines des pratiques qui caractérisaient la vie civile sous la République (élections, débats, processus d'évaluation, etc.) afin d'en être à la fois le conservatoire, une forme de modélisation et le lieu de leur critique distanciée. Espace de retraite consacré aux plaisirs de l'intellect (mais n'excluant jamais ceux des sens), l'académie transfère dans le champ de l'art et des savoirs les conversations et interactions jadis publiques qui, dans le cadre de l'oligarchie défunte, se focalisaient sur la détermination du bien commun. Mais, en dépit de ce déplacement, l'institution continue d'être définie par ses membres comme œuvrant — quoique avec discrétion — tant à la perpétuation des idéaux de la vie civile qu'à la stabilité des valeurs morales de la République disparue. Les Alterati persistent en effet, au travers de leurs pratiques académiques, à se réclamer de ces valeurs, non seulement en les incarnant, au travers de leurs structures institutionnelles comme

87. Sur ces fonctions, voir *supra*, ch. 2, p. 175-182 et ch. 4, p. 422-431.

de leurs activités collectives, mais encore en les mettant en circulation et même en débat dans l'espace social, par le biais de leurs productions textuelles. En cela, l'académie peut s'envisager comme un espace circonscrit où un groupe restreint — jouissant d'une liberté entravée mais réelle — cultive ce que le Tasse désigne comme un « plaisir honnête », avec pour but à la fois d'en jouir dans le cadre de l'institution ainsi créée et d'en faire bénéficier, par extension, la communauté civile tout entière. Reste néanmoins à mieux comprendre quels plaisirs sont admis au sein de l'académie, et lesquels sont exclus, ainsi que comment et par qui la distinction est établie.

Une comparaison entre le « plaisir honnête » mis en avant par le Tasse dans ses écrits et le « plaisir louable » (*lodevole diletto*) qui est le plus souvent revendiqué au sien des Alterati peut permettre d'esquisser une réponse à ces questions. Lorsque — vers 1618 — Giovan Battista Strozzi chercha à caractériser l'académie des Alterati pour don Giovanni de Médicis, dont il espérait qu'il écrirait une histoire de l'institution, il n'employa en effet pas les termes de « plaisir honnête » mais plutôt l'expression de « plaisir louable », qui a déjà été discutée à plusieurs reprises dans ce livre[88]. Au premier abord, l'inflexion peut sembler peu significative — et, de fait, la proximité des termes souligne peut-être avant tout, une fois encore, l'étroite connivence entre les Alterati et le Tasse, pour ce qui est de leurs représentations de la place des activités littéraires et savantes dans le champ social. Mais la distinction entre l'« honnête » et l'« honorable », telle qu'elle est élaborée par le Tasse dans *Il Nifo overo del piacer*, suggère néanmoins que la nuance entre l'« honnête » et le « louable » pourrait être plus importante qu'il n'y paraît.

Un retour sur la définition que Giovan Battista Strozzi proposait à Giovanni de Médicis permet de mesurer le décalage. Dans les notes actuellement préservées au sein du codex BNCF Magl. IX 124, le Tenero explique en effet qu'il a « associé <le mot de "plaisir"> au mot "louable" pour le distinguer <ce plaisir> des plaisirs ennemis de la vertu, laquelle, se délectant du bien agir et s'élevant toujours plus haut par la contemplation, méprise les plaisirs sensuels — ou seulement quand les mépriser est nécessaire[89] ». L'académicien entend par là établir le « plaisir louable » comme un plaisir principalement orienté vers la vertu, quoique n'écartant pas toujours les plaisirs des sens, qui semblent en réalité être admis tant que la réputation des

88. Voir *supra*, ch. 1, p. 71-78 et ch. 4, p. 422-431.

89. BNCF Magl. IX 124, fol. 78^{v} : « Non senza lodevole diletto : Ecco lo stimolo, ecco l'incitatione che ha possanza di movere ogn'uno ad operare. A lui attribuirono tanto alcuni, che affirmarono in lui consister la stessa felicità. E veramente egli è un suo conseguente, e una proprietà che mai non si disgiunge da lei. Noi l'habbiamo congiunto con lodevole per distinguerlo da placeri inimici di virtù, la quale del ben operar dilettandosi e con la contemplatione più in alto surgendo i sensuali diletti disprezza, o solamente quant'è di necessità se ne vale. Nelle Accademie l'insegnar, l'imparare, il sentirsi liberar da ignoranza, il vedere che nelle scienze s'acquista, e che ne risulta gran lode, è dilettevole sì non niente più. »

académiciens ne s'en trouve pas menacée. Mais l'ultime clause de la définition que propose Giovan Battista Strozzi signale assez clairement que la recherche de la gloire tient aussi une grande place dans les activités de l'académie : « Dans les académies, l'enseignement, le fait d'apprendre, celui de se sentir libéré de l'ignorance, la vision qui s'acquiert dans les sciences — dont naissent de grands éloges — sont source de plaisir, s'ils n'apportent rien de plus. » Dans la vision développée par le Tenero, l'apprentissage des sciences et de la rhétorique peut fort bien n'être qu'un plaisir pris en cercle fermé. Cependant lui-même indique en attendre autre chose encore, à savoir des « grands éloges » (« gran lode ») et même la construction d'une renommée publique. La formulation concessive (« [...] è dilettevole si non niente piu ») fait même du plaisir l'attente minimale de l'activité académique, en suggérant que la gloire serait son but. Autrement dit, Giovan Battista Strozzi ne distingue pas, dans les activités de l'académie, le « plaisir honnête » du « plaisir honorable » rassemblant les deux sous le nom « plaisir louable » — et incluant tacitement dans ce dernier les plaisirs des sens, qui ne sont à mépriser que quand la nécessité s'en fait sentir, soit sans doute principalement quand le *decorum* le demande. N'ayant pas pour ceux qui recherchent l'honneur dans la vie publique ou auprès des princes la même méfiance que le Tasse attribuait au personnage de Nifo dans *Il Nifo overo del piacer*, le Tenero envisage au contraire de faire servir les honnêtes plaisirs de la vie académique à la conquête de l'estime publique — et même de la faveur, ou des charges. On comprend dès lors qu'aucun plaisir — aussi sensuel soit-il — ne serait *a priori* exclu des activités des Alterati, à moins qu'il ne soit susceptible de nuire à leur gloire, tant individuelle que collective, lorsque le bruit (potentiellement scandaleux) s'en répandrait. Il apparaît aussi par là, que, au moins dans l'esprit de Giovan Battista Strozzi, les principales tâches du régent étaient de veiller non seulement à l'augmentation de la gloire intellectuelle et sociale de l'académie, mais encore à la préservation de sa réputation, en incitant les académiciens à restreindre leurs plaisirs possiblement inconvenants — ou du moins à ne s'y livrer que dans la discrétion, voire le secret — pour ne pas nuire à la stature publique de l'institution.

On mesure ici tout ce qui sépare, sur le plan des stratégies sociales, les Alterati du Tasse, qu'ils admiraient tant. À partir de 1575-1576, la trajectoire du Tasse ne fut plus celle d'un courtisan dont la faveur ne cessait de croître : son irritabilité et ses excentricités le firent successivement mettre au ban de plusieurs cours italiennes. Le plus souvent, il ne s'attarda plus auprès de chacune d'elle que quelques semaines ou quelques mois, n'y ayant au demeurant été accueilli que parce que le prince avait espéré tirer profit, en termes de réputation, de la protection qu'il accorderait au plus célèbre poète d'Italie. Les Alterati mirent pour la plupart bien plus de temps à intégrer l'orbite de la cour médicéenne — et/ou à faire leur chemin ailleurs (comme à Rome, dans le cas du Tenero) —, principalement en raison de la méfiance que les nouveaux maîtres de Florence nourrissaient à l'égard de leurs familles. Mais ils recherchèrent cette intégration assidûment, bien qu'avec une forme de discrétion, et finirent par être acceptés au sein de la cour médicéenne — qui pensionna par exemple Giovan Battista Strozzi dans son âge mûr. Ils se virent même par la suite, au moins pour certains d'entre eux, confier des charges prestigieuses au sein de celle-ci, ou dans l'Église toscane[90].

Cette honorabilité acquise après tant d'efforts était même chez eux un objet de fierté. C'est du moins ce que laisse penser l'un des documents conservés dans le volume des archives de l'académie dont la fonction mémorielle est la plus nette, soit le BNCF Magl. IX 124. Ce document fut préparé dans les ultimes années de la vie de l'académie — en tout état de cause après 1612, en raison des informations biographiques qu'il contient — afin d'aider à la préservation des principaux faits concernant ses membres les plus marquants. Il énumère les académiciens les plus actifs, en décrivant leur devise académique. Mais l'auteur de cette nomenclature est également attentif à préciser les charges ou honneurs que, le cas échéant, les académiciens cités ont récemment obtenus ou détiennent au moment où il écrit. Il mentionne ainsi « Il signor Francesco Bonciani hoggi arcivescovo di Pisa » (« Le seigneur Francesco Bonciani, aujourd'hui archevêque de Pise ») et « Il signor Alessandro Rinuccini hoggi depositario generale del gran duca » (« Le seigneur Alessandro Rinuccini aujourd'hui dépositaire général du grand-duc »[91]). L'ajout de telles mentions dans cette nomenclature suggère que les membres des Alterati s'enorgueillissaient de l'ascension de certains de leurs membres à la faveur du prince, au point de désirer que la mémoire de leurs titres et fonctions soit soigneusement préservée. Autrement dit, les Alterati ne cultivèrent pas seulement l'isolement, le secret et les plaisirs (honnêtes et moins honnêtes) que la vie civile était susceptible de leur apporter. Ils cherchèrent aussi, et même en parallèle, à se forger un chemin vers plus d'honorabilité. La question qui se pose alors est celle de savoir comment l'ambivalence qui était la leur sur le plan politique (c'est-à-dire leur oscillation continuelle entre isolement et intégration) comme sur le plan moral (telle qu'elle apparaît dans leur attitude envers le plaisir) contribua à la formulation de leurs conceptions sur la place et la fonction des pratiques artistiques dans la vie civile. L'analyse de la manière dont certains d'entre eux s'engagèrent dans la production de l'*Euridice* monté à la cour médicéenne en 1600, tout autant que le déchiffrement de l'allégorie complexe autour de laquelle ce divertissement s'organisait, permet d'envisager comment, en termes esthétiques, « plaisir honnête » et « plaisir louable » étaient susceptibles d'être articulés.

90. Pour l'analyse de cette intégration sociale progressive, voir *supra*, ch. 2, p. 193-205.
91. BNCF Magl. IX 124, fol. 1.

3. Art, transcendance et pouvoir dans l'*Euridice* (1600)

Dans la soirée du 6 octobre 1600, au cours des célébrations du mariage *in absentia* de Marie de Médicis et d'Henri IV — qui durèrent plus d'une semaine[92] — un divertissement d'un type alors nouveau est donné au Palais Pitti. Ce spectacle, en lequel nombre de musicologues voient l'une des origines de l'opéra moderne[93], était un texte poétique mis en musique et occasionnellement accompagné de danses, qui mettait en scène le mythe d'Orphée et d'Eurydice en lui donnant ostensiblement une fin heureuse. Le divertissement, dont une première représentation avait été donnée le 28 mai précédent dans l'appartement qu'occupait au Palais Pitti Flavia Peretti Orsini, duchesse de Bracciano[94], fut représenté le 6 octobre dans l'un des salons de don Antonio de Médicis (1576-1621), devant un petit groupe d'invités, comprenant des courtisans de haut rang et plusieurs des représentants étrangers à la cour de Ferdinand de Médicis. Le poète Ottavio Rinuccini avait écrit le livret du spectacle et le chanteur et musicien Jacopo Peri l'avait, pour l'essentiel, mis en musique. Mais les deux hommes avaient aussi travaillé en étroite collaboration avec Jacopo Corsi (1561-1602), un riche marchand et banquier florentin qui avait patronné leurs innovations musicales depuis plusieurs années déjà, notamment à l'occasion de la création d'une *Dafne* donnée chez lui durant le carnaval de 1598[95]. Corsi avait partiellement financé et, pour une large part, organisé la représentation

92. Claude PALISCA décrivit pour la première fois les conditions de la représentation de l'œuvre dans le cadre de ces divertissements de cour dans « The First Performance of *Euridice* », dans MELL, Albert (dir.), *Twenty-fifth anniversary festschrift*, New York, Queens College Press, 1964, p. 1-24 (p. 1-3), repris dans PALISCA, Claude, *Studies in the History of Italian Music and Music Theory*, Oxford, Clarendon Press, 1994, p. 432-451.

93. Ainsi GROUT, Donald Jay et WEIGEL WILLIAMS, Hermine, *A Short History of Opera*, 4e édition révisée et augmentée, New York, Columbia University Press, 2003 (le texte de Donald Jay GROUT est paru pour la 1ère fois en 1947), ch. 3 : « The Immediate Forerunners of Opera », p. 21-38 et DECROISETTE, Françoise ; GRAZIANI, Françoise, et HEUILLON, Joël (dir.), *La Naissance de l'opéra : Euridice, 1600–2000*, Paris, L'Harmattan, 2001.

94. La représentation chez les Orsini est documentée par Anna Maria TESTAVERDE dans « Nuovi documenti sulle scenografie di Ludovico Cigoli per l'*Euridice* di Ottavio Rinuccini », *Medioevo e Rinascimento*, 17/n.s. 14, 2003, p. 307-321 (p. 310-311). Le document en question, une brève note datant du 9 juin 1600 (ASFi Guardaroba medicea 1152, fol. 148), est également discuté dans CARTER, Tim et GOLDTHWAITE, Richard A., *Orpheus in the Marketplace : Jacopo Peri and the Economy of Late Renaissance Florence*, Cambridge, Harvard University Press, 2013, p. 113.

95. Sur Jacopo Corsi, voir CARTER, Tim, « Music and Patronage in Late Sixteenth-Century Florence : The Case of Jacopo Corsi (1561-1602) », *I Tatti Studies in the Renaissance*, 1985,1, p. 57-104, repris dans CARTER, Tim, *Music, Patronage and Printing in Late Renaissance Florence*, Aldershot, Ashgate, 2000, VIIe partie. Sur la *Dafne*, voir notamment PORTER, William V., « Peri and Corsi's *Dafne* : Some New Discoveries and Observations », *Journal of the American Musicological Society*, 1965, 18, p. 170-196 et, plus récemment, FANTAPPIÉ, Francesca, « Una primizia rinucciniana : la *Dafne* prima della 'miglior forma' », *Il Saggiatore musicale*, 24e année, 2017/2, p. 189-228, ainsi que ORIGGI, Alessandra, « The Metamorphoses of Dafne (and Apollo) : The Birth of Opera at the Crossroads of Genres », dans la revue électronique *Horizonte, nuova serie*, 2017/2, http://hdl.handle.net/21.11108/0000-0007-C2D6-C.

d'octobre 1600, tout en travaillant ponctuellement à la musique du divertissement. Il afficha même publiquement son patronage de l'œuvre le jour de la représentation officielle, en jouant du clavecin avec les musiciens durant l'ensemble du spectacle. Cependant, Peri, Rinuccini et Corsi n'étaient pas seulement liés par des liens d'amitié et de protection. Ils avaient aussi en commun d'être plus ou moins étroitement associés avec l'académie des Alterati[96].

3.1. Dedans/dehors : les Alterati et la production d'un divertissement curial

Les liens de Peri, Rinuccini et Corsi avec les Alterati ne furent pas toujours fortement institutionnalisés, mais l'académie semble néanmoins avoir joué un rôle important dans leurs interactions, tandis que le divertissement produit fait écho à certains des débats théoriques qui agitèrent l'institution pendant des décennies. Bien que Claude Palisca et Gaspare de Caro aient souligné le rôle joué par les Alterati dans la théorisation de la musique et le développement de l'opéra à Florence à la fin du XVIe siècle[97], la présence de proximités thématiques significatives entre l'action de l'*Euridice* et les activités et discours des Alterati était restée jusqu'ici largement inaperçue des spécialistes de musique baroque, probablement avant tout parce que les archives de cette académie n'avaient pas fait l'objet d'un dépouillement approfondi. C'est donc à la mise en lumière de ces liens tant institutionnels que thématiques que s'attachent principalement les pages qui suivent. J'y poursuis en particulier le travail de Claude Palisca, qui suggérait déjà que le cercle de Jacopo Corsi devait être considéré comme distinct — sinon même comme rival — de celui de la Camerata de' Bardi (elle-même bien difficile à documenter en l'absence de sources archivistiques) et pointait avec insistance l'importance du travail théorique des Alterati[98]. Pour mieux comprendre les formes que prirent l'engagement des Alterati dans l'*Euridice*,

96. Les analyses qui suivent développent, complètent et, à l'occasion, rectifient une analyse précédemment parue en langue anglaise : BLOCKER, Déborah, « The *Accademia degli Alterati* and the Invention of a New Form of Dramatic Experience : Myth, Allegory and Theory in Jacopo Peri's and Ottavio Rinuccini's *Euridice* (1600) », dans GVOZDEVA, Katja ; OSPOVAT, Kirill et KORNEEVA, Tatiana (dir.), *Dramatic Experience : Poetics of Drama and the Public Sphere(s) in Early Modern Europe*, Leyde, Brill, 2016, ch. 3, p. 77-117.

97. Voir PALISCA, Claude V., « The Alterati of Florence, Pioneers in the Theory of Dramatic Music » (1968), dans *Studies in the History of Italian Music and Music Theory*, Oxford, Clarendon Press, 1994, p. 408-443 et « Gli Alterati di Firenze e gli albori del melodramma », dans ANNIBALDI, Claudio (dir.), *La musica e il mondo. Mecenatismo e committenza musicale in Italia tra Quattro e Settecento*, Bologne, Il Mulino, 1993, p. 171-193, ainsi que DE CARO, Gaspare, *Euridice. Momenti dell'umanesimo civile fiorentino*, Bologne, Ut Orpheus, 2006, où De Caro suggère pour la première fois que les Alterati furent collectivement engagés dans la production d'*Euridice*.

98. PALISCA, Claude V., « The Alterati of Florence, Pioneers in the Theory of Dramatic Music », p. 409-410 notamment.

il convient d'abord de documenter avec précision les liens que les principaux individus qui y travaillèrent entretinrent avec cette académie.

Issu d'une ancienne famille patricienne, Ottavio Rinuccini (1563-1621) était poète. Il fut le librettiste de l'opéra monté en 1600, et était, des trois principaux créateurs de l'*Euridice*, celui qui fut le plus étroitement engagé, au tournant des XVIe et XVIIe siècles, dans les activités des Alterati. Il fut formellement admis dans l'institution le 3 septembre 1586, à la suite de son frère Alessandro qui en était membre depuis 1573[99]. Les *atti* de l'académie montrent par ailleurs qu'il fut assidûment présent aux réunions de l'institution à la fin des années 1580 et durant toute la décennie suivante, sous le pseudonyme du Sonnacchioso (le Somnolant). Après la mise en scène de l'*Euridice* et le mariage de Marie de Médicis, il suivit la nouvelle reine en France, mais n'y demeura pas et, à son retour, il continua de participer de manière régulière aux assemblées de l'académie, en 1603 et 1604[100].

La luxueuse édition posthume de ses *Poesie*, préparée en 1621 par son fils Pier Francesco Rinuccini, reconnaît publiquement la dette du poète envers l'académie par une lettre aux Alterati publiée à l'ouverture du livre[101]. Le fils du poète y déclare qu'en raison tant des talents que de la célébrité de son père (« la felicità del suo ingegno »), il n'a pas demandé aux Alterati l'autorisation préalable de publier les poèmes de celui-ci. Pier Francesco faisait par là indirectement référence à la règle qui avait cours parmi les Alterati pour la publication des travaux de leurs membres. Les statuts de l'académie demandaient en effet qu'aucun texte d'un académicien ne soit publié avec la mention de son statut d'*accademico* sans l'autorisation expresse de l'institution[102]. Tout en enfreignant la règle, Pier Francesco soulignait par cette mention que ni son père ni lui-même ne la méconnaissait. Le fils du poète

99. Sur les frères Rinuccini, voir aussi *supra*, ch. 2, p. 202-204.

100. Les premières années qu'Ottavio Rinuccini passa au sein de l'académie (1587-1590) sont documentées en BMLF Ashburnham 558.2, fol. 60^v, 65^v, 73, 74^r, 76^r, 78, 79^v, 81^r et 85^r. Il fut admis parmi les Alterati à vingt-quatre ans, étant déjà membre de l'Académie Florentine depuis 1581. Durant la période qui précéda immédiatement la production d'*Euridice*, il apparaît dans le *diario* sous le pseudonyme d'il Sonnacchioso (BMLF Ashburnham 558.2, fol. 102^v, 103^v, 105, 108^r). La dernière mention d'Ottavio Rinuccini dans les *atti* durant cette seconde période signale qu'il a assisté au conseil général du 3 août 1600, deux mois avant la production d'*Euridice*. À son retour de France, il retrouva immédiatement sa place parmi les Alterati : lors du conseil général du 31 août 1603, il est de nouveau noté présent sous le nom du Sonnacchioso (BMLF Ashburnham 558.2, fol. 121^r). La dernière mention de lui dans les *atti* (qui ont été conservés jusqu'au début de 1606 seulement) date du 20 décembre 1604, lors d'une leçon sur les sujets qui seraient convenables pour la tragédie et à l'épopée selon la *Poétique* d'Aristote (BMLF Ashburnham 558.2, fol. 127^v). Sur Rinuccini et les Alterati, voir aussi TOMLINSON, Gary, « Ottavio Rinuccini and the Favola Affettuosa », *Comitatus : A Journal of Medieval and Renaissance Studies*, 1975, 6/1, p. 2-27 (p. 3).

101. RINUCCINI, Ottavio, *Poesie alla maestà cristianissima di Luigi XIII, re di Francia, e di Navarra*, Florence, Giunti, 1622, « Ai signori accademici Alterati », sans pagination.

102. Les statuts de l'académie expriment clairement cette exigence, voir BNCF Magl. IX 134, fol. 15^r : « Niuno possa mandar fuori alcuna compositione sotto nome d'accademico Alterato senza consentimento dell'Accademia. »

exprimait en outre le désir qu'à la vue du volume l'académie approuvât ses efforts de (re)publication. Il soulignait ainsi implicitement — pour l'ensemble des lecteurs qui prendraient connaissance de son adresse aux Alterati — que nombre des plus célèbres œuvres de son père (y compris *Euridice*, qui était rééditée avec faste dans le volume) avaient été produites au sein de l'institution et en dialogue avec les débats qui y étaient organisés. Cette adresse « Ai signori accademici Alterati » fonctionnait dès lors comme une manière de signaler publiquement les liens étroits, tant sociaux qu'intellectuels, que son père avait entretenus avec cette académie.

Parallèlement à sa participation aux activités des Alterati — et sans doute en partie grâce à celles-ci — Rinuccini fit également son chemin à la cour médicéenne. Sa carrière de poète et de librettiste de cour s'ouvrit en 1589, lorsqu'il fut appelé à écrire plusieurs des intermèdes de *La Pellegrina*, le splendide divertissement créé pour célébrer le mariage de Ferdinand Ier de Médicis avec Christine de Lorraine[103]. La production d'*Euridice* paraît l'avoir mis au faîte de sa faveur, lui permettant même d'aller ensuite tenter sa chance en France, dans le sillage de la mariée, lorsque celle-ci quitta Florence pour devenir reine de France[104]. Il n'y trouva pas la fortune espérée mais, en revenant à Florence trois ans plus tard, il y évolua de nouveau en tant que poète parmi le patriciat comme au sein de la cour.

Jacopo Peri (1561-1633) venait d'une famille bien moins prestigieuse que celle de Rinuccini, mais il pouvait se vanter d'être né *nobile fiorentino*, les membres de son lignage ayant appartenu à diverses guildes depuis des générations[105]. Il avait travaillé comme musicien depuis ses plus jeunes années, principalement comme compositeur et comme chanteur de musique de dévotion[106]. C'est seulement à partir de 1588 qu'on le trouve mentionné comme membre de la domesticité de Ferdinand Ier de Médicis. Sa première apparition comme chanteur dans un divertissement de cour eut lieu durant la représentation de *La Pellegrina*, où Peri — dont

103. Sur cette production et le rôle qu'y jouèrent Rinuccini et Peri, voir TREADWELL, Nina, *Music and Wonder at the Medici Court : The 1589 interludes for* La Pellegrina, Bloomington, Indiana University Press, 2008, p. 157-158 et 209-214.

104. Sur le départ de Marie de Médicis pour Paris, voir MAMONE, Sara, *Firenze e Parigi, due capitali dello spettacolo per une regina, Maria de' Medici*, recherche iconographique de Sara MAMONE et photographies de Francesco VENTURI, Milan, Silvana Editoriale, 1987 (traduit en français par Sophie BAJARD et Françoise DECROISETTE sous le titre de *Paris et Florence. Deux capitales du spectacle pour une reine : Marie de Médicis*, Paris, Seuil, 1990). Un bref chapitre y est consacré à l'*Euridice* (« Privati in cerca di blasone »), p. 71-76.

105. Sur Peri, voir CARTER, Tim, « Jacopo Peri », *Music & Letters*, 1980, 61, p. 121-135 (repris dans Tim CARTER, *Music, Patronage and Printing in Late Renaissance Florence*, IIe partie), *Jacopo Peri (1561-1633) : His Life and Works*, New York, Garland, 1989, 2 vol. et CARTER, Tim et GOLDTHWAITE, Richard A., *Orpheus in the Marketplace*, p. 25-37 (qui documentent la situation familiale initiale de Jacopo Peri) et p. 106-121 (pour une analyse des liens entre Peri, Rinuccini, et leur patron, Jacopo Corsi).

106. À la cour, où Peri continua de produire de la musique de dévotion durant la semaine sainte, Emilio de' Cavalieri essaya d'ailleurs parfois de réduire ce musicien au statut de chanteur et compositeur de musique sacrée : voir CARTER, Tim et GOLDTHWAITE, Richard A., *Orpheus in the Marketplace*, p. 257.

le nom de scène était il Zazzerino — chanta le rôle du dithyrambe Arion, incarnant ainsi le pouvoir de la poésie et de la musique et préfigurant son propre triomphe dans le rôle d'Orphée dans *Euridice.*

En dépit de la proximité entre Rinuccini et Peri, qui collaborèrent étroitement sous le patronage de Corsi pour la production de mélodrames à partir de 1597-1598, Peri ne fut jamais membre des Alterati. Il est probable qu'il ne fut pas considéré assez bien né ou assez savant pour entrer dans cette académie qui n'accueillait que les membres les plus lettrés du patriciat, le fait qu'il soit un musicien et chanteur à la solde du prince jouant peut-être en l'espèce en sa défaveur. Qu'il se soit principalement agi d'une question de statut est suggéré par le fait que plusieurs autres des hommes qui œuvrèrent à la production des fêtes et cérémonies de 1600 furent pour leur part membres ou compagnons de route de l'institution.

C'est en particulier le cas de don Giovanni de Médicis (il Saldo), qui supervisa l'essentiel des décors utilisés lors de la célébration du mariage, mais aussi les intermèdes et la mise en scène du *Rapimento di Cefalo,* et peut dès lors s'envisager comme l'un des principaux maîtres d'œuvre de cette fête de cour[107]. Il est même possible que don Giovanni de Médicis, dont il a déjà été longuement question dans ce livre, ait servi de principal agent de liaison entre la cour et l'académie des Alterati au moment de la production d'*Euridice*. Ce prince (qui avait déjà été régent des Alterati pour deux régences successives au printemps puis durant l'été et l'automne 1590, juste au moment où le Tenero était parti pour Rome[108]) fut en effet réélu régent de l'académie à partir du 3 août 1600 et demeura en charge de l'institution jusqu'en mars de l'année suivante, soit pendant toute la durée des festivités[109]. Cette position lui donnait tout loisir de focaliser l'énergie de la sodalité sur un ou plusieurs projets collectifs, ouvertement ou en sous-main. L'élection de don Giovanni à la régence signale par ailleurs avec clarté que les Alterati cherchent à ce moment de plus en plus nettement une forme d'association avec la cour, fût-ce grâce à l'entremise d'un homme qui, notamment en raison de sa naissance (il était le fils naturel de Cosme Ier), n'y est sans doute pas bien vu de tous.

De ce point de vue, il convient également de souligner que Michelangelo Buonarroti, qui écrivit la *relazione* officielle des festivités de 1600, fut aussi un visiteur très régulier au sein de l'académie, quoiqu'il ne semble jamais en avoir été

107. Sur les interventions de don Giovanni de' Medici dans les cérémonies de 1600, voir Kirkendale, Warren, *Emilio de' Cavalieri 'Gentilhuomo Romano' : his Life and Letters, his Role as Superintendent of all the Arts at the Medici Court and his Musical Compositions*, Florence, L. S. Olschki, 2001 p. 368 et 372, ainsi que Palisca, Claude V., « The First Performance of Euridice », p. 2-3.

108. Voir BMLF Ashburnham 558.2, fol. 86v et 88r.

109. Sur don Giovanni de Médicis et les Alterati, voir ch. 1, p. 66-78 et ch. 2, p. 180-182. Concernant son élection à la régence des Alterati, voir BMLF Ashburnham 558.2, fol. 68r.

officiellement membre[110]. Or tant Michelangelo Buonarroti que le Saldo étaient d'un statut social supérieur à celui de Jacopo Peri. Ceci renforce la présomption que l'association professionnelle de Peri avec la cour, en tant que musicien aux gages du prince, n'avait pas suffi à le faire considérer en pair par les patriciens les mieux nés.

La principale force motrice derrière la production d'*Euridice* fut cependant le riche et puissant marchand florentin Jacopo Corsi. L'homme était issu d'une famille qui avait autrefois manifesté des sympathies pour la tradition républicaine, mais dont l'enrichissement important, au cours du XVIe siècle, avait favorisé son intégration progressive dans la société de cour médicéenne. Sa fortune lui permit de patronner nombre d'artistes et de poètes, jusqu'au Tasse lui-même. Il semble en effet avoir soutenu ce poète dans la querelle autour de la *Jérusalem délivrée* et avait même lui aussi fait faire un portrait de lui pour sa demeure, dans laquelle il le logea brièvement, en 1590, lorsque la pastorale *Aminta* fut montée à Florence[111]. Excellent musicien, Corsi apportait avant tout son soutien à l'innovation musicale, notamment en finançant les collaborations de Peri et Rinuccini. Cependant, dans le cas de la création d'*Euridice*, ses efforts ne visaient pas uniquement à promouvoir à la cour de nouvelles formes de divertissement musical. Ils s'inscrivaient aussi dans la continuité de ses récentes interventions diplomatiques et politiques. L'importante fortune des Corsi avait en effet permis à Jacopo Corsi de tenir un rôle central dans les négociations qui conduisirent au mariage de Marie de Médicis, dans le cours desquelles le principal point d'achoppement entre les deux parties avait été financier. Les Médicis, qui avaient été les banquiers d'Henri de Navarre durant toute sa difficile conquête du trône de France, avaient refusé de lui offrir plus de 500 000 scudi de dot, alors que ce prince en réclamait un million. Dans l'idée que l'alliance française serait plus bénéfique pour le commerce et la banque — dont vivait le patriciat — que la domination espagnole, Corsi convainquit la *nobiltà* florentine d'aider les Médicis à financer ce mariage et organisa même pour ce faire une sorte de souscription, à laquelle lui-même contribua une forte somme[112]. Son investissement dans la préparation et le financement de la représentation d'*Euridice*, pendant les célébrations du mariage, peut dès lors se comprendre

110. BUONARROTI, Michelangelo, *Descrizione delle felicissime nozze della cristianissima maestà di madama Maria Medici regina di Francia e di Navarra*, Florence, Giorgio Marescotti, 1600 (48 pages sans foliation). Les visites de Buonarroti au sein des Alterati sont relevées en BMLF Ashburnham 558.2, fol. 103r, 105r et 129v.

111. CARTER, Tim, « Music and Patronage in Late Sixteenth-Century Florence : The Case of Jacopo Corsi (1561-1602) », p. 69 et 70.

112. GALLUZZI, Riguccio, *Istoria del granducato di Toscana sotto il governo della Casa Medici*, Florence, Gaetano Cambiagi, 1781, 5 vol., t. 5, p. 321 : « [...] informato delle pendenti contestazioni sulla quantità della dote, <Corsi> ebbe il coraggio di supplicare il gran duca a nome dei suoi concittadini di desistere dalle opposizioni e offerire le ricchezze di ciascheduno per contribuire alla dote richiesta ». Des sources manuscrites susceptibles d'étayer les affirmations de Galluzzi existent sans doute, mais elles n'ont pas été mises au jour.

comme une manière pour lui de continuer à soutenir la diplomatie médicéenne, dans ses projets de construire une alliance solide avec la France.

Or Jacopo Corsi eut des liens étroits avec les Alterati. Comme tant d'autres patriciens florentins, il courtisa activement l'académie et se trouve occasionnellement mentionné dans les actes de celle-ci comme *forestiero* (c'est-à-dire comme visiteur extérieur lors d'une séance académique). Son nom fut même soumis par deux fois, au sein de l'institution, aux procédures compliquées de l'élection annuelle. Mais Corsi ne fut apparemment jamais formellement admis au sein de l'académie : au terme d'une procédure où Corsi et Rinuccini furent candidats ensemble, seul Rinuccini semble avoir été élu[113]. Il est possible que Corsi n'obtint jamais le vote unanime qui était nécessaire à une telle élection parce que certains des Alterati doutaient de la profondeur de son érudition, ou parce que, au moment de sa candidature, ses liens avec les Médicis étaient trop évidents pour lui permettre de séduire l'ensemble des votants. Mais il est plus probable que Corsi n'ait pas lui-même souhaité devenir un membre à temps plein (ce qui impliquait d'assister à deux réunions par semaine environ, tout en produisant régulièrement des oraisons et des poèmes qu'il était nécessaire de soumettre à la critique de ses pairs), préférant demeurer un compagnon de route du groupe. Au demeurant, sa grande fortune rendait sans doute moins socialement nécessaire, dans son cas, un engagement académique aussi lourd et suivi que le fut, par exemple, celui de Giovan Battista Strozzi. Mais les débats de l'institution l'intéressaient au plus haut point, comme le montre le fait que Corsi continua à assister aux assemblées de ses membres, même après ses deux élections avortées, y compris une fois dans les mois qui précédèrent immédiatement la production d'*Euridice*[114]. Enfin, le fils de Jacopo, Giovanni Corsi (1600-1661), fut plus tard admis au sein de l'académie : les liens de la famille avec l'institution furent donc aussi solides que durables[115].

Le fait que tant de ceux qui participèrent à la production d'*Euridice* et des festivités qui marquèrent le mariage de Marie de Médicis furent membres des Alterati, ou étroitement associés à eux, suggère aussi que ces célébrations permirent à l'institution, tout autant qu'à ses membres, de prendre solidement pied à la cour. Ou plutôt d'y reprendre l'avantage. Plusieurs des membres les plus actifs des Alterati s'étaient en effet beaucoup investis dans la préparation des cérémonies en mémoire de la mort de François Ier de Médicis en 1587, ainsi que dans celles célébrant le

113. BMLF Ashburnham 558.2, fol. 65^v^ et 105^v^.

114. Le 31 janvier 1600, neuf mois avant la production d'*Euridice* pour le mariage de Marie de Médicis, Corsi assista ainsi à une leçon sur l'*Énéide* de Virgile (BMLF Ashburnham 558.2, fol. 105^r^).

115. BNCF Magl. IX 134, fol. 3^v^. Cette élection eut probablement entre 1615 et 1620, mais, après janvier 1606, les registres des *atti* n'ont pas été conservés ou se sont perdus.

mariage de Ferdinand Ier de Médicis et de Christine de Lorraine en 1589[116]. Mais, à partir de l'arrivée à Florence d'Emilio de' Cavalieri — qui suivit le cardinal Ferdinand de Médicis lorsque celui-ci rentra de Rome en 1588, pour devenir le surintendant des artistes, artisans et musiciens du nouveau grand-duc[117] —, ces hommes se trouvèrent marginalisés. Dès son retour, Ferdinand Ier chercha en effet à purger l'administration grand-ducale, notamment celle des arts, pour y placer des hommes neufs, sans ascendance florentine[118]. La reconnaissance que les Alterati avaient commencé à trouver auprès de François Ier de Médicis se trouva alors compromise. Certains, voyant la faveur ducale leur échapper, quittèrent même Florence pour aller chercher fortune à Rome : Giovan Battista Strozzi et Giovanni de' Bardi s'installèrent alors dans la cité pontificale, où tous deux demeurèrent pendant près de dix ans[119]. Cependant, en 1600, la position dominante d'Emilio de' Cavalieri était menacée par plusieurs rivaux, dont Giulio Caccini (1551-1618), un compositeur lui aussi d'origine romaine, qui avait œuvré dans le patronage des Médicis depuis 1565[120]. Pendant les festivités de 1600, Caccini travailla même au renvoi ou du moins au départ de Cavalieri, non seulement en intervenant lourdement dans la partition, la mise en scène et l'interprétation d'*Euridice*[121], mais encore en intriguant pour se voir confier l'écriture et la production du point d'orgue des festivités, le *Rapimento di Cefalo*. Quoique ayant continué à superviser la production d'*Euridice*, Cavalieri vit jouer peu de sa propre musique pendant les festivités

116. Giovan Battista STROZZI (il Tenero), Lorenzo GIACOMINI (il Mesto) et Scipione AMMIRATO (il Trasformato) prononcèrent tous trois des oraisons funèbres lors de la mort de Francesco, qui furent immédiatement imprimées (*Essequie del serenissimo don Francesco Medici, gran duca di Toscana II, descritte da Giovambattista Strozzi*, Florence, Sermartelli, 1587 ; *Oratione de le lodi di Francesco Medici gran duca di Toscana, fatte per ordine de l'Academia Fiorentina nel tempio di San Lorenzo il dì XXI di dicembre nel consolato di messer Baccio Valori da Lorenzo Giacomini Tebalducci Malespini*, Florence, Sermartelli, 1587 ; *Orazione del signore Scipione Ammirato fatta nella morte di don Francesco de Medici gran duca di Toscana suo signore*, Florence, Filippo Giunti, 1587). Giovan Battista Strozzi et Giovanni de' Bardi (il Puro) œuvrèrent ensuite au quatrième *intermedio* de *La Pellegrina*, lors du mariage de Ferdinand Ier avec Christine de Lorraine, voir TREADWELL, Nina, *Music and Wonder at the Medici Court*, p. 113-134. Sur ces productions, voir *supra*, ch. 2, p. 125-126.

117. KIRKENDALE, Warren, *Emilio de' Cavalieri 'Gentilhuomo Romano'*, p. 85-120.

118. CARTER, Tim et GOLDTHWAITE, Richard A., *Orpheus in the Marketplace*, p. 106.

119. Bardi vécut à Rome entre 1592 et 1605. Giovan Battista Strozzi quitta Florence en 1590 et semble y être revenu en 1599. Sur ces séjours romains, voir également *supra*, ch. 2, p. 127-140.

120. Sur son installation à Florence, voir CARTER, Tim, « Giulio Caccini (1551-1618) : New Facts, New Music », *Studi musicali*, 16, 1987, p. 13-31.

121. En raison de ces rivalités, Caccini imposa ses propres chanteurs pour la représentation d'*Euridice* donnée en octobre 1600 et réécrivit pour ces chanteurs une partie de la musique de Peri ; voir PALISCA, Claude V., « The First Performance of *Euridice* », p. 11-13 et p. 17-18. La compétition entre Caccini et Peri aboutit à la publication d'une partition distincte, au nom de Giulio CACCINI : *L'Euridice composta in musica in stile rappresentativo da Giulio Caccini detto Romano*, Florence, Giorgio Marescotti, 1600. Cette partition distincte fut jouée au palais Pitti le 2 décembre 1605.

de 1600[122] et semble surtout avoir concentré à ce moment-là son énergie sur une autre scène : son oratorio intitulé *Rappresentatione di anima e di corpo,* donné quelques mois auparavant à l'Oratoire de Rome, avait en effet été extrêmement bien reçu[123]. En 1600, ces rivalités entre les serviteurs de Ferdinand Ier dans le champ des arts créèrent ainsi un appel d'air, qui permit à plusieurs Alterati de retrouver des commissions curiales. On peut même supposer que le retour de Giovan Battista Strozzi à Florence, en 1599, après près de dix ans passés entre Rome et Milan, ne serait pas tout à fait étranger à la conjoncture nouvelle qui semblait alors se dessiner à la cour.

Après être restés aux marges de la faveur princière pendant tant d'années — mis à part quelques rares commandes médicéennes autour de la mort de François Ier de Médicis — les Alterati semblent ainsi, vers 1600, en voie de réintégration dans la société de cour florentine. Pourtant, la manière dont ces hommes participèrent à la préparation de l'*Euridice* et les conditions dans lesquelles cette représentation se déroula suggèrent que ceux de leurs membres qui y travaillèrent continuèrent en réalité à garder une forme de distance vis-à-vis du régime, dans le cours même de ce processus de réinsertion. À dire vrai, cet éloignement leur fut sans doute en partie imposé par le pouvoir. Mais les producteurs de l'*Euridice* surent aussi se saisir de la position qui leur fut attribuée pour continuer à revendiquer discrètement leur indépendance. La marginalité symbolique de ces hommes et de leurs productions, alors qu'ils officiaient au centre même de la cour, se devine tout d'abord dans les lieux où fut représentée *Euridice.*

Tant en mai qu'en octobre 1600, les lieux de la représentation furent en effet quelque peu excentriques. On se souvient qu'au printemps le spectacle fut donné dans les salons de l'appartement qu'occupait Flavia Peretti Orsini, l'épouse de Virginio Orsini, second duc de Bracciano. L'homme était le fils d'une des filles de Cosme Ier de Médicis, Isabelle de Médicis, que son mari assassina en 1576, en prétextant son infidélité. Dans les premières années du XVIe siècle, Virginio Orsini patronnait de nombreux poètes et musiciens, tant à Rome qu'à Florence, et, dans la cité médicéenne, il entretenait des liens avec plusieurs des membres de l'académie des Alterati, aux séances publiques desquelles il assista souvent, parfois en compagnie

122. Emilio de' Cavalieri semble s'être contenté de composer la musique qui accompagnait un dialogue de Giovanni Battista Guarini faisant l'éloge des mariés, voir PALISCA, Claude V., « The First Performance of *Euridice* », p. 2.

123. L'œuvre d'Emilio de' CAVALIERI fut imprimée au tout début de l'automne 1600, voir *Rappresentatione di anima et di corpo, nuovamente posta in musica dal signor Emilio del Cavaliere, per recitar cantando, dato in luce da Alessandro Guidotti bolognese*, Rome, Nicolò Mutii, 1600 (reproduit en fac-similés dans *Rappresentatione di anima et di corpo, reproduzione dell'unica edizione romana del 1600*, éditée par Francesco MANTICA et précédée d'un essai de Domenico ALALEONA, Rome, Casa Editrice Claudio Monteverdi, 1912).

de don Giovanni de Médicis[124]. Le salon de Flavia Orsini était ainsi à la fois un lieu quelque peu périphérique dans l'économie de la vie de cour et un espace ouvert sur la vie culturelle de la cité, dont les académies formaient une part si importante.

Or les appartements de don Antonio de Médicis jouèrent sans doute une fonction assez similaire durant la représentation de l'automne. Ces appartements étaient en effet situés dans l'aile sud du second étage du Palais Pitti et jouxtaient l'actuel *salone delle commedie*. *Euridice* fut montée dans une salle de ces appartements, alors désignée comme *sala di don Antonio* ou la *sala della veglia*, trois jours avant le principal divertissement du programme cérémoniel, le *Rapimento di Cefalo* de Gabriello Chiabrera et Giulio Caccini[125], dont la production eut lieu au théâtre des Offices, construit quelques années plus tôt, et fut intégralement financée sur les fonds publics du grand-duché, sur décision de Ferdinand Ier de Médicis lui-même[126]. C'était la première fois que cette salle des appartements de don Antonio était utilisée pour monter un pareil spectacle et ce choix fut sans doute, sur le moment, largement improvisé même si, après 1628, la salle, fut régulièrement utilisée à de telles fins, commençant dès lors à être désignée comme la *sala delle commedie*[127]. Or ce choix avait peut-être aussi une signification sociopolitique, même si don Antonio ne vivait plus, à ce moment précis, dans ces appartements, ayant récemment prétexté un incendie chez lui pour aller s'installer temporairement dans le Casino di San Marco, sur l'actuelle via San Gallo. Il retrouva néanmoins cet appartment en 1602[128]. Don Antonio de Médicis était en effet le fils de François Ier de Médicis

124. Sur le patronage d'Orsini, voir MORUCCI, Valerio, « Poets and Musicians in the Roman-Florentine Circle of Virginio Orsini, Duke of Bracciano (1572–1615) », *Early Music*, 2015, 43/1, p. 53-61. À l'âge de vingt-cinq ans, Orsini fut le dédicataire du volume dans lequel Lorenzo Giacomini publia ses oraisons et discours (*Orationi e discorsi di Lorenzo Giacomini Tebalducci Malespini*, Florence, Sermartelli, 1597). Une lettre écrite en juin 1613 par l'Alterato Cosimo MINERBETTI (l'Asciutto) à Cosme II et à son premier secrétaire Andrea Cioli indique que le duc de Bracciano était souvent présent aux assemblées publiques des Alterati, et suggère que lui aussi était un admirateur du Tasse : « Sono stato hoggi dal signore Giovan Battista Strozzi, per informarmi del particulare, che si desiderava da loro signorie et egli mi ha detto, ch'il signore don Giovanni Medici, et il signore don Virgilio <sic> Orsini furono presenti l'anno 1596 all'oratione che recitò publicamente il signore Lorenzo Giacomini nell'Accademia degl'Alterati sopra le lodi di Torquato Tasso, alla quale si trovò ancora l'istesso signore Giovambattista <Strozzi> » (ASFi Mediceo del Principato, 1351, fol. 34).

125. La musique du *Rapimento di Cefalo* est pour l'essentiel perdue ; voir cependant CARTER, Tim, « Rediscovering the *Rapimento di Cefalo* », *Journal of Seventeenth-Century Music*, vol. 9, 1, 2003, accessible en ligne : http://www.sscm-jscm.org/v9/no1/carter.html.

126. PALISCA, Claude « The First Performance of *Euridice* », p. 4.

127. Sur la *sala delle comedie* du palazzo Pitti entre 1600-1626, voir FANTAPPIÈ, Francesca, « Sale per lo spettacolo a Pitti (1600-1650) », dans Sergio BERTELLI et Renato PASTA (dir.), *Vivere a Pitti : una reggia dai Medici ai Savoia*, Florence, L. S. Olschki, 2003, p. 135-180 (en particulier p.140-150).

128. LUTI, Filippo, *Don Antonio de' Medici e i suoi tempi*, Florence, L. S. Olschki, 2006, p. 126, note 163 mentionne que don Antonio vécut régulièrement, entre 1593 et 1597, au second étage « della maestosa residenza granducale », au palazzo Pitti. L'auteur écrit : « nel 1597, il trasferimento di don Antonio al Casino di San Marco, dovuto, a suo dire, a causa di un incendio scoppiato nelle sue stanze in palazzo Pitti », et indique que le prince aurait réintégré son appartement au palazzo Pitti en 1602.

et de sa maîtresse puis épouse Bianca Cappello. Il avait été légitimé et serait devenu grand-duc après la mort de son père, si Ferdinand Ier n'avait pas réussi à s'imposer comme le successeur de son frère. La position de don Antonio à la cour était dès lors aussi une position quelque peu excentrique[129]. Le choix d'appartements l'ayant récemment logé pour mettre en scène l'*Euridice* suggère à la fois que Ferdinand Ier n'entendait pas que l'œuvre fût placée au centre des festivités et que les créateurs de ce spectacle ne voyaient pas d'inconvénient à rester quelque peu en marge des lieux dévolus aux principales célébrations.

L'excentricité du spectacle préparé par Peri, Rinuccini et Corsi se repère aussi à son mode de financement, qui fut néanmoins particulièrement complexe et n'est sans doute pas entièrement éclairci à ce jour. Il semble que la production de l'*Euridice* ait différé d'une grande partie des autres divertissements donnés au cours des festivités nuptiales parce qu'elle fut en partie subventionnée, et pour l'essentiel organisée, par Jacopo Corsi. La description officielle des festivités souligne en tout cas de manière insistante le rôle de Corsi, en caractérisant *Euridice* comme le cadeau somptuaire d'un riche particulier aux mariés[130]. Les archives existantes nuancent néanmoins ce compte rendu officiel, en faisant apparaître que Ferdinand Ier n'a pas seulement autorisé la production, mais encore a fourni certains musiciens et surtout la plus grande partie des décors[131]. Il n'en reste pas moins que Corsi finança bien lui aussi une partie du spectacle (dont, en particulier, certains musiciens et les dépenses que nécessitèrent les costumes), et surtout organisa tant la préparation de l'œuvre que sa production[132]. En cela, le

129. Sur don Antonio de Médicis et ses relations avec la cour, voir Luti, Filippo, *Don Antonio de' Medici*, ch. 4 et ch 5, p. 165-209 et Cantagalli, Roberto, *Don Antonio de' Medici e la sua legittimazione*, Arezzo, Università degli Studi di Siena, Istituto di scienze storiche della facoltà di magistero, Tipografia sociale, 1974.

130. Buonarroti, Michelangelo, *Descrizione delle felicissime nozze della cristianissima maestà di madama Maria Medici regina di Francia e di Navarra*, Florence, Giorgio Marescotti, 1600 (48 pages sans foliation), <p. 22> : « Il perchè appresso le nozze in tutti quei giorni, che precederono alla partenza del legato, e della regina, vari trattenimenti si tennero, e della corte non solamente. Ma mentre che i più magnanimi spettacoli si andavano apprestando : per maggiore contentezza, e più universale mostrarsi, eziamdio de i nobili, e suntuosi da' particulari, e magnanimi gentilhuomini ne furono ordonati. La onde avendo il signor Jacopo Corsi fatta mettere in musica con grande studio la Euridice affetuosa, e gentilissima favola del signor Ottavio Rinuccini, e per li personaggi, richissimi, e belli vestimenti apprestati ; offertala a loro Altezze ; fu ricevuta, e preparatale nobile scena nel palazzo Pitti : e la sera seguente a quelle delle reali nozze rappresentata [...] ». Il faut noter qu'un autre riche patricien, Riccardo Riccardi, subventionna pour sa part un masque, mais sans s'investir dans la production autant que Corsi ; voir Carter, Tim et Goldthwaite, Richard A., *Orpheus in the Marketplace*, p. 111 et suivantes.

131. Carter, Tim et Goldthwaite, Richard A., *Orpheus in the Marketplace*, p. 112, s'appuient principalement ici sur les documents mis au jour par Anna Maria Testaverde, « Nuovi documenti sulle scenografie di Ludovico Cigoli per l'*Euridice* di Ottavio Rinuccini », *Medioevo e Rinscimento*, 17/n.s. 14, 2003, p. 307-321 (p. 319-321 en particulier).

132. Pour le rôle de Jacopo Corsi dans le financement des costumes, voir les documents mentionnés dans Carter, Tim, *Jacopo Peri, 1561–1633 : His Life and Works*, t. 1, p. 43, n. 114. Par ailleurs, Francesca Fantappiè et Tim Carter travaillent actuellement à un livre consacré aux conditions de production

rôle de Corsi dans les célébrations peut sans doute profitablement être comparé à celui d'un chorège : il se comporta en effet comme un de ces citoyens riches qui, dans l'Athènes classique, se voyait officiellement confier la tâche de préparer le chœur et de fournir à tous les aspects du spectacle que la cité ne finançait pas sur les deniers publics. Ferdinand Ier, de son côté, fit la démonstration réciproque de sa puissance et de sa magnificence par la mise à disposition complémentaire d'autres éléments du spectacle (inclusion honorofique dans les cérémonies matrimoniales, mise à disposition d'une salle improvisée pour la représentation, musiciens de l'orchestre, décors). La cour n'en veilla pas moins attentivement, dans la publication du compte rendu de la fête, à attribuer la principale la responsabilité du spectacle à Corsi, parallèlement désigné comme l'un des « magnanimi gentilhuomini » de la cour du grand-duc. Or c'est certainement à dessein que, malgré les contributions du grand-duc, l'opéra fut exclusivement décrit, dans les publications curiales, comme une contribution privée à une fête publique, se trouvant ainsi doté d'un statut différent de la plupart des autres divertissements organisés dans le cours de ces célébrations.

Il est en particulier possible que l'inclusion d'*Euridice* dans l'ensemble des cérémonies nuptiales ait été un moyen de remercier Corsi pour le rôle qu'il avait joué dans le cours des négociations lors de la préparation du mariage royal, tout autant que pour les contributions financières qu'il avait réunies pour la dot : en échange de son soutien, le riche patricien se voyait autorisé à faire donner dans le cadre d'une cérémonie officielle une œuvre novatrice créée par des artistes qu'il soutenait depuis plusieurs années. L'élégance et la splendeur ainsi déployées bénéficiaient également au grand-duc, qui trouvait ainsi le moyen d'afficher devant les représentants des cours étrangères la richesse, le goût et l'originalité du patriciat florentin, tout autant que le soutien que ce groupe apportait à son règne. La manière dont la description officielle des festivités présente l'inclusion d'*Euridice* semble étayer cette interprétation, lorsqu'elle souligne que « pendant que les plus magnifiques spectacles étaient apprêtés, pour faire meilleure contenance et pour se montrer plus universels, des spectacles nobles et somptueux donnés par des particuliers et par des gentilshommes pleins de magnificence furent également mis en place[133] ». L'insertion d'*Euridice* dans les cérémonies officielles peut ainsi se comprendre dans l'économie des dons et contre dons entre grands seigneurs : le prince favorise tel ou tel, qui espère autant affirmer sa puissance qu'augmenter sa faveur en faisant

de l'*Euridice*, *Staging* Euridice *(1600) : Theatre, Sets, and Music in Late Renaissance Florence*, Cambridge, Cambridge University Press, à paraître fin janvier 2022.

133. Buonarroti, Michelangelo, *Descrizione delle felicissime nozze*, <p. 22> : « Ma mentre che i più magnanimi spettacoli si andavano apprestando, per maggiore contentezza, e più universale mostrarsi, eziamdio de i nobili, e suntuosi da' particulari, e magnanimi gentilhuomini ne furono ordonati. »

ostensiblement à la cour des dons somptuaires[134]. Dès lors, la place qui est accordée à l'*Euridice* dans l'économie de ces célébrations nuptiales marque à la fois l'association de Corsi et de ses protégés à la culture curiale et leur extériorité — tant imposée que recherchée — vis-à-vis de cette cour. Peut-être même le prince ne fit-il à cette occasion que leur accorder symboliquement la place qui au fond leur convenait le mieux, à savoir la position d'hommes du dedans qui se tenaient toujours, quoique avec discrétion, dans une forme de dehors.

3.2. « Altérer » la fable d'Orphée : secret, allégorie et représentation indirecte de soi

Le spectacle de cette extériorité, qui résultait d'un échange de bons procédés tacites, fut pourtant réservé aux initiés. Les créateurs de l'*Euridice* se montrèrent en effet très attentifs à ne pas publier directement, au cours de la production du spectacle, leurs liens avec l'académie, qui elle-même ne mentionne pas la préparation de cette représentation dans ses archives — au point qu'on peut parfois se demander si les académiciens n'ont pas délibérément masqué leur rôle dans cette affaire, et ce jusque dans leurs propres registres. C'est ainsi que, à l'approche des festivités d'octobre 1600, certaines des sessions de l'académie sont décrites dans ses *atti* d'une manière qui semble vague à dessein. En particulier, le 7 septembre 1600 — soit environ un mois avant que les festivités préparées pour célébrer le mariage de Marie de Médicis ne débutent — le provéditeur précise, en tout en pour tout, que : « On discourut de plusieurs choses et toutes au bénéfice de l'académie » (« Si discorse di molte cose, e tutte in benefitio dell'Accademia »)[135]. Un tel laconisme est rare dans les actes des Alterati, où les sujets et/ou modes de discussion sont généralement précisés. On serait dès lors tenté d'y voir le résultat d'un possible effort de dissimulation dont la production de l'*Euridice* — qui fut indéniablement avantageuse à l'académie, dès lors que tant de ses membres s'y trouvèrent directement impliqués — aurait pu être l'une des causes. Mais si dissimulation il y a bien eu — alors même que don Giovanni de Médicis, principal agenceur des festivités curiales, venait tout juste de commencer à officier comme régent des Alterati —, elle fut si efficace qu'il n'est pas possible, en l'état présent des sources disponibles, d'en comprendre les raisons précises.

Du silence des manuscrits de l'académie, il ne faut néanmoins pas trop s'étonner en l'espèce : les académiciens, toujours soucieux de leur image, avaient en effet

134. Sur ces échanges somptuaires, voir ZEMON DAVIS, Nathalie *The Gift in Sixteenth-Century France*, Madison, University of Wisconsin Press, 2000, où se trouve étudié le rôle du don dans la société française du XVIe siècle, en particulier le ch. 6 : « Gifts, bribes and kings », p. 85-99.

135. BMLF Ashburnham 558.2, fol. 108^v.

l'habitude de taire, dans leurs documents susceptibles de circuler, tout fait compromettant et même tout élément risquant de trahir de manière trop évidente la nature ou les valeurs de l'institution, craignant sans doute qu'une trace écrite ne divulgue trop largement leurs pratiques ou pensées, ou même ne soit susceptible de ternir leur réputation. C'est ainsi par exemple que la publication plutôt osée du dialogue que Lorenzo Giacomini fit paraître au nom de Giovan Battista Muzi en 1595, sous le titre de *Della cognitione di se stesso*, ne se trouve jamais mentionnée dans les archives de l'académie, alors même que l'ouvrage présente des liens très évidents avec l'institution[136]. Dès lors, l'intervention discrète mais concertée d'un petit nombre d'académiciens sur la scène curiale lors de l'insertion d'*Euridice* dans les divertissements de l'automne 1600 n'est en rien improbable. Nous savons même les Alterati très capables de ce genre d'action, qui n'est pas sans rappeler les stratégies détournées par lesquelles ils prirent momentanément le pouvoir au sein de l'Accademia Fiorentina en 1569 — l'année de leur création — ou encore les savantes tactiques qu'ils mirent en œuvre pour gérer subrepticement l'académie médicéenne à leur mode en 1582-1583, lorsque Giovan Battista Strozzi y fut élu consul[137]. De semblables manières d'agir n'étaient pas seulement difficiles à déchiffrer pour les contemporains, parmi lesquels elles ne pouvaient guère être lisibles que pour ceux qui auraient une connaissance préalable de l'académie et des discours qui y circulaient. Elles créent aussi pour l'historien un écran de fumée, masquant une suite d'actions qu'il est ensuite très difficile de documenter.

Ces stratégies d'intervention dissimulée, tout autant que la publication contournée des actions qui en résultèrent, expliquent d'ailleurs, pour une large part, que la plupart des études récemment consacrées à l'*Euridice* de Jacopo Peri et Ottavio Rinuccini ne relient pas cette œuvre aux Alterati[138]. Seule l'une des dernières études critiques en date, le livre de Gaspare de Caro sur l'*Euridice*, insiste longuement sur les liens que Rinuccini et son patron Jacopo Corsi entretinrent avec l'institution, suggérant dans la foulée de lire le divertissement comme

136. Sur ce dialogue, voir *supra*, ch. 3, p. 263-277 et ch. 4, p. 392-398.

137. Sur ces deux épisodes, voir *supra*, ch. 1, p. 82-104.

138. Tim CARTER met l'accent sur les intenses rivalités artistiques qui marquèrent la création d'*Euridice*, au sein de la cour de Ferdinand Ier de Médicis (« Jacopo Peri's *Euridice* (1600) : A Contextual Study », *The Musical Review*, 1982, 43, p. 83-103, repris dans CARTER, Tim, *Music, Patronage and Printing in Late Renaissance Florence*, IIIe partie). Bojan BUJIC (« *Figura Poetica Molto Vaga* : Structure and Meaning in Rinuccini's *Euridice* », *Early Music History*, 10, 1991, p. 29-64) préfère comprendre l'œuvre comme une représentation allégorique du triomphe de Florence sur ses ennemis, au travers de la reviviscence de son alliance avec la couronne de France, et en dépit de constantes pressions espagnoles. Kelley HARNESS (« Le tre Euridici : Characterization and Allegory in the *Euridici* of Peri and Caccini », *Journal of Seventeenth-Century Music*, vol. 9, 1, 2003, accessible en ligne : http://www.sscm-jscm.org/v9/no1/harness.html) propose de lire l'œuvre comme un éloge des talents politiques de Ferdinand Ier de Médicis, dont la figure ne semble pourtant pas superposable avec celle d'Orfeo.

une célébration de l'alliance renouvelée entre le grand-duché et la France, en laquelle le patriciat aurait vu la promesse d'une prospérité nouvelle[139]. L'analyse de De Caro laisse cependant presque entièrement de côté l'étude du discours allégorique que l'œuvre développe, tant sur le plan esthétique que sur le plan spirituel. Cette lacune s'explique sans doute par le fait que les activités des Alterati en matière de réflexion sur les arts n'avaient, jusqu'au livre de De Caro, fait l'objet que d'investigations parcellaires[140]. Les aspirations spirituelles des membres de l'institution étaient elles aussi restées inaperçues, tant dans leurs travaux savants que dans leurs créations poétiques.

Une comparaison attentive entre les théories développées au sein de l'académie et l'œuvre de Rinuccini et Peri suggère néanmoins qu'*Euridice* serait à lire comme une double allégorie. D'une part, l'œuvre paraît offrir une mise en scène des réflexions des Alterati sur les arts, dans leurs rapports avec les aspirations spirituelles de chacun. Mais cette théâtralisation semble aussi être une forme de représentation de la position sociale et politique des créateurs de ce divertissement au sein de la cour médicéenne. On peut en effet faire l'hypothèse que le spectacle de Rinuccini et Peri ne se contenterait pas d'analyser, devant la cour, les pouvoirs tant sensuels que spirituels du nouveau type de divertissement auxquels ses créateurs s'essaient collectivement. Il produirait aussi un métadiscours sur la position de ses créateurs au sein de celle-ci, en suggérant que les plaisirs que ces arts généraient leur confèreraient — en tant que producteurs d'objets de l'art — une capacité à s'autoréguler qui serait susceptible de les soustraire au moins partiellement, aux rationalités et contraintes du régime médicéen. En cela, ce divertissement délimiterait avec audace un espace de liberté relative pour les productions des arts — mais aussi pour ceux qui s'y adonnent — dans l'immédiat entourage des grands-ducs. La démarche des créateurs de l'*Euridice* serait de ce point vue comparable à celle du Tasse, lorsque celui-ci mettait en scène, dans *Il Nifo overo del piacer*, les gestes par lesquels ses personnages créaient pour eux-mêmes un espace d'« honnête plaisir », consacré au retrait et à la mise en débat.

Un tel effort ne pouvait néanmoins se dire ouvertement. C'est pourquoi *Euridice* est sans doute d'abord le spectacle d'un mystère — et ce à double titre : derrière le voile de l'allégorie, l'œuvre cacherait en effet aussi bien l'institution académique elle-même que le contenu de ses réflexions sur les arts et la spiritualité,

139. De Caro, Gaspare, *Euridice. Momenti dell'umanesimo civile fiorentino*, p. 117-224.

140. De Caro s'appuie en particulier sur les deux articles de Bernard Weinberg (« The Accademia degli Alterati and Literary Taste from 1570 to 1600 », *Italica*, 31/4, 1954, p. 207-214 et « Argomenti di discussione letteraria nell'Accademia degli Alterati (1570-1600) », *Giornale Storico della Letteratura Italiana*, 131, 1954, p. 175-194) et sur l'étude de Palisca, Claude V., « The Alterati of Florence, Pioneers in the Theory of Dramatic Music » déjà citée.

tout en les donnant tacitement à lire à ceux qui auraient eu, de près ou de loin, connaissance d'elle ou de ses travaux. Autrement dit, *Euridice* serait un discours allégorique à l'image d'une institution dont le mode d'existence public privilégié a toujours été le secret, le renvoi énigmatique à elle-même et la connivence discrètement entretenue entre une poignée d'affiliés et les quelques sympathisants ou alliés qui étaient susceptibles de comprendre les interventions voilées du groupe comme renvoyant à lui. Comme dans le cas de la circulation restreinte des manuscrits de l'académie, précédemment envisagée[141], cette forme de publication par le mystère n'était pas seulement une manière de prudence, elle était aussi une pratique de distinction — ou, sans doute plus exactement, une manière élitiste de se positionner dans l'espace de la cour, en redoublant les pratiques sociales du secret par lequel clans et partis se définissaient quotidiennement au sein de celle-ci. Mais la création d'un pareil mystère renvoyait sans doute aussi aux conceptions ésotériques que l'académie développa concernant l'appréhension des arts et l'accès aux savoirs spirituels les plus hauts. En cachant ce qu'elle montre et en énonçant, dans le cours d'une fable polysémique, plusieurs discours dont les significations s'enrichissaient mutuellement, l'allégorie d'*Euridice* exige en effet du spectateur ou du lecteur une activité de déchiffrement qui est en elle-même une forme d'initiation. Le travail herméneutique demandé à chacun permet ainsi d'agréger symboliquement au groupe de nouveaux prosélytes, en faisant entrevoir au public des mystères qu'il ne pourrait cependant percer à jour avec une complète certitude qu'en devenant membre de la sodalité.

Cette conception du fonctionnement de l'œuvre d'art comme discours ésotérique est, elle aussi, remarquablement proche de celle du Tasse, dont le librettiste d'*Euridice*, Ottavio Rinuccini, était un lecteur aussi attentif qu'enthousiaste, lui empruntant même fréquemment des vers entiers dans ses propres compositions[142].

141. Voir *supra*, ch. 3, p. 252-263.

142. Bojan BUJIC a signalé les emprunts d'Ottavio Rinuccini à Pétrarque et à Luigi Tansillo (« *Figura Poetica Molto Vaga* : Structure and Meaning in Rinuccini's *Euridice* », p. 36-45), mais il convient aussi de souligner des emprunts au Tasse. Dans PERI, Jacopo, *Euridice, an opera in one act, five scenes, libretto by Ottavio Rinuccini*, édité par Howard MAYER BROWN, Madison, A-R Editions, 1981, scène I, p. XVIII, une des répliques du berger Aminte (dont le nom reprend celui du héros de *L'Aminta* du Tasse) réemploie un vers de la *Jérusalem délivrée* (XVI, XVI, vers 8) pour dire le bonheur des amants (ce vers cité est souligné dans ce qui suit) : « Credi, Ninfa gentile, / Pregio d'ogni bellezza, / Che non è fera in bosco, augello in fronda / O muto pesce in onda, / Ch'oggi non formi, e spiri, / Dolcissimi d'amor sensi, e sospiri ; / Non piu son liete l'alme e lieti i cori / De' vostri dolci amori. » Ce vers est tiré d'une strophe de la *Jérusalem délivrée* du Tasse où le poète célèbre l'harmonie entre la nature et les sentiments du cœur, lors du récit des amours d'Armide (chant XVI, strophe 16, vers 8). CHIARELLI, Francesca, « Before and After : Ottavio Rinuccini's *Mascherate* and Their Relationship to the Operatic Libretto », *Journal of Seventeenth-Century Music*, vol. 9, 1, 2003, accessible en ligne : http://www.sscm-jscm.org/v9/no1/chiarelli.html, suggère en outre à la note 6 de son article que des citations du Tasse pourraient être trouvées dans l'ensemble de la production de Rinuccini, des masques jusqu'aux livrets d'opéra.

Dans le cinquième livre de son *Discours du poème héroïque*, le Tasse associe en effet l'allégorie avec une pratique ésotérique de la poésie :

> « On a eu raison de dire que l'allégorie ressemble à la nuit et aux ténèbres : aussi est-elle nécessaire dans les mystères ; et par conséquent dans les poèmes mystérieux, comme l'est le poème héroïque. [...] Mais je me demande parfois si énigme et allégorie ne seraient pas la même chose : dans ce cas, si Aristote parle de l'énigme, il parle de l'allégorie, mais sous un autre nom. Et pourtant, si l'énigme est une question que l'on pose par jeu ou par dérision, d'après ce qu'en dit Athénée, il ne semble pas que ce soit la même chose. Mais si les énigmes ou symboles de Pythagore ne sont pas donnés par jeu, mais pour enseigner des règles de vie, il pourrait se faire aisément que l'énigme et l'allégorie soient de la même espèce, ou pour le moins du même genre. C'est par l'une comme par l'autre que s'évaluent les poètes[143]. »

L'allégorie est un mystère — mais ce mystère ne doit pas être un simple jeu de devinettes, comme peut l'être une énigme : il doit être ce par quoi la poésie se fait maîtresse de vie, en enseignant les chemins du cœur comme de l'esprit. Dès lors qu'un poème n'est pas une simple démonstration de virtuosité poétique, il fonctionne en effet comme un Sphinx qui ne chercherait ni à séduire, ni à tromper, ni à prendre en défaut, mais bien plutôt à conduire ceux qu'il interroge sur les chemins d'un savoir plus haut.

En ce sens, l'allégorie — en tant que savoir-faire à l'aune duquel « s'évaluent les poètes », selon la formule du Tasse — est aussi une manière pour ceux-ci d'attirer l'attention sur leur créativité. Dans le cours du déchiffrement d'une énigme poétique, l'herméneute n'éprouve en effet pas seulement sa propre habileté, il prend parallèlement conscience de la capacité mystérieuse que le poète a de le séduire et de l'éclairer, et reconnaît peu à peu, par là même, l'ingéniosité et les pouvoirs propres du ou des producteurs de l'œuvre. C'est en quoi les pratiques allégoriques de l'époque moderne — par la réflexivité auto-référentielle qu'elles développèrent — contribuèrent sans doute à établir pour l'art une forme d'indépendance nouvelle. Tant le Tasse que les Alterati paraissent participer de cette évolution longue, lorsqu'ils mobilisent l'expression allégorique pour travailler à circonscrire pour la pratique des arts un domaine propre, à l'écart des attentes que faisaient habituellement peser sur eux les relations de clientèle dont, dans les cours, ils étaient alors généralement les produits. Le choix, dans le cas de l'*Euridice*, d'une fable dont l'intrigue a pour centre l'habileté quasi divine d'un poète et musicien ne fait de ce point de vue que renforcer l'effet produit par la structure allégorique du divertissement, qui, dans le cours du déroulement de l'énigme,

143. TASSO, Torquato, *Discours de l'art poétique, Discours du poème héroïque*, « Discours du poème héroïque », cinquième discours, p. 320-321.

célèbre à chaque étape la relation herméneutique qui relie les poètes et les musiciens à leur auditoire.

Le double niveau allégorique sur lequel fonctionnerait *Euridice* — comme mise en scène des pouvoirs d'un divertissement musical d'un nouveau type et comme figuration de la place que ses créateurs voudraient se voir accorder, en tant qu'artistes, dans la Florence médicéenne — se repère en premier lieu dans son dénouement. La surprise que celui-ci créait ne pouvait en effet manquer d'être appréhendée comme une énigme. Car la fin du spectacle préparé par Rinuccini, Corsi et Peri comportait un décrochage majeur par rapport à celle que le texte des *Métamorphoses* d'Ovide — qui constituait alors la principale source d'accès au mythe d'Orphée et d'Eurydice — donne à la fable. Dans *Les Métamorphoses*, X, 1-85, Orphée, après avoir demandé aux dieux infernaux de rendre la vie à l'amante qu'il a perdue, laisse en effet celle-ci lui échapper une nouvelle fois en tentant de la faire remonter avec lui de l'Hadès, en dépit de la stricte interdiction que lui a signifiée Pluton, parce qu'il ne peut s'empêcher de la regarder cheminer derrière lui tandis qu'ils cherchent à quitter les Enfers. Mais, dans la cinquième et dernière scène de l'*Euridice* d'Ottavio Rinuccini et de Jacopo Peri, Orfeo parvient au contraire à ramener des Enfers Euridice, qui reprend miraculeusement vie sur terre. Certes, la renaissance d'Euridice que mettent en scène Rinuccini et Peri n'était pas en contradiction avec certaines des versions du mythe d'Orphée ayant circulé dans l'Antiquité, avant que le récit ne prenne, dans les poèmes de Virgile puis d'Ovide, la forme que nous lui connaissons encore[144]. Mais il est peu probable que le public curial de l'*Euridice* ait eu connaissance de ces variantes, recevant bien plutôt la « fin heureuse » (« lieto fine ») imaginée par les créateurs du spectacle comme une audacieuse transgression.

En témoignent les phrases par lesquelles, dans la dédicace à Marie de Médicis qu'il place à l'orée de l'édition de son poème en 1600, Rinuccini explicita la provocation qui était la sienne. Le poète ne se contentait en effet pas d'invoquer l'occasion heureuse du mariage royal, qui aurait pu lui suffire à expliquer le choix, pour son divertissement, d'une fin qui ne soit pas tragique. Il justifiait aussi l'« altération » qu'il a fait subir à la fable ovidienne en soulignant que Dante était allé, dans sa *Commedia*, jusqu'à dire Ulysse noyé dans le cours de sa navigation, en dépit de la lettre du poème d'Homère[145] .

144. HEURGON, Jacques, « Orphée et Eurydice avant Virgile », *Mélanges d'archéologie et d'histoire*, 49, 1932, p. 6-60.

145. Pour une ample analyse tant littéraire que philosophique de la tradition que fait naître la réécriture à laquelle Dante se livra, voir POIRIER, Jean-Louis, *Ne plus ultra : Dante et le dernier voyage d'Ulysse*, Paris, Les Belles Lettres, 2016, en particulier le ch. IV de la deuxième partie.

> « Il pourra paraître à certains que j'ai eu trop d'audace en altérant la fable d'Orfeo, mais cela m'a paru convenable en un moment d'une telle allégresse, ayant pour ma justification l'exemple des poètes grecs dans d'autres fables, et notre Dante osa affirmer qu'Ulysse dans sa navigation s'était noyé, alors que les autres poètes avaient chanté le contraire. C'est ainsi que j'ai pareillement suivi l'autorité de Sophocle dans l'*Ajax* en créant un retournement, sans lequel je ne pouvais représenter les prières et lamentations d'Orfeo[146]. »

L'expression qu'emploie Rinuccini pour qualifier sa hardiesse — « altérer la fin de la fable d'Orphée » (« alterare il fine della favola d'Orfeo ») — contient sans doute une des clefs de son geste transgressif. Car, sous la plume d'un Alterato aussi actif que l'était Rinuccini, le verbe *alterare* pouvait aussi avoir pour fonction de signaler discrètement, aux yeux de lecteurs avertis, le rôle que l'académie à laquelle il appartenait avait joué dans la production d'*Euridice*.

Les Alterati avaient en effet l'habitude de signaler en sous-main leurs interventions sur la scène publique en usant du verbe *alterare*, ou du mot *alterazione*, comme d'un nom de code, lorsqu'ils souhaitaient publier discrètement les activités de l'académie auprès d'amis ou d'alliés, tout en les camouflant des instances qui seraient susceptibles de chercher à restreindre leurs libertés. On se souvient par exemple qu'alors qu'il s'apprêtait à prendre les rênes de l'Accademia Fiorentina en janvier 1582, Giovan Battista Strozzi avait voulu signaler de manière détournée à ses auditeurs la mainmise des Alterati sur l'institution médicéenne. Il avait alors pris soin de truffer son discours de références à l'« altération » de l'Académie Florentine, dont il promettait néanmoins *tongue in cheek* de ne pas aggraver la corruption. Ce faisant, il se présentait à la fois comme l'homme qui allait redresser une institution académique mal en point et comme un membre d'une académie rivale, dont, en tant que consul de l'académie malencontreusement corrompue, il comptait réformer les pratiques, en commençant par faire respecter les statuts de l'académie déclinante[147]. La même stratégie fut probablement employée dans le dialogue intitulé *Della cognitione di se stesso*, où le ou les auteurs du texte — dans la (ré ?)écriture et l'édition duquel Lorenzo Giacomini joua un rôle déterminant — semblent en quelques lieux faire référence aux Alterati de manière détournée. Le terme d'*alterazione* apparaît en effet à plusieurs reprises dans l'ouvrage, où

146. Rinuccini, Ottavio, *L'Euridice d'Ottavio Rinuccini rappresentata nello sponsalitio della cristianissima regina di Francia, e di Navarra*, Florence, Cosimo Giunti, 1600, dédicace à Marie de Médicis : « Potrà parere ad alcuno, che troppo ardire sia stato il mio in alterare il fine della favola d'Orfeo, ma così mi è parso convenevole in tempo di tanta allegrezza, avendo per mia giustificazione esempio di poeti greci, in altre favole, e il nostro Dante ardì di affermare essersi sommerso Ulisse nella sua navigazione, tutto che Omero, e gl'altri poeti avessero cantato il contrario. Così parimente ho seguito l'autorità di Sofocle nel Aiace in far rivolgere la scena non potendosi rappresentar altrimenti le preghiere, e i lamenti d'Orfeo. »

147. Sur cet épisode, voir *supra*, ch. 1, p. 90-98.

il fonctionne comme une sorte de clin d'œil, tout particulièrement lorsque le médecin Bastiano discute des notions aristotéliciennes de « mouvement » et d'« altération », en montrant comment elles s'articulent à celles de plaisir et de déplaisir[148]. Par là, le texte se trouvait associé en sous-main avec les Alterati, dont deux des interlocteurs fictifs du dialogue, Lorenzo Giacomini et Giovan Battista Strozzi, étaient des membres influents. Simultanément, les audaces idéologiques dont le dialogue était rempli se trouvaient aussi réliées à l'académie, quoique indirectement et de manière subreptice. Ainsi le *Della cognitione di se stesso* publiait-il discrètement l'originalité et la hardiesse des Alterati, tout en les cachant soigneusement de tous ceux qui n'étaient pas au fait des mystérieuses pratiques de cette institution.

Cependant, dans le cas de l'*Euridice*, comment comprendre cette manière d'associer la modification du dénouement de la fable avec les valeurs et/ou les activités de l'académie, au travers de la mobilisation du verbe *alterare* ? Il convient d'abord de souligner que, en changeant l'issue du mythe, Rinuccini ne contredisait pas seulement le mythe ovidien. Il allait aussi contre les lectures allégoriques qui avaient été faites de la fable durant l'Antiquité, en particulier celle de Boèce, que Ficin — en faisant allusion à Orphée se retournant vers Eurydice à la fin de sa fable allégorique sur le Plaisir, précédemment évoquée — avait suivi de près. Selon la *Consolation de la philosophie*, Orphée perd en effet son accès au monde spirituel, représenté par la lumière du jour, quand il tourne de nouveau sa tête vers la nuit des Enfers — afin d'avoir le plaisir de reposer ses yeux sur Eurydice — et se laisse aller à éprouver pour elle un amoureux désir[149]. Cependant, comme on le verra dans les analyses qui suivent, dans l'*Euridice* de Rinuccini et Peri, c'est en réalité le corps ressuscité de la jeune femme qui permet l'ascension de son âme, dans le cours de ce qui est présenté aussi bien comme une merveille que comme un véritable miracle. Sensualité et transcendance se trouvent donc *in fine* réunies, l'altération apportée à la fable construisant la figure d'Euridice revenue à la vie en une allégorie de l'association étroite du matériel et du spirituel, tant sur le plan éthique que sur le plan esthétique. Il est dès lors possible que, par l'emploi du verbe *alterare*, Rinuccini ait également cherché à suggérer une lecture métathéâtrale du spectacle, dans le cadre de laquelle — à l'image de son personnage éponyme — l'œuvre elle-même, par son dénouement heureux, pourrait se lire tout à la fois comme un objet d'ivresse

148. *Della cognitione di se stesso*, p. 79-81.

149. BOÈCE, *Consolation de la philosophie*, introduction, traduction et notes par Jean-Yves GUILLAUMIN, Paris, Les Belles Lettres, 2002, III, 12, vers 45-58, p. 96 : « Orphée eut de son Euridice / La vue, la perte, le trépas. / C'est vous que la fable concerne, / Qui voulez là-haut faire remonter votre esprit. / Car si vers l'antre du Tartare / On s'abaisse à jeter les yeux, / Tout ce qu'on portait de précieux, / On le perd, regardant en bas. »

sensuelle et comme une source d'élévation spirituelle, selon la double valeur que l'académie donnait en son sein à la notion d'altération[150].

Mais l'énigmatique expression « alterare il fine della favola d'Orfeo » n'était pas seulement une tentative pour spiritualiser la fable ovidienne, ainsi appelée à devenir maîtresse tant de vie que d'art. Elle rattachait aussi énigmatiquement le spectacle aux Alterati, en invitant les lecteurs du *libretto* qui auraient été au fait de l'association de Rinuccini avec l'académie à se demander en quoi le mélodrame pouvait se rapporter aux académiciens, dans leur rôle de créateurs de divertissement curiaux. Dans sa dédicace à Marie de Médicis, Rinuccini conduisait d'ailleurs ses lecteurs à se poser pareille question de manière détournée en suggérant que, sans l'altération audacieusement effectuée par lui dans la fable, il n'aurait pu dépeindre les supplications d'Orphée, ni son triomphe sur le dieu des Enfers. Le poète stipulait en effet qu'il n'avait pu se passer de « ce retournement, sans lequel <il> ne pouvai<t> représenter les prières et lamentations d'Orfeo ». L'expression intrigue en ce qu'elle semble laisser entendre que la représentation de la scène au cours de laquelle le barde triomphe du pouvoir politique et de la mort était en réalité le centre du spectacle proposé, et même l'épisode en fonction duquel l'ensemble de l'œuvre aurait été agencée. Or cette scène est précisément celle par laquelle Rinuccini et Peri exaltent les pouvoirs de persuasion de la poésie et de la musique — c'est-à-dire, au moins pour une part, leurs propres pouvoirs. En cela, l'insistance sur les « lamentations d'Orphée » incitait aussi le lecteur à prêter une attention toute particulière à la manière dont le spectacle mettait allégoriquement en scène, au travers des interactions d'Orfeo et du dieu des Enfers, les relations entre ceux qui détiennent le pouvoir d'enchanter par la poésie et la musique, et les représentants du pouvoir politique et/ou divin — pour y chercher tout à la fois des vérités générales et des applications plus précises, renvoyant possiblement aux créateurs du spectacle.

Pour mieux comprendre les significations complexes qui naissent de l'entremêlement de ces deux discours allégoriques — celui sur la matérialité spirituelle d'Euridice et celui sur les pouvoirs d'Orfeo — il est néanmoins nécessaire de les analyser plus au long en dissociation, en commençant par faire apparaître comment les créateurs de l'*Euridice* envisageaient, dans leur altération de la fable choisie, la question des rapports entre matière et esprit.

150. Sur la valeur de ce mot aux yeux des académiciens, voir *supra*, ch. 1 (p. 46-49 et p. 100-102), ch. 2 (p. 183-189) et ch. 4 (p. 355-369).

3.3. *Figuration d'une matérialité transcendante : sensualité, spiritualité et spectacle*

Le mélodrame créé par Rinuccini et Peri conduit à l'appréhension d'une forme de matérialité transcendante par une série de retournements qui mènent les spectateurs de l'expérience du bonheur terrestre à celle de la mort, avant de les faire assister à un retour au monde matériel qui est aussi, paradoxalement, une élévation spirituelle préfigurant l'accès aux joies de l'au-delà. L'action de l'*Euridice* s'ouvre par un prologue au cours duquel une allégorie de la tragédie annonce qu'elle n'entend plus filer des récits de sang versé et de tyrannies sans fin, avec pour seul but de faire naître la pitié et l'horreur[151]. Il s'agira au contraire pour elle de faire la démonstration de ses « formes changées » (« cangiate forme »), en l'honneur de l'occasion joyeuse que lui offre le mariage royal. Cette figure allégorique promet même de ne générer que l'émerveillement (« stupore ») et un « doux plaisir » (« dolce diletto »). La première scène de l'opéra s'en tient aux agréments annoncés : elle représente en effet une scène de liesse pastorale, en célébration du mariage d'Orfeo et d'Euridice. Bergers et nymphes chantent leur joie et leur contentement (« gioia », « diletto »), tandis qu'Euridice exprime ses « plaisirs » (« i miei diletti »). Le chœur pastoral chante et danse pour célébrer ce qu'il dépeint comme « un beato giorno ». L'expression signifie en premier lieu « jour heureux », mais elle pouvait aussi être entendue d'un public chrétien dans le sens de « jour béni », voire de « jour saint[152] ». Or l'ambivalence de cette locution apparemment anodine n'était sans doute pas fortuite : l'expression pouvait suggérer d'entrée de jeu qu'une corrélation entre plaisirs terrestres et plaisirs spirituels allait être élaborée.

La scène II — qui s'ouvre par un chant de joie d'Orfeo — continue à associer sensualité et aspiration à une forme de transcendance. Orfeo évoque d'abord les peines qui ont été les siennes lorsqu'il courtisait Euridice, tout en anticipant les plaisirs qui s'annoncent lors de sa nuit de noces. En réponse, Tirsi, un berger, souligne que le bonheur amoureux encore tout neuf d'Orfeo est en réalité tout autant une joie spirituelle qu'une jouissance sensuelle. Il décrit ainsi le Dieu de l'amour enflammant l'âme des amants de sa « céleste flamme » (« celeste fiamma ») avant de sous-entendre que, dans l'heureux mariage qui les attend, Orfeo et Euridice partageront la béatitude des anges, arborant sur leur visage « un sourire de paradis »

151. PERI, Jacopo, *Euridice*, Prologue, p. XVI : « Non sangue sparso d'innocenti vene / Non ciglia spente di tiranno insano, / Spettacolo infelice al guardo humano / Canto su meste, e lagrimose scene. / Lungi via lungi pur da regi tetti / Simolacri funesti, ombre d'affanni, / Ecco i mesti coturni, e i foschi panni / Cangio, e desto ne i cor più dolci affetti. »

152. PERI, Jacopo, *Euridice*, scène I, p. XVII-XIX.

(« un riso di paradiso »)[153]. L'image de ce sourire de bonheur emprunte sans doute d'abord aux conceptions néoplatoniciennes de l'amour, telles que les avaient exposées Marsile Ficin, où l'union des cœurs donnait accès à l'harmonie universelle. Mais cette spiritualité néoplatonicienne est cependant contrebalancée dans la suite de la scène par la mention, dans la bouche d'Orfeo lui-même, des « fiamme » et des « ardori » qui l'animent[154]. Bien que communes dans la poésie amoureuse de la première modernité, tout particulièrement en Italie, ces expressions de désir charnel et du chaos émotionnel qu'il provoque pouvaient aussi fonctionner, dans le *libretto* de Rinuccini, comme autant de renvois à la tradition sensualiste italienne pour laquelle le *De pulchro et amore* d'Agostino Nifo constituait une référence centrale[155].

Pourtant, dans la scène II d'*Euridice*, l'évocation sereine des plaisirs de l'amour, où sensualité et spiritualité pourraient trouver à s'accorder harmonieusement, est de courte durée. Le chant de Tirsi est en effet immédiatement interrompu par l'arrivée de Dafne qui déclare que son cœur est plein de piété (« pietate ») et de terreur (« spavento ») — qui sont les deux émotions tragiques par excellence, dans la tradition aristotélicienne — alors que la musique devient lugubre après avoir été joyeuse. Ce changement de ton marque le premier renversement du cours de l'action, qui conduit le spectateur du bonheur au malheur. Dafne poursuit en narrant la mort pitoyable d'Euridice, dont elle vient d'être témoin[156]. Or, dans son récit, plusieurs détails diffèrent notablement de la fable ovidienne. Ces écarts permettent dès lors de mieux mesurer les transformations que Rinuccini fait subir au mythe d'Orphée pour servir l'énonciation indirecte de ses vues sur les plaisirs de l'amour comme de l'art. Dafne explique en effet qu'Euridice prenait un « doux plaisir » (« dolce diletto ») à proximité d'un ruisseau, chantant doucement et dansant avec grâce lorsqu'un serpent l'a mordue à la cheville. Elle est alors tombée à terre comme fauchée, avant de mourir en appelant Orfeo. Or, si Ovide mentionnait bien une vipère, il n'évoquait en rien le fait qu'Euridice aurait chanté ou dansé lorsque le serpent la mordit. Ces détails ajoutés sont parlants parce qu'ils associent allégoriquement la figure d'Euridice avec la musique et la danse, deux activités souvent tenues par les contemporains pour excessivement sensuelles et parfois

153. Peri, Jacopo, *Euridice*, scène II, p. xx : « Nel puro ardor della più bella stella / Aurea facella, di bel foc' accendi / E qui discendi su l'aurate piume / Giocondo Numèe, e di celeste fiamma / L'anime infiamma. / Lieto Imeneo d'alta dolcezza un nembo / Trabocca in grembo, a' fortunati amanti, / E tra bei canti di soavi amori / Sveglia nei cori, una dolce aura, un riso / Di paradiso ».

154. 153. Peri, Jacopo, *Euridice*, scène II, p. xix.

155. Dans les ch. XIV à XVI du *De pulchro et amore*, Agostino Nifo réfute les thèses de Ficin sur l'amour ; les ch. XXVII-XLII du même livre contiennent aussi un petit traité sur le plaisir (*De pulchro et amore II*, p. 11-18 et 36-57).

156. Peri, Jacopo, *Euridice*, scène II, p. xx-xxii.

même décriées comme impies[157]. Dans le livret de Rinuccini, Euridice est frappée mortellement au moment même où elle est en train de se livrer à ces passe-temps mondains, comme pour rappeler ces accusations au souvenir des spectateurs et des lecteurs. Celles-ci seront ultérieurement allégoriquement réfutées par le poète au cours du *finale* de l'opéra, qui montre Orfeo triomphant de la mort par le moyen de sa musique, au milieu de chants et de danses qui rassemblent l'ensemble de la distribution[158]. Cependant, lorsqu'il apprend la mort d'Euridice dans la scène II, Orfeo ne manque pas de se lamenter, parmi les bergers, sur la fragilité de tous les plaisirs terrestres, avant de sortir en promettant de retrouver sa bien-aimée dans la mort.

Le jeune homme a à peine quitté la scène que les nymphes annoncent en chantant un second retournement, assurant que le soleil ramènera bientôt « il dì lieto, e giocondo » (« le jour heureux et joyeux »). Ce nouveau renversement commence à prendre forme à la scène III avec l'apparition d'un mystérieux personnage féminin. Le plus proche compagnon d'Orfeo, Arcetro, décrit d'abord le désespoir de son ami lorsqu'il découvre le corps sans vie de sa bien-aimée. Il évoque ensuite l'arrivée dans la scène qu'il raconte (mais que le spectateur ne voit pas, au moment où il parle) d'une « dame d'apparence céleste » (« donna viddi celeste »), qui offre à l'inconsolable amant son « céleste secours » (« celeste soccorso »)[159]. Cette figure, qui fait ensuite son entrée à la scène IV, ne fait pas non plus, à proprement parler, partie du récit des *Métamorphoses* (même si l'Amour est invoqué à plusieurs reprises dans le récit ovidien). Elle est désignée dans la distribution comme Vénus, mais, pour les spectateurs, son identité reste mystérieuse pendant toute la narration d'Arcetro, car son nom n'est pas mentionné au cours de la scène. Ce personnage paraît d'abord renvoyer à la Vénus lucrétienne, c'est-à-dire au principe d'énergie et de plaisir qui mène le monde dans la tradition hédoniste — notamment parce qu'Arcetro souligne que les attributs traditionnels de Vénus (soit deux colombes) l'accompagnent. Mais, comme le nom de cette figure n'est pas prononcé, plusieurs

157. Voir ARCANGELI, Alessandro, *David o Salomè ? Il dibattito europeo sulla danza nella prima età moderna*, p. 69-132 et, du même, « Danza e censura nella prima età moderna » dans *Teatro e censura*, textes réunis par GOLDONI, Annalisa et MARTINEZ, Carlo, Naples, Liguori, 2004, p. 33-42.

158. PERI, Jacopo, *Euridice*, scène V, p. XXXVII.

159. PERI, Jacopo, *Euridice*, scène III, p. XXVI : « Io che pensato aveva di starmi ascoso / Fin che l'aspro dolor sfogasse alquanto / Quando su 'l prat' erboso / Cader lo vidi, e crescer pianto, a pianto / Mossi per sollevarlo. O meraviglia, / Et ecco un lamp'ardente / Dall'alto ciel mi saettò le ciglia. / All'or gl'occhi repente / Rivolsi al folgorar del nuovo lume / E sovr'uman costume / Entro bel carro di zaffir lucente / Donna vidi celeste, al cui sembiante / Si coloriv'il ciel di luce e d'oro. / Avvinte al carro avante / Spargean le piume candidette, e snelle / due colombe gemelle, / E qual le nubi fende / Cigno che d'alto alle bell'onde scende / Tal con obliqui giri / Lente calando là fermaro il volo, / Ove tra rei martiri / Lo sconsolato amante / Premea con guancia lagrimosa il suolo ; / Ivi dal carro scese / L'altera donna, e con sembiante umano / Candida man per sollevarlo stese / Al celeste soccorso / La destra ei porse, e te' sereno il viso, / Io di sì lieto avviso / Per rallegrarvi il cor mi diedi al corso. »

autres figures, plus ou moins étroitement associées avec la foi chrétienne, peuvent être superposées à ce personnage qui incarne aussi la compassion et l'assistance, créant ainsi les conditions d'une allégorie multidimensionnelle. Orfeo s'adresse en effet à cette mystérieuse femme en lui donnant pour titre celui de « (Bella) madre d'Amore[160] ». La périphrase fait bien sûr référence à la mère du dieu Amour, mais elle peut aussi évoquer la figure d'une mère pleine d'amour, suggérant alors plutôt un rapprochement avec la figure de la Vierge Marie. Comme cette femme d'apparence divine, toujours prompte à apporter avec compassion son « céleste secours », Marie est en effet une figure d'attention, de soin et de générosité. Enfin, la figure de la Charité — souvent associée à la Renaissance à la figure de la Vierge — vient aussi à l'esprit, notamment parce que cette figure tend la main à Orfeo et promet de l'aider à aller chercher sa bien-aimée aux Enfers. La machine dans laquelle ce personnage féminin arrivait sur scène — un chariot tiré par « deux colombes » — signalait au demeurant cette polyvalence : car si la colombe est bien un des attributs de Vénus, elle représente aussi le Saint-Esprit lorsqu'elle est figurée avec la Vierge[161].

L'innovation de Rinuccini et Peri est cependant moindre ici qu'on ne pourrait le croire, tant les moralisations christianisées des fables d'Ovide étaient encore fréquentes dans la première modernité. La tradition en était très ancienne et, dans ce cadre, Orphée s'était souvent vu accorder une stature christique. Car, si, chez les chrétiens des premiers siècles, ce héros avait pu incarner aussi bien le paganisme rejeté qu'un précurseur du Christ[162], il fut, pendant le Moyen Âge, de plus en plus souvent associé avec le Sauveur[163]. Il est dès lors plus que probable que, pour certains spectateurs de l'*Euridice*, la figure de Vénus secourant Orfeo dans l'*Euridice* ait pu évoquer celle de la Vierge secourant son propre fils. La scène qui, dans l'œuvre de Rinuccini et de Peri, peut d'abord sembler entièrement centrée sur la glorification de l'amour terrestre, ouvrirait alors simultanément sur une interprétation chrétienne. Ainsi se trouverait également suggérée, avec autant de discrétion que d'audace, une forme de continuité entre plaisirs sensuels et joies spirituelles qui ne serait pas très éloignée des représentations, qui, dans la première partie de ce chapitre, ont été analysées dans les *discorsi* de Lorenzo Giacomini. Dans l'*Euridice*, la descente aux Enfers d'Orfeo, parti à la recherche de son amante avec l'assistance de la mystérieuse figure allégorique qui lui a proposé son secours, pourrait dès lors

160. PERI, Jacopo, *Euridice*, scène IV, p. XXVIII (ce personnage était aussi évoqué à la scène II, p. XVIII et XIX).

161. Cette figure aussi sensuelle que spirituelle n'était pas rare dans l'art florentin de la Renaissance, où la sensualité de Vénus était aussi fréquemment associée au ficinisme ; voir CHASTEL, André, *Art et humanisme à Florence au temps de Laurent le Magnifique. Études sur la Renaissance et l'humanisme platonicien*, Paris, Presses universitaires de France, 1982 (1re édition : 1959), p. 172 et suivantes, ainsi que p. 265-267.

162. JOURDAN, Fabienne, *Orphée et les chrétiens. La réception du mythe d'Orphée dans la littérature chrétienne grecque des cinq premiers siècles*, 2 vol., Paris, Les Belles Lettres, 2010 et 2011.

163. BLOCK FRIEDMAN, John, *Orpheus in the Middle Ages*, Cambridge, Harvard University Press, 1970.

être envisagée comme une mise à l'épreuve de cette association allégorique entre matérialité et spiritualité. Grâce à l'exploit d'Orfeo, la paradoxale transcendance des plaisirs du monde trouve en effet, lors de la résurrection d'Euridice, sa matérialisation scénique.

Dès la scène suivante, Orfeo suit en effet le conseil de Vénus et descend aux Enfers en sa compagnie, pour supplier Plutone de lui rendre sa femme. Or son plaidoyer n'est pas seulement soutenu par une démonstration des pouvoirs de sa musique[164]. Il est aussi rendu plus efficace par l'évocation de la force surnaturelle de l'amour. En effet, afin de convaincre Plutone de laisser Euridice renaître à la vie — autrement dit de la laisser ressusciter, dans les termes du christianisme —, Orfeo rappelle à Plutone combien il aime sa femme Proserpina[165]. Son plaidoyer est secondé par Proserpina qui — dans un geste qui ne figure pas non plus dans la fable ovidienne, mais a sans doute été inspiré à Rinuccini par la lecture de la *Fable d'Orphée* d'Ange Politien[166] — appelle solennellement Plutone à accorder à Orfeo ce qu'il demande, au nom de l'amour qu'il trouve en elle. Plutone est ému mais hésite à aller à l'encontre des lois de son royaume, qui interdisent qu'aucune ombre ne revienne jamais à la vie. Pourtant, les supplications d'Orfeo et ses chants touchent tant le dieu des Enfers que Plutone finit par accorder au poète et musicien la grâce que celui-ci implore de lui :

> « *Qu'aujourd'hui la pitié triomphe dans les champs infernaux,*
> *et que ce soit gloire et honneur*
> *de tes larmes, de ton beau chant.*
> *Ô ministres éternels de mon royaume,*
> *escortez à travers l'air obscur,*
> *l'amant fidèle jusqu'au-devant de sa dame.*
> *Descends, noble amant,*
> *descends joyeux et sans crainte,*
> *dans nos demeures,*
> *et ton épouse bien aimée*
> *avec toi reconduis au ciel serein et pur*[167] »

164. Sur l'exaltation des pouvoirs de la musique dans *Euridice*, voir Russano Hanning, Barbara, *Of Poetry and Music's Power : Humanism and the Creation of the Opera*, Ann Arbor, UMI Research Press, 1980 (1969), p. 1 20.

165. Peri, Jacopo, *Euridice*, scène IV, p. xxix-xxx.

166. Politien, Ange, *Stance/Stanze et Fable d'Orphée/Fabula di Orfeo*, introduction et traduction par Émilie Séris, textes et notes de Francesco Bausi, Paris, Les Belles Lettres, 2006, p. 70.

167. Peri, Jacopo, *Euridice*, scène IV, p. xxxi : « Trionfi oggi pietà ne' campi inferni, / E sia la gloria, e 'l vanto / Delle lagrime tue, del tuo bel canto, / O della regia mia ministri eterni / Scorgete voi per entr'all'aer oscuro / L'amator fido alla sua donn' avante, / Scendi, gentil amante / Scendi lieto, e sicuro / Entro le nostre soglie, / E la diletta moglie / Teco rimena 'l ciel sereno, e puro. » La traduction française du livret d'*Euridice* par Ottavio Rinuccini mobilisée ici — comme pour l'ensemble des passages français cités atteignant une longueur de plusieurs vers — a été établie par Cécile Berger, Constance Jori et Jean-François Lattarico,

La musique et l'amour viennent ainsi à bout tant du pouvoir d'un roi tout-puissant que des lois de la nature — en particulier celles qui régissent la vie et la mort, dont Plutone se présente comme le gardien. Le résultat est un triomphe dont l'art est la cause, mais dont les chemins sont l'émotion, l'éveil de la sensibilité et surtout la naissance d'une passion qui est, dans l'œuvre, le pendant chrétien de l'amour et du désir, à savoir la miséricorde. Cette forme de générosité et de bienveillance est opposée dans la scène à la « pietà » (pitié) douloureuse, païenne et stérile que rejetait, dans le prologue, la Tragedia, en la désignant comme un rouage dramatique inadapté aux circonstances comme au public de l'œuvre. À sa place, Rinuccini fait agir la compassion, tant dans le public que sur la scène, où, une fois Plutone persuadé, un chœur composé de divinités infernales souligne avec insistance le rôle joué par la « grâce » (« mercede ») dans ce dénouement miraculeux, rattachant ainsi explicitement le geste compatissant de Plutone à la figure charitable d'une Vénus christianisée[168].

La dernière scène de l'opéra ramène le spectateur aux promesses de fin heureuse faites par la Tragedia dans le prologue, en représentant le retour d'Euridice sur terre. En transformant cette fin tragique si célèbre en un dénouement heureux, Rinuccini fait voir qu'un bonheur spirituel peut être trouvé au sein des plaisirs charnels qu'offrent l'amour mais aussi l'art. Cependant ce dénouement inattendu n'est pas uniquement pour lui une manière de définir une forme de transcendance qui n'exclut pas les plaisirs matériels. Il est aussi une façon de se positionner dans le champ esthétique, par le biais d'une sorte de métadiscours allégorique sur le sens et les pouvoirs du renversement dramatique. Car, en retournant comme un gant le texte d'Ovide tout autant que celui de Boèce, la résolution imaginée par Rinuccini affirme aussi que la merveille (*meraviglia*) est une part essentielle du pouvoir spirituel tout autant qu'émotionnel de toute forme d'art dramatique.

Comme pour mieux souligner la puissance de l'émerveillement, Rinuccini s'attarde au demeurant longuement sur toutes les étapes successives de ce retournement de situation dans la dernière partie de son drame. Au début de la scène V, le poète commence par ramener progressivement le spectateur à la scène pastorale avec laquelle l'opéra s'était ouvert. Les bergers s'y montrent d'abord inquiets du sort d'Orfeo et d'Euridice, mais Aminta annonce bientôt que la douceur

sous la direction scientifique de Françoise DECROISETTE, Françoise GRAZIANI et Joël HEUILLON, Paris, 2000 (le passage cité se trouve p. 24-25). Cette traduction est disponible en ligne à l'adresse suivante : http://www.musique.univ-paris8.fr/orphee/IMG/pdf/-7.pdf. L'édition électronique du texte est due aux soins d'Adrien ALIX. (Les traductions françaises plus brèves, insérées dans mon propre texte, sont en revanche le plus souvent miennes.)

168. PERI, Jacopo, *Euridice*, scène IV, p. XXXI : « Unqua nè mortal piede / Calpestò nostr'arene, che d'impetrar mercede / Non nacque al mondo speme / In quest'abisso dove / Pietà non punge, e muove. »

(« dolcezza ») et la joie (« gioia ») sont revenues dans le cœur d'Orfeo[169]. Les bergers sont, dans un premier temps, incrédules, mais dès qu'Aminta a narré la miraculeuse réapparition d'Orfeo et de sa bien-aimée sur la terre, ils expriment à la fois « stupore » (« stupeur ») et « diletto » (« plaisir »)[170]. Ces termes n'expriment pas seulement l'émerveillement et le plaisir des bergers imaginant le retour des amants à la vie, ils mettent aussi en mots, comme par homothétie, l'expérience dramatique du spectateur. De manière remarquable, ni le public ni les bergers ne voient initialement ce miracle, qui n'est d'abord présent sur la scène que par les vers chantés par Aminta. Car Rinuccini ne donne pas immédiatement une incarnation scénique à la merveille qu'il fait advenir, de la même manière qu'il s'était abstenu de faire apparaître Vénus sur la scène lorsqu'elle descendait des cieux pour accompagner Orfeo dans sa descente aux Enfers, préférant faire raconter cette *meraviglia* par Arcetro.

Ce nouveau retard créé dans la figuration scénique d'une apparition miraculeuse ou divine était peut être d'abord destiné à rendre l'usage de machines scéniques inutiles. Celles-ci n'étaient d'ailleurs peut-être pas disponibles dans l'appartement de don Antonio de Médicis. Mais un tel choix avait sans doute aussi des implications métathéâtrales — et même philosophiques. Car, en soustrayant les scènes les plus spectaculaires à la vue de ses spectateurs, Rinuccini invitait en fait le public à les imaginer, l'incitant ainsi à participer à la création de la « stupore » et du « diletto », pendant que le cœur des bergers lui suggérait des images de ce bonheur ineffable[171]. Cette manière d'encourager les spectateurs à prendre conscience des pouvoirs de leur propre imagination rattache l'œuvre de Rinuccini et de Peri aux réflexions que cette faculté a fait surgir chez ceux de ses contemporains qu'elle fascina, par sa capacité de permettre la visualisation intérieure de ce que l'on conçoit[172]. Au premier rang de ceux-ci figura le Tasse, qui élabora avec grand soin dans ses écrits théoriques la notion de « merveilleux vraisemblable », soit d'un vraisemblable au sein duquel les forces de l'au-delà puissent être figurées par la fantaisie du poète,

169. Peri, Jacopo, *Euridice*, scène V, p. XXXIII.

170. Peri, Jacopo, *Euridice*, scène V, p. XXXIV : « Pensa di qual stupor, di qual diletto / Ingombrò l'alme, e i cori / Della felice coppia il dolce aspetto. »

171. Peri, Jacopo, *Euridice*, scène V, p. XXXIV : « Chi può del cielo annoverar le stelle, / O i ben di paradiso, / Narri la gioia lor, la fest' e 'l riso. / Ridite, piagge, voi campagne e monti, / Ditelo fium'e fonti, / E voi per l'alto ciel zeffiri erranti, / Qual fu gioia mirar sì cari amanti. / Qual pallidetto giglio / Dolcement'or languia la bella sposa / Or qual purpurea rosa / Il bel volto di lei venia vermiglio ; / Ma sempr'o ch'il bel ciglio / Chinasse a terra, o rivolgessi in giro / L'alme beava, e i cor d'alto martiro, / Ardea la terra, ardean gl'eterni giri, / Ai gioiosi sospiri / Dell'uno, e l'altro innamorato core, [...]. »

172. Pour un examen de la fascination qu'a suscitée l'imagination à la Renaissance, tant chez les penseurs qui s'intéressent aux matérialismes que chez les néoplatoniciens, voir Ansaldi, Saverio, *L'Imagination fantastique : images, ombres et miroirs à la Renaissance*, Paris, Les Belles Lettres, 2013.

devenant ainsi imaginables pour ses lecteurs[173]. Lorenzo Giacomini fit pour sa part de l'imagination une notion clef de son oraison sur la fureur poétique : c'est en effet en plaçant l'imagination au fondement de tout labeur poétique qu'il entreprenait de discréditer l'idée que la poésie serait d'inspiration divine. Chez lui, l'imagination apparaît ainsi comme l'expression de la liberté créatrice du poète et comme ce par quoi, avec le savoir-faire qu'il a acquis, il pourra mériter la gloire : il importerait donc avant tout de savoir la cultiver en prenant soin de son corps et en favorisant les dispositions de l'âme qui seront propices au travail de celle-ci[174].

En jouant avec l'imagination des spectateurs de l'*Euridice*, le *libretto* de Rinuccini s'inscrit dans la lignée de ces poétiques sensualistes : il travaille en effet à faire prendre conscience des pouvoirs de l'imagination et de son rôle central, non seulement dans les activités artistiques mais encore dans la compréhension des rapports entre matérialité et spiritualité. C'est sans doute la raison pour laquelle, en faisant finalement rentrer Euridice en scène à la scène V, Rinuccini semble d'abord présenter l'héroïne miraculeusement ressuscitée comme le produit des efforts collectifs des personnages présents sur la scène pour accepter son glorieux retour à la vie. À ce moment, les nymphes doutent en effet elles-mêmes de la réalité de son corps, tandis que la jeune femme les invite à s'assurer, en usant de leurs sens (toucher, vue, ouïe), de ce qu'elle est bien matière et non pas esprit :

> Nymphe I
> *Est-ce toi, est-ce bien toi*
> *qui entre nos bras abandonna*
> *ta belle dépouille, quand ton âme s'en fut !*
>
> Euridice
> *Je suis, je suis bien celle que vous pleuriez ;*
> *laissez là toute crainte, aimables demoiselles :*
> *pourquoi douter, pourquoi hésiter encore* ?
>
> Nymphe II
> *Ô dieux éternels !*
> *Je vois tes beaux yeux, je vois ton beau visage*
> *Et il semble que je ne peux en croire mes yeux.*
>
> Euridice
> *Dans cet air radieux*
> *je respire et je vis moi aussi :*
> *voyez ma blonde chevelure*

173. Tasso, Torquato, *Discours de l'art poétique, Discours du poème héroïque*, « Discours de l'art poétique », premier discours, p. 77-80 et « Discours du poème héroïque », second discours, p. 179-186.

174. Giacomini, Lorenzo « Del furore poetico », dans Weinberg, Bernard (éd.), *Trattati di poetica e retorica del Cinquecento*, t. 3, p. 431, p. 436, p. 438 et p. 442.

et de mon beau visage
voyez, mes dames, l'ancienne apparence ;
reconnaissez ces accents familiers,
écoutez le son de ces paroles amies.

Dafne
Mais comment se peut-il que tu vives et respires ?
Les dieux de l'éther ont-ils donc dépouillé
le vaste royaume infernal de ses trésors ?

Euridice
C'est Orphée qui m'arracha au ténébreux royaume.

Arcetro
Ainsi la valeur d'un mortel peut obtenir autant ?

Orfeo
De ce don suprême furent dignes
la douceur de mon chant et le son de ma lyre[175].

Au cours de cette scène de résurrection, Euridice revient à la vie en tant que miracle, c'est-à-dire comme l'incarnation d'un merveilleux chrétien. La scène semble même presque inverser les étapes de la résurrection du Christ, en faisant s'incarner la matérialité éblouissante de la jeune femme dans ce qui n'avait d'abord semblé sur la scène qu'un spectre (« Tu sei, tu sei pur quella / ch'in queste braccia accolta / lasciasti il tuo bel velo, alma disciolta ? »). Le Christ, d'homme qu'il était pour une part, révèle par son ascension sa divinité. Mais l'Euridice de Rinuccini et Peri, d'ombre qu'elle était devenue aux Enfers, redevient paradoxalement un corps en ressuscitant. Plus étonnant encore, elle reprend vie par l'amour. Orfeo rappelle en effet à ce propos qu'il a été conduit jusqu'à l'Hadès par Vénus elle-même, qui a permis que sa voix soit entendue aux Enfers[176]. « Mais que ne peut l'Amour ? » (« Ma che non puote Amore ? »), demande alors la nymphe Dafne, soulignant

175. *Euridice*, livret Ottavio RINUCCINI, traduction française par Cécile BERGER, Constance JORI et Jean-François LATTARICO, préparée sous la direction scientifique de Françoise DECROISETTE, Françoise GRAZIANI et Joël HEUILLON (Université de Paris VIII), Paris, 2000, p. 31-32. Pour le texte italien, voir PERI, Jacopo, *Euridice*, scène V, p. XXXV-XXXVI : « Ninfa II : Tu sei, tu sei pur quella / Ch'in queste bracci' accolta / Lasciasti il tuo bel velo, alma disciolta. / Euridice : Quella, quella son io, per cui piangeste, / Sgombrat'ogni timor donzelle amate, / A che più dubbie, a che pensose state ? / Ninfa II : O sempiterni Dei ! / Pur veggio i tuoi bei lumi, e 'l tuo bel viso / E par ch'anco non creda a gl'occhi miei. / Euridice : Per quest'aer giocondo / E spir' e vivo anch'io : / Mirate il mio crin biondo / E del bel volto mio / Mirate, donne, le sembianze antiche ; / Riconoscete omai gl'usati accenti, / Udite il suon di queste voci amiche. / Dafne : Ma come spiri, e vivi ? / Com'oggi nell'inferno / Spoglian de' pregi suoi gl'eterei divi ? / Euridice : Tolsemi Orfeo dal tenebroso regno. / Arcetro : Dunque mortal valor cotanto impetra ? / Orfeo : Dell'alto don fu degno / Mio dolce canto, e 'l suon di questa cetra. »

176. PERI, Jacopo, *Euridice*, scène V, XXXVI : « Aminta : Come fin giù ne' tenebrosi abissi / Tua nobil voce udissi ? Orfeo : La bella Dea d'amore / Non so per qual sentiero / Scorsemi di Pluton nel vasto impero. »

ainsi une nouvelle fois la puissance tant spirituelle que matérielle de cette passion, qui a tiré Euridice du royaume des ombres pour la faire revivre comme un corps au sein duquel une âme peut maintenant de nouveau s'incarner. Enfin, le *finale* de l'œuvre célèbre les forces qui ont fait naître ce miracle en associant étroitement les pouvoirs de Vénus (amour, charité, spiritualité) et ceux d'Orfeo (art, amour, imagination), tandis que le chœur chante la victoire de l'amant et du poète sur la mort, en rappelant son statut de « demi-Dieu[177] ».

3.4. Entre sacré et profane : la Rappresentatione *de Cavalieri, l'*Euridice *des Alterati et l'*Orfeo *des Invaghiti*

L'ensemble de l'*Euridice* travaille ainsi en sous-main à une spiritualisation du matériel, dont participent, dans l'allégorie déployée, tant l'amour que l'art. Sont postulées dans ce cadre non seulement la puissance et la valeur du monde sensible, mais encore sa pleine et entière participation à l'idéal, et même au sacré, sans hiatus ni frontières rigides entre matière et esprit. Autrement dit, si l'*Euridice* participe bien du développement, à la fin de la Renaissance, de ce que Florence Malhomme a décrit comme une « musique humaine » — en ce qu'elle instaure un dialogue avec l'âme, et travaille à la revalorisation de la corporéité[178] — l'œuvre n'affirme en réalité la légitimité de cette *musica humana* qu'en rattachant toujours celle-ci à une exigence spirituelle, brouillant par là même la distinction traditionnellement établie entre musique sacrée et musique mondaine. Or les quelques témoignages de réception subsistants pour l'*Euridice* suggèrent que cet effort pour effacer la frontière entre musique profane et musique sacrée fut nettement perçu par les contemporains, certains y voyant même une démarche potentiellement subversive.

Un certain nombre de remarques faites par les premiers spectateurs de l'*Euridice* indiquent en effet que le divertissement a originellement été appréhendé comme une tentative pour spiritualiser le temporel au travers d'une représentation des plaisirs de la musique et de l'amour qui en souligne la valeur transcendante, avant d'être critiqué comme tel. Ces remarques ne nous sont néanmoins connues que par les récits d'Emilio de' Cavalieri, qui — notamment en raison de la compétition exacerbée qui régnait entre les musiciens alors actifs à la cour de Ferdinand de Médicis — a vu la tentative de Peri et de Rinuccini d'un mauvais œil. Le 7 avril 1600, Cavalieri, écrivant de Rome, rapporte ainsi à l'un des secrétaires du grand-duc, Marcello Accolti, que beaucoup de florentins ont entendu parler

177. PERI, Jacopo, *Euridice*, scène V, p. XXXV et p. XXXVI.

178. MALHOMME, Florence, *Musica humana. La musique dans la pensée de l'humanisme italien*, Paris, Classiques Garnier, 2013.

d'une « pastorale » que Jacopo Corsi prépare et qui promet, selon les rumeurs, d'être « une chose venue des cieux » (« una cosa celeste »). Cavalieri, qui s'était tourné résolument vers la production de musique sacrée, commente néanmoins ce jugement avec ironie, en disant qu'il plaint les cieux et les anges de se trouver embarqués dans de telles comparaisons (« Pauvres cieux et pauvres anges à qui l'on applique de tels parallèles[179] ! »). La remarque est trop allusive pour être interprétée de manière univoque. Mais, étant donné la posture qui était alors celle du musicien, il est néanmoins possible de lire quelque peu entre les lignes. On devine alors que le bruit courait, non seulement à Florence mais encore parmi les florentins installés à Rome, que Corsi et les siens étaient en train de travailler à un divertissement qui cherchait à doter les plaisirs musicaux de la cour d'une résonance spirituelle, en donnant à un divertissement mondain des résonances « célestes ».

Or, aux yeux de Cavalieri, cette ambition était pour l'essentiel dévoyée, comme le suggèrent un second ensemble de remarques, datant d'après les célébrations d'octobre 1600 et elles aussi envoyées à Accolti[180]. Dans le post-scriptum d'une lettre datant de la fin novembre, Cavalieri compare en effet ce qu'il décrit comme l'échec tant de l'*Euridice* que du *Rapimento di Cefalo* avec le succès de sa *Rappresentazione di anima e di corpo* à l'Oratorio della Vallicella au début de l'année 1600, donnant deux raisons aux réserves qu'aurait exprimées le public florentin lors des célébrations du mariage de Marie de Médicis. D'une part, ses rivaux auraient choisi des sujets « tragiques » et/ou inadaptés (« soggetti da non potervi apporre »), c'est-à-dire des sujets qui ne pouvaient pas fonctionner adéquatement comme des éloges allégoriques des Médicis ou de l'événement célébré. Mais la raison principale de leur échec aurait résidé, selon Cavalieri, dans le choix d'une tonalité inappropriée et, sur ce point, son propos visait sans doute bien davantage l'*Euridice* que le *Rapimento*, auquel ses paroles ne paraissent pas réellement convenir. Cavalieri soutenait en effet que la forme de musique choisie pour ces spectacles avait paru inadaptée aux circonstances, ayant résonné aux oreilles des spectateurs curiaux comme une musique dévotionnelle des plus austères et non comme celle d'une célébration de cour : « Les personnes de tous rangs à qui j'ai parlé, écrivait-il, m'ont dit que les comédies avaient échoué, en particulier la grande. Ils m'ont soutenu que la musique était ennuyeuse et ressemblait au chant d'une Passion. Le marquis de Riano,

179. Voir la transcription de KIRKENDALE, Warren, *Emilio de' Cavalieri*, p. 365-366 : « Si è dato conto già a molti fiorentini di une pastorale nuova che fa il signor Jacomo <sic> Corsi, che dicono che sarrà cosa celeste. Scrivo le stesse parole che me vien detto. Poveri cieli et angeli a che pararelli <comprendre : paralleli> si mettono. »

180. Voir KIRKENDALE, Warren, *Emilio de' Cavalieri*, p. 371-373. Pour une traduction anglaise de l'intégralité de cette lettre, voir PALISCA, Claude V., « Musical Asides in the Diplomatic Correspondance of Emilio de' Cavalieri », *Musical Quarterly*, 49/3, 1963, p. 339-355 (p. 351-352) dont le texte est repris dans PALISCA, Claude V., *Studies in the History of Italian Music and Music Theory*, p. 389-404.

en particulier, parla de Passion[181]. » Cavalieri sous-entendait ainsi que l'effort de Peri pour adapter la forme du récitatif dévotionnel que lui-même avait récemment inventé pour l'Oratoire de Rome aux circonstances de la cour médicéenne avait produit un spectacle déplacé, puisque la musique sacrée n'aurait de place légitime que dans les églises et les institutions religieuses. Les plaisirs du monde ne pouvaient ni ne devaient, aux yeux de Cavalieri, échapper à leur statut d'activités profanes. Et aucune mise en scène du mythe d'Orphée ne devait résonner comme la Passion du Christ.

Les scènes 4 et 5 de l'acte II de la *Rappresentatione* de Cavalieri manifestaient de fait un rejet sans équivoque des plaisirs mondains, au cours d'un échange pendant lequel l'Âme invitait le Corps à repousser toute forme de « diletto » terrestre — dénoncé comme vain et fallacieux — alors que Piacere, une allégorie du Plaisir, paradait lascivement avec deux de ses mignons, au son de danses napolitaines que leur évident caractère profane faisait immédiatement apparaître comme ridicules[182]. Les mots que le compositeur romain rapporte à Accolti ne disent néanmoins pas seulement l'inconfort de Cavalieri lui-même face au projet des protégés de Corsi. Ils laissent aussi supposer que l'*Euridice* — lorsque l'œuvre travaille à définir l'amour, la musique et la danse comme des plaisirs qui seraient susceptibles de conduire l'âme vers une appréhension plus juste et plus pleine du divin — devrait au moins en partie être comprise comme une réponse à l'attitude de musiciens tels que Cavalieri, qui prétendaient tenir rigoureusement séparés les plaisirs associés au corps et ceux qui étaient traditionnellement décrits comme convenant à l'âme chrétienne. Face à l'opposition traditionnelle de la musique mondaine et de la musique profane, il se serait ainsi agi pour Peri et Rinuccini d'affirmer — de manière discrètement provocatrice — un rapport entre sacré et profane qui les associe constamment au lieu de les opposer. On mesure à quel point leur audace fut grande, et combien la liberté qu'ils pouvaient affirmer par-là vis-à-vis des autorités religieuses a pu sembler scandaleuse au fait que la fin qu'ils choisirent pour leur opéra — soit la résurrection d'Euridice — ne fut pas suivie par Claudio Monteverdi et Alessandro Striggio dans

181. Le texte est transcrit dans Kirkendale, Warren, *Emilio de' Cavalieri*, p. 372 : « E con quanti ho parlato, di ogni grado di persona, tutti mi hanno detto che le comedie non sono riuscite et in particolare la grande, et che le musiche sono state tediose et che li è parso sentire cantare la Passione. Et in particolare è stato detto dal marchese di Riano, di questa Passione. » Le marquis de Riano est Paolo Emilio Cesi, qui fut également chevalier de l'ordre de Saint Étienne. Ce n'est sans doute pas un hasard si Cavalieri a choisi de citer, en cette occasion, un laïc.

182. Le texte du *libretto* de Cavalieri est donné dans Kirkendale, Warren, *Emilio de' Cavalieri*, p. 301-313 (voir acte II, scènes 4 et 5, p. 306-307). Pour une analyse des danses napolitaines utilisées afin de caractériser le personnage de Piacere, voir Piéjus, Anne, « Un Théâtre de l'âme », dans Nativel, Colette (dir.), *Le Noyau et l'écorce : les arts de l'allégorie, xve-xviie siècle*, Paris, Somogy/Académie de France à Rome, 2009, p. 355-371 (p. 362).

leur *Orfeo*, qui est, à bien des égards, une réécriture de l'*Euridice* de Jacopo Peri et d'Ottavio Rinuccini.

La proximité entre les deux œuvres a souvent été soulignée, et les emprunts ou reformulations que les créateurs de l'*Orfeo* effectuent sur le libretto et la musique de l'*Euridice* ont déjà fait l'objet de plusieurs recensements[183]. Mais le sens de ce travail de réécriture et de réagencement demeurait difficile à cerner[184]. Il s'éclaire néanmoins si on envisage l'œuvre de Monteverdi non seulement comme une reprise de l'œuvre de Rinuccini et de Peri mais aussi, plus largement, comme une manière, pour les Invaghiti, de dialoguer avec les positions — tant esthétiques qu'éthiques et spirituelles — des Alterati, que l'*Euridice* avait mis en circulation sous le voile de l'allégorie. Le rapprochement entre les deux œuvres ne se justifie pas seulement en raison du fait que les créateurs du second divertissement connaissaient intimement les ouvrages que Peri et Rinuccini avaient réalisés ensemble. Il est aussi fondé parce qu'il s'agit, dans les deux cas, de créations académiques ou sans doute plus exactement, dans le cas, de l'*Euridice*, de créations para-académiques. Car l'*Orfeo* a aussi été mis au point au sein d'une académie patricienne ou en étroite interaction avec elle, avant d'être représenté à la cour. Le spectacle fut d'abord donné devant l'académie des Invaghiti à Mantoue, où le projet avait pour l'essentiel été conçu. En particulier, le librettiste de l'*Orfeo*, Alessandro Striggio, était un membre actif des Invaghiti, tout comme Ottavio Rinuccini avait été un académicien très engagé

183. Voir en particulier MONTEROSSO VACCHELLI, Anna Maria, « Elementi stilistici nell'*Euridice* di Jacopo Peri in rapporto all'*Orfeo* di Monteverdi », dans MONTEROSSO, Raffaello (dir.), *Claudio Monteverdi e il suo tempo*, Vérone, Stamperia Valdonega, 1969, p. 17-27, PIRROTTA, Nino, « Monteverdi e i problemi dell'opera », dans PIRROTTA, Nino, *Studi sul teatro veneto fra rinascimento ed età barocca*, Florence, L. S. Olschki, 1971, p. 321-343 ; RUSSANO HANNING, Barbara, *Of Poetry and Music's Power : Humanism and the Creation of Opera*, ch. 3, p. 117-130 et TOMLINSON, Gary, « Madrigal, Monody, and Monteverdi's *via actuale alla imitatione* », *Journal of the American Musicological Society*, 1981, 34/1, p. 60-108.

184. Certaines hypothèses mettent en avant les fonctions politiques de l'*Orfeo*, qui aurait visé, en 1607, à préparer le mariage de François IV de Gonzague, duc de Mantoue, avec Marguerite de Savoie ; voir en particulier FENLON, Iain, « The Mantuan *Orfeo* », dans WHENHAM, John (dir.), *Orfeo*, Cambridge, Cambridge University Press, 1986, p. 1-20 et « Le prime rappresentazioni dell'*Orfeo* di Monteverdi », *Philomusica On-Line*, 8/2, 2009, p. 50-63, accessible en ligne : http://openmusiclibrary.org/article/2506/, ainsi que SPAMPINATO, Francesco, « Les réécritures d'Orphée. Philosophie et politique dans le *finale* de l'*Orfeo* de Monteverdi », *Cahier d'études romanes*, 2013, 27, p. 243-258, accessible en ligne : http://etudesromanes.revues.org/4086. Plus convaincante est la lecture proposée dans SCHNEIDER, Federico, *Unsuspected Competitive Contexts in Early Opera : Monteverdi's Milanese Challenge to Florence's* Euridice *(1600)*, Rome, Edizioni di Storia e Letteratura, 2016, qui envisage, pour la première fois, l'*Orfeo* comme une réécriture de l'*Euridice* qui viserait à affirmer une religiosité contre-réformée. Néanmoins, les deux textes sur lesquels Federico Schneider s'appuie pour construire l'intertextualité de ces deux œuvres (un texte de Giovanni Talentone sur la merveille et un autre de Lionardo Salviati sur l'espérance) ne se relient que difficilement aux deux *libretti* en question du point de vue contextuel. La piste la plus évidente pour fonder, sur le plan historique, un rapprochement entre l'*Euridice* et l'*Orfeo* — soit l'hypothèse d'interactions et/ou de rivalités entre les deux académies dont les auteurs des deux *libretti* étaient membres, les Alterati et les Invaghiti — n'est pas envisagée par lui.

au sein des Alterati lors de la création de l'*Euridice*[185]. Dans un premier temps, l'opéra de Striggio et de Monteverdi fut présenté devant la cour de Vincent Ier de Gonzague, le 24 février 1607, apparemment au sein de l'académie des Invaghiti. Puis, le 1er mars suivant, une deuxième représentation, destinée aux « dames » de Mantoue, fut donnée[186]. L'*Orfeo* a par ailleurs de nombreux points communs avec les positions philosophiques et les activités académiques des Invaghiti, comme l'ont récemment mis en évidence les travaux du musicologue Joël Schwindt[187].

Les Invaghiti et les Alterati (la seconde académie ayant été créée seulement sept ans après la première, née en 1562) avaient de nombreux autres points communs, à commencer par leur recrutement aristocratique, leur intérêt pour les exercices rhétoriques (*discorsi*) et les questions de poétique — qu'ils voyaient comme des moyens de cultiver tant leur vertu que leur noblesse — et une admiration commune pour les œuvres du Tasse. L'auteur de la *Jérusalem délivrée* séjourna à Mantoue entre 1586 et 1587 puis au cours de l'année 1591, et trouva, dès le début des années 1580, protection et appui auprès de plusieurs membres de la famille de Gonzague. Le Tasse comptait aussi plusieurs autres amis et proches collaborateurs parmi les Invaghiti, dont Ascanio de' Mori, Stefano Santini, et surtout Scipion de Gonzague, qui publia en 1584 à Mantoue une nouvelle édition de la *Jérusalem délivrée*[188]. Les points communs entre l'académie des Alterati et celle des Invaghiti invitent dès lors

185. Claudio Monteverdi ne fut cependant pas membre des Invaghiti, probablement pour les mêmes raisons que Jacopo Peri ne rejoignit pas les Alterati : ces musiciens, qui mettaient leurs savoir-faire techniques au service du prince en échange d'un salaire, n'étaient pas considérés comme assez nobles ou assez libres.

186. Telles sont du moins les informations que l'on peut tirer des correspondances publiées par Iain Fenlon, « The Mantuan Orfeo », dans Whenham, John (dir.), *Orfeo*, p. 1-20 et p. 167-172 pour l'appendice contenant les correspondances (en particulier p. 170-171). Il n'est pas certain que les Invaghiti aient disposé d'une salle permettant de monter un spectacle ou qu'une salle ait été mise à disposition de l'académie par la cour.

187. Schwindt, Joël, *Academicism in Monteverdi's* Orfeo *: Oratory and Symmetry as Expressions of the* Accademia degli Invaghiti's *Philosophy*, PhD de Brandeis University, sous la direction d'Eric Chafe, accessible en ligne : http://pqdtopen.proquest.com/doc/1667771154.html?FMT=ABS, et « 'All that Glisters' : Orpheus's failure as an orator in Monteverdi's *Orfeo*, and the moral aims of the *Accademia degli Invaghiti* », *Cambridge Opera Journal*, 2014, 26/3, p. 239-270. Joël Schwindt vient de faire paraître un livre directement issu de sa thèse de doctorat : *Orpheus in the Academy : Monteverdi's First Opera and the Accademia degli Invaghiti*, Routledge, Abingdon et New York, 2022. Ce livre ayant paru alors que le présent ouvrage entrait en fabrication, il ne m'a malheureusement pas été possible d'en tenir compte dans ce chapitre.

188. Schwindt, Joël, *Academicism in Monteverdi's* Orfeo, p. 25-29 et « 'All that Glisters' : Orpheus's failure as an orator in Monteverdi's *Orfeo* », p. 243-244. La plupart des archives de l'académie ont disparu dans un incendie au début du xxe siècle. Seules subsistent quelques lettres choisies, copiées dans l'archive de Guastalla (où étaient conservés les papiers de César de Gonzague, comte de Guastalla) au XVIIIe ou au xixe siècle ; voir Biblioteca Communale Teresina di Mantova (BCTMn) Ms. 995 : « Raccolta di cinquanta quattro lettere d'accademici Invaghiti di Mantova dal 1563 al 1599 ». On trouvera aussi de nombreuses informations sur les Invaghiti dans deux volumes d'actes de colloque : Tosetti Grandi, Paola (dir.), *Il mecenatismo accademico dei Gonzaga e la loro cultura antiquaria e umanistica nel Cinquecento*, Mantoue, 2016 et Tosetti Grandi, Paola et Mortari, Annamaria (dir.), *Dall'Accademia degli Invaghiti, nel 450° anniversario dell'istituzione, all'Accademia nazionale virgiliana di scienze e arti in Mantova, convegno internazionale di studi, 29-30 novembre 2012*, Mantoue, 2016.

à considérer avec attention les liens entre l'*Euridice* et l'*Orfeo*, qui ne se bornent pas à des emprunts thématiques, mais forment au contraire un système, autorisant ainsi à envisager le second texte comme une réponse argumentée au premier. Une analyse détaillée de ce labeur de réécriture n'a pas sa place ici. Mais un examen sommaire des parallèles et décalages entre les deux livrets est néanmoins nécessaire, dès lors qu'en étudiant les positions, pour l'essentiel opposées, des deux académies sur la question des rapports entre musique mondaine et musique sacrée, les enjeux de certains des choix initialement faits par les créateurs de l'*Euridice* — lorsqu'ils affirment avec audace, quoique sous le voile de l'allégorie, une continuité entre monde matériel et monde spirituel — apparaissent plus clairement. En l'absence de métadiscours d'Ottavio Rinuccini sur le sens à donner à son propre livret, la lecture que l'*Orfeo* propose de la fable d'*Euridice* est en effet susceptible de confirmer indirectement la valeur allégorique de celle-ci.

Bien des obscurités subsistent concernant l'*Orfeo* de Monteverdi, continuant à rendre difficile l'analyse de ses significations. L'existence de deux fins différentes pour le texte — l'une diffusée avec le livret de 1607 et la seconde mise en circulation deux ans plus tard, en 1609, avec l'impression de la partition — a tout particulièrement intrigué les commentateurs et est restée longtemps inexpliquée[189]. Dans le *finale* de la première version, après avoir perdu Euridice pour la seconde fois, faute d'avoir respecté les consignes de Plutone, Orfeo est entouré par les Bacchantes qui s'apprêtent à le punir — et échappe de peu à leur ire[190]. Mais, dans le *finale* de la seconde version — dont Barbara Russano Hanning a proposé d'attribuer la rédaction à Ottavio Rinuccini lui-même[191] —, une autre forme de « lieto fine » est proposée. Orfeo trouve en effet le réconfort auprès de son père, Apollo, qui apaise les douleurs de son âme et le fait monter avec lui au ciel, dans une forme d'apothéose. Ni les raisons ni les circonstances de cette réécriture ne sont connues avec

189. Voir STRIGGIO, Alessandro, *La favola d'Orfeo rappresentata in musica il carnevale dell'anno 1607 nell'Accademia de gli Invaghiti di Mantova*, Mantoue, Francesco Osanna, 1607 (repris dans SOLERTI, Angelo, *Gli albori del melodramma*, 3 vol., Milan, Sandron, 1904 et reprint, Hildesheim, Olms, 1969, t. 3, p. 241-74 et dans RUSSANO HANNING, Barbara, *Of Poetry and Music's Power*, appendice E, p. 305-329) et MONTEVERDI, Claudio, *L'Orfeo favola in musica da Claudio Monteverdi rappresentata in Mantova l'anno 1607, et novamente data in luce*, Venise, Ricciardo Amadino, 1609. Les éditions récentes reprennent soit celle de 1609, soit une troisième édition de 1615. L'édition critique utilisée dans ce qui suit est MONTEVERDI, Claudio et STRIGGIO, Alessandro, *L'Orfeo : favola in musica : SV 318*, partition et livret édités par Claudio GALLICO, avec, pour le livret, une traduction en anglais et en allemand, Londres et New York, Eulenburg, 2004. Ce texte modernisé suit pour l'essentiel l'édition de 1609, avec quelques emprunts aux éditions de 1607 et 1615.

190. Cette fin est avant tout inspirée du *De Astronomia* d'Hygin (II, 7).

191. Barbara RUSSANO HANNING argue de proximités stylistiques entre ce nouveau *finale* et l'*Euridice*, ainsi que de la présence de Rinuccini à Mantoue en 1608, alors qu'il travaillait à préparer la production de l'*Arianna* avec Claudio Monteverdi, voir RUSSANO HANNING, Barbara, « The Ending of *L'Orfeo* : Father, Son, and Rinuccini », *Society for Seventeenth Century Music*, 9/1, 2003, accessible en ligne : http://www.sscm-jscm.org/v9/no1/hanning.html. L'hypothèse n'est pas pleinement convaincante.

certitude. Les critiques s'accordent néanmoins à penser que l'*Orfeo* fonctionne lui aussi comme une allégorie à plusieurs niveaux, dont les enjeux sont à la fois éthiques, esthétiques et plus ou moins directement politiques, dans le sens où l'œuvre, tout en faisant sans doute quelques allusions aux projets immédiats du duc Vincent Ier de Gonzague, tient avant tout un discours très général sur le bon gouvernement et le rôle de la musique dans celui-ci.

Il convient cependant de souligner aussi la portée proprement spirituelle du spectacle mantouan qui — surtout dans sa seconde version — doit en réalité se lire comme l'expression d'un christianisme austère. Dans le cadre du discours allégorique qui est celui de l'*Orfeo*, les passions sont en effet principalement présentées comme un leurre et comme un obstacle à la vie éternelle, et la musique n'est acceptable que si elle est une manière de pacifier celles-ci, afin de faire régner l'ordre dans la cité terrestre, et de permettre au plus grand nombre d'accéder, dans la soumission et l'obéissance, à la cité céleste. Dans l'analyse de l'*Orfeo*, l'accent a jusqu'ici peu été mis sur ce christianisme exigeant, sans doute parce qu'un tel discours semblait, à première vue, entrer en contradiction avec les fonctions curiales du divertissement[192]. Mais l'originalité de l'*Orfeo*, en tant que divertissement de cour, semble cependant précisément tenir à la production d'une allégorie qui allie de manière très étroite exigences spirituelles et visées politiques. Le spectacle suggère en effet que la recherche d'une élévation spirituelle doit s'articuler avec les nécessités d'un État pacifié, au sein duquel la musique devient, en raison même de sa capacité à influer sur les passions, un instrument de gouvernement à part entière. L'analyse des liens de l'œuvre avec les réflexions et les positionnements des Invaghiti et la comparaison de leur production avec le discours allégorique articulé quelques années auparavant dans l'*Euridice*, permet de mettre en lumière ces visées, à l'expression desquelles les académiciens qui travaillèrent à l'*Orfeo* œuvrèrent diligemment. Elle éclaire aussi, rétrospectivement, tant les spécificités de l'*Euridice* que les différences dans le positionnement de ces deux académies vis-à-vis du pouvoir des princes dont elles dépendaient. Enfin, elle offre le moyen de comparer deux conceptions de l'usage des arts et de leurs plaisirs à la cour.

Dans le prologue de l'*Orfeo*, l'allégorie de la tragédie, dont le chant ouvrait l'*Euridice*, a été remplacée par une figuration de la Musique. Celle-ci déclare d'entrée de jeu qu'elle peut « tranquilliser tous les cœurs troublés » et les faire aspirer à la « lyre du ciel », soit à l'harmonie universelle que crée la musique des sphères

192. Mais SCHNEIDER, Federico, *Unsuspected Competitive Contexts in Early Opera : Monteverdi's Milanese Challenge to Florence's* Euridice *(1600)* met clairement en lumière le christianisme rigoriste qui anime l'*Orfeo*, tout comme il souligne fort justement que le texte de l'*Euridice* est lui aussi sous-tendu par des préoccupations spirituelles.

(ou *musica mundana*[193]), tout comme Orphée sait apaiser les animaux sauvages par sa musique[194]. La visée du spectacle est ainsi définie d'entrée de jeu. En montrant la puissance de la musique d'Orfeo, la pacification de ses passions — dont le héros commence pourtant par être lui-même la victime, dans son amour pour Euridice — et l'assomption finale de celui-ci au ciel (dans le texte de 1609), l'œuvre affirme en effet, sur le plan métathéâtral, la capacité de la musique à calmer les agitations morales des spectateurs. Le divertissement suggère même, comme on le verra, que la musique peut apaiser les passions politiques, s'alignant en cela sur le sentiment de nombre d'Invaghiti sur le rôle de la musique dans la vie civile. L'acte I montre le bonheur des amants, mais, contrairement à l'*Euridice* de Peri et Rinuccini, leur joie semble dès les premiers moments de la scène comme minée de l'intérieur. Le texte d'Alessandro Striggio souligne en effet que, jusqu'à une période récente, Euridice rejetait Orfeo, laissant ainsi entendre qu'elle pourrait s'en détourner de nouveau[195]. De son côté, Orfeo chante sa joie sans assez remercier le ciel des bonheurs qu'il lui accorde, montrant ainsi trop d'assurance dans la possession de biens terrestres, qui sont par nature instables, comme son père Apollo le lui rappellera dans le *finale*, en invitant son fils à se tourner plutôt vers la vie éternelle[196]. De fait, alors même qu'Orfeo continue de se réjouir de la possession momentanée de ce qu'il s'apprête à perdre, un messager vient lui annoncer la mort d'Euridice, provoquant un renversement du bonheur vers le malheur comparable à celui qui était mis en scène dans la scène II de l'*Euridice*. Orfeo annonce immédiatement son intention de se rendre aux Enfers pour en ramener sa bien-aimée.

193. Il s'agit là des catégorisations de Boèce, qui structurent encore la compréhension de la musique à la fin du XVIe siècle. Dans son *De institutione musica*, celui-ci oppose la *musica mundana* à la *musica humana*, qui travaille à l'harmonie des émotions humaines et à la *musica instrumentalis*, qui est la musique que nous entendons quand des instruments sont joués. Voir BOÈCE, *Traité de la musique*, introduction, traduction et notes par Christian MEYER, Turnhout, Brepols, 2004, I, 2, p. 31-35.

194. MONTEVERDI, Claudio et STRIGGIO, Alessandro, *L'Orfeo : favola in musica : SV 318*, prologue, p. 116 : « La Musica : Io la Musica son, ch'a i dolci accenti, / So far tranquillo ogni turbato core, / Ed hor di nobil'ira, et hor d'amore / Posso infiammar le più gelate menti. / Io su cetera d'or cantando soglio / Mortal orecchio lusingar talhora, / E in questa guisa a l'armonia sonora / De la lira del Ciel più l'alme invoglio ; / Quinci a dirvi d'Orfeo desio mi sprona, / D'Orfeo che trasse al suo cantar le fere, / E servo fe' l'Inferno a sue preghiere, / Gloria immortal di Pindo e d'Elicona. » Les traductions françaises fournies pour ce livret sont miennes.

195. MONTEVERDI, Claudio et STRIGGIO, Alessandro, *L'Orfeo : favola in musica : SV 318*, acte I, p. 117 : « Un pastore : Oggi fatt'è pietosa / L'alma già si sdegnosa / De la bella Euridice, [...]. »

196. MONTEVERDI, Claudio et STRIGGIO, Alessandro, *L'Orfeo : favola in musica : SV 318*, acte I, p. 118 : « Orfeo : Sol che 'l tutto circondi e 'l tutto miri, / Da gli stellanti giri, / Dimmi, vedesti mai / Di me più lieto e fortunato amante ? » ; acte I, p. 119-120 : « Un pastore : Ma s'il nostro gioir dal ciel deriva / Com'è dal ciel ciò che qua giù n'incontra, / Giusto è ben che devoti / Gli offriam incensi e voti. » et acte V, p. 137 : « Apollo : Troppo, troppo gioisti / Di tua lieta ventura ; / Hor troppo piagni / Tua sorte acerba e dura. Ancor non sai / Come nulla qua giù diletta e dura ? / Dunque se goder brami immortal vita, / Vientene meco al ciel, ch'a sé t'invita. »

Mais, dès les premières scènes de l'acte III, l'écart entre l'*Orfeo* de Striggio et Monteverdi et l'*Euridice* de Rinuccini et Peri est de nouveau manifesté de manière particulièrement visible. Au lieu d'être accompagné aux Enfers par la charitable figure de Vénus, l'Orfeo mantouan est en effet escorté jusqu'aux portes de l'Hadès par une figure exclusivement chrétienne, celle de l'Espérance, qui dit immédiatement ne pouvoir lui venir en aide en rien dans le malheur qui est le sien — et l'abandonne brutalement, sur les rives de l'Achéron, à son poignant désir de retrouver Euridice. Cette figure allégorique ne fait par ailleurs pas planer de mystère sur le sens de son geste. Elle justifie en effet son brusque départ en citant le célèbre vers que Dante, s'approchant avec Virgile des Enfers, dans la *Divine Comédie*, déchiffre avec appréhension au-dessus d'une porte (*Enfer*, III, v. 9) : « Lasciate ogni speranza, voi ch'entrate » (« Abandonnez toute espérance, vous qui entrez ici[197] »). L'Espérance signale ainsi par avance à Orfeo que son entreprise ne pourra qu'échouer, dès lors que seul l'espoir en la vie éternelle serait susceptible de lui apporter une satisfaction durable et vraie. Mais Orfeo reste animé de ce que Caronte désigne comme un « désir impudique » (« impudico desire[198] ») et prétend au contraire utiliser sa musique pour contraindre le nocher des Enfers à le laisser s'embarquer pour l'Hadès. Ce dernier n'est cependant pas disposé à laisser monter en lui quelque pitié que ce soit, et le chant d'Orfeo ne parvient pas à l'émouvoir mais seulement l'endormir ; ce qui permet alors à Orfeo de se glisser dans la barque de Caronte sans que le nocher ne s'en aperçoive et lui donne ainsi l'opportunité de gagner, par ruse, l'autre rive[199]. Cette scène marque un nouvel écart avec la scène IV de l'*Euridice* où Caronte aidait Orfeo à convaincre Plutone, qui — lui-même attendri par le chant du héros — se laissait aller à éprouver de la pitié pour les deux amants et cédait aux demandes d'Orfeo. Dans le livret d'Alessandro Striggio, la scène avec Caronte tourne même à la parodie : le chant d'Orfeo, dépeint comme largement inefficace, ne parvient en effet à agir que sur le corps du nocher et non sur son âme, et c'est grâce à sa fourberie (plutôt que grâce à son grand art) qu'Orfeo parvient *in fine* à s'introduire dans l'Hadès[200].

197. La mobilisation de ce vers célèbre est loin d'être l'unique référence à la *Divine Comédie* dans le livret de l'*Orfeo*. Pour une analyse de ces « résonnances », voir SCHNEIDER, Federico, *Unsuspected Competitive Contexts in Early Opera : Monteverdi's Milanese Challenge to Florence's* Euridice *(1600)*, p. 3-19.

198. MONTEVERDI, Claudio et STRIGGIO, Alessandro, *L'Orfeo : favola in musica : SV 318*, acte III, p. 128.

199. MONTEVERDI, Claudio et STRIGGIO, Alessandro, *L'Orfeo : favola in musica : SV 318*, acte III, p. 128-130.

200. Il est aussi possible de lire la scène où Écho fait comprendre à Orfeo qu'il se plaint trop bruyamment de la nouvelle disparition d'Euridice comme une scène de parodie : en renvoyant au héros les paroles de ses propres plaintes, la nymphe les tourne *de facto* en ridicule. Voir MONTEVERDI, Claudio et STRIGGIO, Alessandro, *L'Orfeo : favola in musica : SV 318*, acte V, p. 135-136.

Le sens de la substitution de l'Espérance à Vénus est clarifié dans l'acte IV de l'*Orfeo*, qui dépeint l'amour sensuel non seulement comme immoral mais même comme mortifère. Au début de l'acte, Plutone est effet représenté comme cédant à l'amour qu'il porte à sa femme, Proserpina, qui, comme dans l'*Euridice*, obtient du Dieu des Enfers qu'il permette à Orfeo d'entreprendre de faire sortir Euridice de l'Hadès. Mais l'attachement de Plutone pour sa femme est simultanément présenté comme une conséquence du péché, quand Proserpina rappelle les trahisons et l'enlèvement dont il est le fruit, lesquels lui ont coûté de ne plus pouvoir jouir de la lumière du jour[201]. Au demeurant, tout en cédant à son amour (ou peut-être plus exactement à son désir) pour Proserpina, Plutone, interdit à Orfeo de regarder Euridice avec concupiscence, sous peine de la condamner à rester dans l'Hadès à jamais[202]. Un « esprit » (« spirito ») qui est vraisemblablement une allégorie de la grâce divine, accompagne alors les amants tandis qu'ils quittent l'Hadès, annonçant — avant même qu'Orfeo ne se retourne pour voir sa bien-aimée, la perdant ainsi au moment précis où il espérait jouir une nouvelle fois de sa beauté — que le héros va « conduire son épouse au ciel[203] ». Cette remarque annonce entre les lignes non le retour des amants vers la lumière du jour, qui — comme dans la fable d'Ovide — n'aura pas lieu, mais bien leur ascension vers le salut éternel, une fois que la possibilité même du désir charnel aura été définitivement écartée. La primauté de cet enjeu est rappelée à l'acte V, sous le voile de la fable païenne, lorsque Orfeo, demandant à son père Apollo s'il reverra jamais les yeux de son épouse, se voit répondre qu'il pourra en contempler l'image dans le soleil et dans les étoiles[204]. Ainsi le désir charnel devra-t-il s'abstraire en représentation.

En d'autres termes, sous ses allures de divertissement de cour, l'*Orfeo* est en réalité — dans son ultime version — un opéra chrétien : par l'intermédiaire d'une allégorie païenne, l'œuvre vise avant tout à théâtraliser l'action de la grâce divine (« grazia »). La modification tant du texte que de la musique du *finale* paraît de ce point de vue avoir eu pour principale fonction de clarifier ce fait, en faisant mieux apparaître l'architecture chrétienne de la fable que ne pouvait sans doute le faire le divertissement donné à la cour. Dans les ultimes moments de la première

201. MONTEVERDI, Claudio et STRIGGIO, Alessandro, *L'Orfeo : favola in musica : SV 318*, acte IV, p. 132 : « Proserpina : Quali grazie ti rendo, / Hor che sì nobil dono / Concedi a' prieghi miei signor cortese ? / Sia benedetto il dì che pria ti piacqui, / Benedetta la preda e 'l dolce inganno, / Poiché per mia ventura, / Feci acquisto di te perdendo il sole. »

202. MONTEVERDI, Claudio et STRIGGIO, Alessandro, *L'Orfeo : favola in musica : SV 318*, acte IV, p. 131 : « Plutone : Non mai volga ver lei gli avidi lumi, / Che di perdita eterna / Gli fia certa cagion un solo sguardo. »

203. MONTEVERDI, Claudio et STRIGGIO, Alessandro, *L'Orfeo : favola in musica : SV 318*, acte IV, p. 132 : « Spirito : Ecco il gentil cantore / Che sua sposa conduce al ciel superno. »

204. MONTEVERDI, Claudio et STRIGGIO, Alessandro, *L'Orfeo : favola in musica : SV 318*, acte V, p. 137 : « Apollo : Nel sole e nelle stelle / Vagheggerai le sue sembianze belle. »

version du spectacle le héros manquait de peu de trouver la mort sous la main des Bacchantes, qui l'auraient ainsi fait allégoriquement succomber au déchaînement de ses passions débridées. La deuxième version du texte soulignait au contraire la force de la grâce, par laquelle Dieu le père — représenté sous les traits solaires de la figure paternelle qu'est, dans la deuxième version de l'acte V, Apollo — rachète la vie du pécheur exemplaire qu'est son fils. Orfeo désigne d'ailleurs Apollo comme son « céleste père » et tous deux montent finalement au ciel en chantant, se promettant d'y trouver « ce que la vertu véritable tient pour sa digne récompense : la béatitude et la paix[205] ». Le personnage d'Orfeo retrouve par là même pleinement la stature christique que lui accordait la tradition médiévale. Le spectacle ainsi réécrit devient par là une méditation poussée sur le rôle de la « vertu » — c'est-à-dire des actions humaines — dans l'acquisition de la grâce et le cheminement vers la vie éternelle.

Cette réflexion constitue, au moment de la création de l'œuvre, l'un des débats théologiques les plus brûlants. En effet, protestants et catholiques de diverses obédiences s'opposent alors sur la question de savoir si l'homme peut être sauvé par ses œuvres, comme le soutiennent pour l'essentiel les Jésuites, ou si seule la grâce divine — qui toucherait indifféremment les pécheurs et les hommes les plus vertueux, sans que nul ne puisse en connaître les voies — serait susceptible de faire entrer l'homme dans la vie éternelle, comme en sont convaincus non seulement la plupart des protestants mais aussi nombre des catholiques les plus austères, tels que les Oratoriens. Or l'*Orfeo* semble en réalité s'aligner sur le point de vue de ces catholiques exigeants, principalement par le moyen des chants du cœur qui résonnent à la fin de l'acte IV et de l'acte V. À l'issue de l'avant-dernier acte un « chœur d'esprits », qui semble prendre le relais de l'esprit qui figurait la grâce, fait ainsi l'éloge de la vertu — définie comme « un rayon de céleste beauté » — en soulignant qu'Orfeo a été conquis par ses émotions et que seul est « digne de la gloire éternelle celui qui sait se vaincre[206] ». Ce dernier vers suggère que l'accès à la vie éternelle exige une vie de justice et de modération, ponctuée d'actions vertueuses. Mais l'acte V réécrit montre en réalité l'inverse, lorsque le chœur final dépeint Orfeo, racheté par son père malgré ses fautes, et « jouissant du céleste honneur », tandis que des autels sont élevés à son nom par tous ceux que la joie et la dévotion animent, à commencer par les membres du chœur eux-mêmes, que les spectateurs

205. MONTEVERDI, Claudio et STRIGGIO, Alessandro, *L'Orfeo : favola in musica : SV 318*, acte V, p. 138 : « Apollo e Orfeo : Saliam cantando al cielo / Dove ha virtù verace / Degno premio di sé diletto e pace. »

206. MONTEVERDI, Claudio et STRIGGIO, Alessandro, *L'Orfeo : favola in musica : SV 318*, acte IV, p. 134 : « Coro di spiriti : E' la virtute un raggio / Di celeste bellezza, / Pregio de l'alma ond'ella sol s'apprezza : / Questa di tempo oltraggio / Non teme, anzi maggiore / Ne l'uom rendono gli anni il suo splendore. / Orfeo vinse l'Inferno, e vinto poi / Fu da gli affetti suoi. / Degno d'eterna gloria / Fia sol colui ch'avrà di sè vittoria. »

sont implicitement invités à imiter. À travers l'apothéose d'Orfeo, la nouvelle fin de l'opéra invite dès lors chacun à comprendre que la grâce divine peut — et même peut seule — sauver l'homme de toutes les douleurs auxquelles il est confronté, quels que soient par ailleurs ses erreurs et ses péchés[207]. L'exemple d'Orfeo suggère de fait que le salut ne s'obtient pas par les œuvres : il est un don de Dieu. On comprend par là que, dans le deuxième dénouement donné à l'œuvre, les auteurs de l'*Orfeo* s'alignaient en réalité, dans les conceptions qu'ils mobilisent du salut et de la grâce, sur le catholicisme contre-réformé le plus rigoriste.

Mais pourquoi des hommes animés de telles convictions travaillèrent-ils à la préparation de divertissements mondains et comment parvinrent-ils à concilier leur pratique de la musique et des spectacles avec leur vision de la grâce ? Si — hors du secours de la grâce — les passions ne peuvent que conduire l'homme à la damnation, les agiter par la musique sera toujours une manière de pousser l'homme au péché. Pourtant, les Invaghiti ne demandent pas à ce que tout divertissement musical soit banni de la vie mondaine : ils adhèrent au contraire à une conception de la musique qui en fait l'alliée de la pacification de la vie civile, tout autant qu'un moyen d'élévation spirituelle. Les travaux de Joël Schwindt sur l'académie fondée par César Ier de Gonzague permettent de se faire une idée plus précise de ces positions[208]. Celui-ci analyse en particulier comment la musique est envisagée dans un recueil de textes en vers et en prose publiés par le juriste et diplomate Stefano Guazzo (1530-1593), qui fut l'un des membres les plus actifs de l'académie des Invaghiti, tout en servant fidèlement la famille de Gonzague. Dans ce recueil, publié en l'honneur d'une dame et intitulé *La ghirlanda della contessa Angela Maria Beccaria* (Gênes, Girolamo Bartoli, 1595), figure un long développement sur les vertus de la musique, qui mobilise principalement des conceptions néoplatoniciennes, et paraît très proche de la vision qui anima, plus de dix années après la parution de ce livre, les créateurs de l'*Orfeo*[209]. Cette vision est celle d'une musique qui ne doit pas seulement être un « jeu » (« gioco ») ou un « plaisir » (« diletto »), mais bien un moyen d'œuvrer « au salut non moins des âmes que des corps » (« per salute non meno dell'anime, che de' corpi »), tout en servant au gouvernement de

207. MONTEVERDI, Claudio et STRIGGIO, Alessandro, *L'Orfeo : favola in musica : SV 318*, acte V, p. 18 ; « Coro : Vanne, Orfeo, felice a pieno / A goder celeste honore / Là 've ben non mai vien meno. / Là 've mai non fu dolore, / Mentre altari, incensi e voti / Noi t'offriam lieti e devoti. / Così va chi non s'arretra / Al chiamar di Nume eterno, / Così grazia in ciel impetra / Chi qua giù provò l'inferno / E chi semina fra doglie / D'ogni grazia il frutto coglie. »

208. SCHWINDT, Joël, « 'All that Glisters' : Orpheus's failure as an orator in Monteverdi's *Orfeo* », p. 244 notamment.

209. GUAZZO, Stefano, *Ghirlanda della contessa Angela Maria Beccaria contesta di madrigali di diversi autori, raccolti et dichiarati dal signor Stefano Guazzi, gentil'huomo di Casale di Monferrato*, Gênes, Girolamo Bartoli, 1595, p. 126-132.

la république (« il maneggio della republica »). La musique est même dite capable d'aplanir « l'âpreté des coutumes (« l'apprezza de' costumi »), et « les querelles et les séditions » (« le querele et le seditioni »).

Dans ce passage, Guazzo évoque deux exemples traditionnellement mobilisés — mais pas toujours ensemble — pour évoquer la capacité de gouverner les âmes par la musique, celui du roi David exerçant son pouvoir sur le peuple d'Israël par le moyen de ses hymnes et celui d'Orphée domestiquant les bêtes féroces par ses chants, dont l'*Orfeo* de Claudio Monteverdi et Alessandro Striggio représenta à la fois le grand pouvoir et les humaines faiblesses. Mais surtout, l'auteur de *La ghirlanda della contessa Angela Maria Beccaria* évoque la capacité qu'a la musique de générer un « honnête plaisir » (« honesto piacere »), empruntant peut-être lui aussi ce terme aux écrits du Tasse. Cependant, pour Guazzo, l'expression ne désigne pas un plaisir qui vise à la vertu par la sensualité, comme c'est le cas pour les Alterati et dans les théorisations de l'auteur de la *Jérusalem délivrée*. Ces termes définissent au contraire avant tout un plaisir qui se détourne constamment des jouissances sensuelles pour ne viser qu'aux bénéfices moraux, politiques et spirituels que l'on peut espérer tirer de la musique. « Il ne convient pas — martèle Guazzo — d'exciter le chant et le son avec pour seul but de flatter nos sens, [...] et, de ceux qui font autrement, on peut bien dire avec mépris qu'en tenant l'oreille près de la lyre, ils jouissent du son de l'instrument plus pour la chair que pour l'esprit[210]. » Bien qu'étant par nature sensuelle et, par là, toujours capable d'agiter les émotions, la musique devra donc être domestiquée par tous les moyens, pour ne viser qu'à la vertu.

L'*Orfeo* de Claudio Monteverdi et d'Alessandro Striggio, tout particulièrement dans son ultime version (1609), est l'expression de cette vision austère des usages moraux, politiques et spirituels de la musique, qui ne tient les plaisirs qu'elle offre pour acceptables que s'ils s'efforcent toujours de conduire à la sérénité intérieure, à la paix civile et, en dernière instance, au salut de l'âme chrétienne. Un tel discours semble néanmoins n'avoir pu être mis en circulation à la cour que sous le déguisement d'une fable païenne, peut-être par crainte d'une forme de sacrilège. La contradiction pouvait cependant se trouver surmontée par un geste de déplacement. C'est du moins ce que suggère la création en parallèle du *Vespro de la beata Vergine* de Monteverdi, imprimé pour la première fois en 1610 mais dont l'exécution inaugurale remonte peut-être à 1607, date de la création de l'*Orfeo*. Le lien entre les deux

210. GUAZZO, Stefano, *Ghirlanda della contessa Angela Maria Beccaria*, p. 131-132. L'intégralité de l'ultime phrase citée est (p. 132) : « Non s'ha veramente a essercitare il canto, e 'l suono per dilettare semplicemente questi nostri sensi, ma perche sollevando gli afficati spiriti possiamo poi con pìu vigore ritornar alle cose gravi, et di quei, che fanno altrimente, si pùo ben dire con ischerno loro, che tengono il timpano, et la cetra, et si godono del suono dell'organo più per la carne, che per lo spirito. »

œuvres — l'une apparemment profane, l'autre de toute évidence sacrée — paraît suggéré par Monteverdi lui-même, qui reprend en ouverture du *Vespro* la majestueuse toccata qui sert de prologue à l'*Orfeo*. Dans le *Vespro della beata Vergine*, cette toccata est cependant précédée d'un verset du psaume LXX dans lequel le roi David demande au Seigneur de venir à son secours (« Deus, in adjutorium meum intende. Domine, ad adjuvandum me festina[211] »). Ce verset était généralement compris, dans le christianisme, comme préfigurant, dans la bouche du roi-chantre, le désir du salut éternel promis aux chrétiens par le Christ. Placé en exergue à toute l'œuvre, il désigne les chants du *Vespro della beata Vergine* comme l'expression d'une soif de rédemption.

En plaçant son *Vespro della beata Vergine* sous l'égide du roi David — qui sut pacifier la musique tout autant que pacifier par la musique — Monteverdi présente par ailleurs l'œuvre entière comme l'exemple d'une musique que la grâce divine anime. Le texte des vêpres dédiées à la Vierge contraste ainsi implicitement avec le spectacle de l'*Orfeo*, qui se bornait à mobiliser, dans un contexte profane, la figure d'Orphée domptant les bêtes sauvages. Enfin, dans le *Vespro della beata Vergine*, la figure de la Vierge — que l'*Euridice* semble être allé jusqu'à superposer allégoriquement avec celle de Vénus — se trouve isolée non seulement de tout paganisme, mais encore de toute activité mondaine. Cette dissociation suggère que, pour Monteverdi, la musique sacrée — entendue comme christianisation de la *musica mundana* — n'a en réalité pas sa place dans les espaces profanes. En 1607-1610, ce compositeur semble ainsi très proche, sur la question de la distinction entre musique profane et musique sacrée, des opinions dont les lettres d'Emilio de' Cavalieri précédemment citées témoignaient. Au demeurant, en août 1613, après être sorti du service du duc de Mantoue en 1612, Monteverdi devint maître de chapelle de la basilique Saint-Marc, à Venise.

On mesure dès lors mieux l'écart entre l'*Euridice* et l'*Orfeo*. Là où le premier divertissement affirmait une continuité entre matérialité et spiritualité, présentant même l'amour et le plaisir des sens comme des modes d'accès privilégiés à l'au-delà, le second spectacle plaide en faveur d'une nécessaire séparation entre sacré et profane, prônant même l'abandon du monde terrestre, qui se trouve constamment désigné comme source d'erreur et de péché. Par ailleurs, l'*Orfeo* place la musique dans la domination du pouvoir tout autant que dans le service de la religion, ce que ne suggère à aucun moment l'*Euridice*. Se trouve ainsi indirectement souligné ce qui est peut-être au fond la principale différence entre les Invaghiti et les Alterati. Au début du XVIIe siècle, les Invaghiti sont une académie adossée au pouvoir des ducs de Mantoue, jusque dans la préparation d'un divertissement tel que l'*Orfeo*.

211. Psaume LXX, v. 2 : « Ô Dieu, venez à mon aide. Seigneur, hâtez-vous de me secourir. »

Il ne s'agit pas néanmoins d'une académie suscitée originellement par le pouvoir. Leur fondateur, César Ier de Gonzague, était en effet d'abord, en tant que comte de Guastalla, un vassal du duc Mantoue[212]. Il semble avoir compté, initiallement, sur la renommée de l'académie pour affermir la réputation de sa famille et lui donner plus de lustre, l'utilisant en particulier pour s'affirmer dans ses interactions avec les seigneurs de Mantoue[213]. Néanmoins l'institution fut, à partir de la mort de César Ier de Gonzague en 1575, de plus en plus clairement associée à la cour mantouane. Les deux fils du duc Vincent Ier de Gonzague (1562-1612), François (1586-1612) et Ferdinand (1587-1626), qui succédèrent tous deux à leur père comme ducs de Mantoue, devinrent même membres de l'académie. Or des lettres échangées par les deux frères les montrent s'occupant de trouver eux-mêmes les chanteurs nécessaires à la représentation d'*Orfeo*, tout en se chargeant plus généralement de l'organisation matérielle du spectacle[214]. Autrement dit, l'*Orfeo* est représenté en 1607 dans le service du duc de Mantoue, par une académie qui est alors dans le patronage direct de sa famille, certains des membres de l'institution appartenant même à l'entourage le plus immédiat du prince[215].

L'académie des Invaghiti posséda aussi, il faut le souligner, la protection de l'Église, et ce dès ses origines, en raison des liens très étroits de César Ier de Gonzague avec le pape Pie IV et son proche entourage. Pie IV avait en effet été élu avec le soutien du cardinal Hercule de Gonzague (1505-1563), l'oncle de César de Gonzague et de son frère Francesco, qui devient leur gardien après la mort de leur père, Ferrante de Gonzague, comte de Guastalla, en 1557. Pour remercier Hercule de Gonzague de son appui lors de son élection, Pie IV donna sa nièce Camilla Borromeo en mariage à César de Gonzague, qui devint ainsi, en 1560, le beau-frère du futur cardinal Charles Borromée, frère de Camilla et lui aussi neveu de Pie IV. François de Gonzague fut, quant à lui, élevé au cardinalat en 1561, mais mourut dès 1566. Les liens entre Charles Borromée, César de Gonzague et son frère François de Gonzague furent étroits. Les deux frères rejoignirent notamment l'académie

212. Archivio di Stato de Mantova (ASMn) Archivio Gonzaga 1392 contient les lettres envoyées par les seigneurs de Gustalla (« i dominanti di Guastalla ») aux ducs de Mantoue entre 1538 et 1595, en particulier des lettres de César Ier de Gonzague entre 1565 et 1575 et des lettres de sa mère, la princesse de Molfetta. Les seigneurs de Guastalla se positionnent clairement, dans le cours de cette correspondance, dans une position de vassalité vis-à-vis des ducs, leur demandant régulièrement quelque faveur ou protection.

213. Les quelques copies subsistantes de lettres échangées entre les membres de l'académie et Cesare Gonzaga témoignent clairement de ces visées : voir BCTMn Ms. 995.

214. Spampinato, Francesco, « Les réécritures d'Orphée. Philosophie et politique dans le *finale* de l'*Orfeo* de Monteverdi », p. 245 et 250.

215. La première impression du livret ne fit d'ailleurs pas mystère de cette protection, la revendiquant au contraire en son titre ; voir Striggio, Alessandro, *La favola d'Orfeo rappresentata in musica il carnevale dell'anno 1607 nell'Accademia de gl'Invaghiti di Mantova ; sotto i felici auspizii del serenissmo signore duca benignissimo lor protettore*, Mantoue, Francesco Osanna, imprimeur ducal, 1607.

des Nuits vaticanes (Accademia delle Notti Vaticane), fondée à Rome par Charles Borromée en 1560 et dans laquelle humanistes, hommes d'Église et figures de la Contre-Réforme romaine se retrouvèrent pour parler de philosophie morale, de théologie et de patristique durant l'ultime phase du concile de Trente (1562-1563)[216]. Les Nuits vaticanes prirent fin vers 1564-1565, lorsque Charles Borromée quitta Rome pour Milan, où il venait d'être nommé archevêque. L'académie des Invaghiti fut très vraisemblablement fondée par César de Gonzague en 1562 sur le modèle de celle des Nuits vaticanes, soit comme une académie destinée à s'inspirer étroitement de la spiritualité contre-réformée.

À l'origine, le projet des Invaghiti était aussi de tirer parti, pour développer l'institution, de la protection que Pie IV accordait à César de Gonzague, tant pour légitimer leur sodalité naissante que pour accroître encore la réputation de son fondateur et lui permettre d'affirmer l'importance du comté de Guastalla face au pouvoir des ducs de Mantoue. À ces fins, l'académie demanda à César de Gonzague de solliciter du pape des privilèges inusités pour des institutions de ce type, dont « le droit de légitimer les bâtards, de créer des notaires, de délivrer des doctorats en droit, en médecine, en philosophie, et en toutes les sciences, et de couronner les poètes et les chevaliers[217] ». Or Pie IV concéda à l'institution la plupart de ces privilèges exceptionnels dès 1564, et ceux-ci furent renforcés en 1639 lorsque l'académie obtint le droit de délivrer des doctorats de théologie[218]. Les liens des Invaghiti avec l'Église contre-réformée semblent ainsi être allés en se renforçant au XVIIe siècle.

Au moment de la création de l'*Orfeo*, l'académie s'était rapprochée des ducs de Gonzague tout en maintenant ses liens avec la spiritualité tridentine rigoriste. Comment s'étonner dès lors que, dans cette œuvre, la musique et plus généralement

216. Sur cette académie, voir BERRA, Luigi, *L'Accademia delle Notti Vaticane fondata da san Carlo Borromeo : con tre appendici di documenti inediti*, Rome, Max Bretschneider, 1915.

217. BCTMn Ms. 995, fol. 19v : le 24 février 1564, les « Humillisimi Invaghiti » demandent à leur protecteur, César Ier de Gonzague, de demander au pape, son oncle, de « concedere ad essa nostra accademia qualche benefizio senza cura sopra questa o altra diocesi vicina con obbligazione di fare dire le messe debite, ovvero qualche pensione sopra qualsivoglia benefizio, accio che l'entrata si abbia a dispensare in pagar lettori, et in far altre spese necessarie et opportune, et di piu che sua illustrissima <Santità> si degni di dare autorità et facoltà per suoi privilegii a questa Accademia di legitimar bastardi, di crear notari, et dottori in legge, in medicina, in filosofia, in ogni maniera di scienze, di laurear poeti, di far cavalieri, et simili cose, le quali i papi sogliano concedere ad huomini particolari, non che a collegi di letterati et virtuosi, et cio a sua Santità non costerebbe nulla, ma alla compagnia nostra sarebbe di frutto, et di riputazione grandissima, et particolarmente appporterebbe onore all'Eccellenza vostra, come a fondatore della nostra Accademia. »

218. Pour le texte du privilège de 1564, voir DAVARI, Stefano, *Notizie storiche intorno allo Studio pubblico ed ai maestri del secolo XV e XVI che tennero scuola in Mantova tratte dall'Archivio storico di Mantova*, Mantoue, Segna, 1876, p. 21 et AFFÒ, Ireno, *Vita del cavaliere Bernardino Marliani mantovano*, Parme, Filippo Carmignani, 1780, p. 53-61. Le document original ainsi qu'une copie de celui ci sont conservés en ASMn Archivio Gonzaga 3368 (Q. II 1-8), insert 1 (Accademia Invaghiti 1564-1795). Cet insert contient aussi le privilège de 1639 et une série de documents se rapportant à l'enseignement de la théologie au sien de l'académie au XVIIe siècle (étudiants inscrits, sujets de dispute, etc.), ainsi qu'à ses relations avec la cour du duc de Mantoue.

les arts soient *de facto* placés sous la loi du pouvoir politique (figuré par Plutone, dont les décisions s'appliquent rigoureusement à Orfeo malgré ses plaintes) et servent avant tout, au moins dans le *finale* publié en 1609, à figurer la transcendance de la grâce divine ? L'académie des Alterati se trouvait à Florence dans une situation très différente de celle où se trouvaient les Invaghiti dans le patronage du duc de Mantoue. Par comparaison avec les représentations de l'*Orfeo*, les relations entre Orfeo et Plutone dans l'*Euridice*, et la place qui est faite aux arts dans leurs interactions, révèlent dès lors d'importants écarts entre les positionnements des deux académies en termes sociopolitiques. Les fables représentées dans ces deux œuvres manifestent néanmoins moins une situation réelle qu'un positionnement désiré. En cela l'analyse des relations entre Orfeo et le prince des Enfers dans l'*Euridice*, par comparaison avec les scènes correspondantes dans l'*Orfeo*, permet avant tout de mieux comprendre la position que souhaitaient occuper, à Florence, les Alterati.

3.5. Euridice *ou le spectacle de la confrontation de l'art et du pouvoir*

Pour mieux comprendre comment Rinuccini présente les rapports entre l'art et le pouvoir politique dans l'*Euridice*, définissant par là indirectement une position idéale pour l'académie dont il est membre dans la Florence médicéenne, il convient de revenir brièvement sur la scène au cours de laquelle Orfeo séduit Plutone par son chant, le convainquant ainsi de le laisser ramener Euridice dans le monde des vivants. Cette scène théâtralise en effet une confrontation entre les pouvoirs d'Orfeo et ceux de Plutone, que le chœur désigne même, après la victoire du fils du soleil sur le dieu des Enfers, comme une « guerre[219] ». De manière révélatrice, ce face-à-face n'a aucun équivalent dans l'*Orfeo* de Claudio Monteverdi et Alessandro Striggio, dans lequel Proserpina convainc seule son époux de laisser Orfeo tenter de sortir sa bien-aimée des Enfers, sans que le héros ne formule jamais sa demande directement à Plutone[220]. Un dernier élément textuel paraît indiquer sans ambiguïté que la scène IV de l'*Euridice* a été conçue comme une allégorie politique. Il s'agit de l'insistance avec laquelle Rinuccini désigne Plutone comme le « roi » des Enfers[221], alors que cette qualité ne lui est à aucun moment explicitement attribuée dans l'*Orfeo*, où Striggio semble au contraire s'être efforcé de gommer toute

219. Peri, Jacopo, *Euridice*, scène IV, p. xxxii : « Primo coro : Sì trionfaro in guerra / D'Orfeo la cetra, e i canti, / O figli della terra / L'ardir frenate, e i vanti ; / Tutti non sete prole / Di lui che regge il sole. »

220. Monteverdi, Claudio et Striggio, Alessandro, *L'Orfeo : favola in musica : SV 318*, acte IV, p. 13-14.

221. Peri, Jacopo, *Euridice*, scène IV, p. xxix : « Orfeo : Eccelso re, ch'alle nude ombre imperi [...] » ; p. xxx : « Proserpina : O re, nel cui sembiante / M'appago [...] » ; p. xxx : « Caronte : [...] libero signor del' vast' Inferno ».

allusion trop voyante au pouvoir politique de Plutone. Par comparaison, la caractérisation qui est donnée de Plutone dans l'*Euridice* invite à tenir la scène IV de l'œuvre pour une méditation sur le pouvoir autoritaire des princes et les moyens de l'infléchir par les arts.

Dans cette scène, la douceur, la tristesse et l'humilité du chant d'Orfeo provoquent en effet une « émotion nouvelle » (« nuov'affetto ») dans le cœur du roi des Enfers, la compassion (« mercede »). Dans un premier temps, celui-ci se garde contre elle, répondant à Orfeo qu'une « trop rude loi, une loi sculptée dans le diamant » (« troppo dura legge, / Legge scolpita in rigido diamante ») s'oppose à ses prières. Mais Orfeo lui représente qu'« il est délié de toute loi, celui qui dirige et commande aux autres » (« Ahi ! che pur d'ogni legge / sciolto è colui, che gl'altri affrena, e regge »). La confrontation entre les deux personnages vire alors à une conversation sur ce que peut et doit un monarque absolu — c'est-à-dire, au sens propre du terme, un monarque délié des lois (*solutus ex legibus*). La finalité de cet échange est de déterminer non seulement dans quelle mesure un tel roi peut, dans ses actions de gouvernement, aller contre ses propres lois, mais encore ce que serait un autoritarisme (ou absolutisme, dans les termes modernes[222]) tempéré d'humanité et de mansuétude. Plutone commence par s'interroger sur les limites de son propre pouvoir, suggérant qu'il ne peut ni ne doit, en tant que roi, mépriser les lois de son propre empire (« Dunque dal regno oscuro / torneran l'alme al ciel, ed io primiero / le leggi spezzerò del nostro impero ? »). Caronte, qui endosse dans cette scène le rôle du bon conseiller du prince, souligne alors que Plutone ne doit pas en tant que « souverain libre » du « vaste Enfer » voir son pouvoir restreint par une « loi étroite » et mesquine (« Tu sol dentr' a i confin d'angusta legge / Avrai l'alto governo / Non libero signor del vasto Inferno ? »). Mais Plutone lui rétorque par une maxime qui argue des abus — inévitablement suivis pour lui de « blâmes » et de « dommages » — que feraient naître l'action de modifier ses propres lois (« Romper le proprie leggi è vil possanza, / anzi reca sovente, e biasmo e danno »). Orfeo le prie alors une nouvelle fois de faire preuve de compassion, en soulignant que soulager les peines des affligés est une action digne d'un « cœur royal » (« Ma degl'afflitti consolar l'affanno / È pur di regio cor gentil usanza »). Caronte lui rappelle encore une fois toute l'étendue de son pouvoir — tout ce qui vit ne viendra-t-il pas un jour le rejoindre aux Enfers, de gré ou de force ? —

222. Sur l'historiographie complexe de la notion d'« absolutisme », voir la réflexion méthodologique que Fanny COSANDEY et Robert DESCIMON ont consacrée à l'exemple français : *L'Absolutisme en France : histoire et historiographie*, Paris, Seuil, 2002. Il est sans doute plus problématique encore d'appliquer la notion d'« absolutisme » au régime médicéen. Je le fais ici seulement parce que le concept de monarque « délié des lois » (*absolutus*) est ouvertement mobilisé dans le livret de l'*Euridice* (« Ahi ! che pur d'ogni legge / sciolto è colui, che gl'altri affrena, e regge »).

et l'invite à faire et défaire les lois de son royaume selon son bon plaisir (« Fa' pur leggie, o gran re, quanto a te piace »)[223].

Comment comprendre pareille scène, qui ne semble inviter à un autoritarisme délié des lois que dans les cas où il s'agirait pour le pouvoir de faire preuve d'une plus grande mansuétude envers ses sujets ? Tout acte d'un souverain qui abuserait de sa force à mauvais escient — soit pour nuire — est en effet décrit comme le geste d'un pouvoir vil et même dénaturé (« vil possanza »). Il semble dès lors qu'il s'agit avant tout pour Rinuccini de promouvoir une forme de monarchie qui serait à l'écoute de ses sujets, c'est-à-dire où le prince se montre à la fois clément et respectueux des besoins des gouvernés lorsqu'il peut les satisfaire. En d'autres termes, se trouvait théâtralisé dans cette scène le fonctionnement d'une monarchie humaine et tempérée, qui saurait dialoguer avec ceux qu'elle prétend gouverner — et en particulier avec son aristocratie — sur le modèle du régime qu'Agostino Nifo et Cesare Gonzaga semblaient privilégier, dans le dialogue auquel le Tasse donna finalement pour titre *Il Nifo overo del piacer*. Mais l'acte IV d'*Euridice* ne se limite pas à faire l'éloge des actions généreuses et humaines d'un pouvoir qui gouvernerait par la mansuétude. Il paraît aussi valoriser tout particulièrement la compréhension et la douceur dont un pouvoir monarchique serait capable de faire preuve envers ceux qui possèdent la capacité de le charmer par la maîtrise qu'ils déploient des arts. De ce point de vue, le livret de l'*Euridice* a sans doute fonctionné, au moins pour une part, comme une sorte plaidoyer *pro domo*. Par l'intermédiaire de la fable d'Orphée, modifiée avec autant de soin que de discrétion, Rinuccini semble en effet demander que le pouvoir médicéen fasse preuve de mansuétude envers ceux qui le séduisent par leurs œuvres et le divertissent par leurs spectacles, comme précisément entreprenaient apparemment de le faire, avec l'*Euridice*, une poignée de membres et compagnons de route de l'académie des Alterati.

La supplication d'Orfeo dans l'*Euridice* pouvait même se comprendre comme une manière détournée pour les auteurs du divertissement de demander la réintégration politique du patriciat. Cette fonction contextuelle de la scène IV de l'*Euridice* est plus facile à percevoir si on la compare au quatrième intermède de *La Pellegrina*, le somptueux spectacle mis en scène à la cour médicéenne en 1589, pour célébrer le mariage de Ferdinand Ier de Médicis avec Christine de Lorraine[224]. Cet intermède, dont Giovan Battista Strozzi avait rédigé tout ou partie des quatre chants (deux sur quatre ne sont pas attribués), montrait en effet les démons de l'Enfer se lamentant de ce qu'ils ne verraient à l'avenir arriver dans l'Hadès que ceux que l'envie ou le mépris animait. La scène pouvait être déchiffrée comme un blâme déguisé en

223. L'ensemble des citations du paragraphe sont tirées de PERI, Jacopo, *Euridice*, scène IV, p. XXIX-XXXI.
224. Cet intermède est analysé plus en détail *supra*, ch. 2, p. 126-127.

éloge où le pouvoir médicéen, affermi par l'accession de Ferdinand Ier au pouvoir et par son fastueux mariage, serait dépeint comme ne devant plus craindre que les envieux ou les dédaigneux. Car, à ceux-là, suggérait la scène, ce pouvoir — que les décors et les costumes dépeignaient comme aussi effrayant et cruel que celui des dieux infernaux — saurait réserver un traitement sans mansuétude aucune, le pouvoir médicéen se trouvant *de facto* capable d'écraser toute velléité de contestation. L'intermède avait semblé assez dissonant pour susciter la perpléxité et il n'est pas impossible que la réception qu'il rencontra ait contribué à pousser Giovan Battista Strozzi à partir pour Rome, dès l'année suivante. Or Ottavio Rinuccini, qui participa à la rédaction des textes pour les cinq autres intermèdes de *La Pellegrina*, avait vraisemblablement souvenir du tableau auquel Giovan Battista Strozzi avait travaillé en 1589. Il n'est dès lors pas impossible que Rinuccini ait tenu à faire figurer dans la scène infernale de l'*Euridice* une représentation inversant celle à laquelle cet autre membre des Alterati avait autrefois œuvré. Rinuccini aurait ainsi rappelé les Médicis à la clémence envers des hommes dont les familles s'étaient autrefois opposées à la montée en puissance des Médicis, tout particulièrement pour ce qui concernait ceux qui, parmi ces élites urbaines en voie de reconversion, savaient avec humilité charmer les puissants par leur maîtrise des arts, comme Orfeo face à Plutone.

C'est en quoi la scène IV de l'*Euridice* peut aussi se lire comme une demande de (retour en) grâce de la part d'individus que le pouvoir avait longtemps silencieusement écartés. Ce plaidoyer serait fondé sur la revendication d'une série de compétences — tant rhétoriques que poétiques et musicales — qui sont celles que l'*Euridice* attribue à l'Orfeo triomphant qu'elle met en scène. Il convient dès lors d'examiner plus avant la nature de la victoire qui est accordée sur scène à ce personnage, dont la position, lors du dénouement de l'œuvre, peut être envisagée comme une figuration de la place très particulière qu'Ottavio Rinuccini et ses collaborateurs espéraient pouvoir circonscrire pour eux-mêmes à la cour médicéenne.

3.6. L'Orfeo des Alterati ou l'art entre sujétion et indépendance

Il aurait été normal que les auteurs d'un divertissement de cour représenté pendant les célébrations d'un mariage princier trouvent le moyen d'insérer dans le spectacle produit des allusions élogieuses (on disait alors des « applications[225] »)

225. Le terme circule en France dès la deuxième moitié du XVIIe. Le verbe *apporre* (appliquer à ou sur) est parfois utilisé dans ce sens en Italie au XVIe siècle, par exemple *supra*, p. 515, par Emilio de' Cavalieri, lorsqu'il écrit que l'*Euridice* et le *Rapimento di Cefalo* mobilisent des sujets inappropriés, au sens où ils ne permettent pas les applications allégoriques qui auraient été adéquates dans la configuration curiale où ils sont représentés (« soggetti da non potervi apporre »). Sur les « applications », voir BOMBART, Mathilde

aux individus dont il s'agissait de fêter l'union, en l'espèce Marie de Médicis et Henri IV. Mais, là encore, les créateurs de l'*Euridice* se distinguèrent de la norme. Car, comme le signale la musicologue Kelley Harness, Peri et Rinuccini « ne suivent pas <dans leur œuvre> le chemin traditionnel du spectacle encomiastique », allant même jusqu'à ne faire « aucune référence directe aux mariés » et n'offrant pas plus de louange explicite de Ferdinand Ier de Médicis[226]. L'intrigue ne mobilise de fait aucun détail circonstanciel qui puisse se rapporter de près ou de loin à l'histoire politique des Médicis. Il est même possible que le spectacle n'ait pas principalement été imaginé, à l'origine, pour célébrer l'alliance de Marie de Médicis et d'Henri IV, comme le suggère le fait qu'il ait été joué pour la première fois le 28 mai 1600 au palais Pitti. Le réemploi de spectacles préexistants pour des festivités différentes n'était en effet pas chose rare dans les cours européennes de la première modernité. L'usage aurait néanmoins voulu que, lors d'une représentation d'apparat, le contenu d'un divertissement déjà existant soit quelque peu modifié, pour que le spectacle s'adapte au mieux à l'occasion nouvelle et s'insère harmonieusement dans le cours des festivités. Or si l'*Euridice* a en effet été imaginé, à l'origine, en dehors du seul projet de marier Marie de Médicis à Henri IV, le fait que de tels ajustements n'aient pas pas été introduits dans le livret de l'œuvre est sans doute en lui-même parlant. L'absence d'applications encomiastiques claires dans l'*Euridice* invite dès lors aussi à envisager comment ses contenus allégoriques se rapportent à la forme de marginalité que le financement complexe du spectacle et le lieu de sa représentation, en octobre 1600, pointaient déjà pour ce divertissement, comme pour ses créateurs.

et ESCOLA, Marc (dir.), *Lectures à clé (XVIIe-XIXe siècle)*, *Littératures classiques*, 54, 2005. Mathilde BOMBART a également soutenu en 2018 une habilitation à diriger des recherches fondées sur un livre à paraître dont le titre est *Le Savoir des clefs. Écritures et lectures à clefs au XVIIe siècle*.

226. HARNESS, Kelley, « Le tre Euridici : Characterization and Allegory in the *Euridici* of Peri and Caccini », § 7.1. Quoique l'*Euridice* de Rinuccini et Peri puisse être partiellement identifiée à Marie de Médicis, il est difficile d'associer Orfeo avec Henri IV, qui ne vint pas à Florence chercher sa femme alors qu'Orfeo fait miraculeusement sortir la sienne des Enfers. L'homologie aurait au demeurant été assez osée dès lors que, dans ce cadre, la Florence médicéenne devenait une figure de l'Enfer. Par ailleurs, toute association d'Orfeo avec Ferdinand est fragile car elle ne peut reposer que sur des éléments extérieurs à l'intrigue. Kelley Harness, qui, dans « Le tre Euridici : Characterization and Allegory in the *Euridici* of Peri and Caccini », § 7.2 à 7.5, n'en continue pas moins à chercher identifier des allusions flatteuses aux Médicis, fait référence au célèbre portrait qu'Angolo Bronzino produisit du père de Ferdinand, Cosme Ier, en Orphée (*Portrait de Cosme Ier en Orphée,* 1537-1539 ?, Philadelphia Museum of Art), arguant que le lien ainsi tissé entre Orphée et les Médicis constitue l'une des clef du discours encomiastique de l'œuvre de Rinuccini et Peri. Elle suggère en particulier que « Peri's creation of a well-suited pair may have allegorized the relationship between Grand Duke Ferdinando and the city of Florence, celebrating the restoration of political equilibrium and proclaiming Ferdinando as the city's legitimate ruler ». Le problème est que le lien entre la figure d'Orphée et le grand-duc Ferdinand est ténu dans l'iconographie médicéenne. Le portrait de Bronzino, quoique fréquemment cité à l'appui de ces associations, est de ce point de vue problématique : il représente Cosme et non Ferdinand et a été peint plus de soixante années avant la production d'*Euridice*.

Une telle excentricité conféra vraisemblablement à Rinuccini et Peri, ainsi qu'à leur patron, une liberté idéologique, tout autant que pratique, dans la manière dont ils pouvaient choisir de répondre — ou de ne pas répondre — aux besoins encomiastiques des Médicis. Le fait que Jacopo Corsi ait pour une large part organisé la production de l'*Euridice* donnée en octobre 1600, tout en finançant une partie des musiciens et des costumes, aurait ainsi permis aux artistes qu'il protégeait de formuler au travers de ce spectacle un discours allégorique qui se démarquait nettement des éloges habituellement adressés aux Médicis en de pareilles occasions. *Euridice* peut dès lors s'envisager en dernier lieu comme un commentaire méta-théâtral sur la position d'externalité engagée que ses créateurs auraient tenté de délimiter à la cour, tant pour eux-mêmes que pour les arts qu'ils pratiquaient, par le moyen d'un pareil spectacle. C'est en effet aussi cette position quelque peu paradoxale qu'ils semblent avoir tenté de rendre manifeste (et/ou acceptable ?) par la production de cette œuvre hors norme.

Pareille forme d'autoréférentialité pourra sembler improbable. Pourtant, là encore, les conditions tout autant que les contenus de la représentation, en octobre 1600, la suggéraient aux spectateurs de l'*Euridice*, tout particulièrement lors des ultimes moments de la scène V de l'œuvre, qui mettaient en scène le triomphe d'Orfeo sur la mort et le plaisir qui était le sien, entre la possession heureuse de sa bien-aimée et la pratique continuelle de son art, à son plus haut degré d'habileté. Car le rôle d'Orfeo n'était chanté par nul autre que par le compositeur de l'œuvre, Jacopo Peri, mieux connu en tant que chanteur virtuose sous le nom d'il Zazzerino. Dans le triomphe final d'Orfeo — que l'ensemble de la distribution entourait alors sur la scène, en chantant son bonheur — Peri ne représentait donc pas seulement le principal personnage masculin de la pièce, il incarnait aussi, implicitement, les fonctions qui avaient été les siennes dans la production de l'opéra lui-même, c'est-à-dire celles de principal chanteur, celles de maître de chœur et celles de compositeur premier et central, superposant ainsi habilement le personnage d'Orfeo avec ses propres activités comme artiste au sein de la cour. Rappelons par ailleurs qu'alors qu'il incarnait tout à la fois Orfeo et ses créateurs, ce compositeur et chanteur hors pair était accompagné au clavecin par son patron, Jacopo Corsi, au sien de l'orchestre assemblé pour l'occasion. Autrement dit, les producteurs de ce spectacle s'affichaient comme tels, lors de la principale représentation curiale de celui-ci, en associant aussi étroitement que possible leurs activités et actions avec celles du héros dont ils avaient choisi de mettre la fable en musique.

Le dernier contenu allégorique d'importance concerne l'équilibre des pouvoirs ainsi caractérisés. Dans le face-à-face d'Orfeo et de Plutone, à la scène IV de l'*Euridice*, le pouvoir de la poésie et de la musique, lorsqu'il est soutenu par un amour véritable, est en effet représenté comme capable de faire plier le pouvoir politique, en générant de la mansuétude dans le cœur des princes. Ce miracle — qui est aussi une « merveille » au sens que le Tasse donne à ce mot — suggère que la poésie et la musique, lorsqu'elles sont pratiquées avec virtuosité, ont un pouvoir plus grand que celui des princes, ce qui conduit à supposer que les artistes, parce qu'ils sont plus proches de leurs émotions et de leurs plaisirs, sauraient mieux ce qui est juste que ceux qui sont en position, sur le plan politique, de gouverner autrui. Pourtant le libretto d'*Euridice* ne sous-entend à aucun moment que les poètes et les musiciens devraient prendre le pouvoir. Au contraire, l'intrigue de l'œuvre semble suggérer que les artistes doivent d'abord faire acte de soumission devant le pouvoir — comme Orfeo le fait en suppliant humblement Plutone de lui rendre sa bien-aimée — avant de pouvoir espérer obtenir de lui le droit de jouir librement de leurs bonheurs domestiques et des infinies possibilités de leur art. L'exceptionnalité des talents d'Orfeo est certes soulignée : la demi-divinité de ce fils d'Apollon est ainsi rappelée dans le *finale*, où est annoncée la gloire éternelle qui sera celle de ce musicien et poète[227]. Mais, dans l'*Euridice*, aucune destinée politique n'est jamais suggérée pour Orfeo, dont la figure n'est, par exemple, à aucun moment associée à celle du roi David. L'Orfeo de Rinuccini et Peri est au contraire représenté, dans le *finale* de l'œuvre, comme jouissant quasi exclusivement des plaisirs de sa propre musique, tout en se nourrissant avec bonheur de l'amour que, grâce à elle, il vient d'arracher à la mort. « Armé de sa seule lyre », cet « époux heureux » (« lieto sposo ») emporte Euridice, sa « palme » et son « trophée », aux cieux. Il y emporte aussi l'instrument de son triomphe, c'est-à-dire son art, dont la fonction n'est pas de gouverner, mais de conduire à l'élévation spirituelle par le plaisir des sens comme de l'esprit, en enthousiasmant non seulement son auteur mais encore tous ceux qui, comme les premiers spectateurs de l'*Euridice*, entendent son divin chant[228].

Dans l'œuvre de Rinuccini et Peri, l'apothéose finale d'Orfeo souligne ainsi son indépendance et plus particulièrement son indépendance vis-à-vis du pouvoir politique. Dès lors qu'il a réussi à convaincre Plutone de lui donner la liberté de jouir tout à la fois de sa musique et de sa bien-aimée, le poète, musicien, chanteur et amant paraît prospérer librement — en développant son art comme il l'entend — tout en cultivant les bonheurs que lui offre, dans la sphère privée, un amour partagé. Or cette posture d'indépendance — et non (plus) de contestation ni d'opposition — semble faire indirectement pendant à celle que Corsi, Peri et Rinuccini réussirent à définir pour eux-mêmes à la cour médicéenne, lorsque l'*Euridice* fut intégrée aux célébrations du mariage de Marie de Médicis. La configuration qui se trouvait là

227. Peri, Jacopo, *Euridice*, scène V, p. xxxvii : « Tra i mortal può dirsi un Dio: / Ei degl'anni il volo eterno / Prende a scherno / E la morte e 'l fosco oblio ».

228. Peri, Jacopo, *Euridice*, scène V, p. xxxvii : « Ma che più ? S'al negro lito / Scende ardito / Sol di cetra armato Orfeo, / E del regno tenebroso / Lieto sposo / Porta al ciel palma, e trofeo ».

définie était une configuration où la poésie et la musique s'inclinaient devant le pouvoir et reconnaissaient sa légitimité, sans que leurs praticiens soient pour autant réduits à produire des œuvres à fonction exclusivement encomiastique, ou contraints de composer selon des normes que le pouvoir seul aurait définies. Autrement dit, l'*Euridice* avançait, tant par sa fable que par les actions dont elle est le produit, une vision des interactions entre l'art et le pouvoir dans laquelle la poésie, la musique et la danse ne devaient servir le prince qu'autant que cela leur serait nécessaire pour obtenir de lui la liberté de cultiver les savoir-faire et les plaisirs qui les définissaient comme arts — les plaisirs que chacun prend aux arts étant parallèlement définis comme indissociables de l'ensemble des autres plaisirs qu'offre l'existence humaine, en particulier de ceux de l'amour. Corsi, Peri et Rinuccini faisaient ainsi adhésion au régime, tout en se plaçant volontairement dans la situation d'avoir à le séduire constamment par leur œuvre, comme l'Orfeo qu'ils mettaient en scène. Mais ce geste de soumission implicite — qui scellait aussi leur réintégration, en tant que membres du patriciat, dans la société de cour médicéenne — avait une contrepartie. Le groupe semblait en effet aussi demander implicitement aux Médicis une forme d'indépendance dans la pratique des arts qui étaient les leurs, lesquels ils n'entendaient pas soumettre aveuglément aux nécessités et normes — tant morales que politiques et esthétiques — qui étaient celles de leur prince. Par le moyen de ce spectacle de cour atypique ces hommes auraient ainsi négocié une forme de liberté plus générale, dans la vie civile comme dans la sphère domestique, plaçant implicitement les arts dans ces deux derniers espaces de pratique, plutôt qu'exclusivement dans la sphère du politique.

L'académie des Alterati offre ainsi un exemple de la façon dont un discours sur les arts, non moins qu'un ensemble de manières de les pratiquer, ont pu se développer à la fin de la Renaissance, dans le cadre d'une principauté où un régime autoritaire s'était installé en lieu et place de l'oligarchie qui caractérisait le fonctionnement de l'ancienne cité-État. L'attitude des Alterati associe intégration et prise de distance, tant sur le plan politique que sur le plan esthétique. Cet exemple ne doit néanmoins pas être identifié à une norme : la comparaison entre le positionnement et les activités des Invaghiti, à Mantoue et ceux des Alterati, à Florence, montre au contraire que l'éventail des possibilités était, en la matière, vaste. Adossés au pouvoir, dont ils sont pour l'essentiel une émanation, les Invaghiti placèrent les conceptions qu'ils développèrent sur la musique, tout autant que leur pratique du divertissement de cour, au service de leur prince. De nombreux autres érudits et/ou académiciens de la péninsule n'hésitèrent pas à faire de même, avec plus ou moins de succès, tel Alessandro Piccolomini, qui, alors qu'il était membre des Intronati de Sienne, dédia ses annotations sur la *Poétique*, qui mettent l'accent sur l'utilité morale de la poésie, au cardinal Ferdinand Ier de Médicis[229].

Les postures comme celles qu'adoptent les Alterati, qui allient soumission formelle et distanciation voilée, dans le champ social comme dans celui de l'art, semblent avoir été plus rares. De tels positionnements ne sont pas non plus nécessairement associés à une compréhension de l'art comme plaisir, loin de là — bien qu'il soit fréquent qu'une forme ou une autre d'hédonisme soit mobilisée pour concevoir et discourir des arts parmi les aristocraties urbaines, dans le cadre de régimes autoritaires de la première modernité[230]. C'est donc avant tout comme une illustration d'une situation historique très particulière — et localisée — que le cas des Alterati est parlant. Sur le plan méthodologique, son utilité est néanmoins beaucoup plus large : cet exemple fait en effet clairement apparaître combien il est important, dans l'analyse des conceptions et pratiques par lesquelles le champ des arts se trouva constitué à l'époque moderne, de considérer les discours et les œuvres produites par les acteurs sociaux à la lumière de leurs relations avec les pouvoirs.

Car les rapports des Alterati au pouvoir médicéen informent dans une large mesure les modes sur lesquels ils choisissent de dire les arts, tout en orientant de manière non négligeable ce qu'ils en disent et leur manière de les pratiquer. L'ambivalence du positionnement des Alterati sur le plan social et politique les conduit en effet à concevoir les activités artistiques et les discours qui prétendent en dire la nature et les normes comme un ensemble de pratiques ésotériques, à cultiver dans un espace protégé, en petit nombre et dans un secret qui n'est dévoilé que par des gestes supposant une étroite connivence. À cette fin, ils privilégient, pour les énonciations théoriques, les discours académiques fragmentaires et les dialogues tortueux, qui rendent tous les deux les points de vue de leurs auteurs difficiles à déterminer. Il n'est pas jusqu'aux productions artistiques elles-mêmes qui ne doivent être, aux yeux des Alterati, structurées comme des mystères qu'il faut percer avec, en main, un nombre d'indices toujours restreint — du moins si l'on n'est pas soi-même membre de la coterie. L'allégorie devient ainsi le mode d'énonciation artistique et même théorique privilégié des académiciens. C'est du moins ce que suggère, dans le livret de l'*Euridice*, le choix de la fable d'Orphée pour théâtraliser à la cour leurs conceptions de l'art, tout autant que pour y énoncer de manière détournée la position qu'ils souhaitent occuper vis-à-vis du pouvoir politique. Ces formes d'énonciation s'articulent par ailleurs presque naturellement à la distinction que cultive l'académie, dès lors qu'il ne peut y avoir de distinction que par

229. Piccolomini, Alessandro, *Annotationi di messer Alessandro Piccolomini nel libro della Poetica d'Aristotele*, Venise,

230. Sur ces esthétiques du plaisir, les diverses configurations politiques dans lesquelles elles émergent, et leur devenir dans l'Europe des XVIe et XVIIe siècles, voir *infra*, Épilogue, p. 551-555.

l'autosélection d'un groupe restreint, soutenue par les efforts constants que font ses membres pour se différencier de ceux qui n'en sont pas. C'est pourquoi les activités ésotériques que les Alterati associent avec le fait de pratiquer les arts, mais aussi d'en discourir, deviennent parallèlement des marqueurs de l'identité sociale que, en tant que patriciens, ils cherchent à la fois à préserver et à adapter à la situation sociale complexe qui est devenue la leur.

Sur le plan politique, l'usage de l'art ainsi défini et pratiqué reste néanmoins ambivalent. D'une part, les Alterati semblent se revendiquer d'un plaisir à usage interne, c'est-à-dire d'abord particulier, mais destiné, par nature, à être partagé au sein du groupe restreint dont leur académie définit les limites. D'autre part, ces académiciens envisagent la culture des plaisirs pris aux arts, et le geste tant de créer des productions artistiques que de les mettre en circulation au-delà du cercle étroit de leurs créateurs, comme une manière d'informer la vie civile, voire comme une façon d'y introduire des représentations ou des pratiques que le pouvoir n'approuverait pas nécessairement. Pour une part, le plaisir pris aux arts (et aux discours qui en disent la nature et les normes) est donc un moyen pour le groupe de circonscrire ses propres limites, en cultivant des pratiques qui sont collectivement comprises, en son sein, comme conduisant à une élévation tant morale que spirituelle, dans et par le plaisir. Mais, simultanément, ce plaisir pris aux arts est aussi envisagé comme susceptible de participer — quand l'occasion s'y prête — à la reviviscence et/ou au développement, dans l'espace civil, d'autres modes d'interaction politique. Par ce plaisir sont en effet mises indirectement en circulation des valeurs politiques qu'on pourrait dire alternatives (au moins au sein des régimes autoritaires), telles que la civilité, l'honnêteté, la parité, le débat, l'idée d'un gouvernement tempéré et soucieux des besoins de ses sujets, et même celle d'une possible (auto)régulation de la vie civile par ses acteurs les mieux nés. Ces valeurs sont plus généralement celles des institutions académiques patriciennes, qui sont pensées comme susceptibles de fournir les fondements d'une autre compréhension du politique que celle qui est mise en circulation par les régimes princiers à velléités autoritaires, par cela même qu'elles s'inspirent lointainement des structures oligarchiques. Le champ de l'art devient dans ce cadre non seulement un espace où se rejouent, par des comportements contournés et/ou l'usage de l'allégorie, les tensions de la République finissante, mais encore un terrain où peuvent, par le plaisir partagé, s'inventer de nouvelles formes de civilité, dans lesquelles les anciennnes valeurs oligarchiques se trouveraient harmonieusement intégrées et renouvelées.

Dans cette configuration, le plaisir pris aux arts n'a pas pour condition la moralité — mais il ne l'exclut pas systématiquement non plus. Parce que le plaisir envisagé articule plaisir des sens et plaisirs de l'esprit (et même du cœur), au lieu de les distinguer, la sensualité et ses bonheurs sont envisagés non seulement comme des moyens de conduire à une élévation morale et spirituelle, mais encore comme indissociables de celle-ci. C'est ainsi que, pour Giovan Battista Strozzi ou Lorenzo Giacomini, « plaisir honnête » ne signifie pas nécessairement « plaisir chaste » ni même « plaisir vertueux ». En hommes qui ont fréquenté les penseurs matérialistes (à commencer par Lucrèce lui-même), les Alterati adhèrent parfois — quoique le plus souvent sans le dire explicitement — au principe selon lequel la matière est idée et l'idée est elle-même matière. Dans cette vision du monde, le plaisir n'est pas par nature immoral — et le plaisir pris aux arts ne sera pas systématiquement tenu pour l'expression d'une sensualité déviée. La moralité intrinsèque de ces plaisirs n'est en réalité sujette à caution qu'aux yeux du vulgaire, qui ne (re)connaît pas la vraie nature de l'esprit et ses liens avec la matière. Pour ne pas le heurter, on pourra prétendre adhérer devant lui — quand la nécessité s'en fait sentir — à une compréhension étroitement morale du plaisir pris aux arts. Ce plaisir sera alors dit « louable », pour souligner qu'il s'agit d'un plaisir qui ne porte pas atteinte à la réputation, c'est-à-dire à l'idée que le commun se fait de la vertu. En d'autres termes, ni la sensualité des interactions des hommes avec l'art, ni la continuité existant entre les plaisirs de la vie ordinaire et ceux que provoquent les productions des artistes ne sera niée. Mais elle ne sera pas affirmée avec provocation non plus, dès lors que, dans la vision des Alterati, la sensualité ne saurait jamais être la seule des satisfactions prise aux objets des arts. Autrement dit, l'hédonisme de ces académiciens ne tient pas le plaisir sensuel pour ce à quoi on doit primordialement s'attacher, mais seulement pour un fait central dans toute vie individuelle ou collective : il est en effet à leurs yeux le principe même de toute vie.

Un dernier élément distingue les discours et les visées des Alterati de ceux d'une académie comme les Invaghiti. Dans leurs discours sur les arts, comme dans leurs productions artistiques, une forme de spiritualité (et l'effort qu'il est nécessaire de faire pour y accéder) est toujours mise en avant. Mais l'Église, en tant qu'institution, est en revanche absente, tout autant que les références indirectes aux textes de la religion révélée. Cette caractéristique frappe tout particulièrement dans le cas de la création de l'*Euridice*, par comparaison avec les productions de compositeurs contemporains, tels qu'Emilio de' Cavalieri et Claudio Monteverdi. Ces derniers font en effet une distinction nette entre musique profane et musique sacrée, cantonnant la production de la seconde aux églises. Les Alterati ne font rien de tel : avec l'*Euridice*, ils définissent au contraire pour les productions des arts une forme de spiritualité qui, loin d'être en conflit avec les activités de la vie civile ou même les interactions sociales que génèrent les sociétés de cour, semble au contraire s'y adapter pleinement. Ce n'est pas que ces académiciens soient détachés de l'Église en tant qu'institution, ni des pratiques religieuses (et/ou de sociabilité) qu'elle encourage. Ils furent au contraire le plus souvent des hommes de foi et parfois même fortement engagés dans la spiritualité de leur temps, quoique pas toujours dans les expressions les plus orthodoxes de celle-ci. Il semble en effet que Lorenzo Giacomini ait été membre d'une congrégation religieuse mais aussi tenté par le valdésianisme[231], alors que Giovan Battista Strozzi était un catholique orthodoxe, mais non austère, qui, lors son séjour à Rome — où il logea pour partie à l'Oratorio della Vallicella —, fréquenta nombre des figures centrales de la Contre-Réforme italienne (dont Antonio Possevino, Cesare Baronio, ou encore Filippo Neri, le fondateur de l'Oratoire)[232]. Par ailleurs, ces hommes — et d'autres encore, tels qu'Ottavio Rinuccini — travaillèrent aussi, dans leur pratique des arts, à une forme de sacralisation des pratiques artistiques. À cette fin, leurs œuvres relaient certaines valeurs chrétiennes. On pense par exemple à la centralité du concept de « mercede » (que l'on peut traduire par « compassion » ou « mansuétude », mais aussi par le terme de « grâce ») dans l'*Euridice*. Mais ces auteurs ne rattachent pas ces valeurs aux discours de l'institution ecclésiastique et n'admettent pas l'autorité de celle-ci comme norme de leurs productions. En cela, on pourrait parler d'une forme de déplacement. L'exigence de spiritualité demeure chez eux — et semble même d'autant plus nettement affirmée. Mais l'art défini et créé dans ce cadre est implicitement présenté comme susceptible d'exister en dehors de l'Église — voire de se substituer à ses discours ? — par l'élévation spirituelle dont il serait intrinsèquement porteur.

231. Voir *supra*, ch. 3, p. 287, note 117.

232. BARBI, Silvio Adrasto, *Un accademico mecenate e poeta : Giovan Battista Strozzi il Giovane*, Florence, G. C. Sansoni, Editore, 1900, p. 42. Plusieurs des oraisons sacrées que Giovan Battista Strozzi prononça à la Vallicella à Rome ou dans d'autres communautés de la Contre-Réforme, telles qu'à l'Oratoire des pères barnabites à San Frediano ou devant la Compagnie de saint Benoît à Florence, sont conservées en ASFi Carte strozziane, 3e série, 187, fol. 296r-340v (les documents datés s'échelonent entre 1592 et 1603). Certaines de ces oraisons sont de la main de Giovan Battista STROZZI, d'autres sont visiblement de la main de secrétaires.

Épilogue

(Re)penser l'histoire de l'esthétique à travers celle des Alterati ?

Ce livre s'est donné pour tâche de faire resurgir une réalité aujourd'hui oubliée, celle des académies patriciennes de l'Italie de la fin de la Renaissance, où l'art se pratiquait tout autant qu'il était objet de discours et où l'esthétique devint peu à peu une préoccupation intellectuelle, mais aussi institutionnelle et même sociale, de première importance. Dans ce cadre, les archives des Alterati — trésor documentaire d'une rare richesse — ont permis de faire sortir de l'ombre les silhouettes de quelques dizaines d'académiciens aussi érudits et que fins stratèges, pour qui l'art et ce qu'il est possible ou souhaitable d'en dire furent des enjeux majeurs. Ces documents ont également fourni de quoi mieux comprendre le fonctionnement de cette institution en tant que groupe constitué, dans ses représentations sociales et culturelles, dans ses positionnements politiques et même dans ses visées pragmatiques. Enfin — et la chose est peu commune pour une sodalité de ce type à l'époque moderne —, ces documents ont rendu possible la reconstitution de ses activités de réflexion et d'écriture quasi quotidiennes et même, dans une large mesure, celle de ses pratiques discursives.

Reste néanmoins à envisager en quoi ce monde depuis si longtemps oublié pourrait — une fois ramené dans les confins d'une conscience historique partagée — nous permettre d'apercevoir les chemins qui ont conduit à la constitution de l'esthétique en discours institués, depuis les pratiques de la première modernité jusqu'aux configurations conceptuelles actuelles. De ce point de vue, cet épilogue entend moins refermer — même provisoirement — la fenêtre que ce livre a ouverte sur le passé, qu'ouvrir, à partir de la matière mise au jour, de nouvelles perspectives, en esquissant les contours d'une enquête aux horizons plus vastes. Le paysage ainsi délimité n'ambitionne évidemment aucune complétude. Ce tableau a seulement pour fonction de suggérer en quoi la réalité entrevue dans ce livre, au cours de l'exploration approfondie de contrées historiquement lointaines, pourrait nous aider à déplacer et/ou reformuler les récits qui, depuis l'émergence de l'idéalisme allemand, prétendent dire comment les conceptions de l'art qui caractérisent notre modernité auraient vu le jour. La démarche n'est pas seulement exploratoire — elle est spéculative.

Avant d'envisager ces lignes de fuite, rappelons néanmoins une fois encore à la vie les ombres des Alterati, afin d'embrasser de manière aussi synthétique que possible les tensions dont cette institution académique fut traversée. Ce geste vise d'abord à ressaisir la spécificité de la situation qui fut celle de ce groupe de patriciens florentins, en rappelant la nature des solutions qu'ils trouvèrent aux contraintes qui étaient les leurs. Mais la fonction de ce dernier regard rétrospectif est aussi de faciliter l'examen des éventuelles résurgences de la configuration ainsi révélée — comme système de tensions structurelles aux contours mouvants — dans d'autres sociétés de l'Europe moderne.

La première action de cette scénographie à visée synthétique a pour héros Lorenzo Giacomini — dit le Mélancolique au sein des Alterati —, un jour qu'il recommandait avec vigueur et enthousiasme à ses collègues une obéissance pleine et entière aux lois de leur institution. La scène se passe le 31 janvier 1586 et le discours prononcé est destiné à permettre au Mesto d'expier les fautes que lui ont reprochées les membres de l'académie à l'issue d'une récente régence. L'académicien s'acquitte avec soin de sa peine, offrant, comme demandé, un discours sur l'obéissance due aux lois, en expiation symbolique des négligences (« stracurataggine ») et de la mauvaise volonté (« malignità ») qui avait été retenues contre lui[1]. Dans ce cadre, il commence par définir la noblesse des lois en se focalisant sur les lois de la nature et celles de la raison, lesquelles sont dites par lui à l'image de Dieu même. Puis il vante l'obéissance à ces lois premières, désignant très vite la vie académique comme modèle d'une telle soumission, en tant qu'image de la « vita beata » ou « contemplativa » au sein de laquelle l'homme trouverait à accomplir sa vraie

1. BMLF Ashburnham 558.2, fol. 58^{r}, du 26 août 1585 : « Noi reggente et accademici Alterati in sufficiente numero ragunati vedute et udite l'accuse data del Rinovellato al reggente Mesto e da altra parte udite le difese giudichiamo, e sententiamo, ch'il Mesto debba fare una orazione in lode delle leggi e degli osservatori di esse per recitare la prima tornata dopo le vacanze e vogliamo sia obligato a lasciarlo in scritto. » Le discours subsiste en manuscrit (BNCF Magl. VI 168, fol. 213^{r}-224^{v}), ainsi que sous forme imprimée (sous le titre de « De la nobiltà de le leggi e del obedienza ad esse dovuta »), dans les *Orationi e discorsi di Lorenzo Giacomini Tebalducci Malespini*, Florence, Sermartelli, 1597, p. 15-28. La prononciation du discours est décrite en BMLF Ashburnham 558.2, fol. 59^{r}, du 31 janvier 1586 : « Doveva il Mesto per pena del non bene amministrato suo reggimento recitare un'orazione in lode delle leggi, e dell osservanza di esse, e piacqueli di recitarla di presente, la quale fu lunga, dotta, e d'alti concetti. »

nature, par l'imitation constante de la rationalité divine dont il serait le produit. Pareil raisonnement offrait l'avantage de permettre au Mesto de contourner la question de la nécessaire obéissance aux lois morales et civiques. En parallèle, la vie académique était constituée en un espace social second, où les dynamiques de pouvoir qui s'appliquaient dans le champ social se trouveraient comme désamorcées. Car, selon l'orateur, l'obéissance aux lois définies au sein de l'institution libérait en réalité ses membres de toute servitude, dès lors qu'en obéissant à leurs propres lois les académiciens n'obéissaient en réalité qu'à eux-mêmes.

Et Giacomini d'affirmer alors avec ferveur : « Cette servitude et cette obéissance <due aux lois académiques> sont différentes de celles dont les vils et abjects esclaves ont l'habitude de faire preuve à l'égard de leurs maîtres, parce que cette dernière forme d'obéissance est le produit soit des nécessités de la force soit de l'éperon de la peur, soit d'une petite faveur qui y incite — tandis que la première est une obéissance volontaire et qui ne connaît pas la crainte[2]. » Le Mesto verbalisait ici une mythologie chère aux Alterati, celle de la liberté spécifique que leur donnait leur engagement académique, en dépit des exigences dont il était assorti. Cette liberté était implicitement comprise comme une réalité qui ne pouvait s'épanouir dans l'espace sociopolitique communément partagé, où la force, la peur et la faveur créeraient les conditions d'un pouvoir tyrannique. Elle était au contraire conçue comme susceptible de fleurir dans un espace protégé dont les valeurs seraient lointainement à l'image de celles de la République florentine disparue (parité, engagement, liberté d'énoncer ses perspectives et jugements, absence d'autorité tyrannique, etc.). La liberté ainsi acquise dans les travaux collectifs était d'abord envisagée comme celle de s'abstraire des tensions et négociations de la vie civile et curiale pour s'élever (ou *s'altérer*, dans la langue de la sodalité) dans la contemplation des arts comme des savoirs — et y prendre collectivement *plaisir*.

Tournons maintenant notre attention vers Giovan Battista Strozzi, dit le Tendre au sein de l'institution. La scène se passe très vraisemblablement vers 1608 et c'est à l'historien de la musique Claude Palisca que nous devons la reconstitution de sa trame[3]. Le musicologue s'appuie pour ce faire sur une collection de manuscrits actuellement préservés dans la Biblioteca Nazionale Centrale de Florence, sous la cote BNCF Ginori Conti 27. La seconde partie de cette série de documents contient principalement des textes de Giovan Battista Strozzi. Ces écrits documentent

2. GIACOMINI, Lorenzo, *Orationi e discorsi*, p. 22 : « Questa servitù e questa obiedenza è differente da quella, che i vili et abjetti servi sono soliti rendere a loro signori : perche o forza gli necessita o paura gli sprona, o piccola mercede gli aletta, ma questa è volontaria, e non conosce timore [...]. »

3. PALISCA, Claude V., *The Florentine Camerata : documentary studies and translations*, New Haven, Yale University Press, 1989, p. 208-225, où figurent ce que l'historien désigne comme « The Prescriptions for Intermedi by Giovanni Battista Strozzi the Younger ».

une période mal connue de la vie du Tenero, pendant laquelle, après être rentré en faveur auprès des Médicis à son retour de Rome, il sert les princes médicéens avec assiduité et succès, notamment comme fournisseur de divertissements curiaux. Parmi ces documents on trouve une lettre au grand-duc Ferdinand II, destinée à accompagner l'envoi d'un panégyrique de son père Ferdinand Ier, ainsi qu'une ode à Ferdinand II où celui-ci se trouve loué comme fondateur de Livourne et des épîtres en vers dédiées à toute une série de membres de la famille des Médicis. On y trouve aussi une suite de textes se rapportant aux activités théâtrales que Giovan Battista Strozzi semble avoir eues à la cour, dont un bref document destiné à accompagner une proposition d'*intermedio* que le poète avait vraisemblablement préparé en vue des célébrations du mariage de Cosme II et de Marie-Madeleine d'Autriche, en 1608[4]. Ce document contient des conseils pour bien réussir les intermèdes musicaux que les Médicis aimaient à insérer entre les actes de leurs représentations théâtrales d'apparat. Mais il présente surtout l'intérêt, en l'espèce, de montrer Giovan Battista Strozzi en habile courtisan, qui sait se plier aux goûts de ses maîtres et tirer le meilleur parti des plaisirs qu'il leur procure.

La capacité du Tenero à se positionner sans équivoque dans le service du prince ne manque pas de frapper d'entrée de jeu. C'est ainsi par exemple que, tout en n'approuvant pas que les intermèdes soient devenus le centre des spectacles de la cour, au détriment des actions théâtrales, il se refuse, par respect pour les volontés des puissants, à questionner le bien-fondé de cette mode et se borne à s'offrir de guider expertement ses maîtres dans leurs entreprises[5]. Mais le plus étonnant, pour quiconque est familier des théorisations du plaisir et de la merveille qui furent élaborées au sein des Alterati[6], est encore la façon dont Giovan Battista Strozzi construit sans détour ces mêmes concepts en fondement de la réussite de spectacles de cour dont la mythologie médicéenne constituait l'ossature idéologique principale. Alors que le plaisir et la merveille étaient tenus, dans les travaux et créations des Alterati, pour les vecteurs allégoriques de l'élévation que les académiciens ambitionnaient, ils se trouvent, dans les conseils que Giovan Battista Strozzi donne à son prince, réduits à de simples auxiliaires du spectaculaire. C'est ainsi que le plaisir (« diletto ») des spectateurs est dit reposer principalement sur la stimulation de la vue et de l'ouïe, à travers la beauté des costumes, la nouveauté des machines,

4. Les papiers de Giovan Battista Strozzi énumérés forment la partie B de BNCF Ginori Conti 27, où se trouvent huit inserts dont les pages ne sont pas numérotées. Les « prescriptions » pour les intermèdes traduites par Claude Palisca constituent l'insert VI, 1.

5. « The Prescriptions for Intermedi by Giovanni Battista Strozzi the Younger », dans Palisca, Claude V. *The Florentine Camerata : documentary studies and translations*, p. 220 : « Hor'io seguendo l'uso, non quistionerò se così s'harebbe a fare o non fare <intermedii>, ma lodando in ciò l'altezza degli animi grandi, dico ch'a voler fare hoggidi intermedii da principi bisogna, mi pens'io, ch'egli habbiano queste conditioni. »

6. Voir *supra*, ch. 5, p. 459-463.

l'élégance des acteurs, la douceur et la variété de la musique et, en dernier lieu, les paroles de l'intermède, quand l'orchestre ne les rend pas inaudibles[7]. De même, la merveille se réduit à la nouveauté, et s'obtient platement en faisant autre chose que ce que fait autrui ou en le faisant autrement que lui[8]. Plaisir et merveille se trouvent ici vidés de leur pouvoir de signifier et par conséquent privés de leur capacité à transformer profondément (soit à *altérer*) ceux qu'ils touchent. Giovan Battista Strozzi met aux pieds de son prince des concepts qui n'ont plus qu'un rapport lointain avec ceux au développement desquels il travailla, parmi d'autres lettrés dont la sophistication théorique n'était pas inférieure à la sienne, au sein des Alterati.

Selon toute vraisemblance, vingt-deux années séparent ces deux scènes. Dans la première, celle dont Lorenzo Giacomini est le héros, l'académie est collectivement construite en rempart contre la tentation de s'inféoder aux tyrans, devenant implicitement le conservatoire de libertés civiles envisagées comme perdues. Dans la seconde, celle qui montre Giovan Battista Strozzi servant son prince, deux des concepts autour desquels la même académie avait construit son identité, en tant qu'espace de loisir, de liberté, de parité et d'agréments(s) partagé(s), sont transformés par l'un de ses membres les plus importants en moyens de séduire le prince et de contribuer à l'affermissement de son pouvoir par le spectacle. L'académie elle-même n'avait pourtant pas disparu, comme en témoigne le fait que les documents conservés dans le BNCF Ginori Conti 27 contiennent aussi, au sein de l'insert VIII, des matériaux académiques datant très vraisemblablement de cette même période — en l'espèce des poèmes évalués et corrigés selon les manières de faire des Alterati[9]. Mais, en 1608, l'institution était quelque sorte devenue la chose du Tenero, qui la logeait et conservait chez lui toutes ses archives. Il lui était dès lors loisible de s'appuyer sur la réputation de la sodalité — dont le savoir-faire poétique était largement reconnu à Florence — et sur ses acquis théoriques pour faire avancer sa propre carrière à la cour.

Cependant, comment le Tenero réalisa-t-il pareil tour de passe-passe ? Il l'accomplit précisément en s'appuyant sur ce plaisir sur lequel l'académie avait fondé

7. « The Prescriptions for Intermedi by Giovanni Battista Strozzi the Younger », dans Palisca, Claude V. *The Florentine Camerata : documentary studies and translations*, p. 222 : « Diletto. Compiacciasene la vista e l'udito per la ricchezza degli habiti per la novità e bellezza delle macchine, per la destrezza, e grazia de rappresentanti. Per la dolcezza e varietà delle musiche, massimo quando le parole son belle affettuose e s'intendono. »

8. « The Prescriptions for Intermedi by Giovanni Battista Strozzi the Younger », dans Palisca, Claude V., *The Florentine Camerata : documentary studies and translations*, p. 222 : « Maraviglia. Cioè non cose ordinarie, e solite a vedersi : ma le impossibili agli huomini, o le reputate per tali, nel che si de<v>e hauer l'occhio al verisimile, a non dar nel modesto nel freddo, in cosa che repugni al senso. Mostrisi invenzione e giudizio, e perchè la maraviglia nasce da novità non si faccia il fatto da altri, o s'altri, s'abbellisca e si megliori. »

9. Sur l'évaluation des productions poétiques au sein de l'académie, voir *supra*, ch. 4, p. 398-422.

ses libertés et la parité qu'elle cultivait, reconfigurant en profondeur ce principe — que la sodalité avait investi, en filigrane, de nombre des valeurs oligarchiques auxquelles ses membres étaient originellement attachés — pour en faire un moyen de séduire le grand-duc et de le mieux servir. De principe d'isolement et d'indépendance discrète qu'il avait été, le plaisir, tel qu'il était destiné à s'incarner dans les spectacles de la cour auxquels le Tenero travailla, devenait ainsi l'un des instruments privilégiés de la grandeur du prince. Parallèlement, l'académie elle-même, de corps originellement défini par une forme d'extériorité vis-à-vis de la cour médicéenne, entrait dans l'orbite directe de celle-ci, se transformant même en pépinière de poètes et de lettrés désireux de servir leur prince et d'en être récompensés. Dans la résolution de la tension qui marqua pendant des décennies le développement d'une institution profondément tiraillée entre la retraite hors de l'influence du pouvoir et le ralliement à celui-ci, le plaisir, sans cesse revendiqué par les membres de l'académie, servit ainsi de pivot : il permit d'abord la coalescence d'un groupe d'hommes que leurs origines familiales marginalisaient, puis il facilita, ultérieurement, l'agrégation de certains de ses membres à la cour.

Une institution telle que les Alterati pourrait paraître un objet trop étroit ou trop excentrique pour permettre des généralisations. Pourtant, l'étude de pareille sodalité est riche en enseignements, tant sur le plan historique que sur le plan méthodologique. Elle est en effet susceptible de nourrir une connaissance plus approfondie et complexe des académies lettrées, mais aussi une analyse plus diversifiée et par là plus profitable — sur le plan de l'histoire culturelle — des nombreux cercles aristocratiques de statuts divers qui, à l'époque moderne, s'adonnèrent aux arts tout en s'interrogeant réflexivement sur leur nature et sur leurs productions.

L'histoire des académies s'est souvent racontée en forme de catalogue(s). La tradition de pareils recensements remonte à la période moderne elle-même. Ces ouvrages généralement volumineux dressent le plus souvent la liste des noms des principales sodalités, égrènent ceux de leurs membres (avec leurs *imprese* et écrits, s'il y a lieu), et éventuellement énumèrent les liens que ces institutions ont entretenus entre elles[10]. La période contemporaine poursuivit ces dénombrements analytiques, des descriptions synthétiques produites à l'orée du XXe siècle par Michele Maylender jusqu'aux récents dépouillements et catalogages proposés l'Italian

10. Pour l'Italie, cette tradition est bien connue. Ses principaux jalons sont les suivants GARUFFI, Giuseppe Malatesta, *L'Italia accademica, o sia le accademie aperte a pompa e decoro delle lettere piu amene nelle citta italiane*, Rimini, Dandi, 1688 ; JARCKE, Johannes, *Specimen historiae academiarum eruditarum Italiae*, Leipzig, s.e., 1725 et FABRICIUS, Johan Albert, *Conspectus thesauri litterati Italiae*, Hambourg, Brandt, 1730. Comme toutes les compilations de ce type, ces ouvrages s'inspirent les uns des autres, répétant souvent les mêmes informations et anecdotes.

Academies Database (1525-1700)[11]. Les vastes enquêtes sérielles entreprises par l'histoire sociale sont évidemment de nature différente, dès lors que leur visée, lorsqu'elles s'intéressent aux académies, est l'élaboration d'une histoire culturelle et politique conduite à une échelle large[12]. Mais leurs manières de faire s'inspirent parfois de ces catalogages anciens, non seulement par ce qu'elles en extraient des informations, mais encore parce qu'elles-mêmes n'examinent pas toujours les institutions évoquées de manière approfondie, quand elles ne s'en tiennent pas à des descriptions sommaires de leurs membres et de leurs activités.

L'exemple des Alterati suggère néanmoins que comprendre les entreprises et les buts d'une académie telle que celle-ci demande une enquête bien plus détaillée. Dresser la liste des membres, des *imprese* et des écrits et correspondants italiens ou européens d'une sodalité académique ne suffit pas. Le geste risque même de conduire à des malentendus, dans la mesure où il n'est pas rare que la culture académique cultive le secret et/ou la mise en scène. C'est en quoi analyser une académie exige de replacer l'institution envisagée dans la configuration sociale et politique dans laquelle elle s'inscrivait. Pareille ambition requiert également que les activités et les écrits de cette institution soient examinés en conjonction avec les données de cette configuration sociopolitique spécifique. C'est à ce prix seulement que les interventions des académiciens dans la vie civile pourront être envisagées pleinement, non seulement comme des entreprises de savoir, de réflexion et/ou de création, mais encore comme des manières d'agir individuellement et collectivement, par la parole et l'écriture, dans l'intention de transformer une géographie sociale et politique donnée et/ou de modifier leur place en son sein. Le travail, quand il est possible, est long et ardu. Mais, sans lui, faire utilement servir les académies à l'histoire culturelle de leur temps reste difficile, si ce n'est hasardeux.

Cependant, une fois ce travail accompli, de nouveaux paysages s'offrent à l'investigation. C'est ainsi par exemple que l'étude conduite autour des Alterati met en lumière nombre des tensions de la société florentine du dernier tiers du XVIe, dont beaucoup restaient partiellement inaperçues ou inexplorées. Parmi celles-ci, on peut citer les difficultés durables des patriciens de souche antimédicéenne à s'intégrer à la cour des grands-ducs, la persistance culturelle latente de modèles sociaux et politiques inspirés de la République disparue ou encore les rivalités tant

11. Voir MAYLENDER, Michele, *Storia delle accademie d'Italia*, Bologne, Cappelli, 1926-1930, 5 vol. Pour la base de données constituée sous la direction de Jane EVERSON entre 2010 et 2014, à partir des collections de la British Library, voir http://www.bl.uk/catalogues/ItalianAcademies/.

12. Voir en particulier ROCHE, Daniel, *Le Siècle des Lumières en province : académies et académiciens provinciaux*, 1680-1780, Paris, Mouton, 1978 et BOUTIER, Jean ; MARIN, Brigitte et ROMANO, Antonella (dir.), *Naples, Rome, Florence : une histoire comparée des milieux intellectuels italiens*, Rome, École française de Rome, 2005.

institutionnelles que politiques et idéologiques qui marquèrent, à ce moment de l'histoire de Florence, les interactions entre les trois principales académies qui s'y étaient instituées. La microhistoire d'une institution telle que les Alterati, par laquelle ont transité tant des patriciens lettrés de premier plan que comptait alors la ville, se révèle de ce point de vue un terrain particulièrement fertile pour envisager à nouveaux frais de larges pans de l'histoire sociale et culturelle de Florence pendant la période médicéenne.

Mais la valeur heuristique des Alterati n'est pas seulement locale et régionale — ou, pour le dire autrement, l'intérêt de l'institution ne résulte pas seulement de l'inscription de la sodalité dans le tissu urbain florentin, ou même de son insertion, d'ailleurs relativement discrète, dans les réseaux tant intellectuels que sociaux des académies italiennes de la première modernité. Observés uniquement à l'échelle de Florence ou même de l'Italie, les débats et les actions dans lesquels les Alterati furent engagés auront d'ailleurs tôt fait d'apparaître comme des querelles de clocher : leurs enjeux semblent fréquemment restreints, voire étroitement locaux, et les entreprises qui rassemblent ces hommes ne regroupent en général que quelques poignées d'individus, qui se croisent et se recroisent sans cesse, au sein des mêmes institutions académiques, pendant des décennies. Pourtant, ce que les Alterati nous apprennent des rapports que les élites aristocratiques d'une ville comme Florence ont entretenus avec les arts, comme avec les discours qui commencent alors à les faire exister comme tels, dépasse en réalité largement, dans ses enjeux, les limites de Florence et même de la Toscane. On pourrait même dire que c'est une fois réinsérées dans une histoire culturelle d'envergure européenne que les activités des Alterati dans le champ des arts prennent pleinement sens, apparaissant alors dans l'entière nouveauté qui était la leur. Mais, pour saisir cette originalité-là, il est nécessaire de détourner quelque peu les yeux de l'histoire florentine et même de celle des académies — ou au moins de ces formes d'histoire des académies qui les abordent comme une réalité sociale close sur elle-même, qui ne serait pas commensurable avec celle d'autres groupes sociaux élitistes institués de manière plus informelle.

La postérité des académies est souvent mesurée à ce qu'elles lèguent institutionnellement ou intellectuellement aux structures de la vie culturelle. À ce compte-là, néanmoins, les Alterati nous laissent peu de choses. Sur le plan institutionnel, l'académie disparaît avec Giovan Battista Strozzi et lègue principalement aux générations futures une grande quantité de documents manuscrits auxquels il est ardu de trouver un sens. Certes, certains des textes imprimés par les Alterati circulèrent hors de l'Italie — et même en bon lieu. On retrouve ainsi les *Orationi e discorsi* de Lorenzo Giacomini (1597), ainsi que l'*Ariana* (1608) et les *Poesie* (1622) d'Ottavio Rinuccini dans le catalogue de la bibliothèque de cet érudit particulièrement italianophile que fut, dans le XVIIe siècle français, Jean Chapelain (1595-1694). Cette présence est certainement révélatrice à la fois d'une notoriété de l'académie bien au-delà des frontières de la Toscane et d'une curiosité particulière de la part du critique français pour les travaux de certains de ses membres. Il est cependant difficile de préciser la nature de son intérêt, en l'absence de mobilisation directe de ces textes dans les écrits de Chapelain, qui préfère utiliser, dans ses contributions sur la poétique, d'autres de ses lectures italiennes, plus tournées vers l'affirmation de l'utilité morale et politique de la poésie[13]. Sur le plan intellectuel, l'académie de Alterati semble donc principalement avoir survécu à travers les positions qu'elle avait prises pour défendre le Tasse et par ses contributions importantes — mais pour l'essentiel anonymes — à la naissance de l'opéra. Sa valorisation qualifiée du plaisir fut si soigneusement camouflée en son sein qu'il est difficile de savoir si elle a eu une descendance directe.

Mais, en prétendant évaluer l'influence d'une institution telle que celle-ci à l'aune d'un pareil bilan comptable, on s'aveugle peut-être sur l'essentiel. Car, dans ses structures comme dans ses modes de fonctionnement, l'académie nous en dit en réalité long sur la manière dont se mettent en place, dans le cadre des régimes autoritaires de la première modernité, les rapports que les élites aristocratiques établissent avec les arts. On peut même faire l'hypothèse que les types d'interactions qui prirent forme dans un tel lieu — et y furent observables à un moment de l'histoire où ces phénomènes ne faisaient ailleurs que commencer à apparaître — furent structurantes pour le développement de nouvelles conceptions des arts, comme pour l'élaboration des discours qui se donnent alors pour tâche de les définir. De fait, dès lors que l'on s'autorise à penser en termes de configuration(s) ou de structure(s), plutôt qu'en termes d'héritages ou d'influences, nombre de possibles mises en séries surgissent, ouvrant sur des perspectives dont beaucoup sont encore à peu près inexplorées des historiens de l'esthétique à l'époque moderne. On s'en tiendra ici à l'évocation du cas français — mais les configurations anglaises pourraient sans doute être analysées dans une optique parallèle et d'autres villes ou régions d'Italie (telles que Rome, Naples et Venise) pourraient aussi fournir matière à d'utiles comparaisons.

13. Les textes de Lorenzo Giacomini et Ottavio Rinuccini sont cités aux p. 50, 62 et 68 de SEARLES, Colbert (éd.), *Catalogue de tous les livres de feu M. Jean Chapelain* (1676 ?), édité d'après le manuscrit du département des manuscrits de la BNF, nouvelles acquisitions françaises 318, Stanford, Stanford University, 1912. (Chapelain possédait aussi des productions de plusieurs autres membres des académies italiennes du siècle précédent, notamment des écrits des Intronati de Sienne et de la Crusca florentine.) Sur l'utilisation que fait Jean Chapelain de ses sources italiennes, voir BLOCKER, Déborah, « Jean Chapelain et les "lumières de Padoue" : l'héritage italien dans les querelles françaises sur l'utilité du théâtre (1585-1640) », *Littératures classiques*, 37, 1999, p. 97-116.

La tension qui structure le rapport des Alterati aux arts peut se résumer (brutalement) dans les termes suivants. Des aristocrates citadins, dont le pouvoir autoritaire qui règne depuis quelques décennies seulement sur Florence se méfie, construisent, en réaction à la marginalisation sociopolitique dont ils pensent faire l'objet, les arts et les discours destinés à les dire en domaine d'activité réservé. Dans l'espace académique, ces hommes exaltent les plaisirs tant sensuels qu'intellectuels que leur donnent leurs échanges, au cours d'activités qui accroissent tant leur distinction que leur savoir-faire en matière d'art(s). Puis nombre d'entre eux parviennent à une forme de réintégration sociale en monnayant auprès du pouvoir leur capacité à créer des œuvres capables de séduire et de persuader par cela même qu'elles *plaisent*. La pièce centrale de cette mécanique complexe — car animée de mouvements qui, fréquemment, basculent le poids de la structure depuis un idéal d'autonomie vers un modèle d'hétéronomie (et inversement) — est un plaisir dont la valeur est profondément ambivalente. Parfois, ce plaisir est construit en fondement d'une retraite collective, qui tend implicitement à l'affirmation d'une indépendance tant sociale que politique, aussi bien dans la production des arts que dans l'élaboration des discours destinés à en rendre compte. Mais, parallèlement, c'est grâce à leurs capacités à susciter du plaisir par leurs activités artistiques et discursives que ces aristocrates lettrés envisagent de trouver la faveur du prince — ce qui signale clairement qu'à leurs yeux le plaisir pris aux arts peut et sans doute même doit simultanément s'inscrire, au sein des interactions qu'exige le patronage, dans une logique de dépendance.

Or, pourvu que l'on fasse abstraction de la sociabilité aristocratique institutionnalisée qu'est en l'espèce la formation académique, il est possible de localiser d'autres incarnations de ce principe de plaisir aristocratique dont l'ambivalence apparaît comme la caractéristique principale. Un mouvement de bascule similaire à celui qui a précédemment été évoqué — c'est-à-dire faisant osciller un groupe d'aristocrates lettrés ou plutôt (selon les usages français d'alors) d'aristocrates et de lettrés — entre des plaisirs pris aux arts en petit comité et la mise à profit des compétences que ces plaisirs développent chez eux pour parvenir à la cour peut par exemple se repérer dans les activités du salon de Rambouillet. On sait en effet que l'un des membres les plus influents de ce cercle, le marquis de Montausier, fit à la cour une carrière spectaculaire, qui le conduisit, en 1668, à devenir le gouverneur du dauphin[14]. La pratique enjouée des vers mondains, où plaisir et distinction se cultivaient de concert, a aussi débouché, pour certains des poètes qui ont participé aux activités de l'hôtel de Rambouillet, sur une intégration remarquée dans la

14. Sur ce personnage, voir Lopez, Denis, *La Plume et l'Épée, Montausier (1610-1690), position sociale et littéraire jusqu'après la Fronde*, PFSCL, Paris, Seattle et Tübingen, Biblio 17, 1987.

société de cour. C'est le cas en particulier pour Vincent Voiture, qui devint maître d'hôtel du roi en 1639, mais avait en réalité cumulé dès 1626 des pensions d'origines diverses[15].

Pareilles trajectoires invitent à relativiser quelque peu les analyses qui ont été proposées du « loisir mondain » dont ces activités poétiques auraient été le produit[16]. Car, comme chez les Alterati, ce loisir prit en réalité chez les habitués de Rambouillet la forme d'un travail très réel, même si — dans une dynamique qui là encore rappelle les manières de faire des patriciens florentins — les publications imprimées en résultant furent rares. Par ailleurs, tout en vantant dans leurs poèmes la retraite, la solitude, et la création de petites sociétés isolées du bruit et de la presse de la cour, les poètes et aristocrates de l'hôtel de Rambouillet ne perdirent que rarement de vue la faveur royale. Vers 1630, le salon de Rambouillet — sur lequel la documentation subsistante est infiniment moins abondante que sur les Alterati — était un lieu où se rassemblait une aristocratie qu'on peut choisir d'appeler seconde[17], parmi laquelle la cour et le renforcement du pouvoir royal étaient diversement appréciés. On repère dès lors, autour de Madame de Rambouillet, la construction d'une forme de marginalité, même si celle-ci n'est pas toujours fondée sur le sentiment d'une marginalisation politique, comme ce fut le cas chez les Alterati. Il n'est reste pas moins que, comme chez les Alterati, ce qui pouvait s'envisager comme une sorte de lieu de retraite fut aussi le vecteur de ralliements (comme dans le cas de Voiture, par exemple). Resterait à étudier à quels usages spécifiques fut mise, dans ce cénacle, la notion de plaisir pris aux arts — mais l'on sait que le concept avait dans la mythologie du loisir mondain une place centrale. Une différence supplémentaire se remarque entre Rambouillet et les Alterati pour ce qui est du rapport à l'érudition et aux discours de nature théorique. Ces derniers y furent en effet rares, sauf parmi les quelques lettrés du groupe, tels que Jean Chapelain. Cependant, dans les écrits de ce dernier, qui fut un lecteur assidu des poétiques italiennes du *Cinquecento*, le plaisir joue en réalité aussi un rôle de pivot conceptuel, permettant même parfois à Chapelain de reconfigurer l'art poétique en fonction des nécessités du service politique[18]. Au demeurant,

15. À partir de 1626, Vincent Voiture est employé simultanément par le roi et par Gaston d'Orléans. Il devint aussi premier commis du comte d'Avaux en 1642, avec des appointements de 4000 livres, tout en percevant en parallèle une pension de 1000 écus que lui faisait accorder la reine. Il s'agit là de subsides considérables pour un poète

16. Voir par exemple Alain GÉNETIOT, *Poétique du loisir mondain, de Voiture à La Fontaine*, Paris, Honoré Champion, 1997.

17. Pour une analyse critique des usages du concept de noblesse seconde, dont Jean-Marie Constant fut le principal promoteur, voir SALMON, John H. M., « A Second Look at the Noblesse Seconde : The Key to Noble Clientage and Power in Early Modern France ? », *French Historical Studies*, 25/4, 2002, p. 575-593.

18. Sur Jean Chapelain, je me permets de renvoyer également à BLOCKER, Déborah, *Instituer un « art » : politiques du théâtre dans la France du premier XVIIe siècle*, Paris, Honoré, Champion, 2009, ch. 1, p. 33-108,

le petit nombre de textes théoriques produits doit d'autant moins déboussoler ici que, pour les acteurs du salon de Rambouillet, comme chez les Alterati avant eux, les textes poétiques eux-mêmes, une fois mis en circulation, fonctionnèrent aussi comme des expressions ou des reformulations d'une réflexion poétique conduite en commun.

Autre exemple faisant apparaître des parallélismes structurels non moins frappants : Mademoiselle de Scudéry et son cercle. Madeleine de Scudéry est née dans une famille aristocratique de rang modeste, d'origine provinciale de surcroît. Orpheline dès l'adolescence, elle eut d'autant plus besoin de se chercher des appuis. Comme son frère George, elle en trouva à l'hôtel de Rambouillet puis parmi les frondeurs les plus déterminés, en particulier Condé et la duchesse de Longueville. L'engagement des Scudéry dans cette révolte nobiliaire suggère qu'ils cultivaient une vision plus paritaire et même plus participative du pouvoir monarchique que celle que les cardinaux-ministres avaient travaillé à faire advenir. Pareille représentation s'incarne à maintes reprises dans le texte du roman qui fit la célébrité de Mademoiselle de Scudéry, *Clélie* (paru entre 1654 et 1660). L'ouvrage oppose en effet fréquemment les petites sociétés de gens bien nés et amateurs de belles-lettres, que l'héroïne rassemble autour d'elle, à des formes de pouvoir dépeintes comme tyranniques. Au troisième livre de la première partie, Clélie et sa suite se trouvent par exemple retenus à Rome par le tyran Tarquin le Superbe. Dans sa captivité, l'héroïne crée néanmoins les conditions d'échanges qui ne dépareraient pas dans un salon, c'est-à-dire de conversations (ou conférences) où s'expriment de manière aussi sophistiquée qu'ouverte des opinions dont l'alternance soigneusement agencée rappelle souvent les discours *pro et contra* des académies italiennes.

Certaines des conversations échangées y portent d'ailleurs directement sur des sujets que les Alterati n'auraient pas reniés, tel que le plaisir[19]. On y trouve par exemple des proclamations sur les plaisirs (y compris les plaisirs que donne la littérature, en particulier ceux de la lecture) qui en affirment la souveraine liberté, et paraissent énoncer, jusque dans les cachots, les franchises imprescriptibles de ceux qui savent s'entourer d'un petit groupe d'égaux pour s'adonner aux lettres, à la réflexion et à la galanterie[20]. Pourtant, chez Mademoiselle de Scudéry

en particulier l'analyse de la manière dont la notion de plaisir est mobilisée dans la lettre à Antoine Godeau sur les vingt-quatre heures (p. 87-88).

19. SCUDÉRY, Madeleine de, *Clélie, histoire romaine*, édition de Delphine DENIS, Paris, Gallimard, « Folio », p. 220-222. Cette conversation est prolongée dans le tome I des *Conversations sur divers sujets*, Paris, Claude Barbin, 1680, p. 47-82.

20. Ainsi cette affirmation de Sextus, 220-221 : « [...] il ne faut jamais condamner les plaisirs de qui que ce soit ; et, de l'humeur dont je suis, je ne condamne rien en autrui ; mais aussi ne puis-je souffrir que d'autres trouvent à redire à ce que je fais ».

aussi, une trajectoire de ralliement est discernable. Cette trajectoire prend forme d'abord dans l'immédiate après-Fronde lorsqu'en 1657 son ami Paul Pellisson lui fait verser une gratification de la part de Nicolas Fouquet, qu'il sert. La disgrâce de Fouquet, à l'automne 1661, entraîne un temps celle de Pellisson et de Mademoiselle de Scudéry. Mais, en 1683, le même Pellisson, après avoir abjuré le protestantisme et être rentré en faveur auprès de Louis XIV, obtient pour son amie une pension royale. Ici encore, une revendication d'indépendance faisant une large place aux plaisirs, énoncée sur le mode de l'allégorie et/ou de la fiction, semble lentement s'inverser en une recherche de patronages où la production d'écrits sachant plaire devient l'un des moyens de trouver la faveur. Enfin, dans ce cas également, la relation entre les discours produits sur les arts (et les plaisirs) et les savoir-faire des érudits — tels que Paul Pellisson, Daniel Huet ou Gilles Ménage, dont Mademoiselle de Scudéry s'entoure à divers titres — demande à être éclaircie.

La présence, sur une durée de plus d'un siècle et dans plusieurs pays différents, de pareilles stratégies du plaisir lettré, suggère qu'il s'agit là de parallélismes structuraux signifiants, quoique leur sens, à l'échelle européenne, ne semble ni stable ni univoque. Préciser la signification de ces configurations récurrentes demanderait une investigation comparative beaucoup plus vaste. Mais on peut subodorer que, dans ces mouvements de bascule, où le plaisir pris aux arts fait souvent figure d'élément pivot, il s'est joué quelque chose d'important. De pareils réagencements, dans un contexte où l'absolutisme allait se renforçant, mettent en effet en jeu le statut des arts eux-mêmes, les plaçant dans une dialectique qui fait continuellement alterner non seulement liberté et service, mais encore proclamations d'indépendance et actions d'instrumentalisation. Sans présumer de ce que l'analyse comparée de ces récurrences structurelles pourrait permettre de mettre au jour, on peut dès lors faire l'hypothèse qu'une telle enquête aurait beaucoup de choses à nous apprendre sur les origines tout autant sociales et politiques que proprement esthétiques du couple conceptuel autonomie/hétéronomie qui structure encore, dans la modernité, bon nombre de nos appréhensions des usages des arts.

Si spéculer plus avant sur les sens de ces récurrences sans de plus amples investigations paraît vain, réfléchir sur les raisons pour lesquels de telles structures sont longtemps restées inaperçues des historiens peut permettre de mieux cerner le problème. Cette question invite à scruter l'histoire de l'esthétique en s'interrogeant sur les biais qui ont pu obscurcir les conditions spécifiques dans lesquelles les discours sur les arts se sont développés dans la première modernité. Plusieurs enquêtes examinant comment la Renaissance fut (ré)inventée, effacée et/ou instrumentalisée par les penseurs modernes et/ou contemporains ont récemment vu le jour aux États-Unis[21]. Parmi elles, un ouvrage collectif s'est attaché à comprendre pourquoi l'esthétique philosophique développée au cours des XVIIIe et XIXe siècles, dans le cadre de l'idéalisme allemand, avait si peu dialogué avec l'art des XVIe et XVIIe siècles[22].

Dans l'introduction de ce livre — intitulé *The Insistence of Art : Æsthetic Philosophy after Early Modernity* — son coordinateur, Paul Kottman, souligne que l'idéalisme allemand a généralement négligé de prendre en compte les discours théoriques (et donc la réflexion esthétique) dont les œuvres des XVIe et XVIIe siècles sont fréquemment tissées. Cet aveuglement serait dû, selon lui, à deux choses. D'une part, les énonciateurs de l'esthétique qui se développa dans les universités allemandes du XIXe siècle se pensaient les créateurs d'une pensée de l'art qui n'aurait pas eu de précédent dans le champ philosophique. C'est ainsi par exemple que, lorsque Hegel s'attache, au début de ses cours sur l'esthétique, à expliquer comment un « vrai concept de l'art » se serait mis en place, son historicisation ne prend en compte que les écrits de Kant, Schiller, Winckelmann et Schelling — comme si rien n'avait existé avant eux en matière de réflexion sur les arts, pas même dans l'Antiquité gréco-latine[23]. D'autre part, rappelle Kottman, les penseurs de l'idéalisme allemand semblent avoir été persuadés que seul l'art de l'Antiquité pouvait leur permettre de toucher à l'essence même des pratiques artistiques[24]. On sait par exemple que, dans toute la première partie de l'*Histoire de l'art dans l'Antiquité*, Johann Joachim Winckelmann ne s'attache qu'à l'art antique — depuis les Égyptiens jusqu'aux Romains — qui seul lui paraît susceptible de faire accéder à l'art dans sa vérité la plus profonde[25]. Dans une pareille perspective, l'art de la première modernité n'existe en réalité pas comme tel — c'est une non-entité.

Ce que Paul Kottman ne souligne sans doute pas assez nettement, en revanche, c'est que ce n'est pas seulement l'art des XVIe et XVIIe siècles qui semble avoir été invisible pour les penseurs de l'idéalisme allemand, mais encore l'ensemble des discours consacrés à ceux-ci dans la première modernité, alors même que, comme l'a amplement suggéré la présente étude, ces discours jouèrent en réalité un rôle

21. Voir en particulier NEWMAN, Jane O., *Benjamin's Library : Modernity, Nation, and the Baroque*, Ithaca, Cornell University Press, 2011; KAHN, Victoria, *The Future of Illusion : Political Theology and Early Modern Texts*, Chicago, Chicago University Press, 2014 et RUBINI, Rocco, *The Other Renaissance : Italian Humanism between Hegel and Heidegger*, Chicago, Chicago University Press, 2014.

22. KOTTMAN, Paul A. (dir.), *The Insistence of Art : Æsthetic Philosophy after Early Modernity*, New York, Fordham University Press, 2017.

23. HEGEL, G. W. F., *Lectures on Fine Art*, traduits de l'allemand en anglais par T. M. KNOX, Oxford, Oxford University Press, 1988, 2 vol., t. 1, p. 55-69.

24. KOTTMAN, Paul A., « The Claim of Art : Æsthetic Philosophy and Early Modern Artistry », dans KOTTMAN, Paul A. (dir.), *The Insistence of Art : Æsthetic Philosophy after Early Modernity*, p. 1-30.

25. WINCKELMANN, Johann Joachim, *Histoire de l'art dans l'Antiquité*, traduction nouvelle de Dominique TASSEL, introduction, notes et bibliographie de Daniela GALLO, Paris, Le Livre de Poche, 2005.

déterminantt dans la promotion des productions de l'art au statut d'objets pensant et pouvant (ou même devant) à leur tour être pensés. Or, pour expliquer cette deuxième forme d'occultation (ou de non-reconnaissance), l'histoire des idées étroitement comprise semble insuffisante. Car les enjeux paraissent ici plus nettement de nature sociale ou même politique. D'une part, les penseurs de l'idéalisme allemand, que nous associons avec la constitution de l'esthétique en discipline philosophique, étaient eux-mêmes pris dans le renforcement du statut professionnel de la philosophie qui a accompagné le développement, dans l'Allemagne du XIXe siècle, d'universités d'un genre nouveau, notamment à Berlin. Pour se légitimer et autoriser leurs propres discours, il était important pour ces philosophes de tenir à distance ceux qui avaient été produits dans les académies, salons ou cours de l'époque moderne, qu'ils considéraient comme des réflexions d'amateurs et non comme des énonciations dont le statut serait comparable à celles des professionnels de la philosophie. Pourtant, ils étaient eux-mêmes nourris de ces discours aristocratiques et même si familiers des catégories qui les fondaient que nombre d'entre eux en reprirent les termes les plus centraux dans leurs écrits. Il semble en particulier que *La Critique de la faculté de juger* d'Emmanuel Kant (1790) ait travaillé à subsumer les discours de ces amateurs sans légitimité professionnelle sous les catégories de l'esthétique philosophique, en se les appropriant discrètement. Dans ce livre, Kant travaille en effet à fonder en termes philosophiques (mais aussi, à l'occasion, à rejeter) certains des concepts les plus centraux des discours développés parmi les élites aristocratiques des XVIe et XVIIe siècles, tels que le goût, le désir, le plaisir pris aux arts, ou encore l'opposition entre autonomie et hétéronomie, à travers le couple intérêt/désintérêt.

Dans le même ordre d'idées, on peut également supposer que, dans une Europe récemment ébranlée tant par la Révolution française que par les conquêtes napoléoniennes, la savante et progressive captation qui s'effectue, dans l'esthétique philosophique, des discours non professionnalisés de la première modernité, ainsi que les effacements et réagencements que cette captation provoque en sous-main, tiennent également à des raisons politiques ou plutôt géopolitiques. Proclamer que l'esthétique philosophique est née en Prusse et effacer par là même les précédents discursifs italiens ou français, c'est en effet aussi suggérer indirectement que la Prusse a vocation à prendre le relais, en Europe, non seulement des cités-États italiennes, mais encore de la monarchie française elle-même, dans le champ des arts comme ailleurs. De ce point de vue, l'élaboration par Hegel d'une esthétique historique de nature transcendantale à l'Université Humboldt, dans la première moitié du XIXe siècle, peut profitablement être mise en parallèle avec la construction, sur *Museumsinsel* à Berlin, de musées remplis d'œuvres du monde entier, dont la splendeur, ainsi placée aux pieds du prince, était destinée à illustrer le goût, les clartés et la puissance du roi de Prusse. Alors qu'émergent les États-nations, l'art, l'esthétique et ce que nous appelons aujourd'hui le patrimoine culturel deviennent des enjeux géopolitiques majeurs[26].

Dans la rupture que tentèrent de mettre en scène les penseurs de l'esthétique allemande, plusieurs phénomènes historiques importants furent ainsi comme effacés. En particulier, les notions de plaisir et de beauté, qui occupent pourtant une place centrale dans les conceptions esthétiques des philosophes de l'idéalisme allemand, sont artificiellement coupées de leurs liens avec les discours des cercles aristocratiques de la première modernité. Les conditions spécifiques dans lesquelles ces discours ont été énoncés aux XVIe et XVIIe siècles disparaissent aussi de la vue. Il est en particulier fait abstraction des complexes structures de patronage dans lesquelles les arts et les discours qui les définissent sont alors pris. Enfin, le mouvement de balancier qui structure fréquemment, dans les élites de la première modernité, deux postures sociopolitiques opposées mais toujours complémentaires — la retraite hors de l'orbite du pouvoir et le ralliement à celui-ci — devient invisible, alors même qu'on peut légitimement supposer que les penseurs de l'esthétique allemande y furent eux-mêmes soumis dans la Prusse de leur temps. Car, bien que ces philosophes taisent le plus souvent ce fait, leurs propres activités se développèrent aussi dans le patronage des princes et dans le cadre d'institutions universitaires et académiques qui servaient elles-mêmes les pouvoirs politiques. Leurs discours furent dès lors bien souvent aussi des discours de service. Mais ils ne s'avouent pas toujours pour tels, préférant mettre en avant la portée universelle de leurs conceptualisations.

L'enquête menée dans ce livre s'est attachée à combler certains des vides que les penseurs de l'esthétique philosophique, telle qu'elle s'est développée dans l'Allemagne du XIXe siècle, ont créés dans la compréhension qu'a notre modernité du développement, depuis le XVIe siècle, des discours sur les arts. Les Alterati ont de ce point de vue permis de documenter où, sous quelles formes et dans quelles circonstances une réflexion esthétique était susceptible de prendre forme dans l'Italie de la fin de la Renaissance. La microhistoire a, en l'espèce, fait la preuve de ses vertus : l'enquête conduite à petite échelle dans ce livre permet en effet de commencer à recadrer certains des grands récits qui structurent actuellement notre appréhension de l'histoire de l'esthétique occidentale. Cette approche, parce qu'elle prête une attention redoublée à l'histoire sociale, politique et même institutionnelle, permet aussi d'imaginer d'autres types de mises en récit. C'est pourquoi la poursuite de l'enquête demandera sans doute à ce qu'une attention non moins

26. Sur le rôle que le nationalisme a joué dans l'élaboration de l'histoire de l'art, tant en Allemagne qu'en France, voir PASSINI, Michela, *La Fabrique de l'art national : le nationalisme et les origines de l'histoire de l'art en France et en Allemagne (1870-1933)*, Paris, éditions de la MSH, 2013.

minutieuse soit accordée non seulement aux milieux aristocratiques où continua à se développer, aux cours des XVIIe et XVIIIe siècles, une réflexion esthétique, mais encore aux acteurs institionnels du développement de l'esthétique philosophique en Allemagne au XIXe siècle. L'enquête microhistorique acquerra en outre, dans le cadre d'analyse comparatiste, une vertu nouvelle — celle de rendre commensurables, du point de vue de l'histoire politique et institutionnelle, des configurations historiques qui autrement sembleraient hétérogènes. Grâce à cette histoire sociale et politique comparée des discours et pratiques esthétiques, les expérimentations théoriques de la première modernité et les contextes pragmatiques dans lesquels elles ont été développées pourront, à terme, être replacés *dans la même histoire* que celle où figurent aujourd'hui les écrits et les entreprises de l'esthétique allemande. Pareille mise en série ne se fera doute pas sans résistance, tant les acteurs de l'idéalisme allemand (et même certains de leurs exégètes) semblent désireux parfois de faire oublier leur propre historicité. Une reconstitution informée et critique des continuités tant structurelles qu'intellectuelles qui caractérisèrent le développement des discours esthétiques européens depuis la Renaissance jusqu'à nos jours est pourtant à ce prix.

Inventaire analytique des documents manuscrits consultés

On trouvera dans les pages qui suivent un inventaire analytique des manuscrits consultés dans le cadre de la préparation de ce livre (y compris les imprimés annotés ou *postillati*), avec, pour la majorité des codices, la seule mention des textes et documents effectivement utilisés en leur sein. Cet inventaire des manuscrits, quoique déjà ample, n'a en effet pas vocation à dresser la liste de l'ensemble des manuscrits des Alterati actuellement existants, mais seulement à donner une vision d'ensemble de ceux qui ont été examinés dans le cadre des recherches dont ce livre est le fruit. Il est avant tout un instrument d'investigation mis à la disposition des chercheurs, et a pour principale fonction celle de permettre au lecteur d'identifier et de localiser commodément les manuscrits utilisés, en les lui présentant brièvement, sans prétention à l'exhaustivité, ni précisions paléographiques ou codicologiques approfondies.

En raison notamment des pratiques de conservation et de circulation des manuscrits parmi les Alterati (voir *supra*, chapitre 3, p. 211-294), toute tentative de description exhaustive des manuscrits subsistants aurait au demeurant été hasardeuse, au moins à ce stade : certains des manuscrits conservés parmi les matériaux des Alterati sont encore difficiles à attribuer avec précision, en l'état de nos connaissances actuelles, tandis que d'autres manuscrits de l'académie, ou livres annotés par ses membres, seront très certainement découverts à l'avenir, dans les bibliothèques italiennes, et même en dehors de la péninsule. Les Alterati sont encore bien loin d'avoir livré tous leurs secrets. Le dénombrement proposé ici ne vaut donc que comme un état présent de la recherche, telle qu'elle se trouve synthéstisée dans ce livre à la date de sa publication.

C'est délibérement que les précisions codicologiques ont pour l'essentiel été laissées de côté. Une description paléographique et/ou codicologique de l'ensemble de ces mansucrits, dont l'assemblage est souvent aussi parlant que complexe — soit la production d'un catalogue raisonné de ces matériaux —, aurait démesurément enflé cet inventaire et n'avait pas sa place dans un ouvrage visant principalement à l'histoire sociale et politique des idées et pratiques esthétiques. De nombreux élements d'analyse codicologique et archivistique ont néanmoins été inclus, lorsque nécessaire, dans le corps du livre, notamment en son chapitre 3. Par ailleurs, quand la main ayant écrit ou transcrit un manuscrit m'était connue, je l'ai fait apparaître dans la description du codex correspondant, dès lors que cette information peut non seulement servir à faciliter, par comparaison, des identifications ultérieures, mais encore être fort utile à quiconque poursuivrait, comme je l'ai fait, une enquête d'histoire sociale et/ou intellectuelle. J'ai aussi fourni parfois une brève description du contenu des textes (notamment pour certains volumes de correspondance) et donné quelques explications plus détaillées lorsque l'attribution d'un document spécifique présentait une difficulté, avec pour seul but de clarifier pour le lecteur les hypothèses auxquelles j'avais moi-même abouti.

Les collections et les types d'archives mobilisés étant très divers, uniformiser la présentation des titres des manuscrits et de leurs descriptions n'était guère possible. Pour faciliter le répérage des documents, j'ai choisi de donner aux codices les titres qui apparaissaient dans les catalogues des institutions où ils sont actuellement conservés ou — si l'entrée du catalogue était imprécise ou inexacte — sur leurs reliures ou dans leur éventuelle page de titre. Pour les textes contenus dans chaque volume, je me suis reportée — en cas de silence ou d'erreur dans les catalogues existants — au titre apparaissant dans le volume, et, à défaut, à l'index figurant dans celui-ci ou à un éventuel titre ajouté sur le document. C'est en quoi — pour les volumes comme pour les textes et documents individuels — les titres retenus dans cet inventaire ne doivent pas être considérés comme originaux. Ils ne doivent pas non plus être envisagés comme une description fiable du contenu des codices ou manuscrits mentionés. Par souci de clarté, ces titres figurent néanmoins en italiques dans l'inventaire qui suit. Lorsqu'un titre manquait pour un volume ou un document, le fait est signalé comme tel (<Sans titre.>) et une brève description en français est fournie.

Dans le cas de volumes composites — comme le sont souvent ceux où les Alterati conservèrent leurs manuscrits académiques —, seuls les textes étudiés en profondeur font l'objet d'une mention. Cependant, pour qui voudrait accéder à une description plus complète de ces volumes composites, une description sommaire mais plus exhaustive de l'ensemble de leur contenu est en général donnée dans les catalogues des collections où ils sont conservés (notamment à la Biblioteca Nazionale Centrale de Florence et à l'Archivio di Stato, à Florence). Pour d'autres, une forme d'indexation, de désanonymisation, de titrage ou de description a été insérée dans le volume lui-même, entre le XVIe et le XXIe siècle, soit à l'ouverture du volume, soit au début de chaque texte ou document. À la seule fin d'aider un lecteur qui serait désireux de se plonger par lui-même dans ces fonds, l'existence de ces éléments descriptifs, fréquemment eux-mêmes restés manuscrits, a été signalée dans ce qui suit par ces sigles : CAT suivi d'un titre ou d'une cote (pour signaler l'existence d'un éventuel catalogue descriptif, imprimé, tapuscrit ou manuscrit, disponible dans les bibliothèques mentionnées), IND (pour indiquer l'existence d'une indexation du volume, quelle qu'en soit la date) et AUT/TIT (pour signaler que, pour les textes rassemblés, des auteurs ou des titres ont été indiqués *a posteriori* dans le volume lui-même, depuis sa production). Le lecteur en quête d'approfondissements est dès lors invité à se référer à ces catalogues et aux manuscrits correspondants, ainsi qu'aux éventuels éléments de bibliographie secondaire mentionnés ci-dessous en note, pour de plus amples informations.

Liste des principales archives et bibliothèques consultées, dans l'ordre où elles apparaissent dans cet inventaire :

I. Archivio di Stato di Firenze, Florence (**ASFi**)
II. Accademia della Crusca — Archivio storico, Florence (**AcCF**)
III. Biblioteca Nazionale Centrale di Firenze, Florence (**BNCF**)
IV. Biblioteca Marucelliana, Florence (**BMF**)
V. Biblioteca Medicea Laurenziana, Florence (**BMLF**)
VI. Biblioteca Riccardiana, Florence (**BRF**)
VII. Archivio di Stato di Pisa, Pise (**ASP**)
VIII. Biblioteca Universitaria di Pisa, Pise (**BUP**)
IX. Biblioteca Apostolica Vaticana, Rome (**BAV**)
X. Archivio di Stato di Mantova, Mantoue (**ASMn**)
XI. Biblioteca Comunale Teresiana di Mantova, Mantoue (**BCTMn**)
XII. Biblioteca Corsiniana, Rome (**BCR**)
XIII. British Library, Londres (**BL**)
XIV. Newberry Library, Chicago (**NL**)

I. Archivio di Stato di Firenze, Florence (ASFi) :

A — Fonds Carte strozziane :

CAT : les catalogues imprimés, tapuscrits et/ou manuscrits des cinq séries d'archives des Carte strozziane sont disponibles dans la salle des catalogues de l'ASFi, en N/191-197 ; la précision des indices existant pour les séries 1 à 3 varie, et les séries 4 et 5 n'en sont malheureusement pas munies. CAT N/191 et 192 : GUASTI, Cesare (dir.), *Le Carte strozziane del regio Archivio di Stato : Inventario, prima serie*, Florence, Tipografia Galileiana, 1884-1891, 2 vol., contiennent un inventaire détaillé de la première série des Carte strozziane. CAT N/193 contient un inventaire de la 3e série.

Carte strozziane, 3e série, 10, I-III : <Catalogues de l'ensemble des livres, codices et manuscrits de la bibliothèque Strozzi, compilés par Carlo di Tommaso Strozzi, avec l'aide de son fils Luigi Strozzi, en 3 vol.> (CAT N/193)

I. *Repertorio di alcune cose più particolari che si contengono ne' miei libri manoscritti che sono in quarto e in ottavo e minori della grandezza del foglio* (fol. 1-88).

II. *Repertorio di alcune cose più particolari che si contengono ne' miei libri manoscritti che sono della grandezza del foglio* (fol. 1-180).

III. *Inventario di tutti i libri stampati che si ritrovano appresso di me, Carlo di Tommaso Strozzi, e ancora vi è l'inventario di tutti i libri manoscritti e di tutte le scritture sciolte che si ritrovano appresso di me quest'anno 1643* (fol. 1-265).

Carte strozziane, 3e série, 35 : Luigi STROZZI. *Vite degli huomini illustri della famiglia Strozzi. Parte prima.* (CAT N/193)

— Luigi STROZZI, *Vita di Giovambattista di Lorenzo di Filippo detto il Vecchio* (fol. 124^{r}-125^{v}).

— Luigi STROZZI, *Vita di Giovambattista di Lorenzo di Federigo Strozzi detto il Cieco* (fol. 126^{r}-131^{v}).

Carte strozziane, 3e série, 40 : *Miscellanea di scritti vari concernenti la famiglia Strozzi.* (CAT N/193, IND)

— Giovan Battista STROZZI. *Discorso sulla famiglia Strozzi di Giovan Battista di Lorenzo Strozzi.* Texte inachevé et sans titre attribué par Carlo di Tommaso Strozzi à Giovan Battista Strozzi dans l'index (fol. 82^{r}-102^{v})[1].

1. Ce texte est à rapprocher d'un texte sur la famille Strozzi mais au contenu différent conservé à la Newberry Library de Chicago, en **Vault Case MS 6A 11, vol. 20 (CAT XIX)**, sous le titre *Lettera scritta di Giovan*

Carte strozziane, 3e série, 75.I-II : Luigi Strozzi. *Vite degl'huomini illustri della famiglia degli Strozzi, Parte prima e seconda.* (CAT N/193, IND)
— Luigi Strozzi, *Vita di Giovambattista di Lorenzo di Federigo Strozzi detto il Cieco* (I, fol. 171r-175v)[2].

Carte strozziane, 3e série, 76 : *Apparato istorico per la famiglia degli Strozzi.* (CAT N/193, IND)

Ce volume manuscrit préparé par Luigi Strozzi avec la documentation accumulée par son père Carlo di Tommaso Strozzi contient un tableau historique général de la famille Strozzi, détaillant ses lieux, charges, dignités et alliances dans la ville de Florence et exposant son influence et sa puissance sur le plan social, institutionnel et politique. Les documents mobilisés sont cités en bas de page grâce à un système de renvois abrégés aux matériaux de la bibliothèque Strozzi.

Carte strozziane, 3e série, 77 : *Abiti di cavaliere et altre dignità della famiglia degli Strozzi. Arme, cimieri, imprese, medaglie ecc. della medesima.* (CAT N/193)

Ce volume contient un vaste répertoire des dignités, armes, devises et médailles de la famille Strozzi, avec des illustrations peintes pour la plupart d'entre elles.
— *Impresa* (devise) d'académicien Alterato de Niccolò di Tommaso Strozzi (l'Ammostato), fol. 54r.
— *Impresa* (devise) d'académicien Alterato de Giovan Battista di Lorenzo Strozzi (il Tenero), fol. 54v.
— *Impresa* (devise) d'académicien Alterato di Federigo di Lorenzo Strozzi (l'Agghiadato), fol. 55r.

Carte strozziane, 3e série, 78 : *Raccolta de' parentadi della famiglia degli Strozzi.* (CAT N/193)

Ce volume expose la parentèle des Strozzi, à partir d'une liste de leurs alliances avec d'autres grandes familles, florentines ou autres. Chaque alliance est mémorialisée par des armes (réhaussées de couleurs) et des généalogies succinctes.

Carte strozziane, 3e série, 116 : *Scritture diverse attinenti a Casa Strozzi.* (CAT N/193)

Battista Strozzi detto il Cieco al signore Carlo di Lorenzo Strozzi et calligraphié par Francesco Grazzini, l'un des secrétaires de Giovan Battista Strozzi.

2. Il s'agit du même texte que celui qui se trouve en **ASFi Carte strozziane, 3e série, 35**, fol. 126r-131v, mais il apparaît ici au sein de deux volumes reliés, sous une forme calligraphiée et précédée d'un élégant portrait de Giovan Battista Strozzi tracé au crayon et réhaussé de terre de Sienne.

— *Bozza di testamento del signore Giovan Battista di Lorenzo di Federigo Strozzi*, sans date et en latin (fol. 9r-11v).

— *Donazione fatta del signor Giovan Battista di Lorenzo al signor Federigo Strozzi, suo fratello*, datée du 1er décembre 1584, copie (fol. 14r-15v).

Carte strozziane, 3e série, 135 : *Memorie e scritture diverse spettanti al signor maresciallo Piero Strozzi, <al> priore di Capua e <al> signor cardinale suoi fratelli e al signor Filippo figliuolo del detto signor Piero.* (CAT N/193)

— Une copie d'une lettre de Giovan Battista Strozzi sans lieu, date ni destinataire, concernant l'écriture d'une vie de Piero Strozzi par Antonio degli Albizzi (fol. 442r-445r). Cette lettre constitue l'ultime document du volume.

Carte strozziane, 3e série, 147 : *Raccolta di lettere originali che contengono notizie di qualcheduno di Casa Strozzi.* (CAT N/193)

— *Supplica di Giovambattista di Lorenzo Strozzi detto il Cieco al granduca, per la concessione di una pensione annua*, datée de Florence, [?] septembre 1605 (fol. 192 et 203) ; la réponse du grand-duc, qui accorde 200 scudi l'année au demandeur, figure au bas.

Carte strozziane, 3e série, 148 : *Scritture diverse attinenti a Casa Strozzi.* (CAT N/193)

— *Donazione fatta del signore Giovan Battista di Lorenzo Strozzi al signore Federigo Strozzi, suo fratello*, datée du 1er décembre 1584, copie (fol. 54r-55v).

— *Vendita di un poderetto a Fiesole venduto da figliuoli di Filippo Giunti al signore Giovambattista di Lorenzo Strozzi*, datée du 5 juillet 1607 (fol. 64r-65v).

— *Agiustamento e convenzione fra il signore Giovanni Battista del signore Lorenzo Strozzi e il signore Orazio Minerbetti per la compera della casa degli Innori da Santa Trinita*, daté du 6 juillet 1623 (fol. 97r-98v).

— *Convenzione fra il signore Giovanni Battista di Lorenzo Strozzi e il signore Giovanni Battista di Filippo Strozzi per conto della villa di Balconevisi*, datée du 23 avril 1631 (fol. 107r-108v).

— *Erezione della cappella del signore Giovanni Battista di Lorenzo di Federigo Strozzi nella chiesa di San Pier Maggiore di Firenze*, daté du 31 mai 1638 (fol. 109r-116v).

Carte strozziane, 3e série, 159 : *Lettere originali degli appresso di casa Strozzi a Giovan Battista Strozzi il Cieco.* (CAT N/193)

Carte strozziane, 3e série, 165 : *Memorie della Casa Strozzi.* (CAT N/193)

— *Beni con relative decime assegnati a Federigo di Lorenzo Strozzi nelle divisioni con Giovanni Battista e Tommaso suoi fratelli*, 1575, copie (fol. 75r-78v).

— *Supplica del poeta Giovambattista di Lorenzo Strozzi detto il Cieco al granduca, per la concessione di un sussidio*, datée de Florence, 4 septembre 1605, copie (fol. 111) précédée d'une autre demande sans date mais postérieure, d'après le contenu de la supplique, à la mort du grand-duc Ferdinand († 1609). Dans cette seconde requête, Giovan Battista Strozzi demandait 200 scudi supplémentaires afin d'embaucher deux autres secrétaires et d'achever par ce moyen un poème que le prince l'avait plusieurs fois exhorté à finir (fol. 110r). Une note au-dessus de cette dernière demande précise que son auteur n'a pu se résoudre à la soumettre au prince.

— *Beni con relative decime assegnati a Giovan Battista di Lorenzo Strozzi nelle divisioni con Federigo e Tommaso suoi fratelli*, 1575, copie (fol. 196r-198v).

Carte strozziane, 3e série, 166 : *Poesie del signor Giovan Battista di Lorenzo di Federigo Strozzi, di mano di Carlo Strozzi.* (CAT N/193, IND).

Il s'agit d'un volume d'épîtres en vers plus ou moins abouties. Elles sont adressées à des hommes d'Église, à des membres de la famille Strozzi, aux Barberini, à divers cardinaux, aux Médicis, à divers ducs, à quelques académies, etc. Tout l'entregent de Giovan Battista Strozzi se trouve ainsi manifesté dans les paroles qu'il adresse à ses destinataires. Le pendant de ce volume — où certains des mêmes textes, cette fois présentés indivuellement et avec grand soin, se trouvent calligraphiés — est actuellement conservé à la Newberry Library, Chicago, en **Vault Case MS 6A 11, vol. 16 (CAT XVII)** [3].

Carte strozziane, 3e série, 168 : *Lettere che contengono diverse memorie di Casa Strozzi.* (CAT N/193, IND).

Il s'agit principalement de lettres intrafamiliales.

— Une lettre de Federigo STROZZI à son frère Giovan Battista Strozzi, à Pise, de Florence, le 6 octobre 1578 (fol. 264r et 269v).

— Une lettre de Francesco VERINO à Giovan Battista Strozzi, Pise, le 16 mai 1582 (fol. 271r).

— Une lettre de Francesco VERINO à Giovan Battista Strozzi, Pise, le 27 janvier 1587 (fol. 272r).

3. Une comparaison des deux volumes permettrait non seulement d'étudier la poésie mondaine de Giovan Battista STROZZI, mais encore d'envisager les usages qu'il en faisait (ou espérait en faire) au sein de son réseau social.

— Une lettre d'Antonio degli Albizzi à Giovan Battista Strozzi, Innsbruck, le 30 mars 1587 (fol. 317^{r}).

Carte strozziane, 3e série, 187 : *Più cose del signor Giovan Battista di Lorenzo di Federigo Strozzi.* (CAT N/193).

Ce volume de lettres et de documents demande à être étudié en conjonction avec **BNCF Magl. VIII 1399**, qui contient une grande partie de la correspondance littéraire et sociale envoyée à Giovan Battista Strozzi.

— Francesco Bonciani. Une lettre à Giovan Battista Strozzi, l'informant de l'état des finances de l'académie des Alterati, en fonction du paiement des cotisations, Florence, le 3 mars 1578 (fol. 7 et 27).

— Deux lettres du chancelier de l'academie des Alterati à l'Assodato, au Tenero et à l'Aspro, Florence, le 6 décembre 1576 (fol. 8^{r}-9^{r}).

— Agnolo Niccolini (l'Allegro). Une lettre à Giovan Battista Strozzi, lui donnant des nouvelles de l'académie des Alterati, Florence, le 11 février 1582 (fol. 15).

— Filippo Sassetti (l'Assetato). Une lettre à Giovan Battista Strozzi, contenant le texte d'une condamnation de celui-ci au sein de l'académie des Alterati, Pise, les 16 et 25 février 1575 (fol. 16^{r}-17^{v} et 20).

— Un document calligraphié par lequel la Congrégation générale de l'Inquisition concède à Giovan Battista Strozzi, sous certaines conditions, le droit de posséder et de lire, pour le restant de ses jours, une liste de livres mis à l'Index, daté du 20 juillet 1633 (fol. 14).

— Giovan Battista Strozzi. *Osservatione delle quale regole della lingua toscana* (fol. 58^{r}-69^{v}).

— Belisario Vinta. Une lettre à Giovan Battista Strozzi, concernant une traduction d'Homère par Giovan Battista Elicona, qui avait été soumise au jugement du destinataire et de l'ensemble des Alterati, de Pise, le 13 mars 1606 (fol. 113).

— Giovan Battista Strozzi. Une supplique adressée au grand-duc, lui demandant une pension. Deux cents scudi annuels lui sont accordés par le prince, par le biais de Belisario Vinta, le 4 septembre 1605 (fol. 140). Ce document est probablement l'original de la demande, dont au moins deux autres copies subsistent.

— Luigi Alamanni. Une lettre à Federigo di Lorenzo Strozzi, Pise, le 15 janvier 1573 (fol. 243).

— Giovan Battista Strozzi. *Ragionamento fatto dal Tenero per introdurre il signor don Giovanni <de' Medici> nell'Accademia degli Alterati*, prononcé le 5 mars 1588 (fol. 266^{r}-277^{v}).

— Giovan Battista Strozzi. *Ragionamento sopra San Benedetto fatto nella Compagnia di San Benedetto nel giorno della sua festività l'anno 1594* (fol. 296^{r}-310^{v}).

Giovan Battista Strozzi était membre de cette confraternité[4]. La main est celle d'un secrétaire.

— Giovan Battista STROZZI. *Ragionamento fatto nella Compagnia di San Benedetto nel giorno della festività di San Giovanni Evangelista l'anno 1594* (fol. 311^{r}-315^{v}). Le texte prend la suite du précédent. La main est celle du même secrétaire.

— Giovan Battista STROZZI. *Ragionamento recitato nella Vallicella il dì di San Giovanni Decollato a' padri della Congregazione dell'Oratorio nel 1592.* Le texte est de la main de Giovan Battista STROZZI avec des éléments de la main d'un secrétaire pour les *appunti* donnés à la fin du document (fol. 316^{r}-327^{v}).

— [Giovan Battista STROZZI ?]. *Discorso in lode di San Tommaso d'Aquino fatto in Pisa l'anno 1603 nell'oratorio de' padri Bernabiti in San Frediano* (fol. 328^{r}-340^{v}). Le texte n'est pas de la main de Giovan Battista STROZZI.

Carte strozziane, 3e série, 192 : *Strozzi. Scritture e memorie diverse messo a estratto Carlo Strozzi.* (CAT N/193)

— Giovan Battista STROZZI. *Discorso del signore Giovanbattisa Strozzi.* Le discours porte sur l'histoire de la famille Strozzi (fol. 77^{r}-80^{v}) et est précédé d'un carton illustrant leurs armes (fol. 75^{r}-76^{v}).

— Giovan Battista STROZZI. <Sans titre.> Trente-huit sonnets et madrigaux autour de Bianca Cappello et de la thématique de l'*alba* et de la *bianca aurora*, qui renvoient à son nom, rassemblés dans un cahier (fol. 100^{r}-116^{v}). Les textes sont transcrits avec soin mais portent d'abondantes corrections. Il y a un court index à la fin, sans doute de la main de Giovan Battista STROZZI.

Carte strozziane, 3e série, 194 : Carlo STROZZI. *Sommario delle vite degli huomini illustri di Casa Strozzi*[5].

— Carlo STROZZI. *Sommario della vita di Giovan Battista di Lorenzo di Federigo* (fol. 179).

4. Dans une lettre datée du 22 avril 1595, actuellement conservée en Biblioteca Ambrosiana, Milan, G 167 inf., fol. 123^{r}, n° 104, Giovan Battista STROZZI expédie une copie de ce texte à Federico Borromeo à Rome. Le site Archilet (http://www.archilet.it/HomePage.aspx) répertorie par ailleurs 69 autres lettres de Giovan Battista Strozzi à Federico Borromeo, écrites entre 1593 et 1625. Celles-ci sont toutes conservées à la Biblioteca Ambrosiana.

5. Ce volume de notes (*appunti*) et le suivant (**ASFi Carte strozziane, 3e série, 195**) constituaient sans doute pour Carlo STROZZI des volumes préparatoires à l'écriture de « vies » plus détaillées des hommes illustres de sa famille. Le texte est avant tout de la main de Carlo STROZZI, mais avec des corrections et des ajouts d'autres mains, qui sont probablement celles de ses secrétaires et/ou de son fils Luigi. Des notes éparses sont rassemblées sous le prénom de chaque personnage, sans logique chronologique, et parfois pourvues de renvois aux cotes des archives que possédaient Carlo et Luigi Strozzi. Ces volumes ont très vraisemblablement nourri la rédaction des vies des hommes illustres de la famille Strozzi rédigées par le fils de Carlo, Luigi Strozzi, actuellement conservées en **ASFi Carte strozziane, 3e série, 35**.

Carte strozziane, 3e série, 197 : *Memorie per scrivere la vita di fra' Lione di Filippo di Filippo Strozzi priore di Capua, raccolte dal senatore Carlo di Tommaso Strozzi*, fol. 1-82[6].

Carte strozziane, 3e série, 201 : *Memorie raccolte dal senatore Carlo di Tommaso Strozzi per scrivere le vite de' cavalieri di Rodi e Malta della sua casa*, fol. 1-80.

Carte strozziane, 5e série, 384 : *Libro dell'eredità giacente di Giovan Battista di Filippo Strozzi, tenuto da Giuliano di Bernardo Panichi curatore dell'eredità.*
— *Inventario delle masserizzie e altri effetti della redità iacente del signor Giovan Battista del Lorenzo Strozzi* (fol. 71r-77v)[7].

Carte strozziane, 5e série, 530 : 1) *Documenti relativi all'eredità di Francesca Altoviti negli Strozzi* ; 2) *Documenti relativi all'eredità di Giovanbattista Strozzi il Cieco.*
— *Eredità di Giovan Battista Strozzi il Cieco* (liasse sans foliation)[8].

B — Fonds Decima granducale :

CAT : N/094, *Inventario dell'Archivio delle decime granducali,* en 2 vol. et N/268, *Repertorio generale dei popoli, communi, opera, ville e porte compresi nel contado della Comunità di Firenze accessi per numero nei campioni degli estimi di Santo Spirito, Santa Croce, Santa Maria Novella e San Giovanni,* disponibles dans la salle des catalogues de l'ASFi.

Decima granducale 2759 : *Libro II Arroti del quartiere Santa Maria Novella da 306 a 631 anno 1618.*

Decima granducale 2670 : *Libro I Arroti del quartiere Santa Maria Novella da 1 a 159 anno 1567.*

Decima granducale 2688 : *Libro I Arroti del quartiere Santa Maria Novella da 1 a 133 anno 1575.*

6. Une autre copie de ce manuscrit figure parmi les collections de la Biblioteca Marucelliana à Florence sous la cote **BMF Marucelliano C 133**, fol. 86-136.
7. Je remercie Edina Adam de m'avoir signalé ce document.
8. Cette liasse contient un vaste ensemble de documents concernant la succession de Giovan Battista Strozzi il Giovane, que la mort de son héritier désigné en 1636 laissa en jachère, donnant ainsi lieu à de longues contestations.

Decima granducale 2767 : *Libro I Arroti del quartiere di Santa Maria Novella da 1 a 146 anno 1623.*

Decima granducale 2773 : *Libro I Arroti del quartiere di Santa Maria Novella da 1 a 143 anno 1628.*

Decima granducale 2781 : *Libro I Arroti del quartiere di Santa Maria Novella da 1 a 173 anno 1636.*

Decima granducale 3616 : *Campione I della Decima dei cittadini del quartiere Santa Maria Novella Gonfalone Leon Rosso contenente la descrizione dei beni immobili in conto dei possessori nell'antica impostazione e quindi l'ammontare delle Decime di cui venivano gravati o esonerati, A-F, 1534.*

Decima Graducale 3617 : *Campione II della Decima dei cittadini del quartiere Santa Maria Novella Gonfalone Leon Rosso contenente la descrizione dei beni immobili in conto dei possessori nell'antica impostazione e quindi l'ammontare delle Decime di cui venivano gravati o esonerati, G-L, 1534.*

Decima granducale 3618 : *Campione III della Decima dei cittadini del quartiere Santa Maria Novella Gonfalone Leon Rosso contenente la descrizione dei beni immobili in conto dei possessori nell'antica impostazione e quindi l'ammontare delle Decime di cui venivano gravati o esonerati, M-Z, 1534.*

Decima granducale 3620 : *Campione II della Decima dei Cittadini del Quartiere Santa Maria Novella Gonfalone Leon Rosso contenente la descrizione dei beni immobili in conto dei possessori nell'antica impostazione e quindi l'ammontare delle Decime di cui venivano gravati o esonerati, G-Z, 1618.*

Decima granducale 3782 : *Libro III Ricerca delle case di Firenze ordinata da Cosimo I pei vistosi miglioramenti in esse fatti del quartiere di Santa Maria Novella anno 1561.*

C — Fonds Depositeria generale :

CAT N/058 : *Depositeria generale — Inventario sommario* et N/458, *Ruoli dei salariati e provvisionati della Corte medicea*, qui rassemble les listes de salariés et pensionnés disséminées dans l'ensemble des fonds de l'ASFi, tant dans les archives de la *Depositeria generale*, *Parte antica* que dans le *Mediceo del Principato*, la *Guardaroba medicea*, etc. Ces deux inventaires sont disponibles dans la salle des catalogues de l'ASFi.

Depositeria generale, Parte antica, 389 : *Ruolo dei provvisionati (1588-1614).*

Depositeria generale, Parte antica, 391 : *Libro dei salariati (1550-1551).*

Depositeria generale, Parte antica, 394 : *Libro dei salariati (1608-1609).*

D — Fonds Guardaroba medicea :

CAT S/44 : *Guardaroba medicea*, inventaire préparé par Maria Grazia VACCARI, Florence, Edizioni Regione Toscana, 1997.

Guardaroba medicea 122 : *Libro di donativi 11 dicembre 1587-5 dicembre 1593.*

Guardaroba medicea 225 : *Libro del ruolo 1 ottobre 1599.* Ce volume contient une mise au net d'informations contenues en **ASFi Depositeria generale, Parte antica, 389**.

Guardaroba medicea 279 : *Libro del ruolo 1 dicembre 1606-30 settembre 1609.*

Guardaroba medicea 301 : *Libro del ruolo 30 settembre 1609-22 febbraio 1611.* Ce volume contient une mise au net d'informations contenues en **ASFi Depositeria generale, Parte antica, 389**.

E — Fonds Mediceo del Principato :

CAT S/17 : *Archivio mediceo del Principato. Inventario sommario*, préparé par Marcello DEL PIAZZO, avec une introduction d'Antonio PANELLA, Rome, Ministero dell'Interno, 1966, réédition xérographiée d'une édition de 1951.

a — Relations avec les États italiens et étrangers — France, lettres des résidents, envoyés extrordinaires et agents ("Relazioni con stati italiani ed esteri — Francia ; lettere dei residenti, inviati straordinari e agenti") :

Mediceo del Principato 4613, 1594 agosto 13-1599 novembre 7 : *Dispacci dell'agente segreto Francesco Bonciani dal 1594 al 1599.*

Francesco BONCIANI (sous le pseudonyme de Baccio STROZZI). Lettres de France au secrétaire Raffaelo da Romena, en chiffre, avec des déchiffrements interlinéaires[9]. Francesco Bonciani est alors un envoyé secret du grand-duc dans l'entourage d'Henri IV, après duquel il travaille non seulement à la conversion du roi mais encore à son mariage avec Marie de Médicis.

Mediceo del Principato 4613a, 1595 gennaio 3-1599 settembre 28 : *Copie dei decifrati dell'agente segreto Francesco Bonciani dal 1594 al 1599.*

Francesco BONCIANI. Copies des déchiffrements de ses lettres de France au secrétaire Raffaelo da Romena. Les lettres déchiffrées ont été mises au propre, signe de leur importance dans le cadre de la diplomatie grand-ducale.

Mediceo del Principato 4614, 1594 luglio 23-1599 dicembre 18 : *Minutario dell'agente segreto Francesco Bonciani del 1594 al 1599.*

Minutes des lettres que la diplomatie grand-ducale a fait parvenir à Francesco Bonciani dans le cours de sa mission en France.

b — Appendices — Poesies et écrits satiriques ("Appendice — Poesie e pasquinate") :

Mediceo del Principato 6424 : *Poesie manoscritte dedicate a diversi, secoli XVI-XVII.*

Contient le manuscrit d'une *Dafne*, attribué à Francesco RINUCCINI mais dû à Ottavio RINUCCINI ; 9 fol. sans numérotation[10].

c — Correspondance universelle des princes médicéens (Carteggio universale) :

1) Lettres de Scipione Ammirato aux membres de la cour médicéenne :

a — Correspondance de Ferdinand Ier ("Carteggio universale — Ferdinando I") :

9. Pour une transcription partielle de ces lettres (dont le déchiffrement fut inscrit à réception entre les lignes des lettres archivées, tandis que les réponses du secrétaire du grand-duc figurent en **Mediceo del Principato 4614**), voir DESJARDINS, Abel, *Négociations diplomatiques de la France avec la Toscane*, Paris, 1875, Documents inédits sur l'histoire de France, 6 vol., t. 5, p. 289-368.

10. Ce mansucrit a été découvert par Francesca FANTAPPIÉ, qui en a publié le texte dans Francesca FANTAPPIÉ, « Una primizia rinucciniana : la *Dafne* prima della 'miglior forma' », *Il Saggiatore musicale*, 24e année, 2017/2, p. 189-228.

Mediceo del Principato 793, 1587 dicembre 1-dicembre 31 : fol. 110 et 150, deux lettres des 6 et 7 décembre 1587.

Mediceo del Principato 842, 1593 novembre 1-dicembre 31 : fol. 851, une lettre datée du 24 décembre 1593 à Belisario Vinta.

Mediceo del Principato 848, 1594 marzo 1-aprile 30 : fol. 619, daté du 18 avril 1594 à Belisario Vinta et, fol. 156, une lettre datée du 10 mars 1595 à la grande-duchesse.

Mediceo del Principato 853, 1594 novembre 1-dicembre 31 : fol. 687 et 695, deux lettres datées du 10 décembre 1594, la première à Belisario Vinta et la seconde au grand-duc ; seules la signature et la date de la seconde lettre sont de la main de Scipione AMMIRATO, le texte de la lettre est calligraphié.

Mediceo del Principato 856, 1594 marzo 26-1595 marzo 16 : fol. 152, une lettre datée du 16 janvier 1594 à Belisario Vinta et, fol. 178, une lettre datée du 18 février 1594 à Belisario Vinta.

Mediceo del Principato 858, 1595 marzo 1-aprile 30 : fol. 515, une lettre datée du 13 avril 1595 à la grande-duchesse et, fol. 621, une lettre datée du 21 avril 1595 à la grande-duchesse.

Mediceo del Principato 877, 1597 gennaio 1-febbraio 28 : fol. 43, une lettre datée du 3 janvier 1597 à Belisario Vinta.

Mediceo del Principato 885, 1598 maggio 1-giugno 30 : fol. 345, une lettre du 27 mai 1598 à la grande-duchesse.

b — Relations avec les États italiens et étrangers — Rome, correspondance des papes, cardinaux, prélats et divers — Lettres des cardinaux à Ferdinand Ier ("Relazioni con stati italiani ed esteri — Roma, carteggio di papi, cardinali, prelati e diversi — Lettere di cardinali a Ferdinando I") :

Mediceo del Principato 3775, 1594 dicembre 31-1597 agosto 29 : la liasse n'est pas paginée (la lettre se trouve aux deux tiers du volume), une lettre du 1er octobre 1596 à la grande-duchesse.

c — Correspondances des princes et des grandes-duchesses — Christine de Lorraine, grande-duchesse (“ Carteggi dei principi e delle granduchesse — Cristina di Lorena granduchessa”) :

Mediceo del Principato 5984a, 1589 febbraio 19-1622 settembre 23 : fol. 1311, une lettre du 11 novembre 1598 à la grande-duchesse.

2) **Lettres d’autres membres de l’académie des Alterati aux princes médicéens ou à leurs secrétaires :**

a — Correspondance de Ferdinand Ier (“Carteggio universale — Ferdinando I”) :

Mediceo del Principato 919, 1603 ottobre 1-ottobre 31 : fol. 422, une lettre de Giovan Battista STROZZI à Belisario Vinta, écrite de la main de Scipione AMMIRATO IL GIOVANE, concernant l’écriture d’un bref traité sur la famille des Médicis auquel il accepte avec enthousiasme de s’atteler, datée du 26 octobre 1603.

b — Correspondance de Cosme II (“Carteggio universale — Cosimo II”) :

Mediceo del Principato 960, 1609 settembre 1-ottobre 31 : fol. 643, une lettre de Giovan Battista STROZZI à Belisario Vinta, par laquelle l’académie des Alterati approuve la traduction d’Homère par Giovan Battista d’Elicona, datée du 14 octobre 1609.

Mediceo del Principato 970, 1611 gennaio 1-maggio 12 : fol. 444, une lettre au grand-duc Cosme II, signée « Humilissimi e devotissimi GLI ACCADEMICI ALTERATI — Jacopo SOLDANI e Ottavio RINUCCINI », recommendant la publication d’un poème du chevalier Tommaso Balli, datée du 9 février 1610.

c — Correspondance des secrétaires — Andrea Cioli (“Carteggio dei segretari — Andrea Cioli”) :

Mediceo del Principato 1351, 1613 gennaio 1-marzo 31 : fol. 634, une lettre de Cosimo MINERBETTI à Andrea Cioli, secrétaire de Cosme II, concerant la possibilité pour le prince de venir assister à quelques séances publiques de l’académie des Alterati, Giovan Battista Strozzi ayant été consulté par lui sur les pratiques passées de l’académie, datée du 23 janvier 1613.

F — Fonds Miscellanea medicea :

CAT S/48 I-III : Archivio di Stato di Firenze, *Miscellanea medicea I* (buste 1-200), inventaire préparé par Silvia BAGGIO et Piero MARCHI, Rome, Ministero per i beni e le attività culturali — Direzione generale per gli archivi, 2002 ; *Miscellanea medicea II* (buste 20-450), inventaire préparé par Beatrice BIAGIOLI, Gabriella CIBEI, Veronica VESTRI et Piero MARCHI, Rome, Ministero per i beni e le attività culturali — Direzione generale per gli archivi, 2009 et, par les mêmes, *Miscellanea medicea III* (buste 451-730), Rome, Ministero per i beni e le attività culturali — Direzione generale per gli archivi, 2014.

Miscellanea medicea 136 : *Lettere del depositario Alessandro Rinuccino, Napoleone Cambi et altri a tutto 1621. Depositeria generale.*

Cette liasse comprend de nombreuses minutes de lettres d'Alessandro RINUCCINI (1606-1621), dont beaucoup furent écrites dans le cadre de ses fonctions en tant que dépositaire général (1611-1621). Les lettres antérieures à 1611 donnent des informations sur les activités de Rinuccini en tant que banquier et marchand avant qu'il n'accède à cette charge. Ses activités de banquier et de marchand sont également documentées par des lettres conservées dans les liasses **Miscellanea medicea 27, IIIe partie, Miscellanea medicea 131, et Miscellanea medicea 30, insert 30.** Les lettres de la liasse 136 sont principalement adressées à Curzio Picchena, Andrea Cioli et Belisario Vinta et sont éparpillées dans l'ensemble du volume qui comprend également des lettres d'autres correspondants et des documents administratifs (décomptes de dépenses, paiments, budgets prévionnels, etc.) préparés au sein de la Depositeria generale.

Miscellanea medicea 137 : *Lettere di tre depositari dell'anno 1589 a tutto 1616. Depositeria generale.*

Ce volume comprend quelques lettres d'Alessandro RINUCCINI, dans ses fonctions de dépositaire général, en 1612 et 1616. Les lettres sont notamment adressées Belisario Vinta, Matteo Bartolini, Andrea Cioli et Curzio Picchena (fol. 248-264).

Miscellanea medicea 413 : *Teatro di grazia e di giustizia (1695).*

Registre récapitulatif de toutes les charges attribuées par le grand-duc de Toscane par le moyen de l'office des *Tratte*, préparé par Niccolò Arrighi pour Cosme III. Ce volume constitue le premier tome du registre et contient tous les offices attribués dans la ville de Florence. On y trouve la liste des noms de tous ceux qui ont occupé une charge dans les institutions florentines entre 1553 et 1695.

Miscellanea medicea 414 : *Teatro di grazia e di giustizia* (1706).

Registre récapitulatif de toutes les charges attribuées par le grand-duc de Toscane par le moyen de l'office des *Tratte*, préparé par Niccolò Arrighi pour Cosme III. Ce volume constitue le second tome du registre et contient tous les offices attribués en Toscane, hors ceux de la ville de Florence. On y trouve la liste des noms de ceux qui ont occupé une charge en dehors de la ville de Florence entre 1572 et 1703.

Miscellanea medicea 514 :

— Filippo SASSETTI; *Ragionamento di Filippo Sassetti sopra il commercio ordinato dal gran duca Cosimo I tra i sudditi suoi, e le nazioni del Levante, diretto a Bongianni Gianfigliazzi cavaliere gerosolimitano* (fascicule 14, fol. 1-12)[11].

G — Fonds Notarile moderno :

CAT N/474 I et II, *Elenco alfabetico dei notai e dei loro protocolli,* coordonné par Roberto FUDA, et N/484, *Notarile moderno. Inventario sommario dei notai che hanno rogato in Toscana dal 1569-1860*, sous la direction de Roberto FUDA, datant tous deux de 2016 et disponibles dans la salle des catalogues de l'ASFi.

Notarile moderno 1148 (notaire : Francesco Parenti, Florence, 1569-1593, protocoles 1140-1149) : Testament d'Agostino di Piero del NERO, daté du 3 octobre 1572 (fol. 45v-60v), avec un codicille daté du 31 août 1573 (68v-69r).

Notarile moderno 2055 (notaire : Rafaello Pulicciani, Pulicciano, 1559-1608, protocoles 2022-2055) : Testament de Bernardo DAVANZATI, daté du 10 février 1605 (fol. 17v-21v).

Notarile moderno 5365 (notaire : Alessandro Guidi Arrighi, Empoli, 1575-1610, protocoles 5346-5366) : Deux testaments de Scipione AMMIRATO, le premier daté du 2 novembre 1596 (fol. 15r-19v) et le second daté du 18 avril 1601 (fol. 43v-47v).

Notarile moderno 7650 (notaire : Giuliano Berti, Montopoli, 1589-1634, protocoles : 7635-7651) : Testament de Francesco BONCIANI, daté du 12 octobre 1613 (fol. 76r-79r). Un codicille daté du 6 novembre 1619 est enregistré en **Notarile moderno 11975 (notaire : Francesco Felloni, 1611-1650, Pise,**

11. Ce texte est paru dans SASSETTI, Filippo, *Sul commercio tra la Toscana e le nazioni levantine : ragionamento*, Florence, Tipografia Galileiana di M. Cellini e C., 1853.

protocoles 11962-11975), par lequel Francesco BONCIANI lègue l'ensemble de sa bibliothèque personnelle à Santa Maria Novella (fol. 17).

Notarile moderno 9323 (notaire : Giuseppe Barni, Florence, 1597-1634, protocoles 9494-9324) : Testament de Giovan Battista STROZZI, daté du 6 décembre 1631 (fol. 90v-95v), avec un codicille à ce document, dans le même volume, daté du 3 novembre 1634 (fol. 121v-124v). Dans **Notarile moderno 11508 (notaire : Francesco Galganetti, Colle Val d'Elsa, 1609-1629, protocoles 11504-11509)**, on trouve un précédent testament de Giovan Battista STROZZI, daté du 6 novembre 1623 (fol. 73v-84r).

Notarile moderno 11087 (notaire : Piero Pieruzzi, Florence, 1606-1630, protocoles 11086-10192) : Testament de Giulio del BENE, daté du 27 mai 1616 (fol. 127r-128r).

Notarile moderno 12927 (notaire : Santi Toscani, Florence, 1617-1629, protocoles 12920-12928) : Testament d'Ottavio RINUCCINI, daté du 29 avril 1620 (fol. 11v-14v).

H — Raccolta Sebregondi :

CAT N/256, *Raccolta Sebregondi — Inventario*, qui contient un inventaire manuscrit d'une vaste collection de documents se rapportant à l'histoire des principales familles florentines et toscanes ; les documents sont inventoriés alphabétiquement par noms de famille.

Raccolta Sebregondi 569 : *Del Bene.*

Raccolta Sebregondi 1896/b : *Davanzati.*

Raccolta Sebregondi 3586 : *Minerbetti.*

Raccolta Sebregondi 3723 : *Muzi.*

Raccolta Sebregondi 3804 : *Del Nero.*

I — Fonds Ufficiali poi Magistrato della grascia :

CAT N/396 : *Ufficiali poi Magistrato della grascia : inventario analitico*, préparé par Antonio D'Alaimo et revu par Alessandra Contini, inventaire dactylographié des fonds de la magistrature de la Grâce, qui contient notamment une liste des décès advenus à Florence, dit « Livre des morts ».

Ufficiali della grascia 194 : *Libro de' morti del 1601-1625.*

J — Fonds Archivio delle Tratte :

CAT S/33 : *Archivio delle Tratte*, introduction et inventaire de Paolo Viti et Raffaella Maria Zaccaria, Rome, Archivio di Stato di Firenze, 1989.

Tratte 725 : *Dugento per famiglie.* Ce registre liste par ordre alphabétique le nom des membres du conseil des Deux-Cents par quartiers et par familles.

Tratte 908, 909 et 910 : *Uffici intrinseci dal 1553 al 1580, dal 1580 al 1614 e dal 1611 al 1651.* Ces volumes listent les noms de tous ceux qui occupèrent des charges civiles à Florence même, en fonction des différents offices existants et par année.

Tratte 1256 : *Stratto delle filze di note 1, 2, 3. Segretario Niccolini. 1592-1598.* Ce volume répertorie par ordre alphabétique les informations contenues dans **Tratte 1257, 1258 et 1259**. Ces volumes concernent les années 1592-1598.

Tratte 1257 : *Filza prima di note al tempo Lorenzo Niccolini da dì 8 dicembre 1592 a dì 2 d'aprile 1595.* Ce volume contient les notes prises par le secrétaire Lorenzo Niccolini sur les candidats aux différentes charges entre 1592 et 1595.

Tratte 1258 : *Filza seconda di note al tempo Lorenzo Niccolini da 27 d'agosto 1595 agl' 8 aprile 1597.* Ce volume contient les notes prises par le secrétaire Lorenzo Niccolini sur les candidats aux différentes charges entre 1595 et 1597.

Tratte 1259 : *Filza terza di note al tempo Lorenzo Niccolini da 11 aprile 1597 a 15 d'ottobre 1598.* Ce volume contient les notes prises par le secrétaire Lorenzo Niccolini sur les candidats aux différentes charges entre 1597 et 1598.

Tratte 1260 : *Stratto delle filze di note 4, 5, 6, 7. Segretario Niccolini. 1598-1605.* Ce volume répertorie par ordre alphabétique les informations contenues dans **Tratte 1261, 1262, 1263 et 1264**. Ces volumes concernent les années 1598-1605.

Tratte 1261 : *Filza quarta di note al tempo Lorenzo Niccolini da 13 di febbraio 1598 a 25 gennaio 1600.* Ce volume contient les notes prises par le secrétaire Lorenzo Niccolini sur les candidats aux différentes charges entre 1598 et 1600.

Tratte 1262 : *Filza quinta di note al tempo Lorenzo Niccolini da 15 febbraio 1600 a 23 aprile 1603.* Ce volume contient les notes prises par le secrétaire Lorenzo Niccolini sur les candidats aux différentes charges entre 1600 et 1603.

Tratte 1263 : *Filza sesta di note al tempo Lorenzo Niccolini da 10 maggio 1603 a 22 maggio 1605.* Ce volume contient les notes prises par le secrétaire Lorenzo Niccolini sur les candidats aux différentes charges entre 1603 et 1605.

Tratte 1264 : *Filza settima di note al tempo Lorenzo Niccolini da 7 di giugno 1605 a 20 di febbraio 1606.* Ce volume contient les notes prises par le secrétaire Lorenzo Niccolini sur les candidats aux differentes charges entre 1605 et 1606.

Tratte 1265 : *Stratto delle filze di note 1, 2, 3. Segretario Geri Spini. 1602-1612.* Ce volume répertorie par ordre alphabétique les informations contenues dans **Tratte 1266, 1267 et 1268**. Ces volumes concernent les années 1602-1612.

Tratte 1266 : *Filza prima di note al tempo Geri Spini dalli 8 febbraio 1606 a 17 dicembre 1608.* Ce volume contient les notes prises par le secrétaire Geri Spini sur les candidats aux differentes charges entre 1606 et 1608.

Tratte 1267 : *Filza seconda di note al tempo Geri Spini da 9 gennaio 1608 a 15 settembre 1619.* Ce volume contient les notes prises par le secrétaire Geri Spini sur les candidats aux différentes charges entre 1608 et 1619.

Tratte 1268 : *Filza terza di note al tempo Geri Spini da 3 ottobre 1610 a 26 marzo 1612.* Ce volume contient les notes prises par le secrétaire Geri Spini sur les candidats aux différentes charges entre 1610 et 1612.

Tratte 1269 : *Stratto delle filze di note 4, 5, 6. Segretario Geri Spini. 1613-1617.* Ce volume répertorie par ordre alphabétique les informations contenues dans **Tratte 1270, 1271 et 1272.** Ces volumes concernent les années 1613-1617.

Tratte 1270 : *Filza quarta di note al tempo Geri Spini da 26 marzo 1612 a febbraio 1613.* Ce volume contient les notes prises par le secrétaire Geri Spini sur les candidats aux differentes charges entre 1612 et 1613.

Tratte 1271 : *Filza quinta di note al tempo Geri Spini dal primo marzo 1613 a 15 settembre a 26 ottobre 1615.* Ce volume contient les notes prises par le secrétaire Geri Spini sur les candidats aux différentes charges entre 1613 et 1615.

Tratte 1272 : *Filza sesta di note al tempo Geri Spini da 25 ottobre 1615 a 7 settembre 1617.* Ce volume contient les notes prises par le secrétaire Geri Spini sur les candidats aux différentes charges entre 1615 et 1617.

II. Accademia della Crusca — Archivio storico, Florence (AcCF) :

L'*Archivio storico dell'Accademia della Crusca* est, pour une large part, digitalisé. Les pieces sont accessibles sur le site internet de l'archive académique : http://www.adcrusca.it/theke/treeview2.asp?IDOggetto=557&IDGestore=4.

Serie Statuti — Sottoserie Leggi, statuti, cataloghi (1583-1756); fascicule 84 (anciennement BNCF Magl. IX 90) : *Catalogo degli accademici della Crusca (1582-1755).*
Registre des membres de l'académie de la Crusca depuis sa fondation en 1582 jusqu'en 1755, avec le pseudonyme de chaque membre et la date de son admission dans l'institution. Le manuscrit comprend également un catalogue des portraits des académiciens exposés dans la salle de l'académie.

Serie Statuti — Sottoserie Leggi, statuti, cataloghi ; fascicule 83 : *Catalogo delli accademici della Crusca della fondazione dell'Accademia avvenuta l'anno 1582.*

Serie Diari e verbali — Sottoserie Diari antichi, fascicule 74 : Bastiano De Rossi (l'Inferigno) et al. *Diario dell'Inferigno (1583-1613).*
Actes de l'académie de la Crusca, couvrant la période allant de 1583 à 1613, principalement rédigés par Bastiano De Rossi (l'Inferigno), avec des ajouts d'autres membres de l'académie, dit *Diario dell'Inferigno.*

Serie Diari e verbali — Sottoserie Diari antichi, fascicule 76 : Benedetto BUONMATTEI (IL RIPIENO), Carlo DATI (LO SMARRITO) ET AL. *Diario del Ripieno (1640-1663).*

Actes de l'académie de la Crusca, couvrant la période qui s'étend du 25 novembre 1640 à l'assemblée générale de l'année 1663, principalement rédigés par Benedetto BUONMATTEI (IL RIPIENO), avec des ajouts de Carlo DATI (LO SMARRITO) et de plusieurs autres membres de l'académie de la Crusca, dit *Diario del Ripieno*.

Serie Carte di accademici e di studiosi — Sottoserie Carte Piero de' Bardi (1564-1643), fascicules 1-5 : Pietro BARDI (IL TRITO) ET AL.. *Memorie storiche (1583-1591).*

Documents rassemblés par Pietro BARDI (IL TRITO) contenant des mémoires ayant trait à l'histoire de l'académie de la Crusca et des documents éclairant son fonctionnement (réglements académiques, leçons, discours, lettres, etc.).

III. Biblioteca Nazionale Centrale di Firenze, Florence (BNCF) :

1. Manuscrits :

Les catalogues correspondants sont mentionnés pour chaque fonds. Ils sont disponibles dans la *sala manoscritti* de la BNCF. La plupart sont eux-mêmes manuscrits.

A — Fonds Ginori-Conti :

CAT 77 : *Atto di donazione e inventario topografico.*

Ginori-Conti 27 : Giovan Battista STROZZI. *Carte di Giovan Battista Strozzi* (IND, AUT/TIT).

Il s'agit d'un ensemble de documents non reliés dont la seconde partie (B) contient des papiers Giovan Battista STROZZI datant du XVIIe siècle (c. 1608 ?), classés en huit inserts dont les pages ne sont pas numérotées. On y trouve des épîtres en vers dédiées aux Médicis (I, II, III 1 à 7), à Filippo Neri (IV, 1 et 2) et à Urbain VIII (V). On y trouve aussi des écrits de poétique théâtrale (VI, 1 et 2), un texte préparant un divertissement pour des noces médicéennes (VII) et des écrits documentant les activités des Alterati dans les dernières années de la vie de l'académie (VIII), notamment des censures des productions poétiques de leurs membres (VIII, 1 à 14). Enfin VIII, 15 est un texte poétique destiné à être prononcé pour un banquet de la sodalité. Le contenu est classé et décrit par fascicules dans la boîte les préservant.

B — Fonds Magliabechi :

Ce fonds comprend les manuscrits rassemblés par Antonio Magliabechi ainsi que plusieurs milliers de codices issus des collections Strozzi. Le *fondo Magliabechi* est divisé en 40 classes, et les manuscrits d'origine strozzienne y sont regroupés dans un catalogue distinct. 1) CAT 45 : *Catalogo generale dei manoscritti Magliabechiani, compilato da Giovanni Targioni Tozzetti*, 11 vol., classé par classes de matériaux, avec trois volumes d'index : les volumes de ce catalogue contiennent les *magliabechiani* et sont référencés ci-dessous par Magl. Cl., suivi des classes correspondantes. 2) CAT 45 : *Catalogo dei codici della Libreria Strozziana comprati dopo la morte di Alessandro Strozzi da sua Altezza reale Pietro Leopoldo granduca di Toscana, e passati alla pubblica Libreria Magliabechiana [...]*, en 2 vol. dont le dernier est en deux parties : les volumes de ce catalogue contiennent les *strozziani* et sont référencés ci-dessous par Magl. della Strozziana Cl., suivi des classes correspondantes.

Magl. IV 15 : *Compendio delle regole della lingua toscana del signore cavalier Salviati.* (TIT, CAT 45 : Magl. Cl. I-VI.)
Une note sur la page de titre du manuscrit précise qu'il s'agit en réalité d'une œuvre de Giovan Battista STROZZI, tout comme celle qui est conservée en **BNCF Magl. IV 16**.

Magl. IV 16 : Giovan Battista STROZZI. *Avvertimento sopra gli errori volgari della nostra lingua* (TIT, CAT 45 : Magl. Cl. I-VI.)
Contient le même texte que l'*item* précédent, avec un *proemio* signé Giovan Battista STROZZI.

Magl. IV 30 : Giovan Battista STROZZI. *Osservazioni sopra la lingua italiana.* (TIT, CAT 45 : Magl. Cl. I-VI.)
Contient le même texte que les deux *items* précédents, signé en fol. 33v du nom de Giovan Battista STROZZI.

Magl. IV 65 : *Osservazioni grammaticali.* (IND, AUT/TIT, CAT 45 : Magl. della Strozziana Cl. I-XX.)
— Lionardo SALVIATI. *Grammatica toscana del cavaliere Salviati* (fol. 1r-90v).
— Giovan Battista STROZZI. *Osservazioni sopra la lingua toscana di Giovan Battista Strozzi* (fol. 93r-126v).

Magl. VI 56 : Bernardo DAVANZATI. *Difesa dei provedditori dell'Accademia degli Alterati. 1571.* (CAT 45 : Magl. Cl. I-VI.)

Magl. VI 155 : *Lezioni recitate nell'Accademia Fiorentina*[12]. (IND, CAT 45 : Magl. della Strozziana Cl. I-XX.)

La plupart des textes de ce volume paraissent transcrits par Giorgio BARTOLI, en main courante.

— Lorenzo GIACOMINI. *Del desiderio d'honore ragionamento primo di messer Lorenzo Giacomini de Tebalducci* (fol. 14^{r}-27^{v}).

— Lorenzo GIACOMINI. *Ragionamento d'amore fatto da messer Lorenzo Giacomino de' Tebalducci nell'Accademia Fiorentina* (fol. 43^{r}-76^{v}).

— Bernardo DAVANZATI. *Di messer Bernardo Davanzati nella morte del serenissimo gran duca di Toscana, il signore Cosimo de Medici* (fol. 90^{r}-95^{r}).

— Filippo SASSETTI. *Di messer Filippo Sassetti nella morte dell'eccellentissimo messer Lelio Torelli* (fol. 95^{v}-103^{r}).

— Giovan Battista STROZZI. *Oratione di messer Giovan Battista Strozzi il Giovane a gli accademici Alterati, intorno alle lodi della serenissima Giovanna d'Austria reina nata di Ungheria e di Bohemia, e gran duchessa di Toscana* (fol. 103^{r}-111^{v}).

— Lorenzo GIACOMINI. *Della nobilità delle lettere, e dell'arme, ragionamento di messer Lorenzo Giacomini de Tebalducci, fatto in tre volte nell'Accademia Forentina l'anno 1576*, (fol. 113^{r}-145^{v}).

Magl. VI 168 : *Varia*[13]. (IND, AUT/TIT, CAT 45 : Magl. della Strozziana Cl. I-XX.)

— Giovan Battista STROZZI. *Ragionamento di Giovan Battista Strozzi nel prendere il consolato dell'Accademia Fiorentina* (fol. 158^{r}-166^{r}).

— Giulio del BENE. *Che i fiorentini debbono scriver nella lor lingua* (fol. 167^{r}-178^{v}). Le texte est de la main de l'auteur.

— Giulio del BENE. *Accusa contra allo Aspro falso reggente* (fol. 179^{r}-184^{v}). Le texte est de la main de l'auteur.

— Giulio del BENE. *Discorso come dove esser un reggente, havendo il reggente dato licentia ch'ogni Alterato <dicesse ?> quello che voleva ; per il quale si monstrano i diffetti del Trasformato* (fol. 185^{r}-191^{r}). Le texte est de la main de l'auteur.

— Giulio del BENE. *Accusa del Desioso contro allo Assodato* (fol. 192^{r}-197^{r}).

— Lorenzo GIACOMINI. *Della nobiltà delle leggi e dell'obedienza ad esse dovuta* (fol. 213^{r}-224^{v}).

— Lorenzo GIACOMINI. *Orazione di Lorenzo Giacomino de Tebalducci nel prendere il consolato del Accademia Fiorentina nello anno 1583* (fol. 226^{r}-235^{v}).

12. Tous les auteurs de ces leçons furent membres des Alterati.
13. Il s'agit d'oraisons académiques diverses où 7 textes ont pour auteurs des Alterati.

— Torquato MALASPINA. *Orazione fatta e recitata al capitolo generale de cavalieri di Santo Stefano l'anno 1578 dal marchese Torquato Malaspina, cavaliere del detto ordine et accademico Alterato* (fol. 237^{r}-247^{r}).

Magl. VII 327 : Giovan Battista STROZZI DETTO IL VECCHIO. *Delle rime di messer Giovanbattista Strozzi di Lorenzo di Filippo Strozzi fiorentino*[14]. *Libro primo.* (TIT, CAT 45 : Magl. Cl. VII, vol. 1.)

Magl. VII 328 : Giovan Battista STROZZI DETTO IL VECCHIO. *Libro secondo dei madrigali.* (TIT, CAT 45 : Magl. Cl. VII, vol. 1.)

Magl. VII 329 : Giovan Battista STROZZI DETTO IL CIECO O IL GIOVANE. *Alcune delle rime di messer Giovambattista di Lorenzo di Federigo Strozzi, fra gl'academici Alterati nominato il Tenero. Di Giovanni Berti donatagli da l'autore. 1582.* (TIT, CAT 45 : Magl. Cl. VII, vol. 1.)

Magl. VII 562 : Ottavio RINUCCINI. *La Dafne tragedia in versi.* (TIT, CAT 45 : Magl. Cl. VII, vol. 2.) 18 fol. en mauvais état de conservation.

Magl. VII 907 : ANONYME. *Poesie diverse.* (TIT, CAT 45 : Magl. Cl. VII, vol. 2.) Les fol. 16^{r}-22^{v} (soient les derniers fol. du recueil) sont identifiées dans le codex comme « Del signor Ottavio RINUCCINI », et certains poèmes sont dits avoir été adressés à Jacopo Corsi (fol. 17^{v}).

Magl. VII 1028 : DANTE[15]. (CAT 45 : Magl. della Strozziana Cl. I-XX.)
— Filippo Sassetti. *Discorso sopra la Commedia di Dante* (fol. 1^{r}-27^{v}).

Magl. VII 1151 : [Antonio degli ALBIZZI.] ALTERATI ACCADEMICI. *Risposta al discorso di messer Ridolfo Castravilla contro Dante*[16]. (CAT 45 : Magl. della Strozziana Cl. I-XX.)

14. Ces vers sont calligraphiés et nombre d'entre eux présentent des annotations contextuelles d'un secrétaire de l'auteur. Sur les recueils manuscrits rassemblant les vers de Giovan Battista Strozzi il Vecchio, voir les travaux de Lorenzo AMATO, en particulier *La tradizione manoscritta delle* Rime *di Giovan Battista Strozzi il Vecchio : censimento dei testimoni e incipitario delle poesie*, Florence, Polistampa, 2019.

15. Ce volume contient des textes se rapportant aux querelles que suscita l'œuvre de Dante dans la Florence de la fin du *Cinquecento*.

16. Pour l'identification de l'auteur de ce texte, voir Michele BARBI, *Dante nel Cinquecento*, dans *Annali della regia Scuola Normale Superiore di Pisa. Filosofia e filologia*, vol. 7, 1890, p. 1-407, p. 53, note 3. La main est celle du VARIO (Antonio degli ALBIZZI). Le même texte est présent en **BAV Vaticani Latini 6528** sous le titre de *Riposta di messer Anton degli Albizzi al discorso di messer Ridolfo Castravilla contro a Dante* (fol. 110^{r}-129^{v}).

Magl. VII 1199 : *Aristotelis Stagiritae Poetica cum notis Petro Victorio interpetre* <*sic*>. (TIT, CAT 45 : Magl. della Strozziana Cl. I-XX.)
Traduction latine de la *Poétique* d'Aristote par Pier Vettori collectivement annotée par les Alterati. Sur ce manuscrit, voir en particulier *supra*, ch. 3, p. 303-319.

Magl. VIII 41 : *Varia.* (CAT 45 : Magl. della Strozziana Cl. VIII, vol. 1.)
— [Giovan Battista STROZZI]. *Oratione detta nell'Accademia degli Alterati in morte dello Sconcio* (fol. 99^{r}-101^{r})[17].

Magl. VIII 1394 : *Varia.* (CAT 45 : Magl. della Strozziana Cl. I-XX.)
— Giovan Battista STROZZI. *Trattato della familia dei Medici* (fol. 150^{r}-159^{v}).

Magl. VIII 1399 : *Lettere varie scritte a Giovan Battista Strozzi detto il Cieco.* (IND, CAT 45 : Magl. della Strozziana Cl. I-XX où l'entrée ne fournit pas de table ; ne sont détaillés ci-dessous que les lettres ou documents des membres des Alterati, ou se rapportant directement à l'académie[18].)
— Lorenzo GIACOMINI (IL MESTO). Quinze lettres autographes à son cousin Giovan Battista Strozzi (fol. 23^{r}-53^{v}). Certaines de sa main, d'autres de celle d'un secrétaire. 1) Une lettre en date de Torrigala (?), le 26 décembre 1562 (fol. 24^{r}-25^{v}) ; 2) une lettre datée du 1er février 1569 (fol. 26^{r}-27^{v}) ; 3) un billet sans date (fol. 28) ; 4) une lettre mentionnant la *Jérusalem délivrée* du Tasse, et discutant plus généralement de poésie, de poétique et de rhétorique, écrite à la Villa Udi, le 2 juin 1583 (fol. 29) ; 5) une lettre de Bologne datée du 6 mai 1585, qui décrit notamment les livres que Giacomini a récemment vus ou lus (fol. 30) ; 6) une lettre de Bonazza datée du 3 mars 1588 (fol. 31^{r}-32^{v}) ; 7) une lettre de Bonestie (?) datée du 2 février 1586 (fol. 36) ; 8) une lettre du 30 décembre 1586, où Giacomini mentionne qu'il a récemment lu et réflechi sur quelques chants de la *Divine Comédie* de Dante (fol. 37) ; 9) une lettre de Bonestie (?) datée du 10 juin 1587 (fol. 38) ; 10) un billet daté du 21 juin 1589 (fol. 39) ; 11) une lettre où il est question d'activités académiques, de Bonestie (?), du 1er avril 1588 (fol. 43) ; 12) une lettre de Rome le 7 juin 1596 (fol. 44) ; 13) une lettre de Bonazza, le 15 juin 1595 (?) (fol. 45) ; une lettre qui commence par la mention de la douleur de Giacomini à la mort de son neveu,

17. Concernant l'attribution de ce texte à Giovan Battista STROZZI, voir ch. 1, note 22, p. 53.

18. Le volume contient aussi de nombreuses autres lettres à Giovan Battista Strozzi (de Charles BORROMÉE, d'Antonio QUERENGHI, de Francesco BUONAMICI, de Belisario VINTA, de Belisario BULGARINI, de Vincenzio BORGHINI, de Gabriele CHIBRERA, de GALILÉE), au moyen desquelles il serait possible de reconstruire avec plus de précision tout l'univers social de Giovan Battista Strozzi. Sur ce volume, voir ROSSINI, Francesco, « Corrispondenti strozziani (Magliabechiano VIII, 1399) : le lettere di Angelo Grillo », dans CARMINATI, Clizia (dir.), *'Testimoni dell'ingegno'. Reti epistolari e libri di lettere nel Cinquecento e nel Seicento*, Sarnico, Edizioni di Archilet, 2019, p. 185-230.

de Florence, le 17 septembre 1596 (fol. 46) ; 14) un billet de Florence du 13 juillet 1594 (fol. 47) ; 15) une lettre de Rome le 10 mai 1596 qui montre Giacomini très introduit parmi les lettrés et hommes d'Église romains et soucieux de s'informer de théologie « per non erarre » (fol. 48).

— Marcello ADRIANI (IL TORBIDO). Une lettre (autographe ?) à Giovan Battista Strozzi, de Florence, le 28 janvier 1582, où il est notamment question de la préparation du banquet célébrant le *Natale* de l'académie (fol. 191-192).

— Agnolo NICCOLINI (L'ALLEGRO). Une lettre autographe à Giovan Battista Strozzi, de Florence, 15 janvier 1582 (fol. 192-193).

— Francesco RUCELLAI (L'ANNACQUATO). Trois lettres autographes à Giovan Battista Strozzi (fol. 194-199). La première est datée de Florence, le 5 février 1582. La seconde, probablement de la même année, est datée de Florence, le jour de la Befana (soit de l'Épiphanie). La troisième, adressée au signor Tenero, est datée « Dell'Accademia, il dì <le jour manque> di marzo 1582 ») et est signée L'ANNACQUATO PROVVEDITORE. Elle mentionne notamment l'élection des magistrats de l'académie, dont le Desioso est alors le régent.

— Giovan Battista VECHIETTI (IL VANO). Un bref discours autographe adressé aux « Illustrissimi signori accademici », d'Alessandria, le 22 mars 1591 (fol. 200), concernant le choix de son pseudonyme et de son *impresa* dont l'incipit est « Se bene io sono vano come una canna, e niuno buon frutto puo da me nascere [...] ».

— Nero del NERO (L'HORRIDO). Un billet à Giovan Battista Strozzi du 4 mars 1580, à propos de l'urne de l'académie qui être doit ouverte le lendemain ; l'Horrido demande au Tenero son avis sur la façon dont il convient de procéder en la circonstance (fol. 201).

— Antonio degli ALBIZZI (IL VARIO). Une lettre autographe à Giovan Battista Strozzi, en date de Valdibotti, le 5 octobre 1575 (fol. 202^{r}-205^{v}), sur le projet de répondre au commentaire d'Alessandro Piccolomini sur la *Poétique*. Le texte mentionne aussi un projet collectif — au sein des Alterati, mais dont Antonio degli Albizzi était clairement le principal promoteur — pour écrire un « giusto trattato et piacevole » sur la poétique. Le Vario joint même à sa lettre un sommaire du traité que lui-même envisage.

— Francesco BONCIANI (L'ASPRO). Une lettre autographe à Alessandro Rinunccini, de Madrid, le 20 octobre 1583 (fol. 206). Cette lettre est en mauvais état de conservation.

— Piero del NERO (L'INQUIETO). Une lettre autographe à Giovan Battista Strozzi, de Florence, mars 1594 (fol. 238^{r}-239^{v}), concernant la récente disparition de Girolamo Mei (il Praniginio, au sein des Alterati), dont le Tenero l'a informé.

— Luigi ALAMANNI (IL RINNOVELLATO). Deux lettres autographes à Giovan Battista Strozzi (fol. 247^{r}-249^{v}). La première est de Florence le 7 août 1594, et commente notamment la publication de l'édition de Dante que prépare la Crusca. ALAMANNI déclare aussi que « l'Accademia Alterata » lui paraît « addormentata in tutto », mis à part Marcello Adriani (il Torbido) qui, après avoir traduit les *Opuscules*, a entrepris de traduire les *Vies* de Plutarque (ces traductions sont restées manuscrites, voir **BRF Riccardiano 1587-1589**, **BNCF Magl. XXI 21 et 22** et **Biblioteca Corsiniana 43.F.9-10 et 43.F.33 *bis***). La seconde lettre est antérieure. Elle date du 13 février 1573, à Florence. S'y trouvent notamment mentionnés Alessandro Rinuccini, Francesco Bonciani, Filippo Sassetti, etc.

— Giovan Battista VECHIETTI (IL VANO). Un billet de la main d'un secrétaire adressé à Giovan Battista Strozzi, de Rome, le 12 février 1610, et contenant deux sonnets (fol. 254^{r}-255^{v} et 260^{r}-261^{v}) ; et une lettre autographe, de Naples, le 26 mars 1619, contenant un texte poétique de sa composition (fol. 256^{r}-259^{v}).

— Marcello ADRIANI (IL TORBIDO). Un billet autographe adressé à Giovan Battista Strozzi, contenant des *appunti*, sans date (fol. 272).

— Filippo SASSETTI (L'ASSETATO). Onze lettres autographes à Giovan Battista Strozzi (fol. 286^{r}-313^{v})[19] : 1) une lettre de Val di Senso, le 23 mai 1575 (fol. 286) ; 2) une lettre de Florence, le 3 mars 1575 (fol. 287-288) ; 3) une lettre de Pise, le 2 juin 1574 (fol. 290) ; 4) une lettre de Madrid, le 22 avril 1578 (fol. 291^{r}-292^{v}) ; 5) une lettre de Lisbonne, sans date (fol. 294^{r}-297^{v}) ; 6) une lettre sans lieu ni date (fol. 298) ; 7) une lettre de Mulinaccio, le 19 novembre 1574, 8) une lettre de Florence, le 1er janvier 1574 (fol. 301^{r}-302^{v} et 307^{r}-309^{v}), 9) une lettre de Florence, le 3 décembre 1575 (fol. 303^{r}-306^{v}), 10) une lettre de Prato, le 7 octobre 1575 (fol. 309) ; 11) une lettre de Florence, 1576 (fol. 311^{r}-312^{v}).

— Scipione AMMIRATO (IL TRASFORMATO). Quatre lettres autographes à Giovan Battista Strozzi (fol. 331^{r}-336^{v}) : 1) une lettre datée du 16 juin 1590 (fol. 331) ; 2) une lettre datée de Florence, le 18 mars 1573 (fol. 332) ; 3) une lettre datée de Fiesole, le 25 juin 1594, contenant un sonnet (fol. 333) ; 4) une lettre datée de Florence, le 30 juillet 1594 (fol. 334).

— Antonio degli ALBIZZI (IL VARIO). Une lettre à Giovan Battista Strozzi, qui se trouve alors à Pise, concernant diverses entreprises académiques et l'admission de nouveaux académiciens, notamment Alessandro Rinuccini (fol. 351-352).

— Francesco BONCIANI (L'ASPRO). Trois lettres à Giovan Battista Strozzi, plus un jugement anonyme sur une série de madrigaux (fol. 404^{r}-407^{v}), probablement

19. La plupart de ces lettres figurent dans l'édition de Vanni BRAMANTI : SASSETTI, Filippo, *Lettere da vari paesi, 1570-1588*, Milan, Longanesi & C., 1970. Aux pages 27-29 de ce livre, Bramanti recense l'origine archivistique de chacune des lettres transcrites et publiées par lui, ce qui permettra au lecteur de localiser toute la correspondance autographe connue de Filippo Sassetti, ainsi que les copies en ayant circulé. Il n'a dès lors pas semblé nécessaire de donner des résumés des lettres incluses dans le présent inventaire. Pour faciliter les recoupements, les lieux d'envoi et dates ont néanmoins été listés.

rédigée par Francesco BONCIANI dans le cadre des activités de censure de l'académie des Alterati, en *bella copia* (fol. 396^{r}-407^{v}). La première lettre est datée de Pise, le jour de la Befana (l'Épiphanie) 1574 (fol. 396). La seconde est datée de Pise, le 5 mai 1575 (fol. 397^{r}-400^{v}). Elle contient une très longue réflexion sur la *catharsis*, sur le contenu de laquelle voir ch. 3, p. 316. La troisième est envoyée de Florence, le 10 mai 1578 (fol. 401^{r}-402^{v}).

Magl. VIII 1406 : *Varia. Accademici Alterati — Orazioni e discorsi.* (CAT 45 : Magl. della Strozziana Cl. I-XX.)

— Don Giovanni de MÉDICIS, un ensemble de textes sur la vertu (fol. 1^{r}-97^{v}), dont les premiers sont anonymes, inachevés et sans titre, avec pour finir des *Ragionamenti intorno alla virtù del Saldo accademico Alterato* (fol. 58^{r}-97^{v}). Ce dernier texte est un *abbozzo* du texte plus abouti qui a été mis au propre sous le titre de *Ragionamenti intorno alla virtù del Saldo, accademico Alterato* en **BMLF Ashburnham 562** (fol. 129^{r}-156^{v}). Sur le fol. 98^{r}, on trouve un titre calligraphié (« Orazioni due dell'Aspro et Tenero Accademici Alterati, nel lasciare et pigliare la reggenza dell'Accademia ») qui n'est pas suivi d'un texte. La pagination passe immédiatement au fol. 100.

— Bernardino de MÉDICIS. *Accusa del Aspro fatta dal Vivace* (fol. 100^{r}-101^{r}). Texte incomplet.

— Francesco BONCIANI. *Difesa de l'Aspro* (fol. 102^{r} à 104^{v}).

— [Don Giovanni de MÉDICIS.] *Ordine de' seguenti ragionamenti*. Cet *abbozzo* (fol. 106^{r}-107^{v}) esquisse un raisonnement sur la vertu qui ressemble étroitement à celui qui est développé dans la *Dichiarazione dell'ordine* figurant au fol. 48 des *Ragionamenti accademici* conservés en **BNCF Magl. IX 124**, fol. 48^{r}-54^{r}, et dont l'auteur est don Giovanni de MÉDICIS.

— [ANONYME.] Liste de thèses et de propositions à discuter parmi les Alterati, fol. 108^{r}-110^{r}.

— [ANONYME.] *Reggimento del Desioso. Proposizioni del poema eroico da leggeresi nel presente reggimento.* Ce document contient une liste de thèses possibles à soutenir sur le poème héroïque, avec des noms d'académiciens en marge (fol. 108^{v}-110^{r}).

— Torquato MALASPINA. *Delle vite, trattato del marchese Torquato Malaspina letto agli academici Alterati tra quali è detto il Tardo* (fol. 113^{r}-166^{r}), texte calligraphié portant des corrections manuscrites de plusieurs mains[20]. Ce manuscrit était à l'origine numéroté de fol. 1 à 107. La numérotation a été modifiée quand le texte a été inséré dans ce codex composite.

20. Ce texte a été édité : MALASPINA, Torquato, *Dello scrivere le vite*, texte édité et introduit par Vanni BRAMANTI, Bergame, Moretti & Vitalli, 1991. Pour un recensement et une analyse approfondie des manuscrits existants, voir les p. 37-39 de cette édition.

— Giulio del Bene, *Accusa del Desioso contro l'Allegro per commissione del reggente* (fol. 186r-208r)[21]. Le texte est de la main de Giulio del Bene.

Magl. IX 44 : *Orazione detta nel render il consolato dell'Accademia degli Alterati a Giovan Battista Strozzi.* (CAT 45 : Magl. Cl. IX-XII.)

Magl. IX 91 : *Capitoli dell'Academia Fiorentina, pubblicato a dì 11 agosto 1547*[22]. (CAT 45 : Magl. Cl. IX-XII.)

Magl. IX 123 : *Vite di huomini illustrissimi in lettere della città di Firenze composte da Filippo Villani.* (IND, CAT 45 : Magl. della Strozziana Cl. I-XX.)

— Francesco Sassetti. *Vita di Francesco Ferruci di Filippo Sassetti* (fol. 95r à 99r et 105r-118v)[23]. Il s'agit de notes préparatoires à une vie de Francesco Ferrucci, dont une version plus aboutie se trouve en **BRF Riccardiano 1539** (fol. 1r-51v). Ces notes sont de la main de l'auteur.

Magl. IX 124 : *Accademia degli Alterati. Imprese, motti e nome degli accademici.* (CAT 45 : Magl. della Strozziana Cl. I-XX.)

— Giovan Battista Strozzi. *Minute di lettere di Giovambattista Strozzi a Giovanni de' Medici* (fol. 35r-44v). Les lettres sont au nombre de huit.

— Don Giovanni de Médicis. *Ragionamenti accademici. Il Saldo. Ai nobilissimi non men che virtuosi et consumati signori, il signor reggente e accademici Alterati* (fol. 48r-54v), précédé d'une *Dichiarazione dell'ordine* (fol. 48).

— [Giovan Battista Strozzi.] *Scritti riguardanti l'Accademia delli Alterati ; carte 19 più un foglietto applicato con ostia* (fol. 63r-81v).

— [Filippo Sassetti.] *Lettera a Elenora di Toledo sulla Poetica esposta dal Piccolomini* (fol. 153r-158v)[24].

— Lorenzo Giacomini. *Del furor poetico, lezione academica* (fol. 168r-186v). Ce manuscrit est soigneusement calligraphié.

— Anonyme. *Dell'eccellenza della vita contemplativa* (fol. 220r-255v).

— Giulio del Bene. *Accusa del Desioso contro al Rinovellato d'haver vituperato l'Accademia et la maestà del reggente* (fol. 270r-277v).

21. L'Allegro est le pseudonyme académique d'Agnolo Niccolini parmi les Alterati.

22. L'essentiel de ce texte a été édité dans Di Filippo Bareggi, Claudia, « In nota alla politica culturale di Cosimo I : l'Accademia Fiorentina », *Quaderni storici*, VII, 1973, p. 527-574 (p. 548-574).

23. Sur la rédaction de cette vie, voir l'introduction de Sassetti, Filippo, *Vita di Francesco Ferrucci*, édition transcrite et présentée par Vanni Bramanti, Turin, RES, 2000, p. i-xvii.

24. Il s'agit sans doute de la première version de ce texte, qui est de la main de Filippo Sassetti et porte de nombreuses corrections.

Magl. IX 125 : *Opuscoli vari.* (IND, AUT/TIT, CAT 45 : Magl. della Strozziana Cl. I-XX.)

Il y a trois foliations dans ce volume, une ancienne et deux modernes. La dernière est la seule qui soit cohérente. C'est donc à elle que renvoient ici les numéros de fol. cités ci-dessous. Le volume contient un index de la main de Carlo STROZZI, qui identifie aussi certaines mains. Ses attributions sont néanmoins incomplètes. Je les ai prises en compte dans la description des écrits rassemblés, tout en faisant apparaître les titres donnés dans les documents eux-mêmes lorsque possible ou nécessaire.

— Filippo SASSETTI. *Riposta di Filippo Sassetti al Castravilla che scrisse contro a Dante, di sua mano* (fol. 1^{r}-22^{v}).

— Francesco BONCIANI. *Parere del Dubbioso intorno alla risposta al primo argomento del Castravilla* (fol. 23^{r}-26^{v}). La main est celle de Francesco BONCIANI[25].

— [Giulio del BENE.] <Sans titre sur le document.> Notes de lecture prises sur le livre qu'Henri ESTIENNE publia sur la « precellence du langage françois » en 1579 (fol. 27^{r}-58^{v}). La main est celle de Giulio del BENE.

— Francesco BONCIANI. *Accusa di monsignor Francesco Bonciani contro l'Orrido stato reggente dell'Accademia degli Alterati.* La main est celle de Francesco BONCIANI (fol. 59^{r}-68^{v}).

— Vincenzio BORGHINI. *Note di monsignor Borghini sopra alcune rime di Dante* (fol. 96^{r}-98^{r}). La main est celle de Vincenzio BORGHINI.

— [ANONYME.] *Nota di più voci toscane stravanganti usate dei buoni autori* (fol. 99^{r}-107^{r}).

— [ANONYME.] *Nota di alcune cose pertinenti alla lingua toscana* (fol. 108^{r}-116^{v}).

— Francesco BONCIANI. *Accusa di monsignor Francesco Bonciani contro Giovan Battista Strozzi detto il Tenero stato reggente dell'Accademia degli Alterati* (fol. 127^{r}-131^{v}). Le texte est de la main de Francesco BONCIANI.

— Bernardo DAVANZATI. *Lezione di Bernardo Davanzati sopra le monete recitata da lui nell'Accademia Fiorentina* (fol. 135^{r}-159^{v}).

— Francesco BONCIANI. *Lezione di Francesco Bonciani sopra il comporre delle novelle recitata nell'Accademia Fiorentina* (fol. 169^{r} à 183^{v})[26].

25. Le Dubbioso fut le premier pseudonyme de Francesco Bonciani au sein des Alterati. Il se fit ensuite appeler l'Aspro.

26. Ce texte a été édité une première fois par Bernard WEINBERG, *Trattati di poetica e retorica del Cinquecento,* Bari, Laterza, 1970-1974, 4 vol., vol. 3, p. 137-174, puis repris et traduit en français dans BONCIANI, Francesco, BARGAGLI, Girolamo et SANSOVINO, Francesco, *Traités sur la nouvelle à la Renaissance*, introduction, établissement des textes et notes par Nuccio ORDINE, traduction française par Anne GODARD, Turin, Nino Aragno et Paris, Vrin, 2002, p. 117-181.

— Filippo SASSETTI. *Discorso di Filippo Sassetti contro l'Ariosto, di propria mano sua* (fol. 199^{r}- 223^{v})[27].

— Filippo SASSETTI. <Sans titre.> Notes sur Démétrios de Phalère et la question de l'allégorie (fol. 224^{r}-226^{v}). Ces notes sont de la main de Filippo SASSETTI.

— ACCADEMICI ALTERATI. *Discorso degli'accademici Alterati sopra le Annotationi della Poetica di messer Alessandro Piccolomini all'illustrissima signora Leonora di Tolledo di Medici nella detta Accademia chiamata l'Ardente* (fol. 229^{r}-236^{v}). Le texte est de la main de Filippo SASSETTI.

— Francesco BONCIANI. *Sermoni fatti in diverse compagnie e luoghi di messer Francesco Bonciani arcivescovo di Pisa* (fol. 239^{r}-279^{v} et 284^{r}-285^{v}). Ces textes sont de la main de Francesco BONCIANI.

— Francesco BONCIANI. *Lezzione del signor Francesco Bonciani che il vero amante maggiore piacere sente in pensando alla donna amata, che in vedendola* (fol. 280^{r}-283^{r}). Le texte est calligraphié.

Magl. IX 134 : ALTERATI ACCADEMICI. *Capitoli, statuti e constituzioni della detta Accademia e il nome degli accademici.* (CAT 45 : Magl. della Strozziana Cl. I-XX.)

— *Nomi degli accademici* (fol. 1^{r}-4^{v}).

— Un document soigneusement calligraphié et sans titre contenant les statuts de l'académie des Alterati, avec quelques modifications (ajouts ou suppressions) datées, issues des délibérations des conseils généraux de l'académie en 1583, 1586, 1588, 1589, 1590 et 1604 (fol. 6^{r}-15^{v}).

Magl. IX 137 : ACCADEMICI ALTERATI. *Lezioni, e discorsi diversi.* (CAT 45 : Magl. della Strozziana Cl. I-XX.)

Tous les textes de ce volume sont de la main de Giulio del BENE sauf le dernier.

— Giulio del BENE. *Accusa del Desioso allo Agghiadato* (fol. 1^{r}-7^{r}).

— Giulio del BENE. *Accusa contro al Trasformato reggente* (fol. 8^{r}-10^{v}).

— Giulio del BENE. *Del convivio degli Alterati, discorso del Desioso* (fol. 12^{r}-24^{v})[28].

— Giulio del BENE. *Lezione in lode della lingua toscana estortando gli accademici a esercitarsi in essa* (fol. 25^{r}-35^{v}).

27. Ce texte a édité par Giuseppe CASTALDI dans « Il *Discorso contro l'Ariosto* di Filippo Sassetti, edito per la prima volta di su l'originale Magliabechiano con breve introduzione sulle idee estetiche dello scrittore, nota di Giuseppe Castaldi », *Rendiconti della reale Accademia dei Lincei, classe di scienze morali, storiche e filologiche*, vol. XXII, fasc. 7°-10°, Rome, Tipografia della reale Accademie dei Lincei, 1913-1914, p. 473 à 523.

28. Ce texte est transcrit et commenté dans PUGGELLI, Paolo, « *Del convivio degli Alterati* di Giulio del Bene », *Accademia — Revue de la Société Marsile Ficin*, II, 2000, p. 63-87.

— Giulio del Bene. *Desioso. Sopra il sonetto « Strano amor a mirar la gloria nostra »* (fol. 36^{r}-43^{v}).

— Giulio del Bene. *Che la favola della comedia vuole esser honesta et non contenere mali costumi* (fol. 47^{r}-58^{v})[29].

— Giulio del Bene. <Sans titre.> Un discours contre l'historiographie stipendiée, dont les premières lignes sont « Dico adunque che quelle cose le quali sono di gran giovamento all'huomini bene et prudemente trattate [...] » (fol. 60^{r}-68^{r}).

— Giulio del Bene. *Che egli è necessario al'esser poeta imitare actioni* (fol. 69^{r}-80^{v})[30].

— Anonyme. *Del nuovo accademico. Dell'ufficio del proveditore. Dell'ufficio del censore. Degli accademici.* Un texte sans date proposant des réformes aux statuts de l'académie (fol. 82^{r}-84^{v}). Ce texte est le seul texte présent dans ce codex qui n'est pas de la main de Giulio del Bene.

Magl. XII 29 : Giovan Battista Muzi. *Tractatio De incremento et decremento viventum.* (CAT 45 : Magl. Cl. IX-XII.)

Ce volume comprend un cours de médécine et des leçons de physique tracées d'une même main courante. Les textes sont reliés ensemble mais avaient initialement été numérotés séparément (chacun à partir du fol. 1). Une foliation moderne crée une pagination continue.

— Giovan Battista Muzi. *De incremento et decremento viventium corporum tractatio* (fol. 1^{r}-35^{v}).

— Francesco Buonamici. *Lectiones super primo et secundo meteororum* (fol. 45^{r}-422^{v}).

Magl. XV 28 : Giovan Battista Muzi. *De Incremento et decremento viventium corporum Iohannis Baptistæ Mutii Podiobonitiensis, ad Franciscum Medicem Florentinorum et Senenorum Principem Optimum.* (CAT 45 : Magl. Cl. XIII-XVI.)

Magl. XV 43 : [Attribué Giovan Battista Muzi dans le catalogue du fonds Magliabechi.] *Due dialoghi della cognitione di se stesso.* (CAT 45 : Magl. Cl. XIII-XVI.)

Ce manuscrit est le manuscrit préparatoire à l'impression du *Della cognitione di se stesso, dialogi di Gioanbattista Muzi, nuovamente publicati e dedicati alla serenissima madama Christiana di Loreno*, Florence, Filippo Giunti, 1595. Lorenzo Giacomini, dans l'une deux des dédicaces du livre, dit éditer ces dialogues

29. Ce texte a été publié par Bernard Weinberg dans ses *Trattati di poetica e retorica del Cinquecento*, Bari, Laterza, 1970-1974, 4 vol., t. 3, p. 175-190.

30. *Idem*, p. 191-204.

— qu'il attribue à Muzi — de manière posthume. Mais lui-même en est vraisemblement le principal auteur : le texte calligraphié du manuscrit, tout autant que les corrections manuscrites qu'il porte sont en effet de sa main, tandis que d'autres transformations importantes ont été introduites dans le texte chez l'imprimeur, selon toute probabilité par Lorenzo Giacomini (voir *supra*, ch. 3, p. 263-277 et ch. 4, p. 390-398 pour une discussion plus approfondie de cette réattribution). Le manuscrit est actuellement anonyme, son titre originel ayant été déchiré (fol.1). Il fut sans doute attribué à Giovan Battista MUZI dans le *fondo Magliabechiano* sur la foi du péritexte du livre imprimé en 1595.

Magl. XV 62 : Giovan Battista MUZI. *Della generazione et nascimento dell'huomo*. (CAT 45 : Magl. Cl. XIII-XVI.) Le texte est dédicacé à François Ier de Médicis[31].

Magl. XXI 21 et 22 : Marcello ADRIANI. *Opere morali e miste di Plutarco tradotte dal greco in fiorentino idioma*. (CAT 45 : Magl. Cl. XVII-XXIII.) Titre ajouté postérieurement : *Traductione di alcuni opuscoli di Plutarco di Marcello Adriani figlio de Giovan Battista di Marcello*.

Il s'agit soit d'exemplaires de présentation (mais aucun dédicataire précis n'apparaît) soit, plus vraisembablement, des exemplaires produits pour faciliter une circulation manuscrite contrôlée et circonscrite d'une partie des traductions que Marcello ADRIANI donna des œuvres morales de Plutarque. L'ensemble est structuré en deux volumes, tous deux soigneusement reliés en vélin orné de filigranes dorés. La main est celle de Marcello ADRIANI, en *bella copia*. Le contenu des deux volumes est identique et correspond à celui qui est présenté dans le premier volume de l'exemplaire soumis aux censeurs florentins, actuellement conservé en **BRF Riccardiano 1587-1589** (vol. I). Marcello ADRIANI y a néanmoins ajouté en marge des références savantes, en particulier à l'*Illiade* et à l'*Odyssée*. Les volumes de la BNCF, qui intègrent beaucoup des corrections insérées en **BRF Riccardiano 1587-1589**, laissent supposer que le projet d'une publication imprimée de l'ensemble des traductions que Marcello Adriani avait données des œuvres morales de Plutarque — laquelle publication avait probablement été très sérieusement envisagée dans le cours de la transcription conservée **BRF Riccardiano 1587-1589** — a ultérieurement été abandonné au profit d'une circulation plus élististe et discrète d'une petite partie des textes traduits. À la

31. Eva DEL SOLDATO, « Vernacular Doctors : Philology, Medecine, and Leisure at the Florentine Academy », dans SOLDATO, Eva del et RIZZI, Andrea (dir.), *City, Court, Academy : Language Choice in Early Modern Italy*, Routledge, New York, 2018, p. 113, notes 28 à 30, mentionne également un manuscrit du même texte et portant le même titre sous la cote BNCF Magl. XV 216. Mais ce manuscrit n'est répertorié dans aucun des catalogues du fonds Magliabechiano.

fin du **BNCF Magl. XXI 21**, on trouve des *appunti* d'une autre main, en main courante (sans numérotation orginelle)[32].

Magl. XXI 88 : Don Giovanni de MÉDICIS. *Della educazione de' giovani nobili. Discorso del Saldo accademico Alterato.* (CAT 45 : Magl. Cl. XVII-XXIII.)

Magl. XXIII 150 : Bernardo DAVANZATI. *Postille agl'Annali di Cornelio Tacito e il libro secondo, terzo, quarto e quinto dei detti Annali tradotti in lingua fiorentina da Bernardo Davanzati.* (CAT 45 : Magl. della Strozziana Cl. XXI-XXX, vol. 1.)
Le volume est autographe.

Magl. XXV 428 : Jacopo NARDI, *Vita di Antonio Giacomini Tebalducci Malespini, dedicata a Jacopo Giacomini Tebalducci Malespini*[33]. (CAT 45 : Magl. Cl. XXV.)

Magl. XXVII 5 : <Sans titre.> Contient trois oraisons funèbres écrites par des membres des Alterati. Les textes ont été calligraphiés au XVIIe siècle. (CAT 45 : Magl. Cl. XXVI-XXX.)
— Bernardo DAVANZATI. *Orazione delle lodi di Cosimo de Medici granduca di Toscana fatta in Firenze agli accademici Alterati da Bernardo Davanzati* (fol. 1^r-13^v).
— Filippo SASSETTI. *Orazione recitata nell'Accademia Fiorentina nella la morte di Lelio Torelli* (fol. 14^r-28^v).
— Giovan Battista STROZZI. Fragment de l'*Orazione agli Alterati intorno delle lodi della serenissima Giovanna d'Austria* (du fol. 29^r jusqu'à la fin).

Magl. XXVII 104 : *Varia.* (CAT 45 : Magl. Cl. XXVI-XXX.)
— Bernardo DAVANZATI, *Orazione delle lodi del serenissimo Cosimo de Medici gran duca di Toscana fatta in Firenze agli accademici Alterati da Bernardo Davanzati* (fol. 20^r-36^v).

32. Sur l'intense effort que Marcello ADRIANI consacra à la traduction de Plutarque et les traces manuscrites en subsistant dans les bibliothèques florentines et romaines ; voir BRAMANTI, Vanni, « Plutarco in Accademia e le traduzioni di Marcello Adriani », dans *Antichi e moderni*, supplément annuel de *Schede umanistiche*, II, 2000, p. 35-46. Ces traductions de Marcello ADRIANI attendent néanmoins toujours d'être étudiées en profondeur, tant du point de vue de l'histoire de la langue toscane que de celui de l'histoire des idées ou des pratiques de traduction.

33. Ce texte porte quelques annotations de Lorenzo GIACOMINI (IL MESTO), sur lesquelles voir BRAMANTI, Vanni, « Dall'eroe alla statua. Sulla stampa cinquecentesca della *Vita di Antonio Giacomini* di Jacopo Nardi », dans *Miscellanea di studi in onore di Marco Pecaro*, sous la direction de Bianca Maria M. DA RIF et Claudia GRIGGIO, Florence, L. S. Olschki, 1991, 2 vol., t. 1, p. 247-258.

— Filippo SASSETTI, *Oratione funebre in lode di messer Lelio Torelli fatta e recitata da messer Filippo Sassetti accademico Fiorentino detto tra gli Alterati l'Assettato* (fol. 162^{r}-177^{v}).

Magl. XXXV 234 : Lorenzo GIACOMINI. *Sermone della Passione del nostro Signore Giesù Cristo* (CAT 45 : Magl. della Strozziana Cl. XXX-XL.)

Ce codex contient des écrits et des traductions de Lorenzo GIACOMINI, de la main de Giorgio BARTOLI, avec de courtes préfaces de ce dernier[34]. Le titre donné au volume dans le catalogue comme sur la reliure en date de 1922 fait référence au contenu du texte figurant aux fol. 13^{r}-18^{v}, qui ne porte en réalité pas de titre.

— Lorenzo GIACOMINI. *Di messer Lorenzo Giacomini.* Sans autre titre. Il s'agit d'un écrit de spirtualité. (fol. 13^{r}-18^{v}).

— Lorenzo GIACOMINI. <Sans titre.> Fragments d'une traduction de l'*Économique* d'ARISTOTE (fol. 20^{r}-30^{v}).

— Lorenzo GIACOMINI. <Sans titre.> Fragments d'une traduction des épîtres d'ARISTOTE (fol. 35^{r}-38^{v}) .

— Lorenzo GIACOMINI. *La economica di Aristotele interpretata da Lorenzo Giacomino de' Tebalducci.* Fragment d'une traduction du premier livre de l'*Économique* d'ARISTOTE (fol. 42^{r}-46^{v}).

Magl. XXXVIII 137 : *Varia.* (CAT 45 : Magl. della Strozziana Cl. XXX-XL.)

— Francesco BONCIANI. *Oratione di Francesco Bonciani accademico Alterato fatta da lui nell'Accademia Fiorentina in laude di messer Giovambattista Adriani* (fol. 106^{r}-115^{v}).

— Luigi ALAMANNI. *Orazione di Luigi Alamanni in morte di Filippo Sassetti detto l'Assetato* (fol. 117^{r}-130^{r}).

C — Fonds Nazionale :

CAT 29*bis* : MAZZATINTI, Giuseppe, *Inventari dei manoscritti delle biblioteche d'Italia*, Forli, Bordandini, 1890-1923, 29 vol., vol. 8 à 11. Les codices du *fondo Nazionale* contiennent des manuscrits qui furent recatalogués au XIXe siècle parce que jugés particulièrement importants pour la culture nationale ou locale. Beaucoup d'entre eux sont issus des fonds de la Magliabecchiana. L'inventaire de Giuseppe Mazzatinti fournit les cotes magliabéchiennes. Ces collections sont généralement désignées aujourd'hui sans référence explicite au fonds actuel, qui est un artefact :

34. Sur les liens entre Giorgio Bartoli et Lorenzo Giacomini, voir BARTOLI, Cosimo, *Lettere a Lorenzo Giacomini*, éditées par Anna SIEKIERA, Florence, Accademia della Crusca, 1997.

on écrit ainsi **BNCF II.I.98**, plutôt que **BNCF Fondo Nazionale II.I.98**. Je me suis conformée à cet usage.

II.I.98 : <Volume composite sans titre dans le catalogue.> Titre porté sur la tranche : *I Giovanni della Casa, Lettere 98.* (CAT 29*bis*, vol. 8.)

— Lorenzo GIACOMINI. *Discorso della purgazione della tragedia fatto nell'Academia degli gli Alterati nel'anno 1586* (fol. 143^{r}-158^{v}).

— Lorenzo GIACOMINI. *Del furor poetico discorso fatto nell'Accademia degli Alterati nel'anno 1587* (fol. 159^{r}-170^{v}).

II.I.120 : *El libro della dischrezione delli fuochi et delle anime dello excellentissimo dominio dello illustrissimo et excellentissimo signor ducha Cosimo de Medici secondo della Reipubricha <sic> fiorentina, fatto fare l'anno della nostra salvazione 1551. Fece fare la dischrezione el libro a Antonio di Filippo di Antonio Gianetti alias del Micione, ecc.* (CAT 29*bis*, vol. 7.)

Il s'agit d'un méticuleux rencensement des habitants par foyer à Florence en l'an 1551, réalisé par Antonio Gianetti, sur l'ordre de Cosme Ier de Médicis.

II.II.325 : <Manuscrit composite sans titre dans le catalogue, contenant des vies d'hommes illustres.> Le volume est issu des collections de Carlo Strozzi et Luigi Strozzi. Titre interne de la main de Carlo STROZZI : *Vite di diversi huomini illustri scritte da diversi.* (CAT 29*bis*, vol. 9.)

— Antonio degli ALBIZZI. *Vita di Piero Strozzi scritta da Antonio Albizi.* Titre original du document : *Vita del signor Piero Strozzi maresciallo e capitano generale del re di Francia scritta da Antonio degli Albizzi, dedicata al signor cardinal Andrea d'Austria* (fol. 222^{r}-249^{v}).

II.III.288 : *Minute di lettere e lettere autografe ; moltissime adespote ; altre di Lorenzo Giacomini, una di Torquato Tasso, una dell'« Arrubinato reggente degli Alterati ».* (CAT 29*bis*, vol. 10.)

— Minutes de la correspondance de Lorenzo GIACOMINI, entre 1584 et 1596 (fol. 1^{r}-145^{v}).

— Quatre sermons ou fragments de sermons de Lorenzo GIACOMINI (fol. 147^{r}-155^{v}), sans doute écrits dans le cadre d'une confraternité, dont « Della Resurrettione — 1595 » (fol. 147^{r}-150^{r}) et « Il giorno di San Tomaso intorno la fede » (fol. 151^{r}-152^{v}).

II.IV.1 : *Libro dei capitoli, compositioni, et leggi della Accademia degli Humydi di Firenze, creata l'anno del signore 1540.* (CAT 29*bis*, vol. 10.)

II.IV.15 : <Volume composite sans titre dans le catalogue, contenant notamment des matériaux d'origine académique.> Titre interne : *Berretarri Francisci Carmina ecc.* (IND, CAT 29*bis*, vol. 10.)

— [Giulio del BENE ?]. *Lezione accademica del Desioso sul comporre in poesia* (fol. 21^{r}-22^{v}). Titre donné dans l'index du volume : *Accademico Desioso, lezione accademica il di cui argomento è se per comporre o giudicar bene in poesia sia necessario aver cognizione dell'arte del ben scrivere la storia, o bastino i precetti della Poetica d'Aristotele.* Le texte est un fragment et il n'est pas de la main du Desioso (Giulio del Bene) auquel il semble attribué dans le titrage du catalogue.

— [ANONYME]. *Relazione dell'Accademia dei Desiosi* (fol. 23^{r}-38^{v}). Titre donné dans l'index du volume : *Relazione dell'Accademia de' Desiosi fondata da Agostino del Nero nel 1587 e de progetti di riunione con le Accademie della Crusca, e degli Alterati.* Titre ajouté sur le document : *Scritti sopra l'Accademia dei Desiosi fondata in Firenze.* Ces *abbozzi* sont de la main qui a écrit ou transcrit la leçon sur la composition de la poésie qui précède immédiatement ce manuscrit dans le volume actuel.

II.IV.17 : *Raccolta di rime.* Ce codex contient une collection de textes poétiques, dont des poèmes d'Ottavio RINUCCINI (fol. 111^{r}-135^{v}, soit trente-trois compositions). (CAT 29*bis*, vol. 10, qui fournit une table des textes rassemblés.)

II.IV.199-211 : *Atti dell'Accademia Fiorentina, 1582-1783. Nell'ultimo volume è il catalogo alfabetico degli accademici.* Les volumes 199-207 contiennent une série quasi complète des archives civiles et juridiques de l'académie (sauf entre 1717 et 1737). Les volumes dressent la liste des élections de ses consuls et magistrats, ainsi que de ses activités intellectuelles. Le dernier volume contient une liste des membres de la Fiorentina entre 1540 et la fin des années 1740. (CAT 29*bis*, vol. 10.)

Les volumes portent les titres suivants :

— II, IV, 199 : *Libro degli atti juridici dell'Accademia Fiorentina dal 1582-1591.*

— II, IV, 200 : *Libro degli atti dell'Accademia Fiorentina dal 1591-1611.*

— II, IV, 201 : *Libro degli atti dell'Accademia Fiorentina dal 1611-1616.*

— II, IV, 202 : *Libro degli atti dell'Accademia Fiorentina dal 1616-1622.*

— II, IV, 203 : *Libro degli atti dell'Accademia Fiorentina dal 1622-1630.*

— II, IV, 204 : *Libro degli atti dell'Accademia Fiorentina dal 1630-1662.*

— II, IV, 205 : *Libro degli atti dell'Accademia Fiorentina dal 1662-1695.*

— II, IV, 206 : *Libro degli atti dell'Accademia Fiorentina dal 1695-1717.*

— II, IV, 207 : *Libro degli atti dell'Accademia Fiorentina dal 1737-1756.*

— II, IV, 208 : *Libro delle composizioni.* Destiné à enregistrer les débats de l'académie et toutes les « compositions » qui s'y récitaient. Couvre les années 1778 à 1783 seulement.

— II, IV, 209 : *Delle elezione del console ed ufiziali e memorie della sagra Accademia Fiorentina dal 1778 al 1773.* Contient le détail des élections des magistrats, mais aussi la mention de certaines leçons.

— II, IV, 210 : < Sans titre.> Volume très incomplet destiné à contenir une liste des œuvres manuscrites et imprimées des membres de la Fiorentina, commencé en mars 1752.

— II, IV, 211 : *Estratto di tutti gli academici.*

II.IV.661 : <Sans titre dans le catalogue.> Titre porté sur la tranche : *Varia.* Volume provenant de la bibliothèque Carlo et Luigi Strozzi. (CAT 29*bis*, vol. 11.)

— Lorenzo GIACOMINI, *Ragionamento d'amore fatto da Lorenzo Giacomino de' Tebalducci ne l'Accademia Fiorentina* (fol. 69^{r}-104^{v}).

D — Fonds Palatino :

Le fonds Palatino fait partie de la Raccolta Palatina, qui comprend onze autres fonds d'archives. CAT 16 : GENTILE, Luigi, ROSSI, Eugenio ET AL., *I codici palatini descritti da Luigi Gentile,* Rome, I principali librai, 1889-1967, 3 vol.

Palatino 249-250 : Ottavio RINUCCINI. *Poesie adespote.* Ces volumes contiennent des poèmes autographes et des collections de textes poétiques par Ottavio Rinuccini. (CAT 16, vol. 1, fasc. 1.)

Palatino 251 : *Raccolta di poesie musicali dei secoli* XVI *e* XVII. Certains textes sont d'Ottavio RINUCCINI. (CAT 16, vol. 1, fasc. 1.)

Palatino 497 : *Scritti appartenti all'antica Accademia della Crusca.* (TIT, IND, CAT 16, vol. 2, fasc. 1.)

— Un cahier avec l'oraison funèbre de Filippo Sassetti par Luigi ALAMANNI et une épitaphe latine écrite pour lui par son frère Francesco SASSETTI (fol. 101^{r} à 113^{v}).

Palatino 727 : <Volume sans titre.> (AUT/TIT, IND, CAT 16, vol. 2, fasc. 1.) Les textes de ce codex ont été transcrits par Vincenzio di Domenico Fioravanti de l'Académie Florentine en 1622.

— Lionardo SALVIATI. *Regole della toscana favella* (fol. 2^{r}-35^{v}).

— Giovan Battista STROZZI. *Osservazioni intorno alla toscana favella* (fol. 37^{r}-48^{v}).

E — Fonds Rinuccini :

Ce vaste ensemble de documents — vingt-sept volumes numérotés de 1 à 27, pour lesquels aucun catalogage complet, détaillé et indexé n'est actuellement disponible — contient beaucoup d'écrits se rapportant à la vie académique florentine des XVIe et XVIIe siècles, dont des documents ayant trait aux Alterati. Mais, en l'état actuel du catalogage, ceux-ci sont difficiles à identifier avec précision[35]. Voir néanmoins CAT 68 : <*Inventario*> *Filze Rinuccini* et CAT 68*bis* : *Descrizione sommaria delle filze Rinuccini 21-25* par J. R. WOODHOUSE, plus un repertoire conservé dans la Vacchetta Rinuccini et un dossier manuscrit numéroté Uff. Mss filze d'archivio 10, intitulé *Filze Rinuccini*.

Rinuccini 18

Rinuccini 19

Rinuccini 27

F — Fonds Domenico Tordi :

CAT 70 : *Inventario dei manoscritti del fondo Tordi*, inventaire manuscrit.

Tordi 202 : Lorenzo GIACOMINI. *Ragionamento d'amore fatto Lorenzo Giacomini de' Tebalducci ne l'Accademia Fiorentina.*

2. Imprimés annotés (*postillati*) :

A — Fonds Postillati :

La BNCF a rassemblé ses livres anciens annotés en un fonds spécifique, qui se trouve répertorié dans deux *cataloghi a schede* manuscrits, où sont sommairement décrits les ouvrages annotés de leurs collections. Ce catalogue par cartes (CAT Postillati, 129 items) est contenu dans deux cassettes consultables sur

35. Cet état de fait s'explique par la transmission des documents. Les manuscrits des Rinuccini ont en effet été collectionnés et préservés par Vincenzio Borghini, qui y a intégré des manuscrits de Benedetto Varchi, puis par Baccio Valori, lequel y a apparemment inséré aussi ses propres archives. Filippo Valori, le fils de Baccio, a également travaillé à l'accroissement de ces collections. Sur les mansucrits des Rinuccini et leur destinée à Florence, voir PASSERINI, Luigi, « Notizie sui manoscritti rinucciniani acquistati dal governo toscano e nuovamente distribuiti tra gli archivi e le biblioteche di Firenze », *Archivio Storico Italiano. Appendice*, 8, 1850, p. 207-215. Les manuscrits autographes des Rinuccini n'ont, d'après Passerini, pas été cédés à l'État italien (p. 4-5).

demande auprès des conservateurs de la *sala manoscritti*. Voir Uff. Mss. cassettes 11 et 43 : la première cassette classe les imprimés annotés par ordre alphabétique d'auteur, la seconde par cotes.

Postillati 15 : *Annotationi di Alessandro Piccolomini nel libro de la Poetica d'Aristotele, con la traductione del medesimo libro, in lingua volgare*, Venise, Giovanni Guarisco, 1575. Abondantes postilles manuscrites de Filippo SASSETTI (L'ASSETATO) à travers l'ensemble de l'imprimé.

Postillati 23 : Bernardo DAVANZATI, *L'imperio di Tiberio Cesare scritto da Cornelio Tacito nelli Annali espresso in lingua fiorentina propria da Bernardo Davanzati Bostichi*, Florence, Filippo Giunti, 1600, avec des notes et amendements de la main de l'auteur.

Postillati 24 : *Rettorica d'Aristotele fatta in lingua toscana dal commendatore Annibal Caro*, Venise, À l'enseigne de Salamandre, 1570. Interfolié et abondamment annoté d'une main contemporaine[36].

Postillati 39 : *Aristotelis De arte poetica ad exemplar libri a Petro Victorio correcti*, Florentiae apud Juntas, 1564, abondamment et très savamment annoté d'une main anonyme.

CAT Postillati attribue ces notes à Alessandro Rinuccini, mais la main qui a annoté ce volume n'est pas celle de l'Ardito. L'ouvrage donne la *Poétique* d'Aristote dans le texte grec établi par Pier Vettori, qui fit souvent imprimer ce genre de matériaux pour ses élèves. L'annotateur fut probablement l'un d'entre eux[37].

<u>B — Fonds Nuove Accessioni :</u>

CAT 72 : Florence, Biblioteca Nazionale, *Nuovi acquisti e accessioni di manoscritti, carteggi, libri rari, ecc.*, 1905-, 4 volumes manuscrits.

Nuovi Accessioni 850, I et II : Marcello ADRIANI. *Adriani Marcello Virgilio, il Giovane. Studi e postille su alcuni libri della Politica di Aristotele.* (CAT 72, vol. 3, p. 27-28)

36. Ce volume est comparable à BU Pise, Ms 551 et 552, où le même livre est également interfolié et annoté, cette fois par Lorenzo GIACOMINI.

37. Sur ce volume annoté, je me permets de renvoyer à BLOCKER, Déborah, « Lire et commenter la *Poétique* d'Aristote en Italie dans la seconde moitié du *Cinquecento* : du commentaire érudit à l'élaboration d'une réflexion sur les arts », dans Monique BOUQUET ET AL (dir.), *Francesco Robortello : réception des Anciens et construction de la modernité*, Rennes, Presses universitaires de Rennes, 2020, p. 65-90.

Un ensemble de deux cahiers imprimés interfoliés et entièrement annotés, construits à partir des livres II et IV de la *Politique* d'Aristote dans le texte grec donné par l'édition suivante : *Aristotelis De optimo reipublicae libri octo*, Florence, Giunti, 1552. L'établissement du texte imprimé semble dû à Pier VETTORI et sa parution sans traduction ni commentaire en format in-4° suggère qu'il s'agissait d'une publication destinée à ses étudiants. L'annotateur est Marcello ADRIANI IL GIOVANE (1562-1604), qui fut l'élève de Pier Vettori, et membre des Alterati sous le pseudonyme du TORBIDO.

IV. Biblioteca Marucelliana, Florence (BMF) :

CAT : *Catalogo dei manoscritti della regia Biblioteca Marucelliana compilato in schede del cavalier Francesco Vespignani e da lui transcritto l'anno 1883*, 4 vol., disponibles dans la salle des manuscrits et livres rares, classement par ordre alphabétique d'auteur, de titre et/ou de sujet. Il n'existe pas de catalogue par cotes. Lorsque aucun titre ne figurait dans le catalogue, le titre donné ci-desssus est celui qui apparaît sur la reliure du manuscrit ou dans le codex lui-même.

Marucelliano A 135 (fasc. 20) : *Marmora ticinensia et alia.*
— Lionardo SALVIATI. Quatre fragements de lettres de Lionardo SALVIATI à Lorenzo Giacomini, dont une se présente comme « in ringraziamento e lode dell'orazione da esso fatto in morte del gran duca Francesco I » (fol. 176^{r}-178^{v}), copies de la main de Salvino SALVINI.

Marucelliani B III 52-54 : ACCADEMIA DEGLI HUMIDI, POI ACCADEMIA FIORENTINA. *Annali dell'Accademia degli Humidi, poi Fiorentina* (1540-1583, mais le registre pour les années 1552-1558 manque).

Il s'agit des actes de l'Accademia degli Humidi, qui devint en 1547 l'Accademia Fiorentina (les trois volumes sucessifs de la Marucelliana sont néanmoins tous reliés sous le titre d'*Accademia degli Humidi. Annali*). Les volumes 2 et 3 ont par ailleurs été intervertis lors du catalogage[38].
— **Marucelliano B III 52 (vol. 1) :** ACCADEMIA DEGLI HUMIDI, POI ACCADEMIA FIORENTINA. *Annali (1540-1552)*. La calligraphie de ce volume est très soignée, surtout dans la première partie du volume.
— **Marucelliano B III 54 (vol. 2) :** ACCADEMIA FIORENTINA. *Annali (1558-1576)*. La calligraphie est ici sensiblement moins soignée. Par ailleurs, le volume

38. Sur ces volumes, voir mes analyses au ch. 1, p. 82-87.

contient deux types d'actes, ce qui n'était pas le cas du précédent : une partie consigne les procédures électorales de l'académie (fol. 1^{r}-40^{v}, plus le fol. 44^{r} qui énumère une série de leçons récitées le 1er juillet 1576), l'autre enregistre des actions administratives (fol. 74^{r}-150^{v}). Il s'agit clairement de deux ensembles distincts, mais la pagination du volume reste néanmoins continue. Les fol. 41^{r}-73^{v} sont blancs, sauf le fol. 44.

— **Marucelliano B III 53 (vol. 3)** : ACCADEMIA FIORENTINA. *Annali (1577-1582).* Ce volume contient aussi les deux types d'actes précédemment évoqués : une partie consigne les procédures électorales de l'académie (fol. 1^{r}-24^{v}), l'autre enregistre des actions administratives (fol. 49^{r}-76^{v}). Il s'agit là encore de deux cahiers distincts. La numération des folios du codex passe sans solution de continuité de 24^{v} à 49^{r}, suggérant que, dans le cas de ce dernier volume, les deux parties ont pu être produites séparément.

Marucelliano C 133 : *Vite di Filippo e di Leone Strozzi.*

— Lorenzo STROZZI. *Vita di Filippo Strozzi descritta da Lorenzo Strozzi suo fratello* (fasc. 1, fol. 1^{r}-84^{v}). La main est du XVIIe siècle. Le texte est calligraphié.

— ANONYME. *Memorie per la vita di fra' Leone Strozzi priore di Capua* (fasc. 2, fol. 85^{r}-135^{v}). Cette vie semble la copie d'un *abozzo*. La main date très vraisemblablement du XVIIe siècle.

— Antonio degli ALBIZZI. *Vita del signore Piero Strozzi cavaliere del ordine di San Michele, maresciallo, capitano generale del re di Francia scritta dal signor Antonio degli Albizzi* (fascicule 3, fol. 138^{r}-169^{v}). Cette vie est une copie du XVIIe siècle. La main est identique à celle qui a copié la vie du cardinal Leone Strozzi dans le fasc. 2.

Marucelliano D 48^{4} : *Miscellanea storica, geografica, letteraria.* (IND)

— Francesco BONCIANI. *Oratione di Francesco Bonciani accademico Alterato fatta da lui nell'Accademia Fiorentina in laude di messer Giovambattista Adriani* (fol. 19^{r}-27^{v}). Le texte est de la main de Francesco BONCIANI et calligraphié avec soin.

V. Biblioteca Medicea Laurenziana, Florence (BMLF) :

Fonds Ashburnham :

CAT 11 : *Catalogue of the Manuscripts at Ashburnham Place : Part the First, comprising a collection formed by Professor Libri*, vol. 2, Londres, C. F. Hodgson, 1853.

Ashburnham 531 : Lorenzo GIACOMINI (trad.). *Demetrio Falereo, Della elocuzione, tradotto da Giacomino Tebalducci.*

L'ensemble du codex est transcrit dans la main de Giorgio BARTOLI en *bella copia.* La pagination est en deux parties (I et II).

— Lorenzo GIACOMINI (trad.). *Di Demetrio Falareo. De la locuzione. Lorenzo Giacomino de' Tebalducci interprete* (I, fol. 1^r-42^v).

— Giorgio BARTOLI (trad.). *D'Aristotele. De l'arte poetica* (II, fol. 1^r-38^v)[39].

— Agnolo SEGNI. *Di messer Agnolo Segni.* Six cours sur la *Poétique* (II, fol. 45^r-91^v)[40].

Ashburnham 558.1 et 558.2 : *Diario dell'Academia degli Alterati.*

Il s'agit des actes de l'académie des Alterati (1569-1605), en 2 vol.

Ashburnham 559 : *Prose dell'Academia degli Alterati.* (AUT/TIT)

Ce codex contient des textes en prose produits au cours des premières années de l'accadémie (1569-1574 environ), dont certains portent des traces de corrections et/ou ont été désignés pour placement dans le *Ziba.*

— Giulio del BENE. *Difesa del Desioso reggente contro alla Accademia del Travagliato scritta per difenderlo* (fol. 1^r-12^r). Le texte est de la main de l'auteur.

— Giulio del BENE. *Che il movere lo oratore non è dannato in alcuno stato* (fol. 25^r-30^v). Le texte est de la main de l'auteur.

— Giulio del BENE. *Che l'argumento dal più al meno ha più forza che quel dal simile* (fol. 31^r-34^r). Le texte est de la main de l'auteur.

— Giulio del BENE. *Del Desioso. Che la vita beata consiste nella virtù* (fol. 37^r-50^v). Le texte est de la main de l'auteur.

— Vincenzo ACCIAIUOLI. *Oratione in lode di Themistocle ateniese, recitata a gli accademici Alterati dal cavalier Vincenzo Acciaioli, detto lo Sconsigliato* (fol. 51^r-58^r). La main est celle d'Antonio degli ALBIZZI.

— Tommaso del NERO, une oraison en latin sans titre attribuée au Sconcio (fol. 59^r-64^v). Le texte est probablement de la main de l'auteur.

39. Cette traduction de la *Poétique* est datée en son dernier fol. du 28 août 1573. Sur cette traduction et l'ensemble de ce codex voir SIEKIERA, Anna, « Una traduzione della *Poetica* del 1573 », *Rinascimento*, 34, 1994, p. 365-376 et SIEKIERA, Anna, « La traduzione della *Poetica* di Giorgio Bartoli : il manoscritto inedito del 1573 », dans BERTOLINI, Lucia ; COPPINI, Donatella et MARSICO, Clementina (dir.), *Nel cantiere degli umanisti. Per Angela Regoliosi*, Florence, Polistampa, 2014, p. 1197-1239.

40. Ces leçons mansucrites ont été éditées par Bernard WEINBERG, *Trattati di poetica e retorica del Cinquecento,* Bari, Laterza, 1970-1974, 4 vol., t. 3, p. 7-100. Une édition de quatre de ces leçons, préparée en 1576, est parue à titre posthume en 1581 : SEGNI, Agnolo, *Ragionamento di messer Agnolo Segni gentilhuomo fiorentino sopra le cose pertinenti alla poetica : dove in quattro lezzioni lette da lui nell'Accademia Fiorentina si tratta dell'imitazione poetica, della favola, della purgazione procedente dalla poesia*, Florence, G. Marescotti, 1581.

— Tommaso del NERO. *Dello Sconcio. Orazione recitata in difesa della presente propositione che l'oratione debbe essere interamente indiritta a gl'uditori, non ai lettori* (fol. 65^{r}-74^{v}).

— [Antonio degli ALBIZZI ?]. *Che la favola è di maggiore importanza nella poesia che i costumi* (fol. 75^{r}-78^{v}). La main est probablement celle d'Antonio degli ALBIZZI.

— Antonio degli ALBIZZI. *Parere del Vario sopra la propositione se l'argomento al più ha maggior forza che quello delle simile, diputata nella Accademia addì 20 marzo 1571* (fol. 79^{r}-84^{r}). Le texte est de la main de l'auteur.

— [Antonio degli ALBIZZI ?]. Un texte anonyme et sans titre, qui commence ainsi « Io ho stimato sempre che ne governi degli stati si debba sopratutto tenere gran conto de mantenersi la riputatione [...] » (fol. 85^{r}-91^{r}). La main est celle d'Antonio degli ALBIZZI.

— [Antonio degli ALBIZZI ?]. *Il primo libro della Topica d'Aristotile* (fol. 93^{r}-96^{v}). Il s'agit d'un début de traduction du premier livre des *Topiques* d'Aristote. La main est probablement celle d'Antonio degli ALBIZZI.

— Antonio degli ALBIZZI. *Ragionamento del Vario sopra il simposio dell'anno 1571 nel reggimento del Desioso* (fol. 102^{r}-103^{v}). La main est celle de l'auteur.

— Carlo RUCELLAI. *Discorso dello Sdegnoso. Di che cose sia meglio disputare nel reggimento del Trasformato* (fol. 104^{r}-105^{r}).

— ANONYME. *Accusa contro al Vario reggente 4. degli Alterati* (fol. 107^{r}-111^{v}). Ce texte est une version calligraphiée d'un discours lui-même sans auteur qui figure dans le même codex aux fol. 213^{r}-215^{v}.

— Baccio NERONI. <Sans titre.> Contient une leçon sur la fable dont les premières lignes sont : « Essendo le favole state ordinate et composte, sì come tutte le altre chose, a qualche fine quelle senza dubbio che in tal modo saranno disposte [...] » (fol. 112^{r}-115^{v}). « Del Grave. Lezioni » figure sur le fol. 115^{v}.

— Baccio NERONI. *Se il verso è necessario nella poesia* (fol. 116^{r}-119^{r}). « Del Grave » figure sur le fol. 119^{v}.

— Cosimo RUCELLAI. *Accusa data dal Travagliato al Ruvido reggente XI doppo l'amministratione del suo reggimento* (fol. 122^{r}-126^{v}).

— [Antonio degli ALBIZZI ?]. <Sans titre.> Contient un texte célébrant l'entrée de Giovanni de' Bardi dans l'académie des Alterati, dont les premières lignes sont : « Convenevole cosa è virtuosi Alterati, di qual si vogla cosa buona nuovamente acquistata rallegrarsi e far festa [...] » (fol. 142^{r}-143^{v}). Il est précisé au fol. 142^{r} que l'académie « si debbe monstrare festosa et allegra hora che ella ha ricevuto nel numero de suoi il signor Giovanni dei Bardi ». La main est celle d'Antonio degli ALBIZZI.

— Alessandro RINUCCINI. *Dello Ardito. Appello alla condennaggione data addì [...] di giugno come al libro delle pene a [...]* (fol. 145^{r}-149^{v}). Le texte est de la main de l'auteur.

— [Antonio degli ALBIZZI ?]. *Oratione fatta per pena recitata nel felice reggimento dello Sconsigliato nella quale si loda il condannare e si monstra esser utile all'Accademia* (fol. 159^{r}- 164^{v}). La main est celle d'Antonio degli ALBIZZI.

— [Antonio degli ALBIZZI ?]. *Discorso sopra la fortuna* (fol. 165^{r}-172^{v}). Le texte porte des commentaires et corrections de diverses mains, ainsi que la marque d'un placement dans le *Ziba*. La main est celle d'Antonio degli ALBIZZI.

— [Antonio degli ALBIZZI ?]. *Discorso intorno alla virtù della fortezza* (fol. 173^{r}-196^{v}). La main est celle d'Antonio degli ALBIZZI.

— [Antonio degli ALBIZZI ?]. *Dieci considerationi appartenenti alla vita dell'huomo* (fol. 198^{r}-208^{v}). La main est celle d'Antonio degli ALBIZZI.

— ANONYME. <Sans titre.> Contient une accusation contre Antonio degli ALBIZZI, dont les premières lignes sont : « Considerando meco medesimo, quanto sia difficile cosa l'accusare bene et giustamente alcuno [...] » (fol. 213^{r}-215^{v}). Une version calligraphiée de ce texte, qui porte des corrections, figure dans le même codex aux fol. 107^{r}-111^{v}.

— Giulio del BENE. *Oratione contro al reggente Sdegnoso in forma d'accusa del Desioso* (fol. 234^{r}-243^{v}). Le texte est de la main de l'auteur.

— Giulio del BENE (trad.). *Oratione di Marcus Tullius Cicero in difesa di Aulo Lucinio Archia poeta* (fol. 248^{r}-254^{v}). Le texte est de la main de l'auteur.

Ashburnham 560 : *Poesie dell'Academia degli Alterati.*

IND des *incipit* en tête de chaque partie du volume ; la plupart des poèmes sont anonymes et ils portent la marque du placement dans le *Ziba* (soit un Z). Beaucoup comportent aussi des remarques ou corrections. Mais aucune censure rédigée n'en est produite. Une foliotion ancienne et une numération moderne coexistent.

— *Ziba primo di rime*, où « primo » a été ajouté à la main dans un second temps, avec l'accroissement de la production académique (fol. 7^{r}-114^{v} de la foliation moderne), orné au fol. 7^{r} d'une belle *impresa* burlesque esquissée à l'encre, représentant trois autruches enlacées.

— *Ziba secondo di rime* (fol 115^{r}-209^{v}). La numérotation originelle du deuxième volume (« Ziba secondo ») recommence à 1 à partir du fol. 128^{r}. La foliation moderne (en bas des folios) est continue.

Ashburnham 561 : *Poesie, censure e difese dell'Academia degli Alterati.*

IND des *incipit* en tête de chaque partie du volume ; la plupart des poèmes sont anonymes. Des censures sont systématiquement produites et les censeurs, qui travaillent *pro et contra*, sont souvent nommés (pseudonymes ou noms patronymiques). Le volume possède seulement une numérotation moderne[41].

— <Sans titre.> Un premier livre de censures (fol. 1^{r}-93^{v}).

— <Sans titre.> Un second livre de censures (fol. 94^{r}-343^{r}).

Ashburnham 562 : *Frammenti lezzioni dell'Academia degli Alterati.*

— Bernardo DAVANZATI. *Oratione delle lodi del serenissimo Cosimo de Medici gran duca di Toscana fatta in Firenze agli accademici Alterati da messer Bernardo Davanzati detto il Silente* (fol. 1^{r}-16^{v})[42].

— Torquato MALASPINA. *Dello scrivere le vite, trattato del marchese Torquato Malaspina da leggersi agli accademici Alterati fra quelli è il Tardo* (fol. 65^{r}-106^{v}).

— Torquato MALASPINA. *Dello scrivere le vite, trattato del marchese Torquato Malaspina da leggersi agli accademici Alterati fra quelli è il Tardo* (fol. 111^{r}-127^{v}), en *bella copia.*

— Don Giovanni de MÉDICIS. *Ragionamenti intorno alla virtù del Saldo, accademico Alterato* (fol. 129^{r}-156^{v}). Ce texte est une transcription calligraphiée du texte qui figure en **BNCF Magl. VIII 1406**, fol. 58^{r}-97^{v} sous le même titre.

— [Textes assemblés par Don Giovanni de MÉDICIS ?]. Sans titre (fol. 158^{r}-166^{v}). Ce cahier offre une version soigneusement calligraphiée de deux textes distingués en **BNCF Magl. VIII 1406**, sous les titres de *Accusa dal Aspro fatta dal Vivace* (fol. 100^{r}-101^{v}, texte incomplet) et de *Difesa de l'Aspro* (fol. 102^{r} à 104^{v}). Une version complète de l'*accusa* de Francecso Bonciani par Bernardino de MÉDICIS est donnée ici aux fol. 158^{v}-163^{r}, tandis que la *difesa* de Francesco BONCIANI est transcrite aux fol. 163^{r}-166^{v}. Les deux textes sont insérés dans un récit des activités de l'académie dont don Giovanni de MÉDICIS est vraisemblablement l'auteur.

VI. Biblioteca Riccardiana, Florence (BRF) :

(CAT : *Inventario e stima della Libreria Riccardi : manoscritti e edizioni del secolo XV*, Florence, 1810 et MORPURGO, Salomone, *I manoscritti della regia*

41. Ce volume et le BMLF Ashburnham 560 font actuellement l'objet d'un projet de recherche en humanités digitales financé par le cluster d'excellence 2020 *Temporal Communities: Doing Literature in a Global Perspective*, à la Freie Universität de Berlin ; voir : https://www.temporal-communities.de/research/literary-currencies/projects/studying-academic-discussions-on-the-art-of-poetry/index.html, sous la direction d'Ulrike Schneider (Institut für Romanische Philologie, Freie Universität, Berlin), avec la collaboration de Veronica Vestri (Prato). Je suis étroitement associée à cette entreprise, qui vise à produire de ces volumes une édition électronique.

42. Ce texte a été imprimé de manière posthume, voir *Scisma d'Inghilterra con altra operette del signore Bernardo Davanzati al serenissimo Ferdinando secondo gran duca di Toscana*, Florence, Massi e Landi, 1638 (p. 124-138).

Biblioteca Riccardiana di Firenze — Manoscritti italiani, Florence, 1900, dont néanmoins un seul volume a été publié, lequel couvre les manuscrits Riccardiani 1002 à 1700 uniquement. On trouvera également en salle de lecture un catalogue manuscrit complémentaire réalisé par Irma Merolle en 1939. La fonction initiale de ce dernier catalogue était l'inventoriage des collections de la Biblioteca Riccardiana avant leur transfert dans un abri anti-aérien destiné à les protéger des bombardements. Aucun de ces inventaires n'est complet ou suffisamment détaillé. Les titulatures données ci-dessous s'appuient principalement sur l'inventaire de 1810, mais le complètent par les informations données par Salmone Morpurgo et Irma Merolle, quand il y a lieu. Les titres des documents cités, qui en général ne figurent pas sur les inventaires existants, ont le plus souvent été rélevés sur les manuscrits eux-mêmes, ou, à défaut, dans l'index du volume.)

Riccardiano 61 : *Basilii Magni quaedam a Leonardo Arretino in latinum versa. Accedunt Plutus Aristophanis, Euripidis Phoenissae et alia graece.* (IND)

— Lorenzo GIACOMINI (transcription et traduction). *Euripidis Phoenissae tragoedia cum versione latina Laurentii Iacominii, et sententiae ex Phoenissis* (fol. 108^r^ à 207^v^). Orné d'un frontispice manuscrit assorti de frises tirées d'un livre imprimé. Le manuscrit alterne un texte grec soigneusement transcrit avec une traduction latine. Il comporte en ses ultimes fol. une liste de variantes (fol. 198^r^-201^v^) et un index au fol. 202. La main est très minutieusement calligraphiée dans les premiers fol. mais devient peu à peu plus courante[43].

Riccardiano 89 : *Sophoclis Oedipus tyrannus, et Arati Phaenomena.* (IND, AUT/TITRE)

Comme le **BRF Riccardiano 61**, ce manuscrit date de l'adolescence de Lorenzo Giacomini. La main est très soignée et produit une calligraphie grecque impeccable, bien que minuscule.

— Lorenzo GIACOMINI (transcription). *Oedipus Tyrannus tragoedia Sophoclis scripta manu Laurentii Iacominii* (fol. 1^r^-57^r^).

— Lorenzo GIACOMINI (transcription). *Arati Phaenomena scripta manu Laurentiis Iacomini* (fol. 58^r^-71^v^).

43. Ce manuscrit est clairement la trace d'un exercice d'écolier, probablablement effectué à l'adolescence. Giacomini travaille ici à apprendre à copier le grec tout autant qu'à le traduire. Comme le **BRF Riccardiano 89**, ce travail témoigne du sérieux avec lequel Giacomini s'est formé aux langues et littératures classiques et des compétences très poussées par lui acquises dans ce champ dès le plus jeune âge. Le **BRF Riccardiano 89** documente aussi son intérêt pour les figures de tyran dans la tragédie grecque (qu'illustre en particulier sa transcription d'*Œdipe roi*) et sa curiosité érudite pour les traités scientifiques des Anciens (que documente sa transcription des *Phénomènes* d'Aratus).

Riccardiano 767 : *Petrarchae Francisci. Augustalis, Acciajoli, vita di Carlo Magno, Leonis Baptistae Alberti D. Potiti vita, et de musca autogr., ecc.* (IND)

L'index du volume, datant sans doute du tournant des XVIe et XVIIe siècles, indique que le codex contenait aussi une *Oratione di Francesco Bonciani in lode di Giovan Battista Adriani* (XIII) ainsi qu'une *Oratio in obitu Marcelli Adriani* (XIV), qui sont aujourd'hui perdues.

— Marcello ADRIANI. *Dell'educatione della nobiltà fiorentina*, en deux livres (fol. 175^{r}-195^{v}). Le texte est de la main de Marcello ADRIANI. Le texte est adressé à « vostra Altezza » (fol. 175^{v}). Cette formule renvoie peut-être à Virginio Orsini.

— Filippo SASSETTI. *Oratione in laude di messer Lelio Torelli fatta et recitata nell'Accademia Fiorentina da Filippo Sassetti detto tra gli Alterati l'Assetato* (fol. 217^{r}-223^{v}). Le texte n'est pas de la main de l'auteur.

Riccardiano 1539 : *Francesco Ferrucci, sua vita. Trattato della giustizia di messer Piero Rucellai, ecc.* (IND)

— Filippo SASSETTI. *Vita di Francesco Ferrucci* (fol. 1^{r} 51^{v}). Le texte est parcellaire et inachevé. Il est de la main de l'auteur[44].

— Piero RUCELLAI. *Trattato della giustitia di messer Piero Rucellai* (fol. 61^{r}-77^{r}). Le texte fut probablement calligraphié par Filippo SASSETTI.

— Filippo SASSETTI. *Poetica d'Aristotile tradotta ed commentata in toscano* (fol. 81^{r}-126^{v}). Cette traduction commentée est inachevée. Le texte est de la main de Filippo SASSETTI.

— Francesco BONCIANI. <Sans titre.> Deux discours calligraphiés, très probablement de la main de leur auteur. Au premier, l'index du volume donne le titre de *Dissertatione sopra la figura prosopopea* (fol. 132^{r}-144^{r}). Le second texte, qui est un discours incomplet sur la composition des oraisons funèbres (fol. 147^{r}-175^{v}), est pour sa part désigné dans l'index du codex comme un *Discorso recitato agli accademici Alterati intorno le regole da assignarsi nel componimento delle orazioni funerali.* Ce dernier texte est mutilé en plusieurs lieux[45].

Riccardiano 1587-1589 : Marcello ADRIANI (trad.). *Opere morali et miste di Plutarco tradotte dal greco in fiorentino idioma.* (IND, TIT, CAT : MORPURGO,

44. Ces fragments ont été édités par Vanni BRAMANTI, dans SASSETTI, Filippo, *Vita di Francesco Ferrucci.*

45. Pour l'attribution de ces deux textes à Francesco BONCIANI et une analyse de ceux-ci, voir WEINBERG, Bernard, « Nuove attribuzioni di manoscritti di critica letteraria del Cinquecento », *Rinascimento*, 3, 2, décembre 1952, p. 245-259 (p. 249-251). Le texte sur les oraisons funèbres a été édité au XIXe siècle : BONCIANI, Francesco, *Sulla maniera di fare le orazioni funerali di Francesco Bonciani*, édité par Domenico MORENI, Florence, Per il Magheri, 1824.

Salomone, *I manoscritti della regia Biblioteca Riccardiana di Firenze — Manoscritti italiani*, p. 570-571.)

Les trois volumes présentent une foliation continue. Une foliation moderne a néanmoins été ajoutée au XXe siècle, qui numérote les fol. par volume. Les *Opuscules* occupent l'ensemble de ces trois volumes, qui totalisent 862 folios dans la numérotation originelle. La liste des textes inclus est donnée *in extenso* dans MORPURGO. L'ensemble du texte est transcrit d'une main semi-courante par le traducteur et porte des annotations et des corrections d'une densité variable, toujours de sa main. Il s'agit en réalité de la transcription originellement soumise aux censeurs florentins, en vue de la délivrance d'un privilège d'impression, comme en témoignent les annotations manuscrites ajoutées de deux autres mains au fol. 235^r^ du premier volume : « Imprimatur accedente consensu reverendi patris inquisitoris. Florentìae, die 29 decembris 1595. Antonius Bonivenius vicarius generalis florentinus. Retroscriptum opus translatum vidi et approbavi ego Iohannes Baptista Cintius coadiutor Sancti Officii et propria manu subscripsi, Florentiae die 7 februarii 1595. » Il est possible que cet *imprimatur* n'ait concerné que le premier volume. Deux autres transcriptions existent, voir **BNCF Magl. XXI 21 et 22** (exemplaires probablement destinés à permettre à une circulation contrôlée du contenu du premier volume de la collection de textes présents en **BRF Riccardiano 1587-1589**), **Biblioteca Corsiniana 43.F.9 et 10** (deux manuscrits autographes contenant les *Vies* de Plutarque portant de nombreuses corrections manuscrites de Marcello ADRIANI et de quelques autres mains) et **Biblioteca Corsiniana 43.F.33 *bis*** (une traduction de seize *Opuscules* de Plutarque, également de la main d'ADRIANI, avec quelques corrections)[46].

Riccardiano 1599 : Lorenzo GIACOMINI (trad.). *Aristotele : Economica, Lettere, Etica — versione di Lorenzo Giacomini Tebalducci.*

— Lorenzo GIACOMINI (trad.). *La Economica* (fol. 1^r^-14^v^). Seul le premier livre est traduit. Le texte est calligraphié d'une main qui m'est inconnue.

— Lorenzo GIACOMINI (trad.). *Lettere* (fol. 15^r^-18^v^).

— [Lorenzo GIACOMINI (trad.) ?]. *Etica* (fol. 21^r^-182^v^). Un écrit sans titre contenant une traduction italienne de *L'Éthique à Nicomaque*, soigneusement calligraphiée dans une main de la fin du XVIe siècle qui est selon toute probabilité celle de Francesco BONCIANI. Le texte comporte dix livres et est complet. Il est parcimonieusement annoté d'une main qui ressemble beaucoup à celle des annotations marginales ajoutées par Lorenzo GIACOMINI dans les deux volumes de

46. Ces traductions ne furent éditées qu'au XIXe siècle, sous les titres de *Opuscoli morali di Plutarco volgarizzati da Marcello Adriani il Giovane* (Florence, Piatti, 1819-1820, 4 vol.) et de *Vite parallele di Plutarco volgarizzate da Marcello Adriani il Giovane, tratte da un codice autografo inedito della Corsiniana, rescontrate col texto greco et annotate da Francesco Cerrotti e Giuseppe Cugnoni* (Florence, Felice Le Monnier, 1859-1865, 6 vol.).

la *Rettorica d'Aristotele fatta in lingua toscana del commendatore Annibale Caro*, Venise, À l'enseigne de la Salamandre, 1570, actuellement conservé à la BU de Pisa en **BUP Ms. 551-552**. Lorenzo Giacomini étudia et commenta attentivement ces volumes dans sa jeunesse et on peut supposer que c'est aussi à cette époque qu'il entreprit une traduction de l'*Éthique à Nicomaque* que Francesco Bonciani paraît avoir mis au propre dans ce manuscrit[47].

Riccardiano 1612 : Lorenzo GIACOMINI (trad.). *Epistole di Platone, di Aristotile, trattatello Dell'armonia — versioni di Lorenzo Giacomini de' Tebalducci.* (IND)

Ce codex est quasi intégralement de la main de Giorgio Bartoli.

— Lorenzo GIACOMINI (trad.). *Epistole di Platone* (fol. 9r-71v). Ces lettres sont précédées d'une lettre de Giorgio Bartoli à Marino Bobali (fol. 1r-7v). Le texte est de la main de Giorgio BARTOLI et est occasionnellement annoté et corrigé de sa main et de celle Lorenzo GIACOMINI.

— Lorenzo GIACOMINI (trad.). *Epistole d'Aristotele.* Ces lettres sont précédées d'une lettre en guise de préface (fol. 77r-83v). Le texte est de la main de Giorgio BARTOLI.

— ANONYME. Un texte sur la musique et sur l'harmonie (fol. 86r-97v), de la main de Giorgio BARTOLI. Le texte porte quelques annotations de Giorgio BARTOLI et de Lorenzo GIACOMINI.

Riccardiano 1826 : *Relazione di Constantinopli, ed altre. Lettere diverse, ecc.* (IND vague et/ou fautif)[48]

— [Francesco BONCIANI ?]. *Istoria civile et militare dello Stato Fiorentino.* Un texte sans titre ni date offrant une description du gouvernement de Florence, de ses magistratures, de ses guildes, de ses jurisdictions, etc. (fol. 133r-148v), de la main de Francesco BONCIANI. Le texte est adressé à une princesse qui est décrite comme la « compagna e consorte » du grand-duc et est sans doute Christine de Lorraine (fol. 133r), à qui l'auteur dit vouloir donner une meilleure compréhension du fonctionnement de ses États.

47. Si ce texte est bien une traduction de Lorenzo GIACOMINI, il s'agirait du seul manuscrit existant témoignant de ce qu'il a également produit une vulgarisation complète de l'*Éthique à Nicomaque*. Les travaux de GIACOMINI sur la philosophie d'Aristote, dont les traces manuscrites sont nombreuses, mériteraient une étude bien plus poussée qu'il n'a été possible de leur accorder dans le cadre de ce livre.

48. Ce codex contient en particulier des documents témoignant des travaux de Francesco BONCIANI et de Filippo SASSETTI dans le champ de l'histoire de Florence, dont certains sont des textes célébrant des héros de la Florence républicaine et d'autres sont des écrits de service, destinés à leur acquérir les bonnes grâces des Médicis. D'autres parmi les opuscules ici rassemblés, également de leur main, sont des textes proposant des réflexions sur le commerce ou la diplomatie, qui avaient probablement pour visée de signaler aux Médicis leurs compétences en ce domaine, afin d'entrer dans leur service. En définitive, seul Bonciani — qui rassembla probablement les documents réunis dans ce codex — réussit son entrée dans la diplomatie médicéenne.

— Filippo SASSETTI. Deux lettres, une à Francesco Buonamici (fol. 175^{r}-181^{r}) et une à Pier Vettori (fol. 182^{r}-189^{r}). Ces lettres sont des copies.

— Filippo SASSETTI. *Relazione dell'assedio di Firenze fatto dal duca d'Oranges.* Ce texte, sans titre ni date, est de la main de Filippo SASSETTI et était sans doute destiné à s'insérer dans sa *Vita* de Francesco Ferrucci (fol. 192^{r}-195^{v}).

— Filippo SASSETTI. <Un texte sans titre non indexé, de la main calligraphiée de Filippo SASSETTI.> Le texte est en *bella copia* et narre un épisode de la vie de Francesco Ferrucci (fol. 196^{r}-201^{v}). Il a sans doute également été écrit pour figurer dans la *Vita* de celui-ci que préparait Filippo SASSETTI.

— Francesco BONCIANI. *Discorso sopra i Francesi et gli Spagnoli.* Un *abozzo* sans titre ni date proposant des réflexions sur la conjoncture diplomatique européenne après le mariage de Ferdinand de Médicis avec Christine de Lorraine (fol. 202^{r}-206^{v}), probablement de la main courante de Francesco BONCIANI.

— Francesco BONCIANI, Filippo SASSETTI ET AL.. *Relazione d'alcune cose accadute in Firenze et specialmente delle famiglie Donati et Calfucci* (fol. 221^{r}-226^{v}). Cet ensemble de textes de diverses mains contient des réflexions sur les Calfucci et les Donati, dont des *abbozzi* de la main courante de Francesco BONCIANI (fol. 211^{r}-215^{v}), un fol. de la main de Filippo SASSETTI (fol. 221^{r}) et deux autres séries d'*appunti* de mains différentes, sur les mêmes matières (fol. 222^{r}-223^{v} et fol. 225^{r}-226^{v}). Cette série de notes visait sans doute à la préparation d'une *Vita* de Manno Donati par Filippo SASSETTI, pour laquelle d'autres traces de documentation préparatoire apparaissent en **BRF Riccardiano 2237** (fol. 73^{r}-94^{v}), dont une série de notes de la main Francesco BONCIANI (fol. 91^{r}-94^{v}).

— Bongianni GIANFIGLIAZZI et Francesco BONCIANI. *Relazione della corte di Spagna fatta del cavalier Francesco Bongianni Gianfigliazzi del 1587* (fol. 235^{r}-270^{v}). Le texte est de la main de Francesco BONCIANI, qui accompagna le cavalier et le servit lors son séjour comme envoyé à la cour d'Espagne entre 1583-1587, sans doute dans des fonctions de secrétaire. Il porte quelques corrections de Francesco BONCIANI et quelques notes d'une autre main, qui est peut-être celle de Bongianni GIANFIGLIAZZI. Dans ce texte, GIANFIGLIAZZI et BONCIANI proposent une description très détaillée de la cour d'Espagne à destination de Ferdinand Ier de Médicis[49].

— Bongianni GIANFIGLIAZZI. *Relazione di Constantinopoli fatta dal cavalier Bongianni Gianfigliazzi al granduca Francesco del 157 ?* (fol. 273^{r}-286^{v}). Le texte est aussi de la main de Franceso BONCIANI et est très probabablement une copie d'un

49. Sur les relations entre la Toscane et l'Espagne, voir les travaux de Paola VOLPINI, notamment *Los Medici y España : principes, embajadores y agentes en la Edad Moderna*, Madrid, Silex, 2017.

texte écrit par Bongianni GIANFIGLIAZZI (ou un autre de ses secrétaires) antérieurement à la date de l'entrée de Francesco Bonciani à son service[50].

Riccardiano 2237 : *Cavalcanti Bartolomeo. Proposta fatta dal cardinale di Ferrara nel Senato veneto l'anno 1554, ecc.* (IND)

— ANONYME. *Notizie di messer Manno Donati per dare a messer Filippo Sassetti* (fol. 73^r-94^v). Au moins deux mains courantes apparaissent sur ces fol., dont l'une est celle de Francesco BONCIANI (notamment aux fol. 91^r-94^v).

— Francesco BONCIANI. <Sans titre.> Un texte sur l'imitation et la prosopopée (fol. 95^r-110^v). Le texte est de la main de l'auteur.

— Francesco BONCIANI. *Orazione funebre per la morte di Tommaso del Nero recitate nell'Accademia degli Alterati* (fol. 111^r-121^r)[51]. L'écrit est néanmoins de la main de Francesco SASSETTI, qui semble en l'espèce avoir officié comme copiste.

— Francesco BONCIANI. Un écrit sans titre sur l'imitation et la poésie (fol. 124^r-138^v). Le texte est de la main de l'auteur.

Riccardiano 2316 : Francesco BONCIANI, avec des ajouts de Lorenzo GIACOMINI. *Trattato di lingua toscana.*

Cet écrit contient une mise au propre du traité de Francesco BONCIANI sur la langue toscane, conservé en **BRF Riccardiano 2435** (fol. 265^r-336^v). Le texte de ce mansucrit est anonyme. Il a été préparé sous la supervision de Lorenzo GIACOMINI, dont il intègre les observations sur le manuscrit conservé en **BRF Riccardiano 2435**[52].

50. Le codex contient aussi, en ses ultimes folios, d'autres documents, tous de mains différentes, se rapportant aux relations avec le Levant (des notes sur la manière de négocier avec la cour de Constantinople, un sommaire des articles de la paix de Vienne avec le Grand Turc, une relation d'une expédition des galères de Malte en Barbarie en 1606 et des *appunti* sur les actions accomplies par les Turcs en 1587, etc.). Ces textes faisaient peut-être partie d'une documentation réunie par Francesco Bonciani sur le Levant, dans le cadre de ses fonctions auprès du cavalier Bongianni Gianfigliazzi. On sait que Filippo SASSETTI rédigea aussi en 1577 un raisonnement sur le Levant adressé à Gianfigliazzi paru dans SASSETTI, Filippo, *Sul commercio tra la Toscana e le nazioni levantine : ragionamento*, Florence, Tipografia Galileiana di M. Cellini e C., 1853. Un manuscrit de ce « raisonnement » est conservé en **ASFi Miscellanea medicea 514**, fascicule 14 (12 fol.). Sur les relations des Médicis avec le Levant, voir les actes d'un colloque organisé en collaboration par le Medici Archive Project et l'Archivio di Stato di Firenze : CAROSCIO, Martha et ARFAIOLI, Maurizio (dir.), *The Grand Ducal Medici and the Levant*, Turnhout, Brepols, 2016.

51. Le texte a été attribué à Filippo Sassetti, mais l'auteur est en réalité Francesco BONCIANI (sur cette attribution, voir *supra*, ch. 1, note 22, p. 53).

52. Voir Anna SIEKIERA, « Ancora sull'Accademia degli Alterati : il *Trattato di lingua toscana* di Francesco Bonciani », *Quaderni Veneti*, 3, 2014, p. 89-96.

Riccardiano 2435 : *Dissertazione per provare che i fiorentini debbono scrivere in lingua latina, ecc.* (IND)[53]

— Francesco BONCIANI. *Trattato della favola e novelle* (fol. 1^{r}-20^{v}). Le texte semble calligraphié de la main de Francesco BONCIANI.

— [Francesco BONCIANI ?] *Dissertazione per provare che i fiorentini deveno scrivere nella lingua latina* (fol. 21^{r}-24^{v}) et des réflexions sur la poétique et les « mimes » (fol. 25^{r}-26^{r}). La main est la main courante de Francesco BONCIANI.

— Filippo SASSETTI. *Lettera sopra le cose dell'India*, Cochin, datée du 27 janvier 1585, copie (fol. 27^{r}-30^{v}).

— ANONYME. *Discorso dell'autorità del principe, recitato nel 1603* (fol. 34^{r}-37^{v}).

— Une lettre d'Alessandro RINUCCINI à Francecso Bonciani, daté du 13 septembre 1608 (fol. 39).

— Francesco BONCIANI. *Lettione dell'Aspro intorno all'Horrido* (fol. 41^{r}-46^{v}).

— Filippo SASSETTI. *Ragionamento fatto dell'Accademia degli Alterati per cagione dell'impresa* (deux manuscrits du même texte, un aux fol. 47^{r}-62^{r} et un second aux fol. 64^{r}-73^{v})[54]. Les deux écrits sont de la main de l'auteur.

— Francesco BONCIANI. *Accusa dell'Aspro contro il Tenero della majestà lesa* (fol. 75^{r}-83^{v}).

— Francesco BONCIANI. *Bozze di ragionamenti recitate nel 1604* (fol. 97^{r}-99^{v}). Il s'agit de l'ébauche d'une leçon académique, dans la main courante de Francesco BONCIANI.

— ANONYME. *Discorso in prendere il reggimento degli Alterati* (fol. 103^{r}-104^{v}). La main est celle de Filippo SASSETTI.

— Francesco BONCIANI. *Orazione del Aspro nel pigliare il consolato dell'Accademia Fiorentina* (fol. 105^{r}-109^{v}). Le texte semble calligraphié par Francesco BONCIANI.

— Francesco BONCIANI. *Orazione del Aspro nel rendere detto consolato <dell'Accademia Fiorentina>* (fol. 111^{r}-114^{v}). Le texte semble calligraphié par Francesco BONCIANI.

— Francesco BONCIANI. *Discorso sovra le arti del poeta*, contenant une leçon académique sur la *Divine Comédie* de Dante (fol. 115^{r}-125^{v}).

53. Nombre des manuscrits de ce codex sont de Franceso BONCIANI et beaucoup sont de sa main (voir SIEKIERA, Anna, « Ancora sull'Accademia degli Alterati », p. 89-90, dont les attributions, qui précisent celles de Bernard WEINBERG, sont reprises ici). Il semble qu'il s'agisse pour la plupart d'écrits académiques produits entre 1574 et 1583 environ, mais avec quelques écrits plus tardifs. On peut supposer que Francesco Bonciani lui-même les rassembla et conserva, pour son usage personnel et comme témoignage de ses activités académiques.

54. Sur ces leçons, voir FAVARO, Maiko, « Sulla la concezione dell'impresa in Scipione Ammirato », *Italianistica*, 28, 2, mai-août 2009, p. 285-298, qui contient des considérations sur « la discussione sulle imprese et sulle le arti figuarative nell'Accademia degli Alterati » (p. 295-298).

— GLI ACCADEMICI ALTERATI. *Discorso degli accademici Alterati sopra le Annotazioni della Poetica di messer Alessandro Piccolomini all'illustrissima et eccellentissima signora Leonora di Tolledo de' Medici nella detta Accademia chiamata l'Ardente* (fol. 127^{r}-134^{v}).

— Francesco BONCIANI. *Discorso recitato nell'Accademia degli Alterati.* Sur la phonétique (fol. 145^{r}-148^{v}). Le texte est calligraphié de la main de Francesco BONCIANI.

— Francesco BONCIANI. *Discorso sull'eccellenza della lingua franzese e italiana.* Ébauche d'un discours sur l'excellence de la langue française et italienne (fol. 157^{r}-163^{v}).

— ANONYME. *Osservazioni per la correzzione della Storia di Giovanni Villani* (fol. 165^{r}-240^{v}). On trouve à la suite de ce texte et de la même main des *Luoghi di Giovanni Villani che si emendarono nelle Annotationi sopra il Boccaccio, o si allegarono* (fol. 242^{r}-243^{r}).

— Francesco BONCIANI. *Osservazioni di lingua toscana.* Le manuscrit, dont les premières pages manquent, porte des corrections et annotations de la main de Lorenzo GIACOMINI. (fol. 265^{r}-336^{v})[55].

Riccardiano 2437 : Lorenzo GIACOMINI. *Tebalducci Giacomini, Opuscoli diversi, ecc.*

— Lorenzo GIACOMINI. *Ragionamento d'amore fatto da Lorenzo Giacomino de' Tebalducci nell'Accademia fiorentina* (fol. 27^{r}-70^{v}). Le texte a été transcrit en *bella copia* par Giorgio BARTOLI et est en trois parties.

— Lorenzo GIACOMINI. *Ragionamento del desiderio d'honore di Lorenzo Giacomino de Tebalducci, 1581* (fol. 71^{r}-97^{v}). Le texte a été transcrit en *bella copia* par Giorgio BARTOLI et est en deux parties. La date de composition (1581) apparaît sur l'ultime fol.

Riccardiano 2438 *bis*, III : *Tebalducci Giacomini. Lettere ad esso scritte.*

Ce codex contient deux séries de correspondances :

— Giorgio BARTOLI. Cinquante-huit lettres à Lorenzo Giacomini (fol. 1^{r}-94^{v}).

— Filippo SASSETTI. Vingt-six lettres à Lorenzo Giacomini (fol. 95^{r}-143^{v}).

Les premières ont été publiées dans BARTOLI, Cosimo, *Lettere a Lorenzo Giacomini*, lettres transcrites et présentées par Anna SIEKIERA, Florence, Accademia

55. Sur ce manuscrit et les autres écrits de Francesco BONCIANI contenus dans ce codex et dans le **BRF Riccardiano 2316**, voir SIEKIERA, Anna, « Ancora sull'Accademia degli Alterati » et SIEKIERA, Anna, « 'La lingua volgare si può ridurre in regola come la latina et la greca, et altre' : uno scritto grammaticale attribuito a Giovanbattista Strozzi il Giovane », *Studi di Grammatica Italiana, a cura de l'Accademia della Crusca*, 2015, 34, p. 161-183.

della Crusca, 1997, et les secondes sont accessibles sous forme imprimée dans SASSETTI, Filippo, *Lettere da vari paesi, 1570-1588*, lettres transcrites et éditées par Vanni BRAMANTI, Milan, Longanesi & C., 1970. Ces éditions détaillent leurs sources avec minutie et le lecteur pourra s'y reporter avec commodité. En conséquence, il n'a pas été jugé nécessaire d'inventorier ici les lieux et dates d'envoi des lettres issues de ces deux collections.

Riccardiano 2471 : *Averani Josephi, Lectiones, vota in iure, dissertationes, adversarie et alia.*

— ANONYME. *Spesa del simposio dell'Accademia degli Alterati* (fol. 98).

Riccardiano 2534 : Lorenzo GIACOMINI. *Trattato dell'armi e delle lettere.*

Leçon académique en trois parties transcrite dans une main de la fin du XVIe siècle. Les deux premières parties sont en main courante, la dernière est plus formellement calligraphiée.

Riccardiano 2563 : Lorenzo GIACOMINI. *Giacomini Tebalducci, Della nobiltà delle lettere e dell'armi.*

Les écrits contenus dans ce codex sont très soigneusement calligraphiés en *scrittura libraria*, sans doute par une main de la fin du XVIe siècle, et portent des annotations en main courante d'une autre main.

— Lorenzo GIACOMINI. *Della nobilità delle lettere e dell'armi ragionamento di messer Lorenzo Giacomini de Tebalducci fatto in tre volte nell'Accademia Fiorentina l'anno 1576* (fol. 1[r]-42[r]), en trois parties.

— Lorenzo GIACOMINI. *Esposizione del sonetto del Petrarca chi comincia « Quand'io sono tutto volto in quella parte [...] »* (fol. 43[r]-57[v]).

— Lorenzo GIACOMINI. *Del desiderio d'honore* (fol. 58[r]-82[v]). La fin du second raisonnement manque et ses ultimes considerations ont été transcrites par l'annotateur du volume en fol. 81[r]-82[v]. La date de composition (1581) apparaît sur l'ultime folio.

Riccardiano 2942, vol. 6 : *Miscellanea. Vol. 6 : Lionardo Salviati, due orazioni. Francesco Bonciani, Lezione.*

— Francesco BONCIANI. *Lezione della prosopopea fatta da messer Francesco Bonciani recitata del medesimo nell Accademia pubblica Fiorentina nel anno 1578* (fol. 21[r]-51[v]). Le texte est calligraphié par l'auteur mais en mauvais état de conservation.

VII. Archivio di Stato di Pisa, Pise (ASP) :

Università di Pisa — Matricole 41 <1544-1572> et 42 <1563-1609>.
Listes des étudiants immatriculés à l'Université de Pise entre 1544 et 1609.

VIII. Biblioteca Universitaria di Pisa, Pise (BUP) :

Ms. 551 et 552 : Deux volumes interfoliés contenant la *Rettorica d'Aristotile fatta in lingua toscana dal commendatore Annibal Caro* (Venise, À l'enseigne de la Salamandre, 1570) dont les pages furent entièrement annotées — sur les pages insérées comme en marge du texte imprimé — par Lorenzo GIACOMINI[56].
La main est soignée. On peut supposer qu'il s'agit d'un travail de jeunesse. Les volumes ont ultérieurement appartenu à Anton Francesco Gori et le premier porte le chiffre de Lorenzo Giacomini (un L et un G entrelacés) sur sa page de titre.

IX. Biblioteca Apostolica Vaticana, Rome (BAV) :

A — Fonds Rossiano :

Rossiano 901 : *Historia del principio dell'Accademia.* Titre ajouté : *Novelle due et Historia dell'Accademia — nº 17.*
Les trois textes sont de Giulio del BENE et tracés de sa main. Ils portent des traces de *censura* au sein des Alterati (soulignements, notations critiques en marge, suggestions de modification, justifications d'un placement dans le *Ziba*), en deux autres mains.
— Giulio del BENE. *Historia del principio della Accademia* (fol. 1^r-6^v).
— Giuilo del BENE. <Sans titre.> Deux nouvelles (fol. 8^r-12^v et 13^r-20^v).

B — Fonds Vaticani Latini :

Vaticani Latini 6528 : <Sans titre.>
— Antonio degli ALBIZZI, *Riposta di messer Anton degli Albizzi al Discorso di messer Pandolfo <sic> Castravilla contro a Dante* (fol. 110^r-129^v).
— ACCADEMICI ALTERATI. *Discorso degli accademici Alterati sopra l'Annotationi della Poetica di messer Alessandro Piccolomini alla illustrissima et eccellentissima signora Leonora di Toledo de Medici nella detta Accademia chiamata l'Ardente* (fol. 103^r-107^v).

56. Je remercie Anna Siekiera de m'avoir signalé ces volumes.

Vaticani Latini 8858 : <Sans titre.>
— < Un manuscrit anonyme, sans date. > Contient notamment des poèmes des Alterati (désignés sous leurs pseudonymes académiques), classés dans l'ordre des régences de l'institution, fol. I à LXXIII. Ces fol. sont soigneusement calligraphiés[57].

X. Archivio di Stato di Mantova, Mantoue (ASMn) :

Fonds Archivio Gonzaga :

CAT : *Antichi inventari dell'Archivio Gonzaga*, sous la direction d'Axel Behne, Ministero per i beni culturali e ambientali — Ufficio centrale per i beni archivistici, Rome, 1993.

Archivio Gonzaga 1392 : *Lettere dei signori di Guastalla ai principi di Mantova (1531-1544, 1565-1582).*
Ce volume contient les lettres envoyées par les seigneurs de Gustalla (« i dominanti di Gustalla ») aux ducs de Mantoue entre 1538 et 1595, en particulier des lettres de César Ier de Gonzague, comte de Guastalla, entre 1565 et 1575 et des lettres de sa mère, la princesse de Molfetta.

Archivio Gonzaga 3368 (Q. II. 1-8) : *Atti degli Studi pubblici, del ginnasio e università ; carteggio delle accademie fiorite in Mantova nei secoli XVI-XVIII.*
L'insert 1 (Accademia Invaghiti 1564-1795) contient des archives se rapportant à l'Accademia degli Invaghiti, mais ceux-ci datent principalement du XVIIe siècle.

XI. Biblioteca Comunale Teresiana di Mantova, Mantoue (BCTMn) :

Ms. 995 : *Raccolta di cinquanta quattro lettere d'accademici Invaghiti di Mantova dal 1563 al 1599.*
Ce recueil contient des copies (datant des XVIIIe-XIXe siècles) de cinquante lettres de membres de l'académie des Invaghiti, concernant la fondation et les activités de l'institution.

57. Je remercie Lorenzo Amato de m'avoir signalé ce codex dont il prépare actuellement une édition critique très approfondie.

XII. Biblioteca Corsiniana, Rome (BCR) :

Ms. 43.F.9 et 10 : Marcello ADRIANI (trad.). *Vite degli huomini illustri di Plutarco tradotte in lingua toscana, e divise in due tomi.*

Deux volumes manuscrits contenant les *Vies* de Plutarque (t. 1 : 465 fol. ; t. 2 : 522 fol.), traduites par Marcello ADRIANI. Le texte est de la main du traducteur ; le premier livre du tome 1 (*Teseo*, fol. 1-32) est en *bella copia* (un manuscrit corrigé du même texte figure en t. 1, fol. 353^{r}-364^{v}). Le reste du texte est en main semi-courante et comporte des annotations, remarques et corrections manuscrites autographes, ainsi que quelques rares interventions d'au moins trois autres mains. Ces contributions, principalement de nature linguistique, sont trop brèves pour permettre l'identification des mains des annotateurs, mais il est possible qu'il s'agisse, pour certaines, de corrections suggérées par d'autres membres de l'académie des Alterati. T. 1, fol. 65^{v}, une annotation fait par exemple songer à la main de Giovan Battista STROZZI (« il restante che segue »). En revanche, la main qui a annoté quatre demi-folios insérés avant le fol. 323 du t. 1 m'est inconnue. Le t. 2 porte nettement moins d'annotations et de corrections que le premier.

Ms. 43.F.33 *bis* : Marcello ADRIANI (trad.). *Plutarco. Vari opuscoli tradotti in lingua toscana.*

Seize *Opuscules* de Plutarque, traduits par Marcello ADRIANI et transcrits de sa main, avec des annotations et corrections autographes, 304 fol. La *Dispute Platoniche* (fol. 19^{v}-31^{r}) est copieusement corrigée et annotée de la main du traducteur, mais les quinze autres textes le sont beaucoup moins.

XIII. British Library, Londres (BL) :

La British Library comprend, parmi ses *Additionnal manuscripts*, 18 volumes de lettres adressées à Pier Vettori (Add. Ms 10263-10281), dont plusieurs séries de lettres à lui envoyées par des membres des Alterati, certaines avant la fondation de l'institution. (CAT : GIANNOTTI, Donato, *Lettere a Piero Vettori*, publiés d'après les originaux de la British Library par Roberto RIDOLFI et Cecil ROTH, Florence, Vallechi Editore, 1932, appendice III, p. 163-165)

Add. Ms. 10263 :
— Luca ALAMANNI. Une lettre datée du 7 décembre 1583, fol. 15-16.

Add. Ms. 10264 :
— Bartolomeo del BENE. Deux lettres, entre le 7 mars 1562 et le 6 février 1563, fol. 16-18.
— Giulio del BENE. Vingt-deux lettres, entre 7 octobre 1566 et le 25 octobre 1578, fol. 19-59.

Add. Ms. 10266 :
— Bernardo DAVANZATI. Une lettre, datée du 7 juillet 1561, fol. 7.

Add. Ms. 10271 :
— Alessandro RINUCCINI. Une lettre, datée du 25 avril 1580, fol. 76-77.

Add. Ms. 10272 :
— Carlo RUCELLAI. Deux lettres, entre le 21 octobre 1570 et le 12 mars 1573, fol. 50-54.
— Piero RUCELLAI. Trois lettres, entre le 15 avril 1553 et le 4 octobre 1554, fol. 101-106.
— Filippo SASSETTI. Huit lettres, entre le 28 juin 1572 et le 26 octobre 1572, fol. 139-157.

Add. Ms. 10278 :
— Alessandro RINUCCINI. Deux lettres, entre le 13 et le 29 avril 1578, fol. 7-10.
— Carlo RUCELLAI. Deux lettres, entre le 2 juillet 1540 et le 19 août 1541, fol. 98-101.

XIV. Newberry Library, Chicago (NL) :

Fonds Strozzi :

Il s'agit de 29 volumes, pour la plupart manuscrits, acquis en 1966. (CAT : FORTUNA, Alberto, *Catalogo dei manoscritti già della collezione del principe Strozzi e posti in vendita dalla libreria antiquaria L. Gonnelli et fili, di Firenze — Compilazione di Alberto Maria Fortuna. 1966*, catalogue dactylographié disponible sur demande en salle de lecture. Le fonds comprend principalement des manuscrits, mais aussi quelques livres imprimés)

Vault Case MS 6A 11, vol. 1 (CAT I) : *Miscellanea di poesie italiane.*

Ce très gros volume comprend des poèmes de Giovan Battista STROZZI IL VECCHIO, des poèmes de Giovan Battista STROZZI IL GIOVANE, et des poèmes envoyés aux deux hommes ou écrits dans leur entourage, dont beaucoup restent à identifier.

— Giovan Battista STROZZI IL GIOVANE. *Poesie autografe o copiate da amanuensi*, fol. 111ʳ-266ʳ.

Vault Case MS 6A 11, vol. 3 (CAT III) : Antonio degli ALBIZZI. *Vita del signor Piero Strozzi marescial e capitano general del re di Francia.*

Il s'agit du manuscrit autographe de cette vie, dont plusieurs copies ont été repertoriées plus haut (voir **BNCF II.II 325**, fol. 222ʳ-249ᵛ et **BMF Marucelliano C 133**, fascicule 3, fol. 138ʳ-169ᵛ). Le manuscrit, soigneusement calligraphié, est anonyme. Mais la main est indubitablement celle d'Antonio degli ALBIZZI.

Vault Case MS 6A 11, vol. 11 (CAT XI) : Raffael GUALTEROTTI. *Canto primo del Polemidoro.*

Il s'agit d'un manuscrit du chant I du *Polemidoro* dont de nombreux vers diffèrent de manière importante du texte imprimé.

Vault Case 4A 1174 (CAT XII) : Raffael GUALTEROTTI. *L'Universo overo Il Polemidoro poema eroico, con licenza e privilegi di tutti i principi e republiche d'Italia*, Cosimo Giunti, 1600. Il s'agit de la première édition imprimée du texte, pour laquelle Giovan Battista Strozzi officia comme censeur.

Vault Case MS 6A 11 vol. 16 (CAT XVII) : *Epistole metriche in endecasillabi sciolti, con dedicatorie. Manoscritti con correzione dell'autore e poesie autografie, con altre di mano, probabilmente, di Franceso Graziani.* Ce codex présente un état plus abouti des épîtres rassemblées en **ASFi Carte strozziane, 3ᵉ série, 166**.

Case 3A 1114 1547 (CAT XXIX) : *Gli otto libri della Republica, che chiamono Politica di Aristotile, nuovamente tradotti di greco in vulgare italiano per Antonio Brucioli* (Venise, A. Brucioli et frères, 1547).

Ce livre est annoté par trois ou quatre mains différentes, dont celle de Giovan Battista STROZZI IL GIOVANE. Sur ces annotations, voir ch. 2, p. 115-117.

Bibliographie des sources imprimées

1. Sources primaires

ADRIANI, Marcello (trad.), *Opuscoli morali di Plutarco volgarizzati da Marcello Adriani il Giovane*, Florence, Piatti, 1819-1820, 4 vol.

ADRIANI, Marcello (trad.), *Le Vite parallele di Plutarco volgarizzate da Marcello Adriani il Giovane, tratte da un codice autografo inedito della Corsiniana, riscontrate col texto greco ed annotate da Francesco Cerrotti e Giuseppe Cugnoni*, Florence, Felice Le Monnier, 1859-1865, 6 vol.

AFFÒ, Ireno, *Vita del cavaliere Bernardino Marliani mantovano*, Parme, Filippo Carmignani, 1780.

AMMIRATO, Scipione, *Delle famiglie nobili napoletane parte prima, le quali per levar ogni gara di precedenza sono state poste in confuso*, Florence, Giorgio Marescotti, 1580.

AMMIRATO, Scipione, *Gli opuscoli de Scipione Ammirato*, Florence, Giorgio Marescotti, 1583.

AMMIRATO, Scipione, *Relatione delle solenni e pompose essequie fatte in Fiorenza nella morte del serenissimo Francesco de Medici gran duca II di Toscana, alli 15 di decembre 1587*, Rome, Bartolomeo Bonfadino, 1587.

AMMIRATO, Scipione, *Orazione del signor Scipione Ammirato fatta nella morte di don Francesco de Medici gran duca di Toscana suo signore*, Florence, Filippo Giunti, 1587.

AMMIRATO, Scipione, *Discorsi del signor Scipione Ammirato sopra Cornelio Tacito*, Florence, Filippo Giunti, 1594.

AMMIRATO, Scipione, *Della segretezza, all'illustrissimo et eccellentissimo signor don Giovanni de Medici*, Venise, Filippo Giunti, 1598.

AMMIRATO, Scipione, *Dell'istorie fiorentine di Scipione Ammirato libri venti. Dal principio della città infino all'anno 1434 nel quale Cosimo de Medici il Vecchio fu restituito alla patria*, Florence, Filippo Giunti, 1600.

AMMIRATO, Scipione, *Delle famiglie nobili fiorentine parte prima le quali per levar ogni gara di precedenza sono state poste in confuso con la tavola nel fine*, Florence, Giovanni Donato et Bernardino Giunti, 1615.

AMMIRATO, Scipione, *Orazione di Scipione Ammirato in morte di Torquato Tasso*, paru dans les *Opuscoli del signore Ammirato*, Florence, Amadore Malli et Lorenzo Landi, 1637-1642, 3 vol., t. 3, p. 499-516.

AMMIRATO, Scipione, *Delle famiglie nobili napoletane, parte seconda, poste in confuso con due tavole*, Florence, Amadore Massi da Furlì, 1651.

ANGELI, Pietro, *Orazione funerale del signor Pietro Angeli da Barga : recitata latina in Firenze nell'essequie del serenissimo don Francesco Medici, gran duca di Toscana, sotto dì 15 di dicembre 1587*, Florence, Filippo Giunti, 1587.

BARGAGLI, Scipione, *Delle lodi delle accademie. Oratione di Scipione Bargagli da lui recitata nell'Accademia degli Accesi di Siena*, Florence, Luca Bonetti, 1569.

BARTOLI, Cosimo, *Lettere a Lorenzo Giacomini*, transcrites et présentées par Anna SIEKIERA, Florence, Accademia della Crusca, 1997.

BENE, Bartolomeo del, *Civitas veri sive morum*, Paris, A. & J. Drouart, 1609, réédité en fac-similé avec une préface de Patrizia CASTELLI, Vernio, Centro Bardi et Ivry-sur-Seine, Phénix, 2001.

BEMBO, Pietro, *Prose nelle quali si ragiona della volgar lingua scritte al cardinale de Medici che poi è stato creato a sommo pontefice et detto papa Clemente settimo divise in tre libri*, Venise, Giovanni Tacuino, 1525.

BOCCACCIO, Giovanni, *Il Decamerone di messer Giovanni Boccaccio nuovamente corretto et con diligentia stampato*, Florence, héritiers de Filippo di Giunta, 1527.

BOCCACIO, Giovanni, *Il Decameron di messer Giovanni Boccacci cittadino fiorentino, ricorretto in Roma, et emendato secondo l'ordine del sacro Concilio di Trento, et riscontrato in Firenze con testi antichi et alla sua vera lezione ridotto da' deputati di loro Altezze serenissime*, Florence, Giunti, 1573.

BOCCACCIO, Giovanni, *Il Decameron di messer Giovanni Boccacci cittadino fiorentino, di nuovo ristampato, e riscontrato in Firenze con testi antichi, et alla sua vera lezione ridotto dal cavalier Lionardo Salviati*, Florence, Giunti,1582.

BOCCHI, Francesco, *Le bellezze della città di Fiorenza, dove a pieno di pittura, di scultura, di sacri tempii, di palazzi i più notabili artifizii, et più preziosi si contengono*, Florence, Bartolomeo Sermartelli, 1591.

BOÈCE, *Consolation de la philosophie*, introduction, traduction et notes par Jean-Yves Guillaumin, Paris, Les Belles Lettres, 2002.

BOÈCE, *Traité de la musique*, introduction, traduction et notes par Christian MEYER, Turnhout, Brepols, 2004.

BONCIANI, Francesco, *Sulla maniera di fare le orazioni funerali di Francesco Bonciani*, édité par Domenico MORENI, Florence, Il Magheri, 1824.

BONCIANI, Francesco, *Sermoni di monsignor Francesco Bonciani, arcivescovo di Pisa*, Florence, édités par Salvino SALVINI, Tipografia della casa di correzione, 1855.

BONCIANI, Francesco, *Discorsi politici inediti*, textes édités par Filippo Luigi POLIDORI, dans *Appendice alle letture di famiglia*, II, n° 2-3, Florence, 1855, p. 1-36.

[BONCIANI, Francesco], *Orazione inedita in morte di Tommaso del Nero recitata nell'Accademia degli Alterati da Filippo Sassetti*, Bologne, A l'ancora, 1856. (L'attribution à Filippo SASSETTI est erronée : l'auteur du texte est Francesco BONCIANI.)

BONCIANI, Francesco, BARGAGLI, Girolamo et SANSOVINO, Francesco, *Traités sur la nouvelle à la Renaissance*, introduction, établissement des textes et notes par Nuccio ORDINE, traduction française par Anne GODARD, Turin, Nino Aragno et Paris, Vrin, 2002.

BORGHINI, Raffaello, *Il riposo di Raffaello Borghini in cui della pittura, e della scultura si fauella, de' piu illustri pittori, e scultori, e delle piu famose opere loro si fa mentione ; e le cose principali appartenenti a dette arti s'insegnano*, Florence, Giorgio Marescotti, 1584.

BORGHINI, Raffaello, *Il Riposo*, édité et traduit en anglais avec une introduction et des notes par Lloyd H. ELLIS Jr, Toronto, University of Toronto Press, 2007.

[BORGHINI, Vincenzio ET AL.], *Annotationi et discorsi sopra alcuni luoghi del Decameron, di messer Giovanni Boccacci. Fatte dalli molto magnifici signori deputati da loro Altezze serenissime, sopra la correttione di esso Boccaccio*, Florence, Giunti, 1573.

BORGHINI, Vincenzio, *Discorso d'intorno al modo del far gl'alberi delle famiglie nobili fiorentine*, Florence, Giunti, 1602.

BORGHINI, Vincenzio, *Annotazioni sopra Giovanni Villani*, éditées par Riccardo DRUSI, Florence, Accademia della Crusca, 2001.

BUONARROTI, Micheangelo, *Descrizione delle felicissime nozze della cristianissima maestà di madama Maria Medici regina di Francia e di Navarra*, Florence, Giorgio Marescotti, 1600.

CACCINI, Giulio, *L'Euridice composta in musica in stile rappresentativo da Giulio Caccini detto Romano*, Florence, Giorgio Marescotti, 1600.

CANTINI, Lorenzo, *Legislazione toscana*, Florence, Piero Fantosini e figlio, 1800-1808, 32 vol.

CARO, Annibale, *Rettorica d'Aristotile fatta in lingua toscana dal commendatore Annibal Caro*, Venise, À l'enseigne de la Salamandre, 1570.

CASTELVETRO, Lodovico, *Poetica d'Aristotele vulgarizzata, et sposta*, Vienne, Gaspar Stainhofer, 1570.

CASTELVETRO, Lodovico, *Poetica d'Aristotele vulgarizzata e sposta per Ludovico Castelvetro, riveduta et emendata secondo l'originale, et la mente dell'autore. Aggiuntovi nella fine un racconto delle cose piu notabili, che nella spositione si contengono*, Bâle, Pietro de Sedaonis, 1576.

CASTIGLIONE, Baldassar, *Le Livre du courtisan* (1528), traduit et présenté par Alain PONS, Paris, Gérard Leibovici, 1987.

CAVALIERI, Emilio de, *Rappresentatione di anima et di corpo, nuovamente posta in musica dal signor Emilio del Cavaliere, per recitar cantando, dato in luce da Alessandro Guidotti bolognese*, Rome, Nicolò Mutii, 1600.

CAVALIERI, Emilio de, *Rappresentatione di anima et di corpo, reproduzione dell'unica edizione romana del 1600*, reproduction en fac-similé, éditée par Francesco MANTICA et précédée d'un essai de Domenico ALALEONA, Rome, Casa Editrice Claudio Monteverdi, 1912.

CECCHI, Giovanni, Maria, *Il* Sommario de' magistrati di Firenze *di ser Giovanni Maria Cecchi (1562). Per una storia istituzionale dello Stato fiorentino*, édité par Arnaldo D'ADDARIO, *Quaderni della Rassegna degli Archivi di Stato*, 77, Ministero per i beni culturali e ambientali — Ufficio centrale par i beni archivistici, 1996.

CERCHI, Vieri, *Delle lodi di don Francesco Medici de' principi di Toscana : orazione recitata pubblicamente da lui nella Accademia degli Alterati*, Florence, Cosimo Giunti, 1614.

CERCHI, Vieri, *Delle lodi del gran duca di Toscana Cosimo secondo : orazione di Vieri Cerchi recitata pubblicamente da lui nella Accademia degli Alterati il dì 13 di febbraio 1621*, Florence, Giunti, 1621.

DANTE, *La Divina Commedia di Dante Alighieri nobil fiorentino, ridotta a miglior lezione dagli accademici della Crusca*, Florence, Domenico Manzani, 1595.

DANTE, *La Divina Commedia di Dante Alighieri nobil fiorentino, ridotta a miglior lezione dagli accademici della Crusca*, réimpression anastatique à l'identique, Florence, Accademia della Crusca, 2000.

DATI, Carlo, (éd.), *Prose fiorentine raccolte dallo Smarrito accademico della Crusca*, Florence, Stamperia di sua Altezza reale per Santi Franchi, 1716-1745, 4 parties en 17 vol.

DAVANZATI, Bernardo, *Il primo libro degl'Annali di Gaio Cornelio Tacito da Bernardo Davanzati Bostichi espresso in volgare fiorentino per dimostrare quanto questo parlare sia breve e arguto*, Florence, Giorgio Marescotti, 1596.

DAVANZATI, Bernardo, *L'imperio di Tiberio Cesare scritto da Cornelio Tacito nelli Annali, espresso in lingua fiorentina propria da Bernardo Davanzati Bostichi*, Florence, Filippo Giunti, 1600.

DAVANZATI, Bernardo, SODERINI, Giovan Vettorio et GIACHINI, Lionardo, *Trattato della coltivazione delle viti, e del frutto che se ne può cavare, del signor Soderini gentil'huomo fiorentino e la Coltivazione toscana delle viti, e d'alcuni arbori del signor Bernardo Davanzati Bostichi gentil'huomo fiorentino, aggiuntavi la Difesa del popone dell'eccellentissimo dottore signor Lionardo Giachini*, Florence, Giunti, 1600.

DAVANZATI, Bernardo, SODERINI, Giovan Vettorio et VETTORI, Piero, *Coltivazione toscana delle viti, e d'alcuni alberi del signor Giovanvettorio Soderini, e del signor Bernardo Davanzati Bostichi, aggiuntovi di nuovo in quest'ultima impressione la Coltivazione degli ulivi del clarissimo signor Piero Vettori*, Florence, Giunti, 1622.

DAVANZATI, Bernardo, *Opere di Gaio Cornelio Tacito con la traduzione in volgar fiorentino del signor Bernardo Davanzati posta rincontro al testo latino, con le postille del medesimo e la dichiarazione d'alcune voci meno intese, con la tavola copiosissima. Al serenissimo signor principe Leopoldo di Toscana*, Florence, Pietro Nesti, 1637.

DAVANZATI, Bernardo, *Scisma d'Inghilterra con altre operette al serenissimo Ferdinando secondo gran duca di Toscana*, Florence, Massi e Landi, 1638.

DAVANZATI, Bernardo, *Lezione delle monete e notizia de' cambj*, préface de Sergio RICOSSA,Turin, Fògola, 1988.

DÉMÉTRIOS, *Du style*, texte établi et traduit par Pierre CHIRON, Paris, Les Belles Lettres, 1993.

ESTIENNE, Henri, *Projet du livre intitulé De la precellence du langage françois*, Paris, par Mamert Patisson, 1579.

FABRICIUS, Johan Albert, *Conspectus thesauri letterarii Italiae*, Hambourg, Brandt, 1730.

FACHARD, Denis (éd.), *Consulte e pratiche della Repubblica fiorentina, 1505-1512*, Genève, Droz, 1988.

FICINO, Marsilio, *The Philebus Commentary*, édité et traduit en anglais par Michael J. B. ALLEN, Tempe, Arizona, Arizona Center for Medieval and Renaissance Studies, 2000.

GALLUZZI, Riguccio, *Istoria del granducato di Toscana sotto il governo della Casa Medici*, Florence, Gaetano Cambiagi, 1781, 5 vol.

GIACOMINI, Lorenzo, *Esortatione alla vita cristiana e confermatione della fede scritta da Lorenzo Giacomini*, Florence, Jacopo Giunti, 1571.

GIACOMINI, Lorenzo, *Oratione de le lodi di Francesco Medici gran duca di Toscana, fatte per ordine de l'Academia Fiorentina nel tempio di San Lorenzo il dì 21 di dicembre nel consolato di messer Baccio Valori da Lorenzo Giacomini Tebalducci Malespini*, Florence, Bartolomeo Sermartelli, 1587.

GIACOMINI, Lorenzo, *Oratione in lode di Torquato Tasso fatta ne l'Academia degli Alterati*, Florence, Giorgio Marescotti, 1595.

GIACOMINI, Lorenzo, *Oratione in lode di Torquato Tasso fatta ne l'Academia degli Alterati da Lorenzo Giacomini Tebalducci Malespini*, Florence, Filippo Giunti, 1596.

GIACOMINI, Lorenzo, *Orationi e discorsi di Lorenzo Giacomini Tebalducci Malespini*, Florence, Sermartelli, 1597.

GIACOMINI, Lorenzo, *Della nobiltà delle lettere e delle armi : ragionamenti di Lorenzo Giacomini*, Florence, Il Magheri, 1821.

GIANNOTTI, Donato, *Lettere a Piero Vettori*, publiés d'après les originaux de la British Library par Roberto RIDOLFI et Cecil ROTH, Florence, Vallechi Editore, 1932.

GUALTEROTTI, Raffaello, *Feste nelle nozze di don Francesco Medici gran duca di Toscana et della signora Bianca Cappello*, Florence, Florence, Giunti, 1579.

GUALTEROTTI, Raffaello, *L'America*, Florence, Cosmio Giunti, 1611.

GUALTEROTTI, Raffaello, *L'Universo overo Il Polemidoro poema eroico, con licenza et privilegi di tutti i principi e republiche d'Italia*, Cosimo Giunti, 1600.

GUAZZO, Stefano, *La civil conversatione divisa in quattro libri*, Brescia, Tomaso Bozzola, 1574.

GUAZZO, Stefano, *La civil conversazione*, édition critique par Amedeo QUONDAM, Instituto di studi rinascimentali, Ferrare, Modène, Tipo-Litografia Dini,1993, 2 vol.

GUAZZO, Stefano, *La ghirlanda della contessa Angela Maria Beccaria contesta di madrigali di diversi autori, raccolti et dichiarati dal signor Stefano Guazzi, gentil'huomo di Casale di Monferrato*, Gênes, Girolamo Bartoli, 1595.

HEGEL, Georg Wilhem Friedrich, *Lectures on Fine Art*, traduits de l'allemand en anglais par Thomas Malcom KNOX, Oxford, Oxford University Press, 1988, 2 vol.

JARCKE, Johannes, *Specimen historiae academiarum reuditarum Italiae,* Leipzig, s.e., 1725.

MAGGI, Vincenzo et LOMBARDI, Bartolomeo, *Vincentii Madii brixiani et Bartolomeo Lombardi veronensis in Aristotelis librum De Poetica communes explanationes ; Madii vero in eundem librum propriae annotationes, eiusdem De ridiculis et in Horatii librum De arte poetica interpretatio. In fronte praeterea operis apposita est Lombardi in Aristotelis Poeticam praefatio*, Venise, Vincenzo Valgrisi, 1550.

MALATESTA, Giuseppe, *L'Italia accademica o sia le accademie aperte a pompa e decoro delle lettere più amene nelle città italiane*, Rimini, Dandi, 1688.

MALASPINA, Torquato, *Dello scrivere le vite*, édité et introduit par Vanni BRAMANTI, Bergame, Moretti & Vitalli, 1991.

MANNI, Domenico Maria, *Memorie della fiorentina famosa Accademia degli Alterati*, Florence, G. B. Stecchi, 1748.

MINI, Paolo, *Discorso della nobiltà di Firenze e dei fiorentini*, Florence, Domenico Manzani, 1593.

MONTEVERDI, Claudio, *L'Orfeo, favola in musica da Claudio Monteverdi rappresentata in Mantova l'anno 1607, et novamente data in luce*, Venise, Ricciardo Amadino, 1609.

MONTEVERDI, Claudio et STRIGGIO, Alessandro, *L'Orfeo : favola in musica : SV 318*, partition et livret édités par Claudio GALLICO, avec, pour le livret, une traduction en anglais et en allemand, Londres et New York, Eulenburg, 2004.

MORENI, Domenico, *Bibliografia storico-ragionata della Toscana*, Florence, D. Ciardetti, 1805, 2 vol.

[MUZI, Giovan Battista], *Della cognitione di se stesso, dialogi di Gioanbattista Muzi, nuovamente publicati e dedicati alla serenissima madama Christiana di Loreno, gran duchessa di Toscana, con licenza e privilegio*, Florence, Filippo Giunti, 1595. (Le principal auteur de ce livre est probablement Lorenzo GIACOMINI.)

NARDI, Jacopo, *Vita d'Antonio Giacomini Tebalducci Malespini*, Florence, Sermartelli, 1597.

NARDI, Jacopo, *Vita d'Antonio Giacomini Tebalducci Malespini*, édité et introduit par Vanni BRAMANTI, Bergame, Moretti & Vitalli, 1990.

NELLI, Giovan Battista Clemente, *Vita e commercio letterario di Galileo Galilei nobile e patrizio fiorentino*, Lausanne, s. e., 1793, 2 vol.

NIFO, Agostino, *De pulchro et amore I (De pulchro liber. Du beau et de l'amour I — Le Livre du beau)*, et *De pulchro et amore II (De amore liber. Du beau et de l'amour II — Le Livre de l'amour)*, textes édités et traduits par Laurence BOULÈGUE, Paris, Les Belles Lettres, 2003 et 2011.

PERI, Jacopo, *Euridice, an apera in one act, five scenes, libretto by Ottavio Rinuccini*, édité par Howard MAYER BROWN, Madison, A-R Editions, 1981.

PÉTRARQUE, François, *Canzoniere*, préface et notes de Jean-Michel GARDAIR, traduction du comte de Gramont, Paris, Gallimard, 1983.

PICCOLOMINI, Alessandro, *Il libro della Poetica d'Aristotele tradotto di greca in lingua volgare da messer Alessandro Piccolomini*, Sienne, Luca Bonnetti, 1572.

PICCOLOMINI, Alessandro, *Annotationi di messer Piccolomini nel libro della Poetica d'Aristotile con la traduttione del medesimo libro, in lingua volgare*, Venise, Giovanni Guarisco, 1575.

PLOTIN, *Traités 1 à 6*, traduction établie sous la direction de Luc BRISSON et Jean-François PRADEAU, Paris, GF Flammarion, 2002, 6 vol. en 7 tomes.

POLITIEN, Ange, *Stance/Stanze et Fable d'Orphée/Fabula di Orfeo*, introduction et traduction par Émilie SÉRIS, textes et notes de Francesco BAUSI, Paris, Les Belles Lettres, 2006.

ROBORTELLO, Francesco, *Francisci Robortelli utinensis in librum Aristotelis De arte poetica explicationes. Qui ab eodem authore ex manuscriptis libris, multis in locis emendatus fuit, ut iam difficillimus, ac obscurissimus liber a nullo antedeclaratus facile ab omnibus possit intelligi*, Florence, Lorenzo Torrentino, 1548.

ROSSI, Mario (éd.), *I discorsi di Castravilla contro Dante e di Sassetti in difesa di Dante*, Città di Castello, S. Lapi, 1897.

RINUCCINI, Alessandro, *Diva Catharina martyr Alexandri Rinuccinii ad serenissimum Cosmum secundum Magnum Ducem Etruriae quartum*, Florence, Cosimo Giunti, 1613.

RINUCCINI, Ottavio, *L'Euridice d'Ottavio Rinuccini, rappresentata nello sponsalitio della cristianissima regina di Francia e di Navarra*, Florence, Giunti, 1600.

RINUCCINI, Ottavio, *Poesie alla maestà cristianissima di Luigi XIII, re di Francia, e di Navarra*, Florence, Giunti, 1622.

RUSCELLI, Girolamo, dit aussi Geronimo (éd.), *Del tempio alla divina signora donna Giovanna d'Aragona, fabricato da tutti i più gentili spiriti, et in tutte le lingue principali del mondo,* Venise, Plinio Pietrasanta, 1555.

SALVINI, Salvino, *Fasti consolari dell'Accademia Fiorentina di Salvino Salvini consolo della medesima e rettore generale dello Studio di Firenze*, Florence, Giovanni Gaetano Tartini et Franchi Santi, 1717.

SALVINI, Salvino, *Catalogo cronologico de' canonici della chiesa metropolitana fiorentina compilato l'anno 1751*, Florence, Gaetano Cambiagi, 1782.

SALVINI, Salvino (éd), *Lettere inedite del senatore Carlo degli Strozzi precedute dalla sua vita scritta dal canonico Salvino Salvini ; con un discorso e annotazioni per cura di Giovanni Gargani*, Florence, G. B. Campolmi, 1859.

SASSETTI, Filippo, *Sul commercio tra la Toscana e le nazioni levantine : ragionamento*, Florence, Tipografia Galileiana di M. Cellini e C., 1853 (extrait de l'*Appendice all'Archivio Storico Italiano*, vol. IX, p. 172-194).

SASSETTI, Filippo, « Il *Discorso contro l'Ariosto* di Filippo Sassetti, edito per la prima volta di su l'originale Magliabechiano con breve introduzione sulle idee estetiche dello scrittore, nota di Giuseppe Castaldi », *Rendiconti della reale Accademia dei Lincei, classe di scienze morali, storiche e filologiche*, vol. XXII, fasc. 7°-10°, Rome, Tipografia della reale Accademia dei Lincei, 1913-1914, p. 473-523.

SASSETTI, Filippo, *Lettere da vari paesi, 1570-1588*, textes rassemblés et édités par Vanni BRAMANTI, Milan, Longanesi & C., 1970.

SASSETTI, Filippo, *Vita di Francesco Ferrucci*, éditée et présentée par Vanni BRAMANTI, Turin, RES, 2000.

SEARLES, Colbert (éd.), *Catalogue de tous les livres de feu Monsieur Jean Chapelain* (1676 ?), édité d'après le manuscrit du département des manuscrits de la BNF, nouvelles acquisitions françaises 318, Stanford, Stanford University, 1912.

SEGNI, Agnolo, *Ragionamento fiorentino sopra le cose pertinenti alla poetica : dove in quattro lezzioni lette da lui nell'Accademia Fiorentina si tratta dell'imitazione poetica, della favola, della purgazione procedente dalla poesia*, Florence, Giorgio Marescotti, 1581.

SEGNI, Bernardo, *Rettorica et Poetica d'Aristotele tradotte di greco in lingua vulgare fiorentina da Bernardo Segni*, Florence, Lorenzo Torrentino, 1549.

SERASSI, Pierantonio, *La vita di Torquato Tasso*, éditée et annotée par Cesare GUASTI, Barberà, Bianchi e Comp., Florence, 1858, 2 vol. en 1 tome (1re éd. Rome, 1785).

SOLDANI, Jacopo, *Delle lodi di Ferdinando Medici gran duca di Toscana, orazione recitata da lui nell'Accademia de gli Alterati, il dì 25 di giugno 1609*, Florence, Cristofano Marescotti, 1609.

SOLDANI, Jacopo, *Satire del senatore Iacopo Soldani patrizio fiorentino con annotazioni date ora in luce la prima volta*, Florence, Gaetano Albizzini, 1651.

STRIGGIO, Alessandro, *La favola d'Orfeo rappresentata in musica il carnevale dell'anno 1607 nell'Accademia de gl'Invaghiti di Mantova ; sotto i felici auspizii del serenissmo signore duca benignissimo lor protettore*, Mantoue, Francesco Osanna, imprimeur ducal, 1607.

STROZZI, Giovan Battista (il Vecchio), *Madrigali*, Strasbourg, Heitz & Mündel et New York, G. E. Stechert, 1909.

STROZZI, Giovan Battista (il Vecchio), *Madrigali inediti*, édités par Marco ARIANI, Urbin, Argalìa, 1975.

STROZZI, Giovan Battista (il Giovane), *Orazione a gli accademici Alterati intorno alle lodi della serenissima Giovanna d'Austria, reina nata di Ungheria e di Boemia, e gran duchessa di Toscana*, Florence, Bartolomeo Sermartelli, 1578.

STROZZI, Giovan Battista (il Giovane), *Essequie del serenissimo don Francesco Medici, gran duca di Toscana II,* Florence, Bartolomeo Sermartelli, 1587.

STROZZI, Giovan Battista (il Giovane), *Della famiglia de Medici*, Florence, Bartolomeo Sermartelli e Fratelli, 1610.

[STROZZI, Giovan Battista il Giovane (éd.)], *Aristotelis Poetica Petro Victorio interprete*, Florence, Giunti, 1617 (seul exemplaire connu : BNCF Magl. 5.9.119).

STROZZI, Giovan Battista (il Giovane), *Esortatione per la pace d'Italia, componimento del signor Giovan Battista Strozzi, dedicato alla serenissima madama Christiana di Loreno, granduchessa di Toscana*, 1625.

STROZZI, Giovan Battista (il Giovane), *Orazioni e altre prose del signor Giovambattista di Lorenzo Strozzi*, Rome, Grignani, 1635.

STROZZI, Giovan Battista (il Giovane), *Osservazioni intorno al parlare e scriver toscano,* Florence, Prieto Nestri, All'Insegna del Sole, s. d. (exemplaire consulté : BNCF Palat. 12.B.A. 3.20.44).

STROZZI, Giovan Battista (il Giovane), *Osservazioni intorno al parlare, e scriver toscano di G. S. con l'aggiunta d'alcune voci come si debbano profferire, e scriuere. Date in luce da P. B. S.*, Florence, Francesco Livi, 1674.

STROZZI, Giovan Battista (il Giovane), *Osservazioni intorno al parlare, e scriuer toscano, di Giambatista Strozzi. Declinazioni de' verbi di Benedetto Buommattei e 'l sunto della favellatoria di Francesco Cionacci accademico Apatista*, Florence, Francesco Onofri, 1679.

STROZZI, Giovan Battista (il Giovane) et PRETI, Girolamo, *Carteggi del tardo Rinascimento : lettere di Giovan Battista Strozzi il Giovane e Girolamo Preti*, correspondance éditée par Roberta FERRO, Pise, Edizioni ETS, 2018.

TASSO, Torquato, *Rime di Torquato Tasso : di nuovo corrette ed illustrate*, éditées par Giovanni ROSINI, Pise, Niceolo Capurro, 1821-31, 5 vol.

TASSO, Torquato, *Le lettere di Torquato Tasso*, éditées par Cesare GUASTI, Naples, G. Rondinella, 1857, 5 vol.

TASSO, Torquato, *Tasso's Dialogues : A Selection with the Discourse on the Art of Dialogue,* traduction anglaise, avec une introduction et des notes par Carnes LORD et Dain A. TRAFTON, Berkeley, University of California Press, 1982.

TASSO, Torquato, *Discours de l'art poétique, Discours du poème héroïque*, traduits de l'italien, présentés et annotés par Françoise GRAZIANI, Paris, Aubier, 1997.

TASSO, Torquato, *Dialoghi,* édités et annotés par Giovanni BAFFETTI, avec une introduction d'Ezio RAIMONDI, Milan, Rizzoli 1998, 2 vol.

TASSO, Torquato, *La Jérusalem délivrée*, texte présenté, traduit et annoté par Michel ORCEL, Paris, Gallimard, 2002.

TASSO, Torquato, *Jerusalem Delivered (Gerusalemme liberata)*, texte traduit et annoté par Anthony M. ESOLEN, John Hopkins University Press, 2003.

VALLA, Lorenzo, *De Voluptate ac vero bono Laurentii Vallae declamationes ac disputationes in libros tris <sic> contractae*, Paris, Josse Bade, 1512.

VALLA, Lorenzo, *De Voluptate ac vero bono libri III*, Bâle, A. Cartander, 1519.

VALLA, Lorenzo, *On Pleasure. De Voluptate*, traduit par Kent A. HIEATT et Maristella LORCH, avec une introduction de Maristella DE PANIZZA LORCH, New York, Abaris Books, 1977.

VALLA, Lorenzo, *Sur le plaisir*, traduit du latin par Laure CHAUVEL, préface de Michel ONFRAY, Paris, Les Belles Lettres, 2004.

VARCHI, Benedetto, *La prima parte delle lezzioni di messer Benedetto Varchi nella quale si tratta della natura, della generazione del corpo humano, e de' mostri, lette da lui publicamente nella Accademia Fiorentina*, Florence, Giunti, 1560.

VARCHI, Benedetto, *Lezioni sul Dante e prose varie la maggior parte inedite tratta ora in luce dagli originali della Biblioteca Rinucciana*, éditées par Giuseppe AIAZZI et Lelio ARBID, Florence, Società editrice delle storie del Nardi e del Varchi, 1841, 2 vol.

VETTORI, Piero (éd.), *Aristotelis De arte poetica ad exemplar libri a Petro Victori correcti*, Florence, Giunti, 1560.

VETTORI, Piero, *Petri Victorii Commentarii in primum librum Aristotelis De arte poetarum. Positis ante singulas declarationes graecis vocibus auctoris : iisdemque ad verbum latine expressis. Accessit rerum et verborum memorabilium index locupletissimus,* Florence, fils de Bernardo Giunti, 1560.

VETTORI, Piero, *Petri Victorij Commentarij in librum Demetrii Phalerei De Elocutione positis ante singulas declarationes græcis vocibus auctoris : ijsdemque ad verbum latine expressis. Additus est rerum et verborum memorabilium index copiosus*, Florence, fils de Bernardo Giunti, 1562.

VETTORI, Piero, *Trattato di Piero Vettori delle lodi et della coltivatione degl'ulivi*, Florence, Giunti, 1569.

VETTORI, Piero, *Petri Victorii Commentarii in primvm librum Aristotelis De arte poetarum. Positis ante singulas declarationes graecis vocibus auctoris : iisdemque ad verbum latine expressis. Accessit rerum et verborum memorabilium, index locupletissimus*, Florence, Giunti, 1573.

VETTORI, Piero, *Petri Victorii Epistolarum libri X, orationes XI, et liber De laudibus Ioannae Austriacae*, Florence, Giunti, 1586.

VETTORI, Piero, *Petris Victorii Epistolarum ad Germanos missarum libri tres nunc primum editi ab Ioanne Caselio*, Rostock, Iacobus Lucius, 1587.

VETTORI, Piero, *Epistolarum libri X*, lettres choisies, traduites et commentées par Giuseppe POMPELLA, Naples, Luigi Loffredo, 1991.

VIERI, Francesco de, *Il primo libro della nobiltà*, Florence, Marescotti, 1574.

VILLANI, Giovanni, *Storia di Giovanni Villani cittadino fiorentino nuovamente corretta, e alla sua vera lezione ridotta, col riscontro di testi antichi*, texte édité par Baccio VALORI, Giovan Battista STROZZI ET AL., Florence, Filippo et Iacopo Giunti, 1587.

WEINBERG, Bernard (éd.), *Trattati di poetica e retorica del Cinquecento*, Bari, Laterza, 1970-1974, 4 vol.

WINCKELMANN, Johann Joachim, *Histoire de l'art dans l'Antiquité*, traduction nouvelle de Dominique TASSEL, introduction, notes et bibliographie de Daniela GALLO, Paris, Le Livre de Poche, 2005.

2. Études

ACCORSI, Maria Grazia, « 'Gravità e dolcezza' nell'*Euridice* di Ottavio Rinuccini », dans ACCORSI, Maria Grazia, *Amore e melodramma. Studi sui libretti per musica*, Modène, Mucchi, 2001, p. 13-79.

ADEMOLLO, Agostino, *Marietta de Ricci ovvero Firenze al tempo dell'assedio, racconto storico*, Florence, Stabilimento Chiari, 1845, 2nde édition avec les corrections et additions de Luigi PASSERINI, 6 vol.

ALAZARD, Jean, *L'Abbé Luigi Strozzi correspondant artistique de Mazarin, de Colbert, de Louvois et de La Teulière*, Bibliothèque de l'Institut français de Florence (Université de Grenoble), 1re série, t. VIII, Paris, Librairie ancienne Édouard Champion, 1924.

ALBERTINI, Rudolf von, *Das florentinische Staatsbewusstsein im Übergang von der Republik zum Prinzipat*, Berne, Francke, 1955.

ALLEN, Michael J. B., *The Platonism of Marsilio Ficino : A Study of his Phaedrus Commentary, its Sources and Genesis*, Berkeley, University of California Press, 1984.

AMATO, Lorenzo, « 'Nobil desio d'honore'. A proposito di alcuni madrigali sul calcio in livrea di Giovan Battista Strozzi il Giovane », dans BECHERUCCI, Isabella et BIANCA, Concetta (dir.), *Storia, tradizione e critica dei testi. Per Giuliano Tanturli*, Lecce, 2017, p. 11-22.

AMATO, Lorenzo, « Appunti sulla tradizione delle rime di Giovan Battista Strozzi il Vecchio : i manoscritti monografici », *Medioevo e Rinascimento*, 25, 2014, p. 149-183.

AMATO, Lorenzo, « Il madrigale di Giovan Battista Strozzi il Vecchio : dalla tipologia delle serie manoscritte al 'canzoniere' a stampa », *Medioevo e Rinascimento*, 26, 2015, p. 181-217.

AMATO, Lorenzo, « Nuovi appunti sulla tradizione manoscritta di Giovan Battista Strozzi il Vecchio : fisionomia ed evoluzione del corpus delle *Rime* », *Medioevo e Rinascimento*, 27, 2016, p. 259-308.

AMATO, Lorenzo, *La tradizione manoscritta delle* Rime *di Giovan Battista Strozzi il Vecchio : censimento dei testimoni e incipitario delle poesie*, Florence, Polistampa, 2019.

ANDRÉ, Jean-Marie, *L'Otium dans la vie morale et intellectuelle romaine des origines à l'époque augustéenne*, Paris, Presses universitaires France, 1966.

ANDREONI, Annalisa, « 'Sangue perfetto che poi non si beve...' : le lezioni di Benedetto Varchi sul canto XXV del Purgatorio », *Rinascimento*, 2004, 44, p. 139-223.

ANGIOLINI, Franco, *I cavalieri e il principe : l'ordine di Santo Stefano e la società toscana in età moderna*, Florence, Edifir, 1996.

ANGIOLINI, Franco, « Les noblesses italiennes à l'époque moderne. Approches et interprétations », *Revue d'histoire moderne et contemporaine*, XLV, 1998, p. 66-88.

ANSALDI, Saverio, *L'Imagination fantastique : images, ombres et miroirs à la Renaissance*, Paris, Les Belles Lettres, 2013.

ARCANGELI, Alessandro, *David o Salomè ? Il dibattito europeo sulla danza nella prima età moderna*, Rome, Fondazione Benetton/Viella, 2000.

ARCANGELI, Alessandro, « Danza e censura nella prima età moderna » dans *Teatro e censura*, textes réunis par GOLDONI, Annalisa et MARTINEZ, Carlo, Naples, Liguori, 2004, p. 33-42.

ARIÈS, Philippe et DUBY, Georges (dir.), *Histoire de la vie privée*, 5 vol., t. 3 (*De la Renaissance aux Lumières*), Paris, Seuil, 1985-1999.

ARTUSI, Luciano et GABBRIELLI, Silvano, *L'antico gioco del calcio in Firenze*, Florence, Sansoni, 1971.

ASTORRI, Antonella, *La Mercanzia a Firenze nella prima metà del Trecento : il potere dei grandi mercanti*, Florence, L. S. Olschki,1998.

BAHKTINE, Mikhaïl, *L'Œuvre de François Rabelais et la culture populaire au Moyen Âge et sous la Renaissance*, Paris, Gallimard, 1970.

BAKER, Nicholas Scott, *The Fruit of Liberty : Political Culture in the Florentine Renaissance, 1480-1550*, Cambridge, Harvard University Press, 2013.

BAKER, Nicholas Scott, « Discursive Republicanism in Renaissance Florence : Deliberation and Representation in the Early Sixteenth Century », *Past and Present*, 225, novembre 2014, p. 47-77.

BAKER, Nicholas Scott, « The Remembrance of Politics Past : Memory and Melancholia in Jacopo Nardi's *Istorie della Città di Firenze* », dans BAKER, Nicholas Scott et MAXSON, Brian Jeffrey (dir.), *After Civic Humanism : Learning and Politics in Renaissance Italy*, Toronto, Center for Renaissance and Reformation Studies, 2015, p. 259-272.

BALSAMO, Jean, « Les Delbene à la cour de France », dans FONTANA, Alexandre et MARIETTI, Marina (dir.), *La Circulation des hommes et des œuvres entre la France et l'Italie à l'époque de la Renaissance*, Paris, CIRRI, 1993, p. 61-76.

BARBI, Michele, *Dante nel Cinquecento*, dans *Annali della regia Scuola Normale Superiore di Pisa. Filosofia e filologia*, vol. 7, 1890, p. 1-407 et repris en un volume du même titre, Rome, Polla, 1975.

BARBI, Silvio Adrasto, *Un accademico mecenate e poeta : Giovan Battista Strozzi il Giovane*, Florence, G. C. Sansoni, 1900.

BARON, Hans, *The Crisis of the Early Italian Renaissance : Civic Humanism and Republican Liberty in an Age of Classicism and Tyranny*, Princeton, Princeton University Press, 1966.

BARON, Hans, *In Search of Florentine Civic Humanism : Essays on the Transition from Medieval to Modern Thought*, Princeton, Princeton University Press, 1988.

BAROTTI, Riccardo, *Torquato Malaspina, marchese di Suvero e Monti : feudatario, cortigiano e letterato*, Lucques, M. Pacini Fazzi, 2005.

BARZMAN, Karen-edis, *The Florentine Academy and the Early Modern State : The Discipline of Disegno*, Cambridge, Cambridge University Press, 2000.

BARZMAN, Karen-edis, *The Università, Compagnia ed Accademia del Disegno*, thèse de doctorat de l'Université Johns-Hopkins, Baltimore, Maryland, 1985.

BELLONI, Gino et DRUSI, Riccardo (dir.), *Vincenzio Borghini. Filologia e invenzione nella Firenze di Cosimo I*, Florence, L. S. Olschki, 2002.

BELLONI, Gino et TROVATO, Paolo (dir.), *La Crusca e i testi. Lessicografia, tecniche editoriali e collezionismo librario intorno al* Vocabolario *del 1612*, Padoue, Accademia della Crusca, 2018.

BENUCCI, Elisabetta, « Gli accademici compilatori del primo *Vocabolario* » dans BELLONI, Gino et TROVATO, Paolo (dir.), *La Crusca e i testi. Lessicografia, tecniche editoriali e collezionismo librario intorno al* Vocabolario *del 1612*, Padoue, Accademia della Crusca, 2018, p. 299-326.

BENZONI, Gino, *Gli affanni della cultura : intellectuali e potere nell'Italia della Controriforma e Barocca*, Milan, Feltrinelli, 1982.

BENZONI, Gino, « Per la storia della condizione intellettuale in Italia nel Cinquecento : Venezia e Ferrara », *Atti dell'Istituto Veneto di Scienze, Lettere ed Arti*, 151, 1992-1993, p. 952-984.

BERNER, Samuel, « The Florentine Patriaciate in Transition from Republic to *Principato*, 1530-1609 », *Studies in Medieval and Renaissance History*, 9, 1972, p. 3-15.

BERRA, Luigi, *L'Accademia delle Notti Vaticane fondata da San Carlo Borromeo : con tre appendici di documenti inediti*, Rome, Max Bretschneider, 1915.

BIAGIOLI, Mario, *Galileo Courtier : The Practice of Science in the Culture of Absolutism*, Chicago, Chicago University Press, 1993.

BIAGIOLI, Mario, « Le prince et les savants : la civilité scientifique au XVIIe siècle », traduit par Sabine LODÉON et Pierre-Antoine FABRE, *Annales. Histoire, sciences sociales*, 1995/6, p. 1417-1453.

BLACK, Robert et LAW, J. E., *The Medici : Citizens and Masters*, Florence, Villa I Tatti, The Harvard University Center for Italian Renaissance Studies, 2015.

BLAIR, Ann, « The Practices of Erudition according to Morhof », dans WAQUET, Françoise (dir.), *Mapping the World of Learning : The* Polyhistor *of Daniel Georg Morhof*, Wiesbaden, Harrassowitz, 2000, p. 59-74.

BLAIR, Ann, « The Collective Commentary as Reference Genre », dans HÄFNER, Ralph et VÖLKEL, Markus (dir.), *Der Kommentar in der Frühen Neuzeit*, Tübingen, Max Niemeyer, 2006, p. 115-131.

BLAIR, Ann, « Scholarly Critique in Early Modern Europe », *H-France Salon*, vol. 7, numéro 20, 2015 : http://www.h-france.net/Salon/Salon7Blair.pdf.

BLOCK FRIEDMAN, John, *Orpheus in the Middle Ages*, Cambridge, Harvard University Press, 1970.

BLOCKER, Déborah, « Jean Chapelain et les "lumières de Padoue" : l'héritage italien dans les querelles françaises sur l'utilité du théâtre (1585-1640) », *Littératures classiques*, 37, 1999, p. 97-116.

BLOCKER, Déborah, « Élucider et équivoquer : Francesco Robortello (ré)invente la *catharsis* », dans CAVAILLÉ, Jean-Pierre (dir.), *Stratégies de l'équivoque, Cahiers du Centre de recherches historiques*, 33, 2004, p. 109-140 et http://ccrh.revues.org/index250.html.

BLOCKER, Déborah, « Dire l'"art" à Florence sous Cosme Ier de Médicis : une *Poétique* d'Aristote au service du prince », *AISTHE*, II, 2, 2008, p. 56-10.

BLOCKER, Déborah, *Instituer un « art » : politiques du théâtre dans la France du premier XVIIe siècle*, Paris, Honoré Champion, 2009.

BLOCKER, Déborah, « Le lettré, ses *pistole* et l'académie : comment faire témoigner les lettres de Filippo Sassetti, *accademico Alterato* (Florence et Pise, 1570-1578) ? », *Littératures classiques*, 71, 2010, p. 31-66.

BLOCKER, Déborah, « Servir le prince par la philologie : André Dacier (1651-1722), un érudit dans l'orbite du pouvoir royal », *Seventeenth-Century French Studies*, 35/1, 2013, p. 3-22.

BLOCKER, Déborah, « Pro or/and anti-Medici ? Political Ambivalence and Social Integration in the Accademia degli Alterati (Florence, 1569 — ca. 1625) », dans EVERSON, Jane ; REIDY, Denis V. et SAMPSON, Lisa (dir.), *The Italian Academies, 1525-1700 : Networks of Culture, Innovation, and Dissent*, Londres, Routledge, 2016, p. 38-52.

BLOCKER, Déborah, « The *Accademia degli Alterati* and the Invention of a New Form of Dramatic Experience : Myth, Allegory and Theory in Jacopo Peri's and Ottavio Rinuccini's *Euridice* (1600) », dans GVOZDEVA, Katja ; OSPOVAT, Kirill et KORNEEVA, Tatiana (dir.), *Dramatic Experience : Poetics of Drama and the Public Sphere(s) in Early Modern Europe*, Leyde, Brill, 2016, ch. 3, p. 77-117.

BLOCKER, Déborah, « La haine du plaisir et son envers : Molière et la querelle de *L'École des Femmes* », *Littératures classiques*, 98/1, 2019, p. 119-132.

BLOCKER, Déborah, « Lire et commenter la *Poétique* d'Aristote en Italie dans la seconde moitié du *Cinquecento* : du commentaire érudit à l'élaboration d'une réflexion sur les arts », dans Monique BOUQUET ET AL. (dir.), *Francesco Robortello : réception des Anciens et construction de la modernité*, Rennes, Presses universitaires de Rennes, 2020, p. 65-90.

BLOCKER, Déborah, « Shedding Light on the Understanding of Aristotle's *Poetics* Developed within the Alterati of Florence (1569 — ca. 1630) : From Book History to the Social and Political History of Æsthetics », dans BRAZEAU, Bryan (dir.), *The Reception of Aristotle's* Poetics *in the Italian Renaissance and Beyond : New Directions in Criticism*, Londres, Bloomsbury, 2020, p. 98-132.

BOEHM, Laetitia et RAIMONDI, Ezio (dir.), *Università, accademie e società scientifiche in Italia e in Germania dal Cinquecento al Settecento*, Bologne, Il Mulino, 1981.

BOMBART, Mathilde et ESCOLA, Marc (dir.), *Lectures à clé (XVIIe-XIXe siècle)*, *Littératures classiques*, 54, 2005.

BORELLI, Giorgio, « Il patrizio e la villa », *Nuova rivista storica*, vol. LXXIV, 1990, p. 385-400.

BOULÈGUE, Laurence et LÉVY, Carlos (dir), *Hédonismes : penser et dire le plaisir dans l'Antiquité et à la Renaissance*, Lille, Presses universitaires du Septentrion, 2007.

BOULÈGUE, Laurence, « *Voluptas* et *beatitudo* chez Marsile Ficin et Agostino Nifo : théories du plaisir et détours du discours » dans BOULÈGUE, Laurence et LÉVY, Carlos (dir), *Hédonismes : penser et dire le plaisir dans l'Antiquité et à la Renaissance*, Lille, Presses universitaires du Septentrion, 2007, p. 233-253.

BOUTCHER, Warren, « The Private and Public Sessions of the Accademia dei Ricovrati : Orality, Writing, and Print in 17th Century Padua » dans DEGL'INNOCENTI, Luca ; RICHARDSON, Brian, et SBORDONI, Chiara (dir.), *Interactions between Orality and Writing in Early Modern Italian Culture,* Aldershot, Ashgate, 2016, p. 213-226.

BOUTIER, Jean ; LANDI, Sandro et ROUCHON, Olivier (dir.), *Florence et la Toscane XIVe-XIXe siècles. Les dynamiques d'un État italien*, Rennes, Presses universitaires de Rennes, 2004.

BOUTIER, Jean, « Les noblesses du grand-duché (XVIe-XIXe siècle) », dans BOUTIER, Jean ; LANDI, Sandro et ROUCHON, Olivier (dir.), *Florence et la Toscane, XIVe-XIXe siècle. Les dynamiques d'un État italien*, Rennes, Presses universitaires de Rennes, 2004, p. 265-285.

BOUTIER, Jean ; MARIN, Brigitte et ROMANO, Antonella (dir.), *Naples, Rome, Florence : une histoire comparée des milieux intellectuels italiens*, Rome, École française de Rome, 2005.

BOUTIER, Jean, « Les membres des académies florentines à l'époque moderne : la sociabilité intellectuelle à l'épreuve du statut et des compétences », dans BOUTIER, Jean ; MARIN, Brigitte et ROMANO, Antonella (dir.), *Naples, Rome, Florence : une histoire comparée des milieux intellectuels italiens*, Rome, École française de Rome, 2005, p. 405-443.

BOUTIER, Jean, « La noblesse à l'épreuve des mots. Réflexions franco-italiennes sur le vocabulaire social des historiens des élites de l'Ancien Régime européen », dans QUONDAM, Amedeo et FANTONI, Marcello (dir.) *Le parole che noi usiamo. Categorie storiografiche e interpretative dell'Europa moderna*, Rome, Bulzoni, 2007, p. 115-132.

BOUTIER, Jean et ANGIOLINI, Franco, « Noblesses de capitales, noblesses périphériques. Les dynamiques des élites urbaines dans le grand-duché de Toscane, XVIe-XVIIIe siècle », dans BOITEUX, Martine ; BRICE, Catherine et TRAVAGLINI, Carlo (dir.), *Le nobiltà delle città capitali*, Rome, Roma Tre-CROMA, 2009, p. 51-75.

BOUTIER, Jean ; PAOLI, Maria Pia, VIOLA, Corrado (dir.), *Antonio Magliabechi nell'Europa dei saperi*, Pise, Edizioni della Normale, 2017.

BOURDIEU, Pierre, *La Distinction : critique sociale du jugement*, Paris, Minuit, 1979.

BOURDIEU, Pierre, « Le champ littéraire », *Actes de la recherche en sciences sociales*, 1991, 89/1, p. 3-46.

BOURDIEU, Pierre, *Les Règles de l'art : génèse et structure du champ littéraire*, Paris, Seuil, 1992.

BOUZA, Fernando, *Corre manuscrito. Una historia cultural del Siglo de Oro*, Madrid, Marcial Pons, 2001.

BRAMANTI, Vanni, « Dall'eroe alla statua. Sulla stampa cinquecentesca della *Vita di Antonio Giacomini* di Jacopo Nardi », dans DA RIF, Bianca Maria M. et GRIGGIO, Claudia (dir.), *Miscellanea di studi in onore di Marco Pecoraro*, Florence, L. S. Olschki, 1991, 2 vol., t. 1, p. 247-258.

BRAMANTI, Vanni, « Biografie in tempo di pace » (initialement paru en 1999), dans BRAMANTI, Vanni, *Uomini e libri del Cinquecento fiorentino*, avec une préface de Domenico CHIODO, Manziana (Rome), Vecchiarelli, 2017, p. 67-93.

BRAMANTI, Vanni, « Plutarco in Accademia e le traduzioni di Marcello Adriani », dans *Antichi e moderni*, supplément annuel de *Schede umanistiche*, II, 2000, p. 35-46.

BRAMANTI, Vanni (dir.), *Benedetto Varchi, 1503-1565 : atti del convegno, Firenze, 16-17 dicembre 2003*, Rome, Edizioni di Storia e Letteratura, 2007.

BRAMANTI, Vanni, *Breve vita di Leonora di Toledo, 1555-1576*, Florence, Le Lettere, 2007.

BRAMANTI, Vanni, *Uomini e libri del Cinquecento fiorentino*, avec une préface de Domenico CHIODO, Manziana (Rome), Vecchiarelli, 2017.

BROWN, Alison, *Bartolomeo Scala, 1430-1497, Chancellor of Florence : The Humanist as Bureaucrat,* Princeton, Princeton University Press, 1979.

BROWN, Alison, « Lucretius and the Epicureans in the Social and Political Context of Renaissance Florence », *I Tatti Studies : Essays in the Renaissance*, 9, 2001, p. 11-62.

BROWN, Alison, *The Return of Lucretius to Renaissance Florence*, Cambridge, Harvard University Press, 2010.

BROWN, Alison, « Defining the Place Academies in Florentine Culture and Politics », dans EVERSON, Jane ; REIDY, Denis V. et SAMPSON, Lisa (dir.), *The Italian Academies, 1525-1700 : Networks of Culture, Innovation, and Dissent*, Londres, Routledge, 2016, p. 22-37.

BROWN, Peter M., « I veri promotori della 'rassettatura' del *Decameron* nel 1582 », *Giornale storico della letteratura italiana*, 134, 1957, p. 314-332.

BROWN, Peter M., « Aims and Methods of the Second 'Rassettatura' of the *Decameron* », *Studi Secenteschi*, 8, 1967, p. 3-41.

BROWN, Peter M., « The Historical Significance of the Polemics on Tasso's *Gerusaleme liberata* », *Studi Secenteschi*, XI, 1970, p. 3-24.

BROWN, Peter M., *Lionardo Salviati : A Critical Biography,* Oxford, Oxford University Press, 1974.

BRUCKER, Gene, *The Civic World of Early Renaissance Florence*, Princeton, Princeton University Press, 1977.

BRUCKER, Gene A., *Renaissance Florence*, New York, Wiley (1969 pour la 1re éd.), Berkeley, University of California Press, 1983.

BRUNDIN, Abigail, « Literary production in the Florentine Academy under the first Medici Dukes : Reform, Censorship, Conformity ? », dans BRUNDIN, Abigail et TREHERNE, Matthew (dir.), *Forms of Faith in Sixteenth-Century Italy*, Aldershot, Ashgate, 2009, p. 57-76.

BRYCE, Judith, « The Oral World of the Early Accademia Fiorentina », *Renaissance Studies* 9/1, 1995, p. 77-103.

BUCHENAU, Stefanie, *The Founding of Æsthetics in the German Enlightenment : The Art of Invention and the Invention of Art*, Cambridge University Press, 2013.

BUJIC, Bojan, « *Figura Poetica Molto Vaga : Structure and Meaning in Rinuccini's* Euridice », *Early Music History*, 10, 1991, p. 29-64.

BULLARD, Melissa M., *Filippo Strozzi and the Medici : Favor and Finance in Sixteenth-Century Florence and Rome*, Cambridge, Cambridge University Press, 1980.

BURR LITCHFIELD, R., *Emergence of a Bureaucracy : The Florentine Patricians, 1530-1790*, Princeton, Princeton University Press, 1986.

BURR LITCHFIELD, R., *Florence Ducal Capital, 1530-1630*. New York, ACLS Humanities E-Book, 2008: http://hdl.handle.net/2027/heb.90034.

BURKE, Jill, *Changing Patrons : Social Identity and the Visual Arts in Renaissance Florence*, University Park, Pennsylvania State University Press, 2004.

CALCAGNO, Mauro P., *From Madrigal to Opera : Monteverdi's Staging of the Self*, Berkeley, University of California Press, 2012.

CALLARD, Caroline, « Diogène au service des princes : Antonio Magliabechi à la cour de Toscane (1633-1714) », *Histoire Économie Société*, XIX, 2000, p. 85-103.

CALLARD, Caroline, « La biblioteca di manoscritti di Carlo Strozzi, tra conservazione e resistenza », dans STRAPPINI, Lucia (dir.), *I luoghi dell'immaginario barocco*, Naples, Liguori editore, 2002, p. 410-419.

CALLARD, Caroline, *Le Prince et la République. Histoire, pouvoir et société dans la Florence des Médicis au XVIIe siècle*, Paris, Presses universitaires de la Sorbonne, 2007.

CAMERINI, Paolo (éd.), *Annali dei Giunti*, Florence, Sansoni, 1962.

CAMEROTA, Michele, « Giovan Battista Strozzi e Galileo : dall'Accademia degli Alterati a quella degli Ordinati », dans ALBRECHT, Andrea ; CORDIBELLA, Giovanna et REMMERT, Volker (dir.), *Tintenfass und Teleskop : Galileo Galilei im Schnittpunkt wissenschaftlicher, literarischer und visueller Kulturen im 17. Jahrhundert*, Berlin, De Gruyter, 2014, p. 167-184.

CANTAGALLI, Roberto, *Don Antonio de' Medici e la sua legittimazione*, Arezzo, Università degli Studi di Siena, Istituto di scienze storiche della facoltà di magistero, Tipografia sociale, 1974.

CAROSCIO, Martha et ARFAIOLI, Maurizio (dir.), *The Grand Ducal Medici and the Levant*, Turnhout, Brepols, 2016.

CARRARA, Eliana, « La nascita dell'Accademia del Disegno di Firenze : il ruolo di Borghini, Torelli et Vasari » dans DERAMAIX, Marc ET AL. (dir.), *Les Académies dans l'Europe humaniste*, préface de Marc FUMAROLI, Genève, Droz, 2008.

CARRUTHERS, Mary J., *The Craft of Thought : Meditation, Rhetoric and the Making of Images*, 400-1200, Cambridge, Cambridge University Press, 2000.

CARRUTHERS, Mary J. et ZIOLKOWSKI, Jan M. *The Medieval Craft of Memory : An Anthology of Texts and Pictures*, Philadelphie, University of Pennsylvania Press, 2002.

CARRUTHERS, Mary J., *The Book of Memory : A Study of Memory in Medieval Culture*, Cambridge, Cambridge University Press, 2008.

CARTER, Tim, « Jacopo Peri », *Music & Letters*, 1980, 61, p. 121-135 (repris dans CARTER, Tim, *Music, Patronage and Printing in Late Renaissance Florence*, Aldershot, Ashgate, 2000, II[e] partie).

CARTER, Tim, « Jacopo Peri's *Euridice* (1600) : A Contextual Study », *The Musical Review*, 1982, 43, p. 83-103 (repris dans CARTER, Tim, *Music, Patronage and Printing in Late Renaissance Florence*, Aldershot, Ashgate, 2000, III[e] partie).

CARTER, Tim, « Music and Patronage in Late Sixteenth-Century Florence : The Case of Jacopo Corsi (1561-1602) », *I Tatti Studies in the Renaissance*, 1985,1, p. 57-104 (repris dans CARTER, Tim, *Music, Patronage and Printing in Late Renaissance Florence*, Aldershot, Ashgate, 2000, VII[e] partie).

CARTER, Tim, « Another Promoter of the 1582 'Rassettatura' of the *Decameron* », *The Modern Language Review*, 81, 1986, p. 893-899.

CARTER, Tim, « Giulio Caccini (1551–1618) : New Facts, New Music », *Studi musicali*, 16, 1987, p. 13-31.

CARTER, Tim, *Jacopo Peri (1561-1633) : His Life and Works*, New York, Garland, 1989, 2 vol.

CARTER, Tim, « Caccini's 'Amarilli, mia bella' : Some Questions (And a Few Answers) », *Journal of the Royal Musical Association*, 113, 1998, p. 250-273.

CARTER, Tim, *Music, Patronage and Printing in Late Renaissance Florence*, Aldershot, Ashgate, Variorum Collected Studies Series, 2000.

CARTER, Tim, « Rediscovering the *Rapimento di Cefalo* », *Journal of Seventeenth-Century Music*, vol. 9, 1, 2003, accessible en ligne : http://www.sscm-jscm.org/v9/no1/carter.html.

CARTER, Tim et GOLDTHWAITE, Richard A., *Orpheus in the Marketplace : Jacopo Peri and the Economy of Late Renaissance Florence*, Harvard, Harvard University Press, 2013.

CASARI, Cornelia, *Jacopo Soldani : un satirico del Seicento*, Lovere, Luigi Filippi, 1904.

CASCIO PRATILLI, Giovanni, *L'università et il principe : gli Studi di Siena e Pisa tra Rinascimento e Controriforma*, Florence, L. S. Olschki, 1975.

CAVAILLÉ, Jean-Pierre (dir.), *Stratégies de l'équivoque*, numéro spécial des *Cahiers du Centre de recherches historiques*, 33, 2004.

CECCHI, Alessandro, *In difesa della « dolce libertà » : l'assedio di Firenze (1529-1530)*, Florence, L. S. Olschki, 2018.

CERTEAU, Michel de, *L'Invention du quotidien 1. Les arts de faire*, Paris, Gallimard, 1990.

CERTEAU, Michel de, *Le Lieu de l'autre : histoire religieuse et mystique*, Paris, Gallimard, 2005.

CERUTTI, Simona, *La Ville et les métiers. Naissance d'un langage corporatif — Turin, XVIe-XVIIe siècle*, Paris, éditions de l'EHESS, Paris, 1990.

CHAMBERS, David et QUIVIGER, François (dir.), *Italian Academies of the Sixteenth Century*, Londres, Institut Warburg, 1995.

CHAPPEY, Jean-Luc, *Ordres et désordres biographiques. Dictionnaires, listes de noms et réputation des Lumières à Wikipédia*, Seyssel, Champ Vallon, 2013.

CHARTIER, Roger, *Publishing Drama in Early Modern Europe* (Panizzi Lectures, 1998), Londres, The British Library, 1999.

CHASTEL, André, *Art et humanisme à Florence au temps de Laurent le Magnifique : études sur la Renaissance et l'humanisme platonicien*, Paris, Presses universitaires de France, 1982 (1re édition : 1959).

CHATER, James, « Poetry in the Service of Music : The Case of Giovambattista Strozzi the Younger (1551-1634) », *The Journal of Musicology*, 29/4, 2012, p. 328-384.

CHAUVINEAU, Hélène, « La cour des Médicis (1543-1737) », dans BOUTIER, Jean ; LANDI, Sandro et ROUCHON, Olivier (dir.), *Florence et la Toscane, XIVe-XIXe siècle. Les dynamiques d'un État italien*, Rennes, Presses universitaires de Rennes, 2004, p. 287-301.

CHIARELLI, Francesca, « Before and After : Ottavio Rinuccini's *Mascherate* and Their Relationship to the Operatic Libretto », *Journal of Seventeenth-Century Music*, vol. 9, 1, 2003, accessible en ligne : http://www.sscm-jscm.org/v9/no1/chiarelli.html.

CHIECCHI, Giuseppe et TROISIO, Luciano, *Il Decameron sequestrato : le tre edizioni censurate nel Cinquecento*, Milan, Unicopli, 1984.

CHRON, Pascale et RADI, Lidia (dir.), *Valeur des lettres à la Renaissance. Débats et réflexions sur la vertu de la littérature*, Paris, Classiques Garnier, 2016.

CIAPPELLI, Giovanni, *Carnevale e Quaresima : comportamenti sociali e cultura a Firenze nel Rinascimento*, Rome, Edizioni di Storia et Letteratura, 1997.

Clasio, Luigi [Fiacchi, Luigi] (éd.), « Lezione di Lorenzo Giacomini Tebalducci Malespini sopra il sonetto del Petrarca, 'La gola, il sonno, ect', tratta da un manoscritto del signor avvocato Luigi Bellini vice-soprintendente dell'Archivio generale di Firenze », *Collezione d'opuscoli scientifichi e letterari ed estratti d'opere interessanti*, vol. VII, Florence, 1808, p. 3-37.

Cochrane, Eric W., *Tradition and Enlightenment in the Tuscan Academies (1690-1800)*, Rome, Edizioni di Storia e Letteratura, 1961.

Cochrane, Eric W., *Florence in the Forgotten Centuries, 1527-1800*, Chicago, Chicago University Press, 1973.

Cochrane, Eric W., « The Renaissance Academies in Their Italian and European Setting », dans Bircher, Martin et al. (dir.), *The Fairest Flower : The Emergence of Linguistic National Consciousness in Renaissance Europe*, Florence, Accademia della Crusca, 1985, p. 21-40.

Commissione rettorale per la storia dell'Università di Pisa (dir.), *Storia dell'Università di Pisa, 1343-1861*, Ospedaletto, Pacini Editore et Pise, Edizioni Plus, 1993-2000, 2 parties in 5 vol.

Contini, Alessandra, « Le nobiltà toscane e il potere mediceo tra Cinque e Seicento. A proposito di una recente discussione », *Archivio storico italiano*, 555/4, 1997, p. 735-754.

Cox, Virginia, « Rhetoric and Politics in Tasso's *Nifo* », *Studi Secenteschi*, 30, 1989, p. 3-98.

Cox, Virginia, *The Renaissance Dialogue : Literary Dialogue in its Social and Political Contexts, Castiglione to Galileo*, Cambridge, Cambridge University Press, 1992.

Cox, Virginia, « Members, Muses, and Mascots : Women and the Italian Academies », dans Everson, Jane ; Reidy, Denis V. et Sampson, Lisa (dir.), *The Italian Academies, 1525-1700 : Networks of Culture, Innovation, and Dissent*, Londres, Routledge, 2016, p. 132-67.

Cox, Virginia, « An Unknown Early Modern New World Epic : Girolamo Vecchietti's *Delle prodezze di Ferrante Cortese* (1587-88) », *Renaissance Quarterly*, 74/1, 2018, p. 1351-1390.

Cox-Rearick, Janet, *Dynasty and Destiny in Medici Art : Pontormo, Leo X, and the Two Cosimos*, Princeton, Princeton University Press, 1984.

Crum, Roger J. et John T. Paoletti (dir.), *Renaissance Florence, A Social History*, Cambridge, Cambridge University Press, 2006.

Dalmas, Davide, *Dante nella crisi religiosa del Cinquecento italiano, da Trifon Gabriele a Lodovico Castelvetro*, Rome, Vechiarelli Editore, 2005.

DAVARI, Stefano, *Notizie storiche intorno allo Studio pubblico ed ai maestri del secolo XV e XVI che tennero scuola in Mantova tratte dall' Archivio storico di Mantova*, Mantoue, Segna, 1876.

DE CARO, Gaspare, *Euridice. Momenti dell'umanesimo civile fiorentino*, Bologne, Ut Orpheus, 2006.

DECIO, Decia, *I Giunti tipografi editori di Firenze, 1497-1570*, 2 vol., Florence, Giunti Barbèra, 1976-1979.

DECROISETTE, Françoise ; GRAZIANI, Françoise, et HEUILLON, Joël (dir.), *La Naissance de l'opéra : Euridice, 1600-2000*, Paris, L'Harmattan, 2001.

DEGL'INNOCENTI, Luca ; RICHARDSON, Brian, et SBORDONI, Chiara (dir.), *Interactions between Orality and Writing in Early Modern Italian Culture*, Aldershot, Ashgate, 2016.

DELFIOL, Renato, « I Marescotti, librai, stampatori ed editori a Firenze tra Cinque e Seicento », *Studi secenteschi*, XVIII, 1977, p. 147-204.

DELIGNON, Bénédicte, DAUVOIS, Nathalie et COTTEGNIES, Line (dir.), *L'Invention de la vie privée et le modèle d'Horace*, Paris, Classiques Garnier, 2017.

DE LORENZO, Pierandrea, « Rinuccini e la 'rinascita' di Euridice », *Studi e problemi di critica testuale*, 76, 2008, p. 103-122.

DE MARTINO, Domenico, «'Della nostra favella questo divin poema è la miglior parte' : gli accademici della Crusca tra *Vocabolario* e *Commedia* », dans *La Divina Commedia di Dante Alighieri nobil fiorentino, ridotta a miglior lezione dagli accademici della Crusca*, Turin, Loescher et Florence, Accademia della Crusca, 2012, p. XI-XXII.

DE MARTINO, Domenico, « Dante, la *Commedia* », dans BELLONI, Gino et TROVATO, Paolo (dir.), *La Crusca e i testi. Lessicografia, tecniche editoriali e collezionismo librario intorno al* Vocabolario *del 1612*, Padoue, Libreria Universitaria (avec l'Accademia della Crusca), 2018, p. 427-440.

DEL SOLDATO, Eva, «'The Best Works of Aristotle' : Antonio Brucioli As a Translator of Natural Philosophy' », dans BIANCHI, Luca ; GILSON, Simon et KRAYE, Jill (dir.), *Vernacular Aristotelianism in Italy from the Fourteenth to the Seventeenth Century*, Londres, Institut Warburg, 2016, p. 123-138.

DEL SOLDATO, Eva, « Vernacular Doctors : Philology, Medecine, and Leisure at the Florentine Academy », dans DEL SOLDATO, Eva et RIZZI, Andrea (dir), *City, Court, Academy : Language Choice in Early Modern Italy*, Routledge, New York, 2018, p. 100-115.

DE MIRANDA, Girolamo, *Una quiete operosa. Forma e pratiche dell'Accademia napoletana degli Oziosi, 1611-1645*, Naples, Fridericiana Editrice Universitaria, 2000.

De Panizza Lorch, Maristella, *A Defense of Life. Lorenzo Valla's Theory of Pleasure*, Munich, W. Fink Verlag, 1985.

Deramaix, Marc et al. (dir.), *Les Académies dans l'Europe humaniste : idéaux et pratiques ;* actes du colloque international de Paris, 10-13 juin 2003, préface de Marc Fumaroli, Genève, Droz, 2008.

Descimon, Robert et Haddad, Élie (dir.), *Épreuves de noblesse. Les expériences nobiliaires de la robe parisienne (xvie-xviiie siècle)*, Paris, Les Belles Lettres, 2012.

Desjardins, Abel, *Négociations diplomatiques de la France avec la Toscane*, 6 vol., Paris, Documents inédits sur l'histoire de France, 1875.

De Vivo, Filippo, « How to Read Venetian Relazioni », *Renaissance et Réforme*, 34, 1-2, hiver-printemps 2011, p. 25-59.

De Vivo, Filippo, « Archives of Speech : Recording Diplomatic Negotiation in Late Medieval and Early Modern Italy », *European History Quarterly*, 46, 2016, p. 519-544.

Diaz, Furio, « L'idea di una nuova *élite* sociale negli storici e trattatisti del Principato », *Rivista storica italiana*, 92, 1980, p. 572-587.

Diaz, Furio, *Il granducato di Toscana*, Turin, UTET Libreria, 1987, 3 vol.

Di Filippo Bareggi, Claudia, « In nota alla politica culturale di Cosimo I : l'Accademia Fiorentina », *Quaderni storici*, VII, 1973, p. 527-574.

Di Filippo Bareggi, Claudia, « Giunti, Doni, Torrentino : tre tipografie fiorentine fra Repubblica e Principato », *Nuova rivista storica*, LVIII, 1974, p. 318-348.

Di Mattei, Rodolfo, *Il pensiero politico di Scipione Ammirato; con discorsi inediti*, Milan, Giuffré, 1963.

Dixhoorn, Arjan van et Speakman Sutch, Susie (dir.), *The Reach of the Republic of Letters : Literary and Learned Societies in Late Medieval and Early Modern Europe*, Londres et Boston, Brill, 2008, 2 vol.

Donato, Maria Pia, *Accademie romane. Una storia sociale*, Naples, Edizioni scientifiche italiane, 2000.

Donati, Lamberto, *Chi furono gli accademici della Crusca che preparano la* Divina Commedia *del 1595 ?*, Biblioteca degli eruditi e dei bibliofili, Scritti di bibliografia e di eruditione raccolti da Marino Parenti, n° 1, Florence, Sansoni, 1953.

Dooley, Brendan, « Le battaglie perse del principe don Giovanni », *Quaderni Storici*, 2004/115, p. 83-118,

Dooley, Brendan, « Art and Information Brokerage in the Career of Don Giovanni de' Medici », dans Cools, Hans ; Keblusek, Marika et Noldus, Badeloch (dir.), *Your Humble Servant, Agents in Early Modern Europe*, Hilversum, Uitgeverij Verloren, 2006, p. 81-95.

DOOLEY, Brendan, « Narrazione e verità : don Giovanni de' Medici e Galileo », *Bruniana e Campanelliana*, 2008/2, p. 391-405.

DOOLEY, Brendan (éd.), *Amore e guerra nel tardo Rinascimento : le lettere di Livia Vernazza e don Giovanni de' Medici*, Florence, Polistampa, 2009.

DOOLEY, Brendan, *A Mattress Maker's Daughter : The Renaissance Romance of Don Giovanni de' Medici and Livia Vernazza*, Cambridge, Harvard University Press, 2014.

EAGLETON, Terry, *The Ideology of the Æsthetic*, Cambridge, Basil Blackwell, 1990.

ECKSTEIN, Nicholas, « Neighborhood as Microcosm », dans CRUM, Roger J. et PAOLETTI, John T. (dir.), *Renaissance Florence : A Social History*, Cambridge, Cambridge University Press, 2006, p. 219-239.

EISENBICHLER, Konrad, *The Boys of the Archangel Raphaël : A Youth Confraternity in Florence, 1411-1785*, Toronto, University of Toronto Press, 1998.

EISENBICHLER, Konrad (dir.), *The Cultural Politics of Duke Cosimo I de' Medici*, Aldershot, Ashgate, 2001.

EVERSON, Jane ; REIDY, Denis V. et SAMPSON, Lisa (dir.), *The Italian Academies, 1525-1700 : Networks of Culture, Innovation, and Dissent*, Londres, Routledge, 2016.

FAHY, Conor, « Women and Italian Cinquecento Literary Academies », dans PANIZZA, Letizia (dir.), *Women in Italian Renaissance Culture and Society*, Oxford, Oxford University Press, 2000, p. 438-452.

FANTAPPIÈ, Francesca, « Sale per lo spettacolo a Pitti (1600-1650) », dans BERTELLI, Sergio et PASTA, Renato (dir.), *Vivere a Pitti : una reggia dai Medici ai Savoia*, Florence, L. S. Olschki, 2003, p. 135-180.

FANTAPPIÈ, Francesca, « Una primizia rinucciniana : la *Dafne* prima della 'miglior forma' », *Il Saggiatore musicale*, 24e année, 2017/2, p. 189-228.

FANTONI, Marcello, *La corte del granduca. Forma e simboli del potere mediceo fra Cinque e Seicento*, Rome, Bulzoni, 1994.

FASANO GUARINI, Elena, *Repubbliche e principi : istituzioni e pratiche di potere nella Toscana granducale del '500-'600*, Bologne, Il Mulino, 2010.

FAVARO, Maiko, « Sulla concezione dell'impresa in Scipione Ammirato », *Italianistica*, 28, 2, mai-août 2009, p. 285-298.

FENLON, Iain, « The Mantuan *Orfeo* », dans WHENHAM, John (dir.), *Orfeo*, Cambridge, Cambridge University Press, 1986, p. 1-20 et p. 167-172 pour l'appendice contenant les correspondances mobilisées.

FENLON, Iain, « Le prime rappresentazioni dell'*Orfeo* di Monteverdi », *Philomusica On-Line*, 8/2, 2009, p. 50-63, accessible en ligne : http://openmusiclibrary.org/article/2506/.

FIELD, Arthur, *The Origins of the Platonic Academy of Florence*, Princeton, Princeton University Press, 1988.

FIELD, Arthur, *The Intellectual Struggle for Florence : The Humanists and the Beginnings of the Medici Regime, 1420-1440*, Oxford, Oxford University Press, 2017.

FIDO, Franco « *L'America* : primo canto di un poema inedito di Giovan Battista Strozzi il Giovane », *Studi secenteschi*, 23, 1982, p. 277-310.

FIRPO, Massimo, *Gli affreschi di Pontormo a San Lorenzo : eresia, politica e cultura nelle Firenze di Cosimo*, Turin, Einaudi, 1997.

FIRPO, Massimo, *Tra alumbrados e 'spirituali' : studi su Juan de Valdés e il valdesianesimo nella crisi religiosa*, Florence, L. S. Olschki,1990.

FOURNEL, Jean-Louis, *Les Dialogues de Sperone Speroni : libertés de la parole et règles de l'écriture*, Hitzertoch, Marburg, 1990 et réédition avec une préface de Mario POZZI, Milan, Ledizioni, 2014.

FRAGNITO, Gigliola, *La Bibbia al rogo : la censura ecclesiastica e i volgarizzammenti della Scrittura (1471-1605)*, Bologne, Il Mulino, 1997.

FRAGNITO, Gigliola (dir.), *Church, Censorship and Culture in Early Modern Italy*, traduction anglaise d'Adrian BELTON, Cambridge, Cambridge University Press, 2001.

FRAJESE, Vittorio, *Nascita dell'Indice : la censura ecclesiastica dal Rinascimento alla Controriforma*, Brescia, Morcelliana, 2006.

FUMAGALLI, Elena, « On the Medici Payroll : At Court from Cosimo I to Ferdinando II (1540-1670) », dans MORSELLI, Raffaella et FUMAGALLI, Elena (dir.), *The Court Artist in Seventeenth-Century Italy*, Rome, Viella, 2014, p. 95-136.

GALAND-HALLYN, Perrine ; LÉVY, Carlos et VERBAAL, Wim (dir.), *Le Plaisir dans l'Antiquité et à la Renaissance*, Turnhout, Brepols, 2008.

GAMBINO LONGO, Susanna, *Savoir de la nature et poésie des choses : Lucrèce et Épicure à la Renaissance italienne*, Paris, Champion, 2004.

GAMBINO LONGO, Susanna, « Débauche ou plaisir chrétien, se réclamer d'Épicure à la Renaissance : entre Lorenzo Valla et le Tasse » dans BOULÈGUE, Laurence et LÉVY, Carlos (dir), *Hédonismes : penser et dire le plaisir dans l'Antiquité et à la Renaissance*, Lille, Presses universitaires du Septentrion, 2007, p. 189-200.

GANDI, Giulio, *Le arti maggiori e minori in Firenze : con numerose illustrazioni di Firenze scomparsa*, Rome, Multigrafica, 1971, 2 vol.

GARDINI, Nicola, « Una definizione tardo-cinquecentesca di poesia lirica : le *Lezioni intorno alla poesia* di Agnolo Segni », *Studi italiani*, 7, 1995, p. 29-45.

GAVAZZENI, Franco (dir.), *Sul Tasso. Studi di philologia e letteratura italiana offerti a Luigi Poma*, Rome, Antenore, 2003.

Génetiot, Alain, *Poétique du loisir mondain, de Voiture à La Fontaine*, Paris, Honoré Champion, 1997.

Ginori Lisci, Leonardo, *I palazzi di Firenze nella storia e nell'arte*, Florence, Giunti, G. Barbèra, 1972, 2 vol.

Giubilini, Roberta, « Oral, Manuscript, and Printed Circulation : The Many Lives of Benedetto Varchi's Lectures in the Accademia degli Infiammati of Padua », dans Degl'Innocenti, Luca ; Richardson, Brian, et Sbordoni, Chiara (dir.), *Interactions between Orality and Writing in Early Modern Italian Culture*, Aldershot, Ashgate, 2016, p. 203-212.

Goldthwaite, Richard A., *Private Wealth in Florence : A Study of Four Families*, Princeton, Princeton University Press, 1968.

Goodman, Nelson, *Ways of Worldmaking*, Indianapolis, Hackett, 1978.

Goodman, Nelson, *Manières de faire des mondes*, traduit de l'anglais par Marie-Dominique Popelard, Paris, Gallimard, 2006.

Gori, Pietro, *Il giuoco del calcio*, Florence, R. Bemporad & Figlio, 1898 (avec, aux p. 22-64, une transcription du *Discorso sopra 'l giuoco del calcio del Puro academico Alterato*, il Puro étant le pseudonyme académique de Giovanni de' Bardi), également accessible dans un reprint paru chez Masso delle Fate, 2008, avec une préface de Luciano Artusi.

Gorris Camos, Rosanna, « *La Città del vero* : une ville en papier entre utopie et hétérotopie », *Seizième Siècle*, 9, 2013, p. 171-196.

Goudriaan, Elisa, *Florentine Patricians and their Networks : Structures Behind the Cultural Success and the Political Representation of the Medici Court (1600-1660)*, Leyde et Boston, Brill, 2018.

Goyet, Francis, *Les Audaces de la prudence : littérature et politique aux XVIe et XVIIe siècles*, Paris, Classiques Garnier, 2009.

Gozza, Paolo, « Mousikè, hèdonè et arête : la psychologie de la musique chez Ficin et Giacomini », dans Malhomme, Florence et Wersinger, Anne-Gabrièle (dir.), *Mousikè et aretè : la musique et l'éthique, de l'antiquité à l'âge moderne — actes du colloque international tenu en Sorbonne les 15-17 décembre 2003*, Paris, Jean Vrin, 2007.

Grafton, Anthony, *Forgers and Critics : Creativity and Duplicity in Western Scholarship* (1990), nouvelle édition avec une préface d'Ann Blair et une nouvelle postface de l'auteur, Princeton, Princeton University Press, 2019.

Graziani, Françoise, « Le miracle de l'art : le Tasse et la poétique de la meraviglia », *Revue des études italiennes*, 42, 1996, p. 117-139.

Greenblatt, Stephen, *Renaissance Self-Fashioning : From More to Shakespeare*, Chicago, University of Chicago Press, 1985 et 2005.

Groupe de recherches interdisciplinaires sur l'histoire du littéraire (Grihl), *De la publication : entre Renaissance et Lumières*, introduction de Christian Jouhaud, Alain Viala et al., Paris, Arthème Fayard, 2002.

Gualandi, Giovanni, « Per la storia della *editio princeps* delle pandette fiorentine di Lelio Torelli », dans Spagnesi, Enrico (dir.), *Le Pandette di Giustiniano. Storia e fortuna di un codice illustre,* Florence, L. S. Olschki, 1986, p. 143-198.

Guasti, Cesare, « La Crusca e il Tasso », dans *Le lettere di Torquato Tasso*, éditées par Cesare Guasti, 5 vol., t. 4, Naples, G. Rondinella, 1857, p. i-xxxi.

Guasti, Cesare, dans Guasti, Cesare (dir.), *Le Carte strozziane del regio Archivio di Stato : Inventario, prima serie*, Florence, Tipografia Galileiana, 1884-1891, 2 vol., t. 1, introduction, p. v-xxxix.

Guerrieri Borsoi, Maria Barbara, « Il collezionismo di Giovan Battista Strozzi, marchese di Forano, a Firenze nel primo Seicento », *Bollettino d'arte*, LXXXIX, 2004, 130, p. 85-98.

Habermas, Jürgen, *L'Espace public*, traduction de Marc B. de Launay, avec une préface inédite de l'auteur, Paris, Payot, 1993.

Hale, John Rigby, *Florence and the Medici : The Pattern of Control*, Londres, Thames and Hudson, 1977.

Harness, Kelley, « Le tre Euridici : Characterization and Allegory in the *Euridici* of Peri and Caccini », *Journal of Seventeenth-Century Music,* vol. 9, 1, 2003, accessible en ligne : http://www.sscm-jscm.org/v9/no1/harness.html.

Helm, Jennifer, *Poetry and Censorship in Counter-Reformation Italy*, Leyde et Boston, Brill, 2015.

Heurgon, Jacques, « Orphée et Eurydice avant Virgile », *Mélanges d'archéologie et d'histoire*, 49, 1932, p. 6-60.

Hoxby, Blair, *What Was Tragedy ? Theory and the Early Modern Canon*, Oxford, Oxford University Press, 2015.

Hulatt, Owen, *Æsthetics and Artistic Autonomy*, Londres, Bloomsbury, 2013.

Johnson, Geraldine A., « The Art of Touch in Early Modern Italy », dans Bacci, Francesca et Melcher, David (dir.), *Art and the Senses*, Oxford, Oxford University Press, 2011, p. 59-84.

Jones-Davies, Margaret, Malhomme, Florence et Martinet, Marie-Madeleine (dir.), *Le Plaisir au temps de la Renaissance*, Turnhout, Brepols, 2010.

Jouhaud, Christian, *Les Pouvoirs de la littérature. Histoire d'un paradoxe*, Paris, Gallimard, 2000.

Joukovski, Françoise, « Une commande de Marguerite de Savoie : la *Civitas veri* de Bartolomeo del Bene », dans Balsamo, Jean (dir.), *Mélanges de poétique et d'histoire littéraire du XVIe siècle offerts à Louis Terreaux*, Paris, Champion, 1994, p. 465-479.

JOURDAN, Fabienne, *Orphée et les chrétiens. La réception du mythe d'Orphée dans la littérature chrétienne grecque des cinq premiers siècles*, 2 vol., Paris, Les Belles Lettres, 2010 et 2011.

INNOCENTI, Piero, *Il bosco e gli alberi : storie di libri, storie di biblioteche, storie di idee,* Florence, Giunta Regionale Toscane, La Nuova Italia, 1984.

KABORYCHA, Lisa, « Expressing a Habsburg Sensibility in the Medici Court : The Grand Duchess Giovanna d'Austria's Patronage and Public Image in Florence », dans STRUNCK, Christina (dir.), *Medici Women as Cultural Mediators (1533-1743)*, Milan, Silvana Editoriale, 2011, p. 89-109.

KLAPISCH-ZUBER, Christiane, « Parenti, amici, vicini : il territorio urbano d'una famiglia mercantile nel XV secolo », *Quaderni storici*, 33, 1976, p. 953-982.

KENT, Francis William, *Household and Lineage in Renaissance Florence : The Family Life of the Capponi, Ginori, and Rucellai*, Princeton, Princeton University Press, 1977.

KENT, Francis William, *Lorenzo de' Medici and the Art of Magnificence*, Baltimore, Johns Hopkins University Press, 2004.

KENT, Dale V., « The Florentine Reggimento in the Fifteenth Century », *Renaissance Quarterly* 28, 1975, p. 575-638.

KENT, Dale V. et KENT, Francis William, *Neighbours and Neighbourhoods in Renaissance Florence : The District of the Red Lion in the Fifteenth Century,* Villa I Tatti, 6, Locust Valley, New York, 1982.

KIRKENDALE, Warren, *The Court Musicians in Florence during the Principate of the Medici : with a Reconstruction of the Artistic Establishment*, Florence, L. S. Olschki, 1993.

KIRKENDALE, Warren, *Emilio de' Cavalieri 'Gentilhuomo Romano' : his Life and Letters, his Role as Superintendent of all the Arts at the Medici Court and his Musical Compositions*, Florence, L. S. Olschki, 2001.

KITADA, Yoko, « L'aristocrazia fiorentina nella corte medicea da Cosimo II a Ferdinando II », *The Journal of Humanities,* Meiji University, 2009, 15, p. 51-85.

KOTTMAN, Paul A. (dir.), *The Insistence of Art : Æsthetic Philosophy after Early Modernity*, New York, Fordham University Press, 2017.

KOTTMAN, Paul A., « The Claim of Art : Æsthetic Philosophy and Early Modern Artistry », dans KOTTMAN, Paul A. (dir.), *The Insistence of Art : Æsthetic Philosophy after Early Modernity*, New York, Fordham University Press, 2017, p. 1-30.

KRISTELLER, Paul Oskar, « The Modern System of the Arts : A Study in the History of Æsthetics », 2 parties, *Journal of the History of Ideas*, 12, 4 (octobre 1951), p. 496-527 et 13, 1 (janvier 1952), p. 17-46.

KRISTELLER, Paul Oskar, « Lay Religious Traditions and Florentine Platonism » dans KRISTELLER, Paul Oskar, *Studies in Renaissance Thought and Letters*, Rome, Edizioni di Storia e Letteratura, 1956, p. 99-122.

KRISTELLER, Paul Oskar, « The Active and Contemplative Life in Renaissance Humanism », dans VICKERS, Brian (dir.), *Arbeit, Musse, Meditation: Betrachtungen zur Vita activa und Vita contemplativa*, Zurich, Verlag der Fachevereine, 1985, p. 133-152.

LAMBERINI, Daniela (dir.), *palazzo Strozzi : metà-millennio, 1489-1989 — atti del convegno di studi, Firenze, 3-6 luglio 1989*, Rome, Istituto della Enciclopedia italiana, 1991.

LAMIONI, Claudio (dir.), *Istituzioni e società in Toscana nell'età moderna*, Rome, Beni culturali e ambientali — Ufficio centrale per i beni archivistici, 1994.

LANGER, Ullrich (dir.), *Au-delà de la* Póetique *: Aristote et la littérature de la Renaissance/Beyond the* Poetics *: Aristotle and Early Modern Literature*, Genève, Librairie Droz, 2002.

LANGER, Ullrich, *Penser les formes du plaisir littéraire à la Renaissance*, Paris, Classiques Garnier, 2009.

LATTARICO, Jean-François, *Venise incognita : essai sur l'académie libertine au XVIIe siècle*, Paris, Champion, 2012.

LECOINTE, Jean, *L'Idéal et la difference : la perception de la personnalité littéraire à la Renaissance*, Genève, Droz, 1993.

LIBERA, Alain de, *L'Art des généralités : théories de l'abstraction*, Paris, Aubier, 1999.

LILLIE, Amanda, *Florentine Villas in the Fifteenth Century : An Architectural and Social History*, Cambridge, Cambridge University Press, 2005.

LITTA, Pompeo ET AL., *Famiglie celebri italiane*, Milan, P.E. Giusti ET AL., 1819-[1883].

LONG, Pamela, *Openness, Secrecy, Authorship : Technical Arts and the Culture of Knowledge from Antiquity to Renaissance*, Baltimore, Johns Hopkins University Press, 2001.

LONTRADE, Agnès, *Le Plaisir esthétique : naissance d'une notion*, Paris, L'Harmattan, 2004.

LOMBARDI, Maria Maddelena, « La polemica antitassiana della Crusca nella *Proposta* di Monti », dans GAVAZZENI, Franco (dir.), *Sul Tasso. Studi di filologia e letteratura italiana offerti a Luigi Poma*, Rome, Antenore, 2003.

LO RE, Salvatore, « 'Chi potrebbe mai, a questi tempi, badare a lettere ?' Benedetto Varchi, Piero Vettori e la crisi fiorentina del 1537 », *Studi Storici*, 43/2, 2002, p. 367-409.

LO RE, Salvatore, *La crisi della libertà fiorentina. Alle origini della formazione politica e intellettualle di Benedetto Varchi e Piero Vettori*, Rome, ESL, 2006.

LO RE, Salvatore, *Politica e cultura nella Firenze cosimiana : studi su Benedetto Varchi*, Manziana (Rome), Vecchiarelli, 2008.

LORD, Carnes, « The Argument of Tasso's Nifo », *Italica*, vol. 56, 1979/1, p. 22-45.

LUCE, T. J. et WOODMAN, A. J. (dir.), *Tacitus and the Tacitean Tradition*, Princeton, Princeton University Press, 1993.

LUTI, Filippo, *Don Antonio de' Medici e i suoi tempi*, Florence, L. S. Olschki, 2006.

MACKENZIE, Donald F., « Speech-Manuscript-Print », dans OLIPHANT, Dave et BRADFORD, Robin (dir.), *New Directions in Textual Studies*, Austin, The Harry Ransom Humanities Research Center, The University of Texas, 1990, p. 87-110.

MACKENZIE, Jennifer, *Renaissance Heraldry*, thèse de doctorat (PhD) en Études italiennes, sous la direction d'Albert Ascoli, Université de Californie, Berkeley, 2017.

MAGGI, Armando, « End of Renaissance *Trattati d'Amore* : An Unpublished Manuscript at the University of Pennsylvania », *Manuscripta*, 42, 1998, p. 109-115.

MAINO, Paolo G., « L'uso dei testimoni del *Decameron* nella rassettatura di Lionardo Salviati », *Aevum*, 86, 2012, fasc. 3, p. 1005-1030.

MALHOMME, Florence, *Musica humana. La musique dans la pensée de l'humanisme italien*, Paris, Classiques Garnier, 2013.

MAMONE, Sara, *Firenze e Parigi, due capitali dello spettacolo per una regina, Maria de' Medici*, recherche iconographique par Sara MAMONE et photographies de Francesco VENTURI, Milan, Silvana Editoriale, 1987 (traduit en français par Sophie BAJARD et Françoise DECROISETTE sous le titre de *Paris et Florence. Deux capitales du spectacle pour une reine : Marie de Médicis*, Paris, Seuil, 1990).

MANNORI, Luca, *Il sovrano tutore : pluralismo istituzionale e accentramento amministrativo nel Principato dei Medici (seccoli XVI-XVIII)*, Milan, Giuffrè, 1994.

MARACCHI BIAGIARELLI, Berta, « I Sermartelli, discendenti di Bartolomeo de' Libri », *La Bibliofilia*, 63, 1961, p. 281-288.

MARI, Francesco ; POLETTINI, Aldo E. ; LIPPI, Donatella et BERTOL, Elisabetta, « The Mysterious Death of Francesco I de' Medici and Bianca Cappello : An Arsenic Murder ? », *British Medical Journal*, 333, 23-30 décembre 2006, p. 1299-1301.

MARINI, Paolo et PROCACCIOLI, Paolo (dir.), *Girolamo Ruscelli : dall'accademia alla corte alla tipografia, atti del convegno internazionale di studi (Viterbo, 6-8 ottobre 2011)*, Rome (Manziana), Vecchiarelli, 2012, 2 vol.

MARKEY, Lia, « Stradano's Allegorical Invention of the Americas in Late Sixteenth-Century Florence », *Renaissance Quarterly*, 65, 2, été 2012, p. 385-442.

MARKEY, Lia, *Imagining the Americas in Medici Florence*, University Park, Penn State University Press, 2016.

MARTELLI, Francesco, « La 'consegna' della decima alla comunità, tra riforma comunitativa e dibattito sul rinnovamento degli estimi » dans LAMIONI, Claudio (dir.), *Istituzioni e società in Toscana nell'età moderna*, Rome, Beni culturali e ambientali — Ufficio centrale per i beni archivistici, 1994, p. 365-403.

MARTELLI, Francesco, « Alcune considerazioni sull'introduzione della 'decima' a Firenze in epoca savonaroliana », dans GARFAGNINI, Gian Carlo (dir.), *Savonarola e la politica*, Florence, Galluzzo, 1997, p. 131-146.

MARTINES, Lauro, *The Social World of the Florentine Humanists, 1390-1460*, Princeton, Princeton University Press, 1963.

MARTINEZ, Javier (dir.), *Fakes and Forgers of Classical Literature : Ergo decipiatur !*, Leyde, Brill, 2014.

MASO, Stephano ; NATALI, Carlo, et SEEL, Gerhard (dir.), *Reading Aristotle : Physics VII.3. "What is Alteration ?" Proceedings of the International ESAP-HYELE Conference*, Las Vegas, Parmenides Publishing, 2012.

MASON, Brian Jeffrey, *The Humanist World of Renaissance Florence*, Cambridge, Cambridge University Press, 2014.

MATZ, Robert, « Sidney's *Defence of Poesie* : The Politics of Pleasure », *English Literary Renaissance*, 25/2, p. 131-147.

MAYLENDER, Michele, *Storie delle accademie d'Italia*, Bologne, L. Cappelli, 1926-1930 et Bologne, A. Forni, 1976, 5 vol.

MCNEELY, Ian F., « The Renaissance Academies between Science and the Humanities », *Configurations : A Journal of Literature, Science, and Technology*, 17, 2009, p. 227-258.

MERLIN-KAJMAN, Hélène, *Public et littérature en France*, Paris, Les Belles Lettres, 1994.

MERLIN-KAJMAN, Hélène, *L'Excentricité académique : littérature, institution, société*, Paris, Les Belles Lettres, 2001.

MILNE-SMITH, Amy, *London Clubland : A Cultural History of Gender and Class in Late-Victorian Britain*, New York, Palgrave Macmillan, 2011.

MILNER, Stephen J. (dir.), *At the Margins : Minority Groups in Premodern Italy*, Minneapolis, University of Minnesota Press, 2005.

MINOR, Vernon Hyde, *The Death of the Baroque and the Rhetoric of Good Taste*, Cambridge, Cambridge University Press, 2006.

MOLHO, Anthony, *Marriage Alliance in Late Medieval Florence*, Cambridge, Harvard University Press, 1994.

MOLINARI, Giuseppe, *Il Davanzati mercante o le lettere della mercatura*, Turin, Tipografia C. Favale e Comp., 1876.

MONTEROSSO VACCHELLI, Anna Maria, « Elementi stilistici nell'*Euridice* di Jacopo Peri in rapporto all'*Orfeo* di Monteverdi », dans MONTEROSSO, Raffaello (dir.), *Claudio Monteverdi e il suo tempo*, Vérone, Stamperia Valdonega, 1969, p. 17-27.

MOREL, Philippe, *Renaissance dionysiaque, inspiration bachique, imaginaire du vin et de la vigne dans l'art européen (1430-1630)*, Paris, Éditions du Félin, 2015.

MORSELLI, Raffaella et FUMAGALLI, Elena (dir.), *The Court Artist in Seventeenth-Century Italy*, Rome, Viella, 2014.

MORTENSEN, Preben, *Art in the Social Order : The Making of the Modern Conception of Art*, Albany, State University of New York Press, 1997.

MORUCCI, Valerio, « Poets and Musicians in the Roman-Florentine Circle of Virginio Orsini, Duke of Bracciano (1572–1615) », *Early Music*, 2015, 43/1, p. 53-61.

MOSCA, Ilario, « Le Tacite florentin à l'âge des premiers grands ducs : l'oisiveté prudente de Bernardo Davanzati (1529-1606) », dans MERLE, Alexandra et OÏFFER-BOMSEL, Alicia (dir.), *Tacite et le tacitisme en Europe à l'époque moderne (XVIe-XVIIIe siècle)*, Paris, Champion, 2017, p. 101-118.

MOTTA, Uberto, *Antonio Querenghi (1546-1633). Un letterato padovano nella Roma del tardo Rinascimento*, Milan, Vita e Pensiero, 1997.

MOUREN, Raphaële, « Un professeur de grec et ses élèves : Piero Vettori (1499-1585) », *Lettere italiane*, 59, 4, 2007, p. 473-506.

MOUREN, Raphaële, *Biographie et éloges funèbres de Piero Vettori : entre rhétorique et histoire*, Paris, Garnier, 2014.

NAJEMY, John M., *Corporatism and Consensus in Florentine Electoral Politics, 1280-1400*, Chapel Hill, University of North Carolina Press, 1982.

NAJEMY, John M., *A History of Florence, 1200-1575*, Londres, Blackwell, 2006.

NARDI, Florinda, « 'Letture' in Accademia : esempi cinque-seicenteschi », *Semestrale di studi (e testi) italiani*, 9, 2002, p. 105-122.

NICCOLAI, Francesco, *Pier Vettori*, Florence, Libreria Internazionale Succ. B. Seeber, 1912.

NORTH, Marcy L., *The Anonymous Renaissance : Cultures of Discretion in Tudor England*, Chicago, Chicago University Press, 2003.

ONFRAY, Michel (éd.), *L'Invention du plaisir : fragments cyrénaïques*, Paris, Librairie générale française, 2002.

ORIGGI, Alessandra, « The Metamorphoses of Dafne (and Apollo) : The Birth of Opera at the Crossroads of Genres », dans la revue électronique *Horizonte, nuova serie*, 2017/2, accessible en ligne : http://hdl.handle.net/21.11108/0000-0007-C2D6-C.

PACOURET, Jérôme et HAUCHECORNE, Mathieu, « Autonomies des arts et de la culture », paru dans la revue en ligne *Biens symboliques/Symbolic Goods*, 4/2019, accessible en ligne : https://revue.biens-symboliques.net/326.

PALISCA, Claude V., « Musical Asides in the Diplomatic Correspondance of Emilio de' Cavalieri », *Musical Quarterly*, 49/3, 1963, p. 339-355, dont le texte est repris dans PALISCA, Claude V., *Studies in the History of Italian Music and Music Theory*, Oxford, Clarendon Press, 1994, p. 389-404.

PALISCA, Claude V., « The First Performance of *Euridice* », dans MELL, Albert (dir.), *Twenty-fifth anniversary festschrift*, New York, Queens College Press, 1964, p. 1-24, repris dans PALISCA, Claude V., *Studies in the History of Italian Music and Music Theory*, Oxford, Clarendon Press, 1994, p. 432-451.

PALISCA, Claude V., « The Alterati of Florence, Pioneers in the Theory of Dramatic Music » (1968), repris dans PALISCA, Claude V., *Studies in the History of Italian Music and Music Theory*, Oxford, Clarendon Press, 1994, p 408-431.

PALISCA, Claude V., *The Florentine Camerata : Documentary Studies and Translations*, New Haven, Yale University Press, 1989.

PALISCA, Claude V., « Gli Alterati di Firenze e gli albori del melodramma », dans ANNIBALDI, Claudio (dir.), *La musica e il mondo. Mecenatismo e committenza musicale in Italia tra Quattro e Settecento*, Bologne, Il Mulino, 1993, p. 171-193.

PALISCA, Claude V., *Studies in the History of Italian Music and Music Theory*, Oxford, Clarendon Press, 1994.

PAOLI, Maria Pia, « Nuovi vescovi per l'antica città : per una storia della chiesa fiorentina tra Cinque e Seicento », dans LAMIONI, Claudio (éd.), *Istituzioni e società in Toscana nell'età moderna*, Florence, Edifir, 1994, 2 vol., t. 2, p. 748-786.

PAOLI, Maria Pia, « Di madre in figlio : per una storia dell'educazione alla corte dei Medici », *Annali di storia di Firenze*, III, 2008, p. 65-165.

PARK, Katharine, *Doctors and Medicine in Early Renaissance Florence*, Princeton, Princeton University Press, 1985.

PARODI, Severina, « Sugli autori della *Divina Commedia* di Crusca », *Studi danteschi*, 44, 1967, p. 211-222.

PARODI, Severina, *Quattro secoli di Crusca, 1583-1983*, Florence, Accademia della Crusca, 1983.

PARODI, Severina, « Dante e l'Accademia della Crusca », *Studi danteschi*, 56, 1984, p. 169-188.

PARODI, Severina, *Catalogo degli accademici <della Crusca> della fondazione*, Florence, Accademia della Crusca, 1983.

PASSERINI, Luigi, « Notizie sui manoscritti rinucciniani acquistati dal governo toscano e nuovamente distribuiti tra gli archivi e le biblioteche di Firenze », *Archivio Storico Italiano. Appendice*, 8, 1850, p. 207-215.

PASSERINI, Luigi, *Genealogia e storia della famiglia Rucellai*, Florence, Cellini, 1861.

PASSINI, Michela, *La Fabrique de l'art national : le nationalisme et les origines de l'histoire de l'art en France et en Allemagne (1870-1933)*, Paris, Éditions de la MSH, 2013.

PETTAS, William A., *The Giunti of Florence : A Renaissance Printing and Publishing Family. A History of the Florentine Firm and a Catalogue of the Editions*, New Castle, Delaware, Oak Knoll Press, 2012.

PETTAS, William A., *A History and Bibliography of the Giunti (Junta) Printing Family in Spain 1526-1628*, New Castle, Delaware, Oak Knoll Press, 2005.

PIÉJUS, Anne, « Un Théâtre de l'âme », dans NATIVEL, Colette (dir.), *Le Noyau et l'écorce : les arts de l'allégorie, XVe-XVIIe siècle*, Paris, Somogy/Académie de France à Rome, 2009, p. 355-37.

PIRROTTA, Nino, « Monteverdi e i problemi dell'opera », dans PIRROTTA, Nino, *Studi sul teatro veneto fra rinascimento ed età barocca*, Florence, L. S. Olschki, 1971, p. 321-343.

PLAISANCE, Michel, *L'Académie et le prince : culture et politique à Florence au temps de Cosme Ier et de François de Médicis*, Manziana (Rome), Vecchiarelli, 2004.

POIRIER, Jean-Louis, *Ne plus ultra : Dante et le dernier voyage d'Ulysse*, Paris, Les Belles Lettres, 2016.

POIRRIER, Philippe et TILLIER, Bertrand (dir.), *Aux confins des arts et de la culture. Approches thématiques et transversales, XVIe-XXIe siècle*, Rennes, Presses universitaires de Rennes, 2016.

PORTER, William V., « Peri and Corsi's *Dafne* : Some New Discoveries and Observations », *Journal of the American Musicological Society*, 1965, 18, p. 170-196.

PREZZINER, Giovanni, *Storia del pubblico Studio e delle società scientifiche e letterarie di Firenze*, Florence, Carli, 1810, 2 vol.

PUGGELLI, Paolo, « *Del convivio degli Alterati* di Giulio del Bene », *Accademia — Revue de la Société Marsile Ficin*, II, 2000, p. 63-87.

QUONDAM, Amedeo, « L'instituzione arcadia : sociologia e ideologia di un' accademia », *Quaderni Storici*, 1973, 23, p. 389-438.

QUONDAM, Amedeo, « Riscrittura — Citazione — Parodia del codice. *Il Petrarcha spirituale* di Girolamo Malipiero », *Studi e problemi di critica testuale*, 1978, 17, p. 77-125.

QUONDAM, Amedeo, « L'Accademia », dans ASOR ROSA, Alberto (dir.), *Letteratura Italiana*, I. *Il Letterato e le istituzioni*, Turin, Einaudi, 1982, p. 823-898.

RABINOVITCH, Oded, « Stratégies familiales, carrières littéraires et capitalisme de cour dans la famille Perrault », *XVIIe siècle*, n° 264, 2014/3, p. 403-415.

RABINOVITCH, Oded, *The Perrault : A Family of Letters in Early Modern France*, Ithaca, Cornell University Press, 2018.

RACCAMADORO-RAMELLI, Francesco, *Ottavio Rinuccini, studio biografico e critico*, Fabriano, Gentile, 1900.

RAMACHANDRAN, Ayesha, « Edmund Spenser, Lucretian Neoplatonist : Cosmology in the *Fowre Hymnes* », dans BORRIS, Kenneth ; KASKE, Carol et QUITSLUND, Jon (dir.), *Spenser and Platonism : An Expanded Special Volume, Spenser Studies*, XXIV, 2009, p. 373-411.

RANCIÈRE, Jacques, « Le concept d'anachronisme et la vérité de l'historien », dans *L'Inactuel. Psychanalyse et culture*, 6, automne 1996, p. 53-68.

RANCIÈRE, Jacques, *Le Partage du sensible. Esthétique et politique*, Paris, La Fabrique, 2000.

RANCIÈRE, Jacques, *L'Inconscient esthétique*, Paris, Galilée, 2001.

RENARD, Georges, *Histoire du travail à Florence*, Paris, Éditions d'art et de littérature, 1913-1914, 2 vol.

RICCI, Antonio, « Lorenzo Torrentino and the Cultural Program of Cosimo de' Medici », dans EISENBICHLER, Konrad (dir.), *The Cultural Politics of Duke Cosimo I de' Medici*, Aldershot, Ashgate, 2001, p. 103-119.

RIBARD, Dinah, « Au service de la grandeur. Enseignement et disciplines dans le *Carême du Louvre* », dans PEUREUX, Guillaume (dir.), *Lectures de Bossuet. Le* Carême du Louvre, Presses universitaires de Rennes, 2002, p. 131-143.

RIBARD, Dinah, « Belles-lettres et philosophie à l'Académie : parler du savoir, parler du pouvoir dans les éloges académiques » dans POULOUIN, Claudine et ARNOULD, Jean-Claude (dir.), *Bonnes lettres / Belles-lettres. Actes des colloques du Centre d'études et de recherches Éditer / Interpréter de l'Université de Rouen (26 et 27 avril 2000 — 6 et 7 février 2003)*, Paris, Champion, 2006, p. 343-361.

RIBARD, Dinah et SCHAPIRA, Nicolas, « Histoire du livre, histoire par le livre », présentation d'un numéro spécial de la *Revue de synthèse*, intitulé *L'Histoire par le livre, XVIe-XXe siècle*, 6e série, t. 128, n° 1-2 2007, p. 19-25.

RIBARD, Dinah et SCHAPIRA, Nicolas (dir.), *On ne peut pas tout réduire à des stratégies : pratiques d'écriture et trajectoires sociales*, Paris, Presses universitaires de France, 2013.

RICHARDSON, Brian, *Manuscript Culture in Renaissance Italy*, Cambridge, Cambridge University Press, 2009.

RICHARDSON, Brian, « Manuscript, Print, Orality and the Authority of Texts in Renaissance Italy », dans BROMILOW, Pollie (dir.), *Authority in European Book Culture 1400-1600*, Aldershot, Ashgate, 2013, p. 15-29.

RICHARDSON, Brian, « Publication », dans WYATT, Michael (dir.), *The Cambridge Companion to the Italian Renaissance*, Cambridge, Cambridge University Press, 2014, ch. 7, p. 164-178.

RICHARDSON, Brian, introduction à un numéro spécial de la revue *The Italianist*, 2014, 34/3, intitulé *Oral Culture in Early Modern Italy : Performance, Language, Religion*, préparé par Luca DEGL'INNOCENTI, Rosa SALZBERG, Emily MICHELSON, Massimo ROSPOCHER, Stefano DALL'AGLIO, Chiara SBORDONI et Ottavia NICCOLI, p. 313-317.

RINALDI, Massimo, « Le accademie del Cinquecento », dans BELLONI, Gino et DRUSI, Riccardo (dir.), *Il Rinascimento italiano e l'Europa, II : Umanesimo ed educazione*, Trévise, Colla, 2007, p. 337-359.

ROCHE, Daniel, *Le Siècle des Lumières en province : académies et académiciens provinciaux, 1680-1789*, Paris, Mouton, 1978.

ROCKE, Michael, *Forbidden Friendships : Homosexuality and Male Culture in Renaissance Florence*, Oxford, Oxford University Press, 1996.

ROLLIN, Sophie, *Le Style de Vincent Voiture : une esthétique galante*, Saint-Étienne, Presses de l'Université de Saint-Étienne, 2006.

ROSSI, Mario, *Un letterato e mercante fiorentino del secolo XVI : Filippo Sassetti*, Città di Castello, 1899.

ROSSI, Massimiliano, « Per l'unita delle arti. La poetica 'figurativa' di Giovambattista Strozzi il Giovane », *I Tatti Studies*, 4, 1995, p. 69-213.

ROSSI, Massimiliano et SUPERBI, Fiorella Gioffredi, *L'arme e gli amori : Ariosto, Tasso and Guarini in Late Renaissance Florence*, actes d'un colloque s'étant tenu à la Villa I Tatti à Florence les 20-21 juin 2001, Florence, L. S. Olschki, 2004, 2 vol.

ROSSINI, Francesco, « Giovan Battista Strozzi il Giovane a Roma : la *Lezione in biasmo della superbia* (1611) », *Aevum*, 91, 2017, p. 733-762.

ROSSINI, Francesco, « 'Strozzi, con dubbia palma in te contende / di Pallade il saper, di Febo l'arte' : i giovanili madrigali per musica di Giovan Battista Strozzi il Cieco tra poesia e riflessione letteraria », dans *La letteratura italiana e le arti, Atti del XX congresso dell'ADI*, Rome, Adi editore, 2018, p. 1-12.

ROSSINI, Francesco, « Torquato Tasso, Antonio de' Pazzi e Giovan Battista Strozzi : stanze in lode e in biasimo della donna », dans *Le forme del comico. Atti del XXI Congresso dell'ADI*, Florence, Società Editrice Fiorentina, 2019, p. 560-572.

ROSSINI, Francesco, « Corrispondenti strozziani (Magliabechiano VIII, 1399) : le lettere di Angelo Grillo », dans CARMINATI, Clizia (dir.), *'Testimoni dell'ingegno'. Reti epistolari e libri di lettere nel Cinquecento e nel Seicento*, Sarnico, Edizioni di Archilet, 2019, p. 185-230.

ROUSSILLON, Marine, « La visibilité du pouvoir dans *Les Plaisirs de l'Île enchantée* : spectacle, textes, images », dans DICKHAUT, Kirsten, CASTOR, Markus et STEIGERWALD, Jörn (dir.), *Les Stratégies de la représentation et les arts du pouvoir*, *Papers on French Seventeenth-Century Literature*, 80, 2014, p. 103-117.

ROZZO, Ugo, « Erasmo espurgato dai *Dialogi piacevoli* di Niccolò Franco », dans OLIVIERI, Achille (dir.), *Erasmo, Venezia, e la cultura padana nel '500*, Rovigo, Minelliana, 1995, p. 193-208.

ROZZO, Ugo, « Italian litterature on the Index », dans FRAGNITO, Gigliola (dir.), *Church, Censorship and Culture in Early Modern Italy*, traduction anglaise d'Adrian BELTON, Cambridge, Cambridge University Press, 2001, p. 194-222.

ROZZO, Ugo, *La letteratura italiana negli 'Indici' del Cinquecento*, Udine, Forum, 2005.

RUBINI, Rocco, *The Other Renaissance : Italian Humanism between Hegel and Heidegger*, Chicago, Chicago University Press, 2014.

RUSSANO HANNING, Barbara, *Of Poetry and Music's Power : Humanism and the Creation of the Opera*, Ann Arbor, UMI Research Press, 1980 (1969).

RUSSANO HANNING, Barbara, « The Ending of *L'Orfeo* : Father, Son, and Rinuccini », *Society for Seventeenth-Century Music*, 9/1, 2003, accessible en ligne : http://www.sscm-jscm.org/v9/no1/hanning.html.

RYLE, Gilbert, « Knowing How and Knowing That : The Presidential Address », *Proceedings of the Aristotelian Society*, nouvelle série, vol. 46 (1945-1946), p. 1-16.

SAINO, Stefano, *'Più dolci affetti'. Ottavio Rinuccini e la lingua del primo melodramma*, thèse de doctorat, Università degli Studi di Milano, 2012, accessible en ligne : https://air.unimi.it/handle/2434/171674.

SAINT-AMAND, Denis, *Le Style potache*, Neuchâtel, La Baconnière, 2019.

SALMON, John H. M., « A Second Look at the Noblesse Seconde : The Key to Noble Clientage and Power in Early Modern France ? », *French Historical Studies*, 25/4, 2002, p. 575-593.

SANSONE, Mario, « Le polemiche antitassesche della Crusca », dans POLLAK, Roman (dir.), *Torquato Tasso*, Milan, Marzorati, 1957.

SANTI, Venceslao, « La precedenza tra gli Estensi e i Medici e l'*Historia de' principi d'Este* di Giovan Battista Pigna », *Atti della Deputazione Ferrarese di Storia Patria*, vol. IX, 1897, p. 37-122.

SCHAEFFER, Jean-Marie, *L'Art de l'âge moderne : l'esthétique et la philosophie de l'art du XVIIIe siècle à nos jours*, Paris, Gallimard, 1992.

SCHAEFFER, Jean-Marie, *Les Célibataires de l'art : pour une esthétique sans mythes*, Paris, Gallimard, 1996.

SCHAEFFER, Jean-Marie, *L'Expérience esthétique*, Paris, Gallimard, 2014.

SCHAPIRA, Nicolas, « Quand le privilège de librairie publie l'auteur », dans GRIHL, *De la publication. Entre Renaissance et Lumières*, Paris, Fayard, 2002, p. 121-137.

SCHNEIDER, Federico, *Unsuspected Competitive Contexts in Early Opera : Monteverdi's Milanese Challenge to Florence's* Euridice *(1600)*, Rome, Edizioni di Storia e Letteratura, 2016.

SCHNEIDER, Federico, « L'allegoria nel melodramma : il caso dell'*Euridice* di Ottavio Rinuccini », dans ZUCCHI, Enrico (dir.), *Teatro e allegoria tra Cinque e Settecento. Da principio compositivo a strumento esegetico*, Bologne, Casa editrice Emil di Odoya, 2016, p. 51-64.

SCHNEIDER, Ulrike, « Vom Wissen um *gratia*. Strategien der Diskursivierung elusiven Wissens in der Frühen Neuzeit », paru dans EUSTERSCHULTE, Anne et SCHNEIDER, Ulrike (dir.), *Gratia. Mediale und diskursive Konzeptualisierungen ästhetischer Erfahrung in der Vormoderne*, Wiesbaden, Harrassowitz, 2018, p. 89-105.

SCHNEIDER, Ulrike, « (Nicht)Wissen ? Relevanz und Modalitäten elusiven Wissens in Ästhetik und Verhaltenslehre der Frühen Neuzeit », dans DADAS, Sirin et VOGEL, Christian (dir.), *Dynamiken der Negation. (Nicht)Wissen und negativer Transfer in vormodernen Kulturen*, Wiesbaden, Harrassowitz, 2021, p. 43-72.

SCHRAVEN, Minou, *Festive Funerals in Early Modern Italy : The Art and Culture of Conspicuous Commemoration*, Farnham, Ashgate, 2014.

SCHWINDT, Joël, *Academicism in Monteverdi's* Orfeo *: Oratory and Symmetry as Expressions of the* Accademia degli Invaghiti's *Philosophy*, PhD de Brandeis University, 2014, sous la direction d'Eric CHAFE, accessible en ligne : http://pqdtopen.proquest.com/doc/1667771154.html?FMT=ABS.

SCHWINDT, Joël, « 'All that Glisters': Orpheus's Failure as an Orator and the Academic Philosophy of the Accademia degli Invaghiti », *Cambridge Opera Journal*, 2014, 263, p. 239-270.

SCHWINDT, Joël, *Orpheus in the Academy : Monteverdi's First Opera and the Accademia degli Invaghiti*, Routledge, Abingdon et New York, 2022.

SCONZA, Anna, « La prima trasmissione manoscritta del *Libro di pittura* », *Raccolta Vinciana*, 2010, p. 309-366.

SCOTT, Gregory L., *Aristotle on Dramatic Musical Composition : The Real Role of Literature, Catharsis, Music and Dance in the* Poetics, New York, ExistencePS Press, 2018.

SENELLART, Michel, « La critique de Machiavel dans les *Discorsi sopra Tacito* (1594) d'Ammirato », *Problèmes d'histoire des religions*, 1997, t. VIII, Bruxelles, Éditions de l'Université de Bruxelles, p. 105-119.

SENELLART, Michel, « Les méditations militaires de Scipione Ammirato : guerre et raison d'État », *Mots. Les langages du politique*, 73, 2003, p. 161-168.

SGARBI, Marco, « What was a Renaissance Academy ? An Aristotelian Perspective », *Archivum Mentis*, 6, 2017, p. 263-288.

SHERBERG, Michael, « The Accademia Fiorentina and the Question of the Language : The Politics of Theory in Ducal Florence », *Renaissance Quarterly*, 56, 2003, p. 26-55.

SIEKIERA, Anna, « Una traduzione del 1573 della *Poetica* di Aristotele », *Rinascimento*, 34, 1994, p. 365-376.

SIEKIERA, Anna, « Il volgare nell'Accademia degli Alterati », dans BIFFI, Marco ; CALABRESE, Omar et SALIBRA, Luciana (dir.), *Italia linguistica : discorsi di scritto e di parlato. Nuovi studi di linguistica italiana per Giovanni Nencioni*, Sienne, Protagon, 2005, p. 87-112.

SIEKIERA, Anna, « La *Poetica vulgarizzata et sposta per Ludovico Castelvetro* e le traduzioni cinquecentesche del trattato di Aristotele », dans FIRPO, Massimo et MONGINI, Guido (dir.), *Ludovico Castelvetro. Letterati e grammatici nella crisi religiosa del '500*, Florence, L. S. Olschki, 2008, p. 25-44.

SIEKIERA, Anna, « Ancora sull'Accademia degli Alterati : il *Trattato di lingua toscana* di Francesco Bonciani », *Quaderni Veneti*, 3, 2014, p. 89-96.

SIEKIERA, Anna, « La traduzione della *Poetica* di Giorgio Bartoli : il manoscritto inedito del 1573 », dans BERTOLINI, Lucia ; COPPINI, Donatella et MARSICO, Clementina (dir.), *Nel cantiere degli umanisti. Per Angela Regoliosi*, Florence, Polistampa, 2014, p. 1197-1239, qui donne une édition de la traduction de Giorgio Bartoli.

SIEKIERA, Anna, « 'La lingua volgare si può ridurre in regola come la latina et la greca, et altre' : uno scritto grammaticale attribuito a Giovan Battista Strozzi il Giovane », *Studi di grammatica italiana, a cura de l'Accademia della Crusca*, 2015, 34, p. 161-183.

SIEKIERA, Anna, « Il lavoro paziente dall'Accademia degli Alterati », dans BELLONI, Gino et TROVATO, Paolo (dir.), *La Crusca e i testi. Lessicografia, tecniche editoriali e collezionismo librario intorno al* Vocabolario *del 1612*, Padoue, Libreria Universitaria (avec l'Accademia della Crusca), 2018, p. 105-146.

SIMONCELLI, Paolo, *Fuoriuscitismo repubblicano fiorentino, 1530-54*, Milan, F. Angeli, 2006.

SMITH, Pamela, « Making as Knowing : Craft as Natural Philosophy » dans SMITH, Pamela H. ; MEYERS, Amy R. W., et COOK, Harold J., (dir.), *Ways of Making and Knowing : The Material Culture of Empirical Knowledge*, Ann Arbor, The University of Michigan Press, 2014, p. 17-p. 47.

SOLERTI, Angelo, *Vita di Torquato Tasso*, Turin, Loescher, 1895, 3 vol.

SOLERTI, Angelo, *Gli albori del melodramma*, 3 vol., Milan, Sandron, 1904.

SPINI, Giorgio, *Tra Rinascimento e Riforma : Antonio Brucioli*, La Nuova Stampa, Florence, 1940.

SPAMPINATO, Francesco, « Les réécritures d'Orphée. Philosophie et politique dans le *finale* de l'*Orfeo* de Monteverdi », *Cahier d'études romanes*, 2013, 27, p. 243-258, accessible en ligne : http://etudesromanes.revues.org/4086.

STALEY, Edgcumbe, *The Guilds of Florence*, Londres, Methuen & Co, 1906.

STRAINCHAMPS, Edmond, « New light on the Accademi degli Elevati of Florence », *Musical Quarterly*, LXII, 1978, p. 121-138.

SYNNOTT, Antony, « Puzzling over the Senses : From Plato to Marx », dans HOWES, David (dir.), *The Varieties of Sensory Experience : A Sourcebook in the Anthology of the Senses*, Toronto, 1991, p. 61-76.

TERPSTRA, Nicholas, *Lay Confraternities and Civic Religion in Renaissance Bologna*, Cambridge, Cambridge University Press, 1995.

TESTA, Simone, *Italian Academies and Their Networks, 1525-1700 : From Local to Global*, New York, Palgrave MacMillan, 2015.

TESTAVERDE, Anna Maria, *L'officina delle nuvole : il teatro mediceo nel 1589 e gli intermedi del Buontalenti nel Memoriale di Girolamo Seriacopi*, Milan, Amici della Scala, 1991.

TESTAVERDE, Anna Maria, « Spectacle, theater, and propaganda at the court of the Medici », dans ACIDINI LUCHINAT, Cristina (dir.), *The Medici, Michelangelo, and the Art of Late Renaissance Florence*, New Haven, Yale University Press, 2002, p. 123-131.

TESTAVERDE, Anna Maria, « Nuovi documenti sulle scenografie di Ludovico Cigoli per l'*Euridice* di Ottavio Rinuccini », *Medioevo e Rinascimento*, 17/n.s. 14, 2003, p. 307-321.

TESTAVERDE, Anna Maria, « 'Una comedia pastorale in musica [...] su alle stanze del signore don Antonio a Pitti' : l'*Euridice* per Maria de' Medici », dans R. SPINELLI et G. GIUSTI (dir.), *Dolci trionfi e finissime piegature. Sculture in zucchero e tovaglioli per le nozze fiorentine di Maria de' Medici*, Livourne, Sillabe, 2015, p. 58-63.

TOMLINSON, Gary, « Ottavio Rinuccini and the Favola Affettuosa », *Comitatus : A Journal of Medieval and Renaissance Studies*, 1975, 6/1, p. 2-27.

TOMLINSON, Gary, « Madrigal, Monody, and Monteverdi's *via actuale alla imitatione* », *Journal of the American Musicological Society*, 1981, 34/1, p. 60-108.

TOSETTI GRANDI, Paola (dir.), *Il mecenatismo accademico dei Gonzaga e la loro cultura antiquaria e umanistica nel Cinquecento*, Mantoue, 2016.

TOSETTI GRANDI, Paola et MORTARI, Annamaria (dir.), *Dall'Accademia degli Invaghiti, nel 450° anniversario dell'istituzione, all'Accademia nazionale virgiliana di scienze e arti in Mantova, convegno internazionale di studi, 29-30 novembre 2012*, Mantoue, 2016.

TREADWELL, Nina, *Music and Wonder at the Medici Court : The 1589 Interludes for* La Pellegrina, Bloomington, Indiana University Press, 2008.

VALLONE, Aldo, « Un momento della critica dantesca nel tardo Cinquecento », *Filologia e letteratura*, VIII, 1962, p. 415-433.

VAN DAMME, Stéphane, « Farewell Habermas ? Deux décennies d'études sur l'espace public », *Les Dossiers du Grihl* [en ligne], *Les dossiers de Stéphane Van Damme, Historiographie et méthodologie*, mis en ligne le 28 juin 2007 et accessible à l'adresse suivante : http://dossiersgrihl.revues.org/682.

VAN DAMME, Stéphane, « Le retour de l'histoire intellectuelle, révolution conservatrice ou programme de relance ? », *Revue d'histoire moderne et contemporaine*, 2012/5, n° 59-4*bis*, p. 29-46.

VASOLI, Cesare, « Le Accademie fra Cinquecento e Seicento e il loro ruolo nella storia della tradizione enciclopedica », in BOEHM, Laetitia et RAIMONDI, Ezio (dir.), *Università, accademie e società scientifiche in Italia e in Germania dal Cinquecento al Settecento*, Bologne, Il Mulino, 1981, p. 81-115.

VELOSO, Claudio William, « Aristotle's *Poetics* without Katharsis, Fear, or Pity », *Oxford Studies in Ancient Philosophy*, 33, 2007, p. 255-284.

VELOSO, Claudio William, *Pourquoi la* Poétique *d'Aristote ? DIAGOGÈ*, préface de Marwan RASHED, Paris, Vrin, 2018.

VEEN, Henk van, *Cosimo I de' Medici and his Self-Representation in Florentine Art and Culture*, Cambridge, Cambridge University Press, 2006.

VEEN, Henk van, « The Accademia degli Alterati and Civic Virtue », dans DIXHOORN, Arian van et SPEAKMAN SUTCH, Susie (dir.), *The Reach of the Republic of Letters : Literary and Learned Societies in Late Medieval and Early Modern Europe*, Londres et Boston, Brill, 2008, 2 vol., t. 2, p. 285-308.

VIALA, Alain, *Naissance de l'écrivain : sociologie de la littérature à l'âge classique*, Paris, Minuit, 1985.

VICKERS, Brian (dir.), *Arbeit, Musse, Meditation : Betrachtungen zur Vita activa und Vita contemplativa*, Zurich, Verlag der Fachevereine, 1985.

VICKERS, Brian, « Leisure and Idleness in the Renaissance : The Ambivalence of Otium », deux parties, *Renaissance Studies*, 4/1, 1990, p. 1-37 et 4/2, 1990 p. 107-154.

VOLPINI, Paola, *Los Medici y España : principes, embajadores y agentes en la Edad Moderna*, Madrid, Silex, 2017.

WAQUET, Françoise, « Antonio Magliabechi : nouvelles interprétations, nouveaux problèmes », *Nouvelles de la République des Lettres*, 1982/1, p. 173-188.

WAQUET, Françoise, « Not By Books Alone : The Spoken Life of the Learned » dans DEGL'INNOCENTI, Luca ; RICHARDSON, Brian, et SBORDONI, Chiara (dir.), *Interactions between Orality and Writing in Early Modern Italian Culture*, Aldershot, Ashgate, 2016, p. 189-202.

WARDY, Robert, *The Chain of Change : A Study of Aristotle's Physics VII*, Cambridge, Cambridge University Press, 1990.

WARNKE, Martin, *The Court Artist : on the Ancestry of the Modern Artist*, traduit de l'allemand par David MCLINTOCK, Cambridge et New York, Cambridge University Press, 1993.

WEIJERS, Olga, *In Search of the Truth : A History of Disputation Techniques from Antiquity to Modern Times*, Turnhout, Brepols, 2013.

WEINBERG, Bernard, « Nuove attribuzioni di manoscritti di critica letteraria del Cinquecento », *Rinascimento*, 3, 1952, p. 245-259.

WEINBERG, Bernard, « The Accademia degli Alterati and Literary Taste from 1570 to 1600 », *Italica*, décembre 1954, 31/4, p. 207-214.

WEINBERG, Bernard, « Argomenti di discussione letteraria nell'Accademia degli Alterati (1570-1600) », *Giornale storico della letteratura italiana*, 1954, 131, p. 175-194.

WEINBERG, Bernard, *A History of Literary Criticism in the Italian Renaissance*, Chicago, Chicago University Press, 1961, 2 vol.

WEISSMAN, Ronald F. E., *Ritual Brotherhood in Renaissance Florence*, Londres, Academic Press, 1982.

WEISSMAN, Ronald F. E., « The Importance of Being Ambiguous : Social Relations, Individualism, and Identity in Renaissance Florence », dans WEISSMAN, Ronald F. E. et ZIMMERMAN, Susan (dir.), *Urban Life in the Renaissance*, Newark, University of Delaware Press, 1989, p. 269-280.

WERNER, Inge, « The Heritage of the Humidi : Performative Poetry in the Early Accademia Fiorentina », dans DIXHOORN, Arjan van et SPEAKMAN SUTCH,

Susie (dir.), *The Reach of the Republic of Letters : Literary and Learned Societies in Late Medieval and Early Modern Europe*, Londres et Boston, Brill, 2008, 2 vol., t. 2, p. 257-284.

YATES, Frances A., *The French Academies of the Sixteenth Century*, Londres, Institut Warburg, 1947 et New York, Routledge, 1988.

YATES, Frances A., *The Art of Memory*, Chicago, Chicago University Press, 1966.

ZANRÈ, Domenico, « 'Che K.[zo] vuol dire ?' A Re-Reading of Mid-Sixteenth-Century Linguistic Debates in the Accademia Fiorentina », *Italian Studies*, 53, 1998, p. 20-37.

ZANRÈ, Domenico, « Ritual and Parody in Mid-Cinquecento Florence : Cosimo de' Medici and the Accademia del Piano », dans EISENBICHLER, Konrad (dir.), *The Cultural Politics of Duke Cosimo I de' Medici*, Aldershot, Ashgate, 2001, p. 189-204.

ZANRÈ, Domenico, *Cultural Non-Conformity in Early Modern Florence*, Aldershot, Ashgate, 2004.

Index des noms de personnes, œuvres, lieux et institutions

Seuls apparaissent ici les noms (dont les noms d'auteurs), œuvres, lieux et institutions cités dans le corps du texte. Les peudonymes académiques sont mentionnés avec des renvois systématiques aux noms de ville des académiciens cités, ce qui permet de vérifier commodément leur identité. Les lieux n'ont été relevés que lorsqu'ils étaient essentiels au propos. Les notes de bas de page n'ont pas été indexées pour ne pas enfler l'apparat critique. Le lecteur est donc invité à se reporter systématiquement à celles-ci pour tout complément d'information, notamment bibliographique. Des recoupements thématiques, permettant aux lecteurs de mieux s'orienter dans l'ouvrage, ont également été signalés en note dans le texte principal.

C

D

T

Index des manuscrits et des livres annotés

Seuls apparaissent ici les manuscrits et livres annotés cités dans le corps du texte. Les documents cités dans les notes de bas de page n'ont pas été indexés pour ne pas alourdir l'apparat critique. Le lecteur en quête d'informations sur un texte manuscrit, un codex ou un fonds d'archives est invité à se reporter aussi bien aux notes de bas de pages du texte principal qu'à l'inventaire analytique des documents manuscrits consultés.

Remerciements

Ce livre n'existerait pas sans la générosité et l'ouverture d'esprit de deux institutions qui en ont soutenu la réalisation sans faillir au cours plus de dix années de recherche et d'écriture. La première est l'Université de Californie, Berkeley. Au sein de cette institution, une multiplicité de financements a été mise à ma disposition, année après année. La recherche a commencé à Florence en 2008-2009 grâce au généreux soutien d'une bourse du Hellman Faculty Fund. Par la suite, l'Université de Californie, Berkeley a continué à financer le travail effectué en archives à Florence par la mise à disposition de Mellon Research Funds, ainsi que par une Humanities Research Fellowship (2011). Le livre a été rédigé en 2015-2016 grâce à un semestre sabbatique accordé par l'Université de Californie, Berkeley, complété par une seconde Humanities Research Fellowship, et associé à une bourse du Townsend Center for the Humanities. Puis, à l'automne 2017, un Manuscript Mini-Conference Grant de l'Institute for International Studies de la même université a permis une discussion approfondie de l'ouvrage avant que le manuscrit ne soit révisé pour publication. Enfin, en 2019-2021, un Mellon Project Grant a financé une assistance éditoriale, sans laquelle la préparation du manuscrit aurait été bien plus ardue et laborieuse.

L'autre institution sans le soutien de laquelle ce livre n'aurait pu être élaboré est la Villa I Tatti à Florence, qui abrite le centre de recherches que l'Université de Harvard a destiné à l'étude de la Renaissance italienne. Une large partie du travail d'archives nécessaire à l'écriture de ce livre a en effet été accomplie en 2010-2011, lors d'une année passée en tant que Florence J. Gould Fellow à la Villa I Tatti. C'est aussi grâce aux fructueux échanges intellectuels dont cette institution est le lieu que j'ai élargi ma connaissance de l'Italie de la première modernité. Sans cette opportunité exceptionnelle, ce livre ne serait pas ce qu'il est. La générosité de la Villa I Tatti a par ailleurs continué à se manifester lors la publication de ce livre, par l'octroi, en 2019, de l'une des Lila Wallace — Reader's Digest Publications Subsidies que distribue chaque année cette institution. Sans cette subvention, il n'aurait pas été possible de faire paraître dans cet ouvrage les quarante-deux photographies d'archives et de documents qui s'y trouvent incluses.

L'ouvrage doit aussi beaucoup à l'assistance de collègues et d'amis. Dans le cadre de la préparation d'une habilitation à diriger des recherches dont il était le garant, François Lecercle a ainsi lu l'intégralité du manuscrit en 2017, en accordant une grande attention tant à la clarté conceptuelle du texte qu'à l'élégance de l'expression. La cohérence et la lisibilité de l'ensemble doivent beaucoup à ses remarques et suggestions. Je tiens également à remercier Maria Pia Donato, Christian Jouhaud, Elie Haddad et Dinah Ribard, pour leurs remarques précieuses sur l'introduction, ainsi que Vanni Bramanti, Tim Carter et Nicolas Scott Baker pour leurs suggestions détaillés sur les chapitres 1, 2 et 5, et Paule Desmoulières pour ses remarques sur le chapitre 3. Que soient aussi vivement remerciés Albert Ascoli, Alison Brown, Jean Boutier, Françoise Decroisette, Jean-Louis Fournel, Françoise Graziani, Wendy Heller, Emmanuelle Hénin, Pierre Judet de la Combe, Jennifer McKenzie, Lia Markey, Maria Pia Paoli, Diego Pirillo, Lisa Sampson, Ulrike Schneider, Anna Siekiera et Jane Tylus, qui, dans divers cadres, ont lu tout ou partie du livre ou ont entendu une des contributions qui ont mené à sa rédaction, et en ont enrichi la réflexion par leurs questions, remarques et suggestions, y compris bibliographiques. Enfin, depuis 2010, la générosité de Iolanda Sposato a soutenu tant matériellement que spirituellement ce projet, qui a aussi plus d'une fois bénéficié, depuis 2009, d'amicales conversations avec Arthur Field et Filippo de Vivo.

Je voudrais néanmoins remercier par-dessus tout ceux qui apportèrent au projet leurs compétences bibliographiques, archivistiques, historiographiques et/ou techniques. Le bibliothécaire des langues romanes de l'Université de Californie, Berkeley, Claude Potts et le conservateur des livres rares de la Bancroft Library, David Faulds, procurèrent plus d'une fois les ouvrages ou les reproductions dont l'auteure avait besoin pour avancer. Mais ma gratitude va tout particulièrement aux bibliothécaires et archivistes florentins sans le savoir et l'assistance constante desquels ce livre n'aurait pu voir le jour, en particulier Francesca Klein et Claudio Lamioni à l'Archivio di Stato di Firenze et Piero Scapecchi, ancien directeur de la *sala manoscritti* de la Biblioteca Nazionale Centrale di Firenze. Francesco Martelli, responsable jusqu'à une date récente des fonds du principat médicéen à l'Archivio di Stato di Firenze et coordinateur scientifique de son école d'archivistique pendant près de trente années, a été d'une sollicitude et d'une générosité en tous points extraordinaires. Ce livre doit à son savoir-faire archivistique, paléographique et histogriographique — non moins qu'à sa curiosité insatiable, à son esprit critique et à son compagnonnage intellectuel constant — plus que je ne saurais dire. L'inventaire des manuscrits et la bibliographie des livres rares ont par ailleurs été uniformisés avec compétence, à Florence, par l'archiviste paléographe Veronica

Vestri, qui a aussi revu et harmonisé les citations extraites des sources manuscrites et réalisé la plus grande partie de l'indexation de l'ouvrage. Enfin, l'essentiel des photographies de documents issus de l'une ou l'autre des bibliothèques et archives florentines ont été prises, avec professionalisme, par le photographe Donato Pineider. Malgré toute l'assistance reçue, il se peut que des erreurs subsistent : j'en assume bien sûr l'entière responsabilité.

Last but not least, je voudrais chaleureusement remercier Yves Hersant et Pierre Laurens, qui ont œuvré pour que ce livre prenne place dans la collection « Les Belles Lettres/essais », que Pierre Laurens a fondée et dirige, ainsi que tous ceux qui, au sein des Belles Lettres, ont travaillé à la fabrication et à la diffusion de cet ouvrage, en particulier Jean-François Bassinet, Stéphane Bily et Camille Pech. Pour faire — près de quatre cents ans après leur disparition : tard vaut *toujours* mieux que jamais ! — leur entrée sur la scène intellectuelle française, les Altérés ne pouvaient décidement pas trouver meilleurs hôtes, ni plus habiles introducteurs, que Les Belles Lettres.

Table des illustrations

Cette table des illustrations identifie chacune des images reproduites. Pour toute information supplémentaire, et le détail des sources, permissions et crédits, il convient de se reporter aux légendes fournies, au fil du texte, pour chaque document ou groupe de documents.

Table des matières

Composition et mise en pages : Flexedo
(prepresse@flexedo.com)

Cet ouvrage,
le trente-huitième
de la collection
« Les Belles Lettres/Essais »
a été achevé d'imprimer
en mars 2022
par l'imprimerie SEPEC
01960 Péronnas, France

N° d'éditeur : 10197
N° d'imprimeur : 05425220217
Dépot légal : avril 2022

IMPRIM'VERT®